Frommer's®

Alemanha dia a dia

Tradução da primeira edição

por George McDonald e Donal Olson

ALTA BOOKS
EDITORA
Rio de Janeiro, 2014

> *Para ouvir a tradicional música alemã, visite uma cervejaria histórica ou planeje sua viagem na época de algum dos grandes festivais do país.*

Sumário

Pág 7

Pág 34

Pág 62

Pág 91

Pág 150

Pág 231

Pág 282

Pág 339

Pág 359

Pág 410

397 Capítulo 9: Heidelberg, Stuttgart e os Alpes Suábios

Pág 464

439 Capítulo 10: Frankfurt, a Renânia e o Ruhr

Pág 496

496 Capítulo 11: Sauerland, Niedersachen e Bremen

Pág 526

Pág 564

Pág 599

647 Capítulo 15: Fique Esperto!

664 Índice

ISBN: 978-85-7608-751-9

Translated from original Frommer's Germany Day by Day © 2011 by Wiley Publishing, Inc. ISBN 978-0-470-58252-7. *This translation is published and sold by permission Wiley Publishing, Inc., the owner of all rights to publish and sell the same. PORTUGUESE language edition published by Starlin Alta Editora e Consultoria Eireli, Copyright © 2014 by Starlin Alta Editora e Consultoria Eireli.*

Erratas: No site da editora relatamos, com a devida correção, qualquer erro encontrado em nossos livros. Procure pelo título do livro.

Impresso no Brasil — 1ª Edição, 2014

Produção Editorial
Editora Alta Books

Gerência Editorial
Anderson Vieira

Supervisão e Qualidade Editorial
Angel Cabeza
Sergio Luiz de Souza

Design Editorial
Aurélio Corrêa

Captação e Contratação de Obras
Cristiane Santos
J. A. Rugeri
Marco Pace
autoria@altabooks.com.br

Vendas Atacado e Varejo
Daniele Fonseca
Viviane Paiva
comercial@altabooks.com.br

Marketing e Promoção
Hannah Carriello
marketing@altabooks.com.br

Ouvidoria
ouvidoria@altabooks.com.br

Equipe Editorial
Anna Karolina
Claudia Braga
Letícia Vitoria
Livia Brazil
Marcelo Vieira
Mayara Coelho
Milena Lepsch
Milena Souza
Natália Gonçalves
Raquel Ferreira
Rodrigo Araujo
Rômulo Lentini
Thiê Alves

Dados Internacionais de Catalogação na Publicação (CIP)

M135f McDonald, George.
Frommer's Alemanha dia a dia / por George McDonald e Donal Olson. – Rio de Janeiro, RJ : Alta Books, 2014.
696 p. : il., mapas color ; 21 cm + 1 mapa dobrável – (Frommer's)

Inclui índice.
Tradução de: Frommer's Germany day by day (1. ed.).
ISBN 978-85-7608-751-9

1. Alemanha - Viagens - Guias. 2. Alemanha - Descrições e viagens. I. Olson, Donal. II. Título. III. Série.

CDU 910.4(430)
CDD 914.304

Índice para catálogo sistemático:
1. Alemanha : Viagens : Guias 910.4(430)

(Bibliotecária responsável: Sabrina Leal Araujo – CRB 10/1507)

ALTA BOOKS EDITORA

Rua Viúva Cláudio, 291 – Bairro Industrial do Jacaré
CEP: 20970-031 – Rio de Janeiro – Tels.: (21) 3278-8069/8419
www.altabooks.com.br – e-mail: altabooks@altabooks.com.br
www.facebook.com/altabooks – www.twitter.com/alta_books

Como Usar Esse Guia

Os guias Dia a Dia apresentam uma série de itinerários que o levam de um lugar a outro. Os itinerários são organizados por tempo (O Melhor de Berlim em um Dia), região (A Floresta Negra e o Lago de Constança), cidade (Dresden) e por interesses especiais (A Renânia e o Vale do Mosela para Apaixonados por Vinho). Você pode seguir exatamente esses itinerários ou personalizar o seu, baseado nas informações que fornecemos. Dentro dos itinerários, nós sugerimos cafés, bares ou restaurantes onde você pode fazer um intervalo. Cada uma dessas paradas está marcada com o ícone de uma xícara de café. Em cada capítulo, fornecemos comentários detalhados sobre hotéis e restaurantes para que você possa escolher os melhores lugares.

Os hotéis, restaurantes e atrações listados neste guia foram classificados de acordo com qualidade, valor, serviço, comodidades, e características especiais usando um **sistema de classificação por estrelas**. Hotéis, restaurantes, atrações, compras e vida noturna estão classificados numa escala de zero (recomendado) a três estrelas (excepcional). Além do sistema de classificação por estrelas, também utilizamos ícones para crianças crianças para destacar o melhor para famílias.

As seguintes **abreviaturas** são usadas para os cartões de crédito:

AE American Express
DC Diners Club
DISC Discover
MC MasterCard
V Visa

Observação Sobre Preços

O Frommer's lista os preços exatos em moeda local. O câmbio flutua, por isso consulte um site de conversão de moedas, como o **www.oanda.com/convert/classic** (em inglês), para taxas de câmbio atualizadas.

Como Entrar em Contato Conosco

Nas pesquisas para elaborar este livro, descobrimos diversos lugares maravilhosos — hotéis, restaurantes e lojas, entre outros. Temos certeza de que você encontrará outros. Por favor, nos conte sobre eles para que possamos compartilhar a informação com outros companheiros de viagem nas próximas edições. Se você ficou decepcionado com uma recomendação, também adoraríamos saber. Por favor, nos envie um e-mail para frommersfeedback@wiley.com (em inglês) ou escreva para:

Estados Unidos: Frommer's Germany Day by Day,
1st Edition
Wiley Publishing, Inc.
111 River Street
Hoboken, NJ 07030-5774
Para informações sobre os guias publicados no Brasil: *Frommer's Alemanha Dia a Dia,* Tradução da 1ª Edição
Editora Alta Books
Rua Viúva Cláudio, 291, Rio de Janeiro, RJ
CEP: 20970-031
www.altabooks.com.br

Recursos de Viagens no Frommer's.com

Os recursos da Frommer's não param neste livro. Agora que você tem este guia para ajudá-lo a planejar uma grande viagem, visite nossa página em **www.frommers.com**, em inglês, para mais informações sobre mais de 4 mil destinos. Nós atualizamos o site regularmente para fornecer a você acesso instantâneo ao conteúdo mais atual disponível sobre planejamento de viagens. No Frommers.com você encontrará dicas sobre os melhores preços de passagens aéreas, de acomodações e de aluguel de carros. Você também pode ouvir podcasts, entrar em contato com outros membros do Frommer's.com (em inglês) através do nosso fórum de leitores, compartilhar suas fotos de viagem, ler os blogs dos editores de guias e companheiros de viagens, e muito mais.

Uma Nota Adicional

Fique atento para o fato de que as informações contidas neste guia de viagem estão sujeitas a alterações a qualquer momento, especialmente quanto aos preços. Aconselhamos que você se informe antecipadamente para confirmar se houve alguma alteração, antes de fazer seus planos de viagem. Os autores, editores e a editora não podem ser responsabilizados pelas experiências dos leitores durante suas viagens. No entanto, sua segurança é importante e por isso aconselhamos a ficar atento e alerta aos lugares que for visitar.

Sobre os Autores

George McDonald (capítulos 1, 2, 3, 4, 10 ao 12 e 14) é jornalista freelancer e autor de livros de viagens, anteriormente radicado em Amsterdã e Bruxelas, e que já colaborou extensivamente para os guias Frommer's. Ele é é autor de livros como *Frommer's Belgium, Holland & Luxembourg* e *Frommer's Amsterdam* e coautor do *Frommer's Europa* e do *Frommer's Europe by Rail*. Ele vive com sua esposa alemã e filha no Norte da Alemanha, região que ele cobriu para essa primeira edição do Frommer's *Alemanha Dia a Dia*.

Donald Olson (capítulos 1, 2, 5 ao 9, 13 e 15) é romancista, dramaturgo e escritor de livros de viagens. Seu material já foi publicado no *New York Times*, *Travel + Leisure*, *Sunset e National Geographic*, entre outros. Seus guias incluem *Frommer's Vancouver & Victoria*, *Best Day Trips from London* (como coautor), *England for Dummies* (vencedor do Prêmio Lowell Thomas de Jornalismo de Viagens como melhor guia turístico), *Germany for Dummies*, *Londres para Leigos* e *Great Britain Day by Day* (como coautor). Seus romances incluem *The Confessions of Aubrey Beardsley* e, sob o pseudônimo Swan Adamson, *Memoirs Are Made of This*, *My Three Husbands* e *Confessions of a Pregnant Princess*. Sua peça *Beardsley* foi produzida em Londres. Seu ensaio "*Confessions of a Faux Pa*" é apresentado no livro *What I Would Tell Her: 28 Devoted Dads on Bringing Up, Holding On To and Letting Go of Their Daughters, de* 2010.

Agradecimentos

George McDonald Gostaria de agradecer ao coautor Donald Olson por encontrar tempo em sua agenda para fazer valiosas propostas sobre como lidar com a "relação" entre a sua área, no sul, e a minha, no norte. À minha esposa, Tanja, agradeço pelo seu entusiasmo pelas várias belezas de sua terra natal e sua alegria quando outros as apreciam. Gostaria de dedicar a minha "metade" do livro para minha filha de dez anos, Lara, com a promessa de obedecer mais arduamente à sua ordem: "*Daddy, sprich Deutsch*" (Papai, fale alemão).

Sobre os Fotógrafos

Anne Ackermann (www.anneackermann.com) vive em Hamburgo e realiza trabalhos para veículos de comunicação tanto nacionais quanto internacionais como GEO, Chrismon Plus e Caritas. Em 2010, foi indicada para a World Class Photo Joop Swart Masterclass. **Alejandro Arditi**, nascido na Argentina, é fotógrafo documentarista residente em Berlim. Ele mostrou seu trabalho sobre o conflito entre Israel e Palestina na Itália e em Israel, e contribuiu para publicações como o site israelense *bthere!* e o diário judaico anual *Durch das jüdische Jahr*. **Benjamin Hiller** (www.benjamin-hiller.com) é fotojornalista e atualmente trabalha com ONGs em áreas críticas e em projetos em longo prazo envolvendo políticos internacionais, assim como em diferentes comunidades religiosas. **Katja Heinemann** é uma fotógrafa alemã residente no Brooklyn, em Nova York. Ela produz regularmente ensaios fotográficos, reportagens e fotos para clientes editoriais, comerciais e institucionais nos Estados Unidos e no exterior. Ela é representada pela agência fotográfica Aurora Select em NY. Max Kesberger trabalha principalmente como fotógrafo de viagens e em reportagens de longa duração sobre seres humanos e questões ambientais. O vencedor de prêmios **Clay McLachlan** (www.claymclachlan.com) reside em Paris e em Piemonte, na Itália. Seus trabalhos estão em revistas como *Condé Nast Traveler*, *National Geographic Traveler*, *Wine Spectator*, *Decanter* e *Food & Wine*. **Dean Nixon** fotografou para vários jornais e revistas na Nova Zelândia antes de se aventurar pelo caminho dos projetos de documentários pessoais interpretando a expressão da identidade individual dentro das diversas culturas políticas, econômicas e ideológicas. Hoje, está na Alemanha. **Joao Paglione** (www.joaopaglione.com) trabalha como fotojornalista em Berlim e teve seu trabalho divulgado pela *Reuters*, *Guardian*, *Getty Images* e várias outras publicações internacionais. Atualmente trabalha em um projeto envolvendo locais abandonados na antiga Alemanha Oriental. **Hans Peter Schöne** (www.hps-pro.de) trabalhou para organizações de viagens ao redor do mundo, mas desde 1996 reside no sul da Baviera, trabalhando principalmente para associações de turismo e revistas de viagens. **Damian Stanulla** (www.damian-stanulla.de) nasceu na Polônia e estudou jornalismo na Alemanha. Atualmente trabalha como fotógrafo freelancer ao redor do mundo. Seu último projeto envolveu uma fotografia panorâmica em 360° para uma grande revista online alemã. Já **Gregor Zielke,** fotojornalista residente em Berlim,, contribui regularmente para revistas, jornais e clientes corporativos nacionais e internacionais.

1 O Melhor da Alemanha

Nossos Melhores Momentos na Alemanha

> *PÁGINA ANTERIOR Vista da cidade de Tübingen de Castle Hill. NESTA PÁGINA Um dos animados biergartens de Munique.*

Ter uma visão geral de Berlim. Após subir pelo elevador turbo e chegar até o deque de observação e o restaurante Telecafé de Fernsehturm (Torre de Televisão), a mais de 200 metros de altura acima da Alexanderplatz, você terá os marcos mais conhecidos da capital da Alemanha aos seus pés. **Ver pág. 91,** ⓭.

Assistir a uma apresentação no Semperoper. A casa barroca de ópera e teatro de balé de Dresden, projetada pelo arquiteto Gottfried Semper e recriada após sua destruição na Segunda Guerra Mundial, está entre os locais culturais mais magníficos da Europa. **Ver pág. 174.**

Escapar de Schloss Colditz. Na verdade, tudo o que você precisa fazer é passar tranquilamente pelo portão de entrada — mas há um certo *frisson* em entrar, e depois sair deste bonito e ainda notório, castelo do século XVI, no qual alguns dos prisioneiros aliados mais propensos à fuga foram mantidos durante a Segunda Guerra Mundial. **Ver pág. 152,** ⓫.

Descobrir o trabalho de Timan Riememschneider em Creglingen. A Rota Romântica está repleta de surpresas — belas paisagens, cidades medievais e uma pequena igreja na pequena aldeia de Creglingen com um impressionante altar de autoria de Tilman Riemenschneider, um gênio do século XV. Você verá as expressivas esculturas de Riemenschneider em museus e igrejas por toda a Baviera, mas este detalhado altar no Herrgottskirche é uma atração turística por si só. **Ver pág. 208,** ❸.

Beber cerveja em um *biergarten* em Munique. Sentado à sombra de uma castanheira, peça um copo de cerveja e aproveite a vida. Isso é Munique. Sua reflexão pode ser acompanhada por uma cítara, um acordeão ou uma banda, tudo parte da sentimentalidade sedutora e do agradável *Gemütlichkeit* (conforto) encontrado nos *biergartens*. **Ver pág. 280**

Passear pelo Viktualienmarkt de Munique. Você não concorda que mercados públicos mostram a alma de uma cidade? O *Viktualienmarkt,* no coração de Munique, existe há 200 anos, com lojas e barracas abertas diariamente para atrair seu olfato, tentar suas papilas gustativas e divertir seus sentidos. Pegue algo para comer e leve até o *biergarten* do mercado para fazer uma refeição ao ar livre. **Ver pág. 286** (5).

Descobrir o rococó no Wieskirche. Se você é fã do estilo rococó, entre nesta igreja no sul da Baviera e esteja preparado para se impressionar. A luz flui através da cúpula, iluminando um interior brilhante com coroas suspensas, espirais e grinaldas de estuque folhadas a ouro e muitos anjinhos. **Ver pág. 328,** 3.

Subir o Zugspitze. A partir da estação de trem em Garmisch-Partenkirchennos Alpes Bávaros, uma ferrovia de trens de rodas dentadas e um bonde levam você até o topo do Zugspitze, pico mais alto da Alemanha, com 2.960 metros. A experiência faz com que você queira cantar como os montanheses. **Ver pág. 324,** 3.

Andar pela Altstadt (Cidade Antiga) de Linau . É um prazer caminhar por esta agradável, pequena e tranquila cidade ilha. Os alemães a chamam de "pequeno Mediterrâneo" por seu clima ameno, luz tão branda e flores tão vívidas. A grande extensão do Bodensee (Lago Constância), o maior lago da Alemanha, faz com que você se sinta como se estivesse à beira-mar. **Ver pág. 390.**

Fazer um tratamento de banho completo em Baden-Baden. Se asseio estiver próximo de religiosidade, você talvez se sinta divinizado quando sair do complexo de banhos de Friedrichbad. Seguindo os antigos procedimentos de banho dos romano–irlandeses, você passa por uma série de salas de vapor de morno a quente e tem seu corpo vigorosamente esfregado por um funcionário do local, para depois chegar às piscinas frias. Finalmente, você é enrolado em uma toalha e pode tirar um cochilo completamente limpo e relaxado. **Ver pág. 382,** 7.

Finalmente Visitar o castelo de Schloss Neuschwanstein. Quantas fotos você já viu do castelo de Luis II, conhecido como o Rei Louco? É o local mais fotografado de toda a Alemanha. E um dos mais visitados. Mesmo assim, andar pelo local — relacionando as imagens à realidade — é um dos momentos mais memoráveis de qualquer viagem à Alemanha. **Ver pág. 338,** 2.

Vestir-se para o Carnaval em Colônia. A cidade do rio Reno celebra seu Carnaval anual antes da Quaresma com uma explosão de cores e uma exibição de folia que facilmente desfaz a personalidade séria geralmente atribuída aos alemães. **Ver pág. 442.**

Degustar vinhos no vale do Mosela. A colheita de uvas no outono é a melhor época para visitar os vinhedos do rio Mosela, mas as vinícolas recebem os visitantes o ano inteiro para degustar suas safras. Entre as melhores estão a Schloss Landerberg, próxima de Cochem, e a Prüm Winery, em Wehlen. **Ver pág. 456.**

Deixar as crianças brincarem com ratos. Os roedores em questão são de Hamelin e — você ficará feliz em saber — não são reais. Nesta cidade conhecidamente infestada por ratos, você pode assistir uma peça de teatro ao ar livre que reconta a história do Flautista de Hamelin, comprar todos os tipos de lembranças relacionadas a eles e jantar no Rattenfängerhaus (Casa do Caçador de Ratos). **Ver pág. 515,** 8.

Caminhar sobre a água. Ou andar onde havia água alguns minutos antes e haverá novamente daqui a algumas horas. A maré baixa no mar de Wadden expõe o solo e, em especial, os passeios *Wattwandern* (caminhada pelo lamaçal quando há maré baixa), onde você anda por esta notável paisagem — as ilhas Frísias. **Ver pág. 535.**

Chegar a Helgoland. A maioria das balsas não pode atracar nesta ilha do mar do Norte, o que faz com que os passageiros tenham que entrar em pequenos barcos abertos para chegar à ilha dos navios ancorados na baía. Fica... interessante quando há algum tipo de correnteza no mar. **Ver pág. 565**

Nossas Pequenas e Médias Cidades Favoritas

> *As Torres góticas Heiliggeistkirch no Markplatz de Munique, a quadra mais movimentada da cidade.*

Meissen. A cidade, às margens do rio Elba e próxima a Dresden, é, desde 1710, beneficiada pelas suas conexões com a porcelana fina que produz. Monumentos góticos de séculos passados e o castelo de Albrechtsburg, com suas torres, acrescentam muito ao charme do local. **Ver pág. 151,** 10.

Quedlinburg. Esta cidade histórica, próxima às montanhas Harz, é extraordinariamente bonita e ainda não muito conhecida fora da Alemanha. Suas origens remontam à colonização saxônica no início do século XX. O local sobreviveu intacto à Segunda Guerra Mundial e tem mais de 1.600 prédios com partes de madeira — mais do que qualquer outro no país. Toda a Cidade Antiga é considerada Patrimônio Mundial pela UNESCO. **Ver pág. 186.**

Nuremberg. É, certamente, uma cidade com um passado. Durante o Renascimento, foi o lar de Albrecht Dürer, o maior artista do período, e floresceu como um centro das artes. Durante a era nazista, recebeu enormes comícios de adoração a Hitler, e foi quase arrasada durante a Segunda Guerra Mundial. Porém, quando ressurgiu, Nuremberg virou um dos centros urbanos mais atraentes da Alemanha, com grandes áreas para pedestres, belos museus e um ambiente que olha para o passado, mas focado no presente. **Ver pág. 226.**

Rothenburg ob der Tauber. A Estrada Romântica leva você a diversas cidades medievais, mas Rothenburg é a principal delas. Não é difícil se apaixonar por esta parte pitoresca da antiga Alemanha, em que caminhar pelas vielas de pedra o leva de volta centenas de anos, para um tempo anterior a carros, café, computadores, celulares e aparelhos de GPS. Você consegue imaginar? **Ver pág. 236.**

Lindau. Não há muito o que fazer nesta adorável cidadezinha no Bodensee (lago

Constância) — exceto aproveitar o lugar. Há um cassino se você gostar de jogar e um ou dois pequenos museus, mas Lindau basicamente é para relaxar: andar pela charmosa Altstadt (Cidade Antiga), ligada ao continente por um passadiço; tomar um café ou taça de vinho num restaurante à beira do lago; ou jantar ao lado do porto com suas luzes cintilantes. **Ver pág. 390.**

Heidelberg. A vista do castelo de Heidelberg, em que é possível vislumbrar os telhados da Altstadt (Cidade Antiga) aninhados ao largo do rio Neckar, é clássica. E a própria Heidelberg é clássica também; para muitos, na verdade é a essência da cidade alemã "romântica". Local da universidade mais antiga da Alemanha, Heidelberg tem um núcleo urbano que permaneceu quase intacto na Segunda Guerra Mundial. O que isto significa é que você pode ver traços arquiteturais que datam da Idade Média e seguem até os dias de hoje. **Ver pág. 424.**

Moschau. Durante a Segunda Guerra Mundial, os comandantes da Alemanha se recusaram a mandar a artilharia atirar neste posto ocupado pelos EUA porque a perda para a herança da Alemanha seria muito grande. Por conta disso, os prédios desta pequena cidade, com estruturas originais em madeira,sobrevivem para encantar visitantes até hoje. **Ver pág. 443, 5.**

Bad Karlshafen. Os belos arredores no rio Weser, entre as colinas e florestas da Weserbergland, e sua conexão histórica com os huguenotes franceses significam que esta cidade spa do século XVIII tem mais a oferecer que seus prédios em estilo barroco e ruas de pedra. **Ver pág. 514, 4.**

Lüneburg. O sal pode até não parecer uma fonte de encantamento mas, voltando no tempo, foi ele que assentou as bases para a ascensão de Lüneburg à riqueza e ao status na Liga Hanseática. Muito da Cidade Antiga permanece com ar medieval, ainda que um pouco primitivo. **Ver pág. 550.**

Goslar. Até os reis e imperadores alemães medievais gostavam de ver e serem vistos neste centro da indústria de mineração de prata nas montanhas Harz — por isso, há muitas razões para visitar o local. Toda a Cidade Antiga inteira é considerada Patrimônio Mundial pela UNESCO. **Ver pág. 544.**

> *Antigo centro da indústria da mineração de prata, Goslar agora é uma lembrança charmosa da era medieval nas montanhas Harz.*

Friedrichstadt. Você talvez pense que está na Holanda na pequena Friedrichstadt, fundada em 1621 numa tentativa de rivalizar com Amsterdã e povoada por colonizadores holandeses que tentaram fazer como se estivessem "em casa" por meio de canais e prédios triangulares. **Ver pág. 568, 1.**

Stade. Ofuscada como cidade de comércio marítimo por Hamburgo, Stade consolidou seu status pelo rio Elba. O espírito dos séculos passados a envolve como uma névoa do mar do Norte, e até o impulso turístico atual não tirar o clima antigo que a cerca. **Ver pág. 612.**

Os 10 Principais Marcos que Devem ser Vistos na Alemanha

> *O Portão de Brandenburgo, arco de arquitetura prussiana, é um dos marcos mais reconhecidos de Berlim.*

Reichstag. O local do parlamento da era imperial da Alemanha carrega um grande peso da história do século XX. Ele agora é a casa do Parlamento Federal da nação, e suas abóbodas contemporâneas de vidro simbolizam a abertura e transparência da democracia alemã do século XXI. Você pode acompanhar uma sessão do parlamento (reserve com antecedência), ir até o teto para ter uma bela visão de Berlim e jantar em um restaurante no topo. **Ver pág. 69,** 6.

Brandenburger Tor (Portão de Brandenburgo). Localizado ao lado do Reichstag, este arco triunfal prussiano compartilha algumas das associações históricas do prédio. Ele se tornou um símbolo popular de Berlim e tem um ar distintamente despreocupado, com as pessoas andando entre o Tiergarten e Unter den Linden através das suas passagens repletas de colunas. Em cima do monumento está uma quadriga, ou carro puxado por quatro cavalos, comandado pela deusa da paz e da vitória da mitologia grega. **Ver pág. 69,** 7.

Schloss Snassouci. O rei Frederico, que comandou a Prússia no século XVIII e era conhecido como "o Grande", construiu este belo e pequeno — bem, relativamente pequeno — palácio rococó de um andar em Potsdam para ser sua escapada particular "despreocupada" das obrigações do governo. Ele entretinha convidados aqui, às vezes com performances de suas próprias composições musicais clássicas. O palácio, que é vizinho de outras construções prussianas de mesmo estilo, só que maiores, fica de frente para um grande jardim ornamental. **Ver pág. 130,** 1.

Zwinger. Primeiro entre os muitos monumentos espetaculares de Dresden, o maravilhoso Zwinger foi criado nos séculos XVIII e XIX, em uma mistura de estilos barroco e neoclássico, e é um complexo grande e multifacetado de pavilhões, galerias, jardins e ornamentos aquáticos, projetado originalmente para hospedar coleções de belas artes e instrumentos científicos, entre outros objetos, pertencentes ao Estado. As mostras estão lá até hoje, e o ideal é separar pelo menos metade de um dia para visitar o local. **Ver pág. 166,** 1.

BMW Welt (Mundo BMW). O prédio que leva o nome da BMW não serve de propaganda para a empresa automotiva de Munique, mas sim para o próprio complexo, cuja impressionante estrutura abriga um museu e uma fábrica. Projetado pela firma de arquitetura Coop Himmelb(l)au e aberto em 2007, o BMW Welt possui uma torre em forma de ampulheta com um chamado "dispositivo de exibição e experiência de cliente" com energia solar, onde os modelos mais recentes da BMW ficam expostos como deuses em quatro rodas. O local faz com que a sua concessionária Toyota local pareça um mercadinho qualquer. **Ver pág. 269, 5.**

Schloss Nymphenburg. Diferentemente do palácio de cidade de Wittelsbach, em Munique, que se parece com uma fortaleza proibida, a área de verão fora do centro da cidade é incomumente elegante e quase delicada. Isto porque, em 1702, o Eleitor[1] Max Emanuel decidiu alargar a casa de campo em estilo italiano original acrescentando quatro grandes pavilhões conectados por passagens com arcos. Com jardins magníficos, amplas piscinas e fontes com jatos, o Schloss Nymphenburg (Palácio Nymphenburg) é um monumento ao poder e prestígio de uma era, cujas sensibilidades estéticas começavam a aparecer com destaque. **Ver pág. 274, 2.**

Wieskirche. Do lado de fora, trata-se de um local que poderia passar batido em um eventual passeio — de fato, é uma igreja que está isolada em um campo nos alpes muito bonito (*Wieskirche* significa "igreja no campo") e tem muitas das características das construções bávaras da época barroca. Mas basta entrar para entender por que a Wieskirche se tornou um exemplo mundialmente famoso do rococó em sua forma mais alegre. Uma vez vista, a experiência é inesquecível. **Ver pág. 328, 3.**

Schloss Neuschwanstein. Se há uma referência alemã maior que o Castelo de Neuschwanstein, gostaríamos de saber qual é. Há décadas, imagens deste "local de contos de fadas" construído no alto de um rochedo no sul da Baviera têm sido vistas em pôsteres de viagem e nas capas de guias. Vê-lo ao vivo é como realizar um sonho de criança. **Ver pág. 338, 2.**

Schloss Heidelberg. Apesar de ter grande parte de sua estrutura em ruínas por conta de bombardeios e ter sido alvo de raios ao longo dos anos, o Castelo de Heidelberg ainda domina a cidade e atrai visitantes do mundo inteiro. Francamente, é mais o cenário que o castelo em si — ou o que resta dele — que torna a visita uma experiência memorável. Com a vista de Heidelberg e o rio Neckar abaixo, é fácil saber por que os pintores e poetas românticos alemães ficavam tão apaixonados pelo local e encontravam tanta inspiração por lá. **Ver pág. 427, 8.**

> O Kölner Dom (Catedral de Colônia) levou mais de 600 anos para ser terminado e é um símbolo da devoção religiosa histórica da cidade.

Kölner Dom (Catedral de Colônia). Mais de 300 anos de trabalho durante seis séculos (incluindo reparos pós-guerra) foram necessários para criar o maior castelo gótico alemão — e, de fato, um dos maiores da Europa. Vistas de muito além da cidade banhada pelo rio Reno, as espirais gêmeas incrivelmente altas retratam tanto a ideia eclesiástica medieval de uma "Jerusalém do norte" quanto de uma Colônia moderna e vibrante. **Ver pág. 482, 1.**

1 N.E.: Príncipes germânicos que votavam na escolha dos novos imperadores do Sacro Império Romano.

O Melhor da Alemanha ao Ar Livre

> *As colinas e lagos do Thüringer Wald atraem fãs de atividades ao ar livre no verão e no inverno.*

Grunewald. Berlim tem um grande número de parques, mas o projeto da maioria deles não inclui uma relação muito íntima com a natureza. Não é bem o caso do extenso Grunewald (floresta verde), antigamente uma reserva de caça da realeza prussiana. É o local perfeito para uma caminhada ou corrida. **Ver a pág. 65 10.**

Nationalpark Sächsische Schweiz (Parque Nacional da Suíça Saxônica). Para os europeus, Suíça significa "montanhoso", e embora os picos da Saxônia sejam menores que os dos Alpes, atingem alturas respeitáveis. A altitude menor da parte alemã das montanhas Sandstone do Elba é compensada pelo seu charme rústico. **Ver pág. 163, 3.**

Naturalpark Thüringer Wald (Parque Nacional da Floresta da Turíngia). Esta floresta repleta de colinas se espalha por uma parte considerável do estado da Turíngia; é um grande destino para trilhas de verão, assim como para esportes de inverno que incluam esquiar montanha abaixo (embora a maior parte dos esquiadores que por lá passam só consigam praticar o cross-country). **Ver pág. 164, 5.**

Fazer trilhas pelo Alpspitz e pelos Alpes Bávaros. Munido de boas botas e um bastão para trilha, pegue o teleférico Kreuzeckbahn, em Garmisch-Partenkirchen, até Alpspitz e desça para iniciar diversos caminhos por trilhas bem inclinadas. Você vai se divertir no belo cenário alpino, respirando ar fresco e fazendo um bom exercício físico. Os Alpes Bávaros oferecem uma grande variedade de caminhos com diversos graus de dificuldade. **Ver pág. 350, 5.**

Esquiando em Garmisch-Partenkirchen. Garmisch-Partenkirchen é a estação de esqui número um da Alemanha desde que o local sediou os Jogos Olímpicos de Inverno, em 1936. Saindo da cidade, é possível chegar ao local de ônibus, trem ou até mesmo a pé. A geleira de Zugspitze, onde também é possível esquiar, pode ser acessada por trens de rodas dentadas e teleférico. Ir ao topo do Zugspitze, o pico mais alto da Alemanha, é uma atividade popular até

> *Garmisch-Partenkirchen, palco dos Jogos Olímpicos de Inverno de 1936, ainda atrai aos Alpes Bávaros esquiadores talentosos e em busca de emoção.*

para aqueles que não são esquiadores. **Ver pág. 348.**

Andando de bicicleta pelo Bodensee. A pista que cerca o lago é razoavelmente plana, o clima é ameno e frequentemente ensolarado — ao contrário do restante da Alemanha — , e o belo cenário inclui pomares, cidadezinhas charmosas e as águas claras do Bodensee (Lago Constância): com tantas coisas boas, não é nenhuma surpresa o fato de aproximadamente 380 mil pessoas andarem de bicicleta pelo Bodensee todo ano. No site www.bicyclegermany.com, é possível encontrar informações para fazer um passeio de bicicleta autoguiada de quatro dias pelo local, além de muitas informações valiosas sobre ciclismo na Alemanha. Ver "Travel Trip", **pág. 376.**

Eifel. Situada aproximadamente entre Colônia e Trier (e "aproximadamente" é uma palavra bem apropriada para Eifel), esta região de floresta esparsamente povoada e cheia de colinas vai até vulcões dormentes na sua parte sul, a Vulkaneifel. Suas estradas sinuosas são ótimas para andar de motocicleta. **Ver pág. 464,** 5.

Nationalpark Harz. Montanha mais alta do norte da Alemanha, Brocken fica dentro da velha faixa montanhosa Hartz. Lagos, florestas, cidades movimentadas, boas opções de alimentação e esportes de inverno atraem visitantes de todas as partes para o Parque Nacional Harz. **Ver pág. 527,** 3.

Naturpark Lüneburger Heide. É irônico que o Parque Natural Descampado Lüneburger — um grande pedaço que mistura descampado, pântano e brejo — seja caracterizado como "natural", já que as florestas que o cobriam foram desmatadas. Ainda assim, o local, amplo e plano, é ótimo para caminhar, andar de bicicleta e a cavalo. **Ver pág. 528,** 6.

Stylt. Ilha situada mais ao norte da Alemanha, Stylt é uma mistura estranha de viajantes chiques e natureza selvagem, pois fica totalmente no caminho das tempestades do mar do Norte. Deixe de lado as ofertas hedonísticas para se aventurar em uma prancha de windsurf e sentir a brisa de algumas de suas belas praias. **Ver pág. 571,** 5.

Nationalpark Jasmund. Basta um piscar de olhos e você pode perder o Parque Nacional de Jasmund — o menor de todos da Alemanha, na ilha Rügen. Isso sem mencionar que você corre o risco de cair nos seus desfiladeiros marítimos, tão brancos como um giz, e mergulhar no azul brilhante do mar Báltico. **Ver pág. 566.**

Os Melhores Festivais

> *O colorido e animado carnaval de Colônia, realizado antes da Quaresma, atrai foliões fantasiados de todo o mundo.*

Festival Internacional de Cinema de Berlim. Grandes nomes do cinema internacional se juntam a estrelas alemãs para esta festa anual. O mascote da festa em Berlim é um urso marrom e os melhores filmes exibidos no principal festival de filmes do país competem pelo Urso de Ouro e pelo Urso de Prata. **Ver pág. 125**.

Dresdner Musikfestpiele (Festival de Música de Dresden). Continuando a tradição de festivais dos antigos Eleitores da Saxônia, o festival anual de música da cidade aproveita suas construções barrocas para fazer uma festa de música sinfônica e de câmara, junto com ópera, balé e jazz. **Ver pág. 170.**

Historisches Festpiel, Rothenburg ob der Tauber. Realizado na cidade medieval de Rothenburg, o Historisches Festpiel (Festival de História) gira em torno de uma peça apresentada anualmente chamada *Der Meistertrunk* ("O Gole de Mestre"), que conta a história de como um prefeito salvou a cidade da destruição em 1631 aceitando o desafio de um general, que disse que pouparia Rothenburg se um cidadão conseguisse beber uma enorme taça de vinho em apenas um gole. O festival acontece em um período de quatro dias a cada Whitsuntide (Pentecostes, o sétimo domingo após a Páscoa). **Ver pág. 238.**

Mozarfest Würzburg. Fundada em 1921, a Mozarfest Würzburg é um dos principais festivais de música da Europa. Todo ano, cerca de 50 concertos apresentando alguns dos maiores músicos do mundo são realizados do fim de maio ao início de julho no palácio Residenz em Würzburg. Würzburg marca o início da Estrada Romana — portanto, nada mais civilizado que assistir a uma apresentação antes de ir para o sul por uma das estradas com as paisagens mais bonitas da Alemanha. **Ver pág. 242.**

Oktoberfest, Munique. Mesmo se você não bebe cerveja, provavelmente já ouviu falar da Oktoberfest de Munique (www.oktoberfest.de). Ironicamente, apesar do seu nome, a maior festa de cerveja do mundo ocorre na sua maior parte em setembro. Para a Oktoberfest, que pode atrair até cinco milhões de pessoas por ano, as cervejarias locais erguem enormes tendas, cada uma para 6 mil pessoas, com bebida e comida (incluindo bois assados) em uma atmosfera, às vezes, barulhenta que inclui bandas, cantorias, brinquedos para as crianças e muitas roupas típicas. Você não tem que beber cerveja, é claro, embora ela sirva como um lubrificante público. **Ver pág. 278.**

Fasching (Carnaval), Munique. O Fasching, ou Carnaval, muitas vezes é chamado da "Quinta Estação" ou "Estação dos Bobos" na Alemanha. Basicamente, é uma festa tardia de inverno que começou como uma forma de os alemães do sul católico relaxarem e se divertirem antes do início do período da quaresma. A programação inclui festas, bailes e um festival de rua com comida e música. **Ver pág. 543.**

Weinkost (Feira de Vinho e Comida), Freiburg im Breisgau. Munique e Stuttgart comemoram suas cervejas, mas Freiburg, no sul da Floresta Negra, celebra seus vinhos locais. A Weinkost, uma degustação pública de vinho com produtos da área de Freiburg, começa em julho ou agosto e dura nove dias. Comerciantes locais armam tendas e oferecem vinhos e especialidades da comida local. Visite www.freiburg.de para obter mais informações. **Ver p.384, para mais detalhes sobre Freiburg.**

Festival da Cerveja, Stuttgart. Segunda maior festa de cerveja da Alemanha após a Oktoberfest de Munique, o Festival de Cerveja de Stuttgart nasceu em 1818, como um festival da colheita seguindo uma época de fome. O evento ocorre no final de setembro e inclui duas semanas de diversão com bandas em vestimentas tradicionais dentro de tendas de bebidas e um local com brinquedos na parte externa. Atraindo mais de cinco milhões de visitantes a cada ano, este evento da Suábia é um dos favoritos dos alemães e uma ótima opção se você já estiver cansado da cerveja da Baviera. Visite www.stuttgart.de para obter mais informações. **Ver pág. 430, para mais detalhes sobre Stuttgart.**

Richard-Wagner-Bayreuther-Festspiele, Bayreuth. Já que os ingressos são tão raros de encontrar quanto dentes em galinhas, provavelmente soa até um certo tom de brincadeira mencionar este evento mundialmente famoso, que acontece a cada verão. Culturalmente falando, porém, o festival é um dos eventos anuais mais importantes da Alemanha. O Festspiele (www.bayreuther-festspiele.de) é um programa de óperas

> *Bandas e vagões de cerveja puxados por cavalos iniciam com estilo as duas semanas do Festival de Cerveja de Stuttgart.*

escritas por Richard Wagner e executadas no Festspielhaus, que ele projetou e inaugurou em 1877. **Veja mais sobre Bayreuth na pág. 222.**

Cologne Karneval (Carnaval). Veja "Carnaval em Colônia" **Ver pág. 442**

Bremer Freimark. Por 17 dias (e uma considerável parte das noites) de outubro, o Bürgerweide, atrás da estação ferroviária central de Bremen, e o Marktplatz, na Cidade Antiga, reverberam com o barulho e o entusiasmo anuais do Mercado Livre de Bremen, a maior feira do norte da Alemanha. **Ver pág. 541.**

Walpurgisnacht (Noite de Walpurgis). Na Walpurgisnacht (30 de abril–1 de maio), nas montanhas Hartz, pessoas se vestem de bruxas, dançam com o demônio e se juntam na montanha Brocken para uma última farra antes que a primavera os disperse. Muitos habitantes das cidadezinhas da região de Hartz se juntam à diversão. **Ver pág. 526.**

As Melhores Experiências de Barco, Teleféricos e Trens

> *Uma linha de trem leva pessoas para a Zugspitze, a montanha mais alta da Alemanha.*

Subir a Zugspitze nos Alpes Bávaros. Chegar ao topo do Zugspitze, a montanha mais alta da Alemanha, começa em um trem em Garmisch-Partenkirchen e continua em um teleférico. Você pode realizar esta experiência alpina inesquecível em qualquer estação do ano. *Ver pág.* 324, 3.

Pegar o Belchen Seilbahn (Teleférico) na Floresta Negra. O Belchen é um famoso pico na Floresta Negra perto de Freiburg onde, segundo a tradição, bruxas e demônios se encontravam para dançar no sábado das bruxas. Mas, atualmente, você não precisa de uma vassoura para chegar ao topo porque é possível ir até lá de teleférico. Entre as recompensas estão uma bela visão panorâmica das montanhas, dos pastos nos lados das colinas, dos pequenos vilarejos e do vasto plano do Reno. **Ver pág.** 358, 5.

Andar de balsa para Mainau no Bodensee. O pitoresco Bodensee (lago Constância), o maior lago da Alemanha, exala um tipo de magia quente que lembra os alemães famintos por sol do Mediterrâneo. Balsas diárias de passageiros navegam pelas águas claras do Bodensee, parando na fabulosa ilha–jardim de Mainau, uma viagem diurna perfeita saindo de Lindau. **Ver pág** 361, 5.

Navegar pelo rio Mosela. Turistas podem realizar viagens diurnas no rio, saindo da cidade histórica de Trier para Koblenz e passando por famosas vinícolas no pitoresco vale do Mosela — especialmente durante a temporada de colheita da uva, no final do verão. **Ver pág. 461.**

Andar na ferrovia a vapor das montanhas Hartz. Caminhar pode parecer uma maneira saudável e ecológica de chegar ao topo da Brocken, a montanha mais alta do norte da Alemanha, mas os trens a vapor Harzer Schmalspurbahn que saem de Wernigerode e Drei Annen Hohne adicionam romance à subida. **Ver pág.** 527, 3.

Fazer um passeio pelo porto de Hamburgo. É possível sair de barco do cais de St. Pauli Landungsbrücken, no rio Elba, em passeios pelo rio, através do grande porto oceânico da cidade–porto e para os canais estreitos, repletos de depósitos. **Ver pág. 598.**

Andar de canoa nos lagos Mecklenburg. Há cerca de mil lagos no Distrito de Lagos de Mecklenburg, muitos deles conectados por um rio ou um canal, o que não torna a falta de opção um problema. Canoas de aluguel também estão disponíveis, assim como áreas para acampar, hotéis e restaurantes. **Ver pág. 588**

As Melhores Estradas Pitorescas

> *A Estrada da Crista da Floresta Negra é repleta de charmosos cenários bucólicos ao longo de seu trajeto.*

Estrada Romântica. A Romantische Strasse (Estrada Romântica), que se estende entre o rio Main e o início dos Alpes Bávaros, é uma das mais visitadas pelos turistas e tem como atração as belas cidades medievais. **Ver pág. 206.**

Estrada Alemã de Contos de Fadas. Os personagens coloridos dos Irmãos Grimm voltam a ganhar vida ao longo da Deutsche Märchenstrasse (Estrada Alemã de Contos de Fadas), que se estende, por 600 km, da pequena cidade de Hanau e vai para o norte, até Bremen (nosso itinerário vê em torno de um quarto de todo o caminho). Este é um dos melhores roteiros de carro na Alemanha para aqueles que adoram os personagens favoritos das crianças. **Ver pág. 512.**

Estrada Alpina Alemã. Charme arquitetônico e cenas deslumbrantes se combinam para uma experiência inesquecível na Deutsche Alpenstrasse (Estrada Alpina Alemã), uma rota de 488 km que passa pelos pés das montanhas dos Alpes Bávaros. **Ver pág. 332.**

Estrada da Crista da Floresta Negra. A Schwarz-waldochstrasse (Estrada da Crista da Floresta Negra) é uma das viagens de carro mais populares da Alemanha. As estradas secundárias, que vão de Baden-Baden a Freiburg im Bresgau, passam por muitos belos cenários e de arquitetura charmosa. **Ver pág. 362**

Vales do Reno e Mosela. Dirigir pelos rios Reno e Mosela o levará direto a castelos históricos, vilarejos com vinícolas e alguns dos vinhedos mais famosos do país. **Veja "Indo pelo Reno de Mainz a Bonn", pág. 450, e "A Renânia e o Vale do Mosela para Apaixonados por Vinho", na pág. 456.**

Os Melhores Hotéis de Luxo

> *O magnífico hotel Mandarin Oriental de Munique, localizado próximo ao coração da cidade, é conhecido pela simpatia e cordialidade de seus funcionários.*

Adlon Kempinski, Berlim. Qualquer hotel a oeste de Unter den Linden, junto à Pariser Platz e com vista para o Portão de Brandenburgo, tem pelo menos três pontos favoráveis: localização, localização e localização! O Adlon Kempinski de hoje é uma digna recriação do antigo hotel Adlon, o mais famoso e glamouroso da Grã-Bretanha de antes da guerra. **Ver pág. 115.**

Taschenbergpalais Kempinski, Dresden. No início do século XVIII, o Eleitor da Saxônia construiu um palácio barroco para sua cortesã favorita, a condessa Cosel. Embora tenha ficado em ruínas na última guerra, o prédio de cinco andares foi muito bem restaurado , e agora é o melhor e mais luxuoso de Dresden. **Ver pág. 175.**

Kempinski Hotel Vier Jahreszeiten München. Há mais de 150 anos, este famoso hotel é considerado a estrela do ramo em Munique, atraindo os ricos, famosos e todos que têm condições de se hospedar nele. Os quartos e banheiros são amplos e luxuosos, enquanto o spa, as piscinas e a sala de ginástica são os melhores de Munique. Como seria de se esperar, o local também tem comida de qualidade. **Ver pág. 309.**

Mandarin Oriental, Munique. O que não falta em Munique são hotéis de qualidade, mas o Mandarin Oriental se destaca pela elegância contemporânea e qualidade superior dos confortos no quarto. A equipe na butique de luxo do hotel é simpática, e genuinamente apta a agradar. O restaurante tem uma estrela Michelin. E sua localização, no centro da cidade, é absolutamente perfeita. **Ver pág 309.**

Der Kleine Prinz, Baden-Baden. Der Kleine Prinz (o nome deriva do clássico infantil *O Pequeno Príncipe*) é um hotel butique com serviço completo e padrões impecavelmente altos de conforto e serviço pessoal. Os quartos são decorados individualmente e confortáveis ao extremo. Próximo a todas as principais atrações de Baden-Baden, o Der Kleine Prinz também tem um restaurante de primeira classe. **Ver pág 383.**

Der Europäische Hof-Hotel Europa, Heidelberg. De propriedade e administração familiar, este estabelecimento luxuoso , localizado a apenas alguns minutos da Altstadt (Cidade Antiga) de Heidelberg, é o único hotel cinco estrelas da região inteira do Reno–Neckar. Os quartos são grandes e mobiliados tradicionalmente, o serviço é impecável e a piscina e a área da sauna, na parte superior do hotel, são perfeitas para relaxar após uma visita ao castelo de Heidelberg. **Ver pág. 428.**

Park Hotel Bremen. Este belo hotel ocupa um local invejável, em um parque com lagos sinuosos e árvores exóticas, no limite da Cidade Antiga. Seu domo marrom avermelhado e asas laterais proporcionais foram construídos em 1955 para imitar um pavilhão da virada do século XX. **Ver pág. 542.**

Fairmont Hotel Vier Jahreszeiten, Hamburgo. Fundado em 1897, este hotel de "connoisseurs" na Binnenalster poderia ser o melhor da Alemanha. Ele tem um interior de estilo baronial, repleto de tapetes orientais e mobiliário nobre, mas também tem toques de luxo moderno, que reflete a vibração de Hamburgo. **Ver pág. 604.**

Nossas Hospedagens e Pousadas Favoritas

> *O confortável ambiente do Grand Hotel Orphée de Regensburg é semelhante ao de uma clássica hospedaria, com um charme antigo e tem um ótimo restaurante francês.*

Grand Hotel Orphée, Regensburg. Três prédios diferentes em diferentes partes de Regensburg abrigam três hotéis Orphée, mas o Grand Hotel Orphée, na Altstadt (Cidade Antiga), é o que mais parece com uma hospedaria antiga, com a vantagem extra de ser ligado ao Restaurante Orphée, inspirado na França. **Ver pág. 235.**

Zum Roten Bären, freiburg im Breisgau. "O Urso Vermelho" alega ser a hospedagem mais antiga da Alemanha. No entanto, o local também possui uma ala nova — como muito de Freiburg, teve que ser consideravelmente reconstruído após a guerra. Não é sofisticado, mas é confortável, amigável e tem um restaurante digno de menção, que serve especialidades regionais e vinhos locais. **Ver pág. 389.**

Luisenhof, Berlim. Uma casa muito nobre, criada em 1822, contém um dos pequenos hotéis mais procurados na parte oriental de Berlim. Seus cinco andares de quartos com teto alto foram feitos em estilo conservador e tradicional. **Ver pág. 119.**

Galerie Hotel Leipziger Hof, Leipzig. Esta casa do século XIX fica em um conjunto de prédios semelhantes logo a leste da Hauptbanhof, a principal estação de trem de Leipzig. Pinturas e esculturas contemporâneas de artistas locais transformam cada quarto em uma minigaleria de arte. **Ver pág. 185.**

Alte Thorschenke, Cochem. Hotel e restaurante com sua própria vinícola, o Alte Thorschenle, de localização central, é um dos mais antigos e conhecidos estabelecimentos em ambos os lados do Mosela. O prédio planejado romanticamente, com suas partes de madeira e torres, data de 1332. **Ver pág. 461.**

Christinenhof, Hameln. As janelas de empena deste prédio de 300 anos e com estruturas de madeira contemplam uma rua de pedras no meio da movimentada Cidade Antiga. Entretanto, a fachada antiga contrasta com o interior do local, moderno e repleto de confortos da vida agitada dos dias de hoje. **Ver pág. 517.**

As Melhores Refeições

> *O Fischereinhafen, em Hamburgo, serve os melhores frutos do mar da cidade, com direito a uma bela vista do rio Elba.*

Alt Luxemburg, Berlim. Localizado na parte antiga e elegante de Berlim, o chef Karl Wannermacher oferece em seu restaurante um serviço despretensioso e, ao mesmo tempo, cortês. Uma lista de vinhos finamente balanceada complementa os pratos preparados de forma tentadora, com ingredientes frescos e de qualidade. **Ver pág. 107.**

Lutherstuben, Eisenach. Em uma cidade histórica que é ponte para a floresta da Turíngia — uma região onde virtudes antigas continuam fortes — o restaurante satisfaz a todos com seu estilo medieval e pratos fartos, que saem de sua cozinha aberta. **Ver pág. 179.**

Hofbräuhaus am Platzl, Munique. Não é a comida — substancial e saciadora em vez de refinada — que torna o jantar no mundialmente famoso Hofbräuhaus uma experiência única. Ao sentar em uma mesa com diversas pessoas no amplo *Schwemme* (sala de chás) com uma banda tocando músicas bávaras e garçons correndo com bandejas de linguiça e presunto, o barulho de conversa e risadas se torna tão importante quanto a própria refeição. **Ver pág. 302.**

Zum Roten Bären, Freiburg im Breisgau. O restaurante na hospedaria mais antiga de Freiburg não é excessivamente sofisticado, mas tem uma das melhores cozinhas da região. E é um ótimo lugar para provar especialidades sazonais feitas com ingredientes locais, com o *Spargel* fresco (aspargos brancos, disponíveis em maio e junho) e ganso assado (novembro e dezembro). Para acompanhar a refeição, beba um copo de vinho fresco dos vinhedos próximos, em Kaiserstuhl. **Ver pág. 389.**

Der Kleine Prinz, Baden-Baden. O menu do Pequeno Príncipe mostra a generosidade de comida e vinho produzidos na Floresta Negra — tudo servido aqui é feito em casa, a partir dos melhores e mais frescos ingredientes locais (as tradições de cozinhar da França, próxima, também influenciam a cozinha). As ofertas do menu mudam diariamente, mas não há como errar entre tantas opções saborosas. **Ver pág. 383.**

Fischereihafen, Hamburgo. Este restaurante de Altona serve um cardápio verdadeiramente local e os melhores frutos do mar da cidade. Figurões do governo e estrelas internacionais já foram vistos por lá — mas pessoas comuns não serão desprezadas. Imagine tudo isso com as janelas abertas para a vista do rio Elba. **Ver pág. 605.**

Ratskeller zu Lübeck. Você comerá como um lorde no restaurante da adega da prefeitura, ou, de qualquer forma, como um vereador da cidade ou mercador. Aproveite uma refeição farta, como a dos dias de glória de Lübeck como uma das forças da Liga Hanseática medieval. **Ver pág. 609.**

Os Melhores Mercados

> *O Markt am Winterfelstplatz, conhecido mercado de rua de Berlim, oferece diversos produtos antigos, que vão de comidas finas a roupas, entre outras opções.*

Markt am Winterfeldplatz, Berlim. Popular e muito sofisticado, este mercado de rua localizado em uma quadra proeminente de Schöneberg oferece diversas comidas e bebidas típicas, além de roupas, utensílios domésticos e muito mais. Ver pág. 105.

Dresdner Striezelmarkt (Dresden). Este está entre os mercados mais procurados da Alemanha para as compras de Natal. Nas quatro semanas anteriores à data, 250 barracas armadas no coração da cidade vendem ornamentos tradicionais das montanhas Ore e muitos outros itens de artesanato. Ver pág. 173.

Christkindlemarkt, Nuremberg. Todo mês de dezembro, cerca de dois milhões de visitantes vão a Nuremberg aproveitar o antigo e sempre agradável Christkindlesmarkt, o mercado de Natal mais famoso da Alemanha. Aproximadamente 180 barracas de madeira, enfeitadas com tecido vermelho e branco, são colocadas bem no centro da cidade e vendem comida tradicional e produtos artesanais como o bolo de gengibre temperado de Nuremberg, pães de frutas, anjos de árvores de Natal, manjedouras, ornamentos de árvores, velas, linguiça assada e canecas de vinho aquecido com açúcar e condimentos. Ver pág. 230.

Viktualienmarkt, Munique. Há 200 anos, o Viktualienmarkt tem sido o principal mercado ao ar livre de Munique. Andar por este festival diário de comidas e bebidas é um prazer para todos os sentidos — há todos os tipos de produtos que se possa imaginar, maravilhosamente expostos e tentando olhos, nariz e paladar. Ver pág. 286, 5.

Mercado de Pulgas da Cidade Antiga, Hanôver. Se você estiver passando por Hanôver em um sábado, talvez a caminho de uma visita aos Herrenhausen Gardens, no norte da cidade, dê uma parada neste colorido e movimentado mercado junto ao rio Leine, no limite da Cidade Antiga. Ver pág. 548.

Fischmarkt, Hamburgo. Iniciando às 5 h de domingo (no verão), o Mercado de Peixe ao lado do rio na Grosse Elbstrasse, no distrito de Altona, em Hamburgo, atrai pessoas que formam longas filas em suas lojas desde a madrugada. Ver pág. 603.

2

Os Melhores Passeios de Toda a Alemanha

Destaques da Alemanha

A Alemanha é um país grande — e quanto dele você pode ver em uma semana? Bastante, se você seguir nossas sugestões. Para esta viagem, escolhemos cinco cidades únicas, interessantes e muito diferentes que resumem regiões específicas do país. Não haverá tempo para explorar o interior nesta semana corrida, mas este itinerário ajudará a ter uma visão geral do país como um todo, assim como de algumas cidades que o tornam tão especial.

> *PÁGINA ANTERIOR: O Impressionante Schweriner Schloss de Schwerin. NESTA PÁGINA: A Alexanderplatz, em Berlim.*

PONTO DE PARTIDA Voo até Frankfurt.
DURAÇÃO DA VIAGEM: 1 semana.

1 **Frankfurt.** As atrações da cidade, embora suficientemente respeitáveis, não são iguais às de Berlim e Munique. Por isso, uma visita ao local tem de ser aproveitada ao máximo do minuto que você sai (ou vai para) o aeroporto. Vá primeiro para **Römerberg** (pág. 474, 2), a principal praça medieval da cidade (reconstruída após a Segunda Guerra Mundial), no coração da **Altstadt** (Cidade Antiga; pág. 474, 1). Lá fica o **Römer**, sede da prefeitura de Frankfurt. Se quiser ir a um museu, vá ao **Städel** (pág. 480 7), a galeria de arte mais importante da cidade, ou ao **Liebieghaus** (pág. 480, 8), pela sua maravilhosa coleção de esculturas. Uma outra boa alternativa de alta cultura é visitar as casas onde **Anne Frank** morou durante sua infância (veja "Anne Frank em Frankfurt, pág. 475). 1 dia.

Pegue um trem ICE (alta velocidade) na Hauptbahnhof (estação principal) de Frankfurt para Colônia (tempo de viagem: 1 h 20 min).

0 50 mi
0 50 km
DINAMARCA
Bornholm (DINAMARCA)
Báltico Mar
Mar do Norte
Sylt
Ilhas Frísias do
Flensburg
Schleswig
Baía de Kiel
Kiel
Hiddensee
Rügen
Baía de Mecklenburg
Stralsund
Baía de Pomerânia
SCHLESWIG-HOLSTEIN
Rostock
Greifswald
Lübeck
Wismar
MECKLENBURG-VORPOMMERN
Baía de Stettin
Ilhas Frísias
Cuxhaven
Wilhelmshaven
Bremerhaven
Hamburgo
Schwerin
Neubrandenburg
Müritzsee
Emden
Bremen
Lüneburg
Oldenburg
HOLANDA
NIEDERSACHSEN
BRANDENBURG
POLÔNIA
Celle
Brandenburg
Berlim
Frankfurt an der Oder
Hanôver
Osnabrück
Minden
Potsdam
Hildesheim
Braunschweig
Magdeburg
Münster
Bielefeld
Detmold
Hameln
Goslar
Reno
SACHSEN-ANHALT
Cottbus
NORDRHEIN-WESTFALEN
HARZ
Duisburg
Essen
Dortmund
Göttingen
Halle
Mönchengladbach
Kassel
Leipzig
Düsseldorf
SACHSEN
Görlitz
Colônia
Dresden
Eisenach
Erfurt
Weimar
Aachen
Siegen
HESSEN
Jena
Gera
Marburg
THÜRINGEN
Zwickau
Chemnitz
Bonn
THÜRINGER WALD
ERZGEBIRGE
Fulda
Koblenz
Bad Homburg
Mosela
Hof
Bad Kissingen
Coburg
Praga
Wiesbaden
Frankfurt am Main
Cheb
RHEINLAND-PFALZ
Mainz
Aschaffenburg
Bamberg
Bayreuth
Trier
Worms
Darmstadt
Würzburg
Plzeň
REPÚBLICA TCHECA
Mannheim
Nuremberg (Nürnberg)
SAARLAND
Ludwigshafen
Rothenburg ob der Tauber
FRÄNKISCHE ALB
BAYERISCHER WALD
Saarbrücken
Homburg
Speyer
Heidelberg
Schwäbisch Hall
České Budějovice
Karlsruhe
Regensburg
Pforzheim
BAYERN
FRANÇA
Stuttgart
Danúbio
Ingolstadt
Baden-Baden
Strasbourg
BADEN-WÜRTTEMBERG
Heidenheim
Passau
Tübingen
Landshut
SCHWARZWALD (FLORESTA)
Ulm
Linz
Augsburg
Munique
Freiburg im Breisgau
SCHWÄBISCHE
Rosenheim
Salzburg
Lörrach
Konstanz
Bodensee
Lindau
Füssen
Garmisch-Partenkirchen
Berchtesgaden
Basel
Zürich
Zugspitze
Innsbruck
ÁUSTRIA
LIECHTENSTEIN
SUÍÇA
ITÁLIA
ESLOVÊNIA
1 Frankfurt
2 Colônia
3 Berlim
4 Dresden
5 Munique

> *Cafés e pessoas enchem a Römerberg, a praça histórica e movimentada do mercado medieval de Frankfurt.*

2 **Colônia (Köln).** Não deixe de ver a **Kölner Dom** (Catedral de Colônia; pág. 482, 1), maior catedral gótica da Alemanha e um retrato impressionante da Idade Média no coração da cidade. A história da ocupação romana em Colônia, que servia como base de legionários e se chamava Colonia Claudia Ara Agrippinensium, está à disposição no **Römisch-Germanisches Museum** (Museu Romano-Germânico; pág. 484, 2), cujo acervo conta bem um dos períodos mais importantes do país. Boas alternativas são o **Museum Ludwig** (pág. 485, 3), para ver sua grande coleção de obras de Picasso e mais arte moderna, e o **Wallraf-Richartz-Museum** (pág. 485, 4), para ver os mestres antigos. Uma das melhores formas de ter uma bela vista da cidade é do Reno; diversas empresas oferecem **passeios de barco** no rio (veja "Passeios em Colônia", pág. 485). Não se esqueça de guardar tempo e energia para a vida noturna e opções de entretenimento da cidade (pág. 485). 🕒 1 dia.

Pegue um trem ICE na Hauptbahnhof de Colônia para a Hauptbahnhof de Berlim (tempo de viagem: 4 h 20 min).

3 **Berlim.** A longa viagem de trem de Colônia significa que você não conseguirá iniciar o passeio em Berlim antes de meio-dia. Chegue e vá do **Reichstag** (pág. 69, 6), sede do parlamento federal da Alemanha, até o **Portão de Brandenburgo** (pág. 69, 7), passando pelo **Unter den Linden** (pág. 54, 9), uma praça de belas paisagens.

Outra atração é a **Bebelplatz** (pág. 72, 8), local de arquitetura histórica imponente e que se tornou infame pelos nazistas que, em 1933, o usaram como local para queimar livros "não germânicos". Ao final da Unter den Linden, atravesse o rio Spree até o **Museumsinsel** (Ilha do Museu; pág. 80, 17) e visite um dos espetaculares museus de lá. À noite, aproveite a vida noturna da **Hackesche Höfe** (pág. 90, 4).

No segundo dia, vá à **Fernsehturm** (Torre de Televisão; pág. 91, 13), na Alexanderplatz, antes da abertura, para garantir um bom lugar na fila para subir no elevador até a impressionante vista do deque de observação da torre. Da Alexanderplatz, pegue um ônibus até a Pariser Platz e desça para caminhar pelo **Holocaust Memorial** (pág. 54, 7). Volte até a Pariser Platz no Portão de Brandenburgo e caminhe para oeste através do **Tiergarten** (pág. 96), o parque central de Berlim, até o **Siegessäule** (Coluna Vitória; pág. 69, 4). Pegue um ônibus até o início da **Kufürstendamm** (pág. 95, 15), a longa rua de compras que os berlinenses conhecem como a "Ku'damm". Almoce por ali, e então vá de ônibus até o **Schloss Charlottenburg** (Palácio Charlottenburg; pág. 68, 1). Faça deste palácio sua grande visita

Pegando o Trem

Fizemos este itinerário inteiro de uma semana para não usar automóvel. O serviço de trem entre todas as nossas cidades recomendadas é frequente e conveniente.

de museu do dia ou o veja por fora antes de retornar ao centro da cidade, de onde você pode chegar à **Gemäldegalerie** (Galeria de Imagens, pág. 78, 7) de ônibus, para ver algumas das maiores obras-primas de arte do mundo. Um **passeio de barco** à noite (pág. 139) no Spree é uma boa forma de terminar a jornada. 🕒 **2 dias.**

Pegue um trem ICE da Hauptbahnhof de Berlim para a Hauptbahnhof de Dresden (tempo de viagem: 2 h 30 min).

4 **Dresden.** Esta grandiosa cidade em estilo barroco, às margens do rio Elba, oferece tanta coisa para ver e fazer que reduzir seus destaques para um único dia envolverá alguns cortes cruéis. Uma simples caminhada pela **Altstadt** (Cidade Antiga) reconstruída e restaurada é uma maravilha se considerarmos que Dresden foi tão prejudicada durante a Segunda Guerra Mundial que os planejadores do pós-guerra pensaram em abandoná-la completamente. Mesmo escolher apenas um museu para visitar não vai ajudar muito com a restrição de tempo, porque os melhores museus são GRANDES. O primeiro da lista deve ser o incrível **Zwinger** (pág. 166, 1), com o **Residenzschloss** (Palácio Real; pág. 169, 3) vindo em segundo lugar. Um dos muitos aspectos estimulantes do renascimento de Dresden foi como as pessoas de todo o mundo — incluindo ex-inimigos — contribuíram para ajudar a reconstruir a **Frauenkirche** (Igreja de Nossa Senhora; pág. 170, 6), uma obra-prima barroca. Um **passeio de de barco** (pág. 172) no Elba é uma atração em dobro, já que os antigos barcos a vapor movidos a rodas que navegam pelo rio já atraem muitos curiosos. Tente incluir uma visita ao **Schloss Pillnitz** (Palácio Oillnitz; pág. 150, 9), mesmo queapenas para uma caminhada nos jardins deste complexo ao lado do rio. 🕒 **1 dia.**

Munique fica a cerca de 460 km (286 milhas) ao sul de Dresden. Há trens frequentes saindo de Dresden; a viagem leva em torno de 5 h 45 min e requer uma baldeação em Nuremberg. Pelo caminho, você poderá aproveitar o cenário do norte e do sul da Baviera.

5 ★★★ **Munique.** Termine a semana com dois dias em Munique. Tente chegar no início da tarde, para que ainda possa fazer alguma coisa. Após fazer check-in no seu hotel, você talvez queira se orientar pegando uma dos passeios de uma ou duas horas e meia que saem da frente da Hauptbahnhof (estação central de trem) de onde você chegou. Caso contrário, é possível fazer um reconhecimento prévio andando pela **Marienplatz** (Praça de Santa Maria; pág. 252,

> *Fãs da arquitetura barroca não devem deixar de visitar a Frauenkirche, em Dresden.*

1), o coração da movimentada cidade, e o adjacente **Viktualienmark** (pág. 286, 5), com restaurantes, lanchonetes e até um dos famosos biergartens. Se ainda for cedo, vá visitar um dos grandes museus de arte de Munique no bairro destinado a eles (não esqueça que a maioria fecha na segunda-feira). O **Alte Pinakothek** (Pinacoteca dos Mestres Antigos; pág. 262, 1), com sua magnífica coleção de Mestres Antigos Alemães, deve ser visto. Para obter um itinerário de um dia mais detalhado em Munique, veja a pág. 252.

No segundo dia, você talvez queira fazer uma visita ao **Residenz** (pág. 274, 1), o palácio de cidade da família Wittelsbach, que governava a Baviera, ou ao **Schloss Nymphenburg** (pág. 274, 2), seu palácio de verão. São precisas aproximadamente duas horas para ver o Residenz e em torno de quatro para visitar o Nymphenburg, o que inclui uma viagem de bonde de 20 minutos saindo do centro de Munique.

Se você não estiver interessado em palácios, pode andar pela Altstadt (Cidade Antiga) e áreas ao redor visitando museus de arte ou ciência de referência mundial (o **Deutsches Museum**, de ciência e tecnologia, é o museu mais popular da Alemanha; pág. 266, 1), igrejas góticas e barrocas e, é claro, os famosos salões e jardins de cerveja de Munique. 🕒 **2 dias.**

PONTO DE PARTIDA Voe até Frankfurt e pegue o trem ICE (de alta velocidade) do aeroporto de Frankfurt até a Hauptbahnhof (estação principal) de Colônia (tempo de viagem: 1 h).

O Melhor da Alemanha em 2 Semanas

Com 14 dias à sua disposição, é possível fazer um circuito fascinante pela Alemanha, visitando todos os principais lugares do país. Para esse itinerário, escolhemos um roteiro que o levará para as cidades mais interessantes, os castelos e palácios mais famosos, as cidades mais charmosas e os cenários mais gratificantes. É um passeio pelos "maiores sucessos", que inclui o passado e o presente alemães, mostrando o melhor dos seus tesouros urbanos e belezas naturais.

> *Uma moderna cúpula de vidro agora coroa o histórico Reichstag de Berlim, local da câmara baixa do parlamento do governo, o Bundestag.*

Se você chegar em Frankfurt tarde demais para ir a Colônia, veja nossas sugestões de hotéis em Frankfurt na pág. 481.

1 Colônia (Köln). 1 dia. Ver pág. 22, 2.

Pegue um trem ICE na Hauptbahnhof de Colônia para a Hauptbahnhof de Berlim (tempo de viagem: 4 h 20 min).

2 Berlim. 2 dias. Ver pág. 22, 3.

3 Potsdam. No seu terceiro dia baseado em Berlim, pegue o trem *S-Bahn* (trilho urbano) para uma pequena viagem à vizinha **Potsdam** (pág. 130), uma cidade embelezada por uma sucessão de reis prussianos e imperadores alemães. Volte a Berlim à tarde, deixando tempo para um dos bairros menos movimentados da cidade — sugerimos o **Prezlauer Berg** (ver pág. 59, 13) ou **Kreuzberg** (ver pág. 56, 2). 1 dia.

No quinto dia, pegue um trem ICE na Hauptbahnhof de Berlim para a Hauptbahnhof de Dresden (tempo de viagem: 2 h 15 min).

4 Dresden. 1 dia. Ver pág. 23, 4.

1 Colônia
2 Berlim
3 Potsdam
4 Dresden
5 Munique
6 Garmisch-Partenkirchen
7 Wieskirche
8 Schloss Neuschwanstein
9 Schloss Hohenschwangau
10 Füssen
11 Lindau
12 Freiburg im Breisgau
13 Baden-Baden
14 Heidelberg
15 Frankfurt

> *Freiburg im Breisgau abriga o Weinkost, tradicional feira de vinho e comida que acontece anualmente em julho ou agosto.*

Munique, sua parada para o sexto e sétimo dias, fica a cerca de 460 km (286 milhas) ao sul de Dresden. Há trens frequentes saindo de Dresden; a viagem leva em torno de 5 h 45 min e requer uma baldeação em Nuremberg. Você não precisará de um carro enquanto estiver em Munique, mas organize-se para pegar um na manhã do oitavo dia.

5 ★★★ Munique. Gaste dois dias na capital da Baviera e você entenderá por que tantos alemães dizem que esta é a cidade onde eles morariam se pudessem. Munique pode ser apreciada de diversas formas, seja sofisticada ou impetuosa e turbulenta, mas o *Gemütlichkeit* — aquele sentido de "aconchego amigável" — é constante. 2 dias. **Ver pág. 23, 5.**

Pegando o Trem

Na primeira parte deste itinerário, você pode facilmente chegar a Colônia, Berlim, Dresden e Munique de trem, economizando gastos e sem o incômodo de dirigir. De Munique, o itinerário vai para o interior, e aí é necessário pegar um carro. Você pode alugar facilmente um em Munique e devolvê-lo em Stuttgart ou Frankfurt.

Dirija para o sul no oitavo dia, de Munique para Garmisch-Partenkirchen, via A95, B2 e B23 (90 km/56 milhas). A viagem deve levar um pouco mais de uma hora.

6 ★★ Garmisch-Partenkirchen. No oitavo dia, você passa a noite em uma famosa estação de esqui e outros esportes de inverno, localizada abaixo da montanha Wetterstein, nos Alpes Bávaros. Esquie, caminhe, escale ou simplesmente ande pelo resort e aproveite a vista. Mas não perca uma viagem de trem ao topo do **Zugspitze** (pág. 324, 3), o pico mais alto da Alemanha. **1 dia. Ver pág. 348.**

No nono dia, você estará dirigindo de Garmisch-Partenkirchen para Füssen, fazendo três paradas importantes pelo caminho. A primeira em Wieskirche, próximo de Steingaden, está 45 km (28 milhas) a noroeste de Garmisch-Partenkirchen via B23 e St2059.

7 ★★★ Wieskirche (Igreja no Campo). Olhando o exterior pacato desta igreja, você nunca imaginaria que o interior é mundialmente famoso pela sua exuberante decoração rococó. **30 minutos. Ver pág. 328, 3.**

De Wieslirche, dirija para sudoeste na B17 para Schloss Neuschwanstein (24 km/ 15 milhas), em torno de 30 min de viagem.

8 ★★★ **Schloss Neuschwanstein.** O Castelo Neuschwanstein, mais famoso da Alemanha, coroa seu penhasco rochoso como uma fantasia coletiva feita entre o "Rei dos Sonhos" Ludwig, o ilustrador Maxfield Parrish e Walt Disney. Não importa como você o veja, visitar este ícone arquitetônico é uma experiência memorável. 35 minutos, assim que entrar. Ver pág. 338, 2.

Pegue o ônibus especial, uma carruagem puxada por cavalos ou caminhe até Schloss Hohenschwangau.

9 ★★ **Schloss Hohenschwangau.** O "castelo pai" de Neuschwanstein foi construído pelo pai de Ludwig, Maximiliano II da Baviera, e usado como retiro de verão pela família, incluindo o pequeno Ludwig, que posteriormente construiu seu próprio castelo sobre este. 35 minutos, assim que entrar. Ver pág. 340, 4.

Füssen está 4,5 km (2,75 milhas) a oeste de Neuschanstein via St2008, uma viagem de carro que dura em torno de dez minutos.

10 ★ **Füssen.** Seu pernoite do nono dia é nesta agradável cidadezinha ao pé dos Alpes Bávaros. Você pode perceber o quanto o local é aconchegante em algumas horas; o **Lechfall**, uma queda d'água próxima, é uma caminhada agradável. 2 h. Ver pág. 204, 6.

De Füssen, pegue a B12 a oeste para Lindau (106 km/66 milhas), uma viagem de carro que deve levar em torno de 1 h 45 min.

11 ★★ **Lindau.** É difícil não gostar desta aromática cidadezinha no Bodensee (lago Constância). Faça aqui seu pernoite do décimo dia e esqueça os passeios extenuantes. Em vez disso, caminhe calmamente pela charmosa Altstadt (Cidade Antiga), vá pedalar ou nadar e faça uma refeição ao lado do porto, com suas milhares de luzes brilhantes. 1 dia. Ver pág. 390.

De Lindau, pegue a B31 a oeste para Freiburg im Breisgau (176 km/110 milhas), uma viagem de carro de aproximadamente 2 h 30 min. Parte desta viagem passa pela costa norte do Bodensee (lago Constância).

12 ★★ **Freiburg im Breisgau.** Freiburg é o seu destino para passar a noite do dia de número 11. Se você chegar suficientemente cedo, talvez queira visitar alguns vinhedos na vizinha Kaiserstuhl (veja o tour em "Os Vinhedos da Floresta Negra", pág. 370). Caso contrário, caminhe e aproveite o charme desta atraente cidade universitária com sua catedral gótica cor de rosa e diversos restaurantes especializados em vinhos. 1 dia. Ver pág. 384.

Para chegar a Baden-Baden, 111 km (69 milhas) ao norte de Freiburg, você tem diversas opções. De carro, recomendamos os 232 km (144 milhas) da Schwarzwaldhochstrasse (Estrada da Crista da Floresta Negra), um dos mais bonitos e populares cenários da Alemanha, se você tiver tempo — leva em torno de seis horas com paradas (veja o tour "A Estrada da Crista da Floresta Negra" na pág. 362; ela foi feita de Baden-Baden a Freiburg, de modo que você estaria fazendo o passeio ao contrário). Uma segunda opção é uma rota mais direta, que o levará a Baden-Baden em torno de 1 h 15 min: de Freiburg, pegue a B3 para o norte e continue na B500 e L84a/Lichtentaler Strasse. Uma terceira opção é deixar seu carro em Freiburg e pegar um trem direto, que chega a Baden-Baden em menos de uma hora; os regionais levam em torno de 90 minutos.

13 ★★ **Baden-Baden.** A estação de spa mais famosa da Alemanha é seu pernoite no dia 12 de viagem. Você aproveitará sua estadia mais ainda se visitar o complexo de banho **Friedrichsbad** (pág. 382, 7) e passar pelo ritual romano-irlandês. 1 dia. Ver pág. 380.

Heidelberg, seu destino no dia 13, está 93 km (58 milhas) ao norte de Baden-Baden via B500, A5 e L600a; a viagem deve levar 1 h. De trem, você pode chegar lá em torno de 1 h 20 min, com uma baldeação em Karlsruhe.

14 ★★ **Heidelberg.** Para muitos, Heidelberg é o resumo da "Alemanha romântica". Com seu famoso **castelo** (pág. 427, 8), sua antiga universidade centrada na charmosa **Universitätsplatz** (Praça Universitária; pág. 426, 3), e suas ruas arquitetonicamente distintas, esta é uma das mais agradáveis cidadezinhas da Alemanha. 1 dia. Ver pág. 424.

Frankfurt, onde este itinerário de duas semanas termina, fica 89 km (55 milhas) ao norte de Heidelberg, em torno de uma hora de carro na A5. Trens diretos o levarão para lá em menos de uma hora.

15 **Frankfurt.** 1 dia. Ver pág. 20, 1.

A Alemanha Desconhecida em 8 Dias

A Alemanha é um país muito populoso na já muito populosa Europa Ocidental. Como consequência, há pouco deste país que seja realmente pouco explorado. Ainda assim, é suficientemente grande para que, em áreas remotas, existam invariavelmente muitas formas de evitar multidões, especialmente com uma mochila e bons calçados de trilha. Este itinerário busca alguns espaços não muito visitados, incluindo uma volta de um dia pelos Alpes Suábios — uma área fascinante no sudoeste da Alemanha que os visitantes raramente exploram (veja mais sobre esta região no capítulo 9).

> *As montanhas Harz, no norte da Alemanha, têm lagos, florestas, vilarejos de montanha e um parque nacional popular que atrai multidões de turistas aventureiros.*

PONTO DE PARTIDA Voe até Hamburgo, alugue um carro e dirija para o leste até a costa do mar Báltico, passe por Lübeck, Wismar e Rostock até Ahrenshoop (226 km/140 milhas).

1 Ahrenshoop. Este pequeno resort e colônia de artistas na costa do mar é uma ponte conveniente para o **Nationalpark Vorpommersche Boddenlandschaft** (Parque Nacional da Paisagem da Laguna Pomerana do Oeste; veja "Parques Nacionais do Norte da Alemanha", pág. 566). Uma parte considerável do parque nacional fica na península de Fischland-DarssZingst. Ahrenshoop fica na península estreita, indo da costa arenosa do Báltico a um porto na laguna. A maioria dos visitantes fica na costa, o que significa que o interior da península é relativamente pouco explorado para os que desejarem e puderem ir até lá. As paisagens variam de dunas de areia pela costa do mar que "andam" sob a influência das ondas e do vento, pântanos que quase podem ser chamados de florestas tropicais até locais acessíveis apenas através de trilhas com sinais e usando tábuas de madeira que se espalham pelo parque. As águas rasas

0 50 mi
0 50 km
DINAMARCA
Mar Báltico
Mar do Norte
Ilhas Frísias do Norte
Ilhas Frísias Orientais
Baía de Kiel
Baía de Mecklenburg
Baía da Pomerânia
Baía de Stettin
Hiddensee
Rügen
Flensburg
Schleswig
Kiel
Stralsund
Rostock
Greifswald
SCHLESWIG-HOLSTEIN
MECKLENBURG-VORPOMMERN
Cuxhaven
Lübeck
Wismar
Wilhelmshaven
Bremerhaven
Hamburgo
Schwerin
Neubrandenburg
Müritzsee
Emden
Bremen
Lüneburg
Oldenburg
HOLANDA
NIEDERSACHSEN
BRANDENBURG
POLÔNIA
Celle
Brandenburg
Berlim
Frankfurt an der Oder
Hanôver
Potsdam
Osnabrück
Minden
Hildesheim
Braunschweig
Magdeburg
Münster
Bielefeld
Detmold
Hameln
Goslar
SACHSEN-ANHALT
HARZ
Cottbus
NORDRHEIN-WESTFALEN
Reno
Duisburg
Essen
Dortmund
Göttingen
Halle
Leipzig
Mönchengladbach
Kassel
Düsseldorf
SACHSEN
Görlitz
Colônia
Dresden
Siegen
HESSEN
Eisenach
Erfurt
Weimar
Aachen
Jena
Gera
Marburg
Chemnitz
Bonn
THÜRINGEN
Zwickau
THÜRINGER WALD
Fulda
ERZGEBIRGE
Koblenz
Bad Homburg
Mosela
Bad Kissingen
Coburg
Hof
Wiesbaden
Frankfurt am Main
Praga
Cheb
RHEINLAND-PFALZ
Mainz
Aschaffenburg
Bamberg
Bayreuth
Trier
Worms
Darmstadt
Würzburg
Plzeň
REPÚBLICA TCHECA
SAARLAND
Ludwigshafen
Mannheim
Nuremberg (Nürnberg)
Rothenburg ob der Tauber
FRÄNKISCHE ALB
Heidelberg
BAYERISCHER WALD
Saarbrücken
Homburg
Speyer
Schwäbisch Hall
České Budějovice
Karlsruhe
Regensburg
Pforzheim
BAYERN
FRANÇA
Stuttgart
Danúbio
Baden-Baden
BADEN-WÜRTTEMBERG
Ingolstadt
Strasbourg
Heidenheim
Passau
Tübingen
Veja a área em destaque
Landshut
Ulm
Linz
SCHWARZWALD (FLORESTA NEGRA)
Augsburg
Munique
Freiburg im Breisgau
SCHWÄBISCHE ALB
ÁUSTRIA
Rosenheim
Salzburg
Lörrach
Konstanz
Bodensee
Lindau
Füssen
Garmisch-Partenkirchen
Berchtesgaden
Basel
Zürich
Zugspitze
SUÍÇA
LIECHTENSTEIN
ITÁLIA
1 Ahrenshoop
2 Stralsund
3 Neustrelitz
4 Quedlinburg
5 Harz Mountains
6 Goslar
7 Tübingen
8 Urwelt-Museum Hauff
9 Burgruine Reussenstein
10 Uracher Wasserfall
11 Bärenhöhle
12 Burg Hohenzollern
A81
Kirchheim unter Teck
A8
27
465
Tübingen
Reutlingen
Bad Urach
28
Rottenburg am Neckar
312
27
Hechingen
0 10 mi
0 10 km

> *Um castelo histórico real e uma igreja ocupam majestosamente o topo do Burgberg de Quedlinburg.*

da costa em torno da península são bons locais para observar garças e muitas outras espécies de pássaros marítimos e aves pernaltas, tanto nativos quanto transitórios. Do resort na costa do mar de **Zingst** (pág. 584, 5), você obtém acesso ao lado oriental da península, o descampado Sundische Wiese. O *Bodden* do nome do parque nacional refere-se a duas lagunas rasas que têm águas calmas recreacionais para iniciantes ou qualquer pessoa que não queira se aventurar no mar aberto. Canoas, caiaques, barcos a remo e pranchas de windsurfe estão disponíveis para aluguel nos portos pela costa do mar e em torno das lagunas.

Uma alternativa pitoresca e mais fácil para os músculos é um breve passeio a bordo da réplica do barco a vapor com rodas de pás do Mississippi *River Star*, de Prerow, operado pela **Reederei Poschke** (☎ 038234/329; www.reederei-poschke.de). ⏱ **Pelo menos 1 dia.**

De Ahrenshoop, vá para o sul e depois siga a leste na B105, para Stralsund (66 km/41 milhas), de onde você passará para Rüger.

2 **Stralsund.** Passe algum tempo neste movimentado porto de pesca (pág. 580, 6) e use-o como base para cruzar para o **Rügen** (pág. 585, 7). Distribua bem seus dois dias para fazer um circuito em Rügen de carro; veja as extremidades da ilha em **Putgarten, Sassnitz** e **Thiessow**, em uma viagem de ida e volta de em torno de 200 km (124 milhas). ⏱ 2 dias.

No quarto dia, vá ao sul pela B96, A20 e B104 para Neubrandenburg e continue na B96 para Neustrelitz (138 km/86 milhas).

3 **Neustrelitz.** Esta cidade na Zierker See é um bom ponto de partida para visitar o **Mecklenburgische Seenplatte** (Distrito de Lagos de Mecklenburg; pág. 588). Com mais de mil lagos para escolher, você terá muitas opções para deixar para trás as multidões que se juntam nestes pontos de aglomeração popular. Siga um caminho que leve para o noroeste pelo distrito de lagos, via **Waren** (pág. 590), **Krakow am See**, **Dobbertin** e **Sternberg** até **Schwerin** (pág. 610), na costa oeste de Schweriner See. Esta jornada tem em torno de 160 km (99 milhas). Iniciando suficientemente cedo, você pode facilmente adicionar outros 50 km (31 milhas) de desvios para lagos pequenos de sua escolha. ⏱ **1 dia e meio.**

De Schwerin, pegue a Autobahn para o sul e sudoeste (A24, A10 e A2) para uma transferência rápida para Quedlinburg, uma distância total de 365 km (227 milhas).

4 **Quedlinburg.** Passe a noite em uma das cidades mais agradáveis da Alemanha. ⏱ **4 horas. Ver pág. 186.**

De Quedlinburg, no sexto dia, pegue a L239, para o sul, e depois a L92, para oeste, até Thale (10 km/6 milhas).

5 **Montanhas Hartz.** A cadeia de montanhas mais importante e alta do norte da Alemanha possibilita muitas formas de escapar das multidões e do estresse. Em **Thale**, cidade que é uma porta oriental para as montanhas, você pode passar algumas horas gratificantes caminhando pelo rústico **Bodetal** (vale do rio Bode). Pegue o início da trilha, dirigindo ou caminhando 5 km (3 milhas) ao sul na Friedrichsbrunner Strasse (L240) para o **Hexentanzplatz** (Pista de Dança das Bruxas). Ou pegue um teleférico operado pela **Seilbahnen Thale** (☎ 03947/2500; www.seilbahnen-thale.de) da estação de teleféricos em Goetheweg até a Hexentanzplatz. Junto à pista de Bodetal, nomes de lugares como **Goethe-Felsen** (pedra de Goethe), **Königsruhe** (descanso do Rei) e **Teufelsbrücke** (ponte do Diabo) dão um sabor a este desfiladeiro romântico e pitoresco. De volta a Thale, após uma caminhada de ida e volta de aproximadamente 8 km (5 milhas), retorne ao seu carro e vá mais fundo pela Harz. Uma boa rota a seguir de Thale é através de Blankenburg, Elbingerode, Wernigerode (pág. 153), Drei Annen Hohne, Schierke e Clausthal-Zellerfeld, terminando em Goslar; as estradas sinuosas das montanhas farão com que a distância de 125 km (78 milhas) pareça maior. ⏱ **1 dia. Informações turísticas de Thale: Bahnhofstrasse 3. ☎ 03947/2597. www.thale.de.**

6 **Goslar.** Uma movimentada cidade de montanha — e antiga residência imperial —, Goslar é um bom lugar para passar a noite, mas com a intenção de iniciar cedo o dia seguinte na

longa viagem até o sul da Alemanha. **Ver pág. 544.**

No sétimo dia , de Goslar — apenas 24 km (15 milhas) a partir da Autobahn A7 norte-sul —, pegue a A7 e a A81 para o sul até Tübingen (520 km/323 milhas).

7 ★★ Tübingen. Esta cidade pitoresca nos bancos dos rios Neckar e Ammer é famosa por sua universidade, fundada em 1477 e pela sua Altstadt (Cidade Antiga) medieval. Ande pelas ruas estreitas da cidade e admire as casas com partes de madeira antes de ir dormir. **Ver pág. 402, 4; para ver recomendações de hotéis e restaurantes, ver pág. 403.**

Passe seu último dia nos Alpes Suábios. Holzmaden está 69 km (43 milhas) ao nordeste de Tübingen, uma viagem de aproximadamente 50 minutos dirigindo. Vá para o leste na B28, e continue para o norte na B27 e então ao leste na A8; em Holzmaden, siga a sinalização até Urwelt-Museum Hauff.

8 ★ Urwelt-Museum Hauff. Neste pequeno museu, é possível ter uma visão geral das origens pré-históricas dos Alpes Suábios. **15 minutos. Ver pág. 416, 2.**

Burgruine Reussenstein está 9 km (5,5 milhas) ao sul de Holzmaden na L1200.

9 ★ Burgruine Reussenstein (Ruínas de Castelo). Esta ruína impressionante em escarpas de 760 metros de altitude (2500 pés) é tudo o que resta de um castelo do século XIII. Do alto, é possível ter uma vista impressionante do vale inteiro abaixo. **30 minutos. Ver pág. 416, 3.**

De Burgruine Reussenstein, pegue a L1200 para o leste até o vilarejo de Wiesensteig e siga as estradas marcadas da Schwäbische Albstrasse (Estrada dos Alpes Suábios) ao sul e oeste via Westerheim e Donnstetten a Bad Urach (23 km/14 milhas).

10 ★ Uracher Wasserfall (Cachoeira de Urach). Uma estrada leva da pitoresca cidade de Bad Urach, com suas casas com partes de madeira, até esta impressionante cascata, escondida em meio à floresta. 20 minutos para ir ou voltar da cachoeira. Ver pág. 418, 4.

Siga a sinalizada Schwäbische Albstrasse (K6708) via Ohnastetten e Holzenfingen e depois vá para sudoeste na B313 para Erpfingen, uma viagem de 34 km (21 milhas) que levará em torno de 40 minutos.

> *Casas coloridas com detalhes em madeira se alinham pelo rio Neckar, em Tübingen.*

11 crianças Bärenhöhle (Caverna do Urso). Esta caverna repleta de estalactites e estalagmites mostra uma visão do que fica abaixo dos Alpes. **30 minutos. Ver pág. 418, 6.**

Burg Hohenzollern fica 43 km (27 milhas) ao sudoeste de Bärenhöhle via K6767, L382, K7103, L360 e K7111, e a viagem dura em torno de uma hora.

12 ★★ Burg Hohenzollern. O castelo Hohenzollern — antiga sede da dinastia Hohenzollerb — fica no alto de um elevado e forma uma paisagem impressionante. **90 minutos. Ver pág. 419, 8.**

Após visitar Burg Hohenzollern, você pode facilmente voltar para Tübingen, que fica a apenas 28 km (17 milhas) ao norte via B27,— ou cerca de 30 minutos de carro.

Dica de Viagem

Se você puder ficar mais tempo na região, recomendaria prolongar a estadia na charmosa e romântica Heidelberg (pág. 424) ou na vibrante e moderna Stuttgart (pág. 430). Nenhuma dessas cidades é "pouco explorada", mas ambas valem seu tempo.

O Norte da Alemanha em 1 Semana

As luzes brilhantes de Colônia, Hamburgo, Berlim e Dresden estão aqui, como devem estar, embora chegar a elas represente gastar boa parte do seu orçamento de tempo. Hameln é uma parada conveniente e válida pelo caminho, e tanto Lübeck quanto Schwerin ficam tão perto de Hamburgo que seria uma pena não passar por elas. Além disso, há algumas sugestões de desvios que nenhum itinerário pelo norte da Alemanha que se respeite poderia deixar de fora.

> *Seis armazéns que já estocaram sal de Lüneburg estão entre os belos prédios que ficam às margens do rio Trave, em Lübeck.*

PONTO DE PARTIDA **Voe até Frankfurt, alugue um carro e dirija para o norte através de Limburg, o vale do Reno e Bonn até Colônia. São 215 km (133 milhas) de Frankfurt a Colônia.**

1 Colônia (Köln). Ande pelo coração histórico da cidade ou faça um passeio de barco pelo Reno, relaxe, visite um bar ou dois, e prepare-se para uma boa refeição. 1 dia. Ver pág. 482.

Para o segundo dia , você vai querer sair rapidamente do Ruhr industrial. Vá para o norte na A1 e leste na A44, passando pela borda norte e oeste da pitoresca região de

Pegando o Trem

Este maravilhoso passeio por alguns dos mais belos locais da parte norte da Alemanha é ideal para ser feito de carro, o que inclui alguns extras e opções apresentadas aqui e que só podem ser seguidas no tempo disponível por este meio. Entretanto, o principal também é possível de aproveitar viajando de trem — e o que você perde ao não ver alguns lugares indo pela estrada, ganha podendo se sentar e apreciando a vista da janela do trem.

0 50 mi
0 50 km
DINAMARCA
Bornholm (DINAMARCA)
Mar Báltico
Mar do Norte
Sylt
Ilhas Frísias do Norte
Flensburg
Baía de Kiel
Schleswig
Kiel
Hiddensee
Rügen
Stralsund
Baía de Mecklenburg
SCHLESWIG-HOLSTEIN
Rostock
Greifswald
Baía de Pomerânia
Ilhas Frísias Orientais
Cuxhaven
Lübeck
Wismar
MECKLENBURG-VORPOMMERN
Baía de Stettin
Wilhelmshaven
Bremerhaven
Schwerin
Neubrandenburg
Hamburgo
Müritzsee
Emden
Bremen
Lüneburg
Oldenburg
HOLANDA
NIEDERSACHSEN
BRANDENBURG
POLÔNIA
Celle
Berlim
Brandenburg
Frankfurt an der Oder
Hanôver
Potsdam
Osnabrück
Minden
Hildesheim
Braunschweig
Magdeburg
Hameln
Münster
Bielefeld
Detmold
Goslar
SACHSEN-ANHALT
Cottbus
Reno
NORDRHEIN-WESTFALEN
HARZ
Duisburg
Essen
Dortmund
Göttingen
Halle
Leipzig
Mönchengladbach
Kassel
SACHSEN
Görlitz
Düsseldorf
Dresden
Colônia
Eisenach
Erfurt
Weimar
Siegen
HESSEN
Jena
Gera
Aachen
Bonn
Marburg
THÜRINGEN
Zwickau
Chemnitz
THÜRINGER WALD
Fulda
ERZGEBIRGE
Reno
Koblenz
Bad Homburg
Mosela
Bad Kissingen
Coburg
Hof
Praga
Wiesbaden
Frankfurt am Main
Cheb
RHEINLAND-PFALZ
Mainz
Aschaffenburg
Bamberg
Bayreuth
REPÚBLICA TCHECA
Trier
Plzeň
Worms
Darmstadt
Würzburg
Nuremberg (Nürnberg)
FRÄNKISCHE ALB
SAARLAND
Ludwigshafen
Mannheim
Rothenburg ob der Tauber
Heidelberg
BAYERISCHER WALD
Saarbrücken
Homburg
Speyer
Schwäbisch Hall
České Budějovice
Karlsruhe
BAYERN
Regensburg
Pforzheim
FRANÇA
Baden-Baden
Stuttgart
Danúbio
Ingolstadt
BADEN-WÜRTTEMBERG
Heidenheim
Strasbourg
Passau
Tübingen
SCHWARZWALD (FLORESTA NEGRA)
Landshut
Reno
Ulm
Linz
Augsburg
Munique
Freiburg im Breisgau
SCHWÄBISCHE
Danúbio
Rosenheim
Salzburg
Lörrach
Konstanz
Bodensee
Lindau
Füssen
Garmisch-Partenkirchen
Berchtesgaden
Basel
Zürich
Zugspitze
Innsbruck
ÁUSTRIA
LIECHTENSTEIN
SUÍÇA
Berna
ITÁLIA
ESLOVÊNIA
1 Colônia
2 Hameln
3 Hamburgo
4 Lübeck
5 Wismar
6 Schwerin
7 Berlim
8 Dresden
9 Frankfurt

> *Um desfile e uma peça recriam a famosa fábula infantil do Flautista de Hamelin todos os domingos, ao meio-dia.*

Sauerland. Em Warburg, troque para a B252, B241, B64 e B83, estradas que levam ao norte para o rio Weser, em Holzmiden (pág. 502) e depois vá para o norte pelo rio, através de Bodenwerder (pág. 515, 7), para Hameln, uma distância total de 310 km (193 milhas).

2 **Hameln (Hamelin).** Para crianças, visitar Hameln é uma chance de imaginar a lenda do Flautista de Hamelin. ⌚ **1 dia. Ver pág. 515, 8.**

Na manhã do terceiro dia, pegue a A2 e A7 para o norte de Hameln na direção de Hamburgo (208 km/129 milhas).

3 **Hamburgo.** Um bom plano é visitar um único museu, o **Hamburger Kunsthalle** (pág. 595, 2) ou o **BallinStadt — Das Auswanderermuseum Hamburg** (pág. 612, 12) e ficar pelas margens da cidade. Como isso inclui o rio Elba, os lagos Binnealster e Aussenalster e o porto antigo, ainda há muito o que ver e fazer. Não se esqueça que Hamburgo é conhecida pela sua ótima gastronomia e vida noturna. ⌚ 1 dia. **Ver pág. 594.**

De Hamburgo, a rota no quarto dia leva a Berlim por Lübeck, Wismar e Schwerin (380 km/236 milhas). Se você não tiver muito tempo, pode pular as três paradas intermediárias e ir direto a Berlim (290 km/180 milhas). De Hamburgo para Lübeck são 66 km (41 milhas) ao nordeste pela A1.

4 **Lübeck.** Esta cidade histórica foi o local da federação de comércio medieval, a Liga Hanseática, baseada no mar Báltico (veja mais sobre a liga na pág. 578). Além de ainda manter muitos pontos de interesse daquela época, esta pequena, vibrante e sofisticada cidade ainda é uma das preferidas da costa alemã do Báltico. ⌚ **4 horas. Ver pág. 606.**

De Lübeck, pegue a B105 a leste para Wismar (58 km/36 milhas).

5 **Wismar.** Faça uma breve parada neste atraente porto Hanseático antigo. Andar pela Altstadt (Cidade Antiga) restaurada — e agora movimentada — lhe dá uma prova de como as cidades da antiga Alemanha Oriental estão ficando duas décadas depois da reunificação alemã. ⌚ **2 horas. Ver pág. 579.**

De Wismar, pegue a B106 ao sul para Schwerin (32 km/20 milhas).

6 **Schwerin.** Ainda mais do que Wismar, Schwerin é um exemplo de austeridade das cidades da Alemanha Oriental que, desde a unificação, entraram em uma nova era. A elegante capital estadual de Mecklenburg-Vorpommern tem muito a seu favor, a começar pela história como reduto dos poderosos grão-duques de Mecklenburg-Schwerin, passando pelas belas praias do **Schweriner See** (lago de

Desvios no Caminho para Hamburgo

De Hameln para Hamburgo, há três possíveis desvios. Deixe a autoestrada em Wunstorf, a oeste de Hanôver, para uma breve parada em **Steinhuder Meer** (pág. 527, 4), o maior lago de Niedersachsen (Baixa Saxônia) na cidade resort de Steinhude, antes de retornar e continuar rumo ao norte. Se você estiver viajando com crianças, considere sair em Hodenhagen para visitar o **Serengeti-Park** (pág. 522, 4). Mais ao norte, outro desvio fácil é através de Egestorf para **Undeloh**, um vilarejo no coração do **Naturpark Lüneburger Heide** (Parque Natural da Charneca de Lüneburg; pág. 528, 6).

> *Com suas belas árvores, a Unter den Linden é a avenida central de Berlim e vai do Portão de Brandenburgo ao Museumsinsel, no rio Spree.*

Schwerin; pág. 610, 4). ⌚ **4 horas.** Ver pág. 610.

De Schwerin, prepare-se para uma longa viagem pela A14, A24 e A10 até Berlim (210 km/130 milhas). Tente chegar à noite, mas com tempo suficiente para jantar em um dos muitos restaurantes finos da capital.

7 **Berlim.** Ah, Berlim... por onde começar? Você deve planejar ficar duas noites na capital, já que é a única forma de ter um dia inteiro nela. Para ver sugestões de como aproveitar o máximo o seu dia, veja "O Melhor de Berlim em Um Dia", na pág. 50. ⌚ **1 dia.**

Desvios por Dresden

No caminho de Berlim para Dresden, considere um desvio de 16 km (10 milhas) para **Lübbenau** (pág. 136, 2), que lhe possibilita provar a fascinante **Spreewald** (pág. 136). Se você tiver algum tempo extra no caminho de Dresden para Frankfurt, gaste-o em **Eisenach** (pág. 178) e em seu impressionante castelo, o **Wartburg** (pág. 178, 4), ao custo de apenas 12 km extras (7,5 milhas).

De Berlim, é uma volta rápida pela Autobahn A13 para Dresden (194 km/120 milhas) para o sexto dia de viagem.

8 **Dresden.** Assim que se acomodar em Dresden, você vai querer saber um pouco mais de como a cidade se reergueu com sucesso como principal localidade barroca alemã mesmo após ser virtualmente destruída na Segunda Guerra Mundial. Depois, vá a um dos grandes complexos de palácios — o **Zwinger** (pág. 166, 1), o **Residenzschloss** (Palácio Real, pág. 169, 3), ou o **Schloss Pillnitz** (Palácio Pillnitz; pág. 150, 9). Relaxe em um breve **passeio de barco** (pág. 172) no mágico vale do rio Elba, a bordo de um antigo barco a vapor. ⌚ **1 dia.**

No sétimo dia, vá para o sudoeste de Dresden, na A4 e A5, até Frankfurt. É uma longa viagem (465 km/288 milhas), mesmo se a fizer toda pela Autobahn.

9 **Frankfurt.** Passe o tempo restante do seu último dia explorando Frankfurt. Algumas boas opções incluem passear pelo **Römerberg** (pág. 474, 2), o centro histórico local, ou admirar os trabalhos de mestres europeus como Renoir, Monet e Van Eyck no **Städel Museum** (pág. 480, 7). Ver pág. 474.

O Sul da Alemanha em 1 Semana

Enquanto o norte da Alemanha tem os atrativos de cidades grandes, interessantes e culturalmente ricas, o sul atrai visitantes com belas paisagens como a Floresta Negra, o Bodensee (Lago Constância) e os Alpes Bávaros. E, claro, com Munique. Resumindo, é uma região com todos os ingredientes para uma semana de experiências interessantes.

> *A cerveja é motivo de inspiração para muita festa e música em Munique a cada edição da Oktoberfest, sempre nos meses de setembro e outubro.*

PONTO DE PARTIDA **Voe para Munique.**

1 ★★★ **Munique.** Pode ser a terceira maior cidade da Alemanha (depois de Berlim e Hamburgo), mas é a número um nos corações de quase todos que a visitam (e é, na verdade, a cidade onde a maioria dos alemães moraria se pudesse). Dê a si mesmo dois dias para explorar esta grande e artisticamente rica metrópole, que também é apreciadora de diversão. Para ver a cidade em plena festa, visite-a durante a **Oktoberfest** (pág.278), o gigantesco festival de cerveja e comida que ocorre em setembro e outubro. No entanto, você pode aproveitar a cerveja todo o ano em Munique porque a cidade é famosa pelos seus gigantescos salões com a bebida, especialmente o **Hofbräuhaus am Platzl** (pág. 283, 4). Mas o local não se resume apenas a canecas de cerveja e música, longe disso — Munique é uma das cidades mais ricas cultural e artisticamente da Europa, com museus de arte de categoria mundial (o **Alte Pinakothek**, por exemplo, tem uma impressionante coleção dos mestres antigos; pág. 262, 1), companhias de ópera e balé, e um centro urbano repleto de tesouros arquitetônicos, incluindo o **Residenz** (pág. 274, 1), palácio que os governantes Wittelsbachs chamaram de lar por centenas de anos. Passeie a pé ou ande de bicicleta pelo gigantesco **Englischer Garten** (pág. 288, 2), o mais antigo parque público do mundo; dê uma olhada nas barracas de comida no **Viktualienmarkt** (um mercado público gigantesco; pág. 286, 5); e, para ver o que há de mais novo, vá até o **BMW Welt** (pág. 269, 5), um museu/showroom automobilístico que é uma das mais impressionantes peças de arquitetura contemporânea da Europa. ⌚ **2 dias.**

1. Munique
2. Schloss Neuschwanstein & Schloss Hohenschwangau (Castelo de Neuschwanstein e Castelo de Hohenschwangau)
3. Wieskirche
4. Garmisch-Partenkirchen
5. Lindau
6. Mainau
7. Freiburg im Breisgau
8. Baden-Baden

> *Visão aérea do pitoresco porto de Lindau, no Bodensee (também conhecido como lago Constância).*

Os castelos de Neuschwanstein e Hohenschwangau estão localizados 116 km (72 milhas) ao sudoeste de Munique pela A8 e B17. De carro, você pode ir aos castelos e ao Wieskirche, que fica próximo, em um dia de viagem de Munique. Não há serviço de trem para estes lugares, mas diversos operadores de turismo em Munique oferecem passeios de ônibus guiados.

2 ★★★ Schloss Neuschwanstein e Schloss Hohenschwangau. Neusschwanstein, o "castelo de conto de fadas" construído por Ludwig II, é a atração turística mais popular e mais fotografada da Alemanha. É necessário algum planejamento de antemão se você quiser ver este local e o seu vizinho, o Castelo de Hohenschwangau, construído pelo pai de Ludwig Maximiliano II, sem ter que esperar horas na fila. 🕒 35 minutos para visitar cada castelo assim que estiver lá dentro. Ver pág. 338, 2 e pág. 340, 4.

O Wieskirche está 25 km (15 milhas) ao nordeste de Neuschwantein, em torno de 25 minutos de viagem de carro. Vá para o norte na St2016 e continue na St2059 e St2559; a igreja fica próxima do vilarejo de Steingaden.

3 ★★★ Wieskirche. O nome é traduzido como "Igreja no Campo", mas a Wieskirchen não é uma comum. De fora é razoavelmente discreta, mas entre nela: se você nunca viu o rococó na sua plenitude, terá uma surpresa impressionante. 🕒 30 minutos. Ver pág. 328, 3).

Se você for retornar a Wieskirche para o seu pernoite do terceiro dia , vá para o norte na St2559 e St2059, depois siga na B17 e St2054 até a A96, que o levará a Munique; a viagem de carro de 114 km (71 milhas) demorará em torno de 90 minutos. Ou você pode passar estas duas noites em Garmisch-Partenkirchen, 45 km (28 milhas) ao sul de Wieskirche. Vá para o sul na B23, entre à direita na St2059 e novamente à direita na B23; a viagem deve levar em torno de 45 minutos. Você também pode chegar em Garmisch-Partenkirchen de trem de Munique, e em torno de 90 minutos.

4 ★★ Garmisch-Partenkirchen. Estas cidades combinadas nos Alpes Bávaros se tornaram a estação de esqui mais famosa da Alemanha em 1936, quando foram palco dos Jogos Olímpicos de Inverno. Elas não são particularmente empolgantes, mas o local, abaixo de diversos picos importantes, é espetacular. A sugestão é deixar as malas no hotel e ir à estação de trem para pegar a ferrovia que o levará até a primeira parte da viagem até **Zugspitze** (pág. 324, 3), a montanha mais alta da Alemanha. 🕒 1 dia. Ver pág. 348.

Pegando o Trem

Você talvez queira andar sem preocupações na maior parte do seu itinerário. Exceto pelas visitas à Wieskirche e ao Castelo de Neuschwanstein, de Ludwig II, você pode chegar a todos os lugares recomendados de trem. Para ver Neuschwanstein e Wieskirche, você pode alugar um carro em Munique por um dia e colocar estes destinos em uma viagem de um dia.

No quinto dia, pegue a A7 e a A96 para leste até Lindau (194 km/121 milhas), uma viagem de carro de mais de duas horas. Passe as próximas duas noites em Lindau.

5 ★★ Lindau. Brilhando nas partes mais baixas das montanhas dos Alpes, o Bodensee (lago Constância) é o maior lago da Alemanha e o terceiro maior da Europa, com uma extensão de aproximadamente 74 km (46 milhas). A cidade ilha de Lindau é a mais charmosa e pitoresca da costa do Bodensee. É uma localidade pequena e que quase não tem carros, onde os prazeres simples e o turismo calmo estão na ordem do dia. Passeie pela Altstadt (Cidade Antiga), beba um aperitivo ou café no porto, vá nadar ou andar de bicicleta, e talvez fazer uma visita ao cassino. Não se apresse, não importa o que você vá fazer. 🕒 **1 dia. Ver pág. 390.**

No sexto dia, um passeio pela ilha de Mainau é um agradável e relaxante programa — e sem carro. Basta pegar uma das balsas que saem diariamente do porto de Lindau.

6 ★★ Mainau. É uma pequena joia, abençoada com um clima semitropical e famosa pelos coloridos e luxuosos jardins plantados pela família Bernadotte. Aproveite para cheirar as rosas, ver as laranjeiras florescendo, passear pelo palácio barroco e apreciar a vista do lago ao redor da ilha. 🕒 **1 dia. Ver pág. 361, 5.**

No sétimo dia, pegue a B31 sentido noroeste até Freiburg im Breisgau (177 km/110 milhas), um trajeto que dura em torno de 2 h 30 min. De carro.

7 ★★ Freiburg im Breisgau. Pequenos córregos chamados *Bächle* correm pelas ruas de Freiburg e dão um charme extra a essa antiga cidade universitária. É possível percorrer tudo em algumas horas, e depois fazer um passeio até os vinhedos próximos. 🕒 **2 horas. Ver pág. 384.**

Baden-Baden fica 111 km (69 milhas) ao norte de Freiburg. Você pode chegar lá facilmente por trem direto em menos de uma hora. Mas se tiver um carro e tempo, considere pegar a bela Estrada da Crista da Floresta Negra (Schwarzwaldhochstrasse), de 232 km (144 milhas), que se estende por quase toda a extensão da Floresta Negra em altitudes que giram em torno de mil metros (3.280 pés). Veja o tour "A Estrada da Crista da Floresta Negra" na pág. 362.

8 ★★ Baden-Baden. As fontes termais abaixo do resort de spa mais famoso da Alemanha são usadas para tratar da artrite e diversas doenças há mais de dois mil anos, e continuam a ser usadas em diversas clínicas de Baden-Baden atualmente. A cidade ficou na moda no século XIX, quando o incrível complexo de banhos de **Friedrichsbad** (pág. 382, 7) foi construído. E diríamos que uma visita a Baden-Baden vale a pena só para experimentar o ritual de banho romano–irlandês de três horas. Você não poderia terminar sua excursão pelo sul da Alemanha de uma forma mais relaxante. 🕒 **Pelo menos meio dia. Ver pág. 380.**

De Baden-Baden, você pode retornar a Munique de trem — viagem que dura em torno de 3 h 30 min, ou ir ao aeroporto de Frankfurt (o principal ponto central internacional da Alemanha) e pegar um voo, que demora aproximadamente 1 h 30 min.

> *Com suas belas árvores, a Unter den Linden é a avenida central de Berlim e vai do Portão de Brandenburgo ao Museumsinsel, no rio Spree.*

A Alemanha em Família

Seja realista: nenhuma criança quer sair de férias e passar horas, dia após dia, em museus. Ponha um ou dois nos seus planos, é claro, mas sua viagem para a Alemanha terá mais impacto sobre seus filhos se você os mostrar a vibrante vida urbana do país, seus castelos de contos de fadas e belezas naturais majestosas. Emocione-os viajando pelo menos parte deste itinerário sugerido em um dos trens de alta velocidade da Alemanha.

> *Husum é um ótimo ponto de partida para aventuras ao ar livre pela costa norte da Alemanha.*

PONTO DE PARTIDA **Voe para Hamburgo.**
DURAÇÃO DA VIAGEM: **10 dias.**

1 **Hamburgo.** A grande cidade do norte possui muitas atrações para a família. O **Tierpark Hagenbeck** da cidade (pág. 602, 17) é um dos melhores zoológicos da Alemanha. A **Miniatur Wunderland** (pág. 600, 10) é a maior ferrovia em modelo de escala do mundo, ocupando boa parte de um velho armazém do porto. Também nesta área está o **BallinStadt-Das Auswanderermuseum Hamburg** (Museu dos Emigrantes; pág. 601, 12), um impressionante museu que conta a história da cidade como um ponto para gerações de emigrantes para o Novo Mundo. Passeios de barco no **rio Elba** e nos lagos **Binnenalster** e **Aussenalster** (veja "Hamburgo de Barco", na pág. 598) são outras boas opções. No verão, é possível realizar um passeio de 1 dia, de Hamburgo à ilha de Helgoland, no mar do Norte (pág. 565). 🕒 **1 dia para Hamburgo, mais um dia opcional para Helgoland. Ver pág. 594.**

Vá para o leste na A24, para o trevo rodoviário Kreuz Hamburg-Ost, e depois para o nordeste na A1 até Lübeck, uma distância de 66 km (41 milhas). É uma viagem de 36 minutos no trem ICE (de alta velocidade).

0 50 mi
0 50 km
DINAMARCA
Bornholm (DINAMARCA)
Mar Báltico
Mar do Norte
Sylt
Ilhas Frísias do Norte
Flensburg
Kiel Bay
Schleswig
Kiel
Hiddensee
Stralsund
Rügen
Baía de Mecklenburg
SCHLESWIG-HOLSTEIN
Rostock
Greifswald
Baía de Pomeranian
Ilhas Frísias Orientais
Cuxhaven
Lübeck
Wismar
MECKLENBURG-VORPOMMERN
Baía de Stettin
Wilhelmshaven
Bremerhaven
Hamburgo
Schwerin
Neubrandenburg
Emden
Müritzsee
Bremen
Oldenburg
Lüneburg
HOLANDA
NIEDERSACHSEN
BRANDENBURG
POLÔNIA
Celle
Brandenburg
Berlim
Frankfurt an der Oder
Osnabrück
Minden
Hanôver
Potsdam
Hildesheim
Hameln
Braunschweig
Münster
Bielefeld
Detmold
Magdeburg
Goslar
SACHSEN-ANHALT
Cottbus
Reno
NORDRHEIN-WESTFALEN
HARZ
Duisburg
Essen
Dortmund
Göttingen
Halle
Leipzig
Mönchengladbach
Kassel
Düsseldorf
SACHSEN
Görlitz
Dresden
Colônia
Eisenach
Erfurt
Weimar
Siegen
HESSEN
Jena
Gera
Aachen
Marburg
THÜRINGEN
Zwickau
Chemnitz
Bonn
THÜRINGER WALD
ERZGEBIRGE
Fulda
Koblenz
Bad Homburg
Bad Kissingen
Coburg
Hof
Praga
Mosela
Wiesbaden
Frankfurt am Main
Cheb
RHEINLAND-PFALZ
Mainz
Aschaffenburg
Bamberg
Bayreuth
REPÚBLICA TCHECA
Trier
Worms
Darmstadt
Würzburg
Plzeň
SAARLAND
Ludwigshafen
Mannheim
Nuremberg (Nürnberg)
Rothenburg ob der Tauber
FRÄNKISCHE ALB
Saarbrücken
Homburg
Heidelberg
BAYERISCHER WALD
Speyer
Schwäbisch Hall
České Budějovice
Karlsruhe
Regensburg
Pforzheim
BAYERN
FRANÇA
Baden-Baden
Stuttgart
Ingolstadt
Danúbio
Strasbourg
BADEN-WÜRTTEMBERG
Heidenheim
Passau
Tübingen
Landshut
SCHWARZWALD (FLORESTA NEGRA)
Ulm
Linz
Augsburg
Freiburg im Breisgau
SCHWÄBISCHE
Munique
Rosenheim
Salzburg
Lörrach
Konstanz
Basel
Bodensee
Lindau
Füssen
Garmisch-Partenkirchen
Berchtesgaden
Zürich
Zugspitze
Innsbruck
LIECHTENSTEIN
ÁUSTRIA
SUÍÇA
Berna
ESLOVÊNIA
1 Hamburgo
2 Lübeck
3 Husum
4 Bremerhaven
5 Munique
6 Zugspitze
7 Schloss Neuschwanstein
8 Lindau
9 Mainau
10 Schwarzwald

> *O Figurentheater-Lübeck apresenta shows de marionetes ao lado do impressionante Museu de Teatro de Marionetes na Lübeck litorânea.*

2 **Lübeck.** Uma boa viagem diurna de Hamburgo no verão é até a vizinha Lübeck. Na cidade, as crianças talvez gostem de visitar o **TheaterFigurenMuseum** (Museu de Teatro de Marionetes; pág. 607, 3), que se orgulha de ter a maior coleção de marionetes do mundo. Verifique o que está sendo representado ao lado (a menos que a barreira seja um problema muito grande) no maravilhoso teatro de marionetes **Figurentheater-Lübeck**. Logo além de Lübeck está o **Timmendorfer Strand** (veja "Passeando por Lübeck", pág. 564), um dos melhores resorts de praia da área. ⏲ **1 dia. Ver pág. 606.**

De Hamburgo, vá para o norte na A23 e na B5, sua continuação, por uma distância de 143 km (89 milhas), que você pode fazer em torno de 1 h 45 min. De trem de Hamburgo, a viagem dura em torno de 2 horas.

3 **Husum.** Para o segundo dia da viagem em Hamburgo, vá a Husum, na costa oeste de Schleswig-Holstein. Uma atividade única no Wattenmeer (mar de Wadden) é o chamado ***Wattwandern*** (veja "Caminhando pelo Lamaçal", pág. 570), ou seja, literalmente caminhar no fundo do mar. Não se esqueça de reservar um guia registrado, pois não se recomenda fazer o passeio sozinho. Considere ainda um passeio para as **Nord-Friesische Inseln** (Ilhas Frísias do Norte) ou às ilhotas conhecidas como **Halligen** (veja "Balsas Para as Ilhas Frísias do Norte", pág. 563); outra boa opção é um passeio de barco a um banco de areia exposto, que logo ficará novamente debaixo d'água (estas saídas, operadas pela Halligreederei MS Hauke Haien, partem de Schlüttsiel, pág. 570, 3). ⏲ **1 dia. Ver pág. 570,** 2.

Vá para o oeste de Hamburgo na B73 e B71 até Bremerhaven, uma estrada de 124 km (77 milhas). O trem para Bremerhaven (baldeação em Bremen) leva em torno de 1 h 45 min.

4 **Bremerhaven.** De dia, uma viagem de Hamburgo na terceira jornada leva você até esta cidade portuária, às margens do rio Weser. Entre as possíveis atividades estão visitas ao **Deutsches Schiffahrtsmuseum** (Museu Marítimo Alemão) e ao **Zoo am Meer** (Zoológico Marítimo; pág. 523, 8). ⏲ **1 dia. Ver pág. 542,** 9.

Use os trilhos para chegar de Hamburgo a Munique. Os trens ICE (de alta velocidade) mais rápidos fazem a jornada de 775 km (482 milhas) em 5 h 30 min.

5 ★★★ **Munique.** É grande, é agitada, mas também é segura e amigável, e um ótimo local para explorar com a sua família. Dê a si mesmo no mínimo dois dias em Munique. Se você estiver com crianças, certamente vale a pena parar na **Marienplatz** (pág. 252, 1) e assistir ao Glockenspiel (Carrilhão) na **Neues Rathaus** (prefeitura nova; pág. 254, 2). Também caminhe pelo **Viktualienmarkt** próximo (pág. 286, 5), o maravilhoso mercado de comida ao ar livre. Visite o **Deutsches Museum** (pág. 266, 1), um tesouro gigante dedicado à ciência e tecnologia ao longo das décadas, ou ao **Deutsches Museum Verkehrszentrum** (pág. 268, 4), repleto de veículos históricos e modernos de todos os tipos. Para melhorar a contribuição histórico-cultural, visite o **Residenz** (Palácio Real; pág.274, 1) ou **Schloss Nymphenburg** (Palácio Nymphenburg), pág. ;274, 2). 🕒 **2 dias. Ver pág. 247.**

Garmisch-Partenkirchen fica em torno de 97 km (60 milhas) ao sudoeste de Munique. Você pode facilmente fazer este percurso em um dia de viagem; os trens são frequentes e levam em torno de 1 h 30 min de Munique. Atrás da estação de trem em Garmisch-Partenkirchen está a plataforma até Zugspitze.

6 ★★★ **Zugspitze.** Uma aventura em grande escala espera por você em Garmisch-Partenkirchen, primeira parada para iniciar a subida ao Zugspitze, a montanha mais alta da Alemanha. 🕒 **1 dia. Ver pág. 324,** 3.

Neuschwanstein está localizado 116 km (72 milhas) ao sudoeste de Munique via A8 e B17 (para Schwangau). De carro, você pode fazer esta viagem de Munique durante o dia e passar lá o tempo que tiver sobrando na sétima jornada de viagem. Se você quiser ficar próximo ao castelo, fique por algum tempo em Füssen (pág. 204) ,após a passagem pelo local, e passe a noite lá.

7 ★★★ **Schloss Neuschwanstein.** O ponto de referência de seus filhos (e talvez o seu próprio) deste "castelo de contos de fadas" provavelmente será baseado na Disney, já que serviu como protótipo para o Castelo da Bela Adormecida na Disneylândia. Sua localização, sobre um rochedo alto, faz com que chegar ao local já seja uma aventura. 🕒 **35 minutos para passear pelo castelo. Ver pág. 338,** 2.

Lindau está 179 km (111 milhas) ao sudoeste de Munique no Bodensee (Lago Constância), o maior lago da Alemanha. Se você estiver parando em Munique e não quiser dirigir, pode chegar a Lindau por trem direto, em uma viagem que dura em torno de 2 h 15 min. De carro de Munique, pegue a Autobahn A96 e depois a B31. Se você estiver dirigindo de Füssen (147 km/91 milhas), siga pela B310 e B308 para oeste, virando para o sul na B12.

8 ★★ **Lindau.** Este pequeno e tranquilo resort em uma ilha no Bodensee é uma surpresa para muitos, e um local de diversão para a família. Caminhe, ande de bicicleta, nade no lago ou em uma das piscinas municipais — afinal, Lindau é para relaxar. 🕒 **1 dia. Ver pág. 390.**

A ilha de Mainau, em torno de 53 km (33 milhas) a oeste de Lindau, é um ótimo passeio para ser feito durante o dia, e não requer carro.

9 ★★ **Mainau.** Alcançada por balsa a partir de Lindau, esta ilha–jardim semitropical no Bodensee encanta os visitantes com suas vastas plantações, paisagens do lago e palácios barrocos. 🕒 **1 dia. Ver pág. 361,** 5.

De Lindau, você pode chegar a Freiburg im Breisgau por trem direto, mas a melhor opção é alugar um carro para explorar a Floresta Negra. Saindo de Lindau, pegue a B31 para noroeste (177 km/110 milhas).

10 ★★★ **Schwarzwald (Floresta Negra).** Há muitas formas de aproveitar a Floresta Negra com sua família. Se você for ficar em **Freiburg im Breisgau** (pág. 384), por exemplo, pode fazer um pequeno desvio de 145 km (90 milhas) que passa por um lago, uma queda d'água e dois teleféricos (veja "Destaques da Floresta Negra", pág. 359). Outra escolha é uma das viagens de carro mais pitorescas e populares da Alemanha, dirigindo de Freiburg im Breisgau para **Baden-Baden** (pág. 380) pela **Schwarzwaldhochstrasse** (Estrada da Crista da Floresta Negra), que passa por quase toda a extensão da floresta (pág. 362). 🕒 **1 dia.**

De Baden-Baden você pode voltar a Munique de trem em aproximadamente 3 h 30 min, ou de carro, através da A8 em sentido sudeste de carro (331 km/206 milhas). Você pode chegar a Frankfurt (o principal aeroporto internacional da Alemanha) de trem em torno de 1 h 30 min; de carro, pegue a A5 rumo ao norte (177 km/110 milhas).

3 Berlim

Nossos Melhores Momentos em Berlim

Berlim tem de tudo. Essa cidade ergueu-se das cinzas da destruição e décadas de divisão para oferecer aos seus visitantes museus e atrações de nível mundial, opções noturnas maravilhosas, compras para todos os orçamentos e gastronomia de todas as partes do mundo. Acima de tudo, Berlim tem alma e fica feliz em mostrá-la. Complemente seus mergulhos nos tesouros culturais e história explorando áreas menos conhecidas e experimente Berlim em toda sua extensão.

> *PÁGINA ANTERIOR A moderna cúpula de vidro colocada sobre o Reichstag. NESTA PÁGINA Vista de Berlim a partir do rio Spree, que passa pelo coração da bela capital alemã.*

1 Navegue pelo rio Spree. Você vivenciará uma diversidade fascinante de paisagens da cidade e uma série de imagens notáveis enquanto navega. Comece no Schloss Charlottenburg (Castelo Charlottenburg), no oeste da cidade, e viaje calmamente para o leste pelo antigo coração de Berlim. **Ver pág. 139.**

2 Ande como os antigos gregos e romanos na escadaria dos deuses do Altar de Pergamon. Descanse seus pés das andanças pelos museus com uma parada na enorme escadaria do Museu Pergamon, um impressionante local para ver as pessoas e ser visto. **Ver pág. 80, 17.**

3 Passeie como Nabucodonosor pelo antigo Portão de Ishtar da Babilônia. É fascinante pensar que, durante o século VI a.C., o grande governante da Babilônia — junto com nobres, soldados e cidadãos — passou pelo portão monumental que foi parcialmente reconstruído dentro do Museu Pergamon. Ver pág. 80, 17.

4 Aproveite os raios de Sol nos gramados de Tiergarten. Depois dessa experiência, será difícil acreditar que você está no coração de uma cidade grande. Mais tarde, passeie pelos jardins e veja os monumentos esculpidos em homenagem a diversos personagens famosos da história da Alemanha. **Ver pág. 96.**

5 Beba uma cerveja no Café am Neuem See. O que combinaria mais do que um *Biergarten* em Tiergarten: o jardim de cerveja de estilo Bávaro na costa sul do Neuer See (Lago Novo) serve bebidas que fazem sucesso em dias quentes. **Ver pág. 69,** (5).

6 Passar uma manhã ou tarde no Zoológico de Berlim. Veja os diversos horários de alimentação dos animais nos portões do anteriormente conhecido Zoologischer Garten, e reserve algum tempo para o aquário. **Ver pág. 64,** 9.

7 Leia um livro na Bebelplatz. Concordamos que talvez não seja a coisa mais emocionante a fazer em Berlim. Ainda assim, aproveite a liberdade de realizá-la na praça onde os nazistas iniciaram seu reino de terror em 1933, ao queimar publicamente 20 mil livros "não alemães". **Ver pág. 72,** 8.

8 Assistir a um espetáculo de música na Philharmonie. Os mestres da Orquestra Filarmônica de Berlim tocam nesta interessante e moderna sala de concertos. **Ver pág. 128.**

9 Aproveitar o cenário espetacular do Telecafé rotativo de Fernsehturm, 207,5 m (681 pés) acima do chão. A comida, a bebida e a fabulosa vista do Telecafé (em que a cidade inteira virtualmente fica aos seus pés) estão entre os motivos que fazem valer a pena uma subida pelo elevador–turbo do Fernsehturm (Torre de Televisão). **Ver pág. 83,** (8).

10 Comemorar a diversidade em Kreuzberg. A vida diária no distrito mais multiétnico e multicultural de Berlim (e, em algumas partes, o mais pobre) nem sempre é uma viagem tranquila. Ainda assim, muito do local tem uma vibração que não aparece em áreas onde "mono–" é o prefixo social prevalecente. Nosso tour por "O Melhor de Berlim em Dois Dias" começa em Kreuzberg; **ver pág. 56.**

11 Fazer compras a bons preços na Kaufhause des Westens. Na realidade, não é bem isso que acontece... Experimentar uma incrível quantidade de bens de consumo de alta qualidade na loja de departamentos mais conhecida da Alemanha será a sua própria recompensa quando você visitar a "KaDeWe". Ver pág. 104

> *Beba um pouco de cerveja e aproveite a bela paisagem pegando um lugar no Café am Neuen See, no pitoresco Tiergarten, bem no coração de Berlim.*

12 Fazer compras no Markt am Winterfeldtplatz. Esse é um grande mercado ao ar livre, que tem muito movimento, cor, aromas e produtos; definitivamente, vale a pena sair do seu itinerário para visitá-lo. **Ver pág. 105.**

13 Sentir um arrepio no Checkpoint Charlie. "Deixar o Setor Americano" agora é fácil neste antigo ponto de verificação da época da Guerra Fria, já que o Muro de Berlim não está lá e os tanques soviéticos e americanos não se encaram mais em um espaço curto e sinistro. **Ver pág. 55,** 13.

14 Chegar na praia em Wannsee. Um lago no rio Havel, no sudoeste de Berlim, o Wannsee é um local popular entre os berlinenses estressados, que vão lá para relaxar do dia a dia. Alguns gostam de tomar sol na parte reservada a naturistas e nudistas. **Ver "O Maravilhoso Wannsee", pág. 80.**

15 Agir como um König ou Königin em Potsdam. A versão alemã de Versalhes fica no final de uma viagem de metrô que sai do coração de Berlim. É fácil imaginar que você é um rei ou rainha entre os muitos palácios, vilas e jardins espetaculares dos séculos XVIII e XIX neste desfile real. **Ver pág. 130.**

16 Lanchar um berlinense. Não, não é canibalismo! Assim como o presidente americano John F. Kennedy, esta humilde rosquinha de geleia poderia proclamar (se pudesse falar), "Ich bin ein Berliner![1]" Escolha uma, ou muitas, em quase toda *Bäckerei* (padaria) ou *Konditorei* (lanchonete).

---

[1] N. E.: "Eu sou um berlinense!", dito pelo presidente americano John F. Kennedy em uma visita a Berlim em 1963, no auge da Guerra Fria.

Nossos Momentos Favoritos em Berlim

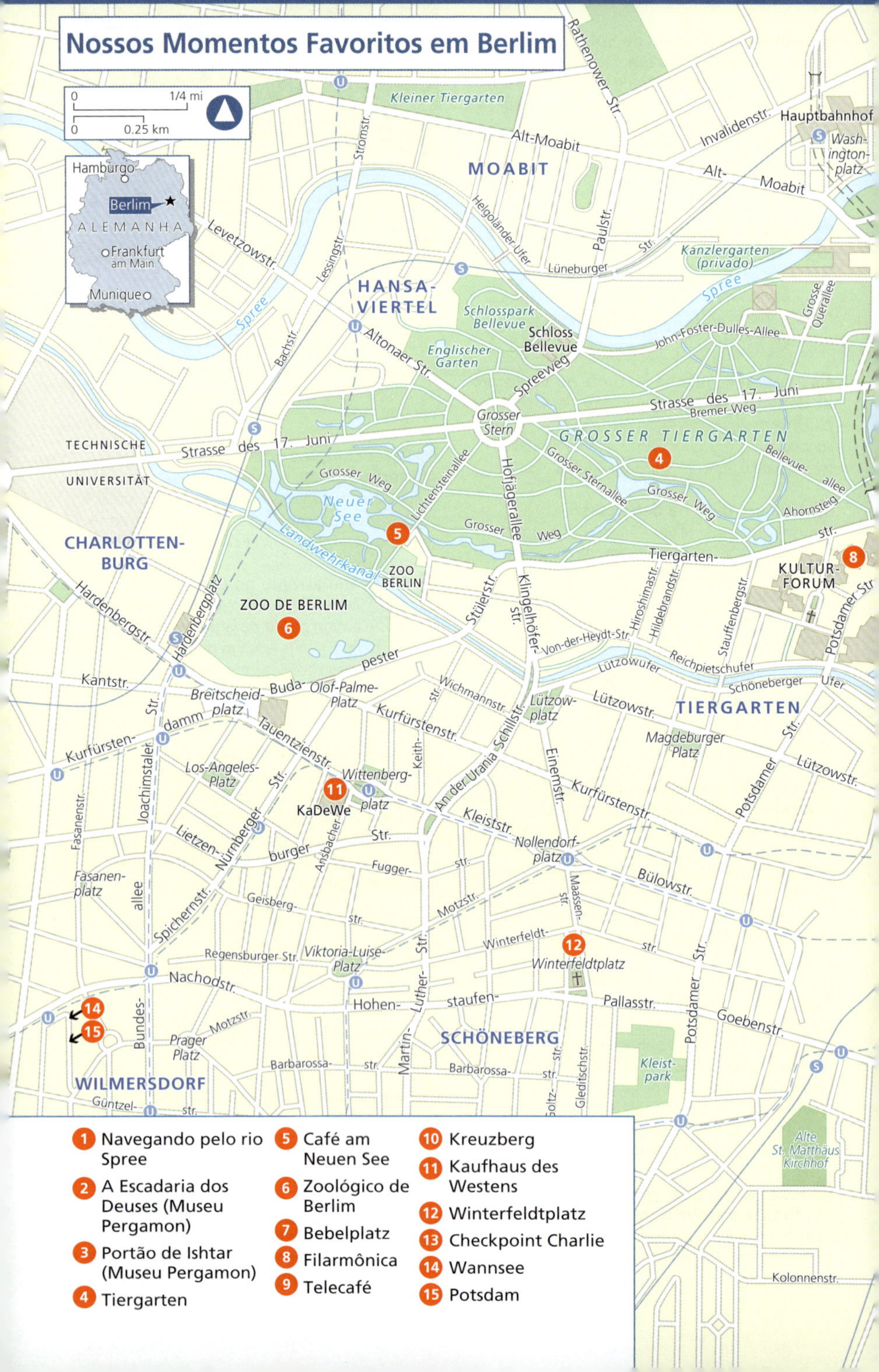

1. Navegando pelo rio Spree
2. A Escadaria dos Deuses (Museu Pergamon)
3. Portão de Ishtar (Museu Pergamon)
4. Tiergarten
5. Café am Neuen See
6. Zoológico de Berlim
7. Bebelplatz
8. Filarmônica
9. Telecafé
10. Kreuzberg
11. Kaufhaus des Westens
12. Winterfeldtplatz
13. Checkpoint Charlie
14. Wannsee
15. Potsdam

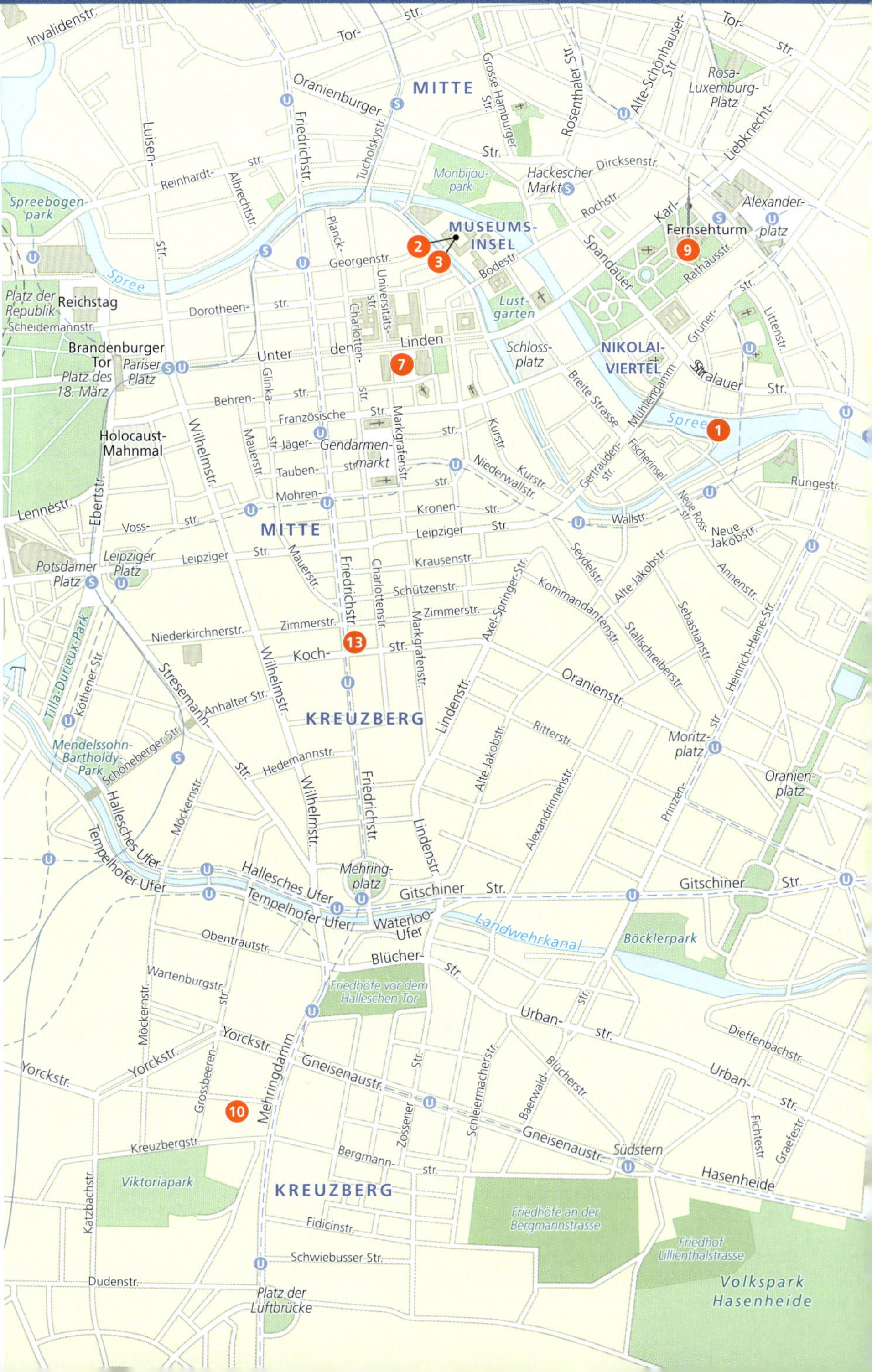
MITTE
MUSEUMS-INSEL
NIKOLAI-VIERTEL
KREUZBERG
Invalidenstr.
Torstr.
Oranienburger Str.
Friedrichstr.
Tucholskystr.
Grosse Hamburger Str.
Rosenthaler Str.
Alte-Schönhauser-Str.
Rosa-Luxemburg-Platz
Liebknecht-
Luisenstr.
Reinhardtstr.
Albrechtstr.
Monbijoupark
Hackescher Markt
Dircksenstr.
Rochstr.
Alexanderplatz
Fernsehturm
Karl-
Spreebogenpark
Spree
Planckstr.
Georgenstr.
Bodestr.
Spandauer
Rathausstr.
Platz der Republik
Reichstag
Scheidemannstr.
Dorotheenstr.
Universitätsstr.
Charlottenstr.
Lustgarten
Grunerstr.
Littenstr.
Brandenburger Tor
Pariser Platz
Platz des 18. März
Unter den Linden
Schlossplatz
Stralauer Str.
Glinkastr.
Behrenstr.
Breite Strasse
Mühlendamm
Französische Str.
Markgrafenstr.
Kurstr.
Holocaust-Mahnmal
Wilhelmstr.
Mauerstr.
Jägerstr.
Gendarmenmarkt
Taubenstr.
Niederwallstr.
Gertraudenstr.
Fischerinsel
Rungestr.
Ebertstr.
Lennéstr.
Mohrenstr.
Kronenstr.
Wallstr.
Neue Rossstr.
Vossstr.
Leipziger Str.
Neue Jakobstr.
Leipziger Platz
Potsdamer Platz
Krausenstr.
Seydelstr.
Schützenstr.
Kommandantenstr.
Alte Jakobstr.
Annenstr.
Zimmerstr.
Axel-Springer-Str.
Sebastianstr.
Niederkirchnerstr.
Kochstr.
Stallschreiberstr.
Heinrich-Heine-Str.
Tilla-Durieux-Park
Köthener Str.
Stresemannstr.
Anhalter Str.
Lindenstr.
Oranienstr.
Ritterstr.
Moritzplatz
Mendelssohn-Bartholdy-Park
Schöneberger Str.
Hedemannstr.
Prinzenstr.
Oranienplatz
Alexandrinenstr.
Möckernstr.
Halllesches Ufer
Tempelhofer Ufer
Mehringplatz
Gitschiner Str.
Waterloo-Ufer
Landwehrkanal
Böcklerpark
Obentrautstr.
Blücherstr.
Wartenburgstr.
Friedhöfe vor dem Halleschen Tor
Urbanstr.
Dieffenbachstr.
Yorckstr.
Gneisenaustr.
Zossener Str.
Schleiermacherstr.
Baerwaldstr.
Großbeerenstr.
Mehringdamm
Fichtestr.
Graefestr.
Kreuzbergstr.
Bergmannstr.
Südstern
Hasenheide
Viktoriapark
Katzbachstr.
Friedhöfe an der Bergmannstrasse
Friedhof Lillienthalstrasse
Fidicinstr.
Schwiebusser Str.
Dudenstr.
Platz der Luftbrücke
Volkspark Hasenheide
1
2
3
7
9
10
13

O Melhor de Berlim em 1 Dia

Você tem um dia longo pela frente se pretende conhecer o melhor de Berlim (e sua população de 3,5 milhões de pessoas) em um único dia, então comece cedo. Um ponto a favor é o sistema de transporte público de Berlim, que facilita andar pelo centro da cidade. Além disso, alguns dos lugares ficam muito próximos uns dos outros e, para outros, como o emblemático Portão de Brandenburgo, alguns minutos são suficientes antes de marcá-lo como visto na sua lista.

> *As correntes quebradas desta escultura, intitulada* Berlim, *simbolizam a antiga separação entre Berlim Oriental e Ocidental.*

PONTO DE PARTIDA **Pegue a *U-Bahn* para Sophie-Charlotte-Platz ou Richard-Wagner-Platz; ou a *S-Bahn* para Westend; ou o ônibus M45, 109 ou 309, todos param no Schloss Charlottenburg (Castelo Charlottenburg).**

1 ★★★ Schloss Charlottenburg (Castelo Charlottenburg). Batizado por Friedrich I, o primeiro rei da Prússia, triste pela morte da sua esposa Sophie Charlotte, que faleceu em 1705 aos 36 anos de idade, o Schloss Charlottenburg (Castelo Charlottenburg) parece refletir a sofisticação da jovem rainha junto com uma verve de juventude. Sua mistura de barroco gracioso com arquitetura rococó é complementada por estátuas gêmeas, tons pasteis delicados e a graça natural de extensos jardins e um parque arborizado. 🕒 **90 minutos. Ver pág. 68, 1.**

É uma longa caminhada do Castelo Charlottenburg até a próxima atração. Em vez disso, pegue o ônibus M45, fora do palácio, e vá até a estação de ônibus de Zoologischer Garten, e de lá pegue o ônibus 100, para a igreja.

> *O Café am Neuen See, dentro do Tiergarten de Berlim, é um ótimo local para comer e beber entre a beleza bucólica.*

2 ★★ **Kaiser-Wilhelm-Gedächtniskirchen.** Datado de 1895, a Igreja Memorial Kaiser Wilhelm, ou o que restou dela, se tornou o memorial de Berlim — relembrando a cidade que foi bombardeada e reduzida a escombros na Segunda Guerra Mundial. Gaste alguns minutos para refletir em meio à leve luz azulada dentro da moderna capela octogonal. ⌚ **15 minutos.** **Ver pág. 69, 3.**

3 ★★★ **Kaufhaus des Westens.** Esta é uma parada opcional para quem gosta de compras — sinta-se livre para não parar se estiver com pouco tempo. Mais conhecido pelos berlinenses como "KaDeWe", essa gigantesca loja é um centro comercial de compras onde há de tudo, e sua movimentada seção gastronômica é um lugar ótimo (e caro) para saciar a fome. ⌚ **30 minutos.** **Ver pág. 104.**

Caminhe até a Budapester Strasse e pegue o ônibus 100, ou 200, até a parada Grosser Stern, na Siegessäule (Coluna da Vitória), em Tiergarten.

4 ★★★ **Tiergarten.** O parque central da cidade é um local de ar puro e uma chance de encontrar imagens esculpidas do melhor do passado da Alemanha — Bismarck, entre outros. Há lagos, lagoas e canais, grama e árvores, um jardim de cerveja, e, no seu coração, a espetacular **Siegessäule** (Coluna da Vitória; pág. 69, **4**). ⌚ **1 hora.** **Ver pág. 96.**

5 ★★★ **Reichstag.** Poucos prédios têm tanta força histórica quanto o do antigo parlamento imperial da Alemanha, com, por exemplo, uma inscrição em bronze *Dem Deutschen Volke* (O Povo Alemão) logo no portão de entrada. Arrasado por um incêndio misterioso no início da era nazista e alvo das tropas do Exército Vermelho, que hastearam a bandeira soviética sobre suas ruínas em 1945, o prédio restaurado é o local do Bundestag, a câmara baixa do Parlamento Federal da Alemanha. ⌚ **30 minutos.** **Ver pág. 69, 6.**

Circulando por Berlim

Há diversas opções para se deslocar facilmente por Berlim, e uma delas é ir de táxi. Muitas pessoas que visitam a capital alemã pela primeira vez decidem pegar um dos ônibus de turismo sem teto que fazem uma rota circular fixa e param em muitos dos principais pontos turísticos. Uma alternativa mais barata é pegar o ônibus 100 ou o 200. Ambos cobrem muito da mesma área, e com uma passagem de transporte público de um dia para as zonas A e B, você terá uma significativa redução em relação ao preço do ônibus turístico. Para obter informações sobre o sistema *U-Bahn* e *S-Bahn* de Berlim, veja as "Informações Úteis" no final deste capítulo.

O Melhor de Berlim em 1 Dia

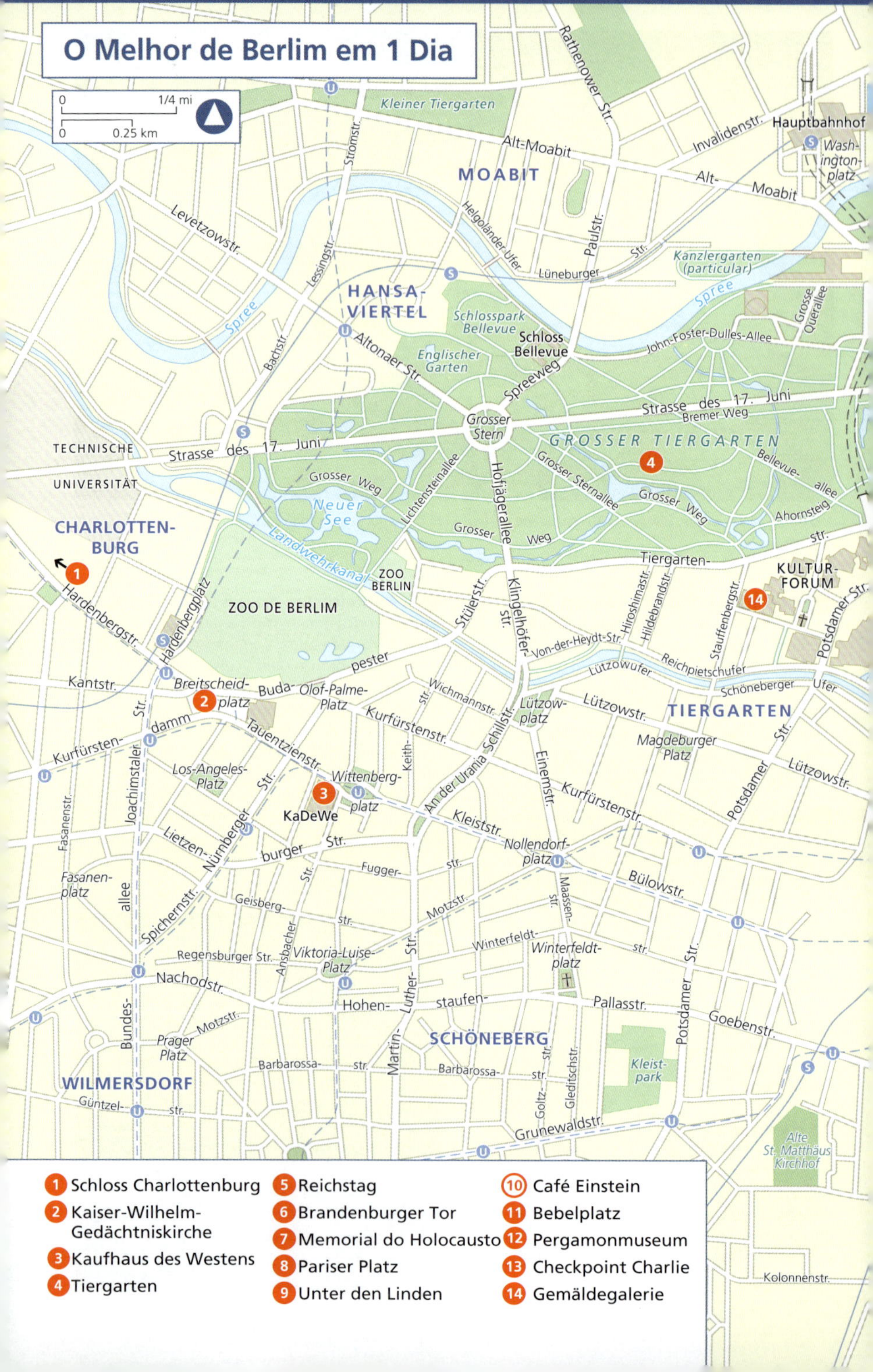

1 Schloss Charlottenburg
2 Kaiser-Wilhelm-Gedächtniskirche
3 Kaufhaus des Westens
4 Tiergarten
5 Reichstag
6 Brandenburger Tor
7 Memorial do Holocausto
8 Pariser Platz
9 Unter den Linden
10 Café Einstein
11 Bebelplatz
12 Pergamonmuseum
13 Checkpoint Charlie
14 Gemäldegalerie

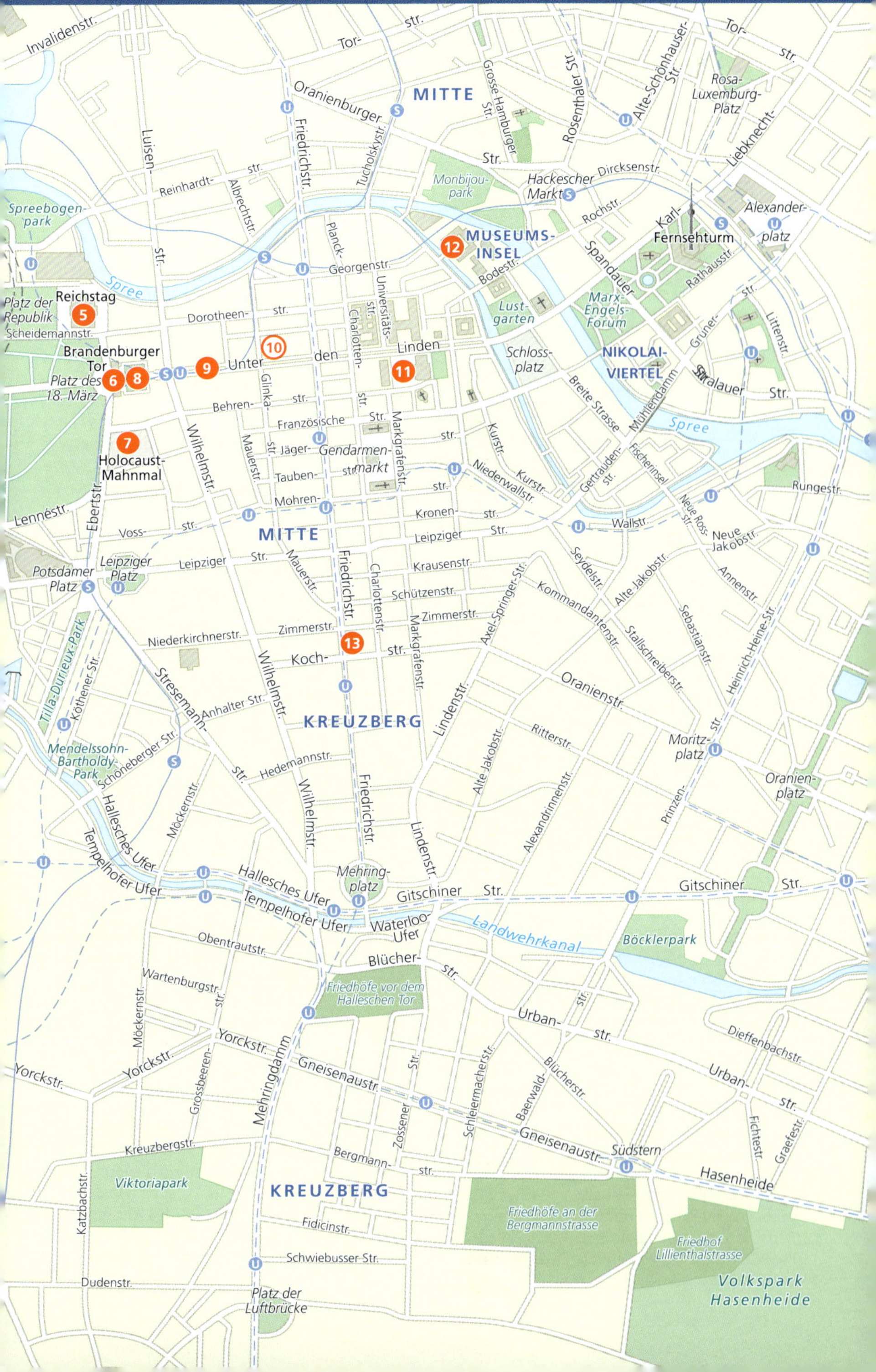
MITTE
Invalidenstr.
Torstr.
Oranienburger Str.
Friedrichstr.
Tucholskystr.
Grosse Hamburger Str.
Rosenthaler Str.
Alte-Schönhauser-Str.
Rosa-Luxemburg-Platz
Liebknecht-
Luisenstr.
Reinhardtstr.
Albrechtstr.
Monbijoupark
Hackescher Markt
Dircksenstr.
Spreebogenpark
Spree
Planckstr.
Georgenstr.
Universitätsstr.
Charlottenstr.
MUSEUMSINSEL
Bodestr.
Rochstr.
Karl-
Fernsehturm
Alexanderplatz
Rathausstr.
Spandauer Str.
Lustgarten
Marx-Engels-Forum
Platz der Republik
Reichstag
5
Scheidemannstr.
Dorotheenstr.
10
Unter den Linden
Brandenburger Tor
Platz des 18. März
6
8
9
11
12
Schlossplatz
NIKOLAIVIERTEL
Grunerstr.
Littenstr.
Stralauer Str.
Mühlendamm
Breite Strasse
Glinkastr.
Behrenstr.
Französische Str.
Markgrafenstr.
Kurstr.
Jägerstr.
Gendarmenmarkt
Mauerstr.
Taubenstr.
Wilhelmstr.
7
Holocaust-Mahnmal
Gertraudenstr.
Fischerinsel
Niederwallstr.
Mohrenstr.
Kronenstr.
Wallstr.
Rungestr.
Lennéstr.
Ebertstr.
Vossstr.
Leipziger Str.
Neue Rossstr.
Neue Jakobstr.
Potsdamer Platz
Leipziger Platz
Mauerstr.
Krausenstr.
Seydelstr.
Schützenstr.
Axel-Springer-Str.
Kommandantenstr.
Alte Jakobstr.
Annenstr.
Zimmerstr.
Niederkirchnerstr.
13
Kochstr.
Stallschreiberstr.
Sebastianstr.
Heinrich-Heine-Str.
Tilla-Durieux-Park
Köthener Str.
Stresemannstr.
Anhalter Str.
Lindenstr.
Oranienstr.
KREUZBERG
Ritterstr.
Moritzplatz
Mendelssohn-Bartholdy-Park
Schöneberger Str.
Hedemannstr.
Alexandrinenstr.
Prinzenstr.
Oranienplatz
Möckernstr.
Hallesches Ufer
Tempelhofer Ufer
Mehringplatz
Gitschiner Str.
Waterloo-Ufer
Landwehrkanal
Böcklerpark
Obentrautstr.
Blücherstr.
Wartenburgstr.
Friedhöfe vor dem Halleschen Tor
Urbanstr.
Dieffenbachstr.
Yorckstr.
Mehringdamm
Gneisenaustr.
Zossener Str.
Schleiermacherstr.
Baerwaldstr.
Grossbeerenstr.
Fichtestr.
Graefestr.
Kreuzbergstr.
Bergmannstr.
Südstern
Hasenheide
Viktoriapark
Katzbachstr.
Friedhöfe an der Bergmannstrasse
Friedhof Lilienthalstrasse
Fidicinstr.
Schwiebusser Str.
Dudenstr.
Platz der Luftbrücke
Volkspark Hasenheide

> *O enorme e sóbrio Memorial do Holocausto apresenta um labirinto de passagens através de um campo de lajes compactas de granito.*

6 ★★★ **Brandenburger Tor (Portão de Brandenburgo).** Exércitos invasores estrangeiros desfilaram pelo Portão de Brandenburgo (1791), assim como exércitos alemães voltando após invadir algum país próximo, ou se preparando para fazê-lo. O local é histórico, então ande por ele e repita a experiência das tropas mesmo que você nunca tenha invadido nenhum lugar. **Ver pág. 69, 7.**

7 ★★ **Memorial do Holocausto.** Formalmente conhecido como Denkmal für die Ermordeten Juden Europa (Memorial para os Judeus da Europa Assassinados), este monumento aos seis milhões de judeus mortos pelos nazistas é um lugar amplo e sombrio. Seus 2.711 monólitos de concreto cinza cobrem uma faixa da principal área no centro de Berlim. Os visitantes caminham quietos por meio de suas passagens estreitas e semelhantes a um labirinto. E em um eco triste, porém esperançoso, de muitas crianças vítimas, cujo sorriso foi silenciado, outras andam pelos caminhos do local. 🕒 **45 minutos. Stresemannstrasse 90. ☎ 030/2639-4336. Entrada gratuita. *S-Bahn:* Unter den Linden.**

8 ★ **Pariser Platz.** Embora ainda seja muito bonita, não podemos dizer que a "Praça de Paris" é a mesma que da época quando era chamada de o "salão de Berlim", antes das bombas da Segunda Guerra Mundial e granadas a arrasarem completamente. Um museu na praça reconstruída é dedicado à família Kennedy — o ex-presidente americano John F. Kennedy ganhou os corações dos berlinenses durante a Guerra Fria pela famosa declaração de que ele era um deles. 🕒 **20 minutos. No lado oeste de Unter den Linden. U- e *S-Bahn:* Brandenburger Tor. Ônibus: M41, TXL, 100 ou 200.**

9 ★★ **Unter den Linden.** Se há uma única rua de Berlim que valha a pena ser percorrida detalhadamente, essa é a avenida central com uma fila dupla de tílias (*linden*), que dá nome ao lugar. Em uma ponta está a Pariser Platz e o Portão de Brandenburgo, e na outra uma ponte que leva ao Museumsinsel, uma ilha no rio Spree que tem alguns dos mais importantes museus alemães. No caminho há prédios elegantes como o Museu de Cera Madame Tussauds, a Galeria Guggenheim, a Universidade Humbolt, a casa de ópera da cidade e o Museu Histórico Alemão. 🕒 **1 hora.**

---

10 ☕ ★★ **Café Einstein.** Esta instituição de Berlim é uma parada obrigatória, que pode incluir algo leve, como um café e um *Apfelstrudel* (torta de maçã), ou até um almoço completo. É tentador ficar na própria galeria de arte do restaurante, mas não se esqueça de que você ainda tem muito para ver na cidade. **Unter den Linden 42. ☎ 030/204-3632. 8€ a 16€.**

11 ★★ **Bebelplatz.** Saindo de Unter den Linden, a Bebelplatz é o cenário de um acontecimento histórico assustador. Um pequeno memorial recorda a queima de livros pelos camisas marrons nazistas na praça em 1933, uma prévia de algo muito pior que ainda aconteceria. Mas também vale a pena visitar para ver prédios imponentes dos séculos XVIII e XIX, que reúnem um conjunto de estilos arquitetônicos — do neoclássico ao barroco e rococó. 🕒 **15 minutos.** **Ver pág. 72, 8.**

12 ★★★ **Museu Pergamon.** Parece espantoso que apenas indo a Berlim você consiga ver a reprodução de incríveis monumentos antigos tais como a Porta de Ishtar da Babilônia, com seus ladrilhos brilhosos azul-cobalto, a Sala do Trono de Nabucodonosor, o Altar de Zeus e os Frisos de Telephos, e o portão da Ágora de Miletus, além de trabalhos mais recentes como a cúpula da Alhambra em Granada, na Espanha. Há outros museus na Museumsinsel (Ilha dos Museus), a poucos minutos de distância à pé. Se nenhuma das obras anteriores lhe chamar a atenção,

> *O Museu Pergamon retrata diversos monumentos antigos. Nesta foto, o Altar de Pergamon, uma grande escadaria reconstruída, colunas e frisos do Templo de Zeus.*

não se preocupe, há diversas alternativas à disposição. 🕒 **90 minutos. Ver pág. 80, 17.**

Caminhe pela Georgenstrasse até a *U-Bahn* Friedrichstrasse; a estação fica na Friedrichstrasse, ao sul do Checkpoint Charlie.

13 ★★ **Checkpoint Charlie.** Um pensamento difícil neste ponto da Friedrichstrasse é tentar se imaginar na época da Guerra Fria e do Muro de Berlim, e levar a sério o aviso que um dia já representou más notícias: VOCÊ ESTÁ SAINDO DO SETOR AMERICANO. A guarita original no Checkpoint C — "Charlie" no linguajar da OTAN — está no Museu Aliado no distrito Dahlem da cidade. Uma réplica agora fica no forte e há um museu, o **Haus am Checkpoint Charlie**, na Friedrichstrasse 43–45. (☎ 030/253-7250; www.mauermuseum.de) do outro lado da rua. 🕒 **30 minutos.** *U-Bahn:* Kochstrasse.

Pegue o ônibus M29 de Kochstrasse até Potsdamer Strasse.

14 ★★★ **Gemäldegalerie (Galeria de Imagens).** Ver dois museus de nível mundial em um único dia pode ser formidável para qualquer pessoa, mas vale a pena tentar encaixar esse se você puder — você tem até 18 h (ou 22 h às quintas-feiras). A produção criativa dos mestres da Europa representada aqui inclui Rembrandt, Vermeer, Van Eyck, Bruegel, Titian e Caravaggio, entre outros. Se o foco é o trabalho dos artistas alemães, vá até as salas I a III e salas laterais 1 a 4, com obras de Lucas Cranach, Albrecht Dürer e Hans Holbein. Se você estiver mais interessado em arte moderna, vá para a Neue Nationalgalerie (pág. 75, 6), do outro lado. 🕒 **90 minutos. Ver pág. 78, 7.**

A Reconstrução do Museumsinsel

A Museumsinsel (Ilha dos Museus) como um todo, e a maioria dos museus individuais que dão nome à ilha, passam há décadas por um projeto de reconstrução, consolidação e renovação. Atualmente, e por muito tempo, é a vez do Museu Pergamon. Entretanto, sua administração vem mantendo o local quase todo aberto, fazendo o trabalho uma seção por vez. Na pior das hipóteses, algumas das exibições de larga escala estarão cobertas com capas de plástico claro para proteção. Se isso mudar rapidamente, você sempre pode mudar para outro dos grandes museus da ilha, todos de fácil acesso.

O Melhor de Berlim em 2 Dias

No nosso segundo dia, comece conhecendo a vida diária no movimentado e multiétnico Kreuzberg, antes de ir, pelo Museu Judaico, aos museus da Museumsinsel (Ilha dos Museus) e a um distrito de compras e diversão em torno do Bairro Judeu, onde ficava a velha Berlim Oriental. Daqui, é uma tranquila viagem de bonde até a moderna e agitada Prenzlauer Berg, que nos tempos do comunismo era uma área residencial triste.

> *O Museu Judaico de Berlim reverencia a memória dos milhões de judeus que pereceram por conta dos horrores da Segunda Guerra Mundial.*

PONTO DE PARTIDA **Do centro da cidade, pegue o ônibus M19 para Katzbachstrasse.**

1 ★ **Viktoriapark.** Uma injeção de ar fresco de uma caminhada logo cedo neste parque deve ajudar na recuperação do cansaço do dia anterior. No limite sul do parque, em uma colina de 66 metros (216 pés) de altura, um memorial na forma de uma Cruz de Ferro (1821) homenageia as vítimas da Prússia na guerra contra Napoleão e dá a Kreuzberg (Montanha da Cruz) seu nome. Você pode apreciar as belas vistas deste ponto. 30 minutos. O parque faz fronteira com a Katzbachstrasse, Kreuzbergstrasse e Methfesselstrasse. *U-Bahn:* Platz der Luftbrücke. Ônibus: 140.

2 ★ **Bergmannstrasse.** Caminhar para o leste pela primeira metade desta modesta rua comercial é como um tipo de introdução a Kreuzberg. Você pode parar em mercados internos com preços mais baixos no Marheinekeplatz, ou continuar pela segunda parte, a residencial, da Bergmannstrasse até a grande igreja neogótica (1897) em Südstern. 20 a 40 minutos. *U-Bahn:* Mehringdamm. Ônibus: M19 ou 140.

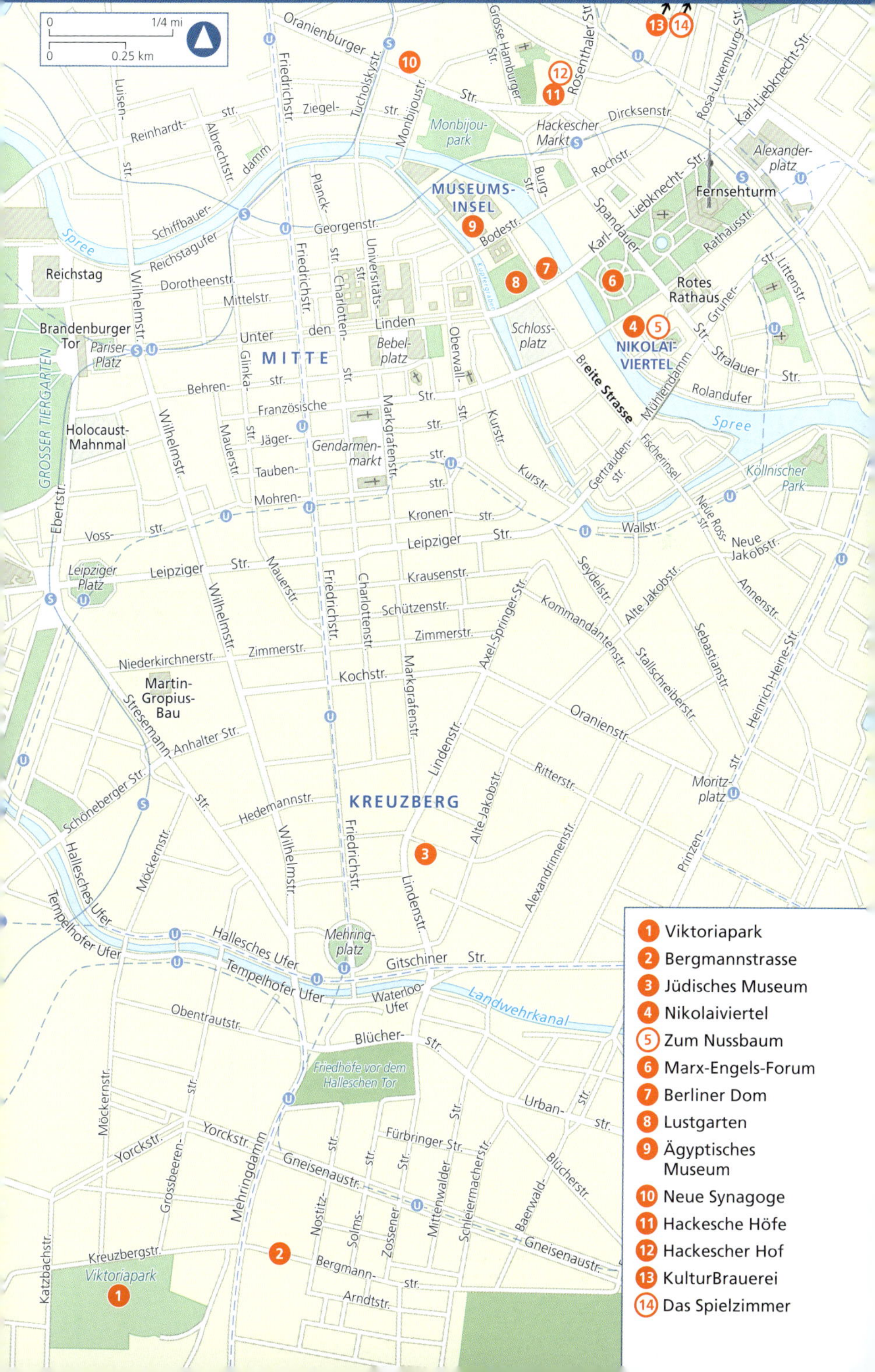
0 1/4 mi
0 0.25 km
MITTE
KREUZBERG
MUSEUMS-INSEL
NIKOLAI-VIERTEL
GROSSER TIERGARTEN
Reichstag
Brandenburger Tor
Pariser Platz
Holocaust-Mahnmal
Leipziger Platz
Martin-Gropius-Bau
Gendarmen-markt
Bebel-platz
Schloss-platz
Monbijou-park
Hackescher Markt
Alexander-platz
Fernsehturm
Rotes Rathaus
Köllnischer Park
Moritz-platz
Mehring-platz
Friedhöfe vor dem Halleschen Tor
Viktoriapark
Spree
Landwehrkanal
1 Viktoriapark
2 Bergmannstrasse
3 Jüdisches Museum
4 Nikolaiviertel
5 Zum Nussbaum
6 Marx-Engels-Forum
7 Berliner Dom
8 Lustgarten
9 Ägyptisches Museum
10 Neue Synagoge
11 Hackesche Höfe
12 Hackescher Hof
13 KulturBrauerei
14 Das Spielzimmer

> *A espetacular cúpula do Berliner Dom é a resposta protestante alemã às basílicas arquitetonicamente feitas pelo catolicismo.*

De um ponto ou de outro, vá até a parada de ônibus na Gneisenaustrasse e pegue o ônibus 248.

3 ★★ Jüdisches Museum. Inevitavelmente, um Museu Judaico em Berlim ilumina poderosamente o Holocausto, mas as exposições vão além disso, para a história mais ampla da comunidade judaica alemã. **1 hora. Ver pág. 79, 15.**

O ônibus 248 é sua condução novamente, a caminho da Spandauer Strasse, na Alexanderplatz.

4 ★★ Nikolaiviertel (Bairro de Nicolau). Tendo seu nome devido à Igreja de São Nicolau (1230), a Nikolaiviertel não é um distrito medieval. Ele tenta bravamente — prejudicado como foi pela destruição na Segunda Guerra Mundial e restauradores da Alemanha Oriental que estavam mais em casa no Realismo Socialista. Ainda assim, vale a pena caminhar pelo pequeno bairro pitoresco e admirar algumas mansões barrocas e rococó espalhadas pelas suas ruas. **45 minutos. Ver pág. 91, 16.**

5 **★ Zum Nussbaum.** Combinando bem com o falso medieval Nikolaiviertel, este pequeno *Kneipe* (bar local) parece datar de 1571, embora, na verdade, só "remeta" à restauração do distrito na década de 1980. Ele se baseia em uma parte próxima da cidade que foi perdida na Segunda Guerra Mundial. **Am Nussbaum 3. ☎ 030/242-3095. 5€ a 10€.**

6 crianças **Marx-Engels Forum.** Como dupla fundadora do comunismo, Karl Marx e Friedrich Engels poderiam ter algo a dizer sobre sua visão no século XIX sobre o declínio e queda do século XX. Suas estátuas de bronze (1986) neste parque nos barrancos do rio Spree mantêm seu próprio conselho. Crianças pequenas gostam de escalar até o colo de Marx e puxar sua barba — já que ele parecia ser uma pessoa jovial em vida, provavelmente não se importaria. **O parque é rodeado pelo Spree, Rathausstrasse, Spandauer Strasse e Karl-Liebknecht-Strasse. *U-Bahn* e *S-Bahn:* Alexanderplatz. Ônibus: M48, TXL, 100, 200 ou 248. Bonde: M4, M5 ou M6.**

7 ★★ Berliner Dom (Catedral). A catedral protestante de Berlim (1905) foi projetada para rivalizar com a católica de São Pedro, em Roma. Vá ao domo central para ter uma vista impressionante da cidade, visite as sepulturas reais na Cripta de Hohenzollen e encante-se com o grande órgão Sauer. **1 hora. Ver pág. 73, 14.**

8 Lutsgarten (Jardim dos Prazeres). Neste jardim, localizado ao lado da catedral e do Museu Altes (pág. 80, 17), o prazer é limitado ao banho de sol no gramado durante o verão e a algumas esculturas modernas. Na rua principal fica o memorial aos combatentes da Resistência Judaica mortos em 1942. **Ônibus: TXL, 100 ou 200.**

9 ★★★ Ägyptisches Museum (Museu Egípcio). Em 2009, o Neues Museum (Novo Museu, 1850) no Museumsinsel (Ilha dos Museus) chegou ao final de uma reconstrução de seis anos. O Ägyptisches Museum, que vivia andando por Berlim desde a Segunda Guerra Mundial, logo se mudou. Finalmente, o famoso busto esculpido (c. 1340 a.C.) da rainha Nefertiti do Egito teve uma residência permanente apropriada para a esposa de um faraó (a dinastia Akhenaton do século XVIII). Também fazem parte do acervo do local outros objetos egípcios antigos da época dos faraós até os dias de hoje. Veja a coleção de papiros e a contribuição

> *O belo gramado do Lutsgarten é um paraíso para os berlinenses, com vistas magníficas do Dom (catedral) e do Altes Museum.*

africana vinda da Núbia (atual Sudão). 🕒 2 **horas. Ver pág. 80, 17.**

10 ★★ Neue Synagoge-Centrum Judaicum. Cúpulas orientais com Estrelas douradas de David no topo marcam a Nova Sinagoga de Berlim, que data de 1866 e milagrosamente sobreviveu aos primeiros dez anos de governo nazista antes de ser derrubada pelas bombas aliadas em 1943. A sinagoga reconstruída é um ponto de foco para a pequena comunidade judaica da cidade, que antes do Holocausto se espalhava pelo Scheunenviertel (Bairro Celeiro) vizinho. 🕒 **30 minutos. Ver pág. 88, 1.**

11 ★★ crianças Hackesche Höfe. Este complexo de pátios restaurados (1907) fica no coração do razoável distrito comercial alternativo em torno do Hackescher Markt. Já que alguns elementos deste passeio tocaram a herança judaica, você talvez queira ir até Anne Frank Zentrum, uma fundação dedicada à jovem que escrevia um diário e foi vítima do Holocausto, ao lado da Rosenthaler Strasse 39. 🕒 **30 minutos. Ver pág. 90, 4.**

12 ☕ ★ **Hackerscher Hof.** Geralmente é difícil conseguir lugar neste café–restaurante casual-chique dentro do Hackesche Höfe, mas o *Kaffee und Kuchen* (café e bolo) vale a espera. Rosenthaler Strasse 40–41. ☎ **030/283-5293. 8€ a 16€. Ver também a pág. 101.**

Pegue o bonde M1 do exterior da Hackesche Höfe até o norte em Prenzlauer Berg, e desça em Kastanienallee na Eberswalder Strasse.

13 ★★ KulturBrauerei. Um destaque da cena cultural e de entretenimento na moderna Prenzlauer Berg — chamada de "Prenz'l" em Berlim — é este complexo, localizado em uma ex-cervejaria. Sempre há alguma coisa acontecendo na maior parte do dia e à noite. Além disso, vale a pena caminhar pelas ruas residenciais próximas, também repletas de cafés e restaurantes com mesas na calçada. 🕒 **30 minutos a 1 hora. Ver pág. 129.**

14 ☕ crianças **Das Spielzimmer.** Um favor para mães e pais cansados excursionando com crianças. Enquanto a criança usa sua energia extra no belo salão de brinquedos que leva o nome do local, pais exaustos podem recarregar suas baterias enquanto tomam um café. **Schliemannstrasse 37. ☎ 030/4403-7635. 4€ a 6€.**

O Melhor de Berlim em 3 Dias

Você começa a terceira manhã no coração pulsante da cidade e fica lá por uma boa parte do dia, apreciando tesouros artísticos e lugares de interesse arquitetônico, além de alguns pontos associados à ditadura nazista e à Segunda Guerra Mundial. As referências ecológicas de Berlim também ficam integralmente à mostra durante a maior parte da tarde, mas com uma visita ao zoológico, no centro, e uma ida aos subúrbios para um passeio pelo grande Grunewald.

> *As catedrais com cúpulas francesa e alemã moldam a arquitetura inspiradora da Gendarmenmarkt, uma grande praça no coração de Berlim.*

PONTO DE PARTIDA **Pegue a *U-Bahn* para a Französische Strasse; ou o ônibus 147 para o Gendarmenmarkt.**

1 ★★★ **Gendarmenmarkt.** Grande espaço retangular no coração da cidade, o Gendarmenmarkt — que tem esse nome por causa das *Gens d'Armes*, um regimento de cavalaria dos guardas prussianos — está entre as mais belas praças de Berlim. Isso sem dizer que ela tem seu charme próprio. Os prédios neoclássicos e barrocos em três dos seus quatro lados são grandes demais para a paisagem, embora árvores, arbustos e gramados suavizem no geral. No lado norte da praça, a **Französischer Dom** (Catedral Francesa, 1705), construída pelos huguenotes protestantes franceses refugiados, agora hospeda o pequeno Hugenotten-Museum (entrada a 2€ para adultos, 1€ para crianças; terças a sábados de meio-dia às 17 h, domingos das 11 h às 17 h). No outro extremo fica a **Deutscher Dom** (Catedral Alemã, 1708). As cúpulas que dão nome a ambas as igrejas — e suas torres imponentes — foram adicionadas na década de 1870. Entre elas fica a **Konzerthaus** (Casa de Concertos, 1821; pág.

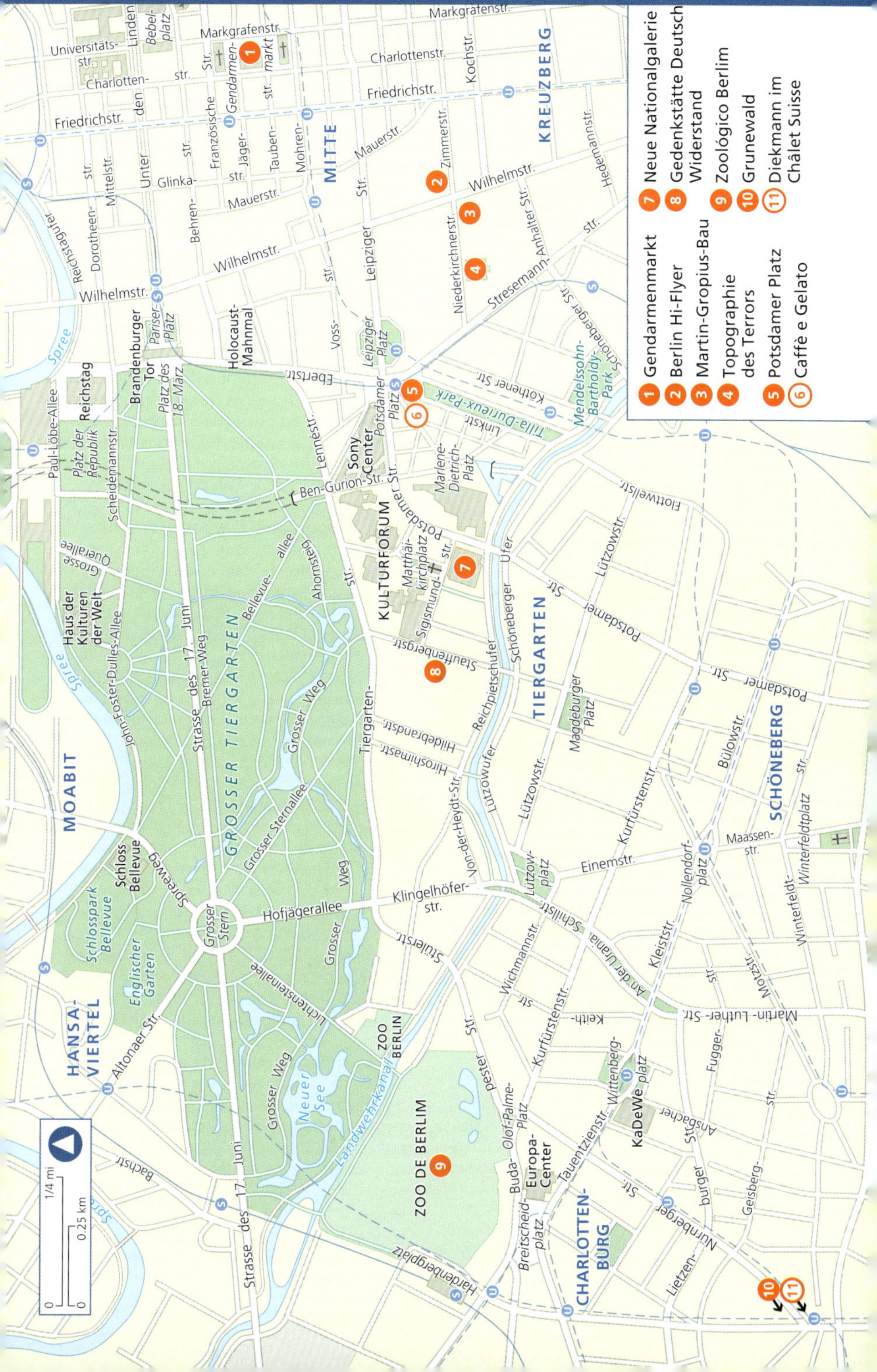
1 Gendarmenmarkt
2 Berlin Hi-Flyer
3 Martin-Gropius-Bau
4 Topographie des Terrors
5 Potsdamer Platz
6 Caffè e Gelato
7 Neue Nationalgalerie
8 Gedenkstätte Deutsch Widerstand
9 Zoológico Berlim
10 Grunewald
11 Diekmann im Châlet Suisse
MITTE
KREUZBERG
TIERGARTEN
SCHÖNEBERG
MOABIT
HANSA-VIERTEL
CHARLOTTEN-BURG
GROSSER TIERGARTEN
KULTURFORUM
ZOO DE BERLIM
ZOO BERLIN
Reichstag
Brandenburger Tor
Holocaust-Mahnmal
Sony Center
Potsdamer Platz
Leipziger Platz
Haus der Kulturen der Welt
Schloss Bellevue
Grosser Stern
KaDeWe
Europa-Center
Spree
Landwehrkanal
Neuer See
1/4 mi
0.25 km

> *Pedaços coloridos do Muro de Berlim não são apenas decorações da movimentada Potsdamer Platz, mas também lembranças da Guerra Fria.*

128). Durante a Guerra Fria, esta era a base da antiga Berliner Sinfonie-Orchester (Orquestra Sinfônica de Berlim) de elite da Alemanha Oriental, agora reinventada como a Konzerthausorchester Berlin. Na parte externa há uma fonte construída em torno de uma escultura (1871) do dramaturgo e filósofo Friedrich Schiller, que morreu em 1805. 🕒 **30 minutos.** ***U-Bahn:* *Französische Strasse*. Ônibus: 147.**

2 ★★ **Berlin Hi-Flyer.** Para ter uma visão geral de Berlim, tudo o que você precisa fazer é subir neste balão amarrado, que é lançado de um ponto a uma quadra a oeste do Checkpoint Charlie e deixar o gás hélio levá-lo para cima. A uma altitude de 150 m (492 pés), visões memoráveis são garantidas. Voos reais são outra coisa; as decolagens são canceladas quando o vento está forte demais. 🕒 **30 minutos (mais o tempo de espera). Air Service Berlin, esquina da Zimmerstrasse e Wilhelmstrasse. ☎ 030/5-5321. www.air-service-berlin.de. Voos: 19€ por adulto, 13€ para a faixa etária de 7 a 18 anos, 3€ para crianças de 3 a 6 anos, 49€ por família. A partir das 10 h no verão e 11 h no inverno. *U-Bahn:* Kochstrasse.**

3 ★ **Martin-Gropius-Bau.** O prédio Martin Gropius de estilo renascentista (1881) recebe seu nome de um dos dois arquitetos que o projetaram para ser o Museu de Artes Decorativas da cidade (atualmente localizado no Kulturforum, pág. 78, **9**). Visite-o para andar pelo belo interior do prédio, acompanhar uma exposição temporária ou ver um evento cultural. 🕒 **30 minutos. Niederkirchnerstrasse 7. ☎ 030/254-860. Os preços dos ingressos variam dependendo do que estiver acontecendo. De segundas a quartas-feiras, das 10 h às 20 h. *U- e S-Bahn:* Potsdamer Platz; *U-Bahn:* Kichstrasse; *S-Bahn:* Anhalter Banhof.**

4 ★ **Topographie des Terrors.** Poucos lugares em toda a história têm tais imagens de medo e horror (e, sem dúvida, coragem desafiadora) como esta parte de Berlim, onde foi o quartel-general da SS Gestapo e do Serviço de Segurança do Reich (Sicherheitsdienst, ou SD), a tríade de terror e genocídio nazista. Em maio de 2010, o centro de documentação e exposição Topografia do Terror foi aberto em um prédio novo e permanente, substituindo uma exibição fotográfica a céu aberto anterior no local, que havia sido deixada de lado por uma combinação de destruição do tempo da guerra e demolição pós-combate. O novo prédio fornece um espaço criado para o propósito de exposições e um centro de pesquisa e documentação focado no papel do local na máquina nazista de repressão. 🕒 **1 hora. Niederkirchnerstrasse 8. ☎ 030/254-5090. www.topographie.de. Entrada gratuita. De abril a outubro, terças a domingos das 10 h às 18 h; de novembro a março, de terça a domingo das 10 h às 17 h. *U- e S-bahn:* Postdamer Platz; *U-Bahn:* Kochstrasse; *S-Bahn:* Anhalter Bahnhof.**

5 ★★★ **Postdamer Platz.** De 1945 até a década de 90, esta praça e seus arredores eram um descampado devastado pela guerra, dividido em dois pelo Muro de Berlim. É difícil acreditar no que o local se tornou agora, enquanto você caminha por este palco de moderna arquitetura comercial que reflete a imagem da nova Berlim. O **Sony Center** — que não é mais de propriedade da gigante japonesa, mas ainda local da Sony Style Store — é o coração de uma área novamente desenvolvida. Sua cúpula de aço e

> *O Neue Nationalgalerie abriga o trabalho de mestres da arte moderna, de Ernst Kirchner a Salvador Dalí.*

vidro parece flutuar como um paraquedas acima de lojas, restaurantes e cinemas, e brilha como um arco-íris de cores assim que o sol se põe. Torres de escritórios sobem por todos os lados, como a BahnTower e a KollhoffTower. Fãs de arquitetura moderna não devem deixar de ver a Debis-Haus (1997), de cor de argila, do arquiteto celebridade Renzo Piano, pela Schellingstrasse. 🕒 **1 hora. Ver pág. 86, 11.**

⑥ crianças **Caffè e Gelato.** O nome diz tudo: pare aqui para tomar um ótimo café e um sorvete italiano, no shopping center Arkaden. **Alte Potsdamer Strasse 7. ☎ 030/2529-7832. 4€ a 8€.**

7 ★★★ Neue Nationalgalerie. A maior parte do complexo Kulturforum de instituições culturais (ver "Dica de Museus", pág. 75) forma um conjunto baseado na arquitetura orgânica da década de 60 (alguns elementos não foram terminados até a década de 90). Uma exceção é a Nova Galeria Nacional, projetada pelo pioneiro da Bauhaus Ludwig Mies van der Rohe, que estabeleceu sua loja em 1968. O local abriga uma festa de arte do século XX, liderada por artistas alemães que vão de Ernst Ludwig Kirchner a Georg Baselitz, apoiados por um elenco internacional que inclui Edvard Munch, Karel Appel, Salvador Dalí e Barnett Newman. (Para ler mais sobre artistas alemães do século XX, ver pág. 628). A galeria conta ainda com um bom programa de shows temporários, apresentados no site dos Museus Estatais de Berlim: www.smb.spk-berlin.de. Se a arte do século XX não for a sua favorita e você ainda não tiver ido ao Gemäldegalerie, (pág. 78, 7), considere a visita. 🕒 **2 horas. Ver pág. 75, 6.**

8 ★ Gedenkstätte Deutsche Widerstand. Em julho de 1944, o conde Claus von Stauffenberg e três outros oficiais do exército alemão que conspiraram para assassinar Hitler foram sumariamente fuzilados nesse pátio. O Gedenkstätte Deutsche Widerstand (Memorial da Resistência Alemã) reverencia seu sacrifício. A chamada Operação Valquíria, que até já virou filme, quase foi bem-sucedida quando von Stauffenberg colocou uma pasta com uma bomba próxima ao Führer durante

> Antiga reserva real de caça prussiana, a Grunewald tem hoje javalis e cervos correndo livres, além de maravilhosas paisagens naturais.

> O quadro Potsdamer Platz, do artista alemão Ernst Kirchner, está exposto na Neue Nationalgalerie, no Kulturforum.

uma conferência no seu quartel-general, no leste da Prússia. Milagrosamente, como Hitler viu tudo, ele sobreviveu à explosão. Cenas-chave da produção, que teve Tom Cruise como ator principal e datada de 2008, foram filmadas no local, após alguma polêmica dentro da Alemanha. 🕒 **20 minutos. Stauffenbergstrasse 13–14. *U-Bahn:* Kurfürstenstrasse ou Potsdamer Platz. Ônibus: M29 ou M48.**

Vá para o sul pela Stauffenberstrasse até a Reichpietschufer, e então pegue o ônibus M29 até Breitscheidplatz.

9 ★★ crianças **Zoológico de Berlim (Zoo Berlin).** Uma grande área junto ao Tiergarten, no lado sul do Landwehrkanal (uma pequena seção fica no lado norte do canal) é ocupada por este belo zoológico. Assim como com qualquer zoológico de cidade grande, há uma grande quantidade de animais. Destaque para o urso polar Knut, nascido em 2006, que à época era considerado fofo e, hoje, é grande demais para se fazer carinho. Há também pandas, cavalos selvagens, uma savana africana e tanques com aves, criaturas marinhas e fluviais. Vale a pena visitar o aquário anexo. Os horários de alimentação dos animais são colocados nos portões e em pontos pelo zoológico. E quando você estiver com fome, há um restaurante e opções de lanche no local. 🕒 **4 horas. Budapester Strasse 34 e Hardenbergplatz 8. ☎ 030/254-010. www.zoo-berlin.de. Entrada: Apenas o zoológico, 12€ para adultos, 9€ para adolescentes de 16 a 18 anos, 6€ para a faixa etária de 5 a 15 anos, 20€ a**

> *Knut, o urso polar, é apenas um dos muitos animais exóticos que chamam o Zoológico de Berlim de casa.*

32€ para famílias; Zoológico e Aquário 18€ para adultos, 14€ para adolescentes de 16 a 18 anos, 9€ para a faixa etária de 5 a 15 anos, 30€ a 45€ para famílias. Diariamente: 9 h 30 min. às 17 h, 18 h ou 19 h (varia de acordo com a estação). *U-Bahn* e *S-bahn:* Zoologischer Garten. Ônibus: M19, M29, M45, M46, X9, X10, X34, 100, 109, 110, 200, 204, 205 ou 249.

Aqueles que preferem pular o zoológico devem ir diretamente ao *S-Bahn* Zoologischer Garten e pegar o trem para Grunewald.

⑩ ★★ Grunewald (Floresta Verde). Quando você caminha pela Grunewald, está passeando pelo que uma vez já foi uma reserva de caça real prussiana. Embora não seja possível caçar (mesmo com javalis e cervos na floresta), você pode ir atrás de um pouco de paz e ar fresco. Siga a sinalização até o Jagdschloss (Choupana de Caça), do século XVIII , na costa do Grunewaldsee (Lago Grunewald). Para o oeste, no lado distante da Autobahn A115, está a Teufelsberg (Colina do Diabo, de 115 m/377 pés), erguida usando pedregulhos da destruição do tempo da guerra de Berlim e agora coberta com grama e árvores. **2 horas. Diversas entradas pelo Clayallee. Admissão gratuita. Aberto todos os dias do ano, 24 h por dia.** *U-Bahn:* Dahlem-Dorf; *S-Bahn:* Grunewald.

⑪ **★★ Diekmann im Châlet Suisse.** Termine seu dia neste restaurante que lembra as fazendas suíças. **Ver pág. 110.**

Rainha Luisa

Em 1810, a nação chorou a morte de Luisa Augusta Wilhelmine Amalie, princesa de Mecklenburg-Strelitz e Rainha da Prússia, aos 35 anos, em Schloss Hohenzieritz (Castelo Hohenzieritz), ao norte de Berlim. Ela havia dado à luz dez filhos em 17 anos de casamento com o rei Friedrich Wilhelm III (Frederico Guilherme III) , suportado o choque da conquista da Prússia por Napoleão em 1806 e serviu como uma figura quase mítica de mãe amorosa, esposa leal e mulher patriota. Sua morte precoce acrescentou sua eterna juventude e beleza à uma lenda que as futuras gerações reverenciariam.

Foi um grande peso colocado nos ombros de uma princesa jovem e alegre, que dava valor ao aprendizado e que afastou-se da aristocracia. Um olhar rápido na adolescente por trás da princesa — garotas por trás de princesas, na verdade — pode ser visto na bela escultura de mármore de Johann Gottfried Schadow (1797) na Alte Nationalgalerie (pág. 80, ⑰), mostrando Luisa e sua irmã mais nova, Friederieke (Frederica), de braços dados.

Os restos de Luisa descansam em um caixão que fica em um mausoléu no Schloss Charlottenburg (Castelo Charlottenburg, pág. 68, ①). Frederico Guilherme, que morreu em 1840, foi sepultado ao seu lado. Diante do passar do tempo e as muitas turbulências na história alemã desde então, a estrela de Luisa perdeu força. Ainda assim, visitantes colocam flores no seu busto esculpido no parque do Schloss Charlottenburg (Castelo Charlottenburg).

O MURO DE BERLIM

A Ascensão e Queda de um Símbolo de Divisão

POR GEORGE MCDONALD

ELES VIERAM À NOITE, com rolos de arame farpado, cercas e equipamento mecânico de construção. Na manhã de 13 de agosto de 1961, equipes de trabalho do Exército Popular da Alemanha Oriental e da milícia paramilitar de trabalhadores haviam dividido Berlim em duas. A cidade foi dividida pelo que o regime comunista começou a chamar de "Muro de Proteção Antifascista", com o objetivo ostensivo de se defender da agressão imperialista do oeste, e que seria conhecido pela história como o Muro de Berlim.

No final da Segunda Guerra Mundial, em 1945, uma Alemanha derrotada e sua capital foram ocupados pelos aliados vitoriosos. Os Estados Unidos, Grã-Bretanha, França e a União Soviética dividiram o país em quatro áreas de ocupação. Berlim, no coração da zona soviética, foi dividida em quatro setores. Em 1949, os soviéticos estabeleceram a República Democrática Alemã (RDA, ou Alemanha Oriental) na sua área. Em resposta, a República Federal Alemã foi estabelecida nas áreas americana, britânica e francesa. Em 1961, a RDA selou suas fronteiras e ergueu o Muro de Berlim, que se tornou instantaneamente um símbolo da Guerra Fria. Ficou evidente que a barreira recém-construída foi projetada não para manter os inimigos externos do lado de fora, mas os próprios cidadãos da Alemanha Oriental dentro, terminando com a emigração da Alemanha Oriental para a Ocidental, que estava enfraquecendo o estado alemão oriental.

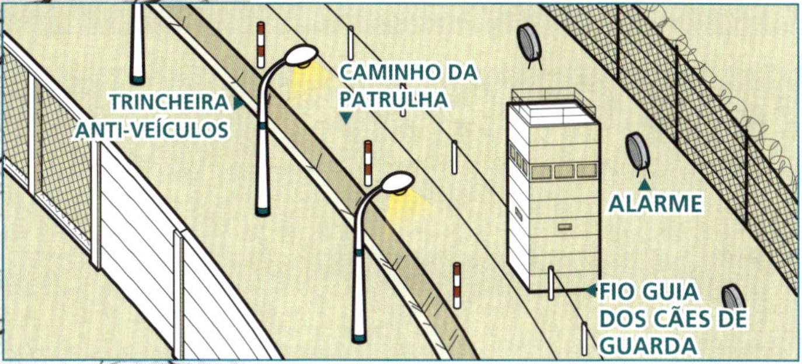

Chão Mortífero

Nas quase três décadas da sua existência, o Muro de Berlim foi fortemente "melhorado". A barreira rudimentar inicial foi substituída por um muro de concreto e, posteriormente, por uma rede profunda de obstáculos e armadilhas mortais, culminando com uma barreira de concreto reforçado. E ainda havia o apoio de guardas armados com ordem de atirar em eventuais desertores à vista, cachorros de ataque em longas linhas, torres de observação e bunkers.

Acredita-se que em torno de 5 mil pessoas tenham desertado com sucesso para o oeste passando através, por baixo ou por cima do muro. Estimativas do número de pessoas mortas em tentativas variam de uma oficial, de 136, a mais de 200, essas não oficiais. Entre os casos mais conhecidos estão o do soldado da Alemanha Oriental Conrad Schurmann, que pulou sobre o arame farpado em 1961; Peter Fehter, de 18 anos de idade, que sangrou até morrer após ser baleado por guardas da fronteira da Alemanha Oriental em 1962; e Chris Cueffroy, de 20 anos, a última pessoa a ser baleada fatalmente ao tentar cruzar o Muro de Berlim, em 1989.

E o Muro Veio Abaixo

Em 1987, o então presidente americano, Ronald Reagan, ficou de pé em frente ao muro no Portão de Brandengurgo, outro símbolo da Alemanha, e desafiou o líder reformista soviético Mikhail Gorbachev a "colocá-lo abaixo". Dois anos mais tarde, o programa de Gorbachev de liberalização na União Soviética havia se espalhado pela Europa Oriental e incentivou os alemães orientais a pedir o mesmo da sua própria liderança comunista. Enormes demonstrações populares pelo país forçaram os líderes antigos a recuar e fizeram com que novos abrissem as fronteiras para Berlim Ocidental em pontos determinados. Em 9 de novembro de 1989, berlinenses orientais tomaram as ações e pacificamente cercaram os pontos de cruzamento. Não querendo usar a força contra a população, os guardas de fronteira abriram os portões. O muro virou história, embora tenha levado um ano em meio a demolições de trechos antes que ele desaparecesse.

Os Melhores Monumentos Reais e Imperiais de Berlim

Houve muito mais na Prússia do que "sangue e ferro", e alguns dos tópicos positivos no livro de história da terra desaparecida são vistos neste tour. A arquitetura e a escultura são o legado mais óbvio do governo Hohenzoller na capital, embora muito tenha sido pulverizado durante a Segunda Guerra Mundial e posteriormente sido reconstruído com dificuldade — um processo que continua até hoje. Por trás das fachadas elegantes dos prédios reais, você vê relances de arte e filosofia que instruíram uma monarquia que, apesar de despótica, muitas vezes mostrava-se inteligente.

> *Visitantes podem explorar os saguões e jardins do Schloss Charlottenburg (Castelo Charlottenburg) de Berlim, lar de governantes prussianos e alemães no século XVII.*

PONTO DE PARTIDA **Pegue a *U-Bahn* para Sophie-Charlotte-Platz; ou um ônibus M45, 109 ou 309 para o Schloss Charlottenburg.**

1 ★★★ Schloss Charlottenburg (Castelo Charlottenburg). Governantes prussianos e alemães gastaram generosamente do final do século XVII em diante para expandir e embelezar o Schloss Charlottenburg. No vasto prédio principal, com uma bela cúpula, visite os apartamentos reais originais (apenas passeios guiados) e a posterior Neuer Flügel (Nova Ala, de 1747). Embora haja o suficiente para ver nos longos corredores com eco do prédio principal, qualquer período de tempo razoável é um incentivo para caminhar pelo extenso jardim ornamental e parque arborizado, junto ao rio Spree. Depois, veja o rei Friedrich Wilhelm III (Frederico Guilherme III) da Prússia e sua rainha Luisa (veja "Rainha Luisa", pág. 65), do século XIX, no mausoléu na parte de trás dos jardins. No Belvedere, um conjunto de museus tem diversas peças de porcelana antiga. Para dar uma parada na longa visita, nada melhor que um lanche ou até uma refeição completa no café Schliemann, localizado no Klein Orangerie (Pequeno Laranjal) do palácio. 🕒 2 horas. Spandauer Damm 10–22. ☎ 030/320-910. www.spsg.de. Entrada: Palácio Antigo, 10€ para adultos, 7€ para crianças de 7 a 14 anos; Nova Ala 6€ para adultos, 5€ para crianças de 7 a 14 anos. Terças a domingos, das 10 h às 17 h ou 18 h (algumas partes do castelo ficam abertas em menos dias e/ou por menos horas) *U-Bahn:* Sophie-Charlotte-Platz ou Richard-Wagner-Platz; *S-Bahn:* West-end. Ônibus: M45, 109 ou 309.

② ★ **Brauhaus Lemke am Schloss.** Localizado do outro lado da rua do Schloss Charlottenburg, este bar–restaurante rústico de estilo pub é um ótimo local para beber uma cerveja e fazer um lanche. **Luisenplatz 1. ☎ 030/341-9388. 6€ a 12€.**

Pegue o ônibus M45, fora do Schloss Charlottenburg, para a estação de ônibus Zoologischer Garten, e faça a baldeação para o ônibus 100, para Breitscheidplatz.

3 ★★ **Kaiser-Wilhelm-Gedächtniskirche (Igreja Memorial do Kaiser Guilherme).** Um ataque aliado em 1943 destruiu a igreja neogótica protestante (1895) construída pelo Kaiser Guilherme II em memória do seu avô. Um pedaço em ruínas da torre da igreja, ao qual se juntou em 1961 uma capela moderna com campanário, serve como memorial de guerra. **🕒 20 minutos. Breitscheidplatz. Entrada gratuita. Diariamente, das 9 h às 19 h. *U-Bahn:* Kurfürstendamm. Ônibus:M19, M29, M46, 100 ou 200.**

Pegue o ônibus 100 de Breitscheidplatz para Grosser Stern.

4 ★★ crianças **Siegessäule (Coluna Vitória).** A Siegessäule, de 67 m de altura (220 pés), leva em sua memória vitórias dos militares prussianos do século XIX sobre vizinhos que não estavam tão preparados para a guerra assim. Suba a escadaria interna para ter uma bela vista do Tiergarten. **🕒 30 minutos. Grosser Stern. Entrada: 2,50€ por adulto, 1,50€ por criança. Diariamente, das 9 h 30 min ou 10 h às 19 h (varia de acordo com a época do ano). *U-Bahn:* Hansaplatz. Ônibus: 100, 106 ou 107.**

⑤ ★★ **Café am Neuen See.** Não há lugar melhor em Berlim para uma parada para beber e fazer um lanche quando o tempo está bom do que este jardim de cerveja em estilo bávaro na beira do Novo Lago de Tiergarten. **Lichtensteinallee. ☎ 030/254-4930. 5€ a 10€.**

> *A torre danificada na igreja neogótica protestante de Kaiser-Wilhelm-Gedächtniskirche é uma lembrança dramática dos ataques aéreos aliados na Segunda Guerra Mundial.*

6 ★★★ **Reichstag.** Arquitetura imperial grandiosa (1894), memórias da época nazista e da Guerra Fria, e uma cúpula de vidro com holofote de autoria do arquiteto britânico Sir Norman Foster (1999) — o local do Bundestag da Alemanha (a câmara baixa do parlamento federal) não perde quando o assunto é simbolismo. A praça com gramado em frente ao local é também muito agradável, enquanto o restaurante Käfer Dachgarten tem boa comida e uma ótima visão. **🕒 30 minutos. Platz der Republik 1. ☎ 030/2273-2152. www.bundestag.de. Entrada gratuita. Diariamente, das 8 h à meia-noite. *U-Bahn:* Bundestag. Ônibus: M41, TXL ou 100.**

7 ★★★ **Brandenburger Tor.** O Portão de Brandenburgo (1791), com sua quadriga (carro puxado por quatro cavalos) de bronze guiada pela deusa grega da vitória Nike, se tornou um símbolo de Berlim. Não há muito o que fazer, a não ser olhar e caminhar — que exatamente é o que as pessoas fazem. **Pariser Platz. *U-Bahn* e S-Bahn: Brandenburger Tor. Ônibus: M41, TXL, 100 ou 200.**

Os Melhores Monumentos Reais e Imperiais de Berlim

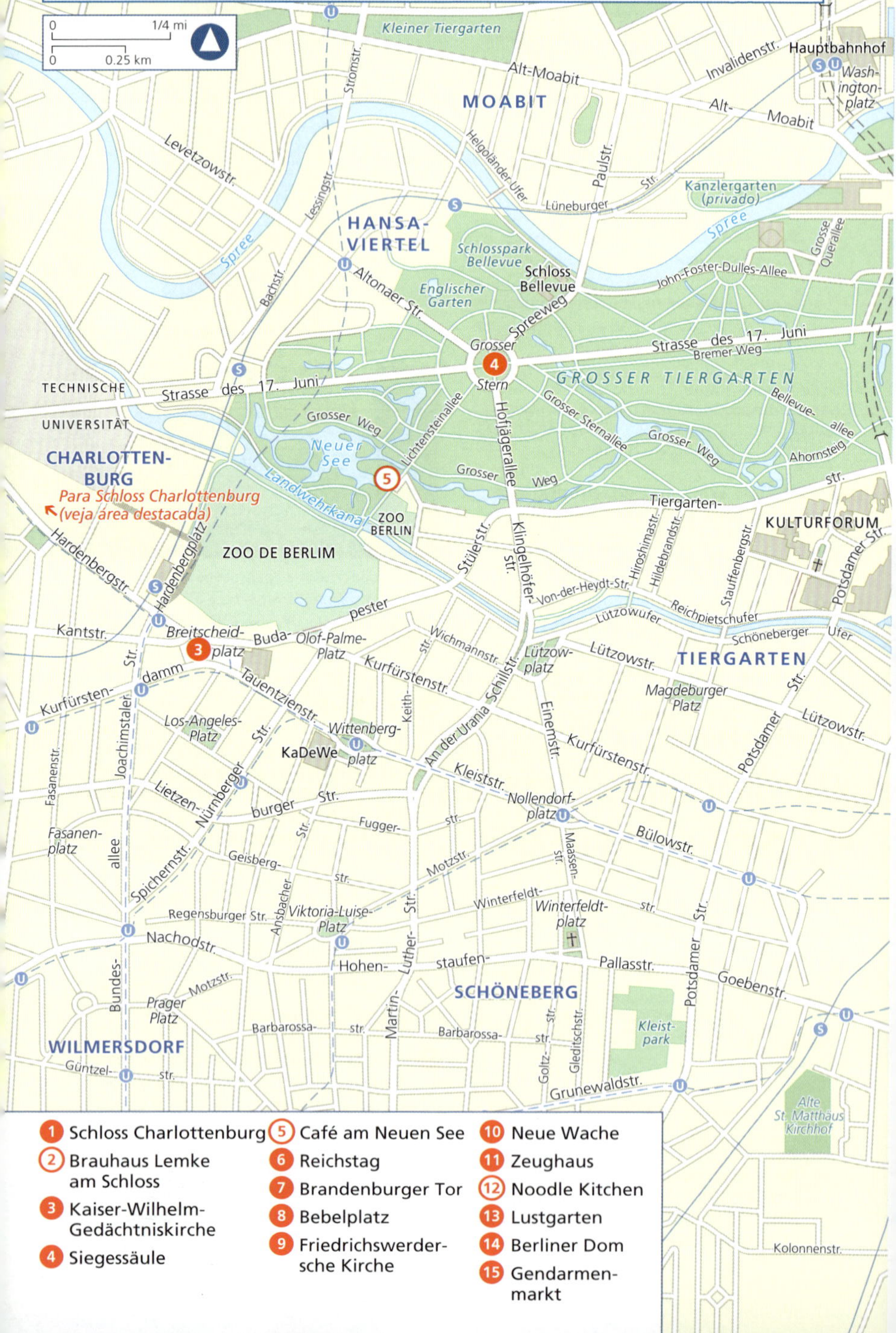

1 Schloss Charlottenburg
2 Brauhaus Lemke am Schloss
3 Kaiser-Wilhelm-Gedächtniskirche
4 Siegessäule
5 Café am Neuen See
6 Reichstag
7 Brandenburger Tor
8 Bebelplatz
9 Friedrichswerdersche Kirche
10 Neue Wache
11 Zeughaus
12 Noodle Kitchen
13 Lustgarten
14 Berliner Dom
15 Gendarmenmarkt

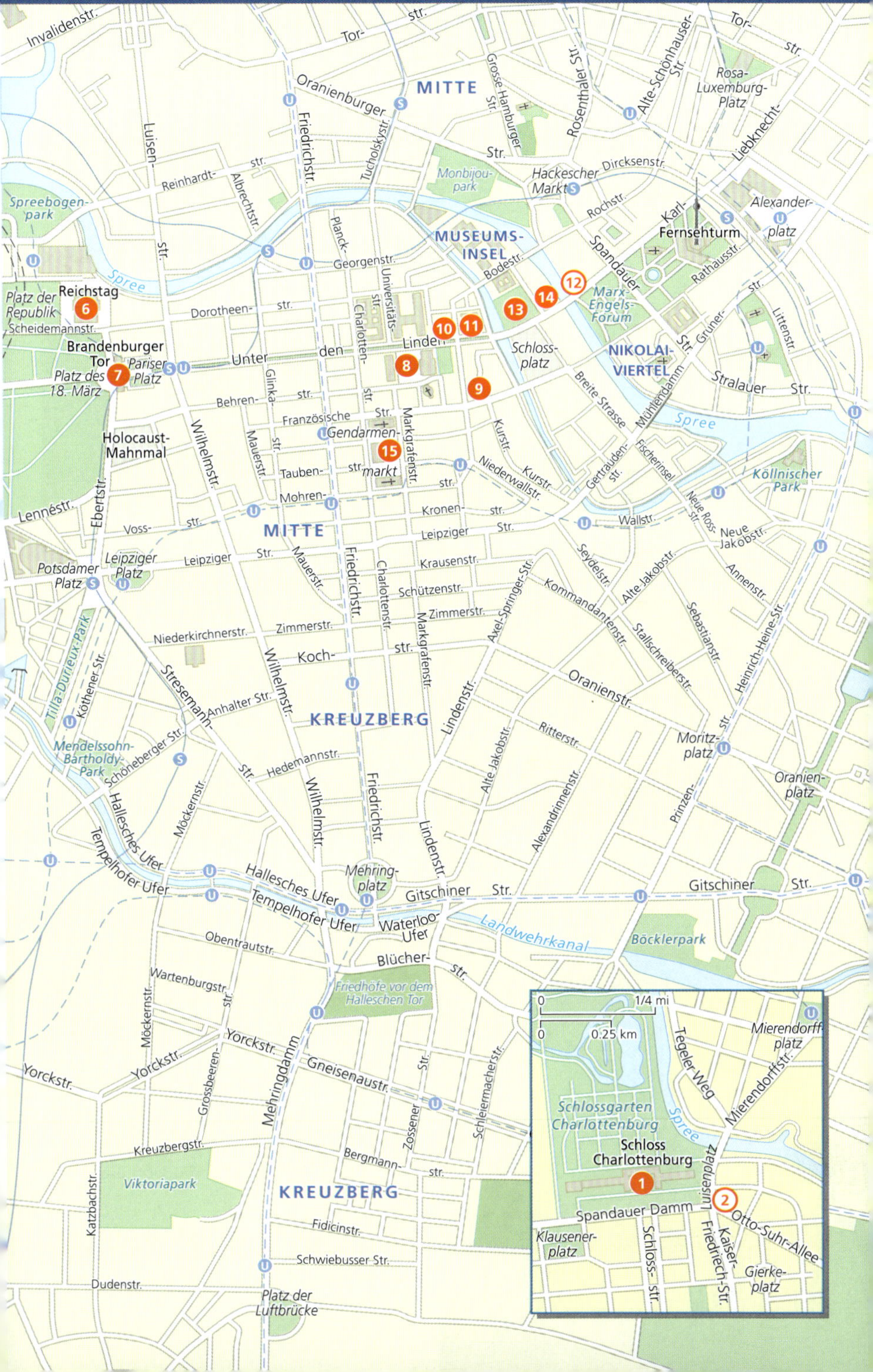
MITTE
MUSEUMS-INSEL
NIKOLAI-VIERTEL
MITTE
KREUZBERG
KREUZBERG
Invalidenstr.
Torstr.
Oranienburger Str.
Grosse Hamburger Str.
Rosenthaler Str.
Alte-Schönhauser-Str.
Rosa-Luxemburg-Platz
Liebknecht-
Friedrichstr.
Tucholskystr.
Luisenstr.
Reinhardtstr.
Albrechtstr.
Monbijou-park
Hackescher Markt
Dircksenstr.
Rochstr.
Karl-
Fernsehturm
Alexanderplatz
Rathausstr.
Spreebogen-park
Spree
Planckstr.
Georgenstr.
Universitätsstr.
Bodestr.
Spandauer Str.
Marx-Engels-Forum
Grunerstr.
Littenstr.
Platz der Republik
Reichstag
6
Scheidemannstr.
Dorotheenstr.
Charlottenstr.
10
11
12
13
14
Unter den Linden
Schlossplatz
Brandenburger Tor
Pariser Platz
Platz des 18. März
7
8
9
Stralauer Str.
Behrenstr.
Glinkastr.
Breite Strasse
Mühlendamm
Französische Str.
Gendarmenmarkt
15
Markgrafenstr.
Holocaust-Mahnmal
Wilhelmstr.
Mauerstr.
Taubenstr.
Kurstr.
Niederwallstr.
Gertraudenstr.
Fischerinsel
Köllnischer Park
Mohrenstr.
Kronenstr.
Lennéstr.
Ebertstr.
Vossstr.
Leipziger Str.
Wallstr.
Neue Ross-str.
Neue Jakobstr.
Potsdamer Platz
Leipziger Platz
Krausenstr.
Axel-Springer-Str.
Seydelstr.
Alte Jakobstr.
Annenstr.
Schützenstr.
Zimmerstr.
Kommandantenstr.
Sebastianstr.
Heinrich-Heine-Str.
Niederkirchnerstr.
Kochstr.
Stallschreiberstr.
Tilla-Durieux-Park
Köthener Str.
Stresemannstr.
Anhalter Str.
Lindenstr.
Oranienstr.
Ritterstr.
Moritzplatz
Mendelssohn-Bartholdy-Park
Schöneberger Str.
Hedemannstr.
Alte Jakobstr.
Alexandrinenstr.
Prinzenstr.
Oranienplatz
Halleschs Ufer
Tempelhofer Ufer
Möckernstr.
Mehringplatz
Gitschiner Str.
Waterloo-Ufer
Landwehrkanal
Böcklerpark
Obentrautstr.
Blücherstr.
Wartenburgstr.
Friedhöfe vor dem Halleschen Tor
Yorckstr.
Grossbeerenstr.
Mehringdamm
Gneisenaustr.
Zossener Str.
Schleiermacherstr.
Kreuzbergstr.
Viktoriapark
Bergmannstr.
Katzbachstr.
Fidicinstr.
Schwiebusser Str.
Dudenstr.
Platz der Luftbrücke
0 1/4 mi
0 0.25 km
Tegeler Weg
Mierendorffplatz
Mierendorffstr.
Schlossgarten Charlottenburg
Spree
Schloss Charlottenburg
1
Luisenplatz
2
Spandauer Damm
Otto-Suhr-Allee
Klausenerplatz
Schloss-str.
Kaiser-Friedrich-Str.
Gierkeplatz

> *ACIMA Os impressionantes degraus do histórico Reichstag. ABAIXO O interior da Friedrichswerdersche Kirche, primeira igreja neogótica de Berlim, impressiona pelos detalhes.*

8 ★★★ **Bebelplatz.** Essa praça monumental deve muito ao déspota iluminado Rei Friedrick der Grosse (Frederico, o Grande), da Prússia, no século XVIII, que planejou um "Forum Fridericianum" em estilo romano. As três partes terminadas foram a Staatsoper Unter den Linden (Casa de Ópera, 1742), a Alte Bibliothek (Biblioteca Antiga, 1780) e, a St.-Hedwigs-Kathedrale (1773), a catedral católica de Berlim, e sua grande cúpula. Um memorial envidraçado lembra o episódio da queima de livros pelos nazistas em 1933. Se você estiver em Berlim pelo Natal e Ano Novo, procure o rinque de patinação no gelo ao ar livre da praça. 🕒 **30 minutos.** ***U-Bahn:*** **Französische Strasse. Ônibus: TXL, 100, 147 ou 200.**

9 ★★ **Friedrichswerdersche Kirche.** A primeira igreja neogótica de Berlim, datada de 1830 e decorada com esculturas e vidro colorido, foi projetada por Karl Friedrich Schinkel. Agora é um museu que conta a vida e obra do arquiteto e escultor, e além de mostrar imagens do século XIX em escultura. 🕒 **30 minutos. Werderscher Markt. ☎ 030/2090-5577. www.smb.spk-berlin.de. Entrada gratuita. Diariamente, das 10 h às 18 h.** ***U-Bahn:*** **Hausvogteiplatz. Ônibus: 147.**

10 ★ **Neue Wache.** O Novo Quartel da Guarda pode não ter um nome amigável, mas para um quartel real prussiano neoclássico que era novo

quando construído, em 1818, é adequado. Uma cópia maior da escultura antiguerra *Mãe com Seu Filho Morto, feita por* Kathe Kollwitz em 1938, ocupa o saguão atrás das colunas. 🕒 **15 minutos. Diariamente, do amanhecer ao anoitecer. Ônibus: TXL, 100 ou 200.**

11 ★ **Zeughaus (Arsenal).** Este belo prédio barroco com cúpula, de 1706, já armazenou o Arsenal Real da Prússia, embora pareça mais o palácio de algum aristocrata. Agora é o local do Deutsches Historiches Museum (Museu Histórico Alemão, pág. 79, 16). 🕒 **15 minutos (sem visita ao museu). Unter den Linden 2. U- e *S-Bahn:* Friedrichstrasse. Ônibus: TXL, 100 ou 200. Bonde: M1 ou 12.**

12 ★ **Noodle Kitchen.** Aqui é possível jantar rapidamente, mas razoavelmente bem, em meio às opções de pratos de diversos lugares da Ásia. Abaixo, é possível pegar um lanche que sai ainda mais depressa. **Radisson Blu Hotel, Karl-Liebknecht-Strasse 3. ☎ 030/238-283-464. 8€ a 16€.**

13 **Lustgarten.** O nome pode significar Jardim dos Prazeres, mas este parque em miniatura, localizado entre a Catedral de Berlim e o Museu Altes, não tem muito a ver com a Babilônia. A sociedade de Berlim já desfilou sua elegância e boas maneiras aqui. Entretanto, os tempos mudaram: no verão, adolescentes de jeans e camiseta ficam à vontade pelo gramado. 🕒 **10 minutos. Ônibus: TXL, 100 ou 200.**

14 ★★ **Berliner Dom (Catedral).** A grandiosa catedral protestante de Berlim, erguida em 1905, reconstruída após a Segunda Guerra Mundial e renovada durante a década de 1990, foi a igreja da família da dinastia governante, primeiro da Prússia e depois da Alemanha. Eleitores e Grandes Eleitores de Brandenburgo, reis da Prússia e membros das suas famílias foram enterrados aqui, a maioria deles na Cripta de Hohenzollern. Este cenário sombrio de muitas tumbas reais inclui pequenos caixões para príncipes e princesas ainda crianças. Uma subida de 270 degraus permite a você ver a grande cúpula central de dentro. Também é possível sair para uma plataforma ao ar livre que circunda a cúpula e permite ver uma bela paisagem de toda a cidade. Um órgão Sauer restaurado, com suas impressionantes 113 teclas, ocupa o espaço inteiro debaixo de um arco. Antes de o local ser construído, havia uma igreja gótica no mesmo local, ainda da época da Idade Média, mas ela acabou dando lugar à nova construção, de estilo Renascentista. 🕒 **1 hora. Am Lustgarten. 030/2026-9119 www.berliner-dom.de. Entrada 5€ para adultos, 3€ para adolescentes de 14 a 18 anos; gratuita para crianças de 13 anos ou menos. De segunda a sábado, das 9 h às 20 h, domingos, de meio-dia às 20 h (até 19 h, diariamente, de outubro a março). Ônibus: TXL, 100 ou 200.**

> *O Monumento Schiller é um marco imponente na praça Gendarmenmarkt de Berlim, que também tem duas igrejas fabulosas e o Konzerhaus.*

Para ir de ônibus da área da Catedral de Berlim/Schlossplatz até o Gendarmenmarkt, pegue o M48 da Spandauer Strasse até a Leipziger Strasse.

15 ★★ **Gendarmenmarkt.** Entre os prédios imponentes dessa bela praça estão duas grandes igrejas e o Konzerhaus (Salão de Concertos). 🕒 **30 minutos. Ver pág. 60, 1.**

Os Melhores Museus de Berlim

Muitos afirmam que Berlim não tem tantos museus e galerias de nível mundial para uma importante capital europeia, mas ela tem uma quantidade suficiente, junto com instituições de apoio que acrescentam suas notas características à sinfonia cultural da cidade. Muitos museus aparecem juntos, concentrados em diversos grupos pela cidade, e isso faz com que seja fácil chegar até eles. Mesmo assim, seria impossível visitar todos em um dia — por isso, veja estas dicas como uma lista dos melhores museus de Berlim em vez de um roteiro de passeio.

> *Os visitantes do Museu Pergamon caminham pela reconstrução decorada do antigo Portão de Ishtar, na Babilônia, que data do século VI a.C.*

PONTO DE PARTIDA Pegue a *U-Bahn* para Sophie-Charlotte-Platz; ou o ônibus M45, 109 ou 309 para o Schloss Charlottenburg.

1 ★ **Museu Berggruen.** Uma antiga casa dos Guardas Prussianos hoje hospeda uma série de coleções de arte europeia que o falecido Heinz Berggruen, um americano de origem judaica e refugiado dos nazistas, deixou para Berlim. ⏱ 1 hora. Schlossstrasse 1. ☎ 030/3269-5815. www.smb.spk-berlin.de. Entrada: 8€ para adultos. De terças a domingos, das 10 h às 18 h. *U-Bahn:* Sophie-Charlotte-Platz. Ônibus: M45, 109 ou 309.

2 ★ **Sammlung Scharf-Gerstenberg.** Complementando o Museu Berggruen, que fica próximo, a Sammlung Scharf-Gerstenberg

> *Você verá uma das melhores coleções de obras-primas de arte da Europa na Gemäldegalerie.*

(Coleção Scharf-Gerstenberg) cobre alguns dos mesmos estilos artísticos e, em especial, tem uma grande quantidade de trabalhos de Paul Klee. 🕒 1 hora. Schlossstrasse 70. ☎ 030/3435-7315. www.smb.spk-berlin.de. Entrada: 8€ para adultos. De terças a domingos, das 10 hàs 18 h. *U-Bahn:* Richard-Wagner-Platz. Ônibus: M45, 109 ou 309.

③ ★ **Bauhaus Lemke am Schloss.** Ver pág. 69, ②.

④ ★ **Käthe-Kollwitz-Museum.** Uma pequena coleção de trabalhos da artista Käthe Kollwitz, cuja perda traumática de um filho na Primeira Guerra Mundial e de um neto na Segunda guiou suas criações pacifistas e socialistas. 🕒 1 hora. Fasamenstrasse 24. ☎ 030/882-5210. www.kaethe-kollwitz.de. Entrada: 6€ para adultos , 3€ para a faixa etária de 5 a 18 anos . *U-Bahn:* Uhlandstrasse. Ônibus: M19, M29, X10, 109 ou 110.

⑤ ★★ **Wintergaren im Literaturhaus.** Ao lado do Käthe-Kollwitz-Museum, este café–restaurante localizado na fundação cultural Casa da Literatura tem um terraço com jardim e serve *Kaffee und Kuchen* (café e bolo), assim como refeições completas. Fasamenstrasse 23. ☎ 030/882-5414. De 6€ a 12€.

⑥ ★★★ **Neue Nationalgalerie.** Um dos dois principais museus Kulturforum (Fórum de Cultura), junto com o Gemäldegalerie, o Novo Galeria Nacional (1968) pega o bastão da cena

Dica de Museus

Ingressos de dias combinados estão disponíveis para os chamados Museus Estatais de Berlim, um grupo de 17 museus localizados em cinco grupos (como o Museumsinsel) que recebem fundos do governo federal alemão. Ingressos de combinação são baseados no "grupo" em que o museu está localizado. Por exemplo, o ingresso do Museumsinsel custa 12€ para adultos e 6 para adolescentes de 16 a 18 anos (gratuito para crianças e adolescentes até 15 anos). É válido para quatro dos cinco museus da ilha (não para o Neues Museum) e representa uma economia considerável com relação aos ingressos para cada museu. Ingressos de área também estão disponíveis para o Kulturforum (que inclui a Neue Nationalgalerie, ⑥, e a Gemäldegalerie, ⑦), Charlottenburg e outras áreas. Observe que exceções podem acontecer — devido, por exemplo, a uma exposição especial. Para obter uma lista completa dos Museus Estatais de Berlim (Staatliche Museen zu Berlin), vá ao site www.smb.museum.

Os Melhores Museus de Berlim

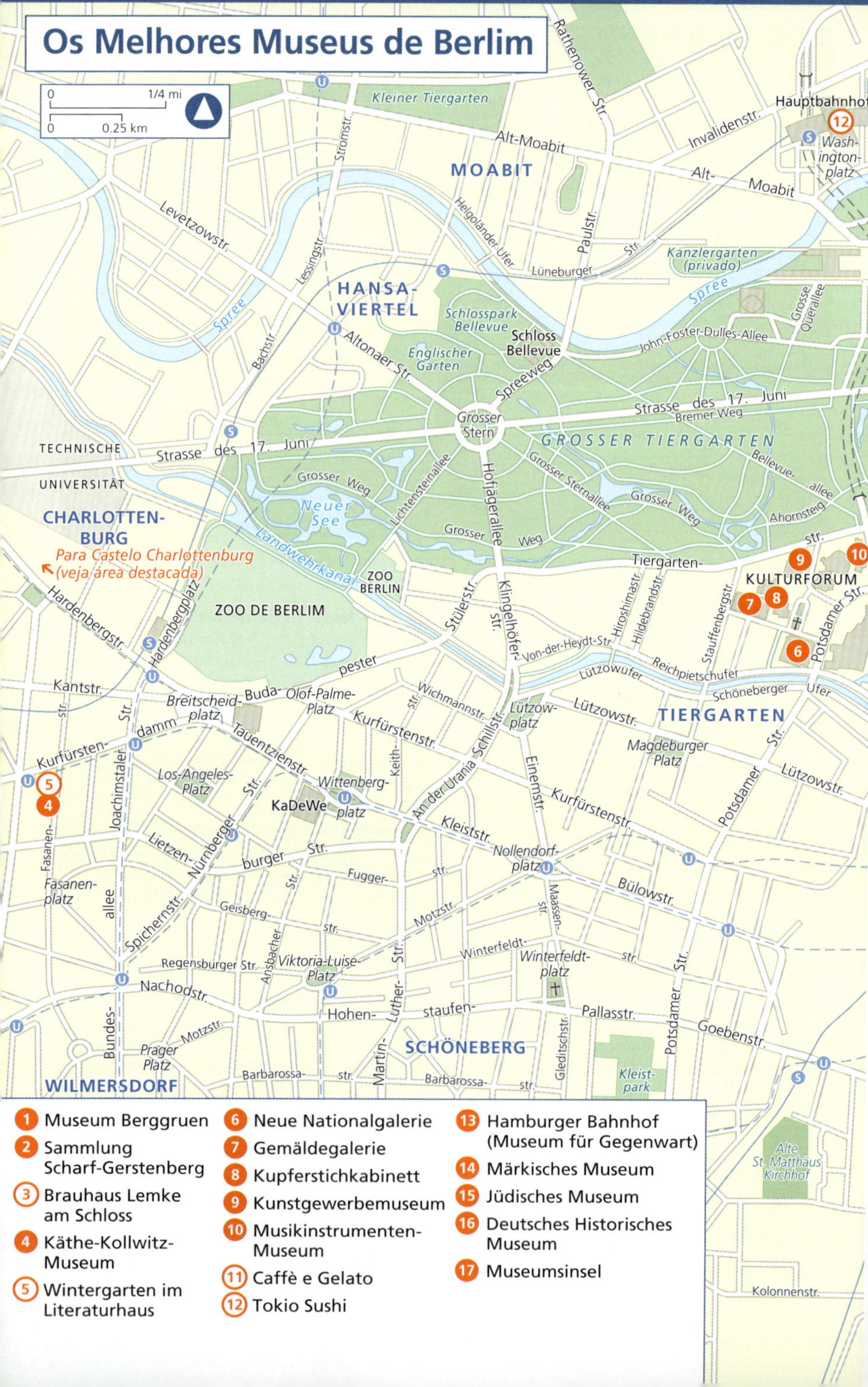

1. Museum Berggruen
2. Sammlung Scharf-Gerstenberg
3. Brauhaus Lemke am Schloss
4. Käthe-Kollwitz-Museum
5. Wintergarten im Literaturhaus
6. Neue Nationalgalerie
7. Gemäldegalerie
8. Kupferstichkabinett
9. Kunstgewerbemuseum
10. Musikinstrumenten-Museum
11. Caffè e Gelato
12. Tokio Sushi
13. Hamburger Bahnhof (Museum für Gegenwart)
14. Märkisches Museum
15. Jüdisches Museum
16. Deutsches Historisches Museum
17. Museumsinsel

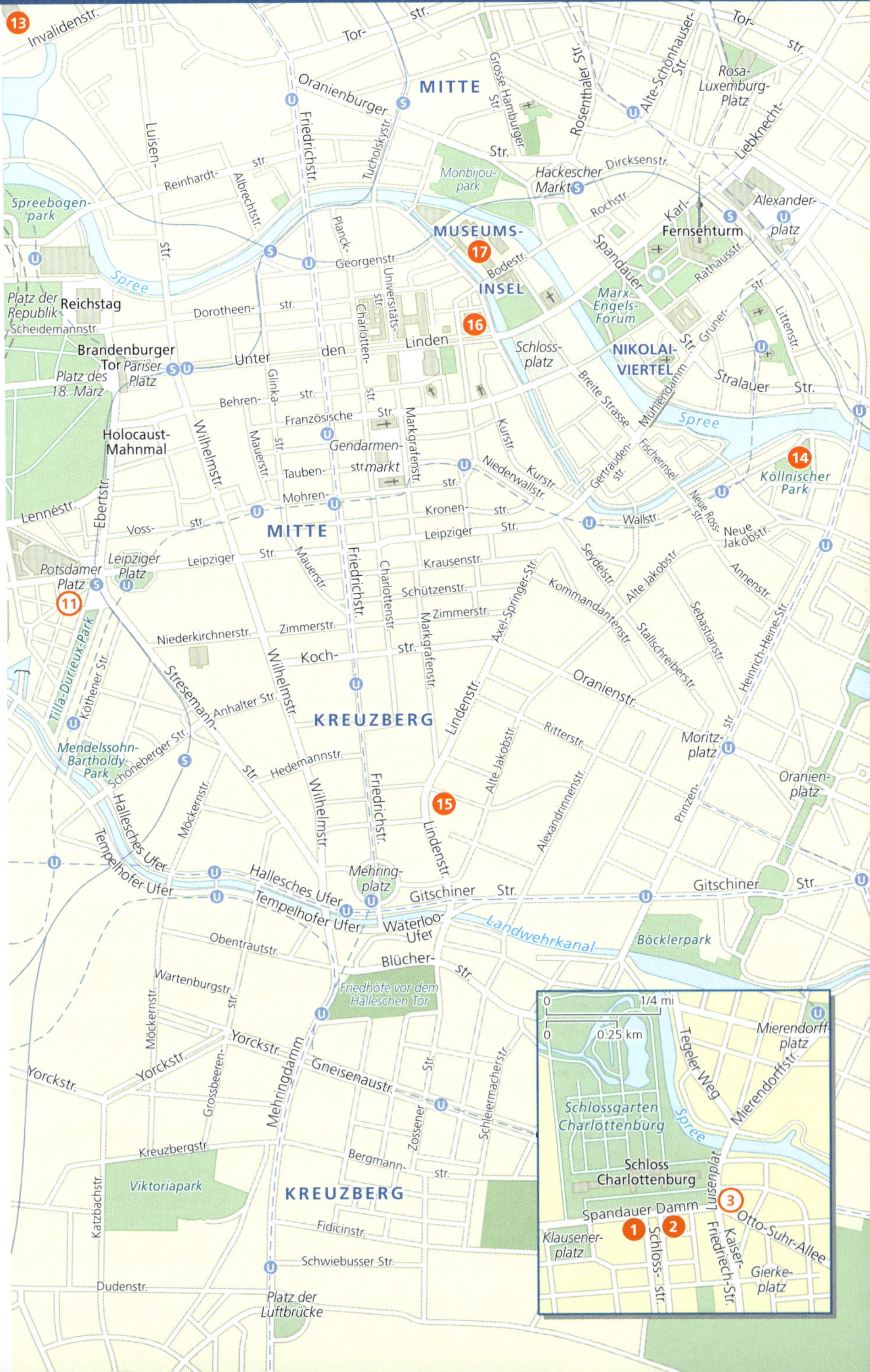
MITTE
MUSEUMS-
INSEL
NIKOLAI-
VIERTEL
KREUZBERG
Reichstag
Brandenburger Tor
Pariser Platz
Platz der Republik
Platz des 18. März
Holocaust-Mahnmal
Potsdamer Platz
Leipziger Platz
Spreebogen-park
Monbijou-park
Hackescher Markt
Fernsehturm
Alexander-platz
Rosa-Luxemburg-Platz
Marx-Engels-Forum
Schloss-platz
Gendarmen-markt
Köllnischer Park
Moritz-platz
Oranien-platz
Mehring-platz
Tilla-Durieux-Park
Mendelssohn-Bartholdy-Park
Bröcklerpark
Friedhöfe vor dem Halleschen Tor
Viktoriapark
Platz der Luftbrücke
Spree
Landwehrkanal
Unter den Linden
Friedrichstr.
Wilhelmstr.
Oranienburger Str.
Leipziger Str.
Koch-str.
Oranienstr.
Gitschiner Str.
Hallesches Ufer
Tempelhofer Ufer
Waterloo-Ufer
Blücher-str.
Yorckstr.
Gneisenaustr.
Mehringdamm
Bergmann-str.
Lindenstr.
Stresemann-str.
Invalidenstr.
Tor-str.
Karl-Liebknecht-Str.
Spandauer Str.
Stralauer Str.
Schlossgarten Charlottenburg
Schloss Charlottenburg
Spandauer Damm
Klausener-platz
Mierendorff-platz
Gierke-platz
Otto-Suhr-Allee
Tegeler Weg
Luisenplatz
Schloss-str.
Kaiser-Friedrich-Str.
0 1/4 mi
0 0.25 km
1
2
3
11
13
14
15
16
17

> *A escultura do Garoto de Xantem, da era romana, é uma das renomadas atrações clássicas do Museu Pergamon de Berlim.*

de artes de Berlim da Alte Nationalgalerie 17 e da Gemäldegalerie 7 e corre com ele pelo século XX. A *Potsdamer Platz* (1914), do artista Ernst Ludwig Kirchner, da época do Die Brücke, mostra (mais ou menos) como a praça da cidade ao lado se parecia. O estilo de pintura American Color Field é representado por trabalhos de Barnett Newman e outros. **2 horas. Potsdamer Strasse 50. ☎ 030/266-424-242. www.smb.spk-berlin.de. Entrada: 8€ para adultos, 4€ para adolescentes entre 16 e 18 anos, gratuita para crianças e adolescentes até 15 anos. Domingos, terças e quartas, das 10 h às 18 h, terças, das 10 h às 22 h, sextas e sábados, das 10 h às 20 h.** ***U-*** **e** ***S-Bahn:*** **Potsdamer Platz. Ônibus: M29, M48 ou M85.**

7 ★★★ Gemäldegalerie (Galeria de Imagens). Principal entre os museus do complexo Kulturforum (Fórum de Cultura), a oeste da Potsdamer Platz, o Gemäldegalerie é uma das melhores coleções de arte da Europa. Todos os grandes períodos e escolas de pintura e muitos artistas conhecidos estão representados em um conjunto impressionante. Os mestres alemães iniciam o show, com trabalhos de Albrecht Dürer, Lucas Cranach (nas fases mais velha e mais jovem) e outros. Procure o poderoso *Retrato do Mercador Georg Gisze* (1852) de Hans Holbein (mais jovem) na sala 4.

Entre os destaques dos pintores flamengos e holandeses estão o tipicamente delicado *A taça de vinho* (c. 1660), de Vermeer, e o retrato suave de Rembrandt da sua cortesã, Hendrickje Stoffels (1657). Artistas franceses, espanhóis, italianos e ingleses, do século XIV ao XIX, preenchem um museu que o deixará querendo ficar muito mais do que as duas horas mínimas sugeridas aqui.

A cafeteria do museu espalha mesas ao ar livre quando o tempo está bom, além de economizar tempo para um lanche ou refeição. **2 horas. Matthäikirchplatz 4–6. ☎ 030/266-424-242. www.smb.spk-berlin.de. Entrada: 8€ para adultos , 4€ para adolescentes de 16 a 18 anos, gratuito para crianças e adolescentes até 15 anos. Terças, quartas e sextas a domingos, das 10 h às 18 h, quintas das 10 h às 22 h.** ***U-*** **e** ***S-Bahn:*** **Potsdamer Platz. Ônibus: M29, M48, M85, 200 ou 347.**

8 ★ Kupferstichkabinett (Museu de Gravuras e Desenhos). Por meio de uma série de exposições alternadas, o Kupferstichkabinett exibe suas gravuras e desenhos europeus, entre eles trabalhos de Albrecht Dürer. **1 hora. Matthäikirchplatz. ☎ 030/266-424-242. www.smb.spk-berlin.de. Entrada: 8€ para adultos , 4€ para adolescentes de 16 a 18 anos, gratuito para crianças e adolescentes até 15 anos. Terças a domingos, das 10 h às 18 h (até 22 h nas quintas).** ***U-*** **e** ***S-Bahn:*** **Potsdamer Platz. Ônibus: 200 ou 347.**

9 ★★ Kunstgewerbemuseum (Museu de Artes Decorativas). Esse museu possui um acervo de arte aplicada grande e rico, que inclui coleções como a Welfenschatz, da época eclesiástica medieval (Tesouro Guelph). **1 hora. ☎ 030/266-424-242. www.smb.spk-berlin.de. Entrada: 8€ para adultos , 4€ para adolescentes entre 16 e 18 anos, gratuito para crianças e adolescentes de até 15 anos. De terças a sextas, das 10 h às 18 h, sábados e domingos, das 11 h às 18 h.** ***U-*** **e** ***S-Bahn:*** **Potsdamer Platz. Ônibus: 200 ou 347.**

10 ★ Musikinstrumenten-Museum (Museu dos Instrumentos Musicais). Muitos dos 3.500 instrumentos musicais raros e antigos desse museu próximo ao salão de concertos da Filarmônica ainda funcionam, e ocasionalmente ganham vida em apresentações. **1 hora. Tiergartenstrasse 1 (entre na Ben-Gurion-Strasse). ☎ 030/2548-1178. www.min-berlin.**

de. Entrada: 4€ para adultos, 2€ para adolescentes entre 16 e 18 anos, gratuita para crianças e adolescentes até 15 anos. *U-* e *S-Bahn:* Potsdamer Platz. Ônibus: 200 ou 347.

⑪ crianças **Caffè e Gelato.** Ver pág. 63, 6.

⑫ **Tokio Sushi.** Local para comer um sushi rapidamente dentro da principal estação ferroviária de Berlim. **Berlin Hauptbahnhof, Europaplatz. ☎ 030/3377-6000. 6€ a 16€.**

13 ★★ Hamburger Bahnhof (Museum für Gegenwart). Operando do antigo terminal neoclássico (1847) da ferroviária Berlim–Hamburgo, o Museum für Gegenwart (Museu de Arte Contemporânea) dá à cidade uma segunda galeria de arte moderna impressionante, nos mesmos moldes da Neue Nationalgalerie 6. O grande espaço de exibição permite movimentos e estilos — Naim June Paik, Roy Lichtenstein e Andy Warhol são alguns dos artistas apresentados — e extensas exposições temporárias. **1 hora. Invalidenstrasse 50–11. ☎ 030/3978-3411. www.hamburgerbahnhof.de. Entrada: 8€ para adultos , 4€ para adolescentes de 16 a 18 anos , gratuita para crianças e adolescentes até 15 anos. Terças a sextas, das 10 h às 18 h, sábados, das 11 h às 20 h, domingos das 11 h às 18 h. *U-* e *S-Bahn:* Hauptbahnhof. Ônibus: 120, 147 ou 245.**

14 ★ Märkisches Museum (Museu do Marco). Ande pela memória de Berlim no Museu do Marco (região) de Brandenburgo, que conta desde a época da fundação da cidade, em 1244, até os dias atuais. **1 hora. Am Köllnischen Park 5. ☎ 030/3086-6215. www.stadtmuseum.de. Entrada: 6€ para adultos, 3€ para a faixa etária de 6 a 15 anos. Terças e quintas a domingos, das 10 h às 18 h, quartas de meio-dia às 20 h. *U-Bahn:* Märkisches Museum. Ônibus: 147.**

15 ★★ Jüdisches Museum (Museu Judaico). O Museu Judaico de Berlim é uma visão surpreendente — e não apenas pela sua mera existência. O arquiteto polonês–americano Daniel Libeskind projetou a nova ala (1999), que parece um raio dentado. Dentro, há uma faceta crua em muito do projeto, exemplificado pelas 10 mil "faces" de aço áspero da instalação *Schalechet* (*Folhas Caídas*, de 2001) e uma torre sinistramente vazia que é um memorial do Holocausto. Outras exibições mostram uma visão

> *A tela de Ernst Kirchner reproduzindo o Portão de Brandenburgo, de 1929, é apenas uma das peças impressionantes em exibição na Neue Nationalgalerie de Berlim.*

mais ampla da comunidade judaica da Alemanha ao longo dos séculos.Há comida kosher no café–restaurante. **1 hora. Lindenstrasse 9–14. ☎ 030/2599-3300. Entrada: 5€ para adultos, 2,50€ para a faixa etária de 7 a 18 anos. Segundas, das 10 h às 22 h, terças a domingos, das 10 h às 20 h. *U-Bahn:* Hallesches Tor. Ônibus: M29, M41 ou 248.**

16 ★★ Deutsches Historisches Museum (Museu Histórico Alemão). Para aqueles

Restaurando Museus e Coleções

Quando a Segunda Guerra Mundial terminou na Europa, em 1945, Berlim era um *Trümmerfeld* (campo de entulhos) gigantesco. Entre os escombros do que era uma capital orgulhosa, estavam as ruínas dos seus museus e galerias. Suas coleções foram dispersas, escondidas para serem mantidas em segurança ou removidas como reparações. Décadas se passaram até que os prédios que haviam abrigado as instituições antes da guerra fossem reconstruídos e restaurados. Quando o Muro de Berlim veio abaixo, em 1989, esse processo ainda estava em andamento. Desde então, mais prédios foram reerguidos e coleções reorganizadas entre os museus das antigas Berlim Ocidental e Oriental, um processo que ainda tem anos pela frente.

A Maravilhosa Wannsee

Durante os meses de clima quente, após passar um dia ou dois nos museus, pegue a *S-Bahn* e siga as multidões de banhistas para **Wannsee** (na foto acima), uma das maiores praias de lago da Europa. Ela tem uma arrumação de *Strandkörbe*, ou seja, com cadeiras de praia reclináveis modernas, que podem dar sombra e proteção contra o vento. Há ainda uma faixa para os naturistas, onde é possível ficar completamente sem roupa.

Por outro lado, traz lembranças sombrias a reservadamente elegante ★★ **Wannsee Villa**, Am Grossen Wannsee 56–58, na costa oeste, do outro lado da água, a partir de Nikolassee. Esse foi o local da famosa conferência de janeiro de 1942, na qual os burocratas nazistas e oficiais das SS, entre eles Reinhard Heydrich e Adolf Eichmann, se encontraram para planejar a "Solução Final" — a aniquilação dos judeus europeus. A casa de campo é agora um memorial do Holocausto, a **Haus der Wannsee-Konferenz.** (☎ 030/805-0010; www.ghwk.de; ônibus: 114). Inclui fotos de homens, mulheres e crianças que foram enviados para campos de concentração. Quase todas as imagens são fotografias nazistas oficiais, incluindo algumas de experimentos médicos atrozes. Lá perto, na frente do lago, você pode visitar uma exposição de arte e história na **Liebermann-Villa**, Colomierstrasse 3 (☎ 030/8058-5900; www.maxliebermann.de; ônibus: 114), a casa de verão de cor rosa que pertencia ao artista impressionista judeu-alemão Max Liebermann (1847–1935).

Uma baía no sudoeste do lago guarda o ★ **Pfaueninsel** (Ilha do Pavão), um local considerado Patrimônio Cultural pela UNESCO. Projetado pelo rei Friedrich Wilhelm II (Frederico Guilherme) na década de 1790, mostra a pompa real e a loucura romântica prussiana. A pequena ilha abriga o Schloss, um castelo em miniatura imitando ruínas, no qual Friedrich se encontrava com sua cortesã, Wilhelmine Encke. Outras atrações são um jardim ocupado pelos pavões que dão nome à ilha, a *Kavaliershaus*, uma mansão neogótica de 1825, a *Meierei* (leiteria), criada para lembrar um mosteiro em ruínas; e um pórtico memorial dedicado à rainha Luise (Luisa) da Prússia. Você chega à ilha, que fica a apenas 100 m (330 pés) do continente, a bordo de uma pequena balsa.

que imaginam que a história da Alemanha não é um assunto para uma conversa, visitar o Deustches Historiches Museum (Museu Histórico Alemão) acaba com qualquer dúvida. Ele fica localizado no belo Zeughaus, um arsenal prussiano antigo datado de 1706 e aumentado em 2004 com uma ala cilíndrica projetada pelo arquiteto sino-americano I. M. Pei. A história inicia com o herói nacional Hermann (Arminius) combatendo as legiões romanas invasoras e vai até o período nazista, a divisão pela Guerra Fria e a reunificação. 🕒 **2 horas. Unter den Linden 2. ☎ 030/203-040. www.dhm.de. Entrada: adultos 5€. Diariamente, das 10 h às 18 h. *U-* e *S-Bahn:* Friedrichstrasse. Ônibus: TXL, 100 e 200. Bonde: M1 ou 12.**

Guia Do Local Página 81

⑰ ★★★ **Museumsinsel (Ilha dos Museus).** Os cinco museus majestosos da Museumsinsel ocupam o terço norte de uma longa ilha no rio Spree, na parte mais antiga de Berlim. Cada prédio tem mais de um museu ou coleção e, juntos, eles compõem um dos acervos mais impressionantes da Europa.

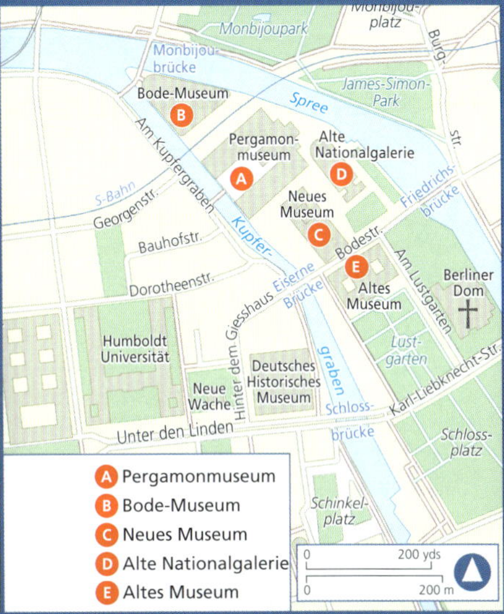

GUIA DO LOCAL

17 Museumsinsel

O andar de baixo do A ★★★ **Museu Pergamon** abriga trabalhos da antiguidade clássica e do Oriente Próximo antigo, com destaque para o **Altar de Pergamon**, uma escadaria reconstruída, colunas e frisos do antigo Templo de Zeus de Pergamon (c. 160 a.C.). O Portão de Ishtar da Babilônia e a Sala do Trono do Nabucodonosor são contribuições de um período anterior. Há também trabalhos menores, como a escultura do Garoto de Xanten, da era romana, além de arquitetura e arte islâmica no andar de cima.

Tendo recebido seu nome a partir de seu fundador, que inaugurou o local em 1904, Wilhelm von Bode, o B ★ **Bode-Museum** mostra arte bizantina e esculturas europeias, além de moedas da antiguidade e medievais. Arte de mosaicos religiosos da era justiniana de Constantinopla e esculturas da Itália na época do renascimento também são destaques.
Aberto em 1859, o C ★★★ **Neues Museum** corresponde ao seu nome de Novo Museu, tendo sido pesadamente bombardeado na Segunda Guerra Mundial e restaurado em 2009. No **Ägyptisches Museum** (Museu Egípcio), procure o busto da rainha Nefertiti, do século XiV a.C.. O **Museum für Pre- und Vorgeschichte** (Museu da Pré-História e História Antiga) também mostra suas coleções aqui.

A D ★★★ **Alte Nationalgalerie** (Antiga Galeria Nacional, 1876) deve atrair quem gosta de arte europeia do século XIX, com pinturas de Karl Friedrich Schinkel, Caspar David Friedrich (seu *Moonrise Over the Sea* é mostrado acima), Adolph Menzel, Hans Thomas, Max Liebermann e outros. Pinturas de artistas franceses incluem trabalhos de Monet, Gauguin e Renoir. Um destaque entre as esculturas é o trabalho sensual em mármore de Gottfried Schadow, de 1795, mostrando as princesas prussianas Luisa e Friederieke (Frederica) de braços dados.

A principal atração no **Antikensammlungen** (Coleção de Antiguidades), localizada no prédio neoclássico do **Altes Museum** E ★★ e no Pergamonmuseum, são as esculturas gregas e romanas. 🕒 2 horas em média por museu. Distribua as visitas por 2 ou 3 dias se possível. ☎ 030/2090-5577. www.museumsinsel-berlin.de e www.smb.spk-berlin.de. Entrada: ingressos de combinações de dias para a Alte Nationalgalerie. Altes Museum, Bode-Museum e Pergamonmuseum 12€ para adultos, 8€ para adolescentes de 16 a 18 anos(exceções para exposições especiais); apenas um museu: 8€ por adulto, 4€ para adolescentes de 16 a 18 anos; Neues Museum: 10€ para adultos, 5€ para adolescentes de 16 a 18 anos; todos os museus gratuitos para crianças e adolescentes de até 15 anos. Diariamente, das 10 h às 18 h (até 22 h nas quintas). *U-Bahn:* Friedrichstrasse; *S-Bahn:* Friedrichstrasse ou Hackescher Markt. Ônibus: TXL, 100 ou 200. Bonde: M1 ou 12.

O Melhor da Arquitetura Moderna de Berlim

Berlim teve o pior dos motivos para entrar na arquitetura moderna. A cidade foi inteiramente devastada na Segunda Guerra Mundial, primeiro por anos de bombardeios cada vez mais pesados dos aliados e, finalmente, por ter tido suas ruas como palco de uma das piores batalhas do confronto. A reunificação deu um incentivo adicional para a experimentação criativa, e mais espaço para fazê-la à vontade. Como consequência, é possível ver pela capital grandes e pequenos destaques de arquitetura moderna. Se você quiser inseri-la no seu passeio em um único dia, provavelmente terá que pular algumas paradas ou passar menos tempo em cada uma das atrações que recomendamos.

> *O exemplo clássico de projeto pós-guerra no distrito ocidental é uma Corbusierhaus (Casa de Le Corbusier) de 17 andares, que foi construída em 1958.*

PONTO DE PARTIDA **Pegue a S-Bahn para a Olympiastadion; ou o ônibus M29 ou 218 para Faltowalle.**

1 ★ **Corbusierhaus.** A "máquina para morar", projetada em 1958 pelo arquiteto suíço Le Corbusier e próxima ao Estádio Olímpico, no distrito ocidental, não é considerada por todos o ideal de um "lar doce lar". Porém, o único bloco de 557 apartamentos nos 17 andares é um marco na arquitetura residencial do pós-guerra. 🕒 20 minutos. Flatowallee 16. *S-Bahn:* Olympiastadion. Ônibus: M29, X34, X49 ou 218.

Pegue o *S-bahn* do Westend para Tierganten.

> *Conhecido localmente como a "ostra grávida", a Haus der Kulturen der Welt impressiona pela arquitetura pós-moderna e suas exibições.*

2 ★ **Hansaviertel (Bairro Hansa).** Batizada por causa da Liga Hanseática medieval (veja box na pág. 578, a pequena Hansaviertel fica entre o Tiergarten e uma curva do rio Spree. Seus blocos de apartamentos (1957–1961), projetados por arquitetos como o pioneiro do Bauhaus, Walter Gropius, e a referência brasileira Oscar Niemeyer, fazem uma comparação interessante com a Corbusierhaus. 🕒 **1 hora.** ***U-Bahn:*** **Hansaplatz;** ***S-Bahn:*** **Tiergarten ou Bellevue. Ônibus: 106.**

3 ★★ **Haus der Kultur en der Welt (Casa de Culturas do Mundo).** Abrigada em um prédio futurista apelidado de "ostra grávida" pela população local, a Haus der Kulturen der Welt (Casa de Culturas do Mundo) é, como o nome diz, um local de apresentações multiculturais. Procure a escultura de bronze de Henry Moore *Large Divided Oval: Butterfly* (1986) no Spiegelteich (Lagoa Espelho), na frente. 🕒 **20 minutos. John-Foster-Dulles-Allee 10. Ônibus: 100. Ver pág. 129.**

4 ★ **Bundeskanzleramt.** Escritório pós-moderno do chefe de governo da Alemanha, o Bundeskanzleramt (Chancelaria Federal) existe desde 2001 e é oito vezes maior do que a Casa Branca, em Washington, capital dos Estados Unidos. Parte dele passa sobre o Spree, fazendo um tipo de "clipe de papel" que segurando as antigas Berlim Ocidental e Oriental. 🕒 **20 minutos. Willy-Brandt-Strasse 1.** ***U-*** **e** ***S-Bahn:*** **Hauptbahnhof. Ônibus: M85 ou 100.**

5 ★★ **Reichstag.** Não é o famoso prédio do Reichstag como um todo que é uma maravilha da arquitetura moderna, mas a cúpula de vidro projetada pelo arquiteto britânico Sir Norman Foster em 1999. A estrutura transparente é feita para simbolizar a abertura do governo democrático. 🕒 **30 minutos. Ver pág. 69, 6.**

Pegue o ônibus 100 ou caminhe até o final de Unter den Linden.

(6) ☕ ★★ **Café Einstein.** Ver pág. 54, (10).

7 ★★ **Zeughaus (Arsenal).** Quando o antigo prédio do arsenal ficou pequeno demais para as coleções do Museu Histórico Alemão (pág. 79, 16), o arquiteto sino-americano I. M. Pei foi encarregado de criar esta impressionante extensão cilíndrica, em 2004, para abrigar o acervo. 🕒 **20 minutos (sem a visita ao museu). Unter den Linden 2. www.dhm.de.** ***U-*** **e** ***S-Bahn:*** **Friedrichstrasse. Ônibus: TXL, 100 ou 200. Bonde: M1 ou 12.**

(8) ☕ ★★ crianças **Telecafé.** Além de estar dentro da Fernsehturm (Torre de Televisão, de 1969; ver pág. 91, 13), uma peça espetacular da arquitetura moderna, o café–restaurante rotativo, a mais de 200 m de altura (655 pés) permite uma vista fabulosa da cidade. **Alexanderplatz. ☎ 030/242-3333. 6€ a 12€.**

O Melhor da Arquitetura Moderna de Berlim

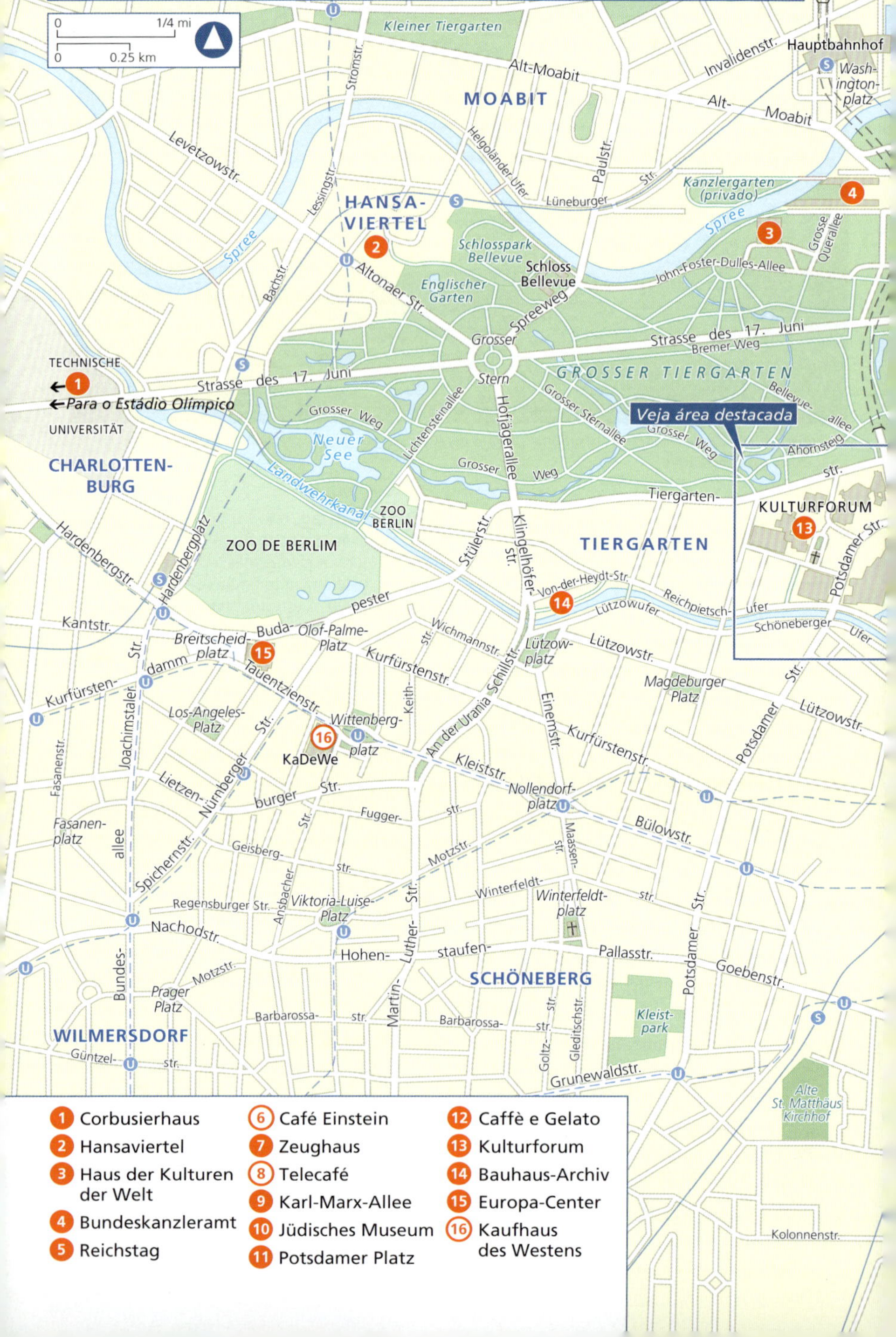

1. Corbusierhaus
2. Hansaviertel
3. Haus der Kulturen der Welt
4. Bundeskanzleramt
5. Reichstag
6. Café Einstein
7. Zeughaus
8. Telecafé
9. Karl-Marx-Allee
10. Jüdisches Museum
11. Potsdamer Platz
12. Caffè e Gelato
13. Kulturforum
14. Bauhaus-Archiv
15. Europa-Center
16. Kaufhaus des Westens

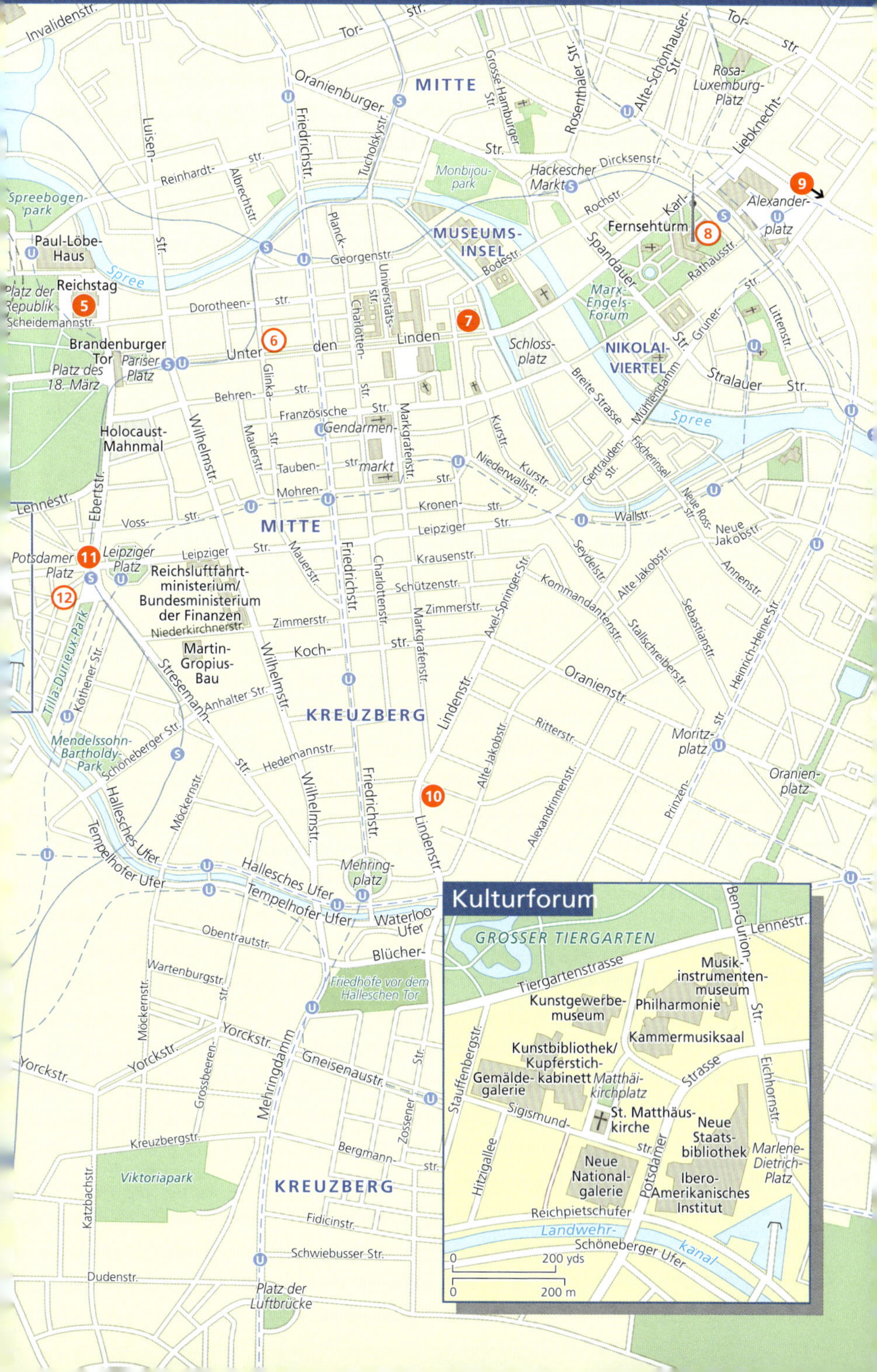
MITTE
MUSEUMS-INSEL
NIKOLAI-VIERTEL
KREUZBERG
Reichstag
Paul-Löbe-Haus
Brandenburger Tor
Platz des 18. März
Pariser Platz
Holocaust-Mahnmal
Potsdamer Platz
Leipziger Platz
Reichsluftfahrt-ministerium/ Bundesministerium der Finanzen
Martin-Gropius-Bau
Spreebogen-park
Monbijou-park
Hackescher Markt
Fernsehturm
Alexander-platz
Rosa-Luxemburg-Platz
Marx-Engels-Forum
Schloss-platz
Gendarmen-markt
Mendelssohn-Bartholdy-Park
Tilla-Durieux-Park
Mehring-platz
Moritz-platz
Oranien-platz
Friedhöfe vor dem Halleschen Tor
Viktoriapark
Platz der Luftbrücke
Spree
Unter den Linden
Friedrichstr.
Wilhelmstr.
Leipziger Str.
Oranienburger Str.
Oranienstr.
Lindenstr.
Hallesches Ufer
Tempelhofer Ufer
Yorckstr.
Gneisenaustr.
Mehringdamm
Kulturforum
GROSSER TIERGARTEN
Tiergartenstrasse
Kunstgewerbe-museum
Philharmonie
Musik-instrumenten-museum
Kammermusiksaal
Kunstbibliothek/ Kupferstich-kabinett
Gemälde-galerie
Matthäi-kirchplatz
St. Matthäus-kirche
Neue Staats-bibliothek
Neue National-galerie
Ibero-Amerikanisches Institut
Marlene-Dietrich-Platz
Landwehr-kanal
Reichpietschufer
Schöneberger Ufer
0 200 yds
0 200 m

> *O Jüdisches Museum, também conhecido como a Blitz (raio), é tão memorável pelo seu projeto de exterior quanto pelo seu acervo.*

9 ★ **Karl-Marx-Allee.** Esta grande avenida que leva para o leste da Alexanderplatz foi um triste exemplo da arquitetura neoclássica socialista da década de 50 da Berlim Oriental comunista (seu nome original era Stalinallee). Os blocos de apartamentos foram restaurados desde a época da reunificação. **30 minutos a 1 hora.** ***U-*** **e** ***S-Bahn:*** **Alexanderplatz. Ônibus: M48, 100 ou 200. Bonde: M4, M5 ou M6.**

Pegue o ônibus 248 da Alexanderplatz para o Museu Judaico.

10 ★★ **Jüdisches Museum (Museu Judaico).** De contorno recortado, a nova ala projetada pelo arquiteto polonês–americano Daniel Libeskind em 1999 para o Museu Judaico ganhou o apelido de *Blitz* (raio). Em 2007, ele adicionou um jardim de vidro ao prédio original, em estilo barroco. **30 minutos (sem visita ao museu). Linderstrasse 9–14. Para obter informações sobre o museu, ver pág. 79, 15,** ***U-*** **e** ***S-Bahn:*** **Hallesches Tor. Ônibus: M29, M41 ou 248.**

Pegue o ônibus M29 da parada de Charlottenstrasse até a Potsdamer Strasse.

11 ★★★ **Potsdamer Platz.** A maior e mais impressionante concentração de arquitetura comercial pós-moderna de larga escala surgiu em torno da praça da cidade que já foi vibrante, mas acabou destruída na Segunda Guerra Mundial e, posteriormente, devastada durante a Guerra Fria. Entre as primeiras partes terminadas estavam a Debis-Haus de Renzo Piano, em 1997, uma torre de escritórios de 106 m (348 pés) de altura. A seguir vieram o shopping center Potsdamer Platz Arkaden (1998), a Torre Kollhoff de 103 m (338 pés) de altura (1999); o complexo de entretenimento Sony Center, de Helmut Jahn, e os escritórios do Park Kolonnaden (todos em 2000) e o Beisheim-Center (2004). **1 a 2 horas. U- e S-Bahn: Potsdamer Platz. Ônibus: M29, M41, M48, M85, 200 ou 347.**

---

12 crianças **Cafè e Gelato.** Ver pág. 63, 6.

13 ★★★ **Kulturforum (Fórum de Cultura).** Os prédios individuais do Fórum de Cultura parecem crescer para uma dimensão humana, embora estruturas como a Gemäldegalerie (1998; pág. 78, 7, a Neue Nationalgalerie (Nova Galeria Nacional, 1968; pág. 75, 6), e a sala de concertos da Philharmonie (1963; pág. 128) não sejam exatamente tão pequenas assim. O arquiteto alemão Hans Scharoun, que desenhou os projetos, queria executar sua visão de arquitetura orgânica. Apenas sua obra-prima, a Philharmonie, foi terminada durante seu período de vida. A maioria dos outros prédios — exceto a Neue Nationalgalerie, de Ludwig Mies van der Rohe — seguiram as linhas gerais de Scharoun,

> *A simetria homogênea do renomado Kulturforum é um testamento do foco do arquiteto Hans Scharoun e seu trabalho com a arquitetura orgânica.*

porém diferindo em muitos detalhes. Do outro lado da rua da Philharmonie está a igualmente harmoniosa Kammermusiksaal (Salão de Música de Câmara, de 1987). 🕒 **1 a 2 horas (apenas exteriores). Ambos os lados da Potsdamer Strasse, até a ponte sobre o Landwehrkanal.** *U-* **e** *S-Bahn:* **Potsdamer Platz. Ônibus: M29, M48, M85, 200 ou 347.**

Pegue o ônibus M29 para Von-der-Heydt-Strasse.

⑭ ★★ Bauhaus-Archiv (Arquivo Bauhaus). Apesar dos seus ornamentos distintamente curvados, o Arquivo Bauhaus, de 1979, segue apenas em linhas gerais os planos que Walter Gropius, pioneiro desse movimento, propôs em 1964 para um museu da influente escola alemã de arte, desenho e arquitetura que floresceu na década de 1920 e foi reprimido pelos nazistas (ver pág. 466 para mais sobre o movimento Bauhaus). 🕒 **20 minutos (apenas parte externa). Klingelhöferstrasse 14.** *U-* **e** *S-Bahn:* **Nollendorfplatz. Ônibus: M29, 100, 106 ou 107.**

Pegue o ônibus M29 para o Europa-Center.

⑮ Europa-Center. Construído em 1965, esse shopping center de muitos andares, na sombra do Kaiser-Wilhelm-Gedächtniskirche (pág. 69, ③), foi um símbolo do milagre econômico da Alemanha Ocidental do pós-guerra e do sucesso de Berlim Ocidental como uma ilha capitalista cercada por um mar comunista. 🕒 **20 minutos. Tauentzienstrasse 9–12.** *U-Bahn:* **Kurfürstendamm. Ônibus: M19, M29, M46, 100 ou 200.**

⑯ ☕ ★★ Kaufhaus des Westens. O movimentado Andar Gourmet (sexto andar) da gigantesca loja de departamentos KaDeWe (pág. 104) serve de tudo, de café a caviar. **Tauentzienstrasse 21–24. ☎ 030/21210. 8€ a 24€.**

A Arquitetura Nazista

Dois trabalhos emblemáticos da arquitetura nazista representam praticamente tudo que sobreviveu aos planos de Hitler para uma nova Berlim, que seria chamada Germania e construída em escala megalomaníaca. São eles o Olympiastadion (Estádio Olímpico), erguido especialmente para os Jogos Olímpicos de 1936, que viram o afro-americano Jesse Owens ganhar quatro medalhas de ouro, e o Reichsluftfahrtministerium (Ministério da Aeronáutica do Reich, de 1938), que agora abriga o Bundesministerium der Finanzen (Ministério da Fazenda). Ambos os prédios passaram por uma grande reformulação, mas ainda guardam marcas da era nazista .

Mitte

Inevitavelmente, um passeio pelo distrito Mitte (Central) de Berlim mostra algumas das ruas e áreas da cidade mais frequentadas por turistas. O itinerário seguido aqui, entretanto, tenta ao máximo entrar em ruas laterais e bairros menos convencionais; alguns deles são os pesadelos de lojistas da moda e pessoas que gostam da vida noturna. Aqui, o objetivo é dar aos visitantes informações sobre como a antiga Berlim Oriental ocupou sua posição na cidade reunificada.

PONTO DE PARTIDA **Pegue o *U-Bahn*, ônibus 142, ou bonde M1 ou M6 para Oranienburger Tor.**

1 ★★ **Neue Sinagoge-Centrum Judaicum (Nova Sinagoga).** Uma notável sobrevivente do período nazista (embora tenha sido vandalizada durante a perseguição de 1938 da *Kristallacht*, ou Noite dos Cristais), e parcialmente reconstruída após ser atingida por bombas aliadas na Segunda Guerra Mundial, a Nova Sinagoga, de estilo mouro e datada de 1866, era o coração do Bairro Judeu de Berlim. Embora não seja mais uma sinagoga em funcionamento, tem uma exposição da presença judaica em Berlim e de sua própria história, além de exposições especiais. A cúpula do local vale a visita. 🕒 **30 minutos. Oranienburger Strasse 28–30. ☎ 030/8802-8300. www.cjudaicum.de. Entrada: 3€ para adultos, 2€ para a faixa etária de 6 a 18 anos. Março a outubro, de domingos a segundas, das 10 h às 20 h. Terças a quintas, das 10 h às 18 h, sextas, das 10 h às 17 h (até 14 h em março e outubro); novembro a fevereiro, domingos a quintas das 10 h às 18 h, sextas das 10 h às 14 h.**

2 ★ crianças **Monbijoupark (Parque Monbijou).** O pequeno e tranquilo Parque Monbijou, ao lado do rio Spree, já foi lugar de um castelo real prussiano de mesmo nome em estilo prussiano: o Schloss Monbijou, de 1706, que sofreu danos por bombas na Segunda Guerra Mundial e acabou demolido. Um playground , no verão, e uma "praia urbana" ao longo do Spree fazem desse um bom lugar para levar as crianças. 🕒 **20 minutos. Monbijoustrasse e Oranienburger Strasse.**

3 ★ **Sophienkirche.** Tendo recebido seu nome da sua mecenas real, a rainha Sophie Luise (Sofia Luisa) da Prússia, a igreja de 1712, raramente está aberta sem obras, mas vale a pena passar para dar uma olhada. Sua torre (1735) é a única em Berlim de uma igreja barroca ainda na construção original. Junto à rua há um parque, que foi o Alter Jüdischer Friedhof (Antigo Cemitério Judaico) da capital alemã. **Glosse Hamburger Strasse 29–31.**

> *A cúpula da Neue Synagogue (Nova Sinagoga) de Berlim.*

1 Neue Synagoge-Centrum Judaicum
2 Monbijoupark
3 Sophienkirche
4 Hackesche Höfe
5 Hackescher Hof
6 Anne Frank Zentrum
7 Hackescher Markt S-Bahn
8 AquaDom & Sea Life Berlin
9 DDR Museum
10 Marx-Engels-Forum
11 Neptunbrunnen
12 Marienkirche
13 Fernsehturm
14 Telecafé
15 Rotes Rathaus
16 Nikolaiviertel
17 Zum Nussbaum
18 Franziskaner-Klosterkirche

> *Suba 200 m (655 pés) pelo Fernsehturm, a estrutura mais alta de Berlim, até o Telecafé, e tenha uma uma visão impressionante da cidade.*

4 ★★ **Hackesche Höfe.** Oito pátios em estilo Art Nouveau de 1907 e cuidadosamente restaurados se juntam para formar este símbolo chique da nova Berlim Oriental. Por trás de uma fachada elegante estão lojas, cafés, restaurantes, bares e boates da moda. O local fica no coração de uma parte da cidade que é referência de compras e entretenimento. **30 minutos. Rosenthaler Strasse 40–41.**

---

⑤ ★ **Hackescher Hof.** Ver pág. 59, ⑫.

6 ★ crianças **Anne Franck Zentrum (Centro).** A adolescente judaica alemã Anne Frank, que escreveu um diário e foi vítima do Holocausto, é reverenciada neste pequeno centro de exposições e documentação. Um filme curto sobre sua vida é acompanhado por material sobre o diário que ela manteve enquanto se escondia dos nazistas em Amsterdã. **40 minutos. Rosenthaler Strasse 39. ☎ 030/2880865-610. Entrada 5€ para adultos, 2,50€ para crianças acima de 10 anos e gratuita para crianças de 10 anos ou menos. Terças a domingos, das 10 h às 18 h.**

7 **Hackescher Markt *S-Bahn*.** Poucas das estações de trânsito rápido de Berlim são suficientemente especiais para valer a pena de serem destacadas. Esta, de 1882, é uma exceção, devido aos seus arcos de tijolos vermelhos e entrada principal de ferro e vidro, além das lojas, bares e restaurantes que a tornam parte da história de sucesso comercial da área. **Hackescher Markt.**

8 crianças **AquaDom & Sea Life Berlim.** As crianças talvez queiram visitar o aquário da filial de Berlim da rede Sea Life, com seu elevador subindo pelo lado do AquaDom e ver através do tanque cilíndrico de 25 m de altura (82 pés) com mais de 2.500 peixes tropicais. No fim das contas, porém, o melhor é visitar o **Zoológico de Berlim** (pág. 64, **9**). Um substituto razoável aqui é observar o tanque de peixes de baixo, na área central do Radisson Blu Hotel (pág. 120). **10 minutos. Karl-Liebknecht Strasse 3.**

9 ★ crianças **DDR Museum.** Um olhar na vida diária da antiga República Democrática da Alemanha da era comunista. Você "dirige" um *Trabbie* — um carro Trabant que era o pequeno estranho padrão da engenharia automotiva da Alemanha Oriental — e anda por um apartamento mobiliado em estilo típico comunista, entre outras experiências. **1 hora. Karl-Liebknecht-Strasse 1. ☎ 030/847123731. Entrada: 5,50€ para adultos, 3,50€ para a faixa etária de 6 a 18 anos. De domingos a sextas, das 10 h às 20 h. Sábados, das 10 h às 22 h.**

10 crianças **Marx-Engels-Forum.** Uma grupo de esculturas (1986) de Karl Marx e Friedrich Engels, os fundadores do comunismo, é o principal (ou único) ponto de interesse nesse parque. Não há muito a fazer além de deixar uma rosa vermelha, se quiser, ou, se estiver com uma criança, subir em uma das estátuas e mexer na barba de Marx. **Pelo Spree, entre Karl-Liebknecht-Strasse e Rathausstrasse.**

11 ★ crianças **Neptunbrunnen.** Netuno, deus do mar pela mitologia romana, fica no coração desta monumental fonte de bronze de 1891, acompanhado por ninfas aquáticas representando os rios Elba, Oder, Reno e Vístula, da Alemanha. As crianças podem brincar na água da fonte quando o tempo está bom, mas os adultos provavelmente não devem se arriscar. **Spandauer Strasse.**

12 ★ **Marienkirche (Igreja de Santa Maria).** Segunda igreja mais velha da Alemanha (após a Nikolaikirche, veja a seguir), a Marienkirche (Igreja de Santa Maria) exibe uma diversidade de estilos góticos e barrocos, representando séculos de construções e reconstruções da sua fundação, em torno de em 1250. Procure o belo púlpito de alabastro, de 1703, e o órgão Joachim Wagner, de 1721. Uma estátua de bronze fica do lado de fora. 🕒 **30 minutos. Karl-Liebnecht-Strasse 8.**

13 ★★★ crianças **Fernsehturm (Torre de Televisão).** A 368 m (1207 pés) de altura, a Fernsehturm, erguida em 1969, é a estrutura mais alta de Berlim. Subir pelo elevador até aproximadamente 200 m (655 pés), parando no deque de observação ou no restaurante rotativo Telecafé, pode parecer muito interessante, e a vista impressionante de ambos os locais deve ser a compensação para qualquer estalo no ouvido pelo caminho. Quando o sol brilha na cúpula de aço inoxidável, reflete o formato de uma cruz — um símbolo irritante para os governantes ateus da Alemanha Oriental e um fenômeno que seus cidadãos chamaram de "a Vingança do Papa". 🕒 **45 minutos. Alexanderplatz. ☎ 030/242-3333. www.tv-turm.de. Entrada: 10€ para adultos, 5,50€ para a faixa etária de 4 a 16 anos. De março a outubro, das 9 h à meia-noite; de novembro a fevereiro, diariamente, das 10 h à meia-noite.**

(14) ★★ crianças **Telecafé.** Ver pág. 83, (8).

15 ★ **Rotes Rathaus.** Do outro lado da rua da Torre de Televisão está a prefeitura de Berlim, de 1869. Chamá-la de "Rotes Rathaus" (Prefeitura Vermelha) foi, sem dúvida, apropriado quando o prédio era o local de governo da Berlim Oriental comunista, embora o apelido na verdade tenha sido dado por conta dos tijolos vermelhos de sua fachada. Um friso na parte da frente conta histórias da cidade. **Rathaustrasse 15.**

> *O Nikolaiviertel (Bairro de Nicolau) é o distrito medieval fielmente recriado, com uma igreja gótica e três mansões do século XVII.*

16 ★★ **Nilokaiviertel (Bairro de Nicolau).** Fuja agora um pouco das ruas movimentadas e do tráfego pesado para o único distrito medieval sobrevivente de Berlim. Bem, "falso medieval" poderia ser uma descrição mais precisa para este território restaurado e reconstruído no coração da Cidade Antiga de Berlim, já que o efeito da década de 80 é mais ou menos evidente, e as lojas de especialidades e bares ajudam bastante a anular suspeitas. O Nikolaiviertel tem como centro as pontas góticas gêmeas da Nikolaikirche (c. 1230), uma igreja dedicada a São Nicolau, que contém belos monumentos funerários barrocos. Pelo distrito há um trio de elegantes mansões do século XVII. 🕒 **45 minutos. Entre. Spandauer Strasse e o Spree.**

(17) ★ **Zum Nussbaum.** Ver pág. 58, (5).

18 ★ **Franzikaner-Klosterkirche.** Remanescente da Berlim medieval, esta ruína em três tons é a igreja do franciscano "Gray Cloister", um mosteiro fundado em torno de 1250 próximo à prefeitura original. A igreja — que não tem mais atividade religiosa — não sobreviveu à Segunda Guerra Mundial. Ela, entretanto, acrescenta muito à atmosfera da parte mais antiga de Berlim. 🕒 **20 minutos. Klosterstrasse 73.**

Charlottenburg

O distrito de Charlottenburg tem muitas áreas residenciais, de compras e de vida noturna interessantes, além de algumas atrações impressionantes(como o Schloss Charlottenburg; pág. 68 ①). É, porém, grande demais para se andar facilmente à pé. Este passeio inclui a parte mais próxima do centro da cidade, que pode ser vista como um tipo de microcosmo, contendo muitos dos atributos de Charlottenburg concentrados em uma área relativamente pequena.

> *A parte superior do Kaiser-Wilhelm-Gedächbiskirche sofreu severos danos nos bombardeios durante a Segunda Guerra Mundial, mas seu belo interior permanece impressionante e intacto.*

PONTO DE PARTIDA Pegue a *U-Bahn* para Kurfürstendam; ou a *U-Bahn* ou *S-Bahn* para o Zoologischer Garten; ou o ônibus M19, M29, M46, 100 ou 200 para Breitscheidplatz; ou o ônibus M45, M46, X9, X10, X34, 109, 100, 204, 245 ou 249 para o Zoologischer Garten.

① ★★ Kaiser-Wilhelm-Gedächtniskirche. Os berlinenses apelidaram a torre bombardeada da Kaiser-Wilhelm-Gedächtniskirche (Igreja Memorial Kaiser Wilhelm, 1895), em ruínas — uma visão imperdível e inconfundível no início do tour — de *Hohler Zahn* (O Dente Oco). A igreja, junto com uma capela moderna de lembrança e um campanário, é um memorial da destruição da cidade na Segunda Guerra Mundial. ⏱ **20 minutos.** **Ver pág. 69, ③.**

② crianças Weltkugelbrunnen. Seu nome formal é traduzido como "Fonte do Globo" em português, mas os habitantes da capital alemã usam de humor sarcástico para rebatizar esta fonte de 1983, com degraus de granito vermelho e formato de uma esfera disforme, de *Wasserklops* (Almôndega de Água). Pequenas figuras de bronze humanas e de animais se espalham ao seu redor. **Breitscheidplatz.**

③ ★★ crianças Zoo Berlin (Zoológico de Berlim). Você não gastará menos de quatro horas para ver esse maravilhoso zoológico. Mas se não estiver com muito tempo para esse passeio, é melhor deixar para lá e apreciar o local em uma próxima vez. ⏱ **4 horas.** **Ver pag. 64, ⑨.**

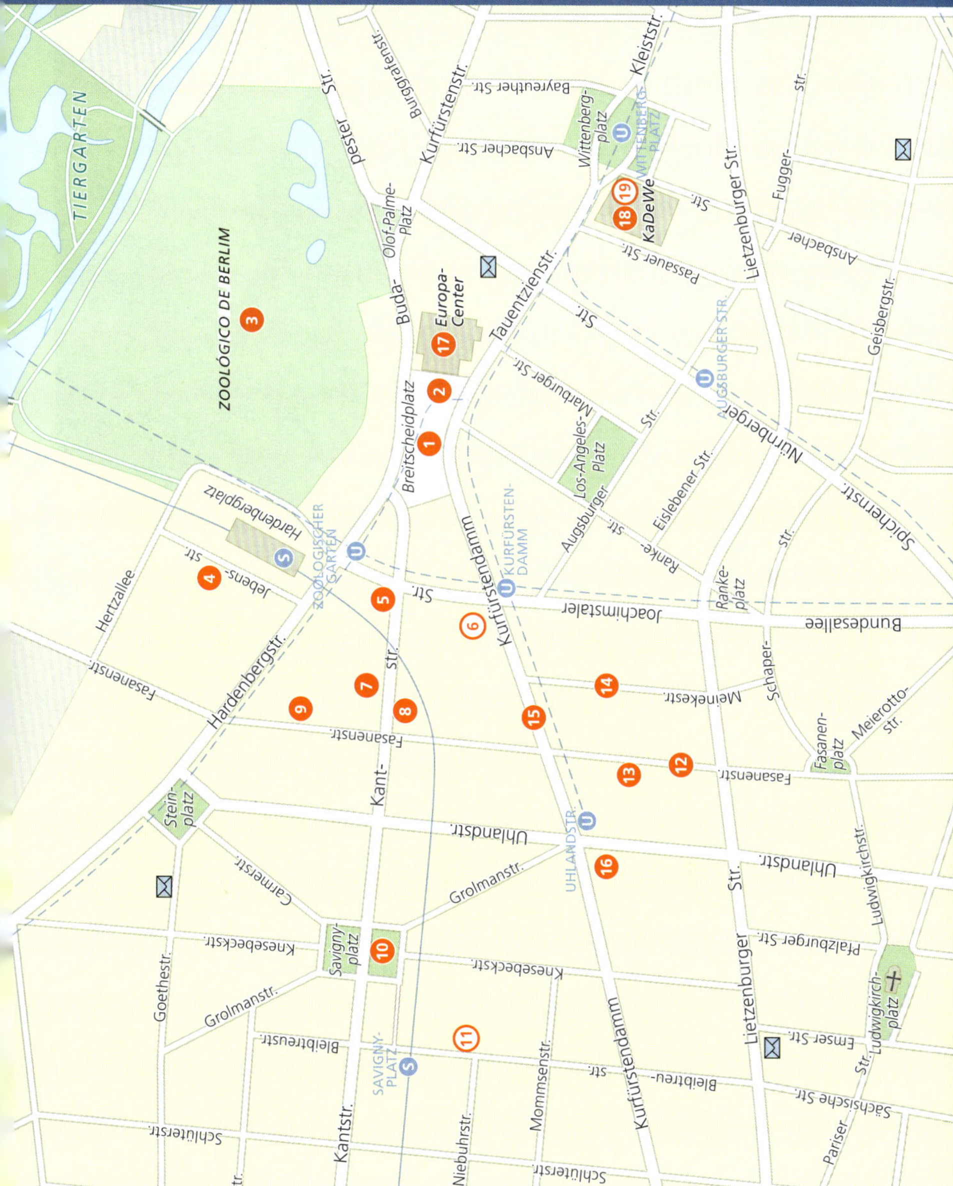

1. Kaiser-Wilhelm-Gedächtniskirche
2. Weltkugelbrunnen
3. Zoológico de Berlim
4. Museum für Fotografie/Helmut Newton Stiftung
5. Erotik-Museum
6. Café Kranzler
7. Theater des Westens
8. Kant-Dreieck
9. Ludwig-Erhard-Haus
10. Savignyplatz
11. Nibs Cacao
12. Fasanenstrasse
13. Käthe-Kollwitz-Museum
14. Meinekestrasse
15. Kurfürstendamm
16. A História de Berlim
17. Europa-Center
18. Kaufhaus des Westens
19. Kaufhaus des Westens

> *Galerias, livrarias e lojas tomam conta da Savignyplatz.*

4 ★★ **Museum für Fotografie/Helmut Newton Stifung.** Filho de Berlim, e posteriormente cidadão australiano, o fotógrafo Helmut Newton (nascido Neustädter) foi suficientemente generoso ao doar imagens à cidade que ele foi forçado a deixar como adolescente judeu durante a época nazista. A Helmut Newton Foundation exibe seu trabalho no Museu da Fotografia. As fotos de Newton e as da sua esposa, June Brown (também conhecida como Alice Springs), incluem imagens em preto e branco com carga erótica de mulheres, chamadas Big Nude. Junto com outras exposições fotográficas, são exibidas em um prédio neoclássico restaurado de 1908, que servia originalmente ao Exército alemão como clube de oficiais. 🕒 40 minutos. Jebensstrasse 2. ☎ 030/266-2188. www.smb.spk-berlin. de Entrada: 8€ para adultos, gratuita para crianças e adolescentes até 15 anos. De terças a domingos, das 10 h às 18 h (quintas até 22 h).

5 **Erotik-Museum (Museu Erótico).** Essa atração quase pecaminosamente popular tem fotos de mulheres nuas, muitas vezes com homens as acompanhando, além de acessórios históricos e modernos relativos aos mistérios da carne. 🕒 20 minutos. (até o dia inteiro, imagino). Joachimstaler Strasse 4. Entrada: 10€ para antes de meio-dia, após esse horário, 14€ por pessoa, 25€ por casal; idade mínima: 18 anos. De segundas a sábados, das 9 h à meia-noite, domingos, das 11 h à meia-noite.

(6) ☕ ★ **Café Kranzler.** O herdeiro de uma tradição de grandes cafés datada de 1825 (a 1932 neste local), o Kranzler serve *Kaffee und Kuchen* (café e bolo) de qualidade, além de outros lanches deliciosos, tanto no seu interior como em sua varanda. Kurfürstendemm 18. ☎ 030/887-183-925. 6€ a 12€.

7 **Theater des Westens.** Marlene Dietrich é apenas um dos nomes que se apresentaram no palco deste elegante teatro, de 1896. 🕒 5 minutos. Kantstrasse 12. ☎ 030/259-244-555. *U-* e *S-Bahn:* Zoologister Garten,

8 **Kant-Dreieck (Triângulo de Kant).** Uma das muitas peças de arquitetura moderna de Berlim que passam despercebidas por aqueles que não são especialistas, o Kant-Dreieck é uma torre de escritórios de 11 andares inaugurada em 1995 e vencedora de prêmios, com um anexo como uma vela no topo e janelas conectadas em um distinto padrão de linhas cruzadas. 🕒 10 minutos. Kantstrasse 155.

9 **Ludwig-Erhard-Haus.** Com seus 15 arcos gigantes em formato semelhante a um imenso tatu em uma rua da cidade, a Câmara da Indústria e Comércio de Berlim, de autoria do arquiteto modernista inglês Sir Nicolas Grimshaw e datada de 1998, é impressionante. 🕒 15 minutos. Fasanenstrasse 83–84.

⑩ ★★ **Savignyplatz.** Esta bela praça, com um pequeno parque no meio, fica no centro de uma área residencial movimentada. Você precisa ser cauteloso ao andar por aqui — não devido a alguma ameaça física, mas porque as ruas são repletas de butiques e lojas de grife atrativas, livrarias, pequenas galerias e lojas pouco convencionais de todos os tipos; bares, cafés e restaurantes ótimos; e locais para vida noturna em pequena escala. O que acontece é que as distâncias envolvidas são maiores do que parecem em um mapa, e os pontos de interesse são espalhados, de modo que você pode acabar facilmente cansado. **30 minutos.**

⑪ ★ crianças **Nibs Cacao.** Chocolate, em muitas formas e aparências, incluindo quente e líquido, é a atração gastronômica neste pequeno ponto de encontro para quem gosta de chocolate. Beba, coma e guarde chocolates artesanais para levar para casa. **Bleibtreustrasse 46. ☎ 030/2637-6740. 4€ a 10€.**

⑫ ★★ **Fasanenstrasse.** Entre as casas de Jugendstil (Art Noveau) nesta próspera rua estão duas que hospedam o Käthe-Kollwitz-Museum e a fundação cultural Literaturhaus, com seu café–restaurante Wintergarten (ver pág. 75, ④ e ⑤). Nos números 79 e 80, o Jüdisches Gemeindehaus (Centro da Comunidade Judaica, 1959) fica no local de uma sinagoga liberal construída em 1912 e destruída pelos nazistas em 1938. **30 minutos.**

⑬ ★ **Käthe-Kollwitz-Museum.** **1 hora. Ver pág. 75, ④.**

⑭ **Meinekestrasse.** Essa rua se orgulha de ter algumas casas que datam do final do século XIX e do início do século XX. Algumas delas atualmente abrigam cafés, restaurantes e hotéis. No número 10 (Mark Hotel Meineke), uma placa lembra a época da construção, como o Zionist Palästinaamt (Escritório Palestino), que ajudou 50 mil judeus alemães a emigrar para a Palestina antes de os nazistas o fecharem, em 1941. **5 minutos.**

⑮ ★★★ **Kurfürstendamm.** O aviso sobre distâncias longas de Savignyplatz (acima) vale em dobro ou triplo para a longa avenida que os berlinenses chamam simplesmente de "Ku'damm." Se você vive para comprar, ou pelo menos olhar vitrines, certamente a adorará (é por isso que ela recebeu 3 estrelas), porque todo tipo de loja pode ser encontrado nos seus 3,5 km (2,2 milhas) de extensão. As crianças, porém, certamente detestarão ser arrastadas por ela, especialmente por conta dos muitos cruzamentos com ruas laterais e o trânsito caótico — você talvez tenha de enfrentar uma rebelião infantil quando chegar ao final. **30 minutos a 1 hora.**

> *O Wintergarten im Literaturhaus, em Fananenstrasse.*

⑯ ★ crianças **A História de Berlim.** Finalmente, uma parte desse passeio que interessa a crianças e, diferentemente do zoológico, não precisa de horas para ser vista. É uma visita prática e multimídia através de 24 salas temáticas que apresentam a história de Berlim desde a sua fundação, no século XIII, e através de seus altos e baixos, como a ascensão da Prússia, o crescimento da capital alemã, o Terceiro Reich, a destruição do tempo de guerra, e a cidade dividida e reunida da época do pós-guerra. Você tem até um tour guiado em um abrigo nuclear da época da Guerra Fria. **1 hora, Kurfürstendamm 207–208. ☎ 030/8872-0100. www.story-of-berlin.de. Entrada: 9,8€ para adultos, 3,50€ para crianças entre 6 e 13 anos, 21€ para família. Diariamente, das 10 h às 20 h (entradas até 18 h).**

⑰ **Europa-Center.** **20 minutos. Ver pág. 87, ⑮.**

⑱ ★★★ **Kaufhaus des Westens.** Mesmo se você preferisse passar pelos quilômetros de ruas de compras da Kurfürstendamm (⑮), a loja de departamentos "KaDeWe" tem muitas das mesmas coisas em um mesmo local, por menos esforço. **30 minutos (ou mais, se você gostar de comprar). Ver pág. 104.**

⑲ ★★ **Kaufhaus des Westens.** O "Andar Gourmet" da KaDeWe é um ótimo local para terminar o dia, esteja você precisando de um lanche ou uma refeição completa. **Ver pág. 87, ⑯.**

Tiergarten

Parque central de Berlim, o "Jardim dos Animais" já foi uma reserva de caça real da Prússia — na década de 1830. Atualmente, é o principal pulmão da cidade, um lugar para fugir do barulho e estresse da vida urbana e para respirar ar fresco. Não é perfeito, já que ruas movimentadas passam por e em torno dele. Contudo,há muitos caminhos calmose seu interior é de uma riqueza valiosa.

> *Os belos gramados do Tiergarten são um destino maravilhoso para berlinenses e turistas em busca de sol ou fugindo do estresse da cidade.*

PONTO DE PARTIDA **Pegue a *U-Bahn* ou *S-Bahn* para o Zoologister Garten; ou o ônibus M45, M46, X9, X10, X34, 109, 110, 204, 245 ou 249 para o Zoologister Garten. Caminhe pela Stadtbahnbogen, um caminho que vai junto da linha *S-Bahh* elevada.**

1 ★ crianças **Landwehrkanal.** O canal, que vai em curvas através da Berlim central, ao sul do Spree, foi cavado entre 1845 e 1850. Caminhe pela margem sul do canal, e as crianças talvez se animem ao saber que podem olhar pela cerca e ver os animais no Zoológico de Berlim (pág. 64, 9). 30 minutos.

② ★ **Schleusenkrug.** No verão, você pode sentar sob guarda-sóis no jardim de cerveja; outras vezes, ou quando o tempo não cooperar, o bar, que também serve de restaurante, deve ser adequado para um lanche ou café. **Müller-Breslau-Strasse (na Garteneufer). ☎ 030/313-9909. 4€ a 12€.**

3 ★ **Strasse des 17 Juni.** Cruze a ilha do canal (Schleuseninsel) até a margem norte do Landwehrkanal para entrar nesta avenida que corta o Tiergarten de oeste a leste. Nos finais de semana, você poderá visitar o mercado de pulgas (pág. 105), popular entre os estudantes de Berlim. **30 minutos.**

1 Landwehrkanal
2 Schleusenkrug
3 Strasse des 17 Juni
4 Kaiser-Friedrich-Gedächtniskirche
5 Hansaviertel
6 Englischer Garten
7 Siegessäule
8 Bismarck-Denkmal
9 Schloss Bellevue
10 Rio Spree
11 Zollpackhof
12 Bundeskanzleramt
13 Haus der Kulturen der Welt
14 Carrilhão
15 Reichstag
16 Brandenburger Tor
17 Sowjetisches Ehrenmal
18 Goldfishteich
19 Grosser Weg
20 Neuer See
21 Café am Neuen See
GROSSER TIERGARTEN
MOABIT
HANSAVIERTEL
TIERGARTEN
KULTURFORUM
ZOO BERLIN
ZOO DE BERLIM
Strasse des 17. Juni
Spree
Landwehrkanal
Neuer See
200 yds
200 m

> *A torre Siegessäule, de 67 m (220 pés) de altura, recorda o grande histórico de vitórias da Prússia e da Alemanha em batalhas.*

4 **Kaiser-Friedrich-Gedächtniskirche.** Não devendo ser confundida (obviamente) com a mais famosa Kaiser-Wilhelm-Gedächtniskirche (pág. 69, 3), a Kaiser-Friedrich-Gedächtniskirche (Igreja Memorial do Kaiser Friedrich, 1957) substituiu uma igreja neogótica de 1895 que foi construída em memória do Kaiser Friedrich III (Frederico III). Aquela igreja foi destruída na Segunda Guerra Mundial. A moderna e fina torre de sinos atinge uma altura de 68 m (223 pés). 🕒 **20 minutos. Händelalle 20.**

5 ★ **Hansaciertel.** Passar por esse moderno bairro residencial pode ser um pouco demais nesta caminhada, mas, se você tiver tempo, há alguns prédios em estilo Bauhaus que o tornam uma diversão interessante. 🕒 **1 hora. Ver pág. 83, 2.**

6 ★ **Englischer Garten (Jardim Inglês).** Um belo jardim de estilo inglês dentro do Tiergarten, o pequeno Jardim Inglês de Berlim não se compara ao de Munique (pág. 288, 2). Ainda assim, suas fontes, relógio de sol, casa de chá, flores, arbustos podados e gramados já valem a visita. Shows de jazz, entre outros, (www.konzertsommer.info) acontecem lá no verão. 🕒 **30 minutos.**

7 ★★ crianças **Siegessäule (Coluna da Vitória).** Subir o Siegessäule é garantia de uma bela vista do Tiergarten e além. 🕒 **30 minutos. Ver pág. 69, 4).**

8 **Bismarck-Denkmal (Monumento de Bismarck).** Atravesse o lado norte do cruzamento Grosser Stern, em que fica o Siegessäule, e você encontrará, meio escondido entre as árvores, o luxuoso monumento de 1901 a Otto von Bismarck (1815–1898), chamado de "Chanceler de Ferro", o homem que, mais do que qualquer outro, unificou a Alemanha sob a liderança forte e militarista da Prússia.

9 ★★ **Schloss Bellevue.** Ao lado do Spree e com seus jardins extensos, o Bellevue Palace (1786) foi construído originalmente para o príncipe Ferdinand (Ferdinando) da Prússia. Atualmente, é a residência oficial do chefe de estado da Alemanha, o presidente federal, um grande escritório cerimonial que impõe respeito no país. Ali perto fica o Bundespräsidialamt, escritório da equipe presidencial construído em 1998 em formato oval. 🕒 **20 minutos. Spreeweg 1 (no Tiergarten).**

10 ★★★ **Rio Spree.** Cruze o rio sinuoso na bela Lutherbrücke (1892), uma ponte que recebeu seu nome do líder da Reforma Protestante, Martinho Lutero, e vá para oeste pela margem norte do Spree na igualmente bonita Moltkebrücke (1891), que recebeu seu nome de Helmuth von Moltke, um chefe da equipe geral da Prússia do século XIX. 🕒 **40 minutos.**

---

11 ☕ ★★ **Zollpackhof.** Este elegante jardim de cerveja e restaurante é um ótimo local para relaxar, além de um bom representante da cozinha alemã tradicional. **Elisabeth-Abegg-Strasse 1. ☎ 030/3309-9720. Entrada. 17€ a 20€.**

12 ★ **Bundeskanzleramt.** Escritório branco e pós-moderno do chefe de governo da Alemanha, o chanceler federal, desde 2001, é notável pelo seu tamanho e linhas limpas. **Ver pág. 83, 4.**

13 ★★ **Haus der Kulturen der Welt (Casa de Culturas do Mundo).** 🕒 20 minutos. **Ver pág. 83, 4.**

14 crianças **Carrilhão.** Esta torre de sinos só será de interesse das crianças se os 68 sinos do Glockenspiel tocarem alguma música — o que eles fazem de vez em quando no verão. Pelo caminho há um jardim de esculturas que possui

> *O biergarten do Café am Neue See, no Tiergarten.*

algumas obras-primas de arte moderna. Bem, talvez elas possam no futuro serem consideradas obras-primas — tudo é possível! 🕒 **10 minutos.**

⑮ ★★★ **Reichstag.** 🕒 30 minutos. Ver pág. 69, ❻.

⑯ ★★★ **Brandenburger Tor (Portão de Brandenburgo).** Ver pág. 69, ❼.

Os Melhores Parques de Berlim

Berlim é verde (é, até um certo ponto, Green também, mas esta é outra história). Parques, jardins e outros espaços verdes, grandes e pequenos, estão espalhados pela área urbana. Os limites da cidade são uma massa verde na qual rios e lagos se inserem. Entre os mais conhecidos e fáceis de chegar estão o **Tiergarten** central; os jardins e o parque ao lado do rio no **Schloss Charlottenburg** (pág. 68, ❶) no oeste; o pequeno **Viktoriapark,** em Kreuzberg (pág. 56); o minúsculo **Monbijoupark** em Mitte (pág. 88, ❷); e o grande **Grunewald** (pág. 65, ❿), junto ao rio Havel, no sudoeste.

Além disso, turistas devem considerar a visita a outros parques dentro da cidade: o Volkspark Jungfernheide, em Charlottenburg-Nord, o Volkspark Humboldthain, em Gesundbrunnen (Mitte), o Heinirich-von-Kleistpark, em Schöneberg, e o Volkspark Hasenheide, em Neukölln. Mais afastado, o **Wannsee,** no sudoeste (pág. 80), o **Tegeler See,** no noroeste, e o **Müggelsee** no sudoeste são lagos com praias maravilhosas, cercados por florestas.

⑰ **Sowjetisches Ehrenmal (Memorial Soviético).** Um par de tanques e morteiros russos e um soldado do Exército Vermelho esculpido "guardam" esse memorial de 1945, uma homenagem a 80 mil soldados russos mortos durante a Batalha de Berlim, naquele mesmo ano. Alguns cidadãos da capital alemã o apelidaram de "Monumento ao Estuprador Desconhecido", devido aos muitos estupros que acompanharam a queda da capital de Hitler. 🕒 **10 minutos.**

⑱ crianças **Goldfishteich (Lagoa do Peixinho Dourado).** Atravesse a Strasse des 17 Juni até o lado sul do Tiergarten. A lagoa aqui não é, como você poderia esperar, cheia de peixinhos dourados, embora isso possa mudar. Quando este texto foi escrito, estava sendo limpo e restaurado ao seu estado original de 1840. Se isso incluía peixinhos dourados, ainda resta saber. 🕒 **15 minutos.**

⑲ ★ **Grosser Weg.** Vá para oeste (à sua direita) por este caminho através do sul do parque e siga-o até seu final. Pelo caminho, você andará por uma pequena ilha na qual fica uma estátua da princesa de contos de fada da Prússia (e posteriormente rainha) Luisa (veja a "Rainha Luisa" na pág. 65) e passará por um monumento ao compositor Richard Wagner. 🕒 **30 minutos.**

⑳ ★★ crianças **Neuer See (Lago Novo).** O Neuer See é a maior massa de água no Tiergarten — embora isso não queira dizer muita coisa. Há barcos disponíveis para alugar do Café am Neuer See, para algumas ilhotas em torno das quais é possível remar. 🕒 **15 a 20 minutos.**

㉑ ★★ **Café am Neuen See.** Ver pág. 69, ⑤.

Nossas Dicas de Compras em Berlim

Melhor para Moda Urbana
Thatchers, Kastanienallee 21 (pág. 104)

Melhor para Linha Infantil
EastBerlim, Alte Schönhauser Strasse 33–34 (pág. 104)

Melhor para Brinquedos
Die Puppensube, Propststrasse 4 (pág. 105)

Melhor para Discos de Vinil
Café Horenstein, Fechner Strasse 3 (pág. 105)

Melhor Mercado de Rua
Markt am Winterfeldtplatz, Winterfeldtplatz (pág. 105)

Melhor para Livros em Inglês
Books in Berlin, Goethestrasse 69 (pág. 101)

Melhor para Presentes Tradicionais
Erzgebirgshaus, Friedrichstrasse 194–199 (pág. 104)

Melhor Loja de Departamentos
Kaufhaus des Westens, Tauentzienstrasse 21–24 (pág. 104)

Melhor para Gourmets
Galeries Lafayette, Friedrichstrasse 76–78 (pág. 101)

Melhor para Alta Moda Local
Anette Petermann, Bleibtreustrasse 49 (pág. 104)

Best for Packing a Picnic
Kaufhaus des Westens, Tauentzienstrasse 21–24 (pág. 104)

Melhor para Utensílios Domésticos de Designers
House of Villeroy & Boch, Kurfürstendamm 33 (pág. 101)

Melhor para Marzipã Tradicional
Wald Königsberger Marzipan, Pestalozistrasse 54A (pág. 104)

Melhor para Aromas Divinos
Harry Lehmann, Kantstrasse 106 (pág. 104)

> *A colossal Kaufhaus des Westens (KaDeWe) é a maior loja de departamentos do continente europeu, e uma de suas melhores.*

Compras em Berlim

Arte

★ **Lumas** CHARLOTTENBURG
Entre os artigos nessa galeria de arte de fotografias administrada por um grupo baseado em Nova Iorque estão gravuras de edição limitada autografadas por fotógrafos de primeira linha. Fasanenstrasse 73. ☎ 030/8862-7601. www.eu.lumas.com. AE, MC, V. *U-Bahn:* Uhlandstrasse. Ônibus: M19, M29, X10, X109 ou 110. Ver mapa na pág. 103.

Livros

crianças **Books in Berlin** CHARLOTTENBURG
Essa loja tem como principal produto livros em inglês, incluindo novos e de segunda mão (eles compram livros também) e títulos de ficção e não ficção para adultos e crianças. Goethestrasse 69. ☎ 030/313-1233. www.booksinberlin.de. C.*S-Bahn:* Savignyplatz. Ônibus: 101. Ver mapa na pág. 103.

Cerâmicas e Artigos para Casa

★ **Art + Industry** CHARLOTTENBURG
Volte ao século XX (principalmente das décadas de 30 a de 80) com mobiliário, enfeites e acessórios renovados. Bleibtreustrasse 40. ☎ 030/883-4946. www.aiberlin.de. AE, MC, V. *S-Bahn:* Savignyplatz. Ônibus: M19, M29, X10, 109 ou 110. Ver mapa na pág. 103.

★ **House of Villeroy & Boch** CHARLOTTENBURG
Essa loja própria, baseada em Saarland, vende belos artigos de vidro, material de culinária, talheres e acessórios para casa, sua marca registrada. Kurfürstendamm 33. ☎ 030/8868-2970. www.villeroy-boch.com. AE, DC, MC, V. U-Bahn: Uhlandstrasse. Ônibus: M19, M29, X10, 109 ou 110. Ver mapa na pág. 103.

Lojas de Departamentos e Shopping Centers

★★ **Galeries Lafayette** MITTE
A brilhante filial em Berlim da rede francesa traz *une abondance* de estilo parisiense em moda, fragrâncias, cozinha e mais. Friedrichstrasse 76–78. ☎ 030/209-480. www.lafayette-berlin.de. AE, DC, MC, V. *U-Bahn:* Französische Strasse. Ônibus: 147. Ver mapa na pág. 102.

★★ **Hackesche Höfe** MITTE
Lojas nesse monumento Art Nouveau têm produtos como peças de design até jóias baratas. Rosenthaler Strasse 40–81 e Sophienstrasse 6. ☎ 030/2809-8010. www.hackeschehoefe.de. AE, DC, MC, V. *S-Bahn:* Hackescher Markt. Bonde: M1 ou M6. Ver mapa na pág. 102.

> *Você encontrará um pouco de Paris em Berlim ao visitar a enorme loja de departamentos francesa Galeries Lafayette.*

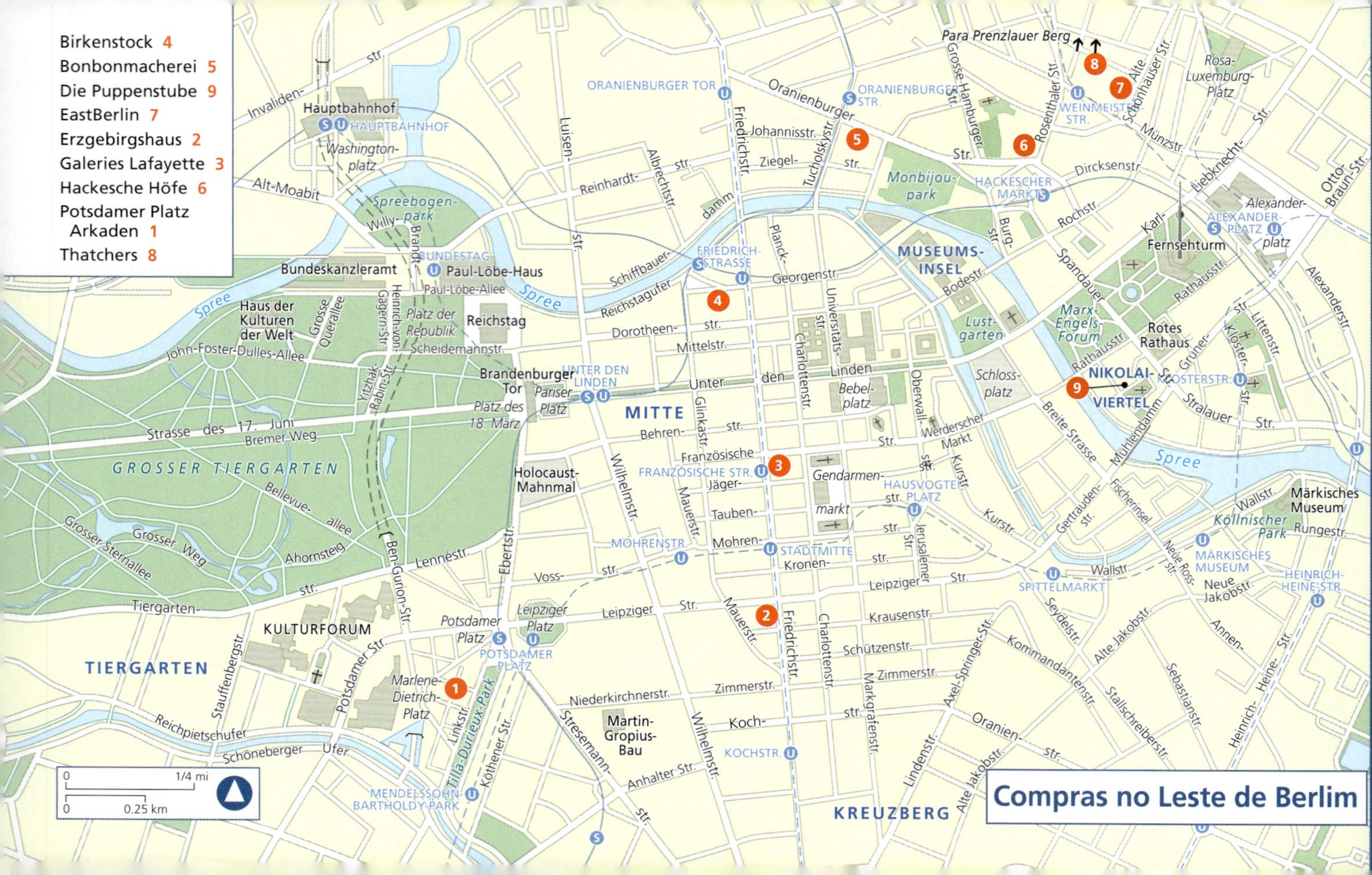
Compras no Leste de Berlim
Birkenstock 4
Bonbonmacherei 5
Die Puppenstube 9
EastBerlin 7
Erzgebirgshaus 2
Galeries Lafayette 3
Hackesche Höfe 6
Potsdamer Platz Arkaden 1
Thatchers 8
Para Prenzlauer Berg
MITTE
MUSEUMS-INSEL
NIKOLAI-VIERTEL
GROSSER TIERGARTEN
TIERGARTEN
KREUZBERG
KULTURFORUM
Hauptbahnhof
HAUPTBAHNHOF
Washington-platz
Spreebogen-park
Bundeskanzleramt
BUNDESTAG
Paul-Löbe-Haus
Paul-Löbe-Allee
Reichstag
Platz der Republik
Haus der Kulturen der Welt
Brandenburger Tor
Pariser Platz
Platz des 18. März
UNTER DEN LINDEN
Holocaust-Mahnmal
Martin-Gropius-Bau
Potsdamer Platz
POTSDAMER PLATZ
Leipziger Platz
Marlene-Dietrich-Platz
Tilla-Durieux-Park
MENDELSSOHN-BARTHOLDY-PARK
ORANIENBURGER TOR
ORANIENBURGER STR.
WEINMEISTERSTR.
HACKESCHER MARKT
FRIEDRICHSTRASSE
FRANZÖSISCHE STR.
MOHRENSTR.
STADTMITTE
HAUSVOGTEIPLATZ
SPITTELMARKT
KOCHSTR.
KLOSTERSTR.
ALEXANDERPLATZ
MÄRKISCHES MUSEUM
HEINRICH-HEINE-STR.
Monbijou-park
Lustgarten
Schlossplatz
Bebelplatz
Gendarmenmarkt
Marx-Engels-Forum
Rotes Rathaus
Fernsehturm
Alexanderplatz
Rosa-Luxemburg-Platz
Märkisches Museum
Köllnischer Park
Spree
Invaliden-str.
Alt-Moabit
Luisen-str.
Reinhardt-str.
Albrechtstr.
Friedrichstr.
Johannisstr.
Ziegel-str.
Tucholskystr.
Oranienburger Str.
Grosse Hamburger Str.
Rosenthaler Str.
Alte Schönhauser Str.
Münzstr.
Dircksenstr.
Karl-Liebknecht-Str.
Otto-Braun-Str.
Alexanderstr.
Schiffbauerdamm
Reichstagufer
Dorotheen-str.
Mittelstr.
Georgenstr.
Planckstr.
Universitätsstr.
Charlottenstr.
Unter den Linden
Burgstr.
Rochstr.
Spandauer Str.
Bodestr.
Rathausstr.
Grunerstr.
Klosterstr.
Littenstr.
Stralauer Str.
Mühlendamm
Breite Strasse
Werderscher Markt
Oberwallstr.
Kurstr.
Behren-str.
Französische Str.
Jäger-str.
Tauben-str.
Mohren-str.
Kronen-str.
Glinkastr.
Mauerstr.
Wilhelmstr.
Leipziger Str.
Krausenstr.
Schützenstr.
Zimmerstr.
Koch-str.
Markgrafenstr.
Jerusalemer Str.
Gertraudenstr.
Fischerinsel
Wallstr.
Neue Ross-str.
Neue Jakobstr.
Rungestr.
Seydelstr.
Alte Jakobstr.
Kommandantenstr.
Axel-Springer-Str.
Oranien-str.
Lindenstr.
Stallschreiberstr.
Sebastianstr.
Annen-str.
Heinrich-Heine-Str.
Scheidemannstr.
Heinrich-von-Gagern-Str.
Yitzhak-Rabin-Str.
Grosse Querallee
John-Foster-Dulles-Allee
Willy-Brandt-Str.
Strasse des 17. Juni
Bremer Weg
Bellevue-allee
Grosser Weg
Grosser Sternallee
Ahornsteig
Ben-Gurion-Str.
Lennéstr.
Ebertstr.
Voss-str.
Tiergarten-str.
Stauffenbergstr.
Potsdamer Str.
Reichpietschufer
Schöneberger Ufer
Linkstr.
Köthener Str.
Niederkirchnerstr.
Stresemann-str.
Anhalter Str.
0 1/4 mi
0 0.25 km

Compras no Oeste de Berlim
Anette Petermann 7
Art + Industry 8
Berliner Kaffeeröstere 11
Bisou 4
Books in Berlin 5
Café Horenstein 9
Galerie Treykorn 6
Harry Lehmann 3
House of Villeroy & Boch 10
Karstadt 2
Kaufhaus des Westens 14
Lumas 12
Markt am Winterfeldtplatz 15
Markt an der Strasse des 17 Juni 13
Wald Königsberger Marzipan 1
GROSSER TIERGARTEN
ZOO DE BERLIM
ZOO BERLIN
Neuer See
Landwehrkanal
TECHNISCHE UNIVERSITÄT
CHARLOTTENBURG
SCHÖNEBERG
WILMERSDORF
Grosser Stern
Ernst-Reuter-Platz
Breitscheidplatz
Europa-Center
KaDeWe
Wittenbergplatz
Savignyplatz
Karl-August-Platz
Stuttgarter Platz
Sophie-Charlotte-Platz
Olivaer Platz
Fasanenplatz
Ludwigkirchplatz
Viktoria-Luise-Platz
Nollendorfplatz
Winterfeldtplatz
Lützowplatz
Los-Angeles-Platz
Rankeplatz
Prager Platz
Steinplatz
Hardenbergplatz
Kurfürstendamm
Tauentzienstr.
Kantstr.
Strasse des 17. Juni
0 1/4 mi
0 0.25 km

> *Além de uma referência de arquitetura do início do século XX, o belo shopping center Hackesche Höfe conta com diversas lojas de especialidades populares.*

Karstadt CHARLOTTENBURG
A unidade de Berlim dessa rede de lojas de departamentos tem roupas, acessórios de moda, eletrônicos e mais. Wilmersdorfer Strasse 118. ☎ 030/311-050. www.karstadt.de. AE, DC, MC, V. U-Bahn: Wilmersdorfer Strasse. Ônibus: M49, X34 ou 309. Ver mapa na pág. 103.

★★★ **Kaufaus des Westens** SCHÖNEBERG
Maior loja de departamentos da Europa, a "KaDeWe" tem praticamente todo item de luxo para homens, mulheres, crianças e animais de estimação. Tauentzienstrasse 21–24. ☎ 030/21210. www.kadewe.de. AE, DC, MC, V. *U-Bahn:* Wittenbergplatz. Ônibus: M19, M29 ou M46. Ver mapa na pág. 103.

★★ **Potsdamer Platz Arkaden** MITTE
O arquiteto Helmut Jahn projetou esse shopping para se fazer compras sérias, com 150 lojas de todos os tipos. Potsdamer Platz. ☎ 030/255-9270. AE, DC, MC, V. U- e *S-Bahn:* Potsdamer Platz. Ônibus: M41, M48, M85, 200 ou 347. Ver mapa na pág. 102.

Moda

★★ **Anette Petermann** CHARLOTTENBURG
As pontas afiadas dessa casa de alta costura local são suavizadas pelo uso minucioso de rosas e outros motivos femininos. Bleibtreustrasse 49. ☎ 030/323-2556. www.anettepetermann.de. AE, MC, V. *S-Bahn:* Savignyplatz. Ônibus: M49 ou X34. Ver mapa na pág. 103.

★ **East Berlin** MITTE
Um passo além da moda de rua crua e pronta, para homens e mulheres. Bolsas, acessórios e joias de prata aumentam a seleção desta butique que abusa no quesito criação. Alte Schönhauser Strasse 33–34. ☎ 030/2472-3988. www.eastberlinshop.com. AE, MC, V. *S-Bahn:* Wesmeiserstrasse, Bonde: M1. Ver mapa na pág. 102.

★★ **Thatchers** PRENZLAUER BERG
Os inovadores estilistas locais Ralf Hensellek e Thomas Mrozek criaram roupas sexy, porém suaves, para jovens da cidade, que podem ser usadas tanto indo para o escritório ou em trilhas. Kastanienallee 21. ☎ 030/2462-7751. www.thatchers.de. AE, MC, V. *U-Bahn:* Eberswalder Strasse. Bonde: 10. Ver mapa na pág. 102.

Especialistas em Comida

★ **Berliner Kaffeerösterei** CHARLOTTENBURG
O charme antigo reina neste local, onde o café recém-passado é o rei, e o chá e as pralinas representam a nobreza. Uhlandstrasse 173–174. ☎ 030/8867-7920. www.berliner-kaffeeroesterei.de. MC, V. *U-Bahn:* Uhlandstrasse. Ônibus: M19, M29, X10, 109, 110, 204 ou 249. Ver mapa na pág. 103.

★ crianças **Bonbonmacherei** MITTE
Maiblätter feitos à mão (com sabor de aspérula) estão entre as delícias dessa loja de doces na Heckmann Höfe. Oranienburger Strasse 32. ☎ 030/4405-5243. www.bonbonmacherei.de. Não aceita cartões de crédito. *S-Bahn:* Oranienburger Strasse. Bonde: M1 ou M6. Ver mapa na pág. 102.

★★ crianças **Wald Königsberger Marzipan** CHARLOTTENBURG Um aroma divino está espalhado por essa loja de administração familiar. Pestalozzistrasse 54A. ☎ 030/323-8254. www.wald-koenigsberger-marzipan.de. Não aceita cartões de crédito. *U-Bahn:* Sophie-Charlotte-Platz. Ônibus: M49, X34 ou 309. Ver mapa na pág. 103.

Fragrâncias

★ **Harry Lehmann** CHARLOTTENBURG
Embora comprar fragrâncias por peso pareça um contrassenso, misturar e associar seus próprios perfumes cheira bem, não? Kantstrasse 106. ☎ 030/324-3582; www.parfum-individual.de. MC, V. *U-Bahn:* Wilmersdorfer Strasse. Ônibus: M49, X34, 109 ou 309. Ver mapa na pág. 103.

Presentes

★ crianças **Erzgebirgshaus** MITTE
Enfeites e decorações de madeira entalhados à

mão da Erzgebirge (Montanhas dos Minérios), na Saxônia, são vendidos nesta loja encantadora. Friedrichstrasse 194–199. ☎ 030/2045-0977. www.erzgebirgshaus.de. AE, MC, V. *U-Bahn:* Stadmitte. Ônibus: M48 ou 347. Ver mapa na pág. 102.

Joias e Acessórios

Bisou CHARLOTTENBURG
Joias a preços justos feitas principalmente de pérolas, mas incluindo partes que utilizam corais e lava, fazem com que valha a pena visitar essa loja. Giesebrechstrasse 18. ☎ 030/3101-4908. www.bisou-berlin.de. Não aceita cartões de crédito. *U-Bahn:* Adenauerplatz. Ônibus: M19, M29, X10, 101, 109 ou 110. Ver mapa na pág. 103.

★★★ **Galerie Teykorn** CHARLOTTENBURG
Essa loja elegante possui atmosfera respeitável, na qual as joias são consideradas arte usável aplicadas por conhecedores. Passage, Savignyplatz 13. ☎ 030/3180-2354. www.treykorn.de. AE, DC, MC, V. *U-Bahn:* Savignyplatz. Ônibus: M49 ou X34. Ver mapa na pág. 103

Música

★ **Café Horenstein** WILMERSDORF
O café é bom, mas os discos de vinil clássicos são o motivo real para ir até essa loja. Fechner Strasse 3. ☎ 030/8639-6897. www.horenstein.de. Não aceita cartões de crédito. *U-Bahn:* Blissestrasse. Ônibus: 101, 104 ou 249. Ver mapa na pág. 103.

Sapatos

Birkenstock MITTE
Os Birkenstocks feitos na Alemanha são os Mercedes dos sapatos. Os sapatos e sandálias para adultos e crianças mantêm-se firmes no chão. Georgenstrasse 24. ☎ 030/2007-7245. www.birkenstock.de. AE, MC, V. *U-Bahn:* Friedrichstrasse. Ônibus: 147. Bonde: M1 ou 12. Ver mapa na pág. 102.

Mercados de Rua

★★ **Markt am Winterfeldtplatz** SCHÖNEBERG
Nas quartas e sábados, a praça fica viva com sons, aromas e movimentação de um dos melhores mercados de rua da cidade. Sacie seu apetite com uma seleção de comidas artesanais, orgânicas e étnicas. Winterfeldtplatz. Não possui telefone. www.winterfeldt-platz.de. A maioria dos comerciantes não aceita cartões de crédito. *U-Bahn:* Nollendorfplatz. Ônibus: M19 ou 204. Ver mapa na pág. 103.

> *O popular Markt am Winterfeldtplatz, de alta qualidade, é repleto de opções, que vão de comida artesanal a moda, e muito mais.*

★ **Markt an der Strasse des 17 Juni**
TIERGARTEN Nos finais de semana, o oeste da longa avenida do Tiergarten recebe esse popular mercado de pulgas. Os berlinenses vêm aqui para encontrar um pouco de nostalgia, algo antigo e meio gasto, ou roupas usadas. Strasse des 17 Juni. ☎ 030/2655-0096. www.berliner-troedelmarkt.de. A maioria dos comerciantes não aceita cartões de crédito. *U-Bahn:* Ernst-Reuter-Platz. Ônibus: M45, X9 ou 245. Ver mapa na pág. 103.

Brinquedos

★ crianças **Die Puppenstude** MITTE
Essa loja antiga de brinquedos alegra o bairro medieval restaurado de Nikolaiviertel. Venha ver as bonecas de porcelana, ursinhos e marionetes. Propststrasse 4. ☎ 030/242-3967. www.puppen-eins.de. AE, MC, V. *U-Bahn:* Klosterstrasse. Ônibus: M48 ou 248. Ver mapa na pág. 102.

Nossas Dicas de Restaurantes em Berlim

Melhor Restaurante com Estrelas do Michelin
Gourmet Restaurant Lorenz Adlon, Hotel Adlon Kempinski, Unter den Lindem 77 (pág. 111)

Melhor Tandoori
Masaledar, Feurigstrasse 66 (pág. 113)

Melhor para Sushi
Izumi, Kronenstrasse 66 (pág. 112)

Melhor Comida Turca
Hasir, Adalbertstrasse 10 (pág. 111)

Melhor Vegetariano
Hans Wurst, Duckerstrasse 2A (pág. 111)

Melhor para Comida de Receita Alemã
Henne, Leuschnerdamm 25 (pág. 111)

Melhor Pizza da Cidade
Il Casolare, Grimmstrasse 30 (pág. 111)

Melhor Comida Italiana Contemporânea
Ana e Bruno, Sophie-Charlotten-Strasse 101 (pág. 107)

Melhor Bistrô Francês
Paris Bar, Kantstrasse 152 (pag 113)

Melhor para Tapas Espanholas
Mar y Sol, savignyplatz 5 (pág. 112)

Melhor para o Humble Spud
Kartoffelkiste, Europa Center, Tauentzienstrasse 9–12 (pág. 112)

Melhor para Crianças
Funkturm Restaurant, Messedamm 22 (pág. 110)

Melhor Alemão Fino
Alt Luxemburg, Windscheidstrasse 31 (pág. 107)

Mais Folhas ao Redor
Diekmann im Châlet Suisse, Im Jagen 5, Grunewald (pág. 110)

Melhores Frutos do Mar
Fischers Fritz, Regent Hotel, Charlottenstrasse 49 (pág. 110)

> *A melhor comida turca de Berlim está no Hasir.*

Restaurantes de Berlim

★★★ **Alt Luxemburg** CHARLOTTENBURG FRANCO-ALEMÃO. Uma parte elegante da Berlim antiga é o ambiente tranquilo da cozinha refinada do chef Karl Wannemacher. Windscheidstrasse 31. ☎ 030/323-8730. www.alt-luxemburg.de. Entradas de 27€ a 32€. AE, DC, MC, V. Jantares de segunda a sábado. *U-Bahn:* Sophie-Charlotte-Platz. Ônibus: M49, X34 ou 309. Ver mapa na pág. 109.

★ **Amrit** KREUZBERG INDIANO Apesar da forte concorrência de restaurantes indianos vizinhos, o Amrit mantém-se à frente, associando aparência exótica com cozinha cuidadosamente estudada. Oranienstrasse 202–203. ☎ 030/612-5550. www.amrit.de. Entradas de 9€ a 19€. AE, DC, MC, V. Almoço e jantar diariamente. *U-Bahn:* Görlitzer Banhof. Ônibus: M29 ou 140. Ver mapa na pág. 108.

★★★ **Ana e Bruno** CHARLOTTENBURG ITALIANO O proprietário/chef Bruno Pellegrini e sua esposa, Ana, misturam e associam ingredientes para criar cardápios pouco comuns nesse restaurante sofisticado. Sophie-Charlotten-Strasse 101. ☎ 030/325-7110. www.ana-e-bruno.de. Entrada de 21€ a 45€. MC, V. Almoço e jantar diariamente. *S-Bahn:* Westend. Ônibus: M45 ou 309. Ver mapa na pág. 109.

★★ **Aroma** CHARLOTTENBURG CANTONÊS A autêntica cozinha chinesa é a atração aqui, com o clássico jantar *dim sum* servido bem cedo. Kantstrasse 35. ☎ 030/3759-1628. Entrada de 8€ a 17€. AE, MC, V. Almoço e jantar diariamente. *S-Bahn:* Savignyplatz. Ônibus: M49 ou X34. Ver mapa na pág. 109.

★★ crianças **Blockhaus Nikoslkoe** WANNSEE ALEMÃO Uma *dacha* (cabana) russa de madeira, de 1819, com vista para o lago Wannsee é a localização pitoresca deste tradicional restaurante. Nikolskoe Weg 15. ☎ 030/805-2914. www.blockhaus-nokolkoe.de. Entrada de 10€ a 15€. Não aceita cartões de crédito. Almoço e jantar diariamente (fecha às 18 h no inverno). *S-Bahn:* Wannsee. Ônibus: 218 ou 316. Ver mapa na pág. 109.

> *Aproveite a deliciosa cozinha prussiana tradicional em uma cabana russa com vista para o maravilhoso lago Wannsee na Blockhaus Nikolsloe.*

Restaurantes do leste de Berlim

- Amrit 20
- Borchardt 10
- Deponie No. 3 13
- Dressler 12
- Fischers Fritz 11
- Goko 14
- Gourmet Restaurant Lorenz Adlon 4
- Guy 9
- Hans Wurst 16
- Hasir 19
- Henne 18
- Il Casolare 21
- Izumi 7
- Kartoffelkeller 2
- Lutter & Wegner 8
- Margaux 3
- Nordsee 15
- Paris-Moskau 1
- Sale e Tabacchi 6
- Vapiano 5
- Zur Letzten Instanz 17

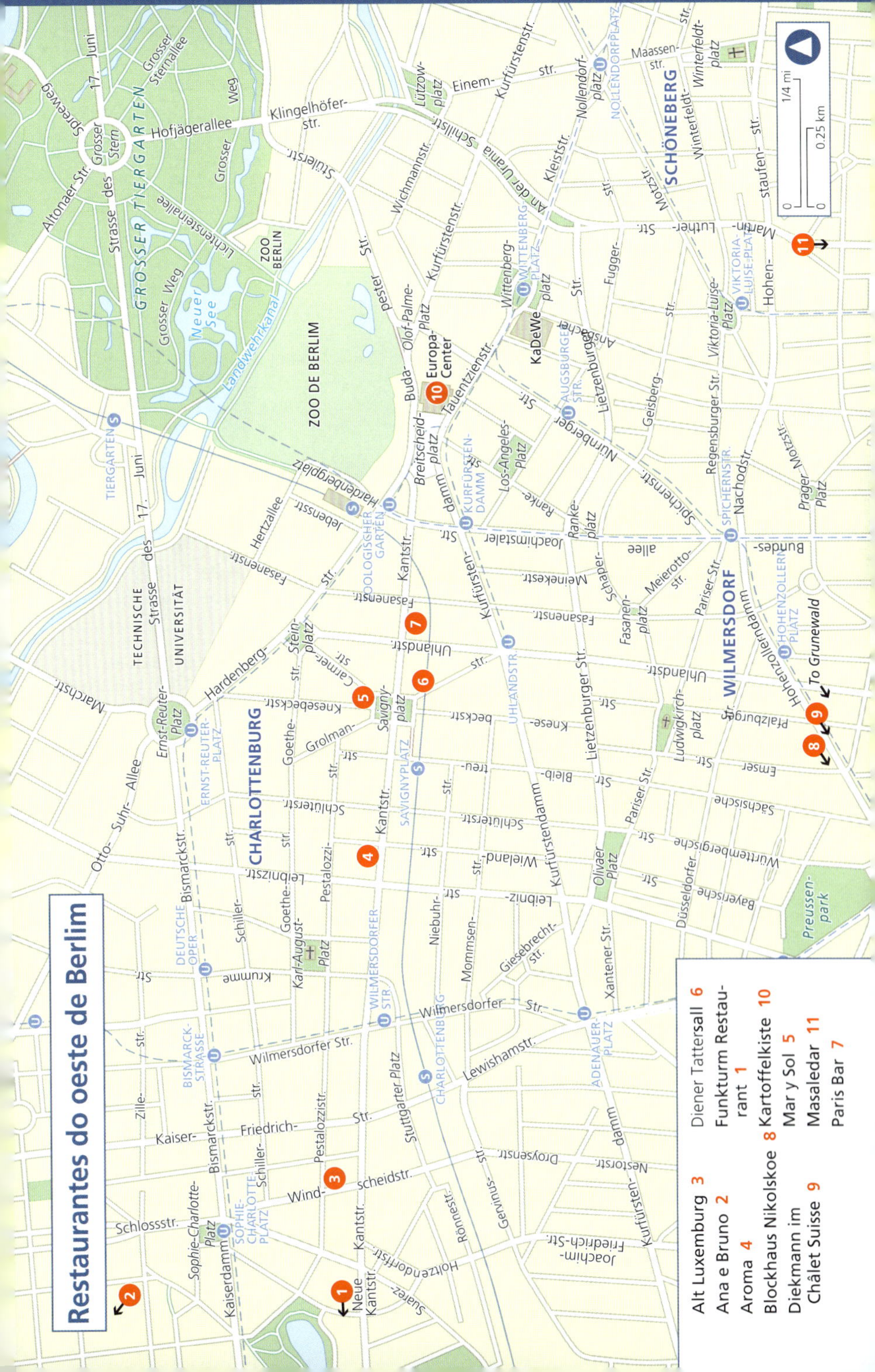
Restaurantes do oeste de Berlim
Alt Luxemburg 3
Ana e Bruno 2
Aroma 4
Blockhaus Nikolskoe 8
Diekmann im Châlet Suisse 9
Diener Tattersall 6
Funkturm Restaurant 1
Kartoffelkiste 10
Mar y Sol 5
Masaledar 11
Paris Bar 7
CHARLOTTENBURG
WILMERSDORF
SCHÖNEBERG
GROSSER TIERGARTEN
ZOO DE BERLIN
TECHNISCHE UNIVERSITÄT
Europa-Center
KaDeWe
To Grunewald
0 1/4 mi
0 0.25 km

> *Jantares luxuosos no estilo do século XIX e vinhos finos são a especialidade no elegante Alt Luxemburg.*

★★ **Borchardt** MITTE CONTINENTAL
Uma instituição em Art Nouveau entre os "nomes" da cidade na política, mídia e artes, o Borchardt pode ser abafado, mas compensa com seu cardápio fino. Französische Strasse 47. ☎ 030/8188-6262. Entrada de 20€ a 30€. AE, MC, V. Almoço e jantar diariamente. *U-Bahn:* Französische Strasse. Ônibus: 147. Ver mapa na pág. 108.

★ **Deponie No. 3** MITTE ALEMÃ
Projetado com arte para se parecer mais antigo do que sua origem, na década de 1990, o "Storeroom No. 3" é um conjunto de delícias tradicionais. Georgenstrasse 5. ☎ 030/2016-5740. www.deponie.de. Entrada de 6€ a 14€. Não aceita cartões de crédito. Café, almoço e jantar diariamente. *U-* e *S-Bahn:* Friedrichstrasse. Bonde: M1 ou 12. Ver mapa na pág. 108.

★★ crianças **Diekmann in Châlet Suisse**
DAHLEN CONTINENTAL Este restaurante em estilo fazenda suíça se adapta ao Grunewald reflorestado. Im Jagen 5. ☎ 030/832-6362. www.diekmann-restaurants.de. Entrada de 10€ a 22€. AE, DC, MC, V. Almoço e jantar diariamente. *U-Bahn*: Dahlem-Dorf. Ônibus: X10, X83 ou 115. Ver mapa na pág. 109.

★ **Diener Tattersall** CHARLOTTENBURG ALEMÃ Preço de bar simples e um belo terraço na calçada atraem uma multidão sofisticada. Grolmanstrasse 47. ☎ 030/881-5329. Entrada de 5€ a 10€. Não aceita cartões de crédito. Jantares diariamente. *S-Bahn:* Savignyplatz. Ônibus: M49 ou X34. Ver mapa na pág. 109.

★★ **Dressler** MITTE CONTINENTAL
Pratos alemães comandam, mas não dominam o menu, em estilo Art Déco. Unter den Linden 39. ☎ 030/204-4422. www.restaurant-dressler.de. Entrada de 12€ a 26€. AE, DC, MC, V. Café, almoço e jantar diariamente. *U-Bahn:* Französische Strasse. Ônibus: TXL, 100, 147 ou 200. Ver mapa na pág. 108.

★★★ **Fischers Fritz** MITTE FRUTOS DO MAR
Um suporte de estrelas da Michelin brilha entre os finos pratos do salão de jantar do chef Chrinstian Lohse. Regent Hotel, Charlottenstrasse 49. ☎ 030/2033-6363. www.fischersfritzberlin.com. Entradas de 49€ a 80€. AE, DC, MC, V. Almoço e jantar diariamente. *U-Bahn:* Französische Strasse. Ônibus: 147. Ver mapa na pág. 108.

★★ crianças **Funkturm Restaurant**
CHARLOTTENBURG INTERNACIONAL Este

> *O Gourmet Restaurant Lorenz Adlon, do conhecido chefThomas Neeser, é apontado como o melhor local para comer em Berlim e oferece uma vista impressionante do Portão de Brandenburgo.*

restaurante, localizado a 52 metros (171 pés) de altura na Torre de Rádio, oferece uma vista espetacular. **Messedamm 22. ☎ 030/3038-2900. Entradas de 8€ a 18€. AE, DC, MC, V. Almoço e jantar de terça a domingo. *S-Bahn:* messe Nord/ICC. Ônibus: M49, 104 ou 349. Ver mapa na pág. 109.**

★★ **Goko** MITTE *JAPONESA* Uma aparência escandinava interessante configura o cenário para comer sushis feitos por mestres e outros pratos japoneses, alguns deles vegetarianos. **Neue Schönhauser Strasse 12. ☎ 030/2758-2549. www.go-ko.com. Entrada 4€ a 14€. MC, V. Almoço e jantar diariamente. *U-Bahn:* Weinmeister Strasse. Bonde: M1. Ver pág. 108.**

★★★ **Gourmet Restaurant Lorenz Adlon** MITTE *FRANCÊS* O renomado chef Thomas Neeser comanda o melhor restaurante de Berlim. Ele possui janelas para o Portão de Brandenburgo, painéis de nogueiras, mármore branco e preto e enfeites que parecem obras de arte. **Hotel Adlon Kempinski, Unter den Linden 77. ☎ 030/2261-1960. Menus de 140€ a 190€. AE, DC, MC, V. Jantares de terças a sábados. *U-* e *S-Bahn:* Brandenburger Tor. Ônibus: TXL, 100 ou 200. Ver mapa na pág. 108.**

★★ **Guy** MITTE *CONTINENTAL* Saindo do Gendarmenmarkt, este criativo restaurante oferece cozinha fina ao ar livre em um jardim romântico, ou em uma elegante sala de jantar. **Jägerstrasse 59–60. ☎ 030/2094-2600. www.guy-restaurant.de. Entrada: 27€ a 29€. MC, V. Almoço e jantar de segunda a sexta, jantares aos sábados. *U-Bahn:* Französische Strasse. Ônibus: 147. Ver mapa na pág. 108.**

★ **Hans Wurst** PRENZLAUER BERG *VEGETARIANO* Eles são um pouco autoconscientes demais sobre "fazer bem" neste lugar descansado, mas a comida 100% orgânica tem gosto exemplar. **Dunckerstrasse 2A. ☎ 030/4171-7822. http://hanswurstcafe.com. Entrada de 5€ a 8€. Não aceita cartões de crédito. Almoço e jantar de terças a domingos. *U-Bahn:* Eberswalder Strasse. Bonde: M10. Ver mapa na pág. 108.**

★★ crianças **Hasir** KREUZBERG *TURCO* A casa do *döner kebab* tem ficado mais forte desde 1971, servindo essa e outras especialidades da Anatólia em seu interior ou no terraço. Outras lojas estão espalhadas pela cidade. **Adalbertstrasse 10. ☎ 030/614-2373. www.hasir.de. Entrada de 11€ a 21€. Não aceita cartões de crédito. Almoço e jantar diariamente. *U-Bahn:* Kottbusser Tor. Ônibus: M29. Ver mapa na pág. 108.**

★★ **Henne** KREUZBERG *ALEMÃ* Aqui não há muito o que errar — desde que goste de galinha orgânica assada, porque é o que este pub de Kreuzberg serve. **Leuschnerdamn 25. ☎ 030/614-7730. www.henne-berlin.de. Entradas de 6€ a 8€. MC, V. Jantar de terças a domingos. *U-Bahn:* Moritzplatz. Ônibus: M29 ou 347. Ver mapa na pág. 108.**

★ crianças **Il Casolare** KREUZBERG *ITALIANA* Pizza na lenha é a principal especialidade desta trattoria rústica com um terraço na calçada, mas há outros tipos de comida italiana também. **Grimmstrasse 30. ☎ 030/6950-6610. Entrada**

Dicas de Jantares

Berlim é uma cidade do mundo com uma população que inclui muitas minorias étnicas. Além disso, é um centro de governo e diplomacia, lar de ricos e pobres, um local que atrai visitantes do mundo inteiro e uma arena para os socialmente tradicionais e os muito liberais. O que tudo isso acrescenta ao prato é que há opções de jantar para todos os gostos possíveis. Aqui estão algumas diretrizes gerais para ajudá-lo a aproveitar os jantares em Berlim ao máximo — tenha em mente que são generalizações, mas com um pouco de verdade.

- Charlottenburg era o distrito mais encantador da antiga Berlim Ocidental e ainda é o melhor lugar para jantares. Há muitos restaurantes ótimos aqui, nem todos caros, embora você provavelmente vá pagar um pouco mais aqui pela localização.
- Mitte talvez seja o distrito mais difícil de definir, com uma nova área de restaurantes que varia de estabelecimentos de primeira no Unter den Linde, Gendaarmenmarkt e Friedrichstrasse, até lanchonetes da moda em Hackescher Markt. Qualquer coisa é possível aqui.
- Kreuzberg é lar de muitos dos habitantes de minorias etnicas de Berlim. A maioria, mas não todos, são turcos. O que significa que há uma profusão de restaurantes turcos de baixo cursto que são geralmente excelentes, assim como restaurantes de outras etnias.
- Prenzlauer Berg, na antiga Berlim Oriental, é o novo local da moda, cada vez mais frequentado por profissionais jovens, muitas vezes com crianças (um pouco raro nesta terra demograficamente desafiada). Estabelecimentos que se especializam em New Age, holística, vegetarianismo e cozinha étnica se espalham, indo além do básico e barato.
- Mercados de rua são um bom lugar para comida barata. Geralmente há muitas barracas vendendo comida alemã e étnica a preços baixos, e geralmente algumas têm queijos interessantes, frios, vinhos decentes e outros materiais artesanais.

de 7€ a 12€. Não aceita cartões de crédito. Almoço e jantar diariamente. *U-Bahn:* Schönleinstrasse. Ônibus: M41. Ver mapa na pág. 108.

★★ **Izumi** MITTE JAPONESA
A decoração convenientemente restrita é o cenário desse local, que compete pelo título de "melhor sushi de Berlim". Kronenstrasse 66. ☎ 030/2064-9938. www.sushi-izumi.de. Entrada de 7€ a 18€. AE, DC, MC, V. Almoço e jantar diariamente. *U-Bahn:* Stadtmitte. Ônibus:M48 ou 347. Ver mapa na pág. 108.

crianças **Kartoffelkeller** MITTE ALEMÃ
Os berlinenses adoram batatas. Nesse espaço, ela é feita em mais de cem formas, de refogada com Schnitzel ao estilo americano, com recheios. Albrechtstrasse 14B. ☎ 030/282-8548. www.kartoffelkeller.com Entrada de 8€ a 15€. MC, V. Almoço e jantar diariamente. *U-* e *S-Bahn:* Friedrichstrasse. Ônibus: TXL ou 147. Ver mapa na pág. 108.

★ crianças **Kartoffelkiste** CHARLOTTENBURG ALEMÃ A humilde batata é feita de muitas formas criativas, que vão de coberturas de pizza até cortada em pedaços. Europa Center, Tauentzienstrasse 9–12. ☎ 030/261-4254. www.kartoffelkiste-berlin.de. Entrada de 7€ a 13€. MC, V. Almoço e jantar diariamente. *U-* e *S-Bahn:* Zoologischer Garten. Ônibus: M19, M29, M46, 100 ou 200. Ver mapa na pág. 109.

★★ **Luter & Wegnerf** MITTE AUSTRÍACA/ ALEMÃ A arte moderna contrasta com os painéis escuros e sóbrios de madeira e uma bela linha, embora cara, de Wiener Schnitzel. Charlottenstrasse 56. ☎ 030/202-9540. www.l-w-berlin.de. Entrada de 18€ a 27€. AE, MC, V. Almoço e jantar diariamente. *U-Bahn:* Französische Strasse. Ônibus: 147. Ver mapa na pág. 108.

★★★ **Margaux** MITTE FRANCÊS
Cercado pelo clássico, o famoso chef Michael Hoffman traz um toque contemporâneo à sua cozinha de estrelas da Michelin. Umter den Linden 78 (entre em Wilhelmstrasse). ☎ 030/2265-2611. www.margaux-berlin.de. Entradas de 35€ a 60€. AE, DC, MC, V. Jantar de segunda a sábado. *U-* e *S-Bahn:* Brandenburg Tor. Ônibus: TX ou 100. Ver mapa na pág. 108.

★★ **Mar y Sol** CHARLOTTENBURG ESPANHOL
Experimente tapas e especialidades espanholas, como o presunto ibérico de belloto, entre telhas

e vigas de madeira, em um inesquecível porão da região da Andaluzia. Savignyplatz. ☎ 030/313-2593. www.marysol-berlin.de. Tapas de 2€ a 10€. Entrada de 14€ a 20€. AE, MC, V. Almoço e jantar diariamente. *S-Bahn:* Savignyplatz. Ônibus: M49 ou X34. Ver mapa na pág. 109.

★★ **Masaledar** SCHÖNEBERG INDIANO
Boas coisas surgem do forno tandoor em um restaurante que valoriza mais o gosto do que o estilo. Feurigstrasse 38–39. ☎ 030/781-2546. www.masadelar.de. Entrada de 5€ a 13€. Não aceita cartões de crédito. Jantar de segunda a sexta, almoço e jantar sábados e domingos. *S-Bahn:* Schöneberg. Ônibus: M46, M48, M85, 104, 186 ou 248. Ver mapa na pág. 109.

crianças **Nordsee** MITT FRUTOS DO MAR
O menu dessa nova rede de lanchonete de frutos do mar, localizada no centro da cidade, tem de batata frita com peixe para as crianças a sushi fresco. Spandauer Strasse 4. ☎ 030/242-6881. www.nordsee.com. Entrada de 4€ a 12€. Não aceita cartões de crédito. Café, almoço e jantar diariamente. *S-bahn:* Hackescher Markt. Bonde: M4 ou M5. Ver mapa na pág. 108.

★★ **Paris Bar** CHARLOTTENBURG FRANCÊS
Tout (toda) Berlim já jantou, está jantando ou planeja jantar neste animado bistrô — o que faz com que seja difícil conseguir uma reserva. Kantstrasse 152. ☎ 030/313-8052. Entrada de 10€ a 25€. AE, DC, MC, V. Almoço e jantar diariamente. *U-* e *S-Bahn:* Zoologischer Garten. Ônibus: M49 ou X34. Ver mapa na pág. 109.

★★ **Paris-Moskau** TIERGARTEN CONTINENTAL
Políticos do Bundestag (Parlamento Federal) nas proximidades e cidadãos de posse vão a esta casa de campo com detalhes de madeira e um terraço no jardim. Alt-Moabit 141. ☎ 030/394-2081. www.paris-moskau.de. Entrada de 25€ a 26€. AE, MC, V. Jantar diariamente. *U-* e *S-Bahn:* Hauptbahnhof. Ônibus: TXL ou 245. Ver mapa na pág. 108.

★★ **Sale e Tabacchi** KREUZBERG ITALIANA
Pessoas ligadas à mídia e às galerias se juntam a visitantes do Checkpoint Charlie para degustar uma autêntica comida italiana que faz sucesso. Rudi-Dutschke-Strasse 23. ☎ 030/252-1155. www.sale-e-tabacchi.de. Entrada de 9€ a 27€. AE, DC, MC, V. Café, almoço e jantar. De segunda a sexta. *U-Bahn:* Kochstrasse. Ônibus: M29. Ver o mapa na pág. 108.

> *O antigo pub Henne tem como prato principal galinha orgânica no estilo de Berlim Oriental.*

★ crianças **Vapiano** TIERGARTEN ITALIANA
Essa rede de restaurante *fast food* tem pratos com um senso de *bella figura,* e massa fresca. Postdamer Platz 5. ☎ 030/2300-5005. www.valpiano.com. Entrada de 7€ a 15€. AE, MC, V. café, almoço e jantar diariamente. *U-* e *S-Bahn:* Postdamer Platz. Ônibus: M48, M45, 200 ou 347. Ver mapa na pág. 108.

★★ **Zur Letzten Instanz** MITTE ALEMÃ
Jante comida tradicional na estalagem mais antiga de Berlim. Waisenstrasse 14–16. ☎ 030/242-5528. www.zurletzteninstanz.de. Entrada de 10€ a 18€. DC, MC, V. almoço e jantar de segundas a sábados. *U-Bahn:* Klosterstrasse. Ônibus: M48 ou 248. Ver mapa na pág. 108.

Uma Bebida Forte

Eu realmente detesto levantar essa questão (se você me perdoar pela expressão), mas se a sua forma favorita de ingerir cafeína é beber um café com leite (*latte*), isso pode lhe poupar embaraços. Não esqueça de especificar o nome inteiro — caffè latte ou latte macchiato — ao pedir. Em alemão, latte é uma palavra vulgar para... bem, para não ser muito ambíguo... ereção masculina. Então, peça o nome inteiro ou fique com o *espresso*.

Nossas Dicas de Hotéis em Berlim

Melhor em Arte no Quarto
Arte Luise Kunsthotel, Luisenstrasse 19 (pág. 115)

Melhor para Mochileiros
EastSeven Berlin Hotel, Schwedter Strasse 7 (pág. 118)

Melhor para Viajantes Gays
Axel, Lietzenburger Strasse 13–15 (pág. 115)

Melhor para Mulheres
Frauenhotel Artemisia, Brandenburgische Strasse 18 (pág. 118)

Melhor para Qualidade no Orçamento
Circus, Rosenthaler Strasse 1 (pág. 115)

Melhor para Viajantes a Negócios
Westin Grand, Friedrichstrasse 158–164 (pág. 121)

Melhor para Opulência do Velho Mundo
Adlon Kempinski, Unter den Linden 77 (pág. 115)

Melhor para Chique Contemporâneo
Hotel de Rome, Behrenstrasse 37 (pág. 118)

Melhor para Flashback do Século XIX
Luisenhof, Köpenicker Strasse 92 (pág. 119)

Melhor para Tranquilidade no Jardim
Villa Kastania, Kastanienallee 20 (pág. 121)

Melhor para Filosofia Holística
The Mandala, Potsdamer Strasse 3 (pág. 119)

Melhor para Nostalgia da Era Comunista
Ostel, Wriezener Karree 5 (pág. 119)

Melhor Jardim
Riehmers Hofgarten, Yorckstrasse 83 (pág. 120)

Melhor para Famílias
Radisson Blu, Karl-Liebknecht-Strasse 3 (pág. 120)

> *O boêmio Arte Luise Kunsthotel é um hotel butique que oferece quartos projetados individualmente por diversos artistas alemães de primeiro nível.*

Hotéis de Berlim de A a Z

★★★ **Adlon Kempinski** MITTE
Nenhum outro hotel fica tão próximo do Portão de Brandenburgo e em uma avenida que se reafirma no lado chique da cidade. Entre e veja ares da Belle Époque, jantares primorosos e quartos apropriados para aqueles que se inserem ao menos na realeza menor. Unter den Linden 77. ☎ 800/426-3135 na América do Norte, ou 030/22611111. www.hotel-adlon.de 382 quartos. Diárias para duas pessoas de 380€ a 580€. AE, DC, MC, V. *U-* e *S-Bahn:* Brandenburger Tor. Ônibus: TXL, 100 ou 200. Ver mapa na pág. 116.

★★ **Arte Luise Kunsthotel** MITTE
A arte em cada "instalação" única de um quarto poderia inspirar a criatividade ou pesadelos. Não, não é um simples lugar para se descansar dos agitos, mas um seleto hotel butique, onde cada quarto de hóspede foi projetado por um artista alemão diferente. Luisenstrasse 19. ☎ 030/284-480. www.luise-berlin.com. 50 quartos. Diárias para duas pessoas de 79€ a 210€. AE, MC, V. *U-* e *S-Bahn:* Friedrichstrasse. Ônibus: TXL ou 147. Ver mapa na pág. 116.

★ **Axel** SCHÖNEBERG
Gays com boa situação financeira são o alvo principal deste novo hotel butique, mas héteros, de ambos os sexos, são bem-vindos também. Uma equipe amigável e um projeto interior intrigante compensam o exterior impessoal e de estilo de negócios. Lietzenburger Strasse 13–15. ☎ 030/2100-2893. www.axelhotels.com. 86 quartos. Diárias para duas pessoas de 75€ a 225€. AE, MC, V. *U-Bahn:* Wittenbergplatz. Ônibus: M19, M29, M46, 106 ou 187. Ver mapa na pág. 117.

Berliner City Pension FRIEDRICHSHAIN
Os quartos modestos desse hotel localizado em uma rua cheia de árvores, são claros e limpos, além de contarem com uma mobília nova. Proskauer Strasse 13. ☎ 030/4208-1615. www.berliner-city-pension.de. 24 quartos. Diárias para duas pessoas de 40€ a 55€. V. *U-Bahn:* samariterstrasse ou Frankfurter Tor. Bonde: 21. Ver mapa na pág. 116.

★★ **Circus** MITTE
Os jovens proprietários deste novo e interessante hotel deram aos turistas com boa condição

> *O jardim do Honigmond, com seus belos cenários "tropicais", colaboram para uma escapada romântica.*

Hotéis no Leste de Berlim

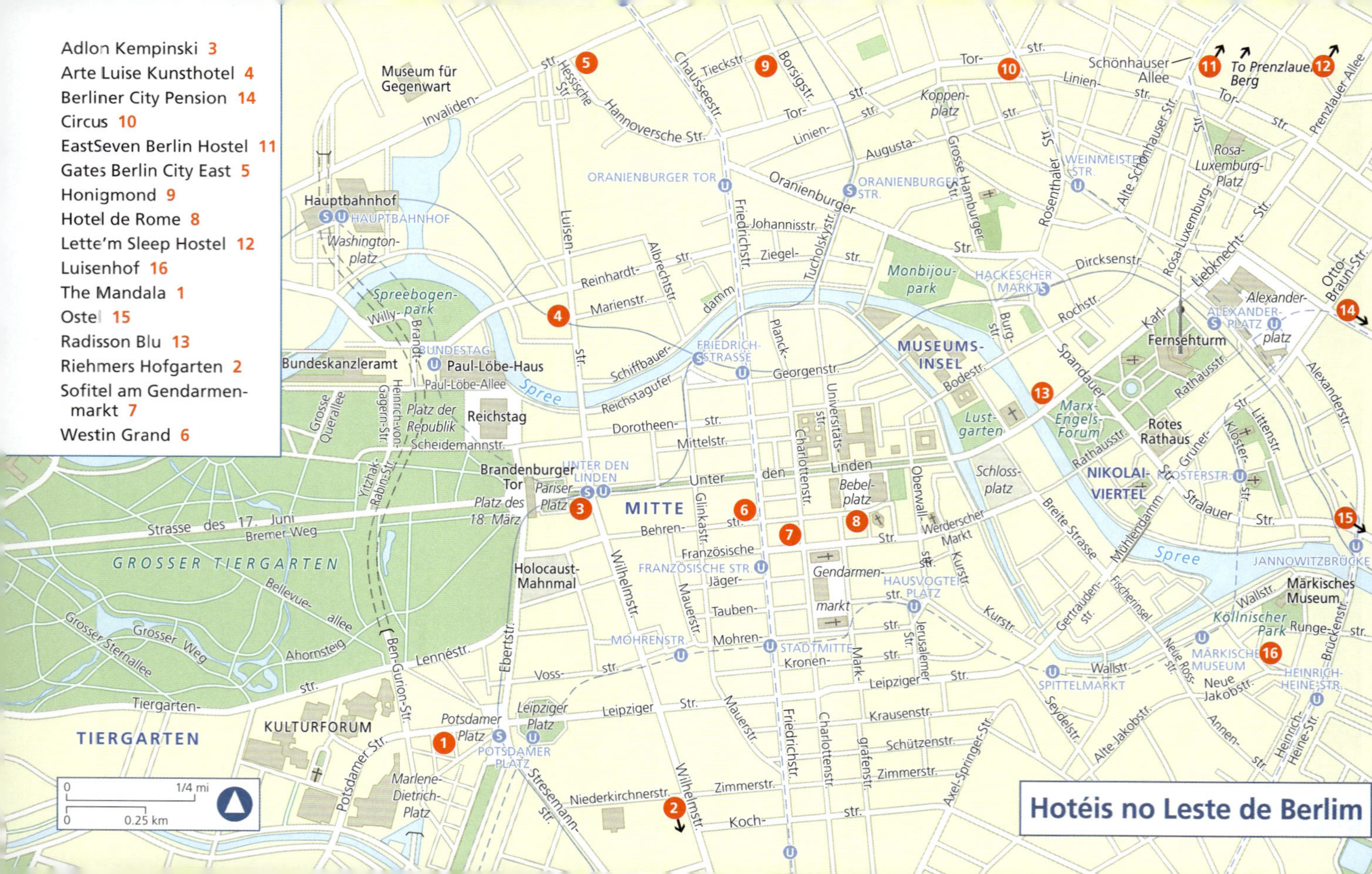

- Adlon Kempinski 3
- Arte Luise Kunsthotel 4
- Berliner City Pension 14
- Circus 10
- EastSeven Berlin Hostel 11
- Gates Berlin City East 5
- Honigmond 9
- Hotel de Rome 8
- Lette'm Sleep Hostel 12
- Luisenhof 16
- The Mandala 1
- Ostel 15
- Radisson Blu 13
- Riehmers Hofgarten 2
- Sofitel am Gendarmenmarkt 7
- Westin Grand 6

Hotéis no Oeste de Berlim

Axel 8
Frauenhotel Artemisia 4
Hotel-Pension Savoy 6
Mark Hotel Meineke 5
Propeller Island City Lodge 2
Schlosshotel im Grunewald 3
Swissôtel Berlin 7
Villa Kastania 1

> *O elegante saguão do Adlon Kempinski, na Parisier Platz.*

financeira cores, projeto e estilo, provando que classe não é apenas uma questão de preço. **Rosenthaler Strasse 1. ☎ 030/2000-3939. www.circus-berlin.de. 60 quartos. Duplos de 80€ a 90€. MC, V. *U-Bahn:* Rosenthaler Platz. Bonde: M1, M8 ou 12. Ver mapa na pág. 116.**

★ EastSeven Berlin Hotel PRENZLAUER BERG
Amistoso e contemporâneo, esta estrela "Prenz'l" tem prêmios de melhor albergue da Alemanha. Os quartos impecáveis possuem chão de madeira e uma pintura repleta de energia. **Schwedter Strasse 7. ☎ 030/9362-2240. www.eastseven.de. 25 quartos. Diárias para duas pessoas de 42€ a 50€. MC, V. *U-Bahn:* Senefelderplatz. Bonde: M1 ou 12. Ver mapa na pág. 116.**

★ Frauenhotel Artemisia. WILMERDORF
Uma mulher sem um homem é... apenas normal, no que foi o primeiro hotel apenas para mulheres da Alemanha. Ainda é apenas para mulheres, e o hotel continua com uma abordagem feminina em quartos impecáveis que têm linhas claras e modernas. **Brandenburgische Strasse 18. ☎ 030/873-8905. www.frauenhotel-berlin.de. 12 quartos. Diárias para duas pessoas de 78€ a 108€. AE, DC, MC, V. *U-Bahn:* Konstanzer Strasse. Ônibus: 101 ou 104. Ver mapa na pág. 117.**

Gates Berlin City East MITTE
Este hotel, em um prédio contemporâneo, atende a uma clientela misturada de viajantes a negócios e turistas, oferecendo padrões sem excentricidades e serviço em um pacote confortável. **Invalidenstrasse 98. ☎ 030/203-956-100. www.hotel-gates.com. 39 quartos. Diárias para duas pessoas de 75€ a 175€. AE, MC, V. *U-Bahn:* Zinnowitzer Strasse. Ônibus: 120, 123, 147, 240 ou 245. Bonde: M6, M8 ou 12. Ver mapa na pág. 116.**

★ Honigmond MITTE
O nome significa "lua de mel", mas qualquer um pode apreciar os gramados, antiguidades e teto de estuque desse hotel. Quem realmente estiver em lua de mel pode optar pelo quarto com cama de quatro vigas. **Tieckstrasse 12. ☎ 030/284-4550. www.honigmond-berlin.de. 44 quartos. Diárias para duas pessoas de 145€ a 235€, com café da manhã. MC, V. *U-Bahn:* Zinnowitzer StrasseTor. Ônibus: 240. Bonde: M6, M8 ou 12. Ver mapa na pág. 116.**

★★★ Hotel de Rome MITTE
O projeto ao mesmo tempo contemporâneo e chique de Rocco Forte se adapta muito bem a essa antiga sede de banco de 1899, perto da monumental Bebelplatz. A renovação tem sido espetacular — o cofre no subsolo, por exemplo, virou uma piscina. **Behrenstrasse 37. ☎ 888/667-9477 ou 030/460-6090. www.hotelderome.com. 146 quartos. Diárias para duas pessoas de 215€ a 490€. AE, DC, MC, V. *U-Bahn:* Hausvogteiplatz. Ônibus: 147. Ver mapa na pág. 116.**

★ **Hotel-Pension Savoy** CHARLOTTENBURG
Os quartos desse hotel, uma casa do século XIX localizada em uma rua nobre, são bem mobiliados e de forma tradicional. Meinekestrasse 4. ☎ 030/8847-1610. www.hotel-pension-savoy.de. 21 quartos. Diárias para duas pessoas de 109€ a 149€, com café da manhã. AE, DC, MC, V. *U-Bahn:* Uhtandstrasse ou Kurfürstendamm. Ônibus: M19, M29, X10, 109, 110, 204 ou 249. Ver mapa na pág. 117.

Lette'm Sleep Hotel PRENZLAUER BERG
Espere uma clientela multinacional, talentos multiculturais e uma equipe poliglota nesse local movimentado. Letterstrasse 7. ☎ 030/4473-3623. www.backpackers.de. 46 camas de dormitório e 10 quartos. Diárias para duas pessoas de 49€ a 69€. Não aceita cartões de crédito. *U-Bahn:* Eberswalder Strasse. Bonde: M2, M10 ou 12. Ver mapa na pág. 116.

★★ **Luisenhof** MITTE
Um encantador prédio de 1822, que mistura ares contemporâneos e de butique. Seus cinco andares de quartos com teto alto têm um estilo conservador e tradicional — uma fuga bem-vinda da Berlim moderna. Köpenicker Strasse 92. ☎ 030/246-2810. www.luisenhof.de. 27 quartos. Diárias para duas pessoas de 99€ a 250€. AE, DC, MC, V. *U-Bahn:* Märkisches Museum. Ônibus: 147, 248 ou 347. Ver mapa na pág. 116.

★★★ **The Mandala** TIERGARTEN
Aproveite os confortos entre o projeto avant-garde, uma filosofia de bem estar e cozinha francesa de luxo. Cada quarto de hóspede é acolchoado com discreto tecido de pelúcia, decorado com pedras de primeira linha, azulejos ou mármore e cercado de janelas que enchem o interior, em estilo pós-moderno, de raios de sol. Postdamer Strasse 3. ☎ 030/590-050-000. www.themandala.de. 165 quartos. Diárias para duas pessoas de 195€ a 580€. AE, DC, MC, V. *U-Bahn:* Potsdamer Platz. Ônibus: M48, M85, 200 ou 347. Ver mapa na pág. 116.

★ **Mark Hotel Meineke** CHARLOTTENBURG
Madeira escura e antiguidades enfeitam uma bela casa (e antigo escritório de emigração judaico) de 1899. O hotel fica a alguns passos dos movimentados centros de compras e jantares de Kurfürstendamm. Meinekestrasse 10. ☎ 030/319-803-190. www.markhotels.de. 59 quartos. Diárias para duas pessoas de 89€ a 185€. AE, MC, V. *U-Bahn:* Uhlandstrasse. Ônibus: M19, M29, X9, X10, 110, 204 ou 209. Ver mapa na pág. 117.

★ **Ostel** FRIEDRICHSHAIN
Vender *Ostalgie* (nostalgia, de acordo com o lado leste) através do melhor do design da era comunista da Alemanha Oriental faz desta uma experiência de hospedagem nova e, ao mesmo tempo, retrô. Wriezener Karree 5. ☎

> *O moderno hotel Mandala oferece conforto de tecido de pelúcia e grandes janelas com vistas sensacionais para o Tiergarten.*

> *A decoração colorida e artística de cada quarto é distinta e impressionante no Propeller Island City Lodge.*

030/2576-8660. www.ostel.de. 16 quartos. Diárias para duas pessoas de 54€ a 98€. Não aceita cartões de crédito. *S-Bahn:* Ostbahnhof. Ônibus: 140, 240 ou 347. Ver mapa na pág. 116.

★★ **Propeller Island City Lodge** CHARLOTTENBURG A "inspiração" do proprietário/artista ajuda a tornar esse hotel pouco convencional, ocupando três andares com teto alto de uma casa de apartamentos da década de 1880. É uma proposta única: cada quarto de hóspede é radicalmente diferente na sua decoração e tema, e pode ser decorado com suas particularidades. Albrecht-Achilles-Strasse 58. ☎ 030/891-9016. www.propeller-island.de. 45 quartos. Diárias para duas pessoas de 94€ a 205€. AE, MC, V. *U-Bahn:* Adenauerplatz. Ônibus: M19, M29, X10, 104, 109 ou 110. Ver mapa da pág. 117.

★★ crianças **Radisson Blu** MITTE Minimalista, porém luxuoso, esse hotel às margens do rio Spree fica de frente para a catedral Berliner Dom e tem classe internacional — além de um tanque cilíndrico de peixes de 25 m (82 pés) de altura. Karl-Liebknecht-Strasse 3. ☎ 800/333-3333 na América do Norte ou 030/238280. www.radissonblu.com. 427 quartos. Diárias para duas pessoas de 150€ a 350€. AE, DC, MC, V. *S-Bahn:* Hackescher Markt. Ônibus: TXL, 100 ou 200. Bonde: M4, M5 ou M6. Ver mapa na pág. 116.

★★ **Riehmers Hofgarten** KREUZBERG Nesse lugar você troca um pouco os hotéis atuais por instalações da década de 1890, com estilo Art Nouveau, charme de butique e um jardim tranquilo. Os quartos têm tetos altos, ornamentação de estuque e chão que range. Yorckstrasse 83. ☎ 030/7809-8800; www.riehmers-hofgarten.de. 22 quartos. Diárias para duas pessoas de 138€ a 155€. AE, MC, V. *U-Bahn:* Mehringdamm. Ônibus: M19 ou 140. Ver mapa na pág. 116.

★★ **Schlosshotel im Grunewald** GRUNEWALD Escape da confusão urbana para um subúrbio tranquilo nessa casa de campo de 1912. Para qualquer pessoa que tenha condição de pagar e preferir uma nos arredores verdes da cidade, a experiência pode ser elegante, histórica e charmosa. Brahmsstrasse 10. ☎ 030/895-840; www.schlosshotelberlin.com. 53 quartos. Diárias para duas pessoas de 215€ a 325€. AE, DC, MC. V. *S-Bahn:* Grunewald. Ônibus: M29, X10, 115, 186 ou 249. Ver mapa na pág. 117.

> *O belo verde fornece uma experiência de hospedagem única no popular Schlosshotel, em Grunewald, uma mansão de 1912 que é uma alternativa aos barulhentos centros urbanos.*

★★ **Sofitel am Gendarmenmarkt** MITTE
Esse hotel localizado no centro, com charme francês, é uma boa escolha para viajantes que gostam de padrões confiáveis e luxos à mão. Charlottenstrasse 50–52. ☎ 030/203-750. www.sofitel.com. 92 quartos. Diárias para duas pessoas de 175€ a 300€. AE, DC, MC, V *U-Bahn:* Französische Strasse. Ônibus: 100 ou 147. Ver mapa na pág. 116.

★ **Swissôtel Berlin** CHARLOTTENBURG
Localizado no centro e administrado como um relógio suíço, o hotel tem um estilo minimalista moderno. Augsburger Strasse 44. ☎ 800/637-4771 na América do Norte ou 030/220100. www.swissotel.com. 316 quartos. Diárias para duas pessoas de 180€ a 290€. AE, DC, MC, V. *U-Bahn:* Kurfürstendamm. Ônibus: M19, M29, X10, 109, 110, 204 ou 249. Ver mapa na pág. 117.

★★ **Villa Kastania** CHARLOTTENBURG
Por todos os seus toques de atualidade, spa e piscina, o hotel mantém a classe da mansão reconstruída que ele ocupa. Os quartos possuem grandes varandas e uma parte elegante da cidade para se observar. Lastanienalle 20. ☎ 030/300-0020. www.villakastania.de. 45 quartos. Diárias para duas pessoas de 79€ a 179€. AE, MC, V. *U-Bahn:* Theodor-Heuss-Platz. Ônibus: M49, X34, X49, 104, 218 ou 349. Ver mapa na pág. 117.

★★ **Westin Grand** MITTE
Tenha a segurança do luxo confiável em um hotel no Centro, onde nenhum detalhe passa despercebido. Características da Belle Époque se misturam com o estilo contemporâneo., e Quartos de hóspedes mostram uma diversidade de estilos, de acomodações padrão para duas pessoas maravilhosamente decoradas até a Schinkel Suite, de aparência mais luxuosa. Friedrichstrasse 158–164. ☎ 030/20270. www.starwoodhotels.com 400 quartos. Diárias para duas pessoas de 189€ a 520€. AE, DC, MC, V. *U-Bahn:* Französiche Strasse. Ônibus: TXL, 100, 147 ou 200. Ver mapa na pág. 116.

A VIDA É UM CABARÉ

Venha para o *Kabarett*, amigão

POR GEORGE MCDONALD

O CABARÉ EXISTIA NA ALEMANHA MUITO TEMPO ANTES DA PRIMEIRA GUERRA Mundial e, mesmo nos seus primórdios, lutava contra os limites da censura e do clima moral que prevalecia. Mas o formato realmente chegou ao que é durante os anos posteriores à derrota na guerra. Durante as décadas de 20 e 30, o caos da República de Weimar, a hiperinflação e a economia em pedaços, brigas nas ruas entre milícias de direita e de esquerda e a ascensão constante do partido nazista antissemita foram a gota d'água para o colapso dos valores tradicionais. A nova moral era viver enquanto puder, e gastar dinheiro enquanto tiver. O Cabaré fornecia entretenimento com um pensamento satírico e político apropriado para o sentimento e circunstância da época, influenciado pelos movimentos de ponta artísticos e sociais como o dadaísmo, o expressionismo social e o Neue Sachlichkeit (nova objetividade).

Vivendo o Renascimento

Popular entre os visitantes de Berlim, Munique, Frankfurt, Dresden e outras cidades alemãs, é o tipo de noite mostrada no musical Cabaret (ainda do filme de 1972, estrelado por Liza Minelli e Joel Gray, mostrado acima), da Broadway de 1966, com um show de passos e atos que satirizavam a cena política e social. Estes empórios de schmaltz renasceram, embora a sátira seja menos mordaz do que no tempo da República de Weimar e na ascensão de Hitler. Alguns dos shows de cabarés de hoje talvez relembrem o filme de sucesso da Broadway, embora sem muito da intimidade do teatro de revista dos porões esfumaçados das décadas de 20 e início da de 30.

Períodos Famosos de Cabaré

DIE KATAKOMBE O comediante Werner Finck (1902–1978) fundou "The Catacombs" na Bellevuestrasse, perto da Potsdamer Platz, em Berlim, em 1929. Seu escárnio sutil dos Camisas Marrons, a Gestapo e outros "pilares" do nazismo o tornaram popular — e trouxeram a polícia secreta para o público para "tomar notas". O ministro da propaganda nazista, Joseph Goebbels, ordenou que o cabaré fosse fechado em 1935, e Finck passou seis semanas em um campo de concentração antes de entrar para o exército alemão.

KABARETT DER KOMINER Mais conhecido como Kadero, o Cabaré da Comédia usou uma abordagem menos arriscada do que o Die Katakomb na sua seleção de material apresentando shows para todos os gostos. Um bem conhecido Kadeko Conferencier (Mestre de Cerimônias), Fritz Grunbaum, frequentemente usava sua perspicácia ácida na sua própria plateia, caçoando deles por, entre outras coisas, seus nojentos hábitos alimentares.

WIEN-MÜNCHEN De 1915 a 1916, o cabaré "Viena-Munique" teve como seu diretor o ator cômico Karl Valentin, um espírito amigo do escritor de peças teatrais Bertolt Brecht e do autor Erich Kästner, e que havia sido apelidado de "Chaplin Alemão". Na década de 1930, Valentin fez duas tentativas fracassadas de fazer seu Panoptikum für Gruseliges und Nonsens (Panóptico de Horror e Falta de Sentido) ser exibido em Munique.

Criado em Munique

Berlim entre as guerras geralmente tem a glória histórica no que se refere aos cabarés, mas, na verdade, a capital estava muito atrás da Munique antes da guerra no que diz respeito ao gênero. O Kabarett alemão surgiu tão diferente da forma francesa original que era quase sempre veículo de sátira política. Em clubes como o Die Elf Scharfrichter (Os Onze Carrascos), fundado em 1901 no distrito de Schwabing, boêmios, socialistas, progressistas e avant-gardistas de todos os tipos de Munique se reuniam para rir e zombar da sociedade burguesa presunçosa e cabeça-dura na qual viviam.

Nossas Dicas de Entretenimento e Vida Noturna em Berlim

Melhor Coquetel
Bar am Lützowplatz, Lützoplatz 7 (pág. 125)

Melhor Martini (Batido, não mexido)
Harry's New York Bar, Lützowufer 15 (pág. 125)

Melhor para Admiradores de Jazz
A-Trane, Bleibtreusstrasse 1 (pág. 129)

Melhor Vida é Um Cabaré
Die Stacheschweine, Tauentzienstrasee 9–12 (pág. 128)

Melhor Casa de Ópera
Staatsoper Unter den Linden, Unter den Linden 7 (pág. 128)

Melhor Ópera Avant-Garde
Komische Oper Berlim, Behrenstrasse 55–57. (pág. 128)

Melhores Manobras Orquestrais
Philharmonie, Herbert-von-Karajan-Strasse 1 (pág. 128)

Melhor Drama Clássico
Deutsches Theater, Schumannstrasse 13A (pág. 129)

Melhor Brilho de Vaudeville
Friedrichstadtpalast, Friedrichstrasse 107 (pág. 128)

Melhor Futebol
Olympiastadium, Olympischer Platz 3 (pág. 129)

Melhor Enterrada (Basquete)
O2 World Arena, Mühlenstrasse 12–30 (pág. 129)

Melhor Grunge e Alternativo
SO36, Oranienstrasse 190 (pág. 129)

Melhor para Culturas Mundiais
Haus der Kulturen der Welt, John-Foster-Dulles-Allee 10 (pág. 129)

> *A Filarmônica de Berlim realiza um concerto anual popular no Waldbühne, perto do Olympiastadion (Estádio Olímpico).*

Vida Noturna e Entretenimento em Berlim de A a Z

Bares, Coquetéis e Lounges

★★ **Bar am Lützowplatz** TIERGARTEN
Uma lista de mais de 140 champanhes e uma relação enorme de coquetéis tornam este lugar e o Ladwehrkanal pontos obrigatórios do circuito sofisticado da cidade. Lützowplatz 7. ☎ 030/262-6807. www.baramlietzowplatz.co. *U-Bahn:* Nollendorfplatz. Ônibus: M29, 100, 106 ou 187. Ver mapa na pág. 127.

★ **Felsenkeller** SCHÖNEBERG
Com seu belo interior da década de 1920, esse pequeno mas adorado Kneipe (bar tradicional) local serve cerveja com o devido respeito. Akazienstrasse 2. ☎ 030/781-3447. *S-Bahn:* Kleistpark ou Eisenacher Strasse. Ônibus: M48, M85, 104, 187, 204 ou N7. Ver mapa na pág. 127;

★★ **Harry's New York Bar** TIERGARTEN
Usando a cidade de Nova Iorque e os presidentes americanos como tema, e seguindo os mesmos padrões do seu homônimo em Paris, o Harry`s tem em torno de 200 drinks diferentes e música ao vivo no piano. Hotel Esplanade. Lützowufer 15. ☎ 030/254-780. www.esplanade.de. *U-Bahn:* Nollendorfplatz. Ônibus: M29. Ver mapa na pág. 127.

★★ **Times Bar** CHARLOTTENBURG
Batizado assim por conta dos muitos relógios tocando em diferentes fusos horários, esse bar de hotel aristocrático tem uma aparência atemporal de um painel de madeira. Savoy Hotel, Fasanenstrasse 9–10. ☎ 030/311-030. *U-* e *S-Bahn:* Zoologischer Garten. Ônibus: M45, M49, X9, X34 ou N2. Ver mapa na pág. 127.

★ **Windhorst** MITTE
Este bar estiloso no coração da cidade tem um dono de grande coração e uma escolha de coquetéis diversa — muitos dos quais você não encontrará em nenhum outro lugar. Dorotheenstrasse 65. ☎ 030/2045-0070. *U-* e *S-Bahn:* Friedrichstrasse. Ônibus: TXL, 100, 147, 200, N2 ou N6. Bonde: M1 ou 12. Ver mapa na pág. 126.

Momento "Tela de Cinema" de Berlim

Estrelas, pretendentes a estrela, diretores e quase todas as pessoas com um filme para vender dão as caras no **Festival Internacional de Cinema de Berlim**, ou Berlinale (☎ 030/259-200; www.berlinale.de). O festival, que ocorre há 10 anos todo mês de fevereiro, com exibições por toda a cidade, é uma amostra do trabalho de diretores internacionais e dos filmes alemães mais recentes. Bilhetes podem ser comprados em qualquer local de vendas de ingressos.

> *O A-Trane é um dos melhores locais na cidade para se ouvir jazz.*

Vida Noturna e Entretenimento no Leste de Berlim

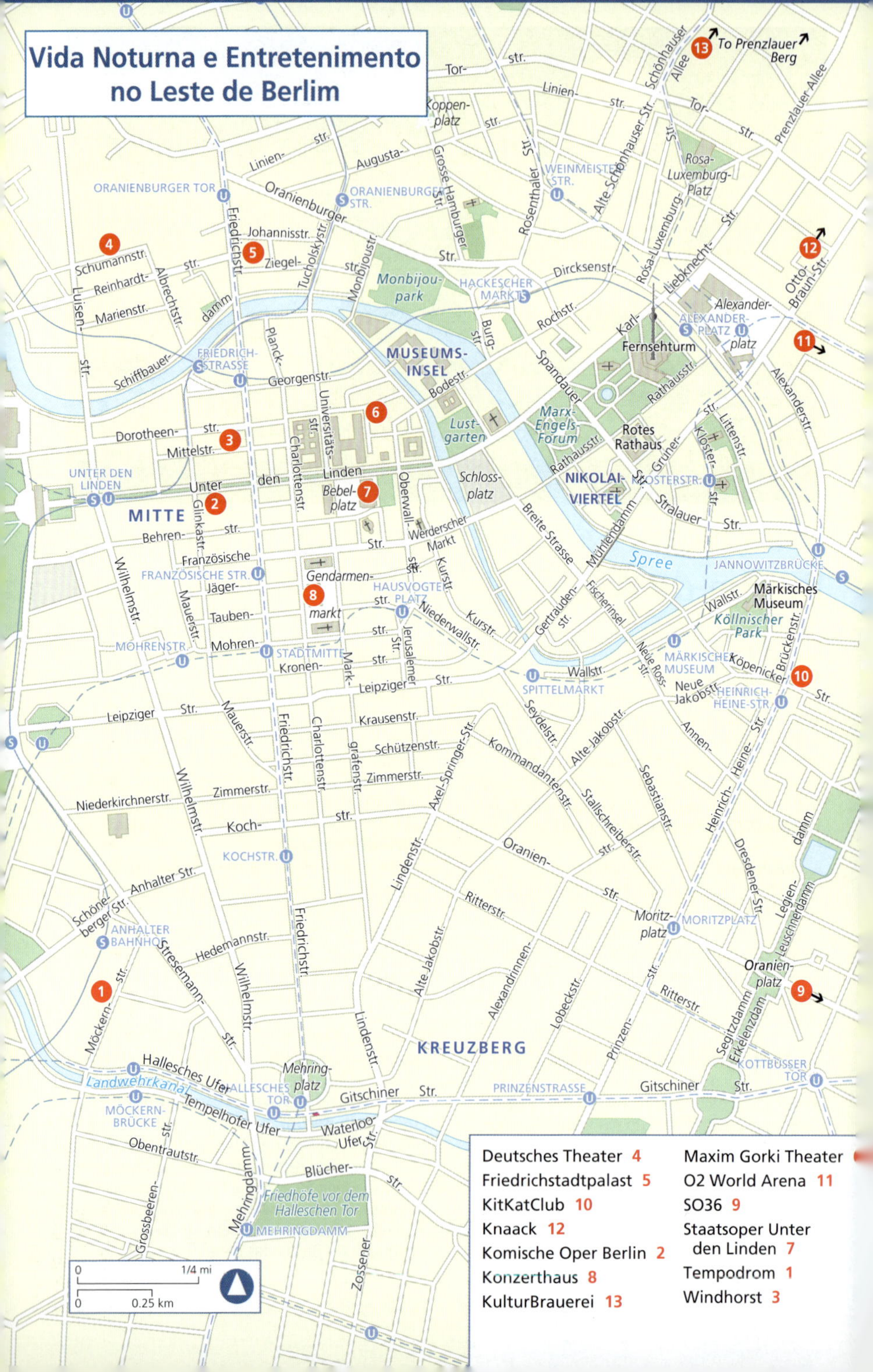

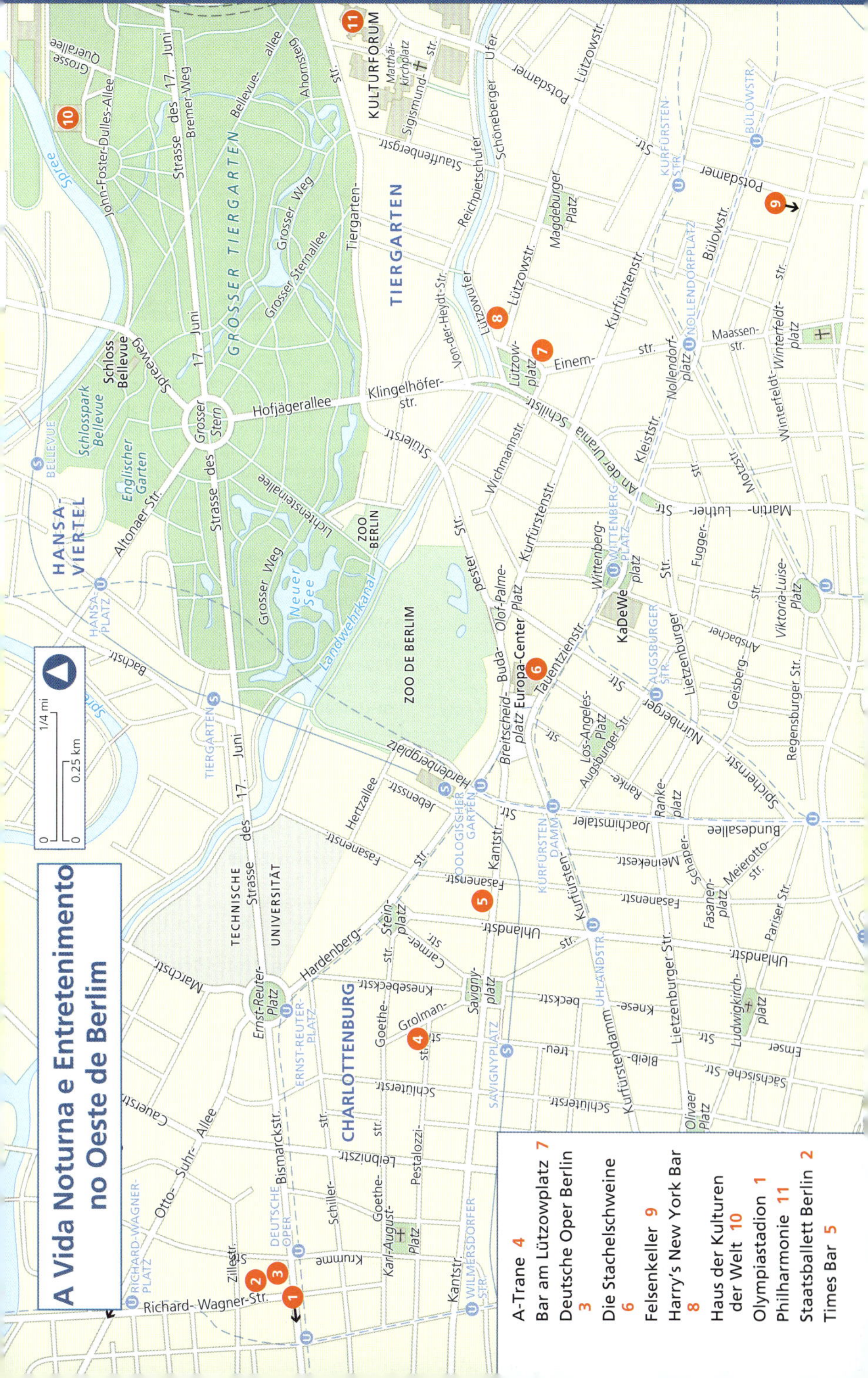
A Vida Noturna e Entretenimento no Oeste de Berlim
A-Trane 4
Bar am Lützowplatz 7
Deutsche Oper Berlin 3
Die Stachelschweine 6
Felsenkeller 9
Harry's New York Bar 8
Haus der Kulturen der Welt 10
Olympiastadion 1
Philharmonie 11
Staatsballett Berlin 2
Times Bar 5
0 1/4 mi
0 0.25 km
GROSSER TIERGARTEN
TIERGARTEN
HANSA-VIERTEL
CHARLOTTENBURG
ZOO DE BERLIN
ZOO BERLIN
KULTURFORUM
TECHNISCHE UNIVERSITÄT
Schloss Bellevue
Schlosspark Bellevue
Englischer Garten
Neuer See
Landwehrkanal
Spree
KaDeWe
Europa-Center
Strasse des 17. Juni
Hofjägerallee
Kurfürstendamm
Tauentzienstr.
Kantstr.
Hardenbergstr.
Bismarckstr.
Potsdamer Str.

> *Uma noite no teatro Friedrichstadtpalast pode ter como atração comédia, música, acrobatas e muitas dançarinas.*

Cabaré e Vaudeville

★ **Die Stchelschweine** CHARLOTTENBURG
Este teatro — seu nome significa "os porcos-espinhos" — apresenta sátiras espirituosas (na Alemanha) sobre questões políticas e culturais. Europa Center, Tauentzienstrasse 9–12. ☎ 030/261-4795. www.stachelschweine-berlin.de. Ingressos de 12,50€ a 30€. *U-Bahn:* Kurfürstendamm. Ônibus: M19, M29, M46, N1, N2 ou N3. Ver mapa na pág. 127.

★★ **Friedrichstadtpalast** MITTE
O maior teatro de revista da Europa, com quase 1.900 lugares, traz como atração suas dançarinas de pernas compridas, entre outras. Friedrichstrasse 107. ☎ 030/2326-2326. www.friedrichstadtpalast.de. Ingressos de 18€ a 75€. *U-Bahn:* Oranienburger Tor. Ônibus: 147 ou N6. Bonde: M1 ou 12. Ver mapa na pág. 126.

Clássico, Ópera e Balé

★★ **Deutsche Oper Berlin** CHARLOTTENBURG
Este prédio de concreto e vidro de 1961 não é exatamente um local clássico para óperas, mas as produções são de categoria mundial. Bismarckstrasse 35. ☎ 030/3438-4343. www.deutscheoperberlin.de. Ingressos de 12€ a 120€. *U-Bahn:* Deutsche Oper. Ônibus: 101, 109, N2 ou N7. Ver mapa na pág. 127.

★ **Komische Oper Berlin** MITTE
Um local com magnífica decoração interior da Belle Époque recebe óperas, operetas e musicais em alemão, além de apresentações de balé ocasionais. Behrenstrasse 55–57. ☎ 030/4799-7400. www.komische-oper-berlin.de Ingressos de 88€ a 988€. *U-Bahn:* Französische Strasse. Ônibus: TXL, 100, 147, 200, N2 ou N6. Ver mapa na pág. 126.

★★ **Konzerthaus** MITTE
O belo salão de concertos que remete ao estilo dos templos gregos é a casa do altamente conceituado Konzerthausorchester, sob a regência do maestro Lothar Zagrosek. Gendarmenmarkt 2. ☎ 030/203-092-101. www.konzerthaus.de. Ingressos de 12€ a 105€. *U-Bahn:* Sladtmitte. Ônibus: M48, 147, 347 ou N6. Ver mapa na pág. 126.

★★★ **Philharmonie** TIERGARTEN
Sir Simon Rattle comanda a Berliner Philharmoniker de elite na arquitetura orgânica distinta deste salão de concertos de 1963. Herbert-von-Karajan-Strasse 1. ☎ 030/2548-8999. www.berliner-philharmoniker.de Ingressos de 8€ a 140€. *U-* e *S-Bahn:* Potsdamer Platz. Ônibus: M41, 200, 347 ou N2. Ver mapa na pág. 127.

★★ **Staatsballet Berlin** CHARLOTTENBURG
A companhia de balé mais conceituada da cidade divide o palco — não ao mesmo tempo — com o Deutsche Oper (veja acima). Bismarckstrasse 35. ☎ 030/2035-4555. www.staatsballet-berlin.de. Ingressos de 10€ a 95€. *U-Bahn:* Deutsche Oper. Ônibus: 101, 109, N2 ou N7. Ver mapa na pág. 127.

★★★ **Staatsoper Unter den Linden** MITTE
Daniel Barenboim dá o tom por trás das colunas corintianas da casa de ópera mais antiga de Berlim, um prédio neoclássico de 1742. Unter den Linden 7. ☎ 030/2035-4455. www.staatsoper-berlin.de Ingressos de 10€ a 120€. *U-Bahn:* Französische Strasse. Ônibus: TXL, 100, 200 ou N5. Ver mapa na pág. 126.

Boates

★ **KitKatClub** MITTE
Fetiche e erotismo são evidentes nesse lugar, assim como os espíritos semelhantes em látex e couro que dançam ao som de techno e trance. Köpenicker Strasse 76 (entre na Brückenstrasse). ☎ 030/7871-8963. www.

kitkatclub.de. A partir de 10€. *U-Bahn:* Heinrich-Heine-Strasse. Ônibus: 147 ou N8. Ver mapa na pág. 126.

★★ **SO36** KREUZBERG
A famosa sede do antigo punk político mudou com o tempo e agora cobre uma diversidade de estilos de música, entre elas o techno, e disponibiliza noites no clube para gays e lésbicas. Oranienstrasse 190. ☎ 030/6149-1306. www.so36.de. De 3€ a 25€. *U-Bahn:* Kottbusser Tor. Ônibus: M29, 140, N1 ou N8. Ver mapa na pág. 126.

Música ao Vivo

★★★ **A-Trane** CHARLOTTENBURG
Você pode ver algum nome internacional do jazz (de todos os tipos) neste ótimo clube, de propriedade de um fanático turco–alemão — se não for o caso, nomes locais realizam boas apresentações. Bleibtreustrasse 1. ☎ 030/313-2550. www.1-trane.de. De 8€ a 20€ (com ou sem couvert). *S-Bahn:* Savignyplatz. Ônibus: M49 ou X34. Ver mapa da pág. 127.

★★ **Knaack** PRENZLAUER
O local tem shows ao vivo em sua programação em diversas noites por semana. As bandas são alemãs, o público, jovem, e a música, alta. Greifswalder Strasse 224. ☎ 030/442-7060. www.knaack-berlin.de. De 2€ a 8€ (muitas vezes gratuito para mulheres). *U-Bahn:* Senefelderplatz. Ônibus: TXL, 200 ou 240. Bonde: M4. Ver mapa na pág. 126.

Centros Variados

★★ **Kultirbrauerei** PRENZLAUER
Uma antiga cervejaria reúne entretenimento e vida noturna: dança, cinema, teatro, jardim de cerveja e mais. Schönhauser Allee 36. ☎ 030/4431-5100. www.kulturbrauerei-berln.de. *U-Bahn:* Eberswalden Strasse. Ônibus: N2. Bonde: M1, M10 ou 12. Ver mapa na pág. 126.

Locais de Shows

★ **Haus der Kulturen der Welt** TIERGARTEN
A Casa de Culturas do Mundo, na futurista Kongresshalle do Tiergarten (1957) justifica seu nome com shows de world music, teatro e dança. John-Foster-Dulles-Allee 10. ☎ 10850/570-071. www.hkw.de. Ingressos de gratuitos a 50€. *U-* e *S-Bahn:* Brandenburger Tor. Ônibus: 100. Ver mapa na pág. 127.

★ crianças **Tempodrom** KREUZBERG
Este prédio parecido com uma tenda tem entretenimento popular, com musicais, música ao vivo, teatro e circo. Möckernstrasse 10. ☎ 01805/554-111. www.tempodron.de. Ingressos de 5€ a 75€. *U-Bahn:* Möckernbrücke. *S-Bahn:* Anhalter Banhof. Ônibus: M29, M41 ou N1. Ver mapa na pág. 126.

Assistir a Esportes

★ crianças **O2 World Arena** FRIEDRICHSHAIN
O Alba Berlin, considerado o melhor clube de basquete da Alemanha, joga suas partidas neste local gigante. Mühlenstrasse 12–30. ☎ 030/3009-0555. www.albaberlin.de. Ingressos de 10€ a 35€. *U-* e *S-Bahn:* Warschauer Strasse. Ônibus: 347. Bonde: M1 ou M10. Ver mapa na pág. 126.

★★ crianças **Olympiastadion** (Estádio Olímpico) CHARLOTTENBURG O Hertha Berlim, principal clube de futebol da capital alemã, traz os melhores clubes da Alemanha para jogos aqui. Olympischer Platz 3. ☎ 01805/189-200. www.herthabsc.de. Ingressos de 8€ a 64€. *U-Bahn:* Olympia-Stadion. *S-Bahn:* Olympiastadion. Ônibus: M49, X34, X49 ou 218. Ver mapa na pág. 127.

Teatro

★ **Deutsches Theater** MITTE
Produções intelectuais e mainstream (em alemão) da Alemanha e peças internacionais são encenadas em um prédio neoclássico, de 1850. Schumannstrasse 13A. ☎ 030/2844-1225. www.deutschestheater.de Ingressos de 8€ a 45€. *U-* e *S-Bahn:* Friedrichstrasse. Ônibus: 147 ou N6. Bonde: M1 ou 12. Ver mapa na pág. 126.

★ **Maxim Gorki Theater** MITTE
Este teatro neoclássicode 1827 apresenta peças em alemão que vão de produções clássicas a trabalhos experimentais, e outros de autores jovens. Am Festungsgraben 2. ☎ 030/2022-1115. www.gorki.de. Ingressos de 10€ a 30€. *U-* e *S-Bahn:* Friedrichstrasse. Ônibus: TXL, 100, 147, 200 ou N6. Bonde: M1 ou 12. Ver mapa na pág. 126.

Dica de Vida Noturna

Devido à vida noturna geralmente acontecer, bem, à noite, sua atividade escolhida talvez termine apenas depois do final do serviço de transporte público. Não tenha medo; Berlim tem um serviço de ônibus para notívagos. Contamos com linhas de *nachtbus* (ônibus noturno), identificadas com a letra "N", para locais com ou nas proximidades de paradas de ônibus noturnos.

Potsdam

Capital do estado de Brandenburgo, Potsdam (com população de 153 mil pessoas) é um Patrimônio da Humanidade da Unesco, devido aos seus palácios reais prussianos, casas de campo, pavilhões, jardins e parques. Muitas vezes é chamada de Versalhes da Alemanha. A atenção mundial se virou para Potsdam de 17 de julho a 2 de agosto de 1945, quando a Conferência de Potsdam moldou a Europa do pós-guerra. Os palácios e jardins de Sans Souci Park, que ficam no oeste do coração histórico de Potsdam, são a principal atração. Ficam a apenas 24 km (15 milhas) ao sudoeste de Berlim. Em uma viagem de um dia, você precisará selecionar entre todas as possibilidades que a cidade tem a oferecer, e não tentar incluir tudo.

> *O Schloss Sanssouci foi o palácio de verão de Frederico, o Grande e atualmente é a maior atração turística de Potsdam.*

PONTO DE PARTIDA Pegue o *S-Bahn* para Potsdam, uma viagem de 40 minutos a partir do centro de Berlim; depois pegue o ônibus número 695 da Hauptbahnhof (estação principal) até Maulbeerallee, em Park Sanssouci.

1 ★★★ **Schloss Sanssouci**. O multifacetado rei Friedrich II (Frederico II) da Prússia, mais conhecido como Friedrich der Grosse (Frederico, o Grande), mandou construir este palácio de verão em 1747, todo em estilo rococó em tons pastéis, como um local para escapar de Berlim e das preocupações de governar uma Prússia então cercada militarmente. *Sans Souci*, lema do lugar, significa "despreocupado", em francês. Uma impressão da vida nesta corte rural tranquila pode ser obtida com a pintura de Adolph Menzel, *O Concerto de Flauta de Sanssouci*, de 1852, na Alte Nationalgalerie de Berlim (pág. 80, 17).

Gracioso em vez de grandioso, Sanssouci é a atração mais popular dos visitantes de Potsdam, e está entre os mais bonitos castelos da Alemanha. Seu único andar fica de frente para jardins ornamentais em terraços, uma grande fonte e o restante do Castelo Sanssouci. Entre muitos motivos gregos e romanos estão as colunas estreitas corintianas da fachada e pinturas mostrando Baco, o deus romano do vinho. A visita mostra ainda salões ornados como o Marmorsaal, com mármore toscano e enfeites de ouro, e os aposentos privados de Frederico. Não esqueça de separar um tempo para andar pelos jardins do palácio, entre os terraços e até a fonte. **75 minutos. Entrada: de abril a outubro, 12€ por adulto, 8€ para a faixa etária de 8 a 18 anos; de novembro a março, 8€ por adulto e 5€ por criança; podem ser cobradas taxas extras. De abril a outubro, de terças a domingos das 10 h às 18 h; de novembro a março, de terças a domingos, das 10 h às 17 h.**

2 ★★ **Bildergalerie (Galeria de Imagens).** Frederico, o Grande construiu a Bildergalerie próxima a Sanssouci para guardar sua coleção de arte com estilo, e a uma distância conveniente. O interior de mármore e ouro do prédio tem pinturas de Caravaggio, Van Dyck, Rubens e muitos outros artistas. 🕒 **45 minutos. Entrada 3€ por adulto, 2,5€ para a faixa etária de 8 a 18 anos. De maio a outubro, de terças a domingos das 10 h às 18 h.**

3 ★★ **Neue Kammern (Novas Câmaras).** Uma ideia da natureza luxuosa da corte de Frederico, o Grande pode ser obtida com a Neue Kammern, construída próxima ao Sanssouci, em 1775, para receber os hóspedes do rei. Seu estilo opulento é semelhante ao do palácio. 🕒 **30 minutos. Entrada 4€ por adulto, 3€ para a faixa etária de 8 a 18 anos. De maio a outubro, de terças a domingos das 10 h às 18 h.**

4 ★★ **Orangerie.** O Palácio Orangerie, de 1864, parece pequeno ao lado do Schloss Sanssouci. Construído um século depois em estilo neoclássico pelo rei Friedrich Wilhelm IV (Frederico Guilherme IV), de inclinação romântica, parece muito mais pomposo. Ainda assim, a estufa, jardins e salões enfeitados (como o Raffaelsaal) faz com que a visita valha a pena. 🕒 **30 minutos. Entrada 3€ por adulto, 2,50€ para a faixa etária de 8 a 18 anos. De maio a outubro, de terças a domingos das 10 h às 18 h.**

(5) ☕ ★★ **Krongut Bornstedt.** Às margens de um pequeno lago, este grande estabelecimento oferece de tudo, de uma bebida no jardim de cerveja a uma refeição completa no restaurante. **Ribbeckstrasse 6–7. ☎ 0331/550-650. De 4€ a 16€.**

> *O espetacular Neues Palais (Novo Palácio), de 200 cômodos, evidencia a presença barroca maciça no Park Sanssouci e é palco de peças de teatro, apresentações de música e ópera.*

6 ★★★ Neues Palais (Novo Palácio). No lado ocidental do Park Sanssouci, o amplo Neues Palais, de Frederico, o Grande, de 1769, contrasta com o Schloss Sanssouci. Enquanto seu próprio alojamento secundário parece um capricho, o edifício barroco, com 200 cômodos e uma cúpula central monumental, é uma declaração clara do orgulho e poder prussiano projetado para impressionar embaixadores e visitantes estrangeiros. Mesmo a escala dos Communs (comuns), um prédio de serviço na parte de trás, parece apoiar essa mensagem. O Schlosstheater do palácio, em estilo rococó, ainda é usado como teatro e palco de apresentações de música e ópera. 🕒 **1 hora. Entrada 6€ por adulto, 5€ para a faixa etária de 8 a 18 anos. De abril a outubro, de terças a domingos das 10 h às 18 h; de novembro a março, de terças a domingos das 10 h às 17 h.**

Guia Do Local Página 133

7 ★★★ Park Sanssouci. Além dos principais palácios e locais descritos nas paradas 1 nesse passeio 6, o parque é cheio de locais de interesse que não justificam uma parada em separado, mas que, ainda assim, podem ser admirados em uma caminhada pelo local.

8 ★ Alter Markt (Mercado Antigo). O Alter Markt, que cruzava a estação de Potsdam através do rio Havel, era o coração da Antiga Potsdam. Lá é possível ver a **Altes Rathaus** (Antiga Prefeitura, de 1755), em estilo neoclássico e com Atlas segurando um globo no alto da sua cúpula, e a **Nikolaikirche** italianizada (Igreja de São Nicolau, 1837). 🕒 **30 minutos. Bonde: X98, 91, 92, 93, 96 ou 99.**

9 ★★ Holländisches Viertel (Bairro Holandês). As casas triangulares do Holländisches Viertel — construídas na década de 1730 para os artesãos holandeses convidados para vir à Prússia devido às suas habilidades — parecem um pedaço retirado de Amsterdã, como também reúnem uma série de lojas, barracas de artesanato, vendedores de antiguidades, cafés, bares e restaurantes. 🕒 **45 minutos. Em torno da Benkertstrasse. Bonde: 92 ou 96.**

10 ★ La Maison du Chocololat. O ambiente do bairro holandês fica em evidência em um agradável café–restaurante que serve cafés, lanches e pratos da cozinha francesa — muito mais, na verdade, do que dá a entender pelo nome de chocolate. **Benkertstrasse 20. ☎ 0331/237-0730. 4€ a 20€.**

11 ★ Alexandrowka. Um contraste interessante como Holländisches Viertel, o bairro russo de Potsdam foi patrocinado pelo Czar Alexandre I durante e depois das Guerras Napoleônicas para os guardas e o coral militar russo em serviço na Prússia. Entre suas características típicas vemos casas com vigas de madeira e uma igreja russa ortodoxa, a

7 Park Sanssouci

Entrando no parque pelo coração de Potsdam, você passa pela (A) Friedenskirche (Igreja da Paz, 1848). No mausoléu anexo estão sepultados descendentes da dinastia Hohenzollern. Andando pelo parque no sentido anti-horário, você passa pela (B) Neptungrotte, uma gruta cujo monumento principal é uma escultura de Netuno, rei dos mares segundo a mitologia romana. Veja também a Bildergalerie (2), o Schloss Sanssouci (1) e a Neue Kammern (3).

O (C) Historische Mühle (1791), um moinho de vento histórico reerguido aqui, abriga o centro de visitantes do parque. Além da Orangerie (4) e do Krongut Bornstedt (5), um caminho sobe a colina Drachenberg até a (D) ★ **Drachenhaus** (Casa do Dragão. 1772), um pagode em estilo chinês com 16 esculturas de dragões no teto. Mais adiante, o (E) ★ **Belvedere** (1772) oferece uma bela vista do parque. O (F) **Antikentempel** (1769), que usou como modelo um templo redondo antigo, funciona como um mausoléu Hohenzollern. Mais além fica o (G) **Freundschaftstempel** (Templo da Amizade, 1770), na frente do Neue Palais (6).

A seguir fica o (H) ★ **Schloss Charlottenhof** (1829), com colunas e frontão inspirados em antigas casas de campo romanas. O (I) **Römische Bäder** (1840), um "Banho Romano" que nunca funcionou realmente como casa de banhos, incorpora pavilhões de estilo romano. A (J) ★ **Chinesisches Haus** (1764), ornada em dourado, foi construída no estilo de uma casa de chá chinesa. **Pelo menos 2 horas. Park Sanssouci: entrada gratuita; aberto 24 horas por dia, 7 dias por semana. Friedenskirche: entrada gratuita; de meados de abril a outubro, diariamente do amanhecer ao anoitecer. Historische Mühle: 2,50€ por adulto; 1,50€ para a faixa etária de 6 a 14 anos; de abril a outubro, diariamente das 10 h às 18 h; de novembro e de janeiro a março, sábados e domingos, das 10 h da manhã às 16 h. Belvedere: 2€; de maio a outubro, sábados e domingos e feriados, das 10 h às 18 h. Schloss Charlottenhof (apenas tours guiados): 4€ por adulto, 3€ para a faixa etária de 8 a 18 anos; Römische Bäder: 3€ por adulto, 2,50€ para a faixa etária de 8 a 18 anos; Chinelsisches Haus: 2€; todos abertos de maio a outubro, de terças a domingos, das 10 h às 18 h.**

> *Os líderes aliados, incluindo Truman, Stalin e Churchill, se encontraram no Schloss Cecilienhof, em 1945, para elaborar o Acordo de Potsdam.*

Alexander-Newski-Gedächtniskirche, de 1829. **45 minutos. Off Puschkinallee. Bonde: 92 ou 96.**

12 ★ crianças **Belvedere.** Assim como seu auxiliar no Parque Sanssouci (pág. 132, 7), esta torre de vigilância, criada em 1863 na colina Pfingstberg oferece uma bela vista — neste caso, do centro de Potsdam. **30 minutos. Pfingstberg. ☎ 0331/2005-7930. Entrada 3,5€ por adulto, 1,50€ para a faixa etária de 6 a 16 anos. De junho a agosto, diariamente, das 10 h às 20 h; abril, maio e setembro, diariamente, das 10 h às 18 h; outubro, diariamente, das 10 h às 16 h; março e novembro, sábados e domingos, das 10 h às 16 h. Ônibus: 638, 639 ou 697.**

Dicas Sobre o Park Sanssouci

Ingressos combinados estão disponíveis para alguns locais do Park Sanssouci. Há cafés ou restaurantes no Historiche Mühle (C), Drachenhaus (D), Neues Palais (6) e Krongut Bornstedt (5). Diversos lugares possuem banheiros. Informações gerais estão disponíveis pelo ☎ 0331/969-4200 ou visitando os sites www.spsg.de ou www.potsdamtourismus.de.

13 ★★ **Marmorpalais (Palácio de Mármore).** Como se Potsdam não tivesse palácios reais suficientes, o sobrinho e sucessor de Frederico, o Grande, o rei Friedrich Wilhelm II (Frederico Guilherme II), mudando-se para a borda ocidental do Heiliger See, construiu este maravilhoso local à beira do lago. O Marmorpalais, datado de 1792 e em estilo neoclássico antigo, é uma montanha de tijolos vermelhos e mármore no estilo paisagístico inglês do Neuer Garten (Novo Jardim). Um mirante no telhado oferece uma vista magnífica do lado. Você pode passear pelo interior exuberante do palácio e ver os aposentos reais privados restaurados com a delicadeza do século XVIII. **1 hora. Neuer Garten. ☎ 0331/969-4202. www.spgg.de. Entrada 5€ por adulto, 4€ para a faixa etária de 8 a 18 anos. De maio a outubro, de terças a domingos das 10 h às 18 h; de novembro a abril, sábados e domingos e feriados das 10 h às 16 h. Ônibus: 692.**

14 ★ **Schloss Cecilienhof (Castelo Cecilienhof).** Ao norte do Marmorpalais fica o Castelo Cecilienhof, de 1917 e em estilo Tudor, famoso por ter hospedado a Conferência de Potsdam, em 1945, que dividiu a Europa do pós-guerra. Embora seja atualmente um hotel (com restaurante), você pode visitar os aposentos reais e os quartos onde a conferência ocorreu — é

> *A próspera Glienicker Brücke, que ligava Potsdam, na Alemanha Oriental, ao distrito do Wannsee, na Alemanha Ocidental, foi o local de muitas trocas de espiões durante a Guerra Fria.*

possível até ver a grande mesa redonda, feita em Moscou, onde o acordo foi assinado. ⌚ **45 minutos. Neuer Garten. ☎ 0331/969/4200. www.spsg.de. Entrada 6€ por adulto, 5€ para a faixa etária de 8 a 18 anos. De abril a outubro, de terças a domingos das 10 h às 18 h; de novembro a março, de terças a domingos das 10 h às 17 h. Ônibus: 692.**

15 ★★ crianças **Filmpark Babelsberg.** Experimente um passeio interativo no estúdio cinematográfico Babelsberg, onde alguns dos filmes alemães mais conhecidos foram gravados. Estrelas como Marlene Dietrich e Tom Cruise trabalharam aqui. ⌚ **2 horas. Grossbeerenstrasse. ☎ 0331/721-2750. Entrada 19€ por adulto, 13€ para a faixa etária de 4 a 14 anos, 60€ para famílias; De meados de março a outubro, diariamente das 10 h às 18 h (fechado nas segundas e sábados em setembro). Ônibus: 601, 608, 609 ou 690.**

16 crianças **Glienicker Brücke.** Durante a Guerra Fria, espiões que vinham do frio frequentemente eram trocados nessa ponte sobre o rio Havel, entre Potsdam (Alemanha Oriental) e o distrito de Wannsee, em Berlim (Alemanha Ocidental). O piloto Gary Powers, do avião espião americano U2, que caiu, foi um dos que passou por isso, em 1960. ⌚ **20 minutos. Bonde: 93.**

Frederico, o Descolado

O rei Friedrich der Gross (Frederico, o Grande), da Prússia gostava de descansar dos seus afazeres enquanto estava no Schloss Sanssouci, e ceder à sua paixão pela música (ele era um músico habilidoso e compositor modesto), arte, filosofia, leitura da sua ampla biblioteca de livros antigos com capa de couro, e disputas com os maiores intelectuais da época, entre eles, Voltaire.

O lado mais leve deste déspota esclarecido não fazia dele uma pessoa fácil de ser derrubada. Frederico aumentou e melhorou o formidável exército que herdou do pai. Ele usou seu domínio de táticas e estratégias para obter uma série de vitórias impressionantes contra inimigos mais fortes, principalmente em Rossbach e Leuthen. Mesmo assim, ele preferia uma vida mais calma. A guerra, para ele, não era um jogo a ser disputado com frequência.

Spreewald

A não mais de uma hora de carro ao sudeste de Berlim, este cenário de florestas cortado por rios e repleto de lagos e campos abertos foi declarado Biosphärenreservat (Reserva de Biosfera) pela Unesco. É uma região agrícola, povoada pelos *sorbs*, descendentes dos eslavos étnicos, que têm sua própria língua: o Niedersorbisch. O turismo é importante em Spreewald, considerando que quatro milhões de visitantes vêm anualmente, mas o pepino em conserva domina (veja "Pegue Seus Pepinos em Conserva", na pág. 137).

> *Caiaques e botes a remo andam pelos rios no Spreewald, que atrai quatro milhões de visitantes por ano.*

PONTO DE PARTIDA **De carro, pegue a A113 e a A13 para o sul, depois vá para o leste na B115 até Lübben. Há um serviço de trem frequente de Berlim até Lübben e Lübbenau.**

1 ★ crianças **Lübben (Lubin).** Quando você chega em Lübben (cidade com 14 mil habitantes), centro de turismo do norte de Spreewald, estacione seu carro e deixe-o por lá. A melhor forma de andar por aqui é a pé, em bicicletas alugadas de um dos estabelecimentos locais e a bordo de um tradicional *Kahn* (barco de fundo chato) em uma excursão pelos cursos d'água estreitos da reserva. Na cidade, visite o **Schloss Lübben** (☎ 03546/187-478; www.schloss-luebben.de), originalmente um castelo medieval restaurado em uma pequena ilha, veja o seu museu do castelo e, quem sabe, faça uma refeição no restaurante tradicional. Na cidade, uma boa escolha de especialidades de Spreewald é o **Hotel-Restaurante Spreeblick**, na Grubener Strasse 53. (☎ 03546/2320; pratos principais de 8€ a 17€; de segundas a sextas das 14 h às 23 h, sábados das 8 h às 23 h, domingos das 8 h às 14 h). Uma área de lagos ao norte de Lübben fica no belo ★ **Neuendorfer See.** 🕒 **4 horas. Informações turísticas: Spreewaldinfo Lübben. Ernst-von-Hauwald-Damm 15. ☎ 03546/3090. www.luebben.de.**

De Lübben, pegue a estrada local L49 para o sul e leste, pelos vilarejos de Ragow e Stennewitz, até Lübbenau (13 km/8 milhas).

2 ★★ crianças **Lübbenau (Lubnjow).** Esta pequena cidade, de 18 mil habitantes, é também um local para se andar de carro, barco ou bicicleta. A localidade possui seu próprio castelo, o ★ **Schloss Lübbenau** (1839; ☎ 03542/8730; www.schloss-luebbenau.de), uma elegante mansão neoclássica que pertence à família de um dos conspiradores executados na conspiração de julho de 1944 para assassinar Hitler e que agora abriga um hotel e restaurante. Além disso, há o histórico **Spreewaldmuseum** (☎ 03542/2472 no Torhaus (Portão, de 1899), de tijolos vermelhos. ***Kahns*** (barcos de fundo chato) saem de uma doca próxima ao castelo, e barcos a remo e pedalinhos estão disponíveis para aluguel. Quando o tempo estiver bom, vá para a floresta ou faça uma pausa para uma excursão de *Kahn* para jantar as especialidades de Spreenwald no

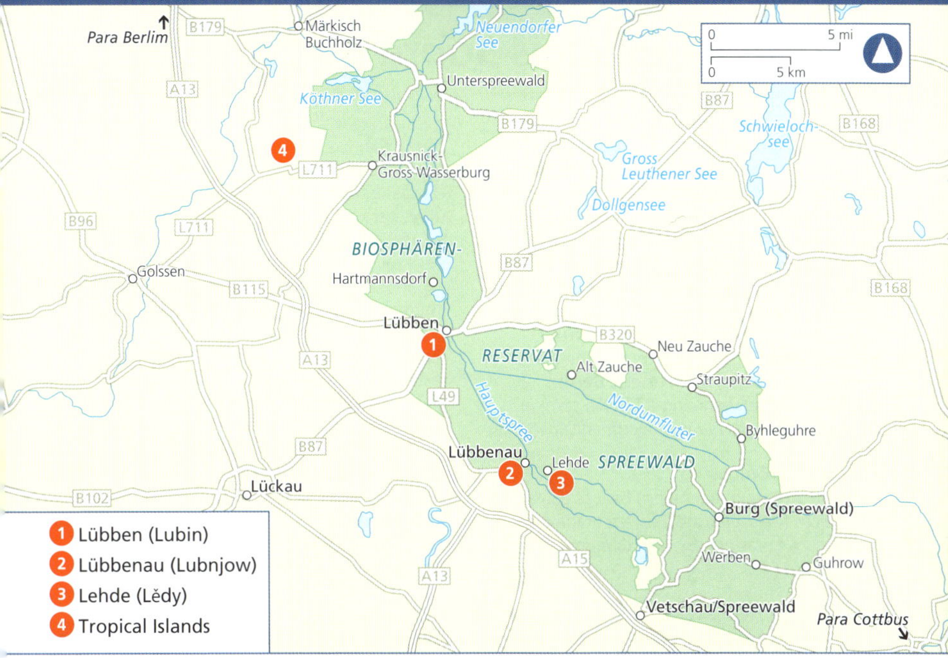

terraço do rústico ★ **Gasthaus Wotschofska**, Wotschofskaweg 1 (☎ 03546/7601; pratos principais de 8€ a 18€; de abril a outubro, diariamente a partir das 9 h). 🕒 4 horas. Informações turísticas: Ehm-Welk-Strasse 15. ☎ 03542/3668. www.spreewald-online.de.

De Lübbenau, dirija (ou até caminhe) para o leste no Lehdscher Weg até a aldeia de Lehde (2 km/1,25 milha).

3 ★ crianças **Lehde (Lëdy).** Você volta na história da Sorb étnica neste vilarejo de casas com vigas de madeira ao leste de Lübbenau. Um anexo do Spreenwaldmuseum, o ★ **Freilandmuseum Lehde,** ao ar livre (☎ 03542/2472; www.freilandmuseum-lehde.de; entrada 5€ por adulto, 1€ para a faixa etária de 6 a 16 anos, 10€ por família; de abril a setembro, diariamente das 10 h às 18 h; outubro, diariamente das 10 h às 17 h), é o ponto de interesse principal. Além das recriações de artes e artesanato cultural, você pode ver representações com atores usando roupas tradicionais. 🕒 1 hora.

Pegue Seus Pepinos em Conserva

Por toda a Alemanha, os pepinos em conserva são valorizados. Com a marca registrada de Spreenwälder Gurken, produzidos em pequena escala pelos produtores e processadores em Spreewald, são reconhecidamente o que há de melhor. Esta iguaria azeda e picante é protegida pela regulamentação da União Europeia (UE), que garante a autenticidade geográfica. Há até uma trilha de bicicletas Gherkin Trail pelo Spreenwald, a Gurken-Radweg, de 250 km (155 milhas).

Volte à rodovia expressa norte-sul, A13, pela L49 e L526 por Lübbenau e Zerkwitz. Vá para o norte na A13 até a saída 6 (Staakow), e então siga para a L711 ao nordeste, contornando Brand, e seguindo os sinais até Tropical Islands, em uma distância total de 38 km (24 milhas).

4 ★★ crianças **Tropical Islands.** Nadar na água morna de uma praia de areia neste "paraíso tropical" indoor é uma ótima fuga, especialmente no inverno, do tempo da capital, muitas vezes ruim. 🕒 2 horas a todo o dia. Krausnick. ☎ 0354/7769/5050. www.tropical-islands.de. Entrada 25€ por adulto, 19,50€ para a faixa etária de 4 a 14 anos (diversas variações disponíveis: veja o site). Aberto 24 horas por dia, 7 dias por semana. Bonde: Para a estação Brand e depois ônibus especial.

Informações Úteis Sobre Berlim

Serviços de Reserva de Hospedagem

As mesas do **Tourist-Information Berlin-Brandenburg** (☎ 0331/200-4747; www.brandenburg-tourism.com), nos aeroportos de Tegel e Schönefeld podem auxiliar com hospedagem. A **BERLIN Infostore** (☎ 030/250-025; www.visitberlin.de), em Hauptbahnhof, tem um serviço semelhante. Encontre apartamentos para alugar em **All-Berlin-Apartments** (www.all-berlin-apartments.com), que também cobre hotéis e B&Bs; **Apartment Berlin City** (www.ferienwohnung-24-berlin.com); e **ApartmentsApart** (www.apartmentsapart.com).

Caixas Eletrônicos

O centro de Berlim tem muitos bancos com caixas eletrônicos (*Geldautomaten*) para retirada de dinheiro 24 horas por dia, sete dias por semana.

Câmbio

A Exchange AG (www.exchange-ag.de) tem oito escritórios na cidade. A central fica na Bayreuther Strasse 37–38. (☎ 030/2147-6292; *U-Bahn:* Wittenbergplatz). A maioria dos bancos também faz troca de dinheiro, e tende a fornecer as melhores taxas.

Dentistas e Médicos

Ligue ☎ 01804/2255-2362 para ser transferido para um médico ou dentista que fale inglês. Você deve fornecer prova de seguro de saúde/dentário (como um cartão EHIC no caso da maioria dos residentes na Europa) ou terá que pagar pelo tratamento. No caso de ferimentos menores que requeiram tratamento rápido, vá até o departamento de *Notaufnahme* (emergência) do *Krankensaus* (hospital) mais próximo. Se os ferimentos forem graves, chame o número do médico/ambulância de emergência (veja "Emergências" a seguir).

Emergências

Para chamar a polícia (*polizei*), disque ☎ **110**. Para informar sobre um incêndio ou para chamar um médico de emergência (*Notarzt*) ou uma ambulância (*Krankenwagen*), disque ☎ **112**.

Chegando Lá

DE AVIÃO Você chegará no **Berlin-Tegel** (TXL), 8 km (5 milhas) ao noroeste do centro da cidade, ou no **Berlin-Schönefeld** (SXF), 18 km (11 milhas) ao sudeste do centro da cidade. Um serviço de ônibus expresso está disponível de Tegel até o centro da cidade; trens AirportExpress, *S-Bahn* (metrô), trens e ônibus expressos vão de Schönefeld até o centro da cidade; e táxis estão disponíveis nos aeroportos (táxis para o centro da cidade custam em torno de 15€ de Tegel ou 24€ de Schönefeld). Tegel deve fechar em 2012 e Schönefeld deve ser expandido e rebatizado Berlin-Brandenburg International Airport (BER). **DE TREM** Você provavelmente chegará à Berlin Hauptbahnhof (estação principal) ou à Berlin Ostbahnhof (estação leste). Ônibus de linhas europeias chegam à Zentraler Omnibusbahnhof, ou ZOB (Estação Central de Ônibus), no distrito ocidental de Charlottenburg. **DE CARRO** A excelente rede de Autobahns da Alemanha faz com que chegar a Berlim de automóvel seja rápido e fácil. Convergindo na cidade estão as A2/E30 do oeste, A24/E26/E55 e A11/E28 do norte, A12/E30 do leste e A13/E36/E55 e A9/E51 do sul.

Circulando

O transporte público de Berlim, trens de *U-Bahn* (metrô), bondes e balsas são operados pela **BVG** (☎ 030/19449; www.bvg.de). *S-Bahn* **Berlin** (☎ 2974-3333; www.*s-bahn*-berlin.de) opera a rede ferroviária de locomoção rápida. Trens *U-Bahn* operam na sua maioria sob o solo, trens *S-Bahn* são na sua maioria elevados. Bondes só operam na antiga Berlim Oriental. Além do serviço comum de ônibus, há os ônibus Metro (M) para as rotas principais, os Express (X) que fazem relativamente poucas paradas e um ônibus expresso especial (TXL), que vai direto de e para o Aeroporto Tegel. Os ônibus com números 100 e 200 param em sinais-chave em torno da cidade, e são úteis para visitantes. Bilhetes só de ida para distâncias curtas custam 1,30€, bilhetes normais só de ida custam 2,10€. Bilhetes diários custam de 6,10€ a 6,50€. Todos os bilhetes devem ser validados por máquinas quando você embarca. Veja também "Táxis" a seguir.

Acesso à Internet

Há muitos cafés com Internet pela cidade. Um razoavelmente central que fica aberto 24 horas por dia, sete dias por semana; é o **24hr Internetcafé am Adenauerplatz**, na Kurfürstendamm 161 (☎ 030/8940-9690; *U-Bahn:* Adenauerplatz). Um grande número de hotéis, cafés e bares oferece Wi-Fi.

Farmácias

Na Alemanha, uma farmácia é *Apotheke*. Para comprar cosméticos e artigos de perfumaria, vá a uma *Drogerie*. A maioria das farmácias opera durante as horas normais de comércio, mas coloca detalhes sobre a farmácia 24 horas mais próxima. Há uma farmácia na estação ferroviária central da cidade, a Berlin Hauptbahnhof, que fica aberta 24 horas por dia, sete dias por semana. (☎ 030/2061-4190).

Polícia

O número de emergência da *Polizei* (Polícia) nacional é **110**. Em situações que não sejam de emergência, vá até uma delegacia/distrito policial ou chame a polícia de Berlim pelo ☎ 030/4664-4664.

Correios

Você reconhecerá as filiais do **Deutsche Post** (☎ 01802/3333; www.deutschepost.de) pela sua placa amarela com uma buzina preta. Agências de correio centrais incluem a da principal estação ferroviária da cidade, Berlin Hauptbahnhof (Europaplatz); Karl-Liebknecht-Strasse 13 (Alexanderplatz). Friedrichstrasse 69 (Gendarmenmarkt); Postdamer Platz 2; e Joachimstaler Strasse 7 (Kurfürstendamm). Agências de correio ficam abertas de segunda a sexta, das 8 h às18 h, e sábados, das 8 h ao meio-dia.

Segurança

De modo geral, Berlim é uma cidade segura, especialmente no centro. Isso não significa que não existam áreas perigosas ou que nunca aconteçam crimes violentos. É bom ficar atento. Locais como Kreuzberg e Neukölln podem parecer ameaçadores após o anoitecer e, em partes da antiga Berlim Oriental, como Lichtenberg e Marzahn-Hellersdorf, pode haver ameaça de extremistas neonazistas contra pessoas que não sejam brancas. Assaltantes trabalham na rede de transporte público.

Táxis

Táxis esperam fora das principais estações ferroviárias e de metrô (*U-Bahn* e *S-Bahn*) e hotéis, e em paradas de táxis pela cidade. A maioria dos motoristas fala um pouco de inglês. Há uma taxa mínima de 2,50€ mais 1,50€ por quilômetro (2,42€ por milha). Empresas de táxi bem conceituadas incluem a **CityFunk Berlin** (☎ 030/210-202), **TaxiFunk Berlin** (☎ 030/443-322) e a **Funk Taxi Berlin** (☎ 030/261-026) — *Funk* é rádio, em alemão. Devido às taxas de táxi na Alemanha já incluírem uma cobrança pelo serviço, não é necessário ou automaticamente esperado que se dê gorjeta aos motoristas. Ainda assim, muitos usuários de táxi pelo menos arredondam o preço para a quantia mais próxima conveniente.

Telefones

Ligue ☎ 11837 para obter informações e ☎ 11834 para informações internacionais. O código de área de Berlim é 030. Digite o código de área ao ligar para um número de Berlim de fora da cidade; você não precisa discá-lo ao chamar da cidade. Não há um número padrão de dígitos para números telefônicos na Alemanha. Alguns telefones públicos aceitam moedas; alguns usam cartões, disponíveis nas agências dos correios e em bancas de revistas.

Banheiros

A cidade tem uma quantidade de banheiros públicos limpos (*Toilette* em alemão; pronunciado tuá-lé-te), muitos deles automáticos e com acesso para cadeirantes; você precisa de uma moeda de 0,50€ para destravar a porta. Mais convenientes e espalhados são os banheiros em cafés, bares, restaurantes, hotéis, shopping centers, algumas lojas, em paradas de autoestradas e áreas de descanso. Mesmo se você não for obrigado a pagar, é costume deixar 0,50€ para o atendente.

Passeios

Berlim tem muitas empresas que oferecem passeios. Um ônibus circular pela cidade (*Stadtrundfahrt*) é o tipo mais popular; os operados pela **Severin+Kühn** (☎ 030/880-4190; www.berlinerstadtrunfahrten.de) são típicos (mas veja a nota sobre os ônibus números 100 e 200 em "Circulando" acima). Passeios de barco pela cidade nos rios Spree e Havel, e no Landwehrkanal, e outros mais longos, até Potsdam valem a pena. A linha **Stern und Kreisschiffahrt** (☎ 030/536-3600; www.sternundkreis.de) tem uma boa seleção de tais viagens. Bilhetes para a maioria dessas excursões estão disponíveis nos escritórios turísticos Infostore (veja "Informações para Visitantes" a seguir).

Informações para Visitantes

O serviço de informações turísticas de Berlim, o **Berlin Tourismus Marketing** (www.visitberlin.de) opera os escritórios turísticos **BERLIN Infostore** em: **ALEXA SHOPPING CENTER** Grunerstrasse 20; de abril a outubro, de segundas a sábados das 10 h às 20 h; *U-* e *S-Bahn:* Alexanderplatz. **BERLIN HAUPTBAHNHOF** Europaplatz 1, andar térreo, entrada norte; diariamente, das 8 h às 22 h; *U-* e *S-Bahn:* Hauptbahnhof. **BRANDENBURGER TOR (ALA SUL)** Pariser Platz; de abril a outubro, diariamente das 10 h às 20 h, de novembro a março, diariamente, das 10 h às 18 h; *U-* e *S-Bahn:* Branderburger Tor. **NEUES KRANZER ECK PASSAGE** Kurfürstendamm 21; de segundas a sábados, das 10 h às 20 h, domingos, das 10 h às 18 h; *U-Bahn:* Kurfürstendamm.

4

Dresden, Leipzig e a Alemanha Oriental

O Melhor de Dresden, Leipzig e Alemanha Oriental em 3 Dias

Três dias são suficientes para esse itinerário. Dresden, Leipzig, Weinar e Eisenach são relativamente próximas, e viajar entre elas é rápido e tranquilo. A dificuldade real é ver Dresden em um dia, mas, com um pouco de esforço, até mesmo isso é possível. No primeiro dia você visita Dresden, uma cidade que ganha popularidade como destino turístico rapidamente. O segundo o leva a Leipzig, pelo seu grande legado musical e animação urbana. Passe o terceiro e último na elegante Weimar, antes de terminar na pequena localidade histórica de Eisenach.

> *PÁGINA ANTERIOR O belo lago Wörlitzer é uma das atrações de Wörlitz, uma cidade cheia de jardins. NESTA PÁGINA Tenha uma vista diferente da maravilhosa Dresden em um passeio de barco pelo rio Elba.*

PONTO DE PARTIDA Dresden fica no rio Elba, 194 km (120 milhas) ao sul de Berlim na A113 e A13; 367 km (228 milhas) ao sudeste de Hanôver na A2 e A14; 464 km (288 milhas) ao nordeste de Frankfurt na A5 e A4, e 313 km (194 milhas) ao nordeste de Nuremberg na A9, A72 e A4. No trem ICE (de alta velocidade), a viagem de Berlim leva um pouco mais de 3 horas; de Frankfurt, em torno de 5 horas, e de Munique em torno de 6 horas. **DURAÇÃO DA VIAGEM** 322 km (200 milhas).

1 ★★★ **Dresden.** A cidade que é o orgulho da Saxônia tem muito a se ver e fazer, tanto dentro (museus, igrejas e outros pontos turísticos) quanto fora (arquitetura barroca, passeios de barco pelo rio Elba, cafés nas calçadas e mais), que será difícil não fazer mais do que ter uma primeira boa impressão e fazer uma promessa de ter mais tempo para a próxima visita. Incrivelmente, não se pode nem dizer que o vasto e impressionante **Zwinger** domina o centro de Dresden, porque há muita competição quanto a esta honra. A menos que você percorra rapidamente um museu, é pouco provável que consiga ir direto de lá para o quase que igualmente cativante **Residenzschoss** (Palácio Real) no mesmo dia. Caso consiga fazer isso, o caminho pelo menos é curto — é só atravessar a Sophienstrasse. 🕒 **1 dia. Para obter informações de Dresden, incluindo recomendações de hotéis e restaurantes, ver pág. 166.**

De Dresden, um caminho rápido a Leipzig é pelo noroeste, na A4 e A14, uma distância de 112 km (70 milhas) que pode ser percorrida em não muito mais do que 1 hora. Um caminho mais bonito, porém mais lento, é rumo ao noroeste na B6, por Meissen (pág. 151, **10**) e Wurzen, uma distância de 111 km (69 milhas).

> *A torre Thomaskirche é conhecida tanto pelo seu som quanto pelo visual — Johann Sebastian Bach já foi o diretor musical da igreja.*

2 ★★ **Leipzig.** A cosmopolita Leipzig pode não ter tantas atrações impressionantes quanto Dresden, mas sem dúvida é um lugar para passar o dia e se sentir incluído na atmosfera local. Os destaques incluem a **Thomaskirche** (Igreja de São Tomás), onde Johann Sebastian Bach foi diretor musical durante alguns anos, e o **Bach-Museum**, em uma residência em estilo barroco que pertencia a um dos amigos de Bach. As opções de vida noturna são muitas, graças à grande população estudantil. Preencha seu dia com um pouco de música ao vivo (as opções variam de uma apresentação sinfônica até outras de jazz, soul, blues, reggae e pop), ou apenas andar de bar em bar. 🕒 **1 dia. Para obter informações sobre Leipzig, incluindo recomendações de hotéis e restaurantes, ver pág. 180.**

De Leipzig, a rota mais rápida, mas não a mais curta, para Weimar, é por sudoeste e oeste na A38, A9 e a A4 (130 km/81 milhas). Ou pegue um caminho mais interessante para sudoeste na B87, por Weissenfels, Neumburg (pág. 149, 6) e Apolda (100 km/62 milhas).

3 ★★ **Weimar.** Não se engane pelo seu tamanho reduzido — Weimar é uma usina cultural, com muitos locais considerados Patrimônios da Humanidade pela Unesco dentro do seu território. Diferentemente de muitas cidades na antiga Alemanha Oriental, Weimar mantém muito do seu antigo sabor. Muitos dos seus monumentos históricos importantes foram poupados pelos bombardeios na Segunda Guerra Mundial. Os destaques incluem a **Lucas-Cranach-Haus** do século XVI, onde os Lucas Cranach, o Velho e o Novo, viveram; **Goethes Wohnhaus**, a mansão barroca de Johann Wolfgang von Goethe; **Liszt-Haus**, onde o compositor e pianista Franz Liszt morou, e o **Bauhaus Museum**. Uma viagem rápida por fora da cidade o leva ao **Gedenkstätte Buchenwald**, um memorial aos que sofreram e morreram no conhecido campo de concentração que existiu lá. 🕒 **Meio dia. Para obter mais informações sobre Weimar, ver pág. 188.**

Pegando o Trem

Para quem vai de trem, esse itinerário deve ser direto. Há um trem ICE (de alta velocidade) frequente entre Dresden e Leipzig (1 h 13 min), Leipzig e Weimar (50 minutos), e Weimar e Eisenach (44 minutos). As distâncias curtas significam que você não gastará todo o seu tempo limitado olhando por uma janela de trem. Ficar baseado em Leipzig, ponto mais central, e visitar os três outros lugares em viagens diárias pode fazer mais sentido do que ter de fazer as malas e ir a cada cidade.

De Weimar, vá direto a Eisenach na A4 (80 km/50 milhas) ou adicione um pouco de tempo extra (15 a 20 minutos) no final: deixe a A4 na saída 41B (Gotha-Boxberg) e pegue a L126 ao sul para Friedrichroda, B88 oeste e norte por Seebach até Wutha-Farnroda, e B7 para oeste até Eisenach (distância total de 90 km/56 milhas); isso permite a você experimentar pelo menos um pouco da bela Thüringer Wald (Floresta da Turíngia).

4 ★ **Eisenach.** A cidade histórica fica entre as curvas do norte do Thüringer Wald (Floresta da Turíngia, pág. 164, 5) e o arborizado Nationalpark Hainich (pág. 165, 6). É o local de nascimento de Johann Sebastian Bach (fãs devem ir ao museu **Bachhaus**), e perto da cidade fica **Wartburg**, um Patrimônio da Humanidade da Unesco e um dos mais belos castelos da Alemanha. ⏲ Meio dia. Para obter informações sobre Eisenach, incluindo recomendações de hotéis e restaurantes, ver pág. 178.

Em Eisenach, você está na A4, uma Autobahn (rodovia expressa) principal, de leste a oeste, que abre conexões pelo país.

> *O castelo Wartburg já foi chamado de "o mais alemão dos castelos alemães" pelo mais infame dos líderes da Alemanha.*

O Melhor de Dresden, Leipzig e Alemanha Oriental em 1 Semana

No formato de uma letra "V" virada de lado, esse itinerário começa em Eisenach e vai para leste até Weimar, passando por Gotha e Erful, e depois para o vértice do "V," em Dresden e Meissen, passando por Jena, Naumburg, Altenburg e Freiberg. De Dresden, a direção geralmente é noroeste, por Colditz, Wernigerode, Wittenberg e Dessau, antes de alcançar o final, no oeste, em Wernigerode, passando por Bernburg e Quedlinburg. Não é necessário parar em todos os pontos sugeridos — o número deles depende dos seus interesses, a sua rapidez ao dirigir e o quanto deseja ver pelo caminho.

> *As magníficas torres do castelo Albrechtsburg, acima das margens do rio Elba, em Meissen.*

PONTO DE PARTIDA **Eisenach fica 355 km (221 milhas) ao sudoeste de Berlim, na A9 e A4; 214km (133 milhas) ao sul de Hanôver na A7 e A4; 196 km (122 milhas) ao nordeste de Frankfurt, na A5 e A4; e 263 km (163 milhas) ao norte de Nuremberg na A73, A71 e A4. Um trem de alta velocidade de Berlim a Eisenach leva em torno de 3 horas, em torno de 2 horas de Frankfurt e em torno de 2 h 30 min de Hanôver.** **DURAÇÃO DA VIAGEM** **705 km (438 milhas).**

1 ★ **Eisenach.** Além de ser um local de interesse histórico pelas suas conexões com Martinho Lutero e Johann Sebastian Bach, Eisenach tem um castelo formidável. 🕒 **4 horas.** Para obter informações sobre Eisenach, ver pág. 178.

De Eisenach, pegue a B7 pela beira nordeste do Thüringer Wald (pág. 164, @@@NÚMERO 5) até Gotha (29 km/18 milhas).

2 Gotha. Vale a pena parar rapidamente nesta cidade (com população de 46 mil pessoas) para caminhar pela Altstadt (Cidade Antiga) em volta do Hauptmarkt, onde fica a **Rauthaus** (Prefeitura) datada de 1577 e de estilo renascentista. A principal atração da cidade é o ★ **Schloss Friedenstein** (☎ 0361/823-411; www.stiftungfriedenstein.de; entrada 7€ para adultos, 3€ para a faixa etária de 6 a 16 anos; de maio a outubro, de terças a domingos, das 10 h às 17 h, de novembro a abril, de terças a domingos, das 10 h às 16 h), um compacto castelo barroco de 1655. ⏲ 2 horas. Informações turísticas: Hauptmarkt 33. ☎ 03621/508-5712. www.kultourstadt.de.

Siga para leste na B7 até Erfur (26 km/16 milhas).

Pegando o Trem

Novamente, você pode percorrer a maior parte deste itinerário de trem. A única exceção é Colditz (11); pule essa parada e vá de Meissen a Leipzig.

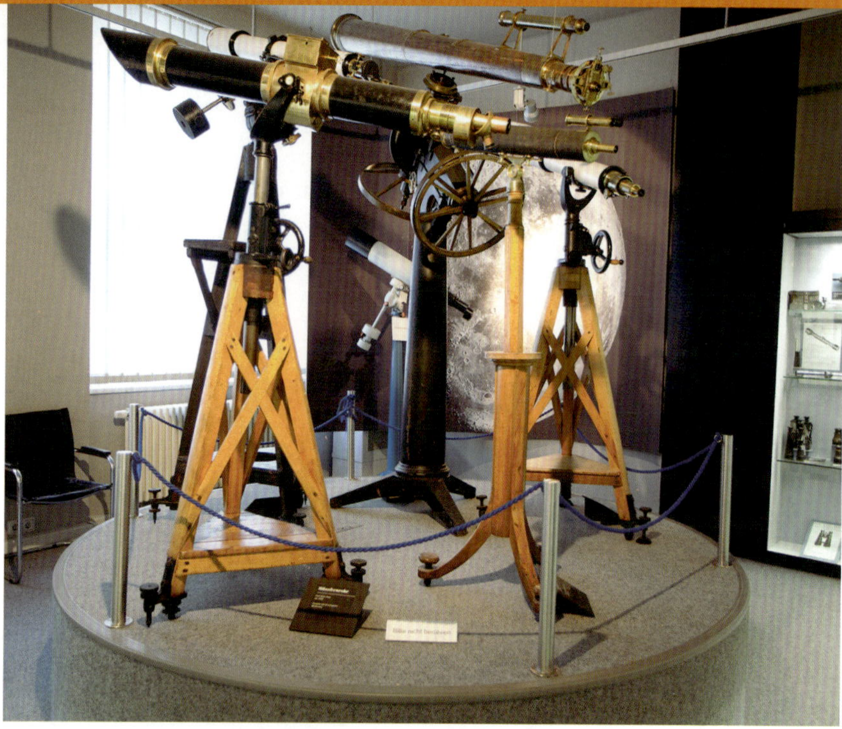

> *Há muitas coisas que encantarão seus olhos no renomado Optisches Museum, em Jena.*

3 Erfurt. Assim como Gotha, Erfurt (de população de 205 mil pessoas) vale um desvio no caminho, mesmo sabendo que, devido ao fato de a capital do estado da Turíngia ser uma cidade de tamanho respeitável, você irá querer se assegurar de não gastar tempo demais entrando e saindo das atrações. Vá para o Centro para ver a herança medieval. A **Alte Synagoge** (Antiga Sinagoga, de 1094), An der StadMünze (☎ 0361/655-1608; www.alte-synagoge.erfurt.de), é a mais antiga sinagoga sobrevivente da Alemanha. Próxima, a ★★ **Krämbrücke** (1486) é uma construção única, uma ponte sobre o rio Gera, cheia de casas e lojas com armações de madeira. Em Domplatz ficam duas belas igrejas, a **Erfurter Dom** (Catedral de Erfurt), onde Martinho Lutero foi ordenado em 1507, e a **St. Severikirche** (Igreja de São Severo). 🕒 2 horas. Informações turísticas: Benediktsplatz 1. ☎ 0361/66400. www.erfurt-tourismus.de.

Continue para leste na B7 até Weimar (24 km/15 milhas). Procure chegar de tarde ou de noite, com tempo suficiente para caminhar pela cidade.

4 ★★ **Weimar.** Passe a noite aqui. **Para obter informações sobre Weimar, incluindo recomendações de hotéis e restaurantes, ver pág. 188.**

No segundo dia, pegue a B7, para leste, de Weimar até Jena (23 km/14 milhas). Se você preferir passar em Jena, troque de caminho na Umpferstedt, da B7 leste para a B87 norte, até Naumburg (48 km/30 milhas).

5 crianças **Jena.** O único bom motivo para visitar Jena (e sua população de 105 mil pessoas), a cidade-sede da Carl Zeiss Jena, empresa de produtos óticos, é algo que deve chamar a atenção das crianças. O ★ **Zeiss Planetarium**, Am Planetarium 5 (☎ 03641/885-488; www.sternevent.com; entrada de 8€ a 11€ para adultos, 6,50€ a 9€ para a faixa etária de 6 a 16 anos; de terças a sextas, das 10 h às 16 h 30 min, sábados das 11 h às 17 h), data de 1926 e é o planetário mais antigo do mundo em funcionamento. Atravessando a cidade fica o **Optisches Museum** (Museu Ótico), Carl-Zeiss Platz 12 (☎ 03641/443-165; www.optischesmuseum.de; entrada 5€ por adulto, 4€ para a faixa etária de 6 a 18 anos; de terça a

> *Altenburg, um antigo palácio imperial de mil anos, é uma magnífica referência para a Altstadt de Erfurt.*

sexta, das 10 h às 16 h 30 min; sábados das 11 h às 16 h 30 min), que conta a história da cidade de produzir sistemas e produtos óticos. ⌚ 90 **minutos. Informações turísticas: Markt 16. ☎ 03641;498-050. www.jena.de.**

De Jena, siga a B88 para o norte até Naumburg (33 km/21 milhas).

6 ★ **Naumburg.** Esta cidade (com 29 mil pessoas de população), às margens do rio Saale, fica no coração do distrito vinícola de Saale-Unstrut, aquele localizado mais ao norte da Europa. Ainda assim, vinhedos em colinas em torno da cidade não são a única atração. Naumburg tem uma bela ★ **Altstadt** (Cidade Antiga), com prédios públicos, igrejas e casas que datam da Idade Média até o Renascimento, o que faz uma caminhada valer a pena. Mas sua principal atração é a ★ **Naumburger Dom** (Catedral de Naumburger), que mistura estilos românico e gótico, Domplatz (☎ 03445/23010), dedicada a São Pedro e São Paulo. ⌚ 90 **minutos. Informações turísticas: Markt 12. ☎ 03445/273-125. www.naumburg-tourismus.de.**

De Naumburg, pegue a B180 para sudeste, até Altenburg (54 km/34 milhas).

7 ★ **Altenburg.** Assim como Naumburg, Altenburg (com população de 36 mil pessoas) é uma das pequenas e despretensiosas joias da região — ou tão despretensiosa quanto uma antiga *Residenzstadt* imperial de mil anos pode ser. Acrescente à maravilhosamente preservada **Altstadt** (Cidade Antiga) um magnífico palácio barroco, o ★ **Schloss Altenburg** (☎ 03447/512-712; entrada 3,50€ por adulto, 2,50€ para a faixa etária de 6 a 18 anos; de terças a domingos, das 10 h às 17 h), no topo de uma colina rochosa que permite uma visão panorâmica da cidade. Cartas de jogos de mesa são produzidas em Altenburg e, seguido a tradição, o castelo possui, entre outras atrações, um museu com diversos tipos de baralhos. ⌚ 90 **minutos. Informações turísticas: Moritzstrasse 21. ☎ 03447/512-800. www.altenburg-tourismus.de.**

De Altenburg, pegue a B95 e a A72 para sudeste até a A4, A4 nordeste até a saída para Frankenberg e a S203 leste por Frankenstein — você talvez queira parar um momento para tirar uma foto na placa do nome da cidade — até Frieberg (86 km/53 milhas).

8 ★ **Freiberg.** Assim como muitas cidades da Saxônia que passaram intocadas pela Segunda Guerra Mundial, Freiberg (com população de 42 mil pessoas) é uma mistura excepcionalmente bela de prédios históricos com séculos de estilos arquitetônicos. Durante mil anos, a riqueza de Freiburg foi criada pelas minas de prata da cidade, que os governantes da Saxônia escavaram para financiar seus palácios de Dresden e seu estilo indulgente de vida. Você pode ir ao subterrâneo em um passeio guiado em uma mina imperial, a **Reiche Zeche** (☎ 03731/394-5781; www.besucherbergwerk-freiberg.de; passeios guiados de 7,50€ a 12,50€ por adulto, 5€ a 10€ para a faixa etária de 6 a 18 anos, diariamente das 11 h às 15 h). ⌚ **90 minutos. Informações turísticas: Burgstrasse 1. ☎ 03731/419-5190. www.freiberg-service.de.**

De Freiberg, pegue a B173 para nordeste até Dresden (38 km/24 milhas). Passe a noite na cidade — a primeira das três que você passará lá.

> *Uma visita ao Schloss Pillnitz (na foto) e as outras três residências reais do local são uma excelente pedida para um dia de excursão em Dresden.*

9 ★★★ **Dresden e arredores.** Uma coisa boa ao passear por dois dias na maravilhosa capital da Saxônia é que, caso você tenha feito e visto tudo o que queria em Dresden no primeiro dia, tem todo o segundo para passeios fora do centro da cidade e pequenas viagens. Para saber mais sobre a localidade, incluindo recomendações de hotéis e restaurantes, vá à pág. 166. Algumas sugestões de passeios saindo de Dresden vêm a seguir.

O **vale do Elba**, que fica dentro e em torno de Dresden, é famoso pelos seus belos palácios e casas de campo — um bom exemplo desses últimos fica no subúrbio de **Loschwitz**, entre vinhedos, na margem leste do rio, e vale a pena ser visitado. Um teleférico chamado **Standseukbahn** conecta Loschwitz à área residencial de Weisser Hirsch, ao lado da colina, e de lá o monotrilho suspenso leva passageiros de Loschwitz a Oberloschwitz, ao ponto de observação de Loschwitzhöhe. A recompensa ao final do passeio é uma ótima vista do vale do Elba, considerado Patrimônio da Humanidade pela Unesco até 2009, quando perdeu o status devido à disputa pela construção de uma ponte de autoestrada. Os horários de operação e outros detalhes estão disponíveis na autoridade de transporte público da cidade, a DVB (☎ 0351/857-1011; www.dvb.de). Loschwitz fica a 8 km (5 milhas) de carro saindo do centro da cidade, cruzando o Elba na Loschwitz Brücke — uma ponte de 1893 com estrutura pendente apelidada de *Blaues Wunder* (Maravilha Azul).

Não satisfeitos em ter como única residência de verão o ★★ **Schloss Pillnitz** (Palácio Pillnitz), August-Böckstiegel-Strasse 2 (☎ 0351/4914-2000; www.skd-dresden.de; entrada 4€ por adulto, 2€ para a faixa etária de 6 a 18 anos; de abril a outubro, de terças a domingos das 10 h às 17 h), os governantes da Saxônia construíram outros três palácios separados — **Bergpalais** (Palácio da Colina), **Wasserpalais** (Palácio da Água) e **Neues Palais** (Palácio Novo) — no mesmo local, todos em volta do jardim ornamental (entrada gratuita diariamente, das 5 h ao pôr do sol). A margem do rio subindo a partir de Dresden, na margem leste do Elba, pode ser alcançada de carro saindo do centro da cidade (14 km/9 milhas). Ou pegue o bonde número 2, de Postplatz, até a parada de Kleinzschachwitz Freystrasse, depois cruze o Elba na balsa de carros entre Kleinzschachwitz e Schloss Pillnitz, uma caminhada de 2 km (1,25 milha). De março a outubro, Pillnitz abriga um posto avançado do ★ **Kunstgewerbemuseum** (Museu de Arte Decorativa) de Dresden.

Uma distância semelhante de carro (15 km/9 milhas) do centro de Dresden, mas desta vez para o norte e no interior a partir do rio, fica o ★★

> *O Staaliche Porzellan-Manufaktur Meissen produz e vende a renomada porcelana da região.*

Schloss Moritzburg (Palácio Moritzburg), do século XVIII (☎ 035207/8730; www.schloss-moritzburg.de; entrada 6,50€ para adultos, 3,50€ para a faixa etária de 6 a 18 anos, de abril a outubro, diariamente das 10 h às 17 h 30 min, 1 a 10 de novembro e em janeiro, de terças a domingos das 10 h às 16 h, fevereiro e março, sábados e domingos das 10 h às 16 h). Assim como o Schloss Pillnitz, é uma ilustração gráfica do tipo de riqueza que os governantes da Saxônia como August II der Starke (Augusto II, o Forte) podiam utilizar para manter seu estilo. Ao lado de uma grande lagoa, no limite da floresta de Friedewald, fica o Schlossteich, um enorme palácio barroco e alojamento de caça que representa uma melhoria remodelada de uma versão anterior que, evidentemente, não era boa o suficiente.

Quem gosta de jardins e tiver tempo suficiente não vai querer perder o magnífico ★ **Barockgarten Grossedlitz,** do século XVIII (☎ 03529/56390; www.barockgarten-grossedlitz.de; entrada 4€ por adulto, 2€ para a faixa etária de 6 a 18 anos; de abril a agosto, diariamente das 8 h às 20 h, de setembro a março, diariamente das 8 h até o pôr do sol). O jardim barroco fica a 19 km (12 milhas) a sudeste do centro de Dresden na B172, na estrada para **Pirna** (pág. 157, 2).

🕒 2 dias; 1 para a cidade e 1 para passeios próximos à cidade.

No quinto dia, pegue a B6, na margem do rio, para noroeste, saindo de Dresden até Meissen, uma distância de 24 km (15 milhas).

10 ★★ **Meissen.** Um exemplo no mundo pela sua porcelana primorosa, Meissen (população de 28 mil pessoas) valeria uma visita apenas por esse aspecto. Mas a cidade, que se espalha sobre o Elba, com a Altstadt (Cidade Antiga) à margem esquerda, tem muito mais a oferecer. Como é comum em localidades alemãs, o melhor lugar para iniciar é o **Markt** central, em torno do qual estão a **Rauthaus** (Prefeitura) datada de 1486 e de estilo gótico, e a **Frauenkirche** (Igreja de Nossa Senhora), no mesmo estilo e do mesmo período; a igreja tem um carrilhão com sinos de porcelana — local, é claro. Ao norte do Markt, a colina de Burgberg surge sobre o rio, coroada pelo ★★ **Albrechtsburg** (☎ 03521/47070; www.albrechtsburg-meissen.de; entrada 3€ por adulto, 1,50€ para a faixa etária de 6 a 18 anos; de março a outubro, diariamente das 10 h às 18 h), do século XV a XVI, um castelo residencial de espirais e pequenas torres, e a vizinha ★ **Dom** (catedral), dos séculos XIII a XV, que possui raras porcelanas de Meissen. No limite sul da cidade fica o motivo pelo qual tantas pessoas visitam Meissen — a combinação de fábrica, museu e loja de ★ **Staatliche Porzellan-Manufaktur Meissen**, Talstrasse

> *O Bauhaus College de Dessau é famoso por lançar uma abordagem revolucionária de desenho.*

9 (☎ 03521/4680; www.meissen.com; entrada 8,50€ por adulto, 4,50€ para a faixa etária de 6 a 18 anos; de maio a outubro, diariamente das 9 h às 18 h, de novembro a abril, diariamente das 9 h às 18 h). Em um tour, é possível ver como ocorre o processo que existe há séculos para produzir porcelana de Meissen, visitar um museu com 3 mil peças e chegar inevitavelmente à loja, onde os preços não são tão melhores que em qualquer outro lugar na Alemanha. 🕒 **3 horas. Informações turísticas: Markt 3. ☎ 03521/41940. www.stadt-meissen.de.**

De Meissen, dirija para o sul na B101 até a A14, e depois para o noroeste na A14 até Leipzig (100 km/62 milhas). Se você estiver interessado e achar que há tempo, faça um breve desvio da A14 até Colditz (68 km/42 milhas de Meissen; 19 km/12 milhas da A14).

11 Colditz. A pequena cidade, de 5 mil habitantes, tem uma localização favorecida pelo rio Mulde, além das razoavelmente bonitas prefeitura antiga, praça do mercado e igreja sempre presentes nesta parte da Alemanha. Além disso, há o ★ **Schloss Colditz** (Castelo Colditz) do século XVI, Schlossgasse 1 (☎ 034381/55151; www.schloesse-und-burgen-im-muldental.de; entrada 6€ por adulto, 4€ para a faixa etária de 6 a 18 anos; de abril a outubro, diariamente das 10 h às 17 h, novembro a março, diariamente das 10 h às 16 h, uma imponente construção de pedras caiadas e telhados vermelhos em um pico montanhoso. Durante a Segunda Guerra Mundial, este foi o infame Oflag IV da Alemanha nazista, um campo de prisioneiros de guerra para oficiais aliados cujo principal passatempo era escapar. 🕒 **90 minutos. Informações turísticas: Tourismusverein Colditz Mulderland, Markt 1. ☎ 034381/43519. www.fremdenverkehrsamt-colditz.de.**

Se você pegou o desvio até Colditz, vá para oeste e norte de lá na B176, B95 e B2 até Leipzig (48 km/44 milhas). De qualquer forma, passe a noite em Leipzig.

12 ★★ Leipzig. 🕒 Meio dia. Para obter informações sobre Leipzig, incluindo recomendações de hotéis e restaurantes, ver pág. 180.

No sexto dia, saia de Leipzig pela B2 rumo ao norte até Wittemberg (71km/44 milhas), passando no caminho por um parque natural arborizado, o Naturpark Dübener Heide.

13 ★★ Wittenberg. Esta é a cidade onde Martinho Lutero começou a Reforma Protestante, em 1517. 🕒 **4 horas. Ver pág. 158, 5.**

De Wittenberg, vá para oeste nas estradas do interior L131 e K2042 até Wörlitz (pág. 159, 6) e depois para oeste na L133, por Vockerode, até Dessau (40 km/25 milhas).

> *Um trem antigo tornará a viagem até as montanhas Harz tão agradável quanto o vilarejo de Wernigerode, seu charmoso destino.*

⑭ ★ **Dessau.** Localizada no ponto onde o rio Mulde deságua no Elba, Dessau é um local que possui muitos Patrimônios da Humanidade da Unesco, alguns castelos com séculos de idade nos jardins, uma reserva ecológica no meio do Elba e uma constelação de obras-primas arquitetônicas da escola Bauhaus do século XX. 🕒 4 horas. Ver pág. 159, ⑦.

Vá para oeste na B185 até Bernburg (42 km/26 milhas).

⑮ **Bernburg.** Assim como Eisenach (pág. 178) e Quedlinburg (pág. 186), Bernburg (com população de 30 mil pessoas) é coroada por um magnífico castelo que parece grande demais para ela. O ★★ **Schloss Bernburg**, Schlossstrasse 24 (☎ 03471/625-007; www.museumschlossbernburg.de; entrada 4€ por adulto, 3€ para a faixa etária de 6 a 14 anos; de abril a outubro, de terças a domingos das 10 h às 17 h; de novembro a março, sábados e domingos e terças a quintas das 10 h às 16 h, sextas das 10 h às 13 h).Com uma bela vista do rio Saale, tem muitas partes, que datam dos séculos XII ao XVI. 🕒 2 horas. Informações turísticas: Schlossgartenstrasse 16. ☎ 03471/6590. www.bernburg.de.

De Bernburg, vá para oeste na B185 e B6 até Quedlinburg (46 km/29 milhas), onde você passará a noite.

⑯ **Quedlinburg.** 🕒 4 horas. Para obter informações sobre Quedlinburg, incluindo recomendações de hotéis e restaurantes, ver pág. 186.

Continue para oeste na B6, até Wernigerode (31 km/19 milhas).

⑰ **Wernigerode.** Uma charmosa cidade de montanha (de população de 35 mil pessoas) cheia de casas com detalhes de madeira, Wernigerode é o portão leste para as montanhas Harz (pág. **527**). Sua ★ **Rathaus** (Prefeitura, 1498) central, em estilo gótico, é certamente uma das mais fantásticas de toda a Alemanha, com suas torres de chapéu de bruxa — uma imagem apropriada para as Harz, onde dizem que bruxas circulam (veja "A Hora das Bruxas, na pág. 526). As crianças talvez gostem de dar uma volta nos trens estreitos da **Harzer Schmalspurbahn** (☎ 03943/5580); www.hsb-wr.de), saindo de Wernigerode para o pico de Brocken (pág. 527, ③), a montanha mais alta do norte alemão. 🕒 2 horas. Informações turísticas: Markplatz 10. ☎ 03943/553-7835. www.wernigerode.de.

Em Wernigerode, você está perto da A6, que permite acesso rápido à rede de Autobahns (estradas expressas) da Alemanha. Se precisar de mais uma noite em um hotel, Wernigerode é um bom local para isso (ver pág. 527).

PORCELANA DE MEISSEN

Porcelana de Primeira Qualidade

POR GEORGE MCDONALD

EM 2010, MEISSEN COMEMOROU SEUS 300 ANOS como referência da fabricação de porcelana de qualidade. Desde 1710, a cidade às margens do rio Elba é o local de origem da porcelana Meissen, e você pode visitar a fábrica onde ela é produzida. Os primeiros produtores desse "ouro branco" foram virtualmente mantidos prisioneiros aqui porque os príncipes que governavam tanto Dresden quanto Meissen guardavam com cuidado o segredo da produção.

A localidade começou a tradição quando o governante saxão Augusto, o Forte incumbiu o alquimista Johann Friedrich Böttger a transformar metais básicos em ouro. Esse projeto não deu em nada, obviamente, mas com a ajuda do cientista Ehrenfried Walther von Tschurnhaus, Böttger produziu porcelana no estilo chinês com sucesso. Isso foi suficiente para manter Augusto feliz, já que a porcelana cara já tinha deslumbrado a Europa há muito tempo e, até Böttger e von Tschirnhaus, nenhum dos melhores artesãos europeus havia conseguido recriá-la.

FORMA E CONTEÚDO

Entre os produtos que surgiram nas oficinas de Meissen estão aparelhos de jantar e outras peças de mesa, figuras humanas e de animais, relógios, candelabros, caixinhas de rapé e motivos e cenas clássicas chinesas e japonesas. Trabalhos em Art Nouveau e Art Déco foram produzidos entre o final do século XIX e o início do XX. Algumas das peças antigas mais requintadas exibem lendas e mitos clássicos gregos e romanos.

ARTE E TÉCNICA

Apesar da natureza frágil, a porcelana de Meissen é tecnicamente "dura" ou de "pasta dura", feita de caulim de argila feldspato (sem minério), também conhecido como argila de porcelana, que é minerada em uma pedreira em Mehren, 5 km (3 milhas) a oeste de Meissen. Os ingredientes são misturados em uma receita patenteada e aquecidos a 1.200 graus centígrados (2.192 Fahrenheit) para produzir a famosa porcelana branca e brilhante.

PORCELANA VERMELHA

A produção de Meissen foi uma das poucas indústrias lucrativas da Alemanha Oriental comunista, o que tornou a Staatliche Porzellan-Manufaktur Meissen de grande importância para a economia do país. Naquela época, a fábrica pertencia "ao povo", embora poucas pessoas da Alemanha Oriental fora da elite do partido pudessem adquirir tal luxo. Os compradores do oeste capitalista levavam as peças, fazendo com que a demanda ultrapassasse a oferta. A propriedade da fábrica foi revertida para o estado da Saxônia após a reunificação da Alemanha, em 1990.

REAL OU FALSA?

Para estar razoavelmente seguro de estar olhando uma peça real de porcelana de Meissen (embora não seja uma garantia absoluta), procure na parte de baixo por um logotipo distinto azul cobalto com espadas cruzadas do brasão de armas de Augusto, o Forte, e um carimbo oficial concedido em 1724.

UMA FESTA DE PORCELANA

Além de ver a porcelana de Meissen no museu da oficina — e na loja da fábrica, é claro — você pode conhecer a maior coleção do mundo no Palácio Zwinger, que fica próximo, em Dresden (pág. 166, 1). Lá estão 8 mil peças — há até um carrilhão, de tamanho real, dos sinos de porcelana de Meissen na torre do portão do palácio.

MERCADO EM ALTA

A delicada e antiga porcelana de Meissen é considerada um investimento sólido, um fato que dá um novo significado ao antigo provérbio sobre um touro em uma loja de porcelanas.

Séculos de Tradição

A nova porcelana feita em casa era criada no castelo medieval de Albrechtsburg, em Meissen, até 1865, quando a produção foi trocada para o local atual, visualizando a cidade. A maioria dos padrões de utensílios de mesa vendidos hoje, como o Cisne e a Cebola Azul com cobalto, são produzidos desde 1700 na Staatliche Porzellan-Manufaktur Meissen (Fábrica de Porcelana Estatal de Meissen). A porcelana de Meissen está à venda em lojas especializadas e por pedido via correio, mas é muito mais interessante ir à oficina na cidade para ver como ela é feita. Pouca coisa mudou com o passar dos séculos, e toda a pintura ornamental, decoração e outros efeitos ainda são feitos à mão. Isto torna a porcelana de Meissen cara, mas cada peça é um produto único, feito por artesãos. A delicadeza da escovada, a riqueza de cor e o reflexo do esmalte tornam os itens produzidos pela empresa muito valorizados.

O Rio Elba de Dresden a Magdeburg

Começando na gloriosa Dresden, você sai rapidamente para o sudeste até Pirna, antes de voltar e ir até o noroeste, seguindo o rastro do Elba rio abaixo, até Meissen, a terra da porcelana fina, Torgau, onde as tropas americanas e soviéticas se encontraram em 1945, e depois seguindo até Wittenberg, a cidade da Reforma de Martinho Lutero, a cidade jardim de Wörlitz e a cidade Bauhaus de Dessau, nos arredores. O passeio termina em Magdeburg, uma cidade que teve muitos contratempos, mas conseguiu se reerguer e seguiu em frente.

> *O horizonte de Dresden é melhor visto das margens do rio Elba.*

PONTO DE PARTIDA Dresden fica 195 km (121 milhas) ao sul de Berlim, na A113 e A13; e 465km (289 milhas) a leste de Frankfurt na A5 e A4. Um trem direto de alta velocidade de Berlim leva mais de 2 horas; de Munique, em torno de 6 horas. **DURAÇÃO DA VIAGEM** 311 km (193 milhas) e 4 dias.

1 ★★★ **Dresden.** 1 dia. Para obter informações sobre Dresden, incluindo recomendações de hotéis e restaurantes, ver pág. 166.

No segundo dia, dirija para leste e sul a partir de Dresden pela margem direita (norte) do

rio Elba, na Bautzner Strasse (B6). Depois do subúrbio de Radeberger Vorstadt, mude para a S167 ao sul, passando pelas casas de campo aristocráticas de Loschwitz, antes de cruzar a ponte do Elba na Hauptstrasse (S164) até Pirna (25 km/16 milhas).

2 ★ **Pirna.** Embora seja chamada de "portão para Sächsische Schweiz" (Suíça Saxônica, pág. 163, 3), Pirna (com população de 40 mil pessoas), no rio Elba, é um destino que vale a pena conhecer. Ela foi bastante poupada da chuva de bombas que destruiu Dresden na Segunda Guerra Mundial, e ainda tem muitos prédios originais do século XVI e antes disso. Os melhores estão reunidos em torno do Markt, especialmente a **Rathaus** (Prefeitura, de 1556), e a **St.Marienkirche** (Igreja de Santa Maria, 1546), de estilo gótico. O artista italiano Canaletto, um admirador da beleza cívica, pintou 11 telas da cidade entre 1753 e 1755. Uma parte mais sombria da história de Pirna é lembrada em um memorial no **Schloss Sonnenstein**, um castelo de 1460 localizado em uma colina acima da cidade, no qual os nazistas mataram com gás

Pegando o Trem

Você pode chegar a todas as cidades mostradas nesse roteiro, de trem, com exceção de Wörlitz.

> *O distrito da Altstadt de Meissen, com sua arquitetura alemã clássica, atrai muitos turistas.*

15 mil pessoas com algum tipo de deficiência. ⏲ 2 horas. Informações turísticas: Am Markt 7 (Canaletto House). ☎ 03501/556-447. www.pirna.de.

De Pirna, contorne Dresden na A17 e A4 antes de trocar para a B6, ao lado do rio, para ir a noroeste até Meissen (54 km/34 milhas).

❸ ★★★ **Meissen.** ⏲ 4 horas. Ver pág. 151, ❿.

De Meissen, fique na estrada menor da margem do rio para o norte, por Hirchstein e Leutewitz, até Riesa, onde você pega a B182 norte até Torgau (66 km/41 milhas).

❹ ★ **Torgau.** Esta antiga e bem preservada cidade (com população de 20 mil pessoas) entrou para a história em abril de 1945, quando tropas dos exércitos americano e soviético se encontraram na cidade (veja "Conexão Americano–Soviética na Guerra"). Ela era conhecida em séculos anteriores como o local do Landgraf (conde) da Turíngia. O palácio do Renascimento do conde, o grandioso ★★ **Schloss Hartenfels**, Schollstrasse 27 (☎ 03421/70140; Schloss Museum; entrada 2€ para adultos e 1€ para a faixa etária de 6 a 18 anos; de abril a outubro, diariamente das 10 h às 18 h, de novembro a março, sábados e domingos das 11 h às 16 h; Torre: entrada 1€, de abril a outubro diariamente das 10 h às 18 h, de novembro a março, diariamente das 10 h às 16 h), domina o encontro da cidade com o Elba. O reformador protestante Martinho Lutero foi consagrado na Schlosskapelle (capela) local em 1544. A viúva de Lutero, Katharina von Bora, morreu em Torgau em 1552. Visite sua tumba na **Marienkirche** (Igreja de Santa Maria), além de um pequeno museu sobre sua vida e época no quarto onde ela faleceu, o **Katharina-Luther-Stube**, Katharinenstrasse 11 (☎ 03421/908-043; entrada 1€, diariamente das 10 h às 16 h). ⏲ 2 horas. Informações turísticas: Markt 1. ☎ 03421/70140. www.tic-torgau.de.

Continue para o norte na B182, que é substituída pela B2 quando a estrada passa pelo Elba até Wittenberg (50 km/31 milhas). Passe a sua segunda noite em Wittenberg.

❺ ★★ **Wittenberg.** Assim como as cidades da antiga Liga Hanseática (veja o box na pág. 578) se orgulham do seu prefixo honorário *Hansestadt*, a cidade de Wittenberg (de população de 48 mil pessoas) também faz o mesmo com a sua *Lutherstadt*. Foi lá que o grande reformista protestante e ex-monge augustiniano Martinho Lutero (1483–1546) sacudiu as fundações do papado, da Igreja Católica e do Império dos Habsburgos. Em 31 de outubro de 1517, ele pregou suas 95 teses contestando certas práticas da Igreja na porta da **Schollkirche** (Igreja do Castelo). Uma estátua de Lutero fica no Markt na frente da **Rauthaus** (Prefeitura), datada de 1440 e em estilo gótico, e sua tumba na Schlosskirhe, reconstruída em 1760 após um incêndio. 🕒 **3 horas. Informações turísticas: Schlossplatz 2. ☎ 03491/498-610. www.wittenberg.de.**

Cruze novamente o Elba na B2 até Kienberge e troque para a estrada L131 para oeste até Riesigk, e depois para a K2042 para o resto do trecho até Wörlitz (24km/15 milhas).

6 ★ **Wörlitz.** Se você gosta de jardins, certamente apreciará a pequena Wörlitz (com população de 1.600 pessoas). A Unesco a apreciou o suficiente para premiar seus jardins com o status de Patrimônio Cultural. O maior é o ★★★ **Wörlitzer Park**, uma extravagância naturalista (até certo ponto) inglesa que começou em 1764 com o príncipe Leopoldo III e se expandiu até 1813, com seus sucessores. Ele foi construído em torno de uma série de lagos e ilhotas e tem um palácio neoclássico, o **Schloss Wörlitz**, de 1773, como seu ponto de foco. Além disso, há pavilhões, templos e grutas de inspiração grega, romana e gótica, e até uma sinagoga (modelada no Templo de Vesta romano) e um vulcão artificial. Você precisará de duas horas para fazer jus ao parque. Ele fica aberto 24 por dia, sete dias por semana e a entrada é gratuita, mas há uma cobrança para ingressar em alguns pavilhões e para o aluguel de botes. 🕒 **2 horas. Informações turísticas: Förstergasse 26. ☎ 034905/20216. www.woerlitz-information.de.**

Passe a noite em Wörlitz e depois, no quarto dia, vá a oeste na L133, por Vockerode, até Dassau (16 km/10 milhas).

7 ★★ **Dessau.** Em uma região onde palácios com detalhes do Renascimento e jardins em estilo barroco são, embora não exatamente abundantes, também não raros, Dessau (com população de 80 mil pessoas) tem algo completamente diferente — uma conexão Bauhaus. O destaque desse estilo não ornamentado "forma e funcionalidade" em arquitetura e desenho é o ★ **Bauhausgebäude** (Prédio Bauhaus, 1926), Gropiusallee 38 (☎ 0340/650-8251); www.bauhaus-dessau.de; diariamente, das 10 h às 18 h), uma faculdade de desenho criada de acordo com os planos de Walter Gropius. Entre os outros prédios Bauhaus emblemáticos na cidade estão as residências

> *A elegância do Velho Mundo ainda é evidente no Markt de Pirna, que foi milagrosamente poupado da devastação da Segunda Guerra Mundial.*

Conexão Americano–Soviética na Guerra

Em 25 de abril de 1945, patrulhas da 69a. Divisão de Infantaria dos Estados Unidos marchavam para o leste no Elba. Ao mesmo tempo, patrulhas da 58a. Divisão de Guardas do Exército Vermelho rumavam a oeste no mesmo rio. Os exércitos de Adolf Hitler estavam se desintegrando, mas nas estradas havia muitos prisioneiros de guerra libertados e trabalhadores escravos, refugiados civis e outras pessoas desalojadas, o que gerava eventuais brigas com nazistas persistentes. Para surpresa de todos, uma série de bons encontros ocorreram em torno de uma Torgau destruída pela guerra naquele dia, quando tropas americanas e soviéticas apertaram as mãos, superaram a barreira da linguagem, dançaram e cantaram, comemorando a aproximação dos seus dois exércitos — e a derrota, que em breve seria oficial, da Alemanha nazista.

> *A magnífica Magdenburger Dom abriga a tumba do Imperador do Sacro Império Romano Otto, o Grande.*

separadas **Meisterhaus Kandinsky-Klee**, Ebertallee 69–71 (☎ 0340/661-0934; www.meisterhaeuser.de) e **Meisterhaus Feininger/ Kurt-Weill-Zentrum**, Eberallee 63 (☎ 0340/619-595; www.kurt-weill.de); ambas as casas ficam abertas de terça a domingo das 10 h às 17 h (até 18 h no verão). Um ingresso para todas as três atrações custa 15€. 🕒 4 horas. Informações turísticas: Zerbster Strasse 2C. ☎ 0340/204-1442. www.dessau.de.

De Dessau, pegue a L63 para oeste, passando por Aken e Brumby, até a junção com a A14 ao norte, e fique nessa rodovia expressa até a grande e movimentada Magdeburg (76 km/47 milhas).

8 ★ **Magdeburg.** Grande cidade do meio do Elba, Magdeburg e sua população de 230 mil pessoas têm tido seus altos e baixos em uma história de 1.200 anos (veja "O saque de Magdeburg"). Foi uma importante cidade medieval pesadamente bombardeada na Segunda Guerra Mundial, sendo depois "desenvolvida" como um centro industrial da Alemanha Oriental comunista do pós-guerra. A maioria dos seus monumentos sobreviventes ou reconstruídos são igrejas medievais, "apoiadas" por um aspecto de arquitetura neoclássica socialista da época de Stalin. E ainda assim Magdeburg, que desde a unificação da Alemanha é a capital do estado de Sachsen-Anhalt, está melhorando, ficando mais atraente a cada ano e possuindo uma significativa energia urbana. Na grande ★ **Magdeburger Dom** (catedral) gótica, Am Dom 1 (☎ 0391/541-0436; www.magdeburgerdom.de), construída durante três séculos desde 1209, sobre uma igreja mais antiga, datando de 937, está a tumba do imperador Otto I, "o Grande" (912–973) do Sacro Império Romano, junto com uma quantidade de arte religiosa medieval. Nada poderia ser mais diferente do que a vizinha ★ **Grüne Zitadelle** (Fortaleza Verde), Breiter Weg 180 (☎ 0391/620-8653; www.gruene-zitadelle.de). Essa mistura de lojas, escritórios e apartamentos foi construída em 2005, nas linhas coloridas e brilhantes favorecidas pelo

O saque de Magdeburg

Em 1631, durante a Guerra dos Trinta Anos, um exército imperial católico atacou a fortificada cidade protestante- em meio a uma orgia de matança, estupros, saques e incêndios que custou as vidas de 25 mil dos 30 mil habitantes de Magdeburg -e deixou a cidade devastada. Ela nunca recuperou a sua antiga importância.

arquiteto austríaco heterodoxo Friedensreich Hundertwasser.

Leve as crianças pelo rio até o **Elbauenpark** na margem leste, Tessenowstrasse 5A (☎ 0391/593-4263; entrada 3€ por adulto, 2€ para a faixa etária de 6 a 18 anos; de março a abril, diariamente das 10 h às 18 h, de maio a setembro diariamente das 9 h às 18 h, de novembro a fevereiro diariamente das 10 h às 16 h), um parque temático com jardins, palcos, playgrounds e a ★ **Jahrtausendturm** (Torre do Milênio), que tem uma apresentação sobre os 6 mil anos da história da humanidade.

Se você tiver tempo extra em Magdeburg, pense em ir rapidamente ao Elba. Passeios de barco operados pela **Magdeburger Weisse Flotte** (☎ 0391/532-8891); www.weisseflottemagdeburg.de) saem de uma doca em Petriförder, na margem esquerda (oeste) do rio, ao norte do centro da cidade. Há várias opções disponíveis, variando de 1 a 4 h 30 min (e até uma opção que dura um dia inteiro). Os preços são de 7,50€ por adulto e 3,75€ para a faixa etária de 4 a 14 anos. 🕒 **Pelo menos 4 horas. ☎ 0391/19433. www.magdeburg-tourist.de.**

Magdeburg fica na principal rodovia expressa leste–oeste da Alemanha, a A2, uma estrada que abre conexões em todas as direções pelo país.

Onde Ficar e Jantar

★★ **Grüne Tanne** WITTENBERG
Localizado em uma área arborizada, este hotel solar de campo 7 km (4,33 milhas) ao norte de Wittenberg tem quartos mobiliados com bom gosto e um restaurante alemão tradicional, que abre um terraço no jardim durante o verão. **Am Teich 1. ☎ 03491/6290. www.gruenetanne.de. 40 quartos. Diárias para duas pessoas de 59€ a 79€, com café da manhã. AE, DC, MC, V.**

★★ **Hotel Residenz Joop** MAGDEBURG
Uma casa de campo de 1903, localizada em um distrito residencial silencioso ao sul da Altstadt (Cidade Antiga), foi transformada em um refinado hotel de administração familiar, que podes ser considerado um pouco cafona para alguns gostos. **Jean-Burger-Strasse 16. ☎ 0391/62620. www.residenzjoop.de. 25 quartos. Diárias para duas pessoas de 98€ a 142€, com café da manhã. AE, MC, V.**

★★ **Kornhaus** DESSAU *SAXÔNICA/CONTINENTAL*
Adapte-se ao gosto arquitetônico modernista de Dassau neste prédio em estilo Bauhaus de 1930, com janelas grandes e um terraço próximo ao Elba, enquanto aproveita os fartos pratos da culinária local. **Kornhaustrasse 146. ☎ 0340/640-4141. Entradas de 10€ a 16€. AE, MC, V. Almoço e jantar diariamente.**

★ **Landhaus Wörlitzer Hof** WÖRLITZ
Uma localização perfeita na extremidade do Parque Wörlitzer, complementada com quartos decorados para serem claros e contemporâneos (embora não luxuosos) e um restaurante que serve comida saxônica. **Markt 96. ☎ 034905/4110. www.vincenz-richter.de. 46 quartos. Diárias para duas pessoas de 97€ a 144€, com café da manhã. AE, MC, V.**

> *O aconchegante restaurante Vincenz Richter de Meissen data de 1523 e tem uma variedade incrível de vinhos locais.*

★ **Ratskeller.** TORGAU *ALEMÃ/SAXÔNICA*
Napoleão jantou neste restaurante com porão em 1810, e evidentemente, não foi ferido. Procure a comida saxônica e alemã antiga, muita carne (e um pouco de peixe) e carne de caça da temporada. **Markt 1. ☎ 0341/903477. Entradas de 9€ a 17€. Não aceita cartões de crédito. Almoço e jantar diariamente.**

★★ **Vincenz Richter** MEISSEN *ALEMÃ/SAXÔNICA* Localizado ao lado do Markt, esse restaurante em um prédio coberto de videiras de 1523 tem, além de um ambiente aconchegante, um cardápio repleto de especialidades locais e bons vinhos de sua vinícola, que fica localizada logo ao lado. **An der Frauenkirche 12. ☎ 03521/453-285. Entradas de 14€ a 22€. AE, DC, MC, V. Almoço e jantar de terças a domingos.**

O Melhor da Vida Campestre na Saxônia e na Turíngia

Algumas das partes mais bonitas e ricas ecologicamente desse passeio ficam geralmente ao sul de Dresden, entre as montanhas que se estendem pela fronteira da Alemanha com a República Tcheca. Ao final, um pouco de determinação para dirigir na Autobahn (rodovia expressa) o leva a algumas significativas regiões de floresta antes de terminar no lado leste das montanhas Harz (pág. 527). Damos informações sobre como chegar a cada um destes parques a partir da cidade importante mais próxima. Você pode usar essas cidades (ou um dos hotéis que recomendamos no final desta seção) para passar a noite se estiver nesse roteiro de parque a parque (o que levará em torno de uma semana), ou pode escolher os parques e torná-los viagens secundárias enquanto explora a região.

> *Os amedrontadores picos do Nationalpark Sächsische Schweiz, próximo a Dresden, são uma inspiração para amantes de trilhas e alpinistas mais ousados.*

PONTO DE PARTIDA **Dresden fica 195 km (121 milhas) ao sul de Berlim na A113 a A13; e 465km (289 milhas) a leste de Frankfurt na A5 e A4.**

1 ★★★ **Dresden.** 1 dia. Para obter informações sobre Dresden, incluindo recomendações de hotéis e restaurantes, ver pág. 166.

2 ★ crianças **Zittau.** A bela Zittau, com população de 30 mil pessoas, fica na Boêmia, bem na fronteira entre Alemanha, República Tcheca e Polônia. Se você der importância à cultura, adorará andar pelas suas belas ruas e ver uma agradável mistura de prédios barrocos, neorrenascentistas e neoclássicos. Fora da cidade, o arborizado ★ **Naturpark Zittauer Gebirge** (Parque Natural das Montanhas de Zittau; www.naturpark-zittauer-gebirge.de) forma a parte alemã das Lausitzer Gebirge (montanhas Lausitz), com picos de até 793 m (2.602 pés) de altura. Vá de carro, ou pegue um trem a vapor da ★ **Zittauer Schmalspurbahn** (☎ 03583/540-540; www.zoje.de) da cidade para as colinas em torno de Oybin e Jonsdorf, onde há um bom lugar para trilhas. 🕒 **1 dia. Informações turísticas: Markt 1, Zittau. ☎ 03583/752-174. www.naturpark-zittauer-gebirge.de. De Dresden, dirija para leste na B6, passando por Bischofswerda, Bautzen e Löbau, e então pegue a B178 para o sul até Zittau (100 km/62 milhas).**

3 ★ crianças **Bad Schandau.** Essa cidade é um resort, e a principal cidade turística da região. É um bom ponto para ir para o ★★★ **Nationalpark Sächsische Schweiz** (Parque Nacional da Suíça Saxônica), o setor alemão das Elbsandsteingebirge (Montanhas de Arenito do Elba), uma faixa baixa que engloba a fronteira da Alemanha com a República Tcheca e é dividida pelo rio Elba. No lado alemão, o "pico" mais alto é a montanha **Grosser Zschirnstein** (562 m/1.844 pés). Você pode escalar e andar por trilhas por toda a área. Descendo o rio, o ★★ **Bastei**, um penhasco espetacular, fica 190 m (623 pés) acima do Elba. Atravesse o rio em Bad Schandau para chegar à, ★★ **Königstein** (☎ 035021/64609; www.festung-koenigstein.de; entrada 6€ para adultos, 4€ para crianças e estudantes, diariamente, de abril a setembro das 9 h às 20 h, em outubro das 9 h às 18 h, de novembro a março, das 9 h às 17 h), uma fortaleza do século XVI. 🕒 **1 dia. Centro de visitantes: NationalparkZentrum, Dredner Strasse 2B. ☎ 035022/50240. www.nationalpark-saechsische-schweiz.de Entrada 4€ para adultos, 3€ para a faixa etária de 6 a 16 anos, 7,50€ para famílias. De abril a outubro, diariamente das 9 h às 18 h; de**

Pegando o Trem

Não é impossível fazer este itinerário de trem e ônibus, usando transporte público para as áreas naturais e depois percorrer alguma trilha, mas será muito mais fácil ir de carro.

> *As florestas e a inspiradora beleza do Naturpark Thüringer Wald são uma atração para amantes de trilhas e esportes de inverno.*

novembro a março, de terças a domingos das 9 h às 17 h. Trem: Bad Schandau, depois de ônibus para as montanhas. De Dresden, pegue a B170 e a A17 para o sul, depois a B172 leste até Bad Schandau (46 km/29 milhas).

4 crianças **Schlettau.** As Erzgebirge (Montanha Ore) da ★★ **Naturpark Erzgebirge/Vogtland** (www.naturpark-erzgebirge-vogtland.de; entrada 4,50€ para adultos, 1,50€ para a faixa etária de 6 a 16 anos; de terça a sexta, das 10 h às 17 h, sábados, das 14 h às17 h, domingos das 13 h às 17 h) são geralmente mais altas que a Elbsandsteingebirge — com 1.250m (3.986 pés), o pico mais alto do lado alemão, o **Fichtelberg**, é bastante respeitável. De Schlettau até Fichtelberg são 30 km (19 milhas) de carro. Belos enfeites de Natal de madeira feitos à mão do Erzgebirge são muito apreciados na Alemanha. Para saber o porquê, visite o ★ **Erzgebirgisches Spirlzeugmuseum** (Museu de Brinquedos das Montanhas Ore; ☎ 037362/8239; www.spielzeugmuseum-seiffen.de; entrada 3,50€ por adulto, 1,50€ para a faixa etária de 4 a 16 anos; diariamente das 10 h às 17 h) em Seifen. Schlettau tem um palácio do século XIV (reconstruído no séc. XIX), o ★★ **Schloss Schlettau** (☎ 03733/66019, www.schloss-schlettau.de; entrada 3,50€ por adulto, 1,50€ para a faixa etária de 6 a 18 anos; de terça a sexta, das 10 h às 17 h, sábados, das 14 h às 17 h, domingos, das 13 h às 17 h). 🕒 **Pelo menos meio dia. Centro de visitantes: Schloss Schlettau, Schlossplatz 8, Schlettau. ☎ 03733/622-106. www.naturpark-erzgebirge-vogtland.de e www.schloss-schlettau.de. De Dresden, pegue a A4, A72 e S258 para o sul até Schlettau (123 km/76 milhas).**

Um Desvio pelas Montanhas

Se você estiver visitando tanto Schandau quanto Schlettau e desejar fazer um passeio de carro por uma bonita montanha, passe a noite em Bad Schandau em vez de voltar para Dresden, depois siga as estradas de montanha pela fronteira da República Tcheca, por Breitnau, Altenberg, Rechenberg-Bienenmühle e Seiffen, e chegue até Schlettau, percorrendo uma distância total de 170 km (106 milhas); serão necessárias pelo menos quatro horas, mais outras quatro para paradas e observações.

5 ★ **Naturpark Thüringer Wald.** Ilmenau é o portão leste para o Naturpark Thüringer Wald (Parque Natural da Floresta da Turíngia). Daqui, você pode escolher trilhas que dão na floresta e passar um dia feliz caminhando com uma mochila por elas. Se preferir dirigir, muito desta maravilhosa área se abre para você. Uma rota circular no sentido horário de 100 km (62 milhas) é um bom passeio de um dia em Ilmenau e passa por muitas paisagens, vilarejos e pequenas cidades como Gabelbach, Frauenwald, Schleusingen, Suhl, Zella-Mehlis, Oberhof, Crawinkel, Gräfenroda e Eigersburg. 🕒 **1 dia. Centro de visitantes: Naturparkzentrum**

> *Para aproveitar ao máximo a visita ao Nationalpark Hainich, não deixe de passar algum tempo nas trilhas pela natureza.*

Thüringer Wald, Dorfstrasse 16, Friedrichshöle. ☎ 036704/70990. www.naturpark-thueringer-wald.de. De segundas a sextas, das 8 h às 17 h. De Weimar (pág. 188), pegue a A4 para oeste e a A71 para o sul, até Ilmenau (60 km/37 milhas).

6 ★★ crianças **Nationalpark Hainich.** O Parque Nacional Hainich pode ser pequeno — meros 76 quilômetros quadrados (19 milhas quadradas) de floresta protegida — mas parecerá maior ao caminhar por ele. Para aproveitá-lo ao máximo, você precisa estar disposto a andar pelas trilhas. Ou, do centro de visitantes de Thiemsburg (veja a seguir), escolha uma opção fácil, que as crianças vão gostar. O interessante ★★ **Baumkronenpfad** (Caminho das Copas de Árvore) é uma trilha educacional literalmente entre as copas das árvores, 44 m (144 pés) acima do solo da floresta. Uma vista fantástica das coberturas de folhas é garantida, e há pequenos enigmas naturais intrigantes a serem resolvidos pelo caminho. 🕒 Meio dia. Centro de visitantes: Nationalparkzentrum Thiemsburg (próximo a Bad Langensalza). ☎ 03603/892-464. www.nationalpark-hainich.de. Entrada 2€ por adulto, 1,50€ para a faixa etária de 6 a 18 anos, 5,50€ por família. De abril a outubro, diariamente das 9 h às 18 h; de novembro a março, diariamente das 10 h às 16 h. De Weimar (pág. 188), pegue a A4 para oeste, depois a L1029 e a K15 para o norte até Thiemsburg (85 km/53 milhas).

7 ★★★ crianças **Nationalpark Harz.** Wernigerode é um bom ponto de partida para excursionar pelo leste das montanhas Harz. 🕒 1 dia. Ver pág. 527, 3). De Quedlinburg (pág. 186), pegue a B6 para oeste até Werningerode (31 km/19 milhas).

Onde Ficar e Jantar

★★ **Forsthaus** BAD SCHANDAU
Na entrada do bucólico vale Kirnitzsch, este complexo de prédios separados em torno de um hotel principal com molduras de madeira oferece quartos de estilo escandinavo e ótimos jantares. Kirnitzschtalstrasse 5. ☎ 035022/5840. www.weka-hotels.de. 77 quartos. Diárias para duas pessoas de 68€ a 108€, com café da manhã. AE, MC, V.

★★★ **Schwanenrestaurant** TABARZ *TURÍNGIO/CONTINENTAL* Veja chefs trabalhando na cozinha aberta deste restaurante fino de Thüringer Wald em um ambiente que não é totalmente um solar de campo, mas chega perto disso. Hotel Frauenberger, Max-Alvary-Strasse 11. ☎ 036259/5220. Entradas de 13€ a 19€. AE, MC, V. Jantar de segundas a sextas, almoço e jantar sábados e domingos.

★ **Triangle** ZITTAU *CONTINENTAL*
Literalmente na extremidade da Boêmia, este restaurante de preços módicos se afasta um pouco dos pratos fartos típicos da região em favor do estilo influenciado pelos franceses, e ainda tem como atração os coquetéis servidos em um terraço na parte de fora. Bautzner Strasse 9. ☎ 03583/5550. Entradas de 9€ a 17€. AE, DC, MC, V. Almoço e jantar diariamente.

★★ **Weisser Hirsch** WERNIGERODE
Do outro lado da praça principal da Rathaus (Prefeitura), esse hotel de administração familiar tem estilo conservador e senso de qualidade tanto nos quartos quanto no restaurante. Marktplatz 5. ☎ 03493/602-020. www.hotel-weisser-hirsch.de. 55 quartos. Diárias para duas pessoas de 115€ a 220€, com café da manhã. AE, MC, V.

Dresden

Por séculos, Dresden foi admirada como a "Florença do Elba", uma graciosa obra-prima da arquitetura barroca e um depósito de tesouros de arte. Tudo terminou rapidamente com uma série de bombardeios aliados devastadores em fevereiro de 1945 —ou, pelo menos, foi o que pareceu na época. Nos mais de 60 anos desde sua quase total destruição, Dresden tem lentamente ressurgido como uma fênix das próprias cinzas. Hoje, os frutos de uma impressionante restauração podem ser vistos e aproveitados, e a cidade (de população de 515 mil pessoas) é novamente um destino turístico. Você realmente precisa de dois dias para ver todos os pontos; se não tiver tanto tempo, terá de selecionar algumas paradas que sejam mais interessantes.

> *A maravilhosa Frauenkirche de Dresden escapou da destruição das bombas dos aliados com sua espetacular cúpula intacta.*

PONTO DE PARTIDA A grande praça chamada Postplatz, até a qual é possível chegar pelos bondes 1, 2, 4, 8, 9 11 e 12, é um bom ponto de partida para excursionar pelos pontos e atrações centrais de Dresden. Fica ao sul da primeira parada desse passeio; caminhe na direção do rio na Sophienstrasse.

1 ★★★ **Zwinger.** Mesmo entre as muitas construções barrocas magníficas de Dresden, esse amplo complexo de pavilhões, galerias e jardins é majestoso. O Zwinger (1710–1855) foi construído entre os dois cinturões de paredes da cidade — o nome refere-se à vigia externa do castelo, ou muralha externa — como um

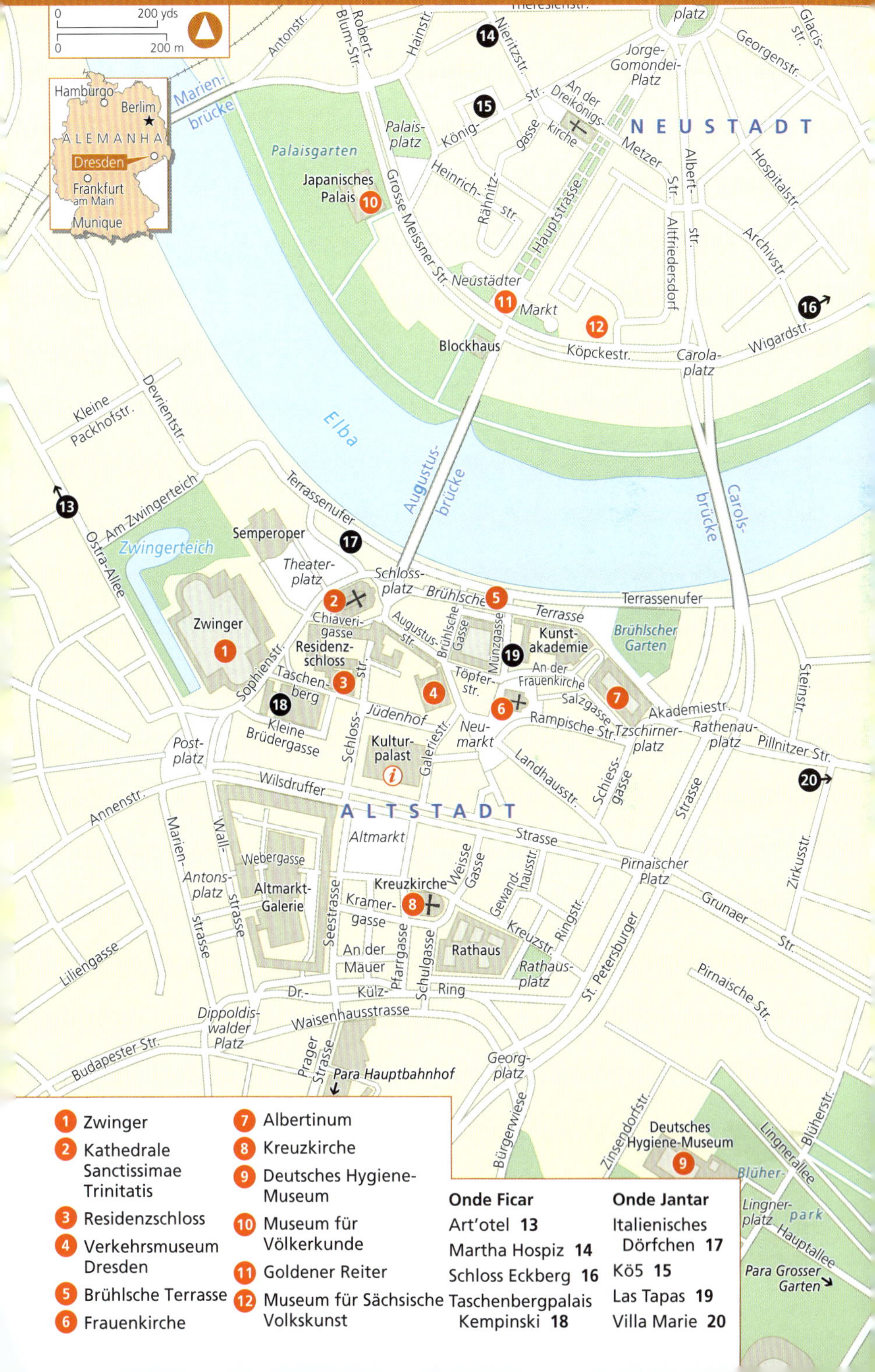

1 Zwinger
2 Kathedrale Sanctissimae Trinitatis
3 Residenzschloss
4 Verkehrsmuseum Dresden
5 Brühlsche Terrasse
6 Frauenkirche
7 Albertinum
8 Kreuzkirche
9 Deutsches Hygiene-Museum
10 Museum für Völkerkunde
11 Goldener Reiter
12 Museum für Sächsische Volkskunst

Onde Ficar
Art'otel **13**
Martha Hospiz **14**
Schloss Eckberg **16**
Taschenbergpalais Kempinski **18**

Onde Jantar
Italienisches Dörfchen **17**
Kö5 **15**
Las Tapas **19**
Villa Marie **20**

> *As fontes, galerias e praças abertas de Zwinger atraem pessoas de Dresden, e do mundo todo, para momentos de conexão e reflexão.*

espaço para festivais, divertimento e desfiles organizados pelo Eleitor Augusto II (Augusto, o Forte) e membros posteriores da casa governante da Saxônia, e como galerias para abrigar suas coleções de arte. Entre em Ostra-Allee, através de uma lagoa com fossos, a Zwingerteich, e depois passe pelo Kronentor (Portão da Coroa), na forma de uma coroa (como o nome já diz) até o jardim ornamental do pátio. O Glockenspielpavillon, pavilhão do sul, possui um interessante carrilhão de sinos feitos de porcelana de Meissen. Dentro do complexo principal, visite a ★★★ **Gemäldegalerie Alte Meister** (Galeria de Pinturas dos Velhos Mestres), um tesouro de grandes pinturas europeias que inclui obras-primas como a *Madonna Sistina,* de Rafael (1513), e a *Garota Lendo uma Carta em uma Janela Aberta,* de Vermeer (c. 1659). A porcelana de Dresden é conhecida internacionalmente e a ★★ **Porzllansammlung** (Coleção de Porcelanas) tem séculos das peças mais bonitas. Peças históricas e instrumentos científicos são exibidos no ★ **Mathematisch-Physikalischer Salon** (Salão da Matemática e Física), e no **Rüstkammer** (Armorial) estão armaduras, armas, uniformes e material do gênero datados do século XV em diante. Não esqueça de ver as ★ **Nymphenbad**, um conjunto de fontes ornamentais e esculturas. 🕒 4 horas. Theaterplatz 1. ☎ 0351/4914-2000. www.sdk-dresden.de. Entrada combinada: 10€ por adulto; Porzellansammlung: 6€ por adulto; Rüstkammer: 3€ por adulto; Mathematisch-Physikalischer Salon: 3€ por adulto; grátis em todos os casos para crianças e adolescentes até 16 anos. De quartas a domingos, das 10 h às 18 h. Bonde: 1, 2, 4, 8, 9, 11 ou 12.

Dresden por Menos

O Dresden-City-Card custa 21€ e é válido por 48 horas. Ele permite acesso ilimitado a todos os bondes, ônibus e balsas de Dresden e acesso livre a muitos dos melhores museus, além de descontos em passeios turísticos e eventos culturais.

> O Residenzschloss mostra elementos de design da época da reconstrução do pós-guerra e de até 700 anos atrás.

2 ★ Kathedrale Sanctissimae Trinitatis. Projetada pelo arquiteto italiano Gaetano Chiaveri, a Kathedrale Sanctissimae Trinitatis (Catedral da Santíssima Trindade, 1739–1755) era originalmente a igreja católica dos reis da Saxônia. Ela foi inspirada pelo estilo barroco italiano, algo que Chiaveri incentivou importando artesãos da Itália. O grande órgão, de 1753, é o último trabalho do construtor mestre de Dresden Gottfried Silbermann. ⏱ **15 minutos.** **Theaterplatz. ☎ 0351/484-4712. www. bistum-dresden-meissen.de. Entrada gratuita. De segunda a terça, das 9 h às 18 h, quartas e quintas, das 9 h às 17 h, sextas das 13 h às 17 h, sábados, das 10 h às 17 h, domingos de meio-dia às 16 h. Bonde: 4, 8 ou 9.**

Andando por Dresden

Se você planeja ver mais do que o centro histórico da cidade, use as excelentes linhas de bonde, trem e o *S-Bahn* (trem da cidade), operadas pela DVB, a autoridade de transporte público (☎ 0351/857-1011; www.dvb.de). Um bilhete para uso dentro da zona central custa 1,90€ e é válido para baldeações de até uma hora. Ou então compre um passe de 24 horas, cujos preços começam em 5€. Mapas e bilhetes estão disponíveis em distribuidores automáticos fora da Dresden Hauptbahnhof (estação ferroviária central). O serviço é interrompido à meia-noite.

3 ★★ Residenzschloss (Palácio Real). O antigo Residenzschloss reúne alguns elementos que datam de 700 anos atrás, outros dos dias de hoje (a reconstrução da destruição na Segunda Guerra Mundial continua) e de quase todos os períodos entre eles. Se você quiser ter uma ideia do estilo de vida repleto de diamantes dos antigos governantes da Saxônia, monarcas saxônicos da Polônia e aristocratas associados, visite as salas do ★★ **Historisches Grünes Gewölbe** (Abóboda Verde Histórica) e do ★ **Neus Grünes Gewölbe** (Nova Abóboda Verde), que estão cheias de ouro e prata, pedras preciosas, gabinetes de âmbar, estatuetas de marfim e mais coisas do gênero. Uma peça de destaque é a estátua *Mohr mit Smaragdstufe* (1724), de Balthasar Permoser, com joias adicionadas por Johann Melchior Dinglinger. Você pode ver tipos diferentes de

> *Localizado nos antigos estábulos reais de Dresden, o Verkehrsmuseum oferece uma incrível variedade de carros antigos, trens, bondes e mais.*

tesouros históricos na **Kupferstich-Kabinett** (Sala de Impressão) e na **Münzkabinett** (Sala de Moedas). Ande os 221 passos dentro do **Hausmannsturm** para aproveitar uma bela vista da cidade do deque de observação na torre de 37 m (121 pés). 🕒 2 horas. Sophienstrasse. ☎ 0351/4914-2000. www.sdk-dresden.de. Entrada 10€ por adulto; Historisches Grünes Gewölbe 10€ por adulto; Hausmannsturm 3€ por adulto; gratuita em todos os casos para crianças e adolescentes até 16 anos. De quartas a segundas, das 10 h às 18 h (Historisches Grünes Gewölbe até 19 h; Hausmannsturm apenas de abril a outubro). Bonde: 1, 2, 4, 8, 9, 11 ou 12.

Festival de Música de Dresden

O **Dresdner Musikfestspiele** (☎ 0351/478-560; www.musikfestspiele.com) acontece por 18 dias, em maio e junho. Ele data de 1978, quando começou como um revival aprovado pelos comunistas e reduzido dos festivais de música e arte do século XVIII que os Eleitores da Saxônia faziam nos pavilhões e palácios barrocos da cidade. Ele cresceu, e desde então se desenvolveu em uma das mais apreciadas festas de música de câmara e sinfônica, apoiado por uma seleção de ópera, balé e jazz.

4 crianças **Verkehrsmuseum Dresden.** O Verkehrsmuseum (Museu do Transporte) é uma ótima parada para crianças que não aguentam mais os prédios em estilo barroco de Dresden. Localizado no Johanneum, antigo estábulo real e datado de 1591, o museu tem bondes antigos, motores a vapor, automóveis, navios em miniatura e muitas outras coisas que em nada lembram o barroco. 🕒 1 hora. Augustusstrasse 1. ☎ 0351/86440. www.verkehrsmuseum-dresden.de. Entrada 4,50€ por adulto, 2,50€ para a faixa etária de 6 a 16 anos, 11€ por família. De terças a domingos, das 10 h às 17 h. Bonde: 1, 2 ou 4.

5 ★ **Brühlsche Terrasse.** Faça uma caminhada rápida para o leste da Schollsplatz até o Brühlscher Garten (Jardim Brühl), por este agradável terraço elevado pela margem do rio, de 1747, e apelidado de "Varanda da Europa". 🕒 10 minutos. Bonde: 4, 8 ou 9.

6 ★★★ **Frauenkirche (Igreja de Nossa Senhora)**. De todos os muitos prédios maravilhosos e históricos que Dresden perdeu em fevereiro de 1945, em meio aos bombardeios, o que ela mais sentiu falta foi a Lutheran Frauenkirche. Esta obra-prima barroca, de

> *A vasta coleção de esculturas no museu Albertinum, de Dresden, é uma representação interessante da rica história artística da região.*

1743, assim como a própria Dresden, foi trazida de volta à vida. Reconstruída com a ajuda de dinheiro doado por todo o mundo, a igreja reabriu em 2005, a tempo para a comemoração dos 800 anos da localidade, no ano seguinte. A cúpula restaurada da Freuenkirche, de 93 m (305 pés) de altura e coroada com uma cruz dourada, é novamente um símbolo local. ⌚ **1 hora. Neumarkt. ☎ 0351/6560-6100. www.frauenkirche-dresden.org. Entrada gratuita (doação solicitada). De segundas a sábados, das 10 h às 18 h, e domingos das 13 h às 18 h. Bonde: 4, 8 ou 9.**

Balsas de Dresden

Seis pequenas balsas (cinco de passageiros e uma apenas para carros) operadas pela DVB, a autoridade de transporte público da cidade (☎ 0351/857-1011; www.dvb.de), navegam em Dresden, pelo rio Elba.

7 ★★★ **Albertinum.** Outra amostra importante da herança cultural e artística de Dresden pode ser vista aqui, em um prédio neorrenascentista da década de 1880 que deve seu nome ao rei Alberto da Saxônia do século XIX. Na ★★ **Galerie Neue Meister** (Galeria dos Mestres Modernistas) estão pinturas de muitos artistas europeus dos séculos XIX e XX. Este é um bom lugar para ver as paisagens românticas e melancólicas de Caspar David Friedrich (1774–1840), que morou e trabalhou a maior parte da sua carreira em Dresden e foi enterrado no Trinitatisfriedhof (Cemitério da Trindade) da cidade. A ★ **Skulpturesammlung** (Coleção de Esculturas) abrange uma boa parte desta área; procure peças de Baltahsar Permoser (1651–1732), que criou muito do que torna Dresden especial hoje. ⌚ **2 horas. Georg-Treu-Platz 2. ☎ 0351/4914-2000. www.sdk-dresden.de. Entrada 8€ por adulto; Skulpturensammlung 2,50€ por adulto; gratuita, em ambos os casos, para crianças e adolescentes até 16 anos. De quartas a domingos, das 10 h às 18 h. Bonde: 3 ou 7.**

8 **Kreuzkirche (Igreja da Cruz)**. Há mais de 700 anos, a Kreuzkirche, na antiga praça do mercado, é o local do famoso Kreuzchor (Coro da Cruz), coral de 150 garotos de Dresden. Ele se apresenta em um espaço construído por volta de 1900, que é uma mistura de gótico medieval, barroco do século XVIII e Jugendstil

> *Turistas que visitam Dresden se impressionam com a bela estátua dourada de Augusto, o Forte, benfeitor da cidade.*

(Art Nouveau). Apresentações acontecem todos os sábados, às 17 h, quando o grupo está na cidade. 🕒 **20 minutos Altmarkt. ☎ 0351/439-3920. www.kreuzkirche-dresden.de. Entrada gratuita à igreja; concertos do coral: de 5€ a 39€. De abril a outubro, de segundas a sextas, das 10 h às 16 h, sábados, das 10 h às 17 h. Bonde: 1, 2 ou 4.**

9 ★ crianças **Deutsches Hygiene-Museum.** Qualquer pai pode achar estranho, mas o Museu Alemão da Higiene é realmente interessante para as crianças. As exibições, muitas delas interativas, estão mais ligadas a anatomia, saúde, os sentidos, brincar, trabalhar e criar do que com higiene, mas o museu foi fundado em 1912 por um empresário do ramo de produtos de saúde, e o nome permaneceu assim. 🕒 **1 hora. Lignerplatz 1. ☎ 0351/484-6400. www.dhmd.de. Entrada: 7€ por adulto, gratuita para crianças e adolescentes até 16 anos. De terças a domingos, das 10 h às 18 h. Bonde: 10 ou 13.**

Passeios pelo Elba

Uma alternativa interessante a andar dentro da cidade é um breve passeio no Elba. A maioria dos barcos que navega pelo rio sob a bandeira da ★★ **Sächsische Dampfschiffahrt** (☎ 0351/866-090); www.saechsische-dampfschiffahrt.de) são a vapor e movidos a pás, cujas origens variam de 1879 a 1929. Saindo da doca da empresa em Terrassenufer, eles sobem e descem o rio, em rotas agendadas e passeios fixos que duram de 1 h 30 min ao dia todo. Ingressos para o passeio básico na cidade custam 12€ para adultos e 6€ para crianças de 3 a 14 anos.

10 **Museum für Völkerkunde (Museu Etnológico).** Quando o governante Augusto, o Forte, de Dresden, precisou de algum local para armazenar sua coleção de porcelanas japonesas, expandiu um palácio na margem direita (norte) do rio Elba. O Japanisches Palais (Palácio Japonês, 1731) acabou nunca atendendo a esse propósito, e hoje abriga o Museum für Völkerkunde da cidade, com sua coleção de 90 mil itens juntados durante séculos de culturas pelo mundo. 🕒 **1 hora. Palaisplatz. ☎ 0351/814-4840. www.voelkerkunder-dresden.de. Entrada 4€ por adulto, gratuita na primeira terça-feira do mês; gratuita para crianças e adolescentes até 16 anos. De terças a domingos, das 10 h às 18 h. Bonde: 4 ou 9.**

11 **Goldener Reiter.** Atravessando a ★ **Augustusbrücke** (Ponte Augustus), saindo do Centro de Dresden, você encontrará esta

Compras em Dresden

Arte antiga, moderna e histórica, porcelana, artesanato e presentes estão entre as especialidades de Dresden faz melhor. Ao chegar de trem, a primeira parada é o shopping center Wiener Platz, bem perto da Hauptbahnhof (estação ferroviária central) antes de chegar às lojas de departamentos e redes na Prager Strasse, para só daí ir ao novo shopping center Centrum Galerie, construído em 2009 no final dessa rua, e a seguir para a Altmarkt-Galerie, no Altmarkt. Um pouco mais adiante estão as lojas mais caras, em torno do Neumarkt. Atravesse o Elba até as lojas interessantes e luxuosas, em torno da Königstrasse, no distrito Innere Neustadt. Mais ao norte, o distrito Äussere Nustadt é a casa dos estabelecimentos alternativos.

Um ponto que já é uma atração é a ★ **Pfunds Molkerei** (na foto), na Baultzner Strasse 79 (☎ 0351/808-080; www.pfunds.de). A fábrica de laticínios, fundada em 1879, está instalada neste endereço desde 1891, em um prédio decorado com milhares de ladrilhos de cerâmica pintados à mão. Ela vende queijo e outros laticínios, e tem um café–restaurante no segundo andar.

O movimentado e colorido Weihnachtsmarkt (Mercado de Natal) de Dresden, no ★★ **Dresdner Striezelmarkt** (☎ 0351/160-9158; www.striezel-markt.de), data de pelo menos 1434, tornando-o um dos mais antigos mercados de Natal da Alemanha. Em torno de 250 quiosques são armados dentro e em torno do Altmarkt, e o mercado funciona durante as quatro semanas anteriores ao Natal.

A Vida Noturna de Dresden

Um destaque para muitos visitantes é uma apresentação na ★★★ **Semperoper** (Casa de Ópera Semper, 1841), Theaterplatz (☎ 0351/491-1705; www.semperoper.de), projetada pelo arquiteto Gottfried Semper. Esta magnífica casa de ópera (imagem acima) é o local da Sächsische Staatskapelle (Orquestra do Estado da Saxônia), a Dresdner Philarmonie (Orquestra Filarmônica de Dresden; wwwdresdnerphilarmonie.de) se apresenta no **Kulturpalast** (Palácio da Cultura), Altmarkt (☎ 0351/486-6666; www.kulturpalast-dresden.de). Programações menos clássicas são oferecidas na **Staatsoperette Dresden**, Pirnaer Landstrasse 131 (☎ 0351/207-9929; www.staatsoperette-dresden.de), 5 km (3 milhas) ao sudeste do centro da cidade. Peças mais em evidência (na Alemanha) são realizadas no **Staatsschauspiel Dresden**, Theaterstrasse 2 (☎ 0351/491-3555; www.staatsschauspiel-dresden.de).

Na zona turística ao sul do rio, um bom local para dançar é o **M.5**, na Mïnzgasse 5 (☎ 0351/496-5491; www.m5-nightlife.de). O distrito Äusser Neustadt, ao norte do rio, em torno da Görlitzer Strasse, Alaunstrasse e Louisenstrasse, é um bom ponto para bares e locais de vida noturna. Um bar para estudantes é o **Cafe 100**, na Alaunsytasse 100 (☎ 0351/273-5010; www.cafe100.de). Outras casas para dançar são a **Groove-Station**, na Katharinenstrasse 11–13 (☎ 0351/802-9594; www.groovestation.de) e a vizinha **Downtown Dresden**, Katharinenstrasse 11 (☎ 0351/810-3923; www.downtown-dresden.de).

estátua dourada de Augusto II (Augusto, o Forte), de 1734, duque da Saxônia e rei da Polônia, figura-chave na história de Dresden, montando um cavalo. Embora projetada para imitar modelos romanos como o imperador Marco Aurélio, do século II, ela não tem a *dignitas* clássica deste último. É, entretanto, um símbolo notadamente reconhecido na cidade. **Neustädter Markt. Bonde: 4, 8 ou 9.**

12 crianças **Museum für Sächsische Volkskunst.** Localizado em um antigo alojamento de caça, o Jägerhof, de 1569, o Museum für Sächsische Volkskunst (Museu de Arte Folclórica da Saxônia) tem todos os tipos de artesanato feito localmente: de madeira, vidro, tecidos e mais. A coleção inclui enfeites de Natal feitos à mão da região de Erzgebirge (pág. 164 4). As crianças certamente se divertirão com ambos, assim como com a ★ **Puppentheatersammlung** (Coleção de Teatro de Marionetes) do museu. **2 horas. Köpckestrasse 1. ☎ 0351/4914-2000. www.sdk-dresden.de. Entrada 3€ por adulto, gratuita para crianças e adolescentes até 16 anos. De quartas a domingos, das 10 h às 18 h. Bonde: 3, 7 ou 9.**

Onde Ficar e Jantar

> *Luxuoso e conhecido, o hotel Taschenbergpalais fica em um palácio barroco do século XVIII que foi restaurado.*

★★ **Art'otel** INNERE ALTSTADT
A arte moderna original é incluída no preço dos quartos deste hotel boutique, que oferece ainda jantares de cozinha internacional sofisticada no restaurante Factory. Ostra-Allee 33. ☎ 0351/49220. www.artotels.com 174 quartos. Diárias para duas pessoas de 134€ a 200€, com café da manhã. AE, DC, MC, V. Bonde: 6 ou 11.

★ **Italianisches Dörfchn** INNERE ALTSTADT SAXÔNICA/CONTINENTAL Quatro restaurantes ocupam esse pavilhão neoclássico de 1911 às margens do rio, construído como local de alojamento para artesãos italianos. Theaterplatz 3. ☎ 0351/498-160. www.italienisches-doerfchen.de. Entrada de 10€ a 21€. AE, DC, MC, V. Almoço e jantar diariamente. Bonde: 4, 8 ou 9.

★ **Kö5** INNERE NEUSTADT SAXÔNICA/INTERNACIONAL Uma casa barroca restaurada de 1937 abriga este restaurante familiar, com diversos salões com diferentes estilos, mesas na calçada e um bar de vinhos no celeiro com arcos de tijolos. Königstrase 5A. ☎ 0351/802-4088. www.koe5.de. Entradas 10€ a 13€. Não aceita cartões de crédito. Almoço e jantares diariamente. Bonde: 4 ou 9.

★★ **Las Tapas** INNERE ALTSDAT ESPANHOLA
Tapas de um menu de 40 variações são tão populares quanto o vinho nesta taberna de chão de pedras em estilo ibérico próxima à Frauenkirche. Um menu extenso inclui pratos típicos espanhóis como a paella. Mïnzgrasse 4. ☎ 0351/496-0108. www.las-tapas.de. Entradas 4€ a 17€. MC, V. Almoço e jantar diariamente. Entradas de 4€ a 17€. MC, V. Almoço e jantar diariamente. Bonde: 4, 8 ou 9.

★ **Martha Hospiz** ÄUSSERE NEUSTADT
Localizado em uma mansão do século XIX, este hotel cristão tem boa aparência Biedermeier. Ao nível da rua, separado do local, há o restaurante rústico Zum Kartoffelkeller (☎ 0351/817-6358). Nieritzstrasse 11. ☎ 0351/81760. www.martha-hospiz.de. 50 quartos. Diárias para duas pessoas de 103€ a 121€. AE, MC, V. Bonde: 4, 6, 9 ou 11.

★★ **Schloss Eckberg** RADEBERGER VORSTADT
O clima clássico é garantido — e complementado pelo mobiliário contemporâneo — nesse maravilhoso castelo do século XIX, à margem norte do rio Elba. Bautzner Strasse 134. ☎ 0351/80990. www.schloss-eckberg.de. 84 quartos. Diárias para duas pessoas de 143€ a 295€, com café da manhã. AE, DC, MC, V. Bonde: 11.

★★★ **Taschenbergpalais Kempinski** INNERE ALTSTADT A fachada reconstruída de um palácio barroco do século XVIII esconde o hotel mais luxuoso de Dresden, com quartos de design contemporâneo de classe. Taschenberg 3. ☎ 0351/49120. **www.kempinski.com. 214 quartos. Diárias para duas pessoas de 295€ a 495€. AE, DC, MC, V. Bonde: 1, 2, 4, 8, 9, 11 ou 12.**

★★ **Villa Marie** BLASEWITZ ITALIANA
Cozinha criativa é a atração desse restaurante de estilo toscano, com um terraço no jardim observando a ponte Blaues Wunder (Maravilha Azul) de 1893, subindo o rio a partir do Centro da cidade. Fährgässchen 1. ☎ 0351/315-440. Entradas de 12€ a 25€. AE, MC, V. Almoço e jantar diariamente. Bonde: 6 ou 12.

RECONSTRUINDO DRESDEN

Uma Cidade Surge das Cinzas da sua Própria Destruição

POR GEORGE MCDONALD

O BOMBARDEIO DE DRESDEN POR AVIÕES ALIADOS durante as semanas finais da Segunda Guerra Mundial na Europa permanece um assunto doloroso e polêmico até hoje. Quando as sirenes de ataque aéreo começaram a tocar antes das 22 h de 13 de fevereiro de 1945, seu grito assustador previu o fim iminente de 25 mil pessoas, quase todas civis, e a perda de uma rica herança cultural da "Florença do Elba" da Alemanha. Em torno de 1.300 bombeiros atuaram na cidade nos dois dias seguintes. Os historiadores descreveram de formas variadas o bombardeio de tudo, desde um ataque totalmente justificado a um alvo militar em tempo de guerra até uma ação de pouco valor militar e questionável moralidade para um crime de guerra.

Arquitetura Moderna

Nem todos os esforços de reconstrução em Dresden foram voltados à restauração. Entre os mais impressionantes trabalhos de arquitetura moderna e pós-moderna na cidade estão a nova Sinagoga, de 2001, que fica no local de uma antiga, destruída pelos nazistas, e a fábrica transparente da Volkswagen (na foto, de 2002). Outra parte da reconstrução moderna é a ponte Waldschlösschen, que passará sobre o rio Elba e foi terminada em 2011, mas custou ao vale, em Dresden, seu status de Patrimônio Cultural da Unesco.

Reconstrução no Pós-Guerra

A devastação no pós-guerra foi tão completa que os planejadores consideraram abandonar totalmente o local e construir uma nova Dresden em um local diferente. Os primeiros esforços foram executados pela administração da Alemanha Oriental comunista, que reconstruiu instituições culturais chave, como a Semperoper (Casa de Óperas). Ainda restava muito a ser feito quando a Alemanha foi reunificada, em 1989 e, apesar dos esforços e gastos consideráveis desde então, décadas a mais de trabalho são necessárias. Mesmo assim, a antiga Dresden nunca será completamente recriada.

Matadouro-5

Durante o bombardeio, Dresden estava cheia de pessoal militar alemão, civis, refugiados, internos em campos de concentração e prisioneiros de guerra aliados. Entre os prisioneiros de guerra estava o autor Kurt Vonnegut Jr. (1922–2007). Feito prisioneiro durante a Batalha de Bulge, em dezembro de 1944, Vonnegut foi mantido em uma fábrica de empacotamento de carne em Dresden. Ele sobreviveu ao bombardeio da cidade e foi requisitado para ajudar na recuperação de corpos parcialmente queimados nos entulhos. Seu polêmico romance de ficção científica Slaughterhouse-Five (Matadouro-5), de 1969, tem como referência, entre outras coisas, os eventos de fevereiro de 1945.

A Frauenkirche

Durante a Guerra Fria, a Igreja de Nossa Senhora, datada de 1743 e com cúpula barroca, um dos monumentos mais apreciados da cidade, permaneceu em ruínas. O governo da Alemanha Oriental deixou o entulho como uma lembrança dos horrores da guerra e da ameaça da "agressão" anglo-americana. A reconstrução começou em 1993, e a igreja foi reconsagrada para os 800 anos de Dresden em 2005. Partes originais da pilha de pedregulhos foram usadas junto com outros materiais. A ajuda financeira e material veio de todo o mundo — inclusive da Grã-Bretanha, que doou uma nova cruz para a cúpula. A igreja se tornou um símbolo de reconciliação.

Eisenach

Local de nascimento de Johann Sebastian Bach e refúgio de Martinho

Lutero, Eisenach (com população de 44 mil pessoas) tem muito interesse histórico, sem nunca ter sido reduzida ao status de "museu vivo". Fora da cidade fica Wartburg, um dos mais belos castelos alemães.

> *Detalhe de um vitral do castelo Wartburg, onde Martinho Lutero se escondeu da Santa Inquisição.*

PONTO DE PARTIDA **O Markt é um bom local para começar. Você pode obter informações do escritório de informações turísticas e andar pela bela praça. Da estação de trem, vá para oeste na Bahnhofstrasse, dobre à esquerda na Karlsplatz e depois à direita na Goldschmiedenstrasse.**

1 ★ **Markt.** Na praça central de Eisenach fica a **Georgenkirche** (Igreja de São Jorge), onde Johann Sebastian Bach foi batizado e Martinho Lutero pregava. O **Thüringer Museum** (☎ 03691/670-450; entrada 2€; de segunda a sexta, das 10 h às 18 h, sábados e domingos, das 10 h às 17 h), no Stadtscholl (Palácio da Cidade) datado do século XVIII, é possível encontrar uma coleção de arte, antiguidades e artes aplicadas como porcelana, cerâmica e vidro da Turíngia. 🕒 **30 minutos.**

2 **Lutherhaus.** Entre 1498 e 1501, Martinho Lutero viveu nessa casa com detalhes em madeira, enquanto frequentava a escola em Eisenbach. 🕒 **30 minutos. Lutherplatz 8. ☎ 03691/29830. www.lutherhaus-einach.de. Entrada 3,50€ por adulto, 2€ para a faixa etária de 7 a 18 anos. Diariamente, das 10 h às 17 h.**

3 **Bachhaus.** A casa onde Johann Sebastian Bach (1685–1750) nasceu não existe mais. Esta é uma substituta, datada do século XV e repleta de lembranças da família Bach, como uma coleção de instrumentos musicais e uma estátua do maestro na parte de fora. 🕒 **30 minutos. Frauenplan 21. ☎ 03691/79340. www.bachhaus.de. Entrada 6,50€ por adulto, 3,50€ para a faixa etária de 6 a 18 anos, 13€ por família. Diariamente, das 10 h às 18 h.**

4 ★★ crianças **Wartburg.** Patrimônio Cultural da Unesco, o castelo Wartburg aparece na ópera Tannhäuser, de Wagner. Adolf Hitler o descreveu como "o mais alemão dos castelos alemães". Wartburg não é um castelo como o da Cinderela, mas uma fortificação metódica que fica solidamente no topo de uma colina arborizada, de 180 m (591 pés) de altura, 1,5 km (1 milha) ao sudoeste de Eisenach. A parte românica mais

Eisenach para Automóveis

Eisenach já foi um participante modesto do mundo da engenharia automotiva. Automóveis eram feitos em Eisenach desde 1898. O último produto da Automobilewerk de Eisenach foi o Wartburg da Alemanha Oriental, com seu motor de três cilindros e duas marchas. A produção terminou em 1991. Wartburgs e outros automóveis, tanto antigos e relativamente modernos, podem ser vistos no **Automobile Welt Eisenach**, Friedrich-Naumann-Strasse 10 (☎ 03691/77212), um museu na fábrica antiga.

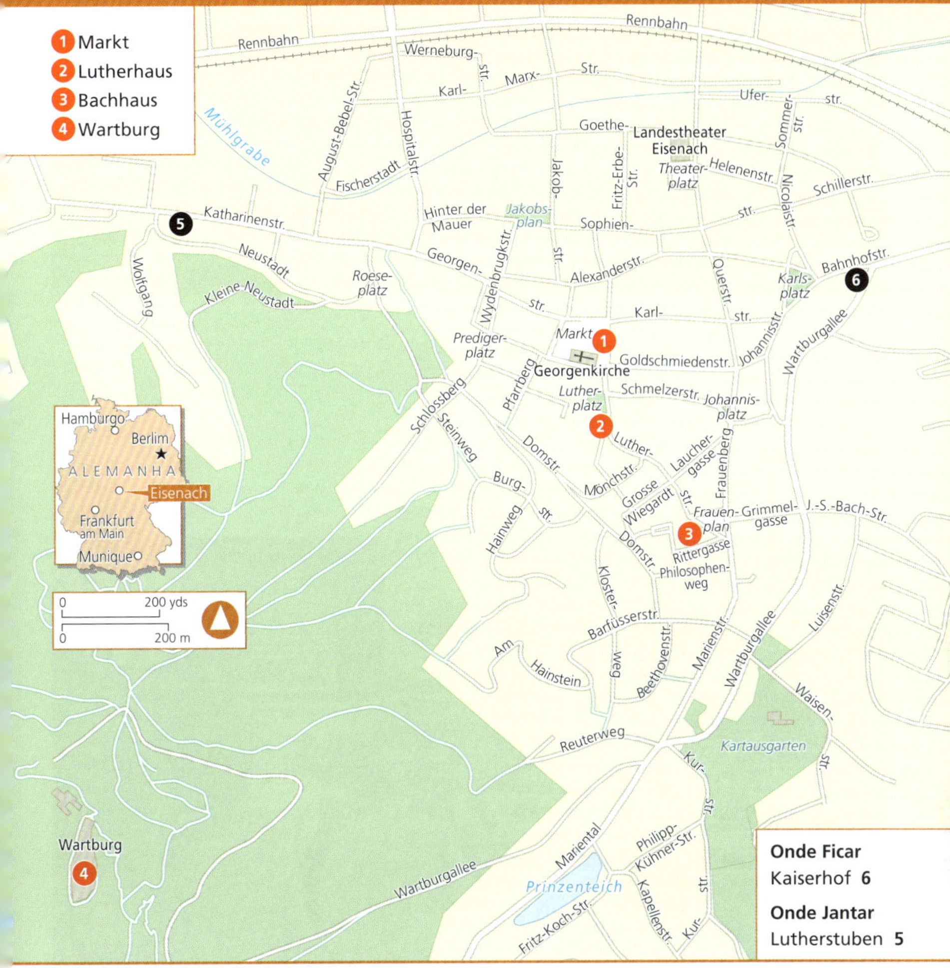

antiga da cidade é chamada de Palais (Palácio). Não procure consistência no projeto — o local foi um trabalho em desenvolvimento durante séculos após sua fundação, em 1067, pelo conde Ludwig (Ludovico) da Turíngia, e depois foi reconstruído no século XIX, e restaurado nas décadas de 50 e 60 para algo como o seu estado no século XVI. Isso foi perto da época em que o reformista protestante Martinho Lutero, escondendo-se da Santa Inquisição, que planejava queimá-lo, traduziu pela primeira vez a Bíblia para o alemão, entre 1521 e 1522. O escritório e quartos modestamente mobiliados de Lutero, o Lutherstube, onde ele "lutou com o diabo com tinta", foram restaurados e podem ser visitados. ⌚ **2 horas. Auf der Wartburg. ☎ 03691/2500. www.wartburg-eisenach.de. Entrada no palácio e museu: 8€ por adulto, 5€ para a faixa etária de 6 a 18 anos, 21€ por família; museu apenas: 4€ por adulto, 2,50€ para a faixa etária de 6 a 18 anos, 1€ por permissão para fotografar; 5€ por permissão para filmar. Ônibus: 3, 10 ou 13.**

Passando a Noite em Eisenach

O imponente **Kaiserhof** (Wartburgallee 2, ☎ 03691/88890, www.kaiserhof-eisenach.de) oferece quartos espaçosos e renovados com bom gosto e mobília confortável, com diárias que vão de112€ a 131€, incluindo café da manhã. Para jantar, experimente a comida saxônica do **Lutherstuben** (Katharinenstrasse 11–13, ☎ 03691/29390), um restaurante de estilo medieval com uma cozinha aberta e mesas com furos para jarros de cerveja.

Leipzig

A cidade de Bach pode não ter uma atração instantânea como Dresden, mas se você procurar um pouco descobrirá que Leipzig (e sua população de 516 mil pessoas) tem muita personalidade e motivos para ser visitada. Uma vida noturna animada (muito voltada para a grande população estudantil), um gosto metropolitano e um cenário de cafés e restaurantes também ajudam muito a compensar a falta de atrações e pontos turísticos classe A.

> *A Altes Rathaus de Leipzig é uma mistura impressionante de arquitetura reunida de modo estranho.*

PONTO DE PARTIDA **Mesmo se você chegar em Leipzig de carro em vez de trem, a enorme Hauptbahnhof (estação central) é um bom lugar para começar. Daqui, as linhas de bonde 1, 3, 4, 7, 8, 9, 10, 11, 12, 13, 14, 15, 16 e 17 e algumas de ônibus se espalham pela cidade. Para chegar à primeira parada desse passeio, caminhe para o sul na Goethestrasse e depois a oeste na Brühl, que cruza a Katharinenstrasse.**

1 ★★ Museum der Bildenden Künste (Museu de Belas Artes). O museu fica em uma impressionante estrutura de arquitetura contemporânea em formato de um cubo, datada de 2005. Sua coleção de pinturas é um pequeno relato sobre o período moderno — procure, porém, pelo provocante *Amantes* (1919), de Otto Mueller — mas tem uma boa seleção de Mestres Antigos da Europa, assim como a paisagem marítima de Caspar David Friedrich, *As fases da vida* (1835). **1 hora. Katharinenstrasse 10.**

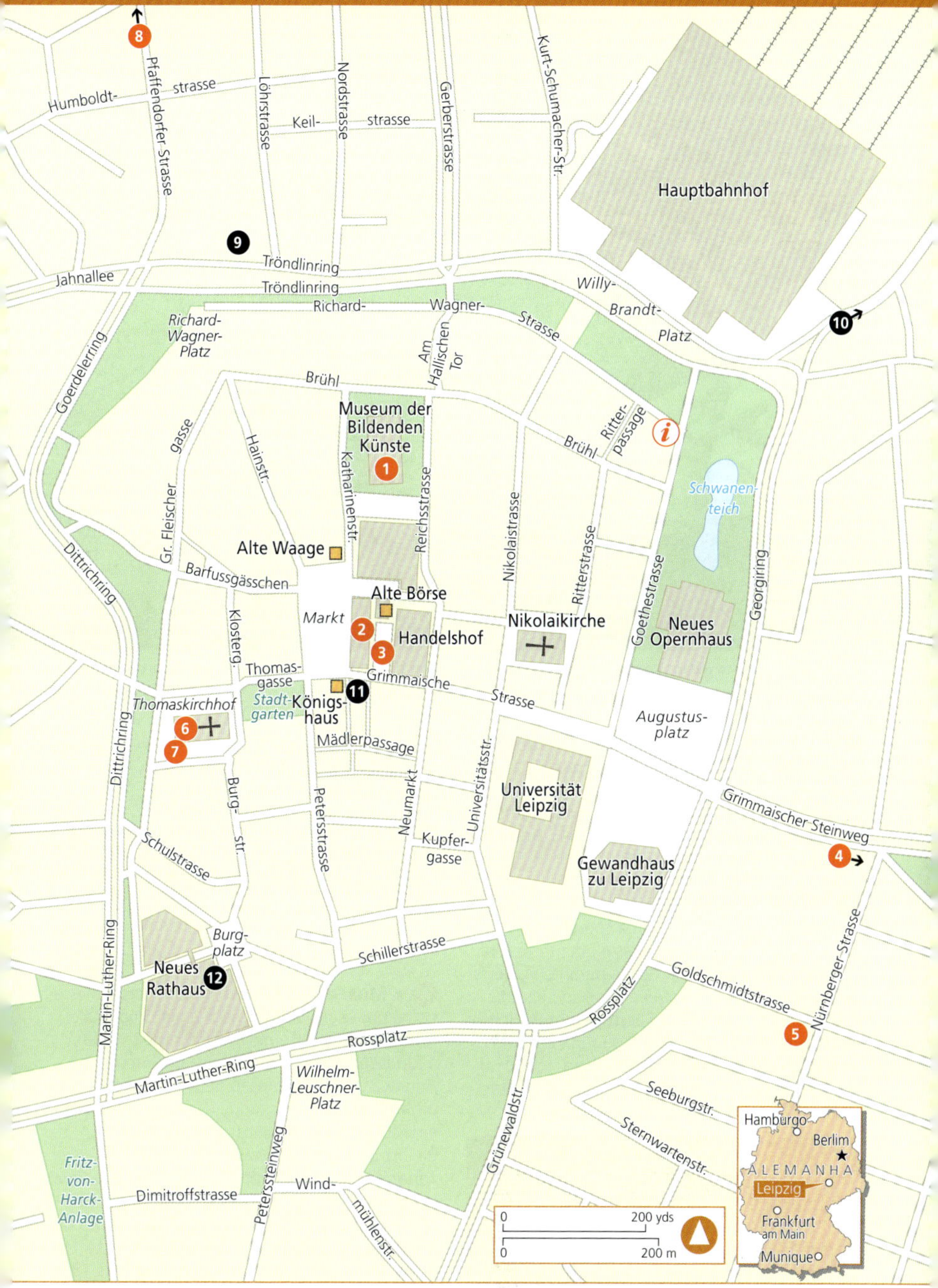

1 Museum der Bildenden Künste
2 Altes Rathaus
3 Naschmarkt
4 Museen im Grassi
5 Mendelssohn-Haus
6 Thomaskirche
7 Bach-Museum
8 Schillerhaus

Onde Ficar
Fürstenhof **9**
Galerie Hotel Leipziger Hof **10**

Onde Jantar
Auerbachs Keller **11**
Ratskeller **12**

> *O parque temático Belantis é repleto de brinquedos e atrações divertidas, tornando-se um dos favoritos de famílias em férias.*

☎ 0341/216-990. www.mdbk.de. Entrada 5€ por adulto, 3,50€ para adolescentes de 14 a 18 anos; entrada gratuita na segunda quarta-feira do mês. De terças a domingos, das 10 h às 18 h, quartas de meio-dia às 20 h. Bonde: 1, 3, 4, 7, 9, 12, 13, 14 ou 15.

2 Altes Rathaus (Prefeitura Antiga). A Altes Rathaus, de 1556, é uma composição atraente de colunas, cumeeiras e uma torre fora do centro. Ela foi bombardeada durante a guerra, mas passou por uma restauração cuidadosa. Lá dentro você encontrará o **Stadtgeschichtliches Museum** (Museu da História da Cidade), com a crônica cultural e política de Leipzig. 🕒 30 minutos. Markt 1. ☎ 0341/956-1320. www.stadtgeschichtlichesmuseum-leipzig.de.

Leipzig por Menos

O Cartão de Leipzig custa 8,90€ para um dia ou 18,50€ para três; além disso, um cartão familiar, válido por três dias, para dois adultos e até três crianças de 14 anos ou menos, custa 34€. Ele permite acesso ilimitado a todos os bondes e ônibus da cidade e entrada com desconto a muitos museus, além de descontos em passeios turísticos e eventos culturais.

Entrada 4€ por adulto; gratuita para crianças e adolescentes até 16 anos. De terças a domingos, das 10 h às 18 h. Bonde: 9.

3 Naschmarket. A antiga e elegante praça atrás da Rathaus tem como atrações a Alte Börse (Antiga Bolsa de Valores) do século XVII, em estilo barroco, e uma estátua de Johann Wolfgang von Goethe, estudante em Leipzig na década de 1760. Bonde: 9.

4 ★ Museen im Grassi. Tendo recebido este nome por causa do mercador e filantropo ítalo-germânico Franz Dominic Grassi (1801–1880), a fundação abriga três museus: o Museum für Angewandt Kunst (Museu de Artes Aplicadas), o Museum für Völkerkunde (Museu Etnológico) e o Museum für Musikinstrumente (Museu de Instrumentos Musicais). 🕒 90 minutos. Johannisplatz 5–11. ☎ 0341/222-9100. www.grassimuseum.de. Entrada: combinada 12€ por adulto, um único museu 5€ por adulto, gratuita para crianças e adolescentes até 16 anos. De terças a domingos, das 10 h às 18 h. Bonde: 4, 7, 12 ou 15.

5 Mendelssohn-Haus. O compositor Felix Mendelssohn Bartholdy (1809–1847), que

> *Preservada, a Nikolaikirche tem grandes exemplos de pinturas e design do século XII.*

comandou a Gewandhaus Orchestra de Leipzig, morou os últimos anos da sua vida nesta casa, que é agora um museu sobre sua vida e sua música. 🕒 **30 minutos. Goldschmidtstrasse 12. ☎ 0341/127-0294. www.mendelssohn-haus.de Entrada 3,50€ por adulto, gratuita para crianças e adolescentes de até 16 anos. De terças a domingos, das 10 h às 18 h. Bonde: 4, 7, 12 ou 15.**

6 ★★ **Thomaskirche.** Johann Sebastian Bach foi diretor musical na Thomaskirche (Igreja de São Tomás, de 1496), O grande compositor e músico barroco está enterrado na igreja, na frente do altar. Martinho Lutero pregava aqui, e Mozart está entre outros compositores famosos que se apresentaram na igreja. 🕒 **30 minutos. Thomaskirchhof. ☎ 0341/2222-4200.**

Leipzig com Crianças

Crianças provavelmente irão se interessar pelo **Zoo Leipzig**, Pfaffendorfer Strasse 29 (☎ 0341/593-3385; www.zoo-leipzig.de), ao norte do centro da cidade, conhecido internacionalmente por sua criação de carnívoros. Elas também vão gostar dos brinquedos no parque temático ★ **Belantis**, Zum Weissen Mark 1 (☎ 01378/403-030; www.belantis.de), perto do Cospudener See, o maior lago de Leipzig. Passeios de barco no lago — que os locais chamam de Cossi — a bordo do pequeno barco a motor de cruzeiro *Neuseenland* (☎ 0341/356-510; www.leipzigseen.de) saem de uma doca no Markkleeberg, na costa leste.

A Batalha de Leipzig

No limite sudeste de Leipzig, o ★ **Völkerschlachtdenkmal** (Monumento da Batalha das Nações), Prager Strasse (☎ 0341/241-6870; www.stadtgeschichtliches-museum-leipzig.de) relembra a derrota decisiva que uma coalizão de exércitos europeus e russos deu a Napoleão na Batalha de Leipzig, em 1813. Com 520 mil soldados envolvidos e 115 mil mortes, o confronto foi o maior e o mais caro da Europa até a Primeira Guerra Mundial. O monumento tem 91 m (299 pés) e, se você quiser e puder subir seus 500 degraus internos, chegará a uma plataforma em que é possível ter uma bela vista de Leipzig.

> *Interativo e multimídia, o Bach-Museum fica na antiga casa de George Heinrich, grande amigo do compositor.*

www.thomaskirche.org. Entrada gratuita. Diariamente, das 9 h às 18 h. Bonde: 9.

7 ★★ **Bach Museum.** À sombra da Thomaskirche, a Bosehaus data de 1711 e tem estilo barroco. O local pertenceu a um grande amigo de Johann Sebastian Bach chamado Georg Heinrich Bose, que tinha o compositor como visitante frequente. Ela abriga agora um museu multimídia e interativo, recentemente aumentado, dedicado a Bach e sua família. **⏲ 45 minutos. Thomaskirchhof 15–16. ☎ 0341/913-7202. www.bach-leipzig.de. Entrada 6€ por adulto, gratuita para crianças e adolescentes de até 16 anos. De terças a domingos, das 10 h às 18 h. Bonde: 9.**

8 **Schillerhaus.** Frederich Schiller (1759–1805) escreveu seu poema *Ode à Alegria* em 1785, enquanto vivia nesta casa rural no então vilarejo de Gohlis, hoje um subúrbio no norte de Leipzig. Beethoven posteriormente incorporou o poema à sua Nona Sinfonia. **⏲ 30 minutos. Menckestrasse 42, Gohlis. ☎ 0341/566-2170. www.stadtgeschichtliches-museum-leipzig.de. Entrada 3€ por adulto, gratuita para crianças e adolescentes deaté 16 anos. De abril a outubro, de terças a domingos das 10 h às 18 h; de novembro a março, de quartas a domingos das 10 h às 16 h. Bonde: 4.**

Compras e Vida Noturna em Leipzig

Há um comércio emergente de arte, antiguidades e livros antigos em Leipzig. A **Galerie für Zeitgenössische Kunst**, Karl-Tauchnitz-Strasse 9–11 (☎ 0341/140-810; www.gfzk.de) é uma galeria particular, que exibe arte internacional. Dezenas de comerciantes de antiguidades são encontrados pelo centro da cidade e diversas livrarias de livros antigos estão na elegante ★ **Mädler Passage** (1914), Grimmaische Strasse 2–4 (☎ 0341/216-340; www.maedler-passage-leipzig.de). A Hauptbahnhof (estação ferroviária central) de Leipzig tem o seu próprio shopping center, o ★ **Promenaden** (☎ 0800/226-6444; www.promenaden-hauptbahnhof-leipzig.de). Durante as quatro semanas do *Weihnachstmarkt* (Mercado de Natal), que data de 1767, 250 quiosques são instalados na frente da Altes Rathaus, no Markt.

O ★★ **Gewandhaus**, Augustplatz 8 (☎ 0341/127-0280; www.gewandhaus.de), de 1891, é o local da orquestra da cidade, a Gewandhausorchester, fundada em 1781. A aclamada companhia de ópera Oper Leipzig fica na vizinha ★★ **Operhaus Leipzig**, Augustplatz 12 (☎ 0341/126-1261; www.oper-leipzig.de). Em torno do Markt ficam bares, cafés e outras opções de entretenimento. O **Nachtcafe**, Petersstrasse 39–41 (☎ 0341/221-0000; http://nachtcafe.tnc-group.de) toca soul, house, funk e blues. **Spizz**, Marktplatz 9 (☎ 0341/960-8043; www.spizz.info), toca jazz, boogie-woogie, reggae, pop e disco. O **Moritzbastei**, bom para estudantes, Universitätsstrasse 9 (☎ 0341/702-590; www.morotzbastei.de) é um complexo "tudo em um" — reúne shows, cabaré, pub, bandas ao vivo, DJs e mais. Outro local com funções múltiplas é o ★ **Werk II Kulturfabriek**, Kochstrasse 132 (☎ 0341/308-0140; www.werk-2.de), no sul de Leipzig.

Onde Ficar e Jantar

> *Com sofisticados salão de dança e jantar, o luxuoso hotel Fürstenhof é um dos melhores destinos da Alemanha desde 1913.*

★★ **Auerbachs Keller** ZENTRUM *SAXÔNICA/INTERNACIONAL* A cozinha regional e a cerveja são abundantes nos imponentes Salões Históricos e no espaçoso Grande Salão dessa adega de 1530, que tem murais do século XVI representando a lenda de Fausto. Grimmaische Strasse 2–4. ☎ 0341/216-100. www.auerbasch-keller-leipzig.de. Entradas de 15€ a 35€. AE, MC, V. Almoço e jantar diariamente. Bonde: 9.

★★★ **Fürstenhof** ZENTRUM-NORD Uma mansão adaptada do século XVIII se tornou um dos melhores hotéis de toda Alemanha, repleto de detalhes de luxo — especialmente no salão de danças e jantar Serpentinsaal. Os quartos são uma interpretação moderna do estilo neoclássico. Tröndlinring 8. ☎ 0341/1400. www.starwoodhotels.com. 92 quartos. Diárias para duas pessoas de 160€ a 350€. AE, DC, MC, V. Bonde: 15.

★ **Galerie Hotel Leipziger Hof** NEUSTADT NEUSCHÖNEFELD Pinturas e esculturas de artistas locais em salões minimalistas pequenos a médios acrescentam um apelo boêmio de um hotel alternativo por trás de uma fachada barroca. Também há uma galeria de arte no local. Hedwigstrasse 1–3. ☎ 0341/69740. www.leipzig-hof.de. 73 quartos. Diárias para duas pessoas de 87€ a 195€, com café da manhã. AE, DC, MC, V. Bonde: 1, 3, 8 ou 13.

★ **Ratskeller** ZENTRUM *SAXÔNICA/CONTINENTAL* Esse restaurante apresenta salões distintos, assim como seus estilos e níveis de serviço, mas qualidade igual — e boa — nas porções fartas de especialidades locais e pratos de peixe. Lotterstrasse 1. ☎ 0341/123-4567. www.ratskeller-leipzig.de. Entradas de 12€ a 25€. AE, DC, MC, V. Almoço e jantar diariamente. Bonde: 2, 8 ou 9.

Leipzig Comunista

Leipzig foi apelidada de *Heldenstadt* (Cidade de Heróis) pelo seu papel na queda do regime comunista da Alemanha Oriental, em 1989. A **Nikolaikirche** (Igreja de São Nicolau), do século XVI (☎ 0341/960-5270; www.nikolaikirche-leipzig.de), gótica na sua maior parte, que ainda tem elementos da igreja românica do século XII, foi um dos focos da queda pacífica. Entrar no prédio arredondado que agora abriga o ★ **Gedenkstätte Museum in der Runden Ecke**, Dittrichring 24 (☎ 0341/961-2443) não é algo que muitos alemães orientais queriam fazer nos anos do comunismo. É porque lá ficava o quartel-general em Leipzig e o bunker da temida polícia *Stasi* (Staatssicherheit/Segurança do Estado). Abrigado em um antigo prédio de seguradora, de 1913, o escritório onde eles mantinham seus enormes arquivos sobre "pessoas de interesse" é agora um memorial e museu, que exibe uma mistura peculiar da inflexibilidade e banalidade da polícia estatal.

Quedlinburg

Em qualquer competição pelo título de cidade mais bonita da Alemanha, Quedlingburg (de população de 22 mil pessoas), na parte norte das montanhas Hartz, seria uma participante importante. A Altstadt (Cidade Antiga) inteira, "um exemplo extraordinário de uma cidade europeia medieval", é considerado Patrimônio da Humanidade pela UNESCO, com uma magnífica diversidade de casas com quadros de madeira com telhados vermelhos. Quase 800 prédios da cidade são classificados como monumentos históricos. Como uma camada de açúcar em um bolo colorido, o topo da rochosa Burgberg (Colina do Castelo) sustenta o peso de um castelo real e igreja histórica.

> *O castelo de Burgberg começou como uma fortaleza saxônica no século X, mas foi se expandindo do final do século XVI ao XVII.*

PONTO DE PARTIDA **O Markt (na Hohe Strasse e Markstrasse) é um bom local para começar. É uma caminhada de apenas 1 km (0,66 milha) para o noroeste a partir da estação de trem até o Markt, pela Bahnhofstrasse e Heiligegeistrasse. Não há ônibus que vá da estação de trem até o Markt, mas a linha B percorre dois terços do caminho até a parada na Neuer Weg, uma viagem de aproximadamente 4 minutos.**

1 ★★ **Markt.** Em um lado da praça central de Quedlinburg fica a Rathaus (prefeitura), um prédio renascentista do século XVI. Na parte de fora, uma estátua (c. 1420) representando o heroico cavaleiro franco Roland, do século VIII, a serviço de Carlos Magno. Enquanto você estiver aqui, também pode obter informações no escritório turístico e, no verão, pegar um pequeno trem de estrada para turistas. 🕒 **1 hora.**

2 ★ **Finkenherd.** Quedlinburg é cheia de recantos charmosos, mas nenhum é melhor que esse distrito de casas com ricos detalhes de madeira misturadas logo abaixo de Burgberg. 🕒 **1 hora.**

3 ★★ **Stiftskirche St. Servatius.** Suba a ladeira até Burgberg para visitar a restaurada Romanesque Stiftskirche St. Servatius (Igreja da Abadia de São Servatius), com duas torres. Durante o governo do Terceiro Reich, nazistas tomaram a igreja e a usaram como local de culto das SS, devido à associação de Heinrich Himmler do seu próprio nome (e possivelmente sua pessoa) com o de Heinrich I (876–936), o primeiro rei da Alemanha, que foi enterrado junto com sua esposa Mathilde na cripta. O Domschatz (Tesouro) contém objetos eclesiásticos feitos de ouro, prata e pedras preciosas — alguns dos tesouros, "liberados" por um oficial do exército dos Estados Unidos em 1945, foram recuperados em 1990. 🕒 **1 hora. Schlossberg. ☎ 03946/709-900. Entrada 4€ por adulto, 3€ para a faixa etária de 6 a 18 anos, 21€ por família, em abril, de terças a sábados das 10 h às 16 h 30 min, domingos, do meio-dia às 16 h 30 min; de maio a outubro, de terças a sábados das 10 h às 17 h 30 min, domingos, de meio-dia às 17 h 30 min; de novembro a março, de terças a sábados das 10 h às 15 h 30 min, domingos de meio-dia às 15 h 30 min.**

4 ★ **Schlossmuseum.** De frente para São Servatius fica o palácio renascentista (século

XVI e XVII), de abadessas luteranas. Seus salões dão uma boa ideia do conforto em que o líder religioso com conexões políticas podia viver. Não se esqueça de andar pelos jardins da colina e aproveitar a bela vista por cima dos telhados de Quedlingburg. 🕒 **1 hora. Schlossberg. ☎ 03946/905-681. Entrada 4€ por adulto, 2,50€ para a faixa etária de 6 a 18 anos, 9€ por família. De abril a outubro, de terças a domingos das 10 h às 18 h; de novembro a março, de terças a domingos das 10 h às 16 h.**

5 ★ **Münzenberg.** Passando por um vale estreito a partir de Burgberg, este local rochoso é coroado por um conjunto perfeito de pequenas casas do século XVI. 🕒 **1 hora. Fora de Wipertistrasse.**

Passando a Noite em Quedlinburg

O **Romantik Hotel Theophano**, Markt 13–14 (☎ 03946/96300), localizado na área central, oferece quartos pequenos e acolhedores, alguns com vigas de madeira aparentes e um restaurante (separado) no porão, tudo em harmonia com o ambiente de Quedlinburg. Diárias para duas pessoas de 89€ a 140€, com café da manhã. Para almoço ou jantar, os frutos do mar no **Fisch-Kate**, Lange Gasse 1A (☎ 03946/989-153), são uma boa mudança em relação à presença maciça de restaurantes tradicionais saxônicos e alemães de Quedlinburg.

Weimar

Apesar de relativamente pequena, Weimar (com população de 65 mil pessoas) tem um papel notável na história cultural da Alemanha. A cidade no rio Ilm já foi um tipo de Camelot alemã, atraindo artistas, poetas, filósofos e compositores. Durante o reinado esclarecido da duquesa Ana Amália, notáveis como Goethe e Schiller eram residentes. Há diversos locais considerados Patrimônios da Humanidade pela Unesco, todos associados ao classicismo alemão e à arquitetura Bauhaus.

> *Antiga casa do escritor e filósofo Johann Wolfgang von Goethe, a Goethes Wohnhaus hoje é um museu dedicado ao seu trabalho.*

PONTO DE PARTIDA O Markt é um bom lugar para começar. Você pode obter informações do escritório de turismo aqui. É uma caminhada de 1,6 km (1 milha) para o sul a partir da estação de trem até o Markt, pela Carl-August-Allee, Weimarplatz, Karl-Liebknecht-Strasse, Goetheplatz e Geleitstrasse. Não há ônibus que faça todo o caminho da estação de trem até o Markt, mas os ônibus números 1, 2, 3, 6, 7, e 8 percorrem em torno de dois terços do caminho, até a Goetheplatz.

1 ★★ **Markt.** Em estilo neogótico, a Rathaus (Prefeitura, de 1841) de Weimar domina a principal praça da cidade. Na parte leste do local, a **Lucas-Cranach-Haus** é parte da "dupla" de prédios que os artistas Lucas Cranach pai (1472-1553) e filho (1515-1586) chamaram de casa. Hoje em dia, a construção é um teatro.

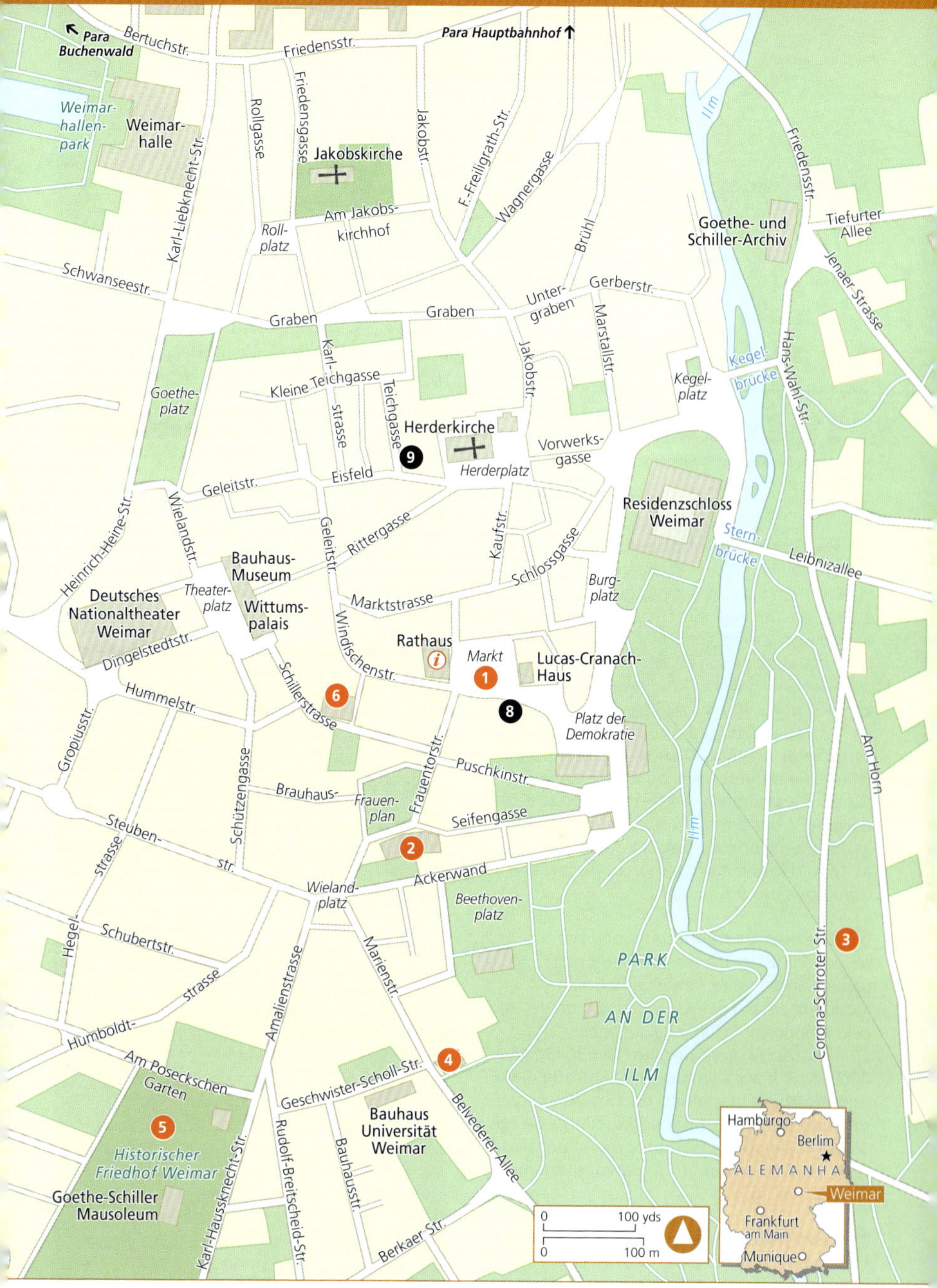

1 Markt
2 Goethes Wohnhaus
3 Goethes Gartenhaus
4 Liszt-Haus
5 Historischer Friedhof
6 Schillers Wohnhaus

Onde Ficar

Elephant **8**

Onde Jantar

Zum Zwiebel **9**

> *O Museu Bauhaus de Weimar é um santuário do projeto revolucionário pós-Primeira Guerra Mundial e de seus principais inovadores.*

2 ★★ **Goethes Wohnhaus.** O escritor e filósofo alemão Johann Wolfgang von Goethe morou nessa mansão barroca de 1782 a 1832. Ela agora é um lugar histórico e museu da sua vida e trabalho, com quartos e biblioteca restaurados ao estado da época em que ele morava lá. 🕒 1 hora. Am Frauenplan 1. ☎ 03643/545-400. www.klassik-stiftung.de. Entrada 8,50€ por adulto, 2,50€ por estudantes de 16 a 20 anos, gratuita para crianças e adolescentes de até 15 anos. De abril a setembro, de terças a sextas e domingos das 9 h às 18 h, sábados das 9 h às 19 h; outubro, de terças a sextas das 9 h às 18 h; de novembro a março, de terças a domingos das 9 h às 16 h.

3 **Goethes Gartenhaus.** A primeira residência de Goethe em Weimar foi esta pequena casa em um jardim arborizado, localizada em um parque ao lado do rio descrito pelo próprio como "infinitamente belo". 🕒 20 minutos. Im Park der Ilm. ☎ 03643/545-400. www.klassik-stiftung.de. Entrada 4,50€ por adulto, 2€ por aluno de 16 a 20 anos, gratuito para crianças e adolescentes de até 15 anos. De abril a outubro, diariamente das 10 h às 18 h; novembro a março, diariamente das 10 h às 16 h.

4 **Liszt-Haus.** O compositor e pianista Franz Liszt morou nesta casa de 1869 a 1886, e seus ambientes recriados podem ser visitados. 🕒 20 minutos. Marienstrasse 17. ☎ 03643/545-400. www.klassik-stiftung.de. Entrada 4€ por adulto, 1€ por estudante de 16 a 20 anos e gratuita para crianças e adolescentes de até 15 anos. De abril a outubro, diariamente das 10 h às 18 h; de novembro a março, diariamente das 10 h às 16 h.

Buchewald

O Gedenkstätte Buchenwald é um memorial aos que sofreram e morreram no Buchenwald Konzentrationslager, um dos notórios campos de concentração da Alemanha nazista. Um número estimado de 250 mil judeus, eslavos, ciganos, homossexuais, opositores políticos, prisioneiros de guerra, testemunhas de Jeová, problemáticos sociais, criminosos e outros ficaram confinados lá de 1937 a 1945. O portão tem a frase JEDEM DAS SEINE ("para cada um, o seu"). Buchenwald — o nome significa Floresta da Faia — era um "campo de trabalho"; menos internos foram mortos aqui do que em outros campos. Apesar disso, 56 mil pessoas morreram, e experimentos médicos sádicos foram executados em prisioneiros. Apenas partes do campo foram preservadas. Um memorial com diversas facetas (escultura, torre do sino, e assim por diante) foi erguido sobre as lápides de túmulos de mais de 3 mil vítimas. 🕒 1 hora. ☎ 03643/4300. www.buchenwald.de. Entrada gratuita. De abril a outubro, de terças a domingos das 10 h às 18 h; de novembro a março, de terças a domingos das 10 h às 16 h. Buchenwald fica fora da cidade, a noroeste, uma viagem de carro de 10 km (6 milhas) em estradas do interior, ou pegue o ônibus número 5 saindo da estação de Weimar.

5 Historischer Friedhof (Cemitério Histórico). Johann Wolfgang von Goethe e Froedrich Schiller foram enterrados lado a lado em caixões de carvalho no Fürstengruft (Catacumba do Ducado, 1826) do cemitério. ⏲ 15 minutos. Am Posekschen Garten. Entrada gratuita. De março a outubro, de quartas a segundas das 9 h às 13 h e das 13 h às 15 h; de novembro a fevereiro, de quartas a segundas das 10 h às 13 h, e das 14 h às 16 h.

6 ★ Schillers Wohnhaus. O poeta, filósofo e escritor de peças alemão Friedrich Schiller escreveu sua peça *Guilherme Tell* e outros trabalhos quando morava nesta casa de campo barroca, de 1777, entre os anos de 1802 e 1805. Alguns quartos foram restaurados, e hoje são um monumento e um museu. ⏲ 30 minutos. Schillerstrasse 12. ☎ 03643/545-400. www.klassik-stiftung.de. Entrada 5€ por adulto, 2€ por estudante de 16 a 20 anos, gratuito para crianças e adolescentes de até 15 anos. De abril a setembro, de terças a sextas e domingos das 9 h às 18 h, sábados das 9 h às 19 h; em outubro, de terças a domingos das 9 h às 18 h; de novembro a março, de terças a domingos das 9 h da manhã às 16 h.

Bauhaus em Weimar

Embora seja bem conhecida pela sua herança do classicismo alemão do século XVIII, conforme personificado por Goethe e Schiller e refletido na arquitetura da cidade, Weimar foi, junto com Dessau (pág. 159, 7), um centro da escola Bauhaus de arquitetura e desenho depois da Primeira Guerra Mundial. Entre diversas exibições no **★ Bauhaus Museum**, Theaterplatz (☎ 03643/545-621; www.klassik-stiftung.de) estão trabalhos voltados para o movimento Walter Gropius. Além disso, Weimar abriga a **Bauhaus-Universität** (☎ 03643/580; www.uni-weimar.de), um fruto da escola. Vários prédios dessa universidade foram baseados em projetos do início do século XX, do arquiteto belga Henry van de Velde. Para ler mais sobre esse movimento, vá à página 466.

> *O hotel Elephant, em Art Déco, é famoso pelos seus quartos coloridos, bons jantares e uma lista de hóspedes célebres (incluindo Johann Sebastian Bach).*

Onde Ficar e Jantar

★★★ Elephant ZENTRUM
O hotel com o nome do animal que não se esquece guarda memórias de 3 séculos de hóspedes ilustres (entre eles Bach), quartos coloridos em estilo Art Déco e opções de jantar que estão entre as melhores da cidade. Markt 19. ☎ 03643/8020. www.starwoodhotels.com. 99 quartos. Diárias para duas pessoas de125€ a 245€. AE, DC, MC, V.

★ Zum Zwiebel ZENTRUM *TURINGIENSE*
Dê um tempo do classicismo descolado e ares acadêmicos de Weimar em um restaurante agradável, com paredes de tijolos e estilo bistrô, em que cerveja e vinho acompanham refeições de culinária local e pratos de peixe. Teichgasse 6. ☎ 03643/502-375. www.zum-zwiebel.de. Entradas de 7€ a 13€. Não aceita cartões de crédito. Almoço e jantar diariamente.

Informações Úteis Sobre Dresden, Leipzig e Alemanha Oriental

Serviços de Reservas de Hospedagem

Ligue para **Hotel Reservation Service** (☎ 0870/243-0003; www.hrs.de) de qualquer local da Alemanha. Centros de informações turísticas nas principais estações de trem e aeroportos oferecem serviços de reservas de quartos de hotéis, apartamentos e B&Bs, assim como os pontos de informações turísticas em estações de trem e aeroportos.

Caixas Eletrônicos

As principais cidades da região têm diversos caixas eletrônicos (*Geldautomaten*) de uma série de bancos. Mesmo localidades pequenas provavelmente possuem pelo menos um banco com caixa 24 horas.

Dentistas e Médicos

Se você tiver um problema médico ou dentário de rotina ao viajar pela Alemanha, seu hotel provavelmente poderá lhe indicar um médico local (*Arzt*) ou dentista (*Zahnartz*), ou pelo menos um que fale um pouco de inglês. Você deve fornecer prova de seguro permanente ou de viagem (como um cartão EHIC no caso da maioria dos residentes na Europa) ou será solicitado a pagar pelo tratamento. Caso sofra pequenos ferimentos que requeiram tratamento rápido, vá ao departamento *Nataufnahme* (emergência) do *Krankenhaus* (hospital) mais próximo. Quando os ferimentos forem graves ou trouxerem risco de vida, ligue para o número de emergência de médico/ambulância (veja "Emergências" a seguir).

Emergências

Para ligar para a polícia (*Polizei),* disque ☎ **110**. Para informar um incêndio ou chamar um médico de emergência (*Notarzt*) ou uma ambulância (*Krankenwagen*), disque ☎ **112**.

Chegando Lá

Esta região é servida pelos três grandes aeroportos na sua periferia — o **Berlin-Tegel** (TXL) e o **Berlin-Schönefeld** (SXF), ao norte, e o **Frankfurt am Main** (FRA) ao sudoeste — e três aeroportos regionais: **Leipzig/Halle** (LEJ), **Leipzig-Altenburg** (AOC) e **Dresden** (DRS). Em menor grau, o **Hanôver** (HAJ) permite acesso à zona oeste da região. Todas as cidades e a maioria das cidades pequenas são bem servidas por trem. Autoestradas internacionais chegam a essa região da Polônia pelo leste e da República Tcheca pelo sudeste, e importantes autoestradas alemãs entram por Berlim, Hanôver e do Ruhr. Os ônibus internacionais da **Eurolines** (www.eurolines.com) param em Dresden.

Circulando

É possível viajar rapidamente nas Autobahns (estradas A) e nas *Bundesstrassen* (estradas B) em grande parte da região; muitas destas estradas também têm uma designação E (Europeia). A maior parte dos serviços de trem — e todos os trens InnerCity, incluindo os trens ICE, de alta velocidade — são operados pela **Deutsche bahn** (Ferroviária Alemã; ☎ 11861; www.deutschebahn.com). Alguns serviços locais e regionais são operados por empresas privadas de trens. O serviço regional de ônibus não é uma maravilha, mesmo em áreas não tão bem servidas por trens — Thüringer Wald, Erzgebirge e Elbsandsteingebirge, por exemplo — e é provável que seja lento. Dresden, Leipzig e Magdeburg têm redes integradas de transporte público de *S-Bahn* (metrô), bondes, ônibus e trens.

Acesso à Internet

Muitos hotéis têm um ou mais terminais para o uso de seus hóspedes. Wi-Fi ou banda larga estão disponíveis com frequência, embora muitas vezes sob pagamento de uma taxa. A maioria das cidades de qualquer tamanho provavelmente tem ao menos um local para acesso à Internet, enquanto cidades como Dresden, Leipzig e Magdeburg possuem muitos.

Farmácias

Em alemão, uma farmácia é uma *Apotheke*. Para comprar cosméticos e artigos de perfumaria, vá a uma *Drogerie*. A maioria das farmácias funciona durante o horário comercial e coloca detalhes da farmácia 24 horas mais próximas. Há farmácias mesmo nas cidades menores.

Polícia

Para informar uma perda ou roubo, como uma carteira ou passaporte, vá à polícia local (*Polizei*). Para ligar para a polícia de qualquer lugar da Alemanha, disque ☎ **110**.

Correios

Você reconhecerá as filiais do **Deutsche Post** (☎ 01802/3333; www.deutschepost.de) pela sua placa amarela com uma buzina preta. Esses são alguns dos endereços das principais cidades da região: Dresden: Webergasse 1 (Innere Altstadt); Leipzig: Grimmaische Strasse 30 (Zentrum); Magdeburg: Breiter Weg203-206 (Altstadt); Weimar: Goetheplatz 7-8 (Altstadt). As agências de correio ficam abertas de segunda a sexta, das 8 às 18h, e aos sábados, das 8 ao meio-dia.

Segurança

O risco de ser vítima de um crime nessa região é bem baixo, embora um pouco maior nas cidades mais populosas. Por outro lado, há uma característica similar à de outras partes da antiga Alemanha Oriental: existe um pequeno, mas real, risco de agressão por parte de extremistas neonazistas a pessoas pertencentes a grupos de minorias étnicas ou que não sejam brancas. Mesmo que isso não seja um fato corrente, e os envolvidos sejam poucos, as atitudes desses grupos são violentas – e isso inclui homicídio, se preciso –, o que torna a situação motivo de alerta.

Táxis

Em Dresden, ligue para a **Funktaxi Dresden** (☎ 0351/211-211); EM Leipzig, **Funk-Taxi** 4884 (☎ 0341/4884); em Magdeburg, a **Taxi-Ruf G** (☎ 0391/737-373); e em Weimar, **Taxi-Weimar** (☎ 03643/59555)

Telefones

Ligue ☎ 11837 para obter informações e ☎ 11834 para informações internacionais. O código de área de Dresden é 0351; de Leipzig, 0341; de Magdeburg, 0391; de Weimar, 03643; e de Eisenach, 03691. Digite o código de área ao ligar para um número de Berlim de fora da cidade; você não precisa discá-lo ao chamar da cidade. Não há um número padrão de dígitos para números telefônicos na Alemanha. Alguns telefones públicos aceitam moedas; alguns usam cartões, disponíveis nas agências dos correios e em bancas de revistas.

Banheiros

A cidade tem uma quantidade de banheiros públicos limpos (*Toilette* em alemão; pronuncia-se tuá-lé-te), muitos deles automáticos e com acesso para cadeirantes; você precisa de uma moeda de 0,50€ para destravar a porta. Mais convenientes e espalhados são os banheiros em cafés, bares, restaurantes, hotéis, shopping centers, algumas lojas, em paradas de autoestradas e áreas de descanso. Mesmo se você não for obrigado a pagar, é costume deixar 0,50€ para o atendente.

Passeios

Muitos passeios de barco saem de Dresden, Magdeburg e outras cidades ao longo do rio Elba. Em terra firme, todo tipo de excursão está disponível nos parques nacionais e naturais. Fãs de arquitetura moderna podem conferir programações voltadas para a herança Bauhaus (Dessau, Weimar), fãs de música têm Johann Sebastian Bach (Leizig, Weimar, Eisenach), Felix Mendelssohn Bartholdy (Leipzig), e Franz Lizst (Weimar). Aficionados pela religião — protestantes principalmente, de qualquer intensidade — podem seguir os passos de Martinho Lutero (Eisenach, Wittenberg). Amantes da literatura conferem Johann Wolfgang von Goethe e Friedrich Schiller (Weimar). Apaixonados pela arte ficam com as opções de Lucas Cranach, o Velho (Weimar), Caspar David Friedrich (Dresden) e Canaletto (Meissen). Agende passeios especializados como esses nos escritórios de turismo locais.

Informações para Visitantes

Centros de informações ao turista estão em todos os lugares. Eles vão de escritórios em cidades grandes como Dresden, Leipzig e Magdeburg até as pequenas representações em algumas vilas. Além dos fornecidos com a listagem individual das cidades, outros escritórios turísticos-chave são: DRESDEN Tourist Information Kulturpalast, Schloss-strasse; ☎ 0351/5016-0160; www.dresden.de; abril a dezembro, de segunda à sexta, das 10 h às 19 h, sábado das 10 h às 18 h, domingo das 10 h às 15 h; janeiro a março, segunda a sexta das 10 h às 18 h, sábado das 9 h às 16 h, domingo das 10 h às 14 h.

LEIPZIG Tourist Information, Richard-Wagner-Strasse, 1; ☎ 0341/710-4260; www.leipzig.de; segunda a sexta, das 9 h 30 às 18 h (das 10 h de novembro a março), sábado de 9 h 30 às 16 h e domingo de 9 h 30 às 15 h.

EISENACH Tourist Information, Stadtschloss, Markt 24; ☎ 03691/79230; www.eisenach.de; segunda a sexta, de 10 h às 18 h, sábado e domingo de 10 h às 17 h

QUEDLINBURG Tourismus, Markt 1; ☎ 03946/905-624; www.quedlinburg.de; meados de abril a meados de outubro, de segunda a sexta de 9 h 30 min às 18 h 30 min, sábado de 9 h 30 min às 16 h, domingo de 9 h 30 min às 15 h; meados de outubro a meados de abril, segunda a sexta de 9 h 30 min às 17 h, sábado 9 h 30 min às 14 h.

WEIMAR Tourist Information, Markt 10; ☎ 03643/7450; www.weimar.de; de abril a outubro, segunda a sábado, de 9 h 30 min às 19 h, domingo das 9 h 30min às 15 h; de novembro a março, segunda a sexta, de 9 h 30min às 18 h, sábado e domingo das 9 h 30 min às 14 h. Centro de Boas-vindas, Friedensstrasse 1; segunda a sábado de 10 h às 18 h.

5

Norte da Baviera e a Rota Romântica

O Melhor do Norte da Baviera em 3 Dias

Esse itinerário têm como destaques Würzburg, Rothenberg ob der Tauber e Nuremberg, três destinos fascinantes no norte da Baviera e ao longo da chamada Rota Romântica, que recebe esse nome devido à legítima paisagem alemã e às pitorescas cidadezinhas medievais que fazem parte dela. Para cada uma, reserve um dia e uma noite, sem pressa. O passeio lhe permitirá ter uma visão da riqueza histórica e artística da região, além de poder saborear a excelente comida e vinhos da Francônia, nome do antigo ducado ao qual Würzburg pertencia antes de se tornar parte da Baviera, em 1803.

> *PÁGINA ANTERIOR A Alte Mainbrücke, em Würzburg, marca o início da Rota Romântica. NESTA PÁGINA Visitar a bela Marktplatz, de Rothenburg ob der Tauber, é como entrar na Idade Média.*

PONTO DE PARTIDA Würzburg está 117 km (73 milhas) ao sudeste de Frankfurt, na A3. **DURAÇÃO DA VIAGEM** 160 km (99 milhas).

1 ★★ **Würzburg**. A pequena e animada cidade de Würzburg, ao longo do Rio Meno, é uma bela introdução ao charme do norte da Baviera e marca o início da maravilhosa **Rota Romântica** (pág. 206). Conhecida pelas construções históricas, a antiga universidade e o vinho seco e frutado *Frankenwein* (vinho Francônio), Würzburg oferece aos visitantes uma mistura intrigante de locais que podem facilmente ser aproveitados em um dia, além de uma saborosa amostra da comida e bebida regional da Francônia.

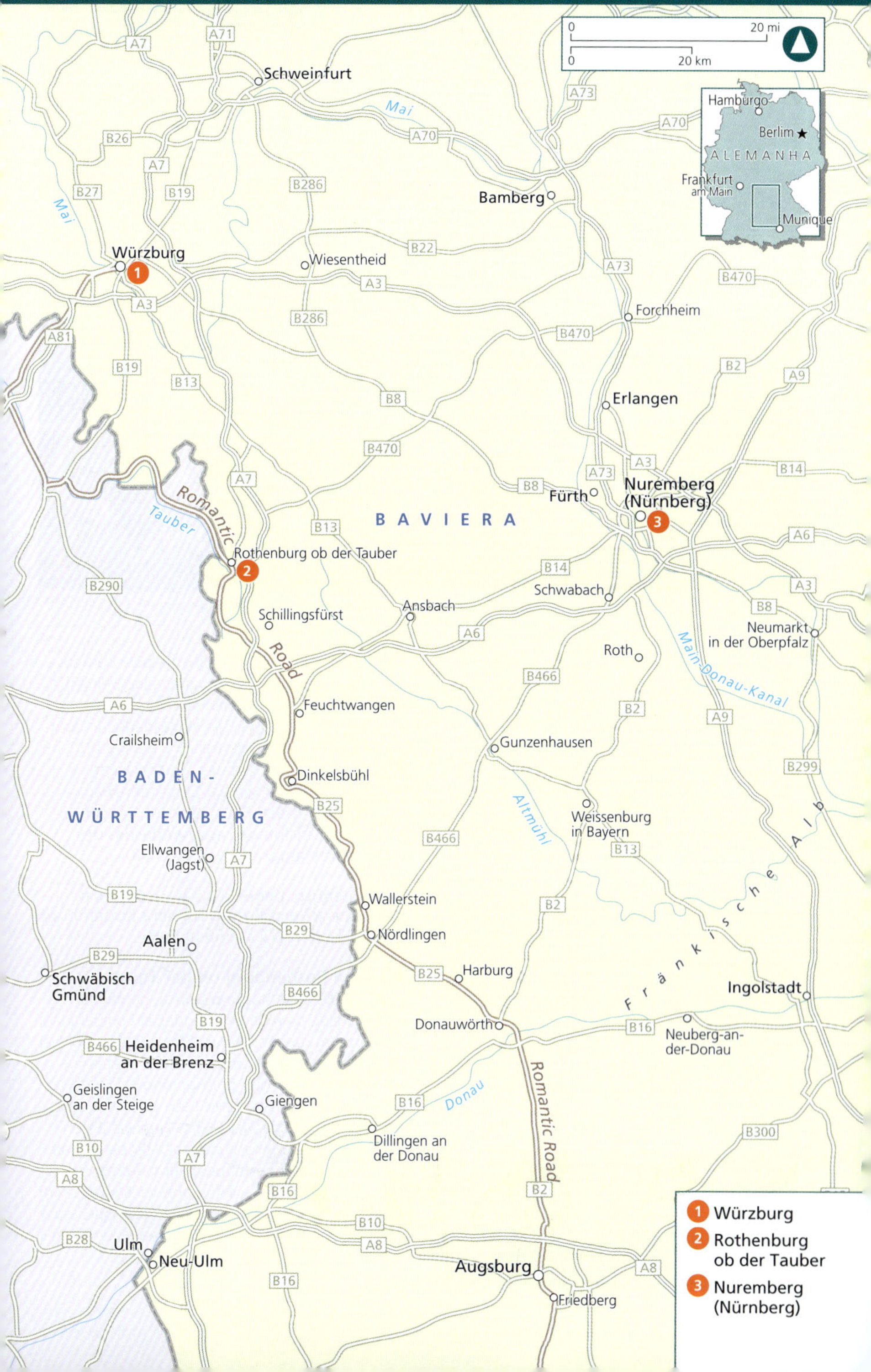
0 20 mi
0 20 km
Hamburgo
Berlim
ALEMANHA
Frankfurt am Main
Munique
Schweinfurt
Mai
Bamberg
Würzburg
Wiesentheid
Forchheim
Erlangen
Nuremberg (Nürnberg)
Fürth
BAVIERA
Romantic Road
Tauber
Rothenburg ob der Tauber
Schillingsfürst
Ansbach
Schwabach
Roth
Neumarkt in der Oberpfalz
Main-Donau-Kanal
Feuchtwangen
Crailsheim
Gunzenhausen
BADEN-WÜRTTEMBERG
Dinkelsbühl
Altmühl
Weissenburg in Bayern
Ellwangen (Jagst)
Wallerstein
Nördlingen
Aalen
Schwäbisch Gmünd
Harburg
Fränkische Alb
Ingolstadt
Donauwörth
Neuberg-an-der-Donau
Heidenheim an der Brenz
Geislingen an der Steige
Giengen
Donau
Dillingen an der Donau
Ulm
Neu-Ulm
Augsburg
Friedberg
1 Würzburg
2 Rothenburg ob der Tauber
3 Nuremberg (Nürnberg)

> *Würzburg é um excelente local para saborear a cozinha da Francônia e os vinhos locais.*

A Altstadt (Cidade Antiga), na margem leste do Meno, é onde você encontrará a **Residenz**, um dos maiores e mais impressionantes palácios da Alemanha. Construído como residência para os poderosos príncipes–bispos de Würzburg, seu interior é embelezado por decorações rococó e uma escadaria com uma gigantesca e famosa obra de Giovanni Battista Tiepolo no teto. Em uma fácil caminhada pela Altstadt você pode visitar, também, o **Dom St. Killian**, a catedral romanesca da cidade, a **Marienkapelle** (Capela de Maria), uma adorável igreja gótica, e a **Rathaus** (Prefeitura), um prédio do século XIII com uma fachada pintada do século XVI. Cruze, então, a **Alte Mainbrücke** (Ponte Antiga), de quase 500 anos, e suba as encostas cobertas de vinhedos até **Festung Marienberg** (Fortaleza de Marienberg), no topo da colina onde os príncipes–bispos viveram até o século XIII, quando se mudaram para o outro lado do rio, no Residenz. A fortaleza abriga o Mainfränkisches Museum (Museu Francônio do Meno), que merece uma visita principalmente para conferir a coleção das esculturas de madeira incrivelmente expressivas de Tilman Riemenschneider, um escultor do século XVI cuja genialidade também está exposta em St. Jakobskirche (pág. 238, 4), em Rothenburg ob der Tauber, e em Herrgottskirche, próxima a Creglingen (pág. 208, 3). 🕒 **1 dia. Para informações sobre Würzburg, incluindo recomendações de hotéis e restaurantes, ver pág. 240.**

Pegando o Trem

Você pode chegar facilmente a todas as cidades desse roteiro de trem, mas terá de trocar de veículo no caminho para Rothenburg ob der Tauber e Nuremberg.

De Würzburg, pegue a A3 para o leste e, depois, a A7 em direção sul para Rothenburg ob der Tauber (74 km/46 milhas).

2 ★★★ **Rothenburg ob der Tauber**. Por uma simples ostentação histórica, nenhuma outra cidade da Alemanha pode ser comparada a Rothenburg ob der Tauber. Uma cidade medieval repleta de muros e completamente intacta localizada em um alto promontório acima do rio Tauber, Rothenburg oferece aos visitantes uma fascinante visão da Alemanha Medieval. Essa pitoresca cidadezinha que parece ter parado no tempo é o maior destaque da Rota Romântica (pág. 206). De maio a setembro, você encontrará multidões de visitantes, mas não deixe que isso o impeça de visitar essa extraordinária lembrança do passado medieval da Alemanha.

Para um excelente início, caminhe por uma parte das muralhas da cidade da enorme **Spitalbastei** (um portão em torre medieval), do século XVI, até o **Klingenbastei** (outro portão em torre). Descendo ao nível da rua existem diversos cantos a serem explorados. Você pode ou não querer parar no **Mittelälterliche Kriminalmuseum** (Museu Medieval do Crime) para ver a arrepiante coleção de instrumentos de tortura. Mais apaixonante ainda é a **St. Jakobskirche** (Igreja de São Jacó), com seu belo altar criado pelo escultor local Tilman Riemenschneider. O vizinho **Reichstadtmuseum** (Museu da Cidade) fica em um convento de 700 anos de idade. Um local particularmente bonito, com uma adorável vista do vale do Tauber, é o **Burggarten** (Jardim do Castelo), um parque nos arredores do castelo imperial. Procure também pela fotogênica esquina conhecida como **Plönlein**, onde duas ruas — a de cima e a de baixo — se encontram. Enquanto caminha, não deixe de provar a especialidade de Rothenburg, chamada Schneeballen (bolas de neve) — docinhos redondos crocantes cobertos com açúcar de confeiteiro. Você pode comprá-los em confeitarias por toda a cidade. 🕒 **1 dia. Para informações sobre Rothenburg ob der Tauber, incluindo recomendações de hotéis e restaurantes, ver pág. 236.**

De Rothenburg ob der Tauber, pegue a A7 rumo ao sul, depois a A6 para o leste, a A73 e B88 norte para Nuremberg (109 km/68 milhas), cerca de 70 minutos de viagem.

3 ★★★ **Nuremberg (Nürnberg)**. Essa fascinante cidade de meio milhão de habitantes, grande o suficiente para oferecer várias atrações que valem a pena e pequena para ser toda percorrida em um dia, possui uma agradável agitação urbana. Conforme você andar pelas ruas dessa antiga capital do Sacro Império Romano, encontrará lembranças do período mais brilhante de Nuremberg — o Renascimento, quando a localidade surgiu como potência artística — e o seu período mais sombrio, quando foi palco de gigantes comícios nazistas.

Pairando sobre a cidade está o **Kaiserburg** (Castelo Imperial), residência oficial dos reis e imperadores alemães de 1050 a 1571. Um museu imperdível é o **Germanisches Nationalmuseum** (Museu Nacional Alemão), com coleções que incluem obras dos mestres renascentistas Albrecht Dürer e Veit Stoss. Os fãs de Dürer podem visitar, também, a **Albrecht-Dürer-Haus**, onde ele viveu de 1509 a 1528. Outro local conhecido é o **Spielzeugmuseum** (Museu de Brinquedos), com três andares de brinquedos históricos e modernos.

> *A inestimável escultura "A Saudação Angelical" saúda os visitantes da St. Lorenzkirche, em Nuremberg.*

A **Hauptmarkt** (Praça do Mercado) colorida e coberta de paralelepípedos, fica cheia de barracas onde vendem frutas, flores, vegetais e *Lebkuchen*, os deliciosos bolos de mel e especiarias criados pela primeira vez em Nuremberg há mais de 500 anos. No lado leste da praça está a **Frauenkirche** (Igreja de Nossa Senhora), cujo relógio mecânico do século XVI aponta 12 h com o auxílio de figuras que fazem reverência ao imperador Karl VI (Carlos VI). Nos arredores do Hauptmarkt fica a **Altes Rathaus** (Antiga Prefeitura). Ali perto, a **St. Lorenzkirche** (Igreja de São Lourenço) é a maior e mais bonita igreja gótica de Nuremberg, enquanto a **St. Sebalduskirche** (Igreja de São Sebaldo), do século XIII, dedicada ao patrono de Nuremberg, representa a transição do estilo característico do final do Romanesco para o início do Gótico. A história da guerra em Nuremberg ganha vivacidade no **Dokumentationszentrum Reichsparteitagsgelände** (Centro de Documentação sobre Fundamentos do Partido Nazista), situado no antigo Congresso Nazista e oferece uma visão global sobre a ascensão do nazismo. 🕒 **1 dia. Para informações sobre Nuremberg, incluindo recomendações de hotéis e restaurantes, ver pág. 226.**

O Melhor do Norte da Baviera em 1 Semana

A parte norte da Baviera desse passeio de uma semana de duração inclui Regensburg e Nuremberg, enquanto o trecho da Rota Romântica destaca Würzburg, Rothenburg ob der Tauber, Augsburg e Füssen. Reserve um dia e uma noite em cada um desses lugares históricos e com arquitetura rica (dois dias em Nuremberg). As distâncias não são grandes entre as paradas – normalmente cerca de uma hora de trem ou carro.

> *Construção do século XII, a Steinernebrücke (Ponte de Pedra) atravessa o rio Danúbio e oferece uma bela paisagem de Regensburg, a maior cidade medieval da Alemanha.*

PONTO DE PARTIDA Regensburg fica a 125 km (78 milhas) ao norte de Munique na B32R, A9 e A93. DURAÇÃO DA VIAGEM 558 km (347 milhas).

1 ★★ **Regensburg**. Com cerca de 1400 construções medievais, Regensburg é a maior cidade medieval da Alemanha, e a única a sobreviver à Segunda Guerra Mundial completamente intacta. Situado no ponto mais ao norte do rio Danúbio, é um lugar adorável, ligeiramente afastado da agitação da vida moderna, e um bom lugar para começar o seu passeio de uma semana. Em um dia você

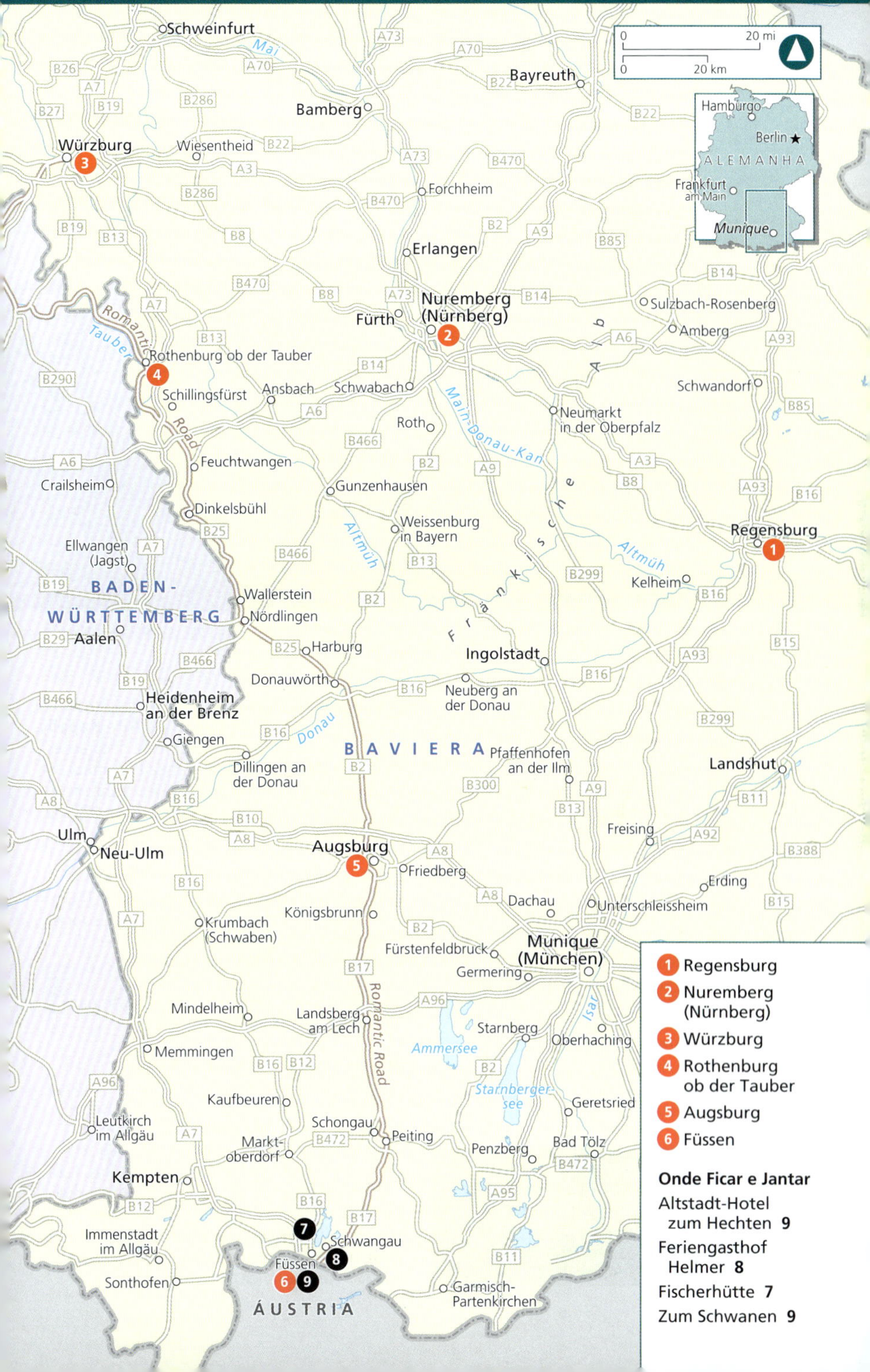
0 20 mi
0 20 km
Hamburgo
Berlin
ALEMANHA
Frankfurt am Main
Munique
Schweinfurt
Bayreuth
Bamberg
Würzburg
Wiesentheid
Forchheim
Erlangen
Nuremberg (Nürnberg)
Fürth
Sulzbach-Rosenberg
Amberg
Rothenburg ob der Tauber
Schillingsfürst
Ansbach
Schwabach
Schwandorf
Roth
Neumarkt in der Oberpfalz
Feuchtwangen
Crailsheim
Gunzenhausen
Dinkelsbühl
Weissenburg in Bayern
Regensburg
Ellwangen (Jagst)
BADEN-WÜRTTEMBERG
Kelheim
Wallerstein
Nördlingen
Aalen
Harburg
Ingolstadt
Donauwörth
Neuberg an der Donau
Heidenheim an der Brenz
Giengen
Dillingen an der Donau
BAVIERA
Pfaffenhofen an der Ilm
Landshut
Freising
Ulm
Neu-Ulm
Augsburg
Friedberg
Erding
Dachau
Unterschleissheim
Königsbrunn
Krumbach (Schwaben)
Fürstenfeldbruck
Munique (München)
Germering
Mindelheim
Landsberg am Lech
Starnberg
Oberhaching
Memmingen
Ammersee
Starnberger see
Kaufbeuren
Geretsried
Leutkirch im Allgäu
Schongau
Peiting
Markt-oberdorf
Penzberg
Bad Tölz
Kempten
Immenstadt im Allgäu
Schwangau
Füssen
Sonthofen
Garmisch-Partenkirchen
ÁUSTRIA
Romantic Road
Fränkische Alb
Main-Donau-Kan
Main
Tauber
Altmühl
Donau
Isar
1 Regensburg
2 Nuremberg (Nürnberg)
3 Würzburg
4 Rothenburg ob der Tauber
5 Augsburg
6 Füssen
Onde Ficar e Jantar
Altstadt-Hotel zum Hechten 9
Feriengasthof Helmer 8
Fischerhütte 7
Zum Schwanen 9

> *Visão da Altstadt (Cidade Antiga) de Nuremberg a partir das torres do Kaiserburg, que uma vez foi residência dos reis da Alemanha.*

pode facilmente ver, a pé, todos os destaques históricos. Em vez de passar a noite lá, uma opção é seguir para Nuremberg (pág. 226), maior e mais cosmopolita, e ficar três noites lá.

Comece o passeio contemplando a Altstadt (Cidade Antiga) da **Steinerne Brücke** (Ponte de Pedra), do século XII, sobre o rio Danúbio. Ali perto, um fragmento de uma porta do século II, a **Porta Pretória**, marca o portão norte do acampamento romano erguido ali em 79 d.C. A uma curta caminhada fica a **Dom St. Peter** (Catedral de São Pedro), do século XIII, construída em estilo gótico francês e iluminada por belos vitrais; visite-a às 10 h no domingo e você ouvirá o famoso coral de meninos da igreja. Se tiver interesse por arte religiosa, vá ao **Diözesanmuseum St. Ulrich** (Museu Diocesano), ao lado da catedral. Você será levado de volta à Idade Média enquanto caminha pelo **Hinter der Grieb**, uma antiga viela cercada de casas do século XV com altas torres inspiradas na arquitetura do norte da Itália. Vá à **Alte Kapelle** (Antiga Capela) para ver o desfile de decorações rococó. A **Altes Rathaus** (Antiga Prefeitura) de Regensburg é conhecida por seu maravilhoso salão gótico. O **Historisches Museum** (Museu Histórico) exibe algumas belas pinturas de mestres da escola do Danúbio. Finalmente, para conferir a vida aristocrática, faça um passeio pelo **Schloss Thurn und Taxis** (Palácio Thurn und Taxis). 🕒 **1 dia. Para informações sobre Regensburg, incluindo recomendações de hotéis e restaurantes, ver pág. 232.**

Pegando o Trem

Você também pode realizar este passeio de trem. Precisará realizar pelo menos uma baldeação quando for para Rothenburg ob der Tauber, Augsburg e Füssen.

De Regensburg, pegue a A3 sudoeste para Nuremberg (103 km/62 milhas).

2 ★★★ **Nuremberg (Nürnberg)**. Uma das maiores cidades da Baviera, é prazeroso explorar Nuremberg, com museus, igrejas e locais que contam a sua história tanto como capital do Sacro Império Romano quanto como quartel general dos bombásticos comícios nazistas. Para ver tudo, planeje gastar dois dias inteiros e duas ou três noites do seu passeio de uma semana por aqui. 🕒 **2 dias. Para informações sobre Nuremberg, incluindo recomendações de hotéis e restaurantes, ver pág. 226.**

> *Tenha contato direto com obras do tempo da renascença, como fontes e estátuas, em um passeio pela avenida Maximilianstrasse, em Augsburg.*

De Nuremberg, continue a nordeste na A3 até a saída 72 e, então, pegue a B8 para Würzburg (112 km/70 milhas).

3 ★★ **Würzburg**. Passe o seu quarto dia e noite nessa adorável e agitada cidade vinícola às margens do rio Meno visitando o **Residenz**, seu enorme palácio barroco, e o **Festung Marienberg**, um misto de museu e fortaleza . Não deixe de experimentar o vinho francônio produzido localmente. 🕒 1 dia. Para informações sobre Würzburg, incluindo recomendações de hotéis e restaurantes, ver pág. 240.

De Würzburg pegue a A3 leste e, então, a A7 sul para Rothenburg ob der Tauber (74 km/46 milhas).

4 ★★★ **Rothenburg ob der Tauber**. Embora possa ficar lotada durante o verão, a maioria dos visitantes acha encantadora essa cidade medieval murada. Passe um dia inteiro caminhando e absorvendo o clima, e pernoite em uma das antigas pousadas do local. 🕒 1 dia. Para informações sobre Rothenburg ob der Tauber, incluindo recomendações de hotéis e restaurantes, ver pág. 236.

De Rothenburg, siga pela A7 sul e depois pela A8 leste em direção a Augsburg (184 km/114 milhas).

> *A Altstadt (cidade antiga) de Rothenburg ob der Tauber pouco mudou nos últimos 400 anos.*

> *A Lechfall fica a uma caminhada curta da bela Füssen, uma cidade conhecida por suas belas praças e prédios medievais.*

5 ★★ **Augsburg**. Augsburg é uma cidade de surpresas agradáveis. Maior destino da Rota Romântica, com uma população de cerca de 260 mil habitantes, foi fundada cerca de 2 mil anos atrás pelo imperador romano Augusto e atingiu seu ápice cultural durante o Renascimento, sob o patrocínio da imensamente rica família Fugger (veja "Conhecendo os Fugger", pág. 220). Uma simples caminhada revela uma atraente paisagem urbana carregada de prédios históricos, esquinas charmosas e o clima alegre de uma cidade universitária.

A Rathausplatz, praça principal da cidade, é dominada pela **Rathaus** (Prefeitura) do século XVII e pela adjacente **Perlachturm** (Torre Perlach), coberta por uma distinta abóbada chamada "cebola de Augsburg". O **St. Anna**, um antigo mosteiro carmelita datado de 1321, possui pinturas do grande artista renascentista Lucas Cranach, o Velho. Conforme você passeia ao longo da **Maximilianstrasse**, a avenida mais elegante de Augsburg, admire suas três grandes fontes renascentistas e entre no **Schaezlerpalais** (Palácio Schaezler) para uma olhada na sua coleção dos antigos mestres do barroco. No minúsculo **Fuggerei Museum** você poderá conferir a vida no Fuggerei, o primeiro complexo de habitação social do mundo, construído em 1523 e em uso ainda hoje. A catedral de Augsburg, **Dom St. Maria**, apresenta pinturas de Hans Holbein, o Velho e possui um dos mais antigos vitrais da Alemanha. **1 dia. Para informações sobre Augsburg, incluindo recomendações de hotéis e restaurantes, ver pág. 218.**

De Augsburg, siga pela B17, B12 e B16 rumo ao sul, para Füssen (108 km/67 milhas).

6 ★ **Füssen**. A Rota Romântica termina nessa adorável vila situada no pé dos Alpes Bávaros, 119 km (74 milhas) a sudoeste de Munique. Dividida pelo rio Lech, Füssen possui praças charmosas e ruas estreitas de paralelepípedos cercadas de casas medievais de pedra. É um bom ponto para servir de sede enquanto você explora o castelo de contos de fadas, Neuschwanstein (pág. 338, 2), próximo ao local.

Uma das principais atrações da cidade é o ★ **Hohes Schloss** (Alto Castelo), um dos mais belos castelos da Baviera e lar da Staatsgalerie, com sua coleção de arte da Suábia do século XV ao século XVIII (Magnusplatz; ☎ 08362/903146; entrada 3€; terça a domingo, das 11 h às 16 h, novembro a março, das 14 h às 16 h). O **Kloster St. Mang** (Mosteiro de São Magnus) foi fundado por monges beneditinos no século VIII no local onde morreu o missionário irlandês chamado St. Magnus em 750 d.C.; sua cripta em estilo romanesco contém obras pintadas por volta de 1000 d.C. No início do século XVIII, Johann-Jakob Herkomer, um arquiteto local, transformou a igreja e o mosteiro em uma pérola barroca com forte influência veneziana. O acesso é pelo **Museum der Stadt Füssen** (Museu da Cidade), que ocupa os antigos apartamentos da abadia e apresenta artefatos relacionados à história e à cultura da região, incluindo uma coleção de violinos e alaúdes feitos localmente (Lechhalde 3; ☎ 08362/903-145; entrada 3€; terça a domingo, das 10 h às 17 h, novembro a março, das 13 h às 16 h). A **Lechfall**, menos de um quilômetro (meia milha) ao sul da cidade, é um passeio famoso de Füssen. Uma passarela de pedestres atravessa a queda, localizada onde o rio Lech se espreme por entre um desfiladeiro rochoso e corre sobre uma alta inclinação. **1 dia. Informações turísticas: Kaiser-Maximilian-Platz 1 e Rathaus, Lechhalde 3. ☎ 08362/93850 para ambos. www.fussen.de.**

Onde Ficar e Jantar

> *A espetacular vista das montanhas é tão deliciosa quanto os suculentos frutos do mar do restaurante Fischerhütte, em Hopfen am See, perto de Füssen.*

★ **Altstadt-Hotel zum Hechten** FÜSSEN De posse e administrado pela mesma família há gerações, essa impecável pousada com jardineiras de flores desabrochando exala um ar da antiga hospitalidade bávara e possui quartos de pequeno a médio porte, a maioria apenas com chuveiro. **Ritterstrasse 6. ☎ 08362/91600. www.hotel-hechten.com. 35 quartos. Diárias para duas pessoas de 86€ a 98€, com café da manhã. AE, MC, V.**

★★ crianças **Feriengasthof Helmer** SCHWANGAU Com localização próxima aos jardins–spa de Schwangau, essa pousada tradicional e familiar oferece quartos claros e modernos, além de ficar bem perto do Castelo Neuschwanstein. **Mitteldorf 10 (4 km/2 milhas e meia a leste de Füssen). ☎ 08362/9800. www.hotel-helmer.de. 10 quartos. Diárias para duas pessoas de 64€ a 104€. MC.**

★★ **Fischerhütte** HOPFEN AM SEE *FRUTOS DO MAR/BÁVARO* Esse restaurante já oferece uma vista espetacular das montanhas, mas ainda assim funciona como um biergarten ao ar livre no verão e é especializado em frutos do mar de todas as partes do mundo: salmão do Alasca, lagosta do Atlântico Norte, *bouillabaisse* à moda francesa, truta local fresca, e linguado grelhado. **Uferstrasse 16 (5 km/3 milhas a noroeste de Füssen). ☎ 08362/91970. www.fischerhutte-hopfen.de. Pratos principais de 11€ a 25€. AE, MC, V. Almoço e jantar diariamente.**

Zum Schwanen FÜSSEN SUÁBIA/BÁVARO Pequeno e antiquado, o Zum Schwanen (Ao Cisne) serve uma saborosa mistura das cozinhas da Suábia e Baviera. As especialidades incluem salsichas caseiras, porco assado, cordeiro e carne de cervo. O serviço é prestativo e atencioso, e as porções são generosas. **Brotmarkt 4. ☎ 08362/6174. Pratos principais de 7€ a 18€. MC. Almoço e jantar de terça a sábado.**

A Rota Romântica

O passeio mais conhecido e turístico da Alemanha segue o seu caminho do rio Meno, em direção ao sul, até os Alpes, incluindo uma série de extraordinárias cidadezinhas medievais e paisagens cenográficas. Esse é, definitivamente, um caminho a ser feito de carro, para que você possa ir no seu ritmo, parar onde quiser e apreciar a paisagem. É possível percorrer a Rota Romântica (Romantische Strasse) em apenas três dias, mas você pode querer algumas jornadas a mais para desfrutar dos seus encantos.

> *Ruas de paralelepípedos e prédios medievais são característicos da charmosa Bad Mergentheim, uma das cidades da bela Rota Romântica.*

PONTO DE PARTIDA Würzburg fica 117 km (73 milhas) a sudeste de Frankfurt. Você pode pegar o trem, uma viagem de 1 h 30 min, ou ir de carro, rumo ao sudeste, na A3. DURAÇÃO DA VIAGEM 375 km (233 milhas), e pelo menos três dias.

1 ★★ **Würzburg**. Com uma fortaleza, um palácio em estilo barroco e vinhedos em suas colinas e encostas, essa pequena e amável cidade às margens do rio Meno é um bom local para experimentar a comida e o vinho da Francônia, e passar sua primeira noite na Rota Romântica. 🕒 1 dia. Para informações sobre Würzburg, incluindo recomendações de hotéis e restaurantes, ver pág. 240.

De Würzburg, a Rota Romântica deixa o rio Meno e segue a B27, na direção sudoeste, para a cidade de Tauberbischofsheim, onde você pega a B290 para Bad Mergentheim (47 km/29 milhas).

1 Würzburg
2 Bad Mergentheim
3 Creglingen
4 Rothenburg ob der Tauber
5 Dinkelsbühl
6 Nördlingen im Ries
7 Harburg
8 Donauwörth
9 Augsburg
10 Wildsteig
11 Wieskirche
12 Füssen
0 20 mi
0 20 km
ALEMANHA
BADEN-WÜRTTEMBERG
BAVIERA
ÁUSTRIA
SUÍÇA
Romantic Road

2 **Bad Mergentheim**. Essa cidade spa vale uma visita pelas belas ruas de paralelepípedos e para uma olhada rápida no **Deutschordenschloss**, um palácio usado pelos príncipes reais e pela ordem medieval dos Cavaleiros Teutônicos (Schloss 16; ☎ 07931/52212; www.deutschordensmuseum.de; abril a outubro, de terça a domingo das 10 h 30 min às 17 h; novembro a março, de terça a sábado das 14 h às 17 h, domingo, das 10 h 30 min às 17 h). 🕒 **20 minutos. Informações turísticas: ☎ 07931/57131; www.bad-mergentheim.de**

Basta andar mais 28 km (17 milhas) até Creglingen. Para chegar lá, vá para leste a partir de Bad Mergentheim na B19 e continue nesse sentido nas estradas menores L2251 e L1003, seguindo as placas para Herrgottskirche.

3 **Creglingen**. A atração do local é o famoso altar esculpido em madeira por Tilman Riemenschneider na ★ **Herrgottskirche**, localizada em uma estrada sinalizada cerca de 2 km (1,25 milha) ao sul de Creglingen, na pequena vila de Herrgottstal (entrada 2€, compre seu ingresso na máquina do lado de fora da igreja; terça a domingo, de meio-dia às 16 h, fecha em janeiro). Entre 1505 e 1510, o grande escultor de Würzburg criou um altar muito bonito, com figuras representando a Assunção da Virgem e cenas da sua vida. 🕒 **15 minutos. Informações turísticas: An der Romantischen Strasse 14. ☎ 07933/631. www.creglingen.de.**

De Creglingen, pegue a St2268 para Rothenburg ob der Tauber (18 km/11 milhas). A norte e ao sul de Rothenburg, a estrada acompanha o belo e florido Vale do Tauber.

4 ★★★ **Rothenburg ob der Tauber**. Para muitos, essa incrível cidadezinha medieval murada no rio Tauber é o indiscutível destino principal da Rota Romântica. Excelente para caminhadas e deliciosamente aconchegante, é também um bom local para passar a noite. 🕒 **1 dia. Para informações sobre Rothenberg ob der Tauber, incluindo recomendações de hotéis e restaurantes, ver pág. 236.**

Se você tiver tempo, pare e gaste uma hora explorando Dinkelsbühl ou Nördlingen im Ries, ambas localizadas na B25 ao sul de Rothenburg ob der Tauber. A duração da viagem entre as duas, a apenas 32 km (20 milhas) de distância, é de cerca de 40 minutos.

5 ★ **Dinkelsbühl**. Situada no lindo Vale do Wörnitz, Dinkelsbühl é um lugar encantador, cercado de muralhas medievais de pedra e com um vigia noturno que continua a fazer sua ronda todas as noites. Não levará mais de uma hora para você passear por essa joia histórica, com suas casas em estilo enxaimel e a bela **Münster St. Georg** (Igreja de São Jorge), do fim do período Gótico. 🕒 **1 hora. Informações turísticas: Marktplatz. ☎ 09851/90240. www.dinkelsbuehl.de.**

6 ★ **Nördlingen im Reis**. Nördlingen im Reis preservou sua Altstadt (Cidade Antiga), e é a única cidade da Alemanha com paredes e muralhas que podem ser percorridas por completo. Suba na torre da **St. Georg**, uma igreja do século XV, para ter uma vista dessa incrível localidade que parou no tempo. 🕒 **1 hora. Informações turísticas: Marktplatz 2. ☎ 09801/84116. www.noerdlingen.de.**

De Nördlingen im Reis, siga pela B466 sul para Harburg (18 km/11 milhas), uma viagem de cerca de 20 minutos.

7 ★ **Harburg**. A pequena cidade de Harburg, no Vale do Wörnitz, é outro excelente exemplo das cidadezinhas históricas espalhadas como joias pela Rota Romântica. Casas medievais em estilo enxaimel e residências barrocas se reúnem na Altstadt (Cidade Antiga), entre o rio Wörnitz e o castelo. Acima da cidade fica o poderoso **Schloss Harburg**, um dos mais bem preservados castelos da Alemanha (☎ 09080/7823; março a outubro, de terça a domingo das 9 h às 17 h; passeios guiados em inglês apenas com agendamento). Você pode querer parar para jantar no **Fürstliche Burgschenke** (☎ 09080/1504; www.burgschenke-harburg.de), o restaurante do local. 🕒 **30 min. Informações turísticas: Schlossstrasse 1. ☎ 09080/96990.**

Atalhos

Se você tem pouco tempo para percorrer a Rota Romântica, pode dirigir diretamente de Rothenburg ob der Tauber (**4**) em sentido sul na B25 para Augsburg (**9**), a segunda maior atração do passeio, que fica a uma distância de 184 km (114 milhas). Você pode encurtar ainda mais a sua viagem indo de Augsburg rumo ao sul na B17, diretamente para Füssen (**12**), a uma distância de 108 km (67 milhas) e cerca de 90 minutos.

> *A Rota Romântica leva você pelas charmosas e belas cidadezinhas do interior da Baviera.*

Donauwörth fica 12 km (7 milhas) ao sul de Harburg na B25, a cerca de 15 minutos de carro.

8 **Donauwörth**. Donauwörth, na confluência dos rios Wörnitz e Danúbio, deixou de ser uma vila de pescadores para se tornar uma Capital Imperial Livre. Vale uma parada rápida para passear pela Reichstrasse e suas imponentes casas aristocráticas, e para bisbilhotar a Altstadt (Cidade Antiga). 🕒 1 hora. Informações turísticas: Rathausgasse 1. ☎ 0906/789-151. www.donauwoerth.de.

De Donauwörth pegue a B2 sul para Augsburg (44 km/27 milhas), cerca de 45 minutos de viagem.

9 ★★ **Augsburg**. A maior cidade ao longo da Rota Romântica foi fundada há cerca de 2 mil anos pelo imperador romano Augusto e atingiu seu apogeu cultural durante o Renascimento. A Renascença ainda define o elegante centro urbano, especialmente ao longo da Maximilianstrasse. 🕒 1 dia. Para informações sobre Augsburg, incluindo recomendações de hotéis e restaurantes, ver pág. 218.

De Augsburg siga pela B17 sul para Wildsteig (87 km/54 milhas), um caminho que leva cerca de 1 hora e 20 min. para ser percorrido.

10 **Wildsteig**. Localizada em meio a uma área de conservação protegida pelo governo federal, com animais e plantas raros, esse conjunto de pequenas vilas montanhosas é lar para uma comunidade de fazendeiros que divide suas belas paisagens com amantes de caminhada e entusiastas de passeios ao ar livre. Pare aqui para vislumbrar a vida antiga na montanha e respire fundo o ar fresco. 🕒 30 minutos. Informações turísticas: Kirchbergstrasse 208. ☎ 08867/409. www.wildsteig.de.

A Wieskirche fica em Steingaden, 2,5 km (1, 5 milha) após Wildsteig, em uma estrada estreita e sinalizada.

11 ★★★ **Wieskirche**. O rococó é o estilo predominante por trás da discreta fachada da principal igreja da Rota Romântica. 🕒 30 minutos. Ver pág. 328, 3.

Continue ao sul na B17 para Füssen (21 km/13 milhas), uma viagem de cerca de 25 minutos.

12 ★ **Füssen**. Essa atraente cidade marca o fim oficial da Rota Romântica, e é um excelente lugar para aqueles que pretendem explorar o castelo de conto de fadas **Neuschwanstein** (pág. 338, 2). 🕒 1 dia. Para informações sobre Füssen, ver pág. 204, 6; para recomendações de hotéis e restaurantes em Füssen e arredores, ver pág. 205.

HOMENS (E MULHERES) DA MÚSICA

A Rica História Musical da Alemanha

BY DONALD OLSON

ALGUMAS DAS MAIORES OBRAS da música ocidental foram escritas por compositores alemães. A lista inclui Bach, Handel, Beethoven, Brahms, Mendelssohn, Schumann e Wagner, bem como os grandes do século XX Alban Berg e Kurt Weill. Através dos séculos, as tradições musicais alemãs foram incentivadas por conventos, monastérios e igrejas onde os compositores eram contratados para escrever músicas sacras, cantatas e oratórias. Eventualmente, conforme casas de ópera e concertos foram se tornando características das cidades alemãs, um público maior clamava por performances musicais. A música clássica continua sendo parte importante da cultura da Alemanha nos dias de hoje, podendo ser apreciada em salas de concertos e em óperas em todas as partes do país.

OS TRÊS B: Beethoven, Bach e Brahms

JOHANN SEBASTIAN BACH (1685–1750). Depois de tentativas como violinista, organista e mestre de capela, Bach chegou em Leipzig em 1723 e lá ficou pelo resto da vida, compondo mais de 200 cantatas, A Paixão Segundo São Mateus, e a Missa em Si Menor. Ele era talentoso também em outras áreas, sendo pai de 17 filhos. Todo mês de junho Leipzig celebra o legado musical de Bach na famosa **Bachfest** (www.bach-leipzig.de), durante a qual as obras de Bach são executadas na Thomaskirche, onde ele foi sepultado.

LUDWIG VAN BEETHOVEN (1770–1827). Beethoven trouxe profundidade emocional e novos timbres para a música no período de transição entre as eras clássica (Bach) e romântica (Brahms). Ele começou sua carreira compondo e apresentando concertos para piano, e continuou a compor (nove sinfonias, e a ópera *Fidelio*) mesmo quando sua audição começou a piorar, no final da década de 1790. Na ápoca da estreia de sua principal obra, a Nona Sinfonia, Beethoven estava tão surdo que precisava virar para ver os aplausos entusiasmados da plateia. Os amantes da música podem visitar seu local de nascimento, a **Beethoven-Haus**, em Bonn (pág. 455, 9).

JOHANNES BRAHMS (1833–1897). Assim como Beethoven, Brahms foi um compositor e pianista talentoso, que apresentava muitas de suas próprias obras. Ele compôs para piano, conjuntos de câmara, orquestras sinfônicas e para canto e coro. A estrutura da música de Brahms tem raízes nas tradições da composição barroca e clássica, mas ele desenvolveu temas musicais de forma iniciada por Beethoven, criando novas e ousadas harmonias e melodias. Os anos de glória de Brahms como compositor foram entre 1868, quando ele estreou *Um Réquiem Alemão*, sua maior obra para coral, e 1885, época na qual ele já havia composto suas quatro sinfonias e o Concerto para Piano nº 2. Em 1889, Brahms fez uma gravação experimental de sua primeira dança húngara no piano, a mais antiga gravação feita por um grande compositor.

Hildegarda, Weill e Wagner

Hildegarda de Bingen (1098–1179). Conhecida como Santa Hildegarda, essa madre superiora beneditina tem creditada mais

de 70 composições que ainda seguem vivas, um dos maiores repertórios entre os compositores medievais. A música de Hildegarda é monofônica, consistindo em apenas uma única linha melódica, mas suas melodias crescentes ultrapassam o alcance do canto medieval.

Kurt Weill (1900–1950). Apesar de ser treinado para o estilo clássico, foram suas músicas para teatro que se tornaram famosas na Alemanha no final dos anos 20 e início dos 1930. Sua obra mais conhecida, *A Ópera dos Três Vinténs*, foi escrita em 1928, em colaboração com o dramaturgo Bertolt Brecht, e contém sua canção mais famosa, "A Ópera dos Três Vinténs". Como um proeminente compositor judeu, Weill se tornou alvo dos nazistas e foi forçado a fugir da Alemanha em 1933.

Richard Wagner (1813–1883). Conhecido por suas óperas, Wagner foi pioneiro em avanços na linguagem musical, que fortemente influenciaram o desenvolvimento da música clássica europeia. Enquanto estava exilado da Alemanha, fugindo de credores, Wagner completou seu ciclo de quatro atos *O Anel do Nibelungo* e a ópera *Tristão e Isolda*, e desenvolveu sua visão revolucionária de óperas como *Gesamtkunstwerk*, ou "obra de arte total", uma fusão entre música, canto, dança, poesia, artes visuais e dramaturgia. Sua sorte brilhou quando Luis II, rei da Baviera, se tornou seu patrono. Wagner construiu o **Festspielhaus**, em Bayreuth (pág. 222 1), um teatro onde suas óperas — apenas as suas — eram apresentadas. Ele está sepultado em **Haus Wahnfried** (pág. 224, 4) em Bayreuth.

As Cidades Medievais e as Joias Barrocas do Norte da Baviera

Existem diversas adoráveis vilas, cidades medievais e barrocas para se visitar no norte da Baviera, e esse passeio o leva a cinco delas. Além de visitar Bayreuth, Bamberg, Nuremberg, Regensburg e Passau, você pode ainda fazer um passeio panorâmico pelas alturas arborizadas da bela floresta bávara. Esse itinerário é melhor realizado de carro.

> *O Palácio Novo no Schloss Eremitage, em Bayreuth, abre um café no verão e sedia exposições de pinturas.*

PONTO DE PARTIDA Bayreuth fica 92 km (57 milhas) a nordeste de Nuremberg pela B14 e A9. DURAÇÃO DA VIAGEM 524 km (326 milhas), incluindo o passeio pela floresta bávara e, pelo menos, três dias.

1 ★ **Bayreuth**. Construída entre as montanhas de Richtelgebirge e o relevo do planalto da Francônia Suíça, essa pequena cidade bávara está fortemente ligada ao compositor Richard Wagner (1813–1883). Amantes da música se reúnem aqui há mais de um século para assistir ao festival anual das óperas de Wagner no **Festspielhaus** (Teatro do Festival), e para visitar o **Richard-Wagner-Museum** na Haus Wahnfried, onde o compositor viveu e está sepultado. Mais recordações musicais estão expostas na **Franz-Liszt-Museum**, casa onde o compositor e pianista húngaro (e sogro de Wagner) morreu em 1886.

Mas há outra personalidade famosa que desenhou a paisagem cultural e arquitetônica da cidade muito antes da época de Wagner. Quando a marquesa Guilhermina (1709–1758), irmã do rei da Prússia Friedrich der Grosse (Frederico, o Grande), chegou na cidade, ela desencadeou o período mais brilhante da história de Bayreuth. Uma talentosa artista, escritora, compositora e decoradora, Guilhermina comandou a construção da **Markgräfliches Opernhaus** (Casa de Ópera de Margrave), um

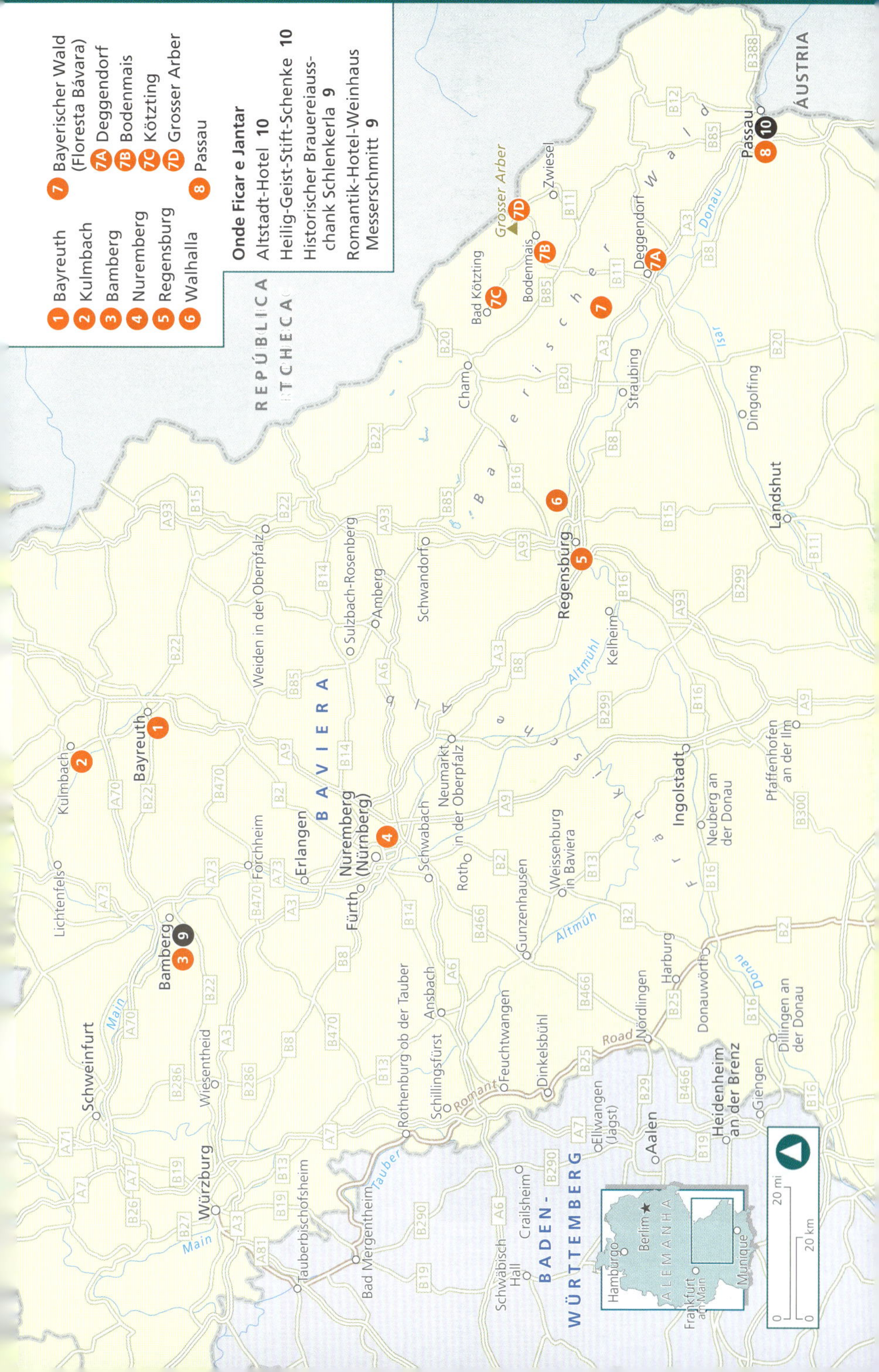
1 Bayreuth
2 Kulmbach
3 Bamberg
4 Nuremberg
5 Regensburg
6 Walhalla
7 Bayerischer Wald (Floresta Bávara)
7A Deggendorf
7B Bodenmais
7C Kötzting
7D Grosser Arber
8 Passau
Onde Ficar e Jantar
Altstadt-Hotel 10
Heilig-Geist-Stift-Schenke 10
Historischer Brauereiausschank Schlenkerla 9
Romantik-Hotel-Weinhaus Messerschmitt 9
REPÚBLICA TCHECA
BAVIERA
BADEN-WÜRTTEMBERG
ÁUSTRIA
ALEMANHA
Bayerischer Wald
Fränkische Alb
Romantische Road
Würzburg
Schweinfurt
Bamberg
Bayreuth
Kulmbach
Lichtenfels
Forchheim
Erlangen
Nuremberg (Nürnberg)
Fürth
Regensburg
Passau
Landshut
Ingolstadt
Deggendorf
Straubing
Rothenburg ob der Tauber
Ansbach
Nördlingen
Donauwörth
Dinkelsbühl
Feuchtwangen
Aalen
Heidenheim an der Brenz
Donau
Main
Altmühl
Isar
Tauber
0 20 mi
0 20 km

> *A escultura do século XIII, Bamberger Reiter, é apenas uma das muitas obras de arte que estão na Kaiserdom, em Bamberg.*

> *O retrato do renomado compositor Richard Wagner, de autoria de Franz Lenbach, está exposto no museu que leva o nome do artista.*

dos mais elegantes e bem preservados teatros barrocos da Europa, e o **Neues Schloss** (Castelo Novo), no qual quase todos os cômodos mantêm sua decoração barroca e rococó originais. Ela transformou, também, o **Schloss Eremitage** (Castelo Eremitage) em um fascinante retiro de interior, com um grandioso jardim em estilo inglês. 🕒 **1 dia.** **Para mais informações sobre Bayreuth, incluindo recomendações de hotéis e restaurantes, ver pág. 222.**

Se o seu tempo é limitado, siga diretamente de Bayreuth para Bamberg (3), 75 km (47 milhas) a oeste na A70, cerca de 50 minutos de viagem. Como alternativa, complete o seu dia em Bayreuth visitando a vizinha Kulmbach, 23 km (14 milhas) ao norte na B85, cerca de 25 minutos de carro.

2 Kulmbach. Famosa por suas várias cervejarias, a cidade de Kulmbach sedia um grande festival da cerveja anualmente em julho e agosto. Da atraente **Rathaus** (Prefeitura) da cidade, com sua fachada rococó datando de 1752, você pode caminhar até o **Schloss Plassenburg** (Castelo Plassenburg), uma enorme estrutura construída entre 1560 e 1570 (☎ 09221/82200; entrada 4€; diariamente,

> *Kulmbach se orgulha de ser uma cidade da cerveja; seu festival da bebida, no verão, atrai cerca de 100 mil pessoas a cada ano.*

de abril a setembro das 9 h às 18 h; outubro a março, das 10 h às 16 h). Evite o museu do castelo, a não ser que você se interesse por soldadinhos de chumbo. 🕒 **30 minutos.**

De Kulmbach, siga pela B85, B4 e St2190 a sudoeste, para Bamberg (63 km/39 milhas), cerca de uma hora de viagem.

O Circuito Natalino de Presépios de Bamberg

Um dos eventos mais populares de Bamberg — o Bamberger Krippenweg (Circuito Natalino de Presépios de Bamberg) — acontece nas semanas que antecedem o Natal (na tradicional época do Advento) e na primeira semana de janeiro. O evento, que toma conta de toda a cidade, acontece em 30 diferentes igrejas, museus e praças, apresenta um conjunto pouco comum e altamente original de presépios natalinos, e inclui de tudo: de figuras em tamanho real usando roupas tradicionais a manjedouras minúsculas.

3 ★★ **Bamberg**. Com mais de 2300 prédios protegidos que vão do período romanesco ao barroco, Bamberg tem, de longe, a maior e mais bem preservada **Altstadt** (Cidade Antiga) da Alemanha e foi reconhecida pela Unesco como Patrimônio Mundial. Antigamente, essa pequena e notável bela cidade, construída em sete colinas em torno do rio Regnitz, foi um centro eclesiástico tão importante que era chamada de "Roma Franca". Em suas ruas estreitas de paralelepípedos, repletas de igrejas, palácios e mansões aristocráticas, é possível conferir um legado arquitetônico que possui mais de mil anos.

O interior da bela ★ **Kaiserdom** (Catedral Imperial), de Bamberg, apresenta uma clara progressão entre os estilos Romanesco e Gótico, com um efeito geral que é tanto sóbrio, imponente e animado pelas obras-primas da escultura do início do Gótico, especialmente a famosa estátua equestre do século XIII conhecida como *Bamberger Reiter* (Cavaleiro de Bamberg; Domplatz; ☎ 0951/502330; segunda a sexta, das 9 h 30 min às 17 h, sábado, das 9 h 30 min às 11 h 30 min e 12 h 45 min às 17 h, domingo,

> *As torres gêmeas de St. Stephan, uma catedral barroca rica em decoração, pairam sobre a bela cidade de Passau na luz da manhã.*

de 12 h 30 min às 13h 45 min e 14 h 45 min às 17 h). Dê uma olhada no lado de fora da **Alte Hofhaltung** (Antiga Residência), um antigo palácio episcopal e imperial localizado ao lado da catedral e, então, gaste alguns minutos visitando a **Neue Residenz** (Nova Residência), um palácio renascentista e barroco com os impressionantes Salão do Imperador, Apartamentos Imperiais e uma galeria de pinturas dos Mestres Alemães (Domplatz 8, ☎ 0951/519-390; entrada 4€; diariamente das 9 h às 16 h, de abril a setembro, até às 18 h). Construída entre duas pontes de pedra em uma pequena ilha do rio, a ★ **Altes Rathaus** (Antiga Prefeitura) de Bamberg, com sua fachada de pinturas e casas anexas em estilo enxaimel, é um retrato da perfeição. Não deixe de experimentar as delícias culinárias tradicionais de Bamberg, entre elas a carpa e a Rauchbier, uma cerveja defumada produzida pela primeira vez há 400 anos. 🕒 De 3 a 4horas. Informações turísticas: Geyerswöthstrasse 3. ☎ 0951/297-6200. www.bamberg.info.

Nuremberg fica 65 km (40 milhas) ao sul de Bamberg na A73, cerca de uma hora de viagem.

4 ★★★ **Nuremberg.** 🕒 Pelo menos 1 dia. Para informações sobre Nuremberg, incluindo recomendações de hotéis e restaurantes, ver pág. 226.

De Nuremberg, pegue a A3 sudeste para Regensburg (103 km/62 milhas).

5 ★★ **Regensburg.** 🕒 1 dia. Para informações sobre Regenburg, incluindo recomendações de hotéis e restaurantes, ver pág. 232.

É uma viagem curta (12 km/7 milhas) rumo ao leste na St2125 de Regensburg para Walhalla.

6 **Walhalla**. Mais uma curiosidade do que uma atração turística significativa, Walhalla é um templo dórico construído pelo rei Luís II da Baviera entre 1830 e 1842 para homenagear todos os grandes homens da história alemã. Bustos de soldados, artistas, cientistas e estadistas que um dia foram famosos e placas dedicadas a ilustres menos dignos ficam no interior desse memorial de mármore acima do Danúbio, que mal parece se encaixar na paisagem da Baviera. 🕒 15 minutos. Entrada gratuita. Diariamente, das 10 h às 16 h (no inverno, fechado das 12 h 30 min às 14 h).

A vila de Deggendorf, na Floresta Bávara, fica a 73 km (45 milhas) a sudeste de Walhalla na A3, uma viagem de cerca de 1 hora.

7 ★★ **Bayerisch Wald (Floresta Bávara)**. Uma das mais antigas cordilheiras de montanhas do mundo, a Floresta Bávara é a maior floresta protegida da Europa e contém um parque nacional dentro de suas fronteiras. Uma floresta mista de pinhos, faias e abetos cobre os cumes e as encostas dessas montanhas baixas e arredondadas. O canto sudoeste da floresta começa na planície do Danúbio, entre Regensburg e Passau, e é possível visitar as partes mais bonitas em um passeio de aproximadamente 4 horas. De Regensburg, siga via sudeste na A3 por 73 km (45 milhas) até **A** **Deggendorf**, vire ao norte na B11 e siga por 35 km (22 milhas) para a cidade spa de **B** **Bodenmais**, onde você virará a oeste na St2132 por mais 24 km (20 milhas) para **C** **Kötzting**. Aqui, vire ao sul e siga ao norte na St2132 por 32 km (20 milhas) para **D** **Grosser Arber** (o ponto mais alto da cadeia de montanhas bávara–boêmia), onde um teleférico o levará para ter uma visão panorâmica de toda a região. 🕒 4 horas.

Dica de Viagem

Se seu tempo for curto, dirija diretamente de Regensburg (**5**) em direção sudeste na A3 para Passau (**8**), uma distância de 119 km (74 milhas). A viagem dura cerca de 1 h 15 min.

Continue a sudeste na A3 para Passau (94 km/58 milhas).

8 ★★ **Passau**. Situada na península entre os rios Danúbio, Inn e Ilz, Passau é uma cidadezinha calma e encantadora com uma longa história, diversas construções e museus respeitáveis. No século V, São Severino estabeleceu um mosteiro lá, e em 739 um monge irlandês chamado Bonifácio fundou um bispado. Por vários anos Passau foi a maior diocese do Sacro Império Romano. Quase todas as principais atrações encontram-se na Altstadt (Cidade Antiga), uma estreita faixa de terra entre os rios Danúbio e Inn, e você pode ir facilmente a pé para todas elas.

Dominando a cidade estão as torres gêmeas da ★★ **Dom St. Stephan** (Catedral de São Estevão), uma obra-prima do barroco com um interior ricamente decorado. Sua característica mais incomum é a cúpula octogonal na interseção da nave com o transepto. O órgão, reconstruído em 1928 com 17388 tubos e 231 paradas, é o maior do mundo (segunda a sábado, das 8 h às 11 h e das 12 h 30 min às 18 h; concertos de órgão de 30 minutos, de maio a outubro de segunda a sábado às 12 h 30 min, 3,50€; quinta, 19 h 30 min, 5€ a 8€). Na Schrottgasse, dê uma olhada na **Altes Rathaus** (Antiga Prefeitura), com sua fachada de pinturas do século XIV. Tente cronometrar sua visita com o Glockenspiel, que acontece diariamente às 10 h 30 min, 14 h e 19 h 25 min, bem como às 15 h de sábado. Lá dentro, o enorme salão dos cavaleiros contém duas grandes obras do século XIX ilustrando incidentes da lenda do Nibelungo. O ★★ **Passauer Glasmuseum** (Museu do Vidro), no histórico Hotel Wilder Mann, apresenta uma impressionante coleção de objetos de vidro bávaros, boêmios e austríacos do século XVII ao século XX (Am Rathausplatz; ☎ 0851/35071; entrada 5€; diariamente, das 13 h às 17 h). Caminhe em direção ao cais ao longo do rio Inn e desfrute da ★ **Dreiflusseckspaziergang** (Passarela dos Três Rios). Na confluência dos três rios, a corrente verde do Inn corre ao lado das águas marrons do Danúbio antes de, finalmente, se misturarem. Da margem do Danúbio, do outro lado do promontório, o panorama se desdobra pelas alturas encobertas e rochosas da **Veste Oberhaus**, uma imponente fortaleza no cume da montanha antigamente usada pelos poderosos príncipes–bispos de Passau e hoje lar do museu histórico local (Veste Oberhaus 125; ☎ 0851/396-495; www.oberhausmuseum.de; entrada 5€; diariamente, das 9 h às 17 h). Na Mariahilfweg, acima das margens do Inn e alcançada por degraus íngremes, fica a **Wallfahrtskirche Mariahilf** (Igreja de Peregrinação de Maria), um complexo de abadias do início do barroco. 🕒 **Metade de um dia. Informações turísticas: Rathausplatz 3. ☎ 0851/955980. www.passau.de.**

Onde Ficar e Jantar

★★ **Altstadt-Hotel** PASSAU
Alguns dos quartos desse charmoso e confortável hotel possuem vista panorâmica dos rios Danúbio, Ilz e Inn; um ambiente antigo e tradicional prevalece. **Bräugasse 23–29. ☎ 0851/931-5150. www.altstadt-hotel.de. 35 quartos. Diárias para duas pessoas de 89€ a 125€, com café da manhã. AE, DC, MC, V.**

★ **Heilig-Geist-Stift-Schenke** PASSAU *BÁVARA* Nesse rústico Inn, fundado em 1358, você pode pedir vinho do próprio vinhedo do restaurante para acompanhar sua saudável refeição de peixe, picanha cozida ou leitão assado. **Heiliggeiststrasse 4. ☎ 0851/2607. www.stiftskeller-passau.de. Pratos principais de 10€ a 18€. MC, V. Almoço e jantar de Terça a quinta.**

Historischer Brauereiausschank Schlenkerla BAMBERG *FRANCONIA*
Especialidades francônias saudáveis e Rauchbier, uma cerveja local com aroma e sabor defumado, são servidas ao longo de enormes mesas nessa sala de jantar com uma ambientação antiga. **Dominikanerstrasse 6. ☎ 0951/56060. www.schlenkerla.de. Pratos principais de 7€ a 12€. Cartões de crédito não são aceitos. Almoço e jantar de quarta a segunda.**

★★ **Romantik-Hotel-Weinhaus Messerschmitt** BAMBERG Para um clima romântico no coração da cidade, reserve um quarto no prédio antigo (não na ala nova) desse tradicional hotel; ele tem um requintado restaurante e bistrô onde você pode experimentar os vinhos locais junto com sua refeição. **Lange Strasse 41. ☎ 0951/297-800. www.hotel-messerschmitt.de. 68 quartos. Diárias para duas pessoas de 137€ a 158€, com café da manhã. AE, DC, MC, V.**

Augsburg

Muitas das vilas e cidades ao longo da Rota Romântica são viagens de volta à época medieval, mas se Augsburg reivindica alguma delas, certamente esta é a Renascença. Nos tempos romanos, Augsburg serviu como um importante centro de comércio no caminho para a Itália, mas foi sob a influência de duas famílias bancárias, os Welser e os Fugger, que o local se tornou uma potência financeira e um ator importante no destino político do Sacro Império Romano. A cidade sofreu sérios danos durante a Segunda Guerra Mundial e muito teve que ser reconstruído, mas lembranças do seu passado renascentista permanecem. Augsburg é a maior localidade da Rota Romântica, com 260 mil habitantes.

> Reserve algum tempo para caminhar pela Maximilianstrasse, a rua mais elegante de Augsburg.

PONTO DE PARTIDA Da estação de trem, caminhe rumo ao leste na Bahnhofstrasse até a Rathausplatz (cerca de dez minutos).

1 Rathaus e Perlachturm. A Rathausplatz, principal praça de Augsburg, é dominada por duas construções imponentes da Renascença. A Rathaus (Prefeitura), projetada por Elias Holl e concluída em 1620, é um dos edifícios seculares mais significativos da Renascença Alemã, famoso por seu suntuoso Goldener Saal (Salão Dourado), completamente restaurado (como o restante do prédio) após ser praticamente destruído durante a Segunda Guerra Mundial. A Fonte de Augusto, em frente à Rathaus, foi erguida por ocasião do 1600° aniversário da cidade, em 1594. A Perlachturm (Torre Perlach), próxima à Rathaus, é uma torre alta, em cujo topo está uma cúpula de formato diferente, chamada de "cebola de Augsburg". Se você subir até o topo, será recompensado com uma maravilhosa vista do centro antigo da cidade. **🕒 15 minutos para a Goldner Saal; 15 minutos para a vista da Perlachturm. Am Rathausplatz 2. ☎ 0821/324-9180. A Rathaus e a Goldner Saal abrem diariamente das 10 h às 18 h; a torre abre de maio a outubro, das 10 h às 18 h.**

2 St. Anna. Esse antigo monastério carmelita foi construído em 1321. Em 1518, Martinho Lutero ficou na cidade e se juntou ao monastério quando foi chamado a Augsburg para retratar-se de suas Noventa e Cinco Teses diante de um emissário papal. A igreja contém pinturas de Lucas Cranach, o Velho, e a capela da família Fugger. O mercado da cidade de Augsburg fica próximo à igreja. **🕒 15 minutos. Im Annahof 2. ☎ 0821/502-070. Terça a sexta, das 10 h às 18 h.**

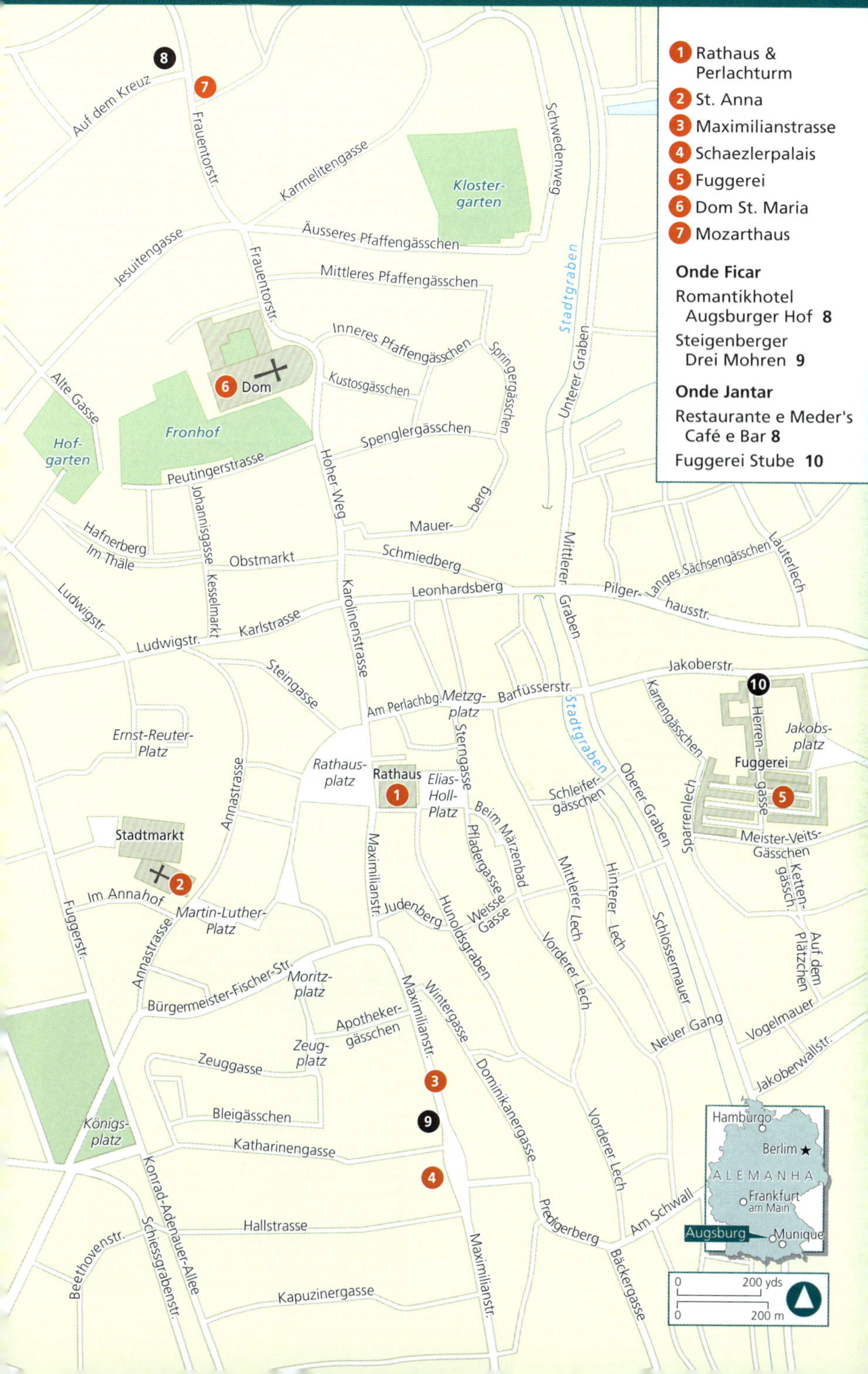
1 Rathaus & Perlachturm
2 St. Anna
3 Maximilianstrasse
4 Schaezlerpalais
5 Fuggerei
6 Dom St. Maria
7 Mozarthaus
Onde Ficar
Romantikhotel Augsburger Hof 8
Steigenberger Drei Mohren 9
Onde Jantar
Restaurante e Meder's Café e Bar 8
Fuggerei Stube 10
Auf dem Kreuz
Frauentorstr.
Karmelitengasse
Kloster-garten
Schwedenweg
Äusseres Pfaffengässchen
Jesuitengasse
Mittleres Pfaffengässchen
Stadtgraben
Unterer Graben
Inneres Pfaffengässchen
Springergässchen
Dom
Kustosgässchen
Alte Gasse
Hof-garten
Fronhof
Spenglergässchen
Peutingerstrasse
Hoher Weg
Mauer-berg
Johannisgasse
Hafnerberg
Im Thäle
Obstmarkt
Schmiedberg
Mittlerer Graben
Langes Sächsengässchen
Lauterlech
Pilger-hausstr.
Leonhardsberg
Kesselmarkt
Karolinenstrasse
Ludwigstr.
Karlstrasse
Jakoberstr.
Steingasse
Am Perlachbg.
Metzg-platz
Barfüsserstr.
Karrengässchen
Herren-gasse
Jakobs-platz
Ernst-Reuter-Platz
Rathaus-platz
Rathaus
Elias-Holl-Platz
Sterngasse
Fuggerei
Annastrasse
Schleifer-gässchen
Oberer Graben
Sparrenlech
Beim Märzenbad
Stadtmarkt
Pfladergasse
Meister-Veits-Gässchen
Ketten-gässch.
Maximilianstr.
Mittlerer Lech
Hinterer Lech
Im Annahof
Judenberg
Weisse Gasse
Martin-Luther-Platz
Hunoldsgraben
Schlossermauer
Auf dem Plätzchen
Fuggerstr.
Vorderer Lech
Bürgermeister-Fischer-Str.
Moritz-platz
Wintergasse
Apotheker-gässchen
Neuer Gang
Vogelmauer
Zeug-platz
Zeuggasse
Jakoberwallstr.
Dominikanergasse
Bleigässchen
Königs-platz
Katharinengasse
Konrad-Adenauer-Allee
Hamburgo
Berlin
ALEMANHA
Frankfurt am Main
Predigerberg
Am Schwall
Augsburg
Munique
Hallstrasse
Schiessgrabenstr.
Beethovenstr.
Bäckergasse
Kapuzinergasse
0 200 yds
0 200 m

> *O Fuggerei é um complexo de habitação similar a um labirinto com 147 apartamentos, um parque e uma fonte, tudo cercado por muros.*

3 **Maximilianstrasse**. Esse bulevar ornamentado com três fontes da época renascentista e repleto de lojas e casas aristocráticas se estende ao sul da Rathausplatz. Conforme você anda pela rua mais elegante de Augsburg, entre no pátio do Damenhof, ou Pátio das Damas, que um dia foi o **Fugger-Stadtpalais** (Palácio da Cidade dos Fugger 1512–1515; Maximilianstrasse 36).

4 ★★ **Schaezpalais**. Essa mansão do final do século XVIII, considerada o prédio rococó mais importante de Augsburg, abriga a **Deutsche Barockgalerie** (Galeria Barroca Alemã), com sua impressionante coleção de pinturas dos séculos XVII e XVIII de artistas ativos em Augsburg e suas vizinhanças. Você provavelmente não reconhecerá nenhum dos nomes, mas existem algumas obras provocativas e interessantes expostas. Certifique-se de visitar o Festsaal, um enorme salão de banquetes ricamente decorado com pinturas rococó, estuques e painéis de parede. Logo ao lado fica a **Katharinenkirche** (Igreja de Santa Catarina), transformada na Stadtgalerie Katharinenkirche, uma galeria calma e serena que expõe uma interessante coleção de pinturas do século XV e XVI dos mestres de Augsburg e da Suábia, incluindo obras de Holbein, o Velho, e um famoso retrato de Jakob Fugger, o Rico (o Fugger que fundou o abrigo Fuggerei), por Albrecht Dürer. 🕒 **45 minutos. Maximilianstrasse 46. ☎ 0821/324-4125. Entrada 7€. Terça a domingo, das 10 h às 16 h.**

5 ★★ **Fuggerei Museum**. Primeiro complexo de habitação social do mundo e ainda em uso hoje, o Fuggerei foi construído em 1523 por Jakob Fugger, o Rico. Cercado por muros e portões, o local parece uma cidade em miniatura, com 67 chalés idênticos contendo 147 pequenos apartamentos, uma igreja, uma fonte e um parque. Os residentes pagam um aluguel anual de 1€ (equivalente a um antigo florim da Renânia) e espera-se que rezem três vezes por dia pela alma do seu Fugger benfeitor. No pequeno porém fascinante Fuggerei Museum, você pode bisbilhotar o interior de um dos chalés e ver como ele era nos séculos anteriores. 🕒 **15 minutos. Mittlere Gasse 13. ☎ 0821/319-8810. Entrada 2€. Março a dezembro diariamente, das 10 h às 18 h.**

Conhecendo os Fugger

No final do anos de 1400, Augsburg havia se tornado um centro bancário e financeiro graças aos esforços dos Fugger, uma família local incrivelmente rica. O apropriadamente chamado Jakob Fugger, o Rico (1459–1529) serviu como banqueiro para o Sacro Império Romano e foi o financista por trás dos Habsburgo, que estavam em dívida com ele por cerca de 4 milhões de ducados.

Jakob era tão rico e poderoso que durante a troca com Carlos I da Espanha (Carlos V como Imperador do Sacro Império Romano) ele teve a coragem de dizer: "É notório que, sem minha ajuda, Sua Majestade não usaria mais a coroa do Sacro Império Romano". Foi esse mesmo Jakob que fundou o Fuggerei, o primeiro complexo de habitação social do mundo, em troca das rezas diárias de seus pobres residentes.

6 ★ **Dom St. Maria (Catedral de Santa Maria)**. O transepto sul da catedral de Augsburg possui alguns dos mais antigos vitrais da Alemanha, datando do século XII. Muito alterada durante os séculos, a catedral apresenta características góticas, pinturas de Holbein, o Velho, e uma porta de bronze do século XIV. 🕒 15 minutos. Hoher Weg. ☎ 0821/316-6353.

7 **Mozarthaus**. Se você é fã de Wolfgang Amadeus Mozart, provavelmente vai querer dar uma espiada na humilde casa onde nasceu o pai de Wolfgang, Leopold, em 1719. O bisavô de Wolfgang, Franz Mozart, um mestre pedreiro reduzido à penúria, viveu no complexo de Fuggerei, na Mittlere Gasse 14. Pule o pequeno museu do local, a não ser que você seja um estudioso da música. 🕒 15 minutos, se você visitar o museu. Frauentorstrasse 30. ☎ 0821/324-3984. Entrada 2€. Terça a sábado, das 10 h às 17 h.

Onde Ficar e Jantar

> *O belo hotel boutique Romantikhotel Augsburger Hof oferece aos visitantes a antiga sensibilidade alemã e conforto de ponta a preços acessíveis.*

Fuggerei Stube ALTSTADT *SUÁBIA* Moradores vêm a esse nada pretensioso restaurante local para desfrutar de porções generosas de especialidades regionais, como creme de batatas com cogumelos e fígado de bezerro com maçãs, cebolas e batatas assadas. Jakoberstrasse 26. ☎ 0821/30870. www.fuggerei-stube.de. Pratos principais de 9€ a 18€; menu de preço fixo 20€. AE, MC, V. Almoço e jantar de terça a sábado, almoço domingo.

★★★ **Romantikhotel Augsburger Hof** ALTDSTADT Alguns quartos nesse hotel boutique apresentam vigas expostas; todos possuem banheiros pequenos, mas bem projetados e com chuveiro. Os quartos maiores (e mais silenciosos) são virados para o pátio interno. Auf dem Kreuz 2. ☎ 0821/343-050. www.augsburger-hof.de. 36 quartos. Diárias para duas pessoas de 90€ a 140€ , com café da manhã. AE, DC, MC, V.

★★★ **Romantikhotel Augsburger Hof's Restaurant e Meder's Cafe & Bar** ALTSTADT *SUÁBIA/INTERNACIONAL* Comida requintada e serviço impecável em um adorável salão com painéis de parede em madeira fazem desse hotel–restaurante a escolha perfeita para um jantar romântico. O Meder's Cafe & Bar serve porções menores de comida alemã durante o dia. Auf dem Kreuz 2. ☎ 0821/343-050. Pratos principais de 12€ a 25€. AE, MC, V. Almoço e jantar diariamente.

★★ **Steigenberger Drei Mohren** ALTSTADT O único hotel de luxo com serviço completo de Augsburg tem quartos que variam de tamanho e níveis de requinte. Os melhores são amplos e confortáveis, com banheiros em mármore e grandes banheiras. Maximilianstrasse 40. ☎ 0821/50360. www.augsburg.steigenberger.de. 102 quartos. Diárias para duas pessoas de 110€ a 196€. AE, DC, MC, V.

Bayreuth

Bayreuth foi fundada em 1231, mas só ganhou destaque durante os séculos XVII e XVIII, quando serviu de residência para os marqueses de Brandenburg-Bayreuth e, especialmente, de 1735 a 1758, durante o reinado do marquês Frederico e da marquesa Guilhermina, irmã do rei da Prússia Friedrich der Grosse (Frederico, o Grande). Por mérito dela, essa pequena cidade bávara se tornou a capital europeia das arquiteturas barroca e rococó. Bayreuth também é famosa como o local onde o compositor Richard Wagner viveu, trabalhou e está sepultado. Quase tudo que você quiser ver está relacionado, de alguma forma, a Guilhermina ou a Wagner.

> *Projetado para Richard Wagner, o Festspielhaus, do século XIX, é uma sinfonia arquitetônica.*

PONTO DE PARTIDA Pegue o ônibus número 5, saindo da estação de trem, em direção ao Festspielhaus.

1 ★ **Festspielhaus**. O Santo Graal das apresentações de Wagner, projetado por Gottfried Semper de acordo com as especificações do próprio compositor, o chamado Teatro Festival abriu suas portas em 1876, com a estreia mundial de *O Anel do Nibelungo*, e ainda é sede de um festival anual das óperas de Wagner em julho e agosto. O teatro, com seu fosso de orquestra oculto, é revolucionário em conceito e uma maravilha acústica, mas não especialmente atraente ou confortável — os assentos não possuem acolchoamento, o que pode ser doloroso se for ficar sentado durante uma ópera de cinco horas. **45 minutos para a visita guiada. Festspielhügel. ☎ 0921/78780. Visitas guiadas (apenas em alemão, panfletos em inglês disponíveis) 5€; visitas de terça a domingo às 10 h, 10 h 45 min, 14 h 15 min e 15 h (durante o festival, apenas pela manhã). Fechado em novembro. Ônibus: 5.**

Pegue o ônibus nº 5 de volta para a Altstadt (Cidade Antiga) e continue o passeio à pé.

2 ★★ **Markgräfliches Opernhaus (Casa de Ópera Margravial)**. Um dos melhores e mais bem preservados teatros barrocos da Europa, essa antiga casa de ópera da corte é, em termos de estilo, a absoluta antítese do Festspielhaus. Encomendada pela marquesa Guilhermina e construída em 1740 por Joseph Saint-Pierre, seu interior enfeitado, construído inteiramente em madeira, brilha com suas cores vermelhas e verdes vivas e é repleto de detalhes dourados e candelabros. A casa de ópera foi inaugurada em 1748 pelo irmão de Guilhermina, Frederico, o Grande. Um detalhe: a casa de ópera fechou

Música em Bayreuth

O evento mais esperado de Bayreuth é o **Richard-Wagner-Festspiele** (Festival Richard Wagner), em julho e agosto. Você precisa solicitar os ingressos com um ano de antecedência e os preços são astronômicos (ingressos e informações ☎ 0921/78780; www.bayreuther-festspiele.de). Em maio, a cidade é palco de outro festival de música que talvez você prefira: **Musica Bayreuth** (ingressos e informações ☎ 0921/78780; www.musica-bayreuth.de).

> *A magnífica Markgräfliches Opernhaus de Bayreuth começou a ser construída no século XVIII e continua a ser um dos locais de apresentação mais bonitos do mundo.*

para uma grande renovação em 2010 e não reabrirá para visitas públicas por algum tempo. **Opernstrasse 14. ☎ 0921/759-6922. Ônibus: 5.**

3 ★★ Neues Schloss (Castelo Novo). Encomendado pela marquesa Guilhermina e construído por Joseph Saint-Pierre nos anos de 1753 e 1754, essa estrutura de três andares em formato de ferradura combina linhas clássicas com um assoalho rústico. A decoração original barroca e rococó que você encontrará em quase todos os cômodos foi criada pelo mestre italiano Giovanni Battista Pedrozzi, especializado em estuque, mas altamente influenciado por Guilhermina, cujo amor pelo delicado e florido estilo rococó é evidente, especialmente, no Gabinete dos Espelhos, no Gabinete Japonês e na Sala de Música. No andar térreo existe um museu da porcelana de Bayreuth. Guilhermina, seu marido e filha estão sepultados na vizinha Schlosskirche (Igreja do Castelo), uma adorável igreja de uma só nave pintada em rosa claro e decorada com estuque. 🕒 **45 minutos para visitas guiadas. Ludwigstrasse 21. ☎ 0921/759-690. Visitas guiadas (apenas em alemão, panfletos em inglês disponíveis) 5€. Abril a setembro, de sexta a quarta das 9 h às 18 h (quinta até 20 h). Outubro a março, de terça a domingo das 10 h às 16 h. Ônibus: 14.**

4 Haus Wahnfried/Richard-Wagner-Museum. Essa casa, projetada para Wagner por Carl Wölfel, foi destruída durante a Segunda Guerra Mundial e restaurada na década de 70. Wagner viveu aqui de 1874 em diante e a casa permaneceu com sua família até 1966. As coleções do museu incluem móveis, manuscritos, pianos e a máscara mortuária de Wagner, assim como itens relacionados à história do Festival de Bayreuth. Wagner e sua formidável esposa, Cosima (filha de Franz Liszt), estão sepultados em frente à uma pequena rotunda no final do jardim. O museu está fechado para renovação até, pelo menos, 2013, mas se você é um fã, vai querer parar para ver o exterior. 🕒 **15 minutos. Richard-Wagner-Strasse 48. ☎ 0921/757-280. www.wagner-museum.de. Ônibus: 2.**

5 Franz-Liszt-Museum. Franz Liszt (1811–1886), grande compositor húngaro e talentoso pianista, cuja filha Cosima casou-se com Wagner, faleceu nessa casa em 1886. O museu mostra o quarto onde ele morreu e apresenta lembranças relacionadas à sua vida e obra. Não

> *O Castelo Eremitage serviu como palácio de campo para a marquesa Guilhermina, irmã de Frederico, o Grande, rei da Prússia, no século XVIII.*

há necessidade de visitar, a não ser que você seja um fã. ⌚ **15 minutos. Waghnfriedstrasse 9. ☎ 0921/516-6488. Entrada 1,60€. Diariamente de setembro a junho, das 10 h ao meio-dia; julho e agosto, das 10 h às 17 h. Ônibus 2 para Villa Wahnfried.**

Pegue o ônibus nº 22 ou um táxi para chegar ao Schloss Eremitage.

6 Schloss Eremitage (Castelo Eremitage). Quando a efervescente marquesa Guilhermina, de Bayreuth, foi presenteada com um complexo de edifícios como presente de aniversário, ela transformou a falsa ermida do antigo proprietário em um glamoroso palácio de campo com um enorme jardim em estilo inglês. Guilhermina escreveu suas memórias na elaboradamente decorada Chinesisches Spiegelkabinet (Gabinete Chinês de Espelhos); lá existe uma curiosa abertura de gruta para o pátio e, nos maravilhosos jardins, as ruínas artificiais de um teatro construído em 1743. ⌚ **30 minutos. Eremitage 1,4 km (2,5 milhas) a nordeste da cidade. ☎ 0921/759-6937. Entrada gratuita para os jardins, para o palácio 3€. Abril a setembro, de sexta a quarta das 9 h às 18 h, quinta das 9 h às 20 h; fechado de outubro a março. Ônibus: 22.**

Onde Ficar e Jantar

★ **Bayerischer Hof** CENTRO DA CIDADE Próximo à estação de trem e a uma curta distância do Festspielhaus, este conceituado hotel tem serviço cortês, quartos agradáveis, piscina, sauna e um restaurante muito bom. **Bahnhofstrasse 14. ☎ 0921/78600. www.bayerischer-hof.de. 50 quartos. Diária para duas pessoas de 98€ a 120€. AE, DC, MC, V.**

★★ **Eremitage-Cuvéé** FORA DE BAYREUTH *FRANCONIA/INTERNACIONAL* Há muito tempo conhecido como o melhor restaurante de Bayreuth — Cosima Wagner, esposa de Wagner, notoriamente difícil de agradar, jantava aqui —, o Eremitage permanece como um elegante reduto da excelência gastronômica. **Eremitage 6** (no Hotel Eremitage, cerca de 4 km/2,5 milhas a nordeste do Centro da cidade). **☎ 0921/799-970. Pratos principais de 14€ a 21€. MC, V. Almoço e jantar de terça a sábado.**

★ **Hotel Lohmühle.** CENTRO DA CIDADE Um charme aconchegante prevalece nesse hotel construído em estilo tradicional francônio ao lado do pitoresco rio Mühlbach; os quartos são simples, mas confortavelmente mobiliados, e o restaurante é um dos melhores de Bayreuth. **Badstrasse 37. ☎ 0921/530-6469. www.hotel-lohmuehle.de. 42 quartos. Diárias para duas pessoas de 102€ a 172€, com café da manhã. AE, DC, MC, V.**

★ **Jagdschloss Thiergarten.** FORA DE BAYREUTH *CONTINENTAL/BÁVARA* Esse antigo chalé de caça é lar de dois bons restaurantes, o sofisticado Schloss-Restaurant e o mais acessível Jagdstübchen, especializado em pratos de caça sazonais. **Oberthiergärtner Strasse 36 (6 km/4 milhas ao sul de Bayreuth). ☎ 09209/9840. Pratos principais de 12€ a 26€. AE, MC, V. Almoço e jantar diariamente.**

★★ **Goldener Anker.** CENTRO DA CIDADE Essa conhecida pousada hospedou compositores, cantores e maestros ilustres por mais de 200 anos. Os quartos são mobiliados com belas antiguidades e tapetes orientais; cada um possui um pequeno banheiro. **Opernstrasse 6. ☎ 0921/65051. www.anker-bayreuth.de. 42 quartos. Diárias para duas pessoas de 128€ a 198€, com café da manhã. AE, DC, MC, V.**

Nuremberg

Nourenberc, como a cidade era originalmente chamada, data de cerca de 1050. Foi uma das mais prósperas e importantes cidades da Alemanha medieval e o centro da Renascença alemã. Mais tarde, com a chegada de Hitler ao poder, em 1933, Nuremberg foi transformada em sede permanente das convenções e comícios do Partido Nazista, tornando-se um alvo principal durante a Segunda Guerra Mundial. Quase tudo que interessa aos visitantes encontra-se na Altstadt (Cidade Antiga), um dos centros históricos mais bem restaurados da Alemanha. Toda a Altstadt fica dentro de uma muralha dupla de fortificação medieval, que ainda tem partes de pé. Se você possui apenas um dia em Nuremberg, terá que escolher entre os locais abaixo.

> *É possível ter uma visão noturna espetacular de Nuremberg a partir do histórico Kaiserburg.*

PONTO DE PARTIDA Pegue o *U-Bahn* até a estação Opernhaus e caminhe rumo ao norte (cerca de 5 minutos) na Kartäusergasse, em direção ao Germanisches Nationalmuseum.

1 ★★ Germanisches Nationalmuseum. O maior e mais importante museu da Alemanha, sobre arte e cultura alemã, é a principal atração de Nuremberg. A coleção do Museu Nacional Alemão abrange todo o espectro da habilidade alemã dos primórdios aos dias atuais, com extensas seções em pintura e escultura que incluem obras de mestres da Renascença como Albrecht Dürer e Veit Stoss, e um autorretrato de Rembrandt. A vida cotidiana da Alemanha ao longo das eras é documentada em objetos como mobiliário doméstico, objetos populares, casas de bonecas, instrumentos musicais históricos, armas e em formas de artes da cura. 🕒 **2 horas. Kartäusergasse 1. ☎ 0911/13310. Entrada 6€, estudantes e crianças de 6 a adolescentes de 16 anos 4€. De terça a domingo, das 10 h às 16 h (quarta até 21 h). *U-Bahn:* Opernhaus.**

1 Germanisches Nationalmuseum
2 St.-Lorenz-Kirche
3 Hauptmarkt
4 Frauenkirche
5 Altes Rathaus
6 St.-Sebaldus-Kirche
7 Spielzeugmuseum
8 Albrecht-Dürer-Haus
9 Kaiserburg
10 Cafe Ruhestörung
11 Dokumentationszentrum Reichsparteitagsgelände
12 Schwurgerichtssaal 600

Onde Ficar

Dürer-Hotel **14**

Hotel am Josephsplatz **17**

Le Meridien Grand Hotel Nürnberg **18**

Onde Jantar

Bratwurst-Häusle **13**

Essigbrätlein **16**

Heilig-Geist-Spital **19**

Kettensteg **15**

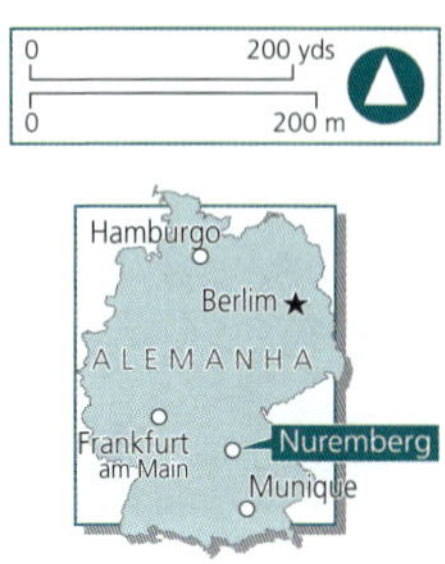

> *A imponente St.-Lorenz-Kirche data de 1270 e permanece como a maior e mais ornamentada catedral gótica de Nuremberg.*

2 St.-Lorenz-Kirche (Igreja de São Lourenço). A maior e mais bela igreja gótica de Nuremberg começou a ser construída em 1270 e levou mais de 200 anos para ficar pronta. Torres gêmeas cercam o portão oeste com suas esculturas retratando o tema da redenção, de Adão e Eva ao Último Julgamento. No interior, pilares adornados com expressivas esculturas góticas se alinham na nave, e uma magnífica roseta de vitral brilha acima do órgão no extremo oeste. A igreja tem como atração mais duas obras notáveis: *Saudação Angélica* (1519), de Veit Stoss, esculpida em madeira de tília, paira sobre a entrada do coro e, à esquerda do altar, um tabernáculo de pedra por Adam Krafft (1496) apresenta semblantes do escultor com dois aprendizes. ⌚ **15 minutos. Lorenzer Platz 10. ☎ 0911/209-287. Segunda a sábado, das 9 h às 17 h, domingo das 13 h às 16 h.** ***U-Bahn:*** **Lorenzkirche.**

Dica de Viagem

Se você não quiser explorar por conta própria, um passeio guiado de 2 h 30 min (9€) pelo centro da cidade sai diariamente do centro de informações turísticas na Haupmarkt, e, de meados de março a outubro, um pequeno trem de turismo (diariamente das 10 h 30 min às 16 h, por 6€) passa entre a Hauptmarkt e todas as principais atrações em um passeio de 40 minutos (comentários em alemão, tradução em inglês disponível). Na Altstadt é fácil de caminhar, mas se você quiser explorar além do centro antigo pode comprar o *Tages Ticket* (tíquete de um dia), válido por um dia inteiro nos sistemas de ônibus, tram e *U-Bahn* (metrô) de Nuremberg por 3,80€.

3 Hauptmarkt (Praça do Mercado Principal). Coração geográfico e simbólico de Nuremberg, esta colorida praça de paralelepípedos é repleta de quiosques de flores, frutas e vegetais, além de um agito natural. No canto noroeste fica a Schönner Brunnen (Bela Fonte), uma fonte de pedra em formato de pirâmide de 1396 que tem 18 m (59 pés) de altura. ***U-Bahn:*** **Lorenzkirche.**

4 Frauenkirche (Igreja de Nossa Senhora). Aqui, todos os dias ao meio-dia, um relógio dourado do século XVI chamado de Männleinlaufen (Homenzinhos Correndo) badala as horas conforme as figuras de sete Eleitores aparecem e prestam homenagem ao Imperador Karl IV (Carlos IV). ⌚ **10 minutos. Lado leste da Marktplatz. ☎ 0911/206-560. Segunda a sábado, das 9 h às 18 h, domingo das 12 h 30 min às 18 h.** ***U-Bahn:*** **Lorenzkirche.**

5 Altes Rathaus (Antiga Prefeitura). A parte mais antiga da Altes Rathaus data de 1340, e a mais recente, concluída em 1622, marca a transição arquitetônica do Renascimento para o estilo barroco. **Rathausplatz.** ***U-Bahn:*** **Lorenzkirche.**

6 St.-Sebaldus-Kirche (Igreja de São Sebaldo). Consagrada em 1273, essa igreja (dedicada ao santo patrono de Nuremberg) representa a transição de estilos do fim do Romanesco para o início do Gótico. A nave e o coro oeste são romanescos; o coro leste maior, consagrado em 1379, é gótico. Entre os dois pilares ao leste existe um grupo da Crucificação dominado por um crucifixo em tamanho natural por Veit Stoss. ⌚ **15 minutos. Sebalderplatz. ☎ 0911/214-2516. Diariamente, de março a maio das 9 h 30 min às 18 h, junho a**

> *O Spielzeugmuseum é um sonho de crianças que se torna realidade, com casas de bonecas e conjuntos de trens entre suas muitas exposições.*

setembro, das 9 h 30 min às 20 h, outubro a fevereiro, das 9 h às 16 h. *U-Bahn:* Lorenzkirche.

7 ★★ crianças **Spielzeugmuseum (Museu dos Brinquedos)**. Nuremberg é um importante centro de brinquedos, e são eles — tanto artesanais quanto industriais — que preenchem os três andares desse museu. As exibições incluem uma grande coleção de bonecas e casas de bonecas, brinquedos óticos (como *peep shows*, lanternas mágicas e estereoscópios), modelos de trens e outros veículos em miniatura. Os objetos do último andar ilustram a história dos brinquedos desde 1945, incluindo bonecas Barbie e blocos de Lego. 🕒 45 minutos. Karlstrasse 13–15. ☎ 0911/231-3164. Entrada 5€ adultos, 2,50€ estudantes e crianças de 6 a adolescentes de 16 anos. Terça a sexta, das 10 h às 17 h, sábado e domingo, das 10 h às 18 h. Ônibus: 36 para Hauptmarkt.

8 ★ **Albrecht-Dürer-Haus.** Um dos principais artistas alemães do Renascimento, Albrecht Dürer viveu nessa casa em estilo enxaimel de dois andares de 1509 a 1528. Construída em 1420, é a única residência gótica completamente preservada de Nuremberg. As exibições são dedicadas à vida e à obra de Dürer, às gravuras originais e esculturas em madeira, e cópias das pinturas de Dürer. 🕒 15 minutos. Albrecht-Dürer-Strasse 39. ☎ 0911/231-2568. Entrada 5€, visita 2,50€. Terça a domingo, das 10 h às 17 h (quinta até às 20 h), segunda (julho a setembro apenas) das 10 h às 17 h. Visitas guiadas em inglês aos sábados, às 14 h. Tram: Tiergärtnertor.

9 ★ **Kaiserburg (Castelo Imperial).** Pairando sobre a cidade de cima das montanhas no canto nordeste da Altstadt, o Kaiserburg foi a residência oficial dos reis e imperadores alemães de 1050 a 1571. Com suas vigas pesadas de carvalho, tetos pintados e mobília do período gótico, o grande Rittersaal (Salão dos Cavaleiros) e o Kaisersaal (Salão Imperial) se parecem bastante com o que eram há 500 anos. Uma boa vista dos telhados e das torres de Nuremberg pode ser apreciada dos terraços do castelo. O Kaiserburg Museum contém antigos armamentos, armaduras e pinturas. 🕒 1 hora. Burgstrasse. ☎ 0911/244-6590. Entrada: ingressos combinados para todas as atrações 6€ para adultos, 5€ para estudantes, gratuito para crianças e adolescentes de até 15 anos. Diariamente, de abril a setembro das 9 h às 18 h, de outubro a março das 10 h às 16 h. Tram: Tiergärtnertor.

10 **Cafe Ruhestörung.** Esse local conhecido tem um pátio agradável, onde você pode pedir um café, uma bebida, um sanduíche ou uma refeição leve. Tetzelgasse 21. ☎ 0911/221-921. 4,50€ a 8€.

> *A ampla Hauptmarkt de Nuremberg se transforma de forma mágica, no Christkindlesmarkt (Mercado de Natal), realizado anualmente do Domingo da Ascensão ao dia 24 de dezembro.*

11 ★★★ Dokumentationszentrum Reichparteigsgelände. Recomendo fortemente uma visita ao Dokumentationszentrum Reichparteigsgelände (Centro de Documentação sobre Fundamentos do Partido Nazista) porque ele fornece uma visão cronológica da ascensão do nazismo, e os horrores que derivaram dele, em um formato atraente. Um moderno corredor de vidro atravessa o andar superior do Centro de Congresso Nazista Albert Speer e reúne uma exposição que narra o uso indevido do poder sob o Socialismo Nacional. **Bayernstrasse 10. ☎ 0911/231-5666. Entrada 5€ (incluindo guia de áudio em inglês). Segunda a sexta das 9 h às 18 h, sábado e domingo das 10 h às 18 h. Tram: 6 ou 9 para até a parada Docu-Zentrum. Ônibus: 35, 55 ou 65 para Docu-Zentrum.**

12 Schwurgerichtssaal 600 (Tribunal Militar Internacional). Aqui, na sala 600, em um tribunal especialmente remodelado, 21 dos líderes sobreviventes do Terceiro Reich foram julgados em novembro de 1945 por crimes contra a humanidade. Mais tarde, dez foram enforcados. O prédio continua funcionando como tribunal, razão pela qual passeios estão disponíveis apenas nos fins de semana. **Fürther Strasse 110. ☎ 0911/231-5421. Passeio 2,50€. Visitas (apenas em alemão) aos sábados e domingos, das 13 h às 16 h.** ***U-Bahn:*** **Bärenschanze.**

Mercado de Natal de Nuremberg

Do Domingo da Ascensão ao dia 24 de dezembro, a Haupmarkt de Nuremberg se torna cenário do Christkindlemarkt, a mais antiga feira de Natal da Alemanha, que acontece lá há 400 anos. O evento transforma o local em uma pequena cidade, com barracas vendendo enfeites de árvores, artesanatos, doces, bolos de frutas, ouropéis, e *Glühwein* (vinho tinto quente temperado com cravo e canela).

Nuremberg tem sido capital do *Lebkuchen* desde o início do século XV, quando esses deliciosos bolos de mel e especiarias evoluíram para seu formato circular. Muitos consideram a Lebkuchen Schmidt, Zollhausstrasse 30 (☎ 0911/89660; www.lebkuchen-schmidt.com), a melhor loja de Lebkuchen de Nuremberg.

Comida Típica da Francônia

Nuremberg fica em uma região chamada Francônia, conhecida por sua cozinha saudável e relativamente descomplicada. A cidade é famosa por suas *Rostbratwurst* (salsichas assadas) do tamanho de um dedo, feitas de porco e várias especiarias, cozidas em uma churrasqueira a carvão. Elas podem vir acompanhadas de chucrute ou pão de centeio com mostarda bem picante. Pratos de caças sazonais e peixe também aparecem em restaurantes que servem a típica comida da Francônia.

Onde Ficar e Jantar

> *O Bratwurst-Häusle serve sua especialidade em pratos típicos de estanho.*

★ **Bratwurst-Häusle** ALTSTADT *FRANCÔNIA* A mais famosa casa de salsichas da cidade serve a original salsicha grelhada de Nuremberg (em 6, 8, 10 ou 12 pedaços) em pratos de estanho; a Lederer Pils, uma cerveja local, é um bom acompanhamento. **Rathausplatz 1. ☎ 0911/227-695. www.die-nuremberger-bratwurst.de. Pratos principais de 7€ a 12€. AE, MC, V. Almoço e jantar de segunda a sábado.** ***U-Bahn:*** **Lorenzkirche.**

Dürer-Hotel ALTSTADT Esse hotel agradável e moderno fica próximo à muralha da cidade e oferece quartos de tamanho mediano, com banheiros pequenos e funcionais; peça um com vista para o jardim de trás. **Neutormauer 32. ☎ 0911/214-6650. www.altstadthotels.com. 107 quartos. Diárias para duas pessoas de 140€ a 200€ com café da manhã. AE, DC, MC, V. Tram: Tiergärtnertor.**

★★ **Essigbrätlein** ALTSTADT *FRANCÔNIA/ CONTINENTAL* O mais antigo restaurante da cidade, de 1550, serve um cardápio em constante mudança, adaptado às estações e com muitas receitas novas. A especialidade tradicional é a *Essigbraten*, lombo bovino marinado em vinagre. **Weinmarkt 3. ☎ 0911/225-131. Necessário fazer reserva. Pratos principais de 24 a 86 . AE, DC, MC, V. Almoço e jantar de terça a sexta, jantar aos sábados. Fechado de 1 a 15 de janeiro, e por 2 semanas em agosto. Ônibus: 36 para a Hauptmarkt.**

★ crianças **Heilig-Geist-Spital** ALTSTADT *FRANCÔNIA* Carpa, juntas de porco, carne sazonal de cervo com macarrão e frutas vermelhas são especialidades dessa histórica casa de vinhos em atividade há 650 anos. Mais de 100 vinhos disponíveis. **Spitalgasse 16. ☎ 0911/221-761. www.heilig-geist-spital.de. Pratos principais de 10€ a 14€. AE, DC, MC, V. Almoço e jantar diariamente. Ônibus: 46 ou 47 para Spitalgasse.**

★★★ **Hotel am Josephplatz.** ALTSTADT Aconchegante, com preços razoáveis, e sempre charmosa, essa pequena joia é sofisticada e atualizada com todo o conforto, mas ainda é antiquado e tradicional em sua decoração, e com serviço cordial e personalizado. Os quartos são grandes e confortáveis. O local possui, ainda, um charmoso terraço no telhado. **Josephsplatz 30–32. ☎ 0911/214-470. www.hotel-am-josephsplatz.de. 36 quartos. Diárias para duas pessoas por 115€, com café da manhã. AE, MC, V. U-Bahn: Weisser Turm.**

Kettensteg. ALTSTADT *FRANCÔNIA/ INTERNACIONAL* Esse restaurante, bar e biergarten ao lado do rio em um recanto romântico da Altstadt tem um cardápio limitado (frango ao curry, *Wiener Schnitzel*, salsichas e saladas), mas um ambiente agradável. **Maxplatz 35. ☎ 0911/221-081. Pratos principais de 8€ a 13€. Não aceita cartões de crédito. Almoço e jantar diariamente. Ônibus: 36 para Maxplatz.**

★★ crianças **Le Meridien Grand Hotel Nürnberg** ALTSTADT Construído antes da Primeira Guerra Mundial, esse grande hotel manteve muito da sua exclusiva atmosfera Art Nouveau, além de possuir os maiores quartos da cidade. Bahnhofstrasse 1–3. **☎ 800/543-4300 na América do Norte ou 0911/23220. www.starwoodhotels.com/lemeridien. 186 quartos. Diárias para duas pessoas de 170€ a 400€. AE, DC, MC, V.** ***U-Bahn:*** **Hauptbanhof.**

Regensburg

Uma das cidades medievais mais bem preservadas da Alemanha, Regensburg começou como um assentamento celta chamado Radespona por volta do ano 500 a.C. Em 79 d.C., os romanos conquistaram os celtas e transformaram o assentamento em uma guarnição militar romana chamada Castra Regina, que se tornou sua base de poder sobre a parte superior do Danúbio. No século VII, a cidade se tornou o centro a partir do qual o cristianismo se expandiu do sul da Alemanha para a Europa Central através do Danúbio. Regensburg atingiu seu apogeu no início da era gótica; seus edifícios mais notáveis datam dessa época.

> *A Steiner Brücke, com quase 900 anos, atravessa o rio Danúbio e se sustenta sobre 16 imponentes arcos de pedra.*

PONTO DE PARTIDA Pegue qualquer um dos ônibus amarelos marcados com "Altstadt" encontrados ao longo da Maximilianstrasse, próximos à estação de trem, para a Altstadt (Cidade Antiga).

1 ★★ Steinerne Brücke (Ponte de Pedra). Construída entre 1135 e 1146, essa ponte de pedra atravessa o Danúbio e se sustenta sobre 16 arcos. Caminhe até o meio para uma excelente vista dos telhados e torres da igreja na Altstadt. O portão do século XIV, no final da ponte, é cercado por um enorme telhado sobre um sótão, do século XVII. Thundorferstrasse no Danúbio.

2 Historische Wurstküche (cozinha histórica de salsichas). Essa salsicheria fica no final da Steinerne Brücke e está em funcionamento há mais de 850 anos, além de ser o melhor lugar da cidade para as deliciosas salsichas Regensburger cozidas sobre fogo de madeira de faia. Thundorferstrasse 3. ☎ 0941/466-210. 7€ a 10€.

3 Porta Praetoria. O antigo e arqueado Portão Praetoria, agora em fragmentos incorporados em uma parede atrás da catedral,

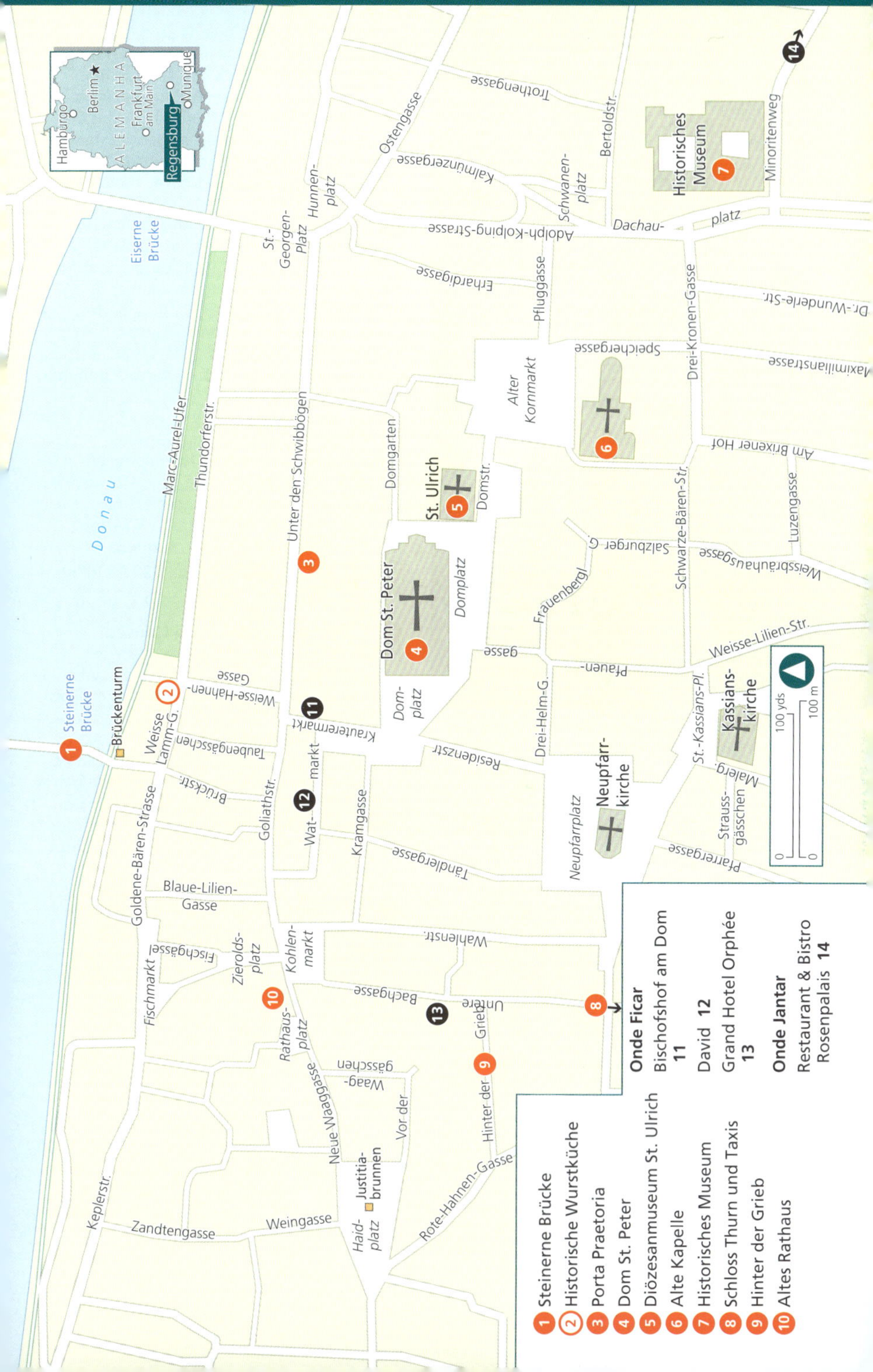
1 Steinerne Brücke
2 Historische Wurstküche
3 Porta Praetoria
4 Dom St. Peter
5 Diözesanmuseum St. Ulrich
6 Alte Kapelle
7 Historisches Museum
8 Schloss Thurn und Taxis
9 Hinter der Grieb
10 Altes Rathaus
Onde Ficar
Bischofshof am Dom 11
David 12
Grand Hotel Orphée 13
Onde Jantar
Restaurant & Bistro Rosenpalais 14
Donau
Eiserne Brücke
Steinerne Brücke
Brückenturm
Dom St. Peter
St. Ulrich
Historisches Museum
Neupfarrkirche
Kassianskirche
Domplatz
Alter Kornmarkt
Neupfarrplatz
Haidplatz
Rathausplatz
Justitiabrunnen
Hamburgo
Berlim
Frankfurt am Main
Munique
ALEMANHA
Regensburg
100 yds
100 m

> *A Alte Kapelle foi completamente restaurada no estilo rococó nos anos de 1700, mas tem, na verdade, cerca de 1000 anos.*

é a lembrança mais impressionante do antigo passado de Regensburg como a guarnição romana chamada Castra Regina. O acampamento romano cobria uma área de quase 25 hectares (62 acres). **Unter den Schwibbogen.**

4 ★★ Dom St. Peter (Catedral de São Pedro). A enorme catedral de Regensburg começou a ser construída no século XIII no lugar de uma igreja carolíngia anterior. As características especiais incluem a ricamente decorada fachada oeste, vitrais dos séculos XIII e XIV, e duas estátuas góticas — o Arcanjo Gabriel e Maria na Anunciação — que ficam em frente dos pilares do transepto oeste. Junte-se à visita guiada de 45 minutos para visitar a Kreuzgang (Claustro), com sua Romanesca Aller Heiligenkapelle (Capela de Todos os Santos), e a Sankt Stephan Kirche (Igreja de Santo Estevão, do século XI, com um altar que liga a antigas tumbas cristãs. 🕒 **15 minutos (sem a visita). Domplatz. ☎ 0941/586-500. Entrada gratuita para a catedral; visita guiada ao claustro e à St. Stephan 3€. Catedral de maio a outubro, segunda a sábado, das 8 h às 18 h 30 min, domingo de meio-dia às 18 h; novembro a abril, diariamente das 8 h às 16 h. Visitas em inglês da capela e da Igreja de Santo Estevão maio a outubro de segunda a sábado às 10 h, 11 h e 14 h, domingo às 11 h e ao meio-dia, 3€.**

5 Diözesanmuseum St. Ulrich (Museu Diocesano). Localizada em uma igreja do início do período Gótico, essa coleção de artigos religiosos apresenta esculturas, pinturas e trabalhos em ouro e prata (relicários medievais, cruzes episcopais) dos séculos XI ao XX. 🕒 **15 minutos. Domplatz 2. ☎ 0941/51688. Entrada gratuita. Abril a outubro, de terça a domingo das 10 h às 17 h.**

6 ★ Alte Kapelle (Antiga Capela). Originalmente carolíngia, a Alte Kapelle foi completamente transformada em estilo rococó no século XVIII por Anton Landes. 🕒 **15 minutos. Schwarz-Bären-Strasse 7 (Alter Kornmarkt). ☎ 0941/57973. Segunda a sábado, das 10 h às 17h, domingo de meio-dia às 16 h.**

7 ★ Historisches Museum (Museu Histórico). As exposições nesse pequeno museu de história local, que fica em um antigo monastério minorita, têm como foco os maiores desenvolvimentos da história cultural e artística da região. Algumas atrações são as relíquias do período romano de Regensburg e a exibição de pinturas de autoria de Albrecht Altdorfer e outros mestres da Escola do Danúbio. 🕒 **30 minutos. Dachauplatz 2–4. ☎ 0941/507-2448. Entrada 2,20€. Diariamente, das 10 h às 16 h (quinta até às 20 h).**

8 ★★ Schloss Thurn und Taxis (Palácio Thurn und Taxis). Quando a família ducal Thurn und Taxis perdeu seu monopólio sobre o sistema postal da Alemanha em 1816, foram dados à família os edifícios da abadia de St. Emmeram como compensação. Nas visitas guiadas você pode ver os apartamentos privados, a biblioteca (com pinturas magníficas de Cosmas Damian Asam), e os claustros romanescos–góticos construídos entre os séculos XI e XIV. Por conta própria você pode visitar o Museu das Carruagens, que abriga uma coleção interessante de carruagens, trenós e liteiras, e a Câmara do Tesouro do Principado, que apresenta trabalhos em ouro, relógios, móveis, porcelanas, e outros tesouros datados do século XVII ao século XIX. 🕒 **1 hora. Emmeramplatz 5. ☎ 0941/50481. www.thurnundtaxis.de. Visitas ao palácio/**

claustros 11,50€, Câmara do Tesouro/Museu das Carruagens 4,50€. Visitas ao palácio/claustros de abril a outubro diariamente às 11 h, 14 h, 15 h e 16 h, e aos sábados e domingos às 10 h e às 13 h; novembro a março, sábado e domingo às 10 h, 11 h, 14 h e 15 h. Museu das Carruagens/Câmara do Tesouro, segunda a sexta das 11 h às 17 h, sábado e domingo das 10 h às 17 h.

9 ★ **Hinter der Grieb**. Caminhe por essa antiga rua com suas antigas casas burguesas e você será levado de volta para a Regensburg da Idade Média. Olhe para trás a partir do final da rua para uma vista das torres da catedral.

10 ★★ **Altes Rathaus (Antiga Prefeitura)**. Essa estrutura gótica, com sua torre de oito andares, entrada triangular e janelas em sacada, tem como atração o ricamente decorado Reichsaal (Salão Imperial), onde o parlamento do Sacro Império Romano se reunia de 1663 a 1806, e, no porão, os calabouços e as câmaras de tortura originais. 🕒 15 minutos. Rathausplatz. ☎ 0941/507-3440. Visitas guiadas 3€. Visitas guiadas a cada 30minutos. Segunda a sábado, das 9 h 30 min ao meio-dia e das 14 h às 16 h, domingo das 10 h ao meio-dia; visitas guiadas em inglês diariamente às 15 h 15 min.

Onde Ficar e Jantar

> *Apresentando quartos elegantes e em estilo barroco, o Grand Hotel Orphée é uma das opções de acomodação mais famosas de Regensburg.*

★★ **Bischoshof am Dom** ALTSTADT Os quartos nesse antigo prédio eclesiástico de 200 anos foram remodelados em estilo rústico que apela aos tradicionalistas — assim o seu elegante restaurante. Krauterer Markt 3. ☎ 0941/58460. www.hotel-bischofshof.de. 55 quartos. Diárias para duas pessoas de 138 a 148, com café da manhã. AE, DC, MC, V.

★ **David** ALTSTADT *BÁVARA/INTERNACIONAL* Localizado em uma torre histórica com excelentes vistas de seu jardim interno, esse excepcional restaurante serve especialidades regionais em um cenário encantador. Watmarkt 5. ☎ 0941/561-858. Pratos principais de 18€ a 27€. MC, V. Jantar apenas de terça a sábado.

★★ **Grand Hotel Orphée** ALTSTADT Três edifícios diferentes são a casa de três hotéis Orphée, mas este é o meu preferido porque está junto ao excelente restaurante Orphée, além de possuir quartos amplos e bem decorados, com muitas características barrocas. Untere Bachgasse 8. ☎ 0941/5960-2300. www.hotel-orphee.de. 25 quartos. Diárias para duas pessoas de 125€ a 155€, com café da manhã. AE, DC, MC, V.

★★ **Restaurant & Bistro Rosenpalais** ALTSTADT *INTERNACIONAL* O cardápio desse restaurante, que fica no primeiro andar, é criativo e repleto de surpresas sazonais, enquanto o bistrô, no térreo, serve massas, sopas, saladas e pratos locais mais simples. Minoritenweg 20. ☎ 0941/599-7579. www.rosenpalais.de. Pratos principais de 19€ a 28€; cardápio de preços fixos de 53€ a 69€. MC, V. Almoço e jantar de terça a sábado.

Rothenburg ob der Tauber

De todas as cidades medievais da Baviera ao longo da Rota Romântica, Rothenburg ob der Tauber é a mais famosa. E com razão, pois toda a cidade é uma oportunidade de se tirar fotos. Grandes e espessas muralhas medievais cravejadas por torres de fortificação cercam um núcleo urbano de ruas de paralelepípedos, casas em estilo enxaimel, e igrejas antigas — uma paisagem urbana que, em sua essência, pouco mudou em 400 anos. Após um período de prosperidade na Idade Média como uma Cidade Imperial Livre, Rothenburg perdeu poder e definhou como um recanto provincial. Ironicamente, foi exatamente essa negligência que salvou a Rothenburg que os visitantes hoje aproveitam.

> *As impressionantes muralhas, ruas de paralelepípedos e torres que saúdam os visitantes de Rothenburg ob der Tauber são marcos de uma cidade medieval completamente preservada.*

PONTO DE PARTIDA **Da estação de trem, caminhe em sentido sul na Steinweg, continue até Schlachthofstrasse e vire à direita na Spitalgasse, seguindo-a até o Spitalbastei (uma caminhada de cerca de 15 minutos).**

1 **Spitalbastei.** Para uma primeira impressão de Rothenburg divertida e fascinante, suba as escadas dessa enorme torre do século XVI e siga ao norte na passarela que segue pelo topo das muralhas.

2 **Klingenbastei.** A caminhada pelas muralhas termina nesse portão fortificado, que fica na esquina da Spitalgasse com Heilig Geist.

3 ★ **Reichsstadtmuseum (Museu da Cidade).** Localizado em um convento dominicano de 700 anos, com áreas bem preservadas, salão do convento e cozinha, esse museu apresenta painéis medievais pintados, uma coleção de moedas de ouro, recipientes para bebidas, armamentos e objetos de interesse

Bezoldweg
Muralha da Cidade
Klingenschütt
Krebengasse
Klingengasse
Fuchsengässchen
Schrannen-
platz
Schrannengasse
Hirtengasse
Schmidtsgässchen
Klosterweth
Judengasse
Küblersgässchen
Kloster-
hof
Reichsstadt-
museum
St.-Jakobs-Kirche
Kirch-
platz
Georgengasse
Galgen-
gasse
Rosen-
gasse
Röderschütt
Pfarr-
gasse
Paradeisgasse
Stollengasse
Kapellen-
platz
Klostergasse
Grüner
Markt
Milchmarkt
Pfeifers-
gässchen
Markt-
platz
Herrngasse
Hafengasse
Rödergasse
Franziskaner-
kirche
Pfäffleinsgässche
Hofbronnengasse
Schmiedgasse
Obere
Alter Keller
Alte Stadtgraben
Burg-
garten
Burggasse
Tauber
Wenggasse
Untere Schmiedgasse
Muralha da Cidade
Neugasse
Röderschütt
Topplerweg
Plönlein
Spitalgasse
Spitalkirche
Hamburgo
Berlim
ALEMANHA
Frankfurt
am Main
Rothenburg
ob der Tauber
Munique
0 100 yds
0 100 m
1 Spitalbastei
2 Klingenbastei
3 Reichsstadtmuseum
4 St.-Jakobs-Kirche
5 Rathaus
6 Ratstrinkstube
7 Burggarten
8 Mittelälterliche Kriminalmuseum
9 Plönlein
Onde Ficar
Burg Hotel 10
Hotel Eisenhut 13
Onde Jantar
Burgerkeller 11
Gasthof Marktplatz 12

> *Um dos locais mais característicos de Rothenburg é o Plölein, onde duas ruas únicas convergem.*

local. 🕒 **30 minutos. Klosterhof 5. ☎ 09861-939-043. Entrada 3€. Diariamente, de abril a outubro das 10 h às 17 h, de novembro a março das 13 h às 16 h.**

4 ★ **St. Jakobs-Kirche.** A igreja gótica de São Jacó vale uma visita principalmente para ver o *Heiliges-Blut-Altar* (Altar do Santo Sangue), uma obra de arte criada pelo escultor Tilman Riemenschneider, de Würzburg, cuja obra também pode ser vista em sua cidade natal, além de Creglingen e Regensburg. Os requintados vitrais no coro da igreja datam do final do período gótico. 🕒 **15 minutos. Klostergasse 15. ☎ 09861/700-620. Entrada 1,50€. Diariamente, de abril a outubro das 9 h às 17 h 15 min; dezembro, das 10 h às 16 h 45 min; novembro, janeiro e março, das 10 h ao meio-dia e das 14 h às 16 h.**

5 **Rathaus (Prefeitura).** No centro de Rothenburg está a movimentada Marktplatz (Praça do Mercado), que é dominada pela Rathaus, um prédio cujo estilo é parte do gótico século XIII, parte do renascentista século XVI. Do topo de sua torre de 50 m (164 pés), você tem uma excelente vista da cidade. **Marktplatz. ☎ 09861/40492. Entrada para a torre 1€. A torre fica aberta de abril a outubro das 9 h 30 min às 12 h 30 min e das 13 h às 17 h.**

Gole de Mestre

Em 1631, durante a Guerra dos Trinta Anos, o general Tilly, comandante dos exércitos da Liga Católica, capturou a protestante cidade de Rothenburg e foi agraciado, como vitorioso, com uma caneca de 3,5 litros (7,5½ pints) de vinho. Ele disse que pouparia a cidade da destruição se um dos habitantes locais pudesse tomar toda a caneca de uma só vez. O ex-prefeito Nusch aceitou o desafio e foi bem-sucedido salvando, assim, Rothenburg e conseguindo três dias de ressaca. Esse episódio histórico foi encenado pela primeira vez em uma peça de um festival chamada *Der Meistertrunk* (Gole de Mestre), em 1881, e agora é a peça central do **Historisches Festspiel** (Festival de História), que acontece em um período de quatro dias durante o Whitsuntide (Pentecostes, o sétimo domingo após a Páscoa). Centenas de cidadãos se vestem em roupas de época e recriam o período do Grande Gole. O momento é encenado, também, no início de setembro e duas vezes em outubro, durante a **Rothenburger Herbst**, uma comemoração de outono. Para maiores detalhes e datas anuais visite www.rothenburg.de.

Relógios Cuco e Natal

Todos os dias é Natal na **Käthe Wohlfahrt's Weinachtsdorf** (Vila de Natal). Herrngasse 1 (☎ 09861/4090), um empório relacionado ao Natal repleto de enfeites de Natal. A **Kunstwerke Friese**, Grüner Markt (☎ 09861/7166), é especializada em relógios cuco e tem roupas Hummel, canecas de cerveja em estanho, caixas de música e bonecas.

6 **Ratstrinkstube** (Taverna do Conselheiro). Essa antiga pousada com três relógios em sua fachada triangular fica próxima à Rathaus e hoje serve como escritório de informações turísticas. As janelas de ambos os lados do relógio mais baixo abrem às 11 h, 12 h, 13 h, 14 h, 15 h e às 21 h e 22 h para revelar as figuras do general Tilly e do prefeito Nusch, protagonistas da bebedeira que salvou Rothenburg (veja "Gole de Mestre"). **Marktplatz. ☎ 09861/404800.**

7 **Burggarten (Jardins do Castelo).** Esse parque e esplanada ocupa o local do hoje desaparecido castelo imperial, oferecendo uma adorável vista do Vale do Tauber e da ponte de dois níveis Doppelbrücke (ponte dupla), que atravessa o rio Tauber.

8 **Mittelälterliche Kriminalmuseum (Museu de Crimes Medievais).** Um hospital do século XIV com a única fachada barroca do século XVIII de Rothenburg é casa desse sinistro museu dedicado aos crimes medievais e aos castigos. Aqui está a sua chance de ver cintos de castidade, máscaras da vergonha, uma flauta da vergonha para maus músicos (aparentemente existia muito do que se envergonhar na Alemanha medieval), uma cesta de afogamento e uma donzela de ferro. A amostra é tediosamente prosaica, mas sua imaginação vai voar longe. 🕒 **30 minutos. Burggasse 3–5. ☎ 09861/5359. Entrada 3,80€. Diariamente, de abril a outubro das 9 h 30 min às 18 h; novembro, janeiro e fevereiro das 14 h às 16 h; dezembro a março, das 10 h às 16 h.**

9 **Plönlein.** Um dos locais mais fotografados de Rothenburg, essa esquina pitoresca é formada por duas ruas divergentes, uma subindo e outra descendo, ambas terminando em um portão fortificado. **Junção da Untere Schmiedgasse e Kobolzellerseig.**

Onde Ficar e Jantar

Burgerkeller ALTSTADT *BÁVARA*
Localizado em uma adega do século XVI (com mesas do lado de fora se o tempo estiver bom), o Burgkeller é um agradável lugar para apreciar a culinária local, como a Maultaschensuppe (massa recheada no caldo) e as salsichas de Nuremberg com chucrute, e para experimentar os vinhos locais. **Herrngasse 24. ☎ 09861/2126. Pratos principais de 6€ a 10€. MC, V. Almoço e jantar de terça a quinta.**

★★★ **Burg Hotel** ALTSTADT
Tudo no Burg Hotel é pitoresco, de sua faixada em estilo enxaimel no fim de uma rua de paralelepípedos aos seus quartos amplos e belamente decorados com vista para o Vale do Tauber. **Klostergasse 1–3. ☎ 09861/94890. www.burghotel.eu. 15 quartos. Diárias para duas pessoas de 100€ a 170€, com café da manhã. AE, DC, MC, V.**

Gasthof Marktplatz ALTSTADT *SUÁBIA*
A comida servida nesse local é simples; é mais uma espécie de comida caseira alemã. Você encontrará pratos tradicionais da Suábia, como o *Käsespätzle* (macarrão coberto de queijo) cozido com cebolas, e *Jägerschnitzel*, um *schnitzel* de porco com molho cremoso. **Grüner Markt 10. ☎ 09861/6722. www.gasthof-marktplatz.de. Pratos principais de 8,50€ a 14€. Cartões de crédito não são aceitos. Almoço e jantar de quarta a domingo.**

> *A linda paisagem do Burg Hotel, de onde é possível avistar o vasto Vale do Tauber.*

★★★ **Hotel Eisenhut** ALTSTADT
Formado por três casas medievais interconectadas, o único hotel de luxo de Rothenburg tem um ambiente à moda antiga, os maiores quartos e banheiros da cidade e um cardápio requintado. **Herrngasse 3–7. ☎ 09861/7050. www.eisenhut.com. 78 quartos. Diárias para duas pessoas de 134€ a 225€. Fechado em janeiro e fevereiro. AE, DC, MC, V.**

Würzburg

Würzburg, no rio Meno, é uma cidade universitária adorável e animada, cercada por quilômetros de vinhedos. Ela cresceu em volta de um ducado franco do século VII e se desenvolveu sob o poder de uma série de príncipes-bispos, como os da família Schönborn – responsáveis pela construção da Residenz, a atração turística mais famosa da cidade, e de muitas igrejas barrocas da Altstadt (Cidade Antiga). Würzburg foi quase totalmente destruída durante a Segunda Guerra Mundial e os edifícios históricos que você encontra hoje são, em sua maioria, meticulosas recriações.

> *As majestosas colunas, candelabros e detalhes em mármore da Câmara Imperial na Residenz, palácio barroco do século XVIII em Würzburg.*

PONTO DE PARTIDA Da estação de trem, vá em direção sul na Bahnhofstrasse, Textorstrasse e Theaterstrasse até a Residenz, cerca de 15 minutos de caminhada.

① **Weinstuben Juliusspital.** Antes de ir em direção ao sul para a Residenz, talvez você queira parar e experimentar uma taça do vinho branco e frutado *Frankenwein*, de Würzburg, na adega medieval de vinhos da Juliusspital, um complexo barroco construído pelo príncipe-bispo Julius Echter em 1575 como um hospital com pátio e igreja. O Juliusspital cultiva suas próprias uvas e é a segunda maior vinícola da Alemanha. Juliuspromenade e esquina da Barbarossaplatz. ☎ 0931/393-1400. www.juliusspital.de. Diariamente, das 10 hà meia-noite. 5 € a 8€.

2 ★★ **Residenz.** Considerado um dos palácios barrocos mais importantes da Europa e hoje tombado como Patrimônio da Humanidade pela Unesco, a Residenz, de 345 cômodos, foi finalizada em 1744 pelo arquiteto Balthasar Neumann para o príncipe-bispo Johann von Schönborn. As áreas mais importantes a serem

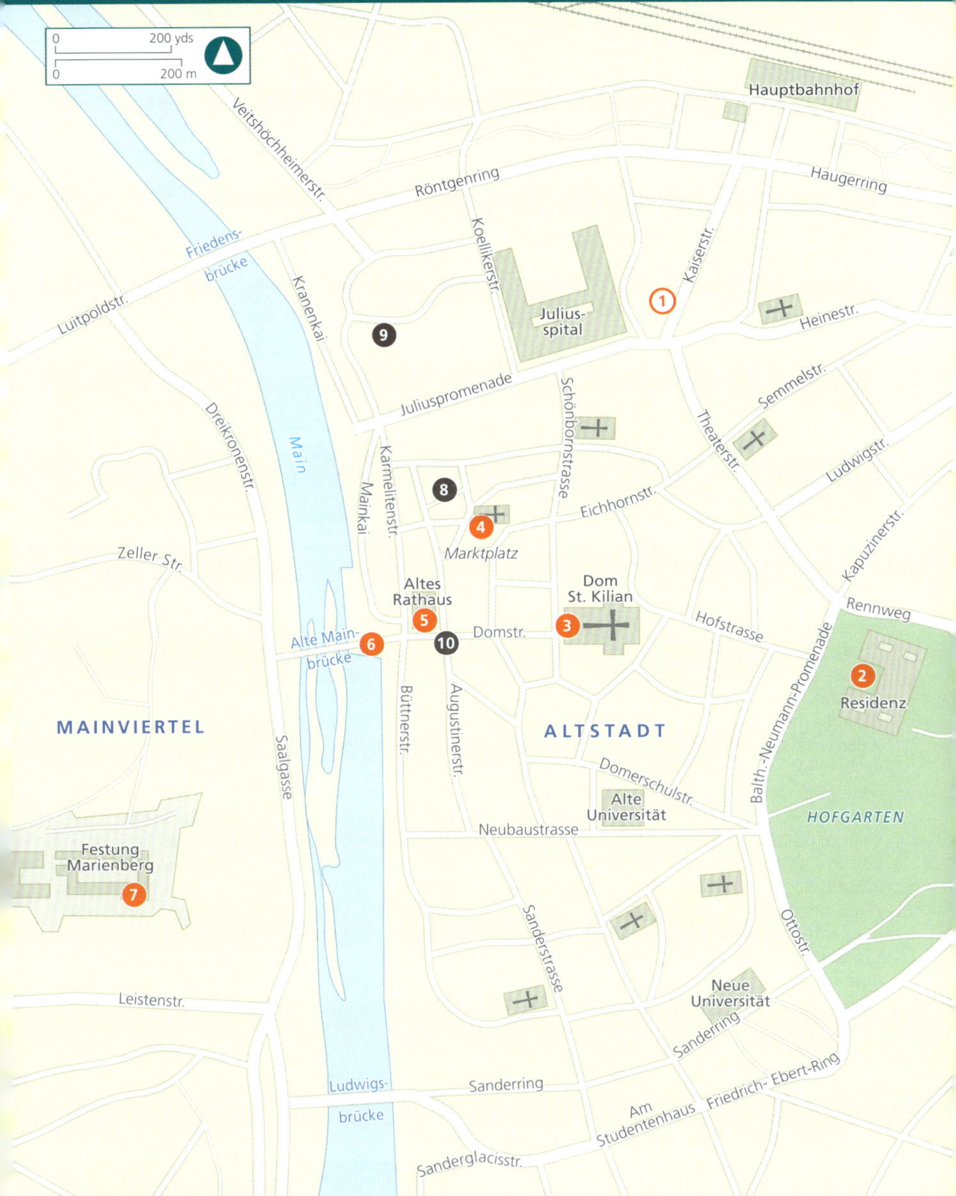

1 Weinstuben Juliusspital
2 Residenz
3 Dom St. Kilian
4 Marienkapelle
5 Rathaus
6 Alte Mainbrücke
7 Festung Marienberg

Onde Ficar
Greifensteiner Hof **8**
Maritim Hotel Würzburg **9**

Onde Jantar
Fränkische Stuben **8**
Ratskeller Würzburg **10**

> *Vista aérea de Würzburg e sua impressionante catedral em estilo romanesco, a Dom St. Killian, onde os príncipes–bispos da cidade foram sepultados.*

visitadas são a abóbada Treppenhaus, ou escadaria, com o teto coberto por uma enorme pintura com alegorias mitológicas feitas por Giovanni Battista Tiepolo; a Hofkirche, a capela da corte com suas coloridas colunas de mármore e duas importantes pinturas do altar, também de Tiepolo; e o Weisser Saal (Salão Branco) e o Gartensaal (Salão do Jardim), ambos repletos de fantásticos trabalhos em estuque. Atrás do palácio, o formal e elegante Hofgarten, ou jardim da corte, também vale a pena ser visitado. 🕒 **1 hora. Residenzplatz 2. ☎ 0931/355-170. www.residenz-wuerzburg.de. Entrada 5€. Diariamente, de abril a outubro das 9 h às 18 h, novembro a março das 10 h às 16 h. Visitas guiadas em inglês diariamente às 11 h e às 15 h.**

3 ★ Dom St. Killian (Catedral São Killian). A quarta maior igreja romanesca da Alemanha foi iniciada em 1405, no local de um edifício anterior, reconstruído após muitos danos sofridos durante a Segunda Guerra Mundial. O interior dessa basílica de quatro torres, onde os poderosos príncipes–bispos de Würzburg eram adorados e sepultados, apresenta o trabalho de vários séculos, do simples pé-direito alto da nave romanesca aos trabalhos em estuque barroco no coro e no Altar dos Apóstolos, criado em 1967 como local de repouso para três esculturas em arenito criadas por Tilman Riemenschneider, em 1506. Monumentos funerários aos príncipes–bispos, incluindo dois de Riemenschneider (entre a sétima e oitava pilastras), estão espalhados ao longo das pilastras da nave. Entre 1721 e 1736 Balthasar Neumann, arquiteto da Residenz, criou a Capela Schönborn para os túmulos dos príncipes–bispos. 🕒 **15 minutos. Domstrasse. ☎ 0931/321-1830. Entrada gratuita. Segunda a sábado, das 10 h às 17 h, domingo das 13 h às 16h.**

4 Marienkapelle (Capela de Santa Maria). Essa adorável igreja gótica vermelha e branca na Marktplatz, a mais animada praça da cidade, foi construída nos séculos XIV e XV pelos cidadãos de Würzburg. Acima da entrada norte há uma escultura da Anunciação, do século XV; no interior, um túmulo esculpido por Tilman Riemenschneider e uma madona do século XVII produzida por J. Killian, mestre da prata de Augsburg. 🕒 **15 minutos. Domerpfarrgasse 10. ☎ 0931/372-335. Entrada gratuita. Segunda a sábado, das 10 h às 16 h, domingo de meio-dia às 15 h.**

Mozart na Residenz

Um dos pontos altos do ano cultural de Würzburg é o **Mozartfest**, que começa no final de maio e continua até a primeira semana de julho. Muitos dos concertos de músicos renomados são apresentados nos belos aposentos barrocos da Residenz. Para mais informações, ligue ☎ 0931/372-336 ou acesse www.mozartfest-wuerzburg.de.

5 **Rathaus (Prefeitura).** Com uma fonte do século XVIII em frente, a Rathaus de Würzburg foi construída no século XIII como uma residência episcopal; em 1659 foi adicionada a parte oeste, conhecida como Roter Bau (Prédio Vermelho), em estilo renascentista. A fachada pintada do edifício data do século XVI. Dê uma olhada no charmoso pátio e admire o prédio pelo lado de fora; não há necessidade de entrar. Rückermainstrasse 2.

6 ★ **Alte Mainbrücke (Antiga Ponte Principal).** Doze enormes santos barrocos esculpidos em pedras de arenito decoram essa bela ponte de pedra construída sobre o rio Meno entre 1473 e 1543.

Uma passarela demarcada no lado oeste da ponte leva à Festung Marienberg, ou pegue o ônibus número 9, que o deixará em frente ao portão.

7 ★★ **Festung Marienberg (Fortaleza Marienberg).** Hoje tombada como Patrimônio da Humanidade pela Unesco, a Fortaleza Marienberg fica no topo da montanha no lado oeste do rio. Esse enorme complexo de construções, cercado de vinhedos, inclui dentro de suas muralhas a **Marienkirche** (Igreja de Santa Maria), do século VIII, uma das mais antigas igrejas da Alemanha, e o **Edifício do Príncipe**, com aposentos históricos recriados uma vez usados pelos príncipes-bispos de Würzburg. Reserve tempo e atenção para o **Mainfränkisches Museum**, um museu de história local dentro do complexo da fortaleza. Suas atrações principais estão no cômodo dedicado às esculturas em madeira de Tilman Riemenschneider, o grande mestre entalhador e escultor gótico. 1 hora. Marienberg 1. Fortaleza ☎ 09317/355-1750; museu ☎ 0931/205-940. Museu www.mainfraenkisches-museum.de. Entrada: Edifício do Príncipe 4€, museu 3€. Terça a domingo, de 10 h às 17 h; fortaleza e edifício do príncipe fechados de novembro a 15 de março. Ônibus: 9.

O Mestre Escultor de Würzburg

Tilman Riemenschneider (1460–1531), cujo impressionante trabalho em esculturas de madeira é a atração principal do Mainfränkisches Museum (7), viveu e trabalhou em Würzburg durante 48 anos, tanto como conselheiro quanto como prefeito. Durante a Revolta Camponesa de 1525, esse mestre escultor se aliou aos rebeldes e provocou a ira implacável dos príncipes-bispos. Como resultado de seu ponto de vista político, Riemenschneider foi preso e torturado. Ele morreu logo após ser solto. Você pode ver mais obras desse grande artista na Herrgottskirche, próxima a Creglingen (pág. 208, 3), St.-Jakobs-Kirche, em Rothenburg ob der Tauber (pág. 238, 4), e na catedral de Regensburg (pág. 234, 4).

Onde Ficar e Jantar

★ **Fränkische Stuben** ALTSTADT *FRANCÔNIA* Um adorável local para sentar ao ar livre em uma noite agradável e jantar especialidades francônias. Experimente o peixe fresco com molho de vinho Riesling ou a Zwiebelkuchen (torta de cebola). Dettelbachergasse 2 (no Greifensteiner Hof). ☎ 0931/87809. www.fraenkische-stuben.de. Pratos principais de 8€ a 18€. AE, DC, MC, V. Almoço e jantar diariamente.

★ **Greifensteiner Hof** ALTSTADT Cada quarto é diferente nesse pequeno e charmoso hotel no coração da Altstadt, atrás da Marienkirche. Os banheiros são pequenos, mas o design é agradável em todo o local. Dettelbachergasse 2. ☎ 0931/35170. www.greifensteiner-hof.de. 40 quartos. Diárias para duas pessoas de 60€ a 90€, com café da manhã. AE, DC, MC, V.

★ **Maritim Hotel Würzburg** À MARGEM DO RIO Esse hotel, pertencente a uma moderna rede hoteleira e próximo ao rio Meno, conta com quartos de tamanho mediano decorados com um discreto estilo contemporâneo. Os banheiros de bom tamanho possuem banheira e chuveiro. Pleichertorstrasse 5. ☎ 0931/30530. www.maritim.de. 85 quartos. Diárias para duas pessoas de 100€ a 210€. AE, DC, MC, V.

crianças **Ratskeller Würzburg** ALTSTADT *FRANCÔNIA* Comida francônia com um toque francês é servida nessa típica *Ratskeller*, mas você pode preferir algo mais simples, como salsichas caseiras com batatas fritas e ovos, ou carne assada com cebolas fritas; há também um cardápio infantil. Langgasse 1. ☎ 0931/13021. www.wuerzburger-ratskeller.de. Pratos principais de 6€ a 15€. AE, MC, V. Almoço e jantar diariamente.

Informações Úteis Sobre o Norte da Baviera e a Rota Romântica

Serviço de Reserva de Hospedagem

Ligue para o **Serviço de Reserva de Hospedagem** (☎ 0870/243-0003; www.hrs.de) de qualquer lugar na Alemanha. Centros de informações turísticas nas principais estações de trem e aeroportos oferecem reservas no local para quartos de hotéis e pousadas (B&B).

Caixas eletrônicos

Todas as principais cidades e localidades dessa região — Würzburg, Rothenberg ob der Tauber, Augsburg, Nuremberg, Regensburg e Passau — possuem bancos e estações de trem com caixas eletrônicos (*Geldautomaten*).

Dentistas e Médicos

Se você tiver algum problema simples médico ou dentário enquanto estiver viajando pela Alemanha, a maioria dos hotéis poderá lhe indicar um médico (*Artz*) ou dentista (*Zahnart*) local que fale inglês. Você deverá apresentar prova de seguro de saúde permanente ou de viagens (como um cartão EHIC no caso da maioria dos residentes da Europa), ou terá que pagar pelo tratamento. No caso de ferimentos leves que requeiram tratamento rápido, vá ao departamento *Notaufnahme* (emergência) do *Krankenhaus* (hospital) mais próximo. Quando os ferimentos forem sérios ou com risco de vida, chame o número de emergência do médico/ambulância (veja "Emergências" abaixo).

Emergências

Para ligar para a polícia (*Polizei*), disque ☎ **110**. Para avisar sobre um incêndio ou para chamar um médico de emergência (*Notartz*) ou ambulância (*Krankenwagen*), disque ☎ **112**.

Chegando lá

Os aeroportos internacionais mais próximos ficam em **Frankfurt** (ver pág. 494) e em **Munique** (ver pág. 318). Se você quiser viajar pela Rota Romântica do norte para o sul, voe para Frankfurt, 119 km (74 milhas) ao norte de Würzburg, o ponto de partida mais ao norte. Se quiser fazer o passeio indo do sul para o norte, ou visitar o norte da Baviera, voe para Munique, 132 km (82 milhas) a nordeste de Füssen, o ponto mais ao sul da Rota Romântica. O aeroporto de Frankfurt possui uma estação de trem, que o conecta facilmente a qualquer uma das vilas e cidades cobertas nesse capítulo. Para os horários dos trens e informações ligue **Deutsche Bahn** (Ferrovias Alemãs; ☎ 11861; www.bahn.de). Nuremberg possui seu próprio aeroporto, o **Aeroporto Nürnberg** (☎ 0911/93700; www.airport-nuernberg.de) que atende todas as companhias aéreas europeias e voos fretados.

Circulando

A Alemanha é servida por uma excelente malha ferroviária, e um carro não é necessário se você ficar pelas cidades cobertas neste capítulo. A maioria dos serviços de trem — e todos os trens InterCity, incluindo os trens de alta velocidade ICE (InterCity Express) — são operados pela **Deutsche Bahn** (Ferrovias Alemãs; ☎ 11861; www.bahn.de). Alguns serviços locais e regionais são operados por companhias ferroviárias privadas. Entretanto, se você quiser explorar locais menores ao longo da Rota Romântica e vislumbrar a paisagem do norte da Baviera, precisará de um carro. Um mapa regional detalhado (Hallweg ou Michelin) é essencial; você pode comprar um nas livrarias do aeroporto de Frankfurt e na maioria das bancas de jornais. Alugar um carro na Alemanha é relativamente fácil mas, geralmente, é mais econômico reservá-lo com antecedência. A maioria das agências internacionais de aluguel de carros possui escritórios nos aeroportos de Frankfurt e Munique, incluindo a **Avis** (☎ 800/331-1212; www.avis.com), a **Budget** (☎ 800/527-0700; www.budget.com) e a **Hertz** (☎ 800/654-3001; www.hertz.com). Você pode, também, alugar um carro com a **Rail Europe** (☎ 888/382-7245; www.raileurope.com).

Acesso à Internet

Quase todos os hotéis da Alemanha, mesmo nas cidades menores, oferecem Wi-Fi e/ou banda larga hoje em dia. Se o seu hotel não tiver, pergunte ao recepcionista ou no centro de informações turísticas se há um cybercafé na vizinhança.

Farmácias

Em uma drogaria alemã, chamada de *Apotheke*, a equipe treinada pode recomendar medicamentos vendidos no balcão para muitos problemas comuns. Para comprar cosméticos e perfumaria, vá a uma *Drogarie*. As farmácias alemãs ficam abertas no horário comercial normal. Elas se revezam abertas à noite, aos domingos e feriados, e cada *Apotheke* coloca uma lista das que funcionam nos horários extras.

Polícia

Para relatar uma perda ou artigo roubado, como uma carteira ou passaporte, visite a polícia local (*Polizei*) de onde estiver. Para ligar para a polícia de qualquer local da Alemanha, disque ☎ **110**.

Correios

Você reconhecerá as filiais do **Deutsche Post** (☎ 01802/3333; www.deutschepost.de) pela sua placa amarela com uma buzina preta. As agências de correio ficam abertas de segunda a sexta, das 8 h às 18 h, e aos sábados das 8 h às 12 h 30 min.

Segurança

Essa área da Alemanha é completamente segura para turistas, mas tenha bom senso e não deixe objetos de valor à vista quando estacionar seu carro em uma rua da cidade ou local próximo a uma área de visitação.

Telefones

Ligue ☎ 11837 para informações e ☎ 11834 para informações internacionais. O código da área de Augsburg é 0821; Bayreuth é 0921; Nuremberg é 0911; Regensburg é 0941; Rothenburg é 09861; e Würzburg é 0931. Disque o código de área ao ligar para um número da cidade estando em outra; você não precisa discar esse código quando ligar da mesma localidade. Há telefones públicos em muitos locais — alguns aceitam moedas e alguns aceitam cartões telefônicos, disponíveis em agências de correio e bancas de revistas.

Banheiros

Em alguns lugares você encontrará banheiros públicos limpos (*Toilette* em alemão; pronuncia-se tuá-lé-te), muitos deles automáticos e acessíveis à cadeiras de rodas; você precisa de uma moeda de 0,50€ para destrancar a porta. Mais convenientes e espalhados são os banheiros em cafés, bares, restaurantes, hotéis, shopping centers, algumas lojas, em paradas de autoestradas e áreas de descanso. Mesmo se você não for obrigado a pagar, é costume deixar 0,50€ para o atendente.

Informações para Visitantes

A agência regional de turismo da Baviera é a **Bayern Tourismus Marketing**, Leopoldstrasse 146, 80804 Munique (☎ 089/212-3970; www.bayern.by). A **Associação da Rota Romântica** também pode fornecer informações adicionais: Touristik Arbeitsgemeinschaft Romantische Strasse, Segringer Strasse 19, 91550 Dinkelsbühl (☎ 09851/551-387; www.romantischestrasse.de). Além das fornecidas com a lista individual das cidades, outros escritórios-chave de informação turística são os seguintes: **AUGSBURG** Rathausplatz; ☎ 0821/502-070; www.augsburg-tourismus.de; segunda a sexta das 9 h às 18 h, sábado das 10 h às 13 h; domingo (apenas no verão) das 10 h às 13 h. **BAYREUTH** Luitpoldplatz 9; ☎ 092/88588; www.tourismus.bayreuth.de; segunda a sexta, das 9 h às 18 h, sábado das 9 h às 14h, domingo (maio a outubro), das 10 h às 14 h. **NUREMBERG** Königstrasse 93 (☎ 0911/23360) e Hauptmarkt 18 (☎ 0911/233-6135); www.tourismus.neurnberg.de; segunda a sábado, das 9 h às 19 h; domingo das 10 h às 16 h. **REGENSBURG** Altes Rathaus; ☎ 0941/507-4410; www.regensburg.de; segunda a sexta, das 9 h às 18 h; sábado e domingo das 9 h às 16 h (domingo, de novembro a março das 9 h 30 min às 14 h 30 min). **ROTHENBURG OB DER TAUBER** Marktplatz; ☎ 09861/404-800; www.rothenburg.de; segunda a sexta, das 9 h às 18 h (novembro a abril, até às 17 h), sábado e domingo das 10 h às 15 h. **WÜRZBURG** Falkenhaus am Markt; ☎ 0931/372-335; www.wuerzburg.de; segunda a sexta, das 9 h às 18 h (novembro a abril, até as 17 h), sábado e domingo, das 10 h às 15 h.

6 Munique

Nossos Melhores Momentos em Munique

Munique é uma cidade que gosta de festejar. Ela é famosa pela grande e barulhenta festa da cerveja chamada Oktoberfest e, se você caminhar pela Altstadt (Cidade Antiga) em um dia quente e ensolarado, ou em uma noite agradável, verá pessoas sentadas na rua, em cada praça, bebendo, comendo, aproveitando a vida. O local respira prosperidade, e um exemplo disso é a palavra "Gemütlichkeit", uma daquelas difíceis de se traduzir, que significa algo como aconchegante e/ou de boa índole. Não é de se admirar que, de acordo com pesquisas, Munique seja a primeira opção dos alemães em termos de local para se viver.

> *PÁGINA ANTERIOR A Oktoberfest de Munique atrai milhões de turistas a cada ano. NESTA PÁGINA A Neues Rathaus, na Marienplatz.*

❶ **Passeie pela Marienplatz.** Para sentir realmente o agito e o ritmo de Munique a qualquer hora do dia, tudo o que você precisa fazer é andar pela praça mais amada da cidade. **Ver pág. 252, ❶.**

❷ **Visite o Viktualienmarkt.** Há simplesmente alguma coisa maravilhosa nesse grande mercado ao ar livre — é colorido, intrigante, tem um aroma divino, e é repleto de excelentes surpresas comestíveis. **Ver pág. 286, ⑤.**

❸ **Coma presunto e beba cerveja na Hofbräuhaus am Platzl.** O que pode ser mais característico de Munique do que sentar em uma enorme mesa comum na Schwemme (taberna) da mais famosa cervejaria do mundo e pedir uma caneca de Löwenbrau e um prato de Schweineshaxe (joelho de porco assado)? **Ver pág. 283, ❹.**

❹ **Aprecie a Asamkirche.** Munique tem diversas belas igrejas, mas muitas tiveram de ser reconstruídas após a Segunda Guerra

Mundial, com seus interiores despidos de sua ornamentação original. A Asamkirche é uma maravilhosa exceção, enfeitada ao ponto de estontear aqueles que a visitam. **Ver pág. 273,** 3.

5 Veja os trens em miniatura no Deutsches Museum. Algumas pessoas vêm para ver o céu no observatório, outras para se encantar com a aeronave histórica. Mas para uma lembrança nostálgica da sua infância, ou pelo menos dos dias em que as crianças brincavam com trens em miniatura em vez de videogames, nada supera a grande exposição de miniaturas de trens do Deutsches Museum. **Ver pág. 266,** 1.

6 Fique cara a cara com Albrecht Dürer na Alte Pinakothek. A Alte Pinakothek dificilmente carece de obras de arte, mas cruzar com o *Autorretrato de Albrecht Dürer*, de 1500, faz você parar no meio do caminho. É uma obra brilhante e assustadora de um artista de 29 anos, que foi o primeiro a pintar a si mesmo como objeto. **Ver pág. 262,** 1.

7 Vasculhe o showroom na BMW Welt. É pura fantasia, mas também muita diversão. No belo showroom da montadora em Munique, sob holofotes perfeitamente adaptados, as mais novas BMW são exibidas como modelos famosas, — e, de certa forma, são assim. Mas esses carros podem ser levados para casa se o seu limite de crédito for alto o suficiente, e não há como prever até onde essa experiência poderá levá-lo. **Ver pág. 269,** 5.

8 Tire a roupa no Englischer Garten. Os alemães não são bem pudicos em relação aos seus corpos. Se o dia estiver quente e ensolarado, por que não sorrir e tirar toda a roupa no Schönfeldwiese, um amplo campo no Englischer Garten (Jardim Inglês) usado para banhos de sol nudistas. 2.

> *Turistas dividem bebidas e sensações na enorme, agitada e famosa Hofbräuhaus am Platzl.*

9 Procure bustos na Glyptothek. Fãs de antiguidades têm muitos tesouros a descobrir em Munique. Na Glyptothek, armazém da cidade para esculturas antigas, a galeria dedicada a bustos romanos leva você ao maravilhoso mundo das faces de mármore e às suas personalidades tão afiadas e vívidas como há milhares de anos. **Ver pág. 264,** 7.

10 Fique encantado com as carruagens de Luis II no Schloss Nymphenburg. Há tanto para ver no Schloss Nymphenburg (Castelo Nymphenburg) que é fácil passar metade do dia lá. Depois de visitar o local, vá para o Marstallmuseum, logo ao lado, onde uma coleção de trenós e carruagens dourados usados pelo rei Luis II de Neuschwanstein vai deixá-lo impressionado. **Ver pág. 274,** 2.

Fasching (ou Carnaval)

Fasching, ou Carnaval, é um festival realizado no final do inverno, antes da Quaresma. O primeiro baile Fasching em Munique data de 1829. Hoje em dia, existem milhares de eventos que vão de requintadas festas à fantasia a bailes extravagantes. O *München Harrisch* (Louca Munique), no último domingo antes da Terça-feira Gorda (Carnaval no Brasil), é um dos maiores eventos da estação, no qual milhares de foliões dançam e abrem caminho pelas ruas até a Marienplatz, onde muitos palcos e barracas de comidas e bebidas são montadas. Visite www.munich-tourist.de para mais informações.

Momentos Incríveis em Munique
Para Nymphenburg (veja a área detalhada)
Massmann-str.
Theresienstr.
Hess-str.
Steinicke-weg
Augustenstr.
Enhuber-str.
Theresienstrasse
Neue Pinakothek
Linprun-str.
Loristrasse
Erzgiessereistr.
Sandstr.
Dachauer Strasse
Schleissheimer Str.
Steinheilstr.
Gabelsberger-strasse
TECHNISCHE UNIVERSITÄT MÜNCHEN (TUM)
Arcisstrasse
Alte Pinakothek
Nymphenburger Strasse
Rottmannstr.
Richard-Wagner-Str.
Luisenstr.
Blutenburgstr.
Stiglmaier-platz
Brienner Strasse
Lenbach-haus
Glyptothek
Pappenheimstr.
Propyläen
Königsplatz
Karlstrasse
Spatenstr.
Barer Strasse
Prinz-
Antiken-sammlungen
Karolinen-platz
Wredestr.
Marsstrasse
Zirkus-Krone-Str.
Meiserstrasse
Max-Joseph-Str.
Herbststr.
Hopfenstr.
Seidlstrasse
Arnulfstr.
Sophienstrasse
Arcostr.
Otto-
Alter Botanischer Garten
Hirtenstr.
Lämmer-str.
Elisenstrasse
Ottostrasse
Maximilians-
Starnberger Bahnhof
Hauptbahnhof
Prielmayerstrasse
Lenbach-platz
Pacellistr.
Bahnhof-platz
Schützenstr.
Maxburgstr.
Holzkirchner Bahnhof
Karlsplatz
Herzog-Max-Str.
Kapellen-str.
Zollstr.
Bayerstrasse
Karlsplatz (Stachus)
Michaels-kirche
Karlstor
Neuhauser Str.
Ettstr.
Zweigstr.
Schlosserstr.
Martin-Greif-Str.
Hermann-Lingg-Str.
Mittererstr.
Senefelderstr.
Adolf-Kolping-Str.
Eisenmannstr.
Herzogspitalstr.
Sonnen-strasse
Altheimer Eck
Schwanthalerstrasse
Paul-Heyse-Strasse
Bavariaring
Sankt-Pauls-platz
Sankt-Paul-Str.
Deutsches Theater
Paulskirche
Landwehr-strasse
Goethe-strasse
Sonnenstrasse
Joseph-spitalstr.
Damen-stiftstr.
Herzog-Wilhelm-Str.
Brunn-str.
Hackenstr.
Hotterstr.
Theresienwiese (Festwiese)
Schillerstrasse
Mathildenstrasse
Kreuzstr.
Asam-kirche
Georg-Hirth-Platz
Sendlinger Strasse
Pettenkofer-strasse
Lessingstr.
Sendlinger Tor
Theresienwiese
Heinrich-Strasse
Sendlinger-Tor-Pl.
Rückertstr.
Nussbaumstrasse
Beethoven-platz
Matthäus-kirche
An der Hauptfeuerwache
Unterer
Beethoven-strasse
Kaiser-Ludwig-Platz
Ziemssenstr.
Blumenstr.
Augsburgerstr.
Schubertstr.
Herzog-
Haydnstr.
Goethestrasse
Lindwurmstrasse
Reisingerstrasse
Thalkirchner Str.
Pestalozzistrasse
Müllerstr.
Anger-torstr.
Mozartstr.
Goethe-platz
Ringseisstr.
Maistrasse
Frauenlobstr.
Holzstr.
Hans-Sachs-Str.
Goetheplatz
Alter Südfriedhof
1 Marienplatz
2 Viktualienmarkt
3 Hofbräuhaus am Platzl
4 Asamkirche
5 Deutsches Museum
6 Alte Pinakothek
7 BMW Welt
8 Englischer Garten
9 Glyptothek
10 Schloss Nymphenburg

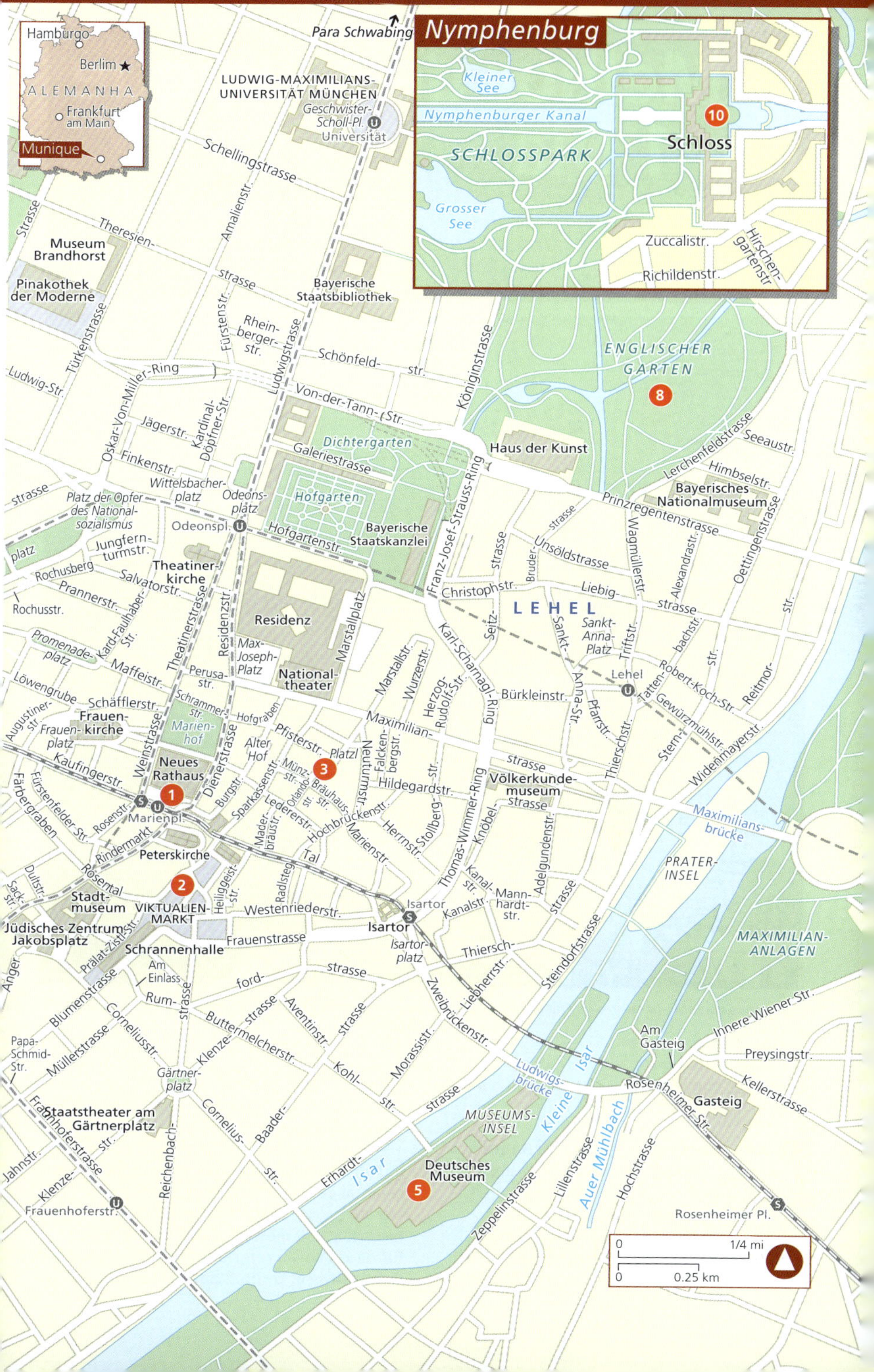
Hamburgo
Berlim
ALEMANHA
Frankfurt am Main
Munique
Para Schwabing
Nymphenburg
Kleiner See
Nymphenburger Kanal
SCHLOSSPARK
Grosser See
10
Schloss
Zuccalistr.
Richildenstr.
Hirschengartenstr.
LUDWIG-MAXIMILIANS-UNIVERSITÄT MÜNCHEN
Geschwister-Scholl-Pl.
Universität
Schellingstrasse
Amalienstr.
Theresien-strasse
Museum Brandhorst
Pinakothek der Moderne
Türkenstrasse
Bayerische Staatsbibliothek
Fürstenstr.
Rheinberger-str.
Ludwigstrasse
Schönfeld-str.
Königinstrasse
ENGLISCHER GARTEN
8
Ludwig-Str.
Oskar-Von-Miller-Ring
Von-der-Tann-Str.
Jägerstr.
Kardinal-Döpfner-Str.
Dichtergarten
Galeriestrasse
Haus der Kunst
Seeaustr.
Lerchenfeldstrasse
Himbselstr.
Finkenstr.
Wittelsbacher-platz
Odeons-platz
Hofgarten
Franz-Josef-Strauss-Ring
Bayerisches Nationalmuseum
Prinzregentenstrasse
Oettingenstrasse
Platz der Opfer des Nationalsozialismus
Odeonspl.
Bayerische Staatskanzlei
Hofgartenstr.
Unsöldstrasse
Wagmüllerstr.
Alexandrastr.
Jungfernturmstr.
Theatiner-kirche
Salvatorstr.
Rochusberg
Prannerstr.
Rochusstr.
Christophstr.
Bruderstr.
Liebig-strasse
LEHEL
Residenz
Residenzstr.
Marstallplatz
Theatinerstrasse
Karl-Faulhaber-Str.
Promenade-platz
Maffeistr.
Max-Joseph-Platz
Sankt-Anna-Platz
Sankt-Anna-Str.
Triftstr.
Karl-Scharnagl-Ring
Seitzstr.
Perusa-str.
National-theater
Marstallstr.
Wurzerstr.
Herzog-Rudolf-Str.
Bürkleinstr.
Pfarrstr.
Lehel
Robert-Koch-Str.
Reitmorstr.
Löwengrube
Schäfflerstr.
Schrammerstr.
Hofgraben
Augustinerstr.
Frauen-kirche
Frauenplatz
Marienhof
Pfisterstr.
Platzl
Maximilianstrasse
Gewürzmühlstr.
Tattenbachstr.
Sternstr.
Widenmayerstr.
Weinstrasse
Kaufingerstr.
Neues Rathaus
Alter Hof
Dienerstrasse
3
Neuturmstr.
Falckenbergstr.
Hildegardstr.
Völkerkunde-museum
Thierschstr.
1
Burgstr.
Sparkassenstr.
Münzstr.
Orlandostr.
Bräuhausstr.
Marienpl.
Färbergraben
Fürstenfelder-Str.
Rosenstr.
Ledererstr.
Hochbrückenstr.
Marienstr.
Herrnstr.
Stollbergstr.
Thomas-Wimmer-Ring
Knöbelstr.
Maximiliansbrücke
PRATER-INSEL
Rindermarkt
Peterskirche
Maderbräustr.
Tal
Adelgundenstr.
Rosental
2
Heiliggeiststr.
Radlsteg
Kanalstr.
Mannhardtstr.
Dultstr.
Sackstr.
Stadt-museum
VIKTUALIEN-MARKT
Westenriederstr.
Isartor
Jüdisches Zentrum Jakobsplatz
Prälat-Zistl-Str.
Schrannenhalle
Frauenstrasse
Isartorplatz
Thierschstrasse
Steindorfstrasse
MAXIMILIAN-ANLAGEN
Angerstr.
Am Einlass
Fraunhoferstrasse
Rumfordstrasse
Blumenstrasse
Corneliusstr.
Buttermelcherstr.
Aventinstr.
Zweibrückenstr.
Liebherrstr.
Innere Wiener Str.
Papa-Schmid-Str.
Müllerstrasse
Klenzestrasse
Kohlstr.
Morassistr.
Am Gasteig
Preysingstr.
Ludwigsbrücke
Isar
Rosenheimer Str.
Kellerstrasse
Gärtner-platz
Gasteig
Staatstheater am Gärtnerplatz
Corneliusstr.
Baaderstr.
MUSEUMS-INSEL
Kleine Isar
Auer Mühlbach
Hochstrasse
Lilienstrasse
Zeppelinstrasse
Reichenbachstr.
Erhardtstr.
Deutsches Museum
5
Jahnstr.
Klenzestr.
Frauenhoferstr.
Rosenheimer Pl.
0 1/4 mi
0 0.25 km

O Melhor de Munique em 1 Dia

Munique é uma cidade rica, elegante e sofisticada, com um acervo de tesouros culturais e artísticos sem igual. É possível ver e fazer tudo o que a capital da Baviera tem para oferecer em apenas um dia? Não. Mas esse itinerário fará você experimentar alguns dos vários prazeres do local.

> *As torres em formato de arco da Frauenkirche têm sido marcos da cidade desde que foram acrescentadas à igreja, em 1525.*

PONTO DE PARTIDA Pegue o U-Bahn ou o S-Bahn para a Marienplatz.

1 ★★★ Marienplatz (Praça de Santa Maria). Essa praça, no coração da Altstadt (Cidade Antiga), é também o antigo coração de Munique. Os monges que fundaram a cidade construíram seu mosteiro aqui; mais tarde, a praça se tornou o mercado e o local de reuniões e festividades da localidade. A **Mariensäule** (Coluna de Santa Maria), uma enorme construção com uma estátua dourada de Santa Maria, no centro da praça, foi erguida em 1638, para comemorar o final da invasão sueca; quatro *putti* (querubins), um em cada canto do pedestal da coluna, simbolizam o triunfo de Munique sobre a guerra, a peste, a fome e a heresia. 🕒 **30 minutos. Em frente à Neues Rathaus (Nova Prefeitura), pela Weinstrasse e Dienerstrasse.** *U-* ou *S-Bahn:* Marienplatz.

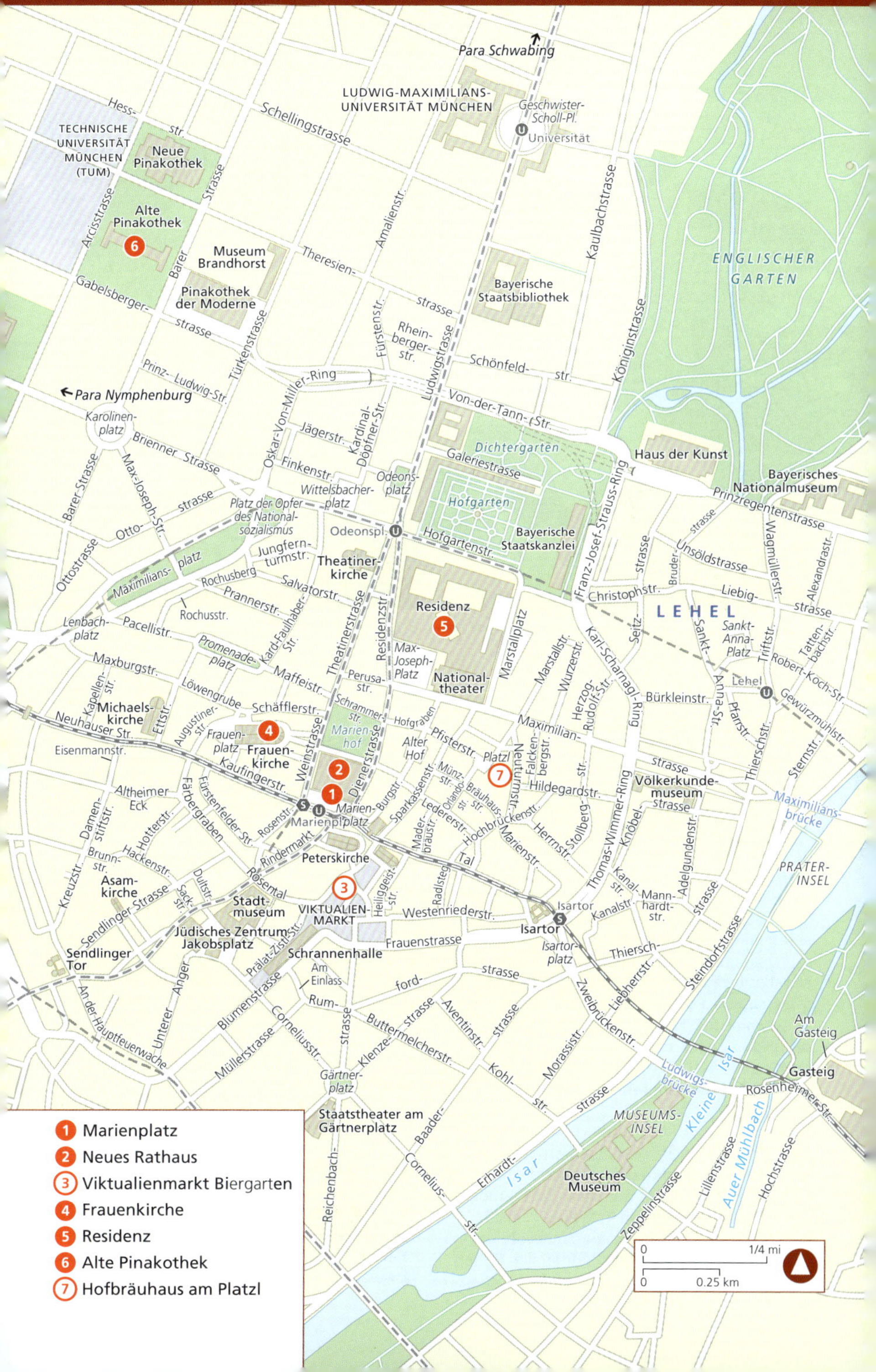

1 Marienplatz
2 Neues Rathaus
3 Viktualienmarkt Biergarten
4 Frauenkirche
5 Residenz
6 Alte Pinakothek
7 Hofbräuhaus am Platzl

> *Moradores e visitantes invadem o Viktualienmarkt para experimentar a ampla variedade de frutas frescas, vegetais e outros tipos de comida.*

2 crianças **Neues Rathaus (Nova Prefeitura).** O melhor show da Marienplatz acontece diariamente às 11 h, ao meio-dia e às 17 h, quando figuras mecânicas pintadas aparecem no Glockenspiel (Carrilhão), na torre central, e encenam dois eventos famosos da história de Munique: o campeonato dos cavaleiros durante o banquete de casamento de Wilhelm V (Guilherme V) e Renate de Lorraine, em 1586, e a *Schäfflertanz* (Dança do Tanoeiro), apresentada pela primeira vez em 1683 para expressar gratidão pelo fim da peste. Pegue o elevador para o topo dos 79 m (259 pés) da torre para uma boa visão do centro da cidade. **30 minutos. Marienplatz. A torre abre de segunda a sexta, das 9 h às 19 h, sábado e domingo das 10 h às 19 h; entrada 1,50€.** *U-* **ou** *S-Bahn:* **Marienplatz.**

(3) ★★★ **Viktualienmarkt.** A agitação da Marienplatz continua nesse grande mercado público que pulsa com a visão, os sons e os aromas que saem das barracas e lojas vendendo todo tipo de comida, de frutas a nozes e mais o que você pensar. Procure até encontrar algo do seu gosto — salsichas, arenques, sanduíches, ou um prato de sopa — e leve para o **Biergarten.** É bem tranquilo chegar lá com sua própria comida, desde que você peça uma cerveja ou outra bebida da barraca de drinques. **Ver pág. 286, (5)**

4 ★ **Frauenkirche.** No final da Segunda Guerra Mundial, a maior igreja de Munique, terminada no final do século XV, havia sido reduzida a uma pilha de escombros. Apenas seu marco, as duas torres gêmeas e suas cúpulas, permanecia de pé. O edifício reconstruído é surpreendentemente simples e digno, e a vista da torre é espetacular. **15 minutos. Frauenplatz 12. ☎ 089/290-0820. Entrada: gratuita para a igreja, torre 3€ para adultos, 1,50€ para estudantes. Igreja de sábado a quinta, das 7 h às 19 h, sexta das 7 h às 18 h; torre de abril a outubro, diariamente das 10 h às 17 h.** *U-* **ou** *S-Bahn:* **Marienplatz.**

5 ★★ **Residenz.** Por séculos, até 1918, o reino da Baviera foi governado por uma família, os Wittelsbach, que fizeram da Residenz sua principal residência real. Esse enorme palácio, inaugurado no século XIV e que resistiu ao longo dos séculos, hoje reúne um tesouro magnífico

> *O Residenz, um imenso e espetacularmente decorado palácio do século XIV, foi lar da família real da Baviera até 1918.*

recheado com as riquezas dos Wittelsbach; você pode visitar, também, os antigos apartamentos reais e outros aposentos. 🕒 **2 horas.** **Ver pág. 274, 1.**

6 ★★★ Alte Pinakothek (Antiga Pinacoteca). Munique passa da cota de excelentes Pinakotheken (pinacotecas/galerias de pintura), e esse mundialmente famoso museu fica no topo da lista. Projetado por Leo von Klenze, o mais conhecido arquiteto neoclássico de Munique, a Alte Pinakothek foi inaugurada em 1836, para abrigar a coleção real de pinturas históricas. Todos os maiores artistas da Alemanha, Holanda, França, Espanha e Itália estão representados lá, até o século XVIII. 🕒 **2 horas.** **Ver pág. 262, 1.**

7 **★ Hofbräuhaus am Platzl.** O local é grande e agitado, e alguns até o apontam como um clichê para atrair turistas, mas não há como negar a popularidade da cervejaria mais famosa de Munique. A bebida é servida em canecas de um litro, a comida é gostosa e à noite, quando é mais movimentado, uma banda tradicional se apresenta. **Ver pág. 283, 4.**

> *Instrumentistas de uma banda tradicional (oom-pah-pah) na famosa Hofbräuhaus am Platzl, em Munique.*

O Melhor de Munique em 2 Dias

Esse itinerário leva você a uma série de lugares que destaca a diversidade dos grandes tesouros culturais de Munique. O segundo dia começa no Deutsches Museum, uma das atrações mais conhecidas da Alemanha, e de lá vai para a Asamkirche, em estilo rococó. O passeio chega, então, para a Königsplatz, canto neoclássico de Munique com seu monumental trio de prédios classicamente inspirados (dois deles são museus), e continua em uma visita à galeria Neues Pinakothek, de pinturas europeias do século XIX. O passeio da jornada termina nos campos repletos de grama do Englischer Garten (Jardim Inglês), o mais antigo parque público da Europa.

> *O Englisher Garten, mais antigo parque público do mundo, é padronizado de acordo com os jardins ingleses do século XVIII, com gramados feitos meticulosamente e caminhos arborizados.*

PONTO DE PARTIDA Pegue a linha U4 ou U5 do *U-Bahn* para o Schwanthalerhöhe — a saída para o Deutsches Museum está marcada na estação.

1 ★★★ crianças **Deutsches Museum.** Você não precisa ser um gênio da ciência ou viciado em tecnologia para aproveitar pelo menos algumas das exposições do Deutsches Museum (Museu Alemão de Ciência e Tecnologia), que traça a história da ciência e da tecnologia desde os tempos pré-históricos até o presente. De raros tesouros históricos, como um avião dos irmãos Wright, a demonstrações de sopro de vidro, o museu foca na habilidade humana de expandir seu conhecimento e mudar o mundo. ⏲ 2 horas. **Ver pág. 266, 1.**

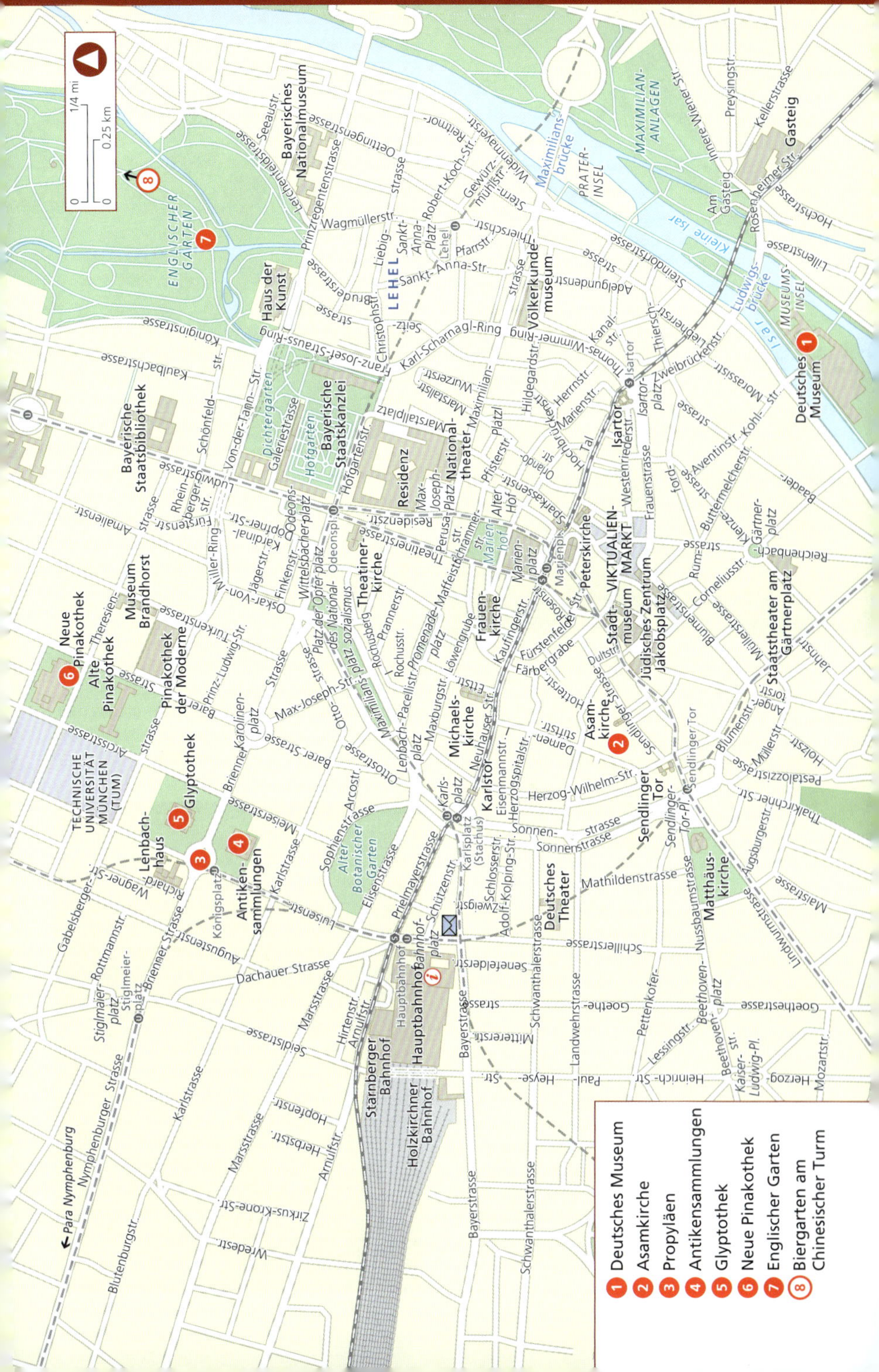
0 1/4 mi
0 0.25 km
1 Deutsches Museum
2 Asamkirche
3 Propyläen
4 Antikensammlungen
5 Glyptothek
6 Neue Pinakothek
7 Englischer Garten
8 Biergarten am Chinesischer Turm
Para Nymphenburg
ENGLISCHER GARTEN
Haus der Kunst
Bayerisches Nationalmuseum
LEHEL
Völkerkunde-museum
Maximiliansbrücke
PRATER-INSEL
MAXIMILIAN-ANLAGEN
Gasteig
Kleine Isar
Isar
Ludwigsbrücke
MUSEUMS-INSEL
Deutsches Museum
Bayerische Staatsbibliothek
Dichtergarten
Hofgarten
Bayerische Staatskanzlei
Residenz
Nationaltheater
Max-Joseph-Platz
Theatinerkirche
Odeonsplatz
Marienhof
Marienplatz
Frauenkirche
Peterskirche
VIKTUALIENMARKT
Isartor
Stadtmuseum
Jüdisches Zentrum Jakobsplatz
Staatstheater am Gärtnerplatz
Asamkirche
Sendlinger Tor
Michaelskirche
Karlstor
Karlsplatz (Stachus)
Neue Pinakothek
Alte Pinakothek
Museum Brandhorst
Pinakothek der Moderne
TECHNISCHE UNIVERSITÄT MÜNCHEN (TUM)
Glyptothek
Lenbachhaus
Antikensammlungen
Königsplatz
Karolinenplatz
Alter Botanischer Garten
Platz der Opfer des Nationalsozialismus
Hauptbahnhof
Starnberger Bahnhof
Holzkirchner Bahnhof
Deutsches Theater
Matthäuskirche

> *O portão Propyläen, uma das últimas obras classicamente inspiradas do arquiteto Leo von Klenze, é um marco de Munique desde 1862.*

> *O Deutsches Museum (Museu Alemão de Ciência e Tecnologia) é o maior museu tecnológico do mundo.*

2 ★★ **Asamkirche.** Essa maravilha em estilo rococó está em plena exposição na St. Johann Nepomuk, nome oficial dessa pequena igreja de 1733. É conhecida como Asamkirche devido aos dois irmãos Asam, responsáveis pelo seu projeto e construção (veja "Os Incríveis Irmãos Asam"). Entre, sente e observe — cada centímetro parece estar decorado com pinturas e belos trabalhos em estuque. 🕒 **15 minutos. Ver pág. 273, 3.**

3 **Propyläen.** Você pode perguntar: o que um templo grego está fazendo em Munique? Esse portão em estilo dórico, datado de 1862, foi uma das últimas obras de Leo von Klenze, cujos prédios inspirados no estilo clássico estão espalhados pela cidade. Construído como memorial para Otto I Wittelsbach, que lutou para tirar os turcos da Grécia e mais tarde se tornou o primeiro rei do país que livrou da invasão, a estrutura serviu como portão para as novas partes de Munique, à época feitas para sentido oeste, e como peça principal para dois museus de antiguidades. 🕒 **15 minutos. Ver pág. 286, 9.**

4 ★ **Antikensammlungen.** Se sua agenda estiver realmente apertada, visite a Antikensammlungen (Coleção de Antiguidades), dedicada a antiguidades gregas e italianas, ou a Glyptothek (próxima parada). Se você não se interessar por nenhuma, então siga para a Neue Pinakothek (6). A Antikensammlungen tem uma das maiores coleções de ânforas gregas do mundo, e uma fabulosa coleção de joias etruscas. 🕒 **30 minutos. Ver pág. 264, 6.**

Os Incríveis Irmãos Asam

O "verdadeiro" nome da Asamkirche é St. Johann Nepomuk, mas ela sempre foi conhecida na cidade pelo pelo sobrenome dos dois irmãos bávaros que a projetaram e decoraram com um belo estilo rococó. Cosmas Damian Asam (1686–1739) era especializado em pintar painéis, enquanto seu irmão mais novo, Egid Quirin Asam (1692–1750), trabalhava como escultor e fazia estuques. Juntos eles planejaram, executaram e supervisionaram cada detalhe da igreja que agora leva seu nome, ainda que não oficialmente. A casa de Egid Quirin, com sua fachada barroca amplamente detalhada em estuque, fica vizinha à igreja, no número 61 da Sendlinger Strasse 61. Quando garotos, os Asam aprenderam seus ofícios com seu pai, Hans Georg (1649–1711), que era conhecido na Baviera por seus trabalhos em ambos os estilos.

5 ★ **Glyptothek.** Esse é outro prédio neoclássico de Leo von Klenze, arquiteto do Propyläen (**3**), e em seu interior está uma bela coleção de esculturas gregas e romanas. As galerias VII a IX, dedicadas aos bustos romanos, são meus espaços preferidos, mas também estão em exposição obras memoráveis dos períodos do grego arcaico ao helenístico. 🕒 **30 minutos. Ver pág. 264, 7.**

6 ★★★ **Neue Pinakothek (Nova Pinacoteca).** Outro dia, outra *Pinakothek*, essa repleta de excelentes obras do século XIX. Se a ideia de apreciar as pinturas de Goya, Van Gogh, Gauguin, Klimt e outros gênios o deixar com água na boca, esse é o lugar para você. As belas peças dos grandes nomes o manterão bem ocupado, mas tente reservar alguns minutos para ver as de autoria do pintor romântico alemão Caspar David Friedrich. 🕒 **1 horas. Ver pág. 263, 2.**

7 ★★★ crianças **Englischer Garten.** A pergunta é: por que o maior e mais belo parque de Munique se chama Jardim Inglês? A resposta é porque ele é projetado, ainda que informalmente, de uma maneira "natural" característica dos jardins ingleses projetados por Capability Brown no século XVIII. Esse é um local para ser aproveitado sem ideias preconcebidas de o que você irá ver ou encontrar — simplesmente passeie pelos caminhos sinuosos, margens arborizadas e pelos campos com muito verde (onde é possível até tomar banho de sol completamente nu se tiver vontade e, claro, se o tempo estiver bom). 🕒 **1 hora. Ver pág. 288, 2.**

8 ★★★ **Biergarten Chinesischer Turm.** Não consigo pensar em uma forma melhor de terminar o dia em Munique ou um passeio pelo Englischer Garten sem ser sentando nesse amplo biergarten ao ar livre e pedindo uma bebida. Não precisa ser uma cerveja. Que tal um Apfelschörle (metade suco de maçã, metade água com gás)? Se o local estiver lotado, você terá a oportunidade de ver nada menos que 7 mil pessoas. **Ver pág. 283, 6.**

> *O enorme Biergarten Chinesischer Turm, ao ar livre, às vezes serve de anfitrião para 7 mil visitantes sedentos.*

O Melhor de Munique em 3 Dias

"Algo antigo, algo novo" pode ser o tema para o terceiro dia, que começa em um castelo (Nymphenburg), termina em uma vila (Stuck) e o leva para um dos mais surpreendentemente modernos edifícios do mundo (o BMW Welt). O Schloss Nymphenburg (Castelo Nymphenburg), primeira parada, requer cerca de metade da jornada para ser visitado se você quiser percorrê-lo por completo.

> *Muitos dos painéis no grande salão do Schloss Nymphenburg (Castelo Nymphenburg) representam a ninfa Flora, deusa romana das flores, que dá nome ao local.*

PONTO DE PARTIDA O Schloss Nymphenburg fica a 8 km (5 milhas) do centro da cidade. Pegue o bonde nº 12, 16 ou 17 para Romanplatz; de lá, caminhe cerca de 10 minutos para oeste até a entrada do palácio.

1 ★★★ Schloss Nymphenburg. O Castelo Nymphenburg foi construído para que os nobres Wittelsbach pudessem ter um local para relaxar nos meses quentes do verão. Esse é realmente um local interessante de se explorar, e por isso é bom tirar a metade de um dia para caminhar pelos aposentos do palácio, visitar os Marstallmuseum — onde as carruagens douradas de "Luis, o Louco" dão outro sentido à "tração nas quatro rodas" — e passear pela bela propriedade. Veja se você consegue encontrar a piscina do século XVIII. **Ver pág. 274, 2.**

2 ★ BMW Welt. Mesmo que você não dê a mínima para a história da Bayerische Motoren Werke (palavras que formam a famosa sigla BMW, ou Fábrica de Motores da Baviera em português), sugiro que visite o BMW Welt (Mundo BMW) — showroom, museu e fábrica da empresa — para ver um exemplo impressionante da nova arquitetura em Munique. E, se você se interessar, você também irá gostar de ver os antigos "Beemers" no museu — exemplos do design automotivo alemão em sua melhor forma. **1 hora. Ver pág. 269, 5.**

3 ★★ Villa Stuck. Esse charmoso museu-casa foi criado e habitado pelo artista Franz von Stuck. Construído no final do século XIX, é um exemplo perfeito de design Jugendstil (Art Nouveau). **30 minutos. Ver pág. 290, 6.**

Termine sua noite na parada 4 ou na 5, dependendo da sua preferência.

4 Nationaltheater München. Se você é fã de ópera ou balé, não preciso incentivar você — vá ao Teatro Nacional e compre um ingresso para uma apresentação da ★★★ **Bayernische Staatoper** (Ópera do Estado da Baviera). Suas companhias de balé e ópera, de nível internacional, se apresentam no teatro, com capacidade para 2100 lugares. **Ver pág. 314.**

5 ★★★ Altes Residenztheater. Se você ama ópera e/ou teatro (mesmo que sejam apresentados em alemão), reserve um lugar para ver o que quer que esteja sendo encenado nesse impressionante teatro em estilo rococó (também conhecido como Teatro Cuvilliés). Em quantas cidades você poderá apreciar uma apresentação em um teatro real da corte, vermelho e luxuoso, do século XVIII? **Ver pág. 314.**

> *O museu do BMW Welt oferece uma volta pela orgulhosa história de uma das maiores empresas automotivas do mundo.*

Os Melhores Museus de Arte de Munique

Munique é uma das maiores cidades artísticas da Europa, com excelentes museus e coleções que abrangem a história da civilização ocidental. Quatro das melhores e mais completas Pinakotheken (Pinacotecas) da localidade estão reunidas em uma área chamada de Quarteirão dos Museus, ou Parque das Artes, com dois museus de antiguidades e a Lenbachhaus, com suas pinturas alemãs do início do século XX, a uma curta caminhada de distância. Mesmo que você esteja passando rapidamente, só para ver os destaques, seria impossível visitar todos esses excelentes museus em apenas um dia, — por isso explicamos que esse não é um passeio ponto a ponto, mas uma lista dos melhores museus de arte de Munique.

> *A Neue Pinakothek possui uma vasta coleção de arte do século XIX, incluindo essa obra de arte do pintor Caspar David Friedrich, de paisagens românticas alemãs.*

PONTO DE PARTIDA Pegue o bonde nº 27 para Pinakothek (o museu fica do outro lado da rua).

Guia Do Local Página 265

1 ★★★ Alte Pinakothek (Antiga Pinacoteca). As quase 800 pinturas exibidas nesse museu conhecido mundialmente representam os maiores artistas alemães e europeus do século XIV ao século XVIII. A coleção começou com Guilherme IV, duque da Baviera, que pretendia decorar seu palácio com pinturas históricas, e foi aumentando a cada governante que passou. Localizado em um imenso prédio em estilo italiano renascentista, concluído em 1836, o museu possui dois andares de exposições. Pegue um mapa e um áudio tour na mesa de informações para ajudá-lo a navegar pelas diversas galerias e prenda-se às obras que lhe interessam.

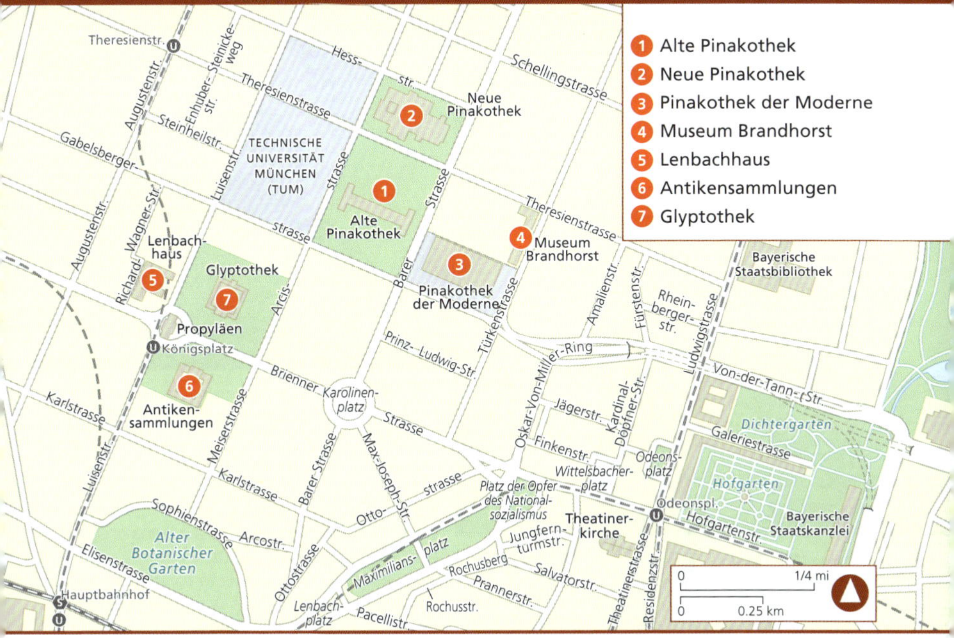

2 ★★★ **Neue Pinakothek (Nova Pinacoteca).** Essa amostra de arte do século XIX começa onde a Alte Pinakothek para, com uma coleção impressionante de obras das principais escolas e artistas alemães e europeus. As pinturas alemãs passam do Neoclassicismo pelo Romantismo (veja especialmente as assombrosas obras de Caspar David Friedrich) às obras Secessionistas. Os artistas britânicos Thomas Gainsbourough, Joshua Reynolds e J. M. W. Turner estão representados, assim como os realistas franceses e outros grandes como Francisco Goya, Vincent Van Gogh, Paul Gauguin e Gustav Klimt. **De 1 a 2 horas. Barer Strasse 27. ☎ 089/2380-5195. www.pinakothek.de/neue-pinakothek. Entrada 9,50€ adultos, 6€ para estudantes e idosos (domingo 1€ para todos); visitas com áudio gratuitas de quarta a sábado, domingo 4,50€. Quarta a segunda, de 10 h às 18 h (quarta até 22 h). Fechada nos principais feriados. Bonde 27 para Pinakothek (a entrada para o museu é do outro lado da rua).**

3 ★★★ **Pinakothek der Moderne.** Dedique a maior parte do seu tempo na Pinakothek der Moderne (Galeria de Arte, Arquitetura e Design Modernos) ao **Staatsgalerie Moderner Kunst** (Galeria de Arte Moderna), que exibe grandes clássicos de artistas do século XX como

> *A Alte Pinakothek exibe trabalhos de artistas europeus do século XIV, como esse Autorretrato com Casaco de Pele, de Albrecht Dürer.*

> *Essa pintura da Igreja Halle de 1929, de autoria de Lyonel Feininger, está em exibição na Pinakothek der Moderne.*

> *O Brandhost, mais recente museu de Munique, apresenta fascinantes esculturas e instalações de arte do século XX.*

Matisse, Picasso, Gris, Kandinsky, Kirchner, Ernst e Giacometti. As outras coleções mais especializadas incluem a **Neue Sammlung** (Coleção de Artes e Design), o **Museu de Arquitetura** e o **Graphische Sammlung** (Coleção Gráfica). 🕒 **De 1 a 2 horas. Barer Strasse 40. ☎ 089//2380-5360. www.pinakothek.de/pinakothek-der-moderne. Entrada 9,50€ adultos, 6€ estudantes de 10 a 18 anos, gratuito para crianças abaixo de 9 anos (domingo 1€ para todos). Terça a domingo, das 10 h às 18 h (quinta até as 20 h). Fechada nos principais feriados. Bonde: 27 para Pinakothek (o museu fica do outro lado da rua).**

4 ★★ Museu Brandhorst. O mais novo museu de Munique abriu em 2009 para mostrar pinturas, esculturas, obras em papel e instalações de arte de meados ao fim do século XX. Os destaques são as principais obras dos artistas americanos Cy Twombly, Andy Warhol, Jean-Michel Basquiat e Alex Katz, do polêmico artista britânico Damien Hirst e do pintor alemão Sigmar Polke. Há também uma incomum coleção de livros ilustrados por Picasso. 🕒 **1 hora. Theresienstrasse 35a ☎ 089/238-051-321. www.museum-brandhorst.de. Entrada 7€ adultos, 5€ idosos e estudantes (domingo 1€ para todos). Terça a domingo, das 10 h às 18 h (quinta até 20 h). Bonde: 27 para Pinakothek.**

5 ★★ Lenbachhaus. O pintor Franz von Lenbach construiu essa quinta italiana entre 1887 e 1891 para servir como sua residência e ateliê. Hoje ela reúne uma excelente coleção de obras do Blaue Reiter (Cavaleiro Azul), grupo de artistas que trabalhava em Munique antes da Segunda Guerra Mundial. Cores fortes e formas abstratas caracterizam os trabalhos de Wasily Kandinsky, Paul Klee, Franz Marc e Gabriele Münter. 🕒 **1 hora. Luisenstrasse 33. ☎ 089/2333-2000. www.lenbachhaus.de. Entrada 6€ adultos, 3€ estudantes. Terça a domingo, das 10 h às 17 h. *U-Bahn:* Königsplatz.**

6 ★ Antikensammlungen (Coleção de Antiguidades). O Antikensammlungen é uma parada obrigatória para qualquer pessoa interessada em arte antiga. O museu possui uma coleção de obras em artes ornamentais, joias, estatuetas e vasos gregos, etruscos e romanos que variam de uma concha do período pré-micênico, entalhada em 3000 a.C., a grandes modelos gregos e etruscos. A atração principal é um colar dourado grego do século IV a.C. 🕒 **1 hora. ☎ 089/5998-8830. Entrada 3,50€ (domingo 1€); ingresso conjunto com a Glyptothek 6€. Terça a domingo, das 10 h às 17 h (quarta até 20 h). *U-Bahn:* Königsplatz (vá para o lado sul da Königsplatz).**

7 ★ Glyptothek. A maior coleção alemã de esculturas antigas gregas e romanas está exposta aqui, incluindo a *kouroi* (estátua de jovens) do século VI a.C., um *Sátiro Adormecido* colossal do período helenístico e uma vasta coleção de quadros da época romana. 🕒 **30 minutos. Königsplatz 3. ☎ 089/286-100. Entrada 3,50€ (domingo 1€). Terça a domingo, das 10 h às 17 h (quinta até 20 h). *U-Bahn:* Königsplatz.**

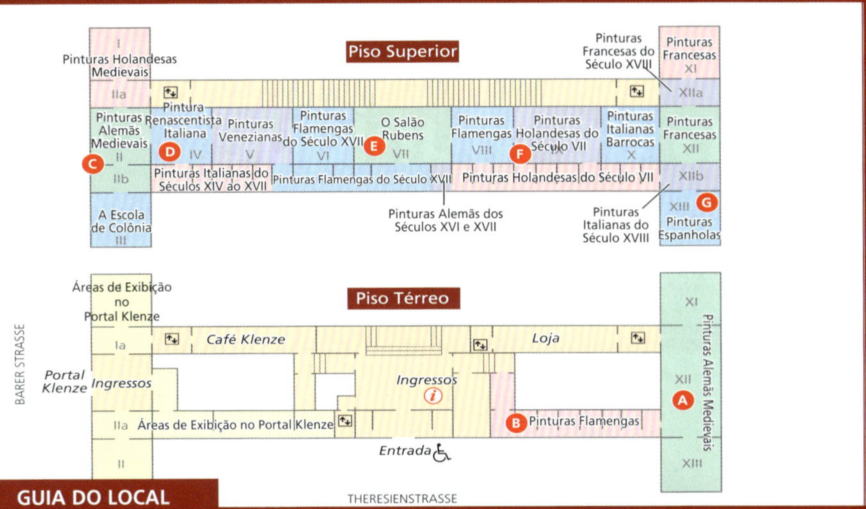

GUIA DO LOCAL

❶ Alte Pinakothek

Exibidas no piso térreo, nas (A) **Galerias XI e XII,** estão as obras dos séculos XVI e XVII de Antigos Mestres Alemães como Michael Pacher, Hans Holbein, o Velho, Jan Polac, e Lucas Cranach, o Velho (procure especialmente por sua representação de *Adão e Eva*). À direita da entrada principal, as (B) **salas 16–23** têm como atração a maravilhosa coleção de telas da família de pintores Brueghel.

As galerias do primeiro andar possuem pinturas de artistas franceses, italianos, espanhóis, alemães, holandeses e flamengos. Uma das pinturas mais fascinantes do museu é o *Autorretrato com Casaco de Pele,* de Albrecht Dürer, na (C) **Galeria II.** Entre as pinturas italianas dos séculos XV e XVI, na (D) **Galeria IV,** estão *Lamentação sobre o Cristo Morto*, do florentino Sandro Botticelli; *Madonna e Criança,* de Leonardo da Vinci, e *Retrato de um Jovem,* de Giorgione. Toda a (E) **Galeria VII** é dedicada às obras do artista flamengo Peter Paul Rubens. Três obras de Rembrandt — *Retrato de um Homem em Roupas Orientais* (1633), *A Sagrada Família* (1633) e *O Sacrifício de Isaac* (1636) — estão na (F) **Galeria IX.** Excelentes trabalhos dos artistas espanhóis El Greco, Velázquez e Murillo ficam na (G) Galeria XIII. 🕒 De 2 a 3 horas. Barer Strasse 27. ☎ 089/2380-5216. www.alte-pinakothek.de. 5,50€ adultos, 4€ estudantes, gratuito para crianças e adolescentes de até 17 anos (domingo 1€ para todos); passeio com áudio gratuito de terça a sábado, domingo 4,50€. Terça a domingo, das 10 h às 17 h (terça até 22 h). Fechado nos principais feriados. Bonde: 27 para Pinakothek (o museu fica do outro lado da rua).

Outros Grandes Museus de Munique

Munique é famosa por seus museus de arte, mas também possui uma variedade de excelentes museus dedicados à ciência e tecnologia, aos transportes, e à história local e regional. Esses são mais espalhados pela cidade do que os de arte, mas todos são facilmente acessíveis por transporte público. Não será possível visitar todos em um só dia, — por isso o guia a seguir não é um roteiro museu a museu, e sim uma orientação dos melhores "outros" museus de Munique.

> *O design espetacularmente moderno do BMW Welt é tão fascinante quanto as exposições históricas que ele recebe.*

PONTO DE PARTIDA Pegue o bonde nº 18 para o Deutsches Museum (o bonde para em frente ao museu).

Guia
Do Local
Página 270

1 ★★★ crianças Deustches Museum (Museu Alemão de Ciência e Tecnologia). Com cerca de 16 mil exposições em 50 seções, o Museu Alemão de Ciência e Tecnologia é o maior museu do tipo no mundo. Seu enorme acervo de tesouros científicos e tecnológicos inclui objetos históricos raros, dioramas e maquetes em escala que traçam a história da ciência e da tecnologia do período pré-histórico aos dias atuais, e a experiência é incrementada por demonstrações e exposições interativas. Passear pelos quatro andares dessa vasta coleção é difícil, e ver tudo em uma única visita é impossível. Pegue um mapa na entrada do museu e escolha algumas áreas de interesse especial.

2 ★ crianças Münchner Stadtmuseum (Museu da Cidade de Munique). A história e a vida cotidiana dos habitantes de Munique

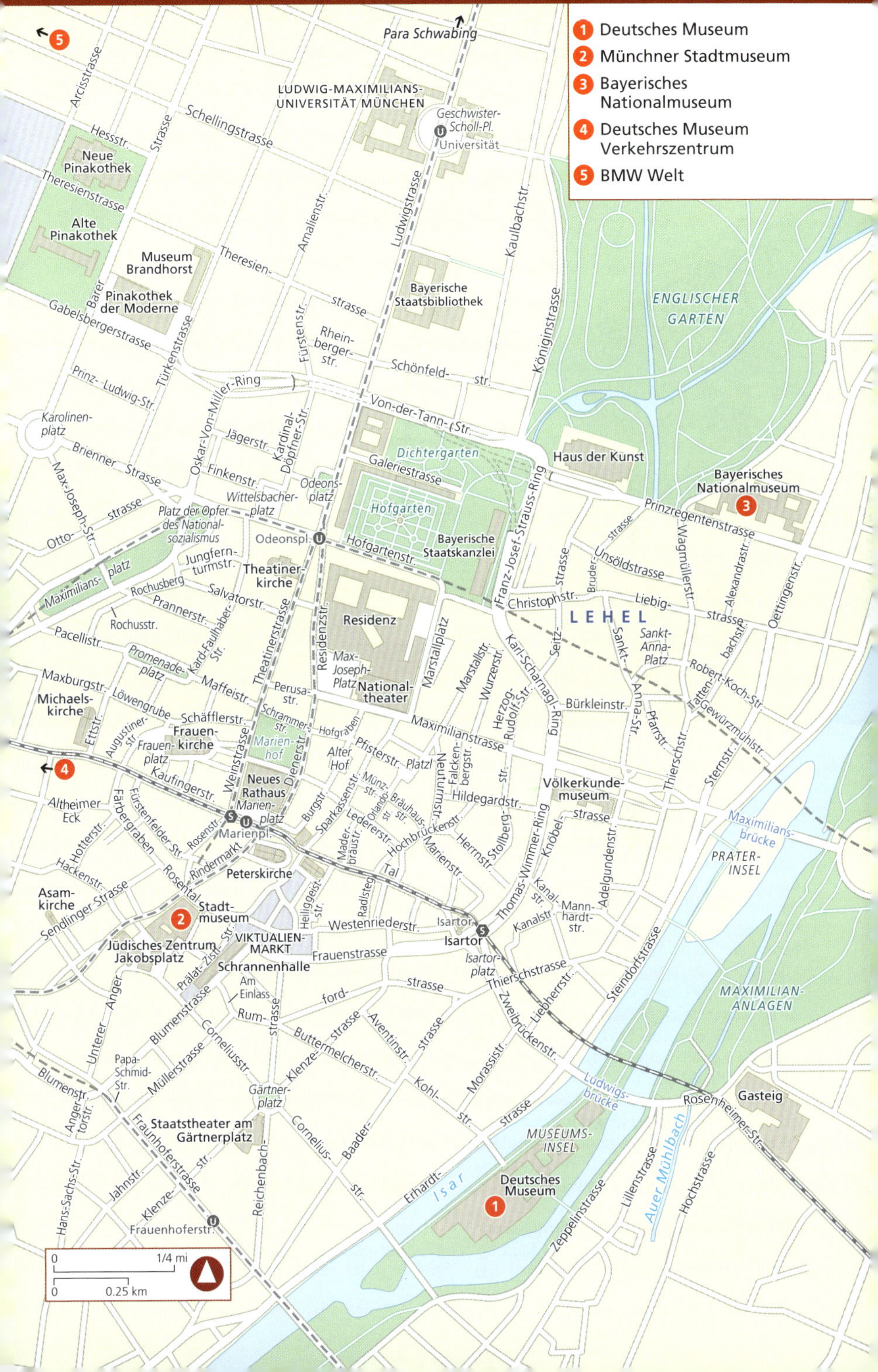
1 Deutsches Museum
2 Münchner Stadtmuseum
3 Bayerisches Nationalmuseum
4 Deutsches Museum Verkehrszentrum
5 BMW Welt
Para Schwabing
LUDWIG-MAXIMILIANS-UNIVERSITÄT MÜNCHEN
Geschwister-Scholl-Pl.
Universität
Neue Pinakothek
Alte Pinakothek
Museum Brandhorst
Pinakothek der Moderne
Bayerische Staatsbibliothek
ENGLISCHER GARTEN
Haus der Kunst
Bayerisches Nationalmuseum
Dichtergarten
Hofgarten
Bayerische Staatskanzlei
Odeonspl.
Theatinerkirche
Residenz
Max-Joseph-Platz
Nationaltheater
LEHEL
Michaelskirche
Frauenkirche
Marienhof
Neues Rathaus
Marienplatz
Marienpl.
Peterskirche
Stadtmuseum
Asamkirche
Jüdisches Zentrum Jakobsplatz
VIKTUALIENMARKT
Schrannenhalle
Isartor
Isartorplatz
Völkerkundemuseum
Maximiliansbrücke
PRATERINSEL
MAXIMILIANANLAGEN
Gasteig
Ludwigsbrücke
MUSEUMSINSEL
Deutsches Museum
Isar
Auer Mühlbach
Staatstheater am Gärtnerplatz
Gärtnerplatz
Karolinenplatz
Maximiliansplatz
Platz der Opfer des Nationalsozialismus
Wittelsbacherplatz
Odeonsplatz
Sankt-Anna-Platz
Frauenhoferstr.
Schellingstrasse
Theresienstrasse
Gabelsbergerstrasse
Brienner Strasse
Ludwigstrasse
Königinstrasse
Prinzregentenstrasse
Maximilianstrasse
Kaufingerstr.
Sendlinger Strasse
Rosenheimer Str.
Zweibrückenstr.
Fraunhoferstrasse
Von-der-Tann-Str.
Oskar-von-Miller-Ring
Franz-Josef-Strauss-Ring
Karl-Scharnagl-Ring
Thomas-Wimmer-Ring
Steindorfstrasse
Zeppelinstrasse
Erhardtstrasse
0 1/4 mi
0 0.25 km

> *O Münchener Stadtmuseum, localizado em um antigo arsenal do século XV, possui diversas exposições que documentam a história da vida na cidade.*

são contadas no Münchener Stadtmuseum. A exposição principal é a ***Moriskentanzer*** (dançarinos mouros), que apresenta dez figuras do século XV entalhadas e pintadas. O acervo de fotos do segundo andar traça a história da câmera fotográfica, de 1839 até os dias de hoje. Crianças amam a coleção de marionetes e fantoches do terceiro andar e a galeria de parques de diversões, que inclui os cavalos de carrossel mais antigos do mundo, de 1820. ⌚ **De 30 a 45 minutos. St.-Jakobs-Platz 1. ☎ 089/2332-2370. www.stadtmuseum-online.de. Entrada 4€ adultos, 2€ estudantes e para a faixa etária de 6 a 15 anos; gratuito aos domingos. De terça a domingo, das 10 h às 18 h. *U-* ou *S-Bahn:* Marienplatz. Caminhe para o sentido sul no Rindermarkt e Oberanger para chegar ao museu.**

3 ★★ Bayerisches Nationalmuseum. Os objetos em exposição no amplo Museu Nacional Bávaro — esculturas, pinturas, arte popular, cerâmicas, móveis, tecidos, relógios e instrumentos científicos — estão entre os maiores tesouros históricos e artísticos da Baviera. Uma atração imperdível é o **Salão Riemenschneider**, com obras em madeira do grande escultor Tilman Riemenschneider (1460–1531). O local possui, ainda, uma famosa coleção de Presépios de Natal da Baviera, do Tirol e do sul da Itália. ⌚ **90 minutos. Prinzregentenstrasse 3. ☎ 089/211-2401. www.bayerisches-nationalmuseum.de. Entrada 5€ adultos, 3€ idosos e estudantes (domingo 1€ para todos). De terça a domingo, das 10 h às 17 h (quinta até às 20 h). *U-Bahn:* Lehel. Caminhe norte na Wagmüllerstrasse e leste na Prinzregentenstrasse até o museu.**

4 ★★ crianças **Deustches Museum Verkehrszentrum.** Como as pessoas se deslocavam nos últimos 200 anos? Você descobrirá no intrigante Museu do Transporte, que lida com mobilidade e tecnologia,

> *Parte da coleção de Presépios Natalinos do Bayerisches Nationalmuseum.*

transportes de turismo e urbanos. O local possui uma maravilhosa coleção de carruagens puxadas por cavalos, bicicletas — algumas com 150 anos — e joias históricas como a "Puffing Billy", uma locomotiva a vapor de 1814, e um trem de passageiros do final do século XIX. Essas e uma excelente coleção de automóveis, incluindo modelos Daimlers, Opels, Mercedes, Tatas, Citröens e Bugattis, estão expostas em três salões históricos de exposições que abriram em 1908 como espaço para feiras. ⌚ **1 hora. Theresienhöhe 14a. ☎ 089/5008-6140. www.deutsches-museum.de. Entrada 6€ adultos, 4€ idosos, 12€ famílias. Diariamente, das 9 h às 17 h. Fechado nos principais feriados. *U-Bahn:* U4 ou U5 para Schwanthalerhöhe (a saída para o Deutsches Museum está indicada na estação).**

5 ★ BMW Welt (Mundo BMW). Se você tem qualquer interesse em carros, vale a pena uma curta viagem até o Olympiapark para ver o novo salão de exposições BMW Welt. Em termos de arquitetura, é uma estrutura ousada e arrojada, com linhas ascendentes. Uma rampa de vidro espiralada fechada em forma de ampulheta leva até uma passarela para esse caro museu, que exibe uma coleção de motocicletas e carros datando do início da empresa, em 1929, até um automóvel do futuro, movido a hidrogênio. Você pode ver o processo de montagem nos prédios da fábrica. ⌚ **Sala de exposições, 15 minutos; museu, 30 minutos; fábrica, 45 minutos. Am Olympiapark 1. ☎ 0180/211-8822. Entrada gratuita para a sala de exposições; museu 12€ adultos, 6€ idosos e crianças e adolescentes de até 16 anos; visitas pela fábrica 6€ adultos, 3€ idosos e crianças. Salão de exposições e museu, de terça a sexta das 9 h às 18 h, sábado e domingo das 10 h às 18 h. Visitas guiadas à fábrica de segunda a sexta, das 8 h 30 min às 22 h (é necessário fazer reserva). *U-Bahn:* Olympiapark (a estação de saída é quase em frente ao BMW Welt).**

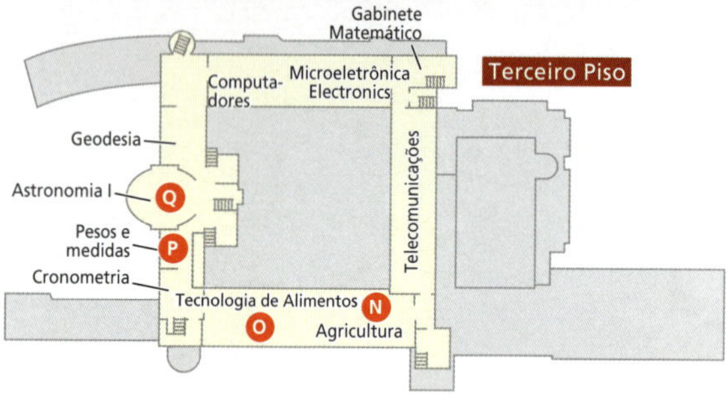

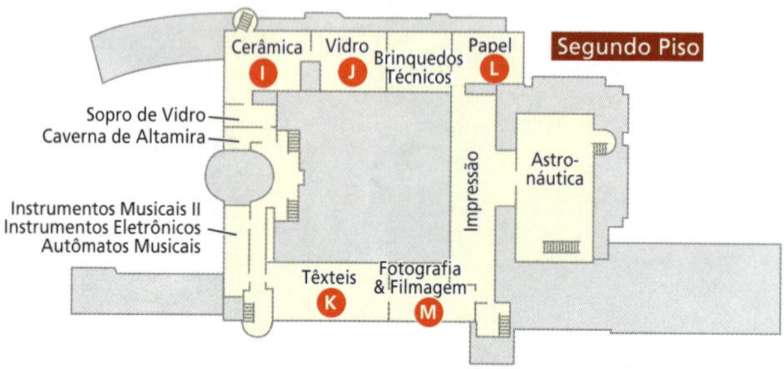

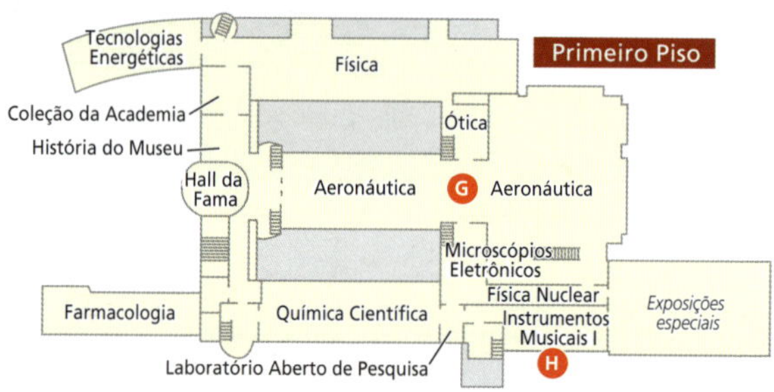

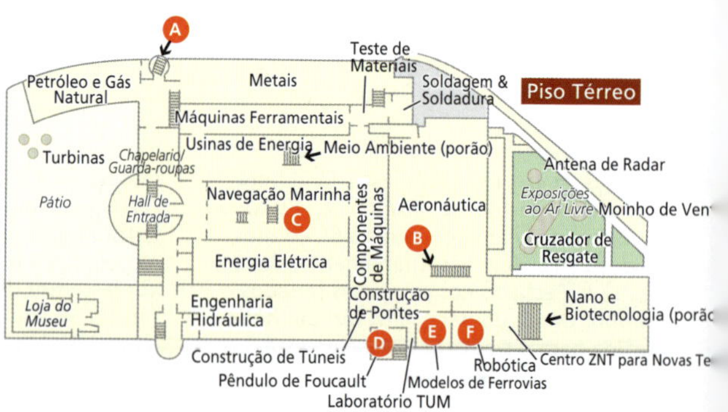

Do quarto ao sexto piso

Astronomia Amadora

Radioamadorismo

Astronomia II

Planetário Zeiss

Jardim do Relógios de Sol

GUIA DO LOCAL

1 Deutsches Museum

Os destaques da galeria no porão incluem um setor de **A Mineração** com um modelo de uma mina de sal, e o **B Reino das Crianças**, com diversas exposições interativas. O piso térreo (principal) tem uma seção de **C Navegação**, com o primeiro submarino alemão (de 1906) e uma batisfera de 1958, uma reprodução do **D Pêndulo de Foucault**, uma ampla coleção de ★ **E Modelos de Ferrovias** em funcionamento em uma detalhada paisagem, e uma fascinante seção sobre **F Robótica.**

A seção mais interessante do primeiro piso é o impressionante salão da ★★ **G Aeronáutica**, com um raro biplano de 1885, um avião de 1909 que pertenceu aos irmãos Wright e um Messerschmitt de 1936. A galeria dedicada aos **H Instrumentos Musicais** também é interessante.

Muitas exposições intrigantes relacionadas ao desenvolvimento artístico e tecnológico das artes decorativas ficam no segundo piso. Gaste algum tempo visitando as partes dedicadas à fabricação de ★ **I Cerâmica**, ★★ **J Vidro** (com demonstrações de vidro soprado), ★ **K Tecidos** e ★ **L Papel** (com demonstrações), e a seção que traça o desenvolvimento da ★ **M Fotografia** e da **Filmagem.**

As galerias de interesse especial do terceiro piso incluem **N Agricultura**, **O Tecnologia de Alimentos** e ★ **P Pesos e Medidas**, com uma coleção de instrumentos históricos utilizados para medir tempo, peso e distância. Explicações sobre o cosmos e uma coleção de instrumentos utilizados para explorar o espaço sideral são exibidas na seção de ★★ **Q** Astronomia. 🕒 De 2 a 3 horas. Museuminsel 1. ☎ 089/21791. www.deutsches-museum.de. Entrada 8,50€ adultos, 7€ idosos, 17€ para famílias. Diariamente, das 9 h às 17 h. Fechado nos principais feriados. Bonde: 18, para o Deutsches Museum.

Torres e Estuques: As Igrejas de Munique

O rico legado arquitetônico de Munique resulta em diversas igrejas maravilhosas que vão dos séculos XIII ao XVIII. Você pode visitar todas, o que inclui os estilos Gótico, Renascentista e Barroco, em um tranquilo passeio de 2 horas.

> *O enorme interior da Michaelskirche é ainda mais impressionante pelo fato de a igreja ter sido consagrada em 1597.*

PONTO DE PARTIDA A Frauenplatz fica a 2 minutos de caminhada da Marienplatz. Pegue o *U-Bahn* ou o *S-Bahn* para a Marienplatz, siga a oeste na Landschaftsstrasse, continue pela Filserbraugasse e vire à direita na Frauenplatz.

1 ★ **Frauenkirche.** Construída com tijolos vermelhos em um atipicamente simples estilo Gótico tardio, esse famoso símbolo de Munique — seu nome completo é Dom zu Unserer Lieben Frau (Catedral de Nossa Senhora) — foi finalizado em 1488 e tem um dos maiores interiores de igreja na Alemanha, com capacidade para 20 mil pessoas. Devido às restrições na altura de edifícios, suas torres ainda dominam a linha do horizonte da cidade. A subida até o topo é cansativa, mas vale a bela vista para os Alpes. 🕒 15 minutos. com a torre. Ver pág. 254, 4.

2 **Michaelskirche (Igreja de São Miguel).** Primeira igreja jesuíta do norte da Europa, a Igreja de São Miguel foi consagrada em 1597 e é conhecida por seu amplo interior e cripta com túmulos de muitos governantes Wittelsbach —, entre eles Luis II, construtor do Castelo Neuschwanstein (pág. 338, 2). 🕒 15 minutos. Neuhauser Strasse 52. ☎ 089/231-7060. Entrada gratuita. Segunda a sábado, das 8 h

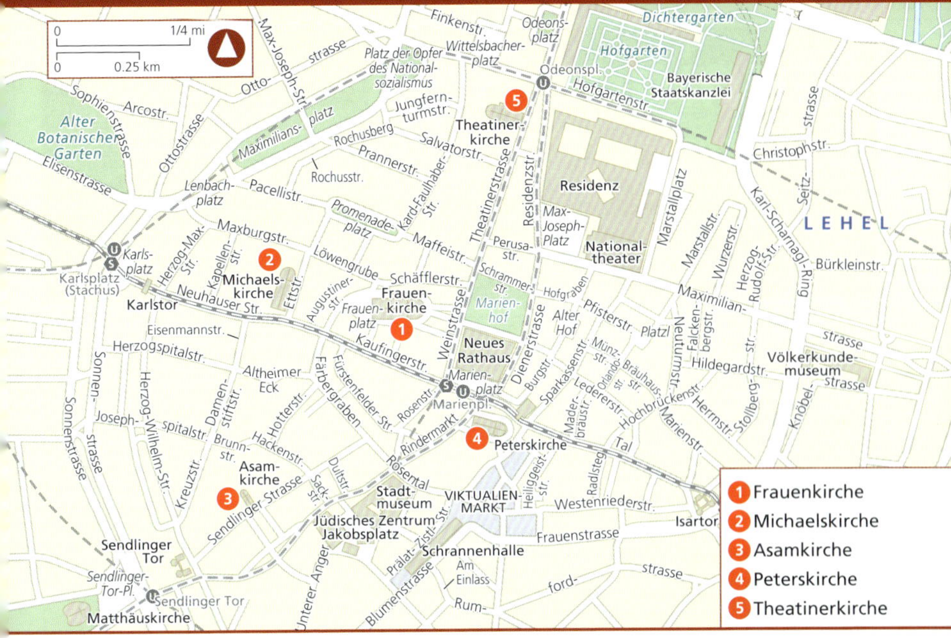

30 min às 19 h, domingo das 6 h 45 min às 22 h. *U-* ou *S-Bahn:* Karlsplatz ou Marienplatz.

3 ★★ **Asamkirche.** Essa notável igreja rococó foi construída pelos irmãos Asam entre 1733 e 1746 (veja "Os Incríveis Irmãos Asam", pág. 258). Mármores multicoloridos e folheados a ouro e prata cobrem cada centímetro do interior dessa pequena igreja retangular com extremidades arredondadas. 🕒 **15 minutos. Sendlinger Strasse. ☎ 089/260-9357. Entrada gratuita. Diariamente, das 8 h às 17 h 30 min.** *U-* ou *S-Bahn:* Sendlinger Tor.

4 **Peterskirche (Igreja de São Pedro).** A torre do sino dessa igreja gótica do século XIII, remodelada durante o período barroco, é conhecida localmente como a Velha Pete. A vista do topo é maravilhosa, mas você terá de subir (e subir, e subir) 306 degraus para apreciá-la. O interior da igreja possui esculturas barrocas, pinturas e uma bizarra relíquia na segunda capela à esquerda: o esqueleto cravejado de joias de Santa Mundita, que o observa com dois olhos falsos em seu crânio. 🕒 **15 minutos. Rindermarkt 1. ☎ 089/260-4828. Entrada gratuita para a igreja; torre 2,50€ adultos, 1,50€ estudantes. Segunda a sábado, de 9 h às 18 h (novembro a março até 17 h), domingo das 10 h às 19 h (novembro a março até 18 h).** *U-* ou *S-Bahn:* Marienplatz.

> *A pequena Asamkirche, do século XVIII, pode ser modesta por fora, mas seu interior é uma maravilha do estilo barroco.*

5 ★★ **Theatinerkirche (Igreja dos Teatinos).** O melhor exemplo da arquitetura barroca italiana em Munique foi nomeado em homenagem aos teatinos, uma ordem religiosa Católica Romana. Iniciada em 1663 por arquitetos italianos e finalizada por arquitetos alemães da corte, cerca de um século depois, possui colunas caneladas, um teto arqueado, e montes de caprichados trabalhos em estuque branco decorando cada superfície. 🕒 **15 minutos. Theatinerstrasse 22. ☎ 089/210-6960. Entrada gratuita. Segunda à sexta das 10 h às 13 e das 13 h 30 às 16 h 30, sábado das 10 h às 15 h.** *U-* ou *S-Bahn:* Odeonplatz.

Munique Real

Do século XII até o ano de 1918, a Baviera foi governada pela família Wittelsbach, cujos dois palácios — um na Altstadt de Munique e outro 8 km (5 milhas) ao norte do Centro da cidade — são lembranças fascinantes de seu estilo de vida real. Você pode visitar ambos em um dia, mas a experiência seria muito desgastante. Ao invés disso, divida o passeio em duas jornadas e dedique metade de cada uma delas a cada um dos lugares.

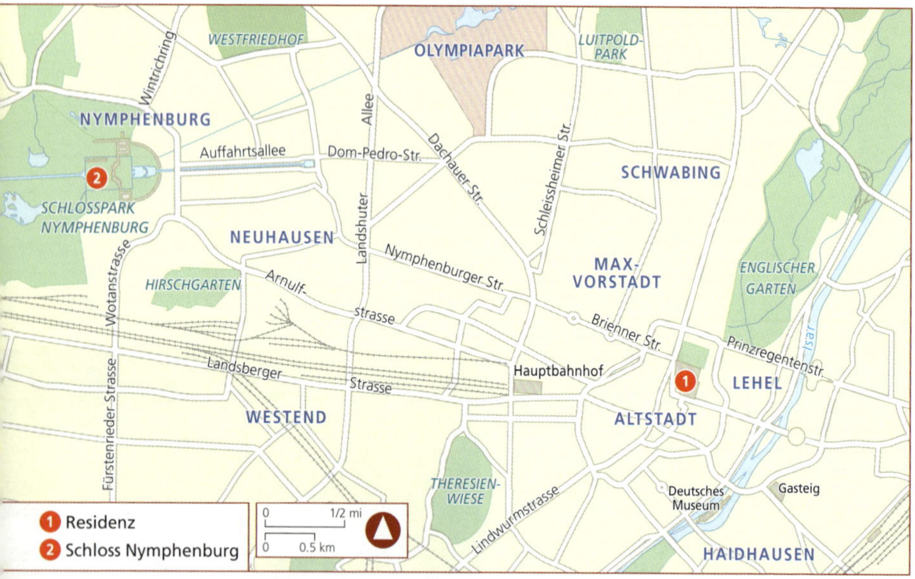

PONTO DE PARTIDA Pegue o bonde 19 para o Nationaltheater (o palácio fica do mesmo lado que o teatro), ou o *U-Bahn* para Odeonplatz (o palácio fica do outro lado da praça).

Guia Do Local Página 275

1 ★★ **Residenz.** Residência oficial da família Wittelsbach de 1385 a 1918, o enorme Palácio Real é uma reunião de muitos estilos arquitetônicos. Destruído quase que completamente durante a Segunda Guerra Mundial, o Residenz foi meticulosamente reconstruído, e hoje abriga muitos museus e monumentos. Infelizmente não existem visitas guiadas públicas, então escolher o que visitar nesse enorme e complicado complexo pode ser um desafio. Para ajudá-lo, pegue um mapa e um guia de áudio gratuitos na loja do museu.

Guia Do Local Página 277

2 ★★★ **Schloss Nymphenburg.** O Castelo Nymphenburg, residência de verão dos Wittelsbach, é um dos mais sofisticados e bonitos da Europa. Iniciado em 1664, levou mais de 150 anos para ficar pronto. Em 1702, o Eleitor Maximiliano II Emanuel aumentou a quinta italianizada ao acrescentar quatro pavilhões conectados por corredores. Gradualmente, o estilo francês tomou conta, e a fachada atual é de um barroco subjugado. A extensiva propriedade do palácio, com museus e prédios históricos também deve fazer parte da sua visita.

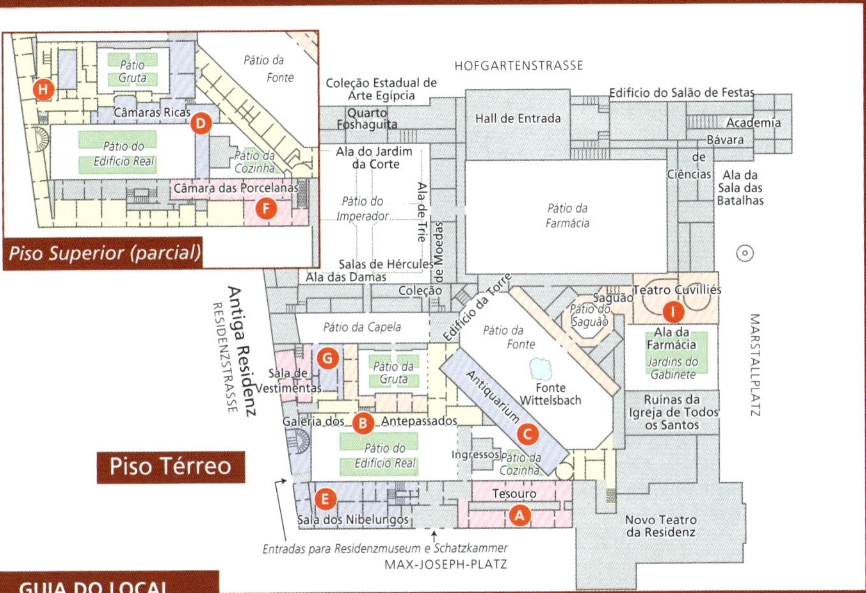

GUIA DO LOCAL

❶ Residenz

Se estiver com pouco tempo, vá direto para o ★★ Ⓐ **Tesouro** (entrada pela Max-Joseph-Platz), recheado com três séculos "colecionáveis" reais, incluindo trabalhos soberbos em ouro, pedras preciosas, esmaltados, cristais e a coroa e o cetro da Casa da Baviera.

Em 1920, alguns dos 130 aposentos da residência dos Wittelsbach foram abertos ao público como o ★★ **Residenz Museum**. É impossível listar todos os apartamentos, salas cerimoniais e capelas deste vasto e estilístico conjunto, mas aqueles a seguir valem a pena serem conferidos. A ★ Ⓑ **Galeria dos Antepassados** é embelezada com estuques e entalhes dourados. A parte mais antiga do palácio é o enorme ★★ Ⓒ **Antiquarium**, datado de 1570 e decorado com bustos antigos. Concluído em 1737, as Ⓓ **Die Reichen Zimmer** (Câmaras Ricas) são decoradas com uma versão do início do estilo rococó. O ★★ Ⓔ **Königsbau** (Ala do Rei) abriga os Apartamentos Reais, construídos entre 1826 e 1835 e cheios de pinturas, móveis e esculturas originais.

Porcelanas alemãs e francesas estão à mostra na ★ Ⓕ **Câmara das Porcelanas**. Próximo à luxuosa e restaurada Ⓖ **Hofkapelle** (Capela da Corte) está o Ⓗ **Reliquienkammer** (Sala dos Relicários), com uma coleção de artigos em ouro e prata dos séculos XVI a XVIII. Depois de

passear pelo castelo, siga para a Max-Joseph-Platz e visite o ★★ Ⓘ **Altes Residenztheater** (também chamado de Teatro Cuvilliés), datado de 1753 e em estilo rococó. **🕒 De 3 a 4 horas. Max-Joseph-Platz 3. ☎ 089/290-671. www.residenz-muenchen.de. Ingresso conjunto para o museu e o tesouro 9€ adultos, 8€ estudantes/crianças; Residenztheater 3€ adultos, 2€ estudantes/crianças. Abril a 15 de outubro, das 9 h às 18 h, 16 de outubro a março, diariamente, das 10 h às 16 h. Bonde: 19 para Nationaltheater; ou *U-Bahn:* para Odeonsplatz.**

> *Teto do Festsaal (Grande Salão) do Schloss Nymphenburg.*

GUIA DO LOCAL

2 Schloss Nymphenburg

Uma vez lá dentro, primeiro você chega ao ★★ A **Festsaal** (Grande Salão), decorado com estuques rococó do século XVIII e pinturas dedicadas à deusa Flora. No pavilhão sul, a famosa ★★★ B **Galeria das Belezas**, de Luis I, apresenta quadros de J. Stieler (1827–1850), incluindo Schöne Müncherin (Adorável Garota de Munique) e um retrato de Lola Montez, a dançarina de cabelos castanhos cujo romance com Luis I o forçou a abdicar do trono. O colorido ★ C **Chinesiches Lackkabinett** (Gabinete Chinês), do século XVIII, recebe esse nome devido às telas e painéis chineses em laca.

Os antigos estábulos da corte agora recebem o ★★★ D **Marstallmuseum**, com suas fascinantes coleções de carruagens e trenós dourados, incluindo aqueles utilizados por Luis II. Ao lado, a ★ E **Porzellansammlung** (Coleção de Porcelanas) contém peças soberbas de porcelanas do século XVIII, incluindo cópias em miniatura de obras de arte da Alte Pinakothek (pág. 262, 1).

Atrás do palácio, um canal corre pelos 500 acres do Schlosspark (Parque do Palácio), um parque em estilo inglês cheio de campos e caminhos arborizados até uma fonte, no final do jardim, em estilo francês formal. Lá fica o ★ F **Badenburg Pavillion**, com uma piscina do século XVIII; o G **Pagodenburg**, decorado em estilo chinês que estava no auge no século XVIII; e o H **Magdalenenklause** (Eremitério), projetado para ser um retiro para orações e isolamento. A mais bela de todas as construções do parque é o ★★ I **Amalienburg**, erguida em 1734 como um chalé de caça para Amália (esposa de Carlos VII); os salões interiores apresentam uma profusão de cores fortes, estuques aos montes e pinturas na parede. A J **Porzellan-Manufaktur-Nymphenburg**, uma das mais antigas fábricas de porcelana da Europa, ainda produz e vende os famosos produtos de Nymphenburg (Nördliches Schlossrondell 8, ☎ 089/179-1970, segunda a sexta das 8 h 30 min às 17 h). 🕒 **De 3 a 4 horas para visitar o palácio e a propriedade. Schloss Nymphenburg 1 (8 km/5 milhas a noroeste do Centro da cidade). ☎ 089/179-080. Entrada para todas as atrações 10€ adultos, 8€ idosos. Abril a 15 de outubro, das 9 h às 18 h, 16 de outubro a março, diariamente, das 10 h às 16 h. Badenburg e Magdalenenklause fechados de 16 de outubro a março. Bonde: 12, 16 ou 17 para Romanplatz.**

OKTOBERFEST

A Festa Original POR DONALD OLSON

O MAIOR FESTIVAL MUNDIAL DA CERVEJA começa no final de setembro e vai até o primeiro domingo de outubro. Todas as trinken und essen (comidas e bebidas) nessa festa gigante, de 16 dias, ficam no local do festival, na **Theresienwiese** ("Wiesn" abreviado), onde diferentes cervejas são vendidas em 14 barracas variadas, cada uma com suas próprias características, comida e entretenimento musical. Apesar de serem os adultos que comandam (mais de 6 milhões de litros de cerveja são vendidos todo ano), as crianças também fazem parte do cenário da Oktoberfest, com passeios e diferentes locais de entretenimento para as famílias aproveitarem.

Luis I, O Festeiro Original

Em 1810, para celebrar seu casamento com a princesa Teresa da Saxônia, o príncipe Luis da Baviera (mais tarde rei Luis I) fez uma grande festa e convidou a população de Munique. Ele organizou uma corrida de cavalos e providenciou grandes quantidades da bebida, além de bois assados.

A tradição das barracas de cerveja e comida começou em 1818 e continua até hoje no local da primeira Oktoberfest.

Por Dentro

Não existe ingresso para participar da Oktoberfest ou para entrar em qualquer barraca. Se você quiser sentar em uma delas, contudo, deve reservar com antecedência, entrando em contato o quanto antes; depois de março, não existem mais lugares disponíveis. Se você está visitando sem uma reserva, chegue por volta das 14 h 30 min em dias de semana ou às 11 h nos finais de semana para uma chance de se sentar.

> Cerveja e comida estão disponíveis apenas nas barracas de cervejas, e você deve necessariamente ocupar um lugar em uma delas para ser servido.

> O custo médio para uma Mass (1 litro) de cerveja é de 8,50€.

> A cerveja servida na Oktoberfest tem entre 5% a 6% de teor alcoólico, então maneire e beba bastante água — ou você pode terminar no chão, ou passando vergonha.

As Melhores Barracas

As barracas de cerveja variam de tamanho e de capacidade, com lotação de 90 pessoas a 10 mil (com mais assentos do lado de fora). Aqui estão algumas das melhores.

FISCHER-BRONI
(☎ 089/661-042): esqueça as juntas de porco e deguste um bom peixe — lúcio, pescada, salmão e truta — em espetos ou grelhados em uma das barracas mais confortáveis da Oktoberfest.

SCHOTTENHAMEL
(☎ 089/5446-9319): a abertura do primeiro barril de cerveja da Oktoberfest acontece dentro dessa barraca, que, hoje em dia, é a maior de todas do evento, com lugar para 10 mil pessoas. Esse é o local preferido para as pessoas com menos de 30 anos.

SCHÜTZEN-FESTZELT
(☎ 089/2318-1224): essa barraca de tamanho mediano e capacidade para 4.442 pessoas é famosa pelo leitão assado no estilo tradicional bávaro, com molho de cerveja de malte e acompanhado de salada de batatas aquecida.

AUGUSTINER-FESTHALLE
(☎ 089/2318-3266): a maior barraca aberta às famílias da Oktoberfest tem um dia de preço reduzido para crianças — às terças — e entretenimento no meio da tarde. A capacidade é de 6 mil pessoas lá dentro, enquanto outras 2.500 ficam do lado de fora.

KÄFERS WIES'N-SCHÄNKE
(☎ 089/416-8356): menor e relativamente aconchegante, essa barraca é considerada como a que tem a melhor comida da Oktoberfest, o que atrai a maioria das celebridades.

OCHSENBRATEREI
(☎ 089/3838-1712): seu símbolo, um boi girando lentamente em um espeto, diz tudo. Essa barraca para 6 mil pessoas é famosa pelos pratos de carne e oferece música tradicional de bandas de metais.

FEISINGER'S KAS-UND WEINSTUBEN
(☎ 089/892-9127): você não bebe cerveja ou tampouco está com vontade de comer boi assado? Com lugar para apenas 92 pessoas, essa pequena barraca oferece queijos e vinhos. Experimente a Raclette, — queijo derretido em cima de um pedaço de pão — , ou batatas com picles ou cebolas.

As Melhores Cervejarias e Biergärten de Munique

O Biergarten (jardim de cerveja) tem sua origem em Munique, no século XIX. Para manter as cervejas geladas, as cervejarias cavavam adegas às margens do rio Isar, cobrindo-as com cascalho e plantando castanheiras. Eventualmente, mesas e bancos simples foram colocados sob as árvores e os biergarten se tornaram locais populares. Eles normalmente ficam juntos a alguma cervejaria (bar) ou restaurante de propriedade de alguma cervejaria. O itinerário descrito a seguir o levará para as mais famosas cervejarias e biergarten de Munique. Dependendo da sua resistência, você pode tentar ir a todas ou experimentar algumas, já que a maioria fica próxima uma da outra.

> *O Hofbräuhaus am Platzl está sempre lotado de clientes ávidos por bebidas e muita diversão.*

PONTO DE PARTIDA Neuhauser Strasse (em Kreuzstrasse). Pegue o *U-Bahn* para a Karlsplatz/Stachus. De lá, caminhe rumo ao leste na Neuhauser Strasse; a Augustiner Grossgaststätte fica a cerca de 5 minutos da estação do *U-Bahn*.

1 ★★ Augustiner Grossgaststätte. A Augustiner Brau, cerveja da casa, vem da mais antiga cervejaria de Munique, com uma tradição que vem desde o século XIV, quando monges agostinianos começaram a fabricar a bebida próximo ao local, que serve ainda de restaurante (pág. 299) e hotel. A cervejaria tem seu aspecto atual (salas espaçosas e uma biergarten no pátio) desde 1896. Você pode ver a arquitetura original do depósito de cervejas no Bierkeller. **Neuhauser Strasse 27. ☎ 089/2318-3257. Diariamente, das 9 h à meia-noite. *U-Bahn:* Karlsplatz/ Stachus.**

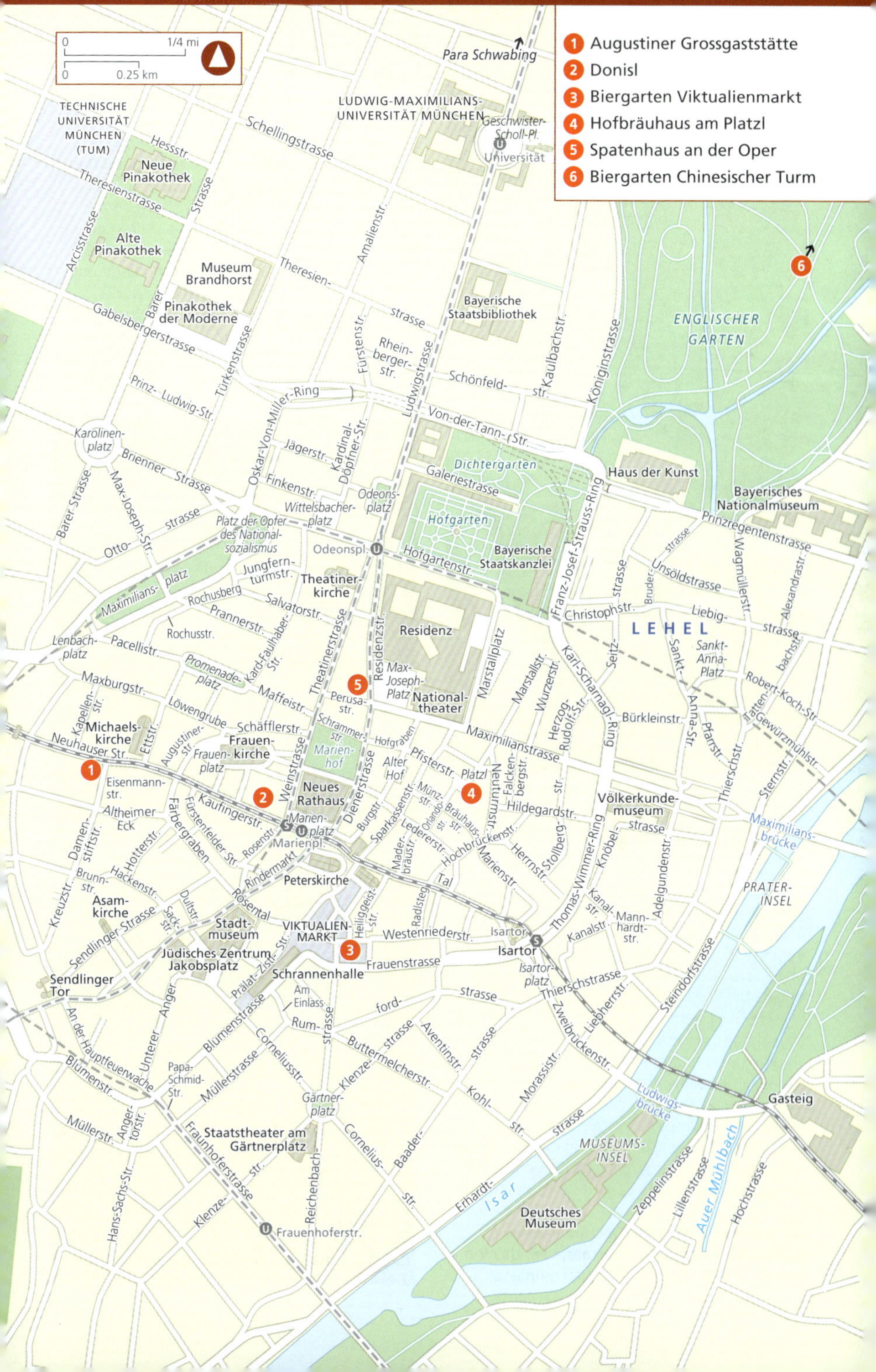
1 Augustiner Grossgaststätte
2 Donisl
3 Biergarten Viktualienmarkt
4 Hofbräuhaus am Platzl
5 Spatenhaus an der Oper
6 Biergarten Chinesischer Turm
0 1/4 mi
0 0.25 km
Para Schwabing
TECHNISCHE UNIVERSITÄT MÜNCHEN (TUM)
LUDWIG-MAXIMILIANS-UNIVERSITÄT MÜNCHEN
Geschwister-Scholl-Pl.
Universität
Neue Pinakothek
Alte Pinakothek
Museum Brandhorst
Pinakothek der Moderne
Bayerische Staatsbibliothek
ENGLISCHER GARTEN
Karolinenplatz
Dichtergarten
Hofgarten
Haus der Kunst
Bayerisches Nationalmuseum
Platz der Opfer des Nationalsozialismus
Odeonsplatz
Odeonspl.
Wittelsbacherplatz
Bayerische Staatskanzlei
Theatinerkirche
Maximiliansplatz
Lenbachplatz
Residenz
Max-Joseph-Platz
Nationaltheater
LEHEL
Sankt-Anna-Platz
Promenadeplatz
Michaelskirche
Frauenkirche
Frauenplatz
Marienhof
Neues Rathaus
Marienplatz
Marienpl.
Völkerkundemuseum
Maximiliansbrücke
Altheimer Eck
Peterskirche
Asamkirche
Stadtmuseum
VIKTUALIENMARKT
Jüdisches Zentrum Jakobsplatz
Schrannenhalle
Isartor
Isartorplatz
PRATERINSEL
Sendlinger Tor
Gärtnerplatz
Staatstheater am Gärtnerplatz
Frauenhoferstr.
MUSEUMSINSEL
Deutsches Museum
Ludwigsbrücke
Isar
Auer Mühlbach
Gasteig

> *Os clientes podem trazer sua própria comida para o Biergarten Viktualienmarkt de Munique, a parada preferida para aquelas pessoas que ficam cansadas das compras na praça.*

2 ★ Donisl. A cervejaria mais antiga de Munique data de 1715, quando um dos proprietários de uma taverna de vinhos que funcionava lá conseguiu uma licença para servir cerveja. De 1760 a 1775, o local foi propriedade de Dionysius Haertl, que por ser um anfitrião tão simpático fez com que os clientes pedissem a mudança do nome do estabelecimento para "Zum Donisl" (uma abreviação de Dionysius). Apesar de você sentar debaixo de guarda-sóis em vez de árvores, o biergarten é um excelente lugar pra sentar e observar as pessoas (e comer: a maioria dos pratos custa menos de 10€; para detalhes veja pág. 302). Lá dentro, um acordeonista faz shows durante as noites. **Weinstrasse 1. ☎ 089/220-184. www.bayerischer-donisl.de. Diariamente, das 9 h à meia-noite.** *U-* ou *S-Bahn:* Marienplatz.

3 ★ Biergarten Viktualienmarkt. Muitos biergarten hoje são parte de algum restaurante e servem comida, mas, de acordo com o Bayerische Biergartenverordnung (Decreto Bávaro sobre os Biergarten), eles devem permitir que seus clientes tragam seus próprios pratos se quiserem. E é isso que muitas pessoas fazem nesse biergarten no meio do sempre agitado Viktualienmarkt (mercado público). Se você estiver com fome, procure um sanduíche, salsicha ou outro tipo de lanche nas barracas do mercado e nas lojas. Você pode levá-lo para o biergarten, desde que compre uma cerveja ou outra bebida por lá. **Viktualienmarkt 6. Sem telefone. No verão, diariamente das 9 h às 22 h, no inverno das 9 h às 18 h quando o tempo está bom, fechado aos domingos.** *U-* ou *S-Bahn:* Marienplatz.

Pretzels e Cerveja

Brezeln (pretzels) e *Radl* (rabanetes) grandes e brancos são acompanhamentos tradicionais da cerveja servida nos biergarten e nas cervejarias. Se você optar por comprar a comida, os pratos clássicos incluem *Hoibe Hendl* (meio frango grelhado), *Hax'n* (juntas de porco) e *Steckerfisch* (peixe grelhado).

4 ★ **Hofbräuhaus am Platzl.** A cervejaria mais famosa do mundo fica em um prédio neorrenascentista de 1896, mas a fábrica de cerveja data do século XVI. Esse é um lugar enorme, com uma Schwemme (taverna) com capacidade para até mil pessoas e um biergarten no verão sempre repleto de turistas. É, também, a mais comercial das cervejarias de Munique (com direito a uma loja de suvenires) e um popular local para comer (pág. 302). A cerveja Hofbräu é servida por Mass (cerca de um litro). **Am Platzl 9. ☎ 089/290-1360. www.hofbraeuhaus.de. Diariamente, das 9 h à meia-noite. *U-* ou *S-Bahn:* Marienplatz.**

5 ★★ **Spatenhaus an der Oper.** Essa luxuosa cervejaria e restaurante, próxima à Residenz e ao Teatro Nacional, não fica superlotada de turistas como as outras cervejarias, além de servir uma comida melhor (pág. 303). Há muitas salas de jantar à sua escolha e um terraço onde você pode sentar debaixo de um guarda-sol. A fábrica de cerveja Spaten, agora unida à Löwenbrau, recentemente comemorou seus 600 anos de existência; em 1872 ela produziu a primeira cerveja da Oktoberfest e, em 1894, foi a primeira cervejaria a produzir uma cerveja *lager* clara usando o método Pilsen: **Spaten Münchner Hell. Residenzstrasse 12. ☎ 089/290-7060. www.spatenhaus.de. Diariamente das 9 h 30 min às 0 h 30 min. *U-* ou *S-Bahn:* Marienplatz.**

É uma caminhada de 30 minutos até a parada final: se você não quiser andar, volte à Marienplatz, pegue o *U-Bahn* até a Giselastrasse e, então, pegue o ônibus número 54 ou 154 para Chinesischer Turm.

6 ★★★ **Biergarten Chinesischer Turm.** Esse é um dos lugares ao mesmo tempo mais adoráveis e agitados que conheço para se tomar uma cerveja. Com lugar para 4 mil pessoas, esse é o segundo maior biergarten de verão de Munique e um dos mais populares. Fica localizado em meio ao Englischer Garten, cercado de árvores, aos pés da Chinesischer Turm (Torre Chinesa), uma estrutura de madeira de cinco andares construída em 1790 (reconstruída em 1952) e modelada de acordo com o Grande Pagode dos Jardins Reais Britânicos em Londres. **Englischer Garten 3. ☎ 089/383-8720. Maio a outubro, diariamente das 11 h à 1 h. *U-Bahn:* Giselastrasse e então ônibus número 54 ou 154 para a Chinesisch Turm.**

> *Localizado no Englischer Garten, o Biergarten da Chinesisch Turm é o segundo maior jardim de cerveja de verão da Alemanha.*

O Baile do Cozinheiro

No final do século XIX, cerca de 5 mil criados, trabalhadores, soldados e estudantes vinham à Torre Chinesa aos domingos de manhã para dançar ao som de uma banda de metais.O baile começava às 5 h e terminava às 8 h para que os criados pudessem voltar e servir o café da manhã a seus patrões, ou para que pudessem ir à igreja. Como um local de dança para criados, era conhecido como *Kocherball* (Baile do Cozinheiro). Em 1904, a tradição foi proibida pela polícia com base em princípios morais, mas em 1989, para celebrar os 200 anos do Englischer Garten, o evento foi reativado e, desde então, tem sido celebrado anualmente em julho.

Marienplatz e a Altstadt (Cidade Antiga)

A Altstadt de Munique, ou Cidade Antiga, é um distrito em formato oval de circulação somente para pedestres na margem oeste do rio Isar. Nos últimos 200 anos, Munique se expandiu para muito além das muralhas antigas da cidade, mas esse antigo quarteirão permanece como o centro agitado da cidade, lotado de igrejas, praças, museus, prédios históricos, um mercado de alimentos, restaurantes, cervejarias, hotéis e infinitas possibilidades de compras. O passeio descrito a seguir leva aproximadamente 3 horas, incluindo as paradas para ver as atrações e entradas em algumas igrejas; se você quiser visitar algum dos museus ao longo do caminho, organize melhor o tempo.

> *Uma infinidade de detalhes e arquitetura imponente marcam a Neues Rathaus de Munique, na histórica Marienplatz.*

PONTO DE PARTIDA **Pegue o *U-Bahn* ou *S-Bahn* para Marienplatz.**

1 ★★★ **Marienplatz (Praça de Santa Maria).** Estar na Marienplatz é chegar ao movimentado e vibrante coração da Altstadt (Cidade Antiga) de Munique, e no centro histórico da cidade. Gaste algum tempo passeando e aproveitando o ambiente. A própria Marienplatz é um excelente centro comercial, e as áreas ao seu redor estão lotadas de hotéis, restaurantes, cafés, cervejarias, museus e locais de entretenimento. 🕒 **30 minutos. Ver pág. 252, 1.**

2 crianças **Neues Rathaus (Nova Prefeitura).** Planeje sua visita à Marienplatz de modo que você possa ver o famoso Glockenspiel (Carrilhão), do século XIX , instalado na torre da Prefeitura. Todos os dias, às 11 h, ao meio-dia e às 17 h, figuras mecânicas surgem da parte de trás do relógio e "reencenam" episódios do passado de Munique. Depois de assistir ao Glockenspiel, pegue o elevador para o topo da torre e seja privilegiado com uma visão panorâmica da cidade. 🕒 **30 minutos. Ver pág. 254, 2.**

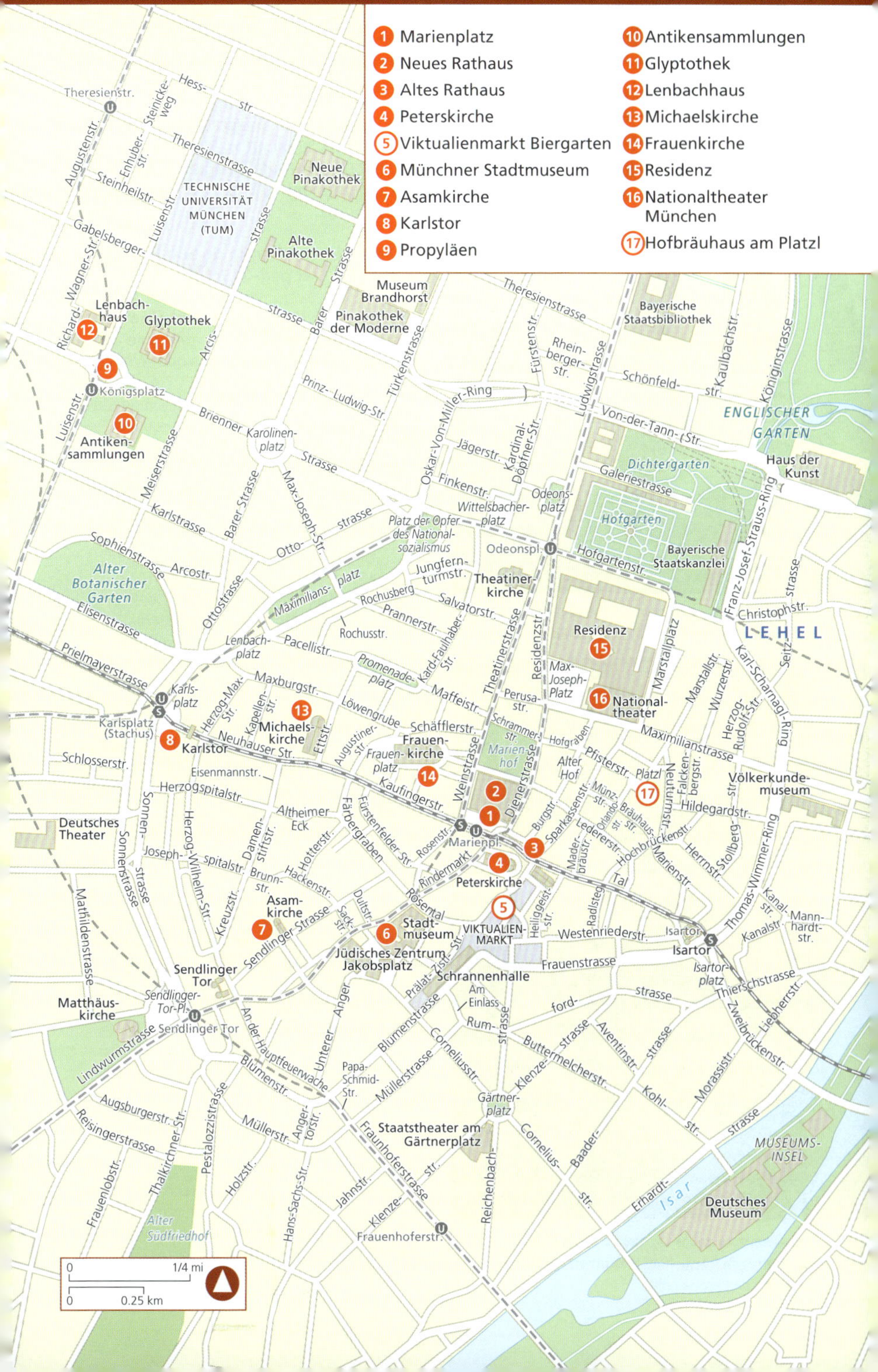
1 Marienplatz
2 Neues Rathaus
3 Altes Rathaus
4 Peterskirche
5 Viktualienmarkt Biergarten
6 Münchner Stadtmuseum
7 Asamkirche
8 Karlstor
9 Propyläen
10 Antikensammlungen
11 Glyptothek
12 Lenbachhaus
13 Michaelskirche
14 Frauenkirche
15 Residenz
16 Nationaltheater München
17 Hofbräuhaus am Platzl
TECHNISCHE UNIVERSITÄT MÜNCHEN (TUM)
Neue Pinakothek
Alte Pinakothek
Museum Brandhorst
Pinakothek der Moderne
Bayerische Staatsbibliothek
ENGLISCHER GARTEN
Haus der Kunst
Dichtergarten
Hofgarten
Bayerische Staatskanzlei
Lenbach-haus
Glyptothek
Königsplatz
Antiken-sammlungen
Karolinen-platz
Platz der Opfer des National-sozialismus
Odeonspl.
Theatiner-kirche
Residenz
Max-Joseph-Platz
National-theater
LEHEL
Alter Botanischer Garten
Maximilians-platz
Lenbach-platz
Karlsplatz (Stachus)
Karlstor
Michaels-kirche
Frauen-kirche
Frauen-platz
Marien-hof
Alter Hof
Platzl
Völkerkunde-museum
Deutsches Theater
Altheimer Eck
Marienpl.
Peterskirche
Asam-kirche
Stadt-museum
VIKTUALIEN-MARKT
Jüdisches Zentrum Jakobsplatz
Schrannenhalle
Isartor
Isartor-platz
Sendlinger Tor
Sendlinger-Tor-Pl.
Matthäus-kirche
Gärtner-platz
Staatstheater am Gärtnerplatz
MUSEUMS-INSEL
Deutsches Museum
Isar
Alter Südfriedhof
Frauenhoferstr.
0 1/4 mi
0 0.25 km

> A Altes Rathaus, do século XV, serve como monumento para o orgulhoso passado da cidade.

> Esculturas da época barroca como Os Quatro Doutores da Igreja, aqui retratados, enfeitam o interior da Peterskirche.

3 crianças **Altes Rathaus (Antiga Prefeitura).** Talvez você queira entrar nesse prédio, com sua torre gótica do século XV, para visitar o **Spielzeugmuseum** (Museu dos Brinquedos), uma coleção de brinquedos históricos. 30 minutos. Marienplatz. ☎ 089/294-001. Entrada 3€ adultos, 1€ crianças. Diariamente, das 10 h às 17 h. *U-* ou *S-Bahn:* Marienplatz.

4 **Peterskirche (Igreja de São Pedro).** 15 minutos. Ver pág. 273, 4.

5 ★★★ **Viktualienmarkt (Mercado de Alimentos).** O maravilhoso e agitado Viktualienmarket de Munique se mudou para esse endereço em 1807 e hoje possui cerca de 140 estandes e lojas vendendo carne, aves, pães, mel, ovos, queijos, salsichas, temperos, frutas e vegetais, além de alguns restaurantes, barracas de lanches e um biergarten. É um excelente lugar para fazer uma pausa. Procure um lanche, salsicha ou sanduíche para viagem nos estandes (zum mitnehmen), e você pode levar sua própria comida para o **Biergarten** no centro do mercado (Viktualienmarkt 6, sem telefone), contanto que você peça uma bebida. A maioria dos estandes e lojas abre das 6 h às 18 h.

6 ★ crianças **Münchner Stadtmuseum.** Um antigo prédio de arsenais do século XV hoje é a casa do Münchner Stadtmuseum (Museu da Cidade de Munique), com sua rica e fascinante coleção de objetos e exposições que ilustram as vidas dos cidadãos de Munique de todas as esferas sociais ao longo dos séculos. De 30 a 45 minutos. Ver pág. 266, 2.

7 ★★ **Asamkirche.** Entre e veja o incrível interior dessa igreja em estilo rococó. 15 minutos. Ver pág. 273, 3.

8 **Karlstor.** Uma vez parte das fortificações medievais de Munique, o Karlstor (Portal de Karl) servia como a entrada oeste da cidade. Karlsplatz. *U-Bahn:* Karlsplatz.

O Propyläen fica cerca de 1 km (1,5 milha) ao norte, uma caminhada de 15 minutos ,ou uma parada, do *U-Bahn*

9 ★ **Propyläen.** O arquiteto Leo von Klenze (1784–1864) projetou este portão monumental, com colunas e pórticos dóricos, como um ponto simbólico de entrada às novas partes de Munique e um memorial para Otto I Wittelbach, que se

> *O teto em formato de abóbada é a marca registrada da Michaelskirche, local dos túmulos de diversos governantes Wittelsbach, incluindo Luis II (Luis II).*

tornou rei da Grécia depois de livrar o país da invasão pelos turcos. Inspirado na Propylaea, na Acrópole de Atenas, a estrutura foi finalizada em 1862. ⏲ **15 minutos. Königsplatz.** ***U-Bahn:*** **Königsplatz.**

10 ★ Antikensammlungen. O Propyläen (9), o Glyptothek (11), e a Antikensammlungen (Coleção de Antiguidades), construídos em estilo coríntio e concluídos em 1848, formam um monumental grupo neoclássico na Königsplatz. ⏲ **pelo menos 30 minutos. Ver pág. 264, 6.**

11 ★ Glyptothek. Leo von Kleze, arquiteto que projetou o Propyläen, construiu esse museu entre 1816 e 1830 para expor a coleção da cidade de esculturas gregas e romanas. ⏲ **30 minutos. Ver pág. 264, 7.**

12 ★★ Lenbachhaus. Essa mansão do século XIX em estilo italiano tem uma brilhante coleção de pinturas alemãs do início do século XX. ⏲ **1 hora. Ver pág. 264, 5.**

A Michaelskirche fica 1,4 km (pouco menos de 1 milha) a sudeste, mais uma caminhada de 15 minutos. Ou suba no *U-Bahn*, pegue por uma estação em direção à Karlsplatz, e então, siga a leste na Neuhauser Strasse.

13 Michaelskirche (Igreja de São Miguel). Entre para uma olhada rápida nessa igreja com teto em formato de abóbada; a Michaelskirche é a maior igreja renascentista ao norte dos Alpes, além de local de repouso final de Luis II e vários outros Wittelsbachs. **Ver pág. 272, 2.**

14 Frauenkirche (Igreja de Nossa Senhora). Gaste alguns minutos caminhando pelo interior da maior igreja de Munique, ou suba na torre para uma vista espetacular, que chega até os Alpes. **Ver pág. 254, 4.**

15 ★★ Residenz. Explorar o enorme palácio da cidade dos Wittelsbach, antigos governantes da Baviera, pode tomar, facilmente, metade do dia; se você não tiver tempo agora, apenas passeie pelo palácio e dê uma olhada no Hofgarten (Jardim da Corte) atrás dele. **Ver pág. 274, 1.**

16 Nationaltheater München. O Teatro Nacional, em estilo neoclássico, é lar da aclamada Ópera Estadual da Baviera e de companhias de balé. Um teatro anterior, construído em 1825 por Leo von Klenze (arquiteto do Propyläen e do Glyptothek), foi destruído na Segunda Guerra Mundial, enquanto essa construção, para 2.100 pessoas, abriu em 1963. **Para mais informações sobre a ópera e o balé, ver pág. 314.**

---

17 **Hofbräuhaus am Platzl.** É a cervejaria mais famosa do mundo. Vá ao biergarten e brinde sua viagem com uma caneca de cerveja. **Am Platzl 9. Ver pág. 283, 4.**

O Englischer Garten e Arredores

Esse passeio ao redor do quarteirão do Englischer Garten o apresenta a uma série de delícias interiores e ao ar livre. Além disso, o leva a três grandes parques de Munique e a um trio de notáveis museus, sendo dois deles pequenas joias, que normalmente não fazem parte dos roteiros turísticos (se quiser visitar os museus, não faça esse passeio às segundas-feiras.). Você pode realizar esse itinerário em cerca de metade do dia, incluindo as visitas aos museus, ou demorar mais se quiser permanecer em algum dos lugares pelo caminho.

> *É fácil gastar algumas horas explorando o Englischer Garten, maior e mais popular parque de Munique.*

PONTO DE PARTIDA Hofgarten, atrás da Residenz. Pegue o bonde número 19 para o Nationaltheater (o palácio fica na mesma praça que o teatro) ou o *U-Bahn* para o Odeonsplatz (o palácio fica a sudeste da praça).

1 Hofgarten (Jardim da Corte). O jardim da corte da Residenz (pág. 274, 1) pertenceu aos Wittelsbach, que governaram a Baviera de 1180 a 1918. Projetado em estilo formal francês, o jardim possui uma bela fonte e um pavilhão central datados de 1615, cercados de canteiros, sebes, gramados e floreiras. 15 minutos. Max-Joseph-Platz 3. Bonde: 19 para Nationaltheater; ou *U-Bahn:* para Odeonplatz.

Guia
Do Local
Página 291

2 ★★★ Englischer Garten (Jardim Inglês). A forma como você vai querer explorar o maior (5 km²/1.236 acres) e mais famoso parque de Munique fica por sua conta. Fundado em 1789 pelo Conde Rumford, um americano (nascido Benjamin Thompson) que serviu na Baviera como Ministro da Guerra, esse é, também, o parque público mais antigo do mundo, com caminhos arborizados, córregos e um lago.

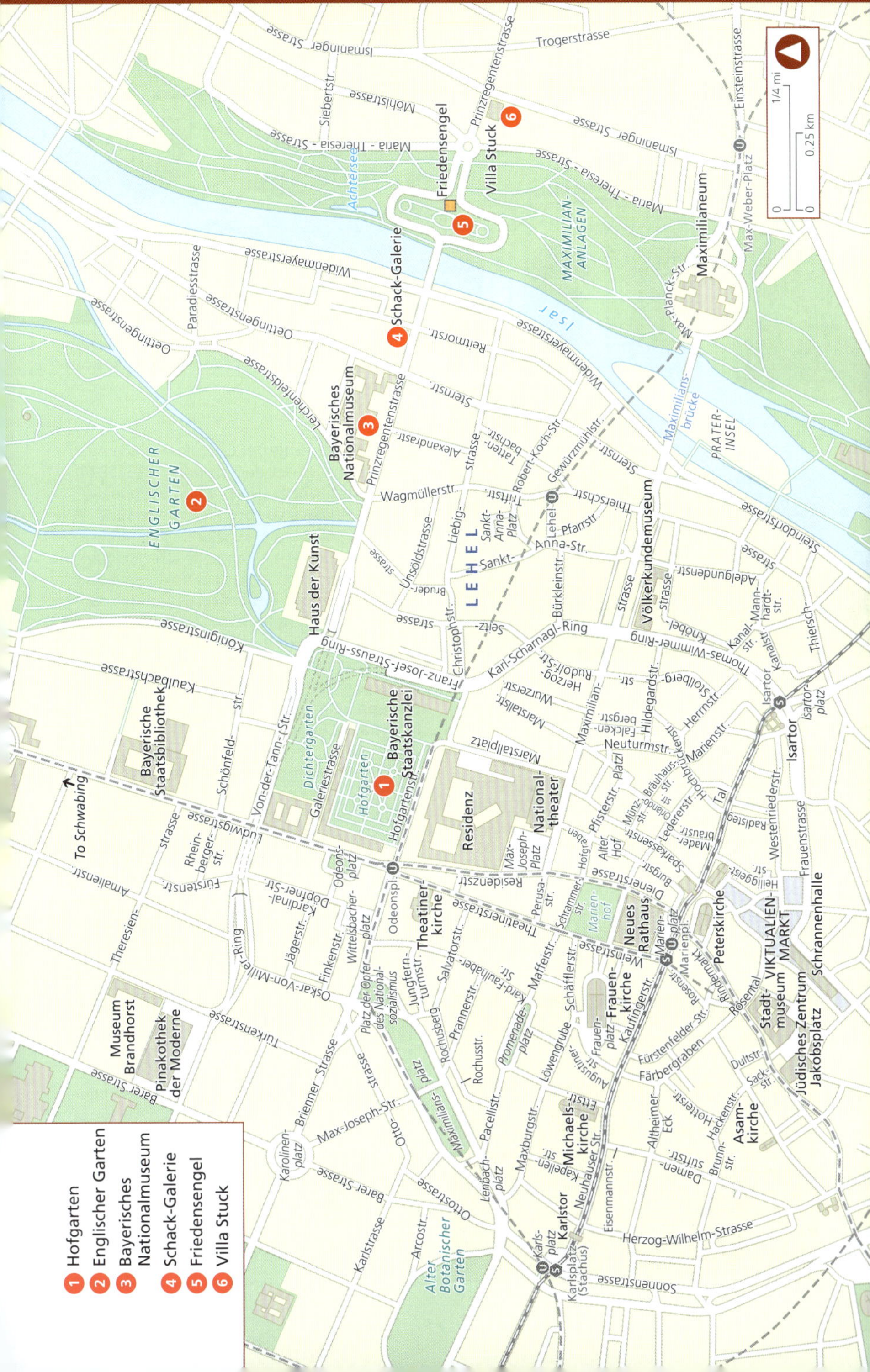

1 Hofgarten
2 Englischer Garten
3 Bayerisches Nationalmuseum
4 Schack-Galerie
5 Friedensengel
6 Villa Stuck
ENGLISCHER GARTEN
MAXIMILIAN-ANLAGEN
LEHEL
Isar
Haus der Kunst
Bayerische Staatskanzlei
Residenz
Nationaltheater
Bayerische Staatsbibliothek
Theatinerkirche
Neues Rathaus
Frauenkirche
Michaelskirche
Peterskirche
Asamkirche
Völkerkundemuseum
Maximilianeum
PRATER-INSEL
Isartor
Karlstor
VIKTUALIEN-MARKT
Schrannenhalle
Stadtmuseum
Jüdisches Zentrum Jakobsplatz
Museum Brandhorst
Pinakothek der Moderne
Alter Botanischer Garten
Dichtergarten
Hofgarten
To Schwabing
0 1/4 mi
0 0.25 km

> *Originalmente projetado para membros da corte real em 1613, o Hofgarten foi aberto ao público em 1780.*

> *O belo Bayerisches Nationalmuseum oferece uma variedade de artes e ofícios do período romanesco à Renascença.*

3 ★★ Bayerisches Nationalmuseum. O enorme Museu Nacional da Baviera foi criado em 1885 para preservar e exibir a herança artística bávara. Se seu tempo for limitado, atenha-se ao andar térreo, nas exposições de artes e ofícios da Baviera do período romanesco à Renascença, especialmente às esculturas de Tilman Riemenschneider, e dê uma olhada na grande coleção de presépios natalinos no porão. 🕒 **90 minutos.** **Ver pág. 268, 3.**

T. S. Eliot chega ao Hofgarten

O Hofgarten (pág. 288, 1) é o primeiro local a ser citado no poema canônico de T. S. Eliot, "*Terra Desolada*" (1922), usado para simbolizar as cortes moribundas da Velha Europa e os charmes vazios da vida aristocrática: "O verão nos surpreendeu, caindo do Starnbergsee/ Com um aguaceiro; paramos junto aos pórticos,/ E ao sol caminhamos pelas aleias de Hofgarten,/ Tomamos café, e por uma hora conversamos."

4 ★ Schack-Galerie. Quando o conde Adolf Friedrich von Schack de Schwerin (1815–1894) chegou a Munique, ele se tornou patrono de artistas alemães e começou a comprar suas obras. Ele construiu esse palacete para exibir sua extraordinária e abrangente coleção, que contém diversas obras -primas do Romantismo Alemão de autoria dos principais pintores do período: Anselm Feuerbach, Moritz von Schwind, Arnold Böcklin, Franz von Lenbach, Carl Spitzweg e Carl Rottman. 🕒 **De 30 a 45 minutos. Prinzregentenstrasse 9. ☎ 089/2380-5224. Entrada 3€. Quarta a domingo, das 10 h às 17 h.** *U-Bahn:* Lehel.

5 Friedensengel (Anjo da Paz). As figuras de pedra na Luitpoldbrücke (Ponte Luitpold) personificam as quatro regiões da Baviera e seus grupos populacionais: bávaros, suábios, francônios e o povo do Palatinado. No final da ponte, o monumento Friedensengel comemora 25 anos de paz seguidos da guerra de 1870–1871. Se você tiver vontade, caminhe pela margem do rio ou explore o **Maximilian-Anlage**, parque ao redor da Friedensengel.

6 ★★ Villa Stuck. Se você gosta de museus em casas, esse palácio Jugendstil (Art Nouveau) de 1898 é obrigatório. Foi projetado e habitado pelo artista do Simbolismo Franz von Stuck (1863–1928) e possui suas mais famosas pinturas (*Die Sünde*, ou O Pecado) e esculturas (*Amazona*). Stuck fez toda a mobília, painéis, baixos-relevos e teto em caixotão. 🕒 **30 minutos. Prinzregentenstrasse 60. ☎ 089/455-5510. www.villastuck.de. Entrada adultos 9€, 4,50€ idosos/estudantes. Terça a domingo, das 11 h às 18 h.** *U-Bahn:* Prinzregentenplatz.

GUIA DO LOCAL

2 Englischer Garten

Em abril de 1972, para celebrar os Jogos Olímpicos em Munique, a A **Japanisches Teehaus** (Casa de Chá Japonesa), usada para tradicionais cerimônias japonesas de chá , e um jardim também em homenagem ao país asiático foram criados em uma pequena ilha no lado sul do parque. Logo ao norte fica o B **Schönfeldwiese**, um amplo campo usado desde a década de 60 como área de nudismo. A construção mais antiga do parque, o C **Burgfriedsäule**, um marcador de fronteira de 1724, fica em um bosque de árvores abaixo do D **Monopteros**, um pequeno e circular templo iônico projetado por Leo van Kleze, o arquiteto do Propyläen (pág. 286, 9) e do Glyptothek (pág. 264, 7); construído sobre uma colina artificial, o templo foi terminado em 1836. Von Kleze também projetou o comemorativo E **Steinerne Bank** (Banco de Pedra) no local onde ficava um templo de madeira; a inscrição no banco diz: "Hier wo ihr wallet, da war sonst wald nur und sumpf" (aqui onde meandros foram uma vez, apenas madeira e pântano). Um gigante biergarten (pág. 283, 6) ocupa a praça próxima à F **Chinesischer Turm** (Torre Chinesa), construída inicialmente em 1790 para lembrar o Grande Pagode dos Jardins Reais Britânicos

de Londres. Ao norte fica o G **Rumford-Saal (Salão Rumford)**, um pequeno edifício Palladiano construído em 1791 como refeitório dos oficiais e renomeado para honrar o conde Rumford, criador do Englischer Garten. O H **Kleinhesseloher See** (Lago Kleinhesseloher) foi criado entre 1800 e 1812 entre os distritos de Schwabing e Kleinhesselohe, o limite norte original do parque. **Pelo menos 90 minutos. Cercado ao sul pela Von-der-Tann Strasse e pela Prinzregentenstrasse, a oeste pela Königstrasse, a leste pela Lerchenfeldstrasse. Entrada gratuita. Aberto 24 horas, diariamente. *U-* ou *S-Bahn:* Marienplatz ou Odeonplatz.**

Nossas Dicas de Compras em Munique

Melhor Loja de Departamentos
Ludwig Beck am Rathauseck, Marienplatz 11 (pág. 293)

Melhor Porcelana Bávara
Prozellan-Manufaktur-Nymphenburg, Dienerstrasse 17 (pág. 296)

Melhor Galeria de Ofícios Contemporâneos
Bayerischer Kunstgewerbe-Verein, Pacellistrasse 6–8 (pág. 293)

Melhor Empório de Alimentos
Alois Dallmayr, Dienerstrasse 14–15 (pág. 296)

Melhor Loja de Roupas Masculinas e Femininas
Loden-Frey, Maffeistrasse 7–9 (pág. 296)

Melhor Joalheria
Hemmerle, Maximilianstrasse 14 (pág. 296)

> Munique é um excelente lugar para experimentar a culinária bávara, incluindo os vários tipos de salsichas que a região tem a oferecer.

Melhor Centro Comercial
Fünf Höfe, Theatinerstrasse (pág. 297)

Melhor Loja de Roupas Tradicionais da Baviera
Frankonia, Maximilianplatz 10 (pág. 297)

A Mais Histórica Loja de Brinquedos
Münchner Puppenstuben und Zinnfiguren Kabinett, Maxburgerstrasse 4 (pág. 297)

O Melhor Mercado
Viktualienmarkt (pág. 296)

Marienplatz no Natal

Principal praça do centro da cidade, a Marienplatz é cenário do famoso **Christkindl Markt** (Mercado de Natal). Entre o final de novembro a todo o mês de dezembro, a praça fica lotada de barracas vendendo brinquedos, decorações natalinas, artesanato e uma variedade de lanches e doces de dar água na boca, incluindo biscoitos de gengibre, amêndoas cobertas com açúcar e *Glühwein* (vinho tinto com especiarias) extremamente quente.

Compras em Munique

Artes e Ofícios

★★★ Bayerischer Kunstgewerbe-Verein
KARLSPLATZ O trabalho de mais de 400 artistas e artesãos locais é apresentado e vendido nessa histórica galeria de arte, que também serve de sala de exposições. **Pacellistrasse 6–8. ☎ 089/290-1370. www.kunsthandwerk-bkv.de.** *U-Bahn:* Karlsplatz.

Livros

★★ Hugendubel MARIENPLATZ
A maior livraria de Munique possui títulos em inglês, guias de turismo e mapas. **Marienplatz 22. ☎ 089/290-1470. www.hugendubel.de.** *U-* ou *S-Bahn:* Marienplatz.

Lojas de Departamento

Karstadt PRÓXIMA À ESTAÇÃO DE TREM
Essa loja de departamentos com produtos de todos os tipos e preços mais em conta fica quase em frente à estação central de trem. **Bahnhofplatz 7. ☎ 089/55120.** *U-Bahn:* Hauptbahnhof.

★★★ Ludwig Beck am Rathauseck
MARIENPLATZ Às vezes chamada de "Bloomingdale da Alemanha", essa é a melhor loja de departamentos de Munique e um bom lugar para comprar artesanato de todas as partes do país. **Marienplatz 11. ☎ 089/236-910. www.ludwigbeck.de.** *U-* e *S-Bahn:* Marienplatz.

Óculos

★★ Pupille PRÓXIMA À RESIDENZ
Se você quer que seus óculos sejam espetaculares, ou que pelo menos estejam na moda, esse é o local para comprá-los; os óculos

> *Se você procura por roupas tradicionais, artesanato e arte popular da Baviera, não há melhor lugar que a Dirndl-Ecke.*

Feito em Munique

Munique é a capital da moda na Alemanha: quando o assunto é comprar, a cidade está no topo, ao lado de Paris e Londres. Itens especiais incluem o *Tracht* (roupas tradicionais bávaras como *dirndls, lederhosen,* trajes alpinos e de caça) e porcelana feita na Baviera.

Compras em Munique

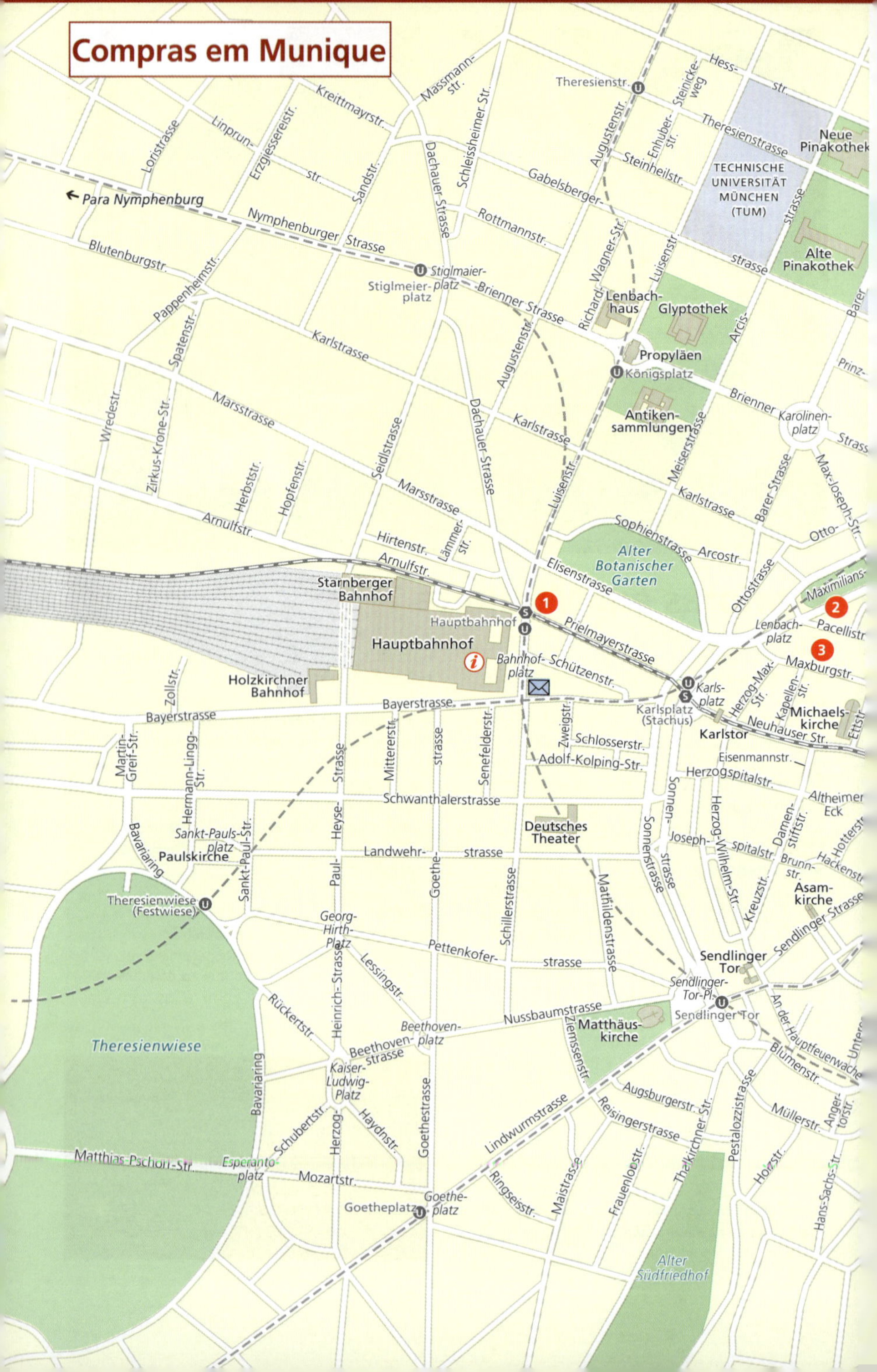

Alois Dallmayr 10
Bayerischer Kunstgewerbe-Verein 2
Dirndl-Ecke 12
Frankonia 8
Fünf Höfe 5
Hemmerle 9
Hugendubel 13
Karstadt 1
Kaufhof 17
Loden-Frey 7
Ludwig Beck am Rathauseck 14
Münchner Puppenstuben und Zinnfiguren-Kabinett 3
Porzellan-Manufaktur-Nymphenburg 4
Pupille 6
Rosenthal Studio-Haus 11
Viktualienmarkt 16
Wies'n Tracht & Mehr 15

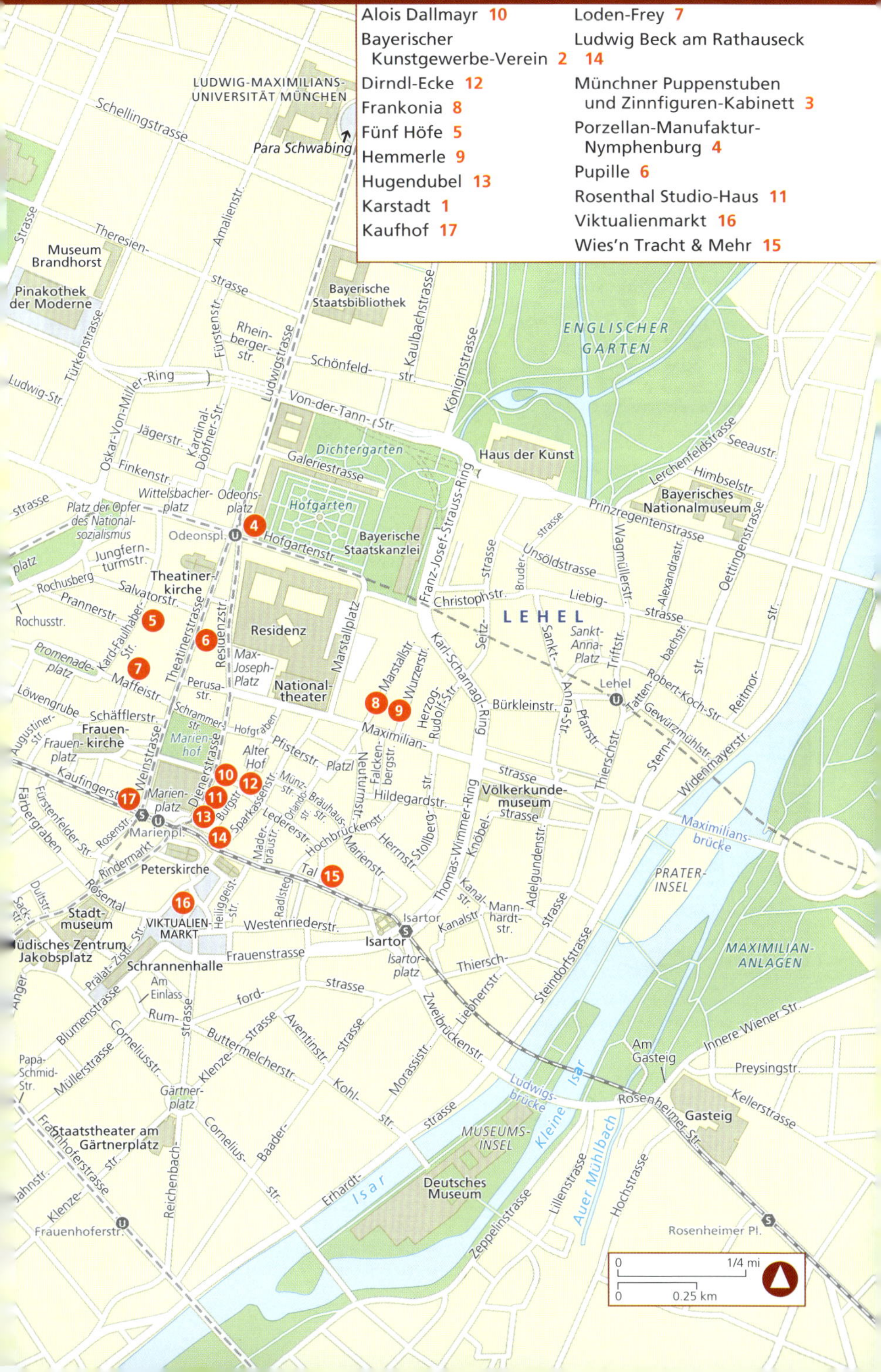

> *O popular Alois Dallmayr, na Dienerstrasse, fica diariamente repleto de clientes famintos, que buscam o melhor dos pratos típicos da Baviera.*

> *O melhor destino de compras para roupas é o Loden-Frey, que possui também uma linha completa de roupas tradicionais alemãs.*

alemães são legais, e a ótica, maravilhosa. **Theatinerstrasse 8. ☎ 089/2424-3838. www.pupille.de. Bonde: 19.**

Comida

★★★ **Alois Dallmayr** PRÓXIMO À MARIENPLATZ Excelente delicatessen e restaurante (pág. 299), o Dallmayr é também um local maravilhoso, apesar de caro, para procurar presentes gastronômicos e outras guloseimas. **Dienerstrasse 14–15. ☎ 089/21350. www.dallmayr.de.** ***U-Bahn:*** **Marienplatz.**

★★★ **Viktualienmarkt** PRÓXIMO À MARIENPLATZ O maior mercado público de Munique tem dezenas de estandes vendendo comida fresca, mas você também consegue encontrar mel, temperos, doces, biscoitos, e outras delícias locais para levar para casa com você. **Ver pág. 286, (5).** ***U-*** **ou** ***S-Bahn:*** **Marienplatz.**

Joias

★★★ **Hemmerle** PRÓXIMA À MARIENPLATZ Antiga designer de joias para a monarquia bávara, essa empresa desenha modelos de edição limitada na loja e vende seu próprio relógio, um símbolo de status. **Maximilianstrasse 14. ☎ 089/242-2600. www.hemmerle.de.** ***U-Bahn:*** **Marienplatz.**

Roupas

★★★ **Loden-Frey** MARIENPLATZ Fundado em 1842, esse é o local para roupas de *loden* (espécie de lã à prova d'água) de qualidade, incluindo casacos, jaquetas e chapéus. **Maffeistrasse 7–9. ☎ 089/210-390.** ***U-*** **ou** ***S-Bahn:*** **Marienplatz.**

Porcelana

★★★ **Porzellan-Manufaktur-Nymphenburg** ODEONSPLATZ Uma das mais antigas fábricas de porcelana da Europa, fica localizada junto ao Palácio de Nymphenburg (pág. 274, 2) e

> *O agitado Viktualienmarkt, ao ar livre, está sempre cheio de pessoas em busca de algo bom para comer entre seus diversos estandes, sempre cheios.*

tem um segundo mostruário no Odeonsplatz, no centro de Munique. **Odeonsplatz 1. ☎ 089/179-1970. www.nymphenburg.com** *U-Bahn:* **Odeonsplatz.**

★★★ Rosenthal Studio-Haus MARIENPLATZ
Vá à ponta de estoque dessa fábrica para uma variada seleção de porcelanas, vidros e cutelaria Rosenthal feitas na Baviera (mas não espere preços muito baixos). **Dienerstrasse 17. ☎ 089/222-617. www.rosenthal.de.** *U-* **ou** *S-Bahn:* **Marienplatz.**

Centro Comercial

★★★ Fünf Höfe PRÓXIMO À MARIENPLATZ
A tradução do nome em alemão significa "Cinco Pátios", e é exatamente o que esse mais novo e atraente shopping de Munique é: cinco pátios separados, cercados por excelentes lojas, cafés, bares, restaurantes, galerias e dois museus. Dolce & Gabbana, Zara e Armani estão entre as marcas que estão lá. **Delimitado e com entradas pela Theatinerstrasse, Salvatorestrasse, e Kardinal-Faulhaberstrasse.** *U-* **ou** *S-Bahn:* **Marienplatz.**

Brinquedos

★★★ Münchner Puppenstuben und Zinnfiguren-Kabinett. KARLSPLATZ
Estabelecida em 1796, essa é a mais antiga loja a realizar fundição de estanho em miniaturas da Alemanha, e ainda vende suas tradicionais decorações de Natal e casas em miniatura para bonecas feitas em moldes com 150 anos de existência. **Maxburgerstrasse 4. ☎ 089/293-797. www.mini-kabi.net.** *U-Bahn:* **Karlsplatz.**

Roupas Tradicionais da Baviera

★ Dirndl-Ecke PRÓXIMA À MARIENPLATZ
Essa loja possui uma ampla seleção de *dirndls,* arte popular e artesanato. **Am Platzl 1/ Sparkassenstrasse 10. ☎ 089/220-163.** *U-* **ou** *S-Bahn:* **Marienplatz.**

★★★ Frankonia MAXIMILIANPLATZ
A mais prestigiada coleção de *Tracht* (roupas tradicionais bávaras) de Munique, incluindo jaquetas de lã com botões prateados, é vendida nessa respeitável loja, cujas portas estão abertas desde 1908. **Maximilianplatz 10. ☎ 089/290-0020.** *U-Bahn:* **Odeonsplatz.**

★ Kauhof MARIENPLATZ
Você pode encontrar quase de tudo nessa grande loja de departamentos, incluindo *lederhosen* e *dirndls* (pelo menos durante a época da Oktoberfest). **Marienplatz. ☎ 089/231-851.** *U-* **ou** *S-Bahn:* **Marienplatz.**

★★ Wies'n Tracht & Mehr MARIENPLATZ
Pode chamar o estabelecimento de uma ponta de estoque de *dirndls*, mas o preço não é barato — começam em 400€; *dirndls* retrô também são vendidos aqui. **Tal 19 (entre Marienplatz e Isartor). Sem telefone. www.wiesn-tracht-mehr.de.** *U-* **ou** *S-Bahn:* **Marienplatz.**

Nossas Dicas de Restaurantes em Munique

Melhor Comida de Cervejaria
Spatenhaus an der Oper, Residenzstrasse 12 (pág. 303)

Melhor Delicatessen
Alois Dallmayr, Dienerstrasse 14–15 (pág. 299)

Melhor Italiano
Brenner, Maximilianstrasse 15 (pág. 302)

Melhor Europeu Moderno
Gasthaus Glockenbach, Kapuzinerstrasse 29 (pág. 302)

Melhor Bistrô de Bairro
Gandl, St. Anna Platz 1 (pág. 302)

Melhores Salsichas
Nürnberger Bratwurst Glöckl am Dom, Frauenplatz 9 (pág. 303)

> Famoso pelo ambiente típico e pratos autênticos, o Nürenberger Bratwurst Glöckl am Dom é um dos restaurantes mais simpáticos de Munique.

Melhores Frutos do Mar
Austernkeller, Stollbergstrasse 11 (pág. 299)

Melhor Vegetariano
Prinz Myshkin, Hackenstrasse 2 (pág. 303)

Biergärten

Se você estiver em Munique entre o primeiro dia ensolarado da primavera e a última luz de um outono tipicamente bávaro, não deixe de jantar em um dos famosos biergärten (jardins de cerveja) da cidade. Tradicionalmente, esses espaços eram simplesmente mesas colocadas embaixo de castanheiras plantadas sobre adegas para manter a cerveja fria durante o verão. (aliás, tampas em canecas de cerveja foram feitas para impedir a entrada de moscas). Estima-se que hoje Munique tenha cerca de 400 biergärten e adegas. Para uma descrição das nossas favoritas, veja "As Melhores Cervejarias e Biergärten de Munique", pág. 280.

Restaurantes em Munique

★★ **Alois Dallmayr** ALTSTADT DELICATESSEN/ CONTINENTAL No descontraído Café–Bistrô ou no restaurante clássico da mais antiga e elegante delicatessen de Munique você pode pedir uma ampla variedade de pratos, incluindo arenque, salsichas, peixes defumados, sopas e, claro, Kaffee und Kuchen (café e bolo). **Dienerstrasse 14–15. ☎ 089/213-5100. www.dallmayr.de. Pratos do bistrô de 15€ a 38€; restaurante com menus de preço fixo de 59€ a 123€. AE, DC, MC, V. Almoço de segunda a sábado, jantar cedo de segunda a sexta.** *U-* **ou** *S-Bahn:* **Marienplatz.**

★★ **Augustiner Grossgaststätte** ALTSTADT BÁVARA/ALEMÃ Essa famosa cervejaria e restaurante, com salões grandes e um ambiente *gemütlich* (aconchegante), serve especialidades como sopa de bolinhos de massa e pato assado com repolho roxo. A Augustiner Bräu, cerveja da casa, vem de uma das mais antigas cervejarias de Munique, que é proprietária do restaurante. **Neuhauser Strasse 27. ☎ 089/2318-3257. Pratos principais de 10€ a 20€. MC, V. Almoço e jantar diariamente.** *U-Bahn:* **Karlsplatz/ Stachus.**

★★ **Austernkeller** ALTSTADT FRUTOS DO MAR Essa "adega de ostras" tem a maior seleção de ostras da cidade, servidas cruas ou em pratos como ostras Rockefeller, além de sopa de peixe, peixe fresco, e preferidos famosos como lagosta ao Termidor e camarão grelhado na casca. Um cardápio leve e mais em conta está disponível no almoço. **Stollbergstrasse 11. ☎ 089/298-787. www.austernkeller.de. É preciso fazer reservas. Pratos principais de 12,50€ a 24€. AE, DC, MC, V. Almoço de segunda a sexta, jantar diariamente.** *U-Bahn:* **Isartor.**

★★ **Boettners** ALTSTADT INTERNACIONAL A cozinha é leve e refinada, com influência francesa, mas diversos pratos típicos da Baviera constam no cardápio. Ofertas especiais incluem cordeiro em crosta de ervas, filé, cozido de lagosta e pratos sazonais com trufas brancas. **Pfisterstrasse 9. ☎ 089/221-210. www. boettners.de. É preciso fazer reservas. Pratos**

> *No Alois Dallmayr, você pode jantar no café ou levar para casa um prato chique servido em um dos muitos balcões na delicatessen.*

Restaurantes de Munique

Alois Dallmayr 17
Augustiner Grossgaststätte 2
Austernkeller 8
Boettners 16
Brenner 10
Donisl 18
Gandl 11
Gasthaus Glockenbach 1
Georgenhof 13
Hofbräuhaus am Platzl 15
La Galleria 14
Nürnberger Bratwurst Glöckl am Dom 4
Prinz Myshkin 3
Soupmama 5
Spatenhaus an der Oper 9
Tantris 12
Zum Alten Markt 6
Zum Dürnbräu 7

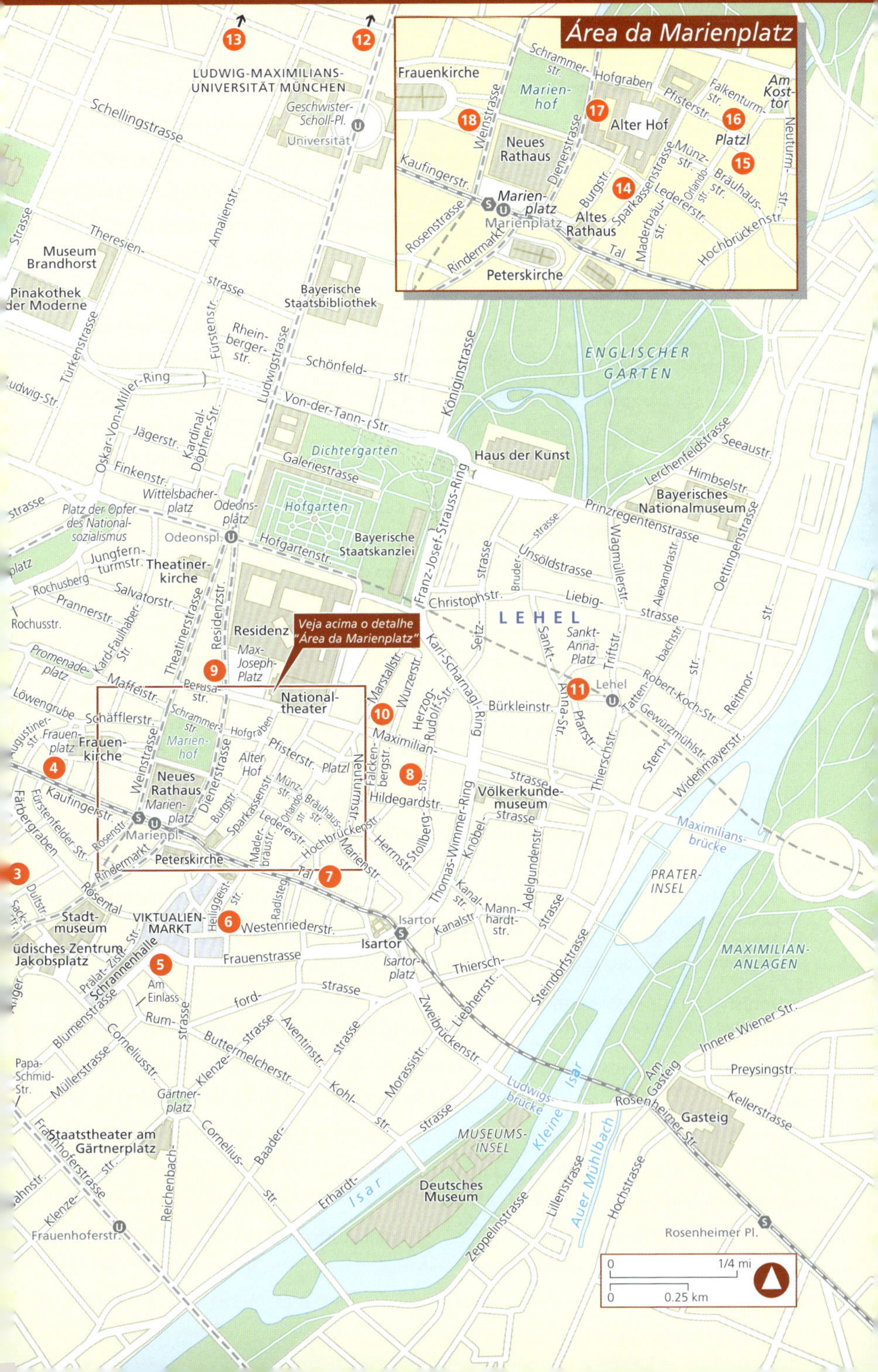
Área da Marienplatz
Frauenkirche
Marienhof
Schrammerstr.
Hofgraben
Falkenturmstr.
Am Kosttor
Pfisterstr.
Alter Hof
Platzl
Neues Rathaus
Weinstrasse
Dienerstrasse
Münzstr.
Bräuhausstr.
Neuturmstr.
Kaufingerstr.
Marienplatz
Burgstr.
Sparkassenstrasse
Orlandostr.
Ledererstr.
Altes Rathaus
Maderbräustr.
Rosenstrasse
Rindermarkt
Tal
Hochbrückenstr.
Peterskirche
LUDWIG-MAXIMILIANS-UNIVERSITÄT MÜNCHEN
Geschwister-Scholl-Pl.
Universität
Schellingstrasse
Theresienstrasse
Amalienstr.
Museum Brandhorst
Pinakothek der Moderne
Türkenstrasse
Bayerische Staatsbibliothek
Fürstenstr.
Rheinbergerstr.
Ludwigstrasse
Schönfeldstr.
Königinstrasse
ENGLISCHER GARTEN
Oskar-Von-Miller-Ring
Ludwig-Str.
Von-der-Tann-Str.
Jägerstr.
Kardinal-Döpfner-Str.
Dichtergarten
Galeriestrasse
Haus der Kunst
Finkenstr.
Wittelsbacherplatz
Odeonsplatz
Hofgarten
Franz-Josef-Strauss-Ring
Lerchenfeldstrasse
Seeaustr.
Himbselstr.
Bayerisches Nationalmuseum
Prinzregentenstrasse
Platz der Opfer des Nationalsozialismus
Odeonspl.
Bayerische Staatskanzlei
Hofgartenstr.
Jungfernturmstr.
Theatinerkirche
Unsöldstrasse
Wagmüllerstr.
Alexandrastr.
Oettingenstrasse
Rochusberg
Salvatorstr.
Prannerstr.
Christophstr.
Liebigstrasse
Bruderstrasse
Rochusstr.
Kard.-Faulhaber-Str.
Theatinerstrasse
Residenzstr.
Residenz
Veja acima o detalhe "Área da Marienplatz"
LEHEL
Sankt-Anna-Platz
Triftstr.
Bachstr.
Seitzstr.
Karl-Scharnagl-Ring
Promenadeplatz
Maffeistr.
Max-Joseph-Platz
Perusastr.
Marstallstr.
Wurzerstr.
Herzog-Rudolf-Str.
Sankt-Anna-Str.
Lehel
Tattenbachstr.
Robert-Koch-Str.
Reitmorstr.
Löwengrube
Schäfflerstr.
Nationaltheater
Bürkleinstr.
Pfarrstr.
Gewürzmühlstr.
Augustinerstr.
Frauenplatz
Maximilianstrasse
Falckenbergstr.
Thierschstr.
Sternstr.
Widenmayerstr.
Hildegardstr.
Völkerkundemuseum
Thomas-Wimmer-Ring
Knöbelstr.
Maximiliansbrücke
Färbergraben
Fürstenfelder Str.
Marienpl.
Mariensstr.
Herrnstr.
Stollbergstr.
PRATERINSEL
Heiliggeiststr.
Radlsteg
Kanalstr.
Mannhardtstr.
Adelgundenstr.
Dultstr.
Sackstr.
Rosental
Stadtmuseum
VIKTUALIENMARKT
Westenriederstr.
Isartor
Steinsdorfstrasse
Jüdisches Zentrum Jakobsplatz
Prälat-Zistl-Str.
Schrannenhalle
Frauenstrasse
Isartorplatz
Thierschstrasse
MAXIMILIAN-ANLAGEN
Am Einlass
Fordstrasse
Liebherrstr.
Blumenstrasse
Rumfordstrasse
Zweibrückenstr.
Buttermelcherstr.
Aventinstr.
Innere Wiener Str.
Papa-Schmid-Str.
Müllerstrasse
Corneliusstr.
Klenzestrasse
Kohlstr.
Morassistr.
Ludwigsbrücke
Isar
Am Gasteig
Preysingstr.
Gärtnerplatz
Rosenheimer Str.
Gasteig
Kellerstrasse
Staatstheater am Gärtnerplatz
Fraunhoferstrasse
Baaderstr.
MUSEUMSINSEL
Kleine Isar
Auer Mühlbach
Erhardtstr.
Deutsches Museum
Lilienstrasse
Hochstrasse
Zeppelinstrasse
Reichenbachstr.
Frauenhoferstr.
Rosenheimer Pl.
0 1/4 mi
0 0.25 km

> *Faça sua refeição de cozinha italiana, francesa e alemã no Gandl, um popular bistrô de bairro.*

principais de 18€ a 42€; menu de preço fixo a 84€. AE, DC, MC, V. Almoço e jantar diariamente. *U-Bahn:* Marienplatz.

★★★ **Brenner** ALTSTADT ITALIANA
A energia é tão boa quanto a comida nesse restaurante italiano com diversos espaços e ambientes internos e externos, uma grelha no meio da sala de jantar e pratos de massas, carnes e peixes para todos os tamanhos de apetite. **Maximilianstrasse 15. ☎ 089/452-2880. www.brennergrill.de. Pratos principais de 12,50€ a 26€. AE, DC, MC, V. Almoço e jantar de segunda a quinta, das 8 h 30 min à 1 h, sexta e sábado das 8 h 30 min às 2 h, domingo das 11 h 30 min à meia-noite. Bonde: 14.**

★ **Donisl** ALTSTADT BÁVARA/INTERNACIONAL
A cervejaria mais antiga de Munique data de 1715 e oferece especialidades tradicionais bávaras como as Weisswürste, as famosas pequenas salsichas brancas de Munique. Um acordeonista faz apresentações todas as noites, e no verão a casa tem seu próprio jardim de cerveja. **Weinstrasse 1. ☎ 089/220-184. www.bayerischer-donisl.de. É recomendável fazer reserva. Pratos principais de 8€ a 15€. AE, DC, MC, V. Almoço e jantar diariamente. *U-* ou *S-Bahn:* Marienplatz.**

★ **Gandl** ALTSTADT ITALIANA/FRANCÊS
O cardápio de almoço desse popular bistrô de bairro tende à cozinha italiana, mas à noite a cozinha fica com cara mais francesa e alemã, com pratos como *entrecôte* (bife) com salada de rúcula, filé de salmão grelhado com molho de açafrão e cordeiro em molho de vinho tinto. Coma no terraço se o tempo estiver bom. **St. Anna Platz 1. ☎ 089/2916-2525. www.gandl.de. Pratos principais de 8€ a 18€; menu de preço fixo de 17€ a 19€. Apenas cartões de crédito da União Europeia são aceitos. Almoço e jantar de segunda a sábado. *U-Bahn:* Lehel.**

★★★ **Gasthaus Glockenbach** AO SUL DA ESTAÇÃO DE TREM EUROPEIA MODERNA O cardápio desse restaurante elegante e nada pretensioso, agraciado com estrelas Michelin, muda de acordo com as estações. Normalmente há cervo e faisão no outono, cordeiro e vitela na primavera, e vegetais de origem local. **Kapuzinerstrasse 29. ☎ 089/534-043. É recomendável fazer reservas. Pratos principais de 23€ a 30€,; menu de preço fixo de 20€ a 45€ no almoço, 35€ a 70€ no jantar. AE, MC, V. Almoço e jantar de terça a sábado. *U-Bahn:* Goetheplatz.**

Georgenhof SCHWABING ALEMÃ/INTERNACIONAL Esse restaurante e bar de vinhos casual tem um cardápio inspirado de acordo com as estações e meses do ano, com exemplos como o Spargel (aspargos), em maio e junho, além de pratos bávaros como Rehpfeffer (cervo) com Spätzle de ovos, ou tagliatelle com molho de cervo, e um fogão de lenha para grelhar cordeiro e bife. **Fredrichstrasse 1. ☎ 089/393-101. www.georgnhof-muenchen.de. Pratos principais de 11€ a 22€. MC, V. Almoço e jantar diariamente. *U-Bahn:* Universität.**

★ **Hofbräuhaus am Platzl** ALTSTADT ALEMÃ
A experiência pode ser mais marcante que a comida nessa mundialmente famosa cervejaria e jardim de cerveja de verão de Munique. O cardápio inclui o Weisswürste e muitos outros tipos de salsichas, Schweinbraten (porco assado), Spanferkel (leitão assado) e o grande favorito: Schweineshaxe (jarrete de porco). **Am Platzl 9. ☎ 089/290-1360. www.hofbraeuhaus.de. Pratos principais de 5€ a 10€. Não aceita cartões de crédito. Almoço e jantar diariamente. *U-* ou *S-Bahn:* Marienplatz (e, então, uma caminhada de 5 minutos ao norte na Sparkassenstrasse e leste na Bräuhausstrasse).**

★ **La Galleria** ALTSTADT ITALIANA
A lista de pratos desse atraente restaurante italiano muda sazonalmente, mas você pode encontrar opções como tartar de cogumelos, nhoque caseiro com pato e figos, vitela com rúcula, pato assado com lentilhas e caranguejo refogado com polenta. Sparkassenstrasse 11. ☎ 089/297-995. É recomendável fazer reservas. Pratos principais de 21€ a 24€, almoço a preço fixo de 16€ a 24€, jantar a preço fixo de 48€ a 54€. AE, DC, MC, V. Almoço e jantar diariamente. Fechado de 10 a 30 de agosto. *U-* ou *S-Bahn:* Marienplatz.

★ **Nürnberger Bratwurst Glöckl am Dom** ALTSTADT BÁVARA O mais aconchegante e amistoso dos restaurantes locais de Munique apresenta especialidades de Nuremberg; o Nürnberger Schweinwurstl mit Kraut (salsichas de porco com repolho) é o prato a ser experimentado. Frauenplatz 9. ☎ 089/295-264. www.bratwurst-gloeckl.de. Pratos principais de 8€ a16€. Não aceita cartões de crédito. Almoço e jantar diariamente. *U-* ou *S-Bahn:* Marienplatz.

★ **Prinz Myshkin** ALTSTADT VEGETARIANA
O cardápio nesse brilhante e conhecido restaurante vegetariano inclui saladas frescas, pratos macrobióticos, pratos vegetarianos inspirados na Ásia e *involtini* (enroladinhos recheados) vegetariano. Os assados, sopas e pizzas são excelentes. Hackenstrasse 2. ☎ 089/265-596. www.prinzmyshkin.com. É recomendável fazer reservas. Pratos principais de 10€ a 16€. AE, MC, V. Almoço e jantar diariamente. *U-* ou *S-Bahn:* Marienplatz.

Soupmama ALTSTADT SOPAS E SALADAS
Se é uma tigela de sopa quente feita em casa que você quer, ou uma boa massa ou salada frescas, vá a esse pequeno restaurante com dois balcões para comer no local, ou leve para viagem se você quiser apreciar o prato em outro lugar. As sopas mudam diariamente, mas podem incluir a de batatas com salsicha, típica de Berlim, a grega de lentilhas ou a marroquina de cenouras. Frauenstrasse 2. ☎ 089/2307-7645. Sopas e saladas de 4€ a 6,50€. Não aceita cartões de crédito. Almoço e jantar cedo de segunda a sábado. *U-* ou *S-Bahn:* Marienplatz.

★★ **Spatenhaus an der Oper** ALTSTADT BÁVARA/INTERNACIONAL O restaurante dessa cervejaria serve especialidades bávaras, com poucos turistas e comida melhor do que a da maioria das cervejarias de Munique. Experimente o Bayerischer Teller (prato bávaro), que vem recheado com diversas carnes, incluindo porco e salsichas. O salão de jantar do primeiro andar é mais casual que o do andar acima. Residenzstrasse 12. ☎ 089/290-7060. www.spatenhaus.de. É recomendável fazer reservas. Pratos principais de 9,50€ a 28€. AE, MC, V. Almoço e jantar diariamente. *U-Bahn:* Marienplatz.

> *A fina salsicha bratwurst, feita ao estilo de Nuremberg, é tradicionalmente servida com sauerkraut (chucrute) ou salada de batatas e raiz forte.*

★★★ **Tantris** SCHWABING INTERNACIONAL
Uma referência da culinária desde 1972, esse sofisticado restaurante premiado com estrelas Michelin oferece menus de preço fixo com muitos pratos. Uma refeição típica seria mais ou menos o seguinte: salada de atum com abacate e tomate; mexilhão salteado com aspargos; confit de codorna com fígado de ganso; e suflé de avelãs com figos marinados. Johann-Fichte-Strasse 7. ☎ 089/361-9590. www.tantris.de. É necessário fazer reservas. Menus de preço fixo de 105€ a 200€. AE, DC, MC, V. Almoço e jantar de terça a sábado. Fechado nos feriados anuais em janeiro e maio. *U-Bahn:* Dietlindenstrasse.

★ **Zum Alten Markt** ALTSTADT BÁVARA/INTERNACIONAL O cozinheiro desse restaurante aconchegante faz um excelente Tafelspitz (bife cozido) e pratos clássicos como pato assado com molho de maçãs e leitão assado. Dreifaltigkeitsplatz 3. ☎ 089/299-995. www.zumaltenmarkt.de. Pratos principais de 12,50€ a 17€. Não aceita cartões de crédito. Almoço e jantar de segunda a sábado. *U-* ou *S-Bahn:* Marienplatz.

★ **Zum Dürnbräu** ALTSTADT BÁVARA
As especialidades nesse charmoso e tradicional restaurante bávaro, que possui um agradável jardim nos fundos, incluem pratos com carne bovina (língua, Tafelspitz e filé), ganso — à época — e porco. Dürngräugasse 2. ☎ 089/222-195. Pratos principais de 6,50€ a 18€. Não aceita cartões de crédito. Almoço e jantar diariamente. *U-* ou *S-Bahn:* Marienplatz.

Nossas Dicas de Hotéis em Munique

Melhor Estilo Bávaro
Platzl Hotel, Sparkassenstrasse 10 (pág. 309)

Melhor Hotel Boutique
Mandarin Oriental, Neuturmstrasse 1 (pág. 309)

Hotel Mais Fascinante
Bayerischer Hof & Palais Montgelas, Promenadeplatz 2–6 (pág. 305)

Melhor Pousada
Gästehaus Englischer Garten, Liebergesellstrasse 8 (pág. 305)

Melhor Hotel Histórico
Kempinski Hotel Vier Jahreszeiten München, Maximilianstrasse 17 (pág. 309)

Melhor Preço
Hotel am Markt, Heiliggeistrasse 6 (pág. 308)

Melhor para Famílias
Hotel Jedermann, Bayerstrasse 95 (pág. 308)

> *Refinado e vanguardista, o Bayerischer Hof, de Munique, oferece opções de relaxamento, no último piso, em um ambiente que inclui piscina e sauna.*

Hotéis de Munique de A a Z

★ **Advokat Hotel** ALTSTADT
Esse simples hotel em um prédio de apartamentos de 1930 é extremamente minimalista em sua abordagem e tem uma elegância discreta, com quartos medianos, limpos, mobília simples e banheiros compactos. Baaderstrasse 1. ☎ 089/216-310. www.hotel-advokat.de. 50 quartos. Diárias para duas pessoas de 165€ a 285€, com café da manhã. MC, V. *S-Bahn:* Isartor.

★★★ **Bayerischer Hof & Palais Montgelas** ALTSTADT Esse hotel luxuoso com serviço completo data de 1841 e tem quartos decorados individualmente com amplos banheiros, além de uma academia com piscina e sauna. Promenadeplatz 2–6. ☎ 800/223-6800 na América do Norte ou 089/21200. www.bayerischerhof.de. 395 quartos. Diárias para duas pessoas de 270€ a 460€. AE, DC, MC, V. Bonde: 19.

crianças **Eden-Hotel-Wolff** PRÓXIMO À ESTAÇÃO DE TREM A maioria dos quartos nesse agradável hotel em frente à estação de trem é bem grande, e todos são decorados em um estilo confortável e discreto, com banheiros maiores do que o usual. Arnulfstrasse 4. ☎ 089/551-150. www.ehw.de. 211 quartos. Diárias para duas pessoas de 148€ a 316€, com café da manhã. AE, DC, MC, V. *U-* ou *S-Bahn:* Hauptbahnhof.

★ **Gästehaus Englischer Garten** SCHWABING
Essa pousada tranquila e charmosa tem quartos de pequeno a médio porte decorados com uma mistura caseira de antiguidades, camas à moda antiga, e tapetes orientais; um anexo, do outro lado da rua, tem 15 apartamentos pequenos. Liebergesellstrasse 8. ☎ 089/383-9410. www.hotelenglischergarten.de. 25 quartos. Diárias para duas pessoas de 71€ a 120€ sem banheiro, de 120€ a 180€ com banheiro. AE, MC, V. *U-Bahn:* Münchner Freiheit.

> *O elegante Eden-Hotel-Wolff, em frente à estação de trem, dá as boas vindas aos viajantes com quartos confortáveis e de bom preço.*

Hotéis de Munique

Advokat Hotel **8**
Bayerischer Hof & Palais Montgelas **12**
Eden-Hotel-Wolff **1**
Gästehaus Englischer Garten **14**
Hotel Am Markt **7**
Hotel An der Oper **16**
Hotel Bristol München **5**
Hotel Exquisit **4**
Hotel Jedermann **2**
Hotel Mark **3**
Hotel Olympic **6**
Hotel Opera **9**
Hotel Prinzregent am Friedensengel **13**
Kempinski Hotel Vier Jahreszeiten München **11**
Mandarin Oriental **15**
Platzl Hotel **17**
Splendid-Dollmann **10**

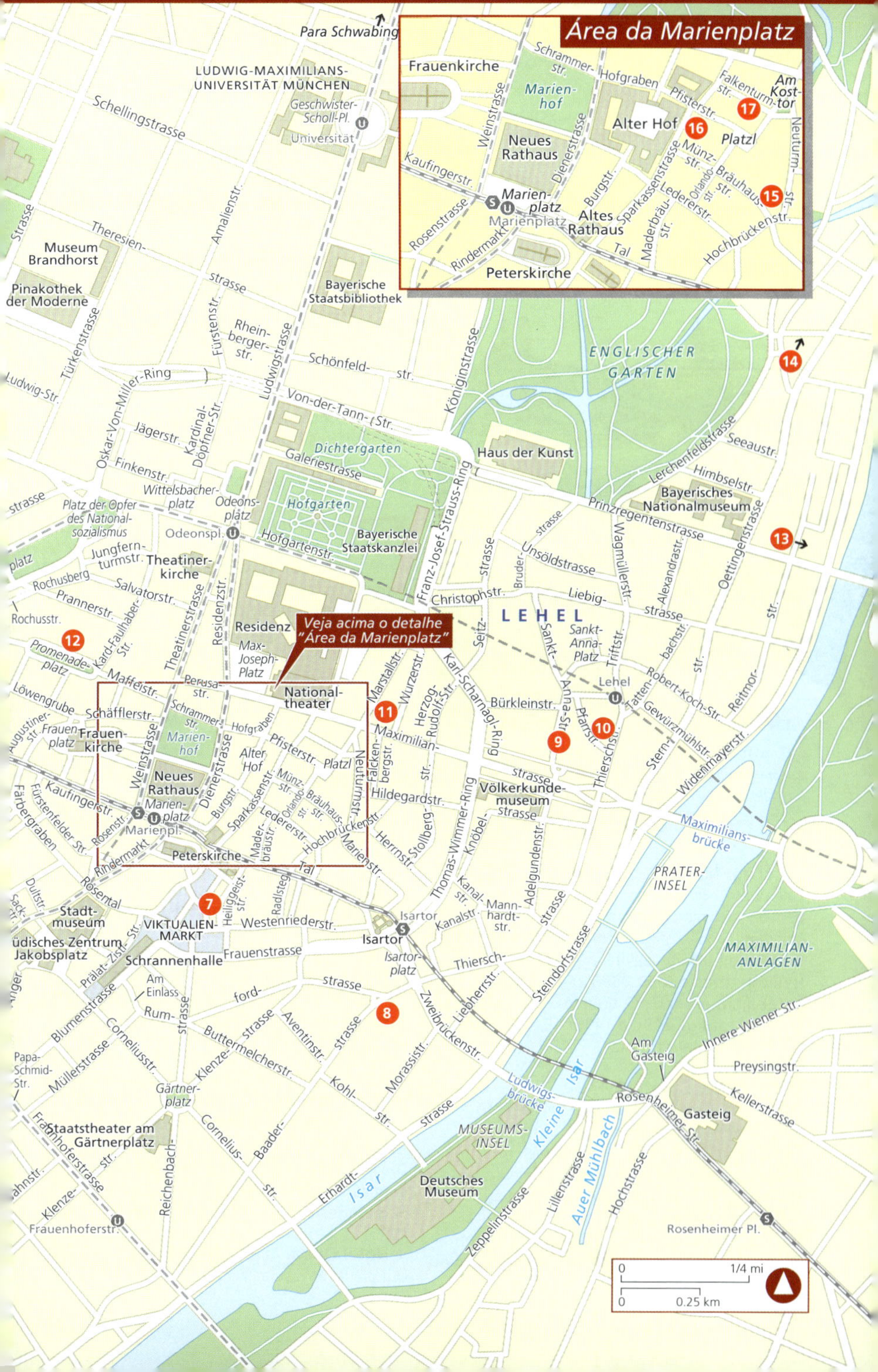
Área da Marienplatz
Frauenkirche
Schrammer-str.
Hofgraben
Marienhof
Weinstrasse
Dienerstrasse
Alter Hof
Pfisterstr.
Falkenturm-str.
Am Kost-tor
Platzl
Neuturm-str.
Neues Rathaus
Kaufingerstr.
Marienplatz
Burgstr.
Sparkassenstrasse
Münz-str.
Orlando-str.
Bräuhaus-str.
Ledererstr.
Maderbräu-str.
Altes Rathaus
Tal
Hochbrückenstr.
Rosenstrasse
Rindermarkt
Peterskirche
Para Schwabing
LUDWIG-MAXIMILIANS-UNIVERSITÄT MÜNCHEN
Geschwister-Scholl-Pl.
Universität
Schellingstrasse
Amalienstr.
Theresien-strasse
Museum Brandhorst
Pinakothek der Moderne
Türkenstrasse
Fürstenstr.
Rhein-berger-str.
Ludwigstrasse
Bayerische Staatsbibliothek
Schönfeld-str.
Königinstrasse
ENGLISCHER GARTEN
Ludwig-Str.
Oskar-Von-Miller-Ring
Kardinal-Döpfner-Str.
Von-der-Tann-Str.
Jägerstr.
Finkenstr.
Dichtergarten
Galeriestrasse
Haus der Kunst
Wittelsbacher-platz
Odeons-platz
Hofgarten
Franz-Josef-Strauss-Ring
Lerchenfeldstrasse
Seeaustr.
Himbselstr.
Bayerisches Nationalmuseum
Prinzregentenstrasse
Platz der Opfer des National-sozialismus
Odeonspl.
Hofgartenstr.
Bayerische Staatskanzlei
Wagmüllerstr.
Unsöldstrasse
Bruder-strasse
Oettingenstrasse
Alexandrastr.
Jungfern-turmstr.
Theatiner-kirche
Rochusberg
Salvatorstr.
Prannerstr.
Rochusstr.
Theatinerstrasse
Residenzstr.
Christophstr.
Liebig-strasse
LEHEL
Residenz
Veja acima o detalhe "Área da Marienplatz"
Max-Joseph-Platz
Promenade-platz
Kardinal-Faulhaber-Str.
Maffeistr.
Perusa-str.
National-theater
Marstallstr.
Wurzerstr.
Herzog-Rudolf-Str.
Karl-Scharnagl-Ring
Seitz-str.
Sankt-Anna-Str.
Sankt-Anna-Platz
Triftstr.
Lehel
Robert-Koch-Str.
Tatten-bachstr.
Gewürzmühlstr.
Reitmor-str.
Bürkleinstr.
Pfarrstr.
Thierschstr.
Löwengrube
Schäfflerstr.
Augustiner-str.
Frauen-platz
Frauen-kirche
Marienhof
Alter Hof
Pfisterstr.
Platzl
Neuturmstr.
Falcken-bergstr.
Maximilian-strasse
Stern-str.
Widenmayerstr.
Neues Rathaus
Kaufingerstr.
Marienplatz
Marienpl.
Hildegardstr.
Völkerkunde-museum
Thomas-Wimmer-Ring
Knöbel-str.
Maximilians-brücke
Färbergraben
Fürstenfelder Str.
Rosenstr.
Rindermarkt
Peterskirche
Hochbrückenstr.
Mariennstr.
Herrnstr.
Stollberg-str.
PRATER-INSEL
Kanal-str.
Mann-hardt-str.
Adelgundenstr.
Dultstr.
Sack-str.
Rosental
Stadt-museum
Heiliggeist-str.
Radlsteg
Westenriederstr.
Isartor
Kanalstr.
Steindorfstrasse
Jüdisches Zentrum Jakobsplatz
VIKTUALIEN-MARKT
Schrannenhalle
Frauenstrasse
Isartor-platz
Thiersch-strasse
MAXIMILIAN-ANLAGEN
Prälat-Zistl-Str.
Am Einlass
Rum-ford-strasse
Zweibrückenstr.
Liebherrstr.
Blumenstrasse
Corneliusstr.
Buttermelcherstr.
Klenze-strasse
Aventinstr.
Kohl-str.
Morassistr.
Am Gasteig
Innere Wiener Str.
Preysingstr.
Papa-Schmid-Str.
Müllerstrasse
Gärtner-platz
Ludwigs-brücke
Isar
Kleine Isar
Rosenheimer Str.
Gasteig
Kellerstrasse
Staatstheater am Gärtnerplatz
Fraunhoferstrasse
Reichenbach-str.
Cornelius-str.
Baader-str.
Erhardt-strasse
MUSEUMS-INSEL
Deutsches Museum
Lilienstrasse
Auer Mühlbach
Hochstrasse
Klenze-str.
Frauenhoferstr.
Zeppelinstrasse
Rosenheimer Pl.
0 1/4 mi
0 0.25 km

> *O restaurante na cobertura do hotel Mandarin Oriental tem uma vista espetacular da cidade e refeições de qualidade, que ganharam uma estrela Michelin.*

Hotel am Markt ALTSTADT
Esse popular hotel econômico tem quartos pequenos e limpos, muitos deles com banheiro compartilhado, e oferece conforto simples e sem frescura em uma excelente localização central. **Heiliggeistrasse 6. ☎ 089/225-014. www.hotel-am-markt.eu. 32 quartos. Diárias para duas pessoas de 109€ a 149€. AE, MC, V. *U-* ou *S-Bahn:* Marienplatz.**

Hotel an der Oper ALTSTADT
Os quartos nesse hotel de cinco andares são pequenos e a decoração é no estilo moderno básico, sem ser especialmente notável, mas a localização é excelente para turismo e compras. **Falkenturmstrasse 11 (junto à Maximilianstrasse, próximo à Marienplatz). ☎ 089/290-0270. www.hotelanderoper.com. 68 quartos. Diárias para duas pessoas de 180€ a 270€. AE, MC, V. Bonde: 19.**

Hotel Bristol München ALTSTADT
Os quartos nesse agradável e conveniente hotel no centro de Munique são relativamente pequenos, com mobília simples, sóbria e confortável, e banheiros compactos, apenas com chuveiro e sem banheira. **Pettenkoferstrasse 2. ☎ 089/5434-8880. www.bristol-munich.de. 55 quartos. Diárias para duas pessoas de 99€ a 150€, com café da manhã. AE, MC, V. *U-Bahn:* Sendlinger Tor.**

★ **Hotel Exquisit** ALTSTADT
Localizado em uma tranquila rua residencial no coração de Munique, esse pequeno e simpático hotel com funcionários extraordinariamente prestativos tem quartos amplos e confortavelmente mobiliados em estilo alemão antigo, sendo alguns com vista para o jardim. **Pettenkoferstrasse 3. ☎ 089/551-9900. www.hotel-exquisit.com. 50 quartos. Diárias para duas pessoas por 175, com café da manhã. AE, DC, MC, V. *U-Bahn:* Sendlinger Tor.**

crianças **Hotel Jedermann** PRÓXIMO À ESTAÇÃO DE TREM Esse agradável hotel familiar oferece quartos limpos e confortáveis com banheiros espaçosos apenas com chuveiro (sem banheira) a preços acessíveis, favoráveis às famílias (berços e camas, quartos conjugados e babá estão disponíveis). **Bayerstrasse 95. ☎ 089/543-240. www.hotel-jedermann.de. 55 quartos. Diárias para duas pessoas de 65€ a 189€, com café da manhã. MC, V. *U-* ou *S-Bahn:* Hauptbahnhof.**

Hotel Mark PRÓXIMO À ESTAÇÃO DE TREM
Esse hotel pode não ser extravagante, mas é limpo, conveniente, bem administrado e tem preços moderados. **Senefelderstrasse 112. ☎ 089/559-820. www.hotel-mark.de. 95 quartos. Diárias para duas pessoas de 92€ a 262€, com café da manhã. AE, DC, MC, V. *U-* ou *S-Bahn:* Hauptbahnhof.**

★ **Hotel Olympic** ALTSTADT
As áreas públicas desse hotel pequeno, estiloso e receptivo a gays, construído como mansão particular por volta de 1900, mantém muitos dos seus detalhes originais. Porém, os quartos de tamanho médio são minimalistas e modernos, cujos banheiros possuem apenas chuveiro, sem banheira. **Hans-Sachs-Strasse 4. ☎ 089/231-890. www.hotel-olympic.de. 38 quartos. Diárias para duas pessoas de 155€ a 200€, com café da manhã. AE, DC, MC, V. *U-Bahn:* Sendlinger Tor.**

★ **Hotel Opera** ALTSTADT
Um prédio em estilo italiano com pátio e jardim

> *Os aconchegantes quartos com painéis de madeira de castanheiro e amieiro do Platzl Hotel oferecem ambientação bávara em uma localização conveniente, em frente à Hofbräuhaus.*

é a casa desse hotel boutique, com quartos diferentemente decorados que apresentam antiguidades ou um visual moderno, descontraído; alguns quartos possuem pequenas varandas. St. Anna Strasse 10. ☎ 089/210-4940. www.hotel-opera.de. 25 quartos. Diárias para duas pessoas de 195€ a 275€, com café da manhã. AE, MC, V. *U-Bahn:* Lehel.

★ Hotel Prinzregent am Friedensengel BOGENHAUSEN Os quartos nesse tranquilo e charmoso hotel boutique são bem decorados em estilo bávaro, com amplas e confortáveis camas, e muita madeira; além disso, o nível do serviço é excepcional. Ismaninger Strasse 42–44. ☎ 089/416-050. Fax 089/4160-5466. www.prinzregent.de. 64 quartos. Diárias para duas pessoas de 125€ a 425€, com café da manhã. AE, MC, V. *U-Bahn:* Prinzregenten-Platz.

★★★ Kempinski Hotel Vier Jahreszeiten München ALTSTADT Fundado em 1858, o Vier Jahreszeiten expressa tranquilidade, garantia particular do estilo antigo que é transmitida aos seus quartos, amplos e ricamente decorados. Os banheiros são luxuosos, e a academia ainda conta com uma piscina. Maximilianstrasse 17. ☎ 800/4263135 na América do Norte, ou 089/21250. www.kempinski.com/en/munich. 308 quartos. Diárias para duas pessoas de 246€ a 450€. AE, DC, MC, V. Bonde: 19.

★★★ Mandarin Oriental ALTSTADT O mais encantador hotel de pequeno porte de Munique fica em uma localização privilegiada na Altstadt e oferece quartos luxuosamente confortáveis, equipados com todas as amenidades modernas que você pode pensar. Além disso, o time de funcionários do estabelecimento, que conta ainda com serviço completo e uma piscina sazonal na cobertura está preparada para atender os hóspedes de forma excepcional. Neuturmstrasse 1. ☎ 089/290-980. www.mandarinoriental.com. 73 quartos. Diárias para duas pessoas de 395€ a 520€. AE, DC, MC, V. *U-* ou *S-Bahn:* Marienplatz.

★★ Platzl Hotel ALTSTADT Se você estiver buscando uma amostra da antiga ambientação bávara, esse hotel, localizado em frente à Hofbräuhaus (pág. 302) é uma das melhores opções de Munique. Os quartos tendem a ser pequenos, mas são cobertos de painéis de madeira de castanheira e amieiro, e mobiliados com reproduções de antiguidades do século XIX. Sparkassenstrasse 10. ☎ 089/237-030. Fax 089/2370-3800. www.platzl.de. 167 quartos. Diárias para duas pessoas de 190€ a 240€, com café da manhã. AE, DC, MC, V. *U-Bahn:* Marienplatz.

★★ Splendid-Dollmann ALTSTADT O local não possui quartos idênticos — e alguns são pequenos —, mas, no geral, o ambiente desse bem planejado hotel é difícil de ser superado. Thierschstrasse 49. ☎ 089/238-080. www.splendid-dollmann.de. 36 quartos. Diárias para duas pessoas de 160€ a 200€. AE, DC, MC, V. *U-Bahn:* Lehel.

Nossas Dicas de Entretenimento e Vida Noturna em Munique

Melhor Bar
Master's Home, Frauenstrasse 11 (pág. 311)

Melhor Cervejaria
Augustiner Grossgaststätte, Neuhauser Strasse 27 (pág. 280, 1)

Melhor Café
Café Arzmiller, Salvatorstrasse 2 (pág. 311)

Melhor Clube de Jazz
Jazzclub Unterfahrt, Einsteinstrasse 42 (pág. 314)

Melhor Boate (majoritariamente) Gay
Nachtgalerie, Arnulfstrasse 17 (pág. 314)

Melhor Opera e Balé
Bayerische Staatsoper, Max-Joseph-Platz 2 (pág. 314)

Melhor Orquestra Sinfônica
Münchner Philharmoniker, Rosenheimerstrasse 5 (pág. 315)

Starkbierzeit: o Outro Festival de Cerveja de Munique

Munique tem outro festival com a cerveja como tema que acontece na primavera. O *Starkbierzeit* (na tradução literal, "hora da cerveja forte") acontece em todos os jardins de cerveja e restaurantes de cervejarias. As doses de um litro da maltada Starkbier, que ajuda os habitantes de Munique a dizer *auf wiedersehen* (adeus) para o inverno, foi originalmente criada para sustentar os monges cervejeiros durante o jejum da quaresma. Um dos melhores locais para celebrar o Starkbierzeit é a cervejaria–restaurante–biergarten **Paulaner am Nockherberg,** Hoch Strasse 77 (☎ 089/14599-130), no sudeste de Munique. A Paulaner serve a Starkbier original, um tipo adocicado e forte chamado Salvator, e a acompanha com o tradicional prato de jarretes de porco crocantes com mostarda picante.

> *Artistas de jazz de toda a Europa e dos Estados Unidos se apresentam 6 noites por semana no renomado Jazzclub Unterfahrt de Munique, em Haidehausen.*

Vida Noturna e Entretenimento de Munique

Bares

Havana Club ALTSTADT
Esse agitado bar de solteiros, repleto de opções de coquetéis à base de rum, começa a ferver por volta das 23 h. Herrnstrasse 30. ☎ 089/291-884. www.havanaclubmuenchen.de. *S-Bahn:* Isartor.

★ **Master's House** PRÓXIMO À MARIENPLATZ
Decorado como uma boate londrina da era Eduardiana, esse bar e restaurante atrai um público eclético de habitantes e turistas, e permanece aberto até 3 h. Frauenstrasse 11. ☎ 089/229-909. www.mastershome-muenchen.de. *U-* ou *S-Bahn:* Marienplatz.

★ **Nachtcafé** ALTSTADT
Um dos mais populares locais noturnos de Munique atrai celebridades do futebol, estrelas de cinema e muitas pessoas "comuns". O lugar tem bar, restaurante e, às 23 h, shows de jazz, blues e soul. Maximiliansplatz 5. ☎ 089/595-900. Bonde: 49.

Schummans American Bar ALTSTADT
Esse local chique oferece coquetéis caros feitos e/ou inventados pelo dono, Charles Schumman, e conta com clientela de alto nível, que pode pagar por eles. Odeonsplatz 6. ☎ 089/229-060. Bonde: 19.

Cervejarias e Biergärten

Veja nosso roteiro "Melhores Cervejarias e Biergärten de Munique) na pág. 280.

Cafés

★★ **Café Arzmiller** ALTSTADT
Uma das últimas cafeterias clássicas de Munique, a Arzmiller tem um ambiente alegre, quase mediterrâneo, e com mostras de arte itinerantes.

> *A famosa Orquestra Filarmônica de Munique emociona o público em apresentações regulares no moderno Gasteig Kulturzentrum, na margem leste do rio.*

Entretenimento e Vida Noturna em Munique

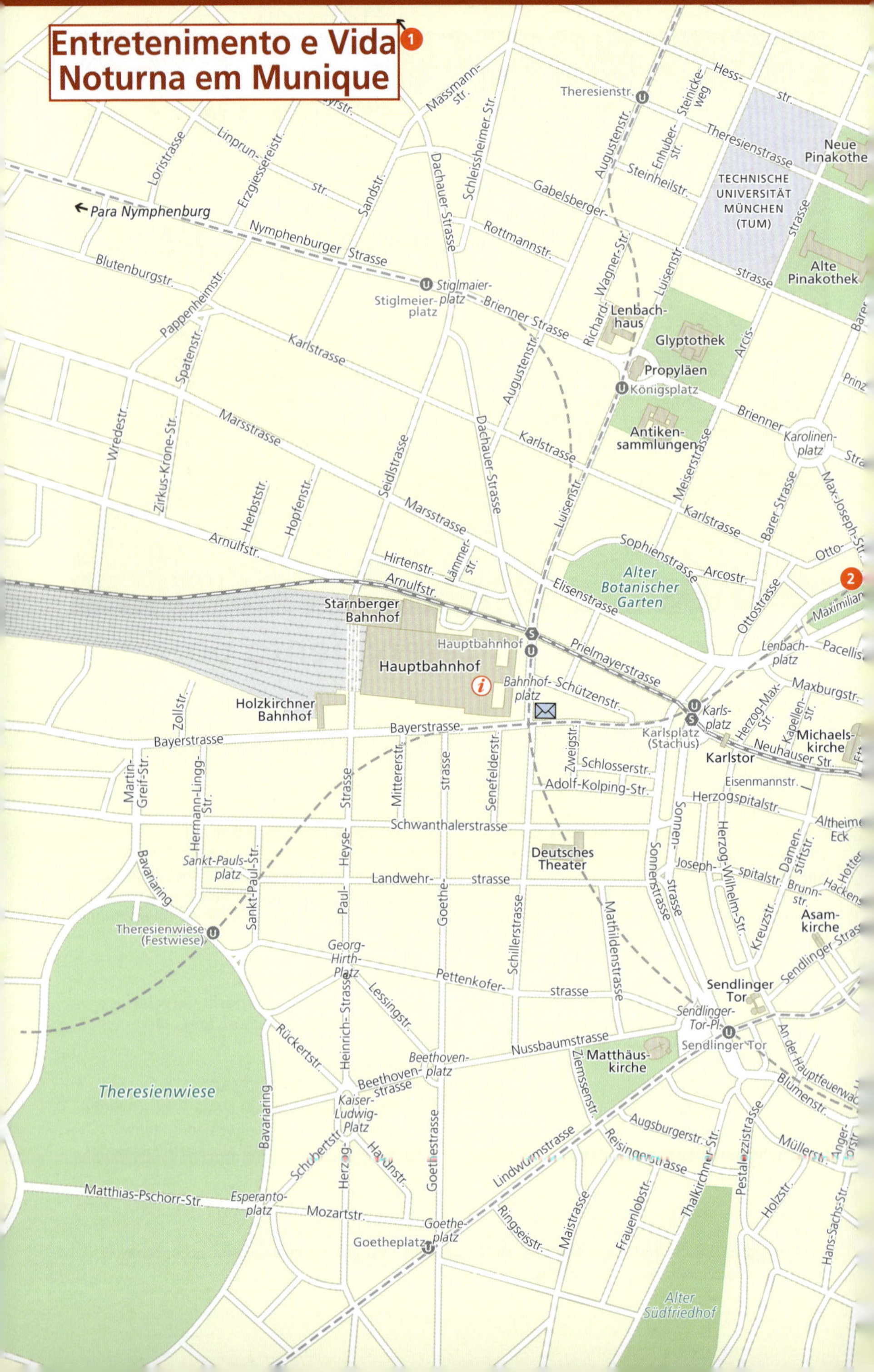

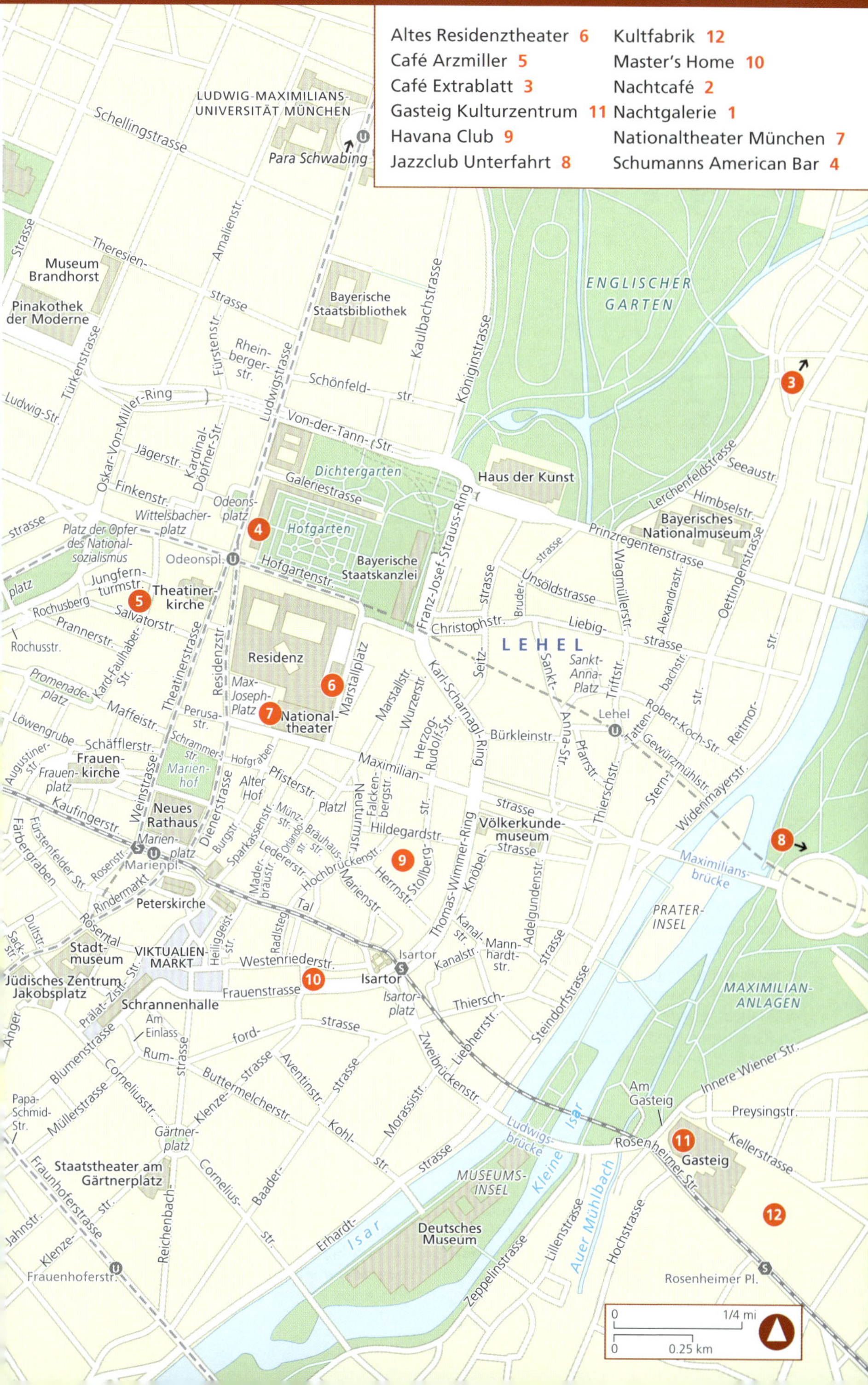
Altes Residenztheater 6
Café Arzmiller 5
Café Extrablatt 3
Gasteig Kulturzentrum 11
Havana Club 9
Jazzclub Unterfahrt 8
Kultfabrik 12
Master's Home 10
Nachtcafé 2
Nachtgalerie 1
Nationaltheater München 7
Schumanns American Bar 4
LUDWIG-MAXIMILIANS-UNIVERSITÄT MÜNCHEN
Para Schwabing
ENGLISCHER GARTEN
Museum Brandhorst
Pinakothek der Moderne
Bayerische Staatsbibliothek
Haus der Kunst
Dichtergarten
Hofgarten
Bayerische Staatskanzlei
Bayerisches Nationalmuseum
Platz der Opfer des National-sozialismus
Theatinerkirche
Residenz
Nationaltheater
LEHEL
Frauenkirche
Neues Rathaus
Marienhof
Alter Hof
Völkerkundemuseum
Peterskirche
Stadtmuseum
VIKTUALIENMARKT
Jüdisches Zentrum Jakobsplatz
Schrannenhalle
Isartor
PRATER-INSEL
MAXIMILIAN-ANLAGEN
Gasteig
Staatstheater am Gärtnerplatz
MUSEUMS-INSEL
Deutsches Museum
Isar
Kleine Isar
Auer Mühlbach
Rosenheimer Pl.
0 1/4 mi
0 0.25 km

> *Há muito o que se admirar no belo Altes Residenztheater, em estilo rococó, antes mesmo de os concertos começarem.*

Salvatorstrasse 2. ☎ 089/294-273. *U-* ou *S-Bahn:* Marienplatz.

Café Extrablatt SCHWABING
Esse é um famoso ponto de encontro para escritores, artistas, estudantes, e às vezes, celebridades. Leopoldstrasse 7. ☎ 089/333-333. *U-Bahn:* Universität.

Boates e Discotecas

★ **Kultfabrik** ALTSTADT
Passeie de um lugar para outro, à vontade, nesse complexo de bares, restaurantes e boates. Para os bares, não apareça antes das 20 h; para dançar, espere pelo menos até 22 h 30 min. Grafingerstrasse 6. ☎ 089/4900-2730. Os preços dos ingressos variam. *S-Bahn:* Ostbahnhof.

Nachtgalerie ALTSTADT
Duas pistas de dança e uma excelente mistura de músicas de todos os gêneros atrai jovens abaixo dos 30 anos e, frequentemente, uma multidão metrossexual. Arnulfstrasse 17. ☎ 089/324-5595. www.nachtgalerie.de. Entrada 10€. *S-Bahn:* Hackerbrücke (no final da ponte vire à direita, e desça os degraus).

Jazz

★★ **Jazzclub Unterfahrt** HAIDHAUSEN
Artistas de jazz dos Estados Unidos e da Europa se apresentam todas as noites, com exceção de segunda, no principal clube de jazz de Munique. Einsteinstrasse 42. ☎ 089/448-2794. www.unterfahrt.de. Entrada 10€ a 14€. *U-Bahn:* Max-Weber-Platz.

Ópera e Balé

★★★ **Altes Residenztheater (Teatro Cuvilliés)** NA RESIDENZ Esse teatro, uma caixinha preciosa em estilo rococó na Residenz (pág. 274, 1), é um local maravilhoso de apresentações de peças e óperas. Residenzstrasse 1. ☎ 089/2185-1940. www.bayerischestaaatsschauspiel.de. Os preços dos ingressos variam. Bonde: 19.

Nationaltheater München PRÓXIMO À RESIDENZ O Teatro Nacional é o local para apresentações de duas companhias de nível mundial — a ★★★ **Bayerische Staatsoper** (Ópera Estadual da Baviera) e o **Bayerisches Staatsballet** (Balé Estadual da Baviera). Max-Joseph-Platz 2. ☎ 089/2185-1920. www.bayerische.staatsoper.de. Os preços dos ingressos variam. Bonde: 19.

> *Fãs de ópera, sinfonias ou balé não vão querer perder uma apresentação no Nationaltheater München.*

Concertos Sinfônicos

Gasteig Kulturzentrum HAIDHAUSEN A mundialmente famosa ★★★ **Münchner Philharmoniker** (Orquestra Filarmônica de Munique) se apresenta de meados de setembro a julho no Salão Filarmônico no Centro Cultural, na margem leste do rio. **Rosenheimerstrasse 5. ☎ 089/5481-8181. www.mphil.de.** ***S-Bahn:*** **Rosenheimerplatz.**

Dicas de Entretenimento

Como capital cultural do sul da Alemanha, Munique é conhecida pela sua ópera, concertos sinfônicos e teatro. Para saber mais do que acontece culturalmente, pegue uma cópia do *Monatsprogramm* em algum dos escritórios de turismo. A melhor maneira de comprar ingressos é ir diretamente ao caixa do local, chamado *Kasse*; as bilheterias geralmente abrem durante o dia e reabrem uma hora antes da apresentação. O centro de informações ao turista da Hauptbahnhof (Estação Central de Trem) também vende ingressos.

Mais informalmente, você pode relaxar em um arborizado jardim de cerveja ou em uma cervejaria, apreciar o ambiente local em um café ou conhecer os bares e boates para um agito de fim de noite. Os cafés são tranquilos à tarde, mas ficam mais agitados ao anoitecer. As boates tendem a começar a ter movimento por volta das 23 h ou meia-noite.

Dachau

Visitar o antigo campo de concentração em Dachau é uma experiência emocional intensa em diferentes níveis. Afinal, ela coloca em evidência o mais horrível capítulo da história alemã contemporânea e dá uma face humana aos sofrimentos sofridos por milhões de "indesejados" vivendo sob o controle da Alemanha e da Europa nazistas de 1933 a 1945. Existe uma ironia cruel no fato de que Dachau, antes de os nazistas tomarem o controle, era uma das principais colônias de artistas da Alemanha, conhecida por suas atitudes progressistas e escola de pintores de paisagens. Reserve pelo menos metade de um dia para esse passeio.

> *O Memorial Internacional de Dachau foi projetado pelo artista Nandor Glid, um sobrevivente de campos de concentração, e tem como uma de suas atrações essa escultura de esqueletos em bronze alinhados semelhante a uma cerca de arame farpado.*

PONTO DE PARTIDA Dachau fica 19 km (12 milhas) a noroeste de Munique. Pegue o *S-Bahn* linha S2, da Estação Central de Trem de Munique, para Dachau (direção: Peterhausen), cerca de 25 minutos. Na estação de trem de Dachau, mude para o ônibus 726 (direção: Saubachsiedlung), que o levará até a entrada do campo de concentração.

1 ★★★ KZ-Gedenkstätte Dachau (Memorial do Campo de Concentração em Dachau). Em 1933, pouco depois de Hitler se tornar chanceler alemão, Himmler ordenou que o primeiro campo de concentração alemão fosse construído em Dachau. Entre 1933 e 1945, mais de 206 mil prisioneiros foram para lá (o número exato é desconhecido), e mais de 32 mil morreram. Os primeiros a chegar foram os prisioneiros políticos (comunistas e social-democratas), logo seguidos por "mendigos", "elementos antissociais" homossexuais, Testemunhas de Jeová, e, depois de 1938, um número crescente de judeus.

Dachau não teve câmaras de gás. Os prisioneiros eram forçados a se tornarem trabalhadores escravos e morriam pelo excesso de esforço no dia a dia, fome, doenças, surras, enforcamentos, torturas, injeções letais e execuções em massa por fuzilamento. Quando os soldados americanos libertaram o campo, em 29 de abril de 1945, descobriram cerca de 67 mil prisioneiros à beira da morte.

Em 2002, partes do memorial foram reprojetadas para focar na fé dos prisioneiros e para se integrar aos prédios históricos remanescentes na replanejada exibição permanente. Os visitantes agora seguem a rota dos prisioneiros, entram em cômodos nos quais os cidadãos tinham todos os seus bens e direitos arrancados, e onde, após a desinfecção, lhes era dado um uniforme de prisão listrado. Placas com informações mostram as condições originais dos cômodos e suas funções. Os nomes de vários mortos são desconhecidos, mas mostruários com faces de prisioneiros e vídeos com entrevistas

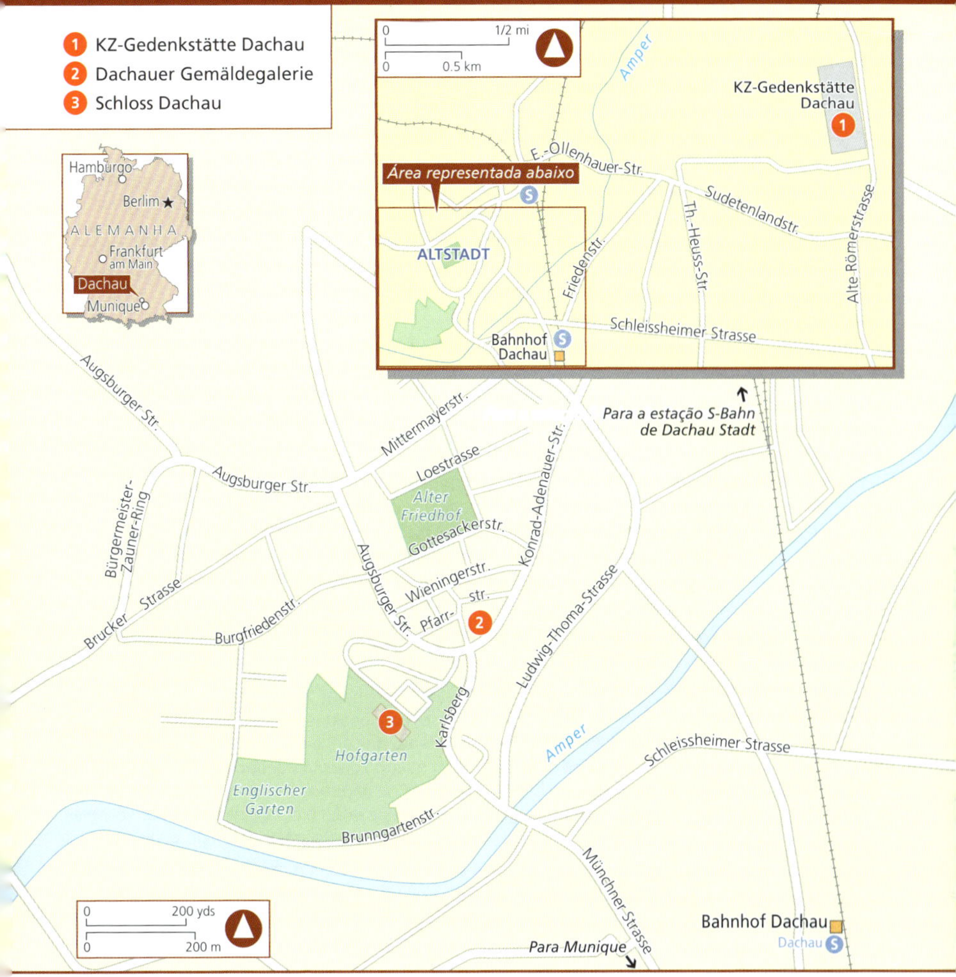

de sobreviventes dão uma face bem humana à horrível dor e sofrimento suportada por cidadãos comuns nas mãos de uma máquina política assassina. 🕒 **De 1 hora e 30 minutos a 2 horas. Alte-Römerstrasse 75. ☎ 08131/1741. www.kz-gedenkstaette-dachau-de. Entrada gratuita. Visita com áudio 3€. Terça a domingo, das 9 h às 17 h. Visitas guiadas em inglês diariamente às 11 h e às 13 h.**

2 Dachauer Gemäldegalerie (Galeria de Pinturas). No século XIX, Dachau foi uma colônia de artistas, e a beleza tranquila de seus campos inspiraram uma escola inteira de pinturas de paisagens. Muitos desses trabalhos estão à mostra nesse museu. 🕒 **30 minutos. Konrad-Adenauer-Strasse 3. ☎ 08131/567-516. www.dachauer-galerien-museen.de. Entrada 4€. Terça a sexta, das 11 h às 17 h, sábado e domingo, das 13 h às 17 h.**

3 Schloss Dachau (Castelo Dachau). Tudo que resta desse castelo no topo de uma colina, antiga residência de verão dos Wittelsbach, foi construído em 1715 na ala oeste da antiga fortaleza. No início do século XIX, o local hospedou uma colônia de artistas. Visite-o para ter uma bela vista de Munique do terraço, ou passe alguns minutos no grande salão renascentista. 🕒 **15 min, Schlossstrasse 7. ☎ 0813/87923. Entrada 2€. Terça a domingo, abril a setembro das 9 h às 18 h, outubro a março das 10 h às 16 h.**

Informações Úteis Sobre Munique

Serviços de Reserva de Hospedagem

Você pode reservar um hotel no **Centro de Informações ao Turista de Munique** na estação central de trem, aberto de segunda a sábado das 9 h 30 min às 20 h 30 min e domingo das 10 h às 18 h.

Caixas Eletrônicos

Você encontra caixas eletrônicos (chamados *Geldautomaten*) por toda Munique.

Câmbio

Os balcões de câmbio na estação de trem ficam abertos diariamente das 6 h às 23 h 30 min.

Dentistas e Médicos

Se você tiver problemas médicos simples ou dentários enquanto estiver viajando pela Alemanha, a maioria dos hotéis poderá lhe indicar um médico local (*Arzt*) ou dentista (*Zahnarzt*) que fale inglês. Se sua situação for grave, peça ao recepcionista do hotel ajuda para chegar à emergência do hospital (*Krankenhaus*) mais próximo.

Emergências

Para chamar a polícia (*Polizei*), ligue para ☎ **110**. Para avisar sobre um incêndio, chamar um médico de plantão (*Notarzt*) ou uma ambulância (*Krankenwagen*), ligue ☎ **112**.

Chegando Lá

DE AVIÃO Aeroporto Internacional Franz Joseph Strauss (☎ 089/9752-1313; www.munich-airport.com) fica 29 km (18 milhas) a nordeste do centro da cidade; você pode voar diretamente dos Estados Unidos, do Reino Unido, ou de qualquer lugar daAlemanha ou da Europa. O trem S-8 do *S-Bahn* conecta o aeroporto à Hauptbahnhof (Estação Central de Trem), no centro de Munique; a tarifa pelo trajeto de 40 minutos é de 9,20€ para adultos e 1,20€ para crianças. O **Ônibus do Aeroporto da Lufthansa** (☎ 0180/583-8426) também liga o aeroporto à estação central de trem de Munique; a viagem de 40 minutos custa 10€ para adultos e 5€ para crianças. Um táxi para o centro da cidade custa cerca de 70€. **DE TREM** Você pode chegar a Munique de trem de qualquer cidade da Alemanha ou da Europa. A Hauptbahnhof (Estação Central de Trem) de Munique, na Bahnhofplatz, tem um centro de informações ao turista e um escritório de informações sobre os trens; a **Deutsche Bahn** (Ferrovias Alemãs; ☎ 11861; www.bahn.de) possui informações e horários. **DE CARRO** A maior parte do centro de Munique é apenas para pedestres, e vagas de estacionamento são poucas e caras. Para passeios pela área rural, **Avis** (☎ 089/126-000; www.avis.com), **HerTz** (☎ 089/129-5001; www.herz.com), e **Sixt Autovermietung** (☎ 089/550-2447; www.sixt.com) há balcões no aeroporto e na estação de trem.

Circulando

Metrô (*U-Bahn*), bondes (*Strassenbahn*), ônibus, e linhas rápidas de trem (*S-Bahn*) tornam fácil se locomover pela cidade. Para informações, ligue para a **MVV,** autoridade em transportes públicos (☎ 089/4142-4344; www.mvv-muenchen.de). O mesmo bilhete lhe permite andar no *U-Bahn, S-Bahn,* bondes e ônibus. Compre os bilhetes nas máquinas de venda marcadas *Fahrkarten* nas estações de *U-Bahn* e *S-Bahn*, que possuem instruções em inglês. Você também pode comprar o bilhete com o motorista no bonde ou no ônibus. Os ingressos precisam, então, ser validados nas máquinas encontradas nas plataformas e nos ônibus e bondes; um bilhete validado pode ser usado por 2 horas. Você pode mudar o quanto quiser para qualquer serviço de transporte público, contanto que ande na mesma direção. Munique tem quatro zonas tarifárias concêntricas. A maioria, se não todos, os pontos turísticos está na Zona 1, que inclui o centro da cidade. Um bilhete para um dia (*Tageskarte*), bom para viajar dentro dos limites da cidade, custa 5€ para adultos.

Acesso à Internet

O **Times Square Online Bistro** (☎ 089/5508-8000; www.times-square.net), na estação de trem, tem estações de computador, um bistrô, um bar e fica aberto das 7 h 30 min à 1 h. Um número cada vez maior de hotéis, cafés e bares oferece Wi-Fi.

Farmácias

Em alemão, farmácia é *Apotheke*. Para cosméticos e artigos de higiene pessoal, vá a uma *Drogerie*. A maioria das farmácias funciona durante o horário comercial, mas possui detalhes sobre a farmácia 24 horas mais próxima. **International Ludwig's Apotheke,** Neuhauserstrasse 11 (☎ 089/260-3021; *U-* ou *S-Bahn:* Marienplatz), uma drogaria onde se fala inglês, fica aberta de segunda a sexta, das 9 h às 20 h, e sábado, das 9 h às 16 h.

Polícia

Para dar queixa de um item perdido ou roubado, como uma carteira ou passaporte, vá à polícia local

(Polizei) onde você estiver. Para ligar para a polícia de qualquer lugar na Alemanha, disque ☎ **110**.

Correio

Você reconhecerá as filiais do **Deutsche Post** (☎ 01802/3333; www.deutschepost.de) pela sua placa amarela com uma buzina preta. O **Postamt München** (Correio Central), Bahnhofplatz 1 (☎ 089/599-0870), em frente à estação de trem, fica aberto de segunda a sexta das 7 h às 20 h, sábado, das 8 h às 16 h, e domingo, das 9 h às 15 h.

Segurança

Munique, assim como toda cidade grande, tem seus crimes, especialmente batedores de carteiras e ladrões de bolsas e câmeras fotográficas, mas, em geral, é uma cidade segura. A maioria dos furtos acontece nas áreas turísticas muito frequentadas, como a Marienplatz e a estação de trem.

Táxis

Os táxis são de cor creme, em grande número — e caros. Encontre um nos pontos pela cidade ou pegue na rua se seu sinal luminoso estiver aceso. As tarifas começam em 2,70€; cada quilômetro adicional custa de 1,25€ a 1,60€. Para chamar um táxi ligue para a **Taxizentrale,** ☎ 089/21610.

Telefones

Ligue ☎ 11837 para informações e ☎ 11834 para informações internacionais. O código de área de Munique é 089; utilize 89 se você estiver ligando para Munique de fora da Alemanha e 089 se estiver na Alemanha, mas não em Munique. Você não precisa discar o código de área quando ligar de um número dentro de Munique. Existem telefones públicos em vários lugares — alguns aceitam moedas e outros, cartões telefônicos, disponíveis nos correios e nas bancas de jornal.

Banheiros

Em alguns lugares você encontrará banheiros públicos limpos (Toilette em alemão; pronuncia-se tuá-lé-te), muitos deles são automáticos e acessíveis a cadeirantes; você precisará de uma moeda de 0,50€ para destrancar a porta. Mais convenientes e espalhados são os banheiros em cafés, bares, restaurantes, hotéis, shopping centers, algumas lojas, em paradas de autoestradas e áreas de descanso. Mesmo se você não for obrigado a pagar, é costume deixar 0,50€ para o atendente.

Passeios

Você pode visitar Munique de ônibus, de bicicleta, ou caminhando. **PASSEIOS DE ÔNIBUS Panorama Tours** (☎ 089/5490-7560; www.autobusoberbayern.de) tem passeios diários de 1 hora a cada 20 minutos (13€, crianças pela metade do preço) de frente da estação de trem; compre seu bilhete a bordo. **PASSEIOS DE BICICLETA** Os expatriados de língua inglesa da **Mike's Bike Tours** (☎ 089/2554-3988 ou 0172/852-0660; www.mikesbiketours.com) oferecem um passeio de 4 horas (por 24€) que roda pelos pontos turísticos do centro de Munique (incluindo 45 minutos em um jardim de cerveja), saindo diariamente de março a 14 de abril e setembro a 10 de novembro às 12 h 30 min; 15 de abril a agosto, diariamente, às 11 h 30 min e 16 h. Os participantes se encontram 15 minutos antes de saírem, em frente à torre da Altes Rathaus na Marienplatz. Não há necessidade de reservas, apenas apareça. O preço inclui o aluguel da bicicleta e do capacete. **PASSEIOS A PÉ** O **Munich Walk Tours** (☎ 0171/274-0204; www.munichwalktours.de), em inglês, inclui uma caminhada pela cidade diariamente às 10 h 45 min (também às 14 h 45 min durante a alta temporada) e uma volta de 2 h e 30 min no passeio pela Munique de Hitler (novembro a março, diariamente, às 10 h 30 min). Os passeios custam 10€ para adultos, 9€ para menores de 26 anos e são gratuitos para crianças abaixo de 14 anos. Eles se encontram na Neues Rathaus (Nova Prefeitura), em frente ao Glockenspiel, na Marienplatz. Não há necessidade de reservas; você paga ao guia (identificado por um cartaz amarelo).

> *Os cidadãos de Munique lotam a estação Odeonsplatz do metrô para percorrer o excelente sistema de transporte subterrâneo da cidade.*

Informações aos Visitantes

O escritório de informações turísticas de Munique, chamado **Fremdverkehrsamt München** (☎ 089/2339-6500; www.muenchen.de), possui um centro de informações ao turista na estação central, que fica aberto de segunda a sábado das 9 h às 20 h 30 min, e domingo das 10 h às 18 h. Há outro na Marienplatz, na Neues Rathaus (Nova Prefeitura), e funciona de segunda a sexta das 10 h às 20 h e sábado das 10 h às 16 h.

7

O Sul da Baviera e os Alpes Bávaros

O Melhor do Sul da Baviera e dos Alpes em 3 Dias

A Alta Baviera (Oberbayern), como é chamada a parte sudeste da Alemanha, surge em meio às montanhas cobertas por pastos verdes, uma área rural repleta de lagos e bosques perenes nas grandes altitudes dos Alpes que dividem o território alemão e o oeste da Áustria. Muitos visitantes dessa região vêm principalmente para ver os castelos de contos de fadas construídos por Luis II, mas o sul da Baviera tem muitos vilarejos, igrejas de estilo rococó, casas com belas fachadas pintadas e estações de esqui de qualidade internacional, além de natureza em grande escala. O itinerário inclui Munique, a capital bávara, Neuschwanstein, o castelo mais famoso da Alemanha e o Zugspitze, pico mais alto do país.

> *PÁGINA ANTERIOR Conhecido pela sua estação de esqui, o Garmish-Partenkirchen oferece uma maravilhosa paisagem alpina mesmo no verão. NESSA PÁGINA O maravilhoso Schloss Neuschwanstein (Castelo Neuschwanstein).*

PONTO DE PARTIDA **Munique. DURAÇÃO DA VIAGEM** **155 km (96 milhas).**

1 ★★★ **Munique.** Se você quiser cerveja e bandas tradicionais, champanhe e óperas, ou uma mistura dos dois aliados a belos passeios e compras, não pode visitar o sul da Baviera sem passar pelo menos um dia em Munique. Experimente as delícias urbanas de Munique andando pela **Marienplatz** (Praça de Santa Maria), o coração da cidade, e o vizinho **Viktualienmarkt**, o grande mercado de comida ao ar livre de Munique. A riqueza cultural da localidade não tem limites, mas uma parada para ver a excelente coleção de pinturas na **Alte Pinakothek** (Antiga Pinacoteca) é essencial,

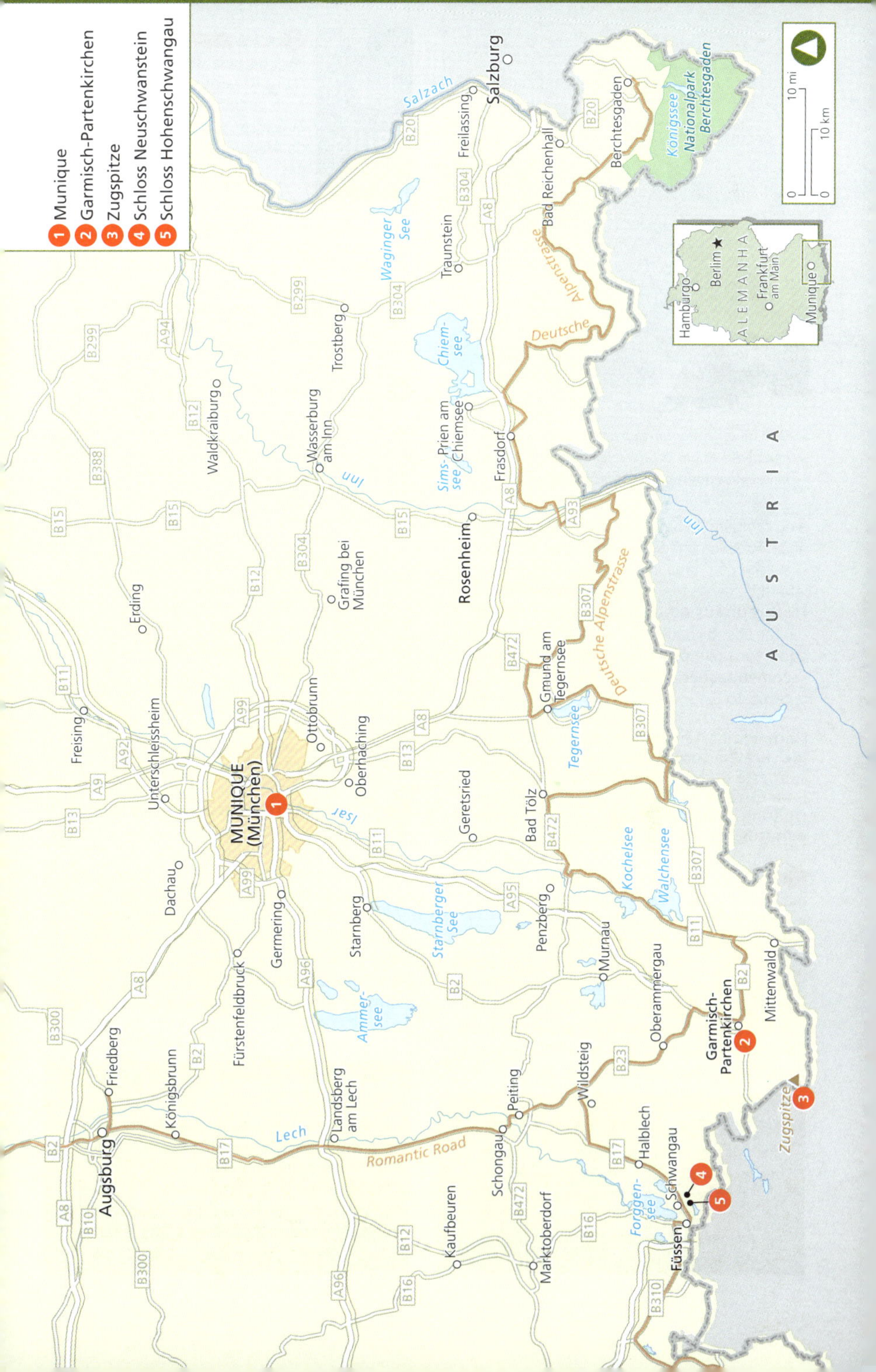
1 Munique
2 Garmisch-Partenkirchen
3 Zugspitze
4 Schloss Neuschwanstein
5 Schloss Hohenschwangau
MUNIQUE (München)
Augsburg
Salzburg
Rosenheim
A U S T R I A
Romantic Road
Deutsche Alpenstrasse
Nationalpark Berchtesgaden
ALEMANHA
0 10 km
0 10 mi

> *Além de ser a montanha mais alta da Alemanha, o imponente e belo Zugspitze ainda oferece uma vista panorâmica dos Alpes Austríacos e Bávaros.*

e eu também recomendaria uma passada pelo palácio real chamado de **Residenz.** Complete sua visita com uma ida até um salão ou um jardim de cerveja — o mundialmente famoso **Hofbräuhaus am Platzl** é apenas uma das muitas possibilidades. 🕒 **1 dia. Para obter uma cobertura completa de Munique, incluindo recomendações de hotéis e restaurantes, veja o capítulo 6.**

Garmisch-Partenkirchen, destino do segundo dia, fica em torno de 90 km (56 milhas) ao sudoeste de Munique na A95, B2 e B23, uma estrada de pouco mais de uma hora. De trem, a viagem leva cerca de 1 hora e 30 minutos.

2 ★★ Gasmisch-Partenkirchen. Uma das mais procuradas estações de esqui da Europa e local de esportes durante toda a temporada, Garmisch-Partenkirchen é garantia de diversão com seu cenário alpino e opções de atividades ao ar livre. Passe a noite do segundo dia aqui e vá até Zugspitze (3), sua atividade principal. 🕒 **1 dia. Para obter informações sobre Garmisch-Partenkirchen, incluindo recomendações de hotéis e restaurantes, ver pág. 348.**

Dica de Viagem

Você não precisa de um carro em Munique — na verdade, desencorajaria isso —, mas alugar um para os dois dias restantes da viagem ajudaria a maximizar tempo, além de ser essencial para visitar o Schloss Neuschwanstein (Castelo Neuschwanstein).

Guia Do Local Página 325

3 ★★★ crianças Zugspitze. Para ter uma vista espetacular dos Alpes Bávaros e do Tirol (Áustria), você pode ir até o topo do Zugspitze, a montanha mais alta da Alemanha. (2.960 m/9.711 pés).

Neuschwanstein fica 65 km (40 milhas) a oeste de Garmisch-Partenkirchen, seguindo um amplo arco para o norte, oeste e sul em torno das montanhas; de carro, pegue a B23 para o norte e oeste, e continue para o sul na St2059, B17 e St2016 (não há serviço de trem para Neuschwanstein.

4 ★★★ Schloss Neuschwanstein. De todos os castelos da Alemanha, esse é o mais visitado. Na verdade, é a atração turística mais popular do país. Não necessariamente porque os visitantes sabem alguma coisa sobre Luis II, que o construiu, mas porque Neuschwanstein serviu de inspiração para o Castelo da Bela Adormecida, na Disneylândia. As instalações são luxuosas, e o próprio castelo é uma falsa fantasia medieval do século XIX. E o local pode ficar tão cheio que, se você não chegar cedo, o ingresso de entrada pode servir para entrar apenas horas depois da sua chegada. 🕒 **35 minutos, assim que entrar. Ver pág. 338, 2.**

De Neuschwanstein, Hohenschwangau fica em torno de 20 minutos a pé. Se você não quiser caminhar, existe um serviço especial de ônibus entre os dois castelos.

5 ★★ Schloss Hohenschwangau. Você pode até chamar essa pesada pilha neogótica de "castelo pai" de Neuschwanstein, já que fica praticamente ao lado e foi onde Luis II passou parte da sua infância. Em termos de arquitetura não é tão interessante quando o Neuschwanstein, mas certamente vale a pena visitar para ver o gosto e o estilo da realeza alemã nas décadas de 1830 e 1840. 🕒 **35 minutos, assim que entrar. Ver pág. 340, 4.**

Saudações da Baviera

Na Baviera, as pessoas geralmente usam a saudação *Grüss Gott* (pronunciado gris gát) em vez de *Guten Morgen* (boa manhã) ou *Guten Tag* (bom dia). Isto significa, mais ou menos, "Deus o saúda". Tchau é *Für Gott* (por Deus; pronunciado fír gót) ou *Für dich* (por você; pronunciado fír dik).

GUIA DO LOCAL

3 Zugspitze

Há duas formas diferentes de chegar ao Zugspitze saindo do centro de Garmisch-Partenkirchen, ambos iniciando com uma viagem no Zugspitzbahn (uma espécie de estrada de ferro com trens de rodas dentadas), que sai da A **estação ferroviária principal** (Olympiastrasse 27). No primeiro caminho, fique na Zugspitzbahn enquanto ele sobe a montanha, passa por grandes seixos e riachos, até o B **Zugspitzplatt**, um alto platô com uma visão radical. No Zugspitzplatt, passe para um teleférico, o Gletscherbahn, para uma subida de 4 minutos até o C **Zuhspitzgipfel** (topo), onde você terá a oportunidade de ver um extraordinário panorama, além de poder comer e beber em um café e restaurante, comprar em uma loja de presentes e, se quiser, se aventurar em muitas trilhas alpinas. O tempo total de viagem até o topo é de aproximadamente 55 minutos.

A segunda forma de chegar ao topo do Zugspitze é pegar o Zugspitzbahn para outra viagem, desembarcando 14 km (9 milhas) ao sudoeste de Garmisch na estação mais baixa do D **Eibsee Sielbahn** (Teleférico Eibsee); a parada fica próxima de um lago alpino e é claramente sinalizada. Daqui, o teleférico o leva até o Zugspitzgipfel. O tempo total de viagem até o topo é de cerca de 40 minutos. Um bilhete de volta completa permite a você subir por

um caminho e descer por outro, aproveitando mais as paisagens espetaculares. ⏱ **De 3 a 4 h. Bayerische Zugspitzbahn, Olympiastrasse 27, Garmisch-Partenkirchen. ☎ 08821/797-900. www.zugspitze.de. Uma ferrovia com trens de rodas dentadas opera diariamente a cada hora, das 8 h 35 min às 14 h 35 min; teleféricos a cada meia-hora, das 8 h 30 min às 16 horas (até as 17 h 30 min de julho a agosto). Preço da volta completa: 36€ por adulto, 25,50€ para adolescentes de 16 a 17 anos, 20€ para a faixa etária de 6 a 15 anos e 83€ para famílias.**

O Melhor do Sul da Baviera e dos Alpes em 5 Dias

Com cinco dias, você pode ver todos os destaques do sul da Baviera e dos Alpes Bávaros. Passe seus primeiros dois dias em Munique — você não precisa de carro enquanto estiver lá, mas será necessário alugar um para os últimos três dias. De Munique, o passeio vai até o sul para o interior da Baviera e Füssen, com paradas em Landsberg am Lech e na igreja Wieskirche, de forte influência rococó, pelo caminho. Füssen, sua estadia noturna no terceiro dia, fica próxima dos castelos de Neuschwanstein e Hohenschwangau. O resort alpino de Garmisch-Partenkirchen é o seu destino do quarto dia, com uma viagem até Zugspitze, e o itinerário termina na cidade montanhesa de Berchtesgaden.

> *Maravilhosos edifícios bávaros ficam lado a lado na Ludwigstrasse em um dia ensolarado em Garmisch-Partenkirchen.*

PONTO DE PARTIDA Munique. DURAÇÃO DA VIAGEM 344 km (214 milhas).

1 ★★★ **Munique.** Para ver sugestões sobre como passar seu primeiro dia em Munique, veja o roteiro de 3 dias (pág. 322, 1). Na segunda jornada, passe metade dela visitando o **Schloss Nymphenberg** (Castelo Nymphenberg), onde você pode chegar facilmente em um bonde. Passe também algum tempo da tarde no **Deutsches Museum**, voltado à tecnologia e ciência, ou em um dos ótimos museus de arte locais: o **Neue Pinakothek** (Nova Pinacoteca), a **Pinakothek der Moderne** (Galeria de Arte Moderna) ou o **Museum Brandhorst.** Termine seu dia com uma volta no fabuloso parque **Englischer Garten** (Jardim Inglês). 🕒 **2 dias. Para ver uma cobertura completa de Munique, incluindo recomendações de hotéis e restaurantes, veja o capítulo 6.**

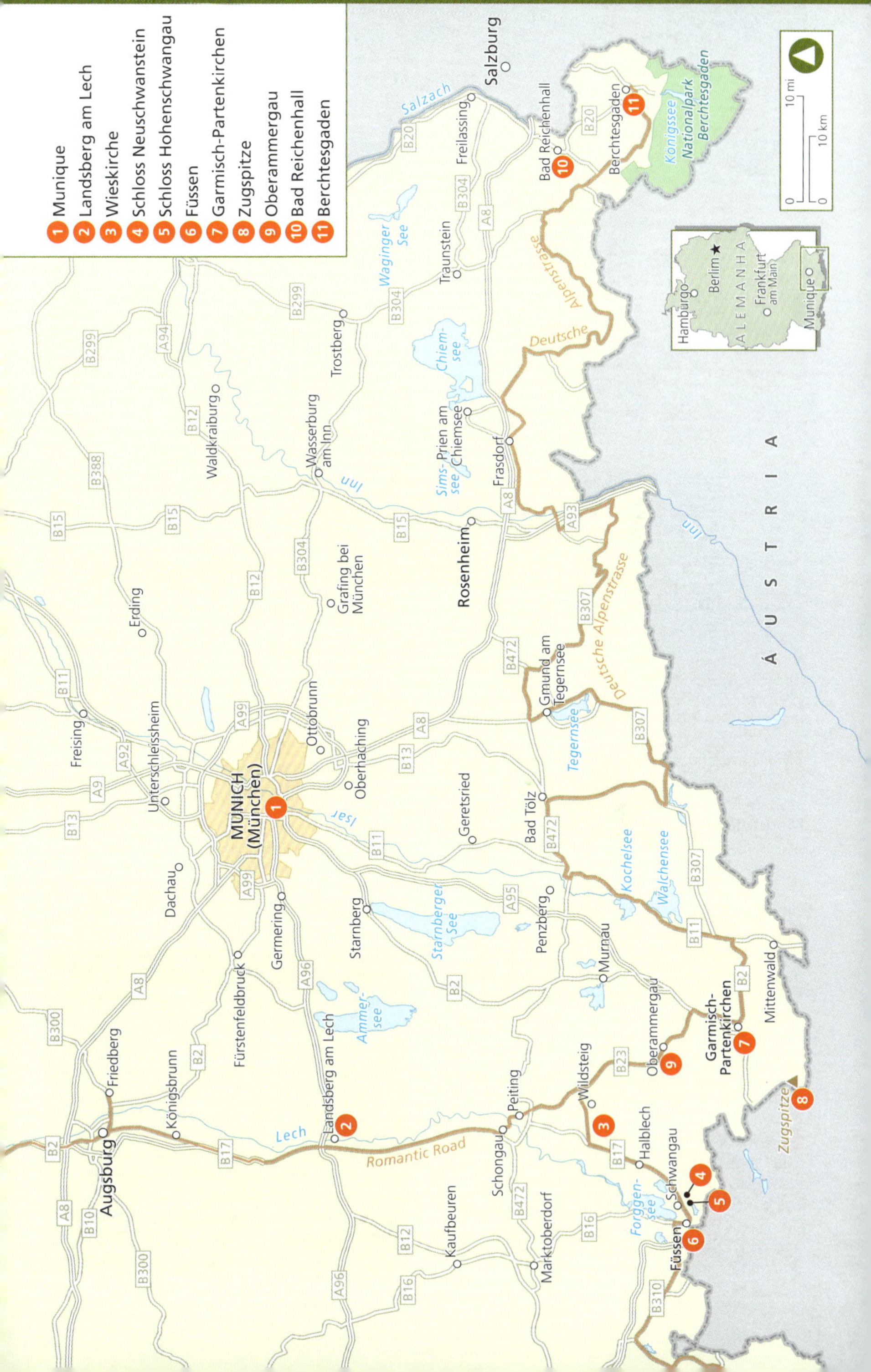

1 Munique
2 Landsberg am Lech
3 Wieskirche
4 Schloss Neuschwanstein
5 Schloss Hohenschwangau
6 Füssen
7 Garmisch-Partenkirchen
8 Zugspitze
9 Oberammergau
10 Bad Reichenhall
11 Berchtesgaden
MUNICH (München)
Augsburg
Rosenheim
Salzburg
Romantic Road
Deutsche Alpenstrasse
ÁUSTRIA
ALEMANHA
Hamburgo
Berlim
Frankfurt am Main
Munique
Nationalpark Berchtesgaden
Königssee
Chiemsee
Starnberger See
Ammersee
Tegernsee
Kochelsee
Walchensee
Forggensee
Waginger See
Simssee
0 10 mi
0 10 km

> *Foram necessários oito anos para terminar a cúpula do interior da Wieskirche, datada do século XVIII.*

No terceiro dia, vá para oeste de Munique na B2R, A96 e St2054 até Landsberg am Lech (597 km/37 milhas). De carro, o percurso levará em torno de uma hora.

2 ★ **Landsberg am Lech.** O charme barroco e medieval dessa bela cidade bávara se esconde atrás de um muro com torres e portões. O **Marktplatz,** de formato triangular, cercado por casas pintadas, tem uma charmosa fonte no centro. A elegante **Rathaus** (prefeitura), finamente trabalhada por Dominikus Zimmermann, que fez o projeto da Wieskirche (**3**), merece destaque (Hauplatz 52), assim como o **Bayertor** (Portão Bávaro), com suas pequenas torres e esculturas (Alte Bergstrasse). 🕒 1 hora. Informações turísticas: Hauptplatz 152. ☎ 08191/128-247.

Pegue a St2054 para o sul e continue na B17, St2059 e St2559 até a Wieskirche (51 km/32 milhas), em torno de 45 minutos de carro.

3 ★★★ **Wieskirche (Igreja na Pradaria).** Esta fantástica igreja de peregrinação, localizada em uma bela pradaria alpina, é um dos prédios melhor decorados do mundo. Dominikus Zimmerman (1685–1766) gastou oito anos criando esta obra-prima rococó, que foi terminada em 1754. Por trás de uma fachada sóbria, o interior cheio de luz com sua enorme cúpula brilha com muitos entalhes, rebocos dourados, colunas, estátuas e pinturas brilhantes. 🕒 30 minutos. Wies (6 km/4 milhas ao sudeste de Steingaden). ☎ 08862/501. Entrada gratuita. Diariamente, das 8 h às 17 h (abril a setembro até 19 h).

Reajuste sua rota para a B17, e continue indo para o sul até Neuschwanstein (24 km/15 milhas), em torno de 30 minutos de carro. Quando você se aproximar de Schwangau, dobre à esquerda na St2016 até o castelo.

Dica de Viagem

O itinerário, dirigindo pelos cenários da Romanstische Strasse (Rota Romântica), começa (pág. 206) no norte da Baviera e faz paradas em diversas cidades bávaras antes de terminar em Füssen. Você talvez queira considerar encerrar o passeio em Füssen (**6**), pulando Garmisch-Partenkirchen e Berchtesgaden, e dirigindo pela Rota Romântica em sentido oposto, começando em Füssen e indo para o norte para Würzburg. Se você optar por esse plano, precisará pelo menos de dois dias para a parte da Rota Romântica da viagem.

> *Maximiliano II restaurou o maravilhoso Schloss Hohenschwangau (Castelo Hohenschwangau), onde seu filho, Luis II, hospedou personalidades como o compositor Richard Wagner.*

4 ★★★ **Schloss Neuschwanstein.** Exercite sua paciência antes de parar no Castelo Neuschwanstein. Por ser a atração turística mais popular da Alemanha, a espera para entrar pode ser longa (pedir ingressos online antes da viagem pode economizar tempo). O café do castelo é um bom lugar para almoçar. ⏲ **35 minutos, depois de ter entrado.** **Ver pág. 338, 2 e pág. 339, 3.**

Hohenschwangau, castelo vizinho a Wittelsbach, é uma caminhada de 20 minutos por uma descida a partir de Neuschwanstein.

5 ★★ **Schloss Hohenschwangau.** O pai de Luis II, o rei Maximiliano II da Baviera, foi responsável por transformar uma ruína de 800 anos de idade nesse castelo neogótico, usado principalmente como retiro de verão. Luis II não teve muitas memórias felizes de sua infância aqui, mas chegou a convidar o compositor Richard Wagner para visitar e tocar duetos com ele no piano. O passeio leva você aos salões principais do castelo, decorado no estilo Trovador nas décadas de 1830 e 1840. ⏲ **35 minutos depois de ter entrado.** **Ver pág. 340, 4.**

De Hohenschwangau e Neuschwanstein, pegue a St2016 para o sul e dirija para o noroeste na St2008, B17 e B16 até Füssen (4,5 km/2,75 milhas).

Comprando Entalhes de madeira em Oberammergau

Para ver uma seleção da arte única da região, visite o **Pilatushaus**, onde você pode encontrar entalhadores, ceramistas, escultores e práticos de *Hinterglass*, pintura feita diretamente no vidro, em reverso (**Ludwig-Thoma-Strasse 10. ☎ 08822/949-511, de junho a outubro de segundas às sextas das 13 h às 18 h, sábados das 10 h às 12 h 30 min).** A competição é feroz pelas vendas de entalhe de madeira locais — a maioria religiosos, mas também com cenas de bebidas e caçadas — mas saiba antes de comprar que até algumas das mais caras peças "feitas à mão" podem ter passado por máquinas antes de serem terminadas à mão. Duas lojas confiáveis, com uma ampla variedade, são a **Holzschnitzerei Franz Barthels**, Schnitzlergasse 4 (☎ 08822/4271) e **Tony Baur**, Dorfstrasse 27 (☎ 08822/821), que tem o estoque mais sofisticado de entalhes feitos de bordo, pinheiro e tília.

> *A Peça da Paixão de Oberammergau foi apresentada pela primeira vez em 1634, como um agradecimento da população por ter sido poupada pela praga.*

6 ★ **Füssen.** Faça dessa cidade no pé dos Alpes Bávaros seu pernoite do terceiro dia. Suas atrações são dignas de algumas horas a se gastar, o que inclui a construção do período gótico tardio **Hohes Schloss** (Castelo Alto), a coleção de arte **Staatsgalerie**, o **Kloster St.-Mang** (Convento de St. Magnus), o **Museum der Stadt Füssen** (Museu da Cidade) e o **Lechfall**, uma queda d'água próxima. 🕒 2 horas. Ver pág. 204, 6; para recomendações de hotéis e restaurantes, ver pág. 205.

No quarto dia, viaje para o leste de Füssen até Garmisch-Partenkirchen pela B16, B17, B179, B187 e B23 (58 km/36 milhas), em torno de uma hora de carro.

7 ★★ **Garmisch-Partenkirchen.** Sua noite do quarto dia é em uma famosa estação de esqui e esportes abaixo da cadeia de montanhas Wetterstein, nos Alpes Bávaros. Se você gosta de trilhas, há muitas oportunidades aqui para sair e aproveitar o *frische luft* (ar fresco) das montanhas. Outra recomendação é passar parte do dia apenas caminhando pelas duas cidades. Eu recomendaria que você passasse metade de um dia visitando o Zugspitze. 8. 🕒 1 dia para a cidade e o Zugspitze. Para obter informações sobre Garmisch-Partenkirchen, incluindo recomendações de hotéis e restaurantes, ver pág. 348.

8 ★★ **Zugspitze.** O local de observação no topo do pico mais alto da Alemanha oferece uma vista espetacular dos Alpes. Para chegar lá, é preciso pegar um trem de rodas dentadas e um teleférico. Ver pág. 324, 3.

A Peça da Paixão de Oberammergau

Atores desempenharam pela primeira vez a famosa Oberammergau *Passionspiele* (Peça da Paixão) em 1634, quando seus cidadãos agradeceram por terem sido poupados pela peste. Desde então, a peça de 5 horas e 30 minutos e 16 atos, mostrando a jornada de Cristo até a Cruz, é apresentada a cada década desde 1680 (a próxima vez será em 2020). Mais de 2 mil pessoas compõem o elenco. Os atores devem ser nativos da cidade ou viverem lá há pelo menos 20 anos. As representações ocorrem de meados de maio ao início de outubro no **Passionspiel Theater.** Passionswiese 1 (☎ 08822/92310).

> *A maravilhosa Berchtesgaden é espetacularmente emoldurada pelos impressionantes Alpes Bávaros como torres no horizonte.*

O quinto dia começa com uma viagem até Oberammergau, 20 km (12 milhas) ao norte de Garmisch-Partenkirchen pela B23, um trajeto em torno de 20 minutos de duração.

9 **Oberammergau.** Essa cidade nos Alpes de Ammergau é famosa pelos seus entalhadores de madeira desde o século XV, e mais especialmente pela sua *Passionspiele* (Peça da Paixão), apresentada pelos cidadãos locais a cada dez anos. Embora a cidade seja agora bastante comercializada, é agradável passar algum tempo nas lojas de arte popular, visitando a **Igreja de São Pedro e São Paulo** (Dorfstrasse), em estilo rococó, e admirar os muitos exemplos de *Luftmalerei* (pinturas de afrescos nas fachadas de prédios). ⌚ 1 hora. Informações turísticas: Eugen-Pabst Strasse 9A. ☎ 08822/92310.

De Oberammergau, vá para o leste na B23, B2, A95, B472, B13, St2073, B318 e B29 até Bad Reichenhall (180 km/112 milhas), um percurso com um pouco de mais de 2 horas de duração.

10 **Bad Reichenhall.** Por cerca de 2.400 anos, a prosperidade dessa cidade alpina — um dos melhores spas da Alemanha — foi baseada no sal (na forma de fontes salinas). Para descobrir sobre a história da extração do produto, visite o **Bad Reichenhaller Salzmuseum** (Museu do Sal), que fica em um antigo prédio de trabalho com sal da década de 1830 (Alte Saline Reichenhall, Salienstrasse; ☎ 08651/700-2146; entrada 6€ para adultos, 4€ para crianças; passeios diariamente de maio a outubro, das 10 h às 11 h 30 min e das 14 h às 16 h; de novembro a abril, terças e sextas das 14 h às 16 h.) Visite também a **St. Zeno**, uma impressionante igreja gótica do século XII com influências barrocas posteriores e um interior repleto de pinturas (Salzburger Strasse 30). ⌚ 1 hora. Informações turísticas: Wittelsbacherstrasse 15. ☎ 08651/6060.

De Bad Reichenhall, pegue a B20 para o sul até Berchtesgaden (19 km/12 milhas), em torno de 25 minutos de carro.

11 ★ **Berchtesgaden.** Um cenário alpino espetacular é o que faz com que valha a pena dormir nesta cidade. Com três lados com picos cobertos de neve, Berchtesgaden é um bom local para usar de quartel-general para excursões. ⌚ 3 horas para explorar a cidade e atrações próximas. Para obter informações sobre Berchtesgaden, incluindo recomendações de hotéis e restaurantes, ver pág. 344.

A Estrada Alpina Alemã

Amantes das montanhas e de cenários montanheses adorarão a Deutsche Alpenstrasse (Estrada Alpina Alemã), com extensão de 500 km (310 milhas), de Lindau ao Bodensee (Lago Constância), pela região de Allgäu, nos Alpes Bávaros, até Berchtesgaden e o Königsee. Esteja preparado para passar por estradas em montanhas com muitas curvas.

> *Beleza bucólica e paisagem impressionante são características frequentes dos 500 km (300 milhas) da chamada Estrada Alpina Alemã, entre Lindau e Berchetesgaden.*

PONTO DE PARTIDA Lindau fica 183 km (114 milhas) ao sudoeste de Munique e 417 km (259 milhas) ao sudeste de Frankfurt. Você pode chegar de trem (2 a 3 horas ou 4 a 4 horas e 30 minutos, respectivamente) ou de carro: de Munique, pegue a A96 para o leste e sul (em torno de 2 horas). Se você vier pelo sul, pela Estrada Romântica, será mais fácil começar esse passeio de Füssen (comece da parada 5). **DURAÇÃO DA VIAGEM** 488 km (303 milhas) e pelo menos três dias.

1 ★★ **Lindau**. Pelo menos 1 hora. Ver pág. 390.

Reserve meio dia para dirigir de Lindau a Füssen (5), tendo tempo à tarde para visitar os castelos Hohenschwangau e Neuschwanstein. De Lindau, a Estrada Alpina vai para o nordeste pela B308 até Allgäu, uma região conhecida pelos produtos de laticínios, subindo firmemente com muitos caminhos sinuosos. Depois de Oberreute, 32 km (20 milhas) a leste de Lindau, procure placas indicando o ponto de observação Paradies.

> *Uma das muitas praças encantadoras de Füssen.*

2 ★★★ **Paradies.** Localizada em uma curva de uma estrada na montanha, o ponto de observação "Paradies" oferece aos seus visitantes um panorama amplo do sudoeste até os distantes Alpes de Appenzell, na Suíça.

De Paradies, continue para o leste na B308 até Oberstaufen (10 km/6,25 milhas).

3 **Oberstaufen.** No pé do maciço montanhoso Hochgrat, de 1.834 m, (6.017 pés), esse resort tem um charme alpino, com trilhas no verão e bons declives para esquiar no inverno. **Informações turísticas: Hugo-Königsegg-Strasse 8. ☎ 08386/193-000. www.oberstaufen.de.**

Dica de Viagem

O Deutsche Alpenstrasse não é uma autoestrada longa e homogênea, e sim composta por uma série de estradas públicas. Estes segmentos estão em boas condições, mas você pode ficar confuso com o número de caminhos que formam o itinerário, e sua numeração. De um modo geral, você seguirá estradas designadas por um B (de *Bundestrasse*), independentemente de o segmento ter sinais DEUSTCHE ALPENSTRASSE. Estradas B são identificadas por números pretos com fundo amarelo.

De Oberstaufen, a Estrada Alpina continua para leste na B308 por Immenstadt e Sonthofen aré Hindelang, uma distância total de aproximadamente 32 km (20 milhas), que dura em torno de 35 minutos de carro.

4 ★ **Hindelang.** Repleta de flores no verão, essa cidade alpina é um centro de férias e recreação, e também um spa. Escale (ou dirija) a Jochstrasse, a continuação da B308 a leste de Hindelang, para ter uma magnífica visão dos picos íngremes do Allgäu Alps. Oberjoch, a 6 km (3,75 milhas) adiante a leste na sinuosa B308, alega ser a cidade montanhesa mais alta da Alemanha e atrai amantes de trilhas no verão e esquiadores no inverno. Siga em frente 1 km (em torno de 0,5 milha) até chegar no ponto de observação de Kanzel, quase no topo da montanha. De lá, você terá um panorama maravilhoso do Vale Ostrach e das montanhas que o cercam. **Informações turísticas: Am Bauernmark 1. ☎ 08324-8920. www.bad-hindeland.info.**

> *A sala do trono espetacularmente ornamentada do Schloss Neuschwanstein (Castelo Neuschwanstein).*

A Estrada Alpina Alemã (Deutsche Alpenstrasse)

De Hindelang, continue para leste na B308 e B310 até Füssen (307 km/23 milhas), uma viagem de aproximadamente 45 minutos de carro. Além de Wertach, a Estrada Alpina passa às margens do maravilhoso Grüntensee (Lago Grünten) e, além de Pfronten, vai próxima da fronteira austríaca até Füssen, onde você talvez queira passar sua primeira noite.

5 ★ Füssen. Essa cidade no rio Lech tem belas praças, ruas estreitas calçadas de paralelepípedos com casas de pedra em estilo medieval. As principais atrações de Füssen são o **Hohes Schloss** (Castelo Alto), o **Kloster St.-Mang** (Convento de St. Magnus) e o **Lechfall**, uma queda d'água próxima. Os castelos Neuschwanstein e Hohenschwangau ficam perto. ⏲ Pelo menos 1 hora Ver pág. 204, 6; para obter recomendações de hotéis e restaurantes, ver pág. 205.

Para chegar aos castelos Hohenschwangau e Neuschwanstein saindo de Füssen, dirija para o sudeste na B16, B17 e St2009 (as placas serão para Hohenschwangau) por 4,5 km (2,75 milhas).

6 ★★ Schloss Neuschwanstein. ⏲ 35 minutos, depois de entrar. Ver pág. 338, 2.

7 ★ Schloss Hohenschwangau. ⏲ 35 minutos, depois de entrar. Ver pág. 340, 4.

No segundo dia você dirigirá de Füssen até Garmisch-Partenkirchen, uma distância total de 95 km (59 milhas). Guarde pelo menos metade de um dia para essa viagem, incluindo paradas pelo caminho. A primeira delas, no Wieskirche, fica em torno de 27 km (17 milhas) ao norte de Füssen, na B17, B16 e St2059, após uma viagem de 30 minutos.

8 ★★★ Wieskirche (Igreja na Pradaria). Uma obra-prima do rococó, o interior dessa bela igreja possui uma coleção interessante, que deve ser vista para ser lembrada para sempre. Ver pág. 328, 3.

Dica de Viagem

Se você precisar de metade de um dia para chegar a Füssen, pode visitar os castelos de contos de fadas de Luis — em torno de 10 minutos de distância — durante a tarde do primeiro dia. Os castelos são atrações turísticas muito populares e só podem ser vistos em passeios guiados com bilhetes com horário de entrada, o que faz com que seja bom reservar antecipadamente pela internet. Se você não conseguir uma entrada para um passeio à tarde, retorne o mais cedo que puder na manhã do segundo dia.

> *Luxuosa mansão que ocupa o local do que foi um alojamento de caça real, o belo Schloss Linderhof (Castelo Linderhof) é conhecido como "Pequena Versalhes".*

De Wieskirche, pegue a St2059 e a St2058 para nordeste até Rottenbuch (12 km/7 milhas), uma viagem de cerca de 20 minutos de carro.

9 **Rottenbuch.** O que você quer ver nessa pequena cidade é a **Maria-Geburts-Kirche** (Igreja da Natividade da Virgem Maria), um antigo convento agostiniano remodelado no século XVIII em um estilo rococó deslumbrante, semelhante ao da Wieskirche.

Continue para o sul pela St2058 e B23 por 3 km (em torno de 2 milhas) até Echelsbacher-Brücke.

10 ★ **Echelsbacher-Brücke (Ponte de Echelsbacher).** Esta famosa ponte de arco único, feita de concreto reforçado e terminada em 1929, é outra oportunidade para fotos. Estacione seu carro e caminhe até o meio da ponte para ter uma vista impressionante do rio Ammer e sua garganta coberta de pinheiros em torno de 76 metros (249 pés) abaixo.

Oberammergau fica 17 km (10 milhas) ao sul da ponte na B23, uma viagem de 20 minutos de carro.

11 **Oberammergau.** 1 hora. Ver pág. 331, 9.

Continue para o sul na B23 até Ettal (4,4 km/2,75 milhas).

12 ★ **Kloster Ettal (Abadia de Ettal).** Localizada em um vale alpino alto e estreito, o grande convento beneditino de Ettal foi fundado em 1330 pelo imperador do Sacro Império Romano Luis IV da Baviera. No século XVIII, a estrutura gótica original recebeu um tratamento barroco, com uma cúpula proeminente do arquiteto italiano Enrico Zucalli. Passe alguns minutos explorando a igreja e seu interior, ricamente decorado. Kaiser-Ludwig-Platz 1. ☎ 08822/740. www.kloster-ettal.de. Entrada grátis. Diariamente, das 8 h às 17 h.

13 **Kloster-Bräustüberl.** Os monges de Ettal produzem um licor e uma cerveja (Ettaler) muito apreciados há cerca de 400 anos. Você pode prová-los aqui, ou tomar um café e comprar um lanche para levar. Diariamente das 8 h às 17 h. De 5€ a 8€.

Um desvio curto da Estrada Alpina vale a pena e leva você a outro castelo construído por Luis II: vá para oeste a partir de Ettal na St2060 por 11 km (7 milhas), em torno de 15 minutos de carro.

14 ★★★ **Schloss Linderhof.** Inspirado pelo Petit Trianon, em Versalhes, o "pequeno Versalhes" de Luis II é consideravelmente menor que o Castelo Neuschwanstein, mas tem alguns efeitos especiais que você não vai querer perder. 1 hora para uma visita pelo palácio e um passeio pelos jardins. Ver a pág. 340, 5.

Dica de Viagem

Füssen e os castelos de Neuschwanstein e Hohenschwangau marcam o final da bela Romantische Strasse (Rota Romântica), que começa no norte da Baviera. Se você quiser combinar os dois passeios, termine seu itinerário pela Estrada Alpina Alemã em Füssen (parada 5) e, de lá, dirija pela Rota Romântica para o norte. Veja o roteiro para a Rota Romântica na pág. 206 — esse itinerário vai para o sul, terminando em Füssen, de modo que você o fará ao contrário. Se você optar por esse plano, precisará de pelo menos três dias para chegar a Würzburg, que será a última parada em seu passeio pela Estrada Romântica.

De Linderhof, pegue a St2060 para leste e depois a 823 para o sul, 23 km (14 milhas) até Garmisch-Partenkirchen, uma viagem de 20 minutos de carro.

15 ★ **Garmisch-Partenkirchen.** Essa famosa estação de esportes é uma boa opção para a sua noite do segundo dia. Você talvez queira ir para o hotel antes de subir o Zugspitze, sua última aventura da jornada. **Para obter informações sobre Garmisch-partenkirchen, incluindo recomendações de hotéis e restaurantes, ver pág. 348.**

16 ★★★ crianças **Zugspitze.** Uma viagem no trem de rodas dentadas e teleférico o leva da cidade à plataforma de observação próxima ao pico mais alto da Alemanha. **De 3 a 4 horas. Ver pág. 324, 3.**

O itinerário do terceiro dia leva você de Garmisch-Pertenkirchen a Berchtesgaden, uma distância de aproximadamente 256 km (159 milhas). Mittenwald fica 18 km (11 milhas) ao sul de Garmisch-Partenkirchen pela St2541, B2 e St2042, em torno de 20 minutos de carro.

17 ★ **Mittenwald.** Johann Wolfgang von Goethe chamou Mittenwald de "um livro de imagens vivas", uma descrição que se mantém verdadeira até hoje. Se você estiver com pressa, simplesmente ande pela rua principal e veja as casas pintadas maravilhosamente com seus telhados íngremes. A cidade é um centro de fabricação de violinos conhecido internacionalmente. Uma tradição que data do século XVII e é explicada no **Geigenbau- und Heinmatmuseum** (Museu Histórico Local e da Fabricação de Violinos), cheio de exemplos maravilhosos da arte de quem faz esse instrumento. (Ballenhausgasse 3. ☎ 08823/2511. Entrada 4€; de terças às sextas, das 10 h ao meio-dia e das 13 h às 17 h; sábados e domingos, das 10 h ao meio-dia, fechado de 6 de novembro a 16 de dezembro). **1 hora. Informações turísticas: Dammkarstrasse 3. ☎ 08823/33981. www.mittenwald.de.**

De Mittenwald, vá para o nordeste um pouco além de 33 km (21 milhas) na St2042, B11 e B307 até Sylvenstein-Staudamm (Represa de Sylvenstein) e reservatório. Daqui, continue para o norte na B307 por 48 km (30 milhas) até Bad Weissee, um spa no Tegernsee, um dos muitos lagos de montanha belíssimos da Baviera. Pelo caminho, a Estrada Alpina mergulha brevemente na Áustria. De Bad Weissee são 16 km (19 milhas) até Schliersee, pela B307 e St2076.

> *O maravilhoso Mittenwald, na Alta Baviera, foi chamado de "livro de imagens vivas" pelo renomado escritor alemão Johann Wolfganag von Goethe.*

18 ★ **Schliersee.** Pare nessa aldeia montanhesa por alguns minutos para visitar a bela **St.-Sixtus-Kirche** (Igreja de St. Sixtus), uma construção de estilo medieval erguida entre 1712 e 1715 em estilo barroco. Johann-Baptist Zimmermann (irmão de Dominikus Zimmerman, arquiteto da Wieskirche) foi responsável pelas pinturas e espirais no reboco.

De Schliersee, a Estrada Alpina continua na B307 até Tatzelwurm, em torno de 28 km (17 milhas) ao sudeste, uma viagem de 30 minutos de carro.

19 **Tatzelwurm-Wasserfall.** Estacione no bem sinalizado NATURDENKMAL TATZELWURM e siga o caminho até esta queda d'água na montanha (em torno de 15 minutos para caminhar até lá e voltar).

Berchtesgaden fica 113 km (70 milhas) a leste de Tatzelwurm, em torno de 2 horas dirigindo pela B307, B472 e a Autobahn A8. No caminho, a Estrada Alpina desce para o Vale Inn e margina a costa sul do Chiemsee (Lago Chiem). A Estrada Alpina chega a um final no extremo sudeste da Alemanha, em Berchtesgaden.

20 ★ **Berchtesgaden.** Para obter informações sobre Berchtesgaden, incluindo recomendações de hotéis e restaurantes, ver pág. 344.

Os Castelos de Contos de Fadas de Luís II

Com algum planejamento antecipado e um carro, os três castelos mais ligados a Luis II — Neuschwanstein, Hohenschwangau e Linderhof — podem ser visitados em um dia. Füssen, a cidade mais próxima das construções, seria uma boa escolha para passar a noite no início do passeio, e Garmisch-Partenkirchen uma opção excelente para passar a noite ao fim. Iniciando cedo, você também pode fazer esse itinerário de um dia saindo de Munique. Outra opção é seguir as paradas da Rota Romântica (pág. 206) e adicionar Neuschwanstein e Hohenschwangau ao final do percurso.

> *O exterior repleto de detalhes do Schloss Linderhof (Castelo Linderhof) só é superado pelo seu fabuloso interior, com candelabros de cristal, folhados a ouro e uma enorme mesa de jantar.*

PONTO DE PARTIDA Füssen está localizada 132 km (82 milhas) ao sudoeste de Munique, em torno de 1 h 30 min pela A8 e B16. DURAÇÃO DA VIAGEM 77 km (48 milhas) e 1 dia.

1 ★ **Füssen**. Ver pág. 204, **6**; para recomendações de hotéis e restaurantes, ver pág. 205.

Para chegar aos castelos de Neuschwanstein e Hohenschwangau saindo de Füssen, dirija para sudeste na B16, B17 e St2008 (as placas mostrarão HOHENSCHWANGAU) por 4,5 km (2,75 milhas).

Guia Do Local Página 341

2 ★★★ **Schloss Neuschwanstein.** Ele foi o "Rei Luis, o Louco", como alguns afirmam, ou o "Rei Sonhador"? Não importa como você interprete a personalidade de Luis II da Baviera, mas a verdade é que ele construiu fantásticos — no sentido de "fantasia" — castelos como o Neuschwanstein. Você pode ver o interior do castelo apenas em um passeio guiado com um bilhete com tempo de entrada, então talvez tenha que esperar um pouco para entrar na atração turística mais popular da Alemanha. Você não pode dirigir até o castelo; esteja preparado para andar, pegar o ônibus especial ou andar em uma carruagem com cavalos.

③ **Café & Bistro.** No segundo andar do Schloss Neuschwanstein, você pode aproveitar sanduíches, sobremesas e bebidas com uma vista memorável dos Alpes de Allgäu. ☎ **08362/81110. Abre no mesmo horário do castelo.**

Dicas para Visitar os Castelos

Os castelos Neuschwanstein e Hohenschwangau são as atrações turísticas mais populares da Alemanha, e você poupará uma espera potencialmente longa reservando suas entradas online em www.ticket-center-hohenschwangau.de (ingressos para Linderhof não podem ser reservados online). Você pode ver os castelos apenas em passeios guiados com horários predeterminados. Um bilhete especial para o Königsschlösser (Palácio do Rei), por 18€, lhe permite entrar nos três castelos, e é válido por 6 meses. Informações sobre os castelos estão disponíveis no centro turístico no Rathaus em Schwangau, Münchenerstrasse 2. ☎ 08362/81980 (do Schloss Neuschwanstein, volte para a B17, e depois para o norte na B17 até Schwangau).

> *Você tem a melhor vista do Schloss Neuschwanstein (Castelo Neuschwanstein) da Marienbrücke, em torno de 10 minutos caminhando do castelo.*

> *O Schloss Hohenschwangau (Castelo Hohenschwangau) foi resgatado das ruínas no século XIX por Maximiliano II.*

O Castelo Hohenschwangau fica a uma caminhada de 20 minutos na descida de Neuschwanstein. Você também pode pegar um ônibus especial ou uma carruagem com cavalos.

4 ★★ **Schloss Hohenschwangau.** O Castelo Hohenschwangau era uma ruína de 800 anos quando o pai de Ludwig o comprou, em 1832, e construiu o castelo neogótico que você vê hoje. As salas do Hohenschwangau foram projetadas e mobiliadas em estilo Trovador nas décadas de 1830 e 1840. Uma das câmaras mais atraentes do castelo é o Hall do Cavaleiro Cisne, batizado por causa das paredes de pinturas mostrando a saga de Lohengrin, um herói germânico associado ao cisne (e com o qual, como cisne e herói, Luis se identificava). A sala de música no segundo andar contém cópias de cartas entre Luis II e seu ídolo musical, Richard Wagner, e do grande piano no qual os dois tocavam em dueto. 🕒 35 minutos, depois de entrar; chegue na bilheteria (8 h às 17 h 30 min no verão; 9 h às 15 h 30 min no inverno) o mais cedo possível para evitar deslocamentos de ônibus, ou reserve ingressos online. Hohenschwangau, Alpseestrasse. ☎ 08362/81127. www.hohenschwangau.de. Passeios guiados a cada meia hora, diariamente, de abril a setembro das 9 h às 18 h, de outubro a março, das 10 h às 16 h; passeios em inglês disponíveis em diferentes horários por todo o dia. Passeios 9€ para adultos, 8€ para estudantes, gratuitos para crianças e adolescentes de até 13 anos. Fechado dia 1 de novembro, 24, 25 e 31 de dezembro e 1 de janeiro.

Linderhof fica em torno de 46 km (29 milhas) ao nordeste de Hohenschwangau, em torno de 25 minutos de carro. Vá para o sul na St2016, vire à direita na St2008 e depois siga pela B179 e B198 ao norte. Na cidade de Ammerwald, vire à direita na St2060 e siga as placas até Linderhof.

5 ★★★ **Schloss Linderhof.** Em 1869, o rei Luis II transformou esse antigo alojamento de caça real em uma pequena mansão branca que deveria lembrar o Petit Trianon de Versalhes. A parte de fora do Castelo Linderhof é sóbria se comparada ao interior, composto por um neorrococó reluzente, brilhando com folheados a ouro, espelhos, candelabros de cristal e itens como uma mesa de jantar projetada para sair das cozinhas durante as refeições, de modo que o rei não tivesse de lidar com os servos. O parque, com seus jardins franceses formais, contém diversos prédios sofisticados, incluindo a Grotte (Gruta), uma caverna artificial com estalagmites e estalactites, uma queda d'água e um lago onde Luis mantinha dois cisnes e um barco em forma de cisne, no qual ele remava para um

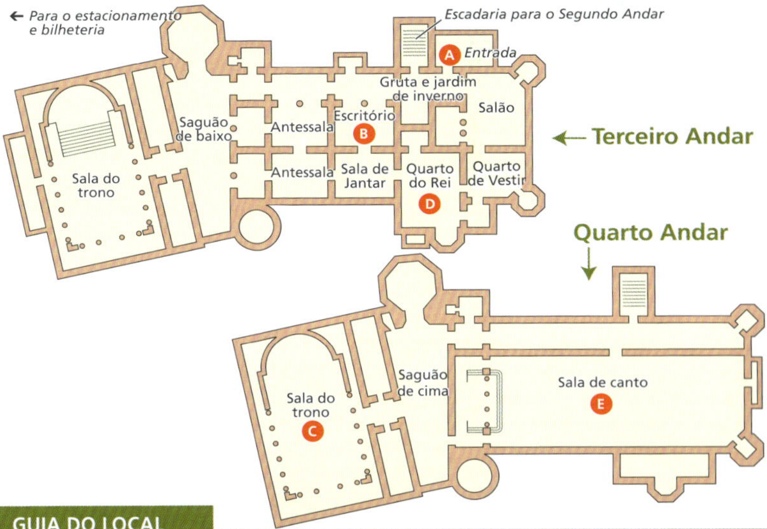

GUIA DO LOCAL

2 Schloss Neuschwanstein (Castelo Neuschwanstein)

Chegar do estacionamento até a A **entrada do castelo** envolve um local íngreme de 800 metros (0,5 milha) e uma escalada de 30 minutos; uma carruagem puxada por cavalos sai da bilheteria; ou um ônibus para Marienbrücke, uma ponte que cruza o Pöllat Gorge. De Marienbrücke, a caminhada até a entrada do castelo inclui uma escadaria de 170 degraus.

A construção do castelo começou em 1869 e continuou por 17 anos, parando apenas quando Luis faleceu, em 1886. O rei viveu aqui por apenas 170 dias. O B **escritório** de Luis é decorado com cenas pintadas da lenda medieval de Tannhäuser e tudo, das cortinas às cobertas das cadeiras, é feito de seda bordada com o brasão de armas da Baviera. A C **sala do trono**, projetada para se parecer com uma basílica romana com colunas de pórfiro vermelho e um chão de mosaico, nunca foi terminada. Os entalhes no D **quarto do rei** levaram 4 anos e meio para serem terminados; da janela da varanda é possível ver a queda d'água no Pöllat Gorge e os Alpes Allgäuer à distância.

Decorado com colunas de mármore e pinturas mostrando a vida de Parsifal, um cavaleiro medieval mítico, o E **Sängerhalle** (Salão de Canto) ocupa quase todo o quarto andar do castelo e foi remodelado de acordo com o castelo de Wartburg, em Eisenach (pág. 178, 4), local dos concursos de músicas na Idade Média. Você também pode visitar a enorme cozinha do castelo,

no segundo andar, e assistir a um filme de 20 minutos sobre Luis II. ⏱ 35 minutos depois de entrar; chegue na bilheteria (8 h às 17 h 30 min no verão; das 9 h às 15 h 30 min no inverno) o mais cedo possível para evitar grupos em passeios de ônibus, ou reserve os bilhetes online. Neuschwansteinstrasse 20. ☎ 08362/81035, www.neuschwanstein.de. Passeios guiados a cada meia hora diariamente de abril a setembro, das 9 h às 18 h, de outubro a março das 10 h às 16 h; passeios em inglês disponíveis em horários diferentes por todo o dia. Passeios 9€ pra adultos, 8€ para estudantes, gratuitos para crianças e adolescentes de até 13 anos. Fechado nos dias 1 de novembro, 24, 25 e 31 de dezembro, e 1 de janeiro. Ônibus especial de Schlosshotel Lisl próximo ao estacionamento, 1,80€ para subir e 1€ para descer. Carruagem saindo da bilheteria, 5€ para subir e 2,50€ para descer.

> *Turistas são levados por uma carruagem típica puxada por cavalos até o Schloss Neuschwanstein (Castelo Neuschwanstein), local mais fotografado da Alemanha.*

> *Luis II recriou a caverna de Vênus, da ópera Tannhäuser, de Wagner, no Schloss Linderhof (Castelo Linderhof).*

cenário da ópera *Tannhäuser,* de Wagner. ⏲ 1 hora para visitar o palácio e andar pelos jardins. Linderhof 12. ☎ 08822/92030. www.schlosslinderhof.de. Passeios guiados pelo palácio diariamente de abril a 15 de outubro, das 9 h às 18 h; de 16 de outubro a março, das 10 h às 16 h; passeios em inglês disponíveis por todo o dia. Passeios 7€ por adulto, 6€ para idosos/estudantes (1€ a menos no inverno). Estacionamento 2€. Fechado 1 de novembro, 24, 25 e 31 de dezembro, 1 de janeiro; prédios do parque fechados de 16 de outubro a março.

De Linderhof, vá para o sudeste pela St2060 e B23 para Garmisch-Partenkirchen (26 km/16 milhas), em torno de 30 minutos de carro.

6 ★★ **Garmisch-Partenkirchen.** Para obter informações sobre Garmisch-Partenkirchen, incluindo recomendações de hotéis e restaurantes, veja a pág. 348.

Luis II: Louco por Castelos

Para alguns, Luis II é o "Rei Louco". Para outros, é o "Rei Sonhador", e ainda pode ser considerado o "Rei Cisne" para mais um grupo. Esse estranho monarca obcecado se tornou uma das figuras lendárias da história da Baviera. Sua vida já foi tema de uma biografia, filmes, peças e até um musical.

Nascido em Munique no ano de 1845, filho do rei Maximiliano II da Baviera e de Maria da Prússia, Luis II passou parte da sua infância no Castelo Hohenschwangau (pág. 340, 4). Com 18 anos, foi coroado rei da Baviera. Alto, bonito, mimado e melancólico, Luis cresceu com os afazeres do estado e acabou se tornando mais e mais obcecado por suas fantasias extravagantes. Alguns dos trenós e carruagens dourados no qual andava estão em exibição no Marstallmuseum, no Schloss Nymphenburg (pág. 274, 2), em Munique. Fã do compositor Richard Wagner, Luis muitas vezes tinha óperas dele executadas para sua apreciação solitária. Em Linderhof (pág. 340, 5), primeiro palácio que ele construiu, Luis chegou a refazer a gruta de Vênus da ópera *Tannhäuser*, do artista, e remava pelo lago artificial em um barco na forma de cisne. A influência moura prevalece no Königshaus am Schachen (pág. 350, 4), seu alojamento de caça nas montanhas , próximo de Garmisch-Partenkirchen. O projeto mais famoso de Luis é o castelo com torres de Neuschwanstein (pág. 338, 2), cercado por um penhasco acima da cidade de Schwangau.

Os excessos de Luis acabaram ameaçando o reino de falência e, em 1886, com 41 anos, ele foi declarado insano. Três dias depois, foi encontrado afogado no lago Starnberg, nos arredores de Munique, junto com o médico que o havia diagnosticado. Ele foi assassinado ou cometeu suicídio? Ninguém sabe. Os restos de Luis descansam na cripta da Michaelskirche (pág. 272, 2), em Munique, junto com os de outros membros da realeza de Witelsbach.

Berchtesgaden

A cidade montanhesa de Berchtesgaden é a capital de uma bela região chamada Berchtesgadener Land, uma área dos Alpes de Berchtesgaden, no extremo sudeste da Alemanha. O local, cercado por montanhas em três lados, é dominado pelo maciço chamado Watzmann (2.712m/8.897 pés), o terceiro pico mais alto da Alemanha. Berchtesgaden marca o final da Deutsche Alpenstrasse (Estrada Alpina Alemã, pág. 332) e serve como base para muitas passeios pelos Alpes, o que pode tornar o tráfego pela região no verão bastante pesado.

> *A pitoresca cidade alpina de Berchtesgaden e o majestoso lago Königssee são pontos de interesse do Parque Nacional de Berchtesgaden.*

PONTO DE PARTIDA Da estação ferroviária de Berchtesgaden, vá para o norte pela Salinenplatz, Bahnhofweg, e Maximilianstrasse até Schlossplatz, uma caminhada de 15 minutos.

1 Schlossplatz (Praça do Castelo). O coração de Berchtesgaden e sua praça mais interessante é cercada por arcos do século XVI, à frente do **Stiftskirche** (2) e o antigo convento agostiniano, agora chamado de **Schloss** (castelo; 3).

2 Stiftskirche St. Peter und Johannes (Igreja do Colégio de São Pedro e João). As faixas alternadas de pedras coloridas na fachada dessa abadia de duas torres mostra uma influência lombarda italiana semelhante à de St. Zeno, em Bad Reichenhall (pág. 331 10). Entre para uma breve visita ao interior. Fundada no século XII por monges agostinianos, a igreja tem uma capela gótica do século XIII, abóbadas do século XVI e algumas obras de arte interessantes, incluindo um pequeno altar de prata doado pela imperatriz Maria Teresa, da Áustria. Schlossplatz.

3 ★★ Königliches Schloss Berchtesgaden (Castelo Real). No decorrer dos séculos, enquanto os monges agostinianos se tornavam mais ricos e mais independentes dos arcebispos de Salzburg, o que havia sido um convento razoavelmente simples de monges virou um palácio luxuoso. O príncipe Ruprecht Wittelsbach, que tomou o palácio em 1929 e viveu aqui até 1955, o encheu com suas coleções de armas

históricas, mobília, tapeçarias, porcelanas e esculturas medievais de madeira, incluindo duas peças de Tilman Riemenschneider, o entalhador mestre de Würzburg. ⏲ **50 minutos em passeios guiados. Schlossplatz 2. ☎ 08652/947-980. Passeios: adultos 7€, estudantes 3,50€, para a faixa etária de 6 a 17 anos 3€. De 16 de maio a 15 de outubro, passeios diariamente às 10 h, ao meio-dia, às 14 h e às 16 h; de 16 de outubro a 15 de maio, passeios de domingos às sextas, às 11 h e meio-dia.**

4 ★★ crianças Salzbergwerk (Minas de Sal). A extração de sal, ou "ouro branco", como já foi chamado, começou em Berchtesgaden no século XVI e trouxe prosperidade àquela que era uma região pobre. A salmoura criada aqui lavando a pedra de sal vai até Bad Reichenhall (pág. 331, 10) para processamento. Vestindo trajes de mineiros, visitantes excursionam pelas minas de sal e cavernas em um pequeno trem e cruzam um lago subterrâneo em uma jangada. ⏲ **Passeio de 90 minutos. Bergwerkstrasse 83. ☎ 08652/60020. www.salzzeitreise.de. Passeios 14€ por adultos, 9€ para estudantes e para a faixa etária de 4 a 16 anos. Diariamente, de maio a outubro das 9 h às 17 h, de novembro a abril, das 11 h 30 min às 15 h. Localizado a 2 km (1,25 milha) da estação ferroviária — uma caminhada de aproximadamente 20 minutos, ou pegue o ônibus 840 até a parada de Salzbergwerk.**

> *O coração histórico de Berchtesgaden é a Schlossplatz, cercada por diversos prédios medievais, incluindo a Stiftskirche.*

Obersalzberg fica 4 km (2,5 milhas) a leste de Berchtesgaden pela B319, em torno de 10 minutos de carro; a estrada de Obersalzberg para Kehlstein é fechada para tráfego particular e você terá de pegar o ônibus Kehlstein. Um serviço regular de ônibus está disponível diariamente da estação ferroviária até Berchtesgaden-Hintereck (6€ ida e volta); daqui, o ônibus Kehlstein (opera de meados de maio a meados de outubro, a cada 20 minutos, das 9 h às 17 h , 18€ ida e volta) continua para cima até Kehlstein.

5 ★★ **Obersalzberg e Kehlstein.** Um cenário maravilhoso, mas com conotações nazistas sórdidas. Em Obersalzberg, aldeia alpina onde Hitler se instalou após ser liberado da prisão e onde completou sua autobiografia, *Mein Kampf*, você pode caminhar pelas ruínas do Berghof, a casa onde o ex-ditador costumava entreter oficiais nazistas e políticos estrangeiros. Demolido no final da guerra, o retiro Adlerhorst (Ninho da Águia), dado a Hitler por Martin Borman como presente de 50 anos, é cercado em uma alta elevação em Kehlsteinm e só pode ser alcançado por meio de uma espetacular estrada na montanha feita através da rocha, e depois com um elevador (acesso apenas por ônibus especial

> *Visitantes cruzam um lago subterrâneo nas minas de sal de Berchtesgaden, que foram abertas no século XVI.*

ou em um passeio guiado). O restaurante Kehlsteinhaus (aberto diariamente de meados de junho a meados de outubro, de acordo com o cronograma do ônibus de Kehlstein) tem uma vista magnífica das montanhas vizinhas. ⏲ 3 **horas, incluindo o tempo de viagem.**

Königssee fica em torno de 7 km (4,25 milhas) ao sul de Berchtesgaden pela B305, em torno de 15 minutos de carro. Você também pode pegar um trem local ou um ônibus RVO (placas "Königssee") da estação ferroviária até Schönau no norte do lago.

6 ★★ **Königssee.** As águas verde-esmeralda desse longo e estreito lago brilham nas paredes de pedras das montanhas que o cercam, preenchendo o vale inteiro entre os picos de Watzmann, Jenner e Gotzenberg. O lago é o centro do Nationalpark Berchtesgaden, formado em 1978 para proteger a beleza natural dessa região inteira. Por ser cercado por montanhas, a única forma de explorá-lo é de barco. Em Schönau, no norte, barcos saem em passeios de 2 horas pelo lago de 8 km (5 milhas) de extensão, parando na bela Kirche St. Bartholomä (Igreja de São Bartolomeu) e em Salet. Você pode desembarcar em Salet e caminhar 15 minutos até o Obersee, um lago que já fez parte do Königssee, mas foi separado dele há 800 anos por uma avalanche, e quedas de 400 m (1.312 pés) de altura. ⏲ **4 horas. Passeios de barco o ano inteiro pela Bayerische Seenchifffahrt, Schönau. ☎ 08652/96360. www.seenschiffahrt.de. Preços 15€ para adultos, 7,50€ para a faixa etária de 5 a 15 anos. Saídas a cada 15 minutos no verão, das 8 h às 17 h 15 min, a cada 45 minutos no inverno das 9 h 45 min às 15 h 45 min.**

Onde Ficar e Jantar

> *O Alpenhotel Denninglehen oferece uma vista espetacular das montanhas, junto com uma maravilhosa piscina coberta.*

★ **Alpenhotel Denninglehen.** FORA DE BERCHTESGADEN Este moderno chalé alpino tem uma localização espetacular e possui uma piscina aquecida interna. Os quartos não são ruins, embora os banheiros sejam pequenos. **Am Priesterstein 7 (6 km/30 milhas a leste de Berchtesgaden pela B305 e B319). ☎ 08652/97890. www.denninglehen.de. 25 quartos. Diárias para duas pessoas de 70€ a 96€, com café da manhã. MC, V.**

★ crianças **Fischer** FORA DE BERCHTESGADEN Esse hotel confortável e bem conservado de estilo rústico, na estrada para Königssee, é uma boa opção para famílias. **Königsseer Strasse 51. ☎ 08652/9550. www.alpenhotel-fischer.de. 54 quartos. Diárias para duas pessoas de 108€ a 132€, com café da manhã. MC, V.**

Fischerstüberl. KÖNIGSSEE *BÁVARA* Especialidades sazonais, como a truta fresca do Königssee e carne de veado local estão no menu desse restaurante popular à beira do lago. **St. Bartholomä 3. ☎ 08652/3119. Entrada de 15€ a 27€. MC, V. Almoço e jantar diariamente de meados de abril a outubro. Acessível por passeios de barco de Schönau, parada S. Bartholomä.**

Hubertusstube BERCHTESGADEN *INTERNACIONAL* A comida é boa e a vista dos Alpes é espetacular nesse hotel restaurante antigo. **Maximilianstrasse 20 (no Hotel Vier Jahreszeiten). ☎ 08652/9520. Recomenda-se fazer reservas. Entradas de 13€ a 26€. AE, MC, V. Almoço e jantar diariamente.**

Garmisch-Partenkirchen

Diante da sua impressionante localização, ao pé da cadeia Wetterstein dos Alpes Bávaros, não é surpresa que Garmisch-Partenkirchen tenha a reputação de principal resort de esportes de inverno da Alemanha. Em 1936, a quarta edição dos Jogos Olímpicos de Inverno aconteceu lá, e em 1978 o local foi palco do Campeonato Mundial de Esqui Alpino. A cidade também é um centro de trilhas e escaladas de montanhas no verão, e esqui no gelo o ano inteiro. Se você não vier especificamente para nada disso, a melhor maneira de explorar esse resort internacional é simplesmente andando pelas cidades unidas, aproveitando a vista panorâmica dos Alpes e os prédios coloridos que se alinham pelas ruas.

> *Um competidor voa de uma plataforma de esqui construída para os Jogos Olímpicos de Inverno de 1936.*

PONTO DE PARTIDA **É uma caminhada de dez minutos da estação ferroviária até o Estádio Olímpico de Gelo; vá para o norte na Bahnhofstrasse, dobre à esquerda na Olympiastrasse e siga esta rua até o Olympia-Eissoirt-Zentrum.**

1 Olympia-Eissport-Zentrum (Estádio Olímpico de Gelo). Construído para os Jogos Olímpicos de Inverno de 1936, a arena de esportes de inverno em Garmisch possui três rinques de patinação gigantes, abertos ao público. Adlerstrasse 25. ☎ 08821/753-291. Entrada 4,20€ por adulto, e 2,40€ para a faixa etária 6 a 15 anos. Pistas de esqui público abertas diariamente de julho a meados de maio, das 11 h às 16 h.

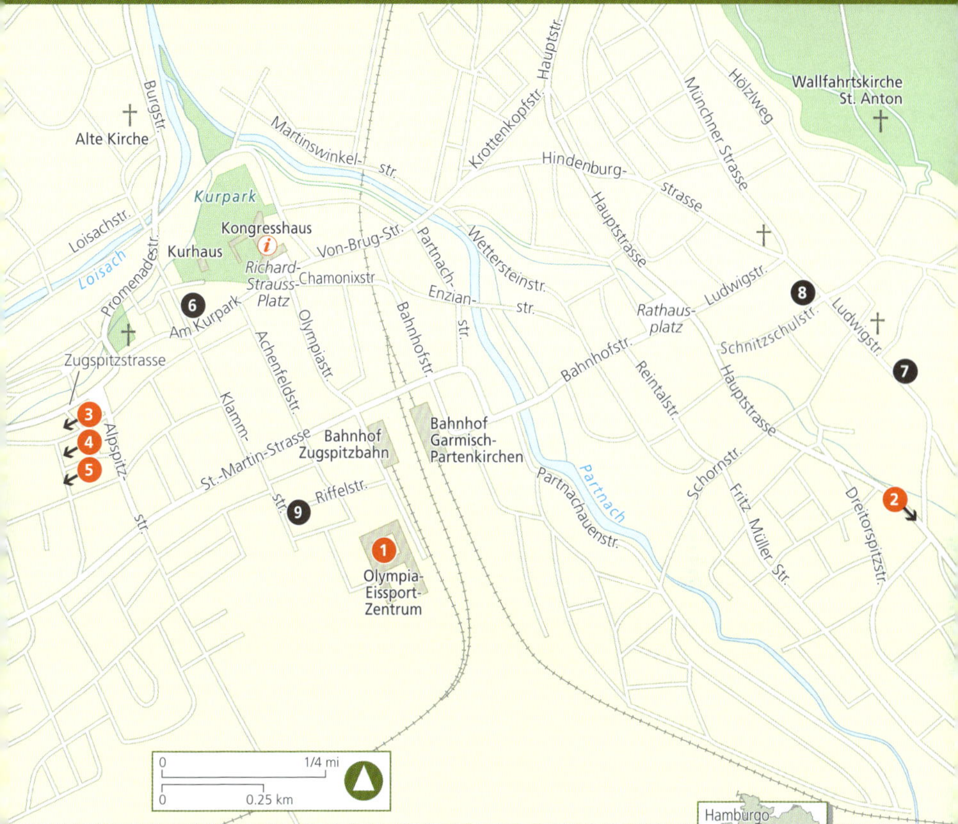

1 Olympia-Eissport-Zentrum
2 Olympia-Skistadion
3 Zugspitze
4 Königshaus am Schachen
5 Alpspitz

Onde Ficar e Jantar
Alpenhof **6**
Gasthof Fraundorfer **7**
Hotel-Gasthof Drei Mohren **8**
Hotel Hilleprandt **9**

2 Olympia-Skistadion (Estádio Olímpico de Esqui). Outro remanescente emblemático dos Jogos de Inverno de 1936 e ainda presente na vida de Garmisch, esse estádio em declive, nos limites da cidade, tem duas plataformas de esqui e um percurso de corrida de esquis em zigue-zague. A Copa do Mundo de Saltos de Esqui Alpino ocorre lá anualmente, sempre no dia 1 de janeiro. Porém, a menos que você seja um fã do esporte, não encontrará muito interesse nesse local. **Em torno de 1 km (0,5 milha) ao sul da estação ferroviária, uma caminhada de 10 minutos de Bahnhofstrasse, Lagerhausstrasse, Gehfeldstrasse e Kochelbergstrasse.**

Circulando

Você não precisa de um carro, mas ter um fará com que seus deslocamentos sejam bem mais fáceis. Um ônibus municipal percorre, de graça, o trajeto entre o Bahnhof (estação ferroviária) e a Marienplatz, principal praça de Garmisch, a cada 15 minutos. Uma rede de dez teleféricos e bondes que também saem da estação de trem, e dos arredores da cidade, levam turistas às montanhas locais.

3 ★★★ crianças **Zugspitze.** Ir até o topo da montanha mais alta da Alemanha em um trem com rodas dentadas e teleférico é uma atividade obrigatória em Garmisch-Partenkirchen. **Pelo menos 3 horas.** **Ver pág. 324, 3.**

> *Os altos picos do Zugspitze atraem esquiadores no inverno e amantes de trilhas quando a neve derrete.*

4 ★ Königshaus am Schachen (Alojamento de Caça Real). Nas montanhas acima de Garmisch-Partenkirchen, em uma altura de 1.688 m (5.538 pés) e acessível apenas a pé (a escalada é difícil, e você precisará de um bom mapa), esse passeio a um local ligado ao rei Luis II (veja "Luis II: Louco por Castelos" na pág. 343) não é para todos, mas gratificante para os que fazem o esforço. Construído por Luis II em 1872, o exterior do Königs-haus am Schachen se parece com um templo grego, e o "Rei Sonhador" insistiu que o interior fosse decorado em um elaborado estilo mouro. A única forma de ver o alojamento é por um passeio guiado (apenas em alemão). ⏲ **4 horas (incluindo o tempo de viagem). 82467 Garmisch-Partenkirchen. ☎ 08821/92030; www.schachenhaus.de. De junho a início de outubro (as datas exatas dependem do clima). Passeios às 11 h , 13 h, 14 h e 15 h. Entrada: 4€ adultos, gratuita para crianças e adolescentes até 13 anos.**

5 ★★ crianças Alpspitz. Chegar lá é metade da diversão, e as trilhas nas montanhas no topo oferecem vistas maravilhosas. O Kreuzeckbehn leva você pela paisagem rústica até a estação

Passeios de Garmisch-Partenkirchen

As trilhas alpinas são uma atração importante no verão em Garmisch-Partenkirchen; pessoas vêm de todo o mundo para andar pelos caminhos nas montanhas (chamados *Hohenwege*, ou "caminhos altos"), apreciar a natureza e ver os animais na floresta. O escritório de turismo em Garmisch-Partenkirchen (veja "Informações Úteis", pág. 353) fornecerá um livreto sobre as trilhas mais conhecidas da área, de caminhadas fáceis a escaladas difíceis.

Garmisch-Partenkirchen

De meados de maio até setembro, a música e a dança popular bávara acontecem a cada noite de sábado no Bayernhalle, Brauhausstrasse 19, e a banda do parque de Garmisch toca concertos clássicos de sábados a quintas. Na sexta, estes concertos passam para a banda de Partenkirchen. Uma Semana de Folclore ocorre no início de agosto e, por cinco dias de junho, um Festival Richard Strauss(o compositor morou em Garmisch de 1908 até 1949). Verifique com o escritório de turismo (veja detalhes em "Informações Úteis na pág. 353).

mais baixa do teleférico Hochalm, que o conduz a uma altura de 2.050 m (6.725 pés), em um local chamado Osterfelderkopf. Aqui você pode aproveitar a visão panorâmica, fazer trilhas que passam junto a flores silvestres, atrações geológicas incomuns e pradarias alpinas. Volte a Garmisch pela Alpspitzbahn, uma descida pitoresca de dez minutos sobre desfiladeiros, penhascos e pradarias verdes. 🕒 **2 horas. Mais tempo se você fizer trilhas. Pontos finais de teleféricos Kreuzeckbahn/Alpspitzbagn. Olympiastrasse 27 (1,6 km/1 milha ao sul de garmisch). Teleféricos funcionam o ano todo, aproximadamente a cada meia hora das 8 h 30 min às 16 h 30 min (de março a junho até 17 h, de julho a agosto até 17 h 30 min). Preço de ida e volta 21€ para adultos, 16€ para a faixa etária de 6 a 15 anos.**

> *Muitos dos prédios na charmosa Garmisch-Partenkirchen têm fachadas pintadas com imagens coloridas.*

Onde Ficar e Jantar

★ **Alpenhof** GARMISCH *BÁVARA.MEDITERRÂNEA* Considerado um dos melhores restaurantes de Garmisch, o Alpenhof serve especialidades tradicionais bávaras e mediterrâneas, incluindo truta fresca, salmão grelhado e guisado de carne de veado; pratos vegetarianos também estão disponíveis. **Am Kurpark 10. ☎ 08821/59055. www.alpenhof-garmisch.de. Recomenda-se fazer reservas. Entradas de 9€ a 20€. MC, V. Almoço e jantar diariamente. Fechado por três semanas em novembro.**

Gasthof Fraundorfer PARTENKIRCHEN *BÁVARA* Nesse grande restaurante amigável para turistas, a comida é gostosa e descomplicada (salsichas e presunto com sauerkraut estão entre os pratos). Iodeleis[1], músicos e dançarinos proporcionam típico entretenimento bávaro noturno. **Ludwigstrasse 24. ☎ 00821/9270. www.gasthof-fraundorfer.de. Recomenda-se fazer reservas. Entradas de 8€ a 14€. AE, MC, V. Almoço e jantar de quartas a segundas.**

> *Turistas podem comer refeições alemãs tradicionais e se divertir com entretenimento típico no popular Gasthof Fraundorfer, em Ludwigstrasse.*

Hotel-Gastof Drei Mohren PARTENKIRCHEN Esse hotel de propriedade e administração familiar oferece acomodações confortáveis a preços moderados; os quartos são confortáveis, mas sem muito exagero. **Ludwigstrasse 65. ☎ 08821/9130. Fax 08821/18974. www. dreimohren.de. 29 quartos. Diárias para duas pessoas de 70€ a 110€ com café da manhã. AE, DC, MC, V.**

crianças **Hotel Hilleprandt** GARMISCH Este chalé, com quartos agradáveis, varandas de madeira, um belo jardim e cenário de montanhas cobertas de florestas, fica próximo ao Zugspitze Bahnhof (estação ferroviária) e ao Estádio Olímpico de Gelo. **Riffelstrasse 17. ☎ 08821/9443-040. www.hotel-hilleprandt.de. 13 quartos. Diárias para duas pessoas de 84€ a 120€, com café da manhã. MC, V.**

[1] N.E.: Iodelei é o tipo de canto que utiliza sílabas fonéticas, criando um som que se repete e muda várias vezes. Iodeleis também são aqueles que praticam esse canto.

Informações Úteis Sobre o Sul da Baviera e os Alpes Bávaros

> *Teleféricos oferecem vistas incomparáveis aos visitantes que sobem para o topo da Zugspitze e outras montanhas alpinas.*

Serviços de Reservas de Hospedagem
Ligue para o **Hotel Reservation Service** (☎ 0870/243-0003; www.hrs.de) de qualquer lugar da Alemanha. Centros de informações turísticas nas estações de trem e nas cidades maiores (Munique, Lindau, Füssen, Garmisch-Partenkirchen e Berchtesgaden) oferecem serviços de reservas de quartos de hotéis e B&Bs.

Caixas Automáticos (ATM)
Todas as principais cidades dessa região — Munique, Lindau, Füssen, Garmisch-Partenkirchen e Berchtesgaden — têm bancos e estações de trem com ATMs (*Geldautomaten*).

Dentistas e Médicos
Se você tiver algum problema médico ou dentário que não seja muito grave ao viajar pela Alemanha, a maioria dos hotéis lhe indicará um médico (*Arzt*) ou dentista (*Zahnarzt*) local que fala inglês. Você deve fornecer uma prova de seguro permanente ou de viagem (como um cartão EHIC no caso da maioria dos residentes na Europa), ou terá de pagar pelo tratamento. No caso de ferimentos menos importantes que requeiram tratamento rápido, vá ao departamento *Notaufnahme* (emergência) do *Krankenhaus* (hospital) mais próximo. Se o caso for grave ou de risco de vida, chame o número médico/ambulância de emergência (veja "Emergências" a seguir).

Emergências
Para chamar a polícia (*Polizei*) disque ☎ **110**. Para informar sobre um incêndio, chamar um médico de emergência (*Notarzt*) ou uma ambulância (*Krankenwagen*) disque ☎ **112.**

Chegando Lá
O aeroporto internacional mais próximo é o **Franz Josef Strauss International Airport,** de Munique (☎ 089/9752-1313; www.munich-airport.com); você pode voar para lá direto de cidades dos EUA, Reino Unido, Alemanha e Europa. Munique fica 179 km (111 milhas) ao nordeste de Lindau, a cidade mais a oeste da Estrada Alpina Alemã.

Circulando
A Alemanha é servida por uma excelente linha ferroviária, e um carro não é necessário se você estiver se restringindo às principais cidades cobertas neste capítulo (Munique, Lindau, Füssen, Garmisch-Partenkirchen e Berchtesgaden). Se, entretanto, quiser explorar o sul da Baviera e os Alpes Bávaros, ter um veículo é essencial. Você também precisará de um mapa de estradas regionais detalhado (Hallweg ou Michelin); você pode comprar um nas livrarias do aeroporto de Munique e na maioria das bancas de revista. A maioria das principais agências de aluguel de automóveis internacionais têm escritórios no aeroporto de Munique, incluindo a **Avis** (☎ 800/331-1212; www.avis.com), **Budget** (☎ 800/527-0700; www.budget.com) e **Hertz** (☎ 800/654-3001; www.hertz.com). Você também pode alugar um carro através da **Rail Europe** (☎ 888/382-7245; www.raileurope.com).

Acesso à Internet
Quase todos os hotéis da Alemanha, até os de cidades menores, agora oferecem Wi-Fi e/ou banda larga. Se o seu não tiver, pergunte ao recepcionista ou no escritório de turismo se há um café com internet nas vizinhanças.

Farmácias
Em uma farmácia alemã, chamada *Apotheke,* o pessoal treinado pode recomendar medicamentos do balcão para muitas indisposições comuns.

Para obter cosméticos e artigos de perfumaria, vá a uma *Drogerie*. As farmácias alemãs ficam abertas no horário comercial normal. Elas se revezam para ficar abertas à noite, nos domingos e em feriados, e cada *Apotheke* coloca uma lista das que estão abertas nestes horários.

Polícia

Para relatar uma perda ou roubo, como carteira ou passaporte, visite a polícia local (*Polizei*). Para chamar a polícia de qualquer lugar da Alemanha, disque ☎ **110.**

Correios

Você reconhecerá filiais do **Deustche Post** (☎ 0182/3333; www.deutschepost.de) pelo seu sinal amarelo com uma buzina preta. Os correios ficam abertos de segundas às sextas, das 8 h às 18 h, sábados das 8 h ao meio-dia.

Segurança

Essa área da Alemanha é completamente segura para turistas, mas use do bom senso e não deixe objetos valiosos à vista quando estacionar seu carro próximo a uma área turística, igreja ou local histórico.

Telefones

Ligue para ☎ 11837 para obter informações e ☎ 11834 para informações internacionais. O código da área de Berchtesgaden é 08652; Garmisch-Oartenkirchen é 08821. Disque o código da área ao ligar para um número na cidade. Há telefones públicos em muitos locais — alguns aceitam moedas e outros cartões telefônicos, disponíveis em agências de correios e bancas de revistas.

Banheiros

Em alguns locais você encontrará banheiros públicos limpos (*Toilette* em alemão; pronuncia-se tuá-lé-té), muitos deles com acesso automático e para cadeira de rodas; você precisa de uma moeda de 0,50€ para destrancar a porta. Mais convenientes e espalhados são os banheiros em cafés, bares, restaurantes, hotéis, shopping centers, algumas lojas, em paradas de autoestradas e áreas de descanso. Mesmo se você não for obrigado a pagar, é costume deixar 0,50€ para o atendente.

Passeios

A Excursões Panorâmicas (☎ 89/5490-7560; www.autobusoberbayern.de), baseada em Munique, oferece passeios para atrações por todo o sul da Baviera. Visitas guiadas pelos castelos de Ludwig e os lagos bávaros podem ser arranjadas através da **European Castles Tours**, Astrid Baur Hotel, Hoehenstrasse 8, 87629 Hopfen am See (☎ 202/580-8732 nos EUA ou ☎ 171/546-6839 na Alemanha; www.europeancastlestours.com). Passeios em carros particulares pelos castelos e pela região inteira estão disponíveis pela **John's Bavarian Tours**, Auerfeldstrasse 20, 81541 Munique (☎ 162/320-7323; www,johns-bavarian-tours.com).

Informações para Visitantes

Para obter mais informações sobre a Baviera, você talvez queira entrar em contato com a junta de turismo local: **Bayern Tourismus Marketing**, Leopoldstrasse 146, 80804 Munique (☎ 089/212-3970; www.bayern.by). Mais sobre a Estrada Alpina Alemã está disponível na **Touristikverein Deustche Alpenstrasse**; c/o Tourismusverband München-Obernayern, Radolfzeller Strasse 15, 81243 München (☎ 089/829-2180; www.deutsche-alpenstrasse.de). Informações sobre o Nationalpark Berchtesgaden estão disponíveis em **Nationalparkverwaltung Berchtesgaden**, Doktorberg 6, 83471 Berchtesgaden (☎ 08652/968-640, www.nationalpark-berchtesgaden.bayern.de).

Além dos fornecidos pelas listagens individuais de cidades, outros escritórios de turismo são os seguintes: **BERCHTESGADEN** Königsseestrasse 2. ☎ 08652/964-960; www.berchtesgaden.de; de segundas às sextas, das 8 h 30 min às 17 h, sábados das 9 h ao meio-dia. **GARMISCH-PARTENKIRCHEN** Richard-Strauss-Platz 2; ☎ 08821/180-770; www.gapa.de; de segundas a sábados, das 8 h às 18 h, domingos, das 10 h ao meio-dia.

8

A Floresta Negra e o Bodensee

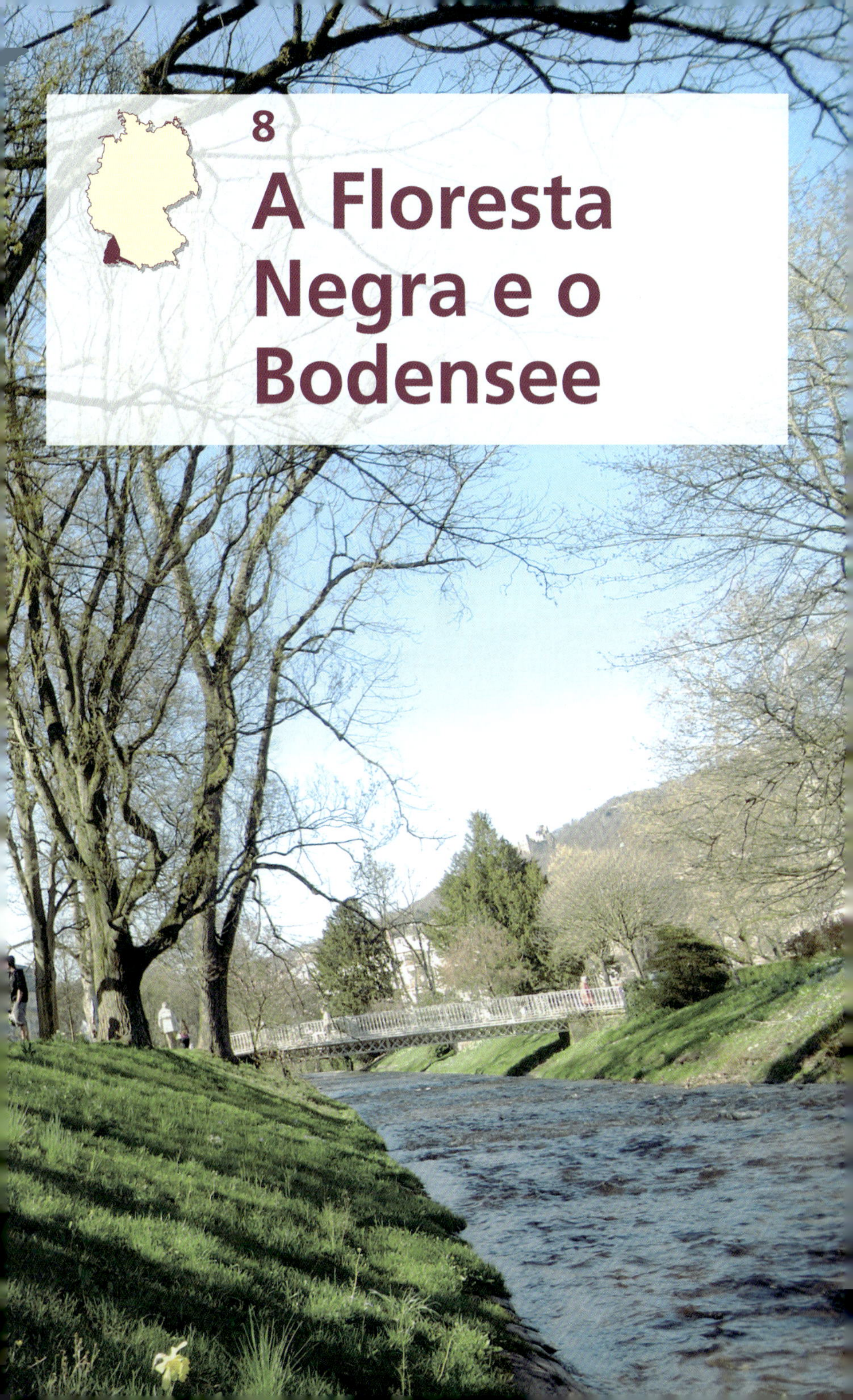

A Floresta Negra e o Bodensee em 3 Dias

O lado sudoeste da Alemanha tem como referências a lendária Schwarzwald, ou Floresta Negra, e o Bodensee (Lago de Constança), um dos grandes lagos europeus. Vinhedos e pomares se espalham em meio ao clima ensolarado e ameno da região. Esse passeio mostra os pontos de visualização da Floresta Negra, assim como a glamorosa Baden-Baden, um spa com águas termais e um elegante cassino; Freiburg im Breisgau, uma cidade universitária medieval; e Lindau, uma bela cidade e resort no Bodensee que aproveita a fragrância mediterrânea. Passe uma noite em cada uma e você terá uma ótima ideia do requinte que esse canto da Alemanha tem a oferecer.

> *PÁGINA ANTERIOR: O Lichtentaler Allee é um parque elegante e repleto de plantas que se estende pelo rio Oosbach, em Baden-Baden. NESTA PÁGINA: A Rathausplatz, de Freiburg im Breisgau, é conhecida pelas suas castanheiras.*

PONTO DE PARTIDA Baden-Baden fica a 182 km (113 milhas) ao sul de Frankfurt na A5 (uma viagem de carro de aproximadamente 2 horas); e 320 km (199 milhas) a leste de Munique na A8 (3 horas). É facilmente acessível por trem de qualquer lugar da Alemanha (é uma viagem de 4 horas saindo de Munique, ou 3 horas partindo de Frankfurt). DURAÇÃO DA VIAGEM: 407 km (253 milhas), incluindo o passeio de Freiburg.

1 ★★ **Baden-Baden.** O spa mais famoso da Floresta Negra ganhou fama no século XIX, mas as pessoas têm entrado nas suas águas quentes desde a época dos romanos, quando o imperador Caracala veio mergulhar seus ossos com artrite nas piscinas termais. Você mesmo pode experimentar esse aspecto único da cultura de saúde de Baden-Baden nos gigantescos complexos de banho de **Friedrichsbad** ou **Caracalla Therme**.

Depois, passe algumas horas caminhando pela **Lichtentaler Allee**, beba a famosa água do **Trinkhalle** e observe o famoso cassino em meio aos jardins. O novo **Museum Frieder Burda** possui uma maravilhosa coleção de pinturas e esculturas modernas. 🕒 **1 dia. Para obter informações sobre Baden-Baden, incluindo recomendações de hotéis e restaurantes, ver pág. 380.**

Viajando de Trem

Você pode chegar a todas as três cidades apresentadas nesse capítulo de trem, mas se quiser explorar o interior — o itinerário inclui um belo passeio saindo de Freiburg — ter um carro tornará o passeio melhor.

Pegue a A5 no sentido sul até Freiburg im Breisgau (115 km/71 milhas), uma viagem de 75 minutos de carro; ou, se você tiver tempo (pelo menos 5 horas) e quiser ver mais da Floresta Negra, pegue a maravilhosa Estrada da Crista da Floresta Negra (pág. 362).

2 ★★ **Freiburg im Breisgau.** Maior cidade da Floresta Negra, Freiburg tem em torno de 200 mil habitantes e 30 mil alunos estudando na sua

> *O gigantesco e magnífico complexo de banho a vapor e água fresca romano–irlandês de Friedrichsbad, em Baden-Baden, foi construído na década de 1840.*

famosa universidade. Devido à sua localização protegida em um plano cercado por montanhas, Freiburg está no centro de uma das regiões vinícolas mais antigas da Alemanha (veja o roteiro de "Vinhedos da Floresta Negra" na pág. 370). Freiburg é uma localidade para ser aproveitada simplesmente passando algumas horas em sua Altstadt (Cidade Antiga) medieval, onde pequenos riachos chamados *Bächle* correm em canais pelas calçadas. Admire a Gothic Münster (Catedral) e, se você estiver com vontade de visitar museus, vá ao **Augustinermuseum** (Museu dos Monges Agostinianos), com sua coleção de arte religiosa e esculturas medievais de madeira. Também é possível passear em trilhas ou pegar um trem até um local de observação chamado **Schlossberg**. ⌚ **Meio dia. Para obter informações sobre Freiburg im Breisgau, incluindo recomendações de hotéis e restaurantes, ver pág. 384.**

De Freiburg im Breisgau, vá para o sul na Günterstalstrasse/L124 e siga a estrada estreita e sinuosa até Schauinsland (18 km/11 milhas), uma viagem de aproximadamente 25 minutos.

3 Schauinsland. Do estacionamento do local, você pode subir os 91 degraus da torre de observação para ter uma vista panorâmica de Feldberg, que você visitará depois (6) durante esse passeio que vem de Freiburg. Essa área também tem trilhas fáceis de percorrer. ⌚ **15 minutos.**

Continue para o sul na L124 e B317, agora para a aldeia de Todtnau (14 km/8,75 milhas), em torno de 15 minutos de viagem de carro.

4 ★ Todtnau. Este vilarejo da Floresta Negra é um centro esportivo regional e uma base de alpinistas. Um caminho marcado de 1,6 km (1 milha) leva do vilarejo a uma impressionante sequência de quedas d'água. ⌚ **1 hora para chegar às quedas e voltar.**

Continue para o sul na B317, para Utzenfeld, e siga a L142 para o noroeste até Belchen (17 km/11 milhas), uma viagem de cerca de 25 minutos de carro.

5 ★★ Belchen. A linhas de bondinho Belchen Seilbahn levam os visitantes para o topo desse famoso pico, onde é possível ter uma das mais espetaculares vistas da Floresta Negra. Do topo, você pode ver Feldberg e outras montanhas próximas, pastos verdes nas ladeiras, telhados dos vilarejos e o vasto plano do rio Reno, a oeste. ⌚ **90 minutos para a viagem de gôndola e a chegada ao topo. Belchenstrasse 13. ☎ 07673/888-280. Gôndola 6,80€. Diariamente, das 9 h às 5 h.**

De Belchen, volte na L142 E B317 para Todtnau e continue em sentido nordeste na B317 para Feldberg (18 km/11 milhas), um trajeto de aproximadamente 35 minutos.

6 ★ Feldberg. Outro bondinho, chamado Feldbergbahn, leva turistas ao topo de um pico chamado Seebuck, de 1.450 m (4.760 pés) de altura, que permite ver o ponto mais alto das montanhas do sul dos Alpes. ⌚ **1 hora para o passeio de bondinho e a chegada ao topo. ☎ 07655/8019. Bondinho 6,80€. Diariamente, de 9 h às 16 h 30 min.**

Continue para o leste na B317 e vá para o sul na B500 até Schluchsee (17 km/10 milhas), em torno de 20 minutos de carro.

7 Schluchsee. O Schluchsee é um dos lagos mais bonitos da Floresta Negra —também é a

> *O bondinho de Belchen Seilbahn leva os visitantes em uma subida de uma milha até a vista espetacular no pico da montanha.*

maior extensão de água da região, e um centro de esportes aquáticos de todos os tipos.

De Schluchsee, volte para o norte pela B500 e K4962 até Titisee (17 km/11 milhas), em torno de 20 minutos de carro. Pelo caminho você passará pelo Naturalpark Schwarzwald, uma área protegida que engloba algumas das qualidades mais pitorescas da Floresta Negra.

8 ★ **Titisee.** Como uma joia nas colinas baixas e arborizadas do sul da Floresta Negra, este lago é popular entre nadadores, barqueiros e amantes de trilhas.

Retorne para passar a noite em Freiburg im Breisgau indo para noroeste pela B31/B500 (29 km/18 milhas, em torno de 30 minutos de carro); ou dirija para o sudeste na B31, até Lindau (147 km/91 milhas, cerca de 2 horas de carro) e durma lá. A B31 também é o melhor caminho a pegar se você estiver dirigindo de Freiburg a Lindau.

9 ★★ **Lindau.** Lindau não é um lugar para atividades muito turísticas. Nade, ande de bicicleta, caminhe e aproveite o clima quase mediterrâneo dessa pequena ilha e resort no Bodensee. Você pode ver tudo em uma caminhada de 2 horas pela bela Altstadt (Cidade Antiga). ⏲ Meio dia. Para obter informações sobre Lindau, incluindo recomendações de hotéis e restaurantes, ver pág. 390.

Destaques da Floresta Negra

Se você quiser conhecer melhor o interior, pode fazer um fácil circuito de 145km (90 milhas) por uma das partes mais bonitas da Floresta Negra (paradas 3–8 desse itinerário) e estar de volta a Freiburg a tempo de jantar. Pelo caminho, você passa por cachoeiras, dois dos maiores picos da floresta (ambos com teleféricos) e dois dos seus lagos mais bonitos. Reserve uma tarde inteira, ou pelo menos 5 horas, para fazer esse passeio. Se você não tiver tempo, vá direto a Lindau, parada 9 desse roteiro.

A Floresta Negra e o Bodensee em 5 Dias

A Floresta Negra e o Bodensee oferecem diversos destaques para ver e descobrir. Esse itinerário melhora o itinerário de três dias, adicionando uma jornada inteira de Freiburg im Breisgau até alguns vilarejos charmosos, que ainda fazem relógios cuco, e outra que vai de Lindau à mágica ilha de jardins de Mainau. Você também terá a oportunidade de passar algum tempo extra em Freiburg e Linau, e talvez passar a noite em uma casa de hóspedes no aconchegante interior.

> *Mainau, uma ilha de clima semitropical no Bodensee, possui um castelo em estilo barroco, laranjeiras e flores que permanecem desabrochadas durante todo o ano.*

PONTO DE PARTIDA **Baden-Baden fica 182 km (113 milhas) ao sul de Frankfurt na A5 (em torno de 2 horas de carro); e 320 km (199 milhas) a oeste de Munique na A8 (3 horas). É facilmente acessível de trem a partir de qualquer lugar da Alemanha (4 horas de Munique, 3 horas de Frankfurt).** DURAÇÃO DA VIAGEM **533 km (344 milhas).**

1 ★★ Baden-Baden. 🕒 1 dia. Para obter informações sobre Baden-Baden, incluindo recomendações de hotéis e restaurantes, ver pág. 380.

Pegue a A5 para o sul até Freiburg im Breisgau (115 km/71 milhas), uma viagem de 75 minutos de carro; ou, se tiver mais tempo (pelo menos 5 horas) e quiser ver mais da Floresta Negra, pegue a Estrada da Crista da Floresta Negra (pág. 362).

2 ★★ Freiburg im Bresgau. 🕒 1 dia. Para obter informações sobre Freiburg im Bresgau, incluindo recomendações de hotéis e restaurantes, ver pág. 384.

Pegue a B31 para sudeste até Titisee-Neustadt e comece a percorrer a Estrada Alemã dos Relógios (35 km/22 milhas), em torno de 35 minutos de carro.

3 ★★ A Estrada Alemã dos Relógios. Reserve um dia inteiro para explorar o interior da Floresta Negra, onde a tradição de produção de relógios vem desde meados do século XIX e continua até hoje. Você vai querer se dar tempo suficiente no final do dia para a viagem de 2 horas e 15 minutos de Gütenbach (no final da Estrada Alemã dos Relógios) até Lindau. 🕒 1 dia. Ver "Guardando Tempo: A Estrada Alemã dos Relógios", pág. 366.

Lindau fica a 155 km (96 milhas) ao sudeste de Gütenbach na B31, uma viagem de em torno de 2 horas e 15 minutos de carro.

4 Lindau. 🕒 1 dia. Para obter informações sobre Lindau, incluindo recomendações de hotéis e restaurantes, ver pág. 390.

A ilha de Mainau, em torno de 52 km (32 milhas) a oeste de Lindau, é uma ótima opção de passeio a ser feito a bordo de um barco.

5 ★★ **Mainau.** O centro desta ilha semitropical, onde palmeiras e laranjeiras crescem e flores com fragrâncias permanecem belas o ano todo, é um castelo em estilo barroco. Em 1853, o Grão-duque Frederico I de Baden comprou as ilhas como uma residência de verão. Apaixonado por plantas, ele estabeleceu as fundações do Arboreto (viveiro de plantas), o Jardim das Rosas e o Laranjal, jardins que seu bisneto, o Conde Lennart Bernadotte, desenvolveria posteriormente. Palmeiras, árvores cítricas e frutíferas, orquídeas, azaleias, rododendros, dezenas de milhares de tulipas (na primavera) e rosas (no verão) enchem os jardins desta maravilha botânica de 110 acres (45 hectares). Borboletas de todo o mundo voam e flutuam pela Casa das Borboletas. A ilha tem uma exuberância mediterrânea que convida a caminhar bem devagar, além de cafés e restaurantes onde você pode jantar ou tomar um drinque. 🕒 **5 horas, incluindo ida e volta de balsa desde Lindau. ☎ 07531/3030. www.mainau.de. Entrada 16€. Diariamente de meados de março a meados de outubro, das 7 h às 20 h, no inverno das 9 h ao anoitecer. Balsas diariamente de Lindau pela Bodensee-Schiffsbetriebe, Schützingerweg 2. ☎ 08382/275-4810. www.bsb-online.com. O Kombiticket, de ida e volta, custa 35€ e inclui a balsa e a entrada em Mainau.**

A Estrada da Crista da Floresta Negra

Uma das mais belas e populares viagens de carro na Alemanha, a Schwarzwaldhochstrasse (Estrada da Crista da Floresta Negra) percorre quase toda a extensão da floresta, de Baden-Baden a Freiburg im Breisgau. Uma grande parte do caminho de 232 km (144 milhas) segue os topos das montanhas (daí a origem do nome) com altitudes em torno de 1.000 m (3.250 pés). Você pode dirigir pela Estrada da Crista em um dia, usando-a como estrada de Baden-Baden até Freiburg, mas pode querer dividir a viagem e parar à noite em Triberg ou em um dos outros charmosos vilarejos. A Estrada da Crista é repleta de pontos de observação que mostram a fabulosa beleza natural das partes norte e central da Floresta Negra.

> *O belo altar da igreja St. Peter, na Floresta Negra, é em estilo rococó e recebeu os corpos dos duques de Zahringen.*

PONTO DE PARTIDA Baden-Baden fica 182 km (113 milhas) ao sul de Frankfurt na A5 (em torno de 2 horas de carro); e 320 km (199 milhas) a oeste de Munique na A8 (3 horas). É facilmente acessível de trem a partir de qualquer lugar da Alemanha (4 horas de Munique, 3 horas de Frankfurt). DURAÇÃO DA VIAGEM 267 km (166 milhas) e 1 ou 2 dias.

1 ★★ **Baden-Baden.** Para obter informações sobre Baden-Baden, incluindo recomendações de hotéis e restaurantes, **ver pág. 380.**

De Baden-Baden, pegue a B500 para o sul até Mummelsee (20 km/17 milhas), em torno de 30 minutos de carro.

2 **Mummelsee.** Localizado abaixo do Hornisgrinde — ponto mais alto ao norte da Floresta Negra, a 1.164 m (3.819 pés) de altura —, este pequeno e pitoresco lago, cheio de pinheiros e abetos recebeu seu nome inspirado no lendário *Mümmeln* (duende das águas), que diziam que vivia nas suas profundezas escuras e geladas.

Continue ao sul pela B500 até Ruhestein (15 km/9 milhas), e dobre à esquerda na L401, para o vale Allerheiligen. Ele fica em torno de 17 km (11 milhas) ao sul de Ruhestein.

3 ★ **Allerheiligen.** Tudo o que restou desse mosteiro do século XIII são o pórtico, as paredes do transepto e a capela gótica poligonal. Em torno de 2 km (1,25 milha) além das ruínas da abadia, um caminho estreito, com paredes de pedra e árvores gigantescas, leva à Allerheiligen Wasserfälle (queda d'água). **1 hora, incluindo a caminhada de 45 minutos para e da queda d'água.**

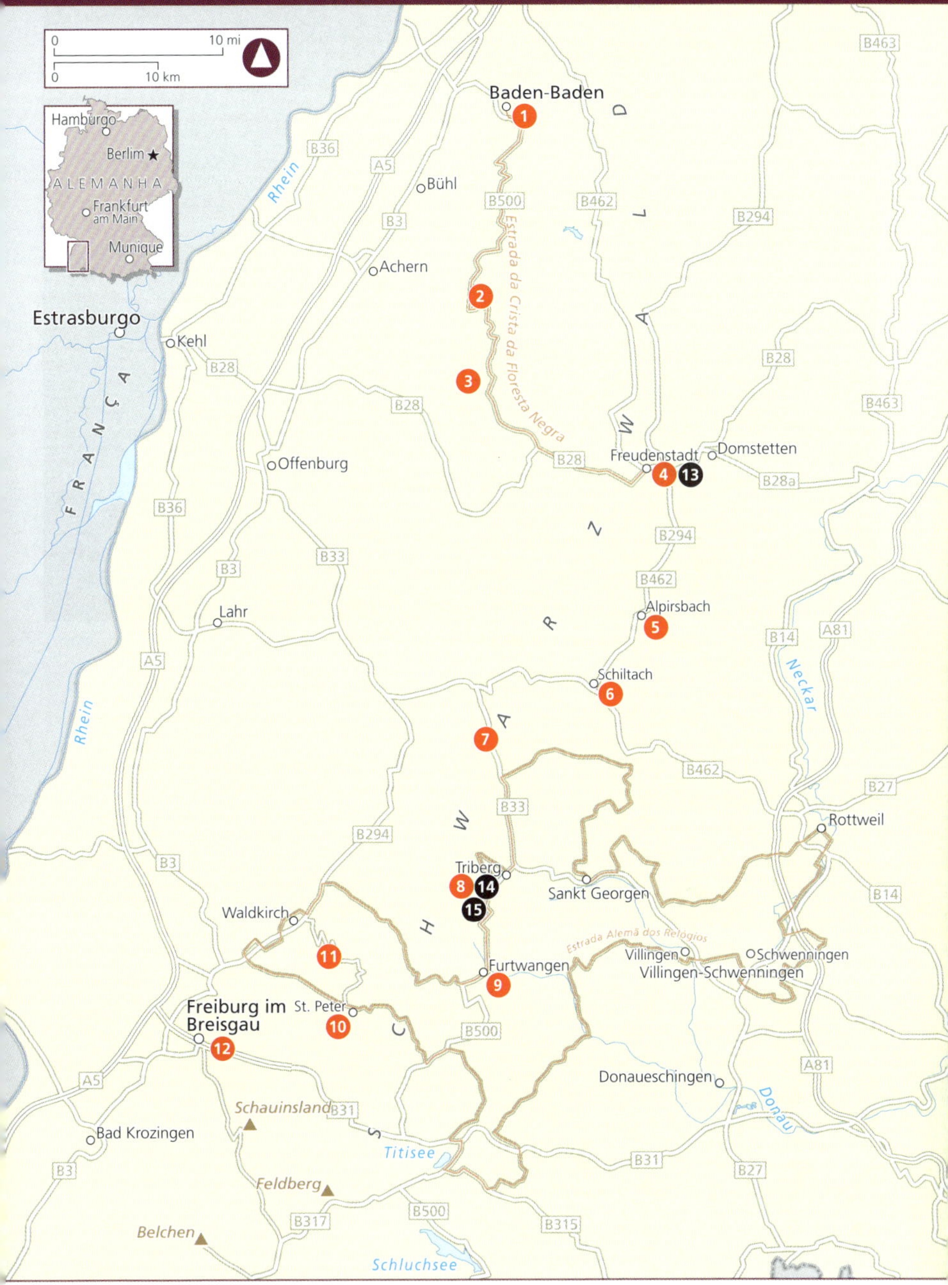

1 Baden-Baden
2 Mummelsee
3 Allerheiligen
4 Freudenstadt
5 Alpirsbach
6 Schiltach
7 Schwarzwälder Freilichtmuseum Vogtsbauernhof
8 Triberg
9 Furtwangen
10 St. Peter
11 Kandel
12 Freiburg im Breisgau

Onde Ficar e Jantar

Jägerstüble **13**

Romantik Parkhotel Wehrle **14**

Römischer Kaiser **15**

> *A bela Estrada da Crista da Floresta Negra vai de Baden-Baden a Freiburg im Bresgau, passando por belas serras, colinas e florestas.*

Continue para o sul pela L401 e dobre à esquerda na Oppenau, onde uma estrada de montanha íngreme sobe de volta para a B500. Pegue a B500 para leste por 31 km (19 milhas) até Freudenstadt, em torno de 35 minutos de carro.

4 **Freudenstadt.** Construída por ordem do Duque de Württemberg no século XVII, Freudenstadt foi destruída por um incêndio em 1945, mas em 1950 acabou reerguida de acordo com a planta original. Passe alguns minutos vendo as casas com arcos e a Stadtkirche (Igreja Municipal), do século XVII, que cercam a enorme Marktplatz (Praça do Mercado) da cidade, considerada a maior da Europa.

De Freudenstadt, a Estrada da Crista passa pelos vales de Kinzig e Elt, passando por diversos vilarejos antes de chegar a Alpirsbach, em torno de 60 km (37 milhas) ao sul de Freudenstadt na N294 e B462.

5 **Alpirsbach.** Pare nesse belo vilarejo e gaste alguns minutos para ver a igreja (Karlstrasse 12), uma rara basílica com pilares românicos com três corredores, construída entre 1125 e 1135 e ligada aos prédios de um antigo mosteiro beneditino. O local ainda tem seu abside do século XII, e uma estrutura de suporte pouco comum, sustentada em colunas em vez de no chão, e traços de pinturas do século XII na parede; a escultura da abóboda e os muros adjacentes foram construídos em estilo gótico.

Dica de Viagem

Você precisa de um carro para esse passeio, e deve estar preparado para encarar algumas estradas íngremes e sinuosas.

Schiltach fica 9 km (5,5 milhas) ao sudoeste de Alpirsbach, na B294 e B462.

6 ★★ **Schiltach.** Passe algum tempo andando por essa linda aldeia da Floresta Negra. A localidade fica em um vale duplo formado pela confluência dos rios Schiltach e Kinzig, e possui uma série de construções de prédios com partes em madeira ainda bem preservadas em torno de sua Marktplatz (Praça do Mercado), que fica profundamente inclinada — sem dúvida, uma imagem peculiar. 🕒 **30 minutos.**

O Schwarzwälder Freilichtmuseum está em Gutach, 16 km (10 milhas) a oeste de Schiltach na B294.

7 ★★ **Schwarzwälder Freilichtmuseum Vogstbauernhof.** O Schwarzwälder Freilichtmuseum (Museu ao Ar Livre da Floresta

Negra), ao ar livre, dá aos visitantes uma bela introdução à história doméstica e agrícola da Floresta Negra. A fazenda Vogstbauern, ainda no seu estado original de 1570, é mostrada junto com outras cinco casas de fazenda e anexos históricos trazidos de diversos locais. Cada uma é diferente: uma tem dois andares com um chão separando a parte em que vivem as pessoas dos estábulos dos animais; em outra, ficam todos sob o mesmo teto. Utensílios, mobiliário e itens da fazenda ficam em exibição nos diversos prédios. 🕒 **2 horas para uma visita sem pressa. Wählenhöfe (na B33 entre Hausach e Gutach). ☎ 07831/93560. Entrada 6€. De abril a outubro, das 9 h às 18 h (agosto até 19 h).**

Do museu, pegue a B33 e a B500 ao sul para Triberg (18 km/11 milhas), em torno de 20 minutos de carro.

8 **Triberg.** 🕒 30 minutos. Ver pág. 368, 6.

Continue para o sul na B500 até Furtwangen (16 km/10 milhas), em torno de 20 minutos de carro.

9 **Furtwangen.** O destaque dessa pequena cidade produtora de relógios é o Deutsches Uhrenmuseum (Museu Alemão do Relógio), com sua maravilhosa coleção de relógios da Floresta Negra. 🕒 **De 30 a 45 minutos.** **Ver pág. 369, 8.**

Continue para o sul na B500 pelo Hexenloch, um desfiladeiro íngreme arborizado com quedas d'água. Dobre à direita (norte) na L128 e L127. Entre St. Märgen e St. Peter, as curvas mostram ótimos panoramas dos vales. St. Peter está a 31 km (19 milhas) de Furtwangen; esta esticada leva em torno de 40 minutos de carro.

10 ★ **St. Peter.** Vale a pena parar nesse vilarejo para visitar **St. Peter auf dem Schwarzwald** (São Pedro na Floresta Negra), uma bela igreja barroca ao lado de um antigo mosteiro beneditino. Local onde foram enterrados os duques de Zähringen, lá também é possível ver estátuas do grande escultor J. A. Feuchtmayer. A extravagância do interior em estilo rococó tem como exemplos o altar alto, pinturas no teto e uma elegante biblioteca decorada com estuques delicados. 🕒 **15 minutos.**

De St. Peter, pegue a L112 para o noroeste até Kandel (12 km/7,5 milhas).

11 ★★ **Kandel.** Essa é uma das poucas montanhas da Floresta Negra em cujo topo dá para ter uma visão panorâmica da região rural ao redor, o que inclui o Vosges, Feldberg, Belchen e o maciço de Kaiserstühl, repleto de vinhedos, próximo a Freiburg. 🕒 **30 minutos a pé do estacionamento, indo até o ponto de visualização e voltando.**

Freiburg im Breisgau fica 15 km (9 milhas) ao sudoeste de Kandel pela L112 e B3, em torno de 20 minutos de carro.

12 ★★ **Freiburg im Breisgau.** Ver pág. 384.

Onde Ficar e Jantar

Jägerstüble FREUDENSTADT *ALEMÃO/SUÁBIO* Pratos locais vigorosos, como o *Eisbein* (perna de vitela) com chucrute e carne de veado ensopada e apimentada, estão no cardápio desse popular restaurante, uma recriação de uma antiga taverna da Floresta Negra, **Marktplatz 12. ☎ 0744/2387. www.jaegerstueble-fds.de. Entrada de 12€ a 18€. MC, V. Café da manhã, almoço e jantar diariamente.**

★ **Romantik Parkhotel Wehrle** TRIBERG A melhor estalagem tradicional da região data do século XVII e oferece muito conforto no seu prédio principal. Também há um chalé mais novo tipo resort, com piscina, e quartos com varanda. **Gartenstrasse 24. ☎ 07722/86020. www. parkhotel-wehrle.de. 50 quartos. Diárias para duas pessoas de 140€ a 210€ com café da manhã. AE, DC, MC, V.**

Römischer Kaiser. TRIBERG De propriedade da mesma família desde 1840, essa casa de hóspedes à moda antiga oferece quartos que mudam de tamanho e formato, mas têm em comum o ambiente aconchegante e confortável a um preço razoável. **Sommerauerstrasse 35 (1,5 km/1 milha fora de Triberg). ☎ 07722/96940. www. roemischer-kaiser.com. 27 quartos. 72€ a 88€ com café da manhã. AE, MC, V (são cobrados 4% adicionais se o pagamento for feito com cartão de crédito).**

Marcando o Tempo: A Estrada Alemã dos Relógios

Relógios têm sido produzidos na Floresta Negra desde 1667, quando o primeiro relógio de madeira foi construído em Waldau, e artefatos de todos os tamanhos e formatos têm sido e ainda são produzidos aqui. A pitoresca Deutsche Uhrenstrasse (Estrada Alemã dos Relógios) mostra museus, fábricas, lojas e pontos turísticos relacionados ao objeto, assim como belos vilarejos, casas com telhas de madeira e pradarias maravilhosas nas montanhas. O itinerário apresentado aqui relaciona as paradas mais interessantes ao longo do caminho. Você pode dirigir por ele em uma jornada grande, mas separe dois dias se quiser aproveitar completamente os pontos turísticos, incluindo a linda paisagem.

> *A Haus der 1000, de Gremmelsbach, tem na sua fachada aquele que talvez seja o maior relógio cuco do mundo.*

PONTO DE PARTIDA Titisee-Neudstadt fica a 35 km (22 milhas) ao sudeste de Freiburg im Breisgau na B31, em torno de 35 minutos de carro. DURAÇÃO DA VIAGEM 106km (66 milhas) e 1 ou 2 dias.

1 Titisee-Neustadt. O lago traz turistas e fãs de esporte, mas apaixonados por relógios vêm para visitar a **Fábrica de Relógios "Hönes"**, Bahnhofstrasse 12. (☎ 0765/1496; de segundas a sextas das 7 h 30 min ao meio-dia e das 13h 30 min às 15 h 30 min), que ainda produz e vende relógios cuco da Floresta Negra feitos à mão, e outros blindados. 🕒 **1 hora.**

De Titisee-Neustadt, pegue a L172 para o norte até Eisenbach (8,5 km/5,25 milhas), em torno de 10 minutos de carro.

2 Eisenbach. Faça uma parada rápida nessa pequena cidade resort para ver a exibição de relógios antigos de pulso e mostradores no

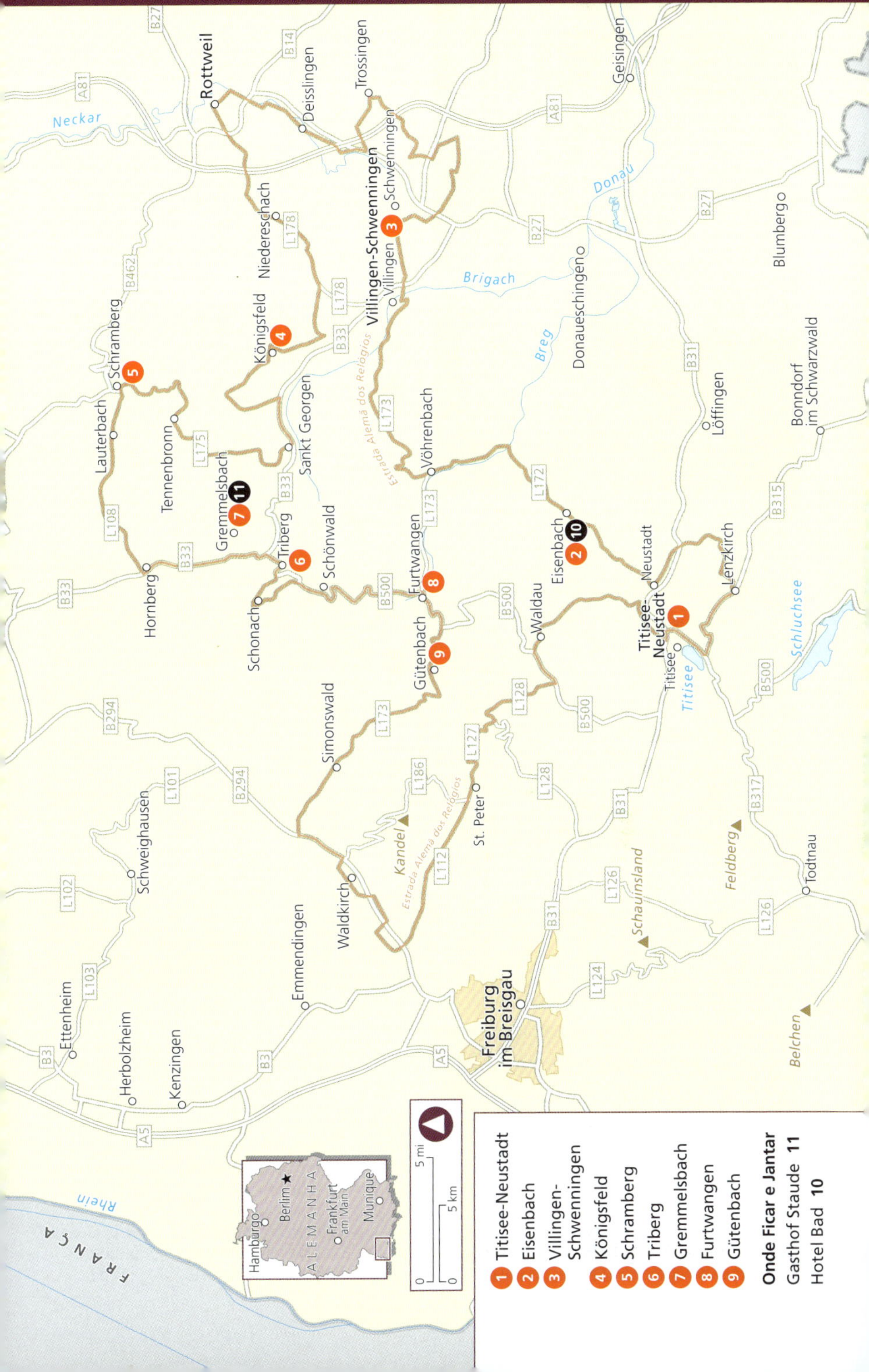
1 Titisee-Neustadt
2 Eisenbach
3 Villingen-Schwenningen
4 Königsfeld
5 Schramberg
6 Triberg
7 Gremmelsbach
8 Furtwangen
9 Gütenbach
Onde Ficar e Jantar
Gasthof Staude 11
Hotel Bad 10
0 5 km
0 5 mi
ALEMANHA
Hamburgo
Berlim
Frankfurt am Main
Munique
FRANÇA
Rhein
Neckar
Donau
Brigach
Breg
Titisee
Schluchsee
Estrada Alemã dos Relógios
Rottweil
Deisslingen
Trossingen
Schwenningen
Villingen-Schwenningen
Villingen
Geisingen
Niedereschach
Königsfeld
Schramberg
Lauterbach
Tennenbronn
Sankt Georgen
Gremmelsbach
Triberg
Schönwald
Hornberg
Schonach
Vöhrenbach
Furtwangen
Gütenbach
Simonswald
Waldkirch
Kandel
St. Peter
Waldau
Eisenbach
Neustadt
Titisee-Neustadt
Lenzkirch
Donaueschingen
Löffingen
Blumberg
Bonndorf im Schwarzwald
Feldberg
Schauinsland
Todtnau
Belchen
Freiburg im Breisgau
Emmendingen
Schweighausen
Ettenheim
Herbolzheim
Kenzingen
A81
A5
B27
B14
B462
B33
B500
B31
B315
B317
B294
B3
L178
L173
L175
L172
L108
L128
L127
L186
L112
L126
L124
L101
L102
L103

> *Um morador local com roupas típicas faz um tradicional chapéu da Floresta Negra, chamado de Bollenhut, no popular Schwarzwald Museum, ao ar livre, em Triberg.*

Heimatstube Wolfwinkelhalle, (Bei der Kirche 1; segundas e de quartas às sextas das 10 h ao meio-dia e das 14 h às 16 h). Passe no **Hotel Bad** (Hauptstrasse 55) para dar uma olhada rápida no grande relógio de horários mundiais de dupla face de 1865, criado pelo mestre relojoeiro Johann Baptist Beha e montado no restaurante do hotel.

De Eisenbach, pegue a L172, L180 e L181 para o nordeste até Villingen-Schwenningen (25 km/16 milhas), em torno de 30 minutos de carro.

3 ★ Villingen-Schwenningen. A primeira fábrica de relógios dessa cidade surgiu em 1858. Essa longa história se reflete em dois museus, e você pode passar por ambos em alguns minutos. O **Uhren-und Heimatmuseum** (Museu do Relógio e da História Local) exibe relógios de sol, de parede, com pêndulos e de bolso dos séculos XVII ao XIX (Kronenstrasse 16; ☎ 07720/822-371; entrada 2€; de domingos às sextas, das 10 h ao meio-dia e das 14 h às 16 h; sábados, das 14 h às 18 h). O **Uhrenindustriemuseum** (Museu da Indústria de Relógios) conta como a localidade obteve a reputação mundial de fabricante de relógios industriais (Burkstrasse 39; ☎ 07722/38044; entrada 3€; de terças a domingos, das 10 h ao meio-dia e das 14 h às 18 h).

Dica de Compras

Se você estiver procurando um relógio tradicional da Floresta Negra, mas não tem tempo ou interesse de passar por toda a Estrada dos Relógios, pode ir até Triberg (parada 6), 55 km (34 milhas) ao nordeste de Freiburg im Breisgau na B294 e B33, e encontrar lojas vendendo relógios cuco, esculturas em madeira ou caixas de música e outros artesanatos tradicionais.

De Villingen-Schwanningen, pegue a B33 para o norte até Königsfeld (12 km/7,5 milhas), 15 minutos de carro.

4 Königsfeld. Se você estiver procurando por um relógio antigo, passe na **UhrenFabrik Peter Auber** (Fábrica de Relógio Peter Auber), a única fábrica na Floresta Negra que produz relógios com blindagem laqueada nos padrões dos originais antigos; há um showroom e loja que vende produtos originais dos últimos 200 anos (Froedrichstrasse 12; ☎ 07725/3105).

De Königsfeld, pegue a L177, L420 e L175 para o norte até Schramberg (12 km/7,5 milhas), em torno de 15 minutos de carro.

5 ★ Schramberg. O **Stadtmuseum** (Museu da Cidade), em uma casa de campo do século XIX, tem exibições dedicadas à antiga indústria de fabricação de relógios e tem em seu acervo um raro "Relógio Arte", em estilo Art Nouveau, feito por Arthur Junghans em 1896 (Bahnofstrasse 1; ☎ 07422/29268; entrada franca; de terças às sextas, das 14 h às 18 h, sábados e domingos das 10 h ao meio-dia e das 14 h às 17 h). Peça ao escritório turístico o panfleto gratuito *Geschichtspfad Zeitreise* (caminhada pela trilha histórica), que descreve os prédios mais interessantes da cidade, a maioria deles ligada à produção de relógios. 🕒 **30 minutos. Informações turísticas: Haupstrasse 25. ☎ 07422/29215. www.typisch-schwarzwald.de**

De Schramberg, pegue a B33 para sudoeste até Triberg (24 km/15 milhas), 30 minutos de carro.

6 ★ Triberg. Há muito tempo Triberg é um centro de fabricação de relógios e sua rua principal é um paraíso para os compradores, com lojas vendendo todos os tipos imagináveis do objeto. Os visitantes também vêm caminhar em uma trilha que segue a correnteza de Gutach por um caminho maravilhoso até uma série de quedas d'água de 160 m (525 pés) por toda

> *A galeria do Deutsches Uhrenmuseum tem a maior coleção de relógios da Floresta Negra do mundo, assim como de outras partes do planeta.*

a floresta (a caminhada leva em torno de uma hora para ir e voltar). Roupas tradicionais da Floresta Negra e artesanato local são exibidos no **Schwarzwald Museum** (Wallfahrtstrasse 4. ☎ 07722/4434; entrada 4,50€; diariamente, das 10 h às 17 h) e na **Wallfahrtskirche Maria in der Tanne,** (Igreja de Peregrinação da Nossa Senhora do Firs, Clemens-Maria-Hofbauer-Strasse), que fica próxima e tem uma exibição de mobílias barrocas rústicas exuberantemente esculpidas e pintadas. 🕒 **30 minutos. Para recomendações de hotéis em Triberg, ver a pág. 365.**

Vá para o norte de Triberg na B33 e K5726 até Gremmelsbach (5,5 km/3,5 milhas), em torno de 10 minutos de carro.

7 Gremmelsbach. Vale a pena dar uma breve parada aqui para ver a seleção de relógios cuco clássicos de madeira na **Haus der 1000 Uhren** (Casa dos 1000 Relógios), com seu cuco gigante — considerado o maior do mundo — na fachada **(Hauptstrasse 8; ☎ 07722/96300; de segundas a sábados, das 9 h às 17 h). Josef Weisser, um pintor de faces de relógios, iniciou o negócio em 1824; seu tataraneto é o proprietário atual.**

De Gremmelsbach, pegue a L175 para o sul até Furtwangen (23 km/14 milhas), 30 minutos de carro.

8 ★ Furtwangen. Situada em um vale de uma montanha elevada, a cidade é local de um dos museus mais interessantes do passeio. Além da maior coleção de relógios da Floresta Negra do mundo, o **Deutsches Uhrenmuseum** (Museu Alemão do Relógio) mostra objetos de todas as partes do planeta, e de épocas diferentes (Robert-Gerwig-Platz 1; ☎ 07723/920-117; entrada 4€; diariamente, de abril a outubro, das 9 h às 18 h; de novembro a março, das 10 h às 17 h). 🕒 **30 minutos.**

De Furtwangen, pegue a L173 para oeste até Gütenbach (7 km/4,25 milhas), 10 minutos de carro.

9 Gütenbach. Esse vilarejo foi um dos centros históricos da fabricação caseira de relógios. Ao chegar, dê uma olhada rápida nas exposições do **Dorf-und Uhrenmuseum** (Museu do Vilarejo e do Relógio), que documentam o mundo dessa localidade da Floresta Negra e da fabricação de relógios à Revolução Industrial, além de incluir um bela coleção de relógios raros e pouco comuns (Dorerhof, 2. ☎ 0723/2526; entrada 2,50€; de meados de junho a setembro, quartas das 14 h às 17 h, e sábados das 11 h às 13 h).

De Gütenbach, volte para Freiburg im Breisgau na L128, uma distância de 44 km (27 milhas) e em torno de 1 hora de carro.

Onde Ficar e Jantar

Gasthof Staude GREMMELSBACH
Esse hotel na Floresta Negra fica a 900 metros (2.950 pés) de altura e tem quartos de hóspedes silenciosos e confortáveis, além de um restaurante de bons preços que serve especialidades regionais. Obertal 20. ☎ **07722/4802. www.gasthaus-staude.de. 14 quartos. Diárias para duas pessoas de 66€ a 84€. MC, V.**

crianças **Hotel Bad** EISENBACH
Popular entre amantes de trilhas e da vida no campo, esse hotel oferece quartos modernos e confortáveis, um bom restaurante e uma piscina e sauna. Hauptstrasse 55. ☎ **07657/1505. www.bogensporthotel.de. Diárias para duas pessoas por 66€ com café da manhã. MC, V.**

Os Vinhedos da Floresta Negra

Se você quiser visitar alguns vinhedos locais, o Kaiserstuhl, perto de Freiburg im Breisgau, é um bom lugar para passar em um passeio de carro por vinhedos de um dia de duração. Esse pequeno território de formações vulcânicas, entre a Basel-Freiburg Autobahn e o Reno, é onde você encontrará os melhores vinhos da região de Baden, cultivados em vinhedos em plataformas. O Kaiserstuhl também tem muitas opções de restaurantes, desde tavernas rurais rústicas a opções elegantes com estrelas da Michelin. *Observação*: Weingut significa vinhedo, ou propriedade rural de vinhos.

> *Os belos vinhedos de Oberrotweil.*

PONTO DE PARTIDA **Endingen fica a 26 km (16 milhas) ao norte de Freiburg im Breisgau na A5, em torno de 25 minutos de carro.** **DURAÇÃO DA VIAGEM** **38 km (24 milhas) e 1 dia.**

1 Weingut Schneider. Esse vinhedo em Endingen foi fundado em 1981. Ganhou uma grande reputação pelas uvas brancas, incluindo *Weissburgunder* (Pinot Blanc) e *Grauburgunder* (Pinot Gris), mas também produz um *Spätburgunder* vermelho (Pinot Noir). Königschaffhauserstrasse 2, Endingen am Kaiserstuhl. ☎ 07642/5278. www.weingutschneider.com. Sextas, das 15 h às 18 h. Sábados, das 9 h às 14 h.

De Endingen, pegue a L113, K4923 e K5128 para oeste até Bischoffongen (10 km/6 milhas), em torno de 10 minutos de carro.

2 Weingut Karl-Heinz Johner. O objetivo do vendedor de vinho deste vinhedo em Bischoffingen é fazer uma bebida que expresse melhor o *terroir* único de Kaiserstuhl. As referências aqui são os vermelhos estilo Borgonha, especialmente os vigorosos *Spätburgunders*, e um *Weissburgunder* de encher a boca, que alguns dizem ser melhor que seus primos Pinot Blanc encontrados seguindo o rio Reno, na Alsácia. Gartenstrasse 20, Vogstburg-Bischoffingen. ☎ 07662/604. www.johner.de. De segunda a sábado, das 14 h às 17 h.

De Bischoffingen, pegue a K4925, K5128 e L115 para o sul até Oberrotweil (3 km/2 milhas).

3 Weingut Salwey. Essa propriedade de administração familiar em Oberrotweil produz *Weissbungunders* florais e frutados, e *Grauburgunders* finos, assim como alguns *Spätburgunders* finamente aromáticos. Hauptstrasse 2, Oberrotweil am Kaiserstuhl. ☎ 07662/384. www.salwey.de. De segundas a sábados, das 9 h ao meio-dia, e das 14 h às 17 h (sábados até 16 h).

Freiburg im Breisgau fica 24 km (15 milhas) ao sudeste de Oberrotweil na L115, uma viagem de 30 minutos de carro.

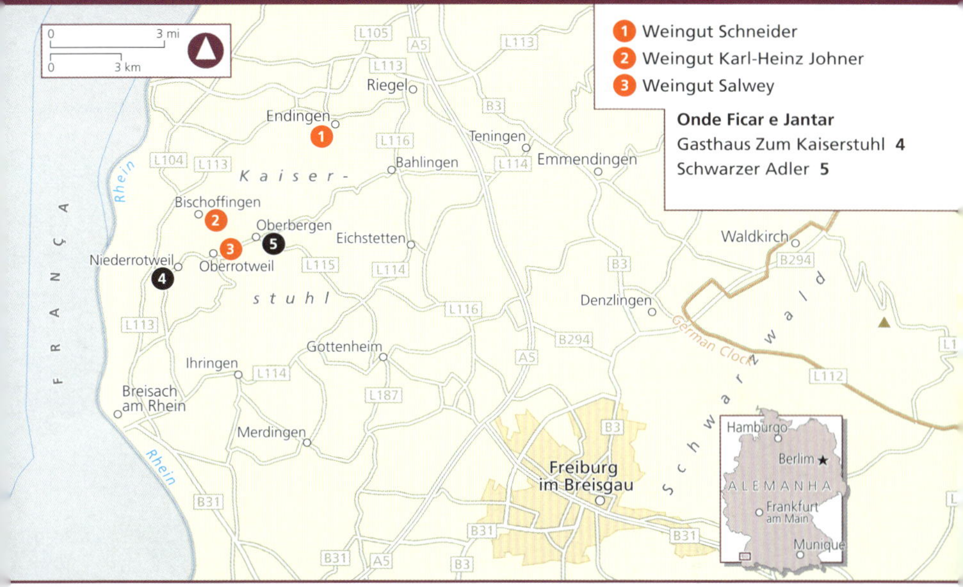

> *Uma coletora de uvas Cabernet Sauvignon trabalha em um vinhedo da região de Kaiserstuhl, rica em vinhos, na Floresta Negra.*

Onde Ficar e Jantar

★ **Gasthaus Zum Kaiserstuhl** NIEDERROTWEIL A pequena sala de jantar dessa aconchegante pousada com cortinas floridas e decoração de fórmica oferece peixe com ervas frescas e flores comestíveis. Os quartos são confortáveis e despretensiosos. **Niederrotweil 4. ☎ 07662/237. www.gasthaus-zum-kaiserstuhl.de. 3 quartos. Diárias para duas pessoas de 38€ a 68€ com café da manhã. Almoço de terças a domingos, jantares de terças a sábados. Pratos principais de 15€ a 20€. MC, V.**

★★ **Schwarzer Adler** VOGSTBURG-OBERBERGEN FRANCÊS A cozinha clássica francesa servida nessa confortável Gasthof (casa de hóspedes) com painéis de madeira ganha uma estrela Michelin desde 1969. A lista de vinhos é tão espetacular quando a comida e inclui os melhores vinhos de Baden. **Baddeegstrasse 23. ☎ 07662/933-010. De março a outubro, almoço e jantar diariamente, de novembro a fevereiro jantar de quartas às sextas, almoço e jantar sábados e domingos. Pratos principais de 17€ a 28€. MC, V.**

UM GUIA DE UVAS

As Regiões de Vinho da Alemanha POR DONALD OLSON

AS PESSOAS TENDEM A ASSOCIAR A ALEMANHA À CERVEJA EM VEZ DE AO VINHO, mas o vinho é produzido e apreciado na Alemanha desde que os romanos plantaram os primeiros vinhedos, há 2 mil anos. Embora o vinho alemão seja ofuscado pelas produções italianas e francesas, você encontrará vinhos regionais alemães interessantes em quase todos os restaurantes. De acordo com a lei do vinho alemão, há duas categorias de qualidade: Tafelwein (vinho de mesa) e Qualitätswein (vinho de qualidade). Se a palavra "Deutscher" não preceder a categoria, o vinho não é feito somente de uvas alemãs. Para ler mais sobre vinhos alemães, ver pág. 632.

Regiões de Plantação de Uvas

A Alemanha possui 13 regiões designadas para plantação de uvas, que variam de tamanho de algumas centenas a milhares de acres. Os vinhedos mais famosos, e os mais atrativos para turistas, são encontrados no oeste e no sudoeste do país.

AHR Apesar da sua localização no norte, próxima a Bonn, essa região de 1.300 acres é a principal produtora de vinhos tintos (como o Spätburgunder) da Alemanha.

BADEN Com aproximadamente 41 mil acres, a região produtora de vinhos mais ao sul da Alemanha inclui a famosa Kaiserstuhl, perto de Freiburg, que produz vinhos tintos e brancos com uma reputação de intensidade e acidez menor do que em qualquer outro lugar da Alemanha.

FRANKEN Würzburg (pág. 240) é o centro dessa região de 15 mil acres às margens do rio Main, famosa pela Bocksbeutel (uma garrafa em forma de frasco) e o melhor amadeirado da Alemanha.

HESSISCHE BERGSTRASSE Com apenas mil acres, essa é uma das menores áreas de vinícolas — e aqui crescem algumas uvas Riesling surpreendentemente boas, que geram vinhos de qualidade.

MITTELRHEIN As uvas Riesling se dão extremamente bem nos solos de ardósia pelo Reno, entre Bingen e Koblenz (pág. 454, 7), mas a região tem diminuído consideravelmente, já que locais mais difíceis de serem alcançados têm sido gradativamente abandonados.

MOSEL-SAAR-RUWER As uvas Riesling predominam nos 32 mil acres de território, ao longo do rio Mosela e seus afluentes, entre Luxemburgo e Koblenz. Há quatro regiões e microclimas distintos, e a combinação de vinhedos nos solos íngremes de ardósia produz vinhos vibrantes e elegantes, com uma acidez fina.

NAHE Vinhos produzidos nessa região de 12 mil acres variam de vigorosos a robustos. Variedades brancas incluem uvas Riesling, Silvaner e Müller-Thurgau.

PFALZ Vinhos ricos refletem o clima quente do sul da Alemanha nessa região de 56 mil acres que vai até a fronteira da Alsácia. Os vinhedos mais famosos estão localizados em Mittelhardt, a metade norte da região.

RHEINGAU Garrafas de Riesling clássicas e substanciais são produzidas nesses 7.700 acres pelo lado norte do Reno, entre Wiesbaden e Rüdesheim. Essa região é a origem do Hock (derivado de Hochenheim), o tradicional termo em inglês para vinhos do Reno.

RHEINHESSEN A região produtora de vinhos que mais cresce na Alemanha (65 mil acres) faz Rieslings muitas vezes subestimadas, e que são a origem do Liebraumilch original. Os melhores vinhedos ficam próximos ao Reno, onde o solo dá mais complexidade e interesse aos vinhos.

SAALE-UNSTRUT Seis vinhedos se espalham pelos rios Saale e Unstrut nesta região de mil acres a oeste de Leipzig, na antiga Alemanha Oriental; Müller-Thurgau e Silvaner são as variedades mais cultivadas.

SACHSEN A menor região produtora de vinhos da Alemanha tem 750 acres pelo rio Elba em torno de Meissen e Dresden (pág. 166); os vinhedos incluem Müller-Thurgau e Traminer, que tem ávidos fãs locais.

WÜRTTEMBERG Esta área de 27 mil acres pelo rio Neckar vai do vale do rio Tauber até o sul de Stuttgart (pág. 430) e produz vinhos tintos e brancos, incluindo Riesling, Müller-Thurgau e Silvaner.

APROVEITE AS UVAS: As Principais Variedades Alemãs

RIESLING: A mais importante das variedades de uva alemã, a Riesling (rís-ling) é considerada por muitos a melhor uva para vinhos brancos do mundo.

MÜLLER-THURGAU: Originalmente imaginada como um cruzamento entre Riesling e Silvaner, e agora apontada como resultante da soma de dois Rieslings, essas uvas produzem vinhos secos a semissecos, e aromáticos.

SPÄTBURGUNDER: Uvas Spätburgunder (xpate-bur-gun-der) produzem vinhos leves, que têm recebido mais atenção dos cultivadores e do público nos últimos anos.

SILVANER: A uva Silvaner (sil-va-ner), de baixo rendimento, produz vinhos neutros secos, que beneficiam principalmente um estilo mais seco de produção de vinho.

GEWÜRZTRAMINER: As pessoas amam ou odeiam a temperada, aromática e distinta Gewürztraminer (gã-wurtz-trã-mi-ner); as melhores versões vêm de Pfalz e Baden.

Um Passeio pelo Bodensee de Carro, Barco e Trem

Quem fala alemão chama essa enorme massa de água de Bodensee, mas em todos os outros lugares da Europa ele é conhecido como Lago Constança. Não importa como você o chamar, é o maior lago da Alemanha e, por causa de seu clima ameno e geralmente ensolarado, além de sua beleza natural, é considerado pelos alemães um tipo de Riviera no interior. No verão, turistas lotam as cidades históricas à beira do Bodensee. O itinerário abaixo segue um caminho fácil, a costa alemã, da cidade de Konstanz à cidade-ilha de Lindau, parando pelo caminho por localidades menores, vilarejos e atrações.

> Maior lago da Alemanha, o Bodensee é chamado de "Riviera Interna" devido ao clima temperado da região.

PONTO DE PARTIDA Konstanz fica a 263 km (163 milhas) ao sul de Baden-Baden na A81 (em torno de 3 horas de carro); e a 125 km (78 milhas) a oeste de Freiburg im Breisgau na B31 (em torno de 2 horas). Konstanz é facilmente acessível por trem a partir de todas as principais cidades da Alemanha, leva em torno de 3 horas a partir de Baden-Baden ou Freiburg. **DURAÇÃO DA VIAGEM:** 135 km (84 milhas) e 2 dias.

BADEN-WÜRTTEMBERG
BAYERN
SUIÇA
ÁUSTRIA
Bodensee
Überlinger See
Zellersee
Gnadensee
Untersee
Bodman-Ludwigshafen
Sipplingen
Überlingen
Wallhausen
Dingelsdorf
Radolfzell
Oberuhldingen
Mühlhofen
Unteruhldingen
Litzelstetten
Konstanz
Meersburg
Markdorf
Immenstaad
Friedrichshafen
Meckenbeuren
Tettnang
Ravensburg
Weingarten
Langenargen
Kressbronn
Wasserburg
Lindau
Bregenz
Romanshorn
Arbon
Rorschacherberg
A98
B31n
B31
B34
B33
B32
B30
B467
A96
B18
B12
Hamburgo
Berlim
ALEMANHA
Frankfurt am Main
Munique
0 5 mi
0 5 km
1 Konstanz
2 Insel Reichenau
3 Mainau
4 Überlingen
5 Pfahlbaumuseum Unteruhldingen
6 Basilika Birnau
7 Meersburg
8 Friedrichshafen
9 Wasserburg
10 Lindau
Onde Ficar e Jantar
Bürgerbräu 12
Hotel Restaurant 3 Stuben 13
Steigenberger Inselhotel 11
Winzerstube zum Becher 14

> *Visitantes vêm à cidade medieval de Konstanz para aproveitar as lojas, a maior praia da região e a beleza mágica da ilha de Mainau, próxima ao local.*

1 **Konstanz (Constança)**. Localizada no extremo da península bem na fronteira com a Suíça, Konstanz — ou Constança, como é conhecida — se espalha por ambas as margens do Reno, que flui abaixo da ponte que conecta as partes sul e norte da cidade. Com 81 mil habitantes, é a maior localidade da região e um movimentado destino de férias de verão.

Dica de Viagem

Com um automóvel, esta é uma viagem fácil de se fazer em dois dias, mas você não precisa de um para esse itinerário. É divertido e fácil passear de barco pelas cidades e atrações do Bodensee. A Bodensee-Schiffsbetriebe (Schützingerweg 2, Lindau; ☎ 08382/275-4810; www.bsb-online.com) fornece serviço diário de balsas entre Konstanz, Mainau, Lindau e quase todas as outras cidades à beira do lago mostradas nesse capítulo. Você também pode fazer o percurso de trem, já que todas as cidades mencionadas são servidas pelas linhas locais e regionais da Deutsche Bahn (Malha Ferroviária Alemã; ☎ 01805/996-633 ou www.bahn.de para ver os horários). O Bodensee é perfeito para andar de bicicleta também, e você pode fazer isso por esse itinerário inteiro, mas levará três ou quatro dias. Em Konstanz, bicicletas podem ser alugadas na Velotours (Ernst-Sachs-Strasse 1); ☎ 07531/98280; www.velotours.de); e a empresa também oferece passeios personalizados de bicicleta.

Passe meia hora andando pela **Altstadt** (Cidade Antiga) com suas ruas sinuosas, lojas atraentes, igrejas e duas torres ao lado do Reno que são vestígios das paredes da cidade medieval. Curiosamente, a Altstadt está intacta porque Konstanz conseguiu escapar do bombardeio das forças aliadas durante a Segunda Guerra Mundial. Como? Ela simplesmente deixava todas as suas luzes acesas à noite, uma manobra que fazia os bombardeiros pensar que era a Suíça, que estava neutra no conflito.

O primeiro entre os pontos turísticos da Altstadt é a **Münster** (Catedral; Münsterplaz 4), iniciada no século XI e só terminada no XVII. Ao sul da Münster fica a **Rathaus** (Prefeitura; Hussenstrasse 15), um prédio da época do Renascimento com uma fachada pintada ilustrando a história local. Também por ali, passe em torno de 15 minutos andando pelo **Rosgartenmuseum**, um museu regional que contém uma famosa gravura em muro da era Paleolítica com uma rena e uma coleção de artefatos da Idade Média até o século XIX (Rosgartenstrasse 3–5; ☎ 07531/900-246; entrada 3€; diariamente, das 10 h às 17 h). Daqui, vá para o porto e caminhe pela **Seeufer** (Beira do Lago), um programa que passa pelo porto, jardins públicos, um cassino, dúzias de cafés e restaurantes e o histórico **Konzilgebäude** (Prédio do Concílio; Hafenstrasse 2), onde o Concílio de Constança, o único conclave papal já acontecido no norte dos Alpes, foi convocado entre 1414 e 1418. Você talvez queira também passar meia hora no

★ **Archäologisches Landesmuseum** (Museu de Arqueologia Local), localizado em um antigo prédio de convento no lado norte do Reno, que comporta artefatos da Idade da Pedra, do Bronze, romanos e celtas. (Benediktinerplatz 5; ☎ 07531/980740; entrada 4€; de terças a domingos, das 10 h às 18 h). 🕒 2 horas. Informações turísticas: Bahnhofplatz 13; ☎ 07531/133-030. www.konstanz.de.

As ilhas de Reichenau e Mainau são ótimas opções diárias para visitar saindo de Konstanz, mas viajar até uma delas acrescentará meio dia ou mais a esse itinerário. Se você não tiver tempo, pule para a parada 4. Reichenau fica a 7 km (4,4 milhas) a oeste de Konstanz no Untersee, um braço sul do lago. Mainau, à mesma distância, mas para o noroeste, fica nas águas do Überlingensee. Balsas saem do porto em Konstanz diariamente para Mainau, ou você pode cruzar até a ilha por uma ponte ao norte da cidade. Barcos de passeio viajam para Riechenau durante toda a temporada, mas também é possível chegar lá de trem saindo de Konstanz.

2 ★ **Insel Reichenau (Ilha Reichenau).** Em 724, St. Pirmin fundou o primeiro mosteiro beneditino a leste do Reno nessa ilha, que posteriormente se tornou um centro de produção de manuscritos iluminados. Três igrejas são a principal atração, e já que a ilha tem apenas 5 km quadrados (2 milhas quadradas), você pode percorrê-la por completo. Datada do final do século IX, a **St. Georgskirche** (Igreja de São Jorge), em Oberzell, é notável pelo seu projeto harmonioso e pinturas nas paredes que giram em torno do ano 1.000. a.C.O quadro do teto de carvalho da **Münster St. Maria und Markus** (Igreja de Santa Maria e São Marcos) em Mittelzell, a principal cidade da ilha, é supostamente o mais antigo da Alemanha, com árvores derrubadas por volta de 1236. A **Stiftskirche (Igreja Universidade) St. Peter** em Niederzell, no extremo oeste da ilha, tem pinturas de parede do século XII. 🕒 2 horas.

3 ★★ **Mainau.** 🕒 5 horas. Ver pág. 361, 5.

Überlingen fica a 42 km (25 milhas) de Konstanz pela B31, em torno de uma hora de carro. De balsa, a viagem leva em torno de 2 horas. Você também pode chegar facilmente a Überlingen de trem em aproximadamente 1 hora e 20 minutos; contudo, é necessária uma baldeação em Radolfzell.

> *Muitas pessoas que visitam Lindau apreciam os jardins de Mainau em uma viagem de um dia.*

4 **Überlingen.** Fundada no século XII pelo Imperador do Sacro Império Romano Frederico I, essa antiga Cidade Imperial Livre no braço noroeste do Bodensee é um local agradável para uma parada. As opções são a **Seepromenade** (Caminhada Pela Costa do Lago) ou dar uma olhada na **Münster** (Catedral), em estilo gótico, na **Rathaus** (Prefeitura) ou na **Alte Kanzlei** (Antiga Chancelaria Municipal), ambas da época do Renascimento — todas ficam em torno da **Münsterplatz** (Praça da Catedral). 🕒 Pelo menos 30 minutos.

O Pfahlbaumuseum fica a 7 km (4 milhas) ao sudeste de Überlingen via Seepromenade. Você também pode chegar ao museu de balsa saindo da própria Überlingen, uma viagem de 10 a 20 minutos.

Informações sobre o Bodensee

O Bodensee tem 15 km (9 milhas) no seu ponto mais largo, 74 km (46 milhas) de comprimento e 258 km (160 milhas) de costa. A costa norte do Bodensee fica na Alemanha; a Suíça e Áustria compartilham as partes oeste e sul do lago. O Reno corre para o lago dos Alpes suíços, subindo pela costa sul, e desemboca em Konstanz, continuando de lá até o Mar do Norte.

> *O Zeppelin Museum, em Friedrichshafen, conta a história dos dirigíveis na cidade em que nasceram.*

5 ★ Pfahlbaumuseum Unterhuldingen. O interessante Pfahlbaumuseum Unteruhldingen (Museu das Residências do Lago), ao ar livre, reproduz um vilarejo da Idade do Bronze, com reconstruções de casas da época da pré-história à beira do lago, fincadas com estacas como em sua data original, de 975 a 850 a.C. Intérpretes fantasiados falam sobre a vida dos habitantes há 3 mil anos. **45 minutos. Strandpromenade 6, Unteruhldingen. ☎ 07556/8543. www.pfahlbauten.com. Entrada 7€. Diariamente de abril a setembro, das 9 h às 19 h, em outubro das 9 h às 17 h, de novembro a março das 10 h às 16 h.**

A cidade de Birnau fica 8,5 km (5,25 milhas) ao sudeste de Überlingen, em torno de 10 minutos de carro pela L200 para o norte, B31 e K7762 ao sul. De trem, você pode chegar a Birnau de Überlingen em menos de 10 minutos — não há serviço de balsa até lá.

6 ★ Basilika Birnau. Localizada em uma plataforma acima do lago e cercada de vinhedos, essa basílica cor de rosa é um ponto impressionante, e vale uma parada. Construída pelos cistercienses entre 1746 e 1750, a igreja apresenta um estilo rococó do sul da Alemanha no máximo do seu charme e seu interior é uma joia decorada de forma exuberante, com pinturas, ornamentações e estuque. **15 minutos, Birnau. ☎ 07556/92030. Diariamente das 7 h 30 min às 19 h.**

Meersburg fica 8 km (5 milhas) ao sudeste de Birnau na L201, uma viagem de 10 minutos de carro. De trem, são 30 minutos.

7 ★ Meersburg. Uma das cidades mais bonitas do Bodensee, Meersburg é cheia de flores, e um local agradável para passar uma manhã ou tarde relaxante — e suficientemente charmoso para que você talvez queira passar a noite. Construída em plataformas em cascata até a beira do lago, a localidade tem uma agradável ★ **Oberstadt** (Cidade Alta) na qual é restrita a circulação de automóveis, com ruas estreitas, casas com vigas de madeira e lojas elegantes. Visite o museu e quartos de época no gigantesco ★ **Altes Schloss** (Castelo Antigo), o castelo intacto mais antigo da Alemanha (Streigstrasse; ☎ 0752/8000; entrada 6,50€; diariamente de março a outubro, das 9 h 30 min às 18 h 30 min, de novembro a fevereiro, das 10 h às 18 h). O **Neues Schloss** (Castelo Novo), com seu interior barroco elegante do século XVIII também vale uma visita (Schlossplatz; ☎ 07532/440-4900; entrada 4,50€; diariamente de abril a outubro, das 10 h às 13 h, e das 14 h às 18 h). 🕒 Pelo menos 1 hora para ver ambos os castelos.

Friedrichshafen fica a 20 km (12 milhas) ao sudeste de Meersburg na B31, uma viagem de 25 minutos de carro. É uma jornada de 50 minutos de trem, e em torno de 1 hora de balsa.

8 **Fridrichshafen.** Esse porto movimentado — a segunda maior cidade do Bodensee depois de Konstanz — é onde o Conde Ferdinand von Zeppelin (1838–1917) criou os dirigíveis que levam seu nome. Seu trabalho é recontado no **Zeppelin Museum**, que também possui uma reconstrução parcial do lendário *Hindenburg*, que explodiu sobre Lakehurst, no estado americano de Nova Jérsei, em 1937 (Seestrasse 22; ☎ 0754/38010; entrada 7,5€, de terças a domingos de maio a outubro das 9 h às 17 h, de novembro a abril, das 10 h às 17 h). 🕒 30 minutos para o museu.

Wassenburg fica 17 km (11 milhas) ao sudeste de Friedrichshafen pela B31. O trem leva apenas 20 minutos; de balsa, a viagem leva 70 minutos.

9 **Wassenburg.** Este pequeno vilarejo pitoresco na Baviera — que já pertenceu à família Fugger de Augsburgo (veja "Conheça os Fuggers", pág. 220) — é apertado em uma península estreita no Bodensee. Atualmente faz as vezes de resort turístico e butique de saúde, um local para relaxar e descansar, mas sem muitos locais de interesse turístico. Para apreciá-lo, simplesmente passeie sem preocupação até a ponta do promontório e aproveite a vista em direção às montanhas da Suíça, Liechteinstein e Áustria. 🕒 30 minutos.

Lindau fica a 5 km (3 milhas) ao sudeste de Wasserburg, uma viagem de 10 minutos de carro pela Friedrichshafener Strasse e L116. Ir de trem também leva 10 minutos; de balsa, é uma viagem de 20 minutos.

10 ★★ **Lindau.** 🕒 Meio dia. Para obter informações sobre Lindau, incluindo recomendações de hotéis e restaurantes, ver pág. 390.

Onde Ficar e Jantar

★ **Bürgerbräu** ÜBERLINGEN
Quartos confortáveis, um bom restaurante e uma tradição de hospitalidade de 200 anos fazem dessa maravilhosa hospedaria com detalhes em madeira um destaque. Aufkircher Strasse 20. ☎ 07551/92740. www.buergerbraeu-ueberlinger.de. 12 quartos. Diárias para duas pessoas 92 € com café da manhã. AE, MC, V.

★★ **Hotel Restaurant 3 Stuben** MEERSBURG
Essa casa com partes de madeira foi restaurada e possui um mobiliário moderno, oferecendo um ambiente maravilhoso e um restaurante digno de nota no coração da cidade antiga. Kirchstrasse 7. ☎ 07534/80090. www.3stuben.de. 14 quartos. Diárias para duas pessoas de 128€ a 158€ com café da manhã. AE, MC, V.

★★★ **Steigenberger Inselhotel** KONSTANZ
cupando sua própria ilhota, este antigo mosteiro dominicano é agora o melhor hotel com serviço completo no Bodensee. Auf der Insel 1. ☎ 07531/1250. www.konstanz.steigenberger.com. 102 quartos. Diárias para duas pessoas de 310€ a 400€ com café da manhã. AE, DC, V.

★ **Winzerstube zum Becher** MEERSBURG
SUÁBIO Charmoso e despretensioso, esse pequeno *Weinstube* (restaurante de vinhos) serve especialidades da Suábia, como o *Zwiebelrostbraten* (bife com cebola), e iguarias locais, como peixe do Bodensee e vinho da sua própria vinícola. Höllgasse 4 (próximo do Altes Scholl). ☎ 07532/9009. Pratos principais de 12€ a 28€. AE, MC, V. Almoço e jantar de terças a sábados.

Baden-Baden

Baden-Baden é um dos resorts de spa mais famosos do mundo. Suas águas termais têm curado dores desde antes de os romanos chegarem há 1.800 anos. No século XIX, a nobreza europeia deu à cidade o glamouroso título de playground mais elegante e sofisticado da Alemanha — uma aura que permanece até hoje. Pessoas ainda chegam ao lugar para obter *die Kur* (a cura) e tentar a sorte no cassino. Baden-Baden não é uma cidade exigente, com locais históricos importantes que você deve ver. O ritmo de vida é relaxado e as ruas são feitas para passeios agradáveis e compras de luxo. Seus muitos hotéis e restaurantes de qualidade a tornam uma excelente base para explorar a Floresta Negra.

> *A Kurhaus, com o elegante Kurgarten, é um local de encontro formal desde a década de 1820 em Baden-Baden.*

PONTO DE PARTIDA **Da estação ferroviária, pegue o ônibus 201 para Leopoldsplatz e depois o 243, que o leva ao extremo sul da Lichtentaler Allee.**

1 ★★ **Lichtentaler Allee.** O centro das atividades é um passeio pelo elegante parque cheio de rododendros, azaleias, rosas e árvores às margens do estreito rio Oosbach, muitas vezes simplesmente chamado de Oos.

2 **Staatliche Kunsthalle (Galeria de Arte do Estado).** O prédio, de 1909, agora recebe diversas mostras de arte contemporânea. 🕒 A duração varia dependendo da exibição. Lichtentaler Allee 8a. ☎ 07221/300-763. www.kunsthalle-baden-baden.de. Veja quando fica aberto e o preço de entrada a seguir.

3 ★★ **Museum Frieder Burda.** Esse prédio projetado por Richard Meier foi inaugurado em 2005 e reúne uma impressionante coleção de pinturas e esculturas modernas de alemães expressionistas. O colecionador de arte alemão Frieder Burda, fundador do local, ainda contribuiu para o acervo repassando obras de expressionistas abstratos americanos e trabalhos posteriores de Picasso, além de seguir em busca de mais obras. 🕒 1 hora. Lichtentaler Allee 8. ☎ 07221/398-980. www.sammlung-frieder-burda.de. Entrada 12 €, ingresso válido para ambos os museus. De terças a domingos, das 10 h às 18 h.

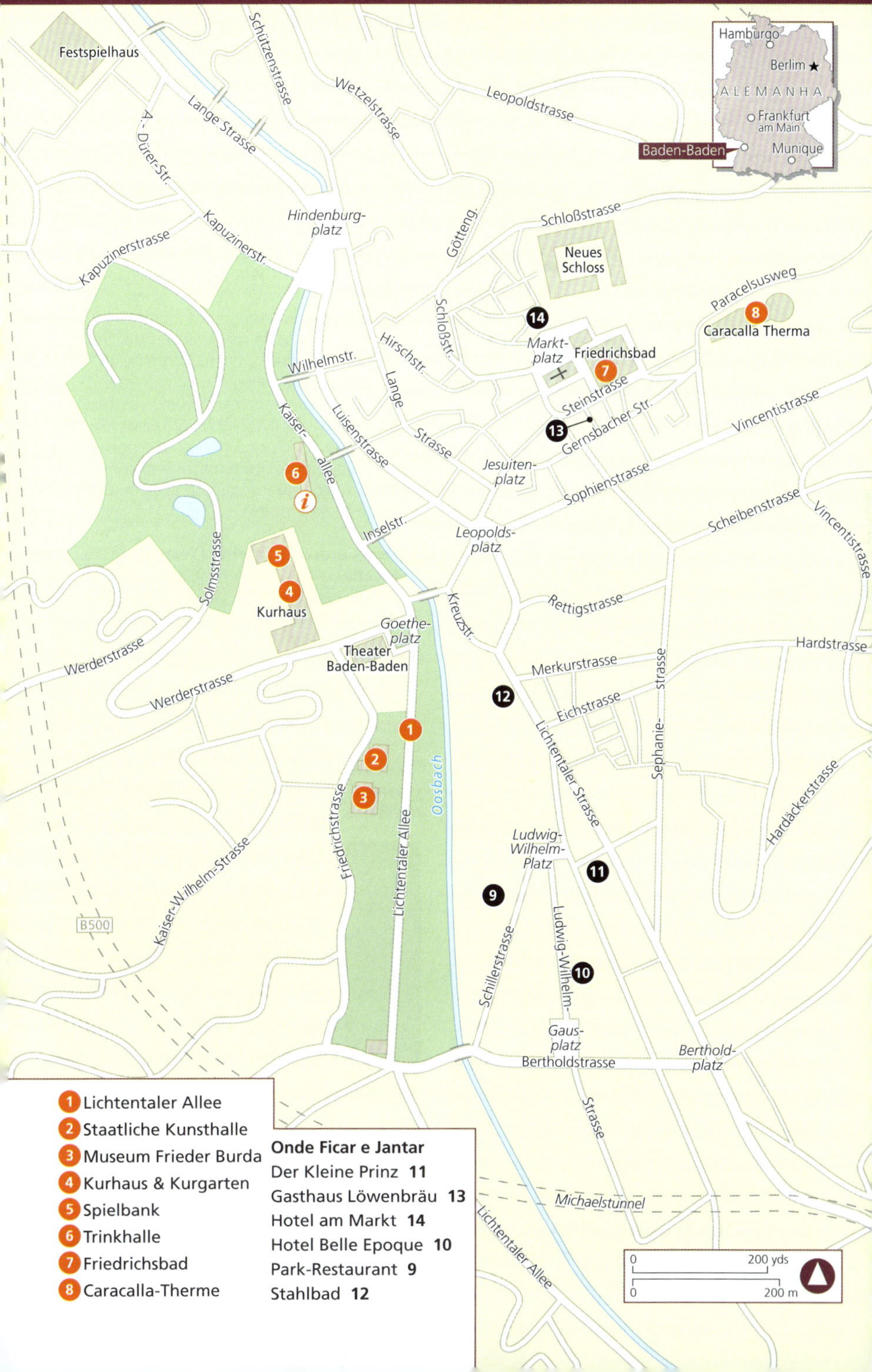

1 Lichtentaler Allee
2 Staatliche Kunsthalle
3 Museum Frieder Burda
4 Kurhaus & Kurgarten
5 Spielbank
6 Trinkhalle
7 Friedrichsbad
8 Caracalla-Therme

Onde Ficar e Jantar

Der Kleine Prinz **11**
Gasthaus Löwenbräu **13**
Hotel am Markt **14**
Hotel Belle Epoque **10**
Park-Restaurant **9**
Stahlbad **12**

> *O elegante e popular cassino Spielbank de Baden-Baden está aberto há mais de 200 anos.*

4 ★ Kurhaus&Kurgarten. A Kurhaus (Kaiserallee 1), um dos prédios mais importantes da cidade, está dentro dos antigos jardins do Kurgarten. Originalmente, o prédio era uma "Casa de Passeio", onde os ricos e emergentes apareciam para ver e serem vistos. Na década de 1820, o local de estilo neoclássico virou uma "Casa de Conversações", um local para reuniões mais formais, e permanece como o centro da cena social de Baden-Baden desde então. A ala esquerda abriga um restaurante com um terraço que tem vista para os jardins.

5 ★ Spielbank (Cassino). Considerado por muitos o cassino mais bonito do mundo, o famoso salão de jogos de Baden-Baden também é o mais antigo da Alemanha, em operação há mais de 200 anos. Os diversos salões do local, na ala direita da Kurhaus, foram projetados no estilo de uma elegante mansão francesa. Se você não quiser jogar, pode fazer um passeio guiado pelos salões históricos de jogo. ⏲ **30 minutos para o passeio. Kaiserallee 1. ☎ 07221/21060. Entrada 3€, passeio 4€. Diariamente, das 14 h às 2 h. Passeios diariamente a cada 30 minutos, das 9 h 30 min ao meio-dia.**

Circulando por Baden-Baden

O ônibus 201, que passa em intervalos de dez minutos, conecta a estação ferroviária à maioria dos locais da cidade (preço de 2€ apenas para a ida). Assim que estiver lá, você pode caminhar até qualquer lugar ou pegar o trem de turismo City-Bahn, que circula diariamente das 9 h 30 min às 17 h 30min e para em todas as principais atrações (5 €).

6 Trinkhalle (Salão de Águas Medicinais). Construído na década de 1840, o Trinkhalle, em estilo neoclássico, é cercado por uma galeria aberta e decorado com painéis exibindo lendas da Floresta Negra. O prédio, onde os hóspedes tomavam as águas de Baden-Baden, agora é usado como escritório de turismo. **Kaiserallee 3. ☎ 07221/275-200. De segundas a sábados, das 10 h às 17 h. Domingos das 14 h às 17 h.**

7 ★★★ Friedrichsbad. Este gigantesco complexo de banho data de 1877 e segue um antigo método romano–irlandês que envolve um chuveiro, duas saunas, uma massagem de escovas, banhos de correntes termais, três banhos de água doce e um descanso de 30 minutos. Trajes de banho não podem estar gastos, e mulheres e homens dividem as piscinas. **Römerplatz 1. ☎ 07221/275-920. www.carasana.de. 21 € por 3 horas, 29 € por 3 horas e 30 minutos com massagem com escovas. Diariamente, das 9 h às 22 h (última entrada às 8 da noite).**

8 ★★ Caracalla Therme (Termas de Caracalla). Aqui, você mesmo decide seu regime de banho e sauna. A água borbulha de poços artesianos a uma temperatura de aproximadamente 70 °C (158° F). Os banhistas começam em piscinas mais frias, indo até as mais quentes. Você deve vestir uma roupa de banho nas piscinas, mas o cenário na sauna é ao natural. Tratamentos medicinais incluem banhos de lama e massagens, e há um bar e cafeteria. **Römerplatz 1. ☎ 07221/275-940. www.casarana.de. 13 € por 2 horas. Diariamente, das 8 h às 22 h.**

O Festpielhaus

O Festpielhaus (Salão de Festas) de 2.500 lugares de Baden-Baden foi inaugurado em 1998 e é o segundo maior salão de óperas e concertos da Europa, com programação de concertos de música clássica, óperas e balés o ano inteiro. (Beim Alten Bahnhof 2; ☎ 07221/301-3101; www.festpielhaus.de).

Onde Ficar e Jantar

★★★ Der Kleine Prinz CENTRO DA CIDADE Esse hotel butique de serviço integral com um ótimo restaurante ocupa duas mansões do início do século XX e é consistentemente classificado como um dos melhores hotéis da Alemanha. Cada um dos quartos grandes e de teto alto é mobiliado de forma diferente, com elementos escolhidos a dedo. Lichtentaler Strasse 36. ☎ 07221/346-600. www.derkleineprinz.de. 45 quartos. Diárias para duas pessoas de 175€ a 299€ com café da manhã. AE, MC, V.

Gastahaus Löwenbräu CENTRO DA CIDADE *ALEMÃ/BÁVARA* Muito popular, esse local da Altstradt é bom para quem quer comida simples, com preço em conta e bem preparada. O local possui seu próprio jardim de cerveja de verão. Gernsbacher Strasse 9. ☎ 07221/22311. Pratos principais de 6,50€ a 18€. AE, DC, V. Almoço e jantar diariamente.

Hotel am Markt CENTRO DA CIDADE Limpo, modesto e econômico, esse pequeno hotel de administração familiar não é grandioso ou glamouroso, mas os quartos são confortáveis e a localização é conveniente. Markplatz 18. ☎ 07221/27040. www.hotel-am-markt-baden.de. 27 quartos. Diárias para duas pessoas de 65€ a 83€ com café da manhã. AE, C, V.

★★★ Hotel Belle Epoque CENTRO DA CIDADE Padrões impecavelmente altos e um compromisso com o serviço e o conforto prevalecem neste pequeno e suntuoso hotel, erguido em uma casa de campo construída em 1870. Maria-Victoria-Strasse 2C. ☎ 07221/300-660. www.hotel-belle-epoque.de. 16 quartos. Diárias para duas pessoas de 215€ a 299€ com café da manhã. AE, MC, V.

Compras em Baden-Baden

A Sophienstrasse e a Gersbacher Strasse, apenas para pedestres, estão tomadas por algumas das lojas mais caras da Alemanha. Para roupas femininas, experimente a Escada Boutique (Sophienstrasse 18; ☎ 07221/390-448) e a Müncher Moden (Lichtentaler Strasse 13; ☎ 07221/29292). Relógios cuco, marionetes e outros itens produzidos localmente podem ser encontrados na Boulevard (Lichtentaler Strasse 21; ☎ 07221/24495).

> *Construído em uma casa de campo do século XIX, o Hotel Belle Epoque é renomado pelo serviço impecável e o compromisso com a excelência.*

★★★ Park-Restaurant CENTRO DA CIDADE *INTERNACIONAL/RENO* O cardápio do local ressalta a cozinha francesa clássica, os frutos do mar e comidas regionais do vale do Reno. As especialidades incluem fígado de ganso *sauté*, carne de veado ou cordeiro assado e peixe e lagosta grelhada. No Park Hotel de Brenner, Schillerstrasse 4. ☎ 07221/9000. www.brenners.com. É necessário fazer reservas. Pratos principais de 32€ a 48€. AE, DC, MC, V. Almoço e jantar diariamente.

★ Stahlbad CENTRO DA CIDADE *CONTINENTAL/ALSÁCIO* Esse restaurante charmoso, com um terraço no jardim, oferece especialidades como bife com pimenta, pratos sazonais e peixe fresco. Augustaplatz 2. ☎ 07221/24569. www.stahlbad.com. É necessário fazer reservas. Pratos principais de 15€ a 30€, menu com preço fixo 19,50€. AE, DC, MC, V. Almoço e jantar de terças a domingos.

Freiburg im Breisgau

Maior cidade da Floresta Negra, a bela Freiburg, com sua Altstadt (Cidade Antiga) em estilo medieval e universidade importante, está cercada por picos de montanhas e 1.600 acres de vinhedos — mais do que você encontra perto de qualquer outra cidade da Alemanha (veja o roteiro "Vinhedos da Floresta Negra" na pág. 370). Se você estiver viajando pela Floresta Negra, o clima de Freiburg convida para um pernoite. Embora a cidade tenha sido pesadamente danificada durante a Segunda Guerra Mundial, o charme medieval de Freiburg foi preservado, e explorar suas ruas antigas é um prazer. A grande presença de estudantes soma vida e juventude à velha cidade. A maioria do que você quer ver fica na Altstadt, uma área limitada pela Hauptbahnhof (estação ferroviária central) no lado oeste, pelo rio Dreisam ao sul e uma montanha arborizada chamada Schlossber a leste. Essa parte da cidade é a Freiburg medieval na sua plenitude.

> *Freiburg im Breisgau, com os picos das montanhas de um lado e o porto repleto de barcos do outro, manteve muito do seu charme medieval.*

PONTO DE PARTIDA **É uma caminhada fácil de dez minutos da estação ferroviária até a Rathausplatz. Da estação, vá para sudeste na Bismarckstrasse e Bertoldstrasse, e então dobre à esquerda na Universitätsstrasse, depois à direita na Turmstrasse.**

1 Rathausplatz (Praça da Prefeitura). Castanheiras e uma fonte aumentam o charme da Rathausplatz, uma praça movimentada a oeste da catedral. No lado oeste da praça fica a **Neues Rathaus** (Nova Prefeitura), composta

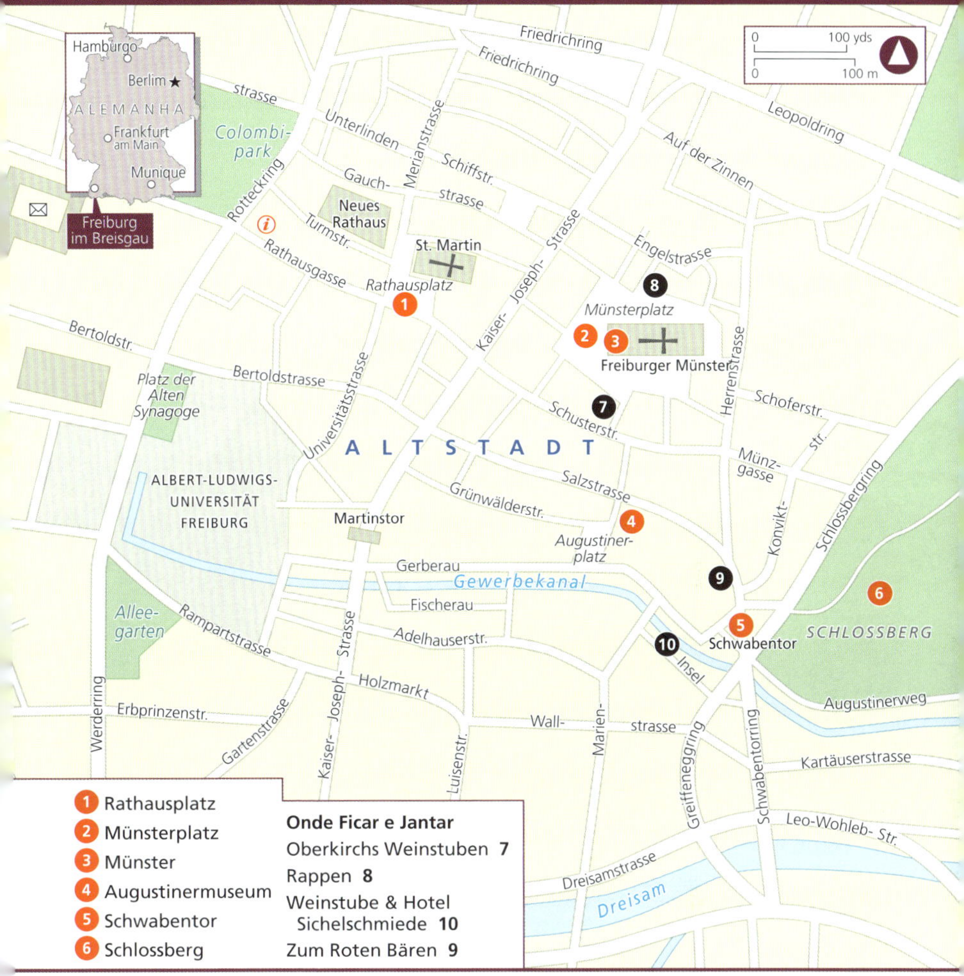

de duas casas de comerciantes do século XVI altamente decoradas, conectadas por uma coluna.

2 ★ Münsterplatz (Praça da Catedral). Um trio de prédios históricos pelo lado sul da principal praça da cidade oferece uma ideia de como Freiburg se parecia antes da Segunda

Circulando por Freiburg

A Altstadt, onde você encontra todas as principais atrações, pode ser percorrida a pé com facilidade, pois não é permitida a circulação de carros. Um pequeno quiosque chamado "Plus-Punkt" tem informações sobre ônibus e bondes (Salzstrasse 3; ☎ 0761/451-1500).

> *A movimentada Rathausplatz é limitada pela Neues Rathaus (Nova Prefeitura).*

> *A imponente Schwabentor, que fica em um dos bairros mais bonitos de Freiburg, data da Idade Média.*

Guerra Mundial. O **Erzbischöflisches Palais** (Palácio do Bispo), de meados do século XVIII, tem uma fachada na cor amarelo pálido e uma varanda trabalhada em ferro. Em vermelho cor de sangue, o **Historisches Kaufhaus** (Salão dos Comerciantes), um centro administrativo financeiro e alfandegário com torres de vigília protuberantes de teto agudo e uma galeria do século XVI decorada com as estátuas de quatro imperadores Habsburgos, ainda é usado como salão de recepções oficial da cidade. O terceiro prédio à esquerda do Historisches Kaufhaus é o **Wentzingerhaus,** em estilo barroco , construído em 1761 por um pintor e escultor local.

3 ★★ **Münster (Catedral).** Uma das obras-primas da arquitetura gótica da Alemanha, a catedral rosa de Freiburg foi iniciada em 1200 no estilo românico, mas quando a estrutura foi concluída, em 1620, elementos góticos haviam sido incorporados ao projeto. O local possui alguns vitrais muito bonitos, sendo os mais antigos do século XIII. Para ter uma vista maravilhosa de Freiburg e das montanhas mais distantes, vá ao topo da famosa Torre Oeste, uma magnífica espiral em um campanário octogonal. Uma das gárgulas que surgem do teto da torre tem suas costas voltadas para a casa do bispo, no outro lado da praça — supostamente um sinal do desprezo do arquiteto pelos padres da cidade. 🕒 **30 minutos. Münsterplatz. ☎ 0761/202-790. Entrada gratuita na catedral, torre 2€. Catedral de segundas a sábados, das 10 h às 18 h, domingos de 13 h às 18 h; torre de segunda a sábado, das 9 h 30 min às 17 h, domingo de 13 h às 17 h (fechada nas segundas de novembro a março).**

4 ★ **Augustinermuseum (Museu dos Frades Agostinianos).** Um mosteiro agostiniano do séc. XIV com uma frente barroca amarela é a sede do Augustinermuseum. Sua coleção inclui arte religiosa (esculturas góticas,

> *Uma visão panorâmica da espetacular catedral gótica Münster diretamente do Schlossberg (Castelo da Colina), que pode ser acessado de teleférico.*

vitrais originais da catedral), pinturas (as mais notáveis são trabalhos dos artistas Mathias Grünewald e Hans Baldung Grien, ambos renascentistas) e vidros de Art Nouveau. 🕒 **30 minutos. Augustinerplatz. ☎ 0761/201-2531. Entrada gratuita. De terças a domingos, das 10 h às 17 h.**

5 Schwabentor (Portão Suábio). Um dos dois portões remanescentes da Idade Média, quando Freiburg era uma cidade cercada por muros, o Schwabentor data de aproximadamente 1200. Pinturas na torre incluem uma de São Jorge, o santo padroeiro da cidade. O bairro em torno do Schwabentor é chamado de Insel (Ilha) devido aos córregos que fluem ao seu redor, chamados *Bächle*. O Insel é o bairro mais charmoso de Freiburg, com ruas estreitas de pedra e casas restauradas que eram usadas por pescadores e curtumes.

6 Schlossberg (Castelo da Colina). Do Schwabentor, um caminho sobe até o Castelo da Colina, que proporciona uma bela vista da catedral. Você também pode subir o Schlossberg a partir dos Stadtgarten (Jardins da Cidade) de teleférico (☎ 0761/39855; taxa de ida e volta 3 €; opera de junho a setembro, das 10 h às 19 h, de outubro a janeiro das 11 h 30 min às 18 h).

O *Bächle* de Freiburg

A Altstadt de Freiburg tem muitas fontes bonitas e um sistema único de córregos chamado *Bächle* (pequenas vielas), que data do século XII. Originalmente planejado para manter a cidade limpa e para ajudar a combater incêndios, ele canalizam água do rio Dreisam pela antiga cidade universitária e ajuda a resfriá-la nos meses quentes do verão. Você pode ver o *Bächle* correndo pelas muitas ruas da Altstadt. De acordo com o folclore local, se você pisar em um, casará com uma pessoa de Freiburg.

> *As espirais góticas da torre da Münster se destacam entre os telhados de Freiburg.*

Festivais de Freiburg

Festivais são uma parte importante do calendário anual de Freiburg. No último final de semana de junho, uma festa de degustação de vinhos de quatro dias chamada Weinkist (na imagem) ocorre na Münsterplatz. O Carnaval (antes da Quaresma) de Freiburg, chamado Fasnet, é um dos melhores da Alemanha, com fogueiras ao ar livre e desfiles. A Frühlingsmess (Feira de Verão), em maio, e a Herbstmesse (Feira de Outono), em outubro, duram ambas dez dias. O Weinkost é um evento longo de degustação de vinhos em julho ou agosto. E em junho a cidade hospeda o Zelt-Musik-Festival (Festival de Música em Tendas), com duas semanas de duração e apresentações em tendas gigantes ao ar livre. Outros eventos incluem um torneio de vôlei de praia a apresentações de circo, e não para por aí.

Onde Ficar e Jantar

> *O Oberkirchs Weinstuben é um destino de referência de apreciadores de comida e vinhos, e também oferece quartos para hóspedes no andar de cima.*

Oberkirchs Weinstuben ALTSTADT *ALEMÃ*
Essa *Weinstube* (taverna de vinho) histórica serve fartas porções de comida boa e antiga: sopas saborosas, carne de porco e vitela, e pratos sazonais como carne de veado. No andar de cima, 25 quartos têm banheiros privados ou chuveiros (diárias para duas pessoas de 146€ a 176€, com café da manhã). **Münsterplatz 22. ☎ 0761/202-6868. www.hotel-oberkirch.de. Pratos principais de 12€ a 23€, menus de preço fixo de 18€ a 21€. AE, MC, V. Almoço e jantar de segundas a sábados. Fechado em janeiro.**

A Vida Noturna de Freiburg

Com cerca de 30 mil estudantes universitários, Freiburg tem uma cena próspera de bares e clubes. E um deles chega a ter dois ambientes: o Crash (Schnewlinstrasse 3. ☎ 0761/32475; www.crash-freiburg.de; de quartas a sábados das 22 h às 3 h 30 min), que serve bebidas e toca punk, house e funk; no porão do mesmo prédio fica o Drifler's Club, com estilos house e techno para dançar. Nenhum dos locais cobra couvert. Já o Hausbrauerei Fierling (Gernerau 46; ☎ 0761/26678; www.feierling.de; diariamente das 11 h à meia-noite) é um pub com um popular jardim de cerveja.

★ **Rappen** ALTSTADT
Os melhores quartos dessa charmosa hospedaria discreta têm uma boa vista da catedral de Freiburg. Os quartos geralmente ficam no lado menor e são mobiliados de modo simples, mas confortável. **Münsterplatz 13. ☎ 0761/31353. www.hotelrappen.de. 20 quartos. Diárias para duas pessoas de 104€ a 115€, com café da manhã. AE, DC, MC, V.**

★ **Weinstube & Hotel Sichelschmiede**
ALTSTADT *REGIONAL* Para um jantar de verão ao ar livre, essa taverna de vinhos em uma pequena praça com um *Bächle* (pequeno córrego) correndo ao lado é o local mais pitoresco de Freiburg. Experimente os pratos de *Zwiebel* (cebola), uma especialidade da região. **Insel 1. ☎ 0761/35037. www.sichelschmiede.de. Pratos principais de 8€ a 15€. MC, V. Almoço e jantar diariamente.**

★★ **Zum Roten Bären** ALTSTADT
Considerada a hospedaria mais antiga da Alemanha, "No Urso Vermelho", com sua bela fachada pintada e restaurante digno de recomendação, é um local perfeito para ir jantar. Quartos na seção antiga são mais charmosos; os na ala moderna têm pequenas varandas que dão para os jardins e os telhados vermelhos. **Oberlinden 12. ☎ 0761/387-870. www.roter-baeren.de. 25 quartos. Diárias para duas pessoas de 149€ a 169€, com café da manhã. AE, DC, MC, V.**

Lindau

Com belas praças floridas, um porto ativo e um passeio charmoso ao lado do porto, Lindau tem todos os ingredientes de um destino turístico popular. Mas esse não é um local que exija passeios cansativos; ande com calma, nade e caminhe entre as mesas do cassino. Fundada no século IX, Lindau foi um centro de comércio entre a Baviera, Itália e Suíça por centenas de anos. Hoje, são tantos prédios históricos nas ruas da Altstadt (Cidade Antiga) que a cidade inteira é um ponto de referência protegido. O itinerário a seguir o levará pelas principais partes da cidade.

> *Lindau tem como atrações prédios bonitos, arquitetura elegante do Velho Mundo e um porto pitoresco no belo Bodensee, o maior lago da Alemanha.*

PONTO DE PARTIDA Porto de Lindau. Uma ponte na estrada para carros e uma passagem para pedestres e trens liga a Altstadt (Cidade Antiga) à área principal. A estação ferroviária fica bem na Altstadt, do outro lado do porto. Se você estiver vindo de carro, cruze a passagem e pare em um dos grandes estacionamentos grandes fora da Altstadt, porque você não conseguirá dirigir até o centro da cidade.

1 ★★★ Hafen (Porto). Terminado em 1856, o famoso porto de Lindau é o mais atraente de todo o Bodensee. Balsas e barcos navegam por suas águas e entram em um cenário que têm como fundo os Alpes Suíços e Austríacos. À noite, milhares de luzes criam uma atmosfera mágica em torno do local.

2 Mangturm (Torre). Localizada às margens do Seepromenade (Lago Promenade), que passa pelo porto, fica a torre do século XIII chamada Mangturm. O nome é inspirado da lavanderia, ou "casa de calandra", que já esteve ao lado da torre. É uma lembrança das fortificações que um dia cercaram a cidade, e também marca onde Lindau chegou a ser dividida em duas ilhas.

Hamburgo
Berlim
ALEMANHA
Frankfurt am Main
Munique
Lindau
Kleiner See
Bodensee
Seehafen
Seebrücke
Chelles-Allee
Auf dem Wall
OSCAR-GROLL ANLAGEN
STADTGARTEN
Heidenmauer
Schmiedgasse
St. Stephan
Maria Himmelfahrt
Kirchplatz
Stiftsplatz
Fischergasse
Rotkreuzplatz
Marktplatz
Barfüsserplatz
Lingstrasse
Burggasse
Cramergasse
ALTSTADT
Bindergasse
Kronengasse
Ludwigstrasse
Brettermarkt
Rübeplatz
Alter Schulplatz
Zwanzigerstrasse
Auf der Mauer
In der Grub
Maximilianstrasse
Bismarckplatz
Reichsplatz
Schneeberggasse
Storchengasse
Paradiespl.
Schrannenplatz
Krummg.
Dammg.
Färberg.
Hafenplatz
Inselgraben
Ludwigstr.
Seepromenade
SINA-KINKELIN-ANLAGE
Zeppelinstrasse
Eisenbahndamm
Dammsteggasse
Bahnhofplatz
Hauptbahnhof
Thierschstrasse
Hintere Insel
Dreierstrasse
Uferweg
Pulverturmweg
Schützingerweg
Pulverturm
0 100 yds
0 100 m
1 Hafen
2 Mangturm
3 Neuer Leuchturm & Löwenmole
4 Diebsturm
5 Peterskirche
6 Altes Rathaus
7 Marktplatz
8 Stadtmuseum
9 Spielbank
Onde Ficar e Jantar
Hotel Bayerischer Hof 10
Hotel-Garni Brugger 14
Hotel Reutemann/Hotel Seegarten 11
Hoyerberg Schlössle 12
Zum Sünfzen 13

> *Construído no século XIII e antiga fortificação de Lindau no Bodensee, o Mangturm também foi um farol por muitos anos.*

3 ★ Neuer Leuchturm & Löwenmole. Ao lado da entrada do porto estão o Neuer Leuchturm (Novo Farol) e o Löwenmole (Torre do Leão) do século XIX, um pilar cujo leão esculpido, o símbolo da Baviera, "vigia" o lado de cima. Você pode subir na estreita escada em espiral do farol (diariamente das 9 h 30 min às 17 h; entrada 1,75€) para ter acesso a uma vista panorâmica dos Alpes do outro lado da água. ⏱ **15 minutos.**

4 ★ Diebsturm (Torre dos Ladrões). Construída em torno de 1370 no ponto mais a oeste do antigo muro da cidade, essa torre arredondada com torres projetadas para cima e janelas envidraçadas já serviu como prisão da cidade.

Circulando por Lindau

De Lindau, você pode fazer viagens diárias de barco até cidades da Áustria, Suíça, e para a maior parte das cidades da Alemanha na costa norte do Bodensee. Se você precisar de um táxi, chame Taxi-Ring-Zentrale (☎ 0800-6006-6666).

5 ★ Peterskirche (Igreja de São Pedro). Estrutura retangular com um teto de madeira chato e uma torre quadrada e alta, a Igreja de São Pedro foi construída em torno do ano 1000 e é o prédio mais antigo de Lindau. Vale a pena uma breve olhada por dentro para ver os painéis do século XV de Hans Holbein, o Velho, nas paredes. Em 1928, o local virou um memorial para os soldados da Primeira Guerra Mundial. **Oberer Schrannenplatz. Diariamente, das 9 h às 17 h.**

6 ★ Altes Rathaus (Antiga Prefeitura). Erguida em 1422 e destacada pela fachada pintada com uma procissão real, a prefeitura tem ainda degraus com arestas típicas do estilo gótico do século XV, mas no século seguinte o prédio recebeu uma alteração renascentista. Lá dentro fica a biblioteca da cidade atualmente. Painéis representam cenas de uma sessão da Dieta Imperial de 1496. **Reichsplatz.**

7 Marktplatz (Praça do Mercado). Tire alguns minutos para ver as igrejas Católica e Luterana que ficam lado a lado ao leste dessa bela praça, com sua fonte central enfeitada com flores. A igreja **St. Stephan,** à esquerda, tem um teto na forma de arco e um interior razoavelmente simples; já a **Maria Himmelfahrt** (Igreja da Ascensão), igreja católica à direita, é repleta de decorações

Recreação ao Ar Livre em Lindau

As margens do Bodensee em torno de Lindau são perfeitas para andar de bicicleta, e a água é suficientemente clara para nadar. Você pode alugar bicicletas na estação de trem na **Fahrrad-Station-Lindau** (☎ 08382/21261; de segundas às sextas, das 9 h às 18 h, sábados e domingos das 9 h 30 min às 19 h). A **Lindenhofpark**, em terra firme, é a área mais bonita para andar de bicicleta. As praias do lago estão abertas no verão das 10 h 30 min às 19 h 30 min, e cobram de 2,50€ a 3€ para entrar. A maior é a **Strandbad Eichwald**, com uma margem de grama e três piscinas aquecidas (☎ 08283/5539; meia hora de caminhada para leste pela Uferweg em terra firme, ou pegue o ônibus número 3 até Karmelbuckel). A **Römerschanze** é uma praia menor na cidade, popular entre famílias (próxima ao porto de Lindau na Altstadt; ☎ 08283/6830). **Standbad Lindenhofbaf** no parque Lindenhof, em terra firme, é mais longe da cidade e menos atrativa (☎ 08283/6637; ônibus número 1 ou 2 até Anheggerstrasse, depois o ônibus número 4 até Alwind).

barrocas e tem um teto com pinturas (ambas geralmente ficam abertas das 8 h às 17 h).

8 Stadtmuseum (Museu da Cidade). Esse museu, localizado em uma casa barroca do século XVIII, exibe uma grande coleção de mobília (variando do estilo gótico ao Art Nouveau), prataria, materiais de vidro, objetos de estanho e cerâmica, brinquedos históricos, pinturas, esculturas e uma interessante coleção de instrumentos musicais mecânicos. 15 minutos. Marktplatz 6. ☎ 08382/944-073. Entrada 2,50€. De abril a setembro, de terças a sextas das 11 h às 17 h, sábados das 14 h às 17 h, domingos das 11 h às 17 h.

9 Spielbank (Cassino). O Stadtpark (Parque da Cidade), ao lado do lago, é o local do deslumbrante cassino de Lindau, onde você pode jogar em máquinas caça-níqueis (diariamente de meio-dia às 2 h) e/ou blackjack e roleta (diariamente das 15 h às 2 h); homens devem vestir terno e gravata. Chelles Allee 1. ☎ 08382/27740. Entrada 2,50€. É preciso ter pelo menos 21 anos, e apresentar um passaporte válido, para poder entrar.

Onde Ficar e Jantar

★★★ **Hotel Bayerischer Hof** ALTSTADT O Bayericher Hof oferece charme e serviço do Velho Mundo com quartos grandes e luxuosos (alugue um com vista para o lago). Fica próximo ao Hotel Reutemann/Hotel Seegarten (veja abaixo) e divide sua piscina externa e academia de ginástica, mas possui seu próprio spa. Seepromenade. ☎ 08382/9150. www.bayerischerhof.de. 97 quartos. Diárias para duas pessoas de 175€ a 314€. AE, DC, MC,V.

★ **Hotel-Garni Brugger** ALTSTADT Esse pequeno e acolhedor hotel é a opção mais em conta na cidade de Lindau. Os quartos são atualizados e mobiliados em um estilo funcional, confortável e moderno, com bastante luminosidade. E a localização é boa, pois fica a uma caminhada curta do lago e do cassino. Bei der Heidenmauer 11. ☎ 08382/93410. www.hotel-garni-brugger.de. 23 quartos. Diárias para duas pessoas de 85€ a 98€, com café da manhã. AE, DC, MC, V.

★★ crianças **Hotel Reutemann/Hotel Seegarten** ALTSTADT Esses hotéis caros e ligados às margens do lago no passeio do porto têm quartos grandes, alguns com vista para o lago, e varandas floridas. Há um jardim na frente do lago com áreas para tomar sol, piscina ao ar livre, academia de ginástica e sauna. Crianças com menos de 9 anos não pagam diária. Seepromenade. ☎ 08382/9150. www.bayerischerhof-lindau.de. 64 quartos. Diárias para duas pessoas de 125€ a 226€. AE, DC, MC, V.

★★ **Hoyerberg Schlösse** LINDAU-AESCHACH *CONTINENTAL* Localizado em terra firme, a aproximadamente 15 minutos de carro da Altstadt, esse hotel restaurante com vista para as montanhas e lago tem poucos rivais no Bodensee. O menu varia com a estação, mas pode incluir creme de sopa de camarão ou lagosta, aves com vegetais, e carne de veado com bolinhos de massa e feijões franceses. Hoyerbergstrasse 64, em Lindau-Aeschach (do passadiço, pegue a Langenweg e a Friedrichshafener Strasse para noroeste até a Hoyerbergstrasse). ☎ 08382/25295. É necessário fazer reservas. Pratos principais de 22€ a 35€, menus com preços fixos de 64€ a 80€. AE, DC, MC, V. Almoço de quartas a domingos, jantar de terças a domingos. Fechado em fevereiro.

> *O Hotel Seegarten possui quartos confortáveis e com belas varandas com vista para o lago.*

Zum Sünfzen. ALTSTADT *ALEMÃ/BÁVARA* Este restaurante serve comida boa a preços razoáveis. Os pratos variam de filé de vitela à milanesa a bifes apimentados e porco assado com *Spätzle* feito em casa. O peixe fresco do Bodensee é uma especialidade. Maximilianstrasse 1. ☎ 08382/5865. www.suenfzen.de. É recomendável fazer reservas. Pratos principais de 10€ a 20€. AE, DC, MC, V. Almoço e jantar diariamente.

Informações Úteis Sobre a Floresta Negra e o Bodensee

> Barcas de passageiros trazem visitantes indo e voltando de Lindau, e oferecem passeios até o belo Bodensee.

Serviços de Reservas de Hospedagem

Ligue para **Hotel Reservation Service** (☎ 0870/243-0003; www.hrs.de) de qualquer local da Alemanha. Centros de informações turísticas nas principais estações de trem e aeroportos oferecem serviços de reservas de quartos de hotéis e B&Bs (bed and breakfast) no próprio local.

Caixas Eletrônicos

Todas as principais cidades dessa região — Baden-Baden, Freiburg e Lindau — têm bancos e estações de trem com caixas eletrônicos (*Geldautomaten*).

Dentistas e Médicos

Se você tiver um problema médico ou dentário moderado ao viajar pela Alemanha, a maioria dos hotéis poderá lhe indicar um médico local (*Arzt*) ou dentista (*Zahnartz*) que fale inglês. Você deve fornecer prova de seguro permanente ou de viagem (como um cartão EHIC no caso da maioria dos residentes na Europa), ou será solicitado a pagar pelo tratamento. No caso de pequenos ferimentos que requeiram tratamento rápido, vá ao departamento *Nataufnahme* (emergência) do *Krankenhaus* (hospital) mais próximo. Quando a situação for grave, ligue para o número de emergência de médico/ambulância (veja "Emergências" abaixo).

Emergências

Para ligar para a polícia (*Polizei*), disque ☎ **110**. Para informar sobre um incêndio ou chamar um médico de emergência (*Natarzt*) ou uma ambulância (*Krankenwagen*), disque ☎ **112**.

Chegando Lá

O aeroporto internacional mais próximo é o de **Frankfurt** (ver pág. 494), 174 km (108 milhas) ao norte de Baden-Baden e a 280 km (174 milhas) ao norte de Freiburg. O aeroporto de Frankfurt também tem uma estação de trem, tornando mais fácil sua ida a Baden-Baden (1 h 30 min), Freiburg (1 h 30 min) e para outras cidades mostradas nesse capítulo. Para obter informações e horários de trem, ligue para **Deutsche Bahn** (Malha Ferroviária Alemã; ☎ 11861; www.bahn.de).

Circulando

A Alemanha é servida por excelentes redes ferroviárias — por isso, alugar um carro não será necessário se você estiver se restringindo às cidades cobertas nesse capítulo. Entretanto, se você quiser passear pelo interior da Floresta Negra ou pelo Bodensee, ter um carro é essencial. Um mapa de estradas regionais detalhado (Hallweg ou Michelin) também é preciso; você pode comprar um nas livrarias do aeroporto de Frankfurt e na maioria das bancas de revista. Alugar um carro na Alemanha é razoavelmente fácil, mas geralmente é mais barato se você o fizer antes da sua chegada. A maioria das agências internacionais têm escritórios no Aeroporto de Frankfurt, incluindo a **Avis** (☎ 800/331-1212; www.avis.com), **Budget** (☎ 0800/527-0700; www.budget.com) e **Hertz** (☎ 800/654-3001; www.hertz.com). É possível também pode alugar um automóvel através da **Rail Europe** (☎ 888/382-7245; www.raileurope.com).

Andar pelo Bodensee (Lago Constança) de barco é divertido, mas você tem que prestar atenção aos horários de balsas e não poderá ver tanto da região em torno do lago em tão pouco tempo quanto conseguiria de carro. Se você quiser fazer uma viagem com calma pelo lago, a **Bodensee-Schiffsbetriebe**, Schützingerweg 2, Lindau (☎ 08382/275-4810; www.bsb-online.com) fornece serviço de passageiros diariamente entre Lindau e Mainau. Você também pode dirigir para o oeste de Lindau a Meersburg e pegar a balsa de carros até Mainau, que é operada pela **Autofähre Konstanz-Meersburg** (☎ 07531/803-666).

Acesso à Internet

Quase todos os hotéis da Alemanha, mesmo em cidades menores, agora oferecem Wi-Fi e/ou banda larga. Se o estabelecimento não possuir, pergunte ao recepcionista ou em um escritório de turismo se há um local com internet na vizinhança.

Farmácias

Em uma farmácia alemã, chamada de *Apotheke*, a equipe treinada pode recomendar remédios que podem ser vendidos diretamente para muitas doenças. Para comprar cosméticos ou artigos de perfumaria, vá até uma *Drogerie*. As farmácias alemãs ficam abertas no horário comercial normal. Elas fazem turnos, ficando abertas à noite, aos domingos e feriados, e cada *Apotheke* coloca uma lista das que ficam abertas fora do horário comercial.

Polícia

Para informar sobre uma perda ou roubo de algo como uma carteira ou passaporte, visite a polícia do local (*Polizei*) onde você estiver. Para ligar para a polícia de qualquer lugar da Alemanha, disque **☎ 110.**

Correio

Você reconhecerá as filiais do **Deutsche Post** (☎ 01802/3333; www.deutschepost.de) pela sua placa amarela com uma buzina preta. Os correios ficam abertos de segundas às sextas das 8 h às 18 h, e aos sábados das 8 h ao meio-dia.

Segurança

Essa área da Alemanha é completamente segura para turistas, mas use do bom senso e não deixe objetos de valor à vista ao estacionar o carro em uma rua da cidade ou próximo de uma área turística.

Telefones

Ligue para ☎ 11837 para obter informações e ☎ 11834 para informações internacionais. O código de área de Baden-Baden é 07221; o de Freiburg é 0761; o de Lindau, 008382. Disque o código de área ao ligar para um número a partir de outra cidade; você não precisa discá-lo ao chamar um número na mesma localidade. Há telefones públicos em muitos locais — alguns usam moedas e alguns usam cartões, que estão disponíveis em correios e bancas de jornais.

Banheiros

Em alguns locais você encontrará banheiros públicos limpos (*Toilette* em alemão; pronuncia-se tuá-lé-te), muitos deles com acesso automático e para cadeira de rodas; você precisa de uma moeda de 0,50€ para destrancar a porta. Mais convenientes e espalhados são os banheiros em cafés, bares, restaurantes, hotéis, shopping centers, algumas lojas, em paradas de autoestradas e áreas de descanso. Mesmo se você não for obrigado a pagar, é costume deixar 0,50€ para o atendente.

Informações para Visitantes

A agência regional de turismo do Bodensee é a **Internationale Bodensee-Tourismus**, Hafenstrasse 6, 78462 Konstanz (☎ 07531/90940; www.bodensee.de). Para a Floresta Negra é a **Black Forest Tourism**, Hauptgeschäftsstelle Freiburg, Ludwigstrasse 23, 79104 Freiburg (☎ 0761/896-4670; www.blackforest-tourism.com). Além dos fornecidos com as listagens individuais das cidades, outros escritórios de turismo importantes são os seguintes: **BADEN-BADEN** Trinkhall, Kaiser Allee 3 e Schwarzwaldstrasse 52 (a estrada B500 para a cidade); ☎ 07221/275-200; www.baden-baden.com; De segundas a sábados, das 10 h às 17 h, domingos, das 14 h às 17 h. **FREIBURG** Rotteckring 14; ☎ 0761/388-1880; www.freiburg.de; de segundas às sextas, das 8 h às 20 h (até 18 h de outubro a maio), sábados, das 9 h 30 min às 17 h 30 min (até 14 h 30 min de outubro a maio), domingos das 10 h ao meio-dia. **LINDAU** Ludwigstrasse 68 (do outro lado da estação de trem); ☎ 08382/260-031; www.lindau-tourismus.de; de segundas às sextas, das 9 h às 18 h, sábados das 14 h às 18 h, domingos das 10 h às 14 h.

9

Heidelberg, Stuttgart e os Alpes Suábios

Heidelberg, Stuttgart e os Alpes Suábios em 3 Dias

Essa parte do sul da Alemanha, a leste da Floresta Negra, é conhecida pelas históricas cidades universitárias de Heidelberg e Tübingen, ambas no rio Neckar, e a grande e movimentada Stuttgart, que fica entre elas. Em um passeio de três dias você pode facilmente visitar todas, ver o gigantesco palácio barroco em Ludwigsburg e admirar as diferentes paisagens que caracterizam a região, incluindo o vale do Neckar e um pouco dos Alpes Suábios, em torno de Tübingen.

> *PÁGINA ANTERIOR Uma visão panorâmica do Schloss Heidelberg (Castelo Heidelberg). NESTA PÁGINA A Altstadt de Tübingen escapou da Segunda Guerra Mundial com muitos dos seus prédios históricos intactos.*

PONTO DE PARTIDA **Heidelberg fica 94 km (58 milhas) ao sul de Frankfurt na A5, em torno de 1 hora de carro, e é facilmente acessível de trem a partir de todas as principais cidades da Alemanha e Europa. (uma viagem de 1 hora de Frankfurt).** **DURAÇÃO DA VIAGEM** **164 km (102 milhas).**

1 ★★ **Heidelberg.** A reputação de fornecedora de vinho e romance, além das músicas, vida estudantil, diversão e frivolidade têm atraído pessoas para Heidelberg há mais de 150 anos. Descoberta pelos românticos alemães do século XIX, que a adoravam e a

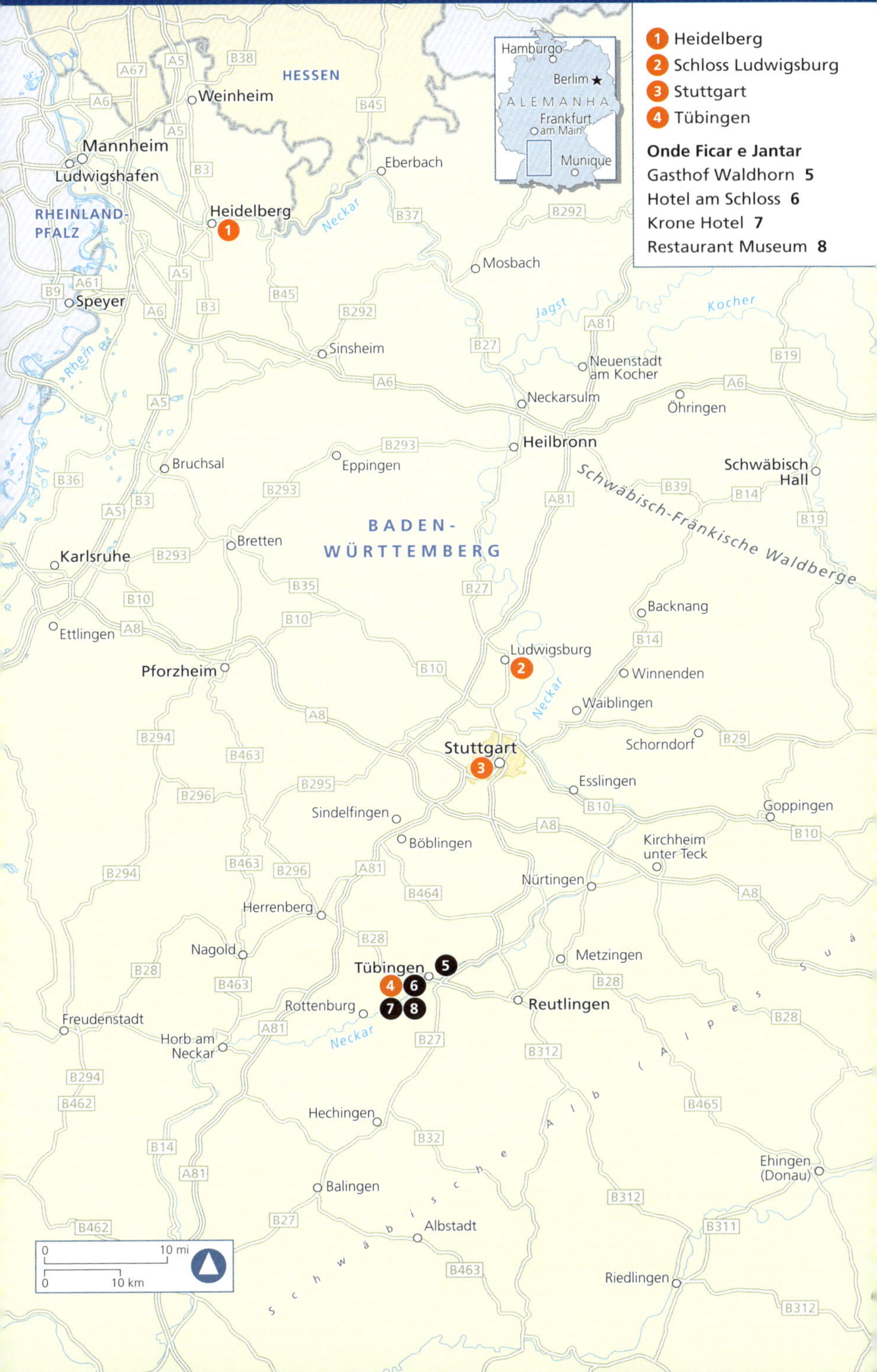
1 Heidelberg
2 Schloss Ludwigsburg
3 Stuttgart
4 Tübingen
Onde Ficar e Jantar
Gasthof Waldhorn 5
Hotel am Schloss 6
Krone Hotel 7
Restaurant Museum 8
Hamburgo
Berlim
ALEMANHA
Frankfurt am Main
Munique
HESSEN
RHEINLAND-PFALZ
BADEN-WÜRTTEMBERG
Weinheim
Mannheim
Ludwigshafen
Heidelberg
Eberbach
Neckar
Mosbach
Speyer
Sinsheim
Jagst
Kocher
Neuenstadt am Kocher
Neckarsulm
Öhringen
Heilbronn
Rhein
Bruchsal
Eppingen
Schwäbisch Hall
Schwäbisch-Fränkische Waldberge
Bretten
Karlsruhe
Ettlingen
Backnang
Ludwigsburg
Winnenden
Pforzheim
Waiblingen
Schorndorf
Stuttgart
Esslingen
Sindelfingen
Göppingen
Böblingen
Kirchheim unter Teck
Nürtingen
Herrenberg
Nagold
Metzingen
Tübingen
Rottenburg
Reutlingen
Freudenstadt
Horb am Neckar
Hechingen
Schwäbische Alb
Ehingen (Donau)
Balingen
Albstadt
Riedlingen
0 10 mi
0 10 km

> *Embora esteja em sua maior parte em ruínas, o romântico Schloss Heidelberg (Castelo Heidelberg) ainda se apresenta imponente sobre a cidade.*

pintavam, essa antiga cidade universitária no rio Neckar chamou a atenção de um público maior com o musical de 1924, *The Student Prince*, e de forma menos melosa, como uma base do exército norte-americano após a Segunda Guerra Mundial. O que torna Heidelberg única atualmente é que, diferentemente de outras localidades do país, ela foi relativamente pouco danificada pela guerra, oferecendo aos visitantes a chance de ver um pequeno e típico exemplo de cidade alemã (135 mil habitantes, dos quais 28 mil são estudantes) cuja Altstadt (Cidade Antiga) tem aparência semelhante à que tinha há um século, com uma mistura de estilos arquitetônicos que varia do gótico ao neoclássico. Há também uma parte mais nova de Heidelberg, posterior à guerra, mas fica bem afastada da Altstadt e você não gastará muito tempo lá, a menos que esteja fazendo compras ou a negócios.

Heidelberg é uma cidade para se caminhar, e você pode ver tudo a pé em um dia sem se preocupar com horários (embora, neste itinerário, se você quiser visitar o Schloss Ludwigsburg, a próxima parada, precisará restringi-la a meio dia). A atração mais famosa é o **Schloss Heidelberg** (Castelo Heidelberg), exemplo típico de ruínas românticas em uma colina com uma vista clássica dos telhados da Altstadt alinhados ao longo do rio. Visite o **Kurpfälzisches Museum** (Museu do Palatinado) para ver a peça de altar de madeira, obra-prima de Tilman Riemenschneider, com Cristo e os apóstolos, datada de 1509. A Universitätplatz (Praça da Universidade) marca o centro antigo da Universidade de Heidelberg e fica próximo da Marktplatz, a praça principal da Altstadt, dominada pela **Heiliggeistkirche** gótica (Igreja do Espírito Santo). Atravesse a **Alte Brücke** (Ponte Antiga) e ande até o **Philosophenweg** (Caminho do Filósofo), uma caminhada de 250 anos que apresenta uma vista da romântica Heildeberg, do outro lado do Neckar. Você também pode, dependendo do seu cronograma, dar uma volta curta ou mais longa no próprio rio. ⏱ **Pelo menos meio dia. Para obter informações sobre Heidelberg, ver pág. 424.**

Viajando de Trem

Você pode visitar todas as três cidades de trem e explorá-las a pé ou usando transporte público assim que chegar.

De Heidelberg, pegue a A6 para sudeste e a A81 em direção sul até Ludwigsburg (103 km/64 milhas), em torno de 70 minutos de carro.

2 ★★ crianças **Schloss Ludwigsburg.** O Castelo Ludwigsburg é o maior palácio barroco preservado da Alemanha (475 cômodos). Conhecido como o "Versalhes da Suábia", foi construído entre 1704 e 1744 para o duque Eberhard Ludwig e é cercado por um cenário único de um parque que inclui um encantador Märchengarten (jardim de conto de fadas), com figuras mecânicas ativadas pelo som da voz, e o Schloss Favorite, que foi usado como alojamento de caça. Ambos podem ser visitados apenas em passeios guiados. Uma caminhada tranquila pela cidade de Ludwigsburg, com sua aprazível praça do mercado em estilo barroco, também é agradável. ⏱ **3 horas para excursionar pelos palácios e jardins e andar pela cidade.**

> *Construído entre 1704 e 1744, o Schloss Ludwigsburg tem 473 cômodos e é o maior palácio barroco preservado da Alemanha.*

Schlossstrasse 30. ☎ 07141/182-004. www.schloss-ludwigsburg.de. Entrada para ambos os palácios: 8€, para os jardins 7,50€. Diariamente, das 10 h às 17 h , passeios a cada 30 minutos, passeios guiados em inglês de segundas a sextas à 13 h 30 min, sábados e domingos às 11 h, 13 h 30 min e 15 h 15 min (varia com a estação).

De Ludwigsburg, pegue a B27 para o sul até Stuttgart (17 km/11 milhas e em torno de 25 minutos de carro), seu destino para a primeira noite.

3 ★★ **Stuttgart.** Stuttgart é a capital das artes do sudoeste da Alemanha, com diversos museus que tornarão gratificante passar um dia inteiro lá. Diferentemente de Heidelberg e Tübingen, Stuttgart sofreu muito durante a Segunda Guerra Mundial. É um caso de reconstrução da Alemanha do pós-guerra no qual foram reerguidos os palácios e casas de ópera, no antigo Centro, mas não o restante da cidade destruída. Novas casas, estradas e prédios foram construídos, e a Stuttgart moderna nasceu. Atualmente é a sexta maior cidade da Alemanha, com cerca de 600 mil habitantes.

E, embora seja uma potência industrial, com fábricas de automóveis e equipamento óptico, Stuttgart é uma das cidades mais verdes da Alemanha, com muitos parques e vinhedos bem na cidade. O local é suficientemente grande para ter muito movimento, e ao mesmo tempo pequeno para que seja possível se locomover com facilidade a pé ou usando o transporte público.

> *O quadro Le Salon, feito por Otto Dix em 1927, está no Kunstmuseum Stuttgart, a coleção de arte da cidade dos séculos XIX e XX.*

Separe um dia em Stuttgart para ver museus, e talvez outro para compras (a área em torno da estação ferroviária é uma nova referência de varejo).

> *Muitas belas casas à beira do rio, com impressionantes montanhas ao fundo, complementam a paisagem do Neckar, em Tübingen.*

Se você estiver interessado em ver uma excelente coleção de pinturas da Alemanha, dos Mestres Antigos até os Modernos, visite a **Staatsgalerie** (Galeria de Arte do Estado) ou a incrível coleção de arte da Alemanha do século XIX e XX no novo **Kunstmuseum Stuttgart** (Museu de Arte de Stuttgart). Você encontrará um tesouro de arte regional e objetos no **Landesmuseum Württemberg** (Museu de História Regional). Quem gosta de automóveis não irá querer perder o Mercedes-Benz Museum ou o Porsche Museum, ambos cheios de automóveis antigos. 🕒 **1 dia. Para obter informações sobre Stuttgart, incluindo recomendações de hotéis e restaurantes, ver pág. 430.**

Passe outra noite em Stuttgart ou continue até Tübingen, ao sul pela B27 e B28 (44 km/27 milhas e uma viagem de 50 minutos de carro) e passe sua segunda noite lá.

4 ★★ **Tübingen.** Esta cidade de agradável atmosfera, às margens dos rios Neckar e Ammer, foi uma das poucas da Alemanha a permanecer completamente intocada pelas bombas e batalhões da Segunda Guerra Mundial. A história da localidade está intimamente ligada à sua famosa universidade, fundada em 1477, onde se costuma dizer: em vez de ter uma universidade, Tübingen é uma universidade. Hoje, em torno de 25 mil alunos estudam aqui.

Em torno de duas horas você pode explorar a notável **Altstadt** (Cidade Antiga) de Tübingen, com suas ruas sinuosas, magníficas casas com partes de madeira e praças pequenas e silenciosas, mas se você realmente quiser aproveitar esta atmosfera antiga, passe uma noite por lá. Comece seu passeio com uma bela vista da cidade e do rio Neckar debruçando-se da **Eberhardbrücke** (Ponte Eberhard) e caminhe pela **Platanenalle**, um caminho popular criado em uma ilha no rio. Já tendo sido parte das fortificações da cidade, a **Hölderlinturm** (Torre de Hölderlin) foi posteriormente transformada em uma residência onde o poeta Friedrich Hölderlin viveu de 1807 a 1843 (no endereço Bursagasse 6). Uma fonte do renascimento com uma estátua de Netuno embeleza o **Am Markt**, especialmente movimentado nas segundas, quartas e sextas, quando uma tradicional feira ao ar livre acontece. De frente para a praça fica a **Rathaus** (prefeitura), uma estrutura do século XV com desenhos pintados do século XIX na sua fachada. Uma placa na **Judengasse**, uma silenciosa rua residencial abaixo da Rathaus, registra o destino dos judeus de Tübingen, que viveram nesta área até serem expulsos da cidade em 1477. A gótica **Stiftskirche** (Igreja do Colégio) merece uma breve visita para ver os túmulos dos duques de Württemburg, o púlpito de madeira esculpido no século XV e a tela do crucifixo; suba na torre para ter uma visão panorâmica da cidade (Holzmarkt; igreja diariamente das 9 h às 17 h; entrada na torre 2€, aberta de terças às sextas das 10 h 30 min às 17 h, sábados e domingos das 14 h às 17 h). Um magnífico portão do renascimento dá acesso ao **Schloss Hohentübingen** (Castelo Hohentübingen), um complexo de quatro alas construído pelos arquiduques de Tübingen, que hoje abrigaum museu de antiguidades; guarde meia hora aqui para explorar (Burgsteige 11; ☎ 07071/297-7394; entrada 4€; de quartas a domingos, de maio a setembro, das 10 h às 18 h; de outubro a abril, das 10 h às 16 h). 1 dia. Informações turísticas: An der Neckarbrücke 1. ☎ 07071/91360. www.tuebingen.de.

Onde Ficar e Jantar

> *Três casas com telhados em forma de triângulos iguais, de 1491, contribuem para dar um charme elegante de Velho Mundo ao Hotel am Scholl, de Tübingen.*

★★ **Gasthof Waldhorn** PRÓXIMO DE TÜBINGEN FRANCÊS/ALEMÃO
O melhor restaurante da região, localizado a 6 km (3,75 milhas) do centro da cidade de Tübingen, possui especialidades francesas e alemãs criadas engenhosamente com ingredientes locais e com uma impressionante carta de vinhos. Schönbuschstrasse 49 (dirija para o norte na Am Stadtgraben, dobre à esquerda na Wilhelmstrasse, à esquerda na Bebenhauser Strasse, à esquerda na Schönbuchstrasse). ☎ 07071/61270. www.waldhorn-bebenhausen.de. É necessário fazer reservas. Pratos principais de 24€ a 36€, menu de preço fixo a 78€. Não aceita cartões de crédito. Almoço e jantar de quartas a domingos. Fica fechado por 2 semanas em agosto.

★ **Hotel am Schloss** TÜBINGEN
Este castelo romântico próximo de Tübingen consiste de três casas com telhados de triângulos em forma de triângulos iguais, a mais antiga datando de 1491, que foi reformada de maneira simples, porém confortável, embora falte um elevador. O restaurante do hotel serve a boa e tradicional comida da Suábia. Burgsteige 18. ☎ 07071/92940. www.hotelamschloss.de. 35 quartos. Diárias para duas pessoas de 108€ a 135€, com café da manhã. AE, DC, MC, V.

★ **Krone Hotel** TÜBINGEN
Se você quiser ficar no rio Neckar, no coração da cidade, este hotel silencioso e respeitável é sua melhor escolha. Os quartos são confortáveis, mas não exagerados, e o restaurante do hotel é um dos melhores da localidade. Uhlandstrasse 1. ☎ 07071/13310. www.krone-tuebingen.de. 47 quartos. Diárias para duas pessoas de 139€ a 159€, com café da manhã. AE, DC, MC, V.

★ **Restaurant Museum** TÜBINGEN SUÁBIA
Junte-se aos estudantes que conhecem este restaurante como um bom lugar para um almoço saboroso e razoavelmente barato, ou venha jantar quando as especialidades da Suábia, como medalhões de vitela, tentam as papilas gustativas. Wilhelmstrasse 3. ☎ 07071/22828. www.restaurant-museum.de. Pratos principais de 9€ a 22€, menus com preço fixo de 16€ a 19€. AE, MC, V. Almoço e jantar diariamente.

Hiedelberg, Stuttgart e os Alpes Suábios em 4 Dias

A Suábia (Schwaben, em alemão) é o nome de um ducado medieval no estado de Baden-Württenberg. A Suábia é líder da indústria alemã há décadas, mas a região também é conhecida pelo seu belo interior. Para o norte, a Schwäbische Wald (Floresta da Suábia) se estende até o Schwäbische Alb (Alpes Suábios), um caminho de terrenos elevados com calcário ao sul de Stuttgart e entre Tübingen e Ulm. A floresta vai para o sul até o Bodensee (Lago Constância) e para o oeste até o rio Danúbio. A menor parte do rio Neckar passa por Heidelberg e Tübingen através de um vale repleto de vinhedos. Este itinerário de quatro dias apresenta a você as principais atrações de Suábia.

> *O pitoresco Abtei Balubeuren foi fundado como um mosteiro beneditino, mas hoje abriga um seminário protestante.*

PONTO DE PARTIDA Heidelberg fica 94 km (58 milhas) ao sul de Frankfurt na A5, em uma viagem de em torno de 1 hora de carro. É facilmente acessível de trem a partir de todas as principais cidades da Alemanha e da Europa (uma viagem de 1 hora de Frankfurt). DURAÇÃO DA VIAGEM 292 km (181 milhas).

1 ★★ **Heidelberg.** Reserve pelo menos meio dia para explorar Heidelberg. Se você vir os pontos turísticos pela manhã, pode passar a tarde visitando os castelos no Neckarsteinach (pág. 410, 2), no vale do Neckar, e retornar para passar a noite. ⏲ 1 dia. Para obter informações

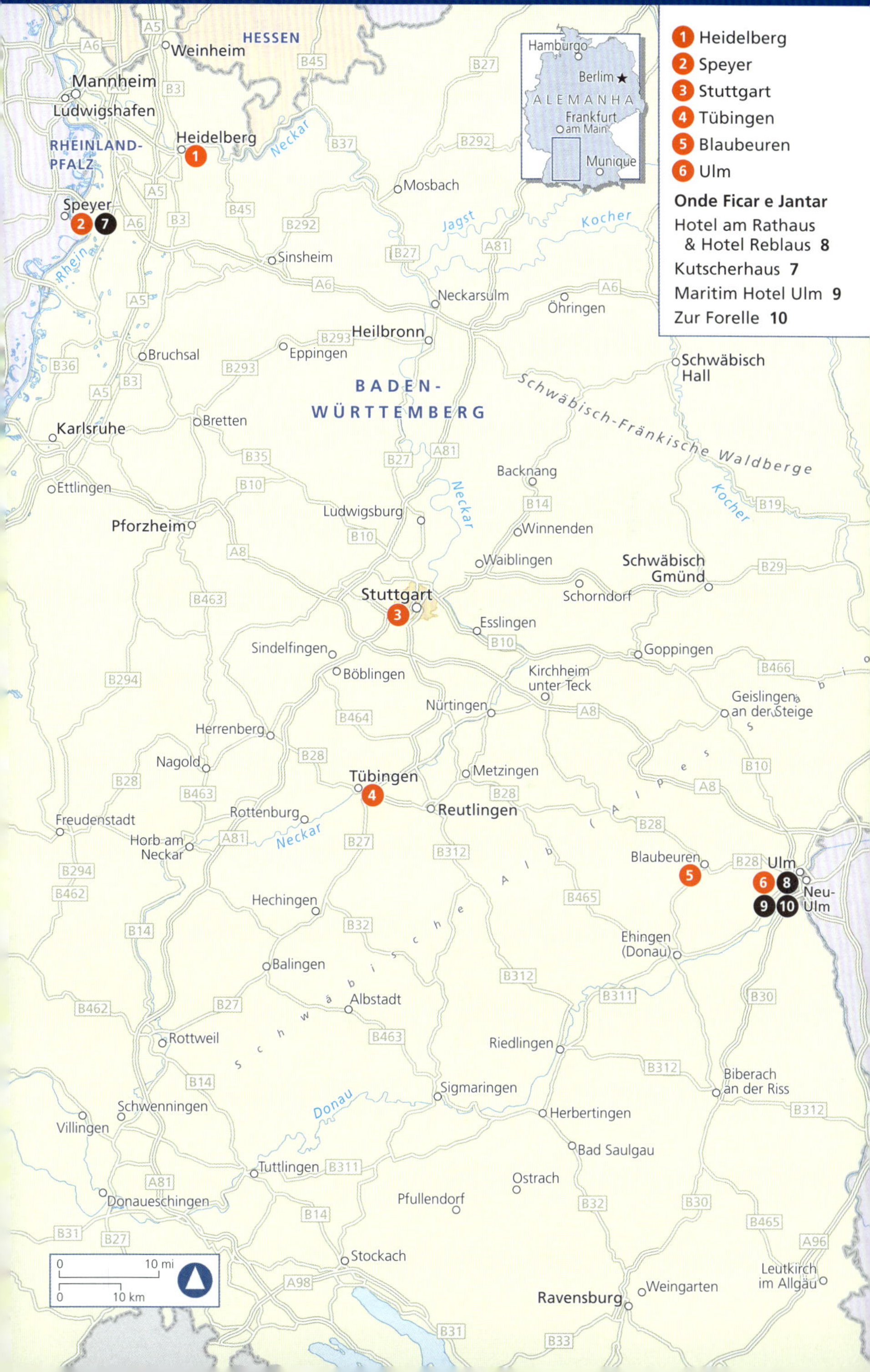
HESSEN
Weinheim
Mannheim
Ludwigshafen
RHEINLAND-PFALZ
Heidelberg
Neckar
Mosbach
Speyer
Rhein
Jagst
Kocher
Sinsheim
Neckarsulm
Öhringen
Heilbronn
Eppingen
Bruchsal
Schwäbisch Hall
BADEN-WÜRTTEMBERG
Schwäbisch-Fränkische Waldberge
Karlsruhe
Bretten
Backnang
Ettlingen
Ludwigsburg
Winnenden
Pforzheim
Waiblingen
Schwäbisch Gmünd
Stuttgart
Schorndorf
Esslingen
Sindelfingen
Göppingen
Böblingen
Kirchheim unter Teck
Nürtingen
Geislingen an der Steige
Herrenberg
Nagold
Tübingen
Metzingen
Reutlingen
Freudenstadt
Rottenburg
Horb am Neckar
Blaubeuren
Ulm
Neu-Ulm
Hechingen
Ehingen (Donau)
Balingen
Albstadt
Schwäbische Alb
Alpes
Rottweil
Riedlingen
Biberach an der Riss
Sigmaringen
Schwenningen
Villingen
Donau
Herbertingen
Bad Saulgau
Tuttlingen
Ostrach
Donaueschingen
Pfullendorf
Stockach
Leutkirch im Allgäu
Weingarten
Ravensburg
0 10 mi
0 10 km
Hamburgo
Berlim
ALEMANHA
Frankfurt am Main
Munique
1 Heidelberg
2 Speyer
3 Stuttgart
4 Tübingen
5 Blaubeuren
6 Ulm
Onde Ficar e Jantar
Hotel am Rathaus & Hotel Reblaus 8
Kutscherhaus 7
Maritim Hotel Ulm 9
Zur Forelle 10

> *O interior da enorme catedral românica de Speyer, do século XI.*

sobre Heidelberg, incluindo recomendações de hotéis e restaurantes, ver a pág. 424.

No Segundo dia , vá para sudoeste na A5 até Speyer (36 km/22 milhas), uma viagem em torno de 30 minutos de carro.

2 ★ **Speyer.** Esta cidade imperial livre alega ter mais de 2 mil anos de idade e ter o maior prédio românico intacto da Europa. Só ver a ★★ **Kaiserdom** (Catedral Imperial), um exemplo exagerado de arquitetura e Patrimônio Cultural da UNESCO, já vale a visita. Essa enorme basílica com três naves, construída de arenito vermelho entre 1025 e 1061, tem uma cripta magnífica com os túmulos de diversos imperadores, reis e rainhas do Sacro Império Romano (Edith-Stein-Platz; ☎ 06232/1020; de abril a outubro, de segunda a sexta das 9 h às 19 h, sábados das 10 h às 18 h, domingos das 13 h 30 min às 18 h, e de novembro a março, diariamente, das 9 h às 17 h). O ★ **Historisches Museum der Pfalz** (Museu Histórico do Palatinado) exibe diversas coleções dedicadas à história e cultura da região, sendo que a mais importante é a de Domschatz (Tesouro da Catedral), o Wine Museum (Museu do Vinho, que tem a garrafa de vinho mais antiga do mundo, do ano 300) e a Coleção Pré-Histórica, cuja atração principal é o Chapéu Dourado de Schifferstadt, um objeto de ritual na forma de cone de ouro maciço da Época do Bronze (Domplatz; ☎ 06232/13250; entrada 4€, de terças a domingos, das 10 h às 18 h). Também vale a pena visitar o **Technik-Museum** (Museu de Tecnologia), com seu sortimento de aviões históricos, automóveis, locomotivas e um U-boat de 20 toneladas da Segunda Guerra Mundial (Geibstrasse 2; ☎ 06232/67080; entrada 13€; de segundas a sextas, das 9 h às 18 h, sábados e domingos, das 9 h às 21 h). Um raro olhar sobre a cultura judaica medieval é o **Judenbad,** do século XII, ou Mikwe, um local de banho tradicional para mulheres (Judengasse; entrada 3€. De abril a outubro, diariamente, das 10 h às 17 h). Veja também a **Dreifaltigkeitskirche** (Igreja da Santíssima Trindade) do início do século XVIII, uma obra-prima arquitetônica com um interior rococó exuberante (Grosse Himmelgasse, quartas das 10 h 30 min às 16 h; domingos das 14 h às 17h).

Viajando de Trem

É mais rápido e fácil seguir este itinerário de carro, mas não é necessário. Você pode chegar facilmente a qualquer local mencionado, menos a Blaubeuren, nos Alpes Suábios, de trem.

> *Um dos muitos automóveis antigos do popular Museu da Mercedes-Benz, em Stuttgart.*

🕒 Pelo menos 3 h. Informações turísticas: Maximilianstrasse 13. ☎ 06232/142-392. www.speyer.de.

Faça de Stuttgart, a 124 km (77 milhas) a sudeste de Speyer na A5 e A8, seu destino de pernoite do segundo dia; tente visitar um museu durante a tarde em que chegar e outro na manhã seguinte.

3 ★★ **Stuttgart.** 🕒 1 dia. Para obter informações sobre Stuttgart, incluindo recomendações de hotéis e restaurantes, ver a pág. 430.

De Stuttgart, vá para o sul pela B27 e B28 até Tübingen (44 km/27 milhas) e faça desta cidade universitária antiga e pitoresca seu pernoite do terceiro dia.

4 ★★ **Tübingen.** Tübingen apresenta ao visitante uma visão de uma cidade alemã "real" — não reconstruída —, com prédios que datam desde a Idade Média até o século XIX, repletos de labirintos de ruas estreitas e com ladeiras que vão até o Neckar, onde os estudantes levam os visitantes pelo rio em pequenos barcos de fundo chato chamados Stocherkähne. 🕒 Pelo menos meio dia. Ver pág. 402; **4** para recomendações de hotéis e restaurantes, ver a pág. 403.

De Tübingen, dirija para leste a B28, entrando na pitoresca região dos Alpes Suábios, até Blaubeuren (68 km/42 milhas), uma viagem de apenas um pouco mais de uma hora de automóvel (Se você estiver fazendo este itinerário de trem, precisará pular Blaubeuren e ir diretamente a Ulm, 6).

> *Prédios históricos são um cenário maravilhoso na movimentada Altstadt, de Tübingen.*

5 ★ **Blaubeuren.** Pare neste vilarejo pitoresco nos Alpes Suábios para ver rapidamente os pontos turísticos. Uma caminhada breve guiada pela sinalização o levará até o **Blautopf**, um pequeno, profundo e brilhante lago azul (o nome significa "bacia azul"). Depois, siga os sinais de HOCHALTAR para visitar **Abtei Blaubeuren** (Abadia de Blaubeuren), que inclui um grupo fotogênico de prédios com detalhes em madeira e a **Klosterkirche** (Igreja da Abadia) com seu magnífico altar do século XIV (o *Hochaltar*). ⏲ 1 hora.

Ulm, seu destino da tarde e para o pernoite do quarto dia, fica 20 km (12 milhas) a leste de Blaubeuren pela B28, um percurso que dura cerca de 30 minutos de automóvel.

Uma Viagem de Um Dia pelos Alpes Suábios

Se você quiser acrescentar um dia ao seu itinerário, pode facilmente realizar uma viagem de um dia de Stuttgart ou Tübingen até os Alpes Suábios, uma área muito pitoresca caracterizada pelas montanhas baixas e rochosas (veja "Os Alpes Suábios, na pág. 416).

6 ★★ **Ulm.** Localizada no rio Danúbio e cercada por florestas e colinas dos Alpes Suábios, Ulm foi uma das cidades mais ricas e importantes da Europa na Idade Média, graças à sua indústria têxtil e localização em meio a importantes rotas de comércio. Sua prosperidade e poder político decaíram como consequência da Guerra dos Trinta Anos e da Guerra de Sucessão Espanhola, situação que piorou durante a Segunda Guerra Mundial. Ainda assim, esta cidade de 170 mil habitantes, onde nasceu Albert Einstein, permanece um local atrativo e intrigante a ser explorado, com uma mistura de arquitetura nova e antiga, e uma localização central que a torna uma boa escolha para um pernoite. A partir de Ulm é fácil chegar aos vizinhos Alpes Suábios, Floresta Negra e Bodensee (Lago Constância), ou à Baviera.

O principal orgulho da cidade é sua enorme ★★★ **Münster** (Catedral), uma obra-prima da arquitetura gótica, famosa por ter o pináculo de igreja mais alto do mundo (161 m/528 pés). Reserve pelo menos 30 minutos para explorar esta grande basílica de cinco naves e preste atenção especial aos bancos do século XV, púlpito e altar, além de pinturas do século XV minuciosamente entalhadas; se você subir os 768 degraus da torre, será recompensado com uma vista inesquecível até os Alpes (Münsterplatz;

☎ 0731/967-5023; entrada gratuita na catedral, 2,50€ na torre; diariamente, das 9 h até o anoitecer. Localizado na Münsterplatz, ao lado da catedral, fica a **Stadthaus**, um prédio contemporâneo do arquiteto americano Richard Meier que data de 1993 e é usado como escritório turístico e centro de arte. O Marktplatz, a antiga praça de comércio de Ulm, é o local da **Rathaus** (prefeitura), de estilo gótico do renascimento, com sua fachada decorada com afrescos e coroada com um relógio astronômico, e a **Fischkastenbrunnen** (Fonte do Peixe em Caixotes), que data de 1482 e já foi usada por vendedores do mercado para manter seu peixe fresco. Ao lado da Rathaus fica a **Stadtsbibliothek** (Biblioteca Pública) de Gottfried Böhms, um prédio moderno em formato de pirâmide de vidro. As coleções do notável ★ **Ulmer Museum**, localizadas em quatro prédios históricos do século XV, XVI e XVII, incluem trabalhos brilhantes de mestres de Ulm do século XV, como Hans Multscher, e pinturas do século XX de Picasso, Klee, Stella e Rothko (Marktplatz 9; ☎ 0731/161-4330; entrada 3,50€; de terças a domingos, das 11 h às 17 h). Exposições no singular ★ **Museum der Brotkultur** (Museu do Pão) registram 8 mil anos de história cultural e social do pão e incluem pinturas de artistas que vão desde Brueghel até Picasso (Salzstadelgasse 10; ☎ 0731/69955; entrada 3,50€; diariamente, das 10 h às 17 h, quartas até às 20 h 30 min). Após visitar os museus, passe algum tempo andando pelo antigo ★ **Fischerviertel** (Bairro dos Pescadores), ao sul de Münster, pelo rio Blau. Com suas ruas estreitas, casas medievais com detalhes de madeira, ruas de pedra e pequenas pontes para pedestres, esta é a área mais pitoresca de Ulm. 🕒 **4 horas para ver os principais pontos turísticos. Informações turísticas: Münsterplatz. ☎ 0731/161-2830. www.tourismus.ulm.de.**

Onde Ficar e Jantar

★ **Hotel am Rathaus & Hotel Reblaus** ULM Se você estiver procurando um ambiente e atmosfera histórica, estes dois hotéis cheios de antiguidades, localizados atrás da Rathaus, na cidade antiga de Ulm, são os melhores lugares para ficar. Reserve um quarto com janelas para a incrível catedral. **Kronengasse 8–10. ☎ 0731/968-490. www.rathausulm.de. 34 quartos. Diária para duas pessoas de 88€ a 120€, com café da manhã. AE, DC, MC, V.**

★ **Kutscherhaus** SPEYER *RENO* Esse restaurante e jardim de cerveja pitoresco, em um antigo depósito de carruagens com quadros de madeira, é especializado em pratos regionais da área do Reno. **Fischmarkt 5A. ☎ 06232/70592. www.kutscherhaus-speyer.de. Pratos principais de 13€ a 18€. AE, DC, MC, V. Almoço e jantar de sextas a terças.**

★★ crianças **Maritim Hotel Ulm** ULM Com quartos grandes, uma piscina aquecida e serviço de babá, este hotel de serviço integral e alto padrão sobre o rio Danúbio é o mais conveniente para famílias. **Basteistrasse 40. ☎ 0731/9230. www.maritim.de. 287 quartos. Diária para duas pessoas de 153€ a 215€. AE, DC, MC, V.**

> *Essa construção de 400 anos abriga o popular restaurante Zur Forelle, no Bairro dos Pescadores de Ulm.*

★★ **Zur Forelle** ULM *SUÁBIA* Localizado em um prédio de 400 anos no Bairro dos Pescadores de Ulm, este restaurante pitoresco é especializado em cozinha regional e oferece pratos como o salmão e sopa de ervas à moda local, além de refogado de carne e fígado com batatas assadas. **Fischergasse 25. ☎ 0731/63924. www.zurforelle.com. Recomenda-se fazer reserva. Pratos principais de 12€ a 24€. AE, MC, V. Almoço e jantar diariamente.**

Os Castelos no Vale do Rio Neckar

O rio Neckar nasce na Floresta Negra e corre para o norte e oeste por 367 km (228 milhas) antes de se juntar ao Reno em Mannheim. Um dos mais belos trechos do Neckartal, ou vale do Neckar, fica a leste de Heidelberg, uma área onde o vale é íngreme e venta muito, há muitos castelos (ou suas ruínas), e as cidades são pequenas e charmosas.

> *Encostas arborizadas com castelos tornam o vale do Neckar um cenário de livro de histórias.*

PONTO DE PARTIDA **Heidelberg fica 94 km (58 milhas) ao sul de Frankfurt na A5, um percurso de aproximadamente 1 hora de automóvel. É facilmente acessível de trem de todas as principais cidades da Alemanha e da Europa (1 hora de viagem de Frankfurt.)** **DURAÇÃO DA VIAGEM** **164 km (102 milhas) e 1 dia.**

1 ★★ **Schloss Heidelberg (Castelo de Heidelberg).** Pelo menos 1 hora. Ver pág. 427, 8.

Neckarsteinach fica 14 km (8,75 milhas) a leste de Heidelberg, em torno de 20 minutos de carro pela B37. Do castelo, pegue a Schlossstrasse para leste e siga a sinalização até a B37, que é paralela ao rio Neckar.

2 **Neckarsteinach.** Esta cidade é famosa pelos seus quatro castelos, construídos entre 1100 e 1250, que ficam em uma elevação estreita que contempla a cidade. Os castelos de Vorderburg e Mittelburg são particulares, mas passe alguns minutos visitando as ruínas do **Hinterburg**, o mais antigo dos quatro, e o **Burg Schadeck**, apelidado de *Schwalbennest* (Ninho da Andorinha), para ter algumas das paisagens mais impressionantes do vale do Neckar (ambos os castelos têm entrada gratuita; ficam abertos diariamente, das 9 h ao anoitecer).

De Neckarsteinach, volte para a cidade de Neckargemünd e procure a sinalização para Dilsberg, 4,5 km (2,75 milhas) ao sul.

3 **Dilsberg.** Este pequeno vilarejo com ruas íngremes de pedra e belas igrejas é coroado pela **Festung Dilsberg** (Fortaleza Dilsberg), um complexo de muros com uma bela vista panorâmica na sua torre restaurada (entrada 1€; diariamente, das 9 h até o anoitecer). 15 minutos.

Pegue a B37 e a B45 para nordeste até Hirschhorn (18 km/11 milhas), um percurso de aproximadamente 25 minutos de carro.

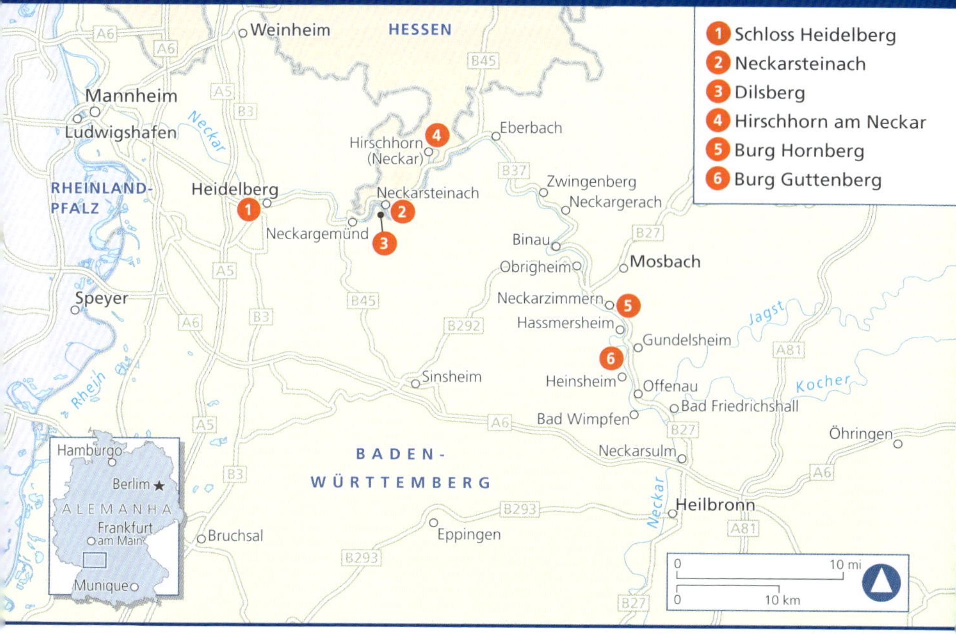

4 ★ **Hirschhorn am Neckar.** Este vilarejo medieval se espalha pela margem direita do Neckar, fazendo uma curva em forma de ferradura. Da torre do século XIV do **Burg Hirschhorn** (Castelo Hirschhorn), localizada em um promontório fortificado sobre o vilarejo, você terá uma vista sem igual do rio e suas encostas arborizadas (entrada 1€; diariamente, das 9 h até o amanhecer). ⌚ 15 minutos.

De Hirschhorn, volte até a B37 e dirija para sudeste por 38 km (24 milhas) até Burg Hornberg, em torno de 35 minutos de carro, e 1,5 km (1 milha) em direção à cidade de Neckarzimmern.

5 ★ **Burg Hornberg.** Esse grande castelo do século XVI é cercado por vinhedos que têm pelo menos 1.500 anos. Passe alguns minutos no museu do local, que exibe a armadura de Götz von Berlichingen, um cavaleiro medieval imortalizado em uma peça de Johann Wolfgang von Goethe. As partes do castelo abertas para o público estão em sua maior parte vazias, mas é divertido subir no topo das diversas torres para observar o rio Neckar e o vale. ☎ 06261/5001. Entrada 3€. Diariamente, das 10 h às 16 h. ⌚ 15 minutos.

Burg Guttenberg fica 10 km (6 milhas) ao sul de Burg Hornberg, em torno de 15minutos de carro pela B27, L588 e K3948.

6 ★★ crianças **Burg Guttenberg.** Exemplo raro de castelo medieval totalmente intacto, o castelo Guttenberg foi construído em uma forma típica de fortaleza, com um grande muro de defesa e um fosso protegendo um jardim interno com apartamentos. O castelo é um destino popular de famílias porque abriga o Centro Alemão de Pesquisa de Aves de Rapina, que apresenta exibições diárias com falcões. O museu do lugar exibe artefatos familiares e obras de arte, e uma instalação chamada "Vivendo em um Castelo de um Cavaleiro" interpreta a vida desde a época medieval até os dias de hoje. ⌚ Pelo menos 30 minutos. Burgstrasse. ☎ 06266/228. Entrada 5€. De abril a outubro, diariamente, das 10 h às 18 h.

O caminho mais rápido de retorno de Burg Guttenberg a Heidelberg é pela A6 para o norte, uma distância de 61 km (38 milhas) e que dura cerca de 50 minutos de carro.

Igrejas Barrocas do Norte da Suábia

Uma série de igrejas barrocas muito bonitas se espalha pelas colinas suaves do planalto do norte da Suábia, entre Ulm e o Bodensee (Lago Constância). Elas são, em sua maioria, as igrejas de peregrinação católica romana, cujas belas fachadas em tons pastéis escondem um mundo impressionante de cores e decoração quase alegre em seu interior. Se você quiser ver todas elas em um dia, planeje passar não mais que 30 a 45 minutos em cada uma. Você talvez também queira levar um lanche para o passeio.

> *A Kloster Schussenried mistura os estilos românico, gótico e barroco.*

PONTO DE PARTIDA Obermarchtal fica 40 km (25 milhas) ao sudoeste de Ulm na B311, em torno de 45 minutos de carro. DURAÇÃO DA VIAGEM 240 km (149 milhas) e um dia inteiro.

1 Kloster Obermarchtal (Mosteiro Obermarchtal). A antiga igreja da abadia desta pequena cidade, datada de 1686, serve como uma introdução aos primórdios do estilo barroco. A arquitetura aqui é rígida, e a mobília adiciona um peso que é suavizado apenas pelo trabalho em estuque. Klosteranlage 2. ☎ 07375/95020. Diariamente, das 8 h às 18 h.

Zweifalten fica 10 km (6 milhas) a oeste de Obermarchtal pela L249, B311, L271 e B312, em torno de 15 minutos de carro.

2 ★★ Kloster Zweifalten (Abadia de Zweifalten). A fachada sóbria da igreja do mosteiro no vilarejo de Zweifalten, ao lado do Danúbio dos Alpes Suábios, esconde um interior

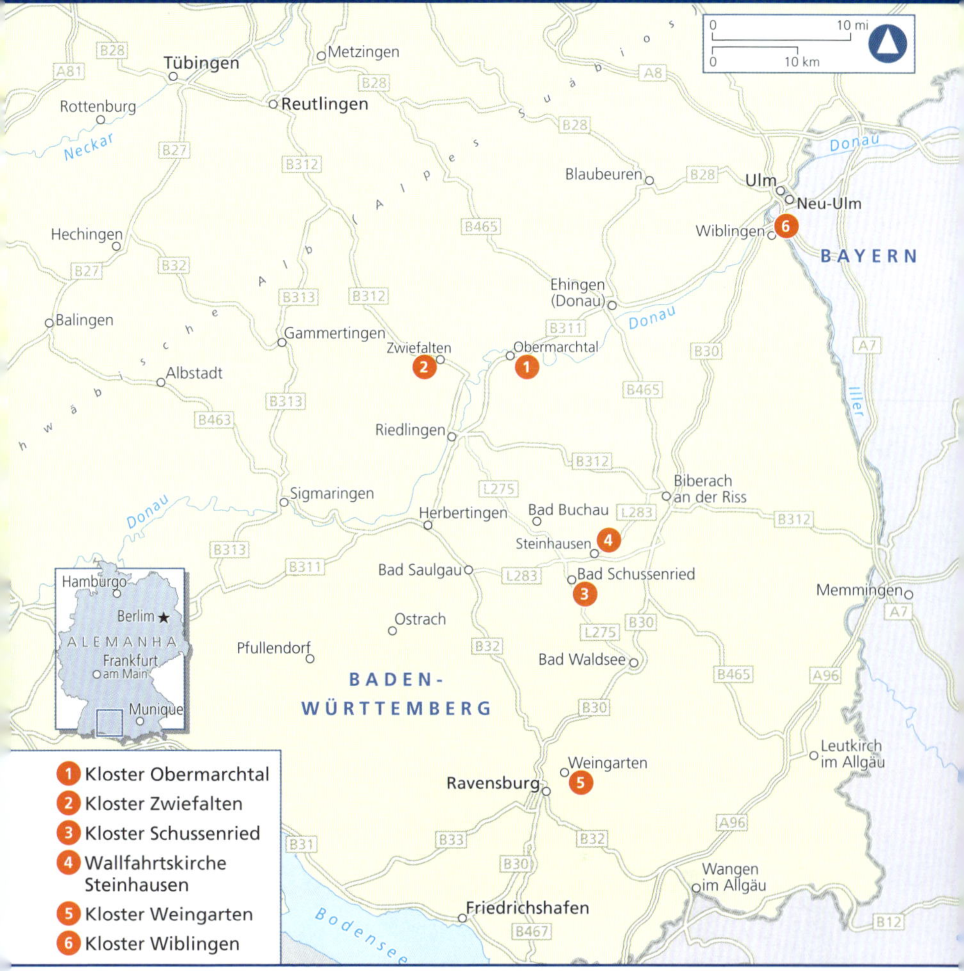

barroco generosamente decorado. Construído entre 1739 e 1753 para a ordem Beneditina, ele brilha com uma profusão de cores luminosas, formas singulares e exuberante decoração em estuque que inclui anjos e querubins em todos os lugares, além de confessionários que se assemelham a grutas. **Zwiefalten. Não tem telefone. Diariamente, das 8 h às 17 h.**

Continue para o sudeste pela B312 e depois siga a L275 e a L284 até Bad Schussenried (35 km/22 milhas), em torno de 35 minutos de carro.

3 Kloster Schuwwenried (Abadia de Schussenried). Os bancos do coral complexamente esculpidos datam de 1718 e são separados por estatuetas representando homens e mulheres que fundaram ordens religiosas. A biblioteca tem um enorme teto pintado e um corrimão rococó, que tem como base colunas gêmeas enfeitadas por querubins alegres e imagens dos Pais da Igreja. **Klosterhof. ☎ 07583/2541. De abril a outubro, de terças a sextas das 10 h às 13 h e das 14 h às 17 h, sábados e domingos, das 10 h às 17 h; de novembro a março, aos sábados e domingos, das 13 h às 16 h.**

De Bad Schussenried, pegue a L306 para o leste até Steinhausen (27 km/17 milhas), uma viagem de 35 minutos de carro.

4 ★ Wallfahrtskirche Steinhausen (Igreja de Peregrinação de Steinhausen). Esta igreja esteve no caminho de peregrinação até

> *PÁGINA OPOSTA: Por séculos, os visitantes procuram a maravilhosa Wallfahrtskirche Steinhausen, vista aqui brilhando ao por do sol. ACIMA Pintura e estuque elaborados decoram o domo em relevo da Kloster Weingarten.*

Santiago de Compostela, na Espanha. Dominikus Zimmerman, mestre do barroco da Suábia, deu um formato oval à nave e à capela-mor com pilares entalhados e coloridos, cornijas e frestas de janelas enfeitadas com pássaros, insetos e flores. Ingoldinger Strasse 5. ☎ 07583/2541. Diariamente, das 9 h às 17 h.

De Steinhausen, pegue a K7573 e a L306 para o oeste até a B30, e depois vá para o sul até Weingarten (46 km/27,5 milhas), em torno de 50 minutos de carro.

5 ★★ Kloster Weingarten (Abadia de Weingarten). Consagrada em 1724, esta igreja de abadia beneditina com sua bela fachada de arenito tem comprimento de 102 m (335 pés) e largura de 44 m (144 pés), tornando-a um dos maiores santuários barrocos da Alemanha. A frente oeste arredondada, com elegantes torres, e a abóboda em relevo, com amplas janelas, mostram a influência italiana. A pintura interior e o estuque são relativamente restritos, mas os cenários no teto, pintados por Cosmas Damien Asam, são repletos de vida e virtuosidade. Kirchplatz 3. ☎ 0751/50960. Diariamente, das 7 h às 19 h.

De Weingarten, pegue a B30 para o norte até Kloster Wiblingen (78 km/48 milhas).

6 Kloster Wiblingen (Abadia de Wiblingen). Embora sua fundação date do século XI, os toques finais datam do século XVIII. A biblioteca da abadia, completada em 1760, é um dos mais belos exemplos de rococó na Suábia. Sua galeria, suportada por 32 colunas posicionadas de forma alinhada e pintadas em tons alternados de rosa e azul, se projeta ao centro do salão e combina com um grande teto com afrescos com relevos falsos, criando um conjunto rico em cores e movimentos. Schlossstrasse 38. ☎ 0751/502-8975. Diariamente, no verão, das 9 h às 18 h, e no inverno das 9 h às 17 h.

Ulm fica 5 km (3 milhas) ao norte de Kloster Wiblingen pela Wiblingen Strasse.

Os Alpes Suábios

Os Alpes Suábios — território também chamado de Jura Suábio — é a parte central de uma cadeia de montanhas que se estende da França e Suíça até o sudoeste da Alemanha. Tendo em torno de 220 km (136 milhas) de extensão e 80 km (50 milhas) de largura, os Alpes Suábios foram formados por atividade vulcânica durante o Período Jurássico; os fantásticos despenhadeiros da área eram esponjas e recifes de corais do mar Jurássico. Esta antiga área forma a linha divisória entre a água que flui para o mar do Norte pelo Reno e a que vai para o mar Negro pelo Danúbio. Castelos majestosos e igrejas barrocas são comuns em encostas íngremes, mas o cenário também inclui amplas áreas planas, florestas de faia, terras com vegetação rasteira e vilarejos tranquilos.

> *O Burgruine Reussenstein, ruínas de castelo que datam de 1270, são uma atração para aqueles que visitam os espetaculares Alpes Suábios.*

PONTO DE PARTIDA **Kirchheim unter Teck fica 37 km (23 milhas) ao sudeste de Stuttgart na A8, em torno de 35 minutos de carro.** DURAÇÃO DA VIAGEM **214 km (133 milhas) e dois dias. Você precisará de um carro para esta viagem.**

1 Kirchheim unter Teck. Pare e passe alguns minutos observando esta bela cidade localizada abaixo das ruínas do castelo Teck, construído em 1538, pelo pequeno rio Lauter, um afluente do Neckar, Kirchheim é o mercado de lã mais importante do sul da Alemanha e ainda tem estabelecimentos de fiação do material. A **Rathaus** (prefeitura) com quadros de madeira e pináculos, contempla os principais cruzamentos e é o prédio mais decorado da cidade.

De Kirchheim uunter Teck, pegue a L1200 para sudeste até Holzmaden (5,5 km/3,5 milhas) e siga as setas até o Urwelt-Museum Hauff.

2 ★ Urwelt-Museum Hauff. Esse museu possui uma fascinante coleção de esqueletos fósseis encontrados em pedreiras de xisto locais, incluindo ictiossauros, plesiossauros, crocodilos, pterossauros, peixes, lírios do mar e amonites de quase 160 milhões de anos atrás. Modelos de tamanho natural de lagartos e maquetes, vídeos e animações fornecem informações sobre a vida no mar da época Jurássica. **🕒 15 minutos. Aiechelberger Strasse 90. ☎ 07023/2873. www.urweltmuseum.de. Entrada 4€. De terças a domingos, das 9 h às 17 h.**

Continue para o sul na L1200 até Burgruine Reussenstein (9 km/5,5 milhas).

3 ★ Burgruine Reussenstein (Ruínas do Castelo). Construído em 1270 sobre uma escarpa de 760 m (2.500 pés) de altura, este castelo — hoje uma impressionante ruína

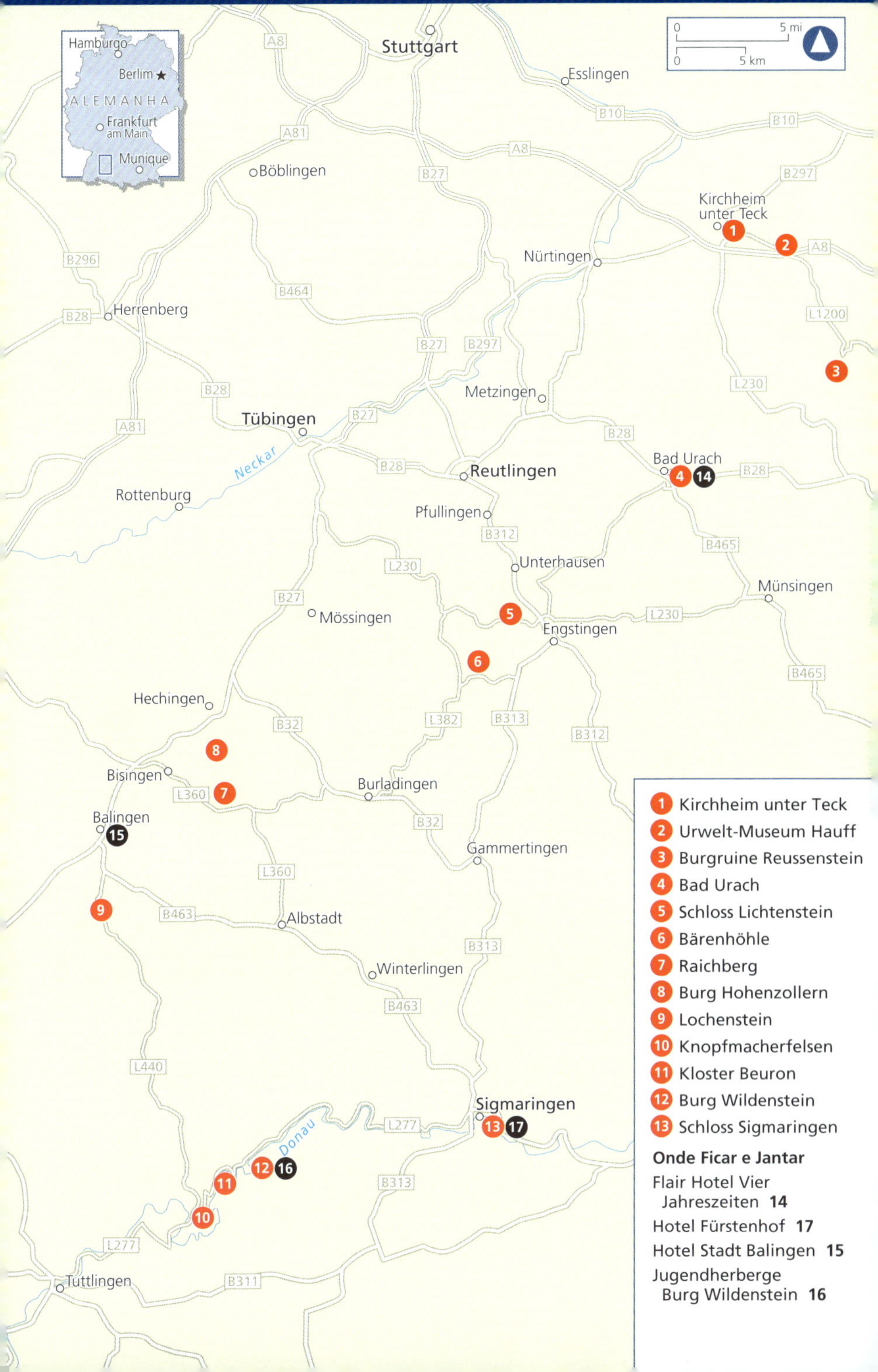
Hamburgo
Berlim
ALEMANHA
Frankfurt am Main
Munique
0 5 mi
0 5 km
Stuttgart
Esslingen
Böblingen
Kirchheim unter Teck
Nürtingen
Herrenberg
Metzingen
Tübingen
Neckar
Reutlingen
Bad Urach
Rottenburg
Pfullingen
Unterhausen
Münsingen
Mössingen
Engstingen
Hechingen
Bisingen
Burladingen
Balingen
Gammertingen
Albstadt
Winterlingen
Sigmaringen
Donau
Tuttlingen
A8
A81
B27
B10
B297
B296
B464
B28
L1200
L230
B312
B465
B313
B32
L382
L360
B463
L440
L277
B311
1 Kirchheim unter Teck
2 Urwelt-Museum Hauff
3 Burgruine Reussenstein
4 Bad Urach
5 Schloss Lichtenstein
6 Bärenhöhle
7 Raichberg
8 Burg Hohenzollern
9 Lochenstein
10 Knopfmacherfelsen
11 Kloster Beuron
12 Burg Wildenstein
13 Schloss Sigmaringen
Onde Ficar e Jantar
Flair Hotel Vier Jahreszeiten 14
Hotel Fürstenhof 17
Hotel Stadt Balingen 15
Jugendherberge Burg Wildenstein 16

> *Um caminho sinuoso de pedras leva os visitantes a Uracher Wasserfall, que passa entre uma mata impressionante.*

— servia aos duques de Teck com ponto de observação do vale do Neckar, a única passagem para os Alpes Suábios. Pare no estacionamento e siga a trilha até o ponto de observação construído nas ruínas do castelo para ter uma vista impressionante do vale inteiro, além da planície de Teck. ⌚ **30 minutos.**

Das Ruínas do Castelo, pegue a L1200 para leste até o vilarejo de Wiesensteig e siga as estradas marcadas da Schwäbische Albstrasse (Estrada dos Alpes Suábios) via Westerheim e Donnstetten até Bad Urach. A distância total é de aproximadamente 23 km (14 milhas).

4 ★ **Bad Urach.** Esta bela cidade pitoresca com suas casas com detalhes de madeira reunidas em torno da Markplatz central (Praça do Mercado) fica dentro do vale do Erms. Deixe seu carro na área de estacionamento AUSSICHT (ponto de observação) e siga o caminho até a **Uracher Wasserfall** (Cachoeira de Uracher), uma impressionante cascata escondida em um vale estreito e profundo na floresta. ⌚ **20 minutos para ir e voltar da cascata.**

Siga a sinalização da Schwäbische Albstrasse (Estrada dos Alpes Suábios, K6708) via Ohnastetten e Holzelfingen, até o Schloss Lichtenstein (22 km/14 milhas), um percurso que dura em torno de 25 minutos de carro.

5 ★ **Schloss Lichtenstein.** O duque Wilhelm de Urach, conde de Württemberg, ficou tão impressionado pelo romance *Lichtenstein* que, em 1840, construiu este castelo neogótico em um monte alto e rochoso, decorado no estilo Trovador, então na moda, e deu a ele o nome do livro. Antes de cruzar a ponte da entrada, dobre à direita e dê uma espiada na vista do vale do Echaz, para depois ir ao castelo, que contém uma grande coleção de armas e armaduras históricas. ⌚ **1 hora com o tour e o passeio pelo local. ☎ 07129/4102. Entrada 5€. Diariamente, de abril a outubro, das 9 h às 17 h 30 min; fevereiro, março e novembro, das 10 h às 16 h.**

A caverna Bärenhöhle em Erpfingen fica 12 km (7,5 milhas) ao sudoeste do Schloss Lichtenstein na B313, em torno de 15 minutos de carro.

6 crianças **Bärenhöhle (Caverna do Urso).** Usada como proteção por povos pré-históricos há 8 mil anos, e como toca para animais atualmente extintos antes disso, essa grande caverna foi descoberta há 50 anos. Sua parte mais alta contém estalactites e estalagmites. ⌚ **30 minutos. ☎ 07128/92518. Entrada 5€. De abril a novembro, diariamente, das 9 h às 17 h 30 min; março, novembro, sábados e domingos das 9 h às 17 h.**

Raichberg fica 28 km (17 milhas) a sudoeste de Bärenhöhle pela K6767 e L382, em torno de 40 minutos de automóvel. Em Onstmettingen, siga a sinalização para Nädelehaus e Raichberg.

7 ★ **Raichberg.** Caminhe até o fim do platô ou suba na *Aussichtsturm* (torre de observação), no topo deste cume de 956 m (3.136 pés) e seja recompensado com uma bela vista dos Alpes e, a 3 km (2 milhas) de distância, Burg Hohenzollern (**8**). ⌚ **30 minutos para ir e voltar a pé do ponto de observação.**

> *O Burg Hohenzollern ocupa uma posição dominante no topo da colina, muito acima do vale do Neckar.*

De Raichberg, siga para o norte pela K7103, L360 e K7111 até Burg Hohenzollern (em torno de 15 km/9 milhas), uma viagem de 20 minutos de carro.

8 ★★ **Burg Hohenzollern.** Situado no alto de uma montanha sobre o vale do Neckar e com pequenas torres, o castelo Hohenzollern parece uma fortaleza de um conto de fadas. Antiga base da dinastia de Hohenzollern, que governou a Prússia e o império alemão inteiro até 1918 (pág. 422), o castelo tem uma linhagem antiga, mas foi reconstruído com base nas plantas originais entre 1850 e 1867. Em 1952, as tumbas de Friedrich Wilhelm I e Friedrich der Grosse (Frederico, o Grande) da Prússia foram trazidas de Potsdam para cá. O Schatzkammer (tesouro) contém uma coleção de lembranças dos Hohenzollern. Da plataforma do castelo é possível ter um impressionante panorama da região. 🕒 90 minutos com o tour. ☎ 07471/920-787. Tour pela área e pelo castelo a 8€. Diariamente, de 15 de março a outubro, das 9 h às 17 h 30 min, de novembro a 15 de março, das 10 h às 16 h 30 min. Passeios a cada 15 a 30 minutos, apenas na Alemanha.

Após visitar Burg Hohenzollern, você irá querer pensar em onde passar a noite. As opções são ficar na vizinhança ou voltar a Stuttgart (pág. 430), 67 km (42 milhas) ao norte pela B27, em torno de uma hora de carro. Tübingen (pág. 402, 4; recomendações de hotéis e restaurantes na pág. 403), outra possibilidade de pernoite fica a apenas 28 km (17 milhas) ao norte pela B27, em torno de 30 minutos de carro. A próxima parte do passeio é via sudoeste, de Burg Hohenzollern a Lochenstein, 22 km (14 milhas) pela B27 e B463, em torno de 20 minutos de carro.

> *O duque Wilhelm de Urach fez o Schoss Lichtenstein com a vista panorâmica do vale do Echaz, construído no estilo Trovador.*

> *A Gnadenkappele (Capela da Misericórdia) em Kloster Beuron.*

9 ★ **Lochenstein.** Outra oportunidade de tirar muitas belas fotos. Deixe seu carro no estacionamento e suba até o topo de 963 m (3.159 pés) para ter uma vista impressionante que inclui o castelo de Hohenzollern. 🕒 **30 minutos a pé para ir e voltar.**

Além de Lochenstein, a estrada desce em curvas agudas e depois cruza as montanhas do planalto Grosser Heuberg. Siga a L440, L443, K5908, K8277 e L277 para o sul até Knopfmacherfelsen, 26 km (16 milhas) ao sul de Lochenstein.

10 ★ **Knopfmacherfelsen.** Abaixo do estacionamento, vá até o ponto de visualização e veja o vale do Danúbio, assim como a Abadia de Beuron (11). 🕒 **15 minutos para ir e voltar.**

Volte para o norte na L277 até a K8278 e pegue a K8278 para leste até Kloster Beuron (5,5 km/3,5 milhas).

11 ★★ **Kloster Beuron (Abadia de Beuron).** Uma congregação beneditina em Beuron contribuiu muito para a renovação da vida monástica e o uso do canto gregoriano, e os monges dessa cidade estão entre os maiores executores desse maravilhoso tipo de música no mundo. A Frauenkapelle, no lado norte da igreja da abadia barroca, foi construída no "estilo de Beuron", baseada nas formas mais simples da arquitetura românica e bizantina. 🕒 **30 minutos para ver os prédios do mosteiro abertos ao público. Abteistrasse 2. ☎ 07466/170. Missa e orações com canto gregoriano de segundas aos sábados, às 11 h 15 min e às 18 h, e aos domingos, das 10 h às 15 h.**

Abaixo de Beuron, a estrada segue o vale do rio Danúbio em direção à fortaleza de Wildenstein, 7 km (4,5 milhas) a leste de Beuron pela K8278, K8217 e K8216.

12 **Burg Wildenstein.** Pare e veja a vista desta cidadela fortificada, que comanda o desfiladeiro do rio Danúbio. A fortaleza de Wildenstein foi construída entre 1200 e 1300, com dois fossos e duas torres ligadas por um longo muro. Atualmente funciona como um hostel para jovens.

De Burg Wildenstein, siga a L277 para leste até Sigmaringen (26 km/16 milhas), em torno de 30 minutos de carro. Entre Thiergarten e

Gutenstein, os penhascos dão lugar a picos de rocha fantasticamente moldados.

13 ★ **Schloss Sigmaringen.** Construído estrategicamente em um monte rochoso que se ergue do vale na entrada do desfiladeiro do Danúbio, a cidade de Sigmaringen já serviu como capital de um principado governado pelo ramo Suábio (católico) do clã de Hohenzollern. Dominando o horizonte da cidade está este castelo, fundado no século XI mas reconstruído em um misto de estilos históricos entre 1895 e 1905, após um incêndio. Use seu tempo aqui para visitar os apartamentos do Estado, a igreja (decorada em estilo rococó) e os museus, que exibem pinturas primitivas da Suábia dos séculos XV e XVI, veículos históricos e uma enorme coleção de armas e armaduras. 1 hora. Karl Anton Platz 8. ☎ 07571/729-230. www.hohenzollern.com. Entrada 6€. Diariamente, de novembro a fevereiro, das 10 h às 15 h 30, de março a abril das 9 h 30 min às 16 h 30 min, de maio a outubro das 9 h às 17 h.

De Sigmaringen, Tübingen fica 65 km (40 milhas) ao norte na B27, uma viagem de aproximadamente 75 minutos. Stuttgart fica 97 km (60 milhas) ao norte na B27, em torno de uma 1 hora e 40 minutos de carro. Se você quiser ir ao Bodensee (Lago Constância), Lindau (pág. 390) fica 94 km (58 milhas) ao sul na L286, em torno de 90 minutos de carro. A cidade-catedral de Ulm (pág. 408, **6**) fica 78 km (48 milhas) ao nordeste via B311, também uma viagem de 90 minutos de carro.

> *A espetacular Schloo Sigmaringen fica em uma costa íngreme rochosa no desfiladeiro do Danúbio.*

Onde Ficar e Jantar

★ **Flair Hotel Vier Jahreszeiten** BAD URACH Este hotel atraente e bem administrado no centro histórico da cidade ocupa um prédio com detalhes em madeira com um anexo do outro lado da rua. Os quartos são confortáveis e o restaurante é um bom lugar para jantar especialidades locais após um dia passeando pelos pontos turísticos. Stuttgarterstrasse 5. ☎ 07125/943-494. www.flairhotel-vierjahreszteiten.de. 48 quartos. Diárias para duas pessoas de 98€ a 125€, com café da manhã. MC, V.

Hotel Fürstenhof SIGMARINGEN Um hotel confiável, mas de certa forma simples, que atende a grupos de turistas, oferecendo quartos limpos, confortáveis e sem exageros, alguns com varandas, e tem o melhor restaurante da cidade. Zeppelinstrasse 14. ☎ 07571/72060. www.fuerstenhof-sig.de. 34 quartos. Diárias para duas pessoas de 75€ a 85€, com café da manhã. MC, V.

★ **Hotel Stadt Balingen** BALINGEN Esse hotel moderno tem mais energia e estilo modernos do que a maioria dos da região. Os quartos são claros e confortáveis, o serviço é amigável e há um bom restaurante. Hirschbergstrasse 48. ☎ 07433/260-070. www.hotel-stadt-balingen.de. 60 quartos. Diárias para duas pessoas de 77€ a 97€, com café da manhã. AE, MC, V.

Jugendherberge Burg Wildenstein LEIBERTINGEN Se você estiver viajando com orçamento curto, mas ainda assim quiser dormir em um castelo contemplando o vale do rio Danúbio, o albergue no castelo Wildenstein é o lugar. Os banheiros são divididos, há refeições disponíveis e a roupa de cama está incluída no preço. 88637 Leibertingen-Wildenstein. ☎ 07466/411. www.leibertingen-wildenstein.jugendherberge-bw.de. 37 quartos. Camas no dormitório 19,10€ para hóspedes de menos de 27 anos, 22€ para maiores de 27 anos. MC, V.

CONHEÇA OS HOHENZOLLERNS

A Família Real da Alemanha POR DONALD OLSON

QUEM FORAM OS HOHENZOLLERNS? Até o final do Sacro Império Romano, em 1806, a Alemanha permaneceu como um conjunto de cidades livres e pequenos principados governados por uma enorme quantidade de príncipes, duques, margraves, burgraves, eleitores e príncipes–bispos. A família Wittelsbach controlava a Baviera (onde Ludwig construiu todos aqueles castelos de contos de fadas). Mas foram os Hohenzollerns que se tornaram a dinastia real mais poderosa da Alemanha. No início, eles se dividiram em dois ramos: o da Suábia permaneceu relativamente pouco importante, mas o franconiano se expandiu para as regiões de Brandenburgo e da Prússia, na Alemanha, e a consolidação dos seus domínios acabou levando à unificação do país Alemanha e à criação do Império Alemão, em 1871, quando o título de Imperador Alemão foi estabelecido. No ano em que a República de Weimar foi formada, em 1918, no final da Primeira Guerra Mundial, os Hohenzollerns foram forçados a abdicar do trono, e a monarquia alemã chegou ao fim.

O Primeiro Hohenzollern

CONDE FREDERICO III DE ZOLLERN (1171–1200), um detentor de dois Imperadores do Sacro Império Romano, casou com a filha de Conrado II, burgrave de Nuremberg, e teve dois filhos. Quando o pai da sua mulher faleceu sem herdeiros homens, Frederico III recebeu o título de burgrave de Nuremberg. O nome da família se tornou Hohenzollern. Ele derivava do seu castelo, Hohenzollern, nos Alpes Suábios (pág. 419, 8).

OS HOHENZOLLERNS DA SUÁBIA
Em 1200, o filho mais velho de Frederico III, Frederico IV, recebeu o condado de Zollern e o título de burgrave de Nuremberg, fundando o ramo da Suábia da Casa de Hohenzollern. Este ramo sulista permaneceu católico e acabou se dividindo em três. Em 1850, os principados da Suábia haviam sido incorporados como a província prussiana de Hohenzollern e, em 1869, o ramo da Suábia foi extinto.

OS HOHENZOLLERNS FRANCONIANOS
Em 1828, Frederico IV deu o título de burgrave de Nuremberg a seu irmão mais novo, Conrado III, que fundou o ramo franconiano da dinastia Hohenzollern. No século XVI, o ramo franconiano se tornou protestante e expandiu seu poder por meio de casamentos e da compra de terras vizinhas.

Duques, Eleitores e Reis da Prússia

FREDERICO WILLIAM (1620–1688), conhecido como o Grande Eleitor, levou Brandenburg-Prússia da obscuridade a se tornar uma das maiores forças da Europa.

FREDERICO II, O GRANDE (1712–1786), um dos mais esclarecidos governantes da Alemanha, virou rei da Prússia em 1740. Além do seu treinamento militar, ele estudou literatura e música, compondo suas próprias peças musicais e promovendo as artes no seu palácio, chamado Sanssouci (pág. 130, 1). Como rei, ele duplicou o território da Prússia e tornou seu reinado o estado mais poderoso da Alemanha.

O Último Imperador Alemão

WILHELM II (1859–1941), filho do príncipe Frederico Wilhelm da Prússia e Vitória, filha da rainha Vitória, se tornou o nono rei da Prússia em 1888 e o terceiro imperador da Alemanha. Ele apoiou o imperialismo alemão, seguindo uma política antibritânica (embora fosse neto da rainha Vitória) e incentivando o assassinato do arquiduque Franz Ferdinand, um conflito que virou a Primeira Guerra Mundial. Obrigado a abdicar em 1918, Wilhelm fugiu do país com sua família e viveu na Holanda pelo resto da sua vida.

Chegando na Romênia

Em 1866, disfarçado como vendedor e viajando de segunda classe, **Charles Eitel** (1839–1914), membro da família Hohenzollern-Sigmaringen da Suábia, foi para o leste para receber o trono da Romênia. Ele havia sido convidado para se tornar príncipe da Romênia e posteriormente virou o primeiro rei. Os Hohenzollerns continuaram a governar a Romênia até 1947, quando o reino da Romênia foi abolido e substituído pela República Popular da Romênia, de ideologia comunista.

Heidelberg

Heidelberg, no rio Neckar, é famosa pelo seu castelo, sua universidade (a mais antiga da Alemanha) e seu charme romântico. Uma das poucas cidades alemãs a não serem arrasadas na Segunda Guerra Mundial, ela tem um conjunto completo de prédios da Idade Média, do Renascimento e dos períodos barroco e neoclássico. As ruínas do antigo castelo, as ruas, praças antigas, colinas e florestas banhadas pelo rio Neckar inspiraram os românticos alemães, que "descobriram" Heidelberg no século XIX e a popularizaram nos seus contos, música e pinturas. Andar pela Altstadt (Cidade Antiga) é uma parte tão essencial de qualquer tour quanto visitar as atrações.

> *Visão panorâmica das ruas e telhados da cidade a partir do Schloss Heidelberg (Castelo Heidelberg).*

PONTO DE PARTIDA Da Hauptbahnhof (estação ferroviária central), pegue o bonde 1 ou 2 até a Bismarckplatz. Daqui, você pode andar pela Altstadt a pé.

1 Hauptstrasse. Atravesse a Bismarckplatz e caminhe para leste por esta ampla e movimentada rua para pedestres repleta de lojas e restaurantes, cortada pelas ruas medievais estreitas da pequena Altstadt de Heidelberg.

2 ★ Kurpfälzisches Museum. O Museu do Palatinado, o principal de Heidelberg, contém uma grande coleção de esculturas e pinturas regionais. A obra-prima em exposição é o altar de madeira de Tilman Riemenschneider, de 1509, de Cristo e os Apóstolos. Você também pode ver uma coleção arqueológica com um molde do osso maxilar de 600 mil anos do *Homo Heidelbergensis* (Homem de Heidelberg), descoberto nos arredores da cidade há quase 100 anos. 🕒 **45 minutos. Hauptstrasse 97. ☎ 06221/583-402. www.museum-heidelberg.de. Entrada 3€. De terças a domingos, das 10 h às 18 h.**

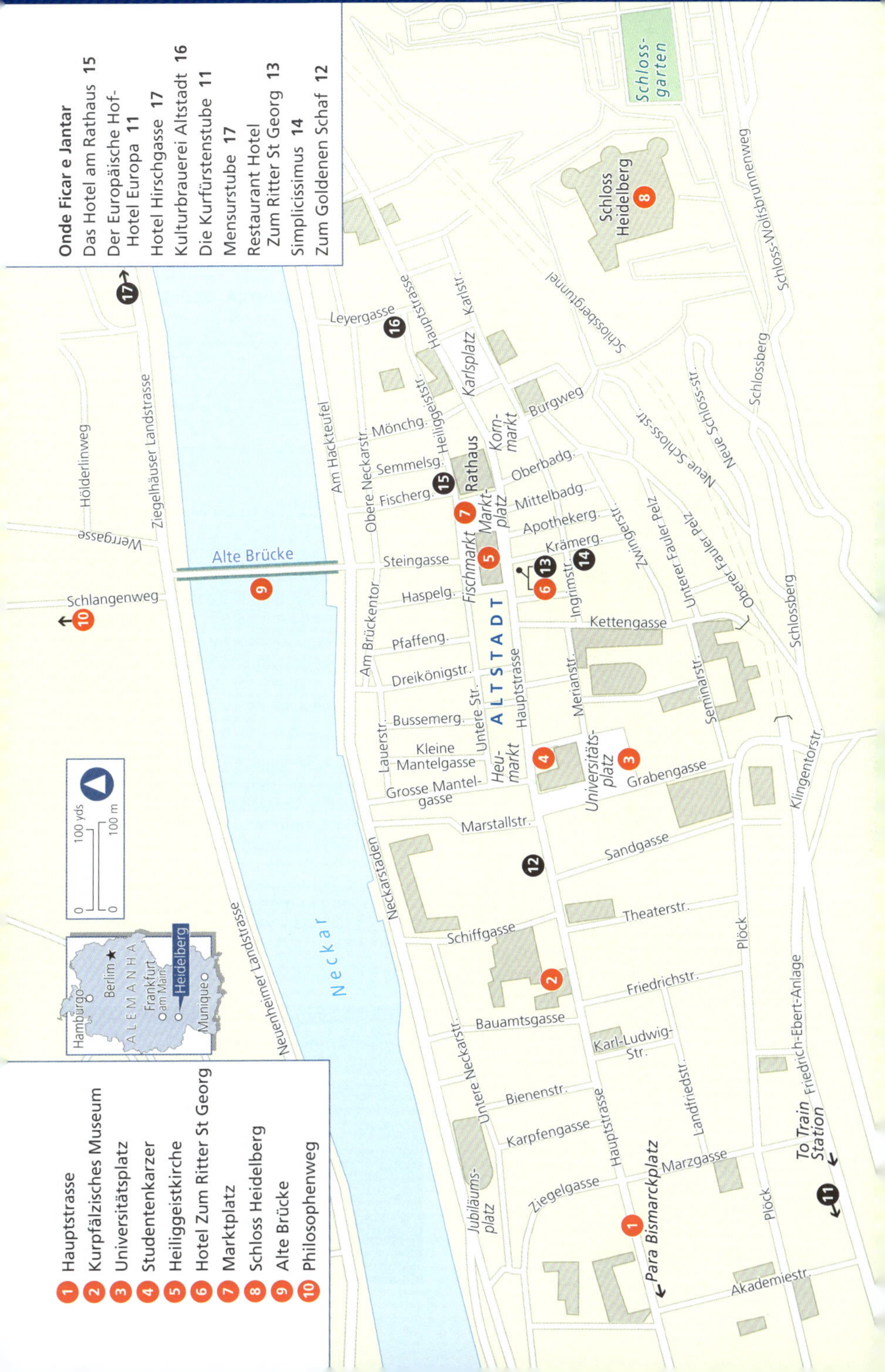

Onde Ficar e Jantar
Das Hotel am Rathaus 15
Der Europäische Hof-Hotel Europa 11
Hotel Hirschgasse 17
Kulturbrauerei Altstadt 16
Die Kurfürstenstube 11
Mensurstube 17
Restaurant Hotel Zum Ritter St Georg 13
Simplicissimus 14
Zum Goldenen Schaf 12
1 Hauptstrasse
2 Kurpfälzisches Museum
3 Universitätsplatz
4 Studentenkarzer
5 Heiliggeistkirche
6 Hotel Zum Ritter St Georg
7 Marktplatz
8 Schloss Heidelberg
9 Alte Brücke
10 Philosophenweg
0 100 yds
0 100 m
Hamburgo
Berlim
ALEMANHA
Frankfurt am Main
Heidelberg
Munique
Neckar
Alte Brücke
ALTSTADT
Schloss Heidelberg
Schlossgarten
Rathaus
Marktplatz
Kornmarkt
Karlsplatz
Universitätsplatz
Heumarkt
Fischmarkt
Jubiläumsplatz
Hauptstrasse
Neuenheimer Landstrasse
Ziegelhäuser Landstrasse
Hölderlinweg
Werrgasse
Schlangenweg
Am Hackteufel
Obere Neckarstr.
Untere Neckarstr.
Neckarstaden
Am Brückentor
Leyergasse
Heiliggeiststr.
Karlstr.
Mönchg.
Semmelsg.
Fischerg.
Steingasse
Haspelg.
Pfaffeng.
Dreikönigstr.
Bussemerg.
Kleine Mantelgasse
Grosse Mantelgasse
Lauerstr.
Untere Str.
Marstallstr.
Schiffgasse
Bauamtsgasse
Bienenstr.
Karpfengasse
Ziegelgasse
Burgweg
Oberbadg.
Mittelbadg.
Apothekerg.
Krämerg.
Ingrimstr.
Kettengasse
Merianstr.
Zwingerstr.
Unterer Fauler Pelz
Oberer Fauler Pelz
Seminarstr.
Grabengasse
Sandgasse
Theaterstr.
Friedrichstr.
Karl-Ludwig-Str.
Landfriedstr.
Marzgasse
Akademiestr.
Plöck
Friedrich-Ebert-Anlage
Klingentorstr.
Schlossberg
Neue Schloss-str.
Schlossbergtunnel
Schloss-Wolfsbrunnenweg
Para Bismarckplatz
To Train Station

> *A Hauptstrasse de Heidelberg é um centro de atividades vibrante e movimentado.*

3 Universitätsplatz (Praça da Universidade). Esta praça charmosa, com a Löwenbrunnen (Fonte do Leão), há muito tempo é uma referência da vida estudantil. No seu lado nordeste fica a Alte Universität (Universidade Antiga), um prédio do século XVIII, e no sul fica a Neue Universität (Universidade Nova), terminada em 1932.

4 Studentenkarzer (Prisão dos Estudantes). De 1778 a 1914, gerações de estudantes foram encarceradas por infrações pouco importantes nestas celas apertadas. Pichações e desenhos, incluindo retratos e silhuetas, cobrem os muros e até mesmo o teto. **15 minutos. Augustinerstrasse 2. ☎ 06221/554. Entrada 3€. De abril a outubro, de terças a domingos, das 10 h às 18 h, de novembro a março, de terças a sábados, das 10 h às 16 h.**

5 Heiliggeistkirche (Igreja do Espírito Santo). Faça uma breve parada na imponente igreja gótica construída em torno de 1400, que domina o oeste da Marktplatz. Por quase 300 anos ela foi o local onde acabavam enterrados os Eleitores do Palatinado. Em 1706, um muro foi construído para dividir a igreja entre católicos e protestantes. O muro foi removido, e a igreja restaurada com base na sua planta original. **Heiliggeiststrasse 17. Diariamente, das 8 h da manhã às 18 h.**

6 Hotel Zum Ritter St. Georg. Esta mansão da época do renascimento extremamente decorada, e com uma fachada em forma de degraus, foi construída em 1592 para um mercador de roupas huguenote. É usada como hospedaria desde 1701 e atualmente é o Hotel Zum Ritter St. Georg, assim chamado por causa da estátua do *Ritter* (cavaleiro) no topo. **Hauptstrasse 178.**

7 Marktplatz (Praça do Mercado). Com a Herkulesbrunnen (Fonte de Hércules) no seu centro, a praça principal da Altstadt é sempre um local movimentado. Ela fica ainda mais movimentada nos dias de mercado (quartas e sábados), quando quiosques de flores, peixes, verduras, queijos, carne e assados frescos atraem compradores. A Rathaus (prefeitura municipal), no lado leste da praça, é um prédio do início do século XVIII, reconstruído em 1908 após um incêndio.

Para chegar ao famoso castelo de Heidelberg, você pode caminhar ou pegar um bonde que leva dois minutos a partir do Kornmarkt. Caminhar é mais recompensador por conta das paisagens em constante mudança da cidade e da área rural ao seu redor. O caminho mais fácil e natural começa em Klingentor; um caminho mais curto e íngreme leva a Burgweg, saindo do Kornmarkt.

Um Natal em Heidelberg

No famoso Mercado de Natal de Heidelberg, em torno de 140 quiosques se espalham por seis quadras vendendo artesanato e iguarias. O mercado é aberto na Rathaus com músicas tradicionais europeias de Natal. Além das compras, outras atrações são shows de música clássica e natalinos nas igrejas, um rinque de patinação aos pés do Castelo Heidelberg e um pequeno zoológico, com burros, bodes e coelhos.

A Vida Noturna de Heidelberg

A grande população estudantil mantém Heidelberg agitada após o anoitecer. A taverna de estudantes mais famosa de Heidelberg, a **Zum Roten Ochsen** (Estalagem do Boi Vermelho), Hauptstrasse 217 (☎ 06221/20977; www.roterochsen.de) foi inaugurada em 1703. A **Zum Sepp'l** fica ao lado, na Hauptstrasse 213 (☎ 06221/23085), e data de 1634.

8 ★★ **Schloss Heildeberg.** No século XIX, as enormes ruínas do Castelo de Heidelberg se tornaram um símbolo do romantismo alemão e uma meca para os turistas. Construído entre 1400 e 1620, o castelo serviu de residência dos Eleitores Príncipes até que as tropas francesas o saqueassem e destruíssem no final do século XVII. Entrando no portão principal, você chega primeiro na Pulverturm (Torre das Armas) e depois no Elizabethentor (Portão de Elizabeth), construído por Friedrich V em 1615 para sua esposa adolescente Elizabeth Stuart, filha do rei inglês James I. Uma ponte sobre o antigo fosso leva a um terraço no jardim com uma vista magnífica de Heidelberg, do vale do Neckar e do Friedrichsbau (Palácio de Friedrich IV), construído de 1601 a 1607. O Grosse Fass (Grande Tonel), um dos maiores tonéis de vinho do mundo, construído em 1751 para guardar mais de 208 mil litros (em torno de 55 mil galões) de vinho, fica no porão do castelo. Já o Apothekenmuseum (Museu da Farmácia) recria uma loja de farmacêutico da era barroca. O Hortus Palatius (Jardins do Castelo), criado no século XVII, contém os resquícios de uma gruta e uma escultura de arenito do Pai Reno. 🕒 **Pelo menos 1 hora. Schlossberg. ☎ 06221/872-7000. www.schloss-hidelberg.de. Entrada 3€; passeios guiados de 1 hora em inglês 4€, passeio com áudio 4€. Diariamente, das 8 h às 17 h 30min.**

9 **Alte Brücke (Ponte Antiga).** Esta bela ponte de pedra sobre o rio Neckar foi construída entre 1786 e 1788 pelo Eleitor Karl Theodor. Destruída em 1788 pelas tropas alemãs tentando barrar o avanço do exército aliado, acabou reconstruída dois anos depois. Próxima à ponte com duas torres no lado da cidade há estátuas de Karl Theodor; Minerva, a rainha romana da sabedoria, e a charmosa *Brückenaffe*.

Se você quiser continuar sua caminhada por Heidelberg, atravesse a Alte Brücke e dobre à esquerda, seguindo a Neuenheimer Landstrasse pela margem norte do Neckar. Dobre à direita na Bergstrasse e novamente à direita na Philosophenweg. Esta parte do passeio cobre mais 4 km (2,5 milhas).

10 ★ **Philosophenweg (Caminho dos Filósofos).** Tendo agora em torno de 250 anos, esta trilha popular de 2 km (1,25 milha) na margem norte do Neckar apresenta uma vista memorável do castelo, do rio e da Altstadt de Heidelberg. Graças ao microclima único, cerejeiras japonesas, ciprestes, limões, bambus, rododendros, ginkgos, iúca e diversas outras plantas do Mediterrâneo, norte da África e Ásia florescem no Philosophengärtchen (Jardim dos Filósofos), localizado no final da caminhada. 🕒 **90 minutos para chegar ao caminho, caminhar pelo jardim e voltar.**

> *A trilha de caminhada conhecida como Philosophenweg magnificamente plantada tem como acompanhamento a bela margem norte do rio Neckar.*

Onde Ficar e Jantar

> *O Mensurstube serve comida tradicional no histórico Hotel Hirschgasse, que data de 1472.*

★ crianças **Das Hotel am Rathaus** ALTSTADT Um dos melhores e mais baratos hotéis de Heidelberg tem uma ótima localização, mobília simples e moderna, e alguns quartos maiores, apropriados para famílias. A grande desvantagem é a falta de um elevador. Heiliggeiststrasse 1. ☎ 06221/14730. www.hotels-in-heidelberg.de. 17 quartos. Diárias para duas pessoas de 99€ a 154€, com café da manhã. AE, DC, MC, V.

★★★ **Der Europäische Hof-Hotel Europa** CENTRO DA CIDADE Único hotel 5 estrelas da região do Reno–Neckar, este hotel impecável e de propriedade familiar parece mais um resort palaciano do que um hotel que fica a apenas alguns minutos a pé da Altstadt. Os quartos amplos e mobiliados de forma tradicional têm banheiros luxuosos, enquanto a área da piscina e da sauna, na cobertura, é de um design maravilhoso. Friedrich-Ebert-Anlage 1. ☎ 800/223-4541 na América do Norte ou 06221/5150. www.europaeischerhof.com. Diárias para duas pessoas de 358€ a 374€. AE, DC, MC. V.

★★★ **Die Kurfürstenstube** ALTSTADT *FRANCESA* O melhor lugar para jantar em Heidelberg tem delícias culinárias elegantes e criativas, como alcachofra e vieira grelhada com essência de tangerina, faisão com bacon e filé de rodovalho com aipo em molho de açafrão com tortellini de coentro. In Der Europäische Hof-Hotel Europa, Friedrich-Ebert-Anlage 1. ☎ 06221/5150. www.kurguerstenstube.de. É necessário fazer reservas. Pratos principais de 28€ a 32€, menus com preço fixo de 75€ a 84€. AE, DC, MC, V. Almoço e jantar diariamente.

★★ **Hotel Hirschgasse** MARGEM NORTE DO RIO Este hotel histórico data de 1472 e tem um ambiente tranquilo e romântico. Os quartos são todos suítes luxuosamente confortáveis. **Hirschgasse 3. ☎ 06221/4540. www.hirschgase.de. 20 quartos. Diárias para duas pessoas de 150€ a 335€. AE, DC, MC, V.**

Kulturbrauerei Altstadt ALTSTADT Este pequeno e descolado hotel perto do rio tem quartos de tamanho médio com mobília minimalista e na moda. O hotel está ligado a uma microcervejaria com um jardim de verão e tem um bom restaurante, com preços moderados e que serve especialidades regionais. **Leyergasse 6. ☎ 06221/90000. www.heidelberg-kulturbrauerei.de. 21 quartos. Diárias para duas pessoas de 121€ a 160€ com café da manhã. AE, MC, V.**

★★ **Mensurstube** MARGEM NORTE DO RIO *ALEMÃ/REGIONAL* Nenhum outro local em Heidelburg capta tempos passados como este local rústico e confortável, no antigo Hotel Hirschgasse. O menu limitado apresenta pratos tradicionais feitos com ingredientes frescos e muitas vezes incluem *Rinderfilet* (filé bovino) servido com polpa de osso e molho de vinho tinto. **No Hotel www.hirschgasse.de. Recomenda-se fazer reservas. Pratos principais de 18€ a 29€. AE, DC, MC, V. Almoço e jantar diariamente.**

crianças **Restaurant Hotel Zum Ritter St. Georg** ALTSTADT *ALEMÃ/INTERNACIONAL* Os moradores da cidade lotam a casa quando a especialidade do restaurante, lombo de carne de veado, está no cardápio. Outros itens do menu incluem lombo de porco com chucrute e salmão assado com molho de creme de manjericão. Para as crianças, há opções como o *Wiener Würstchen* (pequenas salsichas estilo Viena). **Hauptstrasse 178. ☎ 06221/1350. www.ritter-heidelberg.de. Recomenda-se fazer reservas. Pratos principais de 10€ a 16€, menus de preço fixo de 34€ a 57€. AE, DC, MC, V. Almoço e jantar diariamente.**

★★★ **Simplicissimus** ALTSTADT *FRANCESA* O menu muda com frequência neste elegante restaurante gourmet conhecido pela sua cozinha moderna, mas espere pratos como cordeiro com vinho tinto ou purê de cebola, cogumelos frescos em molho de creme com talharim caseiro, peito de pato com aspargo ou lagostim com melão fresco e molho de creme com ervas. **Ingrimstrasse 16. ☎ 06221/183-336. www.restaurant-simplicissimus.de. É necessário fazer reserva. Pratos principais de 19€ a 45€, menu de preço fixo de 35€ a 65€. V. Jantar de quartas a sábados. Fechado por duas semanas em março e agosto.**

> *O belo restaurante do Hotel Zum Ritter St. Georg serve cozinha alemã e internacional.*

Zum Güldenen Schaf ALTSTADT *ALEMÃ/REGIONAL* Este pub–restaurante histórico oferece um menu enfatizando os pratos regionais da Suábia e o Pfalz. Fique com as especialidades da temporada, como carne de veado ou ganso, ou experimente o cordeiro, especialidade da casa. **Hauptstrasse 115. ☎ 06221/20879. www.schaf-heidelberg.de. Pratos principais de 8€ a 23€. AE, DC, MC, V. Almoço e jantar diariamente.**

Stuttgart

Há mais de um século Stuttgart é o centro da indústria alemã — Mercedes-Benz, Porsche e a companhia de produtos ópticos Zeiss têm fábricas aqui — porém a cidade continua surpreendentemente verde, localizada em colinas com descidas suaves com florestas e vinhedos e um grande parque, o Schlossgarten, bem no seu centro histórico. Como centro cultural, Stuttgart possui museus e locais de apresentações artísticas que estão entre os melhores da Alemanha. Mais da metade da cidade foi destruída na Segunda Guerra Mundial, e depois reconstruída, e estruturas contemporâneas foram incorporadas à malha urbana. Você talvez não ache o local tão bonito assim, mas é uma cidade interessante, com muitas comodidades urbanas, e é uma boa parada para pernoite. Dependendo dos seus interesses, é fácil demorar alguns dias para ver todas as atrações listadas aqui.

> *O Festival de Cerveja de 16 dias de Stuttgart, no final de setembro, tem, além da bebida, brinquedos, comidas e lojas para cinco milhões de visitantes.*

PONTO DE PARTIDA **A Hauptbahnhof (estação ferroviária principal); daqui você pode ir a pé a todas as principais atrações no centro da cidade.**

1 Hauptbahnhof. Muito trabalho foi feito nos últimos anos para tornar a estação ferroviária central de Stuttgart e a área em volta mais atualizada e boa para o comércio.

2 Schlossgarten (Jardim do Castelo). Erguido no século XIX, este parque repleto de flores e fontes vai do Neue **Schloss** (Castelo Novo), um impressionante prédio do século

Circulando por Stuttgart

Você pode andar facilmente pelo centro da cidade a pé. Os museus da Mercedes-Benz e da Porsche, Wilhelma (o zoológico) e algumas outras atrações requerem o uso de transporte público ou táxi. Stuttgart possui um sistema extenso de *S-Bahn* (ferrovia). Um bilhete para 1 dia (*Einzel Tageskarte*) custa 5,60**€** e pode ser comprado em máquinas de estações *U-Bahns* ou diretamente com motoristas de ônibus.

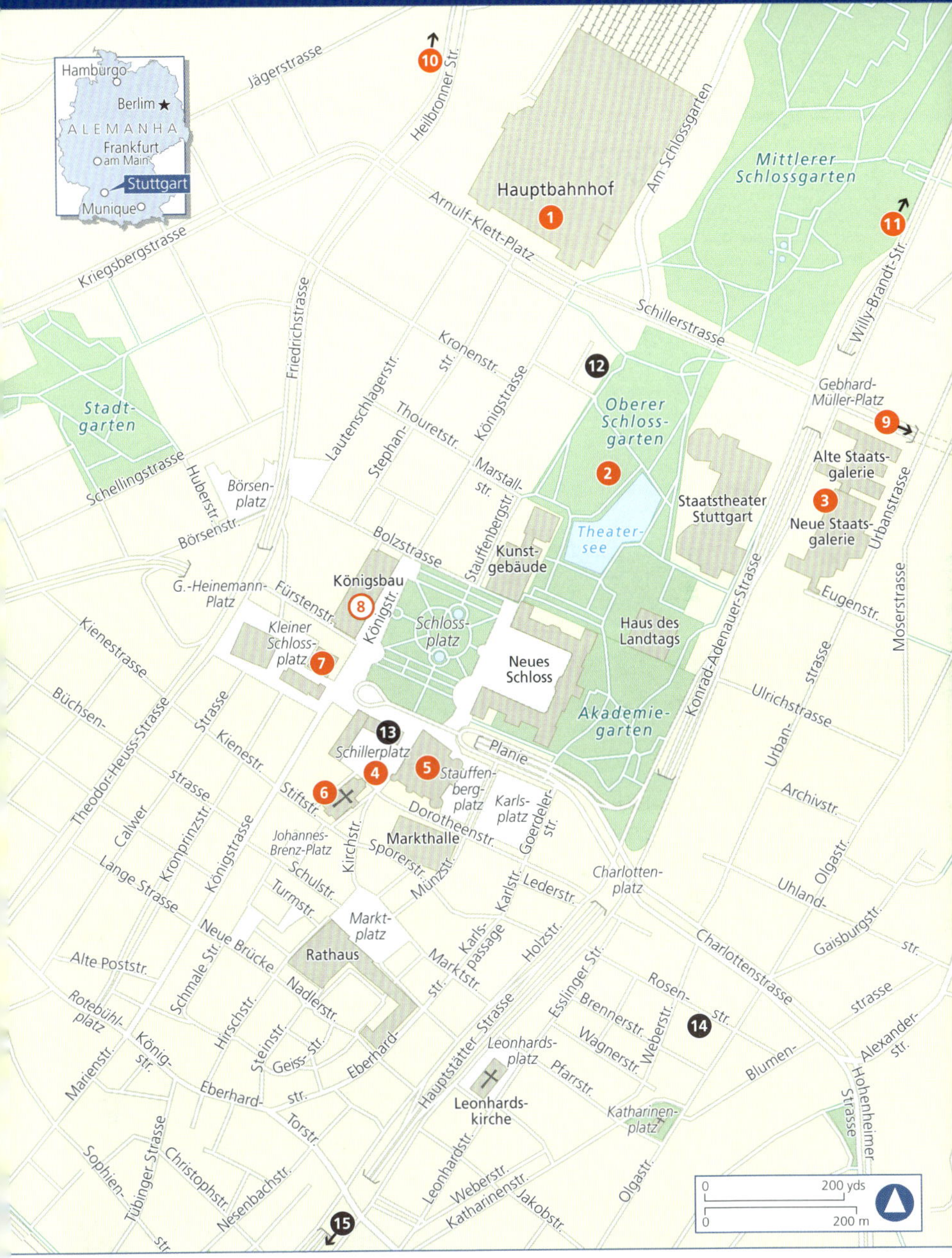

1 Hauptbahnhof
2 Schlossgarten
3 Staatsgalerie
4 Schillerplatz
5 Landesmuseum Württemberg
6 Stiftskirche
7 Kunstmuseum Stuttgart
8 Café Königsbau
9 Mercedes-Benz Museum
10 Porsche Museum
11 Wilhelma

Onde Ficar e Jantar

Alte Kanzlei **13**
Der Zauberlehrling **14**
Hotel am Schlossgarten **12**
Wielandshöhe **15**

> *Você encontrará uma coleção incrível de arte dos séculos XIX e XX no famoso Kunstmuseum de Stuttgart.*

Festivais de Stuttgart

Uma visita a Stuttgart pode ser até mais agradável quando sua viagem coincidir com um dos principais festivais da cidade. No **Stuttgart Wine Festival,** no final de agosto, pessoas que gostam de vinho vêm provar uma seleção de mais de 350 vinhos Württemberg. O **Stuttgart Beer Festival**, de 16 dias, é o segundo maior da Alemanha e tem comida, brinquedos e lojas para quem estiver com sede de cerveja. Em torno de 5 milhões de pessoas vão ao festival. Começando no final de novembro, Stuttgart hospeda um movimentado **Weihnachtsmarkt** (Mercado de Natal), um dos maiores e mais antigos da Europa, com em torno de 230 quiosques decorados vendendo presentes e especialidades de comida da festividade.

> *O Café Königsbau, na Königstrasse, é um dos destinos mais famosos da Alemanha para massas, bolos e café.*

XVIII (reconstruído em 1958) que abriga escritórios do governo de estado, ao norte da Schillerstrasse. No lado leste do parque fica o **Staatstheater** (Teatro do Estado), que data de 1912 e atualmente abriga as renomadas ópera e companhia de balé de Stuttgart. O Schlossplatz (Praça do Palácio), no lado oeste do parque, é dominado pela **Jubiläumssäule** (Coluna do Jubileu), construída em 1846 para celebrar o aniversário de 25 anos da ascensão de Wilhelm I, rei de Württemberg e seu aniversário de 60 anos. A praça ganha vida com esculturas de Alexander Calder e outros artistas famosos.

3 ★★★ Staatsgalerie (Galeria de Arte do Estado). O melhor museu de arte de Stuttgart exibe trabalhos que se estendem por 600 anos. Passe uma parte do seu tempo na seção dos Grandes Mestres Alemães, que destaca as pinturas e esculturas suábias do século XIV até o século XVI. A Neue Staatgalerie (Nova galeria do Estado) pós-moderna, uma ala projetada pelo arquiteto britânico James Stirling e concluída em 1984, contém uma maravilhosa coleção de obras dos séculos XIX e XX de expressionistas alemães (Ernst Kirchner, Ernst Barlach, Max Beckmann), além de obras seminais de artistas da escola Bauhaus e do grupo Blaue Reiter (Cavaleiro Azul). 🕒 **2 horas. Konrad-Adenauer-Strasse 30–32. ☎ 0711/470-400. www.staatsgalerie.de. Entrada 4,50€ (gratuitamente às quartas-feiras). De terças a domingos, das 10 h às 18 h. *U-Bahn:* Stattsgalerie.**

4 Schillerplatz. Um memorial do dramaturgo alemão Friedrich Schiller, construído em 1839 pelo escultor dinamarquês Bertel Thorvaldsen, fica no centro desta praça de pedras, cenário de eventos importantes como o Mercado de Natal.

5 ★★ Landesmuseum Württemberg. Reconstruído após a Segunda Guerra Mundial, o Altes Schloss (Castelo Antigo) abriga o museu de história regional, que registra a arte e cultura da Suábia e Württemberg da Idade da Pedra até o presente. Em exibição estão esculturas de pedra pré-históricas, as joias da coroa de Württemberg, uma grande coleção de esculturas da Suábia e tesouros encontrados na tumba de um príncipe celta (que viveu em torno do ano 530). A coleção

> O Museu Mercedes-Benz homenageia Karl Benz e Gottlieb Daimler com exposições de quase 75 veículos históricos.

do museu de instrumentos musicais e relógios, que vale ser conferida, está em um prédio separado em uma esquina da Schillerplatz. 🕒 1 hora para ver os destaques. Schillerplatz 6. ☎ 0711/279-3400. www.landesmuseu-stuttgart.de. Entrada 4,50€. De terças a domingos, das 10 h às 17 h. *U-Bahn:* Schlossplatz.

6 Stiftskirche (Igreja do Colegiado). Datada de meados do século XV, esta igreja foi restaurada e teve seu interior alterado após a Segunda Guerra Mundial. Entre e dê uma olhada na capela-mor, onde um monumento do século XVI mostra 11 duques de Württemberg com armaduras. Stiftstrasse 12. De segundas às quintas, das 10 h às 19 h. Sextas e sábados, das 10 h às 16 h.

Apresentações de Artes Performáticas em Stuttgart

O **Stattstheater** (Teatro do Estado), Oberer Schlossgarten (☎ 0711/202-080; *S-Bahn:* Hauptbahnhof) é a casa dos famosos Stuttgart Ballet e da Staatsoper (Ópera do Estado). Concertos clássicos e outros são apresentados na **Liederhalle**, Berliner Platz 1–3 (☎ 0711/216-7110; *U-Bahn:* Liederhalle/Berlinerplatz), local da Filarmônica de Stuttgart e da Radio Symphony Orchestra. Ingressos ficam à venda no escritório de informações turísticas.

7 ★★ Kunstmuseum Stuttgart (Museu de Arte de Stuttgart). Inaugurado em meados de 2005, este belo museu de arte — um cubo de vidro filigranado com um interior de calcário cortado rusticamente — abriga a coleção local de obras do século XIX e XX de artistas do sul da Alemanha, incluindo o acervo mais importante do mundo de pinturas de Otto Dix. 🕒 1 hora. Kleiner Schlossplatz 1. ☎ 0711/216-2188. www.kunstmuseum-stuttgart.com. Entrada 5€. De terças a domingos, das 10 h às 18 h (quartas e sextas até às 21 h). *U-Bahn:* Schlossplatz.

Compras em Stuttgart

Para ter uma experiência especial ao comprar comida, vá para o **Markthalle** (Salão do Mercado), Dorotheenstrasse 4, um prédio em estilo Art Nouveau de 1914 ao lado da Marktplatz e cheio de lojas com iguarias locais e estrangeiras.

(8) **Café Königsbau.** Café, bolo e refeições leves são servidos neste *Konditorei* (loja de massas) à moda antiga na colunata do Königsbau, ao lado do novo museu de arte. **Königstrasse 28. ☎ 0711/290-787. De 4€ a 8€.**

Você precisará usar o transporte público para chegar às últimas três paradas deste passeio.

9 ★★ **Mercedes-Benz Museum.** Este museu no distrito de Cannstatt homenageia a invenção do automóvel por Karl Benz e Gottlieb Daimler. Quase 75 veículos históricos são mostrados, incluindo a primeira motocicleta (construída em 1885) e o primeiro Mercedes (1902), mas o papel da montadora na Segunda Guerra Mundial é tratado superficialmente. 🕒 **1 hora. Mercedesstrasse 100. ☎ 0711/173-0000. www.mercedes-benz-classic.com. Entrada 8€, inclui auxílio de áudio em inglês. De terças a domingos, das 9 h às 17 h.** ***S-Bahn:*** **S1 da estação ferroviária central até o Neckapark (Mercedes-Benz); siga os sinais até o museu (em torno de 10 minutos a pé).**

10 ★ **Porsche Museum.** O museu, que foi inaugurado em 2008, exibe uma coleção de opções de modelos Porsche de corrida e esportivos brilhantes e estilosos, sendo o mais antigo de 1948. 🕒 **1 hora. Porscheplatz 1. ☎ 0711/9112-0911. www.porsche.com/international/aboutporsche/porschemuseum/. Entrada adultos 14€, adolescentes acima de 14 anos 4€ e gratuitas para crianças de 14 anos ou menos. De terças a domingos, das 9 h às 18 h.** ***S-Bahn:*** **S6 saindo da estação ferroviária central até Neuwirtshaus/Porscheplatz.**

11 ★★ crianças **Wilhelma.** Local de mais de 9 mil animais e plantas de todo o mundo, o Wilhelma é o maior zoológico e jardim botânico da Europa. O parque foi criado em 1848 e possui um conjunto de prédios históricos no estilo mouro. 🕒 **2 horas. Neckartalstrasse. ☎ 0711/54020. www.wilhelma.de. Entrada 11, 40€ para adultos, 5,70€ para crianças e adolescentes com idade de até 16 anos. Diariamente, das 8 h 15 min às 17 h (de novembro a maio, até às 16 h).** ***U-Bahn:*** **14 até a parada Wilhelmina.**

Onde Ficar e Jantar

★ **Alte Kanzlei** ALTSTADT *SUÁBIA* Este restaurante é especializado em pratos típicos da Suábia, como o Maultaschen (massa com presunto, ovo, espinafre e outros recheios) e *Zwiebelrostbraten* (rosbife com cebolas). Há um café, com refeições mais leves, ou a opção de se sentar no terraço para tomar sorvete. **Schillerplatz 5A. ☎ 0711/294-457. www.alte-kanzlei-stuttgart.de. Pratos principais de 10€ a 20€. AE, DC, MC, V. Almoço e jantar diariamente.**

★ **Der Zauberlehrling** CENTRO DA CIDADE A peculiaridade nem sempre é charmosa, mas está aqui, nesta pequena casa de hóspedes com quartos mobiliados com temas de um modo criativo e, às vezes, com sua dose de humor. **Rosenstrasse 38. ☎ 0711/237-7770. www.zauberlehrling.de. 9 quartos. Diárias para duas pessoas de 145€ a 280€. AE, MC, V.**

★★★ **Hotel am Schlossgarten** CENTRO DA CIDADE O melhor hotel de serviço integral de Stuttgart tem quartos e suítes elegantes com banheiros finos e se orgulha de ter um dos melhores restaurantes da cidade. **Schillerstrasse 23. ☎ 0711/202-6888. www.hotelschlossgarten.com. 116 quartos. Diárias para duas pessoas de 275€ a 305€. AE, DC, MC, V.**

> *Se você tiver orçamento para tal, o Hotel am Schlossgarten é difícil de ser superado.*

★★★ **Wielandshöle** FORA DO CENTRO DA CIDADE *INTERNACIONAL* Vincent Klink, um dos melhores chefes da Alemanha, prepara pratos criativos e de dar água na boca usando apenas ingredientes orgânicos. O menu muda a cada mês, baseado no que está em alta na estação. **Alte Weinsteige 71 (em torno de 4,5 km/2,5 milhas ao sudoeste do centro da cidade). ☎ 0711/640-8848. www.wielandshoehe.de. Menus de 74€ a 98€. AE, DC, MC, V. Almoço e jantar de quartas a sábados.**

Informações Úteis Sobre Heidelberg, Stuttgart e os Alpes Suábios

> *A Alemanha tem uma excelente rede ferroviária, como estas pessoas na Estação Central de Stuttgart podem garantir.*

Serviços de Reserva de Hospedagem

Ligue para o **Hotel Reservation Service** (☎ 0870//243-0003; www.hrs.de) de qualquer lugar da Alemanha. Centros de informações turísticas nas principais estações ferroviárias e aeroportos oferecem serviços de reserva no local para quartos de hotéis e B&Bs.

Caixas Eletrônicos

Todas as principais cidades da Alemanha desta região — Heidelberg, Speyer, Ulm e Tübingen — têm bancos e estações de trem com caixas eletrônicos (Geldautomaten, em alemão).

Dentistas e Médicos

Se você tiver algum problema médico ou dentário ao viajar pela Alemanha, a maioria dos hotéis poderá indicar um médico (*Arzt*) ou dentista (*Zahnarzt*) local que fale inglês. Você deve provar ter seguro permanente ou de viagem (como um cartão EHIC, no caso da maioria dos residentes na Europa) ou terá que pagar pelo tratamento. No caso de ferimentos que requeiram tratamento rápido, vá até o departamento *Notaufnahme* (emergência) do *Krankenhaus* (hospital) mais próximo. Quando o machucado for sério ou houver risco de vida, ligue para o número de emergência de médico/ambulância (veja "Emergências" a seguir).

Emergências

Para ligar para a polícia (*Polizei*), disque ☎ **110**. Para informar um incêndio ou chamar um médico de emergência (*Notarzt*) ou uma ambulância (*Krankenwagen*), disque ☎ **112**.

Chegando Lá

O aeroporto internacional mais próximo fica em **Frankfurt** (pág. 494), 88 km (55 milhas) ao norte de Heidelberg e 230 km (143 milhas) ao noroeste de Stuttgart. O aeroporto de Frankfurt também possui uma estação ferroviária, que lhe permite chegar facilmente a Heidelberg (1 hora), Stuttgart (1 h 40 min) e a outras cidades mostradas neste capítulo. Para ver horários e informações de trem, ligue para a **Deutsche Bahn** (Ferroviária Alemã; ☎ 11861; www.bahn.de). Stuttgart tem um aeroporto regional menor, o **Flughafen Stuttgart** (☎ 01805/948-444; www.flughafen-stuttgart.de), que é atendido pela Lufthansa e também por voos de conexão de outras empresas aéreas europeias.

Circulando

A Alemanha é servida por uma excelente malha ferroviária, e um automóvel não é necessário se você se ativer às cidades cobertas neste capítulo. Porém, se você quiser excursionar pelos Alpes Suábios ou pelo vale do Neckar, precisará de um automóvel. Um mapa rodoviário regional detalhado (Hallweg ou Michelin) é essencial; você pode comprar um nas livrarias do aeroporto de Frankfurt e na maioria das bancas de jornal. Alugar um automóvel na Alemanha é razoavelmente fácil, mas geralmente é mais econômico se você o fizer antes da sua chegada. A maioria das principais agências tem escritórios no aeroporto de Frankfurt, incluindo a **Avis** (☎ 800/331-1212; www.avis.com), **Budget** (☎ 800/527-0700; www.budget.com) e a **Hertz** (☎ 800/654-3001; www.budget.com). Você também pode alugar um automóvel através da **Rail Europe** (☎ 888/382-7245; www.raileurope.com).

Acesso à Internet

Quase todos os hotéis da Alemanha, mesmo em cidades pequenas, agora oferecem Wi-Fi e/ou banda larga. Se o seu não tiver, pergunte ao recepcionista se há um ciber café na vizinhança.

Farmácias

Em uma drogaria alemã, chamada de Apotheke, a equipe treinada pode recomendar medicamentos vendidos no balcão para muitos problemas comuns. Para comprar cosméticos e perfumaria, vá à uma *Drogerie*. As farmácias alemãs ficam abertas no horário comercial normal. Elas se revezam abertas à noite, aos domingos e feriados, e cada *Apotheke* coloca uma lista das que ficam abertas nesses horários extras.

Polícia

Para relatar uma perda ou artigo roubado, como uma carteira ou passaporte, visite a polícia local (*Polizei*) de onde estiver. Para ligar para a polícia de qualquer local da Alemanha, disque ☎ **110**.

Correios

Você reconhecerá as filiais do **Deutsche Post** (☎ 01802/3333; www.deutschepost.de) pela sua placa amarela com uma buzina preta. As agências de correio ficam abertas de segunda a sexta, das 8 h às 18 h, e aos sábados, das 8 h ao meio-dia.

Segurança

Esta área da Alemanha é completamente segura para turistas, mas use o bom senso e não deixe objetos de valor à vista quando estacionar seu carro em uma rua da cidade ou estacionamento próximo a uma área mais turística.

Táxis

Se você precisar de um táxi em Heidelberg, ligue para **Taxi Hdirekt** (☎ 06221/739-090) ou **Taxizentrale** (☎ 06621/181-021). Para chamar um táxi em Stuttgart, entre em contato com a**Lasten-Taxi** (☎ 0711/814-004) ou a **taxi-Auto-Zentrale** (☎ 0711/553-980).

Telefones

Ligue para ☎ 11837 se quiser informações e ☎ 11834 para informações internacionais. O código de área de Heidelberg é 06221; o de Stuttgart é 0711. Disque o código de área ao ligar para um número da cidade estando em outra; você não precisa discar esse código quando ligar da mesma localidade. Há telefones públicos em muitos locais — alguns aceitam moedas e outros cartões telefônicos, disponíveis em agências de correio e bancas de revistas.

Banheiros

Em alguns lugares você encontrará banheiros públicos limpos (*Toilette* em alemão; pronuncia-se tuá-lé-te), muitos deles automáticos e acessíveis a cadeiras de rodas; você precisa de uma moeda de 0,50€ para destrancar a porta. Mais convenientes e espalhados são os banheiros em cafés, bares, restaurantes, hotéis, shopping centers, algumas lojas, em paradas de autoestradas e áreas de descanso. Mesmo se você não for obrigado a pagar, é costume deixar 0,50€ para o atendente.

Passeios

Se você quiser fazer uma excursão de barco no rio Neckar, o **Rhein-Neckar-Fahrgastschiffahrt** (☎ 06221/20181; www.rnf-schifffahrt.de) oferece excursões guiadas de barco diariamente (comentários em alemão e inglês) entre Heidelberg e Neckarsteinach de abril até outubro. A viagem de ida e volta dura em torno de 3 horas e custa 10€; os barcos saem da plataforma ente a Theodor-Heuss-Brücke (ponte) e a Alte Brücke (Ponte Antiga). Também há uma viagem mais curta, de 40 minutos, que sai diariamente às 16 h.

Informações para Visitantes

A agência regional de turismo para o sudoeste da Alemanha é a **Tourismus-Marketing Baden-Württemberg**, Esslinger Strasse 8, 70181 Stuttgart (☎ 0711/238-580; www.tourismus-bw.de). Além dos fornecidos com as listagens individuais de cidades, outros escritórios de turismo importantes são os seguintes:

HEIDELBERG Willy-Brandt Plaza 1 (fora da estação ferroviária); ☎ 06221/19433; www.cvb-heidelberg.de; de segundas a sábados das 9 h às 19 h (18 h de novembro a março), domingos (abril a outubro apenas) das 10 h às 18 h.

STUTTGART Königstrasse 1A; ☎ 0711/22280; www.stuttgart-tourist.de; de segundas às sextas, das 9 h às 20 h, sábados das 9 h às 18 h, domingos das 11 h às 18 h.

BAR
RESTAURANT

10

Frankfurt, a Renânia e o Ruhr

O Melhor de Frankfurt, da Renânia e do Ruhr em 3 Dias

As distâncias entre os principais pontos dessa parte central do oeste da Alemanha são relativamente curtas, e a linha de Autobahn (rodovia) está entre as melhores do país, o que torna ir e vir um pulo. Entretanto, com duas grandes cidades (Frankfurt e Colônia), uma pequena (Aachen), e duas cidadezinhas (Limburg e Monschau) na lista de coisas a ver, não há muito tempo a perder vagando por aí.

> *PÁGINA ANTERIOR O distrito financeiro de Frankfurt é um reluzente e moderno centro de negócios e comércio. NESTA PÁGINA As torres da Kölner Dom dominam a linha do horizonte em Colônia.*

PONTO DE PARTIDA **Frankfurt fica 545 km (339 milhas) a sudoeste de Berlim pela A115, A9 e A4; e 390 km (242 milhas) a noroeste de Munique pela A9 e A3.** **DURAÇÃO DA VIAGEM** **307 km (191 milhas).**

1 ★ **Frankfurt.** Assumindo que você chegue em Frankfurt na manhã do primeiro dia, passe algumas horas na cidade. Boas opções incluem admirar as casas em estilo enxaimel no **Römerberg**, o centro histórico de Frankfurt, ou visitando o **Städel Museum**, que exibe uma ampla variedade de pinturas de mestres europeus. **Pelo menos metade de um dia. Para informações sobre Frankfurt, incluindo recomendações de hotéis e restaurantes, ver pág. 474.**

De Frankfurt, pegue a A648 e A66 oeste até a interseção com a A3, e vá rumo ao norte na A3, para Limburg an der Lahn (74 km/46 milhas).

2 ★ **Limburg an der Lahn**. Limburg fica no rio Lahn, um afluente do Reno, próxima à A3. É um pequeno desvio da rodovia no caminho para Colônia, e vale a pena ser feito. A cidadezinha (população de 34 mil pessoas) possui uma das mais belas catedrais da Alemanha, do século XIII, multicolorida e com torres gêmeas, a ★★ **Limburger Dom** (☎ 06431/929-983; www.dom.bistumlimburg.de), um exemplo quase perfeito do estilo arquitetônico do fim do Romanesco. A catedral fica em uma colina próxima ao Limburger Schloss (Castelo Limburg), do mesmo período. Esse é, literalmente, o ponto alto da Altstadt (Cidade Antiga) de Limburg, que ainda mantém, de forma considerável, a aparência de uma cidadezinha medieval, com uma impressionante quantidade de prédios em estilo enxaimel intactos. Um deles é a mais antiga casa independente da Alemanha, uma criação gótica de 1289 (na Römer 2–4–6). 🕒 2 horas. Informações turísticas: Hospitalstrasse 2; www.limburg.de.

Continue rumo ao norte na A3 para Colônia (Köln; 120 km/75 milhas). Tente dirigir nesse caminho no fim do seu primeiro dia e passe a noite em Colônia para poder ter o máximo de tempo possível por lá na jornada seguinte.

3 ★★ **Colônia**. Diante da opção de se passar tempo em Frankfurt ou em Colônia, mas não nos dois, a segunda é a melhor para aqueles que gostam de diversão noturna. Em termos de atrações culturais, como museus e outras possibilidades turísticas, as cidades são praticamente iguais. 🕒 1 dia. Para informações sobre Colônia, incluindo recomendações de hotéis e restaurantes, ver pág. 482.

Passe outra noite em Colônia, ou pegue a A4 para Aachen (79 km/49 milhas) e durma lá.

4 ★ **Aachen**. Uma cidadezinha conhecida pela fama de spa espremida pelas fronteiras da Alemanha com a Holanda e a Bélgica, Aachen (com população de 260 mil pessoas) era conhecida no final do século XVII como "Spa dos Reis", por receber todos os de sangue azul europeus, que iam lá para sentir o poder das águas do local. Anos antes, foi a capital dos Francos, sob o governo de Carlos Magno nos

Viajando de Trem

Para aqueles que optam por viajar pelos trilhos, existem trens velozes ICE (InterCity-Express) regularmente entre Frankfurt e Limburg (30 min.), Limburg e Colônia (45 min.) e Colônia e Aachen (36 min.). De ônibus de Aachen para Monschau, o percurso leva cerca de 1 hora.

> *A Rathaus (Prefeitura) de Aachen, do século XIV, foi construída no local original do palácio de Carlos Magno.*

séculos VIII e IX (veja "Carlos Magno). Hoje, Aachen possui um leve estilo contemporâneo, culturalmente agitado por sua posição entre três países. A ★★ **Aachener Dom** (Catedral de Aachen), também conhecida como Kaiserdom (Catedral Imperial), na Klosterplatz (☎ 0241/4770-9127; www.aachendom.de), data de 800. O local abriga o trono de Carlos Magno, seu sarcófago de mármore de Paros e um tesouro de objetos eclesiásticos que uma vez pertenceu aos vários imperadores do Sacro Império Romano que eram coroados lá entre os anos de 936 e 1531.

A magnífica ★ **Rathaus** (Prefeitura; Mercado) do século XIV foi construída no local original do palácio de Carlos Magno, parte do qual pode ser visto no Granusturm, uma torre no lado leste do salão. A fachada ricamente decorada é enfeitada com estátuas dos 50 governantes alemães, 31 deles coroados em Aachen. No centro estão retratos de Carlos Magno e do Papa Leão III. No segundo andar, o enorme salão imperial, onde os banquetes de coroação aconteciam, contém réplicas fiéis das joias da coroa do Sacro Império Romano. 🕒 2 **horas.**

De Aachen, pegue a L233 e a B258 no sentido sul para o Naturpark Hohes Venn-Eifel (pág. 464, 5) — você entrará e sairá rapidamente da Bélgica nessa bela estrada — até Monschau (34 km/21 milhas).

Carnaval em Colônia

Os alemães são um grupo quieto, e sério, cujo senso de humor foi removido cirurgicamente no nascimento, certo? Tente manter essa imagem depois de visitar o Karneval (Carnaval) anual de Colônia. Os bons cidadãos vestem fantasias coloridas e muito estranhas, participam de desfiles de rua e shows, bebem uma quantidade nada comum de cerveja Kölsch e, geralmente, ficam totalmente fora de si durante os "dias loucos", entre a quinta *Weiberfastnacht* (Dia de Carnaval das Mulheres) e a *Rosenmontag* (Segunda-feira de Carnaval ou Segunda-feira Gorda), quando cada um entre o 1 milhão de habitantes de Colônia toma as ruas. O grito *Kölle Alaaf!* ("Colônia Vive!") ressoa pela cidade e pelas televisões por todo o país. Na Quarta-feira de Cinzas, quando começa a quaresma, jejum dos 40 dias precedente à Páscoa, tudo acaba por mais um ano. Düsseldorf, Mainz e Bonn estão entre as cidades da Renânia que possuem suas tradições próprias de carnaval.

> *Habitantes locais e visitantes se reúnem diariamente entre as casas em estilo enxaimel da Marktplatz de Monschau.*

5 ★★ **Monschau**. Não desperdice a oportunidade de visitar essa cidadezinha altamente pitoresca (com população de 13 mil pessoas). Os prédios em estilo enxaimel, com telhados de ardósia, e suas ruas de paralelepípedos, surgem ao longo das encostas mais baixas do desfiladeiro do rio Ruhr, próximo à fronteira com a Bélgica. Burg Monschau, um castelo do século XIII parcialmente em ruínas que hoje abriga um albergue da juventude e um local de performances ao ar livre, proporciona uma excelente vista da cidade. Abrigado na elegante e aristocrática Rotes Haus (Casa Vermelha, 1752), o **Scheibler-Museum**, Laufenstrasse 10 (☎ 02472/5071; entrada 2,50€ para adultos, 1,50€ para estudantes), conta a história de Monschau como uma rica localidade têxtil. 🕒 2 horas.

Carlos Magno

Aachen foi uma cidade poderosa e importante por algum tempo. Foi a capital do rei dos Francos, Karl der Grosse (Carlos, o Grande, ou Carlos Magno; 742–814), que conquistou um enorme império na Europa Ocidental. Ele fez praticamente o de costume para justificar o apelido real "Magno" — subjugou, aniquilou e promoveu um pouco da ascensão cultural, a Renascença Carolíngia, enquanto sua espada estava na oficina. Em 800, Carlos Magno foi coroado imperador dos Romanos pelo Papa, em um frustrado esforço de recriar no ocidente o Império Romano, extinto há séculos.

Onde Ficar e Jantar

★ **Postwagen** AACHEN *CONTINENTAL* Localizado de forma precária em uma esquina da Rathaus (Prefeitura), esse local do século XVII merece ser visitado mesmo que você não esteja com fome. Os pratos principais do cardápio são servidos da cozinha do igualmente famoso restaurante Ratskeller. Markt 40. ☎ 0241/35001. Pratos principais 10€ a 21€. AE, DC, MC, V. Ônibus: 4.

★★ **Pullman Aachen Quellenhof** AACHEN Esse elegante hotel com spa mistura decoração antiga e conservadoramente moderna tanto nos cômodos públicos quanto nos privados. A *brasserie* serve pratos da cozinha regional. Monheimsallee 52. ☎ 0241/91320. www.accorhotels.com. 185 quartos. Diária para duas pessoas de 190€ a 365€. AE, DC, MC, V. Ônibus: 3A, 3B, 13A, 13B ou 57.

O Melhor de Frankfurt, da Renânia e do Ruhr em 1 Semana

Com uma semana à sua disposição, você pode ver muito da Renânia e do Ruhr. Ainda assim, você terá que fazer algumas escolhas, já que muitas das atrações principais são as próprias cidades que fazem parte do roteiro. O objetivo aqui é atingir uma mistura de experiências urbanas e rurais, mantendo em segundo plano — ou em primeiro — a ideia da tradição da região como um local de vinhedos e vinhos.

> *Os vinhedos do Vale do Mosela são uma excelente atração para os amantes do vinho.*

PONTO DE PARTIDA **Frankfurt fica 545 km (339 milhas) a sudoeste de Berlim pela A115, A9 e A4; e 390 km (242 milhas) a noroeste de Munique pela A9 e A3.** **DURAÇÃO DA VIAGEM** **1031 km (641 milhas).**

1 ★ **Frankfurt.** 1 dia. Para informações sobre Frankfurt, incluindo recomendações de hotéis e restaurantes, ver pág. 474.

No segundo dia, pegue a A66 sentido sudoeste, de Frankfurt para Mainz (43 km/27 milhas).

2 ★ **Mainz**. Entre as regiões vinícolas de Rheingau e Rheinhessen, Mainz é, naturalmente, uma cidade de vinhos, respaldada por uma orgulhosa história imperial e um agitado presente comercial. 3 horas. Ver pág. 450, 1.

1 Frankfurt
2 Mainz
3 Darmstadt
4 Worms
5 Speyer
6 Trier
7 Mosel Valley
8 Rhine Valley
9 Bonn
10 Eifel
11 Aachen
12 Düsseldorf
13 Colônia (Köln)
14 Limburg an der Lahn
15 Rheingau
0 20 mi
0 20 km
Hamburgo
Berlim
ALEMANHA
Frankfurt am Main
Munique
RENÂNIA DO NORTE-VESTEFÁLIA
RENÂNIA-PALATINADO
SAARLAND
HESSE
HOLANDA
BÉLGICA
LUXEMBURGO
FRANÇA
EIFEL
Reno (Rhein)
Mosela (Mosel)
Meno
Neckar
Reno
Duisburg
Essen
Herne
Dortmund
Düsseldorf
Wuppertal
Mönchengladbach
Hochneukirch
Colônia (Köln)
Siegen
Aachen
Bonn
Bad Godesberg
Giessen
Wetzlar
Limburg an der Lahn
Koblenz
Daun
Bad Homburg
Frankfurt am Main
Wiesbaden
Mainz
Bitburg
Bingen
Darmstadt
Bad Kreuznach
Trier
Idar-Oberstein
Luxembourg
Worms
Mannheim
Kaiserslautern
Ludwigshafen
Heidelberg
Neunkirchen
Speyer
Saarbrücken
Metz

> O mercado de agricultores na Marktplatz de Mainz é um famoso local de compras.

De Mainz, pegue a A60, A67 e A672 no sentido sul e leste para Darmstadt (42 km/26 milhas).

3 **Darmstadt**. Vale a pena parar rapidamente nessa cidadezinha para visitar a colônia de artistas Mathildenhöhe, a nordeste do centro da cidade. Ela dá a Darmstadt (com população de 142 mil pessoas) parte da justificativa para ser chamada de "centro da Jugendstill (Art Nouveau)". A colônia foi fundada em 1899 pelo *Grossherzog* (grão-duque) de Hessen, Ernst Ludwig, e reúne casas projetadas por e para

Passeios pelos Spas partindo de Frankfurt

Uma alternativa, ou complemento, do passeio pela cidade é visitar ★ **Wiesbaden** (com população de 278 mil pessoas), uma viagem de 45 minutos no trem do *S-Bahn*, saindo de Frankfurt. O local abriga um spa que funciona desde a época do Império Romano. Hoje, hotéis–spa são complementados pela tradicional (em fundações romanas) **Kaiser Friedrich Therme**, na Langgasse 38/40 (☎ 0611/172-9660; na foto), e a moderna **Thermalbad Aukammtal**, na Leibnizstrasse 7 (☎ 0611/172-9880). A **Kurhaus** de Wiesbaden, na Kurhausplatz 1 (☎ 0611/172-9290) um reconhecido salão e cassino, recebe shows, peças de teatro, balés, conferências, congressos, exibições e feiras.

Mais próxima ainda de Frankfurt é **Bad Homburg** (com população de 52 mil pessoas), a apenas 20 minutos de viagem no *S-Bahn* e ainda vivendo da grandiosidade deixada pela Europa da virada do século XX. As instalações do spa ficam na **Kaiser-Wilhelms-Bad**, no Kurpark (☎ 06172/178-178; www.kur-royal.de). Os jardins meticulosamente cuidados do Kurpark estão repletos de córregos, lagos e flores sazonais.

artistas e arquitetos que adotam este estilo. É dominada pela **Hochzeitsturm** (Torre do Casamento, 1908), de 48 m (157 pés) de altura, localizada na Olbrichweg 13. ⏲ **1 hora.**

De Darmstadt, volte para a A67 e siga rumo ao sul, e depois para oeste na B47 até Worms (45 km/28 milhas).

❹ **Worms**. A cidade (com população de 82 mil pessoas) na qual a Dieta de Worms, de 1521, declarou o futuro reformador da Igreja Católica, Martinho Lutero, herege e fora da lei — ao mesmo tempo dando à língua inglesa um de seus menos deliciosos trocadilhos ("dieta de vermes") — é um bom começo para passear pela Deutsche Weinstrasse (Rota Alemã do Vinho; veja pág. 456). A dieta contra Lutero (assembleia imperial) aconteceu na Capela de São Nicolau, do século XIV, dentro da majestosa catedral de Worms, a ★ **Dom St. Peter** (Lutherring 9; ☎ 06241/6151) construída em 1118 e um elegante exemplo do estilo Romanesco tardio. ⏲ **2 horas.**

De Worms, pegue a A61 sentido sul para Speyer (47 km/29 milhas), onde você passará a noite.

❺ **Speyer**. A antiga cidade imperial é a localização da Kaiserdom, uma das mais belas catedrais da Alemanha. ⏲ **2 horas.** **Para informações sobre Speyer, incluindo recomendações de hotéis e restaurantes, ver pág. 488.**

Vinhos do Reno e do Mosela

Das 13 regiões alemãs consideradas produtoras de vinhos, seis — Ahr, Mittelrhein, Mosel, Nahe, Rheingau e Rheinhessen — ficam no triângulo formado por Mittelrhein (Médio Reno) do sul de Bonn, subindo até Worms, e ao longo do Rio Mosela, de Trier, descendo até Koblenz. Essa tradicional região vinícola, um clássico cenário de imponentes ruínas de castelos, spas elegantes, antigas vilas com pináculos de igrejas e casas em estilo enxaimel, está entre as mais charmosas partes do país. As vinícolas brotam nas colinas, protegidas dos ventos pelos morros vizinhos arborizados. Isso acontece especialmente ao longo do Reno, do Mosela e de seus afluentes, onde as uvas absorvem o calor dos raios de sol refletidos na água.

A lenta maturação dessas uvas lhes garante uma acidez frutada e fresca. Apesar de Ahr, Rheingau, e Rheinhessen produzirem vinhos tintos *Spätburgunder* de qualidade e ainda alguns rosé, a maioria dos vinhos dessa região é branco, com ênfase especial nos límpidos e aromáticos Rieslings e *Weissburgunders*. Até o Liebfraumilch, que é barato, produzido em massa e se tornou *persona non grata* internacional entre os apreciadores da bebida, ainda encontra admiradores quando feito por vinícolas capacitadas sob o nome alemão original, *Liebfrauenmilch*. De fato, a viticultura local tem diversos produtores menores que criam excelentes vinhos. Para mais sobre as regiões de vinho da Alemanha, veja nosso "Guia da Uva", na pág. 372.

A Sangrenta Hürtgen

Em setembro de 1944, o exército dos Estados Unidos chegou próximo à fronteira alemã em Aachen e lançou um ataque em Hürtgenwald (Floresta Hürtgen), ao sul da cidade. A defesa alemã havia preparado uma densa rede de posições fortificadas na ampla e densa floresta, apoiada por artilharia, morteiros e metralhadoras. Durante os meses seguintes, diversas tropas americanas foram derrubadas pela máquina assassina de Hürtgenwald. Para as exaustas tropas, atacar uma trincheira do adversário sob péssimas condições climáticas, enfrentando minas escondidas, franco-atiradores a cada passo e tendo centenas de baixas somente para ganho de apenas algumas árvores na floresta, a batalha parecia ser um pesadelo interminável. Somente em fevereiro de 1945 eles conseguiram abrir seu caminho para além da floresta, ao custo de 32 mil soldados assassinados, feridos (ou mutilados) e desaparecidos.

> *A antiga cidade romana de Trier é a mais antiga da Alemanha e possui, também, a mais antiga catedral, a Trierer Dom.*

De Speyer, no terceiro dia, siga a oeste pelo Naturpark Pfälzer Wald na B39 e B37 para Kaiserslautern, e, então, para noroeste na B270 e B41 até Idar-Oberstein, depois a oeste pelo Naturpark Saar-Hunsrück na B422 e em estradas locais para Trier. Apesar de ser repleta de cenários bonitos, a viagem é muito cansativa, pois são 192 km (119 milhas) de 3 a 4 horas de duração até sua conclusão.

6 ★★★ **Trier**. Use a tarde quando você chegar, e a manhã do quarto dia, para visitar o quanto puder da histórica Trier, a mais antiga cidade da Alemanha. Cerca de 1 dia no total. Para informações sobre Trier, incluindo recomendações de hotéis e restaurantes, ver pág. 490.

Na tarde do quarto dia, siga a estrada (B53 e B59) que segue ao longo do rio Mosela para Koblenz (parte dessa estrada forma a Moselweinstrasse, ou Rota do Vinho de Mosela), com uma distância de 182 km (113 milhas).

7 ★★ **Vale do Mosela.** Algumas paradas que valem a pena serem feitas no vale são **Piesport** (pág. 459 11), **Bernkastel-Kues** (pág. 459, 12), **Traben-Trarbach** (pág. 460, 13) e **Cochem** (pág. 460, 14). O dia termina em **Koblenz** (pág. 454, 7). Metade de um dia.

Passe a noite em Koblenz (veja pág. 455 para recomendações de hotéis e restaurantes). Comece o quinto dia na estrada à beira do rio Reno para Bonn (64 km/40 milhas).

8 ★★★ **Vale do Reno**. Essa estrada de paisagens magníficas ao longo do rio é uma recompensa por si só, mas se você tiver tempo pare para dar uma olhada em **Remagen** (pág. 454, 8). 2 horas.

9 **Bonn**. 4 horas. Ver pág. 454, 9.

De Bonn, pegue a B56 e a B266 sentido oeste para Euskirchen e para Eifel em Mechernich, e então, via Gemünd e Einruhr para Monschau, uma distância total de 86 km (53 milhas).

10 ★ **Eifel.** A Eifel é a região das terras altas entre Aachen, Colônia, Koblenz e Trier. Um bom local para uma pausa na viagem nessa região montanhosa e de florestas é Einruhr, uma vila às margens do lago Obersee. Se você puder economizar tempo, faça um passeio em um dos barcos movidos a eletricidade operados pela Rursee-Schiffahrt (☎ 02446/479; www.rurseeschiffahrt.de) para um prazeroso cruzeiro

Quartel-General de Hitler

Dois locais que já foram secretos nessa região serviram de quartel-general ao ditador nazista Adolf Hitler durante eventos pontuais da Segunda Guerra Mundial. Fora de Wiesental, na parte leste do que hoje é o Naturpark Höch-Taunus, ficava o Führerhaupquartier Adlerhorst (Ninho da Águia). Desse disfarçado complexo de bunkers subterrâneos, Hitler dirigia a Ofensiva das Ardenas — a Batalha de Bulge — contra o exército dos Estados Unidos na Bélgica e em Luxemburgo, em dezembro de 1944 e janeiro de 1945. O Führerhauptquartier Felsennest (Ninho Rochoso), em Rodert, fora da cidade-spa de Bad Münstereifel, em Eifel, foi onde Hitler planejou e lançou a invasão à França, em maio de 1940, e mais tarde planejou o ataque à Inglaterra, que acabou cancelado posteriormente. Ambos os complexos foram destruídos depois da guerra.

que lembra velejar por uma área selvagem. 🕒 2 horas.

De Einruhr, continue para Monschau e, então, pegue a B258 e L233 rumo ao norte para Aachen (33 km/21 milhas), onde você passará a noite.

11 ★ **Aachen.** 🕒 2 horas. Veja pág. 441, **4**. Para recomendações de hotéis e restaurantes, veja pág. 443.

12 ★ **Düsseldorf.** 🕒 6 horas. Veja pág. 468, **1**.

No fim da tarde, pegue a A57 sul de Düsseldorf para Colônia (Köln), uma distância de apenas 38 km (24 milhas). Isso deve lhe dar tempo para experimentar a maravilhosa vida noturna da cidade.

13 ★★ **Colônia**. Aproveite a vida noturna de Colônia, descanse e, no dia seguinte, explore os pontos altos da localidade pela manhã. 🕒 Metade de um dia. Para informações sobre Colônia, incluindo recomendações de hotéis e restaurantes, ver pág. 482.

Ao meio-dia do sétimo dia, pegue a A3 sentido sudeste de Colônia para Limburg an der Lahn (120 km/75 milhas).

Água de Colônia

O aroma adocicado da *Kölnisch Wasser — eau de cologne*, ou simplesmente, colônia — foi desenvolvido em 1708 pelo químico italiano Giovanni Maria Farina, residente de Colônia. "Descobri uma fragrância que me lembra das manhãs de primavera na Itália, de narcisos da montanha, flores de laranjeira após a chuva. Ela me dá um grande frescor, fortalece meus sentidos e imaginação," escreveu Farina em uma carta para seu irmão. Lançada em 1709, a água perfumada foi utilizada para esconder o cheiro dos aristocratas que raramente tomavam banho, e se tornou um sucesso instantâneo. A colônia original, baseada em uma fórmula secreta, continua a ser vendida em ★ **Johann Maria Farina**, Obenmarspforten 21 (☎ 0221/294-1709; www.farina1709.com). Os frascos menores (4 ml/nos Estados Unidos ¼ de onça líquida) custam entre 5€ e 50€.

> *Um cruzeiro pelo Reno é uma excelente forma de observar a beleza da região.*

14 ★ **Limburg an der Lahn**. 🕒 2 horas. Ver pág. 441, **2**.

De Limburg pegue a B274 sudoeste pelo belo caminho entre o Naturpark Nassau e o Naturpark Rhein-Taunus, para chegar ao Reno em Lorch. Então continue rumo ao sul ao longo do rio na B42 (na Estrada Rheingauer-Riesling), para Assmannshausen, uma distância total de 65 km (40 milhas).

15 ★★ **Rheingau**. Assmannshausen é o ponto de partida para uma viagem pelo distrito vinícola de Rheingau (pág. 452, **3**). Vá para leste pela B42 ao longo da margem norte do Reno, passando por uma série de vilas vinícolas, incluindo Rüdesheim, Oestrich e Erbach. 🕒 3 horas.

Continue a leste na B42 e A66, por Wiesbaden (veja "Passeios pelos spas partindo de Frankfurt", pág. 446), para Frankfurt (71 km/44 milhas de Assmannshausen).

Ao Longo do Reno, de Mainz a Bonn

Começando próximo a Frankfurt e terminando perto de Colônia, esse itinerário segue ao longo do Reno, conforme ele passa por duas emblemáticas regiões da Alemanha. No primeiro dia você verá Mainz e o distrito vinícola de Rheingau, ao longo da parte leste-oeste do rio entre Wiesbaden e Bingen. No segundo e terceiro dias, você irá explorar o Mittelrhein (Reno Médio). A quarta jornada é dedicada a Bonn. Se seu tempo for limitado, pode facilmente pular algumas paradas no caminho e completar o passeio em três dias. Pontuado por castelos históricos (muitos deles em ruínas) e vilas vinícolas, o percurso é tanto uma viagem por uma espécie de linha do tempo da Alemanha como uma introdução à parte mais alegre do país.

> *O monastério beneditino de St. Hildegard (que produz e vende seu próprio vinho) fica acima da charmosa vila de Rüdesheim.*

PONTO DE PARTIDA **Mainz fica 43 km (27 milhas) a sudoeste de Frankfurt, na A66.** **DURAÇÃO DA VIAGEM** **3 ou 4 dias e 197 km (122 milhas).**

1 ★ **Mainz**. Pronuncia-se *Main-ts.* A cidade (com população de 198 mil pessoas) fica na margem oeste do Reno, na sua confluência com o rio Meno. A localidade foi fundada pelos romanos nesse local estratégico como "Moguntiacum" por volta de 13 a.C. e abrigou uma fortaleza legionária que era parte central das defesas do Reno no Império. Existe um festival anual do vinho na primeira semana de agosto e na primeira semana de setembro. Na Altstadt (Cidade Antiga), fica a ★★ **Mainzer Dom** (Catedral de Mainz; Marktplaz; ☎ 06131/253-344; www.bistummainz.de), do século XI, uma verdadeira montanha de arenito vermelho dedicada a São Martinho de Tours. Próxima à Dom, a **Stephanskirche** (Igreja de São Estevão) possui vitrais de 1978 feitos por Marc Chagall. Para saber da história romana da cidade, visite o

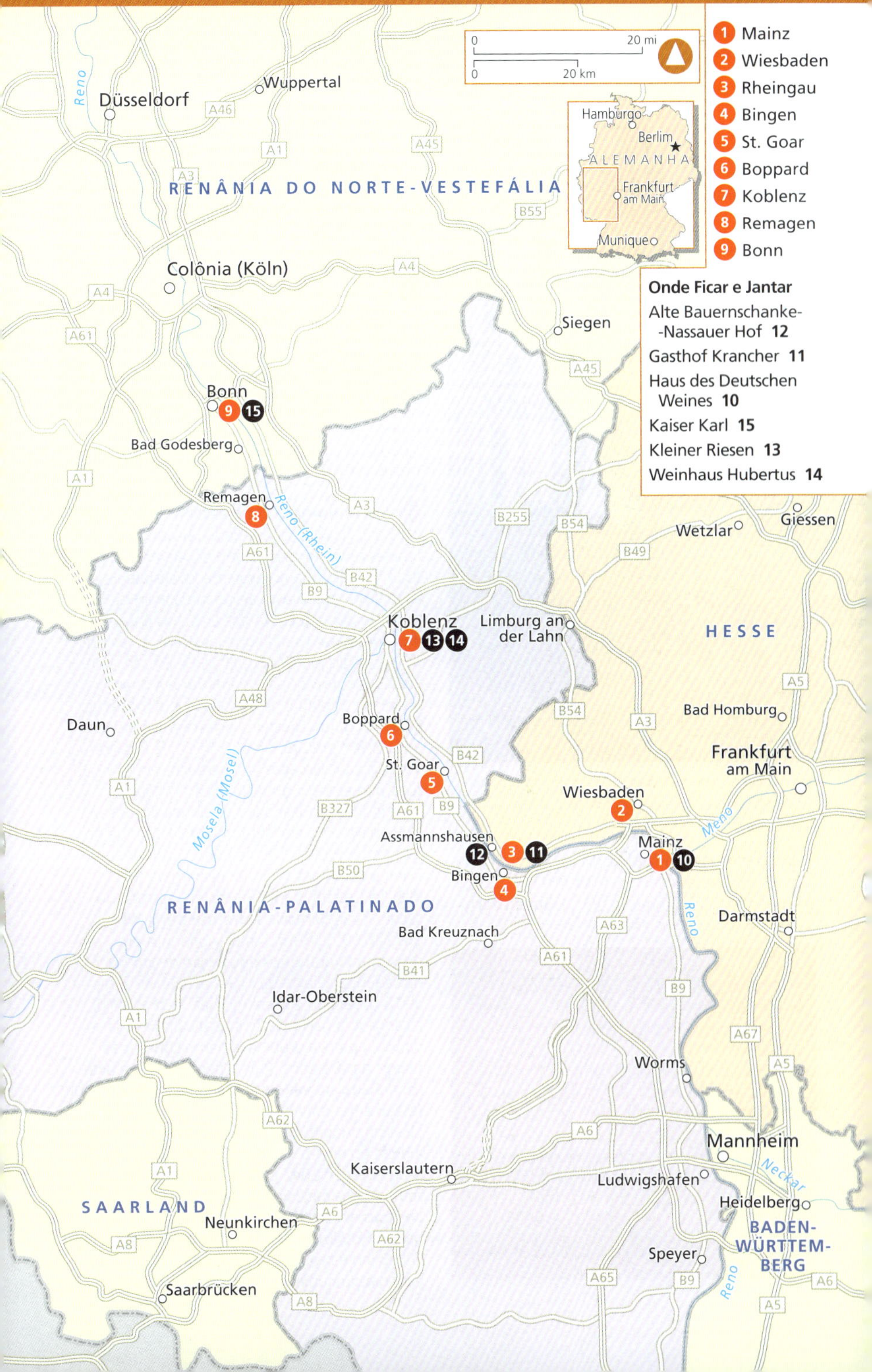
1 Mainz
2 Wiesbaden
3 Rheingau
4 Bingen
5 St. Goar
6 Boppard
7 Koblenz
8 Remagen
9 Bonn
Onde Ficar e Jantar
Alte Bauernschanke--Nassauer Hof 12
Gasthof Krancher 11
Haus des Deutschen Weines 10
Kaiser Karl 15
Kleiner Riesen 13
Weinhaus Hubertus 14
0 20 mi
0 20 km
Hamburgo
Berlim
ALEMANHA
Frankfurt am Main
Munique
RENÂNIA DO NORTE-VESTEFÁLIA
Düsseldorf
Wuppertal
Colônia (Köln)
Siegen
Bonn
Bad Godesberg
Remagen
Reno (Rhein)
Koblenz
Limburg an der Lahn
Wetzlar
Giessen
HESSE
Daun
Boppard
St. Goar
Bad Homburg
Frankfurt am Main
Wiesbaden
Mosela (Mosel)
Assmannshausen
Mainz
Meno
Bingen
RENÂNIA-PALATINADO
Darmstadt
Bad Kreuznach
Idar-Oberstein
Worms
Mannheim
Kaiserslautern
Ludwigshafen
Neckar
Heidelberg
SAARLAND
Neunkirchen
BADEN-WÜRTTEMBERG
Speyer
Saarbrücken
Reno

> *A Mainzer Dom, do Século 11, é a mais importante catedral católica alemã depois da de Colônia.*

★ **Landesmuseum Mainz** (Museu Regional de Mainz), Grosse Bleiche 49/51 (☎ 06131/28570; www.landesmuseum-mainz.de). O **Gutenberg-Museum**, Liebfrauenplatz 5 (☎ 06131/1226-4044; www.gutenbergmuseum.de) exibe as inovações de Johannes Gutenberg (1398–1468), nativo de Mainz e inventor da prensa mecânica. 🕒 4 horas. Informações turísticas: Touristik Zentrale Mainz, Brückenturm am Rathaus. ☎ 06131/286-210. www.touristik-mainz.de.

De Mainz, pegue a A60 e depois a A643 do outro lado do Reno para Wiesbaden (21 km/13 milhas).

2 ★★ **Wiesbaden.** 🕒 3 horas. Veja "Passeios pelos Spas saindo de Frankfurt", pág. 446.

De Wiesbaden siga para oeste ao longo da margem norte do Reno, pela região de Rheingau, para Rüdesheim (50 km/31 milhas). Passe a noite lá ou na vizinha Assmannshausen (mais 5,5 km/3,5 milhas a oeste, na A42).

3 ★★ **Rheingau**. Entre as montanhas Taunus e o Reno fica Rheingau, uma das principais regiões produtoras de vinho da Alemanha. Quase toda cidade e vila do oeste de Wiensbaden até Assmannshausen está associada ao vinho, e vinhedos tomam conta das encostas ensolaradas e viradas para o sul. Pegue a estrada à beira do rio passando por Walluf, Eltville e Erbach, onde você pode desviar para o interior em direção à Vinícola Estadual de Hesse em ★ **Kloster Eberbach**, um mosteiro cisterciense fundado em 1136. Cenas do filme *O Nome da Rosa*, de 1986, foram filmadas lá. Eberbach, em 1712, foi a primeira a usar a classificação *Kabinett* para indicar a qualidade nos vinhos alemães. Volte para o rio em Hattenheim e continue por Oestrich e Winkel. Desvie para o interior em Winkel em direção a Johannisberg na K631 (Schillerstrasse), onde um castelo barroco do século XVIII, **Schloss Johannisberg** (☎ 06722/70090; www.schloss-johannisberg.de; entrada gratuita; degustação de vinhos de segunda à sexta das 10 h às 13 h e 14 h às 18 h, sábado e domingo das 11 h às 17 h), alcançado a partir da Schlossallee na borda sul da vila, aparece orgulhosamente sobre suas fileiras de vinhedos. Vale a pena sair para uma caminhada em volta do local, que hoje abriga um restaurante, uma loja de vinhos e adegas.

Continue pela vila de Johannisberg e retorne à beira do rio em Geisenheim na L3272, antes de seguir oeste na B42 para ★ **Rüdesheim**. Com seus antigos pátios e ruelas sinuosas ladeadas de casas em estilo enxaimel, Rüdesheim é a personificação de uma cidade do vinho do Reno. O Riesling é produzido aqui, assim como o *Sekt* (vinho espumante) e o conhaque. Durante o

O Lorelei

Na verdade, não há muito que distingua o Loreleyfelsen (Rochedo Lorelei) de muitos outros ao longo do Reno. Tem 120 m de altura (394 pés) e surge da água como uma formação rochosa que estreita consideravelmente o rio em uma curva logo acima de St. Goarshausen. É um belo cenário, mas é a lenda do Lorelei que atrai multidões: dizem que o canto da sereia desta *Rheintochter* (Donzela do Reno), ou ninfa do rio, atrai marinheiros desavisados para a rocha e para a morte nas suas águas profundas, escuras e turbulentas.

festival anual do vinho da localidade, em agosto, as antigas tavernas da Drosselgasse ficam lotadas de visitantes. A história dos vinhos de Rheingau, desde os tempos romanos até o presente, é explicada no **Rheingauer Weinmuseum** (Museu do Vinho de Rheingau), Rheinstrasse 2 (☎ 06722/2348; www.rheingauer-weinmuseum.de; entrada 5€ para adultos, 3€ para a faixa etária de 6 a 18 anos; de março a outubro, diariamente das 10 h às 18 h), localizado em um castelo do século XII, o Brömserburg. Em uma colina entre Rüdesheim e Assmannshausen — acessível por teleférico de qualquer uma das cidades — fica o **Niederwalddenkmal**, uma enorme estátua de Germania (uma figura feminina mítica representando a Alemanha) erguida em 1883 como monumento à unificação alemã.

Depois, siga rumo ao oeste para ★ **Assmannshausen**, conhecido por seu vinho estilo Burgundy. As casas em estilo enxaimel da antiga vila e os vinhedos nas encostas garantem excelentes paisagens do Reno. Dali, volte para o leste seguindo o rio para Rüdesheim. Ao longo do caminho você passará pelas ruínas do **Burg Ehrenfels,** um castelo do século XIII. 🕒 4 horas.

Atravesse o Reno na pequena balsa de Rüdesheim para Bingen.

4 Bingen. Um pouco fora da cidade de **Bingen** (com população de 26 mil pessoas) fica uma pequena ilha que abriga a **Mäuseturm** (Torre do Rato). De acordo com uma lenda medieval, o ganancioso bispo Hatto de Mainz foi devorado por ratos famintos neste local. 🕒 1 hora.

De Bingen, siga norte à margem do rio na B9 para St. Goar (30 km/19 milhas).

5 ★ **St. Goar**. Um pouco antes de entrar nessa vila (de população de apenas 3 mil pessoas), você chegará a um movimentado mirante em direção ao outro lado do rio, para o famoso ★ **Loreleyfelsen** (Rochedo Lorelei; veja "O Lorelei"). Você pode atravessar de balsa para a vizinha St. Goarshausen para uma visão mais próxima do rochedo. Além disso, St. Goar possui as ruínas de um enorme castelo do século XIII, o ★★ **Burg Rheinfels** (☎ 06741/7753), maior castelo ao longo do vale do Reno. 🕒 2 horas.

> *O Burg Rheinfels, maior castelo no Vale do Reno, foi parcialmente destruído pelos invasores franceses em 1797.*

> *Em Bonn, os bens pessoais de Beethoven, instrumentos musicais e manuscritos estão em exibição na Beethoven-Haus, onde o grande compositor nasceu em 1770.*

De St. Goar, continue na B9 ao longo do rio, rumo ao nordeste, para Boppard (14 km/9 milhas).

6 **Boppard**. Situada em uma curva acentuada do rio, Boppard (com população de 16 mil pessoas) parece guardar as discretas virtudes dessa faixa do Reno entre Bingen e Bonn. É um conhecido centro de turismo no verão, em uma paisagem de vinhedos, florestas e fazendas. Além das tradicionais casas com fachadas enxaimel, o local possui a St.-Severus-Kirche, uma bonita igreja construída em 1236 e em estilo Romanesco tardio. 🕒 **1 hora.**

Continue na B9 ao longo do rio, no sentido norte, para Koblenz (21 km/13 milhas), onde você pode passar a sua segunda noite.

7 ★ **Koblenz**. Cercada de colinas cobertas de vinhas e com castelos e fortalezas em sua paisagem, Koblenz (com sua população de 107 mil pessoas) fica na confluência dos rios Reno e Mosela desde que o general romano Druso estabeleceu um forte no estratégico Ad Confluentes, em 8 a.C. O Deutsches Ecke (Esquina Alemã), ponto onde os dois rios se encontram, , é marcado por uma enorme estátua equestre do Kaiser Wilhelm I. No canto da Altstadt (Cidade Antiga), próxima ao Deutsches Ecke, fica a mais antiga igreja de Koblenz, a **Kastorkirche** (São Castor), originalmente construída em 836, embora sua forma atual venha, em sua maior parte, do século XII. Do outro lado do Reno, a partir de Koblenz, fica uma poderosa fortaleza do século XIX, a ★ **Festung Ehrenbreitstein** (☎ 0261/974-2441; www.burgen-rlp.de), que pode ser alcançada por um teleférico que funciona entre abril e outubro. O local, construído em um rochedo, fica 120 m (394 pés) acima do Reno. Koblenz abriga o **Mittelrhein Museum**, Florinsmarkt 15/17 (☎ 0261/129-2520; www.mittelrhein-museum.de; entrada 2,50€, gratuito para estudantes), que tem em seu acervo arte relacionada ao Reno Médio. 🕒 **4 horas. Informações turísticas: Bahnhofplatz 17. ☎ 0261/303-8849 www.koblenz-touristik.de.**

A partir de Koblenz, permaneça na B9 ao longo da margem do rio, e vá a nordeste para Remagen (40 km/25 milhas).

8 **Remagen**. Essa bela cidade- resort no rio (população de 16 mil pessoas) tem uma distinção militar que vai além de sua fundação como uma fortificação romana. Em 7 de março de 1945, durante as últimas semanas da Segunda Guerra Mundial na Europa, os soldados da 9ª Divisão Armada dos Estados Unidos capturaram a danificada, mas ainda de pé, ponte ferroviária Ludendorff, sobre o Reno. Essa vitória inesperada permitiu que os Aliados cruzassem com suas tropas e estabelecessem uma torre de controle na margem leste do rio. Quatro oficiais alemães foram executados por permitir essa tomada. A ponte acabou ruindo e nunca foi reconstruída. Suas duas torres remanescentes hoje abrigam o **Friedensmuseum Brücke von Remagen** (Museu da Paz Ponte de Remagen; ☎ 02462/20159; www.bruecke-remagen.de; entrada 3,50€ para adultos, 1€ para a faixa etária de 6 a 18 anos; início de março a abril e primeiras duas semanas de novembro, diariamente, das 10 h às 17 h; maio a outubro, diariamente, das 10 h às 18 h). 🕒 **2 horas.**

Continue pela margem do rio na A9 norte, para Bonn (21 km/13 milhas), onde você poderá passar a sua terceira noite.

9 ★ **Bonn**. Cidadezinha provinciana tranquila mais conhecida por ser a cidade natal do compositor Ludwig van Beethoven (1770–1827), Bonn (com população de 320 mil pessoas) teve uma "grandiosidade" imposta sobre si, em 1949, quando foi feita capital da antiga Alemanha Ocidental. Isso durou até Berlim recuperar seu lugar como capital nacional, em 1991, após a

reunificação da Alemanha. Beethoven ainda é (e não é de se admirar) a principal atração da cidade, como você poderá ver na ★ **Beethoven-Haus**, Bonngasse 18/26 (☎ 0228/981-750; www.beethoven-haus-bonn.de; entrada 5€ para adultos, 4€ para a faixa etária de 6 a 18 anos; de abril a outubro, de segunda a sábado das 10 h às 18 h, domingo, das 11 h às 18 h; novembro a março, de segunda a sábado das 10 h às 17 h, domingo, das 11 h às 17 h); o cômodo do segundo andar, onde ele nasceu, é decorado com um simples busto de mármore do grande compositor. Muitos dos bens pessoais de Beethoven estão na casa, entre eles manuscritos e instrumentos musicais que incluem seu último piano, um instrumento feito sob encomenda com uma caixa acústica especial para amplificar o som para o compositor com deficiência auditiva.

A **Bonner Münster** (Basílica de Bonn; ☎ 0228/985-880; www.bonner-muenster.de), uma igreja romanesca construída entre os séculos XI e XIII, tem cinco torres e é dedicada a dois soldados romanos, Cássio e Florêncio, que foram executados por serem cristãos. Você pode traçar a história alemã desde 1945 na **Haus der Geschichte der Bundesrepublik Deutschland** (Casa da História da República Federal da Alemanha), Willy-Brandt-Allee 14 (☎ 0228/91650; www.hdg.de; entrada gratuita; terça a domingo das 9 h às 19 h). O **Kunstmuseum Bonn** (Museu de Arte de Bonn), Friedrich-Ebert-Allee 2 (☎ 0228/776-260; www.kunstmuseum-bonn.de; entrada 7€ para adultos, 3,50€ para a faixa etária de 6 a 18 anos; terça e quinta a domingo, das 11 h às 18 h, quarta, de 11 h às 21 h), abriga arte alemã do século XX e tem uma coleção de obras do artista expressionista alemão August Macke (1887–1914), cuja promissora carreira foi bruscamente interrompida quando ele foi morto em combate na Primeira Guerra Mundial. 🕒 **1 dia. Informações turísticas: Windeckstrasse 1 (na Münsterplatz). ☎ 0228/775-000. www.bonn.de.**

Onde Ficar e Jantar

★★ Alte Bauernschanke-Nassauer Hof ASSMANNSHAUSEN Os proprietários viticultores transformaram duas das mansões mais antigas da cidade nesse elegante hotel e restaurante. Os quartos são cuidadosamente mobiliados em estilo contemporâneo refinado. **Niederwaldstrasse 23. ☎ 06722/49990.www.altebauernschaenke.de. 53 quartos. Diárias para duas pessoas de 85€ a 115€, com café da manhã. AE, MC, V.**

★ Gasthof Krancher RÜDESHEIM Nesse hotel familiar próximo aos vinhedos do próprio Krancher, tudo é decorado com motivos regionais. Os quartos são um pouco apertados, mas razoavelmente confortáveis, e o restaurante serve especialidades da Renânia. **Eibinger-Oberstrasse 4. ☎ 06722/2762.www.gasthof-krancher.de. 62 quartos. Diárias para duas pessoas de 56€ a 76€, com café da manhã. MC, V.**

★★ Haus des Deutschen Weines MAINZ *ALEMÃ* Na Renânia não faltam restaurantes tradicionais que sirvam vinhos locais — o que torna mais que bem-vindo um local que sirva uma variação leve e moderna, em um ambiente contemporâneo. **Gutenbergplatz 3–5. ☎ 06131/221-300. www.hdw-gaststaetten.de. Pratos principais de 8€ a 17€. AE, MC, V. Almoço e jantar diariamente. Bonde: 50, 51 ou 52.**

★★ Kaiser Karl BONN Uma casa urbana de 1905 foi transformada nesse estiloso hotel de quatro andares. A decoração inclui painéis japoneses envernizados, antiguidades inglesas, tapetes orientais, espelhos venezianos e palmeiras eduardianas em vasos. **Vorgebirgsstrasse 56. ☎ 0228/985/570.www.kaiser-karl-hotel-bonn.de. 42 quartos. Diárias para duas pessoas de 140€ a 420€. AE, DC, MC, V. *U-Bahn:* Bonn West.**

★ Kleiner Riesen KOBLENZ O "Pequeno Gigante" possui chalés amplos, modernos e informais que ficam fora do agito da cidade, diretamente nas margens do Reno, com quartos próximos o suficiente para se ter uma excelente visão dos barcos que navegam por suas águas. **Kaiserin-Augusta-Anlagen 18. ☎ 0261/303-460. www.hotel-kleinerriesen.de. 28 quartos. Diárias para duas pessoas por 88€, com café da manhã. AE, DC, MC, V. Ônibus: 571 ou 573.**

Weinhaus Hubertus KOBLENZ *ALEMÃ* Mais antiga taverna da cidade, datada de 1696, o Hubertus parece uma pousada enxaimel campestre e oferece excelentes vinhos alemães acompanhados de pratos caseiros — sopas, sanduíches e pratos leves — para complementar. **Florinsmarkt 6. ☎ 0261/31177.www.weinhaus-hubertus.de. Pratos principais de 8€ a 15€. MC, V. Jantar de quarta a segunda. Ônibus: 1.**

A Renânia e o Vale do Mosela para Apaixonados por Vinho

Os vales do Reno e do Mosela compreendem uma das regiões vinícolas clássicas da Europa, com sua tradição datando do período romano. Essa é uma terra de cidades e vilas viticultoras, castelos (vários em ruínas), vinhedos, antigas pousadas e tavernas de vinho que servem especialidades locais da Renânia-Palatinado, como o *Sauerbraten* (carne marinada em vinagre de vinho).

> *Graças à sua localização central no Mosela, Traben-Trarbach se tornou a capital do vinho no Vale do Mosela.*

PONTO DE PARTIDA **Bockheim an der Weinstrasse fica 38 km (24 milhas) a nordeste de Mannheim na A650, A61, A6 e B271.**
DURAÇÃO DA VIAGEM **525 km (326 milhas) e 4 dias.**

1 **Bockheim an der Weinstrasse**. Nessa vila você inicia a Deutsche Weinstrasse (Rota Alemã do Vinho), um caminho que vai pelo sul por quase 80 km (50 milhas) até Schweigen-Rechtenbach **8**, na fronteira com a França. ⏲ 1 hora.

De Bockheim pegue a B271 rumo ao sul, por Grünstadt, para Bad Dürkheim (18 km/11 milhas).

2 ★ **Bad Dürkheim**. Nessa cidadezinha-spa (com população de 19 mil pessoas) fica o **Dürkheimer Riesenfass** (Barril Gigante de Dürkheim, 1934), Sankt-Michaels-Allee 1 (☎ 06322/2143;www.duerkheimer-fass.de). Dizem que é o maior barril de vinho do mundo, capaz de armazenar 1,7 milhão de litros (449 mil galões), apesar de nunca ter sido enchido.

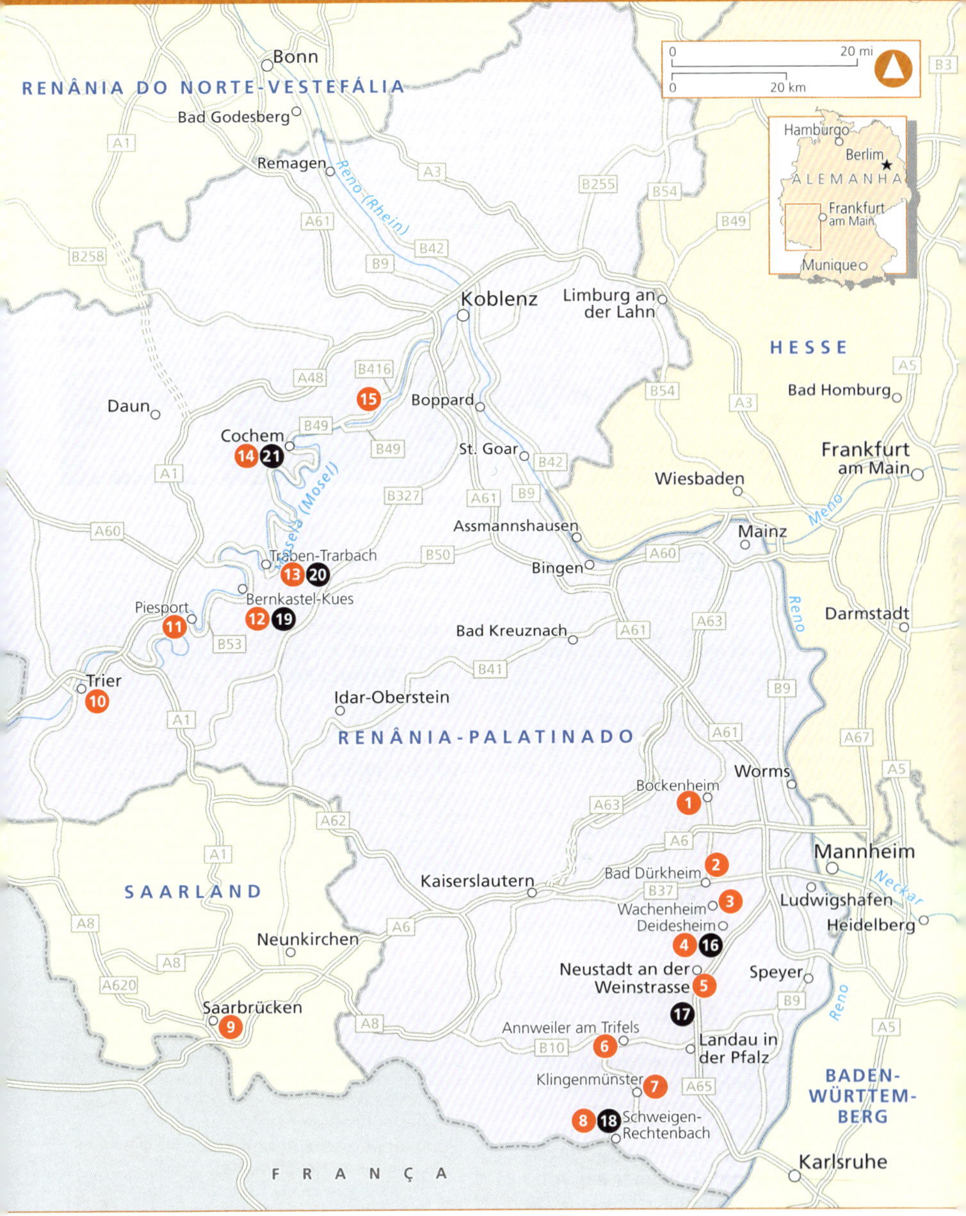

1 Bockenheim
2 Bad Dürkheim
3 Wachenheim
4 Deidesheim
5 Neustadt-an-der-Weinstrasse
6 Annweiler am Trifels
7 Klingenmünster
8 Schweigen-Rechtenbach
9 Saarbrücken
10 Trier
11 Piesport
12 Bernkastel-Kues
13 Traben-Trarbach
14 Cochem
15 Burg Eltz

Onde Ficar e Jantar

Alte Thorschenke **21**
Beim Weinbauer **21**
Deidesheimer Hof **16**
Hotel Zur Post **19**
Jugendstilhotel Bellevue **20**
Schweigener Hof **18**
St. Martiner Castell **17**

> *O festival de vinho de Bad Dürkheim é um dos mais populares da Alemanha.*

Hoje em dia, é um interessante restaurante. O Wurstmarkt (Mercado da Salsicha) anual de Dürkheim atrai 600 mil visitantes e acontece no segundo e terceiro finais de semana de setembro; apesar do nome, é um festival de vinho. 🕒 **1 hora.**

De Bad Dürkheim, uma viagem de 5 km (3 milhas) ao sul na B271 o levará a Wachenheim.

3 Wachenheim. A cidadezinha (com população de 5 mil pessoas) é dominada pelas ruínas de um castelo do século XII, o **Wachtenburg**, que é o ponto principal do Burg und Weinfest anual (Festival do Castelo e do Vinho; dois fins de semana consecutivos de junho). 🕒 **1 hora.**

Continue em sentido sul na B271 para Deidesheim (3,5 km/2,25 milhas).

4 ★ Deidesheim. Algumas das casas em estilo enxaimel mais interessantes da Rota Alemã do Vinho estão na praça principal, a Marktplatz. Uma boa opção para degustação de vinho na pequena cidade, de apenas 4 mil pessoas, é o **Weingut Geheimer Rat von Dr. Bassermann-Jordan**, Kirchgasse 10 (☎ 06326/6006; www.bassermann-jordan.de) datando de 1718. 🕒 **1 hora.**

Continue sul na B271 para Neustadt-an-der-Weinstrasse (9 km/5,5 milhas).

5 Neudstadt-an-der-Weinstrasse. A maior cidade da Rota Alemã do Vinho (com população de 54 mil pessoas) fica aos pés das montanhas Haardt e tem 2 mil hectares (5 mil acres) de vinhedos em seus limites. Na Altstadt (Cidade Antiga) existem ruas estreitas e sinuosas, tavernas e lojas de vinhos. Para degustação de vinhos visite a **Weingut Probsthof**, na Probstgasse 7 (☎ 06321/6315).

Em Hambach, 5 km (3 milhas) ao sul na L512, visite o histórico castelo ★ **Hambacher Schloss** (☎ 06321/30881; www.hambacher-schloss.de; entrada 4,50€). O castelo tem sido chamado de "Berço da Democracia Alemã" por seu papel no movimento pela democracia de 1832. 🕒 **1 hora.**

Com mais 20 km (12 milhas) para o sul na L512, passando por uma série de belas vilas e pequenas cidades — Diedesfeld, Maikammer, Edenkoben, Rhodt unter Rietburg, Gleisweiler e Frankweiler — leva a Siebeldingen. De Siebeldingen, um desvio de 9 km (5,5 milhas) a oeste ao longo da B10 leva para Annweiler am Trifels. Se você preferir economizar algumas horas evitando o desvio e permanecendo na Rota do Vinho, simplesmente siga para sul na L508, de Siebeldingen para Klingenmünster 7, uma distância de 11 km (7 milhas).

6 ★ Annweiler am Trifels. Entre montanhas cobertas de florestas, essa cidadezinha (com população de 7 mil pessoas) tem como atração um castelo do século XI, ★ o **Reichsburg Trifels** (☎ 06346/8470; entrada 4€), mais lendário da Renânia. Em 1193, o rei inglês Ricardo Coração de Leão foi aprisionado aqui até ser libertado após generoso pagamento de resgate. 🕒 **2 horas.**

Volte à Rota Alemã do Vinho seguindo para sudeste na B48, até Klingenmünster (13 km/8 milhas).

7 **Klingenmünster**. Daqui, placas indicam o caminho para as ruínas do **Burg Landeck** (Castelo Landeck), alcançadas após uma caminhada de 2 km (1,25 milha) por uma floresta de castanheiras. A recompensa ao final é a vista do vale a partir das ruínas do castelo, que é magnífica. 🕒 2 horas.

De Klingenmünster, a Rota Alemã do Vinho continua por 5 km (3 milhas) ao sul na B48 para Bad Bergzabern, uma antiga vila- spa conhecida por suas casas em estilo enxaimel. Daqui, dirija rumo ao sul na B38 para Schweigen-Rechtenbach (5 km/3 milhas).

8 ★ **Schweigen-Rechtenbach**. Nessa vila, com população de 1,5 mil pessoas, localizada na fronteira com a França, fica o Deutsches Weintor (Porta Alemã do Vinho, 1935), um arco de pedra que marca o final da parte sul da Rota do Vinho. De uma galeria no portão, você pode ver quilômetros de vinhedos. Então, siga por uma trilha em meio à natureza, a Weinlehrpfad, por 1,5 km (1 milha) até alcançar a aldeia de Sonnenberg, a uma pequena distância da fronteira. 🕒 2 horas.

De Schweigen-Rechtenbach, na tarde do segundo dia, volte para Bad Bergzabern, e então, siga para oeste na B427, B10, A8 e A6, até Saarbrücken (110 km/68 milhas).

9 ★ **Saarbrücken**. A capital do estado de Saarland (com população de 178 mil pessoas) não tem muito a apresentar, como sugere seu status, apesar de ser um lugar agradável. Sua localização, na fronteira com a França, e o fato de ter pertencido a esse país por um período de tempo, lhe garantiram um certo charme, assim como alguns bons restaurantes. Caminhe pelo Centro, em volta da Rathausplatz, e pela Berliner Promenade ao longo do Rio Saar, e então, atravesse o rio para ver o **Saarbrücker Schloss** (Castelo Saarbrücken, 1748), de estilo barroco. Uma visita ao **Historisches Museum Saar**, Schlossplatz 15 (☎ 0681/506-4510; www.historisches-museum.org; entrada 5€ para adultos, 3€ para a faixa etária de 6 a 18 anos; terça, quarta, sexta e domingo, das 10 h às 18 h, quinta, das 10 h às 20 h, domingo, das 12 h às 18 h), proporciona uma visão da confusa história franco-germânica da região desde 1870. 🕒 4 horas. Informações turísticas: Rathaus St. Johann, Rathausplatz 1. ☎ 0681/938-090. www.saarbruecken.de.

> *Um colorido mural em Traban-Trabach comemora a reputação da cidade como um dos principais destinos vinícolas.*

De Saarbrücken, no terceiro dia, pegue a A620 e A8 no sentido norte pela floresta do Naturpark Saar-Hünsruck até a interseção 5. Mude para a B51 norte, por Mettlach, lar da fábrica de cerâmicas Villeroy & Boch, e siga o Saar em direção norte na B51 para o rio Mosela, em Konz e, finalmente, para Trier, em uma distância total de 95 km (59 milhas).

10 ★★★ **Trier**. Essa antiga cidade romana é o destaque do Vale do Mosela e o centro de negócios do vinho Mosela. 🕒 1 dia. Para informações sobre Trier, incluindo recomendações de hotéis e restaurantes, ver pág. 490.

De Trier, no quarto dia, cruze para a margem norte (esquerda) do Mosela, e siga a beira do rio na B53 até Piesport (46 km/29 milhas).

11 **Piesport**. Uma bela vila vinícola em uma curva do Mosela, Piesport (com população de 2 mil pessoas) é mais conhecida por seu vinho Riesling e pelas margens do rio íngremes e cobertas de vinhedos, chamadas de Moselloreley. 🕒 Pelo menos 1 hora.

Continue na B53 para Kues (16 km/10 milhas).

12 ★ **Bernkastel-Kues**. Essa cidadezinha-vinícola (com população de 7 mil pessoas) atravessa o Mosela. Antigas e coloridas casas em estilo enxaimel — uma das quais, a Spitzhäuschen, data de 1416 — cercam o Markt. No centro da praça fica a **St. Michaelsbrunnen** (Fonte de São Miguel, de 1606) da qual sai vinho

> *O Burg Eltz é um castelo medieval totalmente preservado, que ocupa um espaço impressionante no Mosela, entre Trier e Koblenz.*

durante o festival anual, em setembro. Na vizinha Wehlen (sentido norte na B50/B53, a cerca de 5 km/3 milhas), há a **Weingut S.A. Prüm**, Uferallee 25–26 (☎ 06531/3110; www.sapruem.com), uma vinícola comandada pela família Prüm 1156 e que oferece degustações. 🕒 **Pelo menos 1 hora.**

Continue na B53 rio abaixo para Traben-Trarbach (27 km/17 milhas).

⓭ ★★ **Traben-Trarbach**. O festival anual do vinho realizado em julho nessa cidadezinha de 6 mil pessoas atrai visitantes de toda a Europa para as antigas adegas de vinho. Acima de Trarbach estão as ruínas do **Grevenburg,** um castelo do século XIV. 🕒 **Pelo menos 1 hora. Informações turísticas: Am Bahnhof 5. ☎ 06541/83980. www.traben-trarbach.de.**

De Traben-Trarbach, siga pela B53 e então, rio abaixo na B49, passando por Zell, para Cochem (55 km/34 milhas).

⓮ ★★ **Cochem**. Espremida entre a margem esquerda do Mosela e uma montanha coberta de vinhedos, Cochem (com população de 5 mil pessoas) é palco para degustações e festivais de vinho. Sua maior atração é o ★ **Reichsburg Cochem** (☎ 02671/255). O castelo, original do século XII e destruído em 1689, foi restaurado a partir das plantas originais, e suas muralhas e torres criam um dramático pano de fundo para a cidade. Para chegar ao castelo, siga a íngreme Schlossstrasse do centro de Cochem; a caminhada de 700 m (0,5 milha) vale a pena por conta das incríveis paisagens da cidade e do Mosela. 🕒 **Pelo menos 1 hora.**

De Cochem, pegue a B49 e a B416 para Moselkern, onde você pode desviar, através de Wierschem, para o Burg Eltz (29 km/18 milhas).

⓯ ★ **Burg Eltz**. Um dos poucos castelos medievais intactos da região, o imponente Burg Eltz fica acima da vila de Moselkern, na margem esquerda do Mosela, cercado de florestas. Sua estrutura original, construída entre os séculos XII e XVII, foi preservada em toda sua glória — o romantismo da Idade Média realmente cria vida aqui — e a mobília medieval inclui antigas pinturas e tapeçarias. Um tesouro contém trabalhos de ourives, armaduras, armas e outros objetos adquiridos pela família ao longo dos séculos. 🕒 **1 hora. ☎ 02672/950-500. www.burg-cochem.de. Entrada 5€ para adultos,**

A Intocada Beilstein

Em Ellenz, entre Traben-Trarbach e Cochem, uma minúscula balsa cruza incessantemente o Mosela até Beilstein, na margem direita. Essa maravilhosa vila vinícola medieval possui um Markt (algo como uma feira) diferente, talhado na encosta rochosa. Acima da cidade ficam as ruínas do Burg Metternich, um castelo do século XII.

3€ para a faixa etária de 6 a 17 anos, 14,50€ para famílias. Meados de março a outubro, diariamente, das 9 h às 17 h; primeiras duas semanas de novembro, diariamente, das 10 h às 15 h; meados de novembro ao fim de dezembro, diariamente, das 11 h às 13 h; Natal e Ano Novo, das 10 h às 15 h; início de janeiro a meados de março, quarta, sábado e domingo, das 11 h às 13 h.

Do Burg Eltz, volte para o Mosela em Hatzenport e siga o rio na B416 até Koblenz (pág. 454, 7), um total de 39 km (24 milhas).

Degustação de Vinhos

Tenha certeza de separar algum tempo para visitar uma das degustações de vinho conforme você segue o rio (não se você estiver dirigindo, é claro). Um pouco antes de Cochem, na vila ribeirinha de Ediger-Eller, vale a pena visitar a vinícola **Weingut Schlosskellerei Freiherr von Landenberg**, Moselweinstrasse 60 (☎ 02675/277; www.mosel-weinproben.de), localizada em uma adega de 500 anos.

Onde Ficar e Jantar

★ **Alte Thorschenke** COCHEM
Ambientação garantida em uma pousada que tem suas origens em 1332. Os vinhos servidos no restaurante, com a caça como tema, vêm da vinícola do próprio hotel. Brückenstrasse 3. ☎ 02671/7059. www.castle-thorschenke.com. 35 quartos. Diárias para duas pessoas de 89€ a 130€, com café da manhã. AE, DC, MC, V.

★ **Beim Weinbauer** COCHEM
O mais antigo prédio de Cochem, uma construção do século XVI com fachada decorada tanto com gablete em degraus quanto em forma de sino, possui quartos simples e apartamentos pequenos, um restaurante tradicional e uma programação de degustação de vinhos. Mosel Promenade 11/12. ☎ 02671/7448. www.beim-weinbauer.de. 8 quartos. Diárias para duas pessoas de 60€ a 80€, com café da manhã. AE, MC, V.

★★ **Deidesheimer Hof.** DEIDESHEIM
Nesse central e charmoso hotel, localizado em um prédio medieval, existem dois ótimos restaurantes: o sofisticado Schwarzer Hahn e o St. Urban, artisticamente rústico. Am Marktplatz 1. ☎ 06326/96870. www.deidesheimerhof.de. 31 quartos. Diárias para duas pessoas de 125€ a 255€. AE, DC, MC, V.

★ **Hotel Zur Post** BERNKASTEL-KUES
Modesto porém autêntico, esse hotel à beira do rio foi fundado em 1827 como uma pousada na principal rota do Vale do Mosela. Pratos regionais são servidos em um restaurante claro, com vigas de madeira. Gestade 17. ☎ 06531/96700. www.hotel-zur-post-bernkastel.com. 42 quartos. Diárias para duas pessoas de 90€ a 110€, com café da manhã. DC, MC, V.

★★ **Jugendstilhotel Bellevue** TRABEN-TRARBACH Uma mansão Art Nouveau de 1903, de frente para a marina, abriga um dos melhores hotéis do Vale do Mosela. Destaque para o elegante restaurante Clauss-Feiss. An der Mosel 11. ☎ 06541/7030. www.bellevue-hotel.de. 60 quartos. Diárias para duas pessoas de 135€ a 170€, com café da manhã. AE, DC, MC, V.

★ **Schweigener Hof** SCHWEIGEN-RECHTENBACH Essa pousada familiar no lado leste da vila possui estilo contemporâneo, vista para vinhedos e uma abordagem diferenciada sobre o tema do bem-estar — "WellVINess" — que combina tratamentos de melhoria da saúde com degustações de vinho. A cozinha tradicional Franco-Alemã Alsaciana é servida no restaurante. Hauptstrasse 2. ☎ 06342/9250. www.schweigener-hof.com. 35 quartos. Diárias para duas pessoas de 55€ a 99€, com café da manhã. AE, MC, V.

★ **St. Martiner Castell** ST. MARTIN
Uma antiga casa nessa bela vila a oeste de Maikammer (e cerca de 9 km/5,5 milhas ao sul de Neustadt an der Weinstrasse) abriga esse elegante hotel. O restaurante serve pratos da cozinha alemã regional, apoiados por uma seleção de pratos franceses. Maikammerer Strasse 2. ☎ 06323/9510. www.hotelcastell.de. 26 quartos. Diárias para duas pessoas de 90€ a 98€, com café da manhã. MC, V.

Fazendo um Cruzeiro pelo Mosela

Várias opções de passeios a barco pelo rio Mosela estão disponíveis. Alguns são cruzeiros de alguns dias saindo de Koblenz, mas opções mais curtas estão disponíveis com embarque em Trier, rio abaixo até Bernkastel-Kues. Os passeios são operados pela empresa **Personenschifffahrt Gebrüder Kolb**, Georg-Schmitt-Platz 2 (☎ 0651/26666; www.kolb-mosel.com).

O Melhor da Renânia e do Ruhr ao Ar Livre

Grande parte da Renânia e do Ruhr é densamente povoada, urbana e industrial. Mas a região tem uma dúzia ou mais de parques naturais e um parque nacional único, que oferece aos habitantes locais e aos visitantes uma boa oportunidade para sair da multidão e desfrutar da Mãe Natureza. Esse pequeno itinerário vai do norte ao sul da região, incluindo as mais notáveis atrações naturais e terminando no parque nacional do distrito de Eifel.

> *Os parques da Renânia são maravilhas naturais com montanhas, córregos e lagos.*

PONTO DE PARTIDA **De Frankfurt, pegue a A45 sentido leste e norte para a interseção com a 38, onde você mudará para a B275, B457 e finalmente, B455 norte para Schotten.** **DURAÇÃO DA VIAGEM** **4 dias e 292 km (181 milhas).**

1 ★ **Naturpark Hoher Vogelsberg**. O Parque Nacional do Alto Vogelsberg protege 883 km² (341 milhas²) da paisagem vulcânica da Europa central, composto de colinas, florestas, pântanos e lagos. Os visitantes dessas montanhas seguem a inclinação do vulcão até a cratera do Vogelsberg (Montanha do Pássaro), 773 m (2536 pés) de altura, ativo há milhões de anos, quando a lava jorrava formando as camadas de basalto. As atividades recreativas incluem caminhar, andar a cavalo e pescar. O lince da Eurásia, que

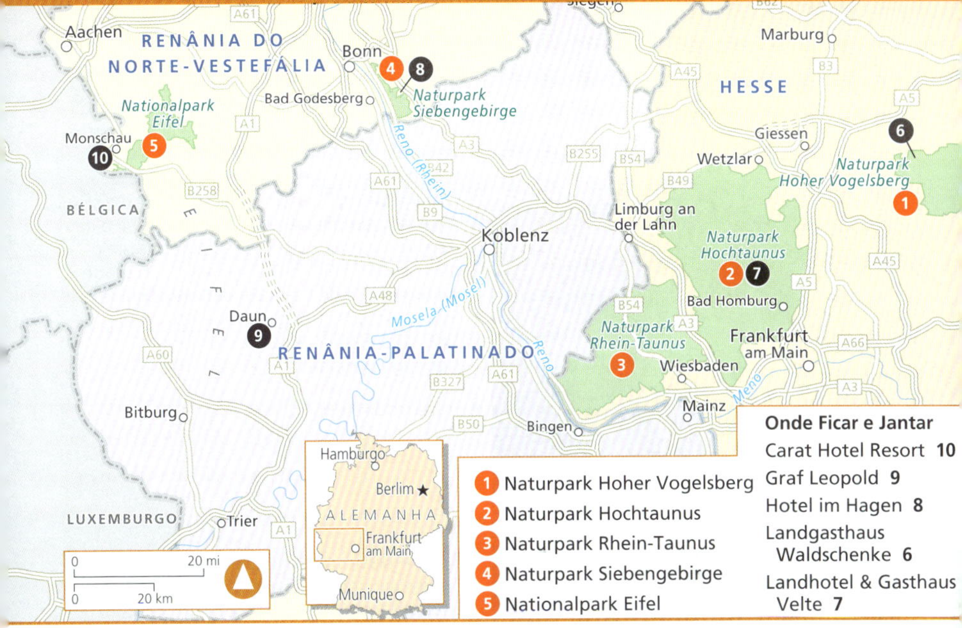

já teve sua extinção declarada, foi reintroduzido ao habitat. **Metade de um dia. Centro de visitantes: Informazionszentrum Hoherodskopf. ☎ 06044/966-9330. www.hoherdskopf.eu. Entrada gratuita. Maio a outubro, diariamente, das 10 h às 17 h; novembro a abril, de segunda à sexta, das 11 h às 17 h, sábado e domingo, das 10 h às 17 h.**

De Schotten pegue a B455 e B456, viajando para sudoeste, cerca de 74 km (46 milhas) para Anspach.

2 Naturpark Hochtaunus. Assim como se aplica a todas as montanhas alemãs ao norte dos Alpes, o nome "Alto" Taunus deve ser considerado com cuidado. No Parque Natural do Alto Taunus, a maior montanha é a Grosser Feldsberg — com 878 m (2881 pés), nada mau, e um pouco maior que a vizinha Vogelsberg. O parque cobre 1350 km² (521 milhas²) de morros, florestas e campos. A única atração da área é o ★★ **Römerkastell Saalburg** (☎ 06175/92740; www.saalburgmuseum.de; entrada 5€ para adultos, 3€ para a faixa etária de 6 a 18 anos, e grátis para menores de 5 anos; março a outubro, diariamente, das 9 h às 18 h, novembro a fevereiro, de terça a domingo, das 9 h às 16 h), uma reconstruída fortaleza romana do século II. Sediado nesse posto avançado do império ficava um grupo (um batalhão com cerca de 600 homens) auxiliar de infantaria e uma cavalaria. A reconstrução proporciona uma excelente visão da vida na fronteira militar da então Germânia de cerca de 2 mil anos atrás, e o museu do local tem algumas descobertas impressionantes. **Metade de um dia. Sede do parque: Brandholz 1, Neu-Anspach. ☎ 06081/442-130 www.naturpark-hochtaunus.de.**

Dica de Viagem

O ideal seria passar um dia inteiro em cada um desses cinco parques para que você tivesse tempo suficiente para uma caminhada. Esse itinerário possui uma abordagem menos ambiciosa, envolvendo mais dirigir do que caminhar, colocando o Naturpark Hoher Vogelsberg e o Naturpark Hochtaunus no primeiro dia, o Naturpark Rhein-Taunus e o Naturpark Siebengebirge no segundo e o Nationalpark Eifel no terceiro e quarto.

De Anspach siga a noroeste para chegar na B275, direção sudoeste, para Idstein (29 km/18 milhas).

3 Naturpark Rhein-Taunus. Uma forma alternativa de chegar aqui pelo Naturpark Hochtaunus (2) seria, simplesmente, rolar morro abaixo. A maior parte do Parque Natural do Reno-Taunus consiste de colinas,

> *Com suas elegantes torres, o Schloss Drachenburg , construído em 1884, é um castelo de contos de fadas que não perde para nenhum da Disneylândia.*

cobrindo 810 km² (313 milhas²) de uma paisagem panorâmica descendo até o Reno, são arborizadas e tornam razoavelmente fácil caminhar e andar de bicicleta. A bela Idstein, cidade-sede do parque, possui a **Residenzschloss** (1634), um palácio em estilo renascentista, e a **Hexenturm** (Torre das Bruxas), do século XV. ⏲ **Metade de um dia. Sede do parque: Weitenmühlweg 5, Idstein. ☎ 06126/4379. www.naturpark-rhein-taunus.de.**

De Idstein pegue a A3 para Königswinter (110 km/68 milhas).

4 ★ **Naturpark Siebengebirge**. Pisque muito e talvez você perca todo o Naturpark Siebengebirge (Parque Natural Sete Montanhas). Parte de um grupo de cerca de 50 vulcões extintos na margem leste do Reno, o local fica entre Ittenbach e Königswinter e cobre apenas 48 km² (19 milhas²). A montanha mais alta é o Grosser Ölberg, com 460 m (1509 pés). Quase acima de uma delas fica o Drachenfels (Rocha do Dragão, 321 m/1053 pés). Já o **Schloss Drachenburg** (Castelo Drachenburg), com seus pináculos, torreões e torres, data de 1884, e não deve ser confundido com as ruínas do castelo medieval em cima de Drachenfels. ⏲ **Metade de um dia. Sede do parque: Königswinterer Strasse 409, Margaretenhöhe, Ittenbach. ☎ 02223/909-494 www.naturpark-siebengebirge.de.**

A partir de Königswinter, siga norte na A59, contorne a extremidade sul de Colônia na A559 e então mude para a B56, e continuando no sentido sul para Düren, andando uma distância total de 87 km (54 milhas).

5 ★★ **Nationalpark Eifel**. Düren é um conveniente ponto de acesso para a região de Eifel. O Parque Nacional de Eifel protege 110 km² (42 milhas²) na zona central dessa região arborizada, que conta ainda com dois parques naturais: o **Naturpark Hohes Venn-Eifel** (um parque internacional, dividido com a Bélgica) e o **Naturpark Südeifel** (Eifel Sul). A paisagem varia de prados e cordilheiras cobertas de

Cordilheira do Desgosto

A 106ª Divisão de Infantaria do exército dos Estados Unidos se posicionou ao longo da arborizada cordilheira Schneifel (ou Schnee Eifel), na fronteira da Alemanha, no "tranquilo" setor de Ardenas, em dezembro de 1944. Cinco dias depois, a enorme ofensiva surpresa dos alemães em Ardenas, conhecida como Batalha de Bulge, eclodiu. Atacados por ambos os lados da cordilheira e isolados pela captura da ponte do rio Our pelos inimigos, os americanos tentaram quebrar a barreira e foram dizimados. Em 19 de dezembro, os sobreviventes de dois regimentos inteiros, junto com sua artilharia de suporte, corpo de engenheiros e outras tropas, se renderam. As perdas americanas entre mortos, feridos e prisioneiros, passaram de 7 mil. No livro *A Time for Trumpets: The Untold Story of the Battle of the Bulge* (1984) (sem tradução em português), o veterano de Ardenas Charles B. MacDonald descreve a luta pela cordilheira Schneifel como "a mais custosa derrota para as armas americanas durante a guerra na Europa".

montanhas a lagos e colinas, incluindo a Höhe Acht (747 m/2451 pés), mais alta de Eifel e próxima ao circuito de Fórmula 1 de Nürburgring, e a Schneifel (697 m/2287 pés), na fronteira com a Bélgica. Aproveitamos para apresentar, em ordem alfabética, uma grande lista de atividades nada exaustivas ao ar livre nesse paraíso para os fanáticos por ar puro, que inclui asa delta, balonismo, caça, caminhadas, canoagem, cavalgadas, ciclismo, escalada, esqui (tanto em declive quanto cross-country), pescaria, natação e navegação. A Eifel era um excelente lugar para se estar durante o Período Devoniano, há 380 milhões de anos. Antes de mais nada, era mais quente, e quase toda coberta pelo raso Mar de Coral de Eifel, que tinha barreiras genuínas de corais, era rico em plantas marinhas e vida animal. A camada devoniana hoje é solo fértil para os caçadores de fósseis. ⏲ **2 dias. Sede do parque: Urftseestrasse 34, Schleiden-Gemünd (33 km/21 milhas ao sul de Düren na B265). ☎ 02444/95100 www.nationalpark-eifel.de.**

Onde Ficar e Jantar

★★ **Carat Hotel Resort** MONSCHAU
A apenas alguns minutos de caminhada do coração da mais bela das cidadezinhas antigas de Eifel, o moderno Carat tem espaço para oferecer aos hóspedes um spa e restaurante de qualidade. **Laufenstrasse 82. ☎ 02472/860. www.carathotel.de. 100 quartos. Diárias para duas pessoas de 104€ a 154€, com café da manhã. AE, DC, MC, V.**

★★ **Graf Leopold** DAUN *FRANCÊS*
O Dauner Burg, formidável castelo na minúscula "capital" da Vulkaneifel, é um local romântico para a refinada cozinha franco-mediterrânea. **Romantik Schloss-Hotel Kurfürstliches Amtshaus, Burgfriedstrasse 28. ☎ 06592/9250. www.daunerburg.de. Pratos principais de 27€ a 30€. AE, MC, V. Almoço e jantar domingo, jantar de segunda a sábado.**

★ **Hotel im Hagen** MARGARETHENHÖHE
Esse pequeno hotel rural próximo a Königswinter, no coração das montanhas Siebengebirge, possui valores familiares, um charme em estilo bávaro e um bom restaurante, com comida de Hesse. **Ölbergringweg 45. ☎ 02223/92130. www.hotel-im-hagen.de. 20 quartos. Diárias para duas pessoas de 70€ a 98€, com café da manhã. AE, DC, MC, V.**

★★ **Landgasthaus Waldschenke** FREIENSEEN (LAUBACH) *CONTINENTAL* A cozinha sazonal desse restaurante campestre absorve influências alemãs, belgas e francesas. A vista do terraço do jardim é maravilhosa. **Tunnelstrasse 42. ☎ 06405/6110. Pratos principais de 14€ a 23€. AE, MC, V. Almoço de quinta a terça, jantar segunda e terça e quinta a sábado.**

★ **Landhotel & Gasthaus Velte** WESTERFELD
Os quartos nesse hotel campestre familiar, próximo a Neu Anspach, são equipados de forma moderna e inexpressiva, apesar de não carecerem de muito. Você janta em um rústico restaurante com cozinha tradicional de Hesse. **Usinger Strasse 38. ☎ 06081/917-900. www.landhotel-velte.de. 15 quartos. Diárias para duas pessoas de 88€ a 112€, com café da manhã. AE, MC, V.**

Vulcões de Eifel

O sul de Eifel é uma zona vulcânica, o Vulkaneifel, que geólogos julgam ainda estar ativa, apesar de a última erupção ter ocorrido há 11 mil anos, e a última erupção cataclísmica, 40 mil anos atrás. Existem na região cerca de 70 lagos em crateras circulares, chamados *Maarern*, junto com campos de lava e cinzas solidificadas. Uma mistura de nascentes vulcânicas fez da região sul de Eifel, hoje, uma zona de spas. Se você tem muito interesse pelo assunto a ponto de justificar uma viagem de uma hora (por uma paisagem que não é das mais belas), visite o **Eifel-Vulkanmuseum**, Leopoldstrasse 9 (☎ 06592/985-353; www.vulkaneifel.de), em Daun, 95 km (59 milhas) a sudeste do Nationalpark Eifel, para aprender mais sobre essa fascinante geologia.

A CONSTRUÇÃO DA BAUHAUS

Os Mestres Modernistas Alemães POR DONALD OLSON

FUNDADA EM WEIMAR EM 1919, a Escola Bauhaus de Arte e Arquitetura foi forçada a se mudar para Dessau em 1925 e, finalmente, para Berlim antes de ser fechada pelos nazistas em 1933 por ser "modernista demais". Mas em seus breves e assediados 14 anos de existência, a Bauhaus causou um profundo impacto na arquitetura e no design na Alemanha, e no mundo ocidental. A escola procurou varrer o opressivo historicismo da arquitetura europeia do século XIX e início do XX, e a decoração exagerada e cafona dos objetos de uso diário, trocando-os por exteriores não decorados e formas limpas que focavam na utilidade e funcionalidade dos prédios e das mobílias em seu interior. Tudo, de casas a fábricas e berços a bules, foi radicalmente reimaginado, e as criações que surgiram da Bauhaus se tornaram ícones do design moderno.

Professores e Artistas

A Bauhaus possuía uma equipe de artistas versáteis, sendo que muitos foram forçados a deixar a Alemanha e, mais tarde, tornaram-se internacionalmente famosos (veja também "Expresse-se: Os Grandes Expressionistas Alemães", pág. 628).

WALTER GROPIUS (1883–1969)
Arquiteto nascido em Berlim, Gropius fundou a Bauhaus e a acompanhou em seus primeiros anos em Weimar e Dessau. Forçado pelos nazistas a deixar a Alemanha, imigrou para os Estados Unidos, onde se tornou reitor da Graduação em Design de Harvard. Ele foi pioneiro em um sistema de paredes de telas que permitiam que as paredes externas em vidro continuassem sem interrupção. Ele projetou o prédio da **Escola Nova Bauhaus** em Dessau, finalizado em 1926.

MIES VAN DER ROHE (1886–1969)
Nascido em Aachen Mies, se tornou conhecido em 1927, quando projetou o Pavilhão Alemão para a Exposição Internacional em Barcelona, mostrado acima (e a famosa cadeira Barcelona, de cromo e couro), um prédio de telhado plano com paredes internas móveis de vidro e mármore. Ele foi diretor da escola Bauhaus de 1930 até seu fechamento pelos nazistas, em 1933. Em 1937, mudou-se para os Estados Unidos, onde trabalhou como

chefe do departamento de arquitetura do Instituto Armour de Tecnologia, em Chicago, e projetou uma série de arranha-céus, culminando no Edifício Seagram, em Nova York. Sua última obra foi a **Neue Nationalgalerie** (Nova Galeria Nacional), em Berlim (pág. 75, 6), construída em 1962.

ANNI ALBERS (1899–1994)
Apesar de ter se tornado a mais famosa artista têxtil do século XX, Albers começou a tecer apenas porque a machista Bauhaus barrava as mulheres para certas disciplinas. Em 1925, quando a

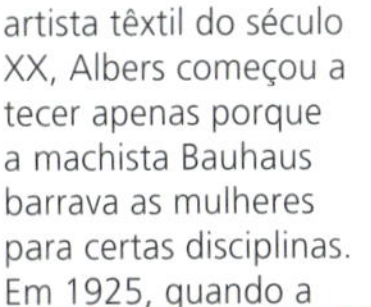

Bauhaus começou a mudança para Dessau, ela começou a desenvolver seus tecidos funcionais únicos com padrões xadrez minimalistas. Em 1933, ela e seu marido, Josef Albers, foram convidados a lecionar nos Estados Unidos, onde permaneceram pelo resto de suas vidas. As tecelagens de Anni Albers foram exibidas por todo o país e, em 1949, no Museu de Arte Moderna.

WASSILY KANDINSKY (1866–1944)
Pintor russo e teórico da arte, Kandinsky

levou o crédito pelas primeiras obras de arte modernas abstratas. Ele lecionou na Bauhaus de 1922 até que os nazistas a fecharam, em 1933, tempo durante o qual elementos geométricos e planos ricos em cores ganharam importância em sua pintura. Acima, estudantes em Weilheim reproduzem a *Weilheim-Marienplatz* (1909), de Kandinsky, na praça que leva o mesmo nome (2008).

Visitando os Locais da Bauhaus

▲DESSAU Lar do **Bauhausgebäude**, uma obra de arte da arquitetura moderna projetada por Walter Gropius, finalizada em 1926. Lá perto, na Ebertalle, ficam as "Casas dos Mestres", três casas modernistas geminadas que serviram como habitação e estúdio para os mestres (professores) da Bauhaus.

BERLIM **Bauhaus-Archiv/Museu do Design**. Concluído em 1979, esse edifício é uma das últimas obras de Walter Gropius. Veja pág. 87, 14.

WEIMAR O **Museu Bauhaus** (veja "Bauhaus em Weimar", pág. 191) exibe móveis, utensílios de cozinha, tecelagens e obras de arte originais Bauhaus dos anos da escola em Weimar. O primeiro edifício Bauhaus já construído (1923).

A História Industrial no Ruhr

Desde o tempo da industrialização, no século XIX, o Ruhrgebiet (Distrito do Ruhr), coração industrial da Alemanha com suas minas de carvão, usinas siderúrgicas e outras indústrias pesadas, tem estado entre os recursos econômicos mais valiosos do país. Em grande parte, o período das indústrias fumacentas agora pertence ao passado. Hoje, há uma quantidade surpreendente de verde no que já foi conhecido como "Região Negra" da Alemanha. Mas quando trata-se de arqueologia industrial, o Ruhr continua a reinar. Reserve um dia nesse passeio para Düsseldorf, outro para Duisburg e Essen, e mais uma jornada para Bochum e Dortmund.

> *Antiga mina de carvão, o Zeche Zollverein, em Essen, hoje abriga um museu de design e eventos culturais.*

PONTO DE PARTIDA Düsseldorf fica 42 km (26 milhas) ao norte de Colônia, na A57 e A46; e 228 km (142 milhas) a noroeste de Frankfurt na A66, A3 e A46. DURAÇÃO DA VIAGEM 3 dias e 100 km (62 milhas).

Guia Do Local Página 472

1 ★ **Düsseldorf**. Grande, comercial e hoje na moda, Düsseldorf (com população de 585 mil pessoas) foi fundada no século VIII como uma humilde vila de pescadores ao longo do Reno.

No segundo dia, viaje rumo ao norte na A52 e A3 para Duisburg (35 km/22 milhas).

2 **Duisburg**. Essa cidade industrial (de população de 495 mil pessoas) é o maior porto fluvial da Europa, e uma poderosa válvula para as artérias comerciais do continente. Isso torna uma visita ao **Museum der Deutschen Binnenschifffahrt** (Museu Alemão do Transporte Fluvial), Apostelstrasse 84 (☎ 0203/808-8940; http://www.duisburg.de/micro/binnenschifffahrt; entrada 3€ para adultos, 2€ para a faixa etária de 6 a 18 anos; terça a domingo, das 10 h às 17 h), na zona portuária, uma experiência válida para qualquer um interessado em navegação antiga e barcaças de rio e canal a vapor. E se você quiser passear por esse imenso porto, nãohá nada melhor que ir de barco. Os passeios pelo porto

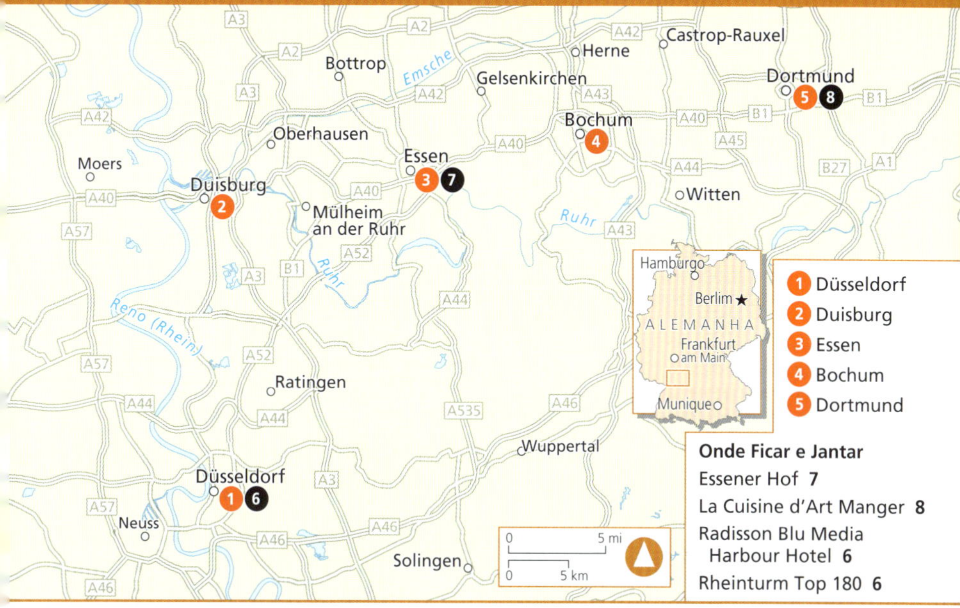

administrados pela **Weisse Flotte Duisburg** (☎ 0203/7139-667; www.wf-duisburg.de) saem da ponte Schwanentor. 🕒 **Metade de um dia. Informações turísticas: Königstrasse 86. ☎ 0203/285-440. www.duisburgnonstop.de.**

De Duisburg, pegue a A40 no rumo leste para Essen (25 km/16 milhas).

3 ★ **Essen**. Antigo centro da indústria pesada, Essen (com população de 580 mil pessoas) tem trabalhado bastante para se reinventar como centro cultural e comercial. Ainda assim, a cidade tem muito a oferecer para a arqueologia industrial: nada mais que a enorme ★ **Zeche Zollverein** (☎ 0201/830-360; www.zollverein.de; visitas guiadas 8€ para adultos, 5€ para a faixa etária de 6 a 18 anos; abril a outubro, diariamente, das 10 h às 19 h; novembro a março, sábado a quinta, das 9 h às 17 h; sexta, das 9 h às 19 h), uma antiga mina de carvão e coqueria a nordeste da cidade e considerada Patrimônio Mundial pela Unesco. Uma parte do complexo, o Eixo 12 (1932) foi construído em estilo Bauhaus e hoje abriga o **Red Dot Design Museum** (Museu de Design Red Dot) (☎ 0201/301-040; www.red-dot.de; entrada 5€ para adultos, 3€ para a faixa etária de 6 a 18 anos; terça a quinta, das 11 h às 18 h; sexta a domingo, das 11 h às 20 h). 🕒 **Metade de um dia. Informações turísticas: Touristikzentrale, Handelshof (centro comercial), Hauptbahnhof 2 (estação central de trem). ☎ 0201/887-2048. www.essen.de.**

Circulando por Düsseldorf

Düsseldorf possui o *U-Bahn* (metrô) e *S-Bahn* (trem de superfície), além do *Strassenbahn* (bonde) e linhas de ônibus, todos operados pela VRR (☎ 01803/504-034; www.vrr.de.)

No terceiro dia, pegue a A40, a leste, para Bochum (18 km/11 milhas).

4 **Bochum**. Se você estiver no espírito de ver mais arqueologia da indústria pesada, Bochum (com população de 380 mil pessoas) pode ajudar. Vá para o ★ **Deutsches Bergbau-Museum Bochum** (Museu Alemão de Mineração de Bochum), Am Bergbaumuseum

Passeios de Barco no Distrito de Ruhr

Entre Duisburg e Essen fica a cidade de Mülheim an der Ruhr, um centro de indústria leve. Sediados lá estão os barcos de turismo "Frota Branca" da **Weisse Flotte** (☎ 0208/960-9996; www.mhvg.de), que navegam pelos rios e canais da região do Ruhr. Os barcos saem da Wasserbahnhof (Estação de Água) na Alte Schleuse (Eclusa Antiga) no rio Ruhr. Há uma variedade de opções de cruzeiros para se escolher, custando entre 22€ e 70€ para adultos e cerca de 60% do preço para crianças.

28 (☎ 0234/58770; www.bergbaumuseum.de; entrada 6,50€ para adultos; 3€ para a faixa etária de 6 a 18 anos; terça a sexta, das 8 h 30 min às 17 h; sábado e domingo, das 10 h às 17 h), ao norte do centro da cidade. O local fica em um complexo de minas de carvão de 1860; você também pode visitar os subterrâneos da mina. Parte do minério extraído lá foi utilizado em motores a vapor como os que podem ser vistos no ★★ **Eisenbahnmuseum** (Museu das Ferrovias), Dr.-C.-Otto-Strasse 191 (☎ 0234/492-516; www.eisenbahnmuseum-bochum-de; entrada 6€ para adultos, 3€ para a faixa etária de 6 a 14 anos; março a meados de novembro, de terça a sexta e domingo, das 10 h às 17 h), em um antigo depósito a sudoeste do subúrbio de Dahlhausen, onde você pode andar nos trens puxados por uma locomotiva prussiana. ⏲ **Metade de um dia. Informações turísticas: Huestrasse 9. ☎ 01805/260-234 www.bochum-tourismus.de.**

Continue rumo a leste na A40, para Dortmund (22 km/14 milhas).

5 ★ **Dortmund.** A maior cidade do Ruhr (com população de 590 mil pessoas) apresenta uma face incrivelmente ecológica hoje, considerando sua herança como centro de mineração e indústria pesada. A cidade ainda é conhecida por sua cerveja, feita por fábricas como a Dortmunder Actien-Brauerei e apresentada no museu local da cervejaria, o **Brauerei-Museum-Dortmund**, Steigerstrasse 16 (☎ 0231/840-0200; entrada 2,50€ para adultos, 1,25€ para a faixa etária de 6 a 14 anos; terça, quarta, sexta e domingo, das 10 h às 17 h; quinta, das 10 h às 20 h, e sábado, das 12 h às 17 h). ⏲ **Metade de um dia. Informações turísticas: Königswall 18A. ☎ 0231/1899-9222. www.dortmund-tourismus.de.**

De Dortmund, você pode pegar a A40 e A52 sentido sudoeste, em um trajeto de 69 km (43 milhas) para Düsseldorf.

O Homem de Neandertal

Um passeio pelo agradável Neandertal (Vale de Neander), entre Düsseldorf e Wuppertal, o leva pelas pegadas de um povo desaparecido. Cerca de 40 mil anos atrás, nosso primo distante *Homo neanderthalensis*, ou Homem de Neandertal, sem dúvida acompanhado da Mulher de Neandertal, passou por aqui. Isso foi quase 10 mil anos antes de a espécie sumir da história, morrendo depois de uma corrida evolutiva que durou mais de 200 milênios. Em 1856, trabalhadores das pedreiras fizeram o que mais tarde foi reconhecido como a primeira descoberta de ossos de Neandertal em uma caverna do vale. Mas o Neandertal era uma valiosa fonte de calcário para a voraz indústria de aço do Ruhr, e a caverna foi dinamitada antes de seu valor ser entendido. Os cientistas alemães apontaram a antiga localização da caverna em 1999 e desenterraram mais ossos de Neandertais no local. O interativo ★ **Neanderthal Museum**, Talstrasse 300 (☎ 02104/979-715; www.neanderthal.de; entrada 9€ para adultos, 5,50€ para a faixa etária de 6 a 16 anos; terça a domingo, das 10 h às 18 h), na Erkrath, próxima a Mettmann, no vale, é uma excelente experiência tanto para adultos quanto para crianças.

Onde Ficar e Jantar

★★ **Essener Hof** ESSEN
Em frente à estação central de trem de Essen, esse hotel familiar, fundado em 1883, é fonte de tranquilidade e bom gosto, com um restaurante continental em estilo campestre. **Am Handelshof 5. ☎ 0201/24250. www.essener-hof.com. 127 quartos. Diárias para duas pessoas de 105€ a 185€, com café da manhã. AE, DC, MC, V. Bonde: 101, 105, 106 ou 107.**

★★ **La Cuisine d'Art Manger** DORTMUND *FRANCÊS/MEDITERRÂNEO* Em uma casa de um antigo clube de tênis no distrito de Gartenstadt, a leste do centro da cidade, esse lugar exala classe e qualidade, e possui um terraço com um jardim repleto de folhas. **Lübkestrasse 21. ☎ 0231/531-6197. www.artmanger.com. Pratos principais de 30€ a 38€. Não aceita cartões de crédito. Jantar de terça a sábado. *U-Bahn:* Lübkestrasse.**

★ **Radisson Blu Media Harbor Hotel** DÜSSELDORF No centro do ultramoderno distrito à beira do rio de MedienHafen, esse hotel em forma de V oferece luxo contemporâneo. Experimente a comida italiana no restaurante Amano. **Hammer Strasse 23. ☎ 800/333-3333 na América do Norte, ou 0211/3111910. www.radissonblu.com. 135 quartos. Diárias para duas pessoas de 169€ a 370€. AE, DC, MC, V. Bonde: 708.**

★ **Rheinturm Top 180** DÜSSELDORF *FRANCÊS* Girando suavemente no topo da Torre do Reno (172 m/564 pés), esse restaurante tem uma excelente vista e comida bem preparada — o menu inclui grelhados, pratos de caça e sopas. **Stromstrasse 20. ☎ 0211/863-2000. Pratos principais de 23€ a 31€. AE, DC, MC, V. Almoço e jantar diariamente. Bonde: 704, 709 ou 719.**

> Brauerei-Museum-Dortmund.

GUIA DO LOCAL

1 Düsseldorf

Comece na Altstadt (Cidade Antiga) para ver a Marktplatz (Praça do Mercado) e a A ★ **Rathaus** (Prefeitura) gótica do século XVI; como a maioria da Düsseldorf histórica, ela foi destruída na guerra, mas sua fachada foi cuidadosamente restaurada. Também na Altstadt ficam a B **St.-Lambertus Basilika** (Basília de São Lamberto) e a C **Schlossturm** (Torre do Castelo), ambas do século XIII. D ★ **Königsallee**, ou a "Kö", margeia um decorativo canal, que tem em um dos lados prédios de escritórios, e lojas, cafés e restaurantes do outro. A Kö é um importante destino europeu de compras, com nomes como Armani, Burberry, Chanel, Ferragamo, Louis Vuitton, Prada, Cartier e Tiffany enfeitando as vitrines. No final norte do canal fica o belo parque E **Hofgarten**, desenhado com trilhas e pontilhado por lagos que são lar para diversos cisnes negros e brancos.

Outrora degradado, mas hoje um moderno bairro à beira do rio, o F ★★ **MedienHafen** foi um próspero setor de armazéns no século XIX. Hoje é vitrine para a moderna arquitetura, especialmente para os prédios de Frank Gehry. O exemplo mais brilhante da obra de Gehry é o trio de arranha-céus "orgânicos" com linhas onduladas na Neuer Zollhof (Nova Casa da Alfândega). Para uma visão melhor, caminhe pela avenida ribeirinha Am Handelshafen, começando na Rheinturm (Torre do Reno) seguindo em direção à Franziusstrasse. Tenha certeza de ver, também, o Colorium, um colorido arranha-céu projetado para evocar a obra do pintor holandês Piet Mondrian, e a Roggendorf-Haus, nem tanto pelo prédio em si, mas pelas coloridas esculturas plásticas que o escalam. As figuras são chamadas de "Flossis" por suas mãos e pés com membranas (*Fosse* é a palavra em alemão para barbatana).

A coleção de pinturas do G ★ **Museum Kunstpalast** (Museu Palácio da Arte), Ehrenhof 4–5 (☎ 0211/899-0200 segunda a sexta, ou 0211/8992460, sábado e domingo; www.smkp.de; entrada 2,50€ para adultos, 1€ para a faixa etária de 6 a 18 anos; terça, quarta e sexta a domingo, das 11 h às 18 h, quinta, das 11 h às 21 h) tem obras de Rubens, Caspar David Friedrich, e das escolas Die Brücke e Blaue Reiter, além de esculturas, impressões e desenhos, bronze e cerâmica persa; tecelagens de fins da antiguidade até o presente; e uma coleção de design. Ele também inclui o Glasmuseum Hentrich, uma das maiores coleções de vidro da Europa, com peças que vão de embarcações do século I aos vasos Art Nouveau Tiffany e à obra moderna de Chihuly. Do outro lado do

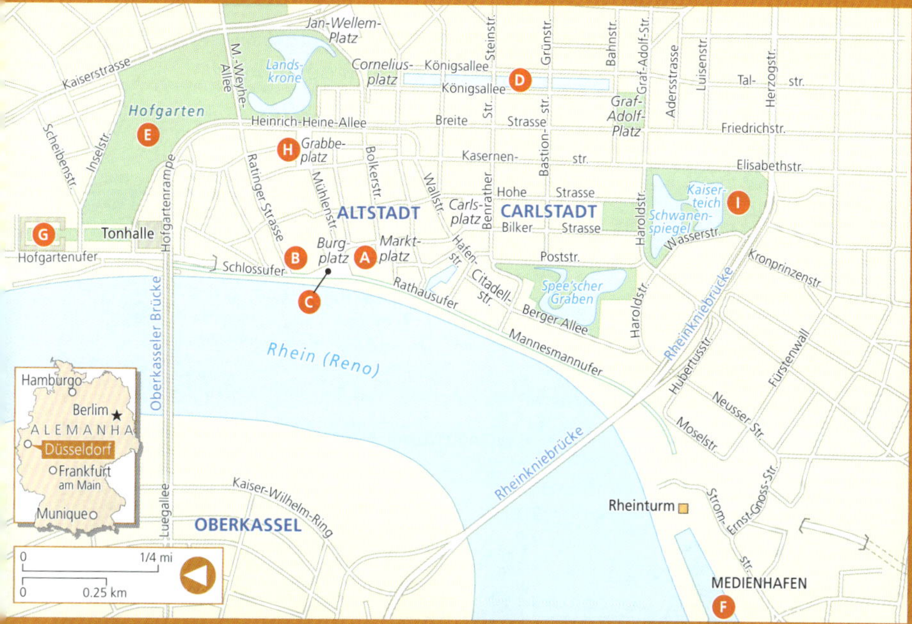

Hofgarten, o edifício em vidro negro do (H) ★ **K20** museu de arte moderna, Grabbeplatz 5 (☎ 0211/838-1130; www.kunstsammlung.de; entrada 6,50€ para adultos, 4,50€ para a faixa etária de 6 a 18 anos; terça a sexta, das 10 h às 18 h, sábado e domingo, das 11 h às 18 h) reabriu recentemente, depois de uma grande renovação, e contém 100 pinturas de Paul Klee, além de obras de Dalí, Picasso, Matisse, Bonnard, Léger, Johns e Pollock. Seu museu irmão (I) **K21**, o Ständehausstrasse 1 (☎ 0211/838-1600; www.kunstsammlung.de; entrada 6,50€ para adultos, 4,50€ para a faixa etária de 6 a 18 anos; terça a sexta, das 10 h às 18 h, sábado e domingo, das 11 h às 18 h), abriga arte internacional que data de 1980 ao presente, incluindo pinturas, fotografias e imagens móveis em filme e vídeo. Se você puder, passe uma noite em Düsseldorf para experimentar o "mais longo bar do mundo", o apelido dado pela cidade aos seus 260 bares, restaurantes e boates encontrados no raio de 1 km da Altstadt. O bairro é um destino extremamente popular para despedidas de solteiro/a (você irá se deparar, com certeza, com vários grupos deles se você estiver por ali em um fim de semana) mas mesmo durante os dias de semana, encontrará multidões pelas ruas de paralelepípedos pela madrugada. Se estiver procurando por um ambiente mais calmo, vá para um dos restaurantes ao ar livre ao longo da avenida na beira do rio. 🕒 **1 dia. Escritórios de informações turísticas estão localizados na Hauptbahnhof (estação central de trem; Immermannstrasse 65B; ☎ 0211/1720-2844) e na Altstadt (Cidade Antiga; esquina entre Marktstrasse e Rheinstrasse; ☎ 0211/1720-2840) www.duesseldorf-tourismus.de.**

Frankfurt

Já que vários voos internacionais chegam no aeroporto de Frankfurt, a agitada metrópole de Frankfurt am Main (e sua população de 650 mil pessoas) provavelmente lhe proporcionará sua primeira impressão da Alemanha. O local onde tribos francas se assentaram no século III, em volta de um *Furt* (forte) no rio Meno, é hoje o principal centro bancário e financeiro do país, lar do Bundesbank (Banco Central da Alemanha), do Banco Central Europeu e da Bolsa de Valores de Frankfurt. Apesar de não ter tantos monumentos ou museus como Berlim ou Munique, a cidade é um destino turístico de qualidade, com personalidade distinta. Você precisará de boa parte de dois dias para visitar as principais atrações de Frankfurt. Se quiser gastar apenas um dia na cidade, como fazem vários visitantes, dispensar algumas recomendações de museus pode ser útil.

> *Uma mistura de arquitetura moderna, casas em estilo enxaimel e parques paisagísticos, a movimentada Frankfurt é tão bela quanto próspera.*

PONTO DE PARTIDA Não há lugar melhor para começar do que no Römerberg, coração da Cidade Antiga, servido pela estação de *U-Bahn* Dom/Römer.

1 ★ **Altstadt (Cidade Antiga)**. A Altstadt de Frankfurt estava entre as maiores e mais históricas da Alemanha até que os bombardeios da Segunda Guerra Mundial a destruíram. É aqui que você encontrará o Römerberg, o Römer, o Kaiserdom e a Goethe-Haus (todos descritos nesse passeio). No lado norte da Altstadt fica a Hauptwache, uma praça nomeada segundo um posto de guarda barroco (1730) que fica ali. *U-Bahn:* Dom/Römer. *U-* ou *S-Bahn:* Hauptwache.

2 ★★★ **Römerberg**. O coração histórico da Altstadt é famoso por suas magníficas casas em estilo enxaimel. É concentrado em um trio de casas aristocráticas com frontão em degraus, conhecidas coletivamente como ★★ **Römer**.

> *As magníficas casas em estilo enxaimel dos séculos XIII e XIV do Römerberg oferecem um belo pano de fundo para a praça do mercado de Frankfurt.*

Elas foram construídas entre 1288 e 1305 e compradas pela cidade um século depois para serem usadas como Rathaus (Prefeitura), função que cumprem até hoje. O segundo andar é o **Kaisersaal** (Salão Imperial), decorado com retratos romantizados do século XIX de 52 imperadores, sendo que 13 celebraram seus

Circulando por Frankfurt

Frankfurt está conectada pelas rápidas e modernas linhas de *U-Bahn* (metrô), *S-Bahn* (trem de superfície), *Strassenbahn* (bondes) e ônibus, operadas pela VGF (☎ 069/16449; www.vgf-ffm.de). Bilhetes começam em 1,50€. Exceto para viagens de ônibus (em que você tem a opção de pagar diretamente ao motorista), tenha certeza de comprar seu bilhete antes de embarcar. Considere a opção de comprar um Cartão Frankfurt de algum dos escritórios de turismo (pág. 495). Isso lhe proporcionará viagens ilimitadas no transporte público para qualquer lugar dentro da área da grande Frankfurt, incluindo o traslado para o aeroporto, além de entradas pela metade do preço em museus da cidade. Custa 9€ para um dia e 13€ para dois dias, e crianças menores de 14 anos viajam de graça quando acompanhadas de um adulto.

Anne Frank em Frankfurt

Uma alternativa emocionante ao turismo convencional em Frankfurt é visitar alguns lugares associados a Anne Frank. Apesar de ela ser melhor conhecida pelo tempo que passou escondida em Amsterdam durante a Segunda Guerra Mundial, a Alemanha delimitou a curta vida da jovem escritora judia. Ela nasceu em Frankfurt em 1929 e morreu no **Campo de Concentração de Bergen-Belsen** (veja destaque na pág. 528) em 1945. Você pode ver as fachadas das casas onde Anne Frank viveu com sua família, primeiro na Marbachweg 307 (*U-Bahn:* Dornbusch) e depois na Ganghoferstrasse 24 (*U-Bahn:* Hügelstrasse), no norte de Frankfurt, antes que ela, seu pai, Otto, sua mãe, Edith e sua irmã mais velha, Margot, fossem forçados a fugir para Amsterdã em 1934. Além disso, existe ali perto um centro juvenil memorial, o **Jugendbegegungsstätte Anne Frank**, Hansallee 150 (☎ 069/560-0020; www.jbs-anne-frank-de; *U-Bahn:* Dornbusch), que contém a exposição biográfica interativa *Anne Frank: Ein Mädchen aus Deutschland (Anne Frank: Uma Garota da Alemanha).*

Frankfurt
A66
Miquelallee
MIQUEL-/ADICKESALLEE
GOETHE-UNIVERSITÄT FRANKFURT AM MAIN
Botanischer Garten
Grüneburgpark
Palmengarten
Holzhausenpark
HOLZHAUSENSTR.
GRÜNEBURGWEG
BOCKENHEIMER WARTE
WESTEND
UNIVERSITÄT
Beethovenplatz
Adornoplatz
Rothschildpark
ESCHENHEIMER TOR
Alte Oper
ALTE OPER
Opernplatz
HAUPTWACHE
TAUNUSANLAGE
Westendplatz
MESSE FRANKFURT
FESTHALLE/MESSE
Güterplatz
HAUPTBAHNHOF
Hauptbahnhof
WILLY-BRANDT-PLATZ
Veja o detalhe na página ao lado
Deutsches Filmmuseum
Deutsches Architekturmuseum
SCHWEIZER PLATZ
Holbeinsteg
Untermainbrücke
Friedensbrücke
Meno
GUTLEUT-VIERTEL
STRESEMANNALLEE
Frauenlobstr.
Am Leonhardsbrunn
Franz-Rücker-Allee
Sophienstr.
Falkstr.
Leipziger Str.
Zeppelinallee
Siesmayerstr.
Grüneburgweg
Feldbergstr.
Friedrichstr.
Wiesenau
Liebigstr.
Eppsteiner Str.
Kronberger Str.
Staufenstr.
Fürstenbergerstr.
Wolfsgangstr.
Hansaallee
Bremer Str.
Eschersheimer Landstr.
Eyssenerckstr.
Cronstettenstr.
Holzhausenstr.
Wolfsgangstr.
Lersnerstr.
Oeder Weg
Bau-str.
Gervinusstr.
Fichardstr.
Finkenhofstr.
Querstrasse
Böhmerstr.
Parkstr.
Telemannstr.
Reuterweg
Leerbachstr.
Gärtnerweg
Adalbertstr.
Gräfstr.
Mertonstr.
Robert-Mayer-Str.
Senckenberganlage
Hamburger Allee
Th.-Heuss-Allee
Bockenheimer Landstrasse
Schwindstr.
Schumannstr.
Beethovenstr.
Mendelssohnstr.
Arndtstr.
Lindenstr.
Brentanostr.
Feuerbachstr.
Kettenhofweg
Unterlindau
Oberlindau
Bockenheimer Anlage
Hochstr.
Börsenstr.
Stiftstr.
Gr. Eschenheimer Str.
Zeil
Gr. Bockenheimerstr.
Junghofstr.
Neue Mainzer Str.
Rossmarkt
Berliner
Kaiserstr.
Westendstr.
Savignystr.
Guiollettstr.
Ulmenstr.
Bettinastr.
Rheinstr.
Rüsterstr.
Niedenau
Friedrich-Ebert-Anlage
Erlenstr.
Mainzer Landstrasse
Niddastr.
Elbestr.
Moselstr.
Taunusstr.
Taunusanlage
Gallusanlage
Weserstr.
Brüsseler Str.
Den Haager Str.
Osloer Str.
Europa-Allee
Kölner Str.
Frankenallee
Mainzer Landstr.
Ludwigstr.
Ottostr.
Düsseldorfer Str.
Am Hauptbhf.
Kaiserstr.
Münchenerstr.
Untermainanlage
Poststr.
Hafentunnel
Baseler Str.
Gutleutstr.
Wilhelm-Leuschner-Str.
Untermainkai
Schaumainkai
Schweizer Str.
Dürerstr.
Städelstr.
Gartenstr.
Holbeinstr.
Steinlestr.
Rubensstr.
Kennedyallee
Passavantstr.
Schneckenhofstr.
Schwanthalerstr.
Oppenheimer Landstr.
Thorwaldsenstr.
Burnitzstr.
Gartenstr.
Vogelweidstr.
Stresemannallee
Mörfelder Landstr.
Hamburgo
Berlim
ALEMANHA
Frankfurt am Main
Munique
0 1/4 mi
0 0.25 km

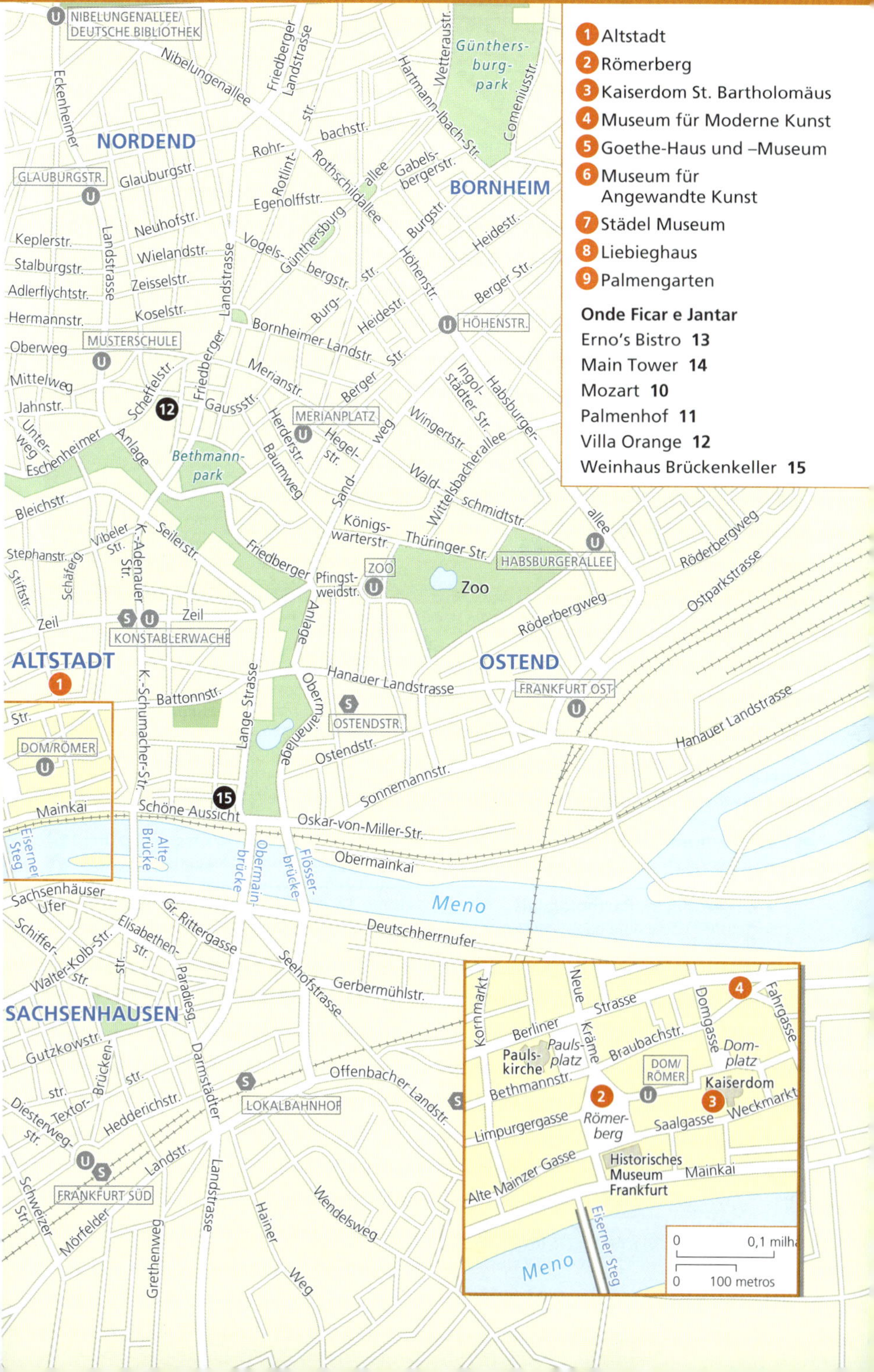

1 Altstadt
2 Römerberg
3 Kaiserdom St. Bartholomäus
4 Museum für Moderne Kunst
5 Goethe-Haus und –Museum
6 Museum für Angewandte Kunst
7 Städel Museum
8 Liebieghaus
9 Palmengarten

Onde Ficar e Jantar

Erno's Bistro **13**
Main Tower **14**
Mozart **10**
Palmenhof **11**
Villa Orange **12**
Weinhaus Brückenkeller **15**

> *Construída entre os séculos XIII e XV, a Kaiserdom St. Bartholomäus é a estrutura mais impressionante da Altstadt de Frankfurt.*

banquetes de coroação aqui. Você pode visitar o salão diariamente das 10 h às 13 h e das 14 h às 17 h, apenas em passeios de hora em hora (☎ 069/2123-4920; passeios 2€, disponíveis em inglês e alemão). A elaborada fachada do Römer, com sua varanda decorada e estátuas de quatro imperadores, se ergue sobre a ★★ **Römerplatz** e a **Justitia-Brunnen** (Fonte da Justiça). ⏱ 2 **horas. Römerplatz.** ***U-Bahn:*** **Dom/Römer.**

3 ★ **Kaiserdom St. Bartholomäus**. A característica dominante da Altstadt é a Kaiserdom St. Bartholomäus (Catedral Imperial de São Bartolomeu, séculos XIII a XV), na qual os governantes do Sacro Império Romano foram eleitos e coroados por mais de 400 anos. Perceba a altamente decorada Westturm (Torre Oeste) em arenito vermelho que tem no alto tanto uma cúpula quanto um farol. No santuário norte, procure pelo *Maria-Schlaf-Altar* (Altar da Dormição de Maria, 1438), retratando a moribunda mãe de Jesus e único altar remanescente do interior original da igreja. Entre outras coisas, o Dom-Museum exibe luxuosos robes usados pelos Eleitores imperiais nas coroações de 1400 em diante. ⏱ **1 hora. Domplatz. ☎ 069/297-0320. www.dom-frankfurt.de. Catedral: entrada gratuita. Diariamente, das 9 h às 12 h e das 14 h às 18 h. Dom-Museum: entrada 2€ para adultos, 1€ para a faixa etária de 5 a 16 anos. Terça a sexta, das 10 h às 17 h, sábado e domingo, das 11 h às 17 h.** ***U-Bahn:*** **Dom/ Römer.**

4 ★ **Museum für Moderne Kunst (Museu de Arte Moderna)**. No centro da Altstadt, esse museu abriu suas portas em 1991, em uma estrutura projetada como um barco. Desde a década de 50 importantes artistas têm suas obras exibidas lá, como Roy Lichtenstein (veja seu *Pincelada*), Andy Warhol e George Segal (procure por seu *Jazz Combo*). ⏱ **1 hora. Domstrasse 10. ☎ 069/2123-0447.www.mmk-frankfurt.**

Navegando pelo Meno

A maneira mais fácil de observar a linha do horizonte de Frankfurt é pelo rio Meno, a bordo de um cruzeiro operado pela **Primus-Linie**, Mankai 36 (☎ 069/133-8370; www.primus-linie.de). Os barcos partem da margem norte do Meno em Mankai, oferecendo um passeio de 50 minutos por 7,20€ ou de 100 minutos por 9,40€; crianças pagam 3,70€ em qualquer um dos passeios.

de. Entrada 8€ para adultos, 4€ para a faixa etária de 7 a 18 anos, gratuito no último sábado do mês. Terça e quinta a domingo, das 10 h às 18 h, quarta, das 10 h às 20 h. *U-Bahn:* Dom/Römer.

5 Goethe-Haus und-Museum. A casa onde nasceu o escritor e filósofo Johann Wolfgang von Goethe (1749–1832) é decorada com vários estilos do século XVIII: neoclássico, barroco e rococó. Você pode ver a biblioteca e um dos bens mais importantes da infância de Goethe: um teatro de fantoches. No segundo andar fica o relógio astronômico, construído por volta de 1749. A galeria de fotografias contém pinturas, principalmente de artistas de Frankfurt no período. Em um anexo, o museu possui uma biblioteca de volumes, manuscritos, artes gráficas e pinturas associadas a Goethe. ⌚ **1 hora. Grosser Hirschgraben 23–25. ☎ 069/138-800. www.goethehaus-frankfurt.de. Entrada 5€ para adultos, 1,50€ para a faixa etária de 7 a 18 anos. Segunda a sábado, das 10 h às 18 h, domingo, das 10 h às 17 h 30 min.** ***U-* ou *S-Bahn:*** **Hauptwache.**

Compras em Frankfurt

A melhor livraria da cidade com livros em inglês é a **British Bookshop**, Börsenstrasse 17 (☎ 069/280-492; www.british-bookshop.de). Para uma peça da marca de carros Mercedes, vá para a **Loja Mercedes-Benz** (na foto), Kaiserstrasse 19–21 (☎ 069/2648-8731; www.mein-mercedes-benz.de) onde tudo está disponível, de chaveiros a malas. A fina porcelana Höchst é um produto cobiçado desde 1746; compre algumas na ★ **Höchster Porzellan-Manufaktur**, Palleskestrasse 32 (☎ 069/3009-0240; www.hoechster-porzellan.de). O **Frankfurter Flohmarkt** (Mercado de Pulgas de Frankfurt), Schaumainkai, que acontece todos os sábados das 8 h às 14 h, às margens do rio Meno, no lado sul do bairro de Alt-Sachsenhausen, é conhecido por seus comerciantes de arte e antiguidades.

> *As obras de Andy Warhol e outros mestres recentes estão em exposição no amplo Museum für Moderne Kunst.*

6 ★ Museum für Angewandte Kunst. Mais de 30 mil objetos da Europa e da Ásia estão em exibição no Museum für Angewandte Kunst (Museu de Artes Aplicadas), localizado em uma mansão do século XIX e em uma estrutura Racionalista projetada por Richard Meier. Entre as coleções estão *Mainzer Meistermöbel* (móveis estilo rococó criados em Mainz), artigos de vidro veneziano, belas porcelanas, tapetes persas e faiança. ⌚ **1 hora. Schaumankai 17. ☎ 069/2123-4037. www.angewandtekunst-frankfurt.de. Entrada 8€ para adultos, 4€ para a faixa etária de 7 a 18 anos. Terça e quinta a domingo, das 10 h às 17 h, quarta das 10 h às 21 h.** ***U-Bahn:*** **Schweizer Platz.**

Vida Noturna em Frankfurt

Apesar do nome, a ★ **Alte Oper**, Opernplatz (☎ 069/13400; www.alteoper.de), grandiosa Opera Antiga de Frankfurt, não apresenta mais ópera, apenas música clássica. Em compensação, a **Oper Frankfurt**, Willy-Brandt-Platz (☎ 069/134-0400; www.oper-frankfurt.de), apresenta espetáculos de ópera e balé. Peças de teatro e musicais em inglês são apresentados no **English Theatre** (onde mais?), Gallusanlage 7 (☎ 069/2423-1620; www.english-theatre.org), próximo à Altstadt ocidental. Para um espetáculo fascinante e que é divertido para toda a família, assista ao show de variedades no ★ **Tigerpalast**, Heiligkreuzstrasse 16/20 (☎ 069/920-0220; www.tigerpalast.de).

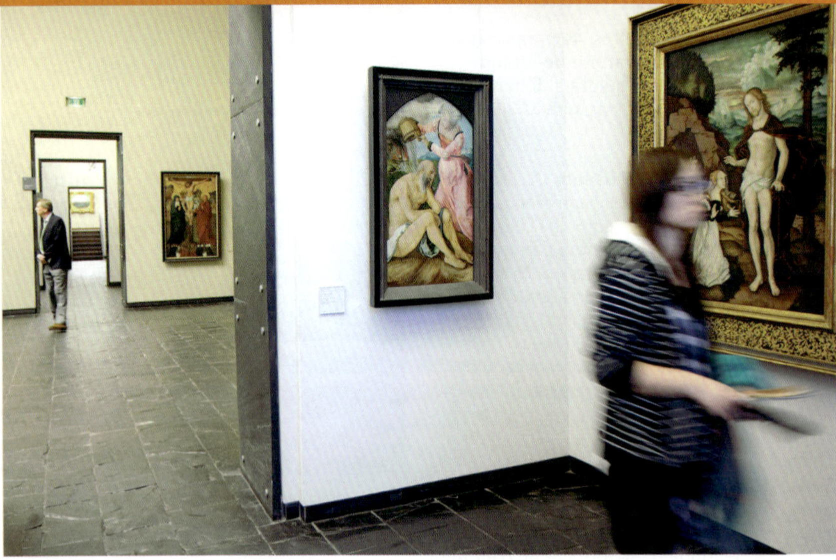

> *Você encontrará obras dos impressionistas franceses e mestres holandeses, entre outros, em exibição no Städel Museum de Frankfurt.*

7 ★★★ Städel Museum. A maioria das escolas de pintura europeias estão representadas nessa galeria de arte. No primeiro andar estão os impressionistas franceses como Renoir e Monet, e também pintores alemães dos séculos XIX e XX. Veja especialmente o *Standing Nude with Hat* (1910). Também no primeiro andar estão *Goethe na Campânia* (1878), de Johann Heinrich Wilhelm Tischbein e *A Embarcação para Citera* (1710), de Jean-Antoine Watteau. No segundo andar fica uma excelente coleção de Primitivos Flamengos, mestres alemães do século XVI, incluindo obras como a *Madonna* (1433), de Jan van Eyck, e *Vênus* (1532), de Lucas Cranach, o Velho. No departamento de arte moderna ficam as obras de Bacon, Dubuffet, Tàpies e Yves Klein, entre outros. **🕒 2 horas. Schaumainkai 63. ☎ 069/605-0980. www.staedelmuseum.de. Entrada 10€ para adultos, 8€ para adolescentes entre 12 e 16 anos, 18€ para famílias. Terça, sexta e domingo, das 10 h às 18 h, quarta e quinta, das 10 h às 21 h. *U-Bahn:* Schweizer Platz.**

8 ★ Liebiegahaus. Em uma mansão datada de 1896, a coleção de esculturas da cidade inclui objetos do Egito Antigo, da Grécia e Roma clássicas, além da Europa Medieval e Renascentista. Os destaques incluem um pequeno cavalo de bronze do século VIII a.C. e cópias romanas do *Torso* de Polykeitos, *Sátiro* de Praxiteles e *Atenas* de Myron. A seção medieval possui a *Virgem e Criança* criada em Trier no século II; o *Busto de Barbel von Ottenheim*, de autoria de Lucas van Leyden (1462); *Virgin and Child on a Crescent Moon*, de Tilman Riemenschneider; o altar da Assunção de Andrea della Robbia; e a *Black Venus with Mirror*, do século XVI. **🕒 2 horas. Schaumainkai 71. ☎ 069/650-0490. www.liebieghaus.de. Entrada 8€ para adultos, gratuito para crianças menores de 11 anos, 14€ para famílias. Terça, sexta e domingo, das 10 h às 18 h, quarta e quinta, das 10 h às 21 h. Bonde: 15 ou 16 para Otto-Hahn-Platz.**

9 Palmengarten. No Palmengarten, um parque com jardim botânico disposto em torno de uma estufa de 1869, você pode admirar um jardim perene, outro de rochas, e um rosário. O Tropicarium é um complexo para vegetação tropical; a Casa Subantártica exibe plantas do sul do Chile, Argentina e Nova Zelândia; e a estufa da entrada abriga plantas insectívoras e bromélias. Coleções de orquídeas, palmeiras, lírios d'água e muitas outras plantas estão à mostra. Existe ainda um pequeno lago, com barcos para aluguel durante o verão. **🕒 1 hora. Siesmayerstrasse 61. ☎ 069/2123-3939. www.palmengarten.frankfurt.de. Entrada 5€ para adultos, 2€ para a faixa etária de 5 a 15 anos, 9,50€ para famílias. Fevereiro a outubro, diariamente, das 9 h às 18 h, novembro a janeiro, diariamente, das 9 h às 16 h. *U-Bahn:* Westend.**

Onde Ficar e Jantar

> *Você pode comer e apreciar a vista 53 andares acima de Frankfurt no restaurante da Main Tower.*

★★★ **Erno's Bistro** WESTEND-SÜD *FRANCÊS*
Um lugarzinho chique no meio da cidade, apesar de ser pequeno e claustrofóbico. O Erno serve tanto a *moderne cuisine* quanto o que é conhecido como *cuisine formidable*, com um toque teatral. **Liebigstrasse 15. ☎ 069/721-997. www.ernobistro.de. Pratos principais de 42€ a 46€. AE, MC, V. Almoço e jantar de segunda a sexta. *U-Bahn:* Westend.**

★ **Main Tower.** INNENSTADT *CONTINENTAL*
No andar semicircular do 53° pavimento de um dos prédios mais altos de Frankfurt, esse restaurante extremamente moderno oferece boa cozinha, complementada por uma excelente vista. **Neue Mainzer Strasse 52–58. ☎ 069/3650-4777. www.maintower-restaurant.de. Pratos principais de 18€ a 30€. AE, MC, V. Jantar de terça a sábado. *S-Bahn:* Taunusanlage.**

★ **Mozart.** WESTEND-SÜD
Tudo dentro desse excelente hotelzinho — paredes, mobília e lençóis — é branco ou rosa. O salão de café da manhã poderia se passar por um do século XVIII. **Parkstrasse 17. ☎ 069/5050-0050. www.mozart-frankfurt.de. 35 quartos. Diárias para duas pessoas de 95€ a 185€, com café da manhã continental. AE, DC, MC, V. *U-Bahn:* Holzhausenstrasse.**

★ **Palmenhof** WESTEND-SÜD
Próximo ao Palmengarten, esse prédio Art Nouveau com cinco andares, de 1890, possui beleza arquitetônica e quartos bem cuidados, com móveis um pouco espalhafatosos e pé-direito alto. **Bockenheimer Landstrasse 89–91. ☎ 069/753-0060. www.palmenhof.com. 46 quartos. Diária para duas pessoas de 85€ a 240€. AE, DC, MC, V. *U-Bahn:* Westend.**

★★ **Villa Orange** NORDEND-OST
A renovação radical de um prédio de cem anos com muito caráter arquitetônico resultou em um aconchegante ninho para um hotel que é confortável, intimista, elegante e bem comportado. **Hebelstrasse 1. ☎ 069/405-840. www.villa-orange.de. 38 quartos. Diária para duas pessoas de90€ a 255€. AE, DC, MC, C. *U-Bahn:* Musterschule.**

★ **Weinhaus Brückenkeller** ALTSTADT *ALEMÃ*
Mesas à luz de velas, barris de madeira e um teto baixo e arqueado criam uma ambientação do Velho Mundo nesse restaurante com adega, que tem em seu cardápio uma comida leve e criativa. **Schützenstrasse 6. ☎ 069/298-0070. www.brueckenkeller.de. Pratos principais de 22€ a 32€. AE, DC, MC, V. Almoço e jantar diariamente. Bonde: 14.**

Colônia

Apesar de conhecida historicamente como centro religioso por suas catedrais, igrejas, santuários e relíquias de santos, Colônia (população de 1 milhão de pessoas) compartilha a paixão da Renânia por momentos de diversão. Essa abordagem de estilo de vida é melhor exemplificada pelos "dias loucos" durante o Carnaval anual, bem como pela presença de um número maior de bares e tavernas na cidade do que seria justificável pela quantidade de habitantes. Ainda assim, Colônia (Köln, em alemão) não nega seu lado cultural, mesmo que tenha de se contentar com menos destaques de nível mundial do que Berlim e Munique. Você pode, praticamente, visitar rapidamente todos os destaques da cidade em um dia: uma jornada extra, contudo, lhe dará tempo para se ambientar melhor naquela que é uma das mais vibrantes localidades da Alemanha.

> *A Hohenzollernbrücke conecta Colônia, por trilhos, com cidades europeias do outro lado do Reno, e é margeada em ambos os lados por estátuas da realeza Hohenzollern.*

PONTO DE PARTIDA **A Köln Hauptbahnhof, estação central de trem da cidade, fica bem no coração de Colônia.**

1 ★★★ Kölner Dom (Catedral de Colônia). A maior catedral gótica da Alemanha, com suas torres subindo a 157 m (515 pés) de altura, não poderia ser mais conveniente para os que chegam na cidade de trem — é só sair da Hauptbahnhof (estação central de trem) e você está lá. A construção começou em 1428, no que antes era um imponente cenário para supostos ossos e outras relíquias dos Magos (os Três Reis, ou Três Reis Magos, da história do nascimento de Cristo), trazidos para a cidade em 1164. As relíquias foram, mais tarde, colocadas dentro de um magnífico relicário, o ★★ **Dreikönigenschrein** (Santuário dos Três Reis Magos). Esse objeto, no formato de uma basílica de três naves, feito de ouro e prata e decorado com pedras preciosas e imagens de Cristo, dos Apóstolos e dos Profetas, permanece como o mais importante e valioso objeto da catedral e pode ser visto atrás do altar principal. Confira também uma capela lateral que contém um ★ **retábulo** (1451) que retrata os Reis Magos, que são patronos da cidade (suas três coroas aparecem no brasão). Outros locais importantes

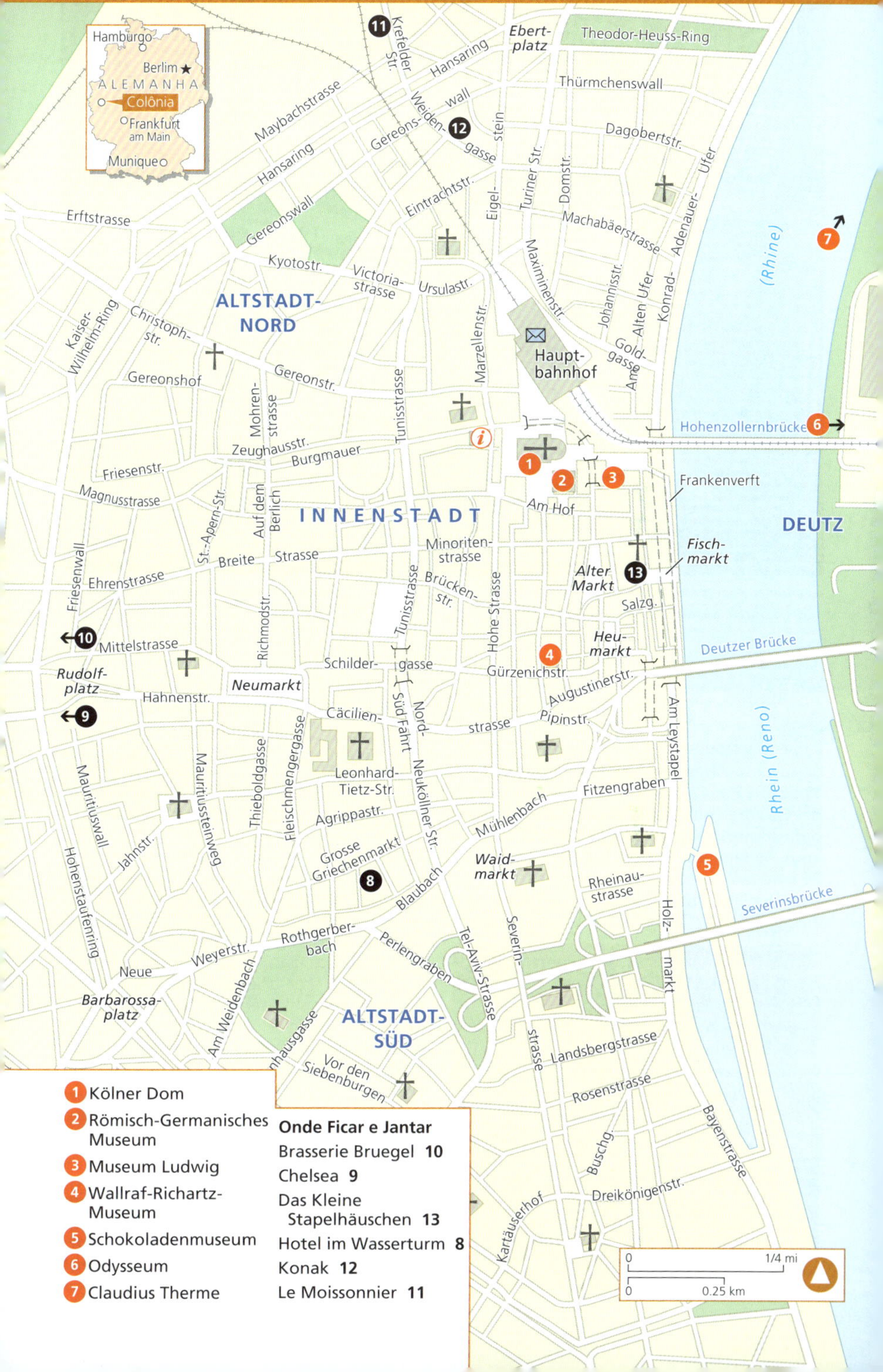
Hamburgo
Berlim
ALEMANHA
Colônia
Frankfurt am Main
Munique
ALTSTADT-NORD
INNENSTADT
ALTSTADT-SÜD
DEUTZ
Hauptbahnhof
Ebertplatz
Theodor-Heuss-Ring
Thürmchenswall
Dagobertstr.
Hansaring
Maybachstrasse
Gereonswall
Erftstrasse
Kyotostr.
Victoriastrasse
Ursulastr.
Eintrachtstr.
Krefelder Str.
Weidengasse
Gereonswall
Eigelstein
Turiner Str.
Domstr.
Machabäerstrasse
Konrad-Adenauer-Ufer
Maximinenstr.
Johannisstr.
Alten Ufer
Am Goldgasse
Kaiser-Wilhelm-Ring
Christophstr.
Gereonshof
Gereonstr.
Mohrenstrasse
Tunisstrasse
Marzellenstr.
Zeughausstr.
Burgmauer
Friesenstr.
Magnusstrasse
St.-Apern-Str.
Auf dem Berlich
Am Hof
Minoritenstrasse
Breite Strasse
Ehrenstrasse
Friesenwall
Brückenstr.
Hohe Strasse
Alter Markt
Fischmarkt
Frankenverft
Salzg.
Heumarkt
Mittelstrasse
Rudolfplatz
Hahnenstr.
Neumarkt
Richmodstr.
Schildergasse
Gürzenichstr.
Augustinerstr.
Pipinstr.
Cäcilienstrasse
Süd Fahrt
Nord-Neukölner Str.
Am Leystapel
Hohenzollernbrücke
Deutzer Brücke
Severinsbrücke
(Rhine)
Rhein (Reno)
Mauritiuswall
Mauritiussteinweg
Thieboldgasse
Fleischmengergasse
Leonhard-Tietz-Str.
Agrippastr.
Jahnstr.
Hohenstaufenring
Grosse Griechenmarkt
Blaubach
Mühlenbach
Fitzengraben
Waidmarkt
Rheinaustrasse
Holzmarkt
Rothgerberbach
Perlengraben
Tel-Aviv-Strasse
Severinstrasse
Weyerstr.
Neue
Barbarossaplatz
Am Weidenbach
Vor den Siebenburgen
Landsbergstrasse
Rosenstrasse
Bayenstrasse
Buschg.
Dreikönigenstr.
Kartäuserhof
1 Kölner Dom
2 Römisch-Germanisches Museum
3 Museum Ludwig
4 Wallraf-Richartz-Museum
5 Schokoladenmuseum
6 Odysseum
7 Claudius Therme
Onde Ficar e Jantar
Brasserie Bruegel 10
Chelsea 9
Das Kleine Stapelhäuschen 13
Hotel im Wasserturm 8
Konak 12
Le Moissonnier 11
0 1/4 mi
0 0.25 km

> A Kölner Dom possui vitrais de diversos períodos; as Janelas Bávaras (detalhe na foto), ao longo do lado sul da igreja, foram doadas pelo rei Ludwig I (Luis I), da Baviera.

na catedral — um Patrimônio Mundial da UNESCO — incluem a ★ **Gero-Kreuz** (Cruz de Gero, cerca de 960), um crucifixo que decora o túmulo do Arcebispo Gero; o coro (1310), e um vitral (1507-1509). Uma série de visitas guiadas está disponível. 🕒 **1 hora. Domkloster. ☎ 0221/9258-4720. www.koelner-dom.de. Catedral: entrada gratuita; Torre: 2,50€ para adultos, 1€ para a faixa etária de 6 a 18 anos, 5€ famílias; Tesouro: 4€ para adultos, 2€ para a faixa etária de 6 a 18 anos, 8€ para famílias; entrada combinada Torre/Tesouro: 5€ para adultos, 2,50€ para a faixa etária de 6 a 18 anos. Segunda a sexta, das 10 h às 18 h 30 min, sábado, das 10 h às 17 h, domingo, das 13 h às 17 h.** ***U-Bahn:*** **Dom/Hauptbahnhof;** ***S-Bahn:*** **Hauptbahnhof.**

Circulando por Colônia

Bilhetes para uma viagem nas excelentes conexões de ônibus, bonde, *U-Bahn* e *S-Bahn* de Colônia custam de 1,60€ a 9,80€. Um tíquete diário, o *Kölner Tageskarte*, permite que você ande em toda a rede de transporte público da cidade das 9 h às 3 h por 5,60€. O Köln WelcomeCard, disponível nos escritórios de informações turísticas (pág. 495), admite viagens ilimitadas nos transportes públicos e entrada reduzida para os museus da cidade e outras atrações. Dependendo da sua opção de transporte, para 24 horas o cartão custa 9€, 12€ ou 22€.

2 ★★ **Römisch-Germanisches Museum**. O nome de Colônia é cortesia dos antigos romanos, cujo imperador Cláudio a nomeou Colonia Claudia Ara Agrippinensium em homenagem à sua esposa (e sobrinha) Agripina. A cidade foi escolhida para ser a capital da província da Germânia Inferior. No Römisch-Germanisches Museum (Museu Romano–Germânico), logo atrás da Catedral, estão vários objetos do período romano de Colônia, que vai do século I a.C. ao século V d.C. O orgulho do lugar é o magnífico mosaico de Dionísio (século III), uma elaborada decoração no piso de uma casa romana que ficava nesse mesmo lugar. Ele representa o deus grego do vinho em uma variedade de lugares. O local tem ainda objetos de vidro, cerâmica, monumentos funerários, bustos esculpidos e muitas outras coisas da época romana. 🕒 **1 hora. Roncalliplatz 4. ☎ 0221/2212-4438. www.museenkoeln.de. Entrada 8€ para adultos, 5€ para a faixa etária de 6 a 18 anos. Terça a domingo, das 10 h às 17 h (até às 22 h na primeira quinta-feira do mês).** ***U-Bahn:*** **Dom/Hauptbahnhof;** ***S-Bahn:*** **Hauptbahnhof.**

> *Cabeça de Mulher, de Pablo Picasso, é uma das obras em exposição no Museu Ludwig de Colônia.*

3 ★ **Museu Ludwig.** Se você for um fã da arte moderna em geral, e em particular de Picasso, irá adorar essa galeria, que tem centenas de obras dele e outras de artistas como Marc Chagall, Salvador Dalí e Andy Warhol. 🕒 **1 hora. Heinrich-Böll-Platz. ☎ 0221/2212-6165. www.museum-ludwig.de. Entrada 9€ para adultos, 6€ para a faixa etária de 6 a 13 anos, 18€ para famílias. Terça a domingo, das 10 h às 18 h (até às 22 h na primeira quinta-feira do mês).** ***U-Bahn:*** **Dom/Hauptbahnhof.**

Passeios em Colônia

Três linhas de barcos em Colônia oferecem pequenos cruzeiros no Reno, aproveitando a beira do rio na cidade, e levam a lugares interessantes tanto rio acima quanto abaixo. Os preços começam em 6,80€ para adultos e 3,40€ para crianças entre 4 e 13 anos. Os barcos saem das docas na margem oeste (esquerda) do rio, e na parte central entre as pontes Hohenzollernbrücke e a Deutzer Brücke.

Uma excelente maneira de ter uma vista da cidade e de sua localização próxima ao Reno é andar no ★ **Kölner Seilbahn** (Teleférico de Colônia; ☎ 0221/547-4180; www.koelner-seilbahn.de) que parte de um local próximo ao Zoologischer Garten (Jardim Zoológico), ao norte do centro da cidade, e atravessa o rio até o Rheinpark (Parque do Reno), na margem leste.

4 ★★ **Wallraf-Richartz-Museum.** Uma seleção representativa de sete séculos da arte europeia está nos salões dessa elegante galeria de arte. O museu considera como sua principal obra *A Virgem no Caramanchão de Rosas* (datada de aproximadamente 1450), de Stefan Lochner. Essa brilhante obra encontra competição em uma série de antigos mestres holandeses, flamengos e italianos, impressionistas franceses, Vincent Van Gogh, James Ensor, entre outros. Procure por mais obras de Lochner e de outros artistas alemães, incluindo *Flauta e Tambor* (1504), de Albrecht Dürer. 🕒 **2 horas. Obenmarspforten. ☎ 0221/2212-1119. www.wallraf.museum. Entrada 5,80€ para adultos, 3,30€ para a faixa etária de 5 a 16 anos. Terça a sexta, das 10 h às 18 h (quinta-feira até às 22 h), sábado e domingo, das 11 h às 18 h.** ***U-Bahn:*** **Heumarkt.**

Vida Noturna em Colônia

Lar de duas orquestras, a Gürzenich-Orchester e a WDR Sinfonieorchester, a **Kölner Philharmonie**, Bischofsgartenstrasse 1 (☎ 0221/204-080; www.koelner-philharmonie.de) é uma exposição arquitetônica da década de 80, com telhado ascendente e acústica invejável. Principal casa de ópera da Renânia, a **Oper Köln**, Offenbachplatz (☎ 0221/2212-8400; www.operkoeln.com), é conhecida pelo seu repertório inovador tanto de obras clássicas quanto contemporâneas. Também há programas de dança.

Apresentações de Jazz também acontecem diariamente na **Jazzlokal Em Streckstrump**, Buttermarkt 37 (☎ 0221/257-7931; www.papajoes.de). Várias vezes na semana, a **Underground**, Vogelsanger Strasse 200 (☎ 0221/542-326; www.underground-cologne.de) recebe bandas de rock alternativo. Já a **Luxor,** Luxemburger Strasse 40 (☎ 0221/924-460; www.luxor-koeln.de), tem como atração a música ao vivo na maioria das noites, geralmente de bandas inexperientes que parecem ter algum futuro.

Uma das opções noturnas mais intensas e surreais da cidade é o ★ **E-Werk**, Schanzenstrasse 28 (☎ 0221/96790; www.e-werk-cologne.com), uma combinação de boate e um grande salão de shows. Fica localizado em uma antiga usina elétrica. Músicas tocadas se alternam com performances ao vivo.

> *A Virgem no Caramanchão de Rosas, de Stefan Lochner, uma das peças mais valorizadas do Wallraf-Richartz-Museum.*

5 crianças **Schokoladenmuseum (Museu do Chocolate)**. O chocolate vem fazendo sua mágica psicoativa nos humanos há pelo menos 3 mil anos, e o Schokoladenmuseum, às margens do Reno, tem as respostas para os "comos, porques e portantos". Uma linha de produção mostra como tudo acontece, e você pode experimentar o produto final. 🕒 1 hora. Am Schokoladenmuseum 1A. ☎ 0221/931-8880. www.shokoladenmuseum.de. Entrada 7,50€ para adultos, 5€ para a faixa etária de 6 a 16 anos, 21€ para famílias. Terça a sexta, das 10 h às 18 h, sábado e domingo, das 11 h às 19 h. *U-Bahn:* Severinsbrücke.

6 crianças **Odysseum**. O centro de ciências Odysseum é sim uma "experiência educacional", mas uma divertida! Todas as diversões das antigas favoritas estão lá — e você não fica

As Tradicionais Tavernas de Cerveja de Colônia

Peça uma cerveja em Colônia e tenha certeza de que você receberá uma *Kölsch* (foto acima). A palavra dá nome tanto para a cerveja local — e, segundo os nativos de Colônia, a *única* cerveja — como para o dialeto da cidade. Há uma brincadeira que diz que o *Kölsch* é o único idioma que você pode beber. Nas cervejarias tradicionais, essa cerveja leve de alta fermentação será servida por um garçom de blusa azul, invariavelmente irônico e conhecido como *Köbe*, um nome que remete aos peregrinos medievais no Jakobusweg, ou rota de peregrinação para Santiago de Compostela, na Espanha. Essas são algumas das tavernas mais tradicionais da Altstadt (Cidade Antiga) de Colônia, onde você pode experimentar a cerveja local (e comer um prato quente):

- **Alt-Köln am Dom**, Trankgasse 7-9 (☎ 0221/137-471).
- **Ausschank der Paffen Brauerei Max Päffgen**, Heumarkt 62 (☎ 0221/257-7765; www.max-paeffgen.de).
- **Brauhaus Sion**, Unter Taschenmacher 5-7 (☎ 0221/257-8540; www.brauhaus-sion.de).
- **Früh am Dom**, Am Hof 12-18 (☎ 0221/2613-2111; www.frueh.de).
- **Haus Töller**, Weyerstrasse 96 (☎ 0221/258-9316; www.haus-toeller.de).
- **Päffgen Brauhaus**, Friesenstrasse 64-66 (☎ 0221/135-461; www.paeffgenkoelsch.de).

mais velho que a formação do planeta e o curso de vida dos dinossauros. Esses tem o apoio de alguns novatos, como robôs e aventuras espaciais virtuais. Tudo é interativo. O idioma pode ser um obstáculo em algumas atrações, mas em outras o idioma é universal. 🕒 4 horas. Corintostrasse 1, Köln-Kalk. ☎ 0221/6909-8111. www.odysseum.de. Entrada 14€ para adultos, 9,50€ para adolescentes de 13 a 17 anos, 7,50€ para crianças entre 4 e 12 anos, 34,50€ famílias. Diariamente, em geral das 9 h às 18 h ou das 10 h às 17 h, mas o horário varia, portanto verifique antes de ir. *S-Bahn:* Köln Trimbornstrasse. Bonde: 1 ou 9.

7 Claudius Therme. Uma abordagem moderna aos banhos romanos, tão amados na época do imperador Cláudio, esse estabelecimento no Rheinpark tem diversas piscinas internas e externas, além de spa, sauna, massagem e outros serviços de bem-estar. 🕒 Pelo menos 2 horas. Sachsenbergstrasse 1. ☎ 0221/981-440. www.claudius-therme.de. Entrada de segunda a sexta, 2 horas por 14€, 4 horas por 20€; sábado, domingo e feriados, 2 horas por 16€, 4 horas por 22€. Diariamente, das 9 h à meia-noite. *S-Bahn:* Köln Messe/Deutz, e então, pegue o ônibus 150.

Onde Ficar e Jantar

> *Uma estrutura medieval que escapou da destruição da Segunda Guerra Mundial abriga a tradicional taverna de vinhos e restaurante Das Kleine Stapelhäuschen.*

★★ **Brasserie Bruegel** BELGISCHES VIERTEL *CONTINENTAL* Colônia tem sua cota de estilo belga nesse local de aparência sofisticada, que conta ainda com música ao vivo depois das 22 h. Hohenzollernring 17. ☎ 0221/252-579. www.bruegel.de. Pratos principais de 15€ a 25€. AE, MC, V. Almoço e jantar de segunda a sexta, jantar sábado e domingo. *U-Bahn:* Westend.

★ **Chelsea** BELGISCHES VIERTEL A arte original enfeita esse chique hotel-boutique, com elegantes quartos contemporâneos e enormes, com banheiros igualmente bem cuidados. O restaurante do local é um sofisticado ponto de encontro. Jülicherstrasse 1. ☎ 0221/207-150. www.hotel-chelsea.de. 35 quartos. Diárias para duas pessoas de 91€ a 164€. AE, DC, MC, V. *U-Bahn:* Rudolfplatz.

★★ **Das Kleine Stapelhäuschen** ALTSTADT-NORD Abrigado em um raro prédio medieval que sobreviveu à Segunda Guerra Mundial, esse prédio da Fishmarkt tem ambientação de época, além de um tradicional restaurante e taverna de vinhos. Fischmarkt 1–3. ☎ 0221/272-7777. http://www.koeln-altstadt.de/hotelsinkoeln/daskleinestapelhaeuschenkoelnaltstadt.html. 32 quartos. Diárias para duas pessoas de 64€ a 141€, com café da manhã. AE, MC, V. *U-Bahn:* Heumarkt.

★★★ **Hotel im Wasserturm** ALTSTADT-SÜD Uma torre de água circular do século XIX ousadamente reinventada e localizada a sudoeste do centro da cidade é hoje um hotel de luxo de 11 andares, com estilo engenhoso e decoração contemporânea. Kaygasse 2. ☎ 0221/20080. www.hotel-im-wasserturm.de. 88 quartos. Diárias para duas pessoas de 175€ a 385€. AE, DC, MC, V. *U-Bahn:* Poststrasse.

★ **Konak** NEUSTADT-NORD *TURCO* Esse modesto restaurante, famoso entre a população local e os visitantes turcos, foca em colocar os sabores da Anatólia no prato em vez de usar sua herança étnica nas roupas. Weidengasse 42/44. ☎ 0221/121-385. www.konak-koeln.de. Pratos principais de 7€ a 20€. AE, DC, MC, V. Jantar terça a domingo. *U-* ou *S-Bahn:* Hansaring.

★★ **Le Moissonnier** NEUSTADT-NORD *FRANCÊS* Um retrato do início do século XX, essa *brasserie* possui espelhos, frisos e piso em azulejos. Os itens do cardápio mudam de acordo com a inspiração do chef. Krefelder Strasse 25. ☎ 0221/729-479. www.lemoissonnier.de. Pratos principais de 30€ a 40€. V. Almoço e jantar terça a sábado. *U-* ou *S-Bahn:* Hansaring.

Speyer

Fundada por volta de 10 a.C. como um posto militar romano no Reno e mais tarde a menor cidade da Civitas Nemetum, Speyer saiu desse começo nada promissor para se tornar uma das mais importantes cidades medievais da Alemanha — um local de reis, imperadores, assembleias imperiais e poderosos bispos. É, principalmente, a sua importância medieval que faz valer a pena visitar Speyer (atualmente com 50 mil pessoas) nos dias de hoje.

> *O enorme e decorado Kaiserdom de Speyer possui duas grandes cúpulas e quatro torres, e abriga os túmulos de quatro imperadores.*

PONTO DE PARTIDA O ônibus 573 vai da estação de trem de Speyer para a Domplatz (para o Kaiserdom) em cerca de dez minutos. É um caminho de cerca de 1,6 km (1 milha) da estação de trem, seguindo rumo ao sul na Bahnhofstrasse e então, leste na Maximilianstrasse. Você pode facilmente caminhar para todas as atrações a partir daqui.

1 ★★★ Kaiserdom (Catedral Imperial). Consagrada em 1030 e dedicada à Virgem Maria e a Santo Estevão (e com o arcanjo Miguel, João Batista e São Bernardo de Clairvaux como patronos adicionais), a Kaiserdom de Speyer é o maior edifício romanesco da Alemanha. Quando você entrar na igreja medieval, ficará perdido por conta de tanto espaço; o comprimento total da nave e coro leste se abre, iluminados de cima pela silenciosa luz do dia. A catedral possui duas cúpulas e quatro torres, e contém os túmulos de quatro imperadores, três imperatrizes, quatro reis e de uma série de bispos alemães. **🕒 1 hora. Domplatz. ☎ 06232/1020. www.dom-speyer.de. Catedral: entrada gratuita; Cripta: 2€ para adultos, 1€ para a faixa etária de 6 a 16 anos. Abril a outubro, de segunda a sábado, das 9 h às 19 h, domingo, das 12 h às 17 h; novembro a março, de segunda a sábado, das 9 h às 17 h, domingo, das 12 h às 17 h.**

2 Domgarten. O enorme jardim da catedral chega até o Reno. Esses metros quadrados arborizados são palco, todo mês de setembro, de um festival ao ar livre de música, teatro e dança. **🕒 30 minutos. Entrada gratuita. Aberto 24 horas, 7 dias por semana.**

3 ★★ Historisches Museum der Pfalz. O prédio de 1908, que lembra um castelo e fica próximo à catedral é a casa do Historisches Museum der Pfalz (Museu Histórico do Palatinado) e fornece o espaço tão necessário ao catálogo de um milhão de objetos do museu. As exposições vão desde a era pré-histórica, embora os períodos romano e medieval sejam a

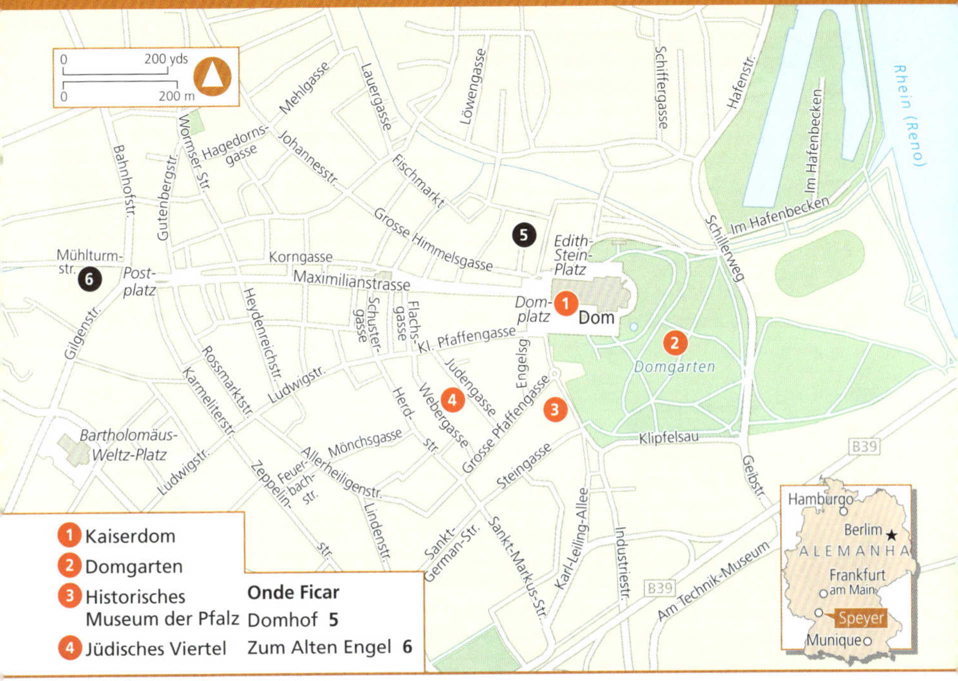

mostra mais importante. O Weinmuseum (Museu do Vinho) explica como os romanos produziam seus vinhos, além de exibir a mais antiga garrafa de vinho do mundo (cerca de 300 d.C.) — contendo um líquido com aparência não muito agradável. Objetos encontrados nos túmulos dos imperadores na catedral são exibidos no Domschatz (Tesouro). Entre as exposições mais famosas estão a incrivelmente simples coroa do Imperador Conrado II do Sacro Império Romano, de 1027, e uma página escrita em prata do *Codex Argentus* (infelizmente uma réplica, pois o original é muito frágil para ser exibido), do século V. 🕒 **2 horas. Domplatz. ☎ 06232/13250. www.museum.speyer.de. Entrada 4€ para adultos, 3€ para a faixa etária de 6 a 16 anos, 10€ para famílias. Terça a domingo, das 10 h às 18 h.**

4 Jüdisches Viertel (Bairro Judeu). Speyer foi um centro da cultura judaica. Ruínas do antigo bairro judeu podem ser vistas atrás do Museu Histórico do Palatinado. A parede leste da sinagoga é o *Judenbad* (*mikveh*, em hebraico), uma casa de banhos de purificação do século XII, a relíquia mais antiga e bem preservada do tipo no país. 🕒 **45 minutos. Judengasse. ☎ 06232/291-971. Entrada 2€ para adultos, 1€ para a faixa etária de 6 a 16 anos (para acesso tanto às ruínas quanto à casa de banho). Abril a outubro, diariamente, das 10 h às 17 h.**

Onde Ficar e Jantar

★★ **Domhof** ZENTRUM
Em frente à catedral, do outro lado da rua, esse hotel possui boa localização, uma ambientação do jardim aprimorada por plantas trepadeiras, e estilo do Velho Mundo. Veja a cervejaria e restaurante anexos ao local. **Bauhof 3. ☎ 06232/13290. www.domhof.de. 49 quartos. Diárias para duas pessoas de 83€ a 125€, com café da manhã. MC, V.**

★★ **Zum Alten Engel** ZENTRUM *RENÂNIA*
ara chegar nesse local acolhedor, você desce os degraus de uma antiga escada de alvenaria para uma adega em forma de arco de tijolos, com um século de existência, à luz trêmula de velas, e repleta de antiguidades. A saborosa cozinha regional inclui pratos como salsichas fritas, bolinhos de fígado, *sauerbraten* (carne agridoce) e bife apimentado. Para beber, escolha entre uma longa lista de vinhos, que inclui cerca de 180 opções. **Mühlturmstrasse 7. ☎ 06232/70914. www.zumaltenengel.de. Pratos principais de 11€ a 22€. MC, V. Abril a setembro jantar de segunda a sábado, outubro a março jantar diariamente.**

Trier

Apesar de estar escondida em um canto distante do país, a alegre e encantadora Trier (com população de 105 mil habitantes) ostenta uma invejável lista de conquistas e atrações. Historicamente, ela olha orgulhosa para o passado em sua época como cidade romana e, uma vez, capital imperial. Culturalmente, devido à proximidade com Luxemburgo e França, tem mais do que um sopro do estilo francófono. E no quesito comes e bebes, é o centro da viticultura do Mosela e mantém uma variedade de restaurantes regionais, nacionais e internacionais. Tente dedicar um dia inteiro para visitá-la.

> *O antigo monumento Porta Nigra foi, para os romanos que fundaram Trier, um portão extremamente armado.*

PONTO DE PARTIDA O Porta Nigra é o local ideal pra começar. O centro de informações turísticas fica aqui, e para os que viajam de trem, é uma caminhada de apenas 600 m (0,5 milha) pela Bahnhofstrasse e Christophstrasse saindo da Hauptbahnhof (estação central de trem). A maioria dos ônibus da cidade também para no portão.

1 ★★ Porta Nigra (Portão Negro). O Portão Negro (cerca de 200 d.C.) de arenito cinza e vários andares, era o portão fortificado norte das antigas muralhas de defesa da cidade romana. Trier foi fundada pelos romanos como Augusta Trevevororum nas terras conquistadas do Treveri em 30 a.C., fazendo dela a mais antiga cidade da Alemanha, e no século IV serviu como capital imperial do oeste durante a ascensão de Constantino, o Grande, ao poder supremo. Após a queda do império, a Porta Nigra foi salva para a posteridade ao ser transformada em uma igreja cristã; hoje, todas as reminiscências romanas da cidade são Patrimônio Mundial da UNESCO. Visitas ao portão são oferecidas por um guia vestido com armadura completa e insígnias de um centurião do exército romano. 🕒 **1 hora. Porta-Nigra-Platz. ☎ 0651/75424. Entrada 2,10€ para adultos, 1€ para a faixa etária de 6 a 18 anos, 5,10€ para famílias. Abril a setembro, diariamente, das 9 h às 18 h; março a outubro, diariamente, das 9 h às 17 h; novembro a fevereiro, diariamente, das 9 h às 16 h.**

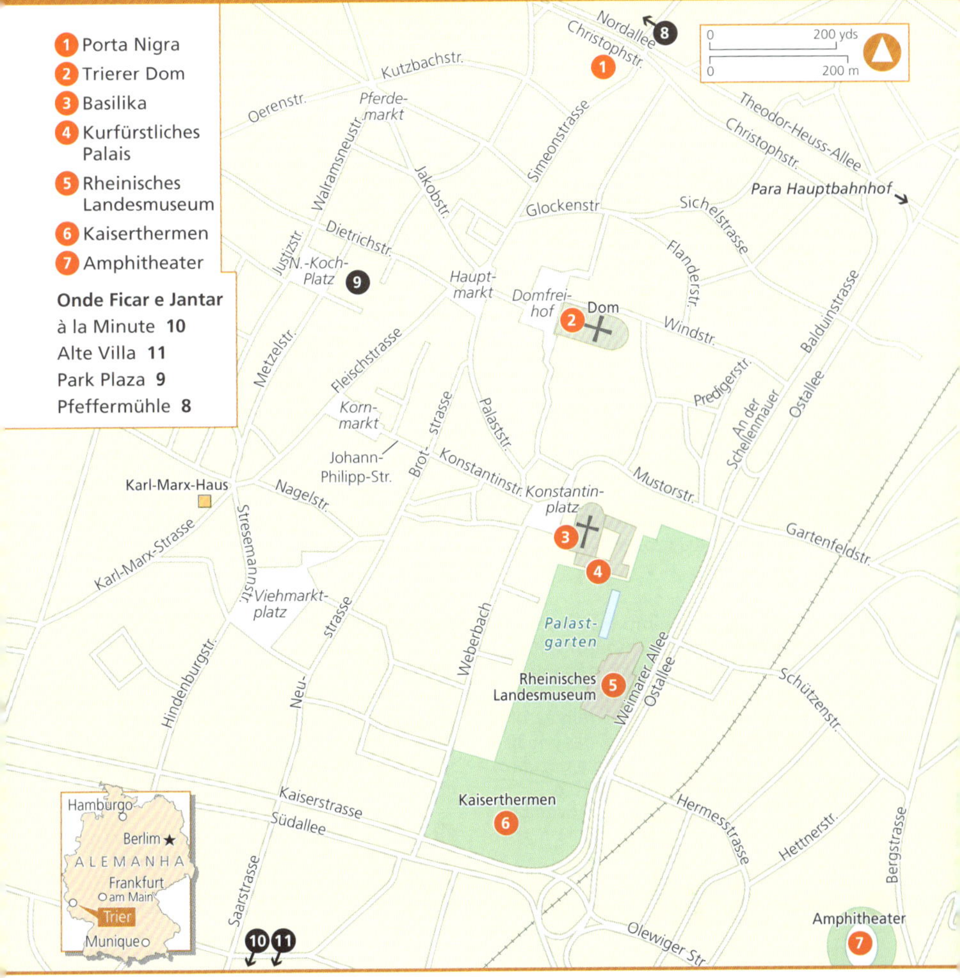

2 ★★ **Trierer Dom (Catedral).** A ampla catedral de Trier, dedicada a São Pedro, compartilha com sua cidade-mãe a distinção de ser a mais antiga da Alemanha. Ela se desenvolveu de uma igreja construída em cerca de 320 no local de uma residência aristocrática, possivelmente a casa da mãe de Constantino, a imperatriz Helena (Santa Helena). Nos 17 séculos seguintes, a catedral foi diversas vezes ampliada, reformulada e restaurada, apesar de sua maior parte ser em estilo romanesco e feita do mesmo arenito cinza local, como a Porta Nigra. O Domschatz (Tesouro) contém muitos objetos eclesiásticos historicamente importantes, entre eles o altar móvel de ouro e marfim, de Andreas-Tragaltar, do século X, em nome de Santo André. 🕒 1 hora. ☎

> *A antiga Trierer Dom tem sua origem em uma igreja construída no local em torno de 320.*

> *Kaisertherm, um magnífico labirinto de ruínas de termas romanas, foi construído pelo imperador Constantino no século IV.*

0651/979-0790. www.dominformation.de. Catedral: entrada gratuita; Tesouro: 1,50€ para adultos, 0,50€ para a faixa etária de 4 a 16 anos, 3,50€ para famílias. Catedral: abril a outubro, diariamente, das 6 h 30 min às 18 h; novembro a março, diariamente, das 6 h 30 min às 17 h 30 min. Tesouro: abril a outubro, de segunda a sábado, das 10 h às 17 h, domingo das 12 h 30 min às 17 h; novembro a março, de segunda a sábado, das 11 h às 16 h, domingo das 14 h às 16 h.

3 ★ **Basilika**. Constantino mandou construir sua enorme basílica como *aula palatina*, ou sala de audiências (sala do trono), do seu palácio em cerca de 310. Esse seria o segundo maior prédio com telhado a sobreviver desde o Império Romano, ultrapassado apenas pelo Panteão em Roma. Apesar de quase todo o palácio ter sido desmantelado, a basílica, assim como a Porta Nigra, escaparam desse destino ao serem transformadas em igrejas cristãs. ⌚ **30 minutos. ☎ 0651/72468. Entrada gratuita (exceto durante recitais de órgão e outros concertos). Abril a outubro, de segunda a sábado, das 10 h às 18 h, domingo das 12 h às 18 h; novembro a março, de terça a sábado, das 11 h às 12 h e das 15 h às 16 h, domingo das 12 h às 13 h.**

4 **Kurfürstliches Palais**. Próximo à basílica fica o Kurfürtsliches Palais (Palácio Eleitoral), do século XVII, construído nos estilos rococó e renascentista alemães como residência para os arcebispos Eleitores, governantes de Trier. Você não poderá visitar o interior do palácio porque o espaço é utilizado para escritórios governamentais, mas será possível passear pelo ★ **Palastgarten** anexo (Jardim do Palácio; entrada gratuita, aberto 24 horas, 7 dias por semana), cheio de lagos, flores e estátuas. ⌚ **30 minutos. Am Palastgarten.**

5 ★★ **Rheinisches Landesmuseum**. O Museu Estadual da Renânia é um dos mais impressionantes museus de antiguidades romanas ao norte dos Alpes. Várias obras de monumentos funerários retratam a vida diária nos tempos romanos. A exibição mais popular do museu é a *Neumagener Weinschiff* (Navio de Vinhos Neumagen), escultura do século III de uma embarcação de carregamento de vinho. Também estão expostos mosaicos e pinturas, cerâmicas, objetos de vidro, um caixão egípcio de 2700 anos de idade com um ocupante mumificado, uma ilustre coleção de moedas, arte pré-histórica e medieval e esculturas. ⌚ **1 hora. Weimarer Allee 1. ☎ 0651/97740. www.landesmuseum-trier.de. Entrada 6€ para adultos, 4€ para a faixa etária de 6 a 18 anos, 12€ para famílias. Terça a domingo, das 10 h às 17 h.**

6 **Kaiserthermen (Termas Imperiais)**. No extremo sul do Palastgarten ficam as ruínas das magníficas Kaiserthermen, construídas por Constantino no início do século IV. Elas estiveram entre os maiores complexos de banho

O Revolucionário da Porta ao Lado

O filho mais famoso de Trier não é Constantino, o Grande — que, de qualquer maneira, não era nativo da cidade — mas alguém que o imperador romano provavelmente não teria aprovado: Karl Marx (1818–1883). O pai do socialismo científico, que escreveu com satisfação sobre o "fantasma" do Comunismo que estava rondando a Europa, nasceu na **Karl-Marx-Haus**, Brückenstrasse 10 (☎ 0651/970-680; www.fes.de/marx; entrada 3€), uma sólida casa burguesa construída em 1727 que hoje é um museu. Ela possui exposições sobre a história pessoal de Marx, volumes de poesia, cartas originais e fotografias com dedicatórias pessoais. Há também uma coleção de edições raras de suas obras.

de todo o império, apesar de as evidências da rede de labirintos de estruturas de apoio sugerirem que nunca foram totalmente usadas. Além de ver o que restou na superfície, você pode visitar os subterrâneos na companhia de um guia, reencenando o papel de um agente secreto imperial. 🕒 1 hora. Palastgarten. ☎ 0651/44262. Entrada 2,10€ para adultos, 1€ para a faixa etária de 6 a 18 anos, 5,10€ para famílias. Abril a setembro, diariamente, das 9 h às 18 h; março e outubro, diariamente, das 9 h às 17 h; novembro a fevereiro, diariamente, das 9 h às 16 h.

7 **Amphitheater**. Além das termas e residências aristocráticas, uma cidade romana bem desenvolvida precisava de um anfiteatro, onde os gladiadores lutassem, animais brigassem, e cristãos fossem atirados aos leões, tudo para agradar a multidão. O de Trier data de 100 d.C. (é a estrutura romana local mais antiga), e suportava cerca de 20 mil espectadores. Você pode passear tanto pelo que restou do andar superior quanto do subterrâneo com um guia vestido de gladiador. 🕒 1 hora. Amphitheaterplatz. ☎ 0651/73010. Entrada 2,10€ para adultos, 1€ para a faixa etária de 6 a 18 anos, 5,10€ para famílias. Um tíquete combinado para o anfiteatro, termas e a Porta Nigra está disponível nos centros de informações turísticas. Abril a setembro, diariamente, das 9 h às 18 h; março e outubro, diariamente, das 9 h às 17 h, novembro a fevereiro, diariamente, das 9 h às 16 h.

Onde Ficar e Jantar

★★★ **à la Minute** TRIER-SÜD *MEDITERRÂNEO*
A antiga Südbahnhof (estação sul) de Trier foi transformada em uma arejada e espaçosa plataforma para um delicioso jantar. O cardápio é limitado em tamanho, mas não em ambição. Leoplatz 1. ☎ 0651/650-2285. www.a-la-minute-trier.de. Pratos principais de 13€ a 21€. AE, MC, V. Almoço e jantar de domingo a sexta, jantar aos sábados. Ônibus: 3, 9, 15 ou 83.

★★ **Alte Villa** TRIER-SÜD
Essa casa barroca de 1743 no sul da cidade foi transformada em uma pousada de bom gosto, com café da manhã servido no jardim em dias de clima quente. Saarstrasse 133. ☎ 0651/938-120. www.hotelaltevilla.de. 20 quartos. Diárias para duas pessoas de 85€ a 130€, com café da manhã. AE, MC, V. Ônibus 3, 9, 15 ou 83.

★ **Park Plaza** ZENTRUM
Surpresas desagradáveis estão fora de cogitação nesse elegante hotel de rede, a apenas alguns passos do centro da cidade. Os quartos são contemporâneos, porém muito mais em termos de conforto que de estilo. Nikolaus-Koch-Platz 1. ☎ 0651/99930. www.parkplaza-trier.de. 150 quartos. Diárias para duas pessoas de 115€ a 175€. AE, MC, V. Ônibus: 3, 4, 6, 7, 8, 11, 16, 40, 81, 82 ou 83.

★★ **Pfeffermühle** MOSEL *FRANCÊS*
O "Moinho da Pimenta" ocupa dois elegantes e comedidos salões de jantar em branco e rosa-claro de uma casa do século XIX com janelas viradas para o Mosela. No verão, você pode comer no terraço. Zurlaubener Ufer 76. ☎ 0651/26133. www.pfeffermuehle-trier.de. Pratos principais de 22€ a 28€. Jantar segunda, almoço e jantar de terça a sábado. Ônibus: 2, 6, 7, 12 ou 87.

Informações Úteis Sobre Frankfurt, a Renânia e o Ruhr

Serviços de Reserva de Hospedagem

Ligue para o **Serviço de Reservas de Hospedagem** (☎ 0870/243-0003) de qualquer lugar da Alemanha. Os pontos de informações turísticas das principais estações de trem e aeroportos podem ajudá-lo com reservas de última hora. Os escritórios de turismo também podem arranjar acomodações.

Caixas Eletrônicos

As principais cidades da região possuem caixas eletrônicos de diversos bancos.

Dentistas e Médicos

Se você tiver problemas médicos simples ou problemas dentários enquanto estiver viajando pela Alemanha, a maioria dos hotéis poderá lhe indicar um médico local (*Arzt*) ou dentista (*Zahnarzt*) que fale inglês. Você precisará apresentar prova de seguro de saúde permanente ou de viagem (um cartão EHIC no caso da maioria dos habitantes da Europa), ou pagar pelo tratamento. Para ferimentos leves que requerem tratamento rápido, vá ao departamento *Notaufnahme* (emergência) do *Krankenhaus* (hospital) mais próximo. Para uma condição médica grave, ligue para o número do médico/ambulância de emergência (veja abaixo em "Emergências"). Para contatar um dentista ou médico que fale inglês em Frankfurt, ligue para ☎ 069/19292.

Emergências

Para chamar a polícia (*Polizei*) ligue para ☎ **110**. Para avisar de um incêndio ou para chamar um médico de plantão (*Notarzt*) ou uma ambulância (*Krankenwagen*), ligue ☎ **112**.

Chegando Lá

Em termos de aeroporto, essa região é servida principalmente pelo **Frankfurt am Main** (FRA) no leste, e por vários terminais regionais, incluindo o **Saarbrücken** (SCN) no sul, **Cologne Bonn** (CGN), no centro, e **Düsseldorf** (DUS), no norte. Vários voos nacionais e internacionais estão disponíveis em todos esses aeroportos. Todas as cidades mais importantes são bem servidas por trens. Estradas internacionais entram na região a partir da Holanda, Bélgica, Luxemburgo e França para o oeste e sudoeste, e importantes estradas alemãs vem de Berlim, Hanôver, Dresden e Stuttgart. Os ônibus internacionais da **Eurolines** (www.eurolines.com) param em Aachen, Colônia, Dortmund, Duisburg, Düsseldorf, Essen e Frankfurt.

Circulando

Na maior parte da região você pode viajar rapidamente nas estradas da Autobahn (A) e *Bundestrasse* (B) — muitas dessas duas categorias, principalmente as estradas A, também têm uma designação Europeia (E). Usar a abrangente e eficiente rede ferroviária é, sem dúvida, a melhor maneira de se locomover por transporte público. A maior parte dos serviços de trem — e todos os trens InterCity, incluindo os velozes ICE (trens InterCity-Express) — são operados pela **Deutsche Bahn** (Ferrovias Alemãs. www.bahn.com). Alguns serviços locais e regionais são operados por companhias privadas de trem. O serviço regional de ônibus não é excelente, e pode ser lento. Colônia, Dortmund, Düsseldorf, Essen e Frankfurt possuem sistema integrado de transporte público de trens rápidos (*S-Bahn*) e metrô (*U-Bahn*), bondes, ônibus e trens.

Acesso à Internet

Vários hotéis possuem um ou mais computadores para uso dos hóspedes. Wi-Fi e/ou banda larga frequentemente estão disponíveis, seja gratuitamente ou por uma taxa por hora ou dia. A maioria das cidades de qualquer tamanho possui pelo menos um café com internet. Em Frankfurt existe o **CyberRyder**, na Töngesgasse 31 (☎ 069/9139-6754; www.cyberyder.de).

Farmácias

Em alemão, farmácia é *Apotheke*. Para cosméticos e artigos de higiene pessoal, vá a uma *Drogerie*. A maioria das farmácias funciona durante o horário comercial, mas possui detalhes sobre a farmácia 24 horas mais próxima.

Polícia

Para dar queixa de um item perdido ou roubado, como uma carteira ou passaporte, vá à polícia local (*Polizei*) onde estiver. Para ligar para a polícia de qualquer lugar na Alemanha, disque ☎ **110**.

Correios

Você reconhecerá as filiais do **Deutsche Post** (☎ 01802/3333; www.deutschepost.de) pela sua placa amarela com uma buzina preta. Alguns postos dos correios estão localizados no Centro das cidades a seguir: **Colônia:**

Trankgasse 11 (Altstadt-Nord); **Düsseldorf:** Heinrich-Heine-Allee 23 (Altstadt); **Frankfurt:** Hauptbahnhof (estação central de trem) e Zeil 90 (ambos na Innenstadt); **Trier:** Fleischstrasse 56–60 (Innenstadt). Os correios ficam abertos de segunda à sexta das 8 h às 18 h, e sábado das 8 h às 12 h.

Segurança

O risco de ser vítima de um crime nessa região não é grande, apesar de ser maior nas grandes cidades. Frankfurt é relativamente segura, mas é melhor ficar longe da área ao redor da Hauptbahnhof (estação central de trem) durante a noite.

Táxis

Em Colônia, ligue **TAXI RUF Köln** (☎ 0221/2882); em Frankfurt, **Taxi Frankfurt** (☎ 069/230-001); em Düsseldorf, **Taxi Düsseldorf** (☎ 0211/33333); e em Trier, **Taxi-Zentrale-Trier** (☎ 0651/12012).

Telefones

Ligue ☎ 11837 para informações e ☎ 11834 para informações internacionais. O código de área de Colônia é 0221; Frankfurt é 069; Düsseldorf é 0211; Saarbrücken é 0681; e Trier é 0651. Disque o código de área ao ligar para um número da cidade estando em outra; você não precisa discar esse código quando ligar da mesma cidade. Há telefones públicos em muitos locais — alguns aceitam moedas e outros cartões telefônicos, disponíveis em agências de correio e bancas de revistas.

Banheiros

Em alguns lugares você encontrará banheiros públicos limpos (*Toilette* em alemão; pronuncia-se tuá-lé-te), muitos deles são automáticos e acessíveis à cadeirantes; você precisará de uma moeda de 0,50€ para destrancar a porta. Mais convenientes e espalhados são os banheiros em cafés, bares, restaurantes, hotéis, shopping centers, em algumas lojas, paradas de autoestradas e áreas de descanso. Mesmo se você não for obrigado a pagar, é costume deixar 0,50€ para o atendente. Existem muitos banheiros públicos decentes no centro de Frankfurt, especialmente na Altstadt (Cidade Antiga).

Passeios

Os passeios do vinho são clássicos em uma área que possui seis das 13 regiões vinícolas oficialmente reconhecidas da Alemanha, com as do Reno e do Mosela (pág. 456), e através de Rheingau (pág. 452, 3) sendo as mais populares. Os rios Reno e Mosela são igualmente reconhecidos por seus passeios de barco, tanto os curtos quanto os de vários dias. Passeios de arqueologia industrial estão disponíveis em cidades como Dortmund (pág. 470, 5) e Essen (pág. 469, 3). A fronteira do Império Romano ao longo do Reno deixou para trás um grande número de lugares que valem a pena serem visitados — ruínas, sítios arqueológicos e museus. O período medieval tardio deixou na região uma série de castelos românticos e arruinados. O exército dos Estados Unidos lutou uma série de batalhas difíceis na região durante a Segunda Guerra Mundial. A briga pelo topo do Schneifel, que levou à Batalha de Bulge, foi uma derrota total; a Batalha da Floresta Huertgen poderia ser considerada uma vitória de Pirro, envolvendo pesadas baixas; a captura da ponte em Remagen e a travessia do Reno foram vitórias decisivas. Passeios militares dessas áreas estão disponíveis.

Informações aos Visitantes

Centros de informações ao turista estão em todos os lugares. Eles vão de escritórios em cidades grandes como Colônia, Düsseldorf e Frankfurt até as pequenas representações em algumas vilas. Além dos fornecidos com a listagem individual das cidades, outros escritórios turísticos-chave são: **AACHEN** Tourist Info Elisenbrunnen, Friedrich-Wilhelm-Platz; ☎ 0241/180-2960; www.aachen.de; da Páscoa a dezembro, de segunda à sexta, das 9 h às 18 h, sábado das 9 h às 15 h, domingo das 10 h às 14 h; janeiro até a Páscoa, segunda a sexta das 9 h às 18 h, sábado das 9 h às 14 h. **COLÔNIA** Service Center, Kardinal-Höffner-Platz 1; ☎ 0221/2213-0400; www.koelntourismus.de; segunda a sábado, das 9 h às 20 h, domingo, das 10 h às 17 h. **FRANKFURT** Existem duas filiais, uma na Hauptbahnhof (estação central de trem, entrada principal, ☎ 069/2123-8800; segunda a sexta das 8 h às 21 h, sábado e domingo, das 9 h às 18 h) e outra no Römerberg (Römerberg 27; ☎ 069/2123-8800; segunda à sexta, das 9 h 30 min às 17 h 30 min, sábado e domingo, das 9 h 30 min às 16 h). O site das duas é www.frankfurt-tourismus.de. **SPEYER** Maximilianstrasse 13; ☎ 06232/142-392; www.speyer.de; abril a outubro, de segunda a sexta, das 9 h às 17 h, sábado das 10 h às 15 h, domingo das 10 h às 14 h; novembro a março, segunda a sexta, das 9 h às 17 h, sábado das 10 h às 12 h. **TRIER** Porta Nigra, ☎ 0651/978-080; www.trier.de; janeiro e fevereiro, segunda a sábado, das 10 h às 17 h, domingo, das 10 h às 13 h; março, abril, novembro e dezembro, de segunda a sábado, das 9 h às 18 h, domingo, das 10 h às 15 h; maio a outubro, de segunda a sábado, das 9 h às 18 h, domingo, das 10 h às 17 h.

11

Sauerland, Niedersachsen e Bremen

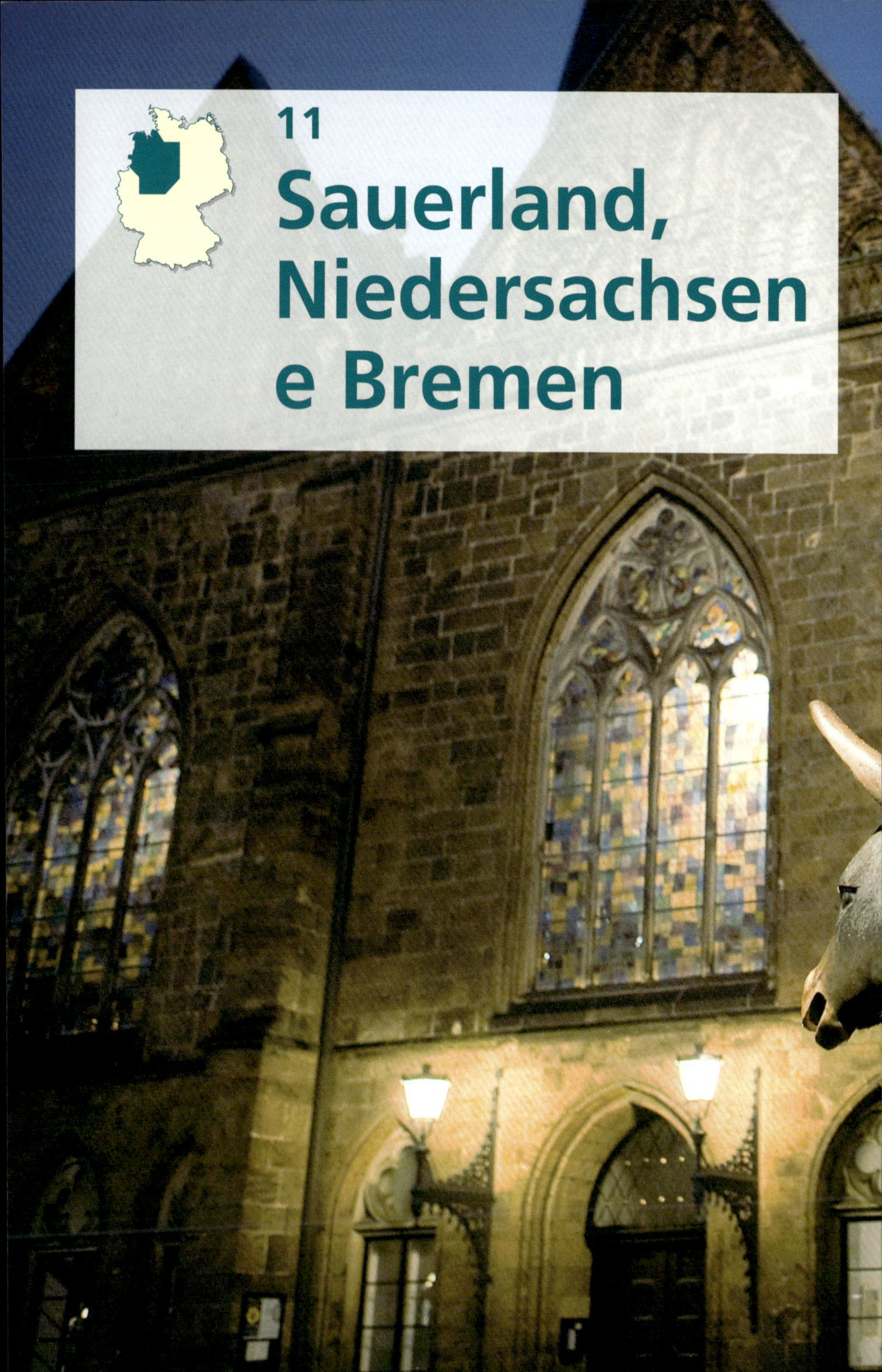

O Melhor de Sauerland, Niedersachsen e Bremen em 3 Dias

A região de Niedersachsen (Baixa Saxônia) fica entre o distrito industrial do Ruhr e o Mar do Norte. Em apenas três dias, não é possível fazer os passeios que o tiram dos caminhos mais conhecidos. Misturar cidades com diversas facetas e belas estradas ao longo do caminho é uma bela introdução a esse itinerário. No primeiro dia, visite Kassel e passeie pelo vale dos rios Fulda e Weser, até a emblemática Hameln. A segunda jornada o levará pelos arredores de Hameln antes de ir para Hanôver e seus jardins reais. Bremen, uma cidade portuária histórica, fica para o terceiro dia.

> *PÁGINA ANTERIOR Essa extravagante estátua retrata os personagens animais do conto de fadas "Os Músicos de Bremen", dos irmãos Grimm. NESTA PÁGINA O Bergpark Wilhelmshöhe, fora de Kassel, é um paraíso de parques, jardins e palácios.*

PONTO DE PARTIDA Kassel fica 144 km (89 milhas) ao leste de Dortmund na A44; e 145 km (90 milhas) ao norte de Frankfurt na A5 e A7. De Frankfurt para Kassel, de trem ICE (de alta velocidade), a viagem dura cerca de 1 h 45 min.
DURAÇÃO DA VIAGEM 531 km (330 milhas).

1 ★★ **Kassel**. Localizada 70 km (43 milhas) em linha reta do ponto geográfico central da Alemanha, Kassel é um bom ponto de partida para se chegar ao norte do país de carro. A reconstrução após a Segunda Guerra Mundial deixou pouco do valor histórico na cidade onde,

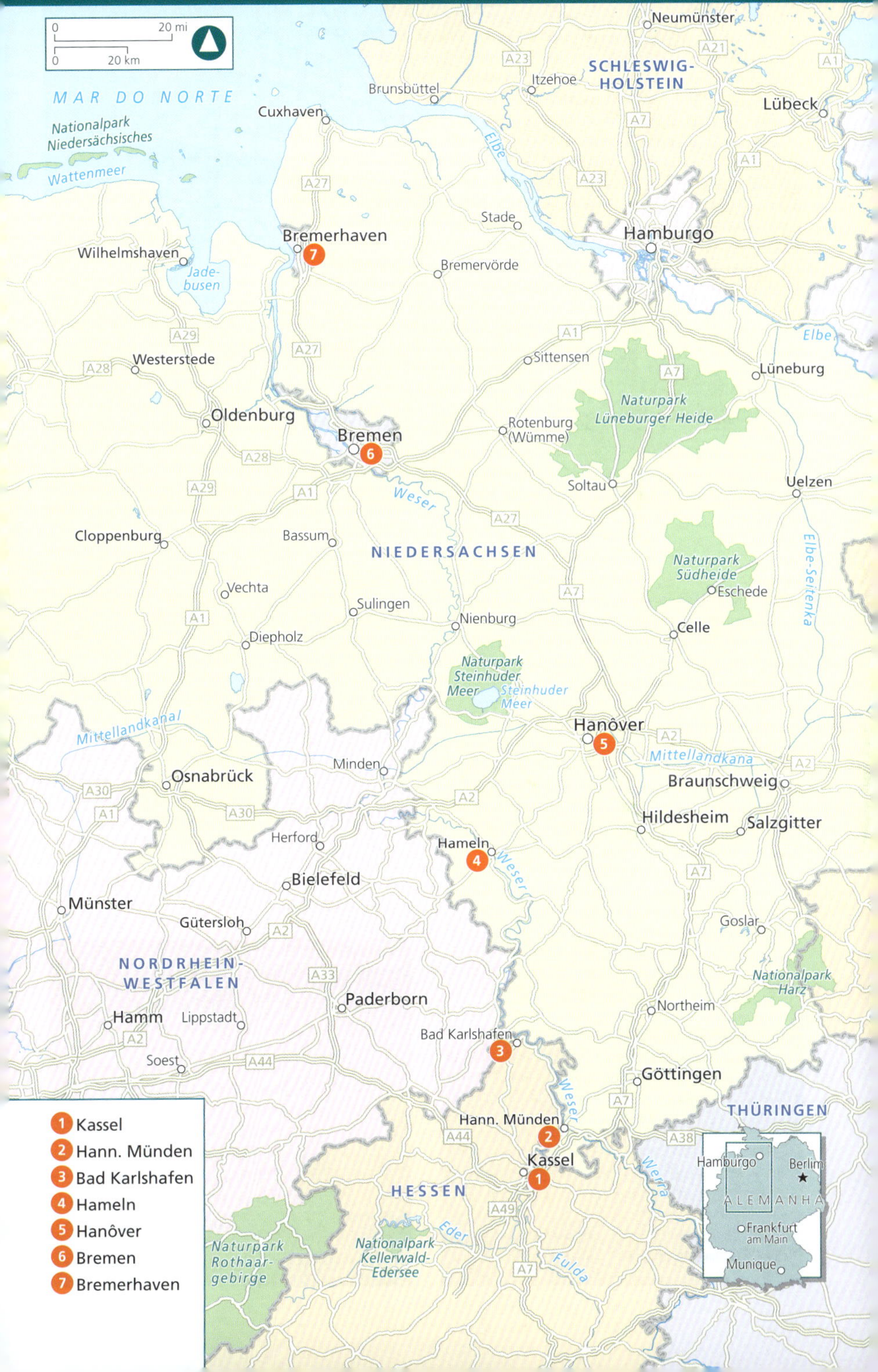

0 20 mi
0 20 km
MAR DO NORTE
Nationalpark Niedersächsisches Wattenmeer
SCHLESWIG-HOLSTEIN
NIEDERSACHSEN
NORDRHEIN-WESTFALEN
HESSEN
THÜRINGEN
Neumünster
Itzehoe
Brunsbüttel
Cuxhaven
Lübeck
Elbe
Stade
Hamburgo
Bremerhaven
Wilhelmshaven
Jade-busen
Bremervörde
Westerstede
Sittensen
Lüneburg
Naturpark Lüneburger Heide
Oldenburg
Rotenburg (Wümme)
Bremen
Soltau
Uelzen
Weser
Cloppenburg
Bassum
Naturpark Südheide
Eschede
Elbe-Seitenkanal
Vechta
Sulingen
Nienburg
Celle
Diepholz
Naturpark Steinhuder Meer
Steinhuder Meer
Mittellandkanal
Hanôver
Osnabrück
Minden
Braunschweig
Hildesheim
Salzgitter
Herford
Hameln
Bielefeld
Münster
Gütersloh
Goslar
Nationalpark Harz
Paderborn
Northeim
Hamm
Lippstadt
Bad Karlshafen
Soest
Göttingen
Hann. Münden
Kassel
Werra
Eder
Fulda
Naturpark Rothaar-gebirge
Nationalpark Kellerwald-Edersee
A1
A2
A7
A21
A23
A27
A28
A29
A30
A33
A38
A44
A49
Hamburgo
Berlim
ALEMANHA
Frankfurt am Main
Munique
1 Kassel
2 Hann. Münden
3 Bad Karlshafen
4 Hameln
5 Hanôver
6 Bremen
7 Bremerhaven

> *Essas são algumas das centenas das casas em estilo enxaimel que podem ser vistas na Altstadt (Cidade Antiga) da charmosa Hann Münden.*

no século XIX, os Irmãos Grimm se inspiraram e escreveram seus clássicos. Seu cenário paisagístico, ocupando o lado leste do rio Fulda, no extremo leste da Sauerland, aparece como principal característica. Há também a mostra de arte moderna dOCUMENTA, realizada de cinco em cinco anos — a última foi em 2012 (veja "Um Compromisso para a sua Agenda).

É possível chegar a diversas áreas verdes de carro a uma curta distância de Kassel, entre elas a ★★★ **Sauerland** (região montanhosa e arborizada no Renânia do Norte-Vestefália), a oeste, e a ★★ **Weserbergland** (região montanhosa irregular que margeia o rio ao norte de Hann. De Mündel para além de Hameln), ao norte. Você pode pegar informações sobre como explorar essas regiões no centro de informações turísticas local. Também ficam próximos, e valem a pena de ser visitados, caso haja tempo, os parques naturais **Habichtswald** e o **Meissner-Kaufunger Wald**. Outras opções fáceis de chegar mesmo de transporte público são os parques antigos que correm o risco de serem escolhidos como Patrimônio Mundial da Unesco. Ao longo da margem esquerda do Fulda fica a ★ **Staatspark Karlsaue,** um jardim barroco com uma impressionante Orangerie (de 1710) como foco e um pequeno lago, o Aueteich, no centro. Uma opção ainda melhor é o ★★ **Bergpark Wilhelmshöhe**, um deslumbrante conjunto de parques, jardins, palácios e monumentos em uma colina 6 km (3,75 milhas) a oeste de Kassel. A construção do parque começou em 1696,

Viajando de Trem

Se você está viajando de trem, Kassel não é um bom ponto de partida como para aqueles que viajam de carro. Os passageiros de trem devem considerar ter como base Hanôver para duas ou três noites por sua localização no centro do país, e de lá visitar tanto a própria cidade como Hameln (a 45 minutos de distância), para depois ir a Bremen (1 hora) no terceiro dia de passeio — ou ficar mais uma noite em Hanôver e visitar Bremen saindo de lá.

Um Compromisso para a sua Agenda

A mostra de arte moderna dOCUMENTA de Kassel (www.documenta.de) é uma das mais esperadas da Europa. Já que só acontece uma vez a cada cinco anos, a espera é muito aguardada. O evento começou em 1955, como forma de mostrar as obras de arte que os nazistas consideravam "degeneradas". Hoje em dia, a maior parte da arte exibida na dOCUMENTA é criada especialmente para a mostra. Em 2007, a exposição atraiu mais de 750 mil visitantes para Kassel durante os três meses de duração; a mais recente dOCUMENTA aconteceu de 9 de junho a 16 de setembro de 2012.

> *O monumento Herkules, de 179 m, no Bergpark Wilhelmshöhe, em Kassel, possui uma estátua do semideus greco-romano no topo de uma pirâmide e uma base octogonal com uma cascata de água.*

mas não foi concluída até 1866. No coração desse jardim barroco fica o castelo neoclássico ★★ **Schloss Wilhelmshöhe**. O grandioso prédio foi construído pelo Eleitor de Hessen Guilherme I, e entre 1891 e 1918 serviu a outro Guilherme, o Imperador Guilherme II, como sua residência de verão. Além de visitar cômodos do período restaurados, você pode querer ver a bela galeria de pinturas de antigos mestres alemães, holandeses e italianos (☎ 0561/316-800; www.museum-kassel.de; entrada 6€ adultos, gratuito para crianças e adolescentes até 17 anos; abril a outubro, terça, quarta e sexta a domingo das 10 h às 17 h, quinta das 10 h às 20 h; novembro a março, terça a domingo das 10 h às 17 h).

Mais acima na colina fica uma dessas loucuras que os sangues azuis europeus gostavam de construir — com uma certa ajuda dos impostos pagos pelos camponeses. O **Herkules** (Monumento a Hércules, de 1717) é uma estátua do semideus greco-romano sobre uma pirâmide, que por sua vez, fica sobre uma gigantesca base octogonal da qual longas cascatas de água descem por degraus. Sua altura total é de 179 m (587 pés) — o que leva a crer, certamente, que era disso que Kassel precisava naquela época.

Uma vez na cidade, não deixe de visitar o **Brüder Grimm-Museum** (Museu Irmãos Grimm; ☎ 0561/787-2033; www.grimms.de), localizado na Palais Bellevue, uma bela mansão de 1714. 🕒 4 horas para um dos parques e museu; você precisará de mais tempo se quiser explorar a região ao redor de Kassel. Informações turísticas: Rathaus, Obere Königsstrasse 8. ☎ 0561/707-707. www.kassel.de.

O plano agora é passar o resto do dia em um agradável passeio saindo de Kassel, ao longo dos vales do Fulda e do Weser, fazendo rápidas paradas nas cidadezinhas ribeirinhas, até a emblemática Hameln, uma distância total de 143 km (89 milhas). A primeira parada: Hann Münden fica 27 km (17 milhas) a nordeste de Kassel, às margens do rio pela B3, ao longo do sinuoso Fuldatal (Vale do Fulda).

2 ★ **Hann Münden**. A cidade (seu nome aparece escrito em alguns lugares, às vezes, como Hannoversch Münden) fica onde os rios Fulda e Werra correm juntos para formar o Weser — ou como um poema romântico de 1899 inscrito na Weserstein diz, "onde os rios se beijam e viram um só". Na ★ **Altstadt** (Cidade Antiga) existem centenas de casas em estilo enxaimel datando dos séculos XVI a XVIII. Tire algum tempo, também, para ver a ★ **Rathaus** (Prefeitura, de 1618), construída no estilo local conhecido como *Weserrenaissance* (Renascença de Weser), ao longo do cenário às margens do rio em volta da bela **Alte Werrabrücke** de pedra (Antiga Ponte do Werra, 1329). Hann Münden é a entrada sul para o Weserbergland. 🕒 **2 horas.** ☎ **05541/75313. www.hann.muenden.de.**

De Hann Münden, pegue a B80 norte para Bad Karlshafen (40 km /25 milhas).

3 ★★ **Bad Karlshafen**. Os muitos belos prédios brancos barrocos da cidade, fundada em 1699, são consequência de sua origem como um refúgio para protestantes franceses huguenotes foragidos de perseguições religiosas em sua terra natal. Se você tiver tempo suficiente (pelo menos metade de um dia), se você estiver viajando durante a temporada turística (primavera–verão), se o tempo estiver bom, e se você gostar de cruzeiros pelo rio — notem o exagero no uso da palavra *"se"* — você pode querer fazer um passeio de barco de ida e volta saindo da localidade, subindo ou descendo o rio Weser. 🕒 **3 horas (sem incluir o passeio de barco). Para informações sobre Bad Karlshafen, ver pág. 514, 4.**

O Extremamente Incrível Barão de Münchhausen

Você não se surpreenderá ao saber que o nobre alemão Karl Friedrich Hieronymous, Freiherr (Barão) von Münchhausen (1720–1797), sofria da síndrome de Münchhausen. Afinal, ele a inventou — ou, ao menos, ele com certeza diria que o fez. Suas muitas histórias exageradas são recontadas no livro *As Aventuras do Barão de Münchhausen*, escrito por Rodolf Erich Raspe em 1888. Na pequena e atraente cidade de Bodenwerder você encontrará esculturas nas ruas retratando o barão fanfarrão sentado em uma bala de canhão, cavalgando na parte da frente de um cavalo e realizando outros feitos heroicos altamente improváveis. Há, também, o Münchhausen Museum (pág. 515, 7), para aqueles que querem saber mais sobre o barão.

Hameln, seu destino para a primeira noite, fica 76 km (47 milhas) ao norte de Bad Karlshafen, na B83. No caminho você passará por belos vilarejos e cidades ribeirinhas. As mais conhecidas delas, e que valem ao menos uma parada rápida, são Höxter, Holzminden (na margem leste), e Bodenwerder, lar do famoso Barão de Münchhausen, um grande contador de histórias (veja "O Extremamente Incrível Barão de Münchhausen").

4 ★★★ **Hameln**. Mesmo que não existisse mais nada em Hameln (frequentemente escrita como Hamelin, em português) do que sua associação com o Flautista de Hamelin, ainda assim valeria uma visita. Entretanto, não fica só nisso: vale visitar as belas *Fachwerkhäuser* (casas em estilo enxaimel), datadas dos séculos XVI e XVII, em um distinto estilo local conhecido como Renascença de Weser. Caminhar pela cidade é a pedida para a manhã do segundo dia. 🕒 **Meio dia. Ver pág. 515, 8. Para recomendações de hotéis e restaurantes, ver pág. 517.**

Depois do almoço, saia de Hameln e siga rumo ao nordeste na B217 para Hanôver (48 km/30 milhas).

5 ★★★ **Hanôver**. Capital do estado de Niedersachsen, Hannover (frequentemente escrita como Hanôver, em português) foi uma cidade real, lar de uma ambiciosa família ducal cujos herdeiros herdaram o trono da Inglaterra e fundaram a dinastia Hanôver naquele país. Esse status está retratado no luxuoso ★★ **Herrenhäuser Gärten** (Jardins Herrenhäuser), no norte da cidade. Existem quatro jardins interligados nesse complexo. Se você tiver tempo para apenas um, vá ao ★★★ **Grosser Garten** (Grande Jardim), de estilo barroco e que data de 1638, apesar de ter sido modificado diversas vezes até 1710.

Outro grande espaço ao ar livre na cidade é o ★ **Maschsee** (1936), um lago artificial criado por um projeto de engenharia da era nazista para desviar o rio Leine. Hoje em dia, é a peça

> *As fontes são uma das atrações do belo jardim paisagístico Herrenhäuser Gärten, em Hanôver.*

central da mais popular área de lazer de Hanôver; no verão, é possível fazer passeios de barco no lago. 🕒 **Meio dia. Para informações sobre Hanôver, incluindo recomendações de hotéis e restaurantes, ver pág. 546.**

Na manhã do terceiro dia, pegue a A7 norte saindo de Hanôver e mude para a A27, sentido noroeste, para Bremen (125 km/78 milhas).

6 ★★★ **Bremen**. Ao lado de Hamburgo, a *Freie Hansenstadt Bremen* (Cidade Livre e Hanseática de Bremen) orgulha-se de ser uma das mais importantes cidades portuárias da Alemanha (veja o destaque na pág. 578 para mais informações sobre a Liga Hanseática). Nesse caso, entretanto, a cidade de comércio da Liga Hanseática no rio Weser na época medieval tem perdido muito do seu negócio portuário para Bremerhaven, 54 km (34 milhas) rio abaixo, em linha reta, na foz do Weser. A localidade é grande o suficiente para que você passe a maior parte do dia visitando suas atrações.

Sua primeira parada deve ser a ★★★ **Marktplatz**. Nos séculos anteriores, a Praça do Mercado era o orgulho e a alegria da cidade mercantil (na verdade, ainda é), cercada por grandes prédios e monumentos que proclamavam a riqueza e a importância de Bremen para o mundo. Isso inclui a ★★ **Rathaus**, do séculos XV a XVII (originalmente construída em 1410); a ★ **St.-Petri Dom** (Catedral de São Pedro), fundada no século XIII; o **Schütting,** uma antiga guilda do século XVI; uma estátua do cavaleiro medieval Roland; e uma escultura dos quatro animais do conto *Bremer Stadtmusikanten* (Os Músicos de Bremen), dos Irmãos Grimm. Você pode continuar no tema "tempos de outrora" ao visitar o restaurado ★★ **Schnooviertel**, um singular e antigo bairro de pescadores próximo ao Weser que hoje recebe lojas de artesanato, pequenas galerias e cafés elegantes. 🕒 **1 dia, incluindo Bremerhaven (7). Para informações sobre Bremen, incluindo recomendações de hotéis e restaurantes, ver pág. 538.**

São 72 km (45 milhas) de Bremen para Bremerhaven nas estradas menores e mais lentas ao longo do Weser. A viagem de volta na A27 tem 66 km (41 milhas) na Autobahn (via expressa).

7 ★ **Bremerhaven**. Em uma longa noite de verão, ou se você tiver tempo disponível por ter permanecido apenas nas atrações principais de Bremen, você talvez leve em consideração visitar a cidade portuária de Bremen, de carro, transporte público ou por barco, descendo o Weser. Bremerhaven possui dois bons museus com tema marítimo: o ★★ **Deutsches Auswandererhaus** (Centro de Imigração Alemã) e o ★ **Deutsches Schiffahrtsmuseum** (Museu Marítimo Alemão), mas a menos que você se locomova rapidamente, ou desista de Bremen, é pouco provável que você tenha tempo para visitá-los. Nesse caso, a viagem de ida e volta a Bremerhaven, combinada com um rápido passeio pelo rio, terá de ser sua própria atração. **Ver pág. 542, 9.**

O Melhor de Sauerland, Niedersachsen e Bremen em 1 Semana

Uma semana lhe proporciona muitas variações nessa grande região, com sua mistura de cidades como Hanôver e Bremen, paisagens montanhosas, rios, litoral e ilhas. Recomendo andar pelas estradas do interior em algumas partes e às vezes, mudar para a veloz e onipresente rede de Autobahn (via expressa).

> *Prédios brancos barrocos embelezam a elegante cidadezinha de Bad Karlshafen, às margens do rio Weser.*

PONTO DE PARTIDA **Kassel fica 144 km (89 milhas) ao leste de Dortmund na A44; e 145 km (90 milhas) ao norte de Frankfurt na A5 e A7. De Frankfurt para Kassel, de trem ICE (de alta velocidade), a viagem dura cerca de 1 hora e 45 minutos.** **DURAÇÃO DA VIAGEM** **531 km (330 milhas).**

1 ★★ **Kassel.** 3 horas. Ver pág. 498, 1.

Pegue a B3 nordeste, saindo de Kassel, em direção a Simmershausen, onde a via encontra o rio Fulda e então, siga o caminho sinuoso , rio abaixo na margem esquerda, para Hann Münden (23 km/14 milhas).

2 ★ **Hann Münden.** Uma breve caminhada na ★ **Altstadt** (Cidade Antiga) para ver as mais de 700 casas em estilo enxaimel concentradas no local é suficiente para Hann Münden. 1 hora. Ver pág. 501, 2.

Continue na B3 para Göttingen, uma distância de 32 km (20 milhas), pela encantadora floresta e distrito agrícola do Naturpark Hannoversch Münden.

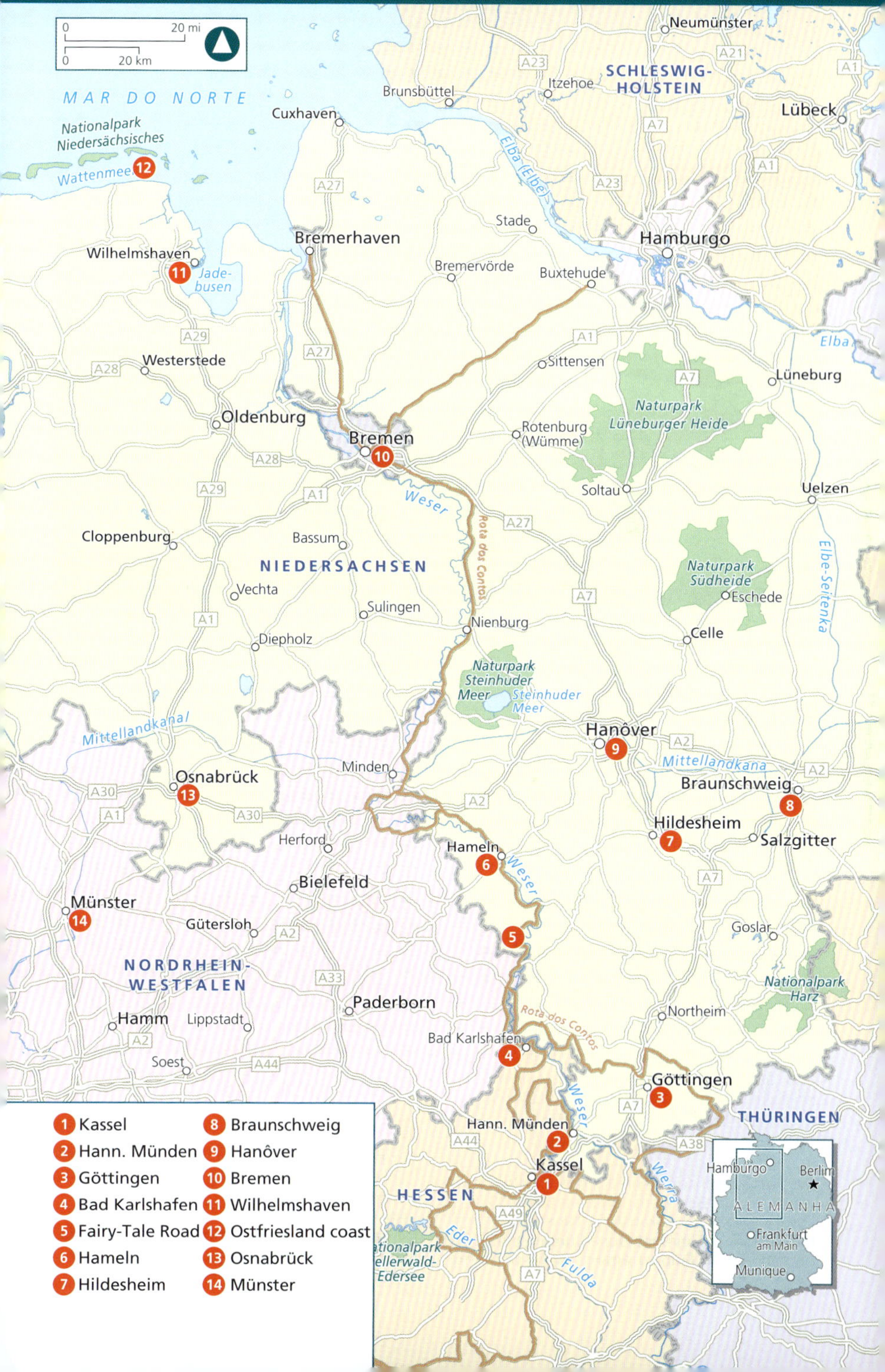

0 20 mi
0 20 km
MAR DO NORTE
Nationalpark Niedersächsisches Wattenmeer
SCHLESWIG-HOLSTEIN
NIEDERSACHSEN
NORDRHEIN-WESTFALEN
HESSEN
THÜRINGEN
Neumünster
Itzehoe
Brunsbüttel
Cuxhaven
Lübeck
Elba (Elbe)
Stade
Hamburgo
Bremerhaven
Wilhelmshaven
Jade-busen
Bremervörde
Buxtehude
Westerstede
Sittensen
Lüneburg
Elba
Oldenburg
Naturpark Lüneburger Heide
Rotenburg (Wümme)
Bremen
Weser
Soltau
Uelzen
Rota dos Contos
Cloppenburg
Bassum
Naturpark Südheide
Eschede
Elbe-Seitenka
Vechta
Sulingen
Nienburg
Celle
Diepholz
Naturpark Steinhuder Meer
Steinhuder Meer
Mittellandkanal
Hanôver
Mittellandkana
Braunschweig
Osnabrück
Minden
Hildesheim
Salzgitter
Herford
Hameln
Bielefeld
Münster
Gütersloh
Goslar
Nationalpark Harz
Paderborn
Northeim
Hamm
Lippstadt
Bad Karlshafen
Soest
Göttingen
Hann. Münden
Kassel
Werra
Eder
Fulda
ationalpark ellerwald-Edersee
A1
A2
A7
A21
A23
A27
A28
A29
A30
A33
A38
A44
A49
Hamburgo
Berlim
ALEMANHA
Frankfurt am Main
Munique
1 Kassel
2 Hann. Münden
3 Göttingen
4 Bad Karlshafen
5 Fairy-Tale Road
6 Hameln
7 Hildesheim
8 Braunschweig
9 Hanôver
10 Bremen
11 Wilhelmshaven
12 Ostfriesland coast
13 Osnabrück
14 Münster

> *Apesar de a maior parte de Hildesheim ter sido destruída durante a Segunda Guerra Mundial, essa área preservada oferece aos turistas um pouco da beleza histórica da cidade.*

3 Göttingen. Com sua conceituada universidade, que data de 1743, e diversos departamentos de pesquisa do famoso Instituto Max Planck, Göttingen é uma cidade universitária. Tendo milagrosamente escapado de sérios bombardeios e combates em solo na Segunda Guerra Mundial, a ★★ **Altstadt** (Cidade Antiga) se manteve intacta em grande parte . Depois do que parece um interminável passeio por subúrbios pouco atraentes e bairros periféricos, você poderá vivenciar esse tesouro histórico ao redor da **Altes Rathaus** (Antiga Prefeitura, 1443). Lá perto fica a famosa ★ **Gänseliesel-Brunnen** (Fonte da Garota dos Gansos) de bronze, cópia de uma escultura de bronze original (1901) de uma jovem menina carregando gansos. É uma tradição dos estudantes do sexo masculino beijarem a "menina" ao serem aprovados no Doutorado (existe uma lei contra isso, mas não é rigorosamente aplicada). 🕒 2 horas.

De Göttingen, corte rumo a oeste pelo interior para Bad Karlshafen na B3, L559, L561 e B80 — por Dransfeld, Niemetal, Oberweser e Gieselwerder — uma trajeto de 49 km (320 milhas) repleto de belas paisagens.

4 ★★ Bad Karlshafen. Essa graciosa cidadezinha de prédios brancos barrocos no rio Weser é o ponto de entrada para o Weserbergland (Região da Montanha Weser) e para a Deutsche Märchenstrasse (Rota Alemã dos Contos de Fadas, pág. 512). Um dos pontos centrais do turismo da região, possui uma boa gama de hotéis e restaurantes para sua primeira noite de estadia. 🕒 **2 horas. Ver pág. 514, 4; para recomendações de hotéis e restaurantes, ver pág. 517.**

No segundo dia, siga o curso do Weser ao norte na B83 para Hameln (79 km/49 milhas), uma viagem que pega parte da Rota dos Contos de Fadas (a caminho de Hameln, visite as paradas 5–7 e 9 do passeio, pág. 512). Sua primeira parada será em Höxter (23 km/14 milhas).

5 Rota dos Contos de Fadas. Paradas ao longo dessa sessão da Rota dos Contos de Fadas incluem Höxter, Fürstenberg e Bodenwerder. 🕒 **Meio dia . Ver pág. 514, 5–7.**

De Bodenwerder, sua última parada na Rota dos Contos de Fadas, pegue a B83 norte 23 km (14 milhas) para Hameln.

6 ★★★ **Hameln**. Passear por essa emblemática localidade deve levar toda a tarde do segundo dia. A cidade se tornou fácil de passear depois que foram pintados ratos na calçada — tudo o que você precisa fazer é segui-los para uma volta de cerca de uma hora, que leva aos pontos de maior interesse da ★ **Altstadt** (Cidade Antiga). Além de explorar o centro, reserve um tempo para caminhar às margens do rio Weser. Termine o dia com um jantar no interessante, apesar de turístico, ★ **Rattenfängerhaus** (pág. 517), ou em algum dos vários outros restaurantes *gemütlich* (aconchegantes) da cidade. **Meio dia. Ver pág. 515, 8; para recomendações de hotéis e restaurantes, ver pág. 517.**

Na manhã do terceiro dia, siga a leste na B1 pelar Hildesheimer Wald (Floresta Hildesheimer), até a cidadezinha de Hildesheim (48 km/30 milhas).

7 ★★ **Hildesheim**. Esse centro eclesiástico de 12 séculos de existência poderia ter sido um dos destaques da sua viagem. Infelizmente, nas últimas semanas da Segunda Guerra Mundial, praticamente todos os prédios em estilo enxaimel daquela que até então era considerada uma das mais bem preservadas cidades medievais da Alemanha, foram destruídos em um único ataque aéreo dos Aliados. Uma pequena área que permaneceu de pé, no lado sul da Altstadt (Cidade Antiga), dá uma certa ideia do que foi perdido. Então veja, também, os prédios reconstruídos ao redor do histórico ★ **Markt**: a ★★ **Kochenhaueramthaus** (Associação de Açougueiros, 1529) feita inteiramente em estilo enxaimel e, hoje, um tradicional restaurante, razoavelmente decente, que vale a pena ser experimentado; a **Rathaus** (Prefeitura) em estilo gótico e datada do século XIII; a **Wedekindhaus** (1598); e a **Tempelhaus** (Casa dos Templários, 1350).

Duas igrejas romanescas medievais, a ★★ **Dom** (Catedral) e a ★ **Michaeliskirche** (Igreja de São Miguel), que datam dos séculos IX e XI, respectivamente, são Patrimônios Mundiais da Unesco. Suba na torre da gótica ★ **Andreaskirche** (Igreja de Santo André), do século XII, para ter uma excelente vista de Hildesheim.

Todos esses pontos de interesse estão ao redor do centro. Ao sul, Hohnsensee é um pequeno lago artificial no rio Leine. Caminhe em volta dele para pegar um pouco de ar fresco e, se você estiver com fome, existe um bom café-restaurante ali, o **Noah**, Hohnsen 28 (☎ 05121/691-530; www.noah-cafe.de), com um terraço de frente para o lago. **Meio dia.**

> *O túmulo do duque Henrique, "o Leão", do século XII, fica ao lado da igreja Dom, em Braunschweig.*

Informações turísticas: Rathausstrasse 18–20. ☎ 05121/17980. www.hildesheim.de.

Continue rumo ao nordeste na B1, para Braunschweig (45 km/28 milhas).

8 ★★ **Braunschweig (Brunswick)**. Fundada em torno do ano 900, Braunschweig foi bastante atingida durante a Segunda Guerra Mundial. Os poucos pedaços reconstruídos do que foi uma herança medieval e renascentista estão amontoados em cinco *Traditionsinseln* (ilhas "tradicionais"), dispersas em torno da ★★ **Altstadt** (Cidade Antiga). Pegue um mapa da cidade no escritório de informação turística para ser capaz de identificar e se mover pelas *Traditioninseln*.

A ★★ **Altstadtmarkt**, antiga praça do mercado, é cercada pela **Gewandhaus** (Mercado de Tecidos, 1591), a **Altes Rathaus** (Prefeitura Antiga) do século XIV, e a **Martinikirche** (Igreja de São Martinho, séculos XII–XIV). A leste, na ★ **Burgplatz**, a grandiosa ★★ **Dom** (Catedral) contém os túmulos do século XII de Henrique, o Leão, duque da Saxônia, e sua esposa, Mathilde. Um vestígio histórico mais aconchegante é o **Magniviertel** (Quarteirão de Magno), onde casas em estilo enxaimel, ou *Fachwerkhäuser*, ficam na sombra da

Magnikirche (Igreja de São Magno), do século XIII.

Existem dois passeios fáceis e interessantes que saem de Braunschweig. Um é para Wolfsburg (33 km/21 milhas nordeste na A39), um reduto da corporação automotiva Volkswagen (pense em Volkswagen, Porsche, Audi, Bentley, Bugatti, Lamborghini, SEAT e Scania). Aqui, o espetacular ★★ **Autostadt**, VW-Mittelstrasse (☎ 0800/288-678-238; www.autostadt.de), uma atração para visitantes e instalação promocional juntas em uma só, deve exercer apelo aos fãs da engenharia automotiva europeia. Há uma seção do museu para carros antigos (vintage), uma seção interativa onde as crianças podem "dirigir" e até desenhar seus próprios carros, um show de luzes e sons de arrebentar os tímpanos estrelando um supercarro Lamborghini Murciélago, e mais. Já aqueles que preferem um livro devem ir para ★ **Wolfenbüttel** (13 km/8 milhas sul na A395). Examine os volumes raros e antigos na **Herzog-August-Bibliothek** (1886), que tem como base uma coleção estabelecida na cidade pelo duque Augusto, o Jovem, em 1664 e, então, caminhe por entre as *Fachwerkhäuser* (casas em estilo enxaimel) de séculos de existência na Altstadt (Cidade Antiga). 🕒 **Meio dia. Informações turísticas: Vor der Burg 1. ☎ 0531/470-2040.**

> *A Neues Rathaus (Prefeitura Nova) de Hanôver.*

No final do terceiro dia, pegue a A2 oeste de Braunschweig para Hanôver (69 km/43 milhas), onde você poderá passar a noite.

9 ★★★ **Hanôver**. Além das atrações indicadas na pág. 502, **5**, visite a espetacular **Neues Rathaus** (Prefeitura Nova, 1913), ao norte de Maschsee. Dentro do prédio, que tem como inspiração o amor próprio da Alemanha imperial às vésperas da Primeira Guerra Mundial, fica um grupo de maquetes da cidade em quatro períodos de sua existência (ou, no caso dos destroços após o bombardeio de 1945, seria melhor dizer não existência).

Bem perto de Hanôver (talvez você possa transformá-la em um desvio no caminho para Bremen) fica ★ **Steinhuder Meer**, um lago 33 km (21 milhas) ao longo da B441 noroeste de Hanôver que é o coração de um parque natural. O hotelzinho à beira do lago, Steinhude, tem uma doca para passeios de barco, e os restaurantes locais servem enguia defumada das próprias águas do lago. 🕒 **Meio dia. Para informações sobre Hanôver, incluindo recomendações de hotéis e restaurantes, ver pág. 546.**

Siga noroeste de Hanôver pela A7 e A27 para Bremen (129 km/80 milhas).

10 crianças ★★★ **Bremen**. Além das sugestões de visitas a Bremen da pág. 503, **10**, se você estiver viajando com crianças uma parada obrigatória é o centro de ciências ★★ **Universum Bremen** (pág. 523, **7**). Os adultos amantes de cerveja, por outro lado, podem perceber que fica longe dos passeios às cervejarias em **Becks-Brauerei**, Am Deich 18–19 (☎ 0421-5094-5555; www.becks.de/besucherzentrum; visitas guiadas 9,50€; janeiro a abril, terça a sexta às 12 h 30 min e 15 h 30 min, sábado às 12 h 30 min, 14 h (em inglês), 15 h 30 min e 17 h; maio a dezembro 11 h, 12 h 30 min, 14 h (em inglês), 15 h 30 min e 17 h, sábado 9 h 30 min, 11 h, 12 h 30 min, 14 h (em inglês), 15 h 30 min e 17 h). Jante em um bom restaurante e, talvez, peça uma bebida em um dos interessantes bares no restaurado distrito medieval de Schoorviertel. Passe a noite em Bremen, bem como a manhã do dia seguinte. 🕒 **1 dia (uma tarde e a manhã do dia seguinte). Para informações sobre Bremen, incluindo recomendações de hotéis e restaurantes, ver pág. 538.**

Após o almoço no quinto dia pegue a A28 ao oeste de Bremen e então siga ao norte na A29, para Wilhelmshaven (102 km/63 milhas).

> *A bela e popular praia em Borkum é uma das sete chamadas ilhas barreiras no Mar Wadden, na costa de Ostfriesland.*

⑪ crianças **Wilhelmshaven**. Essa cidade portuária, que há muito tempo abriga uma das duas principais bases de frota da Alemanha (a outra é Kiel, na costa do Báltico; ver pág. 574, ⑨), foi efetivamente destruída durante a Segunda Guerra Mundial, e reconstruída sem muito charme após o confronto. Ela compensará isso com um jantar de frutos do mar antes de você ir para o seu hotel. Durante ambas as Guerras Mundiais, navios de guerra saíam daqui para operações no Mar do Norte e no Oceano Atlântico. Hoje, a localidade abriga os melhores homens da Marinha alemã, suas fragatas de mísseis guiados, e um importante mercado marítimo. De binóculo, é possível observar navios indo e vindo na Jadebusen (Baía Jade). Considere uma visita, na tarde do quinto dia ou como primeira coisa na manhã seguinte, a uma ou duas das atrações com temática marinha, ambas de grande interesse para crianças: ★★ **Oceanis**, uma estação de pesquisa subaquática virtual (pág. 537, ⑨); e o ★ **Deutsches Marinemuseum** (Museu da Marinha Alemã), Südstrand 125 (☎ 04421/41061; www.marinemuseum.de; entrada 8,50€ para adultos, 5€ para a faixa etária de 6 a 14 anos; abril a outubro, diariamente das 10 h às 18 h; novembro a março, diariamente das 10 h às 17 h). 🕒 2 horas. **Para recomendações de hotéis e restaurantes em Wilhelmshaven, ver pág. 537.**

De preferência, você sairá cedo de Wilhelmshaven na manhã do sexto dia para um passeio ao longo da costa de Ostfriesland de leste a oeste, até Emden, uma distância de 136 km (85 milhas). Pela maior parte do caminho, a estrada que às vezes abraça o litoral é denominada sucessivamente L6, L5, L4 e L3.

⑫ ★ **Costa de Ostfriesland**. O passeio o leva por cidadezinhas portuárias que possuem seus próprios barcos de pesca e, consequentemente, uma série de excelentes restaurantes de frutos do mar. Além disso, você pode apreciar, a partir do litoral do Wattenmeer (Mar Frísio), as ★★★ **Ostfriesische Inseln** (Ilhas Frísias Orientais), uma linha de sete ilhas barreiras: ★★ **Wangerooge**, ★★★ **Spiekeroog**, ★★★ **Langeoog**, ★ **Baltrum**, ★★ **Norderney**, ★★★ **Juist**, e ★ **Borkum**. Balsas saem em direção às ilhas de vários portos ao longo da costa continental. Juntas, a linha costeira, o mar raso e as ilhas fazem parte do litoral nacional, o ★★★ **Nationalpark Niedersächsisches Wattenmeer** (Parque Nacional do Mar Frísio), um local popular nas férias de verão. De preferência, você deveria fazer a viagem até uma das ilhas, mesmo que tenha tempo apenas para ver um pouco e iniciar o retorno — uma boa opção é ir de Neuharlingersiel para Spiekeroog (veja "Balsas Para as Ilhas Frísias", pág. 510).

Surpreendentemente, você pode até fazer passeios a pé pelo leito do mar da costa até as ilhas (quando a maré está baixa, é claro). Essa atividade fascinante, conhecida como ★ Wattwandern (caminhadas pelo lamaçal quando há maré baixa), possui um elemento de risco — você pode ser pego por uma rápida maré alta — e só deve ser feita acompanhada de um guia oficial (veja "Caminhando Pelo Mar", pág. 535).

Apesar de ser o ponto final natural de um itinerário leste-oeste pela costa frísia, Emden (pág. 532, ①) não é uma cidade portuária extremamente atraente, mas possui alguns hotéis e restaurantes de frutos do mar decentes e um agradável passeio a beira-mar ao longo de Am Delft, próximo à Rathaus (Prefeitura). É ainda, o início da Autobahn A31, o que a torna conveniente para uma saída rápida no seu sétimo e último dia (recomendações de acomodações e restaurantes para Emden estão na pág. 537). ⌚ 1 dia.

Pegue a A31 sul e, então, a A30 leste para Osnabrück. Essa é uma distância de 205 km (127 milhas), então você deve sair cedo no sétimo dia.

⑬ ★ **Osnabrück**. Junto com Münster (⑭), Osnabrück foi um dos locais para a Paz de Vestefália (1648), um tratado que colocou fim a dois terríveis confrontos europeus: a Guerra dos Trinta Anos e a Guerra dos Oito Anos. A partir disso, e sem esquecer as muitas guerras subsequentes que arrasaram a Europa (e o papel da Alemanha em muitas delas), Osnabrück se autodeclarou a *Friedenstadt* (Cidade da Paz). Um aspecto suplementar de persuasão pacífica é que essa é a cidade natal de Erich Maria Remarque (1898–1970), cujo romance de 1929, *Nada de Novo no Front*, que se passa durante a Primeira Guerra Mundial, é um clássico antiguerra.

Vá à Altstadt (Cidade Antiga) para visitar a Rathaus (Prefeitura), onde a Paz de Vestefália foi assinada, e para a praça central, a Markt. O pintor surrealista judaico alemão Felix Nussbaum (1904–1944), assassinado em Auschwitz, nasceu em Osnabrück. Sua cidade natal agora possui

Balsas Para as Ilhas Frísias

Vale a pena um passeio, por mais rápido que seja, da costa até uma das ★★★ **Ostfriesische Inseln** (Ilhas Frísias Orientais). Entretanto, esteja atento para o fato de o Wattenmeer ser muito raso — tão raso que desaparece quase totalmente durante a maré baixa! Por necessidade, as balsas para as ilhas são dependentes da maré, então você precisará checar os horários para ter certeza de que haverá tempo suficiente para o passeio. As informações a seguir devem ajudá-lo a planejar. Perceba que as balsas para Borkum e Norderney levam carros, as outras, não.

ILHA	PORTO NA COSTA	COMPANHIA	TEMPO DE VIAGEM
Baltrum	**Nessemersiel**	**Baltrum Linie** ☎ 4933/99166 www.baltrum-linie.de	**30 min.** jetboat 15 min.
Borkum	**Emden**	**AG Ems** ☎ 0185/180-182 www.ag-ems.de	**130 min.** catamarã 60 min.
Juist	**Norddeich**	**AG Reederei Norden Frisia** ☎ 04931/9870 www.reederei-frisia.de	**90 min.**
Langeoog	**Bensersiel**	**Schiffahart der Inselgemeinde Langeoog** ☎ 04972/693-260 www.schiffahrt-langeoog.de	**50 min.**
Norderney	**Norddeich**	**AG Reederei Norden Frisia** ☎ 04932/9130 www.reederei-frisia.de	**55 min.**
Spiekeroog	**Neuharlingersiel**	**Fähre Spiekeroog** ☎ 04974/214 www.spiekeroog.de	**60 min.**
Wangerooge	**Harlesiel**	**Schifffahrt und Inselbahn Wangerooge** ☎ 04464/949-414 www.siw-wangerooge.de	**90 min.**

> *A Rathaus em estilo gótico, do século XIV, e a Lambertikirche são dois dos mais impressionantes marcos da Prinzipalmarkt, em Münster.*

um museu, o ★ **Felix-Nussbaum-Museum**, Lotter Strasse 2 (☎ 0541/323-2064; entrada 5€ para adultos, 3€ para a faixa etária de 6 a 16 anos; terça a sexta das 11 h às 18 h, sábado e domingo das 10 h às 18 h), dedicado à sua vida e obra. O museu fica em um prédio extremamente moderno, projetado pelo arquiteto polonês americano Daniel Libeskind e erguido em 1998.

Ironicamente, tendo em vista as tendências pacíficas contemporâneas de Osnabrück, a cidade fica próxima ao local de uma das mais famosas, dramáticas e misteriosas batalhas da História. Pegue a B61, A1 e L218 noroeste por 22 km (14 milhas) para Kalkriese e seu ★★ **Varusschlacht Museum und Park**, Venner Strasse 69 (☎ 05468/920-4200; www.kalkriese-varusschlacht.de; entrada 7€ para adultos, 4€ para a faixa etária de 6 a 16 anos; abril a outubro diariamente das 10 h às 18 h; novembro a março de terça a domingo das 10 h às 17 h). Arqueólogos acreditam que o terreno em torno da vila foi local-chave da ação da Batalha da Floresta de Teutoburgo, no ano 9 d.C., no qual tribos germânicas rebeldes atraíram três legiões romanas, comandadas por Públio Quintílio Varo, para uma armadilha, e as aniquilaram. Você pode visitar o museu e caminhar pelo campo de batalha. 🕒 4 horas. Informações turísticas: Bierstrasse 22–23. ☎ 0541/323-2202. www.osnabrueck.de.

Você pode ir mais rápido ao sul na A1 para Münster (57 km/35 milhas) ou pegar um caminho mais bonito na Teutoburger Wald (Floresta de Teutoburgo), na B51 — uma rota um pouco menor em distância, mas que levará mais tempo para ser feita.

14 Münster. Essa é uma cidade universitária com muitos bares descontraídos e outros refúgios estudantis (além de dividir com Osnabrück a honra pelo Tratado da Vestefália). Preste atenção nos estudantes e professores andando de bicicleta. Vá para o centro da cidade, em torno da Prinzipalmarkt, para ver a **Rathaus** (Prefeitura) gótica, do século XIV, e a **Lambertikirche** (Igreja de São Lamberto); na vizinha Domplatz fica a **St.-Paulus-Dom** (Catedral de São Paulo), do século XIII. Ao sul da estação de trem, parte do antigo distrito mercantil, o **Hansaviertel** (Bairro Hanseático), em torno do porto do canal Dortmund-Ems, está sendo reestruturado como um centro cultural, o **Kreativkai** (Cais Criativo). 🕒 3 horas. Informações turísticas: Heinrich-Brüning-Strasse 9. ☎ 0251/492-2710. www.muenster.de.

De Münster você pode chegar facilmente a Dortmund, Düsseldorf, Colônia e outras cidades no oeste da Alemanha pela Autobahn (via expressa) A1.

A Rota dos Contos de Fadas

Esse itinerário cobre cerca de um quarto da Deutsche Märchenstrasse (Rota Alemã dos Contos de Fadas), um percurso turístico de 600 km (373 milhas) de extensão. O que o curto pedaço entre Kassel e Hameln (155 km/96 milhas) não tem em distância é compensado pelos belos caminhos ao longo do rio Weser, pela Weserbergland (Região Montanhosa do Weser). Os Irmãos Grimm, o Barão de Münchhausen e o Flautista de Hamelin serão suas companhias de viagem pelo caminho.

> *As belas casas em estilo enxaimel, do século XVI, dão as boas vindas aos visitantes da Marktstrasse na histórica vila de Höxter.*

PONTO DE PARTIDA Kassel fica 232 km (144 milhas) a leste de Düsseldorf na A44; e 196 km (122 milhas) ao norte de Frankfurt na A5 e A7. DURAÇÃO DA VIAGEM 155 km (96 milhas) e três dias.

1 ★★ **Kassel**. Os Irmãos Grimm, que viveram em Kassel (população de 195 mil pessoas) no final do século XVIII e início do século XIX, foram inspirados pelas lendas locais de princesas adormecidas, bruxas e feitiços mágicos ao compilar sua coleção de contos de fadas. Encaixando-se no tema dos contos de fadas desse passeio está o ★ **Löwenburg** (Castelo do Leão; ☎ 0561/3168-0244; entrada 4€, gratuito para crianças e adolescentes até 17 anos), um falso arsenal medieval de torreões e torres que data de 1800 e foi projetado para parecer uma ruína. 🕒 **4 horas.** **Ver pág. 498, 1.**

De Kassel, pegue a B3 nordeste para Hann. Münden (27 km/17 milhas).

2 ★ **Hann Münden**. Essa atraente cidadezinha de 25 mil pessoas fica localizada em um ponto panorâmico onde os rios Werra e Fulda se encontram para formar o Weser. Com a ajuda de um pouco de imaginação, suas

700 *Fachwerkhäuser* (casas em estilo enxaimel), que vão do século XVI ao século XVIII, criam o ambiente de um conto de fadas. 🕒 **2 horas. Ver pág. 501, 2.**

De Hann.Münden, pegue a B80 sentido norte, ao longo do rio Weser, para Rheinhardshagen, e então vá ao oeste na L3229 antes de acompanhar as placas para Sababurg (24 km/15 milhas). Dependendo de sua rapidez nas paradas 1 e 2, você talvez tenha de escolher apenas uma das atrações locais.

3 ★★ crianças **Sababurg**. A viagem até aqui o leva pela Rheinhardswald, uma floresta que tem fama de ser encantada e possui um castelo romântico em seu coração. A principal atração de Sababurg é o ★★ **Dornröschenschloss** (Castelo da Bela Adormecida, 1334), Sababurgerstrasse (☎ 05671/8080; www.sababurg.de; entrada: jardins 2,50€ e 1€ para a faixa etária de 6 a 15 anos, castelo 3,50€ para adultos, 2,50€ para crianças; visitas guiadas de abril a outubro, quarta às 14 h 30 min, domingo às 11 h e às 14 h 30 min). A lenda local conta como o castelo, cercado por um bosque com árvores de carvalho de 650 anos, onde o famoso conto de fadas dos Irmãos Grimm foi criado. Encenações da história acontecem no castelo. Visitas guiadas separadas do castelo e seus jardins estão disponíveis. Ao lado fica o **Tierpark Sababurg** (Parque de Animais de Sababurg; ☎

> *O Bodenwerder apresenta diversas esculturas que honram o Barão de Münchhausen, um fanfarrão herói popular.*

05671/766-4990; www.tierpark-sababurg.de; entrada 4€ para adultos, 2,30€ para a faixa etária de 4 a 15 anos; março diariamente das 9 h às 17 h, abril a setembro diariamente das 8 h às 19 h, outubro diariamente das 9 h às 18 h, novembro a fevereiro diariamente das 10 h às 16 h), que foi criado como uma aristocrática reserva de caça em 1571. Hoje em dia, os 450 animais de 80 espécies diferentes ainda podem ser caçados — com câmeras fotográficas. 🕒 **4 horas para o castelo e o parque de animais.**

De Sababurg, siga ao norte na K55 para Gottsbüren e, então, ao leste na L763 para Gieselwerder, no rio Weser, e depois norte pela beira do rio na B80 para Bad Karlshafen (17 km/11 milhas), onde você passará sua primeira noite.

4 ★★ **Bad Karlshafen**. Chamada de *Weisse Stadt* (Cidade Branca) pela enorme quantidade de prédios brancos barrocos, do século XVIII, Bad Karlshafen (com população de 4 mil pessoas) é um lugar com uma beleza quase que inacreditável. Passeie pela Kurpromenade, à beira do rio, e pelas ruas ao redor da Hafenplatz para sentir o clima e ver as atrações. Então, visite o **Deutsches Hugenotten-Museum** (Museu Alemão Huguenote; Hafenplatz 9; ☎ 05672/1410; www.hugenottenmuseum.de; entrada 4€ para adultos, 2€ para a faixa etária de 6 a 16 anos; meados de março a outubro, de terça a domingo das 10 h às 17 h, novembro e dezembro, sábado e domingo das 14 h às 17 h), que fica em uma antiga fábrica de tabaco, para aprender sobre a história dos refugiados protestantes franceses huguenotes que fundaram a cidade em 1699. Se você tiver tempo, considere fazer um passeio de barco pelo Weser, navegando pela **Linie 2000** (☎ 05672/999-923; www.weserschiff-hessen.de) ou pela **Flotte Weser** (☎ 05151/939-999; www.flotte-weser.de). Eles saem de uma doca na margem sul (esquerda), na Weserstrasse. 🕒 **Pelo menos 2 horas (cruzeiro não incluído). Informações turísticas: Kur und Touristik Information, Rathaus, Hafenplatz 8. ☎ 05672/999-922. www.bad-karlshafen.de.**

De Bad Karlshafen, siga o curso do Weser norte na B83 para Höxter (23 km/14 milhas).

5 **Höxter**. Vale a pena investir uma hora ou mais em uma caminhada por Höxter. O centro dessa localidade, com população de 16 mil pessoas, tem *Fachwerkhäusen* (casas em estilo enxaimel) impressionantes em volta da Marktstrasse e prédios em estilo renascentista de Weser datando dos séculos XVI e XVII.

Apenas 2 km (1,75 milha) a leste da cidade fica o espetacular ★ **Schloss Corvey** (Castelo Corvey, ☎ 05271/694-010; www.schloss-corvey.de; entrada 5€ para adultos, 2,50€ para a faixa etária de 6 a 18 anos; abril a outubro, de terça a domingo das 10 h às 17 h, maio a setembro diariamente das 10 h às 18 h), que ocupa os bastante transformados prédios e jardins de um celebrado monastério imperial carolíngio fundado em 815. Existem visitas guiadas regulares ao local, e eventos especiais durante o Natal — uma feira, um auto de Natal e concertos. 🕒 1 hora (Castelo Corvey não incluído). Informações turísticas: Weserstrasse 11. ☎ 05271/19433. www.hoexter.de.

Em Höxter, uma ponte sobre o rio Weser lhe dá a chance de fazer uma animadora viagem paralela para Fürstenberg, na margem direita (leste) do rio, indo sul pela L550 (7 km/4,5 milhas). Você também consegue chegar em Fürstenberg por barco a vapor, saindo de Bad Karlshafen (4) ou nas docas atendidas pela linha Flotte Weser.

6 **Fürstenberg**. Essa vila no topo de uma colina, na qual moram apenas 1.200 pessoas, com vista para o rio, é conhecida por seu palácio renascentista, o ★ **Jagdschloss Fürstenberg** (1590), que é sede da Porzellanmanufaktur Fürstenberg (☎ 05271/4010; www.fuerstenberg-porzellan.com; entrada 5€ para adultos, 3€ para a faixa etária de 7 a 18 anos; abril a outubro, terça a domingo das 10 h às 17 h, novembro a março sábado e domingo das 10 h às 17 h), uma fábrica de porcelana branca fina criada em 1747. Você pode visitar o museu da empresa, e as crianças podem experimentar fazer suas próprias porcelanas. 🕒 2 horas. Informações turísticas: Meinbrexener Strasse 2. ☎ 05271/694-717. www.gemeinde-fuerstenberg.de.

Volte para Höxter e continue a seguir o Weser rumo ao norte na B83 para Bodenwerder (41 km/25 milhas).

7 ★ crianças **Bodenwerder**. Apesar de ser uma bela cidade às margens do rio, Bodenwerder (e sua população de 6 mil pessoas) pode não justificar inteiramente uma visita — exceto por ser a cidade natal do Barão de Münchhausen (veja "O Extremamente Incrível Barão de Münchhausen", pág. 502), cujas aventuras continuam a divertir todo o mundo séculos depois de sua morte. Naturalmente, existe um **Münchhausen Museum** (☎ 05533/40541), na Münchhausenplatz, e várias esculturas pela cidade ilustram algumas de suas extraordinárias — ou inacreditáveis, na verdade — façanhas. 🕒 2 horas.

Continue ao norte na B83 para Hameln (23 km/14 milhas), onde você passará a noite.

8 ★★★ crianças **Hameln**. Hameln não "possui" apenas uma das mais conhecidas e inquietantes fábulas de todas, a do Flautista de Hamelin (veja o destaque abaixo), — também tem seus encantos. A cidade, com população de 58 mil pessoas, mais conhecida como Hamelin em português, tem uma magnífica ★★ **Altstadt** (Cidade Antiga). Ela não é repleta de construções monumentais, mas é construída em escala humana, com diversas Fachwerkhäuser (casas em estilo enxaimel) dos séculos XVI e XVII, muitas delas com pinturas e decorações esculpidas em suas fachadas. Graças aos ratos da fábula, Hameln tem uma história comercial de sucesso, com uma grande variedade de lojas de artesanato e lembranças, hotéis, restaurantes e cafés com terraços na calçada. A cidade oferece isso com um certo charme. Vá primeiro à ★★ **Hochzeithaus** (Casa de Casamentos, 1617), um salão cívico no centro da cidade em

O Flautista de Hamelin

Aquele que não paga o flautista pode pagar um preço ainda mais alto mais tarde. De acordo com a lenda, os burgueses de Hamelin foram forçados a aprender essa lição em 1824, quando contrataram um caçador de ratos para livrar a cidade dessas pragas. Com o preço em ouro fixado, o Flautista tocou sua flauta encantada e os ratos o seguiram através do rio Weser, onde morreram afogados. No entanto, o pessoal recusou-se a pagá-lo — então ele tocou sua flauta mais uma vez, agora para 130 jovens da cidade seguirem-no e desaparecerem.

Se os cidadãos de hoje sentem algum remorso por serem descendentes de vigaristas, eles fazem um bom trabalho disfarçando esse sentimento. Para Hameln, a lenda do caçador de ratos é um presente que continua a dar frutos até os dias de hoje. A simples explicação por trás da lenda pode ser a de que emigrantes — que eram, provavelmente, jovens e aventureiros — podem ter sido levados a deixar Hameln, no século XIII, indo para terras escassamente povoadas na Europa oriental.

Seja qual for a verdade, se é que há alguma, as crianças amam os deliciosos arrepios causados pelo conto de fadas do Flautista de Hamelin, e a ideia de não ter seus pequenos por perto também deixa os pais extremamente tristes.

> *Todo domingo ao meio-dia, atores recriam a lenda do Flautista de Hamelin em uma peça infantil em praça pública.*

estilo renascentista de Weser. Várias vezes ao dia, o *Glockenspiel* (carrilhão) badala, e figuras mecânicas aparecem para reencenar o conto do Flautista. A cada domingo, ao meio-dia, de meados de março a meados de setembro, acontece uma apresentação gratuita ao ar livre do conto de fadas em um palco em frente à Hochzeithaus. Em um passeio a pé pelas atrações principais — feito de forma fácil, seguindo os desenhos de ratos na calçada — você verá os pontos de interesse que incluem a gótica **Marktkirche St.-Nicolai** (Igreja do Mercado de São Nicolau, de cerca de 1200); a ★ **Ratenfängerhaus** (Casa do Caçador de Ratos, 1603), um nome não muito favorável para o que é agora um restaurante (pág. 514); a **Dempterhaus** (1608); e o **Pfortmühle** (moinho), do século XIX, no Weser. Finalmente, visite o ★ **Museum Hameln**, Osterstrasse 8–9 (☎ 05151/202-1215; www.museum-hameln.de;), cujo acervo se divide em duas estruturas da Renascença de Weser, a **Leisthaus** (1589) e a ★ **Stiftsherrenhaus** (Casa do Cônego, 1558). 🕒 6 horas. Informações turísticas: Hameln Marketing und Tourismus, Deisterallee 1, Bürgergarten. ☎ 05151/957-823. www.hameln.de.

De Hameln vá ao sul na B83 para Emmerthal (cerca de metade do caminho entre Bodenwerder e Hameln), e vá para a direita (oeste) em Emmerthal na L431 por 2,5 km (1,5 milhas) para Hämelschenburg, para uma distância total de 11 km (7 milhas).

9 ★ **Schloss Hämelschenburg**. Se você puder sair da emblemática Hameln, uma visita ao magnífico Castelo Hämelschenburg (1588), uma obra de arte da arquitetura local da Renascença de Weser, faz valer a pena uma pequena viagem. Você pode tanto caminhar pelo terreno ou fazer uma visita ao luxuoso interior e visitar o museu do palácio. 🕒 Pelo menos 1 hora. Schlossstrasse 1, Emmerthal (Hämelschenburg). ☎ 05155/951-690. www.schloss-haemelschenburg.de. Entrada 5,50€ para adultos, 3,50€ para a faixa etária de 5 a 18 anos, 16,50€ para famílias. Abril e outubro, terça a domingo das 11 h às 17 h; maio a setembro, terça a domingo das 10 h às 18 h; também às segundas em feriados nacionais.

Onde Ficar e Jantar

> O Rattenfängerhaus, de Hameln, é a escolha preferida por sua comida tradicional e painéis do Flautista.

★★ **Christinenhof** HAMELN
Localizado em uma bela e modernizada casa em estilo enxaimel de três séculos de existência na Cidade Antiga, o Christinenhof oferece muito do estilo tradicional e possui, até, uma piscina aquecida em seu interior. Alte Marktstrasse 18. ☎ 05151/95080. www.christinenhof-hameln.de. 30 quartos. Diárias para duas pessoas 99€, com café da manhã. MC, V.

★ **Hessischer Hof** BAD KARLSHAFEN
Em uma rua tranquila um pouco afastada da margem do rio, esse hotel se encaixa perfeitamente na elegância da "Cidade Branca", e seu bem cotado restaurante serve cozinha alemã e continental. Carlstrasse 13–15. ☎ 05672/1059. www.hess-hof.de. 19 quartos. Diárias para duas pessoas 78€, com café da manhã. AE, MC, V.

★★ **Hotel am Kurpark** BAD KARLSHAFEN
Uma localização à margem do rio na ponte sobre o Weser, próxima às docas dos passeios de barco, acrescenta a atração do cenário a esse hotelzinho familiar com quartos pequenos e aconchegantes. O restaurante serve pratos da cozinha local, com ampla variedade de peixes. Brückenstrasse 1. ☎ 05672/1850. www.hotel-am-kurpark.com. 36 quartos. Diária para duas pessoas de 70€ a 76€, com café da manhã. MC.

★★ **Hotel zur Krone** HAMELN
Apesar de ficar em uma antiga casa em estilo enxaimel em uma rua de pedestres no meio da Altstadt, os quartos são claros e contemporâneos. Da mesma forma, seu restaurante alemão tem um ambiente mais moderno que o conhecido vizinho Rattenfängerhaus (veja abaixo). Osterstrasse 30. ☎ 05151/9070. www.hotelzurkrone.de. 32 quartos. Diária para duas pessoas de 95€ a 99€, com café da manhã. AE. MC, V.

★★ **Kartoffelhaus in Bürgerhaus** HAMELN
ALEMÃ Próximo ao rio Weser, em uma casa em estilo enxaimel datada de 1530, esse aconchegante lugar é especializado em tradicionais cardápios alemães baseados em batatas. Kupferschmiedestrasse 13. ☎ 05151/22383. www.kartoffelhaus-hameln.de. Pratos principais de 10€ a 21€. AE, MC, V. Almoço e jantar de terça a domingo.

★ **Rattenfängerhaus** HAMELN *ALEMÃ*
A "Casa do Caçador de Ratos", em funcionamento desde 1603, é, inevitavelmente, a preferida dos turistas — justificadamente, por seu ambiente movimentado e cozinha tradicional. Osterstrasse 28. ☎ 05151/3888. www.rattenfaengerhaus.de. Pratos principais de 9€ a 20€. AE, DC, MC, V. Café da manhã (a partir das 10 h), almoço e jantar diariamente.

★★ **Schlosshotel Bad Wilhelmshöhe** KASSEL
Provavelmente você sairá desse hotel pensando que não é tão ruim assim — sua aparência ultramoderna é um bom contraste em relação aos antigos palácios e monumentos do Bergpark Wilhelmshöhe, que ficam próximos. Schlosspark 8. ☎ 0561/30880. www.schlosshotel-kassel.de. 105 quartos. Diárias de 84€ a 129€, com café da manhã. AE, MC, V.

CONTOS DE FADAS

Lendas Alemãs e os Irmãos Grimm

POR GEORGE MCDONALD

OS IRMÃOS Jacob (1785–1863) e Wilhelm (1786–1859) Grimm viajaram pela Alemanha no início do século XIX para reunir as lendas do folclore local. Eles as publicaram em sua coletânea, *Kinder-und-Hausmärchen*, o famoso *Contos de Grimm*. Apesar de não serem apenas contos de moral, as histórias eram instrutivas e tinham regras claras de recompensas e punições. Seu apelo duradouro reside em dar voz às ansiedades da infância, ao mesmo tempo em que oferece às crianças uma perspectiva segura para observar e explorar o mundo adulto.

A Rota Alemã dos Contos de Fadas

(Deutsche Märchenstrasse)

De Hanau, no rio Meno a leste de Frankfurt, onde os Irmãos Grimm nasceram, essa rota turística segue para o norte ao longo do rio Weser por 600 km (373 milhas), passando por florestas sinuosas, chalés em estilo enxaimel, ruas de paralelepípedos, vilas medievais e castelos, até chegar a Bremen. Sua companhia de leitura ideal para a viagem é uma cópia dos *Contos de Grimm*. Chapeuzinho Vermelho, o Lobo Mau, o Flautista de Hamelin, João e Maria, Rumpelstiltskin, Cinderela, fadas, magos, anões, duendes, e bruxas más estão associados à Rota dos Contos de Fadas. Algumas paradas ao longo do caminho são:

HAMELN (HAMELIN) A cidadezinha no rio Weser é o cenário da famosa história do Flautista de Hamelin, recontada em uma performance semanal todos os domingos em um teatro ao ar livre durante o verão.

KASSEL A região de Waldeck e a floresta de Rheinhardwald, no entorno de Kassel, foram o local de nascimento de várias lendas sobre bruxas, princesas adormecidas, feras estranhas e encantos mágicos. Essas histórias tiveram uma profunda influência nos Irmãos Grimm, que viveram em Kassel de 1798 a 1830.

NEUSTADT Diz-se que foi da torre circular da cidade que Rapunzel jogou suas tranças.

HÖXTER Conhecida pelas suas casas em estilo enxaimel e por uma antiga torre torta, essa cidade no rio Weser garante ter sido a inspiração para *João e Maria*; ela apresenta o drama no primeiro sábado de cada mês, entre maio e setembro.

SABABURG O Dornröschenschloss, um castelo próximo a Hann Münden, é um cenário persuasivo para a lenda da Bela Adormecida (Dornröschen). Rosas de Roseira Brava florescem no jardim.

RIO SCHWALM Os alemães apelidaram a rota ao longo desse rio de *Rotkäppchenland*, ou terra de Chapeuzinho Vermelho.

Uma Reviravolta nos Contos

Você poderá não reconhecer alguns elementos principais das primeiras versões desses famosos contos de fadas.

◄ JOÃO E MARIA (*Hänsel und Gretel*). As primeiras versões dessa história foram mexidas para torná-la mais acessível às crianças, com a mãe malvada sendo trocada por uma madrasta — assim criando o estereótipo da madrasta má.

CINDERELA (*Aschenputtel*). Na versão dos Irmãos Grimm, não existe fada madrinha. É a bela árvore que ela planta no túmulo de sua mãe que vem ao seu socorro na hora de ir ao baile. Cinderela é uma heroína passiva, resgatada de uma vida de escravidão por um belo príncipe.

RAPUNZEL. Nas primeiras versões desse conto, Rapunzel pergunta porque seu vestido está ficando tão apertado e, assim, ingenuamente revela à sua madrasta que está grávida depois de um namoro com o príncipe.

CHAPEUZINHO VERMELHO (*Rotkäppchen*). Na versão francesa, o caçador não salva Chapeuzinho Vermelho do Lobo Mau — ela distrai a fera sozinha ao fazer um *striptease* e então escapa. Os Grimm modificaram a fábula como aviso para as crianças não se desviarem de seus caminhos.

Sauerland, Niedersachsen e Bremen para Famílias

Uma combinação das paisagens de Niedersachsen — das extensas charnecas de Lüneburger Heide ao litoral do Mar do Norte — fornece o cenário para uma variedade de atrações voltadas para as crianças. Esse não é um roteiro para ser seguido ponto a ponto, mas um apanhado de lugares interessantes para famílias que você pode visitar como passeios secundários a partir de cidades da região.

> *O Zoo am Meer, no rio Weser em Bremerhaven, é a casa de mais de 200 animais oceânicos característicos do norte.*

PONTO DE PARTIDA **Hameln fica 47 km (29 milhas) a sudoeste de Hanôver na B217; e 48 km (30 milhas) oeste de Hidesheim na B1. De Hameln, siga ao leste na B1 por 25 km (16 milhas) para Rasti-Land.**

1 Rasti-Land. Quando os ratos de Hameln (pág. 515, 8) perderem seu charme, esse modestamente ousado parque de aventuras, próximo à B1, tem atrações e diversões aquáticas — nenhuma delas radical — e outras mais adequadas para crianças em torno de dez anos. ⏲ 6 horas. Quanthofer Strasse 9, Salzhemmendorf (Oldendorf). ☎ 05153/94070. www.rasti-land.de. Entrada 18,50€ para pessoas acima de 12 anos, 16,50€ para crianças de 3 a 11 anos. Junho a agosto, diariamente das 10 h às 18 h, abril a maio e setembro e outubro de forma intermitente às 10 h ou 10 h 30 min até às 17 h. Trem: Osterwald, depois siga as placas para Rasti-Land (2 km/1,25 milha).

2 Familienpark-Sottrum. Voltado para famílias, Sottrum é uma boa opção para crianças até 12 anos. É educativo de maneira divertida, com seções cobrindo dinossauros e homens pré-históricos. Existe uma fazenda para crianças, um zoológico interativo, passeios de pônei, um pequeno circo, pedalinhos, parquinhos e outras opções que não estressam. Sottrum fica perto de Hildesheim (pág. 507, 7). ⏲ De 4 a 8 horas. Ziegeleistrasse 28, Sottrum (lado sul da vila). ☎ 05062/8860. www.familienparksottrum.de. Entrada 8,50€ para adultos, 7,50€ para a faixa etária de 2 a 14 anos. Abril a meados de outubro diariamente, das 10 h às 18 h. Trem: Derneburg, e depois o ônibus 461. De

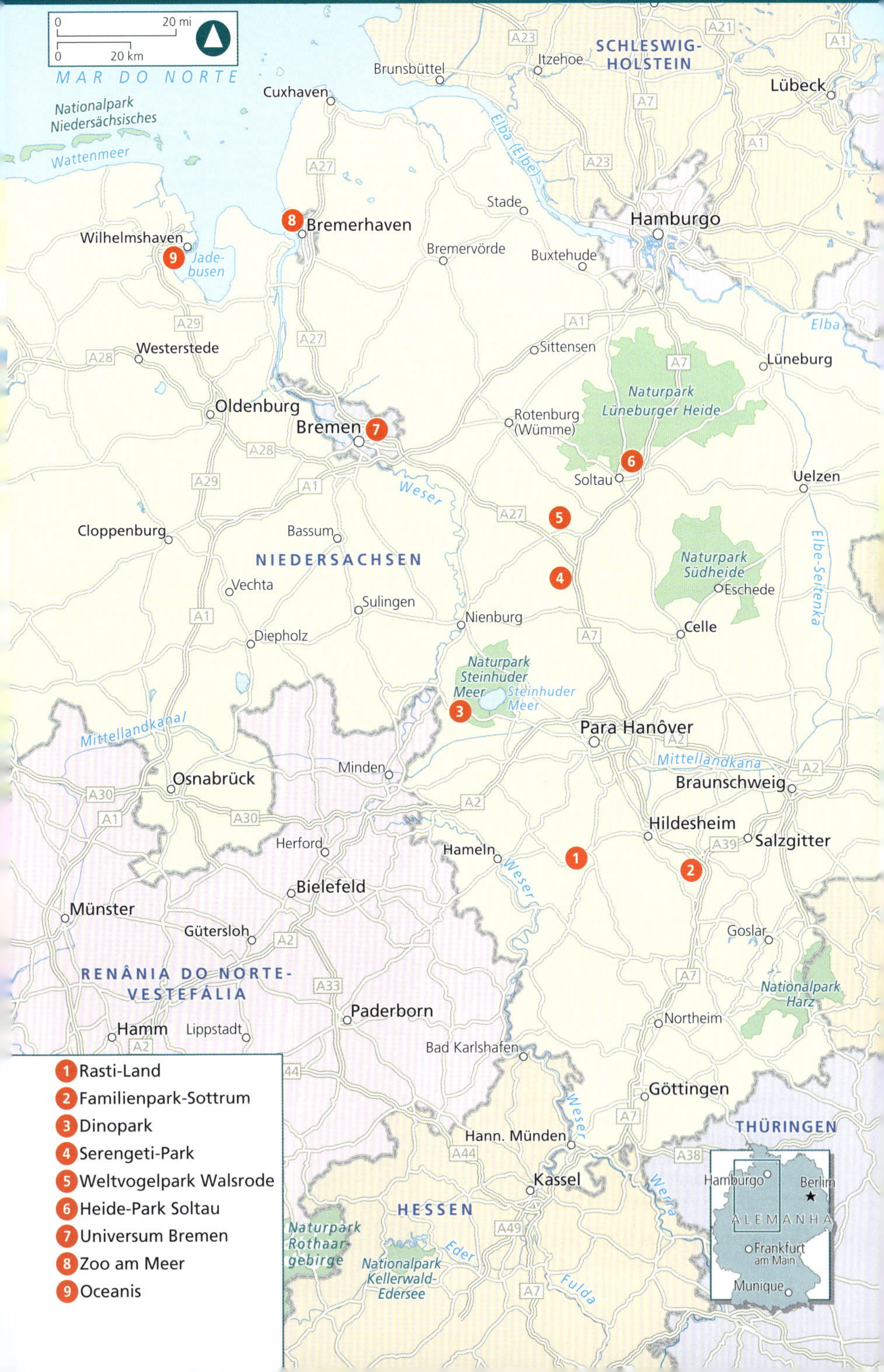
0 20 mi
0 20 km
MAR DO NORTE
Nationalpark Niedersächsisches Wattenmeer
SCHLESWIG-HOLSTEIN
NIEDERSACHSEN
RENÂNIA DO NORTE-VESTEFÁLIA
HESSEN
THÜRINGEN
Cuxhaven
Brunsbüttel
Itzehoe
Lübeck
Stade
Hamburgo
Bremerhaven
Wilhelmshaven
Jadebusen
Bremervörde
Buxtehude
Elba (Elbe)
Elba
Westerstede
Sittensen
Lüneburg
Naturpark Lüneburger Heide
Oldenburg
Bremen
Rotenburg (Wümme)
Soltau
Uelzen
Weser
Cloppenburg
Bassum
Naturpark Südheide
Eschede
Elbe-Seitenka
Vechta
Sulingen
Nienburg
Celle
Diepholz
Naturpark Steinhuder Meer
Steinhuder Meer
Mittellandkanal
Para Hanôver
Mittellandkana
Osnabrück
Minden
Braunschweig
Hildesheim
Salzgitter
Herford
Hameln
Bielefeld
Münster
Gütersloh
Goslar
Nationalpark Harz
Paderborn
Northeim
Hamm
Lippstadt
Bad Karlshafen
Göttingen
Hann. Münden
Kassel
Werra
Naturpark Rothaargebirge
Nationalpark Kellerwald-Edersee
Eder
Fulda
Hamburgo
Berlim
ALEMANHA
Frankfurt am Main
Munique
1 Rasti-Land
2 Familienpark-Sottrum
3 Dinopark
4 Serengeti-Park
5 Weltvogelpark Walsrode
6 Heide-Park Soltau
7 Universum Bremen
8 Zoo am Meer
9 Oceanis

Hildesheim, siga sudeste na B243 para Nette e, então, nordeste na L493 para Sottrum (24 km/15 milhas).

3 ★ **Dinopark**. A oeste de Steinhuder Meer, o maior lago de Niedersachsen, e de fácil acesso a partir de Hanôver (pág. 546), o Dinopark fica em um local histórico, o Naturdenkmal Saurierfährten (Monumento Natural das Pegadas de Dinossauros). Esse local fascinante contém mais de 250 pegadas preservadas de dinossauros do Período Cretáceo, isto é, há 140 milhões de anos atrás. Além disso, o parque possui uma divertida trilha educativa que passa por grandes réplicas de dinossauros de vários períodos. As crianças podem fazer seus próprios modelos (muito menores, claros) em oficina. 🕒 **4 horas. Alte Zollstrasse 5, Münchehagen (próximo à Hannoversche Strasse). ☎ 05037/2075. www.dinopark.de. Entrada 9,50€ para pessoas acima de 13 anos, 8€ para crianças entre 4 e 12 anos. Março a outubro, diariamente das 10 h às 18 h, novembro sábado e domingo das 10 h às 17 h, dezembro dois fins de semana das 10 h às 17 h, janeiro um fim de semana das 10 h às 17 h. Trem: Wunstorf e, então, ônibus 716. De Hanôver, siga norte na B6 e oeste na A2 e B441, por Wunstorf e Hagenburg, para Münchehagen (43 km/27 milhas).**

4 ★★ **Serengeti-Park**. Você pode andar por esse parque safari — com área total de cerca de 200 hectares (490 acres) — no seu carro, como faz a maioria dos visitantes, ou a bordo de um dos ônibus turísticos do parque para observar leões, tigres, girafas, elefantes, antílopes, camelos e as demais 1500 criaturas exóticas de terra, mar e ar no parque. Existe ainda uma área com atrações menos intensas, um lago com pedalinhos em forma de patos e apresentações para crianças pequenas. Essa pode ser, facilmente, uma viagenzinha extra a partir de Hanôver (pág. 546) ou Bremen (pág. 538). 🕒 **Pelo menos 4 horas. Am Safaripark 1, Hodenhagen (próximo à Bahnhostrasse). ☎ 05164/97990. www.serengeti-park.de. Entrada 23€ para adultos, 19€ para crianças entre 3 e 12 anos; passeio de ônibus 3,50€. Abril a outubro, diariamente das 10 h às 18 h.**

De Hanôver, siga ao norte na A352 e A7, e então, ao oeste na L191 para Serengeti-Park (54 km/33 milhas). Ou pegue um trem para Hodenhagen, e então siga as placas para o parque (uma caminhada de 4 km/2,5 milhas), ou pegue um táxi (8€) a partir da estação de trem.

5 ★ **Weltvogelpark Walsrode**. Pássaros voam aqui, ali e, aparentemente, por todos os lados no Weltvogelpark Walsrode (Parque Mundo das Aves de Walsrode), em um espaço que cobre 24 hectares (59 acres). É o suficiente para permitir habitats quase naturais para muitos dos seus 4 mil coloridos habitantes, representando 700 espécies diferentes de aves de todo o mundo. Entre elas estão tucanos, pelicanos, pavões e pinguins. É mais conveniente chegar a partir de Hanôver. 🕒 **4 horas. Ahrsener Strasse 1, Walsrode (próximo à Ebbinger Strasse). ☎ 05161/60440. www.voeglpark-walsrode.de. Entrada 16€ para adultos, 11€ para a faixa etária de 4 a 17 anos, 32€ para famílias com 1 adulto, e 48€ para famílias com 2 adultos. Final de março a setembro, diariamente das 9 h às 19 h; outubro, diariamente das 9 h às 18 h.**

De Hanôver, siga ao norte na A352, A7 e A27, e então ao norte na B209 e L161 (67 km/42 milhas). Ou pegue um trem para Walsrode, e então o ônibus 511 ou caminhe 3 km (2 milhas) até o parque (siga as placas).

6 ★★★ **Heide-Park Soltau**. Esse é o local para emoções. Há muito o que fazer no maior parque de diversões do norte da Alemanha — com 58 hectares (210 acres) de território e cerca de 50 atrações. Meia dúzia delas, com nomes como Grande Curva, Corrida no Deserto e Indy Blitz, entram na categoria de assustadoras, mas

Intervalos e Refeições Favoráveis às Crianças

Rasti-Land, Familienpark-Sottrum, Serengeti-Park, Weltvogelpark Walsrode, Heide-Park Soltau, Zoo am Meer e Oceanis possuem uma coisa em comum: todos têm quiosques de lanches e/ou cafeterias servindo hambúrgueres e batatas fritas, pizzas e outras comidinhas.

O ★ **Restaurant Zanzibar**, no Serengeti-Park, possui cardápio continental e mesas ao ar livre às margens do pequeno Viktoriasee (Lago Vitória). Pratos tradicionais alemães são servidos no ★ **Rosencafé**, uma casa em estilo enxaimel no Weltvogelpark Walsrode, e comida mais simples e barata pode ser encontrada no Gasthof zum Kranich.

O Heide-Park oferece, para comida regional alemã, o restaurante com teto de junco ★ **Panorama**, um em estilo norte-americano, o Capitol, com o formato do Capitólio de Washington, D.C.; e a Brauhaus, um jardim de cerveja com cardápio continental. No hotel quatro estrelas do parque, o ★ **Port Royal** (☎ 08105/919-101; www.hotelportroyal.de), tanto o ★★ **Schatzinsel** quanto o ★ **La Tortuga**, mais simples, servem cozinha continental.

> *Com mais de 250 pegadas de dinossauros do Período Cretáceo e uma trilha educativa, o Dinopark de Münchehagen é o preferido entre as famílias.*

existem as mais calmas, para crianças tranquilas e outras bastante serenas para os menores, além de muitos atrativos para os visitantes. O parque tem melhor acesso a partir de Hanôver. **1 dia. Heidenhof, Soltau (em Hambostel). ☎ 01805/919-101. www.heide-park.de. Entrada 33€ para pessoas acima de 12 anos, 26€ para a faixa etária de 4 a 11 anos. Abril a outubro, diariamente das 9 h às 18 h.**

De Hanôver siga a norte na A352 e A7, depois a oeste na B71, K9 e K2 (90 km/56 milhas).

7 ★★ **Universum Bremen**. Esse centro de ciências na parte norte de Bremen (pág. 538) parece tanto um disco voador que fez uma péssima aterrissagem quanto um marisco de aço inoxidável (faça a sua escolha). Lá dentro há centenas de exposições interativas em diversos campos da ciência e tecnologia, reunidas em grandes tópicos como Expedição Humanidade, Expedição Terra, e Expedição Cosmos. Do lado de fora, no Entdecker Park (*Entdecker* é a palavra em alemão para "Descobridor"), ficam instalações para analisar os ventos, a água e muito mais. **4 horas. Wiener Strasse 2 (próximo à Universitätsallee), Bremen. ☎ 0421/33460. www.universum-bremen.de. Entrada 15,50€ para adultos, 10,50€ para a faixa etária de 6 a 18 anos, 39,50€ para famílias. Segunda a sexta, das 9 h às 18 h, sábado e domingo das 10 h às 19 h. Bonde: 6, para a parada Universität/NW1.**

8 ★ **Zoo am Meer**. O zoológico marinho de Bremerhaven, na margem norte (direita) do rio Weser, pega tanto a inspiração quanto a maioria das suas 200 ou mais criaturas do Oceano do Norte. Ursos polares, leões marinhos e (do Oceano Antártico) pinguins Humboldt, assim como vários outros mamíferos marinhos ou ligados ao mar e aves, como gansos e patos êider, se divertem nas piscinas e escalam as rochas. Os tanques do Nordseeaquarium são ocupados ainda por peixes, crustáceos e outros seres do Mar do Norte. **4 horas. H.-H.-Meier-Strasse 5 (próximo à Columbusstrasse), Bremerhaven. ☎ 0471/308-410. www.zoo-am-meer-bremerhaven.de. Entrada 6,50€ para adultos, 3,50€ para a faixa etária de 4 a 14 anos; segunda 5€ para adultos, 2,50€ para crianças. Abril a setembro diariamente das 9 h às 19 h; março e outubro das 9 h às 18 h; novembro a fevereiro, das 9 h às 16 h 30 min. Ônibus: 501, 502, 505, 506, 508 ou 509. De Bremen, siga a norte na A27 e depois a oeste na B212 (Grimsbystrasse e Lloydstrasse) até Bremerhaven's Neuer Hafen (Novo Porto de Bremerhaven), depois para o Zoo am Meer (67 km/42 milhas).**

9 ★ **Oceanis**. Uma das diversas atrações relacionadas aos mares no porto de Wilhelmshaven, com fácil acesso a partir de Bremen (pág. 538), o Oceanis leva você por uma jornada interativa em uma estação de pesquisa subaquática virtual (assim você não se molha). E termina em um passeio em um submarino virtual. **Pelo menos 3 horas. Bontekai 63 (na Weserstrasse), Wilhelmshaven. ☎ 04421/755-055. Entrada 8,90€ para adultos, 5,90€ para a faixa etária de 6 a 14 anos, 21,90€ para famílias. Meados de março a meados de novembro, diariamente das 10 h às 18 h; meados de novembro a meados de março, sábado e domingo das 10 h às 18 h. De Bremen, siga a noroeste na A28 e A29 e, então, a leste na B210 (Oldenburgerstrasse), depois siga as placas de Maritime Meile Wilhelmshaven, até Oceanis (103 km/64 milhas).**

Sauerland, Niedersachsen e Bremen ao Ar Livre

Uma série de parques nacionais, parques naturais e um litoral espalham verde e azul na paisagem entre o distrito industrial do Ruhr e o Mar do Norte. Eles podem parecer pequenos quando comparados internacionalmente, mas não são menos valorizados por isso. Suas opções são tão variadas — paisagens florestais, uma cadeia de montanhas, a costa de um mar raso — que seria difícil ver tudo em uma única viagem. A seguir temos uma lista de destaques, com informações sobre como chegar a cada parque como viagem secundária conforme você atravessa a região.

> *Durante a maré baixa, dê uma caminhada pelos lamaçais do Wattenmeer (Mar Frísio) no Nationalpark Niedersächsisches Wattenmeer.*

PONTO DE PARTIDA Winterberg fica a 94 km (58 milhas) de Kassel (pág. 491, 1), seguindo a sul na A49, a oeste na A44, B251, L3083 e L740, e a sul na B480.

1 ★ **Naturpark Rothaargebirge**. Cobrindo 1355 m² (523 milhas²) da parte ocidental de Sauerland, esse parque natural protege principalmente florestas de abetos e faias nas montanhas Rothaargebirge. Um bom ponto de partida para caminhar pelo parque é Wintenberg, um resort de esportes de inverno a leste do ★★ **Kahler Asten**, o segundo mais alto pico da baixa cordilheira (841 km/2759 pés). O

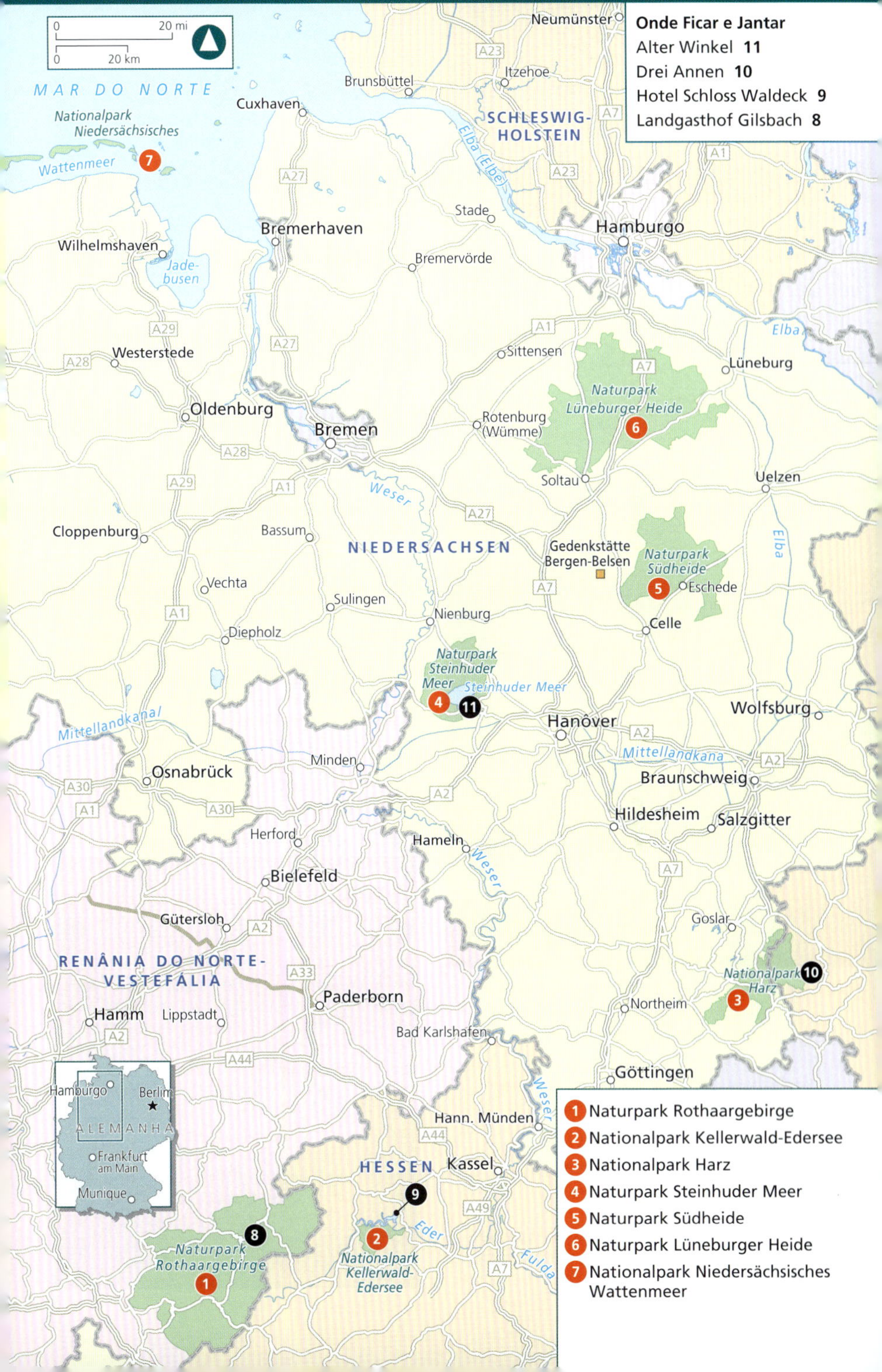
Onde Ficar e Jantar
Alter Winkel 11
Drei Annen 10
Hotel Schloss Waldeck 9
Landgasthof Gilsbach 8
1 Naturpark Rothaargebirge
2 Nationalpark Kellerwald-Edersee
3 Nationalpark Harz
4 Naturpark Steinhuder Meer
5 Naturpark Südheide
6 Naturpark Lüneburger Heide
7 Nationalpark Niedersächsisches Wattenmeer
MAR DO NORTE
Nationalpark Niedersächsisches Wattenmeer
Cuxhaven
Brunsbüttel
Neumünster
Itzehoe
SCHLESWIG-HOLSTEIN
Elba (Elbe)
Stade
Hamburgo
Bremerhaven
Wilhelmshaven
Jade-busen
Bremervörde
Westerstede
Oldenburg
Bremen
Sittensen
Naturpark Lüneburger Heide
Lüneburg
Rotenburg (Wümme)
Soltau
Uelzen
Weser
Cloppenburg
Bassum
NIEDERSACHSEN
Gedenkstätte Bergen-Belsen
Naturpark Südheide
Eschede
Elba
Vechta
Sulingen
Nienburg
Celle
Diepholz
Naturpark Steinhuder Meer
Steinhuder Meer
Mittellandkanal
Hanôver
Wolfsburg
Minden
Braunschweig
Osnabrück
Hildesheim
Salzgitter
Herford
Hameln
Bielefeld
Gütersloh
Goslar
RENÂNIA DO NORTE-VESTEFÁLIA
Nationalpark Harz
Paderborn
Hamm
Lippstadt
Northeim
Bad Karlshafen
Göttingen
Hamburgo
Berlim
ALEMANHA
Frankfurt am Main
Munique
Hann. Münden
HESSEN
Kassel
Eder
Fulda
Naturpark Rothaargebirge
Nationalpark Kellerwald-Edersee

> *As Montanhas Harz, próximas a Goslar, são o lar tradicional da Walpurgisnacht, um evento anual que acontece para espantar as bruxas da região.*

Infozentrum (centro de visitantes), em Kahler Asten, tem informações sobre trilhas, clima e outras coisas úteis. 🕒 **Pelo menos metade de um dia. Sede do parque: Heinrich-Jansen-Weg 14, Brilon. ☎ 02961/943-223. www.naturpark-rothaargebirge.de.**

2 ★★ **Nationalpark Kellerwald-Edersee**. Fundado em 2004 como uma área mais rigorosa de proteção dentro de um amplo parque natural — ★ **Naturpark Kellerwald-Edersee** — esse parque nacional cobre 57 km² (22 milhas²) dos 406 km² (157 milhas²) do parque natural. Trilhas para caminhadas e bicicleta estão presentes em meio à paisagem montanhosa e florestal na qual predominam árvores de faias e carvalhos. Ao longo da parte norte do parque nacional fica o ★★ **Edersee**, um lago artificial criado pela construção de uma barragem no rio Eder em 1914. Essa foi uma das várias barragens da região atingidas pelos bombardeios ingleses durante o famoso ataque às barragens (Operação Chastise) em 1943. Os aviões jogavam "bombas saltitantes" especialmente desenvolvidas, que pulavam pelo lago antes de explodir e destruir a barragem, causando mortes consideráveis e destruição rio abaixo (a barragem foi reconstruída em alguns meses). Passeios de barco pelo lago são feitos pela **Personenschiffahrt Edersee** (☎ 05623/5415; www.personenschiffahrt-edersee.de), partem de uma doca na margem norte em Waldeck-Strandbad e levam a sete pequenos portos em torno do lago. O parque é um bom passeio saindo de Kassel (pág. 498, **1**). 🕒 **1 dia. Centro de visitantes: NationalparkZentrum Kellerwald, Weg zur Wildnis 1, Herzhausen (lado oeste do Edersee, na B252). ☎ 05635/992-781. www.nationalpark-kellerwald-edersee.de e www.nationalparkzentrum-kellerwald.de. Entrada 6€ para adultos, 4€ para a faixa etária de 6 a 18 anos, 16€ para famílias. Abril a outubro, diariamente das 9 h às 18 h; novembro a março, das 10 h às 16 h 30 min. De Kassel, pegue a B83 e A49 sul, depois a A44 e B251 oeste, e então, L3084 e B252 sul para Herzhausen, um total de 66 km (41 milhas).**

A Hora das Bruxas

Bruxas são um assunto de respeito nas Montanhas Harz. Durante a Walpurgisnacht (Noite Walpurgis; 30 de abril–1 de maio), foliões vestidos de bruxas se reúnem em Brocken, a maior montanha da região norte da Alemanha, para dançar com o diabo à luz de tochas. O festival popular, também conhecido como Hexennacht (Noite das Bruxas), é uma mistura de tradições pagãs e cristãs. Walpurgis deriva de Santa Walpurga, uma freira e missionária inglesa para os francos pagãos da Europa continental, no século VIII. Seu dia de festa (1 de maio) marca a chegada da primavera, e com o amanhecer, as bruxas e outras criaturas da noite são expulsas. Além da dança das feiticeiras em Brocken, muitas vilas em Harz têm festivais populares nessa noite.

> *O Naturpark Steinhuder Meer atrai velejadores, canoístas, nadadores e observadores de pássaros.*

3 ★★★ crianças **Nationalpark Harz**. O Parque Nacional de Hartz foi criado em 2006 ao combinar dois parques nacionais, um na antiga Alemanha Ocidental e outro na antiga Alemanha Oriental (durante a Guerra Fria, a Cortina de Ferro passava pelas Montanhas Harz). O parque unificado se estende por 274 km² (95 milhas²) e protege cerca de 10% das Harz, uma vasta floresta que chega até 1141 m (3373 pés) no ápice da ★★ **Brocken**, a maior montanha do norte da Alemanha. Fica próxima a Goslar (pág. 544), mas também pode ser visitada como uma pequena viagem saindo de Hildesheim (pág. 507, 7) ou Hanôver (pág. 546). Visitantes desfrutam de caminhadas consideravelmente menos árduas que nos Alpes, apesar de não serem tão espetaculares. Há excelentes restaurantes e vinhos nas cidadezinhas da montanha, em locais como ★★ **Goslar** (pág. 544), Clausthal-Zellerfeld, Bad Harzburg, Schierke e ★★ **Wernigerode**, em inúmeras belas vilas. As crianças podem gostar de uma visita ao topo de Brocken a bordo de um trem de bitola estreita operado pela **Harzer Schmalspurbahn** (☎ 03943/5580; www.hsb-wr.de), saindo de Wernigerode, Drei Annen Hohne, e outras estações. Durante o inverno, use o seu traje de neve para esqui alpino, *Langlauf* (esqui de fundo, ou cross-country), e uma variedade de outros esportes de inverno. 🕒 1 dia. Centro de visitantes: Nationalpark-Besucherzentrum TorfHaus, Torfhaus, 8 km (5 milhas) leste de Altenau na L504. ☎ 05320/331-790. www.nationalpark-harz.de. Abril a outubro, diariamente das 9 h às 17 h; novembro a março, diariamente das 10 h às 16 h. De Goslar, pegue a B6 a leste e, então, a B4 ao sul para Torfhaus, um total de 25 km (16 milhas). Você pode, também, chegar ao parque em um trem para Bad Harzburg, Goslar ou Wernigerode.

4 ★★ crianças **Naturpark Steinhuder Meer**. Maior lago do noroeste da Alemanha, o raso Steinhuder Meer é uma relíquia da última Era do Gelo em uma paisagem relativamente plana e cobre uma área de 30 km² (12 milhas²). Isso não é nem um décimo da área total do parque, mas as boas condições para barcos àvela, caiaques, windsurf, natação e outras atividades aquáticas o tornam a atração principal. Observadores de pássaros têm muito a fazer, tanto na água quanto nas áreas úmidas de importância internacional ao redor do lago. ★ **Passeios de barco**, a bordo de pequenas lanchas de madeira ou de barcos maiores, saem de Steinhude na margem sul e são operados pela **Steinhuder Personenshifffahrt** (☎ 05033/1721; www.steinhuder-personenshifffahrt.de). Um bom passeio de barco o leva à **Insel Wilhelmstein**, uma pequena ilha em que fica um forte do século XVIII. Visite o centro de informações do parque natural de Steinhude para detalhes sobre os pântanos e prados além do lago,

> *O Lüneburger Heide é um pântano vasto e aberto, cheio de casas com telhados de palha.*

bons para um passeio de bicicleta. O parque fica a pouco mais de meia hora de viagem de Hanôver (pág. 546). ⏱ **1 dia. Informações turísticas: Informationenszentrum, Am Graben 3–4, Steinhude. ☎ 0533/939-134. www.naturpark-steinhuder-meer.de. Maio a outubro, diariamente das 10 h às 13 h e das 14 h às 18 h; novembro a abril, de quarta a domingo das 11 h às 13 h e das 14 h às 17 h. De Hanôver siga a norte na B6, a oeste na A2 e B441 e, então, a norte na K41 para Steinhude, um total de 33 km (21 milhas). Ou pegue o trem para Wunstorf e depois o ônibus 710, 711, 716 ou (em julho e agosto) 835 para Steinhude.**

5 ★ Naturpark Südheide. O Parque Natural da Charneca Sul cobre 480 km^2 (185 milhas^2) e tem uma paisagem plana com charnecas, pântanos e florestas parecida com a de seu primo maior, o Naturpark Lüneburger Heide (6). Da mesma forma, possui uma série de trilhas para caminhadas, bicicletas e cavalgadas. O parque é bem acessível de Hanôver (pág. 546). ⏱ **Pelo menos metade de um dia. Sede do parque: Trift 26, Celle. ☎ 05141/916-469. www.region-celle.de. De Hanôver, pegue a B3 e a B191 rumo nordeste a 61 km (38 milhas) para Eschede, no lado sul do parque. A sede fica no caminho para Celle, próxima à B3. Você pode chegar ao parque, também, de trem para Eschede ou Unterlüss.**

6 ★★ Naturpark Lüneburger Heide. Amplas charnecas, pântanos e turfeiras, prados e trechos de floresta de coníferas ocupam uma paisagem que já foi densamente arborizada. Ao longo dos séculos, as árvores foram derrubadas para abrir espaço para agricultura e para indústrias. Um exemplo irônico do que hoje constitui uma paisagem natural, o Naturpark Lüneburger Heide (Parque Natural de Charnecas de Lüneburg) preserva 1.070 m^2 (413 milhas^2) desse cenário, e o máximo possível da cultura humana que se desenvolveu por ali. Bandos

Campo de Concentração de Bergen-Belsen

Mesmo entre monstruosas companhias como Auschwitz, Ravensbrück e Treblinka, o nazista *Konzentrationslager*, em Bergen-Belsen, tem uma diferença maligna. Apesar de não ter sido um campo de extermínio no sentido estrito da palavra — não existiam câmaras de gás — cerca de 100 mil prisioneiros morreram por maus tratos, desnutrição, doenças e execuções entre 1940 e 1945. Entre eles estava Anne Frank (1929–1945), autora de um dos livros mais lidos no mundo, *O Diário de Anne Frank*. A curta vida da jovem cronista judia começou em Frankfurt (pág. 474), continuou no exílio e esconderijo em Amsterdam, na Holanda, e terminou aqui pelo efeito de uma febre tifoide, algumas semanas antes de as tropas britânicas libertarem o campo em abril de 1945.

Os Aliados destruíram o campo tão logo os sobreviventes foram removidos. No local, a oeste do Naturpark Südheide (5), quase entre Hanôver (pág. 546) e Lüneburg (pág. 550), fica agora o centro memorial e de documentação ★ **Gedenkstätte Bergen-Belsen**. No centro você aprenderá sobre a história do campo. No terreno, um simples memorial de pedra homenageia Anne Frank e sua irmã Margot, que foram enterradas em uma vala comum. ⏱ **2 horas. Anne-Frank-Platz, Lohheide (5 km/3 milhas sudoeste de Bergen pela L298). ☎ 05051/475-9112. www.bergenbelsen.de. Entrada gratuita. Abril a setembro, diariamente das 10 h às 18 h; outubro a março, diariamente das 10 h às 17 h. Trem: Celle, depois ônibus 3 (até seis ônibus diariamente; a viagem de ônibus da estação de trem ao campo leva 72 minutos).**

de *Heideschnucke* pastando, uma espécie de ovelhas das charnecas do norte da Alemanha, mantêm as charnecas em seu estado "natural". Rígidas leis impõem a manutenção das casas com telhados de palha e o ambiente rural. Esse terreno baixo e ondulado — o ponto mais alto, o Wilseder Berg, próximo ao centro do parque, está 169 m (554 pés) acima do nível do mar — tem horizontes amplos e abertos e é recortado por trilhas para caminhadas, bicicletas e cavalgadas. A maior parte das charnecas são um belo tapete roxo quando as flores de urze desabrocham, em agosto e setembro. Uma dúzia de aldeias no entorno do Lüneburger Heide são fontes de hotéis, restaurantes, informações para visitantes, aluguel de bicicletas e passeios nas tradicionais carruagens puxadas por cavalos. Você pode, facilmente, transformar essa em uma viagem saindo de Bremen (pág. 538) ou usar a charmosa Lüneburg (pág. 550) como ponto de partida. 🕒 **Pelo menos metade de um dia. Sede do parque: Schlossplatz 6, Winsen. ☎ 04171/693-139. www.naturpark-lueneburger-heide.de. De Bremen, pegue a A1 e B75 por 80 km (50 milhas) rumo ao leste para Schneverdingen, um bom ponto de partida no lado ocidental do parque. Ou vá de trem até Schneverdingen ou Wintermoor.**

7 ★★★ **Nationalpark Niedersächsisches Wattenmeer**. O Parque Nacional do Mar Frísio é parte da Reserva Unesco da Biosfera, estabelecida em 2009. Ele se estende pelas ilhas e bancos de areia e pelo litoral continental do raso Wattenmeer (Mar Frísio) em ambos os lados do estuário do Elba, da fronteira com a Holanda e a Dinamarca. Pelos padrões alemães, é um parque nacional grande, cobrindo 278 km² (107 milhas²) e inclui tanto as movimentadas ilhas turísticas e resorts litorâneos quanto uma reserva protegida da vida marinha. A área é local de descanso para várias espécies de aves do norte da Europa, e gaivotas também são avistadas por aqui. Para mais sobre esse litoral nacional, veja o itinerário "Um Salto Pelas Ilhas Frísias" (pág. 530). Bremen (pág. 538) é a cidade grande mais próxima; para mais sobre Wilhemshaven, onde a sede do parque fica localizada, veja pág. 536, **13**. 🕒 **1 dia. Sede do parque: Virchow-strasse 1, Wilhelmshaven. ☎ 04421/9110. www.nationalpark-wattenmeer.niedersachsen.de. De Bremen pegue a A28 rumo ao oeste e A29 sentido norte para Wilhelmshaven à sede do parque, depois siga a B210 e as estradas locais até Esens, no final do parque. A distância total até Esens é de 132 km (82 milhas).**

Onde Ficar e Jantar

★★ **Alter Winkel** STEINHUDE
Uma bela vista para o lago é garantida nesse hotel rústico e ribeirinho, com mobília de madeira de pinho nos quartos, um restaurante com tema náutico e um jardim de cerveja na beira da água. **Alter Winkel 8. ☎ 05033/8447. www.alterwinkel.de. 5 quartos. Diária para duas pessoas de 74€ a 95€, com café da manhã. MC, V.**

★ **Drei Annen** DREI ANNEN-HOHNE
Modernizado desde seus tempos de hotel da era comunista, esse amplo e simples hotel no lado leste do Nationalpark Harz tem quartos simplesmente mobiliados, uma pequena piscina interna e uma área de bem-estar. Seu restaurante serve comida tradicional alemã. **Drei Annen-Hohne 110. ☎ 039455/5700. www.drei-annen.de. 69 quartos. Diárias para duas pessoas 88€, com café da manhã. Cartões de crédito não são aceitos.**

★★★ **Hotel Schloss Waldeck**. WALDECK
É difícil superar um castelo do século XII que foi transformado em um hotel de luxo; seu excelente restaurante e a bela vista do Edersee são como coberturas no bolo. O local fica um pouco a nordeste do Nationalpark Kellerwald-Edersee. **Am Schlossberg. ☎ 05623/5890. www.schloss-hotel-waldeck.de. 40 quartos. Diárias para duas pessoas de 106€ a 246€, com café da manhã. AE, MC, V.**

★★ **Landgasthof Gilsbach** LANGEWIESE
Próximo ao centro de Rothaargebirge, o Gilsbach hotel e restaurante, em estilo enxaimel, possui um toque do Tirol, mas com quartos decorados de forma contemporânea. **Bundesstrasse 25. ☎ 02758/98420. www.landgasthof-gilsbach.de. 10 quartos. Diárias para duas pessoas de 62€ a 76€, com café da manhã. AE, MC, V.**

Um Salto Pelas Ilhas Frísias

As Ostfriesische Inseln (Ilhas Frísias) são um cordão costeiro de cinco ilhas separadas das terras continentais alemãs pelo raso Wattenmeer (Mar Frísio). Banhadas pelas águas mornas da corrente do golfo, as ilhas — de oeste a leste: Borkum, Juist, Norderney, Baltrum, Langeoog, Spiekeroog e Wangerooge — possuem clima marítimo temperado. Durante o verão elas são locais de férias, mas quando as tempestades de inverno chegam, é outra história. Juntos, o mar, a costa e as ilhas formam o Nationalpark Niedersachsisches Wattenmeer (Parque Nacional do Mar Frísio; pág. 529, 7). Essa rota o levará do sul ao norte; escolha o que quiser ver no caminho. Reserve cerca de um dia para cada ilha e leve em conta as viagens de balsa e o tempo para ver os locais.

> *As belas praias de Borkum, a maior das Ilhas Frísias, atraem banhistas de toda a Europa.*

PONTO DE PARTIDA Emden fica 251 km (156 milhas) a noroeste de Hanôver; e 131 km (81 milhas) a noroeste de Bremen pelo caminho mais curto e rápido. Para informações sobre o serviço de balsas para as ilhas, veja "Balsas para as Ilhas Frísias", pág. 510. **DURAÇÃO DA VIAGEM** De alguns dias a duas semanas, dependendo de quantas ilhas você decidir visitar.

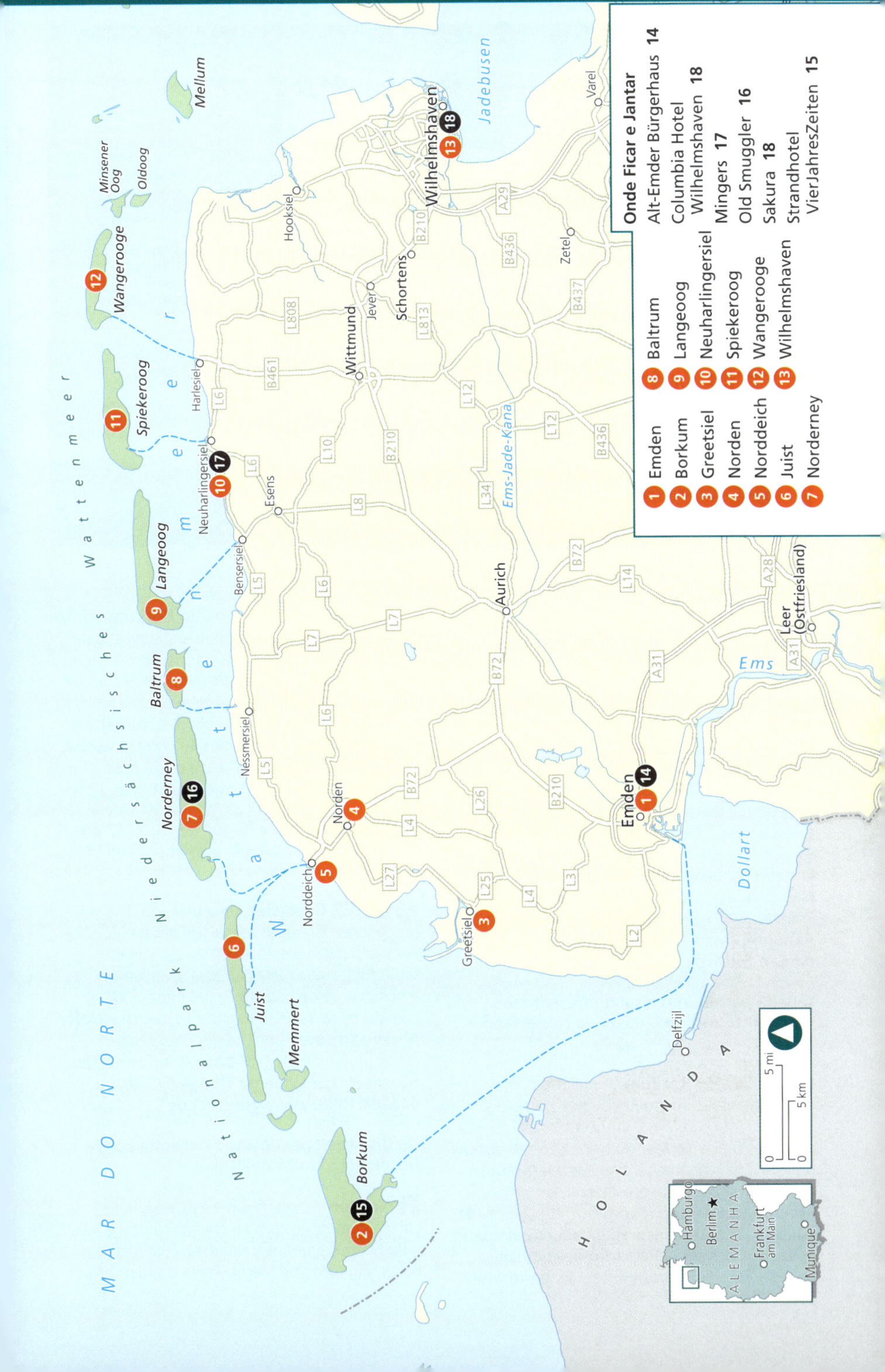
1 Emden
2 Borkum
3 Greetsiel
4 Norden
5 Norddeich
6 Juist
7 Norderney
8 Baltrum
9 Langeoog
10 Neuharlingersiel
11 Spiekeroog
12 Wangerooge
13 Wilhelmshaven
Onde Ficar e Jantar
Alt-Emder Bürgerhaus 14
Columbia Hotel Wilhelmshaven 18
Mingers 17
Old Smuggler 16
Sakura 18
Strandhotel VierJahresZeiten 15
MAR DO NORTE
Nationalpark Niedersächsisches Wattenmeer
Wattenmeer
HOLANDA
ALEMANHA
Hamburgo
Berlim
Frankfurt am Main
Munique
Dollart
Ems
Jadebusen
Ems-Jade-Kanal
Aurich
Leer (Ostfriesland)
Wittmund
Jever
Schortens
Esens
Bensersiel
Nessmersiel
Harlesiel
Hooksiel
Zetel
Varel
Delfzijl
Memmert
Mellum
Minsener Oog
Oldoog
0 5 mi
0 5 km

> *A bucólica cidade portuária de Emden é casa do porto da balsa para Borkum.*

1 ★ **Emden**. A cidadezinha portuária (com população de 52 mil pessoas) é o ponto de acesso mais ao oeste para o litoral das Ostfriesland (Ilhas Frísias Orientais) e o porto da balsa para Borkum. Uma bela seleção de arte contemporânea pode ser encontrada dentro da moderna arquitetura da ★ **Kunsthalle** (Galeria de Arte), Hinter dem Rahmen 13 (☎ 04921/97500; www.kunsthalle-emden.de; entrada 8€ para adultos, 6€ para a faixa etária de 6 a 18 anos; terça a sexta das 10 h às 17 h, sábado e domingo das 11 h às 18 h). Entre as obras do expressionismo alemão aqui presentes, está *Dancer in a Red Dress* (1910), de Emil Nolde. 🕒 **3 horas. Informações turísticas: Bahnhofplatz 11. ☎ 04921/97400. www.emden-touristik.de.**

A balsa para Borkum sai do Ausenhafen (Porto Exterior) de Emden, na Nesserlander Strasse.

2 ★★ crianças **Borkum**. A maior das Ilhas Frísias Orientais (36 km²/14 milhas²) é a mais cheia durante o verão. É desnecessário dizer que as longas praias do Mar do Norte são sua atração principal, mas há também uma infraestrutura turística que inclui até um cassino, o **Spielbank Borkum**, Georg-Schütte-Platz 6 (☎ 04922/91800; www.casinoland.de). As atividades ao ar livre incluem caminhadas pelas dunas, observação de pássaros e focas. No porto, visite o barco-farol vermelho e branco **Borkumriff** (☎ 04922/2030; www.feuerschiff-borkumriff.de). As crianças irão adorar passear no trem a vapor **Borkumer Kleinbahn** (☎ 04922/3090; www.borkumer-kleinbahn.de), entre o porto e a cidade de Borkum. 🕒 **1 dia. Informações turísticas: Georg-Schütte-Platz 5. ☎ 04922/9330. www.borkum.de. Segunda a sexta das 9 h às 17 h 30 min, sábado e domingo das 10 h às 12 h.**

Volte para Emden e pegue a L2 e K233 ao longo do litoral, para Greetsiel (30 km/19 milhas).

3 crianças **Greetsiel**. Uma bela vila de pescadores, Greetsiel possui um par de moinhos em estilo holandês ao longo de um canal, um farol listrado, áreas úmidas favoráveis à observação de pássaros e um museu de miniaturas de navios em garrafas, o **Greetsieler Museumshaus**, contendo 800 exemplos dessa forma de arte. 🕒 **2 horas. Informações turísticas: Zur Hauener Hooge 11. ☎ 04926/91880. www.greetsiel.de.**

De Greetsiel, pegue a L27 nordeste para Norden (17 km/11 milhas).

4 **Norden**. Fundada em 1255, a agitada cidade comercial, com 25 mil habitantes, é local para hospedagem, restaurantes, compras e bares. Em torno da Markt (Praça do Mercado)

> *O renovado Seehundstation de Norddeich oferece abrigo para dúzias de focas órfãs.*

ficam a **Ludgerkirche** (Igreja de São Ludgero), do século XIII, com um órgão Arp Schnitger (1692), e, já que beber chá nas Ilhas Frísias é uma tradição, há o **Ostfriesische Teemuseum** (Museu do Chá das Ilhas Frísias Orientais; ☎ 04931/12100; www.teemuseum.de; entrada 4€ para adultos, 1,50€ para a faixa etária de 6 a 16 anos, 9€ para famílias; diariamente das 10 h às 17 h). 🕒 1 hora. Informações turísticas: Am Markt. ☎ 04931/986-201. www.norden.de.

De Norden, pegue a B72 sentido noroeste para a doca das balsas em Norddeich (5 km/3 milhas).

5 crianças **Norddeich**. Aqui, visite o centro de resgate e pesquisa de focas do parque nacional ★ **Seehundstation**, Dörper Weg 22 (☎ 04931/8919; www.seehundstation-norddeich.de; entrada 5€ para adultos, 3€ para a faixa etária de 4 a 18 anos; março e abril, de terça a domingo das 11 h às 16 h, maio e junho, e setembro e outubro de terça a domingo das 10 h às 17 h, julho e agosto diariamente das 10 h às 17 h, novembro a fevereiro quarta e sábado das 11 h às 16 h). 🕒 2 horas. Informações turísticas: Dörper Weg 22. ☎ 04931/986-200. www.norddeich.de.

De Norddeich pegue a balsa para Juist.

6 ★ crianças **Juist**. A ilha, praticamente livre de carros, é boa para qualquer um que queira respirar o saudável ar do mar e construir castelos de areia na praia, com caminhadas pelas

O Cruzeiro Começa Aqui

Se você vir um enorme navio pintado em cores caribenhas vivas navegando calmamente pelo rio Ems em direção ao mar em Emdem, não fique surpreso. É apenas o último lançamento da Meyer Werft, um estaleiro que constrói os maiores navios de cruzeiro do mundo, em Papenburg, 36 km (22 milhas) rio acima.

O Enigma das Areias

Alguns visitantes das Ilhas Frísias sempre carregam com eles um livro que é considerado o primeiro romance de espionagem publicado. Em 1903, o autor anglo-irlandês Erskine Childers escreveu *The Riddle of the Sands* (O Enigma das Areias, tradução livre) como um alerta à Grã- Bretanha de que a guerra com a Alemanha estava chegando. No livro, dois amigos velejando em um barquinho por entre as ilhas vão lentamente sendo envolvidos cada vez mais em um mistério com explosivas implicações internacionais. Winston Churchill creditou ao romance a mudança radical literal na estratégia naval britânica para enfrentar a Alemanha crescente e imperial.

> *Velejadores se espalham nas águas das convidativas praias da bela Langeoog.*

dunas e a possibilidade de praticar esportes marítimos como alternativa. Luzes fortes estão praticamente confinadas à única emanando do farol de Memmert. Um pequeno museu, o **Küstenmuseum** (Museu do Litoral), Loogster Pad 29 (☎ 04935/1488; www.kuestenmuseum-juist.de; entrada para 2,50€, 1,50€ para a faixa etária de 6 a 18 anos; abril a outubro, de terça à sexta das 9 h 30 min às 13 h e das 14 h 30 min às 17 h), na vila de Loog, cobre a história da ilha, geologia e biologia da vida selvagem. 🕒 1 dia. Informações turísticas: Kurverwaltung, Strandstrasse 5. ☎ 04935/809-120. www.juist.de. Julho e agosto, de segunda a sexta das 9 h às 12 h 30 min e das 15 h às 17 h, sábado e domingo, das 9 h às 12 h 30 min; setembro a junho, de segunda a quinta das 9 h às 12 h 30 min e das 14 h às 17 h, sexta das 9 h às 12 h 30 min.

Pegue a balsa de volta a Norddeich, e então suba na que vai para Norderney.

7 ★★ crianças **Norderney**. O uso de carros é restrito, assim como o acesso de visitantes à metade de sua área de 26 km² (10 milhas²), dentro da área do parque nacional. Ainda assim, Norderney é uma agitada ilha de férias durante o verão e assim tem sido desde o século XIX. Existem excelentes praias, ótimos restaurantes e bares, e um cassino, o **Spielbank Norderney** (☎ 04935/91100; www.casinoland.de), na Conversationshaus on Kurplatz. 🕒 1 dia. Informações turísticas: Am Kurplatz 3. ☎ 04932/8910. www.norderney.de.

Volte para Norddeich e pegue a L5 para Nessmersiel (17 km/11 milhas). Deixe seu carro no estacionamento da doca das balsas, 2 km (1,25 milha) ao norte, e pegue a balsa para Baltrum.

8 ★ crianças **Baltrum**. Cobrindo uma área de apenas 7 km² (3 milhas²), a tranquila e pequena Baltrum é a melhor ilha do cordão, conferindo tranquilidade, isolamento e simples prazeres à beira-mar durante o verão. 🕒 1 dia. Informações turísticas: Kurverwaltung, Rathaus (Prefeitura). ☎ 04939/800. www.baltrum.de.

Volte para Nessmersiel e continue rumo ao leste na L5 em direção a Bensersiel, para pegar a balsa para Langeoog (16 km/10 milhas).

9 ★★ crianças **Langeoog**. A ilha, que é livre de carros (20 km²/8 milhas²), tem sua própria ferrovia, a Inselbahn, que vai do porto das balsas até a cidade (1 km/0,5 milha). Além de suas praias, dunas e uma zona restrita de parque nacional, Langeoog possui um pequeno museu marítimo e um aquário do Mar do Norte, o **Schiffahrtsmuseum/Nordsee-Aquarium**

(☎ 04972/693-211; entrada 3€ para adultos, 1,50€ para a faixa etária de 6 a 18 anos; dos feriados escolares da Páscoa aos feriados escolares de outono, de segunda a quinta das 10 h às 12 h e das 15 h às 17 h, sexta e sábado das 10 h às 12 h). 🕒 **1 dia. Informações turísticas: Kurverwaltung, Hauptstrasse 28. ☎ 04972/6930. www.langeoog.de.**

Volte para Bensersiel e pegue a L5 e L6 rumo ao leste para Neuharlingersiel (10 km/6 milhas).

10 Neuharlingersiel. Uma bela e antiga vila de pescadores com um moderno resort litorâneo e marina é o porto para Spiekeroog. Lá existem bons hotéis e restaurantes de frutos do mar em torno do porto. 🕒 **1 hora. Informações turísticas: Edo-Edzards-Strasse 1. ☎ 04974/1880. www.neuharlingersiel.de.**

Pegue a balsa em Neuharlingersiel para Spiekeroog.

Andando Sobre o Mar

Durante a maré baixa, o Wattenmeer (Mar Frísio) praticamente desaparece, o leito do mar fica visível, as aves marinhas se alimentam de moluscos na areia e as focas tomam banhos de sol nos bancos de areia. Se você tiver vontade de caminhar pelo lamaçal, de maio a outubro, você pode se juntar a uma excursão *Wattwandern* (caminhadas pelo lamaçal quando há maré baixa) e ir até uma das ilhas através de um lodaçal salgado que tenta puxar seu pé cada vez mais fundo a cada passo. **Cuidado**: não tente fazer isso sem um guia oficial. Existe um perigo real de ser pego pela rápida subida da maré.

A paisagem incomum sobre a qual você estará caminhando é o fundo do mar e, em algumas horas, tudo isso estará debaixo d'água novamente. Quando você chegar na ilha, terá que esperar pela maré alta para poder voltar de barco. A caminhada pelo lamaçal está disponível de Nessmersiel tanto para Norderney quanto para Baltrum, de Neuharlingersiel para Langeoog, e de Harlesiel para Spiekeroog; para as outras ilhas, é proibido ou impossível. As distâncias variam entre 6 km (3,25 milhas) a 10 km (6 milhas). Os passeios custam cerca de 24€ para adultos e 12€ para a faixa etária de 8 e 16 anos (passeios especiais de 2 horas estão disponíveis para famílias com crianças menores de 7 anos). Os participantes precisam estar em forma e em bom estado de saúde (na metade do caminho para as ilhas não é um bom momento para descobrir o contrário).

Por essa atividade representar risco (embora não seja grande), você deve se informar no escritório de turismo local ao longo da costa do Wattenmeer. Para informações (em alemão) dos guias licenciados que cobrem as Ilhas Frísias Orientais, veja www.wattwandern.de; para as Ilhas Frísias do Norte de Schlewisg-Holstein, veja www.wattenloepers.de.

11 ★ crianças **Spiekeroog**. Considerando que a praia na costa do Mar do Norte tem 14 km (9 milhas) de extensão em uma ilha que cobre apenas 18 km² (7 milhas²), as crianças não terão muita dificuldade para achar o que fazer. Quando se cansarem da praia, existem passeios de carruagem, na reserva do parque nacional e diversos pequenos museus. 🕒 1 dia. Informações turísticas: Kurverwaltung and Schifffahrt, Noorderpad 25. ☎ 04976/919-3101. www.spiekeroog.de.

Volte de balsa para Neuharlingersiel, pegue a L6 rumo ao leste para Carolinensiel e, então, siga rumo ao norte pelas estradas locais para a doca de balsas de Harlesiel (um total de 9 km/5,5 milhas). Pegue o barco para Wangerooge.

12 ★ crianças **Wangerooge**. A segunda menor ilha do cordão costeiro é um paraíso de verão para aproveitar a praia, velejar e observar pássaros, entre outras atividades ao ar livre. Um pequeno trem, o Inselbahn, segue um trilho de apenas 1 km (0,5 milha) de extensão. Em um antigo farol fica o **Inselmuseum Alte Leuchtturm**, Zedeliusstrasse 3 (☎ 04469/8324; www.leuchtturm-wangerooge.de; entrada 2€ para adultos, 1€ para a faixa etária de 6 a 18 anos; abril a outubro, de quarta a segunda das 10 h às 13 h e das 15 h às 17 h), um museu que conta a história e cultura da ilha. 🕒 1 dia. Informações turísticas: Westturm, Banhofsvorplatz. ☎ 04496/94880. www.wangerooge.de e www.westturm.de.

Retorne para Harlesiel e pegue a K86, K87 e L810 nos sentidos leste e sul, ao longo da costa, para Wilhelmshaven (43 km/27 milhas).

13 ★★ crianças **Wilhelmshaven**. A cidade portuária (com população de 82 mil pessoas) em Jadebusen (Baía de Jade) abrigou as maiores unidades da frota marinha alemã durante ambas as Guerras Mundiais. Uma parte da antiga base é hoje o ★★ **Maritime Meile** (Milha Marítima), um conjunto de atrações marinhas, incluindo o ★★ **Oceanis**, uma estação virtual de pesquisa subaquática (pág. 526, 9); e o ★ **Deutsches Marinemuseum** (Museu Alemão da Marinha). O centro de visitantes para o ★★★ **Nationalpark Niedersächsisches Watttenmeer** (pág. 529, 7) também fica aqui. 🕒 4 horas. Para informações sobre Wilhelmshaven, ver pág. 509, 11.

> *Um antigo farol em Wangerooge é a casa do Inselmuseum Alte Leuchtterm.*

Onde Ficar e Jantar

> *O Columbia oferece uma bela vista para o porto de Wilhemshaven, além de ter localização conveniente tanto para a praia quanto para a cidade.*

★★ **Alt-Emder Bürgerhaus** EMDEN
Localizado em um prédio da Altstadt (Cidade Antiga) datado de 1875, com decoração Art Nouveau, esse hotel familiar possui quartos pequenos, mas bem arrumados, além de um excelente restaurante de frutos do mar. Friedrich-Ebert-Strasse 33. ☎ 04921/97610. 12 quartos. Diárias de 156€ a 178€, com café da manhã. AE, DC, MC, V.

★★★ **Columbia Hotel Wilhelmshaven** WILHELMSHAVEN Parecido com um luxuoso hotel resort mediterrâneo, o Columbia possui quartos amplos, uma piscina interna e um spa, além de restaurantes servindo frutos do mar e pratos da cozinha regional. Jadeallee 50. ☎ 04421/773-380. www.columbia-hotels.com. 145 quartos. Diárias para duas pessoas de de 125€ a 155€. AE, MC, V.

★ **Mingers** NEUHARLINGERSIEL
Os quartos claros com vista para os barcos de pesca no porto possuem decoração contemporânea, enquanto o restaurante da casa serve excelentes frutos do mar e pratos da cozinha frísia. Am Hafen West 1–2. ☎ 04974/9130. www.mingers-hotel.net. 32 quartos. Diárias para duas pessoas de 100€ a 120€, com café da manhã. MC, V.

★★ **Old Smuggler** NORDERNEY *FRUTOS DO MAR/ALEMÃ* Um dos restaurantes preferidos e antigos de qualquer uma das ilhas, esse simples lugar possui orgulho próprio e de seu cardápio simples, porém saboroso. Birkenweg 24. ☎ 04932/3568. www.oldsmuggler-norderney.de. Pratos principais de 12€ a 14€. Cartões de crédito não são aceitos. Almoço e jantar de terça a quinta.

★★ **Sakura** WILHELMSHAVEN *JAPONESA*
Por que não experimentar a especialidade natural da costa em uma abordagem diferente nesse restaurante de sushi? Não há vista para o mar ou para o porto, apenas sushi e informações úteis para iniciantes. Gökerstrasse 104. ☎ 04421/771-205. Pratos principais de 6€ a 14€. MC, V. Almoço e jantar diariamente.

★★ **Strandhotel VierJahersZeiten** BORKUM
Uma excelente localização na extrema costa oeste da ilha é o destaque desse hotel resort ultramoderno, que possui uma piscina interna, spa e um excelente restaurante continental. Bismarckstrasse 40. ☎ 04922/9220. www.strand-hotel.com. 60 quartos. Diárias para duas pessoas de 144€ a 192€, com café da manhã. MC, V.

Bremen

Uma das principais forças da federação marítima comercial da medieval Liga Hanseática no passado, a cidade do rio Weser é hoje, junto com seu porto rio abaixo, Bremerhaven, um estado federal alemão. A "Cidade Livre Hanseática de Bremen" (com população de 548 mil pessoas; veja "A Liga Hanseática", pág. 578) tem uma orgulhosa herança que é confirmada a cada passo pelos chalés restaurados dos pescadores no Schnoorviertel, bem como pelas grandes construções históricas na Marktplatz. É improvável que você consiga ver tudo o que Bremen tem a oferecer em um único dia — por isso, se esse for todo o tempo que você tiver, terá de escolher na lista abaixo.

> *A impressionante Rathaus (Prefeitura) de Bremen é o coração das atividades políticas e comerciais*

PONTO DE PARTIDA Da Hauptbahnhof (estação central de trem) de Bremen, pegue o bonde 4, 5, 6 ou 8, ou o ônibus 24 ou 25 para Domsheide (três paradas), para a Marktplatz. Ou caminhe até a Marktplatz pela Herdentorsteinweg (1,6 km/1 milha).

1 ★★★ Marktplatz (Praça do Mercado). Todas as ruas de Bremen levam a essa monumental praça, coração político e comercial da antiga cidade hanseática. Os destaques aqui são a magnífica Rathaus (2), que fica perto da St.-Petri Dom (3). Uma estátua do cavaleiro Roland, um símbolo medieval da liberdade, fica lá. Além disso, a Marktplatz tem a elegante Schütting (1538), uma construção da Renascença Flamenca do arquiteto da Antuérpia Johann

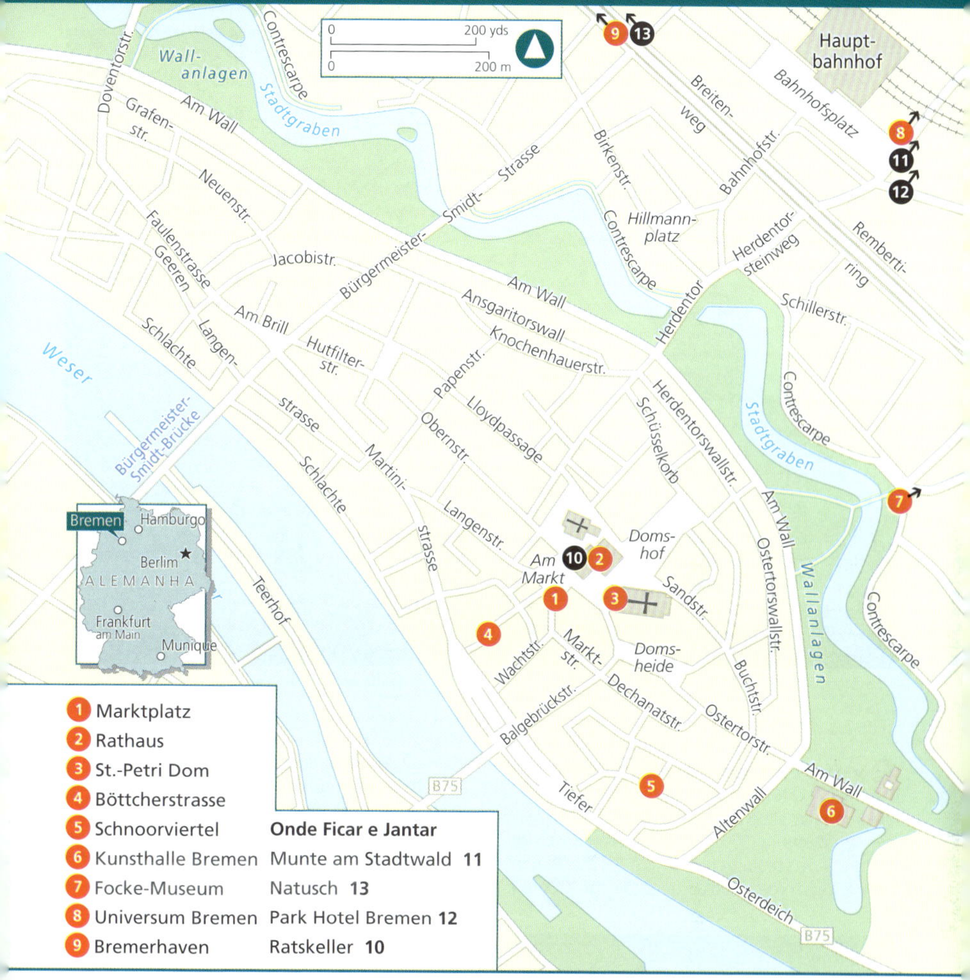

den Buschener, que originalmente foi a guilda dos mercadores e hoje abriga a Câmara do Comércio. No lado oeste da praça fica uma fileira de casas em formato triangular. Como contraste, a Haus der Bürgerschaft, Parlamento de Bremen construído em 1966, parece um intruso moderno — e realmente é. ⏲ **1 hora. Bonde: 2, 3, 4, 5, 6 ou 8.**

2 ★★ crianças **Rathaus (Prefeitura)**. A prefeitura é tudo que você poderia esperar de uma cidade mercantil que esteve entre as mais ricas da Europa medieval. Seu simples traçado gótico data de 1410, apesar de a maioria do embelezamento da fachada da Renascença de Weser ter sido adicionada dois séculos mais tarde, e o local ser tão decorado tanto no interior quanto no exterior. Se as crianças começarem a ficar inquietas, mostre a elas, no final oeste do salão, a escultura de *Bremer Stadtmusikanten*, que retrata os quatro animais de contos de fadas que queriam se tornar músicos da cidade de Bremen (veja *Bremer Stadtmusikanten*, pág. 540). ⏲ **45 minutos. Am Markt 21. ☎ 01805/101-030. www.rathaus-bremen.de. Visitas guiadas: segunda a sábado às 11 h, 12 h, 15 h e 16 h; domingo às 11 h e às 12 h (os horários podem variar devido ao expediente). Bonde 2, 3, 4, 5, 6 ou 8.**

> *Localizada na Marktplatz, a St.-Petri Dom (Catedral de São Pedro) é uma enorme maravilha de arenito datada de 1219.*

3 ★ St.-Petri Dom (Catedral de São Pedro). A catedral protestante de Bremen é uma enorme pilha de arenito, com duas torres gêmeas de 99 m (325 pés) de altura, construída ao longo de séculos, começando em 1219, em uma sucessão de estilos arquitetônicos. Como a Rathaus, que fica do outro lado da rua, a igreja é uma declaração da riqueza e do poder medievais da cidade. Entre todo o esplendor, uma visão horrível, que pode ser boa para alguns pesadelos, é um grupo de corpos medievais mumificados na Bleikeller, uma cripta revestida de chumbo. 🕒 **30 minutos. Sandstrasse 10–12. ☎ 0421/365-040. www.stpetridom.de. Catedral: entrada gratuita; torre: 3€ para adultos, 1€ para a faixa etária de 6 a 18 anos; Bleikeller: 1,40€ para adultos, 1€ para crianças. Abril a meados de maio e meados de outubro a meados de novembro, de terça a sábado das 10 h às 12 h e das 14 h às 16 h, domingo das 11 h às 12 h e das 14 h às 16 h; meados de novembro a março, diariamente das 11 h às 12 h e das 14 h às 15 h. Bonde: 2, 3, 4, 5, 6 ou 8.**

Bremer Stadtmusikanten

Bremen adotou quatro animais maltratados. Como relatadono conto Os Músicos de Bremen (*Bremer Stadtmusikanten*, em alemão), dos Irmãos Grimm, eles eram um burro, um cachorro, um gato e um galo, todos já adultos. Já não tendo utilidade para seus mestres, ficariam à mercê de seu destino. Em vez disso, eles fogem e se encontram no caminho para Bremen, com a intenção de viver seus dias como músicos naquela bela cidade.

Mas o destino intervém. Eles surpreendem uma gangue de ladrões em um chalé, os afugentam, e vivem lá... você sabe, felizes para sempre. Eles nunca chegam a Bremen. Então, por que foi feita uma escultura de bronze dos quatro improváveis amigos, um sobre o outro, do lado de fora da prefeitura de Bremen? Bem, era uma vez...

4 ★ Böttcherstrasse. A "Rua do Tanoeiro", seguindo a sudoeste da Marktplatz para Weser, é uma falsa recriação medieval de 1930 de um conjunto de prédios que viraram ruínas. Suas construções de tijolos recebem lojas de artesanato e cerâmica, e galerias de arte. 🕒 **30 minutos. Bonde: 2, 3, 4, 5, 6 ou 8.**

5 ★★ Schnoorviertel. O restaurado distrito de pescadores ao longo do Weser, a leste da

> *O distrito de Schnoorviertel, em Bremen, conta com lojas, galerias, restaurantes e um charmoso ambiente histórico.*

Marktplatz, é repleto de uma ambientação histórica. Os chalés mais antigos da zona de conservação datam do século XV, apesar de a maioria ser de origem mais recente. Muitos deles abrigam hoje pequenas galerias, lojas excêntricas e de artesanato, e pequenos e simples restaurantes e bares. 🕒 2 horas. Bonde: 2, 3, 4, 5, 6 ou 8.

A Vida Noturna de Bremen

Para os amantes de música clássica há o **Die Glocke**, Domsheide 4–5 (☎ 0421/33699; www.glocke.de), e para ópera, dança, teatro e outros estilos, o **Theater Bremen**, Goetheplatz 1–3 (☎ 0421/365-3333; www.theaterbremen.de). Tente a sorte no **Casino Bremen**, Böttcherstrasse 3–5 (☎ 0421/329-000; www.casino-bremen.de). Música ao vivo, DJ, noites de festas e musicais estão na programação no **Aladin**, Hannoversche Strasse 11 (☎ 0421/435-150; www.aladin-bremen.de). Bons bares são encontrados no distrito de **Schnoorviertel** (pág. 540, 5).

6 ★★ Kunsthalle Bremen (Galeria de Arte de Bremen). Esse museu, uma das boas

Mercado Livre de Bremen

Quando o grito "Ischa Freimaak!" ecoa pela cidade, significa que o **Bremer Freimarkt** (☎ 0421/565-1722; www.freimarkt.de) começou. O maior festival do norte da Alemanha, que acontece anualmente e é frequentemente comparado à Oktoberfest de Munique, tem uma história que remonta ao ano de 1035. O evento também reúne centenas de tendas, barracas de cerveja, passeios e outras atrações de feiras, apresentações de música e dança, e mais. O Freimarkt atrai cerca de 4 milhões de visitantes durante seus 17 dias no final de outubro em dois locais principais: o Bürgerweide, próximo à Hauptbahnhof (estação central de trem) de Bremen, e na praça central, a Marktplatz. No segundo sábado, chamado Freimarktsumzug, acontece uma procissão popular com cerca de 5 mil participantes.

atrações locais, estava fechado para reforma na época em que esse guia foi feito; ligue ou acesse o site para ver se estará aberto quando você visitar a cidade. **Am Wall 201. ☎ 0421/329-080. www.kunsthalle-bremen.de. Bonde: 2, 3, 4, 6 ou 8.**

7 ★ **Focke-Museum**. Localizado em um parque e abrigado em uma série de prédios antigos e modernos, esse museu regional de arte e história cultural é uma viagem incrivelmente eclética pela memória de Bremen. As exposições de obras variam entre descobertas da época das tropas romanas que patrulhavam o Weser a fotografias de emigrantes alemães partindo para a América. 🕒 **2 horas. Schwach-hauser Heerstrasse 240. ☎ 0421/699-6000. www.focke-museum.de. Entrada 4€ para adultos, 2€ para a faixa etária de 6 a 18 anos, 17€ para famílias. Terça das 10 h às 21 h, quarta a domingo das 10 h às 17 h. Bonde 4 ou 5 até a parada Focke-Museum.**

8 ★★ crianças **Universum Bremen.** 🕒 4 horas. Ver pág. 523, **7**.

Guia
Do Local
Página 543

9 ★ **Bremerhaven.** Rio abaixo a partir de Bremen — uma viagem de 66 km (41 milhas) pela Autobahn A27 (ou uma curta viagem de trem até a Hauptbahnhof de Bremerhaven) — a cidadezinha (com população de 115 mil pessoas), considerada irmã de Bremen, lida com grande parte do tráfego das águas profundas do porto conjunto. A herança marítima é, naturalmente, o destaque aqui.

Onde Ficar e Jantar

> *O grande, porém confortável Park Hotel Bremen possui vista para o parque e oferece diversas atividades recreacionais.*

★★ **Munte am Stadtwald** BÜRGERPARK
Grande sem ser impessoal, esse hotel familiar fica de frente para o parque da cidade e oferece várias opções de restaurantes, uma área de bem-estar com piscina, sauna e solário. **Parkallee 299. ☎ 0421/22020. www.hotel-munte.de. 134 quartos. Diária para duas pessoas de 127€ a 170€, com café da manhã. AE, DC, MC, V. Ônibus: 22.**

★★ **Natusch** BREMERHAVEN *FRUTOS DO MAR*
Siga ao Fischereihafen (Porto de Pesca) para comer peixe direto dos barcos próximos, em um restaurante com diversos ambientes e decoração que varia do elegante ao brega. **Am Fischbahnhof 1. ☎ 0471/71021. www.natusch.de. Pratos principais de 17€ a 27€. AE, MC, V. Almoço e jantar de terça a domingo. Ônibus: 504, 505 ou 506.**

★★★ **Park Hotel Bremen** BÜRGERPARK
Como uma residência palaciana com seu próprio terreno e lago, o hotel- spa oferece elegância e excelentes refeições em um ambiente quase campestre no Bürgerpark, próximo à Altstadt. **Im Bürgerpark. ☎ 0421/34080. www.park-hotel-bremen.de 177 quartos. Diárias para duas pessoas de 230€ a 350€ , com café da manhã. AE, DC, MC, V. Ônibus: 26 ou 27.**

★★ **Ratskeller** ALTSTADT *ALEMÃ*
Pode parecer um pouco óbvio e você não estará sozinho aqui, mas degustar pratos da cozinha do norte da Alemanha na adega de vinhos (1405) da Prefeitura tem um imbatível toque medieval. **Rathaus, Am Markt. ☎ 0421/321-676. www.ratskeller-bremen.de. Pratos principais de 10€ a 21€. AE, DC, MC, V. Almoço e jantar diariamente. Bonde: 2, 3, 4, 5, 6 ou 8.**

GUIA DO LOCAL

9 Bremerhaven

O A ★ **Deutsches Schiffahrtmuseum** (Museu Marítimo Alemão, retratado acima e à direita), Hans-Scharoun-Platz 1 (☎ 0471/482-070; www.dsm.museum; entrada 6€ para adultos, 4€ para a faixa etária de 5 a 18 anos) possui exposições magníficas. Entre elas estão o *Wilhelm Bauer* (U-2540), um recuperado antigo submarino da Segunda Guerra Mundial que fica fora da água, e, dentro dela, um também recuperado *Hansekogge* (veleiro hanseático) de 1380. Ao longo da doca fica o B ★★ **Deustches Auswandererhaus** (Centro de Emigração Alemã), Columbusstrasse 65 (☎ 0471/902-200; www.dah-bremerhaven.de; entrada 11€ para adultos, 6€ para a faixa etária de 4 a 14 anos), uma excelente lembrança da longa história de emigração da Alemanha para os Estados Unidos. Próximo ao rio, o C ★ **Zoo am Meer** (Zoológico Marítimo; pág. 523, 8) é um presente para as crianças. Para jantar, experimente peixe fresco no D **Natusch** (pág. 542). 🕒 **Metade de um dia. Informações turísticas: Tourist-Info Hafeninsel, H.H.-Meier-Strasse 6. ☎ 0471/414-141. www.bremerhaven.de. Abril a outubro, diariamente das 9 h 30 min às 18 h; novembro a março, de segunda a sexta das 9 h 30 min às 17 h, sábado e domingo das 10 h às 16 h.**

Goslar

Para voltar no tempo até a Idade Média, ao menos em espírito, Goslar, fundada em 922, é imbatível. A pequena cidade agitada (com população de 42 mil) fica localizada no pé noroeste das Montanhas Harz e é tanto uma porta de entrada para as montanhas quanto uma cidade turística por si própria. A inteiramente maravilhosa e preservada Altstadt (Cidade Antiga) é Patrimônio Mundial da Unesco, uma condição que reflete a história de Goslar como residência imperial do Sacro Império Romano e uma rica cidade de mineração de prata.

> *A bela cidade de montanha de Goslar é destino frequente de turistas nos dias de hoje, e já foi local imperial de férias.*

PONTO DE PARTIDA Da estação de Goslar até a Marktplatz, no coração da Altstadt, caminhe um pouco menos de 1 km (0,5 milha) no sentido sul na Rosentorstrasse e na Hokenstrasse.

1 ★★ **Altstadt** (Cidade Antiga). A Altstadt é uma bela e bem preservada mistura de prédios góticos monumentais, torres de defesa, moinhos de água, casas aristocráticas, igrejas, abadias, asilos e *Fachwerkhäuser* (casas em estilo enxaimel) renascentistas que cobrem mil anos de história, o que recompensa longas caminhadas e estudos detalhados. A ★ **Schuhhof**, uma praça algumas quadras a noroeste da Marktplatz, comporta um bom exemplo de casas em estilo enxaimel do período renascentista. Atrás da Marktplatz, a ★ **Marktkirche St.-Cosmas-und-Damian** (Igreja de São Cosme e Damião), do século XII, possui duas torres altas, cada qual com um pináculo de bronze diferente. De frente para a igreja, na Hoher Weg 1, fica a elegante mansão **Brusttuch**, de 1526, construída para um rico proprietário de minas (hoje é um hotel). ⌚ **4 horas.**

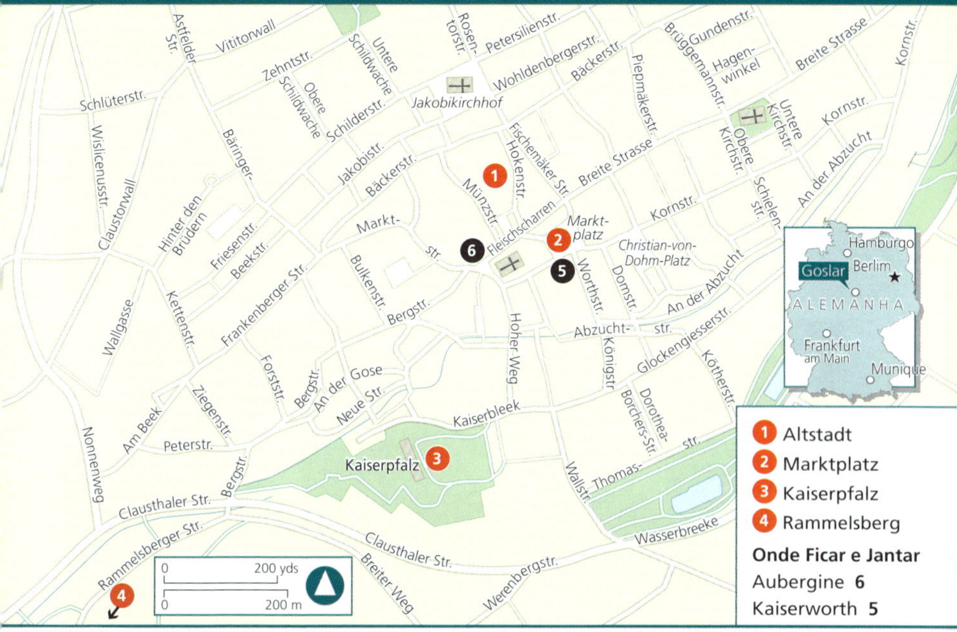

2 ★★★ crianças **Marktplatz (Praça do Mercado)**. Nessa praça fica a Rathaus (Prefeitura), em estilo gótico e do século XV, com seus arcos ao nível da rua e telhado com ardósia de Harz. Uma engraçada águia imperial fica no topo da **Marktbrunnen** (Fonte do Mercado, do ano de 1230). Quatro vezes ao dia — às 9 h, 12 h, 15 h e 18 h — os sinos do *Glockenspiel* (carrilhão) badalam e figuras animadas saem da fachada revestida em ardósia da **Kämmereigebäude** (Prédio do Tesouro; hoje em dia sede da fundação Kaiserring e do restaurante do Henry), para apresentar diferentes aspectos da história de Goslar. A **Kaiserworth**, uma casa de guilda datada de 1494, é hoje um excelente hotel e restaurante (veja abaixo), com um café no terraço ao ar livre, sob os paralelepípedos, durante o verão. 🕒 **45 minutos.**

3 ★★ **Kaiserpfalz**. Considerado Patrimônio Mundial pela Unesco, o Palácio Imperial fica sobre uma encosta ao sul da Marktplatz. Ele data da dinastia Saliana de reis germânicos e imperadores do Sacro Império Romano, com seus elementos mais recentes originários de 1005, apesar de a maioria da estrutura ser uma reconstrução do século XIX. Na capela do século XII está sepultado o coração do Imperador Henrique III, que morreu em 1056. 🕒 **2 horas. Kaiserbleek 6. ☎ 05321/311-9693. Entrada 4,50€ para adultos, 2,50€ para a faixa etária de 6 a 18 anos. Abril a outubro, diariamente das 10 h às 17 h, novembro a março, diariamente das 10 h às 16 h.**

4 ★ crianças **Rammelsberg**. O terceiro dos patrimônios da Unesco em Goslar, a antiga mina de prata Rammelsberg foi fonte tanto da prosperidade da cidade quanto de sua importância para os governantes da Alemanha medieval, que construíram uma residência imperial na cidade. A entrada inclui uma visita guiada (é frio na mina, portanto vista um casaco). 🕒 **2 horas. Bergtal 19. ☎ 05321/7500. www.rammelsberg.de. Entrada 12€ para adultos, 7€ para a faixa etária de 6 a 18 anos. Diariamente, das 9 h às 18 h (última visita à mina às 16 h 30 min.).**

Passando a Noite em Goslar

★★ **Kaiserworth**, Markt 3 (☎ 05321/7090; www.kaiserworth.de), localizado em uma antiga casa de guilda medieval, guarda muito de seu clima histórico, ao mesmo tempo que acrescenta a elegância contemporânea. As diárias para duas pessoas vão de 122€ a 207€, com café da manhã incluído. Para almoço e jantar, aproveite a culinária do sul da Europa em um aconchegante salão de jantar no ★★ **Aubergine**, Markstrasse 4 (☎ 05321/42136).

Hanôver

A capital do estado de Niedersachsen, com população de 525 mil pessoas, foi a principal residência dos Hanoverianos, cujos descendentes se tornaram reis da Grã-Bretanha durante o século XVII. Infelizmente, muito da antiga graça aristocrática da localidade se perdeu durante os intensos bombardeios na Segunda Guerra Mundial. A cidade moderna tem muitos parques e é um centro de comércio, cultura e vida noturna. Se você só tiver um dia em Hanôver, terá de cortar algumas atrações da lista abaixo.

> *O Herrenhäuser Gärten de Hanôver tem como atrações riquezas vegetais, estátuas e fontes.*

PONTO DE PARTIDA Da Hauptbahnhof (estação central de trem) de Hanôver, caminhe 400 m (0,25 milha) ao longo da Bahnhofstrasse para a parada subterrânea Kröpcke e pegue o bonde 4 ou 5 até o Herrenhäuser Gärten (cerca de 10 minutos).

1 ★★ **Herrenhäuser Gärten**. Os Jardins Herrenhaus, quatro parques magníficos dos séculos XVII e XVIII, oferecem experiências bem diferentes. Um deles, em estilo barroco, é o belo ★★★ **Grosser Garten** (Grande Jardim), uma mistura de flores, árvores, plantas, estátuas, fontes e pavilhões; o ★ **Berggarten** (Jardim da Colina) possui um jardim botânico e uma estufa; o Georgengarten (Jardim Geordiano) tem como destaque a paisagística inglesa; e o Welfengarten (Jardins de Guelph) hoje pertencem à Universidade de Hanôver. 🕒 3 horas. Herrenhäuser Strasse 4. ☎ 0511/1684-7743. www.hannover.de/herrenhausen. Abril a setembro: entrada 4€ para adultos, gratuito para crianças abaixo de 14 anos; outubro a março: Grosser Garten entrada gratuita, Berggarten 2€ para adultos, gratuito para crianças abaixo de 14 anos. Maio a agosto, diariamente das 9 h às 20 h, setembro diariamente das 9 h às 19 h, outubro diariamente das 9 h às 18 h, novembro a janeiro, diariamente das 9 h às 16 h 30 min, fevereiro diariamente das 9 h às 17 h 30 min. Bonde: 4 ou 5.

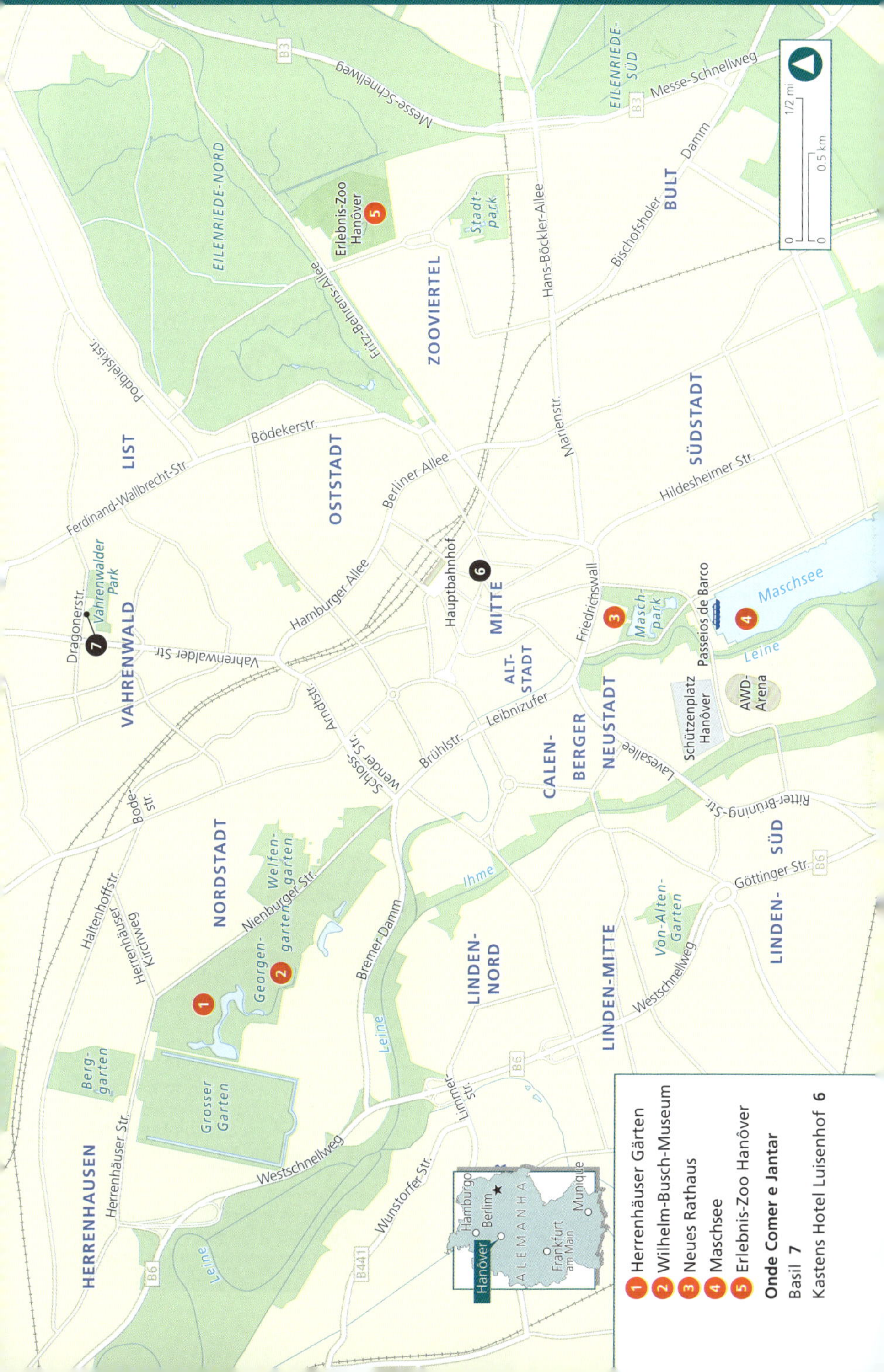

1 Herrenhäuser Gärten
2 Wilhelm-Busch-Museum
3 Neues Rathaus
4 Maschsee
5 Erlebnis-Zoo Hanôver
Onde Comer e Jantar
Basil 7
Kastens Hotel Luisenhof 6
HERRENHAUSEN
VAHRENWALD
LIST
NORDSTADT
OSTSTADT
ZOOVIERTEL
MITTE
ALT-STADT
CALEN-BERGER
NEUSTADT
LINDEN-NORD
LINDEN-MITTE
LINDEN-SÜD
SÜDSTADT
BULT
EILENRIEDE-NORD
EILENRIEDE-SÜD
Grosser Garten
Berg-garten
Georgen-garten
Welfen-garten
Vahrenwalder Park
Stadt-park
Masch-park
Von-Alten-Garten
Erlebnis-Zoo Hanôver
Hauptbahnhof
Maschsee
Leine
Ihme
Schützenplatz Hanôver
AWD-Arena
Passeios de Barco
Messe-Schnellweg
Hans-Böckler-Allee
Bischofsholer Damm
Fritz-Behrens-Allee
Podbielskistr.
Bödekerstr.
Ferdinand-Wallbrecht-Str.
Berliner Allee
Hamburger Allee
Marienstr.
Hildesheimer Str.
Friedrichswall
Leibnizufer
Brühlstr.
Arndtstr.
Schloss-wender Str.
Vahrenwalder Str.
Dragonerstr.
Bode-str.
Haltenhoffstr.
Herrenhäuser Kirchweg
Nienburger Str.
Bremer Damm
Lavesallee
Ritter-Brüning-Str.
Göttinger Str.
Westschnellweg
Limmer-str.
Wunstorfer Str.
Herrenhäuser Str.
B3
B6
B441
0 0.5 km
0 1/2 mi
Hamburgo
Berlim
Hanôver
ALEMANHA
Frankfurt am Main
Munique

> *O Maschsee foi criado artificialmente por um projeto nazista de engenharia que desviou o rio Leine.*

2 Wilhelm-Busch-Museum. Wilhelm Busch (1832–1908) está entre os primeiros criadores das histórias em quadrinhos. Seu livro *Max und Moritz* (1865), um conto humorístico moralista sobre dois garotos malvados, estabeleceu diversas convenções de gênero. Uma grande exibição dos pertences de Busch estão nesse museu no Herrenhäuser Gärten. **⌚ 45 minutos. Georgengarten 1. ☎ 0511/1699-9916. www.wilhelm-busch-museum.de. Entrada 4,50€ para adultos, 2,50€ para a faixa etária de 6 a 18 anos, 10€ para famílias. Terça a domingo, das 11 h às 18 h. Bonde: 4 ou 5.**

3 Neues Rathaus (Nova Prefeitura). Esse extravagante monumento da Alemanha imperial foi terminado em 1913, pouco antes do início da Primeira Guerra Mundial. A destruição de Hanôver durante a Segunda Guerra Mundial está representada em uma das quatro maquetes da cidade em vários períodos de sua história. Pegue o elevador até a cúpula em formato de abóbada para ter uma excelente vista. O elegante restaurante Gartensaal, nos fundos, tem um pátio com assentos ao ar livre (no verão) e degraus que levam a um pequeno lago. **⌚ 1 hora. Trammplatz 2. ☎ 0511/1684-5333. Nova Prefeitura: entrada gratuita; elevador da cúpula: 2,50€ para adultos, 2€ crianças para a faixa etária de 6 a 18 anos. Março a outubro, de segunda a sexta das 9 h 30 min às 18 h, sábado e domingo das 10 h às 18 h 30 min; novembro a fevereiro, diariamente das 11 h às 16 h 30 min. Ônibus: 100, 120 ou 200.**

Mercado de Pulgas da Cidade Antiga

As barracas pertencentes ao que se diz ser o mais antigo mercado de pulgas da Alemanha são montadas aos sábados na rua Am Hohen Ufer, na margem leste do rio Leine, como tem sido feito desde a década de 60. Elas são unidas hoje em dia, na esquina da Altstadt (Cidade Antiga) de Hanôver, pela arte, antiguidades, artesanato e curiosidades. No lado das antiguidades, gibis antigos, livros de segunda mão, brinquedos, enfeites, e, verdade seja dita, uma quantidade considerável de bobagens que é difícil imaginar que sejam vendidas, seja qual for o preço, estão disponíveis. O mercado funciona aos sábados, das 7 h às 16 h.

4 ★ crianças **Maschsee**. Um projeto de obras públicas da década de 1930 desviou o rio Leine para criar esse lago artificial ao sul da Neues Rathaus. As margens do Maschsee atraem corredores e patinadores. Existe uma praia no lado sul, cafés nas margens, veleiros e canoas. No verão, quatro barcos estão disponíveis para passeios na água. 🕒 **2 horas. Rudolf-von-Bennigsen-Ufer. Ônibus: 100 ou 200.**

5 ★ crianças **Erlebnis-Zoo Hannover**. Ele está entre os principais zoológicos da Alemanha, lar de uma variedade de animais de todo o mundo. Eles estão juntos com zonas de "experimentação" — como a Baía de Yukon, uma experiência pelas trilhas de Yukon, aberta em 2010. 🕒 **4 horas. Adenauerallee 3. ☎ 0511/2807-4163. www.zoo-hannover.de. Entrada: março a outubro, 19,50€ para adultos, 13,50€ para a faixa etária de 3 e 17 anos; de novembro a fevereiro, 12€ para adultos, 10€ para a faixa etária de 3 a 17 anos. Março a outubro, diariamente das 9 h às 18 h, novembro a fevereiro diariamente das 10 h às 16 h. Bonde: 11.**

Onde Ficar e Jantar

> *O teto em formato de abóbada e a variedade de pratos a preços razoáveis fazem do Basil um dos principais locais para jantar.*

★★ **Basil** VAHRENWALDER *FUSÃO*
As colunas, o teto em formato de abóbada e as paredes de tijolos de um salão de cavalaria do século XIX abrigam um elegante restaurante que "cobra" moderadamente por seu criativo cardápio de pratos originários da costa do Mediterrâneo até a Ásia. **Dragonerstrasse 30A. ☎ 0511/622-636. www.basil.de. Pratos principais de 19€ a 25€. AE, MC, V. Jantar de segunda a sábado (domingo apenas durante grandes convenções). Bonde: 1 ou 2.**

★★ **Kastens Hotel Luisenhof** MITTE
A apenas alguns minutos da Hauptbahnhof, o principal hotel de Hanôver tem se mantido através dos anos, adicionando um spa à uma lista de pontos positivos que incluem dois sofisticados restaurantes. Os quartos amplos são elegantemente decorados. **Luisenstrasse 1–3. ☎ 0511/30440. www.kastens-luisenhof.de. 146 quartos. Diárias para duas pessoas de 127€ a 387€. AE, DC, MC, V. Bonde: 1, 2, 3, 4, 5, 6, 8, 11 ou 16.**

Lüneburg

Essa cidadezinha de 73 mil pessoas, às margens do rio Ilmenau, deve sua condição de atração turística aos séculos passados, por ter sido um rico membro da Liga Hanseática (veja "A Liga Hanseática", pág. 578) e ao feliz fato de não ter sido bombardeada durante a Segunda Guerra Mundial. Muitos dos seus tesouros históricos estão intactos para o deleite dos olhos dos visitantes hoje. A Altstadt (Cidade Antiga) de Lüneburg é maravilhosa e possui um forte clima medieval — ainda assim, falta muito para ela ser um museu a céu aberto.

> *Poupada das bombas da Segunda Guerra Mundial, a preservada arquitetura barroca medieval da histórica Lüneburg transporta seus visitantes para séculos passados.*

PONTO DE PARTIDA Saindo da estação de Lüneburg, é uma caminhada de cerca de 1,2 km (0,75 milha) até a Altes Rathaus, a oeste do outro lado do rio Ilmenau, na Lüner Torstrasse e Lüner Strasse.

1 ★★ Altes Rathaus (Antiga Prefeitura). A fachada barroca do século XVII da Altes Rathaus aparece imponente em uma torre central que contém um *Glockenspiel* (carrilhão) de sinos feitos de porcelana de Meissen. Dentro, partes do prédio datam de 1230. O decorado Grosser Ratsstube (Salão do Grande Consílio) foi embelezado durante dois séculos, culminando em um minucioso trabalho em madeira do escultor local Albert von Soest (1566-1584). ⏱ **1 hora. Am Markt 1. ☎ 0800/220-5005. Entrada 4,50€ para adultos, 3,50€ para a faixa etária de 7 a 18 anos, 11€ para famílias. Visitas guiadas de terça a sábado às 11 h, 14 h e 15 h, domingo às 11 h e às 14 h.**

2 ★★ Altstadt (Cidade Antiga). A Altstadt é cheia de prédios antigos, embora apenas alguns possam ser chamados de históricos. Ao sul da Markt, na Grosse Bäckerstrasse, fica a Raths-Apotheke (1598), uma farmácia com fachada decorada. Siga a Grosse Bäckerstrasse até uma grande praça, a Am Sande, cercada por um conjunto de antigos edifícios *Backstein* (tijolo). Mesmo com tais companhias, a Schwarzes Haus (Casa Negra) do século XVI, uma antiga cervejaria, se destaca (hoje abriga a câmara municipal do comércio). ⏱ **2 horas.**

3 St.-Johanniskirche (Igreja de São João). Próximo à Am Sande, a história dessa igreja remonta ao ano 927. A maior parte foi construída mais tarde, com a torre datando do século XV — ela pende alguns graus na vertical, mas não há rumores sobre uma "Torre Caída de Lüneburg". ⏱ **30 minutos. Bei der St.-**

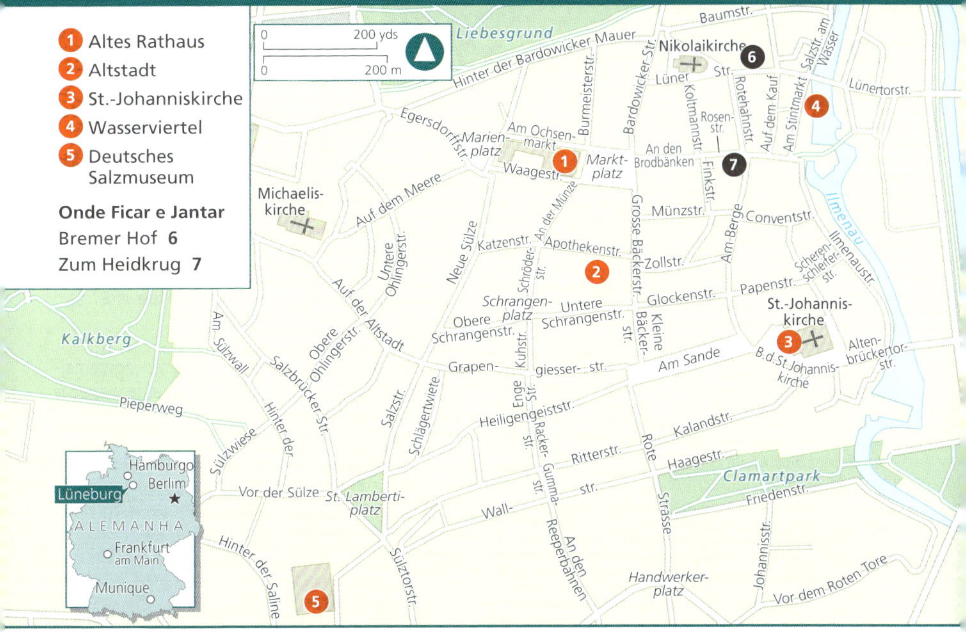

Johanniskirche. ☎ 04131/445242. Entrada gratuita. Abril a outubro, de domingo a terça das 10 h às 17 h, sábado das 10 h às 18 h; novembro a março, de segunda a sexta das 12 h às 14 h, sábado das 13 h às 18 h, domingo das 11 h 30 min às 16 h.

4 ★★ Wasserviertel (Distrito da Água). O Wasserviertel começou a ser desenvolvido no século XV, como porto da cidade no rio Ilmenau. Algumas partes dessa área podem ter sido mal restauradas, mas os bares estudantis da área ajudam a manter o ambiente vivo. O Alter Kran (Guindaste Antigo) de madeira, usado para carregar os barcos de sal, data, na verdade, do século XIV, apesar de ter sido "modernizado" no século XVIII. 🕒 **1 hora.**

5 Deutsches Salzmuseum. A prosperidade de Lüneburg durante a Idade Média foi construída sobre seu monopólio de sal, extraído em grandes quantidades das obras na cidade e, então, enviado pelo rio Ilmenau até o Elba, e de lá para Lübeck (pág. 606) e outras cidades hanseáticas. As exposições no Deutsches Salzmuseum (Museu Alemão do Sal) o levam em uma viagem pelos séculos para ver as implicações sociais, comerciais e industriais de estar em um rico depósito de "ouro branco". 🕒 **45 minutos. Sülfmeisterstrasse 1. ☎ 04131/45065. www.salzmuseum.de. Entrada 6€ para adultos, 4€ para a faixa etária de 6 a 18 anos, 18,50€ para famílias. Maio a setembro, de segunda a sexta das 9 h às 17 h, sábado e domingo, das 10 h às 17 h; outubro a abril, diariamente das 10 h às 17 h.**

Onde Ficar e Jantar

★ Bremer Hof ALTSTADT
Essa antiga casa de comerciantes em uma esquina tranquila da cidade oferece quartos claros com decoração contemporânea. O restaurante da casa, em estilo enxaimel, serve cozinha típica do norte da Alemanha. **Lüner Strasse 12–13. ☎ 04131/2240. www.bremer-hof.de. 40 quartos. Diárias para duas pessoas de 93€ a 135€, com café da manhã. AE, DC, MC, V.**

★★★ Zum Heidkrug WASSERVIERTEL
CONTINENTAL Em seu antigo local, o restaurante do hotel de mesmo nome recebeu uma estrela Michelin pela mistura de cozinha mediterrânea com a leve *Neue Küche* (nova cozinha) alemã, do mestre Michael Röhm. **Am Berge 5. ☎ 04131/24160. www.zum-heidkrug.de. Pratos principais de 20€ a 38€. AE, MC, V. Almoço e jantar de quarta a sábado.**

Informações Úteis Sobre Sauerland, Niedersachsen e Bremen

Serviços de Reserva de Hospedagem
Ligue para o **Serviço de Reservas de Hospedagem** (☎ 0870/243-0003) de qualquer lugar da Alemanha. Os pontos de informações turísticas das principais estações de trem e aeroportos podem ajudá-lo com reservas de última hora. Os escritórios de turismo também podem arranjar acomodações.

Caixas Eletrônicos
A principais cidades da região possuem vários caixas eletrônicos de uma variedade de bancos. Até mesmo as menores cidades possuem pelo menos um caixa eletrônico.

Dentistas e Médicos
Se você tiver algum problema simples médico ou dentário enquanto estiver viajando pela Alemanha, a maioria dos hotéis poderá lhe indicar um médico (*Artz*) ou dentista (*Zahnart*) local que fale inglês. Você deverá apresentar prova de seguro de saúde permanente ou de viagens (como um cartão EHIC no caso da maioria dos residentes da Europa), ou você terá de pagar pelo tratamento. No caso de ferimentos leves que requeiram tratamento rápido, vá ao departamento *Notaufnahme* (emergência) da *Krankenhaus* (hospital) mais próxima. Quando os ferimentos forem sérios ou com risco de vida, chame o número de emergência do médico/ambulância (veja "Emergências" abaixo).

Emergências
Para chamar a polícia (*Polizei*) ligue para ☎ **110.** Para avisar sobre um incêndio,chamar um médico de plantão (*Notarzt*) ou uma ambulância (*Krankenwagen*), ligue ☎ **112.**

Chegando Lá
Frankfurt am Main (FRA), **Düsseldorf** (DUS), **Hamburg-Fuhlsbüttel** (HAM), **Bremen** (BRE) e, em menor grau, **Hannover** (HAJ/Hanôver) são os principais aeroportos servindo a região. Vários voos nacionais e internacionais estão disponíveis em todos os cinco aeroportos. Todas as cidades, tanto grandes como pequenas, são bem servidas por trens. Diversas ferrovias europeias e alemãs chegam à região de todas as direções. Os ônibus internacionais da **Eurolines** (www.eurolines.com) param em Brauschweig, Hanôver e Osnabrück. Não há serviço internacional de balsa para a região.

Circulando
Na maior parte da região você pode viajar rapidamente nas estradas da Autobahn (A) e *Bundestrasse* (B) — muitas dessas duas categorias, principalmente as estradas A, também têm uma designação Europeia (E). Usar a abrangente e eficiente rede ferroviária é, sem dúvida, a melhor maneira de se locomover por transporte público. A maior parte dos serviços de trem — e todos os trens InterCity, incluindo os velozes ICE (trens InterCity-Express) — são operados pela **Deutsche Bahn** (Ferrovias Alemãs; *www.bahn.com*). Alguns serviços locais e regionais são operados por companhias privadas de trem. O serviço regional de ônibus não é excelente, exceto nas áreas mal servidas pelos trens — Sauerland, o Lünerburg Heide, as Montanhas Harz e a costa da Ostfriesland — e é possível que seja lento. Balsas conectam o litoral continental às Ostfriesische Inseln (Ilhas Frísias Orientais) e Helgoland (veja "Helgoland em Alto Mar", pág. 565).

Acesso à internet
Diversos hotéis possuem um ou mais computadores para uso dos hóspedes. Wi-Fi e/ou banda larga frequentemente estão disponíveis, seja gratuitamente ou por uma taxa por hora ou dia. A maioria das cidades de qualquer tamanho possui pelo menos um café com internet.

Farmácias
Em alemão, farmácia é *Apotheke*. Para cosméticos e artigos de higiene pessoal, vá a uma *Drogerie*. A maioria das farmácias funciona durante o horário comercial, mas possui detalhes sobre a farmácia 24 horas mais próxima. Existem farmácias até mesmo nas menores cidades; vilas e cidades como Bremen, Kassel, Hanôver, Osnabrück, Münster e Hildesheim contam com várias.

Polícia
Para dar queixa de um item perdido ou roubado, como uma carteira ou passaporte, vá à polícia local (*Polizei*) onde estiver. Para ligar para a polícia de qualquer lugar na Alemanha, disque ☎ **110.**

Correios
Você reconhecerá as filiais do **Deutsche Post** (☎ 01802/3333; www.deutschepost.de) pela sua placa amarela com uma buzina preta. Alguns correios ficam localizados no centro das vilas e cidades a seguir: **Bremen**: Am Markt

(Marktplatz); **Hanôver**: Ernst-August-Platz 1–2 (Hauptbahnhof/estação central de trem); **Hildesheim**: Hindenburgplatz 16 (Altstadt); **Kassel**: Königsplatz 6 (Mitte). Os correios ficam abertos de segunda a sexta, das 8 h às 18 h, e sábado das 8 h às 12 h.

Segurança

Existem poucas — se é que alguma — preocupações em relação à segurança nessa região. Em cidades grandes, como Bremen e Hanôver, pode existir um pequeno risco em determinados lugares, mas nada muito preocupante. As áreas ao redor das estações centrais de trem nas cidades grandes e nas menores podem parecer meio estranhas à noite.

Táxis

Em Bremen, ligue para a **Taxi-Ruf Bremen** (☎ 14014); em Hanôver, ã **Taxi Hannover** (☎ 3811); e em Kassel, à **Taxi-Service-Zentrale Kassel** (☎ 88111).

Telefones

Ligue ☎ 11837 para informações e ☎ 11834 para informações internacionais. O código de área de Bremen é 0421; o de Hanôver é 0511; em Hameln é 05151; Osnabrück é 0541; e Kassel é 0561. Disque o código de área ao ligar para um número da cidade estando em outra; você não precisa discar esse código quando ligar da mesma localidade. Há telefones públicos em muitos locais — alguns aceitam moedas e outros, cartões telefônicos, disponíveis em agências de correio e bancas de revistas.

Banheiros

Em alguns lugares você encontrará banheiros públicos limpos (*Toilette* em alemão; pronuncia-se tuá-lé-te), muitos deles são automáticos e acessíveis à cadeirantes; você precisará de uma moeda de 0,50€ para destrancar a porta. Mais convenientes e espalhados são os banheiros em cafés, bares, restaurantes, hotéis, shopping centers, em algumas lojas, em serviços de autoestrada e áreas de descanso. Mesmo se você não for obrigado a pagar, é costume deixar 0,50€ para o atendente.

Passeios

Um passeio especial a se fazer é o *Wattwandern* (caminhadas pelo lamaçal) durante a maré baixa, pelo chão do Wattenmeer (veja "Andando Sobre o Mar", pág. 535). Além disso, passeios de barco pelas ilhas Ostfriesische Inseln (Ilhas Frísias Orientais), no Wattenmeer, e de um dia pela exclusiva ilha "pelágica" da Alemanha, a Helgoland (pág. 565), estão disponíveis. Ainda falando de água, existem itinerários de barco pelo rio Weser — rio acima em volta de Hameln (pág. 515, **8**) e Bad Karlshafen (pág. 514, **4**), e abaixo em Bremen e Bremerhaven — e passeios de barco pelos lagos Steinhuder Meer (pág. 527, **4**) e Maschsee (pág. 549, **4**). Em terra firme as opções são pelos parques nacionais e naturais (pág. 524), por exemplo, caminhada e ciclismo no Lüneburger Heide (pág. 528, **6**), e caminhada e ciclismo (mountain-biking) pelas Montanhas Harz (pág. 527, **3**).

Informações aos Visitantes

Centros de informações ao turista são onipresentes. Eles vão de grandes escritórios de cidades grandes em Colônia, Düsseldorf e Frankfurt, até aos minúsculos escritórios em algumas vilas. Além dos fornecidos com a listagem individual das cidades, outros escritórios turísticos chave são: **SAUERLAND** Sauerland Tourism, Postfach 2200; ☎ 01802/403-040; *www.sauerland.com*; apenas por telefone. **BREMEN** O escritório principal da Bremen-Touristik-Zentrale, Findorffstrasse 105 (no Bürgerpark) não possui atendimento na agência, mas suas duas filiais estão abertas ao público: uma na Hauptbahnhof (estação central de trem; segunda a sexta das 9 h às 19 h, sábado e domingo das 9 h 30 min às 18 h), e outra na Obernstrasse/Liebfrauenkirchhof (Mitte; segunda a sexta, das 10 h às 18 h 30 min, sábado e domingo das 10 h às 16 h). O site geral é *www.bremen-tourism.de*, e a central de informações turísticas é ☎ 01805/101-030. **GOSLAR** Markt 7; ☎ 05321/78060; *www.goslar.de*; abril a outubro, de segunda a sexta das 9 h 15 min às 18 h, sábado das 9 h 30 min às 16 h, domingo das 9 h 30 min às 14 h. **HANÔVER** Ernst-August-Platz 8; ☎ 0511/1234-5111; *www.hannover.de*; abril a setembro, de segunda a sexta das 9 h às 18 h, sábado e domingo das 9 h às 14 h; outubro a março de segunda a sexta das 9 h às 18 h, sábado das 9 h às 14 h. **LÜNEBURG** Rathaus, Am Markt 7; ☎ 04131/207-6620; *www.lueneburg.de*; maio a outubro e dezembro de segunda a sexta das 9 h 30 min às 18 h, sábado das 9 h 30 min às 16 h, domingo das 10 h às 16 h; novembro e janeiro a abril de segunda a sexta das 9 h 30 min às 18 h, sábado das 9 h 30 min às 14 h.

BLOHM+VOSS DOCK ELBE 17
KASSE

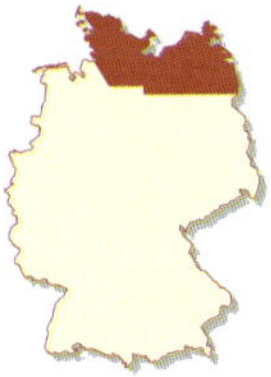

12

Hamburgo, Schleswig-Holstein e a Costa do Báltico

O Melhor do Norte Alemão e da Costa do Báltico em 3 Dias

Três dias não são muito tempo para passear bastante pelo estado de Schleswig-Holstein (no extremo norte alemão) e pelo norte da Alemanha, mas é extremamente possível aproveitar. Hamburgo, Lübeck, Wismar e Schwerin estão muito próximas entre si e são conectadas pela excelente rede de Autobahn (autoestradas) da Alemanha, o que torna a viagem entre elas um pulo. No primeiro dia você visitará Hamburgo, cidade mundial e grande porto. O segundo o levará a Lübeck, grande rival de Hamburgo desde os dias da Liga Hanseática. Na terceira jornada, atravesse para a antiga Alemanha Oriental para ver como Wismar e Schwerin, duas cidades completamente diferentes, ganham espaço.

> PÁGINA ANTERIOR A St. Pauli Landungsbrücken fica no porto de Hamburgo, um dos maiores do mundo. NESTA PÁGINA O majestoso Schweriner Schloss (Castelo Schweriner) fica em sua própria ilhota, no Schweriner See.

PONTO DE PARTIDA Hamburgo fica no rio Elba, 130 km (81 milhas) a sudeste de Cuxhaven, no litoral do Mar do Norte, pela B73; 288 km (179 milhas) a noroeste de Berlim pela A24; 124 km (77 milhas) a nordeste de Bremen pela A1; e 152 km (94 milhas) ao norte de Hanôver pela A7. DURAÇÃO DA VIAGEM 165 km (103 milhas).

1 ★★★ **Hamburgo**. A segunda cidade mais populosa da Alemanha (depois de Berlim) não é tão fácil de entender, mesmo depois de você ter chegado lá. Ela se espalha por uma grande área que inclui as docas, no rio Elba, àquele que está entre os maiores portos do mundo. Há

uma certa falta — não é uma ausência, ainda que felizmente — de museus de nível mundial e outras atrações, e aqueles que existem estão espalhados pela paisagem da cidade, o que pode tornar o tráfego entre eles complicado. Ainda assim, Hamburgo tem muito a oferecer. Nada menos que 50% de sua área é tomada pela água, por florestas, fazendas e 1.400 parques e jardins — estatísticas que a tornam a cidade mais verde da Alemanha. A propósito, a maior parte da água está na forma de canais, mas não leve muito a sério o apelido de "Veneza do norte", já que a maioria das mais de 2 mil pontes não representa nada de espetacular. Alguns outros cursos de água, como o próprio rio Elba e os lagos Aussenalster e Binnenalster, são dignos de atenção.

Em um dia você pode escolher visitar a **Hamburger Kunsthalle**, uma galeria de arte que é especializada em pinturas de artistas europeus desde os Antigos Mestres até o século XX. Em matéria de museus ela é suficiente, pois você precisará de pelo menos algumas horas para apreciá-la. Mas se esse acervo não for suficiente ou não agradar, uma opção é o **BallinStadt—Das Auswanderermuseum Hamburg** (Museu dos Emigrantes), no lado sul do rio Elba. Conhecido como "Porto dos Sonhos", essa excepcional atração tem como tema as ondas de emigrantes europeus que navegaram de Hamburgo para o Novo Mundo. 🕒 **1 dia. Para mais informações sobre Hamburgo, incluindo recomendações de hotéis e restaurantes, ver pág. 594.**

No segundo dia, tente sair cedo pela manhã. Se você escapar da hora do rush de Hamburgo e permanecer na monótona rota direta na A24 e A1 ao nordeste para Lübeck (66 km/41 milhas), você chegará facilmente, em menos de uma hora. Por outro lado, se você não consegue perder a oportunidade de dirigir um pouco mais, fique na A24 ao leste até que ela alcance a B207 sentido norte para Lübeck (82 km/51 milhas); dessa forma, você terá a margem oeste do belo Ratzenburger See (Lago Ratzenburger) pelo custo mínimo de aumentar sua viagem em uma hora.

2 ★★★ **Lübeck**. Essa localidade portuária e antiga líder da Liga Hanseática (veja "A Liga Hanseática", pág. 578) é a cidade mais importante da Alemanha no Ostsee (Mar do Leste) — o nome alemão do Mar Báltico. A **Altstadt** (Cidade Antiga), em torno da Marktplatz, é cercada pelo rio Trave e canais adjacentes, dando a impressão de ser uma ilha oval na qual ficam prédios medievais de tijolos vermelhos — igrejas, hospitais, asilos, câmara municipal e casas — na verdade, quase tudo que vale a pena ser visto em Lübeck.

> *Canais passam elegantemente pelos prédios de tijolos vermelhos dos séculos XIX e XX do distrito de Speicherstadt, em Hamburgo.*

Do outro lado do rio, o impressionante **Holstentor** (Portal de Holsten) foi a principal entrada da cidade, projetado tanto para ser admirado pelos visitantes quanto para defender a cidade contra intrusos. A **Rathaus** (Prefeitura, de 1230) foi reconstruída diversas vezes, mas mantém a estrutura original, que pode ser vista na abóbada e nas pilastras romanescas do porão e nas fundações e arcadas góticas do piso térreo. Do outro lado da Marktplatz, a **Marienkirche** (Igreja de Santa Maria) é a mais notável de Lübeck e, possivelmente, do norte da Alemanha. Ela possui arcobotantes e enormes janelas que deixam o resto dos telhados da cidade a seus pés.

Em Breitestrasse fica uma das casas mais elaboradas da Lübeck hanseática, a **Haus der Schiffergesellschaft** (Casa da Guilda dos Marinheiros), construída em 1535 em estilo renascentista, com frontão em degraus e altas janelas góticas cobertas. Vale a pena visitar só pela mobília medieval, teto com vigas e modelos de navio pendurados no salão principal, hoje um restaurante. 🕒 1 dia. Para mais informações sobre Lübeck, incluindo recomendações de hotéis e restaurantes, veja pág. 606.

No terceiro dia você tem, novamente, a opção dos caminhos. Você pode ir diretamente para Wismar, seguindo rumo ao sul na B207n até a A20 e, então, ao leste na A20, com um trecho final em direção norte na B208 (67 km/42 milhas). Ou você pode seguir pela costa, que vai sentido leste na B105 até Dassow, e então vire ao norte e ao sul na L1 (passando por uma vila chamada

Pegando o Trem

Para aqueles que viajam de trem, esse itinerário é simples. Existem trens velozes frequentemente entre todas as quatro cidades, e as curtas distâncias garantem que você não passará todo o seu tempo olhando pela janela. Passar a noite em Hamburgo ou Lübeck e visitar os outros lugares em viagens durante o dia faz muito mais sentido do que ter que fazer as malas a cada dia.

> *A decoração náutica contribui para o ambiente da Era Hanseática do restaurante Haus der Schiffergesellschaft, em Lübeck.*

Klütz — entretanto, não deixe que isto o tire do caminho) até Wismar (62 km/39 milhas); essa segunda opção toma cerca de meia hora a mais, além do tempo que você quiser dedicar ao desviar e parar pelo Mar Báltico.

3 ★ **Wismar**. Fundada em 1229, essa cidade portuária da Era Hanseática pode ser a parada mais rápida do seu itinerário se você quiser. No mínimo faça uma caminhada em torno da ★★ **Markt** (Praça do Mercado), no centro, para admirar os prédios antigos, e de lá vá para o **Alter Hafen** (Antigo Porto). Coma alguma coisa, e isso é o suficiente. No entanto, a **Altstadt** (Cidade Antiga) de Wismar não recebeu o título de Patrimônio Mundial da Unesco à toa. Se você puder, reserve algum tempo para passear por lá. 🕒 1 hora. Para mais informações sobre Wismar, ver pág. 579, 4.

De Wismar para Schwerin, são apenas 32 km (20 milhas) rumo ao sul na B106. Você pode facilmente reservar alguns minutos extras para um desvio pelas cidades de Lübstorf, Hundorf e Seehof, na margem oeste do lago Schweriner See, antes de ir para Schwerin.

4 ★★★ **Schwerin**. A elegante capital do estado de Mecklenburg-Vorpommern fica na margem sudoeste do pontilhado de ilhas Schweriner See, o segundo maior lago da Alemanha — depois do Müritzsee (pág. 590, 5) —, cobrindo uma área de 62 km² (24 milhas²).

O **Schweriner Schloss** (Castelo Schwerin), principal atração da cidade , fica em sua própria ilha no Schwernier See. Essa fantástica brincadeira com as arquiteturas neorrenascentista, neogótica e neobarroca, cheia de torreões, torres e cúpulas mostra o quanto eram ricos os antigos grão-duques de Mecklenburg-Schwerin — ou sua habilidade de retirar os fundos necessários de sua população. 🕒 Meio dia. Para informações sobre Schwerin, incluindo recomendações de hotéis e restaurantes, ver pág. 610.

De Schwerin você pode seguir rapidamente rumo ao sul na B321 para a Autobahn A24 leste-oeste para um rápido retorno a Hamburgo (109 km/68 milhas) ou continuar ao leste em direção a Berlim (208 km/129 milhas).

O Melhor do Norte Alemão e da Costa do Báltico em 1 Semana

Com sete dias, cobrir uma grande parte do norte da Alemanha vira uma proposta prática. Você começa em Hamburgo e pode passar dois dias na cidade ou, no segundo dia, passear por seus arredores ao longo do rio Elba. Uma decisão-chave é saber se você vai ou não visitar a ilha de Sylt — visitá-la vale a pena, mas envolve uma longa viagem de ida e volta até o canto superior de Schleswig-Holstein. Uma vez que você tenha chegado a Lübeck, pode fazer uma viagem relativamente fácil ao longo da costa do Báltico, passando por Wismar, Rostock e Stralsund — com apenas um desvio no caminho, para Schwerin — antes de atravessar, finalmente, para Rügen.

> *Os prédios antigos na Altstadt de Rostock foram restaurados à sua beleza original depois de sofrerem a destruição da Segunda Guerra Mundial.*

PONTO DE PARTIDA Hamburgo fica no rio Elba, 130 km (81 milhas) a sudeste do porto do Mar do Norte em Cuxhaven, pela B73; 288 km (179 milhas) a noroeste de Berlim pela A24; 124 km (77 milhas) a nordeste de Bremen pela A1; e 152 km (94 milhas) ao norte de Hanôver pela A7. DURAÇÃO DA VIAGEM 662 km (411 milhas).

1 ★★★ Hamburgo. Para recomendações em como passar seu primeiro dia em Hamburgo, ver pág. 556, 1. Ter um segundo dia aqui lhe dá a chance de fazer uma pequena viagem durante o dia (veja "Viagens partindo de Hamburgo, pág. 595) e visitar, à noite, o bairro de St. Pauli, uma referência de entretenimento da cidade. A zona

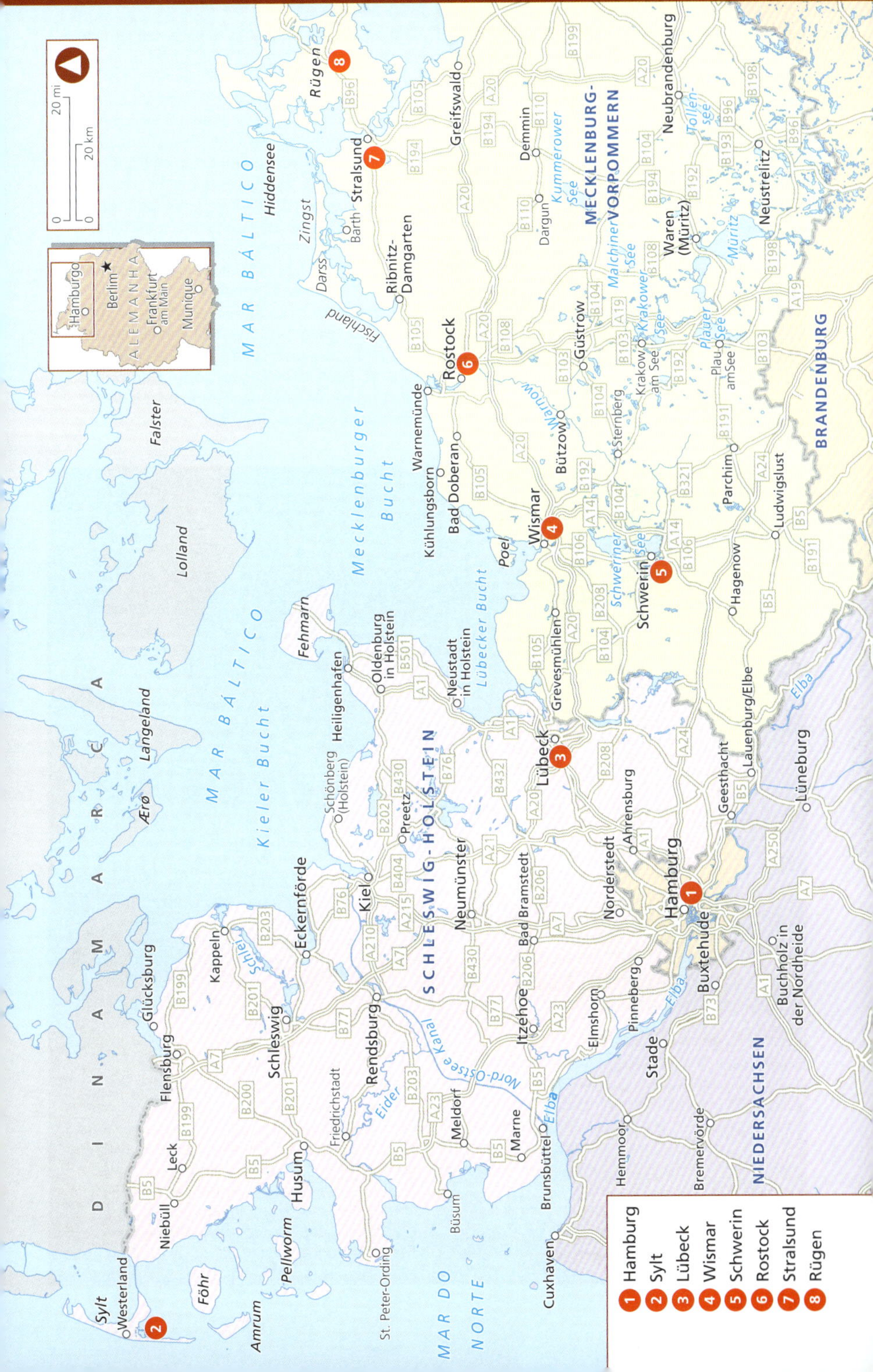

1 Hamburg
2 Sylt
3 Lübeck
4 Wismar
5 Schwerin
6 Rostock
7 Stralsund
8 Rügen
0 20 km
0 20 mi
Hamburgo
Berlim
ALEMANHA
Frankfurt am Main
Munique
DINAMARCA
MAR BÁLTICO
MAR DO NORTE
Kieler Bucht
Mecklenburger Bucht
Lübecker Bucht
SCHLESWIG-HOLSTEIN
MECKLENBURG-VORPOMMERN
NIEDERSACHSEN
BRANDENBURG
Sylt
Westerland
Föhr
Amrum
Pellworm
Niebüll
Leck
Flensburg
Glücksburg
Husum
Schleswig
Kappeln
Schlei
Eckernförde
Kiel
Rendsburg
Friedrichstadt
Eider
Nord-Ostsee Kanal
St. Peter-Ording
Büsum
Meldorf
Marne
Brunsbüttel
Cuxhaven
Elba
Itzehoe
Neumünster
Bad Bramstedt
Preetz
Schönberg (Holstein)
Heiligenhafen
Oldenburg in Holstein
Fehmarn
Neustadt in Holstein
Lübeck
Norderstedt
Ahrensburg
Hamburg
Elmshorn
Pinneberg
Stade
Hemmoor
Bremervörde
Buxtehude
Buchholz in der Nordheide
Geesthacht
Lauenburg/Elbe
Lüneburg
Grevesmühlen
Wismar
Poel
Schwerin
Schweriner See
Hagenow
Ludwigslust
Parchim
Sternberg
Bützow
Warnow
Kühlungsborn
Bad Doberan
Warnemünde
Rostock
Güstrow
Krakow am See
Krakower See
Plau am See
Plauer See
Malchiner See
Waren (Müritz)
Müritz
Neustrelitz
Tollensee
Neubrandenburg
Kummerower See
Dargun
Demmin
Greifswald
Ribnitz-Damgarten
Fischland
Darss
Zingst
Barth
Stralsund
Hiddensee
Rügen
Æro
Langeland
Lolland
Falster

> *A imponente arquitetura e as sinuosas ruas de Wismar forneceram o cenário perfeito para o clássico filme de vampiros Nosferatu.*

do pecado de St. Pauli, chamada Reeperbahn, recebeu seu nome devido às cordas de cânhamo fabricadas aqui entre os séculos XIV e XIX. Preocupações com aspectos negativos como a AIDS, crime organizado, drogas e tráfico humano diminuíram o impulso vindo da prostituição legalizada de Reeperbahn nos cofres públicos. Há um declínio gradual evidente no comércio do sexo conforme locais frequentados por adolescentes, discotecas, teatros e outros tipos "normais" de entretenimento vão se infiltrando no distrito. Por decreto municipal apenas homens maiores de 18 anos podem passar as barreiras em ambos os lados da Herberstrasse, permitindo que eles "examinem" as mulheres seminuas exibindo suas mercadorias atrás de vitrines. 🕒 **2 dias. Para informações sobre Hamburgo, incluindo recomendações de hotéis e restaurantes,** **ver pág. 594.**

Os Beatles em Hamburgo

John Lennon disse a famosa frase: "Eu posso ter nascido em Liverpool, mas cresci em Hamburgo". Entre 1960 e 1962, os Beatles começaram a ganhar fama e aprenderam seu ofício de músicos ao se apresentarem em diversos clubes de Hamburgo — o Indra, o Kaiserkeller, o Top Ten Club, e o Star Club — no distrito da luz vermelha, Reeperbahn, enquanto trilhavam seu caminho. Naquele momento, o grupo era formado por John Lennon, Paul McCartney, George Harrison, Stuart Sutcliffe e Pete Best (Sutcliffe logo saiu e, mais tarde, Best foi demitido e substituído por Ringo Starr). Em 2008, a Beatles-Platz (Praça dos Beatles) foi inaugurada na entrada de uma famosa rua de Reeperbahn, a Grosse Freiheit. A praça circular, no formato de um disco de vinil (foto), tem cinco esculturas representando os seis Beatles de Hamburgo (uma única escultura representa os dois bateristas, Pete Best e Ringo Starr).

Dicas de Jantar

Toda vez que você estiver no mar ou próximo a ele na Alemanha, tenha certeza de colocar jantares em locais que ofereçam frutos do mar pescados localmente na sua lista de afazeres.

No terceiro dia, pegue a A7 sentido norte e ande 193 km (120 milhas) para Niebüll, onde você pegará um trem (se desejar, seu carro) pela ponte para Sylt. Outra opção é pular Sylt e passar mais tempo em Lübeck (veja "Passeando por Lübeck", pág. 564); de Hamburgo, são 61 km (41 milhas) dirigindo rumo a sudoeste na A1 até Lübeck.

2 ★★★ crianças **Sylt.** A ilha é o destino litorâneo mais elegante da Alemanha; é uma pena que esteja em um canto — no meio do mar, na verdade — difícil de se chegar do país, logo abaixo da Dinamarca. Composto primordialmente de areia, o local é frágil e não tem muito mais que 500 m (0,5 milha) de largura em seu ponto mais estreito. Castigadas pelas tempestades do Mar Báltico, suas dunas de areia "migram", e a ilha inteira corre risco de ser tragada pelo mar. Um dia isso pode acontecer, e aí a festa terá, definitivamente, acabado. 🕒 1 dia. Para mais informações sobre Sylt, ver pág. 571, **5**; para recomendações de hotéis e restaurantes, ver pág. 575.

Comece cedo o quarto dia para aproveitar seu tempo em Lübeck. Volte para Niebüll e prepare-se para uma longa viagem de carro rumo ao leste na B199, ao sul na veloz A7 e, finalmente, a sudeste na B205 e B206 para Lübeck (201 km/125 milhas).

3 ★★★ **Lübeck.** 🕒 Pelo menos 1 dia. Para informações sobre Lübeck, incluindo recomendações de hotéis e restaurantes, ver pág. 606.

De Lübeck, siga rumo ao sul na B207n, rumo ao leste na A20 e ao norte na B208 para Wismar (67 km/42 milhas).

4 ★ **Wismar.** As sinuosas ruas da Altstadt (Cidade Antiga) de Wismar são tão emblemáticas que o diretor de cinema mudo F. W. Murnau as utilizou como cenário para seu clássico filme de vampiro *Nosferatu,* de 1922. A cada ano, no meio de junho, a localidade celebra seu igualmente importante Alter Hafen (Antigo Porto) com o

Balsas Para as Ilhas Frísias do Norte

Assim como nas Ostfriesische Inseln (Ilhas Frísias Orientais; pág. 530), as ★★ **Nordfriesische Inseln** (Ilhas Frísias do Norte) valem a visita. Mas o Wattenmeer (Mar Frísio) é tão raso que desaparece quase completamente durante a maré baixa!

As balsas para as ilhas dependem da maré, então certifique-se de checar se você terá tempo suficiente para o passeio. As informações a seguir devem ajudá-lo a planejar. Todas as balsas listadas abaixo carregam carros, com exceção das que saem de Schlüttsiel.

ILHA	PORTO NA COSTA	COMPANHIA	TEMPO DE VIAGEM
Amrum	**Dagebüll**	**WDR** ☎ 01805/080-140 www.faerhe.de	**De Dagebüll 90 min.** Via Föhr 120 min.
Föhr	**Dagebüll**	**WDR** ☎ 01805/080-140 www.faerhe.de	**45 min.**
Ilhotas Halligen e Amrum	**Schlüttsiel**	**WDR** ☎ 01805/080-140 www.faerhe.de	**Hooge 60 min.** Langeness 90 min. Amrum 165 min.
Pellworm	**Norden** (Strucklahnungshörn)	**NPDG** ☎ 04844/753 www.faehre-pellworm.de	**35 min.**
Sylt	**Havneby**	**Rømø-Sylt Linien** ☎ 0180/310-3030 www.syltfaehre.de	**45 min.**

> *O teto em formato de abóbada da Rathaus de Lübeck, a prefeitura em funcionamento mais antiga da Alemanha.*

FKK Praias (Nudismo)

Diversas partes da praia ao longo do Mar do Norte e do Mar Báltico na Alemanha — incluindo as praias de lagos no interior — receberam o estranho código FKK. A sigla significa *Freikörperkultur*, ou "cultura do corpo livre" — ou, em uma palavra, nudismo. Esteja atento ao passar por placas FKK enquanto estiver usando roupas, mesmo que sejam bem poucas. A visão chocante de um indivíduo vestido invadindo esse solo sagrado pode ser considerada um certo ultraje moral para aqueles que colocaram de lado tais pudores. Protegidas pelo poderoso tabu FKK, os filhos e filhas naturistas da pátria se despem e exibem seus corpos aqui e ali, sem perigo de ofender nenhum inocente de fora. Então, se a sua escolha de vestuário para um dia de verão é a forma como veio ao mundo, você deve se adaptar bem.

Passeando por Lübeck

Qualquer um que decidir não fazer a longa viagem norte até Sylt e, como consequência, pode dedicar outra parte do dia a Lübeck, pode ir até o litoral mais próximo do Mar Báltico, a **Timmendorfer Strand**. O principal resort litorâneo de Lübeck é conhecido por seu longo trecho de areia branca e seus restaurantes de frutos do mar. Próximo à água fica o **Sea Life Aquarium** na Kurpromenade 5 (☎ 01805/6669-0101; www.sealifeeurope.com; entrada 14€ para adultos, 9,95€ para crianças entre 3 e 14 anos; de março a junho, setembro e outubro diariamente das 10 h às 18 h, julho e agosto diariamente das 10 h às 19 h, novembro a fevereiro diariamente das 10 h às 17 h). Uma excelente caminhada segue rumo ao leste, ao longo da costa da vizinha Niendorf, até Travemünde (veja abaixo). É uma trilha fácil e sinalizada de 4 km (2,5 milhas) na Brodtener Steilküste (Falésias Brodten); faça uma pausa no meio do caminho no Café-Restaurant Hermannshöhe (☎ 04502/73021).

Como o nome indica, **Travemünde** significa boca (foz) do rio Trave, e o local possui uma excelente vista das grandes balsas do Báltico e de outros navios entrando e saindo de Lübeck. É tão popular quanto a Timmendorfer Strand, ainda que não seja pela sua praia, que é muito pequena, e mais por seu comércio, restaurantes e agitação geral.

Wismarer Hafentage (Dias do Porto de Wismar), um festival de três dias de música ao ar livre, teatro, dança e festas em geral. 🕒 **3 horas. Para mais informações sobre Wismar, ver pág. 579, 4.**

De Wismar, pegue a B106 sentido sul para Schwerin (32 km/20 milhas).

5 ★★★ Schwerin. Localizada no interior da costa do Báltico, essa cidade pequena no canto sudoeste do Schweriner See (Lago Schwerin) fica em um distrito repleto de pequenos lagos. Schwerin é uma orgulhosa capital cívica e centro cultural por seu importante distrito agrícola. 🕒 **6 horas. Para mais informações sobre Schwerin, incluindo recomendações de hotéis e restaurantes, ver pág. 610.**

Atravesse para a margem leste do Schweriner See na B104 e siga a norte na A14 até sua junção com a A20, depois siga a leste até a B103 para uma ida final a norte para Rostock, uma distância de 95 km (59 milhas).

Helgoland em Alto Mar

He,lgoland (Heligolândia, em português) orgulhosamente se denomina a única *Hochseeinsel* (Ilha em Alto Mar) da Alemanha. Ela fica na Deutsche Bucht (Baía de Heligolândia), a cerca de 50 km (31 milhas) do ponto mais próximo do continente e tem uma área de apenas 1,7 km² (0;33 milha²) e uma população permanente de 1.300 pessoas. Suas falésias de arenito vermelho contrastam com o azul profundo das águas pelágicas e com a orla de praias de areias brancas. A minúscula ilhota vizinha, Düne, consiste basicamente de dunas de areia. Utilizada como base naval durante as duas Guerras Mundiais, Helgoland foi ocupada pelos britânicos do final da Segunda Guerra Mundial até 1952. Suas bases de U-boat (submarinos) e outras instalações militares foram destruídas em 1947, em uma explosão que afundou boa parte da ilha, deixando como herança o que hoje são a *Oberland* (Terra Alta) e a *Unterland* (Terra Baixa).

Hoje um porto pesqueiro e um centro de turismo livre de carros, Helgoland pode ser alcançada por barcos de passeio ou catamarãs rápidos de várias cidades do litoral do Mar do Norte alemão e de Hamburgo. Uma vez em alto mar, você pode passear algumas horas ao redor da ilha e em sua pequena vila de chalés em estilo enxaimel enquanto respira o ar livre de pólen e rico em iodo. As atrações locais incluem o aquário de uma estação biológica marinha, o porto pesqueiro e um peculiar arenito autônomo no norte da costa chamado *Lange Anna* (47 m/154 pés de altura), alcançado a partir de uma trilha no topo das falésias. Outros passatempos são a observação de pássaros- espécies que incluem gaivotas, e gansos-patola- e observar focas comuns e cinzentas.

Uma forma conveniente de chegar em Helgoland é por catamarã, saindo de Hamburgo (FRS Helgoline; ☎ 0180/320-2025; www.helgoline.de; duração da viagem: 3 h 45 min.). O catamarã pega passageiros mais abaixo no Elba, em Wedel (3 h 05 min.), e em Cuxhaven na foz do rio (1 h 15 min.), antes de ancorar no porto de Helgoland. De maio a setembro, barcos de passeio partem diariamente (na maioria dos casos) de Cuxhaven (Reederei Cassen Eils; ☎ 04721/350-8284; www.helgolandreisen.de; 2 h 30 min.) e de Wilhelmshaven (Helgoland Linie; ☎ 01805/228-661; www.helgolandlinie.de; 3 h) em Niedersachsen, e de Büsum (Reederei Cassen Eils; ☎ 04834/938-220; www.helgolandreisen.de; 2 h 30 min.) em Schleswig-Holstein. Os barcos não ancoram no porto da ilha; em vez disso, os passageiros são transportados entre os barcos ancorados e o porto por pequenos botes. Fora da temporada das férias de verão, apenas o barco de Cuxhaven mantém uma conexão marítima com a ilha, dessa vez até o porto.

Voos estão disponíveis em pequenos aviões comerciais decolando de Hamburgo (Air-Hamburg; ☎ 040/7070-8890; www.air-hamburg.de; 40 min.), Bremerhaven (OLT; ☎ 0471/77188; www.olt.de; 30 min.), e Büsum (OLT; ☎ 0471/77188; www.olt.de; 20 min.), até uma pequena pista de pouso em Düne. 🕒 1 dia. Informações turísticas: Helgoland Touristik, Lung Wai 28, Helgoland. ☎ 0180/564-3737. www.helgoland.de).

Parques Nacionais do Norte da Alemanha

Além do ★★★ **Nationalpark Niedersächsiches Wattenmeer** (Parque Nacional do Mar Frísio; pág. 529, 7), dois outros parques nacionais cobrem os rasos lamaçais do Wattenmeer e as ilhas no frio e turbulento Mar do Norte. Eles são os relativamente pequenos ★ **Nationalpark Hamburgisches Wattenmeer** (Parque Nacional do Mar Frísio Hamburguês; ☎ 04721/69271; www.nationalpark-hamburgisches-wattenmeer.de), na foz do rio Elba, e o ★★ **Nationalpark Schleswig-Holsteinisches Wattenmeer** (Parque Nacional do Mar Frísio de Schleswig-Holstein; ☎ 04861/6160; www.wattenmeer-nationalpark.de), o maior parque nacional da Alemanha, que se espalha pela costa oeste de Schleswig-Holstein até a fronteira com a Dinamarca.

Seguindo rumo ao leste, o calmo e manso Mar Báltico possui dois parques nacionais. O ★★ **Nationalpark Vorpommersche Boddenlandschaft** (Parque Nacional Laguna da Pomerânia Ocidental; ☎ 038234/5020; www.nationalpark-vorpommersche-boddenlandschaft.de) abrange a península de Zingst e suas praias de areias brancas, junto com suas baías rasas e enseadas que atraem aves migratórias, e alcança o litoral do Hiddensee (pág. 585, 8) e a costa ocidental de Rügen (pág. 585, 7).

Na costa norte de Rügen, o ★★ **Nationalpark Jasmund** (☎ 038392/661-766; www.nationalpark-jasmund.de), o menor parque nacional da Alemanha — ele cobre apenas 30 km^2/12 $milhas^2$ — protege um trecho das magníficas falésias brancase uma antiga floresta de faia que as enfeita e atinge parte do interior.

Internamente, duas partes separadas do ★ **Müritz-Nationalpark** (☎ 039824/2520; www.nationalpark-mueritz.de) abrange 322 km^2 (124 $milhas^2$) de florestas de pinheiros, lagos (mais de cem), prados e pântanos, em uma parte ecologicamente diferente do distrito do lago de Mecklenburg; uma parte segue ao oeste para cobrir a maior parte do litoral oriental de Müritz. O parque nacional tem sede no ★ **Schloss Hohenzieritz** (1751), um castelo dos duques de Mecklenburg-Strelitz, na cidade de Hohenzieritz, 13 km (8 milhas) ao norte de Neustrelitz, pela B193. Em 1810, a amada rainha Luisa, da Prússia, faleceu no palácio, a residência de verão de seu pai, aos 34 anos. Seus restos mortais estão sepultados no mausoléu na propriedade do Schloss Charlottenburg (pág. 68, 1), em Berlim.

Esses parques nacionais são joias da herança natural do norte da Alemanha, mas não são suas únicas paisagens terrestres e marinhas protegidas. Existem vários parques e reservas naturais. Eles tendem a serem menores, não tão espetaculares, e podem não ser tão bem protegidos quanto os parques nacionais. Os amantes da natureza e do ar livre podem facilmente se informar sobre eles nos escritórios de turismo locais; panfletos, brochuras, e outras informações certamente estão disponíveis.

> *A bela e protegida ilha marítima de Rügen é a maior da Alemanha, e sua diversidade de resorts conhecidos a tornam um popular destino de férias.*

6 ★★ **Rostock.** Desde a destruição causada pelos bombardeios durante a Segunda Guerra Mundial, Rostock tem sido restaurada a algo que se aproxima do seu esplendor histórico. A Kröpeliner Strasse, no centro, termina no Kröpeliner Tor, um portal de tijolos do século XIV nas antigas muralhas da cidade. No outro lado das muralhas fica um agradável parque com açudes e jardins de flores. As margens do rio Warnow são uma bela paisagem — não mais do que durante o festival Hanse Sail, que acontece no segundo fim de semana de agosto, quando cerca de 200 veleiros largam ao longo do cais e descem rio abaixo em Warnemünde (pág. 584, 4). ⌚ **4 horas. Para mais informações sobre Rostock, ver pág. 579, 5.**

De Rostock, siga rumo ao nordeste na B105, para Stralsund (74 km/46 milhas).

7 ★ crianças **Stralsund.** A antiga cidade hanseática é a porta de entrada para a ilha de Rügen. É um importante porto pesqueiro do Mar Báltico, com um agitado ancoradouro. O belo litoral em ambos os lados da cidade ao longo de Strelasund, um estreito que separa Rügen do continente, vale a pena ser explorado. ⌚ **2 horas. Ver pág. 580, 6.**

Atravesse para Rügen pela ponte da estrada.

8 ★★★ crianças **Rügen.** A maior ilha da Alemanha vem vivendo tempos de prosperidade no turismo desde a reunificação do país, quando foi, então, restaurada à sua eminência pré-guerra. Apesar de ser grande, no auge da temporada de turismo, em julho e agosto, ela pode parecer completamente lotada. Isso é parcialmente realidade — Rügen é grande demais para ficar lotada, e de qualquer forma sempre existem lugares para você ir e escapar das multidões. Se você tiver tempo suficiente, o que pode significar, no mínimo, metade de um dia, vale a pena alugar uma bicicleta e seguir, pelas ruas, para o interior. ⌚ **Pelo menos metade de um dia. Ver pág. 585, 7.**

Schleswig-Holstein

Nesse passeio no sentido horário pela *Land* (estado) mais ao norte da Alemanha, você irá experienciar a intrigante mistura de elementos alemães e dinamarqueses em Schleswig-Holstein — grande parte do território já pertenceu à Dinamarca. Você seguirá a costa do Mar do Norte, passando pelas Nordfriesische Inslen (Ilhas Frísias do Norte) no caminho, cortando em direção ao leste, logo abaixo da fronteira com a Dinamarca, até Flensburg, e retornando ao sul por Schleswig e Kiel, no Mar Báltico. Você deve poder visitar todas as paradas desse itinerário em uma semana, mas encare-o como uma itinerário geral a ser seguido e fique mais tempo, ou pule paradas, de acordo com suas necessidades e interesses.

> *A charmosa Friedrichstadt, no norte da Alemanha, dá aos turistas um gostinho da Holanda.*

PONTO DE PARTIDA Friedrichstadt fica 140 km (87 milhas) ao norte de Hamburgo pela A23, B5 e B202. DURAÇÃO DA VIAGEM 274 km (170 milhas), com exceção das distâncias viajadas de balsa e trem, e cerca de sete dias.

1 ★★ crianças **Friedrichstadt.** Essa pequena joia de cidade, de apenas 2.500 habitantes, às margens do rio Eider, foi fundada em 1621 por colonos protestantes holandeses a pedido do duque local, Frederico III, que esperava criar uma potência comercial marítima para rivalizar com Amsterdã. Isso não funcionou, mas a reprodução completa da Holanda do século XVII, com direito aos Grachten (canais) e casas com frontões em degraus em estilo holandês continua lá para encantar todos os visitantes. Saia da Marktplatz e caminhe pela cidade, ou relaxe em um passeio de barco pelos canais com a **Friedrichstädter Grachtenschiffahrt (☎ 04881/1572; www.grachtenfahrt.de).** 🕒 3 horas. Informações turísticas: Am Markt 9. ☎ 04881/93930. www.friedrichstadt.de.

Siga rumo ao norte na B202 e B5 até Husum (17 km/11 milhas).

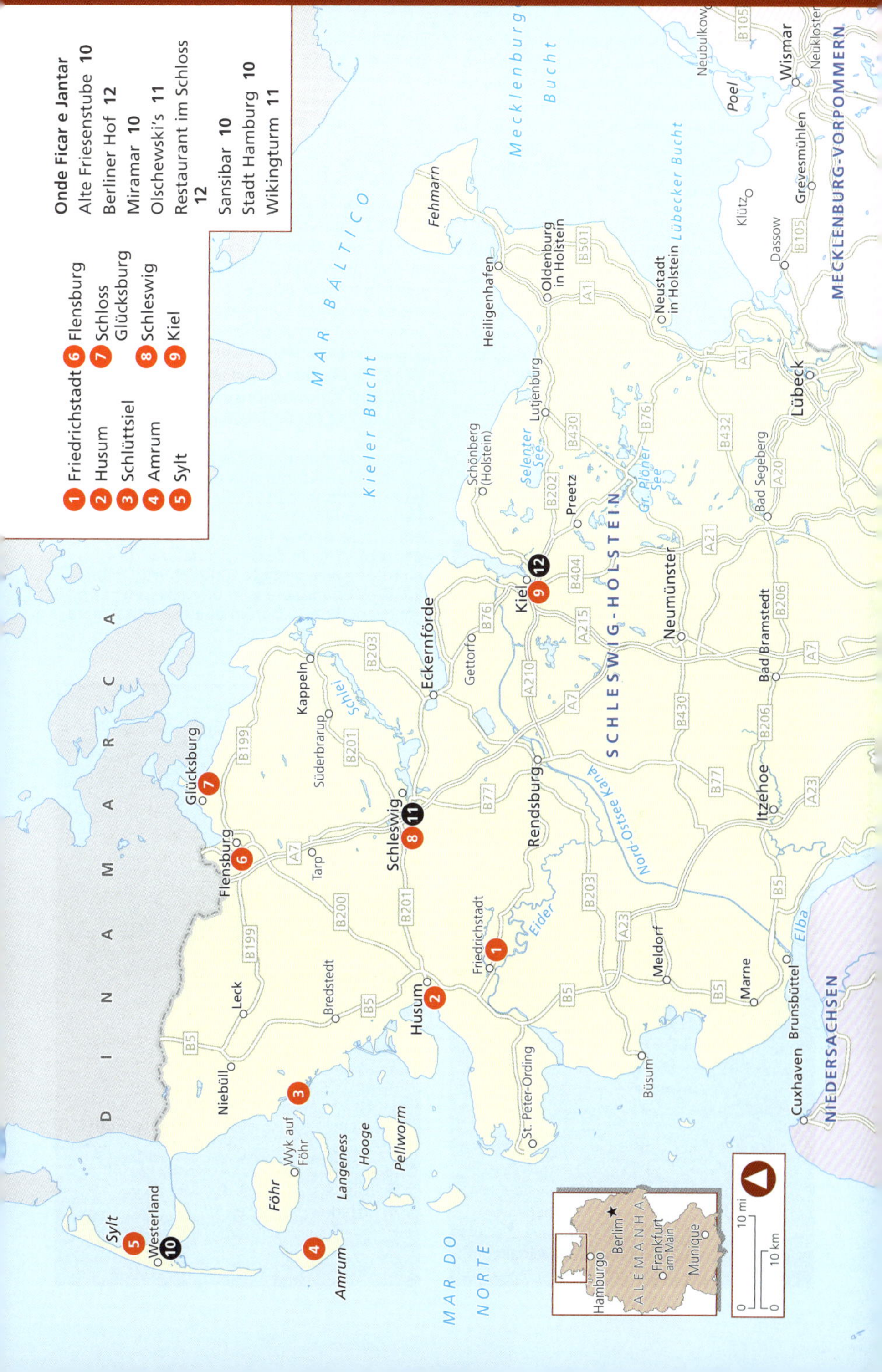

1 Friedrichstadt
2 Husum
3 Schlüttsiel
4 Amrum
5 Sylt
6 Flensburg
7 Schloss Glücksburg
8 Schleswig
9 Kiel
Onde Ficar e Jantar
Alte Friesenstube 10
Berliner Hof 12
Miramar 10
Olschewski's 11
Restaurant im Schloss 12
Sansibar 10
Stadt Hamburg 10
Wikingturm 11
D I N A M A R C A
MAR BÁLTICO
Kieler Bucht
Mecklenburg Bucht
Lübecker Bucht
MAR DO NORTE
SCHLESWIG-HOLSTEIN
MECKLENBURG-VORPOMMERN
NIEDERSACHSEN
Sylt
Westerland
Föhr
Wyk auf Föhr
Amrum
Langeness
Hooge
Pellworm
Niebüll
Leck
Bredstedt
Husum
Flensburg
Glücksburg
Tarp
Schleswig
Süderbrarup
Kappeln
Schlei
Eckernförde
Gettorf
Friedrichstadt
Eider
Rendsburg
Kiel
Schönberg (Holstein)
Lutjenburg
Heiligenhafen
Fehmarn
Oldenburg in Holstein
Neustadt in Holstein
Selenter See
Preetz
Gr. Plöner See
Neumünster
Bad Segeberg
Bad Bramstedt
Lübeck
Itzehoe
Nord-Ostsee Kanal
Meldorf
Büsum
St. Peter-Ording
Marne
Brunsbüttel
Elba
Cuxhaven
Klütz
Dassow
Grevesmühlen
Poel
Wismar
Neubulkow
Neukloster
Hamburgo
Berlim
ALEMANHA
Frankfurt am Main
Munique
0 10 mi
0 10 km

2 Husum. Devido ao seu tamanho respeitável (para essa região), pelo fato de ser um excelente porto de pesca e ter uma série de aconchegantes restaurantes, bares e hotéis, Husum — com sua população de 23 mil pessoas — Husum se tornou um centro de turismo nessa parte do litoral. Caminhe pelo belo porto interior. **1 hora. www.husum.org.**

Saindo de Husum, pegue a B5, L278, L11 e L191 sentido norte pelo litoral até Schlüttsiel (36 km/22 milhas).

3 Schlüttsiel. Balsas apenas com pessoas saem daqui para as ilhotas Halligen, Langeness e Hooge, ou para Amrum . Além disso, passeios de barco operados pela **Halligreederei MS Hauke Haien** (☎ 04841/81481; http://wattenmeerfahrten.inselseiten.de) navegam até as ilhotas e podem deixá-lo em santuários de focas, como Japsand ou Norderoogsand, para uma fascinante caminhada — eles estarão submersos quando a maré subir. **Os passeios de barco duram entre 4 e 8 horas.**

Continue pelo litoral até Dagebüll (8 km/5 milhas), onde você pode pegar uma balsa de transporte de carros para Amrum.

4 ★★ crianças Amrum. Amrum fica no caminho de tudo que o Mar do Norte traz. Os ventos e a possibilidade de velejar pela longa praia a oeste atraem um pequeno exército — ou marinha — de windsurfistas radicais. Eles e outros intrépidos turistas se unem à população permanente de 2.400 pessoas empolgadas pela brisa nos 20 km² (8 milhas²). Para andar pela ilha, alugue uma bicicleta em uma das muitas lojas locais. **Metade de um dia. Informações turísticas: AmrumTouristik, edifício WDR, Wittdün. ☎ 04682/94030; www.amrum.de.**

Retorne de balsa para Dagebüll, no continente, e então siga rumo ao nordeste nas estradas locais L9, L6 e L7 para Niebüll (13 km/8 milhas). Aqui, coloque seu carro em um transporte ferroviário na estação de trem e relaxe durante o passeio de 40 minutos sobre a ponte Hindenburgdamm, em Westerland, até Sylt; ou deixe seu carro em Niebüll e vá no trem de passageiros para

Contos de Balsas

Para informações sobre os serviços de balsas para as ilhas na costa Schleswig-Holstein Wattenmeer (Mar Frísio), veja "Balsas para as Ilhas Frísias do Norte", pág. 563. As incertezas das balsas, marés e horas de navegação significam que uma visita às ilhas levará uma boa parte do dia, por isso inclua apenas Amrum e Sylt nesse itinerário. Se você tiver mais tempo, recomendo, também, visitas a ★ **Pellworm** e ★ **Föhr**. Com uma população fixa de 1.200 pessoas em seus 37 km² (14 milhas²), Pellworm (www.pellworm.de) oferece muita paz e tranquilidade, sem agitação (se você não levar em conta a ameaça de tempestades devastadoras), razões pelas quais as pessoas vem para cá. Você pode trazer seu carro, mas alugar uma bicicleta na ilha é a melhor maneira de se locomover por suas comunidades pesqueiras e agrícolas. A balsa para Pellworm sai de Norden.

Protegida dos ventos do Mar do Norte e das tempestades pelas vizinhas Amrum e Sylt, Föhr (www.foehr.de) tem população permanente de 9 mil pessoas em seus 83 km² (32 milhas²) de extensão. A principal vila da ilha, onde a balsa atraca, é Wyk auf Föhr. Daqui, uma rede esparsa de estradas secundárias — se você puder, alugue uma bicicleta para se locomover — conecta mais de uma dúzia de aldeias e uma série de fazendas espalhadas pela paisagem. As praias do litoral sul são as melhores.

Caminhando Pelo Lamaçal

O Wattenmeer (Mar Frísio), em Schleswig-Holstein, oferece a chance da fascinante atividade de *Wattwandern* (caminhada sobre o lamaçal) no leito do mar quando a maré está baixa, parecida com aquela da costa do Wattenmeer, em Niedersachsen (veja "Andando Sobre o Mar", pág. 535). Para informações sobre passeios com guias licenciados, entre em contato com o escritório de turismo local ou visite o site em alemão www.wattenloepers.de. ***Cuidado:*** não tente fazer isso sem um guia oficial. Existe o perigo real de ser pego pela rápida subida da maré.

> *Windsurfistas e entusiastas da vela reúnem-se nas praias abertas e intocadas dos mares do Norte e Báltico, em Schleswig-Holstein.*

Sylt. Uma alternativa é dirigir para Havneby, na Dinamarca, e pegar a balsa para carros de lá (veja "Balsas para as Ilhas Frísias do Norte", pág. 563).

5 ★★★ crianças **Sylt.** Algumas pessoas não se cansam de Sylt (pronunciada, mais ou menos, Zult). Elas passam muitas horas do dia aqui — incluindo algumas à noite — e, então, voltam para mais. O resort mais elegante do litoral alemão é comparado, às vezes, à ilha de Mykonos, na Grécia, por seu hedonismo, cenário gay e lésbico, e atitudes contraditórias às roupas — Sylt teve a primeira praia de nudismo oficial da Alemanha (veja pág. 564 para mais sobre a *FKK/Freikörperkultur* alemã, ou cultura nudista). Hoje, a maioria das pessoas que você encontra aqui usam os mais caros modelos de estilistas, ou absolutamente nada. Lembre-se, esse é o Mar do Norte, não o Mar Egeu. A água é muito fria, mesmo durante o dia mais quente do verão. Ainda assim, Sylt, que possui uma população fixa de 22 mil pessoas vivendo em seus 99 km² (38 milhas²), é amada por sua beleza; ar saudável carregado de iodo; e uma praia de areias brancas ao longo da costa oeste que tem 40 km (25 milhas) de extensão e alcança o ponto mais ao norte da Alemanha.

Uma vez na ilha, você terá tantas opções quanto uma abelha em um jardim botânico. Uma série de resorts no lado oeste são a maior atração sendo, de sul a norte, Hörnum o mais ameaçado por ventos e marés, ★★ **Westerland** o maior e mais elegante, Wenningstedt o melhor para famílias, ★ **Kampen** o pequeno paraíso das compras, e List o porto para as balsas de carros vindas de Havenby na ilha de Rømø, na Dinamarca (veja "Balsas para as Ilhas Frísias do Norte", pág. 563). Hotéis elegantes, restaurantes requintados, um cassino, bares, discotecas, veleiros, observação de pássaros e uma sensação geral de estar longe (*bem* longe) de tudo — isso é Sylt. ⏲ **1 dia. Informações turísticas: Sylt Tourismus Zentrale, Keitumer Landstrasse 10B, Tinnum. ☎ 04651/6026. www.sylt-tourismus.de.**

Emil Nolde

O expressionista Emil Nolde (1867–1956), membro do grupo Die Brücke, é um artista altamente reconhecido, apesar de seu apoio inicial ao Partido Nazista. Ironicamente, os nazistas condenaram sua arte como "degenerada" e a removeram dos museus alemães. Nolde viveu, trabalhou e morreu em uma fazenda em Seebüll, a nordeste de Neukirchen, próxima à fronteira dinamarquesa. Aqui, o Museu Emil Nolde expõe pinturas a óleo, aquarelas e litografias do artista, entre elas *La Cima della Pala* e *La Vezzana* (1897). ⏲ 1 hora. Seebüll 31. ☎ 04664/983-930.www.nolde-stiftung.de. Entrada 8€ para adultos, 3€ para a faixa etária de 6 a 18 anos. Junho a setembro, de sexta a quarta das 10 h às 18 h, quinta das 10 h às 20 h; outubro a maio, diariamente das 10 h às 18 h.

> *O porto de Flensburg, onde você encontrará veleiros e o Flensburger Schiffahrtsmuseum, celebra as tradições marítimas da região.*

Retorne de trem para Niebüll e pegue a B5 ao norte e a B199 ao leste para Flensburg (44 km/27 milhas).

6 ★ **Flensburg.** A cidadezinha alemã mais parecida com a Dinamarca fica apenas 7 km (4 milhas) ao sul da fronteira dinamarquesa. Ela foi parte daquele país até 1864, e possui uma minoria dinamarquesa que chega a 25% de seus 90 mil habitantes. Flensburg está concentrada em seu porto, ao longo do Flensburger Förde (Fiorde de Flensburg); antigos veleiros e outras antiguidades flutuantes estão ancorados aqui. Visite o **Flensburger Schiffahrtmuseum** (Museu Marítimo de Flensburg), Schiffbrücke 39 (☎ 0461/852-970; www.schiffahrtmuseum.flensburg.de; entrada 4€ para adultos, 1,50€ para a faixa etária de 6 a 18 anos; abril a outubro, terça a domingo das 10 h às 17 h; novembro a março, terça a domingo das 10 h às 16 h), no porto, para saber mais sobre o mundo marítimo. 🕒 **3 horas. Informações turísticas: Flensburg Fjord Tourismus, Rathausstrasse 1. ☎ 0461/909-0920. www.flensburg-tourismus.de.**

Continue no sentido leste na B199 e K92 para Glücksburg (11 km/7 milhas).

7 ★★ crianças **Schloss Glücksburg**. O adorável Castelo Glücksburg, pintado de branco, e construído em 1587 como trono de um duque local e em meio a um fosso no coração da pequena de Glücksburg, é um dos mais impressionantes palácios renascentistas do norte da Alemanha. Você poderá visitar os decorados apartamentos ducais, o salão de banquetes, a capela privativa e outros espaços. 🕒 **2 horas. Schloss Allee. ☎ 04631/442-330; www.schloss-gluecksburg.de. Entrada 5€ para adultos, 2,60€ para a faixa etária de 6 a 16 anos, 10€ para famílias. Maio a setembro, diariamente das 10 h às 18 h; outubro, de terça a domingo das 10 h às 18 h; novembro a abril, de sábado e domingo das 11 h às 16 h.**

De Glücksburg, volte para a B199 e pegue a B199, B200 e A7 rumo ao sul, e depois a B201 ao leste para Schleswig (51 km/32 milhas).

Ao Longo do Fiorde

Uma viagem de apenas 6 km (3,75 milhas) para o nordeste de Glücksburg leva à península de Holnis, na bela vila de Drei. Bem perto fica o ponto mais ao norte da Alemanha continental, o **Naturschutzgebiet Holnis**, uma reserva natural na ponta da península em falésias. Sua recompensa — além de ar fresco — é uma perspectiva panorâmica do Flensburg Förde (Fiorde de Flensburg), cuja vista chega até a Dinamarca.

> *O popular Wikinger Museum Haithabu, a céu aberto, é uma recriação fiel de um assentamento comercial viking.*

8 ★★ crianças **Schleswig.** Apesar de ser um lugar bastante agradável, com uma charmosa vila de pescadores formando sua Altstadt (Cidade Antiga), Schleswig (com uma população de 24 mil pessoas) obtém grande parte de seu apelo de sua localização à beira- mar no lado oeste de Schlei, um longo fiorde báltico. A ★ **Dom St. Petri** (Catedral de São Pedro; ☎ 04621/989-595; www.sankt-petri-dom.de), uma igreja romanesca–gótica iniciada no século XII, tem uma torre de 112 m (367 pés) de altura e é visível de uma longa distância. Dentro da igreja, tenha a certeza de ver o *Altar Bordesholm*, uma intrincada escultura de 1521, em carvalho, da Paixão de Cristo. Iniciado no século XVI e completado alguns séculos mais tarde, o **Schloss Gottorf**, Burgsee (☎ 04621/8130; www.schloss-gottorf.de; entrada 8€ para adultos, 5€ para a faixa etária de 6 a 16 anos; abril a outubro, de terça a domingo das 10 h às 17 h; novembro a março, de terça a sexta das 10 h às 16 h, sábado e domingo, das 10 h às 17 h) foi um palácio de duques que hoje é a casa do **Landesmuseum** (Museu Estadual) de arte e história, de Schleswig-Holstein. Pegue um barquinho de passageiros através do Schlei, e caminhe ou pedale em torno das extremidades do fiorde, até o ★★ **Wikinger Museum Haithabu** (☎ 04621/813-222; www.schloss-gottorf.de/haithabu; entrada 6€ para adultos, 3,50€ para a faixa etária de 6 a 16 anos; abril a outubro diariamente das 10 h às 17 h, novembro a março, de terça a domingo das 10 h às 16 h), um museu e recriação ao ar livre de um importante assentamento comercial viking de Haithabu, estabelecido aqui no século IX. 🕒 6 horas. Informações turísticas: Plessenstrasse 7. ☎ 04621/850-050. www.ostseefjordschlei.de.

De Schleswig, continue rumo ao sul na A7 e depois ao leste na A210, para uma transferência à autoestrada para Kiel

Ao Redor de Schlei

Uma bela viagem saindo de Schleswig é seguir em uma margem do Schlei, até o mar Báltico, e voltar pela outra. É uma viagem total longa — um mínimo de 120 km (75 milhas), e mais cerca de 200 km (124 milhas) se você quiser visitar alguns dos lugares interessantes no caminho — então, é necessário um dia inteiro. Você pode cruzar de um lado para outro em pequenas balsas para carros entre Brodersby e Missunde, e entre Amis e Sundsacker; e pelas pontes entre Lindau e Stubbe, e Kappeln e Ellenberg. Recomendo parar em Lindau, Amis e Kappeln, na margem norte, e em Missunde, Sieseby e Opelnitzdorf (no mar Báltico), na margem sul.

> *A cidade portuária báltica de Kiel recebe anualmente a regata de veleiros Kieler Woche, cuja organização diz ser a maior do mundo.*

(60 km/37 milhas). Ou vá pela estrada panorâmica até Kiel, a sudeste na B76 (53 km/33 milhas) — pare, no caminho, para um passeio pelo belo porto pesqueiro de Eckernförde.

9 ★ crianças **Kiel**. A cidade portuária do Mar Báltico e capital do estado de Schleswig-Holstein (com população de 240 mil pessoas) fica no lado sul do longo Kieler Förde (Fiorde Kiel). É lar de uma das duas maiores bases navais da Alemanha (a outra é Wilhelmshaven, no Mar do Norte; veja pág. 509, 11) e, como consequência, foi duramente bombardeada durante a Segunda Guerra Mundial, e depois disso foi reconstruída em estilo moderno. O espólio marítimo de Kiel se estende para além da base naval, até um importante porto de comércio e cruzeiro, uma balsa de carros servindo destinos ao redor do Báltico, e um terminal oriental do Nord-Ostsee-Kanal (veja abaixo "Canal de Kiel"). Além disso, é um centro de navegação de recreação e abriga anualmente a Kieler Woche (Semana de Kiel; a última semana inteira de junho), que se autoproclama a maior regata de veleiros do mundo. Passeie pelo agitado porto de barco e visite o ★ **Aquarium**, Düstenbrooker Weg 20 (☎ 0431/42700; www.aquarium-kiel.de; entrada 3€ para adultos, 2€ para a faixa etária de 6 a 18 anos; abril a setembro, diariamente, das 9 h às 19 h, outubro a março, diariamente das 9 h às 17 h). 🕒 **4 horas. Informações turísticas: Kiel Tourismus, Andreas-Gayk-Strasse 31 (☎ 0431/679-100), ou Serviço de Turismo Hauptbahnhof (estação central de trem), www.kurskiel.de.**

Canal de Kiel

O Nord-Ostsee-Kanal (Canal Norte do Mar do Leste; mais conhecido como Canal de Kiel, em português) conecta o Mar Báltico, em Kiel, ao Mar do Norte, em Brunsbüttel (veja "Viagens Partindo de Hamburgo, pág. 595), uma distância de 98 km (61 milhas) por Schleswig-Holstein. Foi escavado entre 1887 e 1895 (e foi alargado desde então) para auxiliar no movimento dos navios de guerra e embarcações comerciais entre os dois mares, evitando a necessidade de navegar em volta da Dinamarca. Entre o constante desfile de navios cargueiros e de passeio, é fascinante observar um enorme cruzeiro que passa pelo canal parecer, à distância, deslizar sobre terra plana.

Onde Ficar e Jantar

> *Uma vista espetacular do mar e opções de relaxamento, como a piscina, são as atrações do popular resort Miramar, em Sylt.*

★★ **Alte Friesenstube** SYLT *FRÍSIA*
Em uma casa com teto de palha datada de 1648, esse antiquado restaurante vira a ultraelegante Sylt do avesso. O cardápio de tradicionais pratos de peixe e carne é escrito em Sylter Platt, o dialeto local. **Gladt 4, Westerland. ☎ 04651/1228. www.altefriesenstube.de. Pratos principais de 16€ a 22€. Não aceita cartões de crédito. Jantar de terça a domingo.**

★ **Berliner Hof** KIEL
Os quartos são claros e contemporâneos nesse hotel familiar desde sua inauguração, em 1902. Ele fica do outro lado da rua da estação de Kiel, e é próximo de restaurantes, bares e da doca dos barcos de passeio. **Ringstrasse 6. ☎ 0431/66340. www.berlinerhof-kiel.de. 103 quartos. Diárias para duas pessoas de 95€ a 125€, com café da manhã. AE, DC, MC, V.**

★★ **Miramar** SYLT
Pertencente à mesma família desde 1903, o Miramar honra seu nome com uma grande vista para o mar; possui elementos Art Nouveau originais em seu interior e, também, um pequeno e moderno spa. **Friedrichstrasse 43, Westerland. ☎ 04651/8550. www.hotel-miramar.de. 93 quartos. Diárias para duas pessoas de 195€ a 399€, com café da manhã. AE, DC, MC, V.**

★ **Olschewski's** SCHLESWIG
Esse hotel familiar na Altstadt (Cidade Antiga) tem quartos simples, mas limpos, com mobília de madeira de pinho, um dos melhores restaurantes de Schleswig, e vista para o fiorde Schlei e o porto. **Hafenstrasse 40. ☎ 04621/25577. www.hotelolschewski.de.vu. 7 quartos. Diárias para duas pessoas de 77€ a 95€, com café da manhã. AE, MC, V.**

★★ **Restaurant im Schloss** KIEL *CONTINENTAL*
Sem dúvida, jantar em um castelo é romântico — apesar de que o Kieler Schloss, do século XVI, precisou ser reconstruído (1965) depois da destruição dos tempos de guerra. A abordagem é formal, mas não excessivamente. **Wall 74. ☎ 0431/9155. www.restaurant-im-schloss.de. Pratos principais de 12€ a 21€. AE, DC, MC, V. Almoço e jantar de terça a domingo.**

★★★ crianças **Sansibar** SYLT *FRUTOS DO MAR/ CONTINENTAL* Esse divertido restaurante na praia tem requinte gastronômico, "Promis" (VIP) alemães de comer com os olhos, e uma adega com 1400 marcas de vinho nas dunas. **Hörnumer Strasse 80, Rantum. ☎ 04651/964-646. www.sansibar.de. Pratos principais de 14€ a 32€. AE, DC, MC, V. Almoço e jantar diariamente.**

★★★ **Stadt Hamburg** SYLT
Conveniente para aqueles que quiserem aproveitar o cassino vizinho, esse hotel na principal rua para a praia é decorado como uma mansão moderna em um edifício datado de 1869, e com um anexo adicionado na década de 90. **Strandstrasse 2, Westerland. ☎ 04651/8580. www.hotelstadthamburg.com. 72 quartos. Diária para duas pessoas de 145€ a 300€. AE, DC, MC, V.**

★ crianças **Wikingturm** SCHLESWIG
CONTINENTAL O restaurante no 26° andar do "antigo" arranha-céu — da década de 60 — Wikingturm (Torre Viking), de 85 m (279 pés) de altura, possui uma bela vista da cidade e do fiorde Schlei, além de servir boa comida. **Wikingeck 5. ☎ 04621/33040. Pratos principais de 14€ a 32€. Não aceita cartões de crédito. Almoço e jantar diariamente.**

As Cidades Hanseáticas

As cidades do norte da Alemanha que pertenceram à federação comercial da Liga Hanseática, baseada no Mar Báltico, estiveram entre as mais ricas da Europa durante o fim da Idade Média e na Renascença, sendo capazes de rivalizar com as melhores da Itália, França e Espanha. Esse itinerário que vai de oeste a leste começa com Stade, um lugar com cara de museu, passa pelas ex-grandes rivais da liga, Hamburgo e Lübeck, e segue por quatro cidades da antiga Alemanha Oriental — Wismar, Rostock, Stralsund e Greifswald — que têm restaurado algum brilho da era hanseática. Todas as sete cidades recebem a valorizada descrição *Hansestadt* (Cidade Hanseática) precedendo seus nomes.

> *As charmosas trilhas e pontes de Stade atraem visitantes para essa localidade do norte da Alemanha.*

PONTO DE PARTIDA **Stade, na margem sul do rio Elba, fica 96 km (60 milhas) a nordeste de Bremen pela A27 e B74.** **DURAÇÃO DA VIAGEM** **412 km (256 milhas) e 5 dias.**

1 ★★ **Stade.** Uma verdadeira joia do norte da Alemanha, Stade é uma representação quase perfeita de uma cidade da era hanseática. ⌚ Metade de um dia. Para informações sobre Stade, incluindo recomendações de hotéis e restaurantes, ver pág. 612.

De Stade, pegue a B73 no sentido sudeste para Hamburgo (55 km/34 milhas). Um caminho mais curto, mais lento e mais interessante é o que vai pelas margens do Elba nas estradas locais L140 e K39, uma distância de 49 km (30 milhas). Passe duas noites em Hamburgo.

2 ★★★ **Hamburgo.** Embora tenha, eventualmente, superado Lübeck e Bremen e se tornado a potência comercial da Liga Hanseática, a Cidade Livre e Hanseática de Hamburgo tem

1 Stade
2 Hamburgo
3 Lübeck
4 Wismar
5 Rostock
6 Stralsund
7 Greifswald
Onde Ficar e Jantar
Kronprinz 11
Steigenberger Hotel Stadt Hamburg 8
Wulflamstuben 10
Zur Kogge 9
MAR BÁLTICO
DINAMARCA
Mecklenburger Bucht
MECKLENBURG-VORPOMMERN
SCHLESWIG-HOLSTEIN
NIEDERSACHSEN
BRANDENBURG
ALEMANHA
Berlim
Hamburgo
Frankfurt am Main
Munique
Fehmarn
Poel
Rügen
Hiddensee
Zingst
Darss
Fischland
Kiel
Neumünster
Rendsburg
Itzehoe
Elmshorn
Pinneberg
Buxtehude
Norderstedt
Ahrensburg
Bad Oldesloe
Bad Segeberg
Bad Bramstedt
Preetz
Schönberg (Holstein)
Lütjenburg
Oldenburg in Holstein
Heiligenhafen
Neustadt in Holstein
Dassow
Klütz
Grevesmühlen
Rehna
Gadebusch
Schwerin
Wittenburg
Hagenow
Ludwigslust
Parchim
Crivitz
Brüel
Sternberg
Warin
Neukloster
Neubukow
Kröpelin
Kühlungsborn
Bad Doberan
Warnemünde
Schwaan
Bützow
Güstrow
Laage
Goldberg
Krakow am See
Plau am See
Teterow
Malchin
Neukalen
Dargun
Demmin
Gnoien
Tribsees
Ribnitz-Damgarten
Barth
Loitz
Gützkow
Jarmen
Altentreptow
Stavenhagen
Waren (Müritz)
Penzlin
Neubrandenburg
Burg Stargard
Neustrelitz
Geesthacht
Lauenburg/Elbe
Lüneburg
Seevetal
Elba
Nord-Ostsee Kanal
Selenter See
Gr. Plöner See
Schweriner See
Krakower See
Plauer See
Malchiner See
Kummerower See
Tollensesee
Müritz
Warnow
0 10 mi
0 10 km

> *O Schiffbau-und Schifffahrtmuseum, em Rostock, lembra o passado marítimo da região.*

pouco em termos de pontos turísticos dessa época. A localidade portuária ainda possui um grande setor mercantil, e todos os tipos de atrações urbanas imagináveis. 🕒 **1 dia e meio. Para informações sobre Hamburgo, incluindo recomendações de hotéis e restaurantes, ver pág. 594.**

De Hamburgo, no terceiro dia, siga rumo ao nordeste na A24 e A1 até Lübeck (66 km/41 milhas).

3 ★★ Lübeck. Durante séculos, Lübeck foi a principal cidade da Liga Hanseática, com braços comerciais que se esticavam pelo Báltico e através do Mar do Norte até a Noruega, Londres e Bruges. 🕒 **1 dia. Para informações sobre Lübeck, incluindo recomendações de hotéis e restaurantes, ver pág 606.**

A Liga Hanseática

Entre na Haus der Schiffergesellschaft (Casa da Guilda dos Marinheiros; 1535), com frontão em degraus e tijolos vermelhos, na Breite Strasse, em Lübeck (pág. 606), e você será imediatamente transportado de volta aos dias dos abastados comerciantes da Liga Hanseática. Dos séculos XIII ao XVII, essa poderosa e bem organizada associação teve, em seu apogeu, 170 cidades no norte e noroeste da Europa, controlando o comércio no Mar Báltico até a Rússia, e no Mar do Norte até Bergen, na Noruega, oeste até Londres e sudoeste até Bruges, na Bélgica. Por muito tempo Lübeck foi a potência da liga.

Cidades no norte da Alemanha e ao longo da costa do Mar Báltico — entre elas Bremen, Hamburgo, Lübeck, Rostock e Wismar — tiveram papéis importantes no comércio internacional de outrora e lucraram muito com sua associação à liga. Elas ostentam orgulhosamente o título de *Hansestadt* (Cidade Hanseática) até hoje. Nelas você encontrará casas de guildas, prédios civis e religiosos, armazéns e outras instituições mercantis, e as residências de ricos comerciantes que datam do período hanseático. Muitos desses sobreviventes da História estão lado a lado com construções habitacionais pós-guerra e das luzes de neon dos distritos comerciais. A *Hanse* (em português, Hansa), como é conhecida, tem sido descrita, não de maneira totalmente fantasiosa, como uma versão anterior da União Europeia. Hoje, ao redor do Mar Báltico, países e cidades estão, conscientemente, tentando restabelecer as conexões comerciais e culturais hanseáticas.

Os bens mais importantes da Liga eram seus *Hansekoggen* (Navios Hansa), navios comerciais amplos de madeira que podiam carregar 200 toneladas de carga. Centenas dessas embarcações cruzavam as águas geladas do norte carregados de arenque salgado, bacalhau norueguês salgado e seco, óleo de fígado, âmbar báltico, cerveja e sal alemães, fardos de peças de linho e lã dos Países Baixos e da Inglaterra, carvão inglês, peles e cera da Rússia, grãos e farinha da Polônia, além de piche, madeira e ferro da Suécia. Lübeck e Rostock têm honrado sua herança hanseática ao reconstruir réplicas dos navios Hansa.

Conforme o comércio aumentava, as cidades e seus residentes prosperavam, e o poder da Liga Hanseática crescia. Tanta riqueza navegando pelas águas atraía, naturalmente, piratas, embora os navios Hansa fossem bem armados e pudessem suportar sozinhos uma batalha. O mais famoso corsário era Klaus Störtebeker (que viveu entre 1360 e1401), uma espécie de Robin Hood que nasceu em Wismar e foi decapitado em Hamburgo.

> *O Deutsches Meersemuseum, em Stralsund, oferece atrações náuticas que irão capturar a atenção de toda a família.*

Saindo de Lübeck, no quarto dia, pegue a B207n sentido sul para A20 e, então, siga a leste na A20, saindo na B208 para Wismar (67 km/42 milhas).

4 ★ **Wismar.** Localizada no extremo sul de Wismarbucht, uma baía báltica, Wismar (com população de 45 mil pessoas) consiste em duas zonas principais: o pouco atraente **Alter Hafen** (Antigo Porto), e a restaurada ★★ **Altstadt** (Cidade Antiga) hanseática, considerada Patrimônio Mundial da Unesco. Comece pela ★ **Markt**, a maior praça comercial da Alemanha, cercada por prédios históricos. Entre eles está o **Alter Schwede,** de 1380 e hoje um restaurante, com um nome que homenageia o período de governo sueco, e fora da praça, o pavilhão **Wasserkunst** (Arte da Água, de 1602). Ao redor do centro da cidade fica um trio de igrejas *Backsteingotik* (tijolos góticos) datando dos séculos XIII ao XV. 🕒 **Metade de um dia.**

Locais Comerciais

Outras cidades do norte da Alemanha que foram membros da Liga Hanseática incluem Braunschweig (pág. 507, 8), Bremen (pág. 538), Goslar (pág. 544), Hameln (pág. 515, 8), Hanôver (pág. 546), Hildesheim (pág. 507, 7) e Lüneburg (pág. 550). Para o passado histórico da federação comercial, veja "A Liga Hanseática", pág. 578.

Informações turísticas: Am Markt 11. ☎ 03841/19433.www.wismar.de.

De Wismar, pegue a B105 e A14 sentido sudeste para a A20, siga a nordeste nessa estrada e, então, na B103, até Rostock (64 km/40 milhas).

5 ★★ **Rostock.** Diferentemente da maioria dos lugares da antiga Alemanha Oriental, Rostock (com população de 200 mil pessoas) foi considerada vitrine do regime comunista por ter sido o principal porto da RDA (República Democrática Alemã). Dinheiro e recursos foram aplicados para sanar, dentro do possível, os danos sofridos pelos pesados bombardeios da Segunda Guerra Mundial. A ★ **Altstadt** (Cidade Antiga) de Rostock ainda mantém o estilo de seu passado hanseático, ainda que de uma estranha forma, com uma interpretação stalinista. A área central em volta da Neuer Markt e Kröpeliner Strasse é especialmente interessante. Visite a ★ **St.-Marien-Kirche** (Igreja de Nossa Senhora), Am Ziegenmarkt (☎ 0381/492-3396; www.marienkirche-rostock.de), uma obra-prima do estilo do norte alemão conhecido como

Pegando o trem

Você pode chegar a todas as cidades desse itinerário de trem.

> *Edifícios barrocos e góticos cercam a restaurada Markt, na bela cidade ribeirinha de Greifswald.*

Backsteingotik (tijolos góticos), iniciada em 1290. Ela possui um extraordinário relógio astronômico de 1472 decorado com figuras dos apóstolos, um púlpito adornado e uma pia batismal de bronze do século XIII. Elementos do passado hanseático, incluindo modelos dos navios *Hansekoggen* (navios Hansa; veja "A Liga Hanseática", pág. 578), são encontrados no **Schiffbau- und Schifffahrtsmuseum** (Museu da Construção e Transporte Naval), Schmarl-Dorf 40 (☎ 0381/1283-1364; www.schifffahrtsmuseum-rostock.de; entrada 4€ para adultos, 2,50€ para a faixa etária de 7 a 14 anos; abril a junho e setembro de terça a domingo, das 9 h às 18 h; julho e agosto, diariamente das 9 h às 18 h; outubro a março, de terça a domingo das 10 h às 16 h). **Metade de um dia. Informações turísticas: Neuer Markt 3. ☎ 0381/381-2222. www.rostock.de.**

De Rostock, no quinto dia, siga rumo ao sul na A19, ao leste na A20 e, então, ao norte na A96 para Stralsund (110 km/68 milhas). Uma rota alternativa que é consideravelmente menor, mas leva mais tempo, é seguir para nordeste na B105 (74 km/46 milhas).

6 ★ crianças **Stralsund.** Como Wismar (**4**), Stralsund possui uma restaurada **Altstadt** (Cidade Antiga) hanseática que é Patrimônio Mundial da Unesco e, também como Wismar, experimentou um longo período de regência sueca. A cidade, com população de 58 mil, é basicamente cercada de água e porta de entrada para a ilha **Rügen** (pág. 585, **7**), que fica do outro lado do estreito de Strelasund. Memórias desse período medieval são encontrados em vários edifícios góticos civis, religiosos e residenciais pela cidade e nos restos de suas muralhas. O ★★ **Deutsches Meeresmuseum** (Museu Alemão de Oceanografia; ☎ 03831/265-0210; www.meeresmuseum.de; entrada 7,50€ para adultos, 5€ para a faixa etária de 4 a 16 anos; junho a setembro, diariamente das 10 h às 18 h; outubro a maio, diariamente, das 10 h às 17 h) e seu trio de atrações náuticas — ★ **Ozeaneum, Nautineum,** e **Natureum** — vale a pena ser visitado. **Metade de um dia. Informações turísticas: Toursimuszentrale, Alter Markt 9. ☎ 03831/24690. www. stralsundtourismus.de.**

De Stralsund, siga rumo ao sudeste na B96 e B105 para Greifswald (37 km/23 milhas).

7 ★ **Greifswald.** Localizada no rio Ryck, a 5 km (3 milhas) do mar, Greifswald (com população de 54 mil pessoas) celebra seu orgulho cívico na ★ **Markt**, uma bela praça cercada de prédios góticos e barrocos; sua virtude cristã em grandes igrejas como a ★ **Dom St. Nikolai** (Catedral de São Nicolau, séculos XIII a XV); e seu sucesso mercantil no porto — embora hoje sejam mais navios de passeio que atraquem por aqui. **Metade de um dia. Informações turísticas: Greifswald Information, Rathaus am Markt. ☎ 03834/521-380. www.greifswald tourismus.de.**

De Greifswald são apenas 13 km (8 milhas) no sentido sudoeste para o ponto mais próximo na A20, para um retorno rápido a oeste em direção a Lübeck e Hamburgo, ou no sul em direção a Berlim.

Onde Ficar e Jantar

> *A decoração marítima e os deliciosos pratos do Zur Kogge o tornam o mais popular dos restaurantes de Rostock.*

★ **Kronprinz** GREIFSWALD
Esse hotel no distrito universitário, fundado em 1465, oferece quartos confortáveis com decoração contemporânea e um restaurante que serve frutos do mar e cozinha internacional. Lange Strasse 22. ☎ 03834/7900. www.hotelkronprinz.de. 31 quartos. Diárias de 99€ a 112€, com café da manhã. AE, MC, V.

★★ **Steigenberger Hotel Stadt Hamburg** WISMAR Venha aqui para uma boa localização, quartos claros e contemporâneos, uma área de bem-estar, e um bistrô da casa com especialidades de Mecklenburg em um amplo cardápio continental. Am Markt 24. ☎ 03841/2390. www.steigenberger.com. 104 quartos. Diárias para duas pessoas de 105€ a 165€, com café da manhã. AE, DC, MC, V.

★★ **Wulflamstuben** STRALSUND *NORTE-ALEMÃ* Seria difícil chegar mais próximo da época hanseática do que nesse edifício de tijolos góticos datado de 1370, na praça principal, onde você pode jantar deliciosos pratos da cozinha de Mecklenburg e da Pomerânia. Alter Markt 5. ☎ 03831/291-533. www.wulflamstuben.de. Pratos principais de 11€ a 17€. MC, V. Almoço e jantar diariamente.

★ **Zur Kogge** ROSTOCK *FRUTOS DO MAR/ALEMÃ* O espírito marinho está bem vivo nesse antigo restaurante do porto, decorado com objetos náuticos e servindo especialidades marinhas como a *Mecklenburger Fischsuppe* (sopa de peixe). Wokrenterstrasse 27. ☎ 0381/493-4493. www.zur-kogge.de. Pratos principais de 8€ a 15€. MC, V. Almoço e jantar de segunda a sábado (domingo de abril a dezembro).

A Costa do Mar Báltico e as Ilhas

A costa do Ostsee (Mar Báltico) da antiga Alemanha Oriental, de Wismar até a fronteira com a Polônia, em Usedom, recuperou sua reputação de destino de férias. Hotéis que surgiram na época dos imperadores e fecharam sob o comando dos comunistas estão novamente no mapa europeu. Parques nacionais e reservas naturais protegem áreas sensíveis de terra e mar. Desvie do caminho onde tiver vontade, em qualquer ponto ao longo da costa, e misture parte desse itinerário com "As Cidades Hanseáticas" (pág. 576).

> *A charmosa ilha de Poel, uma pequena e amistosa localidade com sua economia baseada na agricultura, pesca e turismo.*

PONTO DE PARTIDA **Wismar fica 67 km (42 milhas) a leste de Lübeck na B207n e A20.**
DURAÇÃO DA VIAGEM **254 km (158 milhas), sem incluir as viagens nas balsas, e cinco dias.**

1 ★ **Wismar.** 2 horas. Ver pág. 579, **4**.

De Wismar, siga a costa na L12 até Gross Strömkendorf, e depois siga a oeste na L121 pela ponte para Fährdorf, em Poel (12 km/7,5 milhas).

2 crianças **Poel.** Apesar da ponte que vem desde o continente, Poel é basicamente insular. É uma pequena ilha; apenas 3 mil pessoas vivem permanentemente nesses 36 km² (14 milhas²). Agricultura, pesca e turismo são suas bases econômicas. Uma viagem de cerca de 40 km (25 milhas) o levará às várias vilas, cantos e recantos de Poel. As crianças gostarão de brincar por algum tempo na bela praia Timmendorfer Strand, no noroeste do litoral. **6 horas. Informações turísticas: Wismarsche Strasse 2.** ☎ 038425/20347. www.insel-poel.de.

1 Wismar
2 Poel
3 Kühlungsborn
4 Warnemünde
5 Zingst
6 Stralsund
7 Rügen
8 Hiddensee
9 Greifswald
10 Usedom
Onde Ficar e Jantar
An den Bleichen 15
Grand Hotel Heiligendamm 11
Jasmar Resort Rügen 13
Kulm Eck 16
Wald und See 16
Wirtshaus Alte Brennerei 14
Zum Hiddenseer 12
MAR BÁLTICO
DINAMARCA
SCHLESWIG-HOLSTEIN
MECKLENBURG-VORPOMMERN
POLÔNIA
Mecklenburger Bucht
Greifswalder Bodden
Stettiner Haff
ALEMANHA
Hamburgo
Berlim
Frankfurt am Main
Munique
10 km
10 mi
Para Lübeck
Para Hamburgo
Rostock
Schwerin
Neubrandenburg
Güstrow
Bützow
Bad Doberan
Ribnitz-Damgarten
Anklam
Demmin
Waren (Müritz)
Fischland
Darss
Jasmund
Barth
Wolgast
Heringsdorf
Tribsees
Gnoien
Dargun
Loitz
Gützkow
Jarmen
Altentreptow
Friedland
Ueckermünde
Torgelow
Pasewalk
Strasburg
Burg Stargard
Penzlin
Stavenhagen
Malchin
Neukalen
Teterow
Laage
Schwaan
Krakow am See
Goldberg
Sternberg
Brüel
Warin
Neukloster
Neubukow
Kröpelin
Crivitz
Grevesmühlen
Klütz
Dassow
Rehna
Gadebusch
Wittenburg
Kummerower See
Malchiner See
Krakower See
Plauer See
Tollensee
Schweriner See
Warnow

> *As galerias, mansões e hotéis da conhecida cidade de Kühlungsborn, uma estância balneária desde 1857, foram restaurados depois da reunificação alemã.*

Retorne pela ponte e continue para o norte na L12 para Rakow. Deixe a L12 e continue seguindo rumo ao norte pela estrada local por Roggow até Rerik (entrada para a península de Wustrow), depois siga para leste na L122 e ao norte na L12 até Kühlungsborn, uma distância total de 36 km (22 milhas).

3 ★ crianças **Kühlungsborn**. Essa elegante cidadezinha (com população de 8 mil) tem sua origem como estância balneária desde 1857. Nas décadas seguintes, grandes mansões e hotéis surgiram. Muitos ficaram em ruínas sob o regime da Alemanha Oriental após a guerra, mas estão sendo restaurados desde a reunificação. A popularidade de Kühlungsborn hoje está baseada nas suas maravilhosas praias e no seu porto de navios de passeio. A apenas 8 km (5 milhas) ao leste ao longo da praia, fora da L12, fica Hellingendamm, um antigo refúgio aristocrático restaurado e um bom lugar para passar sua primeira noite. ⏲ 2 horas. Informações turísticas: Touristik Service, Ostseeallee 19, Kühlungsborn. ☎ 038293/8490. www.kuehlungsborn.de.

Dica de Viagem

As balsas exclusivas de passageiros operadas pela **Reederei Hiddensee** (☎ 0180/321-2150; www.reederei-hiddensee.de) atravessam para Hiddensee saindo de Schaprode e Wiek, em Rügen, de Stralsund (pág. 580, 6), no continente, e de Zingst (5) e Barth, a oeste de Stralsund.

De Heiligendamm, a onipresente estrada costeira L12 comanda novamente o itinerário, seguindo rumo ao leste para Warnemünde (21 km/13 milhas).

4 ★ **Warnemünde**. Na foz báltica do rio Warnow, abaixo de Rostock (pág. 579, 5), essa emblemática cidadezinha pesqueira e balneário, com população de 7 mil pessoas, pode ficar lotada de visitantes durante a temporada de viagens no verão. E é especialmente bela no antigo porto pesqueiro, Alter Strom, que é repleto de restaurantes, bares e butiques. ⏲ 2 horas. Informações turísticas: Am Strom 59. ☎ 0381/548-000. www.rostock.de.

Atravesse o rio Warnow na balsa para carros Warnemünde-Hohe Düne (☎ 0381/519-860; www.weisse-flotte.de; 5 min.), e siga a L22 e L21 ao longo da costa, passando por Graal-Müritz e Klockenhagen, até Zingst (72 km/45 milhas).

5 ★ **Zingst.** Com população de 3 mil pessoas, a bela localidade balneária é o coração do **Nationalpark Vorpommersche Boddenlandschaft** (Parque Nacional Laguna da Pomerânia Ocidental; veja "Parques Nacionais do Norte da Alemanha", pág. 566). No caminho, você passará por Ahrenshoop (pág. 28, 1), uma vila que é colônia de artistas desde 1889. ⏲ 6 horas. Kur und Tourismus, Seestrasse 56. ☎ 038232/81580. www.zingst.de.

De Zingst, no terceiro dia, pegue a L21 sentidos sul e leste até pouco antes de Neu

Lassentin e, então, mantenha-se na estrada litorânea L213, dobrando ao norte e depois ao sul até Stralsund (49 km/30 milhas).

6 ★ **Stralsund.** 2 horas. Ver pág. 580, 6.

Atravesse para Rügen pela ponte da estrada ou de trem para qualquer uma das várias estações da ilha, ou em uma balsa de passageiros para Altefähere (☎ 03831/26810; www.weisse-flotte.de; 15 min.).

7 ★★★ crianças **Rügen.** Até mesmo um dia inteiro é pouco tempo para conhecer a maior ilha da Alemanha — que possui variadas paisagens em seus 926 km² (358 milhas²) e uma população fixa de 80 mil pessoas. As ruas saem da principal cidade, Bergen, e linhas de trem conectam o norte e o leste. Ao longo do litoral sudeste fica uma série de lugares — **Baabe,** ★★ **Binz, Göhren** e ★ **Sellin** — que remontam seus dias de glória ao século XIX e têm casas e hotéis restaurados daquela época. No interior, ★ **Putbus,** uma cidadezinha neoclássica, foi concebida e criada por um príncipe do século XIX. Uma boa parte de Rügen fica em áreas protegidas. Partes da costa oeste pertencem ao ★★ **Nationalpark Vorpommersche Boddenlandschaft** (Parque Nacional Laguna da Pomerânia Ocidental; veja "Parques Nacionais do Norte da Alemanha", pág. 566); no sudeste fica o ★ **Biosphärenreservat Südost-Rügen** (Reserva da Biosfera do Sudeste de Rügen; www.biosphaerenreservat-suedostruegen.de), da Unesco; e, ao norte, o ★★★ **Nationalpark Jasmund** (veja " Parques Nacionais do Norte da Alemanha", pág. 566), que fica em volta das famosas falésias de giz Stubbenkammer e sua mais notável formação, o Königsstuhl (Trono do Rei). Esses são alguns dos assuntos preferidos das obras do artista Caspar David Friedrich (veja "Caspar David Friedrich", pág. 586), do século XIX. Daqui, o litoral vai até ★ **Kap Arkona**, um cabo no extremo norte da ilha. **1 dia. Informações turísticas: Tourismuszentrale, Bahnhofstrasse 15, Bergen. ☎ 03838/807-780. www.ruegen.de.**

De Schaprode ou Wiek na costa oeste de Rügen, no quarto dia, viaje na balsa exclusiva para passageiros para a ilha Hiddensee (veja "Dica de Viagem" para informações sobre a balsa).

8 ★★ **Hiddensee**. Praticamente livre de carros, e definitivamente, livre de preocupações, Hiddensee é uma ilha estreita a oeste da costa de Rügen. Em seu ponto mais estreito, você pode simplesmente abrir seus braços e tocar o mar em ambos os lados. Cerca de mil

> *A torre histórica do farol de Rügen, em Kap Arkona, é uma grande atração para os visitantes do litoral.*

pessoas são residentes fixos de seus 19 km² (7 milhas²), vivendo em algumas poucas vilas e ganhando sua vida através da agricultura, pesca e turismo. As poucas atrações construídas pelo homem consistem na Leuchtturm (Farol), no distrito Dornbusch, ao norte, e a mansão em Art Nouveau *Jugendstill Lietzenburger,* de 1905, na vila de Kloster. Mas as principais atrações são caminhadas, ciclismo e visitas aos lugares ligados aos **Nationalpark Vorpommersche Boddenlandschaft** (Parque Nacional Laguna da Pomerânia Ocidental; veja "Parques Nacionais do Norte da Alemanha", pág. 566). **1 dia. Informações turísticas: Insel Information, Norderende 162, Vitte, ☎ 038300/6420. www.seebad-hiddensee.de.**

Passe a noite em Hiddensee, ou retorne de barco para Rügen e passe a noite por lá. De Rügen, no quinto dia, atravesse de volta a ponte para Stralsund ou vá para Glewitz no litoral sul da ilha e pegue a balsa para carros (☎ 0172/752-6836; www.weisse-flotte.de) até Stahlbrode, no continente. Dirija rumo ao sudeste até Greifswald pela B105 (35 km/22 milhas a partir de Stralsund; 21 km/13 milhas a partir de Stahlbrode).

9 ★ **Greifswald.** Além de passar um tempo na própria cidade de Greifswald, você pode querer fazer um rápido desvio até Wieck ou Eldena, belas localidades que ficam de frente uma para a outra nas margens opostas do rio Ryck, a 5 km (3 milhas) de Greifswald. Wieck é uma vila de pescadores conhecida por seus chalés e sua fotogênica ponte oscilante, de 1887. Em Eldena estão as ruínas de uma abadia cisterciense do século XII, pintada por Caspar David Friedrich (veja "Caspar David Friedrich"). 2 horas. Ver pág. 580, 7.

De Greifswald, siga sudeste na L26 e B111 para Wolgast (29 km/18 milhas) e atravesse a ponte para Usedom.

Caspar David Friedrich

O grande pintor romântico de paisagens Caspar David Friedrich (1774–1840) nasceu em Greifswald (pág. **580**, 7). Ele viveu e trabalhou em Dresden durante a maior parte de sua carreira, mas muitas das suas obras mais famosas têm como tema sua cidade natal, o litoral do Mar Báltico em geral e, em particular, a ilha de Rügen. Essas incluem pinturas como seu *Navios no porto de Greifswald* (cerca de 1810) e *O Mar de Gelo* (cerca de 1818, acima). Apesar de o estilo de Friedrich ter sido inicialmente popular, mais tarde ele foi preterido, e sua reputação restaurada apenas após sua morte. Entre os museus da Alemanha onde você poderá ver as obras do artista estão a Alte Nationalgalerie, de Berlim (pág. 80, 17), a Galerie Neue Meister, de Dresden (pág. 171, 7), o Pommersches Landesmuseum, de Greifswald (Rakower Strasse 9, ☎ 03834/83120), a Kunsthalle, de Hamburgo (pág. 595, 2), e a Neue Pinakothek, de Munique (pág. 263, 6).

> *O pier Ahlbeck é um local popular em Usedom, uma ilha dividida entre Alemanha e Polônia.*

10 ★★ crianças **Usedom.** A ilha de forma estranha é dividida entre Alemanha e Polônia (seu nome em polonês é Uznam), com o lado alemão ocupando 373 km² (144 milhas²) dos 445 km² (172 milhas²) e contando 32 mil habitantes

Wernher von Braun e os V-2

De certa forma, o caminho dos Estados Unidos para um pouso tripulado na lua, em 1969, começou em Peenemünde, no litoral norte de Usedom, nos anos anteriores e durante a Segunda Guerra Mundial. Foi aqui que o brilhante engenheiro alemão de foguetes, e mais tarde cidadão americano, Wernher von Braun (1912–1977), desenvolveu os foguetes V-2. O interesse de Von Braun estava na conquista do espaço; os nazistas queriam um míssil balístico para ampliar seus objetivos de guerra bombardeando Londres e, eventualmente, esperavam eles, os Estados Unidos. Mais de 1,3 mil foguetes V-2 atingiram Londres durante 1944 e 1945. Depois da guerra Von Braun foi levado à América, onde desenvolveu foguetes para o exército dos Estados Unidos e para a Nasa, e coordenou o desenvolvimento do enorme foguete Saturno V, que guiou a *Apolo 11* até a lua.

de um total de 77 mil. Como Rügen, Usedom tem reconquistado muito do seu esplendor depois da reunificação da Alemanha. Os antigos *Kaiserbäder* (Balneários Imperiais) de **Bansin,** ★ **Heringsdorf** e **Ahlbeck** — e suas belas praias — estão, novamente, lotados durante o verão. A beleza natural da ilha é reconhecida em seu status de parque natural no **Naturpark Insel Usedom** (☎ 038372/7630; www.naturpark-usedom.de). Os foguetes alemães V-2 da Segunda Guerra Mundial, usados nos ataques a Londres, Antuérpia e outras cidades europeias, foram desenvolvidos e testados em Peenemünde, no norte da ilha (veja "Wernher von Braun e os V-2"). Visite o **Historisch-Technisches Informationenzentrum** (Centro de Informações Históricas e Técnicas; ☎ 038371/5050; www.peenemuende.de; entrada 6€ para adultos, 4€ para a faixa etária de 6 a 18 anos; abril a setembro, diariamente das 10 h às 18 h; outubro a março, diariamente das 10 h às 16 h) para aprender a história completa. 🕒 8 horas. Informações turísticas: Tourismus, Waldstrasse 1, Bansin. ☎ 038378/47710. www.seebad-hiddensee.de.

Onde Ficar e Jantar

An den Bleichen STRALSUND
Localizado à beira de uma área arborizada a oeste da Stralsund, esse tranquilo hotel familiar da década de 90 tem quartos pequenos, mas bem cuidados e confortáveis. An den Bleichen 45. ☎ 03831/390-675. www.hotelandenbleichen.de. 23 quartos. Diárias para duas pessoas de 60€ a 75€ café da manhã. AE, MC, V.

★★★ crianças **Grand Hotel Heiligendamm**
HEILIGENDAMM Devido à grande quantidade de comodidades, restaurantes e bares, você raramente precisará deixar essa residência palaciana à beira da praia. Prof.-Dr.-Vogel-Strasse 6. ☎ 038203/7400. www.grandhotel-heiligendamm.de. 215 quartos. Diárias para duas pessoas de 240€ a 480€, com café da manhã. AE, DC, MC, V.

★★ crianças **Jasmar Resort Rügen** RÜGEN
Construído em volta de uma mansão do século XIX, no interior das falésias Jasmund, o hotel tem piscinas internas e externas, um spa e várias opções de bons restaurantes. Am Taubenberg 1, Sagard-Neddesitz. ☎ 038302/95. www.jasmar.de. 243 quartos. Diárias para duas pessoas de 105€ a 160€, com café da manhã. AE, DC, MC, V.

★★ **Kulm Eck** USEDOM *CONTINENTAL*
Brian Seifert, o cozinheiro proprietário desse belo restaurante, fica tão à vontade com o cardápio de comida regional da Pomerânia quanto com ideias para combinações culinárias inspiradas durante suas viagens. Kulmstrasse 17, Seebad Heringsdorf. ☎ 038378/22560. Pratos principais de 18€ a 24€. V. Jantar de terça a domingo.

★ **Wald und See** USEDOM
Esse modesto hotel familiar vive de acordo com seu nome — Madeira e Mar, na tradução para o português — em uma localização arborizada na costa do Báltico, no local mais elegante da ilha. Rudolf-Breitscheid-Strasse 8, Seebad Heringsdorf. ☎ 038378/47770. www.hotel-waldundsee.de. 43 quartos. Diárias para duas pessoas de 69 a 119 pessoas, com café da manhã. MC, V.

★★ **Wirtshaus Alte Brennerei** RÜGEN
NORTE-ALEMÃ Jante pratos campestres em um excelente cenário — a destilaria em formato de abóbada Jagdschloss Granitz (1836), um chalé de caça torreado e que já é uma atração para os visitantes. Granitzer Strasse (entre Bintz e Sellin). ☎ 038393/32872. www.alte-brennerei.com. Pratos principais de 12€ a 22€. Não aceita cartões de crédito. Almoço e jantar de setembro a maio diariamente, outubro a abril de terça a domingo. O Jagdschloss Granitz fica 2,4 km (1,5 milha) no sentido norte em uma estrada rural a partir da B196, em Lancken-Granitz (siga as placas).

★ **Zum Hiddenseer** HIDDENSEE *NORTE-ALEMÃ*
O restaurante dessa charmosa pensão de mesmo nome, em uma casa de campo com jardim, serve uma excelente linha de peixes defumados e outros frutos do mar, além de pratos de carne em um cardápio limitado. Wiesenweg 22, Vitte. ☎ 038300/419. www.hiddenseer.de. Pratos principais de 10€ a 18€. Não aceita cartões de crédito. Almoço e jantar de terça a domingo.

Atravessando o Distrito do Lago de Mecklemburgo

O Mecklenburgische Seenplatte (Distrito do Lago de Mecklemburgo) é uma bela peça do mundo natural, um produto da última Era do Gelo que deixou para trás mais de mil lagos, grandes e pequenos, nessa parte do estado alemão de Mecklenburg-Vorpommern. Além disso, esse foi o coração da aristocracia prussiana, e nas cidades e palácios que eles deixaram para trás há muita beleza a ser admirada.

> *O impressionante Schloss Güstrow (Castelo Güstrow), da época renascentista, foi lar dos duques de Mecklenburg.*

PONTO DE PARTIDA Schwerin fica 69 km (43 milhas) a sudeste de Lübeck pela B105 e B104; e 110 km (68 milhas) a leste de Hamburgo pela A24 e B321. DURAÇÃO DA VIAGEM 323 km (200 milhas), ou 371 km (231 milhas) se você incluir o passeio opcional a Ravensbrück, e 3 dias.

1 ★★★ Schwerin. 6 horas. Ver pág. 610.

De Schwerin, siga a nordeste na B104 para Güstrow (61 km/38 milhas). Ao longo do caminho você cruzará o Schweriner See e passará perto de muitos outros belos lagos, entre eles o Grosser Sternbergersee.

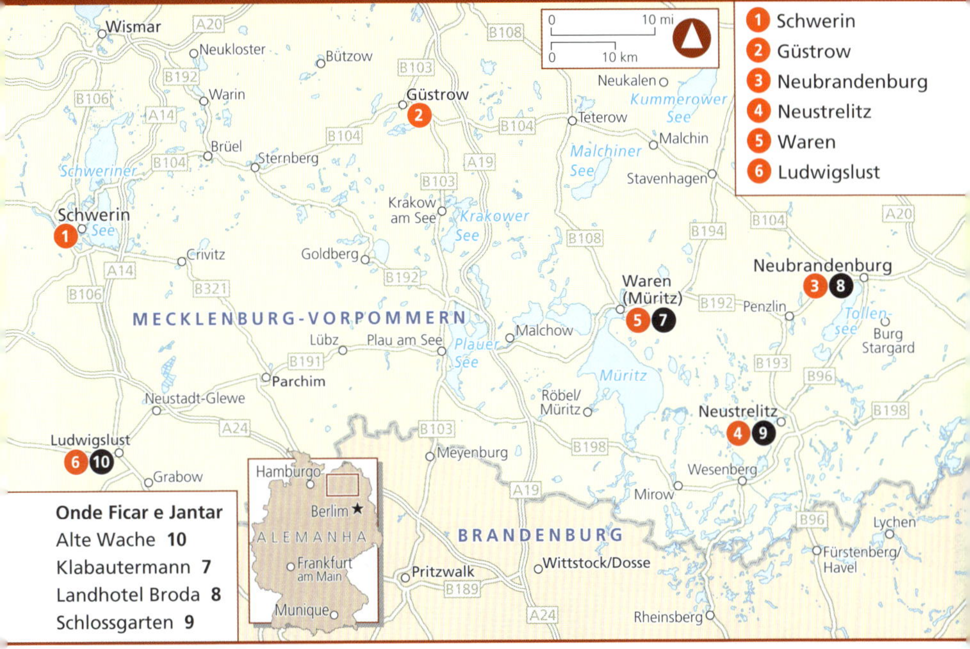

② ★ **Güstrow.** Embora não fique diretamente às margens de um lago de tamanho decente, a elegante Güstrow (de população de 31 mil pessoas) fica no coração de uma região com muitos deles. Ela foi residência dos duques de Mecklenburg, uma conexão que deu à cidade a herança de palácios ducais e outras belas construções. A mais importante delas é o magnífico palácio renascentista ★★ **Schloss Güstrow** (1558–1589; ☎ 03843/7520; www.schloss-guestrow.de; entrada 5€ para adultos, 3,50€ para a faixa etária de 4 a 16 anos; meados de abril a meados de outubro, diariamente das 10 h às 18 h, meados de outubro a meados de abril, de terça a domingo das 10 h às 17 h), localizado entre réplicas de jardins do período francês. Hoje em dia é um museu, em parte abrigando sua própria história, arquitetura e decoração, e também abriga obras de arte e design de toda Mecklenburg. Na central Markt, a gótica **Dom** (Catedral; ☎ 03843/682-433; www.dom-guestrow.de) chama atenção pela arquitetura, e também por ter uma réplica da escultura *Anjo Suspenso,* feita em 1927 por Ernst Barlach; os nazistas classificaram a arte de Barlach como "degenerada" e destruíram o original. 🕒 **2 horas. Informações turísticas: Franz-Parr-Platz 10. ☎ 03843/681-023. www.guestrow-tourismus.de.**

No final do primeiro dia, pegue a B104 sentido sudeste para Neubrandenburg (84 km/52 milhas), onde você poderá passar a noite. No caminho, você passará próximo ao belo Kummerower See.

③ **Neubrandenburg.** Por direito, Neubrandenburg (com população de 66 mil), na margem norte do Tollensee, deveria ser uma joia, com uma Altstadt (Cidade Antiga) medieval situada em meio a um circulo de muralhas de defesa. A destruição da Segunda Guerra Mundial apagou muito do seu charme histórico — embora as muralhas da cidade estejam mais ou menos intactas. Os arredores das muralhas são um bom passeio de cerca de 2,5 km (1,5 milha). Observe os quatro portões originais da cidade e as dezenas de pequenas casas restauradas, conhecidas como Wierkhäuser, construídas nas muralhas pela parte interna do circuito. Passeios de barco pelo Tollensee estão disponíveis durante o verão, juntamente com outras atividades recreativas no lago e ao redor dele, cuja superfície é de 17 km² (7 milhas²) por 10 km (6 milhas) além da cidade. 🕒 **3 horas. Informações turísticas: Touristinfo, Stargarder Strasse 17. ☎ 01805/170-330. www.neubrandenburg-touristinfo.de.**

Pegando o Trem

Você pode chegar a todas as cidades desse itinerário de trem.

> *O espetacular Schloss Ludwigslust (Castelo Ludwigslust), barroco e neoclássico, serviu como casa de campo para o duque Friedrich von Mecklenburg-Schwerin.*

Ravensbrück

Pode parecer exagero desviar ao sul de Neustrelitz, em direção a Berlim, para visitar o **Mahn- und Gedenkstätte Ravensbrück** (Monumento e Memorial de Ravensbrück; ☎ 033093/6080; www.ravesnsbrueck.de), ao norte de Fürstenberg no rio Havel. Já que a distância é de 24 km (15 milhas), isso é mais uma questão psicológica — não é todo mundo que tem uma visita a um campo de concentração como ideia de passeio de férias. O campo das mulheres foi estabelecido em 1938 e, entre essa data e 1945, cerca de 90 mil prisioneiras da Alemanha e de outros países da Europa morreram aqui. Um centro de documentação ocupa o alojamento do comandante do campo, e o crematório e outras instalações podem ser visitadas. Uma das que aqui morreram foi a agente britânica Violette Szabo (1921–1945), capturada na França ocupada logo após o dia D, enquanto continha as tropas SS para permitir que seus contatos da Resistência conseguissem escapar. Ela resistiu à tortura da Gestapo e foi trazida para Ravensbrück, onde foi executada.

De Neubrandenburg, no segundo dia, siga rumo ao sudoeste ao longo da margem leste do Tollensee na B96 para Neustrelitz (28 km/17 milhas), onde você poderá passar a noite.

4 ★★ **Neustrelitz.** Assim como Güstrow (2), Neustrelitz (com população de 22 mil pessoas) deve sua beleza a uma conexão aristocrática. Foi construída propositalmente no início do século XVIII como lar do ducado de Mecklenburg-Strelitz. Diferente de Güstrow, o grande palácio ducal desapareceu, vítima da Segunda Guerra Mundial. Apenas os jardins do palácio, o Schlosspark, sobrevivem, ao lado do porto da cidade, no Ziecker See. Como forma de compensação, Neustrelitz é uma cidade barroca quase perfeitamente preservada que recompensa perambulações sem rumo, e um agitado centro de férias quando chega o verão. 🕒 **4 horas. Informações turísticas: Strelitzer Strasse 1. ☎ 03981/253-119. www.neustrelitz.de.**

De Neustrelitz, no terceiro dia, siga para o norte na B193, depois para o oeste na B192, contornando a borda do Müritz-Nationalpark, até Waren, na margem norte do Müritzsee (44 km/27 milhas).

5 ★ crianças **Waren.** Apesar de ser um lugarzinho simpático, Waren (e sua população de

22 mil pessoas) não valeria muito a pena o desvio no seu caminho, exceto por ser a maior cidade no maior lago que fica inteiramente dentro da Alemanha, o ★★ **Müritzsee** (Lago Müritz). O Bodensee (em português, Lago Constança. Veja "Pelo Lago Constança de Carro, Barco e Trem", pág. 374) é maior, mas é dividido com a Áustria e a Suíça. Você aprenderá tudo sobre o grande lago e seus arredores em um fascinante aquário e museu ambiental, o **Müritzeum**, Zur Steinmohle 1 (☎ 03991/633-680; www.mueritzeum.de; entrada 7,50€ para adultos, 3€ para a faixa etária de 4 a 18 anos; abril a outubro, diariamente das 10 h às 19 h, novembro a março diariamente das 10 h às 18 h). No verão você pode passear pelo lago saindo do porto de Waren (e de outras docas às margens do lago) em um barco da **Müritz-Linie** (☎ 039931/52797). 🕒 3 horas. Informações turísticas: Neuer Markt 21. ☎ 03991/666-183.

Saindo de Waren, pegue a B192, B103 e B191 em volta do Müritzsee e Plauer See, e depois siga para sudoeste até Ludwigslust (106 km/66 milhas).

6 ★★ **Ludwigslust.** Um monumento da arquitetura barroca e neoclássica, essa é outra localidade de Mecklenburg que deve sua existência ao desejo de alguns pessoas de sangue azul de criar novas raízes e deixar marcas para as futuras gerações. Ludwigslust, com população de 13 mil pessoas, se desenvolveu como uma "cidade familiar" em torno do elegante ★★ **Schloss Ludwigslust** (1776; ☎ 03874/57190; www.schloss-ludwigslust.de; entrada 5€ para adultos, 3,50€ para a faixa etária de 6 a 18 anos; terça a domingo, das 10 h às 17 h), que o duque Friedrich von Mecklenburg-Schwerin construiu como seu *pied-à-terre* campestre. Os aposentos e salões do palácio estão repletos de arte, mobília e acessórios que mostram o século XVIII em sua forma mais exuberante, e o edifício fica em um parque que cobre 135 hectares (334 acres). 🕒 3 horas. Informações turísticas: Schlossstrasse 36. ☎ 03874/526-252. www.stadtludwigslust.de.

Onde Ficar e Jantar

★★ **Alte Wache** LUDWIGSLUST *CONTINENTAL*
Um posto de guarda neoclássico dos dragões de Mecklenburg de 1853 que foi restaurado agora é a casa desse excelente e pequeno café e restaurante. Faça sua refeição no interior ou debaixo dos arcos com colunas e vista para o pátio. Schlossfreiheit 8. ☎ 03874/570-353. Pratos principais de 11€ a 21€. Não aceita cartões de crédito. Almoço e jantar de terça a domingo (diariamente entre maio e agosto).

★ **Klabautermann** WAREN *PEIXE*
Peixes de água doce, pescados ou criados em Müritzsee e outros lagos e rios vizinhos, são a grande atração desse pequeno restaurante familiar (apenas 18 lugares, e sem reservas no verão) próximo ao porto. Marktstrasse 1. ☎ 03991/662-306. www.klabautermann-waren.de. Pratos principais 12€ a 22€. AE, V. Almoço e jantar de terça a domingo.

★ **Landhotel Broda** NEUBRANDENBURG
Localizado entre as muralhas da cidade e o Tollensee, esse hotel em estilo campestre tem elegantes quartos contemporâneos, um restaurante com cardápio limitado, e uma sauna. Oelmühlenstrasse 29. ☎ 0395/569-170. www.landhotel-broda.de. 13 quartos. Diárias para duas pessoas de 65€ a 84€, com café da manhã . AE, MC, V.

> *Pare para comer alguma coisa no elegante Alte Wache.*

★ **Schlossgarten** NEUSTRELITZ
Em um distrito tranquilo e arborizado, esse pequeno hotel familiar, em um edifício neoclássico com seu próprio jardim, oferece conforto clássico em seus quartos e um restaurante que serve especialidades locais. Tiergartenstrasse 15. ☎ 03981/24500. www.hotel-schlossgarten.de. 24 quartos. Diárias para duas pessoas de 69€ a 99€, com café da manhã. AE, MC. V.

HOMENS DE IDEIAS

Os Mais Influentes Pensadores Alemães

POR KELLY REGAN

		PERCEPÇÃO REVOLUCIONÁRIA
	**MARTINHO LUTERO (1483–1546)** Padre, teólogo, agitador.	Suas 95 Teses questionaram a cultura da igreja das indulgências (doar dinheiro para garantir a salvação). Isso evoluiu para uma crítica à corrupção católica e à rejeição da infalibilidade papal, detonando a Reforma Protestante. As visões de Lutero se espalharam rapidamente graças à recém-inventada prensa.
	**JOHANNES KEPLER (1571–1630)** Astrônomo, matemático, astrólogo.	As leis dos movimentos planetários de Kepler postularam, pela primeira vez, que os planetas fazem órbitas elípticas ao redor do sol, passando por áreas iguais em tempos iguais. Suas descobertas foram essenciais para o desenvolvimento das leis de Newton sobre gravitação universal.
	**GOTTFRIED LEIBNIZ (1646–1716)** Filósofo, advogado, diplomata, matemático autodidata.	Teve sua teoria do cálculo infinitesimal publicada, pela primeira vez, em 1684; cadernos indicam que suas equações foram usadas primeiramente em 1675, apenas três anos depois de ter iniciado os estudos em matemática. Inspirado pelo clássico texto chinês *I Ching*, inventou o sistema numérico binário, atualmente usado como base para toda a programação de computadores.
	**JOHANN WOLFGANG VON GOETHE (1749–1832)** Romancista, poeta, dramaturgo, filósofo, cientista.	Personagem que estimulou a literatura alemã, seu livro *Os Sofrimentos do Jovem Werther* foi a inspiração inicial do movimento romântico. Seu épico *Fausto* inspirou artistas como Mozart, Liszt, Beethoven e Mahler. As histórias de não ficção inspiraram fortemente Hegel, Nietzsche, Jung e Darwin, entre outros.
	**KARL MARX (1818–1883)** Economista, filósofo, socialista, revolucionário.	Em colaboração com Friedrich Engels, construiu sobre a estrutura dialética de Hegel (na qual forças opostas colidem para formar um novo paradigma) para defender a queda do governo capitalista pelas classes trabalhadoras e o estabelecimento de uma sociedade sem classes, onde todas as pessoas compartilhariam a propriedade sobre os bens.
	**FRIEDRICH NIETZSCHE (1844–1900)** Filósofo, filólogo, eticista.	Acreditava que a cristandade promovia uma "moralidade escravizante", na qual resignação, submissão e devoção são valorizadas. A "morte de Deus" significava que era impossível conhecer a verdade objetiva, divina; contra esse pano de fundo do relativismo, o solitário, excepcional *übermensch* (super-homem) cria sua própria moralidade interior, superior.
	**ALBERT EINSTEIN (1879–1955)** Físico teórico vencedor do Prêmio Nobel, filósofo, ativista da paz.	Inverteu a lei da gravidade de Newton com teorias gerais e especiais sobre relatividade. Argumentava que a velocidade da luz permanece constante, mas espaço e tempo não são absolutos; gravidade é a expressão das curvas quadridimensionais de espaço-tempo em torno de grandes massas — uma noção simples que sustenta a astrofísica moderna e a Teoria do Big Bang.

ESSE GRUPO DE ALEMÃES desafiou muitas suposições fundamentais da vida da civilização ocidental. Lutero questionou a relação do homem com Deus, e Kepler reposicionou o lugar do homem no cosmos. Marx elevou a consciência de nossa consciência coletiva de classe, e Nietzsche atacou a religião organizada por glorificar a fraqueza. Einstein? Desafiou os próprios blocos de construção da realidade. Esses filósofos mudaram nosso entendimento do espaço, tempo e realidade. Nomear um biscoito em homenagem a um deles é o mínimo que podíamos fazer.

FATO POUCO CONHECIDO	MEDIDOR DE POLÊMICA (0 A 5)	CITAÇÃO ESSENCIAL
Conheceu sua esposa, Katharina von Bora, enquanto encorajava sua fuga de um convento cisterciense, levando-a para fora escondida em uma carroça cheia de barris de arenque.	**5** Excomungado pelo Papa Leão X e declarado herege/fora da lei pelo imperador do Sacro Império Romano, Carlos V, em 1521; ordenado monge em 1507, mas casando-se em 1525; no final da vida, semeou visões antissemíticas malignas e violentas.	"Tenho mais medo do meu coração do que o do Papa e de todos os seus cardeais. Tenho dentro de mim o grande Papa, Eu".
Seu livro, *Somnium*, descreve a viagem de um homem à lua. Mostra um estranho conhecimento de viagem espacial.	**1** A Igreja Católica foi contra o heliocentrismo, mas Kepler, protestante, evitou a votação que levou seu contemporâneo, Galileu, a ser julgado por heresia.	"*A verdade* é a *filha do tempo*, e eu não sinto nenhuma vergonha em ser sua parteira".
Em 1891, virou nome de um biscoito amanteigado que continua a ser um campeão de vendas hoje. ▸ 	**2** Perseguido por uma (ainda não resolvida) polêmica sobre se ele plagiou uma teoria de cálculo depois de ver os estudos não publicados de Isaac Newton.	"Mesmo os jogos de criança têm coisas que interessam ao maior dos matemáticos".
Seu poema *Der Zauberlehrling* foi adaptado para "O Aprendiz de Feiticeiro" no desenho animado *Fantasia*, da Disney, de 1940.	**3** Favoreceu um estilo literário altamente sexualizado em uma época de repressivas convenções sociais; alguns de seus poemas foram impedidos de serem publicados durante a época. Werther, uma de suas primeiras obras, foi criticada como glorificação do suicídio.	"Cada autor retrata a si mesmo em suas obras de alguma forma, mesmo que contra a sua vontade".
Marx, que veio de Trier, foi retratado na nota de 100 marcos alemães de 1964 a 1990.	**3** Morreu na pobreza e no anonimato. Opiniões políticas e revolucionárias foram cooptadas sem êxito por totalitaristas (Lenin, Stalin e Mao). Suas reflexões sobre as falhas no capitalismo ainda continuam a ser um grito de guerra por movimentos socialistas puros.	"A história de toda sociedade até hoje é a história da luta de classes".
Alguns historiadores hoje acreditam que o adoentado Nietzsche ficou louco não por causa da sífilis, mas devido a uma doença vascular.	**4** A combatividade intelectual alienou seus contemporâneos, incluindo Richard Wagner. Em vida, Nietzsche desprezava o nacionalismo e o antissemitismo; sua reputação póstuma sofreu quando Hitler corrompeu o *übermensch* em um ideal eugênico nazista.	"A insanidade em indivíduos é algo raro; mas em grupos, partidos, nações e épocas, é a regra".
Em 1952, foi oferecida a Einstein a presidência de Israel. Ele recusou, dizendo: "Eu careço tanto de aptidão natural quanto de experiência para lidar devidamente com pessoas".	**2** Fugiu da Alemanha nazista em 1933; convenceu os Estados Unidos a desenvolver a bomba atômica durante a Segunda Guerra Mundial; mais tarde se arrependeu de seu papel no surgimento da tecnologia nuclear, tornando-se pacifista e feroz defensor dos direitos humanos.	"A realidade é meramente uma ilusão, embora muito persistente".

Hamburgo

Essa metrópole no rio Elba é a segunda maior cidade da Alemanha (com população de 1,8 milhão de pessoas), um estado federativo por direito próprio, e, apesar de ficar 80 km (50 milhas) continente adentro, um dos três principais portos da Europa (competindo com Roterdã, na Holanda, e Antuérpia, na Bélgica). Entrecruzado por vários canais, possui mais canais que Veneza e mais pontes que Amsterdã. Hamburgo foi fundada em 825 e cresceu para se tornar um importante membro da medieval federação comercial, a Liga Hanseática. Hoje, ela desfruta do orgulhoso título *Freie und Hansestadt Hamburg* (Cidade Livre e Hanseática de Hamburgo) — o *HH* nas placas de automóveis da cidade significa *Hansestadt Hamburg*. Essa é uma cidade mundial séria, com muito para ver e fazer além de seus pontos turísticos. Você vai querer ter dois dias em Hamburgo, e não parecerá ser o suficiente.

> *Passear pelo porto de Hamburgo de barco é uma grande introdução a essa importante cidade portuária.*

PONTO DE PARTIDA A Hauptbahnhof (estação central de trem) de Hamburgo é o ponto central para trens, metrô e linhas férreas (*U-Bahn* e *S-Bahn*), ônibus e táxis. O Museu de Arte e Artes Aplicadas fica ao sul da estação, na Steintorplatz.

1 ★ Museum für Kunst und Gewerbe. Por onde começar no Museu de Arte e Artes Aplicadas? Você poderia facilmente acreditar que a maioria da coleção de 700 mil objetos do museu, cobrindo 2 mil anos de história da arte e cultura, está fora de exibição, mas felizmente isso não é verdade. Evite uma experiência cansativa demais dedicando tempo somente às esculturas medievais alemãs religiosas e influenciadas pelo clássico, e depois siga para o estilo Jugendstill (Art Nouveau). 🕒 **2 horas. Steintorplatz 1. ☎ 040/428-134-2732. www.mkg-hamburg.de. Entrada 8€ para adultos, gratuito para menores de 17 anos, 13€ para famílias. Terça e sexta a domingo das 11 h às 18 h, quarta**

e quinta das 11 h às 21 h. U- ou S-Bahn: Hauptbahnhof.

❷ ★★★ **Hamburger Kunsthalle.** A principal galeria de arte do norte da Alemanha consiste em três edifícios separados. Não há escassez de pinturas de artistas europeus, com objetos que vão da época dos Velhos Mestres até o século XX. Naturalmente, obras de Rembrandt, Manet e Munch, entre outros, valem a pena de serem vistas, mas se você tiver pouco tempo, concentre-se nos artistas alemães. Procure pela Grabow Alterpiece (1379), de Meister Bertram, da Petrikirche de Hamburgo (@@@NÚMERO 7), retratando 24 cenas bíblicas. Caspar David Friedrich está representado por assustadoras obras românticas como *Andarilho Sobre o Mar de Névoa* (1818) e *O Mar de Gelo* (1824). 🕒 3 horas. Glockengiesserwall. ☎ 040/428-131-200. www.hamburger-kunsthalle.de. Entrada 8,50€ para adultos, gratuito para menores de 17 anos, 14€ para famílias. Terça, quarta e sexta a domingo das 10 h às 18 h, quinta das 10 h às 21 h. U-Bahn: Hauptbahnhof Nord. S-Bahn: Hauptbahnhof.

❸ crianças ★★ **Aussenalster.** A parte exterior e mais ampla do Alstersee (Lago Alster) cobre 1,64 km² (0,33 milha² ao quadrado), que se alongam pelo norte através de alguns dos arborizados e elegantes distritos residenciais da cidade. Quando o tempo está bom, é certo que a superfície do lago estará cheia de veleiros e canoas de remo. Você pode passear ou correr em volta da margem em uma trilha à beira da água — uma volta de 7,4 km (4,5 milhas) — ou desembarcar de um dos barcos de passeio em meia dúzia de cais. Pegue o barco (ou vá por

Viagens partindo de Hamburgo

Entre o nascer e o pôr do sol, todo navio que passa pelo ★ **Schiffsbergrüssungsanlage Willkomm-Höft** (Ponto de Instalação de Boas Vindas e Saudações aos Navios em **Schulauer-Fährhaus** — Casa das Balsas de Schulauer), Parnasstrasse 29 (☎ 0413/92000; www.schulauer-faehrthaus.de; *S-Bahn*: Wedel), é bem-vindo ou se despede em seu próprio idioma, e a bandeira de Hamburgo é imersa em uma saudação. No caso de navios saindo com até 500 toneladas brutas de registro, os hinos nacionais de seus países são tocados. O Schulauer Fährhaus também possui um restaurante onde você pode tomar café da manhã, almoçar, tomar chá da tarde ou jantar enquanto observa os navios atravessarem o Elba. O restaurante tem varandas abertas e fechadas, além de um espaçoso jardim para chá. Na adega do edifício, visite o **Buddelschiff-Museum** (Museu dos Navios em Garrafas; ☎ 04103/920-0016), onde você poderá ver mais de 200 miniaturas dentro de garrafas. O Schulauer-Fährhaus fica no baixo Elba, 22 km (14 milhas) a oeste do centro de Hamburgo.

Um famoso destino de passeios de um dia saindo de Hamburgo é a bela ★ **Glückstadt** (com população de 12 mil pessoas), que foi fundada pelos dinamarqueses em 1617 como uma cidade comercial na margem norte do rio Elba e fornece evidências consideráveis de que, ainda hoje , o estilo dinamarquês está lá para ser admirado. Você pode chegar lá por uma estrada rápida de Hamburgo, sentido noroeste na A23 e depois a oeste na L112 e L119 (62 km/38 milhas), ou em uma rota mais lenta e panorâmica, permanecendo próximo ao rio, através de Blankenese (uma centenária vila de pescadores que hoje é um sofisticado subúrbio de Hamburgo), Rissen, Wedel, e então ao norte pela B341, através de Elmshorn, até Glückstadt (64 km/40 milhas). Ou vá de trem para a estação de Glückstadt. Se você tiver tempo, continue até **Brunsbüttel**, 34 km (21 milhas) sentido noroeste ao longo do Elba pela B451 e B5. Essa cidade balneária (com população de 14 mil pessoas) fica na foz do Elba e no extremo sul do Nord-Ostsee-Kanal (conhecido como Canal de Kiel, em português; veja "Canal de Kiel", pág. 574), conectando o Mar do Norte ao Mar Báltico. A posição da cidade oferece uma excelente vista dos navios, sejam eles grandes ou pequenos, indo e vindo nos dois canais.

A pequena localidade pesqueira de ★ **Büsum** (com população de 5 mil pessoas) é o balneário de melhor tamanho na beira do mar — em oposição aos ribeirinhos — para Hamburgo, então quando chega o verão ela experimenta um grande fluxo de turistas. No porto pesqueiro, o **Museum am Meer** (Museu no Mar; ☎ 04834/6734; www.museum-am-meer.de) conta sobre a relação local com o mar. A balsa (sem carros) de Büsum para Helgoland (veja "Helgoland em Alto Mar", pág. 565) sai de um cais próximo. De Hamburgo, pegue a A23 sentido noroeste e depois a B203 oeste até a costa, um total de 121 km (75 milhas).

1 Museum für Kunst und Gewerbe
2 Hamburger Kunsthalle
3 Aussenalster
4 Binnenalster
5 St.-Jacobi-Kirche
6 Kontorhäuser
7 St.-Petri-Kirche
8 Hamburger Rathaus
9 Speicherstadt
10 Miniatur Wunderland
11 HafenCity
12 BallinStadt—Das Auswanderermuseum Hamburg
13 St.-Michaelis-Kirche
14 Hamburgmuseum
15 St. Pauli Landungsbrücken
16 Planten un Blomen
17 Tierpark Hagenbeck & Tropen-Aquarium
UNIVERSITÄT
Heinrich-Hertz-Turm (Fernsehturm)
Planten un Blomen
Parksee
Centro de Congressos de Hamburgo
HAMBURG MESSE
KAROLINEN-VIERTEL
Alter Botanischer Garten
Wallgraben
Kleine Wallanlagen
Laeiszhalle
Hamb. Staatsoper
Heiligengeist-feld
Grosse Wallanlagen
NEUSTADT
Hamburgmuseum
Alter Elbpark
St.-Michaelis-Kirche
Stintfang
St.-Pauli-Landungsbrücken
Barcos de Passeio
Alter Elbtunnel
Norderelbe
Binnenhafen
Kehrwiederfleet
Sandtorhafen

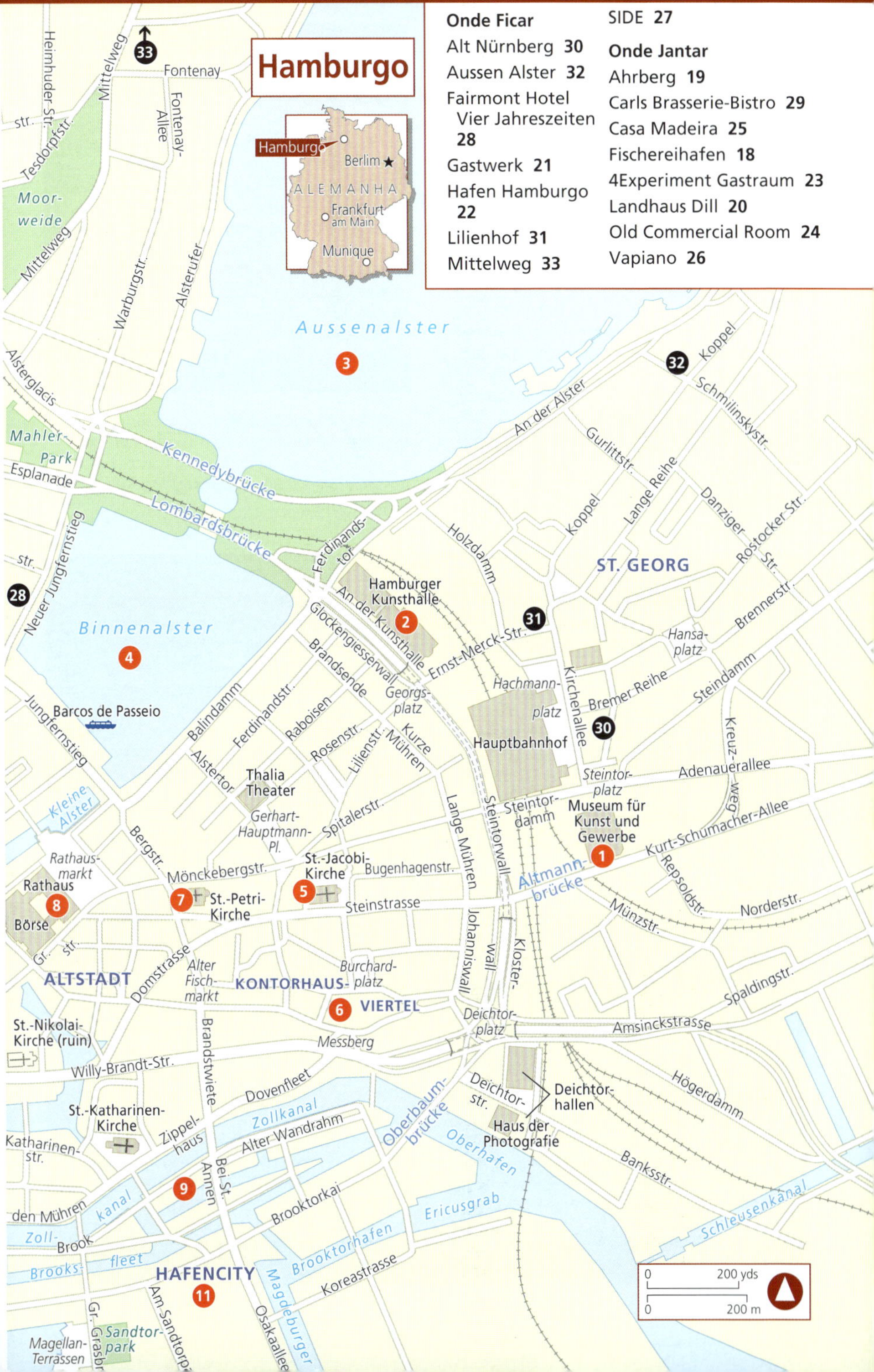

Onde Ficar

Alt Nürnberg **30**
Aussen Alster **32**
Fairmont Hotel Vier Jahreszeiten **28**
Gastwerk **21**
Hafen Hamburgo **22**
Lilienhof **31**
Mittelweg **33**
SIDE **27**

Onde Jantar

Ahrberg **19**
Carls Brasserie-Bistro **29**
Casa Madeira **25**
Fischereihafen **18**
4Experiment Gastraum **23**
Landhaus Dill **20**
Old Commercial Room **24**
Vapiano **26**

terra) para ★ **Alstervorland**, um parque na margem noroeste com gramados bem cuidados, sombras de árvores, jardins cultivados e o café restaurante ★ **Alster-Cliff** (☎ 040/442-719; www.alster-cliff.de), próximo à doca. 🕒 2 horas. Ônibus: o 6 (da Hauptbahnhof de Hamburgo/estação central de trem) cobre a maior parte da margem leste do Aussenalster; o 109, saindo da estação de S-Bahn Dammtor, passa grande parte da margem oeste.

❹ ★ **Binnenalster.** Muito menor que seu vizinho ao norte, com apenas 0,18 km² (0,1 milha²), o interiorano Alstersee (Lago de Alster) é cercado em três lados — ao longo de Neuer Jungfernstieg, Jungfernstieg e Ballindamm — por algumas das propriedades mais valiosas de Hamburgo. Os destaques entre os prédios comerciais são o Hotel Vier Jahreszeiten (pág. 604), o café-restaurante Alsterpavillon e o centro comercial Europa Passage. Passeios de barco pelo lago saem de uma doca em Jungfernstieg (veja "Hamburgo de Barco"). No quarto lado, as pontes para carros e trens Lombardbrücke e Kennedybrücke separam Binnenalster de Aussenalster. 🕒 30 minutos. U- ou S-Bahn: Jungfernstieg.

Circulando por Hamburgo

Não dirija pela movimentada Hamburgo. Em vez disso, use seu excelente sistema de transporte público integrado. Ele consiste em *U-Bahn* (metrô), *S-Bahn* (comboios urbanos), *A-Bahn* (trens urbanos), e *R-Bahn* (trens regionais), além de ônibus e balsas portuárias. Praticamente todos os serviços em Hamburgo e ao seu redor são oferecidos pela **HVV** (☎ 040/19449; www.hvv.de); a principal exceção é o *R-Bahn*, operado pela **Deutsche Bahn** (Ferrovias Alemãs; ☎ 11861; wwww.bahn.de). Considere ir de ônibus — ou até mesmo de táxi se o custo não for uma questão — para ver o máximo possível da cidade.

Hamburgo de Barco

Desde 1189, o porto de Hamburgo tem sido um dos principais centros comerciais do continente, transformando a cidade em uma das mais ricas da Alemanha. O número de navios cargueiros que chega ao porto aumenta e cai de acordo com a maré comercial. Recentemente, a média é de cerca de 12 mil navios por ano atracando nos 50 km (30 milhas) de cais da cidade. Um número crescente é o de navios com contêiner e não de embarcações com materiais brutos ou líquidos. E nem tudo é material cru ou químico. Os armazéns de Hamburgo estão lotados de tapetes orientais, chá, café e especiarias.

Diversas linhas de barcos de passeio navegam pelo rio Elba e por entre o porto a partir do cais de St. Pauli Landungsbrücken. Os barcos (e capitães) mais antigos e peculiares são os da **Glitscher** (☎ 040/737-4343; www.glitscher-hamburg.de), que oferece passeios de 1 hora ao custo de 9€ para adultos e 5€ para a faixa etária de 4 a 16 anos. Se você precisar de um barco maior, a **HADAG Fährdienst** (☎ 040/311-7070; www.hadag.de) possui embarcações modernas que servem lanches e bebidas; algumas possuem até restaurantes. Os passeios custam 11€ para adultos, 5,50€ para a faixa etária de 4 a 16 anos, 20€ a 23€ para famílias e 12€ a 16€ para famílias com apenas um dos pais. Ambas as linhas têm uma variedade de passeios mais longos disponíveis.

Uma alternativa ao passeio pelo porto é um passeio de barco pelos lagos Binnenalster e Aussenalster (❸ e ❹). Esses passeios são operados pela **ATG Alster-Touristik** (☎ 040/357-4240; www.alstertouristik.de), e saem de uma doca em Jungfernstieg (*U-Bahn:* Jungfernstieg), na margem sul de Binnenalster. Os passeios duram pouco menos de 2 horas e custam 10,50€ para adultos, e 5,50€ para a faixa etária de 4 a 16 anos. Uma série de preços de tíquetes diferentes permite que você entre e saia do barco em várias docas ao redor dos lagos, e passeios mais longos também estão disponíveis.

Chegar à Jungfernstieg tem a vantagem de colocá-lo no centro de Hamburgo, o agitado distrito comercial e de compras e local de muitos de seus melhores hotéis e restaurantes. Muitos prédios históricos que sobreviveram à Segunda Guerra Mundial estão aqui, entre eles a **St.-Petri-Kirche** (❼), a mais antiga igreja de Hamburgo, dedicada a São Pedro e fundada por volta do ano 1000. A oeste do centro da cidade, uma grande atração é o distrito de St. Pauli, a principal área de vida noturna de Hamburgo, conhecida por sua zona da luz vermelha iluminada de neon, **Reeperbahn** (pág. 560, ❶), oferecendo todos os tipos de distrações noturnas — cafés, bares, discotecas, salas de música e casas de sexo.

> *A recentemente restaurada Rathaus de Hamburgo tem 647 aposentos, alguns dos quais você pode ver em uma visita guiada.*

5 St.-Jacob-Kirche (Igreja de São Tiago). Nessa igreja gótica dos séculos XIV e XV, um excelente órgão barroco Arp Schnitger de 1693 é uma espécie de atração. Entre as decorações da igreja protestante, procure pelas belas esculturas em madeira no Trinitätsaltar (Altar da Trindade, de 1518) no coro principal. **🕒 30 minutos. Jakobikirchhof 22. ☎ 040/303-7370. www.jacobus.de. Entrada gratuita. Segunda a sábado, das 10 h às 17 h (missas apenas aos domingos). U-Bahn: Mönckebergstrasse.**

6 ★ Kontorhäuser. Esses grandes prédios de escritórios do século XX em torno da Burchardstrasse incluem a expressionista Chilehaus (1924), com sua fachada de tijolos

> *A Miniatur Wunderland apresenta o maior modelo de maquete ferroviária do mundo, com 830 trens.*

que se eleva como a proa de um navio e, do outro lado da rua, o Sprinkenhof (1927–1943). Na vizinha Deichtorstrasse, o Deichtorhallen (1914; ☎ 040/321-030; www.deichtorhallen.de) é um antigo mercado interno hoje usado para exposições de arte moderna. 🕒 **30 minutos.** *U-Bahn:* Messberg ou Steinstrasse.

7 St.-Petri-Kirche (Igreja de São Pedro). A mais antiga igreja de Hamburgo foi fundada em torno do ano 1000, e têm sido reconstruída e ampliada desde então. A atual igreja protestante é basicamente gótica, sobre uma fundação romanesca. Ela abriga arte religiosa que vai da Idade Média aos tempos modernos. Nas ruas ao redor da igreja, destroços de construções da Hammaburg (hoje, Hamburgo), do século IX, tem sido escavados. 🕒 **30 minutos. Speersort. ☎ 040/325-7400. www.sankt-petri.de. Entrada gratuita. Segunda, terça, quinta e sexta das 10 h às 18 h 30 min. Quarta, das 10 h às 19 h, sábado, das 10 h às 17 h, domingo, das 9 h às 21 h.** *U-Bahn:* Rathaus.

8 ★ Hamburger Rathaus (Prefeitura). O nome pode não parecer muito agradável em português, mas a recentemente restaurada Prefeitura (1897) de Hamburgo é uma impressionante construção que na época intencionava mostrar a riqueza da cidade e o poder de uma Alemanha em ascensão. O local possui 647 aposentos — um pouco demais para ver durante a visita guiada, embora você consiga visitar os luxuosos Kaisersaal (Quarto do Imperador), Turmsaal (Câmara da Torre), e Ratsstube (Aposento do Senado), entre outros. 🕒 **45 minutos. Rathausmarkt 1. ☎ 040/428-312-064. Entrada 3€ para adultos, 0,50€ para menores de 13 anos. Visitas guiadas: a cada hora de segunda a quinta, das 10 h 15 min às 15 h 15 min, sexta das 10 h 15 min às 13 h 15 min, sábado das 10 h 15 min às 15 h 15 min, domingo das 10 h 15 min às 16 h 15 min.** *U-Bahn:* Rathaus.

9 ★ Speicherstadt (Cidade Armazém). Cortada pelo canal, Speicherstadt, ao longo do Zollkanal no antigo porto, em Dehrwieder e seus arredores e pelas ruas St. Annenufer, é um grande e surpreendentemente atraente grupo de armazéns de tijolos vermelhos de vários andares dos séculos XIX e início do XX. Museus, atrações, escritórios, discotecas e restaurantes ficam hoje no que é um protegido monumento cultural. Entre os museus e atrações estão o **Miniatur Wunderland** (**10**), orientado às crianças, e o **Speicherstadtmuseum** do próprio distrito, St. Annenufer 2 (☎ 040/321-191; www.speicherstadtmuseum.de; entrada 3,50€ para adultos, 2€ para a faixa etária de 6 a 16 anos; abril a outubro, de terça a sexta das 10 h às 17 h, sábado e domingo das 10 h às 18 h; novembro a março, terça a domingo das 10 h às 17 h). 🕒 **2 horas.** *U-Bahn:* **Baumwall. Ônibus: 3, 4 ou 6.**

10 ★★ crianças Miniatur Wunderland. O maior modelo de maquete ferroviária do mundo é incrivelmente detalhado, e GRANDE. Com 830 trens, 11 mil carros, 200 mil figuras de pessoas, 300 mil luzes — entre outras coisas mais —, essa não é uma simples atração. O maior dos trens tem 14,5 m (48 pés) de comprimento. 🕒 **4 horas. Kehrwieder 2–4, Block D. ☎ 040/3005-1666. www.miniatur-wunderland.de. Entrada 10€ adultos, 5€ para menores de 15 anos, gratuito para crianças menores que 1 m (3,4 pés) de altura. Segunda, quarta e quinta das 9 h 30 min às 18 h, terça das 9 h 30 min às 21 h, sexta das 9 h 30 min às 19 h, sábado das 8 h às 21 h, domingo das 8 h 30 min às 18 h. Ônibus 3, 4 ou 6.**

11 ★ HafenCity. Apartamentos, escritórios e parques, bem como instalações esportivas, gastronômicas e de entretenimento — como a gigantesca sala de concertos Elbphilharmonie, inaugurada em 2012 — estão sob construção ou em fases de planejamento na ampla zona de remodelação da Cidade Portuária (ou Cidade na Água) ao longo do rio Elba, ao sul do centro da cidade (www.hafencity.com). O **★ Internationales Maritimes Museum Hamburg,** Kaispeicher B, Koreastrasse 1 (☎ 040/3009-2300; www.internationales-maritimes-museum.de; entrada 10€ para adultos, 7€ para a faixa etária de 7 a 18 anos, 12€ a 22€ famílias; de abril a outubro, terça, quarta e sexta a domingo das 10 h às 18 h, quinta das 10 h às 20 h), é um museu do transporte marítimo e da marinha. Linhas de cruzeiros oceânicos atracam no Centro de Cruzeiros de Hamburgo, em Chicagokai. As linhas de metrô *(U-Bahn)* estão sendo construídas e abriram em 2012. 🕒 **2 horas. O centro da zona de HafenCity fica em torno da Am Kaiserkai, San-Francisco-Strasse, e Uberseeallee. Ônibus: 3, 4 ou 6.**

12 ★★★ crianças BallinStadt—Das Auswanderermuseum Hamburg. O deslumbrante Museu dos Emigrantes na "Cidade de Ballin", no distrito de Veddel — do outro lado do centro de Hamburgo, cruzando o Elba —, é nomeado em homenagem ao judeu-alemão Albert Ballin (1857–1918), magnata da navegação. Ballin construiu a Linha Hamburgo América ao transportar emigrantes europeus para a América e ao criar o conceito de navios de cruzeiro especializados. Chamado "Porto dos Sonhos", o museu é baseado em três recriações dos barracões onde os emigrantes ficavam esperando sua passagem para o Novo Mundo. É um local interativo, recriando o mais próximo possível o espírito da virada do século XX e a experiência pela qual os emigrantes passaram. 🕒 **Pelo menos 2 horas. Veddeler Bogen 2. ☎ 040/3197-9160. www.ballinstadt.de. Entrada 12€ para adultos, 7€ para crianças entre 5 e 12 anos, 25€ para famílias. Maio a outubro, das 10 h às 17 h 30 min; outubro a abril, diariamente das 10 h às 16 h 30 min. S-Bahn: Veddel (BallinStadt).**

> *A alta torre da St.-Michaelis-Kirche é um ponto de referência de Hamburgo.*

13 ★ St.-Michaelis-Kirche (Igreja de São Miguel). Chamada de Der Michel (O Miguel), a recentemente restaurada igreja protestante de 1786, que substituiu igrejas anteriores no mesmo local, é dedicada ao Arcanjo Miguel — uma estátua de bronze em frente à entrada principal retrata o arcanjo matando o diabo. A torre da igreja, de 132 m (433 pés) de altura, tem um mirante aos 82 m (269 pés) que garante uma vista espetacular. O compositor Carl Philipp Emanuel Bach (1714–1788) está sepultado na cripta, e há uma exibição sobre a história da igreja. 🕒 **30 minutos. Englische Planke 1A. ☎ 040/376-780. www.st-michaelis.de. Entrada: igreja gratuita; torre 3€ para adultos, 2€ para crianças entre 5 e 12 anos; cripta e exibição 3€ para adultos, 2€ para crianças entre 5 e 12 anos; torre, cripta e exibição 5€ para adultos, 3€ para crianças entre 5 e 12 anos. Diariamente, das 10 h às 17 h 30 min. U-Bahn: St. Pauli.**

14 ★★ crianças Hamburgmuseum. Localizado em um parque que ocupa o espaço aberto deixado para trás quando as fortificações da cidade foram destruídas durante o século XIX, o museu histórico e cultural de Hamburgo tem maquetes da localidade e representações de cenas de vários períodos. Entre elas, um modelo do porto da era hanseática em 1497 e recriações de lojas e aposentos históricos. A crianças que não conseguirem ir ao Miniatur Wunderland (10) podem se divertir aqui com um grande modelo de ferrovia. Uma seção separada cobre a vida judaica em Hamburgo, desde as primeiras chegadas, durante a Idade Média, até o Holocausto. ⏲ **2 horas. Holstewall 24. ☎ 040/428-132-2380. www.hamburgmuseum.de. Entrada 7,50€ (sexta 4€) para adultos, gratuito para menores de 17 anos, 12€ (sexta 6€) para famílias. Terça a sábado, das 10 h às 17 h, domingo das 10 h às 18 h.** *U-Bahn:* **St. Pauli.**

15 crianças **St. Pauli Landungsbrücken.** Mesmo que você não esteja interessado em um passeio de barco pelo porto (veja "Hamburgo de Barco", pág. 598), esse cais amplo é um excelente local para observar navios e outras embarcações pelo Elba, e para relaxar em um café à beira da água. ⏲ **30 minutos (ou mais se você quiser fazer um passeio de barco). St. Pauli Hafenstrasse.** *U- ou S-Bahn:* **Landungsbrücken.**

16 ★ crianças **Planten un Blomen**. O nome do parque é escrito em Plattdeutsch (baixo-alemão), seria "Pflanzen und Blumen" se estivesse em Hochdeutsch (alto-alemão). De qualquer forma, significa Plantas e Flores — uma boa descrição para um parque, fundado em 1821, que tem muito de ambas em seus 47 hectares (116 acres), além de um jardim botânico, um jardim japonês e casa de chá, e uma área de recreação para crianças. ⏲ **1 hora. Am Dammtor. ☎ 040/428-232-125. www.plantenundblomen.hamburg.de. Entrada gratuita. Abril, diariamente, das 7 h às 22 h; maio a setembro, diariamente, das 7 h às 23 h; outubro a março, diariamente, das 7 h às 20 h. U-Bahn: Stephansplatz (Oper/CCH). S-Bahn: Dammtor (Messe/CCH).**

17 ★★ crianças **Tierpark Hagenbeck & Tropen-Aquarium.** O Zoológico Hagenbeck de Hamburgo é um exemplo superior da espécie. Em seu parque paisagístico, piquetes e fossos sem cercas separam parte de seus 2.500 animais dos visitantes. O aquário tem apresentações de golfinhos e leões marinhos. ⏲ **4 horas. Lokstedter Grenzstrasse. ☎ 040/530-0330. www.hagenbeck-tierpark.de. Entrada: zoológico 16€ para adultos, 11 para a faixa etária de 4 a 16 anos, 49€ a 56€ para famílias; Aquário 13€ para adultos, 9€ para a faixa etária de 4 a 16 anos, 39€ a 44€ para famílias; ingresso combinado zoológico e aquário 25€ para adultos, 16€ para a faixa etária de 4 a 16 anos, 69€ a 75€ para famílias.** *U-Bahn:* **Hagenbecks Tierpark.**

Vida Noturna em Hamburgo

Há muitas opções de vida noturna em Hamburgo — e como uma grande cidade portuária internacional com uma longa tradição de hospedar marinheiros sedentos por "entretenimento", não é de surpreender que algumas delas não sejam totalmente saudáveis. Ainda assim, antes de você chegar às tocas da luz vermelha de Reeperbahn (pág. 560, 1), pode assistir a uma ópera ou a uma apresentação de dança no **Hamburgische Staatsoper** (Opera Estadual de Hamburgo), Grosse Theaterstrasse 25 (☎ 040/356-868; www.hamburgische-staatsoper.de), e concertos de música clássica no **Laeiszhalle**, Johannes-Brahms-Platz (☎ 040/346-920; www.elbphilharmonie.de/laeiszhalle.en). Em 2012, essas instituições de alta cultura deverão ter como companhia a **Elbphilharmonie**, uma deslumbrante sala de concertos à beira da água em HafenCity (pág. 601, 11). Jazz é a atração no legendário **Cotton Club**, Alter Steinweg 10 (☎ 040/343-878; www.cotton-club.de).

Tanto excelentes jogadores quanto aqueles mais modestos podem testar sua sorte contra todas as probabilidades nos quatro cassinos **Spielbank Hamburg** (www.spielbank-hamburg.de) espalhados pela cidade. Um bar no qual você pode acertar em cheio é o **20up**, no (onde mais?) 20º andar do moderno **Empire Riverside Hotel**, Bernhard-Nocht-Strasse 97 (☎ 040/311-197-0470; www.empire-riverside.de); vistas de tirar o fôlego são garantidas. Outros excelentes drinques são feitos e servidos no pequeno e aconchegante **Le Lion-Bar de Paris**, Rathausstrasse 3 (☎ 040/334-753-780; www.lelion.net).

Compras em Hamburgo

A antiga cidade comercial da Liga Hanseática não é frequentemente lembrada como uma das mecas de compras da Europa. Ainda assim, a cidade natal dos estilistas Karl Lagerfeld e Jil Sander tem muito a oferecer. As criações de Lagerfeld estão disponíveis na (entre outros lugares) Alsterhaus (na fotografia, veja abaixo para informação) e **Flebbe**, Eppendorfer Baum 7 (☎ 040/476-679); **Jil Sander** está na Neuer Wall 43 (☎ 040/374-01290; www.jilsander.com). A **Anita Hass,** uma boa loja multimarcas, fica na Eppendorfer Landstrasse 60 (☎ 040/4685-6195; www.anitahass.de).

A principal loja de departamentos de Hamburgo é a **Alsterhaus**, Jungfernstieg 16–20 (☎ 040/359-010; www.alsterhaus.de). Outras grandes lojas ficam no centro da cidade, concentradas em torno da Möckenbergstrasse — apelidada de *Die Mö.*

O conhecidamente barulhento mercado de rua de Altona, **Fischmarkt** (Mercado de Peixes; www.hamburger-fischmarkt.de; maio a outubro, domingo das 5 h às 9 h 30 min; novembro a abril, domingo das 7 h às 9 h 30 min), à beira da água na Grosse Elbstrasse, vende mais tipos de comida do que de peixe — e vale a pena acordar cedo para conhecer. Outra opção fora do circuito turístico é encontrada na **Krameramtsstuben**, um conjunto de belas casas do século XVII em torno de Krayenkamp, nas sombras da St.-Michaelis-Kirche (13); muitas delas hoje são ocupadas por butiques, galerias e lojas de artesanato.

Onde Ficar

> *Apesar de seu tamanho grande, o aristocrático Fairmont Hotel Jahreszeiten se orgulha de seu serviço personalizado.*

★ **Alt Nürnberg** ST. GEORG
Localizado em um antigo prédio da década de 30 no coração da cidade, esse hotel traz um pouco do modesto charme do sul da Alemanha para essa cidade do norte — literalmente, em seu restaurante. **Steintorweg 15. ☎ 040/246-023. www.hotelaltnuernberg.de. 12 quartos. Diárias para duas pessoas de 95€ a 125€, com café da manhã. AE, MC, V. *U-* ou *S-Bahn:* Hauptbahnhof.**

★★ **Aussen Alster** ST. GEORG
Decoração branca e design moderno são frequentes nessa construção exclusiva, em uma rua tranquila próxima à orla do lago Aussenalster. **Schmilinskystrasse 11–15. ☎ 040/241-557. www.aussenalster.eu. 27 quartos. Diária para duas pessoas de 130€ a 165€, comcafé da manhã . AE, DC, MC, V. *U-* ou *S-Bahn:* Hauptbahnhof.**

★★★ **Fairmont Hotel Jahreszeiten**
NEUSTADT Fundado em 1897, o aristocrático "Quatro Estações" ("Four Seasons"), junto à orla de Binnenalster, tem sido cenário de vários filmes. **Neuer Jungfernstieg 9-14. ☎ 800/257-7544 na América do Norte, ou 040/34943151. www.hvj.de. 156 quartos. Diária para duas pessoas de300€ a 385€. AE, DC, MC, V. *U-Bahn:* Gänsemarkt.**

★★ **Gastwerk** BAHRENFELD
Um gasômetro replanejado no oeste de Hamburgo é o improvável cenário para um ultrachique hotel de designer e seu sofisticado restaurante com cozinha de diversos países, o Mangold. **Daimlerstrasse 67. ☎ 040/890-620. www.gastwerk.com. 41 quartos. Diária para duas pessoas de 136€ a 181€. AE, DC, MC, V. *S-Bahn:* Bahrenfeld.**

★★ **Hafen Hamburg** ST. PAULI
Os aposentados lobos do mar que se hospedavam aqui no século XIX não iriam reconhecer o antigo local, agora renovado, com estilo contemporâneo e em formato de navio. **Seewartenstrasse 9. ☎ 040/311-130. www.hotel-hamburg.de. 353 quartos. Diária para duas pessoas de 100€ a 120€. AE, DC, MC, V. *U-* ou *S-Bahn:* Landungsbrücken.**

Lilienhof ST. GEORG
Próximo à estação central de trem da cidade, esse hotelzinho bem cuidado tem quartos pequenos que, embora não tenham extravagância, ao menos são comodamente mobiliados, claros e limpos. **Ernst-Merck-Strasse 4. ☎ 040/241-087. www.hotel-lilienhof.de. 21 quartos. Diárias para dias pessoas de 65€ a 85€. MC, V. *U-* ou *S-Bahn:* Hauptbahnhof.**

★ **Mittelweg** HARVESTEHUDE
No arborizado quarteirão Pöseldorf, repleto de restaurantes e a oeste do lago Aussenalster, esse hotel familiar ocupa uma vila de mercadores do século XIX. **Mittelweg 59. ☎ 040/414-1010. www.hotel-mittelweg.de. 39 quartos. Diárias para duas pessoas de 125€ a 168€. AE, MC, V. *U-Bahn:* Klosternstern.**

★★ **SIDE** NEUSTADT
Se "aconchegante" e "confortável" não são requisitos críticos para você, confira esse colorido pedaço de design moderno milanês, com direito a uma bela vista panorâmica de seu terraço no oitavo andar. **Drehbahn 49. ☎ 040/309-990. www.side-hamburg.de. 178 quartos. Diárias para duas pessoas de 205€ a 330€. AE, DC, MC, V. *U-Bahn:* Gänsemarkt.**

Onde Jantar

★★ **Ahrberg** BLANKENSEE *FRUTOS DO MAR* Localizado entre as casas e as ruas íngremes de pedestres de uma enobrecida antiga vila de pescadores, o centenário Ahrberg atrai fãs de peixes de perto e de longe. **Strandweg 33. ☎ 040/860-438. www.restaurant-ahrberg.de. Pratos principais de 12€ a 17€. AE, DC, MC, V. Café da manhã, almoço e jantar diariamente.** *U-Bahn:* **Gänsemarkt.**

★★ **Carls Brasserie-Bistro** HAFENCITY *CONTINENTAL* Ao longo do cais, próximo à Elbphilharmonie, esse restaurante chique em estilo francês serve pratos alemães premiados, além de um cardápio mais abrangente. **Am Kaiserkai 69. ☎ 040/300-322-400. www.carls-brasserie.de. Pratos principais de 13€ a 33€. AE, MC, V. Almoço e jantar diariamente. Ônibus: 3, 4 ou 6.**

★ **Casa Madeira** NEUSTADT *PORTUGUÊS* O melhor entre um grupo de restaurantes portugueses baseia-se no charme nativo e cozinha caseira em vez da decoração extravagante e arrumação de mesas. **Ditmar-Koel-Strasse 14. ☎ 040/7404-1880. www.casamadeira.de. Pratos principais de 12€ a 17€. MC, V. Almoço e jantar diariamente.** *U- ou S-Bahn:* **Landungsbrücken.**

★★★ **Fischereihafen** ALTONA – ALTSTADT *FRUTOS DO MAR* Uma instituição de Hamburgo, esse restaurante na orla tem servido cardápios tradicionais desde 1981, agradando tanto pessoas comuns quanto as mais importantes. **Grosse Elbstrasse 143. ☎ 040/381-816. www.fischereihafenrestaurant.de. Pratos principais de 18€ a 29€. AE, DC, MC, V. Almoço e jantar diariamente.** *S-Bahn:* **Königstrasse.**

★★★ **4Experiment Gastraum** ST. PAULI *INTERNACIONAL* É difícil descrever esse moderno restaurante. Jovens cozinheiros mergulham em ingredientes orgânicos frescos e conseguem suas inspirações em uma cozinha aberta. **Karolinstrasse 32. ☎ 040/4318-8432. www.4experiment.de. Pratos principais de 18€ a 24€. Não aceita cartões de crédito. Jantar de segunda a sábado.** *U-Bahn:* **Messehallen.**

★★ **Landaus Dill** OTTENSEN *CONTINENTAL* A poucas quadras do Elba (mas sem vista para o rio), esse belo restaurante tem um "quê" de uma casa campestre, e um terraço com jardim aberto no verão. **Elbchaussee 94. ☎ 040/390-5077. www.landhausdill.com. Pratos principais de 18€ a 29€. AE, DC, MC, V. Almoço e jantar de terça a domingo.** *S-Bahn:* **Altona.**

> *As deliciosas ofertas de frutos do mar do Fischereihafen são uma instituição da cidade há quase duas décadas.*

★ **Old Commercial Room** NEUSTADT *NORTE-ALEMÃ* Indestrutível como Hamburgo e um barqueiro do rio Elba, essa taverna de propriedade de um marinheiro fundada em 1643 acerta em cheio com pratos tradicionais dos homens do mar, como picado de Labskaus (carne em conserva). **Englische Planke 10. ☎ 040/366-319. www.oldcommercialroom.de. Pratos principais de 12€ a 32€. AE, DC, MC, V. Almoço e jantar diariamente.** *U-Bahn:* **St. Pauli.**

★ crianças **Vapiano** NEUSTADT *ITALIANA* Essa rede de restaurantes no centro da cidade serve comida rápida com senso de estilo. A massa é fresca, e as pizzas têm bom preço. **Hohe Bleichen 10. ☎ 040/3501-9975. www.vapiano.com. Pratos principais de 7€ a 15€. AE, MC, V. Café da manhã, almoço e jantar diariamente.** *U-Bahn:* **Gänsemarkt.**

Lübeck

Lübeck é um dos tesouros relativamente desconhecidos da Alemanha. A cidade portuária, com população de 21 mil pessoas, teve uma história medieval de sucesso, e a partir do século XIII foi a capital da Liga Hanseática (veja o box na pág. 578). Para relembrar aqueles dias de glória, *Hansestadt Lübeck*, como a cidade orgulhosamente se denomina, tem casas em estilo enxaimel, enormes portões, torres douradas — as "Sete Torres" de suas lindas igrejas góticas — e um estilo de vida borgonhês reminiscente do ambiente dos Países Baixos. A Alstadt (Cidade Antiga), amplamente definida por um canal circular, é Patrimônio Mundial da Unesco.

> *Imponente portão da cidade de Lübeck, o Holstentor abriga um museu que apresenta exposições da história da cidade que remontam ao ano 800.*

PONTO DE PARTIDA Marcando a fronteira oeste da Cidade Antiga, o enorme portão Holstentor é imperdível. Da Hauptbahnhof (estação central de trem) de Lübeck, é uma caminhada de apenas 5 km (0,33 milha) rumo ao leste na Konrad-Adenauer-Strasse. Praticamente todos os ônibus da cidade (1, 2, 5, 6, 7, 9, 10, 11, 16, 17, 19, 21, 30, 31, 34 e 40) param no Hosltentor.

1 ★★ crianças **Museum Holstentor.** As duas torres gêmeas do portão da cidade, Holstentor (1478), se tornaram um emblema de Lübeck. Perceba a decoração extra de frisos de terracota no lado da cidade. Dentro da torre, o museu da cidade conta a história de Lübeck, voltando à sua fundação pelos Eslavos por volta do ano 800. Uma fascinante maquete dá uma visão geral de como a cidade devia parecer em meados de 1600 — no mundo real, as bombas Aliadas durante a Segunda Guerra Mundial apagaram alguma coisa do que foi retratado, mas muito sobreviveu. 🕒 1 hora. Holstentorplatz. ☎ 0451/122-4129. www.die-luebecker-museen.de. Entrada 5€ para adultos, 2€ para a faixa etária de 6 a 18 anos, 6€ a 9€ para famílias. Janeiro a março, de terça a domingo das 11 h às 17 h; abril a dezembro, diariamente das 10 h às 18 h.

2 Salzspeicher. Logo atrás do Holstentor, ao longo do rio Trave, fica um grupo de seis belos armazéns (1579–1745) uma vez utilizados para armazenar sal de Lüneburg (pág. 550). Eles ainda exercem a função, mas agora para guardar tecidos. Passeios de barco pelo rio, com a **Stüffh Lübecker Barkassenfahrt** (☎ 0451/707-8222; www.luebecker-barkassenfahrt.de), saem de uma doca do outro lado do Trave.

3 ★ crianças **TheaterFigurenMuseum.** Complementando muito bem o maravilhoso Figurentheater Lübeck (Teatro de Fantoches de Lübeck; ☎ 0451/70060; www.figurentheater-luebeck.de) vizinho, o TheaterFigurenMuseum (Museu do Teatro de Fantoches) afirma possuir a maior coleção de marionetes do mundo. Elas aparecem em todos os estilos, formas, tamanhos e cores — crianças pequenas podem facilmente se assustar com algumas delas. **1 hora. Kolk 14. ☎ 0451/78626. www.die-luebecker-museen.de. Entrada 4€ para adultos, 2€ para a faixa etária de 4 a 12 anos, 6€ a 9€ para famílias. Abril a outubro, diariamente das 11 h às 18 h; novembro a março, terça a domingo das 11 h às 17 h.**

4 Petrikirche (Igreja de São Pedro). Becos de paralelepípedos como o Grosse Petersgrube e o Kleine Petersgrube, em volta dessa igreja do século XV, são algumas das ruas mais bem restauradas de Lübeck, cheias de prédios de tijolos à vista. A igreja gótica de tijolos vermelhos é usada hoje para exposições especiais. Sua torre

> *O TheaterFigurenMuseum, uma boa pedida para crianças em Lübeck, oferece o que diz ser a maior coleção de marionetes do mundo, além de espetáculos de entretenimento.*

tem 108 m (354 pés) de altura, e você pode subir de elevador até um mirante com 50 m (164 pés) de altura para ter uma excelente vista de Lübeck. 🕒 **45 minutos. Am Petrikirchhof 1. ☎ 0451/397-7320. www.st-petri-luebeck.de. Igreja: entrada gratuita; Exposições: os ingressos variam; março a dezembro, de terça a domingo das 11 h às 16 h (e horários especiais para as exposições). Torre: 3€ para adultos, 2€ para a faixa etária de 6 a 16 anos, 6€ para famílias; abril a setembro, diariamente das 9 h às 21 h; outubro a março, diariamente das 10 h às 19 h.**

5 ★★ Rathaus (Prefeitura). O orgulho e a alegria de Lübeck foi iniciado em 1230, e esta é a prefeitura em funcionamento mais antiga da Alemanha. Se você reservar um tempo para observar sua longa fachada na praça Markt e ao longo da Breite Strasse, perceberá que ela compreende vários estilos arquitetônicos diferentes, refletindo uma construção que durou mais de 340 anos para ser terminada (e, mesmo depois, algumas partes ainda não haviam sido concluídas até 1950). Um detalhe notável aqui é o Ratskeller (pág. 609), um excelente e pitoresco restaurante tradicional no subsolo. 🕒 **1 hora. Breite Strasse (na Markt). ☎ 0451/122-1005. Passeios 4€ para adultos, 2€ para a faixa etária de 6 a 18 anos. Visitas guiadas (em alemão) segunda a sexta às 11 h, 12 h e 15 h, sábado e domingo às 13 h 30 min.**

6 ★ Marienkirche (Igreja de Santa Maria). Assim como os comerciantes hanseáticos de Lübeck decoravam suas casas e prédios civis para mostrar sua riqueza, eles apoiavam grandes igrejas — talvez como forma de garantir um futuro melhor depois da morte. A Marienkirche (1200–1350), adjacente à Rathaus, é um excelente exemplo do estilo arquitetônico do norte da Alemanha conhecido como *Backsteingotik* (tijolos góticos). Suas duas torres elevam-se a 125 m (410 pés) acima da rua e são visíveis de uma longa distância. Procure um comovente memorial da Segunda Guerra Mundial — dois grandes sinos da torre sul que se despedaçaram no chão como consequência de um bombardeio Aliado. Uma tradição da igreja são os recitais de órgãos que começaram com o compositor/organista Dietrich Buxtehude no século XVII e continuam até hoje. 🕒 **45 minutos. Marienkirchhof (na Breite Strasse). ☎ 0451/77391. Entrada gratuita. Abril a setembro, diariamente das 10 h às 18 h; outubro, diariamente, das 10 h às 17 h; novembro a março, diariamente das 10 h às 16 h.**

7 Buddenbrookhaus. A épica saga familiar de Thomas Mann, *Buddenbrooks* (1909), que se passa em sua cidade natal, traça o declínio e queda de uma família de comerciantes de Lübeck. Essa mansão barroca de 1758, pertencente aos avós de Mann, foi a casa onde cresceram Thomas — vencedor do Prêmio Nobel de Literatura de 1929 — e seu irmão mais velho, Heinrich, também um autor bem-sucedido. Hoje ela abriga o Heinrich-und-Thomas-Mann-Zentrum, um museu dedicado às suas vidas e obras. 🕒 **45 minutos. Mengstrasse 4. ☎ 0451/122-4129. www.buddenbrookhaus.de. Entrada 5€ para adultos, 2,50€ para a faixa etária de 6 a 18 anos, 6€ a 9€ para famílias. Janeiro a março, diariamente das 11 h às 17 h; abril a dezembro, diariamente das 10 h às 18 h.**

Cidade do Marzipã

Lübeck é famosa por seu marzipã (pasta de amêndoa), produto que faz, consome e exporta desde o século XVI. Muitas teorias evoluíram para explicar como isso começou: uma sustenta que o marzipã era um substituto barato para o pão durante um cerco, outra que foi importado da Pérsia pelos comerciantes de Lübeck e a população desenvolveu o gosto por ele. Seja qual for a verdade, o fato é que quando o assunto é marzipã, Lübeck é sinônimo de qualidade. O melhor local para comprá-lo na cidade é, sem dúvida, na ★ **Niederegger**, Breite Strasse 89 (☎ 0451/530-1126; www.niederegger.de), do outro lado da Rathaus (5) e em funcionamento desde 1806. Além das belas vitrines de marzipã e de um elegante café, o local tem um pequeno museu, o Marzipan-Salon (entrada gratuita).

8 ★ **Haus der Schiffergesellschaft (Casa da Guilda dos Marinheiros)**. Parecerá que você viajou ao passado até o apogeu hanseático de Lübeck nesse pitoresco restaurante, de 1535, com frontão em degraus que uma vez abrigou uma sociedade de bem-estar de marinheiros. Modelos de navios estão pendurados do teto, brasões esculpidos dos comerciantes do Báltico decoram altas cabines de madeira e outras lembranças náuticas estão espalhadas. Não é de surpreender que esse seja um dos mais pitorescos restaurantes da cidade — suas fartas porções de comida do norte da Alemanha são servidas em mesas com tábuas de carvalho. 🕒 5 minutos para olhar e mais tempo, é claro, se quiser jantar. Breite Strasse 2. ☎ 0451/76776. www.schiffergesellschaft.com. Entrada gratuita. Diariamente, das 10 h às 13 h.

Onde Ficar e Jantar

> *O limpo, contemporâneo e convidativo Ringhotel Jensen.*

★★ **Kaiserhof** ST. JÜRGEN Duas antigas casas aristocráticas em uma avenida arborizada foram remodeladas neste aconchegante hotel, com quartos mobiliados individualmente e uma piscina. Kronsforder Allee 11–13. ☎ 0451/703-301. www.kaiserhof-luebeck.de. 76 quartos (algumas em anexos). Diárias para duas pessoas de 100€ a 135€ café da manhã. AE, DC, MC, V.

★★ **Miera** ALTSTADT *INTERNACIONAL* O restaurante é parte de um complexo que inclui um bistrô, um bar de vinhos e uma delicatessen. Uma astuta mistura de sabores de muitos lugares chega ao seu prato, servido no elegante salão de jantar principal no andar de cima. Hüxstrasse 57. ☎ 0451/77212. www.miera-luebeck.de. Cardápios de menu fixo de 35€ a 75€. AE, MC, V. Almoço e jantar de segunda a sábado.

★★ **Ratskeller zu Lübeck** ALTSTADT *NORTE-ALEMÃ* Mesmo que a comida aqui não seja nada excepcional, esse restaurante no subsolo vale a visita apenas por seu incrível ambiente no estilo Lübeck Antiga — por isso, é duplamente gratificante saborear o bom gosto do cardápio. Markt 15. ☎ 0451/72044. wwww.ratskeller-zu-luebeck.de. Pratos principais de 12€ a 17€. MC, V. Almoço e jantar diariamente.

★ **Ringhotel Jensen** ALTSTADT Os quartos, de pequeno a médio porte, são mobiliados em um estilo contemporâneo aconchegante. O café da manhã é servido em um agradável salão com vista para a arquitetura hanseática do outro lado do rio Trave. An der Obertrave 4–5. ☎ 0451/702-490. www.ringhotel-jensen.de. 42 quartos. Diárias para duas pessoas de 98€ a 115€ café da manhã . AE, DC, MC, V.

Schwerin

A capital do estado de Mecklenburg-Vorpommern, com população de 96 mil pessoas, foi residência dos duques de Mecklenburg e de Mecklenburg-Schwerin durante séculos. Com tantos duques, duquesas e outros sangues azuis que iam e vinham na época, a cidade está cheia de imponentes edifícios e monumentos. Os comunistas da Alemanha Oriental não estavam muito interessados em manter o legado dos aristocratas, mas desde a reunificação muito foi recuperado, para o deleite dos muitos visitantes de Schwerin.

> *O Schwerin Schloss (Castelo Schwerin), em estilo romântico, fica em sua própria ilha, e pode ser acessado por duas pontes conectadas ao continente.*

PONTO DE PARTIDA Da Hauptbahnhof (estação central de trem) de Schwerin, caminhe rumo a leste até a Alexandrinenstrasse, que corre a sul ao longo do Pfaffenteich, um grande lago retangular cercado de edifícios. Você não pode perder a alta torre do Dom, logo além da margem sul.

1 ★ **Dom (Catedral).** A maior parte da catedral *Backsteingotik* (tijolos góticos) de Schwerin foi uma obra em andamento por mais de três séculos, começando em 1172; em comparação, a torre foi praticamente erguida até sua altura total de 118 m (387 pés) em apenas 4 anos (1889–1893). ⌚ **30 minutos. Am Domhof. ☎ 0385/565-014.www.dom-schwerin.de. Entrada gratuita. Maio a outubro, de segunda a sábado das 10 h às 17 h, domingo das 12 h às 17 h; novembro a abril, de segunda a sábado das 11 h às 16 h, domingo das 12 h às 16 h.**

2 **Markt.** Passe alguns minutos aqui para ver a Rathaus (Prefeitura) em estilo inglês da era Tudor.

3 ★★ **Staatliches Museum Schwerin.** O Museu Estadual tem uma notável coleção de pinturas de mestres holandeses, flamengos e alemães dos séculos XVI e XVII, e de artistas mais recentes. Elas incluem *Retrato de um Jovem* (1521), de Lucas Cranach, o Velho, e *The Granddaughter Writing* (1923). Além delas, há também arte religiosa, porcelana fina de Dresden, e muito mais. ⌚ **2 horas. Alter Garten 3. ☎ 0385/563-090. www.museum-schwerin.de. Entrada 5€ para adultos, gratuito para menores de 17 anos, 9€ para famílias. Meados de abril a meados de outubro, terça a domingo das 10 h às 18 h; meados de outubro a meados de abril, de terça a domingo das 10 h às 17 h.**

4 ★ crianças **Schweriner See (Lago Schwerin).** O Schweriner See é um dos maiores lagos de Mecklenburg, cobrindo 62 km² (24 milhas²). É provável que você preste mais atenção em suas águas no Schweriner Schloss (**5**) e ao longo da margem — ainda assim, o lago se estende para além da cidade. Você pode atravessá-lo passeando em um barco operado pela **Weisse Flotte Schwerin** (☎ 0385/55570; www.weisseflotteschwerin.de). ⌚ **Pelo menos 1 hora.**

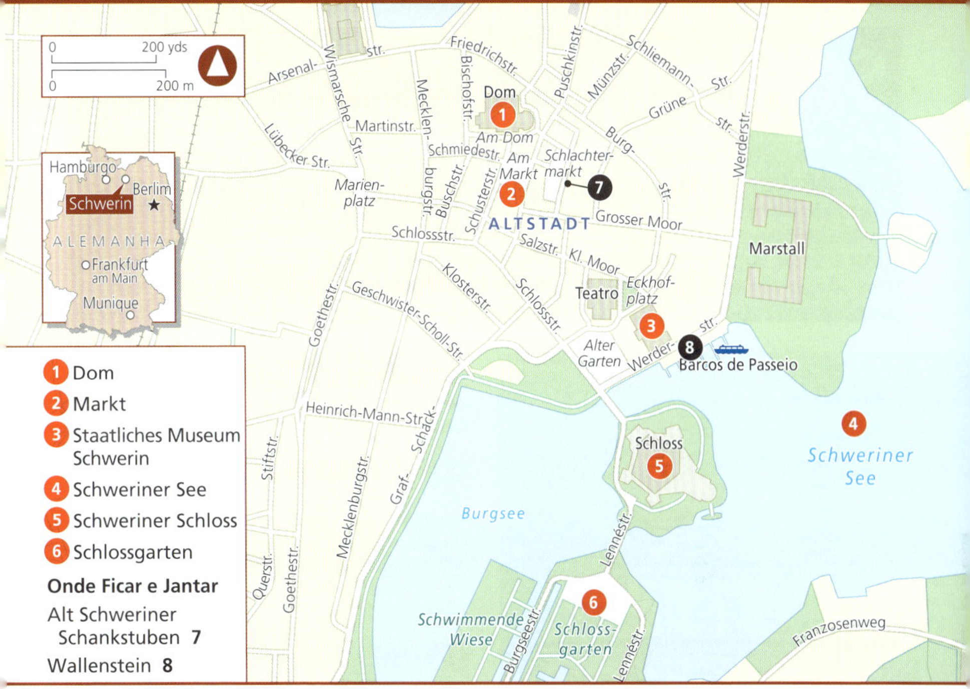

5 ★★★ **Schweriner Schloss**. Baseado no projeto de uma mansão do Vale do Loire, esse romântico castelo dos grão-duques de Mecklenburg-Schwerin, de 1857, é o tesouro de Schwerin e, de toda forma, um dos mais espetaculares monumentos do norte da Alemanha. Ele fica em sua própria ilha, acessada a partir de duas pontes saindo de diferentes pontos da cidade. Além de passear pelo que parece uma infinidade de luxuosos salões e aposentos, você pode visitar a Schlosskirche (Igreja do Castelo), que data de um período anterior (1560), e o Burggarten (Jardim do Castelo), de estilo paisagístico inglês. 🕒 3 horas. Lennéstrasse 1. ☎ 0385/5252-2920. www.schloss-schwerin.de. Entrada 6€ para adultos, gratuito para menores de 17 anos, 10€ para famílias. Meados de abril a meados de outubro, diariamente das 10 h às 18 h; meados de outubro a meados de abril, terça a domingo das 10 h às 17 h.

6 ★ **Schlossgarten.** O Jardim do Castelo, do outro lado da ponte sul de Schweriner Schloss, é de 1948, em estilo barroco formal francês, com um lago em forma de cruz, uma galeria de esculturas heroicas, além de árvores, flores e plantas. 🕒 30 minutos. Entrada gratuita. Aberto 24 horas, sete dias por semana.

Onde Ficar e Jantar

★ **Alt Schweriner Schankstuben** CENTRUM Esse hotel tem quartos coloridos e áreas comuns em estilo antigo alemão. O cardápio do restaurante reflete a localização no "Mercado de Carnes". Am Schlachtermarkt 9–13. ☎ 0385/592-530. www.alt-schweriner-schankstuben.de. 16 quartos. Diárias para duas pessoas de 78€ a 94€, com café da manhã. AE, MC, V.

★ **Wallenstein** SCHWERINER SEE *CONTINENTAL* Um terraço à beira da água e janelas com vista para o Schweriner See e o Schloss são duas atrações desse restaurante, com cardápio variado e estilo alegre. Werderstrasse 140. ☎ 0385/557-7755. www.restaurantwallestein.de. Pratos principais de 9€ a 21€. MC, V. Almoço e jantar diariamente.

Passeios de Barco

A **Weisse Flotte Schwerin** (☎ 0385/557-770; www.weisseflotteschwerin.de) promove passeios a Muritzsee e Ziegelsee, saindo de uma doca na Werderstrasse.

Stade

Uma daquelas cidades que podem ser certamente classificadas como uma joia deslumbrante, possuindo ainda alguns monumentos emblemáticos, Stade (com população de 46 mil pessoas) fica ao sul do Elba, entre Hamburgo e a foz do rio. Você não pode perder esse local com atrações que se assemelham a peças de museu — que talvez tenham sido polidas demais —, como um conjunto de *Fachwerkerhäuse* (casas em estilo enxaimel) do século XVII e prédios de tijolos vermelhos, e, talvez, como o mais perfeito exemplo sobrevivente, da Alemanha, de uma cidade do final da era hanseática.

> *A bela e decorada Rathaus de Stade teve seu design da era hanseática restaurado após um incêndio em 1659.*

PONTO DE PARTIDA Da estação de Stade, atrevesse o Burggraben (o antigo fosso da cidade) até a Altstadt (Cidade Antiga), e caminhe rumo ao norte na Bahnhofstrasse.

1 Rathaus (Prefeitura). A Rathaus fica em um prédio barroco de 1667, com uma porta esculpida minuciosamente. O prédio anterior foi perdido durante o grande incêndio de 1659, que destruiu grande parte do centro da cidade e é a razão pela qual pouco sobrevive da época da cidade hanseática do século XIII.

2 ★★ Sts. Cosmae et Damiani. Conhecido localmente como "Cosmae", a Igreja dos Santos Cosme e Damião data do final do século XIII, embora muito do que seja visto hoje seja barroco do século XVII. O enorme órgão (1675) é fruto de uma colaboração entre o mestre construtor de órgãos Berendt Hus e seu sobrinho, Arp Schnitger. ⏱ **20 minutos. Cosmaekirchhof. ☎ 04141/2977. www.cosmae.de. Entrada gratuita. Diariamente, em horários irregulares.**

3 ★★ Alter Hafen (Antigo Porto). No extremo norte da Altstadt, em torno do Fischmarkt e ao longo do Hansehafen (Porto Hanseático), fica a parte mais fotogênica da cidade — que assumiu inevitavelmente, um caráter turístico. As várias *Fachwerkerhäuser* (casas em estilo enxaimel) restauradas à beira do Wesser Ost e Wesser West abrigam hoje restaurantes, cafés, bares, butiques e galerias de arte. Procure a elegante Burgermeister-Hintze-Haus na Wasser West 23; hoje ela é a casa da Galerie Fündling, uma galeria de arte e antiguidades. Na doca fica o Holzretkran, uma fascinante réplica de um centenário guindaste de madeira. ⏱ **1 hora.**

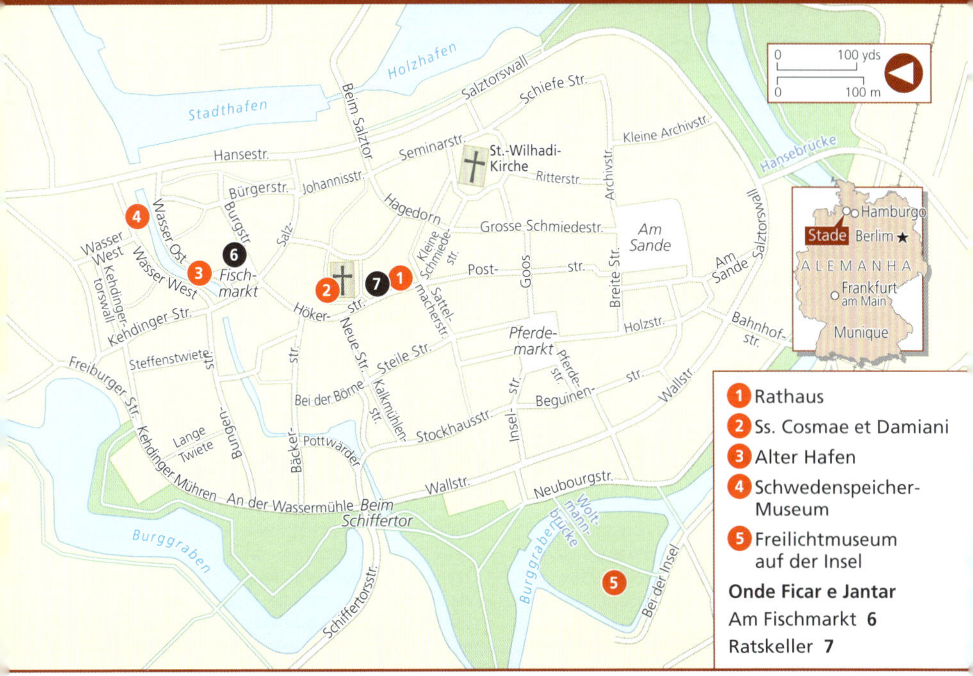

4 ★ crianças **Schwedenspeicher-Museum.** Localizado em um armazém do século XVII usado pelos governantes suecos de Stade, esse estranho museu histórico cobre muito do passado, retornando aos primeiros colonos dessa paisagem ribeirinha de baixa altitude, por volta de 1000 a.C., antes de se concentrar no período hanseático e na ocupação sueca e, então, vindo até o presente. Há exposições interativas para as crianças. 🕒 **1 hora. Wasser West 39. ☎ 04141/3222. www.sonderaustellung-schwedenspeicher.de. Entrada 3€ para adultos, 1,50€ para a faixa etária de 6 a 16 anos, 6€ para famílias. Terça a sexta, das 10 h às 17 h, sábado e domingo das 10 h às 18 h.**

5 crianças **Freilichtmuseum auf der Insel.** Um antigo reduto das fortificações suecas de Stade, do século XVII, em uma ilha no fosso, hoje abriga um eminentemente pacífico Museu Ao Ar Livre. Velhos prédios alemães do norte, entre eles um moinho de madeira, foram reproduzidos no local. 🕒 **1 hora. Bleicher Ravelin. ☎ 04141/951-821. Entrada 1€ adultos, gratuito para menores de 17 anos. Maio a setembro, terça a sexta das 10 h às 13 h e das 14 h às 17 h, sábado e domingo das 10 h às 13 h e das 14 h às 18 h.**

Onde Ficar e Jantar

★ **Am Fischmarkt** ALTSTADT Entre no espírito da Stade hanseática nesse antiquado hotel familiar, ao longo da Hansehafen. Os quartos são pequenos e pouco equipados, mas claros e limpos, — e existe, também, um bom restaurante. **Fischmarkt 2. ☎ 04141/44962. www.hotelamfischmarkt.de. 16 quartos. Diárias para duas pessoas de 79€ a 99€, com café da manhã. MC, V.**

★ **Ratskeller** ALTSTADT *NORTE-ALEMÃ* Esse restaurante, em uma arqueada adega de tijolos abaixo da prefeitura, é tão tradicional, no melhor sentido, quanto você poderia esperar encontrar na antiga Stade. Experimente a excelente cerveja Gertrude, fabricada no próprio local. **Hökerstrasse 10. ☎ 04141/787-228. www.ratskeller-stade.de. Pratos principais de 9€ a 16€. MC, V. Almoço e jantar diariamente.**

Informações Úteis Sobre Hamburgo, Schleswig-Holstein e a Costa do Báltico

Serviços de Reserva de Hospedagem

Ligue para o **Serviço de Reservas de Hospedagem** (☎ 0870/243-0003) de qualquer lugar da Alemanha. Os pontos de informações turísticas das principais estações de trem e aeroportos podem ajudá-lo com reservas de última hora. Os escritórios de turismo também podem arranjar acomodações.

Caixas Eletrônicos

A principais cidades da região possuem diversos caixas eletrônicos de uma variedade de bancos.

Dentistas e Médicos

Se você tiver algum problema simples médico ou dentário enquanto estiver viajando pela Alemanha, a maioria dos hotéis poderá lhe indicar um médico (*Artz*) ou dentista (*Zahnart*) local que fale inglês. Você deverá apresentar prova de seguro de saúde permanente ou de viagens (como um cartão EHIC no caso da maioria dos residentes da Europa), ou você terá que pagar pelo tratamento. No caso de ferimentos leves que requeiram tratamento rápido, vá ao departamento *Notaufnahme* (emergência) da *Krankenhaus* (hospital) mais próxima. Quando os ferimentos forem sérios ou com risco de vida, chame o número de emergência do médico/ambulância (veja "Emergências" abaixo).

Emergências

Para chamar a polícia (*Polizei*) ligue para ☎ **110.** Para avisar sobre um incêndio, chamar um médico de plantão (*Notarzt*) ou uma ambulância (*Krankenwagen*), ligue ☎ **112.**

Chegando Lá

O **Hamburg-Fuhlsbüttel** (HAM) é o principal aeroporto da região. Os aeroportos de Berlin, **Berlin-Tegel** (TXL) e **Berlin-Schönefeld** (SXF) são duas outras boas opções, em particular para o lado leste do Báltico e o Distrito do Lago de Mecklenburg. Em menor grau, **Hannover** (Hanôver) (HAJ) oferece acesso ao cinturão central da região. Diversos voos nacionais e internacionais estão disponíveis em todos os quatro aeroportos. Todas as cidades e localidades mais importantes são bem servidas por trens. Estradas internacionais entram na região a partir da Dinamarca e da Polônia para o leste, e importantes rodovias alemãs entram por Hamburgo e Berlim. Os ônibus internacionais da Eurolines (www.eurolines.com) param em Flensburg, Hamburgo, Kiel e Lübeck. Existem muitos serviços internacionais de balsas de carro para a região saindo de nações como Dinamarca, Finlândia, Letônia, Noruega, Polônia e Suécia.

Circulando

Na maior parte da região você pode viajar rapidamente nas estradas da Autobahn (A) e *Bundestrasse* (B) — muitas dessas duas categorias, principalmente as estradas A, também têm uma designação Europeia (E). Usar a abrangente e eficiente rede ferroviária é, sem dúvida, a melhor maneira de se locomover por transporte público. A maior parte dos serviços de trem — e todos os trens InterCity, incluindo os velozes ICE (trens de alta velocidade) — são operados pela Deutsche Bahn (Ferrovias Alemãs;www.bahn.com). Alguns serviços locais e regionais são operados por companhias privadas de trem. O serviço regional de ônibus não é excelente, exceto nas áreas mal servidas pelos trens — partes de Schleswig-Holstein, o Distrito do Lago de Mecklenburg, e as ilhas bálticas, por exemplo. As balsas conectam o continente às Nordfriesische Inseln (Ilhas Frísias do Norte) e às ilhas do Báltico, como Rügen e Hiddensee. Além dos trens, trens do metrô (*U-Bahn* e *S-Bahn*) e ônibus, Hamburgo tem cais de balsas; elas partem do cais de St. Pauli Landungsbrücken e conectam pontos no centro da cidade, na margem sul do rio Elba e rio abaixo em Teufelsbrück.

Acesso à Internet

Vários hotéis possuem um ou mais computadores para uso dos hóspedes. Wi-Fi e/ou banda larga frequentemente estão disponíveis, seja gratuitamente ou por uma taxa por hora ou dia. A maioria das cidades de qualquer tamanho possui pelo menos um café com internet.

Farmácias

Em alemão, farmácia é *Apotheke*. Para cosméticos e artigos de higiene pessoal, vá à uma *Drogerie*. A maioria das farmácias funciona durante o horário comercial, mas possuem detalhes sobre a farmácia 24 horas mais próxima. Existem farmácias até mesmo nas menores cidades; vilas e cidades como Bremen, Kassel, Hanôver, Osnabrück, Münster e Hildesheim possuem várias.

Polícia

Para dar queixa de um item perdido ou roubado, como uma carteira ou passaporte, vá à polícia local (*Polizei*) onde estiver. Para ligar para a polícia de qualquer lugar na Alemanha, disque ☎ **110.**

Correios

Você reconhecerá as filiais do **Deutsche Post** (☎ 01802/3333; www.deutschepost.de) pela sua placa amarela com uma buzina preta. Alguns correios localizados na região central das localidades e cidades a seguir: **Flensburg:** Schiffbrückstrasse 2 (Porto); **Hamburgo:** Glockengiesserwall 8–10 (Hauptbahnhof/estação central de trem); **Kiel:** Falckstrasse 2 (Altstadt); **Lübeck:** Holstenstrasse 1–3 (Holstentor). Os correios ficam abertos de segunda a sexta, das 8 h às 18 h, e sábado das 8 h às 12 h.

Segurança

Hamburgo, como todas as grandes cidades — e, especialmente grandes cidades portuárias — tem crimes, mas isso não significa que seja um lugar perigoso. Os principais problemas para preocupar os turistas são furtos de carteiras e bolsas — e roubo de câmeras. As ocorrências ocorrem em sua maioria nas grandes áreas turísticas e, em particular, nos arredores do distrito da luz vermelha de Reeperbahn e da Hauptbahnhof (estação central). Os arredores das estações centrais de trem nas grandes cidades podem parecer um tanto assustadores depois de escurecer.

Táxis

Em Hamburgo, ligue para **Taxi Hamburg** (☎ 040/666-666); em Kiel, **Taxi-Kiel** (☎ 0431/680-101); em Lübeck, **Lübecker Funktaxen** (☎ 0451/81122); e em Rostock, **Hanse-Taxi Rostock** (☎ 0381/685-858).

Telefones

Ligue ☎ 11837 para informações e ☎ 11834 para informações internacionais. O código de área de Flensburg é 0461; Hamburgo é 040; Kiel é 0431; Lübeck é 0451; e Rostock é 0381. Disque o código de área ao ligar para um número da cidade estando em outra; você não precisa discar esse código quando ligar da mesma cidade. Há telefones públicos em muitos locais — alguns aceitam moedas e alguns aceitam cartões telefônicos, disponíveis em agências de correio e bancas de revistas.

Banheiros

Em alguns lugares você encontrará banheiros públicos limpos (*Toilette* em alemão; pronuncia-se tuá-lé-te), muitos deles são automáticos e acessíveis à cadeirantes; você precisará de uma moeda de 0,50€ para destrancar a porta. Mais convenientes e espalhados são os banheiros em cafés, bares, restaurantes, hotéis, shopping centers, em algumas lojas, serviços de autoestrada e áreas de descanso. Mesmo se você não for obrigado a pagar, é costume deixar 0,50€ para o atendente.

Passeios

Um tipo único de passeio é o *Wattwandern* (caminhada pelo lamaçal), durante a maré baixa, pelo fundo do Wattenmeer (Mar Frísio). Na costa do Mar do Norte, passeios de barco estão disponíveis entre as Wattenmeer Nordfriesische Inseln (Ilhas Frísias do Norte), assim como viagens de um dia a Helgoland (pág 565), única ilha pelágica da Alemanha. No mar Báltico, muitas opções de itinerários de barco estão disponíveis de cidades portuárias, balneários populares, e das ilhas. No rio Elba, vários tipos diferentes de passeios de barco podem ser feitos saindo de Hamburgo. Os lagos de Mecklenburg são um verdadeiro paraíso para amantes dos passeios de barco, em particular aos lagos grandes como o Müritzsee e o Schweriner See. Em terra firme, todos os tipos de passeios estão disponíveis nos parques nacionais e naturais (veja "Parques Nacionais do Norte da Alemanha", pág. 566), como, por exemplo, para observação de pássaros e focas nos parques nacionais do litoral, e trilhas e ciclismo no Müritz-Nationalpark.

Informações aos Visitantes

Centros de informações ao turista são onipresentes. Eles vão dos grandes escritórios de cidades grandes, em Hamburgo, aos minúsculos em algumas localidades. Além dos fornecidos com a listagem individual das cidades, outros escritórios turísticos importantes são: **HAMBURGO** Hamburgo possui três escritórios de informações turísticas: Hauptbahnhof (estação central de trem; Kirchenallee; segunda a sábado, das 8 h às 21 h, domingo das 10 h às 18 h); Am Hafen (porto; St. Pauli Landungsbrücken; abril a outubro, diariamente das 8 h às 18 h; novembro a março, diariamente das 10 h às 18 h); e CCH Konzertkasse (Dag-Hammarskjöld-Platz; segunda a sexta, das 8 h às 19 h 45 min, sábado das 10 h às 16 h). O site geral é www.hamburg-tourism.de; o telefone de informações turísticas é ☎ 040/3005-1300. **STADE** Hansestrasse 16; ☎ 04141/409-170; www.stade-tourismus.de; abril a setembro, de segunda a sexta das 10 h às 18 h, sábado e domingo das 10 h às 15 h; outubro a março, de segunda a sexta das 10 h às 18 h, sábado das 10 h às 15 h. **LÜBECK** Lübeck und Travemünde Marketing, Holstentorplatz 1 (Holstentor); ☎ 0451/889-9700; www.luebeck-tourismus.de; janeiro a maio, outubro e novembro de segunda a sexta das 9 h 30 min às 18 h, sábado das 10 h às 15 h; junho a setembro, segunda a sexta das 9 h 30 min às 19 h, sábado das 10 h às 15 h, domingo das 10 h às 14 h; dezembro, de segunda a sexta das 9 h 30 min às 18 h, sábado das 10 h às 15 h, domingo das 10 h às 14 h. **SCHWERIN** Am Markt 14; ☎ 0385/592-5212; www.schwerin.com; segunda a sexta, das 9 h às 18 h, sábado e domingo das 10 h às 16 h.

DAMOR
BERLÍN 1990-2009

13

A História e a Cultura da Alemanha

Alemanha: Uma Breve Visão Geral

> *PÁGINA ANTERIOR As ruínas coloridas de um período ruim — uma parte do Muro de Berlim, perto de Ostbahnhof. NESTA PÁGINA Sobreviventes homenageiam as vítimas do campo de concentração de Buchenwald.*

A longa e tumultuada história da Alemanha permanece ofuscada pelos horrores da Segunda Guerra Mundial e do Holocausto. Como uma nação europeia civilizada pôde passar para o estado de desumanidade bárbara que existiu durante a era nazista é uma questão que continua a assombrar os sobreviventes, ocupar historiadores e ser uma sombra para os próprios alemães. Memoriais às vítimas do Holocausto se espalham pelo país, talvez mais intensamente nos locais dos campos de concentração de Dachau e Buchenwald, e o dia 17 de novembro é o Dia da Oração e do Arrependimento na nação.

Como resultado desse capítulo angustiante da sua história moderna, que resultou na devastação das suas cidades, no desarmamento da sua máquina militar e na morte de milhões de pessoas, a Alemanha se tornou fortemente pacifista, e o uso de força militar em conflitos mundiais sempre traz polêmica entre seus cidadãos.

A outra questão política importante que afeta a consciência contemporânea da Alemanha é a separação do seu território em dois regimes opostos — o oeste capitalista e o leste comunista — de 1961 a 1989. A queda do Muro de Berlim, em novembro de 1989, sinalizou uma enorme mudança na vida alemã. Embora a maioria dos alemães orientais tenha abraçado as mudanças democráticas que vieram com a reunificação, houve muitos que se ressentiram do que eles viam como uma tomada indiscriminada do seu país, e que de repente ficaram expostos aos caprichos, incertezas e crueldade econômica de um sistema econômico de livre mercado e estilo muito diferente do seu próprio. Quando o muro veio abaixo, a Alemanha Oriental era um estado quebrado, com uma força policial corrupta e de recursos escassos, uma infraestrutura decadente e um legado de poluição ambiental — problemas que ainda levarão algum tempo para serem resolvidos. O custo da reunificação foi muito mais alto do que o previsto e impôs taxas nas vidas econômica e emocional das pessoas.

> *Pessoas se juntam no Muro de Berlim logo após sua construção ter separado vizinhos e famílias, em 1961.*

Indústrias desatualizadas e controladas pelo estado que não conseguiam competir em uma economia de livre mercado foram sucateadas, empregos foram perdidos, houve aumento na violência — de forma mais perturbadora, com crimes de ódio neonazistas. Ainda assim a Alemanha seguiu em frente, e quando as comemorações pelos 20 anos da queda do Muro de Berlim aconteceram, em novembro de 2009, os alemães eram o povo mais próspero da Europa.

Assim como com qualquer outra nação, a Alemanha foi atingida pela recessão global — mas não de modo tão forte quanto seus vizinhos. Um território de poupadores, o país nunca se rendeu às ilusões do crédito fácil, com fiscalização no ramo bancário do que outras nações. A Alemanha é um país onde os sindicatos de trabalhadores permanecem fortes apesar das tentativas de cortes no seu poder.

E no que diz respeito ao patrocínio e apoio às artes e cultura, a Alemanha está à frente. Os subsídios generosos que ajudavam cada cidade a operar seu próprio salão de ópera e teatro foram reduzidos — e em alguns casos, eliminados —, mas a cena artística permaneceu forte, como parte de uma longa tradição que os alemães consideram essencial.

Um Cronograma da História Alemã

HISTÓRIA ANTIGA

SÉCULO I AC A esfera de influência romana chega para onde hoje é a Alemanha, com guarnições em Colônia, Koblenz, Mainz e Trier.

400 AC Os romanos deixam a Alemanha; nos séculos seguintes, um conglomerado pouco conexo de tribos alemãs se transforma no que acabaria se tornando o Império Alemão.

800 DC Carlos Magno (Karl der Grosse, 742–814) é responsável pela primeira tentativa em larga escala de unir as terras da Alemanha sob um governo. Ele também expande o Império Franco, incluindo muito da Europa ocidental.

900–1500 DC As lutas pelo poder e as invasões da Idade Média continuamente rompem a unidade forjada por Carlos Magno. Até o final do Sacro Império Romano, em 1806, a Alemanha permanece um conjunto de pequenos principados e cidades livres.

1400

1471 Nasce Albrecht Dürer. Ele e Hans Holbein, o Jovem (1497–1543), estão entre os artistas que iniciam um Renascimento artístico na Alemanha.

1517 Martinho Lutero (1483–1546) escreve as Noventa e Cinco Teses, iniciando a Reforma Protestante (e, em resposta, a Contrarreforma Católica). A batalha de Lutero contra os excessos da Igreja Católica Romana tem grandes consequências.

1618–1648 O auge da Contrarreforma. A Guerra dos Três Anos coloca o norte protestante diante do sul católico, e afeta a Europa inteira.

1740 Friedrich der Grosse (Frederico o Grande, 1712–1786) toma o poder como rei da Prússia. Sob seu governo, a Prússia ganha status como uma grande potência europeia. Durante este período, os trabalhos de artistas, escritores, compositores e filósofos alemães levam ao Iluminismo.

1800

1813 Os exércitos prussiano, austríaco e russo enfrentam o imperador francês Napoleão I.

1815 Napoleão é derrotado na decisiva Batalha de Waterloo.

1848 As questões da independência e unidade nacional vêm à tona nas revoluções de 1848. Quando esse esforço falha, a monarquia austríaca de Habsburgo volta a impor sua soberania sobre a Prússia e outras partes da Alemanha.

1870–1871 Após triunfos na Guerra Franco-prussiana (1870–1871) o chefe de estado prussiano Otto von Bismarck (1815–1898) vence os estados alemães do sul e, em 1871, se torna o primeiro chanceler do Império Alemão (Reich).

1900–1948

1914–1918 Primeira Guerra Mundial. O conflito militar na linha do front oriental resulta na derrota da Rússia, enquanto a luta no front ocidental leva à queda da Alemanha e à renúncia do Kaiser Wilhelm II (Guilherme II). O conflito provoca uma severa escassez de comida por todo o país e intensifica a inquietação política.

1919–1932 Na sua tentativa de estabelecer um governo democrático e republicano, a assim chamada República de Weimar representa uma interrupção nas tradições dominantes da história alemã. Durante os "Anos Dourados", Berlim — a capital da República — floresce como centro econômico e cultural da Alemanha.

1933–1945 A crise econômica na Alemanha é um fator importante na ascensão do movimento nazista, mas velhas atitudes autoritárias e nacionalistas também desempenham um papel. Como a brutal agenda política antissemita de Adolf Hitler (1889–1945) se torna aparente, milhares de judeus alemães fogem do país para escapar da perseguição. Em setembro de 1939, a Alemanha invade a Polônia, começando a Segunda Guerra Mundial. Milhões de judeus e outros "indesejáveis" são exterminados sistematicamente em um dos capítulos mais terríveis da história mundial. No final da guerra, com suas principais cidades em ruínas, a Alemanha deixa de existir como estado independente.

1948–2000

1948 A recuperação da Alemanha Ocidental é feita com a ajuda dos Estados Unidos na forma do Plano Marshall. Os soviéticos bloqueiam o acesso de trem e estradas a Berlim Ocidental em uma tentativa de controlar a cidade inteira. Em resposta, os aliados ocidentais fornecem suprimentos por via aérea para Berlim Ocidental.

1949–61 Conforme a Guerra Fria se intensifica, os vencedores da guerra dividem a Alemanha em dois estados: A República Federal Alemã e a República Democrática Alemã (governada pelos soviéticos). As duas Alemanhas se desenvolvem com sistemas políticos, econômicos e sociais muito diferentes.

1961 Em uma tentativa de diminuir a imigração da Alemanha Oriental para a Ocidental, os soviéticos constroem o Muro de Berlim.

1989 A queda do Muro de Berlim marca para a Alemanha Oriental o auge de uma onda de sentimento revolucionário anteriormente reprimido pelas Europas central e oriental. Demonstrações massivas contra o governo repressivo e stalinista da RDA têm resultado.

1991 A Alemanha Ocidental e Oriental se juntam em um governo. Berlim vira a nova capital de uma Alemanha reunificada.

2006 Angela Merkel, que cresceu na Alemanha Oriental, torna-se a primeira mulher a ser chanceler (chefe de Estado) da Alemanha.

2009 A Alemanha celebra os 20 anos da queda do Muro de Berlim. Angela Merkel é reeleita para um segundo mandato como chanceler.

A Arquitetura da Alemanha

> *A Porta Nigra, construída pelos romanos no século III, foi o portão norte fortificado da cidade de Trier.*

> *O interior românico da Dom St. Kilian, em Würzburg.*

Prédios por toda a Alemanha retratam mais de 1.200 anos de história da arquitetura, em diversos estilos. (A Porta Nigra, um portão com arcos de 1.800 anos de idade que fica em Trier, é o que resta da estrutura da época romana na Alemanha com alguma importância.) Bombardeios na Segunda Guerra Mundial deixaram muitas das ricas heranças arquitetônicas das cidades em ruínas. Algumas áreas, como as cidades medievais pela Estrada Romântica, escaparam dos danos, mas a devastação geral afetou quase que o país inteiro. Muitos prédios históricos são construções esmeradas do pós-guerra. Aqui estão alguns exemplos das principais tendências pela nação.

Carolíngia e Otoniana (séc. IX a XI)

As primeiras manifestações de uma arquitetura alemã identificável datam do período do governo de Carlos Magno como rei dos francos (768–814) e Imperador do Oeste (800–814). Construída por volta do ano 800, a capela de Carlos Magno em Aarchen (pág. 441, 4) tem como referência modelos de prédios bizantinos anteriores. Durante a dinastia Otoniana, a arquitetura desenvolveu planos mais complexos e um sistema racional de divisão das igrejas em uma série de unidades separadas, um método que teria consequência no desenho românico.

Românica (séc. XI a XII)

Formas simples e claras, paredes espessas e arcos arredondados evidenciam a arquitetura românica, um estilo de construção adaptado de modelos romanos anteriores. A Kaiserdom, em Speyer (pág. 488, 1), e a Dom St. Kilian, em Würzburg (pág. 242, 3), são duas das maiores igrejas românicas da Alemanha.

Gótica (séc. XIII a XVI)

A Kölner Dom (Catedral de Colônia, pág. 482 1) é o maior exemplo de arquitetura gótica da Alemanha, um estilo desenvolvido na França e difundido por toda a Europa. Comparado com a românica, o estilo gótico é mais esbelto e ousado, com arcos com pontas em formato de abóbada e cones arrojados, e janelas enormes. Um tipo mais simples e mais monumental de arquitetura gótica, construída de tijolos, predomina no norte da Alemanha, em muitas cidades como Lübeck (pág. 606).

Renascentista (final do séc. XV a XVII)

Augsburg (pág. 218) é uma das melhores cidades da Alemanha para ver a arquitetura renascentista, um estilo caracterizado por precisão calma, retas repetidas ordenadamente e decoração clássica em janelas e portas. A arquitetura renascentista foi importada da Itália para o sul da Alemanha.

> A Residenz de Würzburg apresenta uma arquitetura barroca impressionante e pinturas no teto de Giovanni Battista Tiepolo.

> A arquitetura grega inspirou monumentos arquitetônicos como o Propyläen, em Munique.

Barroco (séc. XVII a XVIII)

A exuberância decorativa em uma arquitetura barroca curvilínea a separa do estilo renascentista mais sóbrio. O barroco surgiu nas áreas católicas da Contrarreforma no sul da Alemanha. A Residenz, em Würzburg (pág. 240, 2), e o Neues Palais de Sanssouci, em Potsdam (pág. 132, 6), são dois dos melhores exemplos de arquitetura barroca na Alemanha. Munique também tem um grande número de construções em estilo barroco.

Rococó (séc. XVIII)

Junte os elementos do barroco e você terá o rococó, exemplificado pelas paredes curvas e inacreditáveis quantidades de dourado e decoração de estuque. Um dos exemplos mais famosos de arquitetura de igreja rococó é a Wieskirche, na Baviera (pág. 328, 3). O estilo rococó foi usado em dois teatros importantes da época: o Altes Residenztheater, em Munique (pág. 275, 1), e o Markgräfliches Opernhaus, em Bayreuth (pág. 223, 2).

Neoclássica/Neogótica (séc. XIX)

O estilo neoclássico era para ser uma reprovação ao excesso do barroco e do rococó. Conforme o século chegou ao fim, o neoclassicismo deu lugar ao estilo mais pesado do neogótico. Este falso medievalismo é a essência do castelo Neuschwanstein, de Luis II (pág 338, 1).

Jugendstil (final do século XIX ao início do séc. XX)

Jugendstil é o nome alemão para a Art Nouveau, um movimento europeu do início do século XX que enfatizava as formas orgânicas e assimétricas fluentes. A famosa arcada de Mädler-Passage, em Leipzig, mostra a influência da Jugendstil, e a bela Villa Stuck, em Munique (pág. 290, 6), é um exemplo perfeito de Jugendstil aplicado à arquitetura residencial.

Acenos para o Neoclássico

A arquitetura neoclássica tem suas raízes estilísticas na era clássica da Grécia (esse estilo também pode ser chamado de Revival Grego). Há diversos bons exemplos em Berlim, onde o arquiteto prussiano Karl Friedrich Schinkel (1781–1841) criou uma avenida neoclássica chamada Unter den Linden (pág. 54, 9) e uma ilha de museus chamada Museumsinsel (pág. 80, 17). Em Munique, o arquiteto Leo von Klenze (1784–1864) projetou museus como o Glyptothek (pág. 264, 7) e monumentos como o Propyläen (pág. 286, 9), inspirado em templos gregos.

> *O exterior completamente minimalista e funcional da renomada Bauhaus School of Design, em Dessau.*

Bauhaus (1913–1933)

Um estilo rigorosamente moderno, sem deslumbramento e excessos desnecessários, o Bauhaus foi defendido por Walter Gropius (1883–1969), que fundou a escola para criar prédios e mobiliário funcional. Museus Bauhaus são encontrados em Weimar (pág. 188) e Berlim (pág. 45). A escola foi banida pelos nazistas porque não promovia a arquitetura com "aparência alemã". A estética Bauhaus foi ensinada e praticada nos Estados Unidos por europeus expatriados e seus discípulos, enquanto a arquitetura alemã massiva e insípida das décadas de 1930 e início da de 1940 glorificava a ideologia nazista. Para ver muito mais sobre esse movimento, veja "A Construção da Bauhaus", na pág. 466.

Modernismo (1948 em diante)

A falta de residências e o esforço de reconstrução das cidades bombardeadas na Alemanha acompanharam a devastação da Segunda Guerra Mundial. Se você caminhar pelas ruas ou áreas de pedestres em quase todas as principais cidades alemãs, verá prédios modernistas ao seu redor. É um estilo simples e funcional, com traços diretos e janelas quadradas, que aprendeu algumas lições da Bauhaus. Um dos arquitetos alemães mais famosos do período do pós-guerra é Hans Scharoun, cuja sala de concertos Philharmonie, em Berlim (pág. 128), foi concluída em 1963.

Pós-moderna (de 1980 em diante)

O pós-modernismo é um estilo praticado por arquitetos que pegam o passado e aplicam estilos antigos aos prédios de hoje. A Neue Staatsgalerie, desenhada pelo arquiteto britânico James Stirling em Stuttgart (pág. 433, 3) é uma lembrança do quão inspirados — e inspiradores — a maioria dos prédios pós-modernos podem ser.

Uma Breve História da Arte Alemã

A Alemanha é rica em museus de arte. Você não consegue fugir deles, nem deve tentar. A rica herança artística do país está em exibição até mesmo nas menores cidades, enquanto cidades como Berlim e Munique se gabam de ter coleções de nível mundial. A cronologia a seguir mostra uma pincelada leve e ampla das principais tendências e artistas.

> *As famosas esculturas de Adão e Eva de Tilman Riemenschneider, um mestre escultor em madeira do séc. XVI, podem ser vistas no Mainfränkisches Museum, em Würzburg.*

Carolíngia e Otoniana (séc. IX ao X)

Durante o período carolíngio, os mosaicos baseados em modelos romanos e bizantinos eram usados para decorar a capela e o palácio de Carlos Magno em Aachen (pág. 441, 4) e capas de livros em marfim esculpido eram memoráveis. Os primeiros exemplos impressionantes de pinturas e esculturas alemãs foram criadas durante a dinastia Otoniana (960–1060). Manuscritos esplendidamente iluminados foram produzidos em *Reichenau* (pág. 377, 2); esculpida em Colônia no final do séc. X, acredita-se que a *Gero Cross*, em Kölner Dom (pág. 482, 1), seja o crucifixo de larga escala mais antigo existente no mundo ocidental. O bom artesanato é aparente no trabalho em metal desse período também.

Românico (séc. XI a XII)

A arte românica, exemplificada mais em trabalhos decorativos em pedra em igrejas do que em esculturas ou em pintura, cresceu na Alemanha. Pouco resta das pinturas em painéis, manifestação da qual Regensburg (pág. 200, 1) foi um centro importante, embora exista um exemplo aproximadamente do ano 1.000 na Kloster St. Mang, em Füssen (pág. 204, 6).

Gótico (séc. XIII a XIV)

Com a difusão do estilo gótico francês pela Europa, importantes contribuições notáveis foram feitas pelos alemães — especialmente no campo da escultura, que foi usada para enfeitar os portais das catedrais em Bamberg (pág. 215, 3) e Colônia (pág. 482) e as portas do Dom St. Maria de Augsburg (pág. 221, 6). A *Bamberger Reiter*, uma escultura equestre anônima no Kaiserdom de Bamberg (pág. 215, 3) é uma obra-prima da escultura do séc. XIII. O Wallraf-Richartz-Museum de Colônia (pág. 485, 4) possui galerias dedicadas à escola de pintura da cidade desse período.

Renascimento (séc. XV a XVI)

A escultura alemã, em particular as peças de altar esculpidas em madeira, atingiram um nível artístico no final do séc. XV com os trabalhos poderosamente

> *A pintura ornamental e o estuque dourado e espiral da Wieskirche, próxima à Steingaden, são características definitivas do estilo rococó.*

expressivos de Peter Vischer, o Velho (1460–1529), Veit Stoss (1439–1533). Adam Kraft (1460–1508) e Tilman Riemenschneider (1460–1531), um mestre escultor cuja genialidade está em exibição no Mainfränkisches Museum, em Würzburg (pág. 243, 7), na St.-Jakobs Kirche, de Rothenburg ob der Tauber (pág. 238, 4), na Herrgottskirche, em Creglingen (pág. 208, 3) e no Germanisches Nationalmuseum, de Nuremberg (pág. 226, 1). A iluminação de manuscritos e pinturas de murais caiu, enquanto a técnica de vitrais e pintura em painéis se tornou mais desenvolvida. A influência flamenga é vista nas pinturas de Stephan Lochner (1400–1451), cuja peça de altar *Adoration of the Magi* embeleza a catedral de Colônia (pág. 482, 1). Hans Holbein, o Velho (1465–1524), é outra figura importante do séc. XV.

O gênio artístico do Renascimento alemão foi Albrecht Dürer (1471–1528), que visitou Veneza e levou elementos do estilo do Renascimento italiano para a Alemanha. As pinturas, entalhes e gravuras de Dürer influenciaram toda a arte europeia da época; seu trabalho está à mostra na Alte Pinakothek de Munique (pág. 262, 1), na Gemäldegalerie de Berlim (pág. 78, 7) e no Germanisches Nationalmuseum (pág. 226, 1), em Nuremberg, sua cidade natal.

A pintura estava no seu auge no século XVI. Os grandes mestres da época — cujo trabalho pode ser visto na Alte Pinakothek de Munique (pág. 262, 1) — eram Hans Holbein, o Jovem (1947–1543), Mathias Grünewald (m. 1528); Albrecht Altdorfer (1480–1538), que trouxe à moda a pintura apenas de paisagens; Lucas Cranach, o Velho (1472–1553), e Hans Baldung (1484–1545).

Barroco e Rococó (séc. XVII a XVIII)

Pinturas e espirais nos tetos, muitas vezes com estuques dourados, são parte da decoração nas exuberantes igrejas e palácios barrocos e rococós por todo o sul da

> *O Autorretrato com Modelo, de Ernst Ludwig Kirchner.*

Alemanha. Dois exemplos notáveis são a Wieskirche (pág.328, 3) e a Asamkirche (pág. 273, 3). O estilo rococó ganhou evidência em torno de 1730. Nessa época, também, pequenas figuras e grupos de porcelana de Dresden se tornaram populares, com as oficinas em Meissen (pág. 151, 10) produzindo delicadas estatuetas em miniatura de diversos temas.

Romantismo (séc. IX)

Uma escola de pinturas históricas alemãs surgiu no início do século, e o período trouxe pintores de gêneros como Moritz von Schwind (1804–1871) e Carl Spitzweg (1808–1885). Artistas românticos que foram influenciados pela arte italiana incluíam Anselm von Feuerbach (1828–1880) e Hans von Marées (1837–1887). O maior artista do período romântico foi Caspar David Friedrich (1774–1840), cuja famosa *Cross on the Mountains* (1808) está na Gemäldegalerie Alte Meister, em Dresden (pág. 166, 1).

Expressionismo (início do séc. XX)

Nos primeiros anos do século XX, o gênero sentimental e derivativo e as cenas de paisagens de séculos anteriores foram substituídos por uma sensibilidade nova, dinâmica e altamente personalizada. A onda de artistas que surgiu no século XX criou uma arte conhecida como expressionismo, pela sua distorção proposital de formas naturais e tentativa de expressar emoção. O movimento expressionista veio em três ondas. A primeira, Die Brücke (A Ponte), fundada em Dresden em 1905, incluiu Ernst Kirchner (1880–1938), Emil Nolde (1867–1956) e Karl Schmidt-Rottluff (1884–1976). Foi seguida em 1911 pelo grupo de Munique Blaue Reiter (Cavaleiro Azul), que incluía Franz Marc (1880–1916), Gabriele Münter (1877–1962) e diversos artistas estrangeiros, incluindo o suíço Paul Klee (1879–1940), o americano Lyonel Feininger (1871–1956) e o russo Wassily Kandinsky (1866–1944); seu trabalho pode ser visto na Lenbachhaus de Munique (pág. 264, 5). O Die Neue Sachlichkeit (A Nova Objetividade), fundado após a Primeira Guerra Mundial por Otto Dix (1891–1969) e George Grosz (1893–1959), foi caracterizado por um estilo mais realista, combinado com uma postura filosófica mais cínica e socialmente crítica, que era veementemente contra as guerras. As obras brilhantes e amargas de Dix e Grosz estão na Neue Nationalgalerie (pág. 75, 6), em Berlim. Uma artista trabalhando em um estilo ligado ao expressionismo do último grupo era Käthe Kollwitz (1867–1945), cujas esculturas e desenhos atormentados podem ser vistos no Käthe-Kollwitz-Museum, em Berlim (pág. 75, 4).

Alguns destes artistas ensinaram no Bauhaus, juntando funcionalidade, experimentalismo incentivado e abstração com o ideal de combinar beleza artística e utilidade.

O regime nazista, que considerava todos os trabalhos abstratos e expressionistas como degenerados, desencorajou e destruiu qualquer arte que não fosse heroica ou propaganda — com isso, a Alemanha da década de 30 e do início da década de 40 não produziu nada de significância artística.

Pós-Segunda Guerra (1945 até o presente)

A Alemanha não tem uma escola ou movimento predominante para definir sua arte desde a Segunda Guerra Mundial, mas tem produzido artistas reconhecidos internacionalmente, casos do escultor iconoclasta e artista Joseph Beuys (1921–1986), o pintor Anselm Kiefer (n. 1945) e o pintor e escultor Georg Baselitz (n. 1938). Todos esses três artistas estão representados na Staatsgalerie, em Stuttgart (pág. 433, 3) e no Kunstmuseum, em Bonn (pág. 455). Qualquer pessoa interessada em arte alemã contemporânea também deve visitar o Museum Ludwig, em Colônia (pág. 485, 3).

EXPRESSE-SE

Os Grandes Expressionistas Alemães

POR STEPHEN BREWER

O INÍCIO DO SÉCULO XX, até os nazistas tomarem o poder em 1933, foi uma época de muita agitação e experimentação artística na Alemanha. O expressionismo, movimento artístico mais interessante a surgir, procurava expressar emoção e individualidade, muitas vezes distorcendo deliberadamente formas e cores naturais. O movimento começou em Dresden em 1905 com um grupo conhecido como **Die Brücke** (A Ponte), seguido pelo **Der Blaue Reiter** (Cavaleiro Azul), que surgiu em Munique em 1911. Os artistas desse período viveram um período de levantes políticos e política revolucionária que ficaram mais intensos após a derrota alemã na Primeira Guerra Mundial e o colapso da economia alemã. O **Die Neue Sachlichkeit** (A Nova Objetividade), um movimento expressionista fundado após a Primeira Guerra Mundial, era caracterizado por um estilo mais realista, combinado com uma atitude socialmente crítica que era veementemente contrária à guerra. Diversos artistas expressionistas ensinaram na **Bauhaus School of Art and Architecture** (veja "A Construção da Bauhaus ", na pág. 466), que incentivava a experimentação e a abstração com o ideal de combinar beleza e utilidade.

Quem É Quem

GEORGE GROSZ

(1893–1959)

As experiências de Grosz na Primeira Guerra Mundial e suas observações da vida em Berlim na época de Weimar tiveram um impacto profundo, o que levou às suas exibições corrosivas de homens de negócios como porcos, soldados feridos, prostitutas, crimes sexuais e orgias, tudo feito em uma forma deliberadamente crua de caricatura (*The Eclipse of the Sun*, 1926, mostrado aqui). Após sua emigração para os Estados Unidos em 1933, Grosz rejeitou a violência sarcástica do seu trabalho anterior e pintou nus convencionais e aquarelas de paisagens. Seus melhores trabalhos, da década de 1920, estão na **Neue Nationalgalerie,** em Berlim (pág. 75, 6).

KÄTHE KOLLWITZ

(1867–1945)

Uma das artistas de frente do século XX, Kollwitz vivia em um bairro de classe trabalhadora em Berlim, onde viu em primeira mão o sofrimento dos homens e mulheres comuns. Uma socialista e pacifista (seus dois filhos foram mortos em

combate) que acreditava que a arte deveria refletir a época, Kollwitz foi a primeira mulher eleita para a Academia da Prússia, mas foi expulsa pelos nazistas e proibida de exibir seu trabalho (abaixo à esquerda, *Group of Children*, 1937–1938). Suas esculturas e desenhos atormentados, criados entre experimentação e tristeza, podem ser vistos no **Käthe-Kollwitz-Museum,** em Berlim (pág. 75, 4).

OTTO DIX

(1891–1969)

Nas suas primeiras pinturas, como *War Cripples*, de 1919, ele exibia a dura realidade da guerra, e a vida no pós-guerra na Alemanha, em um estilo que era predominantemente realista com elementos de grotesco. Quando os nazistas o expulsaram da Academia de Dresden, ele começou a pintar paisagens como meio de vida. Alguns dos seus trabalhos mais poderosos estão na **Neue Nationalgalerie,** em Berlim (pág. 75, 6).

FRANZ MARC

(1880–1916)

Marc passou muitos anos em Paris antes de voltar para sua cidade natal, Munique, onde mostrou diversos trabalhos na primeira exibição do Der Blaue Reiter, em 1911. A maioria dos seus trabalhos maduros apresenta animais em cenários naturais e é caracterizada por cores primárias brilhantes, simplicidade completa e um profundo senso de emoção (abaixo, *Blue Horse I*). Em 1936, 20 anos após sua morte na Batalha de Verdun, foi condenado pelos nazistas como *entarterer Künstler* (artista degenerado) e seus trabalhos foram retirados dos museus alemães. Em 1999, a pintura *Der Wasserfall* (A Queda D'Água) estabeleceu um recorde para a pintura alemã do século XX ao ser vendida por US$5,06 milhões.

KARL-SCHMIDT-ROTTLUFF

(1884–1976)

Em 1905, Schmidt-Rottluff fundou o Die Brücke (A Ponte) em Dresden e deu ao movimento seu nome, baseado em uma

citação de Nietzsche: "O que é ótimo no homem é que ele é uma ponte, e não um final." Ele desenvolveu uma arte de cores interessantes e intensidade mística influenciada pelo fauvismo, cubismo e arte primitiva (acima, *Autorretrato*, 1906). Em 1937, centenas de suas pinturas foram confiscadas dos museus pelos nazistas e mostradas em exibições de Arte Degenerada. Em 1947, ele foi nomeado professor na Universidade de Artes em Berlim-Charlottenburg, onde fundou o Die Brücke Museum em 1967.

Os Nazistas Tomam o Poder

O regime nazista denunciou toda arte abstrata e expressionista como "não alemã" ou "judaico-bolchevista", e a expurgou dos museus. Artistas expressionistas foram retirados de postos de ensino e proibidos de exibir seu trabalho. Como uma forma de ridicularizar a arte moderna e inflamar o público contra todas as formas de modernismo, os nazistas organizaram uma exibição chamada Entartete Kunst (Arte Degenerada) e a levaram para diversas cidades. Hoje o trabalho de expressionistas alemães têm obras premiadas em museus da Alemanha e pelo mundo.

Comendo e Bebendo na Alemanha

> *A barraca de linguiça Historische Wurstküche de Regensburg tem servido suas famosas linguiças e chucrute há mais de 850 anos.*

A Cozinha Alemã

A cozinha alemã tende a ser farta e apetitosa, com muitas variações regionais. Especialidades sazonais incluem o *Spargel* (aspargo) em maio e junho, *Matjes* (arenque) em junho e julho, *Erdbeeren* (morango) na primavera, *Forelle* (truta) no verão, *Reh* (carne de veado) no outono e *Gans* (ganso) no final do outono e início do inverno. No país como um todo, você pode provar em torno de 150 tipos diferentes de salsicha; Berlim, Munique e Nuremberg têm seus próprios, servidos fervidos ou grelhados. Pela lei, a salsicha alemã não pode conter "enchimentos".

Especialidades regionais na Baviera incluem *Leberkäs* (um modelo resfriado de picadinho de porco, carne de boi e fígado), *Knödel* (bolinho de massa ou pão encharcado), *haxen* (porco ou vitela, geralmente servido com chucrute), *Leberknödel* (bolinhos de fígado servidos em um caldo claro) e *Schweinwurst mit Kraut* (linguiça de porco com chucrute). Pratos de peixe há muito tempo são importantes (mas agora são uma especialidade cara) em Hamburgo, Lübeck, Bremen e nas cidades da região de Schleswig-Holstein, no norte da Alemanha: *Aalsuppe* é uma sopa doce e ácida de enguia e vegetais; *Labskaus*, um prato tradicional de marinheiros com porco, carne de boi e arenque salgado misturado a batatas e beterrabas e com um ovo frito por cima; *Rollmops* são pedaços de arenque picado em creme azedo. Berlim adora *Erbsensuppe* (sopa de ervilha) servida com pão de centeio e *Eisbein* (jarrete de porco).

Em Baden-Wüttemburg e no centro-sul da Alemanha, procure pratos de massa como o *Spätzle* de ovos com queijo por cima, e *Maultaschen* (raviólis recheados). A Westphalia e a região da Floresta Negra são famosas pelos seus presuntos. Sopas servidas por toda a Alemanha, mas especialmente populares na Saxônia e na Turíngia, incluem a *Kartoffelsuppe* (sopa de batata com bacon) e a *Linsensuppe mit Thüringer Rotwurst* (sopa de lentilha com linguiça da Turíngia). A região do rio Reno e a da cidade de Colônia têm muitas especialidades regionais, como *Saumagen* (estômago de porco recheado com repolho picado), *Hämchen* (juntas de porco com repolho picado e batata) e *Sauerbraten* (carne de boi a escabeche com vinagre de vinho e temperos).

> *A cerveja local de microcervejarias no hotel Kulturbrauerei Altstadt, em Heidelberg.*

Vendedores de rua em cidades maiores geralmente oferecem salsicha quente com *Senf* (mostarda) ou molho de curry (um molho vermelho e temperado), *Erbsensuppe* (sopa de lentilha) e *döner kebab* (espetinhos de carne), um prato tradicional turco que chegou ao país graças aos "trabalhadores convidados" turcos que foram para a Alemanha na década de 1960. Nas calçadas das maiores cidades alemãs, algumas lanchonetes ficam abertas para a rua; a cadeia Nordsee vende arenque fresco e sanduíches de peixe.

No que diz respeito a assados — pão e massas para tortas — a Alemanha tem mais variedade do que qualquer país do mundo, com em torno de 300 tipos diferentes de pão e 1.200 variedades de biscoitos e bolos.

E há algumas boas notícias para os que gostam de comer em restaurantes: em 2008, a Alemanha decretou uma nova política de não fumar em locais públicos. Você agora pode aproveitar uma refeição sem fumaça em qualquer estabelecimento alemão.

Beba comigo: O que você precisa saber sobre a Cerveja Alemã

Você não precisa falar para pedir uma cerveja. Ela se escreve *Bier,* mas é pronunciada *bíer*. E é uma parte tão vital da cultura alemã que o direito a beber uma cerveja no almoço está escrito em alguns contratos de trabalho. O tradicional *Biergarten* (jardim de cerveja), com mesas na rua embaixo de árvores ou treliças, permanece popular, especialmente no sul da Alemanha. Uma *Bräuhais* (broi-ráus) serve sua própria cerveja com a comida local.

Quando você pede uma cerveja na Alemanha, tem muitas escolhas. A gama inclui *Altbier, Bockbier, Export, Kölsch, Lager, Malzbier, Märzbier, Pils, Vollbier* e *Weizenbier*. A porcentagem dos ingredientes, temperatura e técnica de fermentação, teor alcoólico, tempo de envelhecimento, cor e gosto contribuem para as qualidades únicas de uma cerveja do país. Uma lei adotada em 1516 dita que a bebida nacional alemã não pode conter outros ingredientes além de lúpulo, malte (cevada), levedura e água.

A escura e doce *Malzbier* (*maltz*-bíer; malt bíer) contém pouco álcool. A *Vollbier* (*fol*-bíer, ou cerveja padrão) tem 4% de álcool, a *Export*5% e a *Bockbier,* 6%. A *Pils*, ou *Pilsener (Pilsen)*, é leve e possui mais lúpulo. A *Weizenbier* (*vi*-tsen-bíer), feita de trigo, é uma cerveja branca da Baviera. A *Märzier* (*mértz*-bíer) ou "March beer", é escura e forte. A especialidade mais popular da Alemanha é a *Pils*, seguida pela *Export*.

Faça Meu o Vinho: O Vinho Alemão

Embora talvez mais frequentemente associada à cerveja, a Alemanha também é bem conhecida pela sua produção de vinho, especialmente pelos seus Rieslings de alta qualidade e outros brancos. Os vinhedos alemães mais famosos são encontrados no oeste e no sudoeste do país, no vale do Reno e pelo rio Mosela, com a região do Mosela geralmente considerada a primeira região de plantação de uvas para vinho do país. Para ver mais sobre as regiões e variedades do país, vá à pág. 372.

De acordo com a lei alemã do vinho, há duas categorias de qualidade — *Tafelwein* e *Qualitätswein*.

O *Tafelwein* (tá-fel-váin; vinho de mesa) normalmente é feito de uvas maduras. Se você quiser um vinho de mesa alemão barato e de fórmula simplificada, tem duas opções: o *Deutscher Tafelwein* (um vinho de mesa simples) e o *Deutscher Landwein* (com mais corpo e personalidade). Se a palavra *Deutscher* não aparecer no rótulo de uma garrafa de *Tafelwein* ou *Landwein*, então não é feito apenas de uvas alemãs. Em vez disso, é um vinho estrangeiro que pode ou não ter sido misturado com vinho alemão. É provável que tenha sido engarrafado, mas não produzido, na Alemanha.

Feito de uvas maduras, muito maduras ou maduras demais, o *Qualitätswein* (vinho de qualidade) é dividido em dois tipos: *Qualitätswein mit Prädikat* (QmP) e *Qualitätswein bestimmter Anbaugebiete* (QbA). Se você vir QbA no rótulo, significa que o vinho vem de uma das 13 regiões de

Procurando Kaffee und Kuchen

Os britânicos têm seu chá da tarde com bolinhos, e os alemães têm seu *Kaffee und Kuchen* (café e bolo) da tarde. Até pouco tempo, as pessoas geralmente iam a um *Konditorei*, ou café, para comer seu *Kaffee und Kuchen*. Ou compravam suas delícias da tarde em uma *Bäckerei* (padaria) e faziam seu próprio acompanhamento com cafeína. Agora, pelo menos nas cidades maiores, há outra opção: a Starbucks. A parte do *Kuchen* da tradição *K&K* pode não ser boa para a cintura, mas com tamanha variedade para escolher — bolos com cobertura de glacê, em camadas, strudels e tortas com recheios de frutas — é difícil resistir à tentação. Quando você viajar pela Alemanha, procure especialidades regionais para acompanhar seu café. Lübeck (pág. 606), por exemplo, é onde o marzipã (pasta de amêndoa) foi inventado, e Nuremberg (pág. 226) é famosa pelo seu *Lebkuchen* (uma espécie de pão de mel).

plantação de uva para vinhos especificadas, e é feito de variedades de uvas aprovadas que foram amadurecidas o suficiente para assegurar que a bebida terá o estilo e o gosto tradicional da sua região. Leves, refrescantes e saborosos, estes vinhos são feitos para serem consumidos enquanto jovens, para apreciação do dia a dia ou com refeições. Vinhos QmP incluem todos os melhores da Alemanha, indo do leve (como o *Kabinett*) até o intenso (como o *Spätlese*), e do seco ao doce.

Os mais raros vinhos QmP são os *Auslese, Beerenauslese* e *Trockenbeernauslese*. Todos esses são feitos de uvas colhidas muito tarde na temporada, o que as condições de crescimento nem sempre permitem. Vinhos *Auslese* são intensos e geralmente (mas nem sempre) doces; os *Beerenauslese* e *Trockenbeerenauslese* são de sobremesa, ricos e doces. Digno de menção especial é o *Eiswein*, ou "vinho de gelo", feito de uvas colhidas e esmagadas congeladas para concentrar açúcar e acidez. Esse vinho único tem uma notável concentração de acidez frutada e doçura.

Ein Bier, Bitte ou Como Pedir Uma Cerveja na Alemanha

Para pedir uma cerveja, decida se quer uma *dunkles Bier* (dan-kles-bier; cerveja escura, fermentada com malte escuro e por um longo período) ou uma *helles Bier* (réus-léss-bier; cerveja leve, fermentada com malte seco e assada na cervejaria local. Se você quiser um copo grande, peça *ein Grosses* (áin-grôu-ces); se for um copo pequeno, peça *ein Kleines* (áin-cláin-nis) e diga ao garçom ou taverneiro se quiser *ein Bier vom Fass* (fâm-fás; do barril) ou em uma *Flasche* (flá-châ; garrafa). A cerveja é servida sempre gelada, mas não demais, em um copo de cerveja ou caneca apropriada, com espuma branca. Um chope apropriado, de acordo com os alemães, não pode ser servido em menos de 7 minutos para obter o colarinho apropriado.

A Alemanha em Livros e Filmes

> *Thomas Mann.*

> *Heinrich Böll.*

Livros

Os livros de ficção e não -ficção listados a seguir podem lhe ajudar a obter uma melhor compreensão da história, cultura, personalidades e política alemã.

Antes do Dilúvio: Um retrato da Berlim dos anos 1920, de Otto Friedrich: um fascinante retrato da vida política, cultural e social de Berlim no período entre guerras.

Berlin Jorunal 1989–1990, de Robert Darnton: uma testemunha ocular dos eventos que levaram à abertura do Muro de Berlim e ao colapso do regime comunista da Alemanha Oriental.

Berlim Noir, de Philip Kerr: uma trilogia instigante de romances policiais (*Violetas de Março; O Assassino Branco; Réquiem Alemão*) que se passam na Alemanha nazista e na Berlim e Viena do pós-guerra e apresentam Bernie Gunther como um detetive melancólico de Berlim.

Billard um halb zehn, de Heinrich Böll: um interessante romance de um dos escritores mais conhecidos da Alemanha sobre as concessões feitas por uma rica família alemã durante os anos de Hitler.

Bismarck, de Edward Crankshaw: uma vida objetiva e altamente compreensível do primeiro Chanceler do Império Alemão e figura importante do passado prussiano da Alemanha.

Buddenbrooks, de Thomas Mann: um clássico da literatura alemã, lidando com a transição de uma família de mercadores em Lübeck da estabilidade do século XIX para a incerteza do século XX.

Europe Central, de William T. Vollman: um romance brilhante e arrojado que examina as culturas autoritárias da Alemanha e Rússia do século XX, criando uma imagem hipnotizante da vida durante a guerra a partir de muitas perspectivas diferentes.

Fünf Deutschland und ein Leben (Five Germanys I Have Known), de Fritz Stern: uma crônica de cinco eras distintas da história moderna da Alemanha vivenciadas pela família desse conhecido historiador judeu.

Frederick the Great, de Nancy Mitford: Frederico, o Grande — estadista, estudioso, músico e patrocinador das artes — uma história esboçada com habilidade e humor.

Deutschstunde, de Siegfried Lenz: um romance de sucesso de 1971 que explora de modo poderoso o nazismo e suas

> *Willy Brandt em uma reunião com o presidente americano John F. Kennedy.*

consequências nas províncias do norte da Alemanha.

Germany 1866–1945, de Gordon Craig: um dos melhores balanços da turbulenta vida política, cultural e econômica na Alemanha, da fundação do Reich alemão ao final do Terceiro Reich.

Here I Stand: A Life of Martin Luther, de Roland Baiton: um fascinante e meticulosamente pesquisado balanço do reformista protestante.

Hitler: A Biography, de Ian Kershaw: uma das melhores das muitas biografias de Hitler.

Os últimos judeus em Berlim, de Leonard Gross: histórias verdadeiras e pungentes de judeus que conseguiram permanecer em Berlim, durante a Segunda Guerra Mundial, se escondendo em casas de amigos alemães não- judeus.

My Life in Politics, de Willy Brandt: as memórias políticas de Willy Brandt (1913–1992), vencedor do Prêmio Nobel da Paz de 1971, prefeito de Berlim Ocidental de 1957 a 1966, durante o auge da Guerra Fria e chanceler da Alemanha Ocidental de 1969 a 1974.

Die Blechtrommel (O Tambor), de Günter Grass: talvez o romance mais famoso sobre a vida no pós-guerra na Alemanha, escrita por um vencedor do Prêmio Nobel que manteve seu próprio passado nazista em segredo até 2006.

A Tramp Abroad (Um vagabundo no exterior), de Mark Twain: o balanço de Twain sobre suas viagens pela Alemanha, que permanece tão atual hoje quanto quando foi publicado pela primeira vez, em 1899.

The Wall in My Backyard: East German Women in Transition, de Dinah Dodds e Pam Alien-Thompson: uma coleção de entrevistas nas quais mulheres da Alemanha Ocidental descrevem a emoção, caos e frustração do período entre a queda do Muro de Berlim, em 1989, e a reunificação da Alemanha menos de um ano depois.

When in Germany, Do As the Germans Do, de Hyde Flippo: um curso curto sobre a cultura, costumes e herança alemã.

Witness to Nuremberg, de Richard Sonnenfeldt: a história, contada pelo intérprete americano chefe nos julgamentos de crimes de guerra, de seu contato com Hermann Göring, o poderoso oficial nazista que foi consequentemente executado por crimes de guerra.

> *Uma imagem do Das Boot, de Wolfgang Petersen.*

Filmes

Assim como na literatura, a Segunda Guerra Mundial e o Holocausto dominam o assunto de filmes recentes sobre a Alemanha — tanto que filmes feitos no país sobre a vida alemã contemporânea raramente são exibidos fora da nação, a menos que ganhem algum prêmio importante em um festival. Abaixo está listada uma seleção de filmes alemães e sobre a Alemanha, disponíveis em DVD.

Bent (1997): para este filme, Sean Mathias adaptou a agitada peça de Martin Sherman sobre Max, um homossexual enviado para o campo de concentração de Dachau sob o regime nazista.

Berlin Alexanderplatz (1980): a adaptação para TV do romance de Alfred Döblin em 15 partes, de Rainer Werner Fassbinder, segue a vida de um homem libertado da prisão entre as duas guerras mundiais.

*Der Blaue Engel (*O Anjo Azul/1930): o filme de Josef von Sternberg que lançou Marlene Dietrich para o estrelato internacional, permanece surpreendente e provocante.

Cabaret (1972): o musical de Bob Fosse é baseado nas *Berlin Stories* de Christopher Isherwood e acontece na iminência da ascensão de Hitler ao poder em Berlim.

O Gabinete do Doutor Caligari (1921): um dos primeiros filmes de terror, essa clássica produção muda alemã, dirigida por Robert Weine, usou o expressionismo para criar um conto de assassinato e loucura.

*Die Fälscher (*Os Falsários/2007): baseado em uma história verdadeira, o filme de Stefan Ruzowitzky, ganhador do Oscar de Melhor Filme Estrangeiro, conta a história do mestre falsário Salomon "Sally" Sorowitsch e seus comparsas, que receberam a tarefa de falsificar grandes somas de dólares e libras em um esforço do regime nazista de enfraquecer os Aliados.

Das Boot (1981): este filme de Wolfgang Petersen conta a história da tripulação de um U-Boat[1] alemão durante a Segunda Guerra Mundial. Não é para claustrofóbicos.

Der Untergang (A Queda de Hitler/2005): o polêmico filme de Oliver Hirschsbiegel é estrelado por um assustadoramente brilhante Bruno Ganz no papel de Adolf Hitler durante os últimos dias da Segunda Guerra Mundial.

A Foreign Affair (1948): o olhar cinicamente hilário de Billy Wilder de uma Berlim pós-guerra ocupada, estrelado por Marlene Dietrich como uma cantora de cabaré amoral e Jean Arthur como um congressista americano que se considera virtuoso.

Good Bye, Lenin! (Adeus, Lênin!/2003): uma comédia irônica de Wolfgang Becker sobre um jovem em Berlim Oriental que tenta impedir que sua mãe que estava de cama, fiel ao comunismo, descubra que o muro caiu e que a Alemanha foi reunificada.

Heimat (1984–2005): esta série criada pela TV da Alemanha Ocidental começa em 1919 com o retorno de um soldado da Primeira Guerra Mundial ao seu vilarejo no extremo noroeste da Alemanha, uma região rural conhecida como Hunsrück, e termina 63 anos mais tarde; a história da Alemanha moderna é retratada pelas experiências da família Simons.

*Das Leben der Anderen (*A vida dos outros/2006): vencedor do Oscar de Melhor

[1] N.E.: submarino

> *Uma cena de Metropolis, um clássico de Fritz Lang.*

> *O ator Ulrich Muhe em A vida dos outros.*

Filme Estrangeiro, esse filme de Florian Heckel von Donnersmarck, que se passa no ano de 1984 em Berlim Oriental, revela como a polícia secreta da Alemanha Oriental (a *Stasi*) espionava os cidadãos do país, destruindo vidas.

Ludwig (1972): o diretor italiano Luchino Visconti fez este épico bombástico sobre o último rei da Baviera, que construiu Neuschwanstein.

Die Ehe der Maria Braun (O casamento de Maria Braun/1979): Hanna Schygulla estrela uma mulher casada com um soldado no período final da Segunda Guerra Mundial nesse filme de Rainer Werner Fassbinder.

Metropolis (1927): Fritz Lang dirigiu este clássico do cinema alemão, no qual os Trabalhadores planejam uma revolta contra os indiferentes Pensadores, que os dominam em uma futura antiutopia.

Olympiad (1938): Leni Riefenstahl dirigiu esta filmagem superariana sobre os Jogos Olímpicos de 1936, em Berlim.

*Auf der anderen Seite (*Do outro lado/2007): este drama contemporâneo bem interpretado e consagrado de Fatih Akin explora as vidas de turcos e alemães vivendo na Alemanha multicultural de hoje.

Der Vorleser (O Leitor/2008): dirigida por Stephen Daldry, essa é a adaptação de Hollywood para um romance que ocorre na Alemanha do pós-guerra, que lida com a vida de uma mulher analfabeta que trabalhava em um campo de concentração.

Lola rennt (Corra, Lola, Corra/1999): o filme do escritor e diretor Tom Tykwer apresenta mudanças rápidas e transforma-se enquanto Lola corre desesperadamente pelas ruas de Berlim buscando 100 mil marcos alemães para salvar seu namorado de ser morto por um gângster.

Sophie Scholl (2005): o filme de Marc Rothemund é baseado em uma história verdadeira de dois irmãos, Hans e Sophie Scholl, estudantes na Universidade de Munique que resistiram aos nazistas e pagaram com suas vidas.

Triumph des Willens (Triunfo das Vontades/1934): leni Riefenstahl filmou a gigantesca conferência nazista e comício de 1934 em Nuremberg como propaganda "controle de imagem" do Terceiro Reich.

Der Himmel über Berlin (Asas do desejo/1988): no filme de Wim Wenders, um anjo que anda pelas ruas de Berlim gravando a angústia e alegria da vida comum se apaixona por uma mortal.

14

Passeios de Interesses Especiais

RHEINTREUE

> *PÁGINA ANTERIOR Um cruzeiro pelo rio Reno, em Colônia. NESTA PÁGINA O Mercado de Natal de Nuremberg atrai clientes de toda a Europa.*

Passeios com Atividades Diversas

A empresa **Abercrombie & Kent** (☎ 800/554-7016; www.abercrombiekent.com), especializada em viagens de luxo, coloca a Alemanha em uma série de excursões personalizadas em grupos que vão a outras cidades e países europeus — Berlim, Praga e São Petersburgo; Alemanha e Polônia; Europa Central e o Danúbio (incluindo o Reno). Passeios feitos ao gosto do cliente e sem guias para o território alemão também estão disponíveis na **American Express Vacations** (☎ 800/335-3342; (www.americanexpressvacations.com). A **Brendan Vacations** (☎ 800/421-8446; www.brendanvacations.com) tem uma seleção de itinerários de 8 a 15 dias — o Best of Germany passa por Frankfurt, Berlim, Nuremberg, Munique e alguns destinos nos Alpes, com hospedagem nos melhores hotéis. Para ver passeios a países alpinos que incluam o sul da Alemanha, a Áustria e a Suíça, entre em contato com a **Collette Vacations** (☎ 800/340-5158; www.collettevacations.com). A **Globus & Cosmos Tours** (☎ 800/338-7092; www.globusandcosmos.com) oferece excursões guiadas de 9 a 16 dias por diversas partes da Alemanha. Também há uma filial que oferece preços mais baixos. Já a **Maupintour** (☎ 800/255-4266; www.maupintour.com) tem uma seleção de itinerários luxuosos, como um que passa pelo rio Reno e um tour por Berlim, Dresden, Meissen, Nuremberg e Heidelberg. Sua opção mais popular é uma viagem de 14 dias que leva a cidades como Dresden, Berlim, Rothenburg ob der Tauber, Munique, Meissen, Baden-Baden e Potsdam, além de incluir um passeio pelo rio Reno depois do rochedo Lorelei. A **Virgin Vacations** (☎ 888/937-8474; www.virgin-vacation.com) organiza excursões personalizadas com direito a guia em Berlim, Munique e nos Alpes Bávaros.

Viagens de Interesses Especiais

Arqueologia

O grupo britânico **Archaeology Safaris** (☎ 44-7815/007128; www.archaeology-safaris.co.uk) ocasionalmente faz visitas à Alemanha, que possui uma rica herança germânica, celta, romana, franca, carolíngia e medieval.

Arquitetura

Passeios guiados sobre a arquitetura moderna na Alemanha, com ênfase nas construções de cidades como Berlim, Hamburgo, Dresden e Leipzig são oferecidos pela **ArchEX,** baseada em Hamburgo (☎ 49-40/2281-7363; www.archex.info). Para quem gosta da Bauhaus, a **Sullivan's Custom Tours** (☎ 713/849/4858; www.sullivancustomtours.com) tem um passeio voltado para os destaques do estilo, que leva a Berlim, Weimar, Dessau e outros locais.

Opções para Apreciadores de Arte

O americano **Gregory Schaffner** (☎ 49-176/2673-8451; www.privateguidesineurope.com) pode guiá-lo pelas belas artes de museus de Munique, além de oferecer outros passeios especializados na própria cidade e em outras localidades da Baviera.

Automóveis

Quem gosta de automóveis tem muito para ver na Alemanha — entre as opções estão montadoras como Audi, Mercedes-Benz, VW e Porsche. A **German Auto Tours** (☎ 800/443-4610; www.germanautotours.com) faz passeios com acesso especial às fábricas onde carros e motores são produzidos.

Clássicos da Música

O local de nascimento de compositores como Johann Sebastian Bach, Ludwig van Beethoven, Georg Froedrich Händel, Felix Mendelssohn Bartholfy, Robert Schumann, Richard Strauss e Richard Wagner, entre outros, nunca deixa de ser uma opção interessante. Passeios voltados à música clássica, com ou sem guia, são oferecidos pela **Allegro Holidays** (☎ 800/838-6860; www.allegroholiday.com). Entre as escolhas variadas de excursões alemãs da **Conti-Reisen** (☎ 49-221/8019-5250; www.conti-reisen.com), está uma que cobre óperas e música clássica no leste da Alemanha, pegando Berlim, Potsdam, Dresden e Meissen.

Cruzeiros

Os cruzeiros mais populares da Alemanha são pelos rios Reno, Danúbio, Mosela e Elba. A **Jody Lexow Yacht Charters** (☎ 800/662-2628; www.jodylexowyachtcharters.com) aluga barcos de hotéis (incluindo tripulação, comida e bebidas) e barcos menores para turismo pelos canais e rios da Alemanha. Cruzeiros por canais — saindo de Berlim, dos lagos Mecklenburg e rios, assim como canais — estão disponíveis na **European Barging** (☎ 888/869-7907; www.europeanbarging.com).

Hospedagem em Castelos

Há muitos hotéis *Schloss* (castelos) na Alemanha. Após a reunificação, muitos castelos na antiga Alemanha Oriental foram restaurados e abertos ao público. Alguns são bastante básicos, tendo mais personalidade do que conforto, mas outros são luxuosos, com mobílias antigas (como camas com quatro escoras) e uma atmosfera que faz os hóspedes voltarem três ou mais séculos no passado. A maioria deles instalou encanamentos modernos. Casais românticos da Alemanha e de outras partes do mundo reservam pacotes em locais como esse para celebrar datas especiais. Para as melhores opções, procure a Euro-Connection (☎ 800/645-3876; www.euro-connection.com).

Castelos

Informações sobre pacotes completos para tours a castelos europeus, com foco nos vales do Reno e do Mosela, e na Baviera, estão disponíveis na **Castles of the World** (não há telefone; www.castlesoftheworld.com).

Locais Cristãos

Pode-se dizer que a Reforma começou na Alemanha, com as ações de Martinho Lutero. É possível visitar locais associados a Lutero e a outros reformistas religiosos em passeios guiados de dez dias entrando em contato com a **Reformation Tours** (☎ 800/303-5534; www.reformationtours.com). Os católicos continuam sendo a maioria na parte sul da Alemanha.Você também pode visitar importantes locais católicos, como catedrais barrocas e góticas, pela **Globus** (☎ 877/797-8793; www.globusfaith.com).

Mercados de Natal

Os mercados de Natal da Alemanha, como o Christkindlemarkt de Nuremberg (pág. 230) e o Striezekmarkt de Dresden (pág. 173) — e há muitos mais —, são conhecidos como os melhores. A **ChristmasMarketTours** (☎ 800/942-3301; www.christmasmarkettours.com) pode levá-lo a conhecer melhor alguns deles.

Férias na Fazenda

Com cada vez mais apelo junto aos turistas, a opção de férias na fazenda — *Urlaub auf dem Bauernhof,* em alemão — reduz gastos e é uma aventura para as crianças também. Quase todo centro de informações turísticas local tem uma lista de casas em fazendas que recebem hóspedes. Às vezes, são oferecidos apenas cama e café da manhã; em outros locais, um jantar caseiro em estilo rural é incluído, se você quiser. Para obter mais informações, contate a DLG (Associação Agrícola Alemã, ☎ 69/247-880; www.landtourismus.de).

Gays e Lésbicas

A **Gay Travel** (☎800-GAY-TRAVEL/(429-8728); www.gaytravel.com) organiza uma excursão pela Alemanha que termina no festival de cerveja Oktoberfest, da Baviera. Para conhecer a vibrante cena gay de Berlim, solicite a ajuda da **Hank's Berlin Tours** (não há telefone; www.gayberlintours.com).

Passeios Judaicos

A **Milk & Honey Tours,** baseada em Berlim (☎ 49-30/6162-5761; www.milkandhoneytours.com), tem um programa de excursões sobre a herança judaica que cobre toda a Alemanha. Veja também "Visitantes Judaicos", a seguir.

Encenações de Batalhas Napoleônicas

A Alemanha cedeu território para duas batalhas decisivas de Napoleão: Jena (1806) e Leipzig (1813) ,— a primeira cidade viu uma vitória do imperador francês, e a segunda, que protagonizou a chamada "A Batalha das Nações", foi palco de uma derrota. Encenações de batalhas ocorrem em ambos os lugares há alguns anos. Informações estão disponíveis nos centros turísticos de Jena (pág. 148) e Leipzig (pág. 193).

Passeios de Trem

Excursões que incluem a Alemanha como parte de um itinerário europeu maior, assim como passeios específicos, como viajar de trem pelas montanhas Harz, são organizadas pela **The Society of International Railwaty Travelers** (☎ 900/478-4881; www.irtsociety.com).

Segunda Guerra Mundial

Ironicamente, relativamente pouco da Alemanha sofreu com o combate pesado durante a guerra. Houve algumas grandes exceções, como a Batalha de Berlim, a Batalha da Floresta de Huerthen (Hürtgenwald) e a travessia do Reno, em 1945 — entretanto, muitas cidades foram destruídas por bombardeios aéreos. Há, ainda, lugares associados ao regime nazista, incluindo campos de concentração, assim como bases navais e outros locais ligados à guerra. A **Alpenventures World War II Tours** (☎ 888/991-6718); www.worldwar2tours.com) oferece excursões especiais para esses lugares.

Atividades ao Ar Livre

Bicicletas

Áreas populares de ciclismo na Alemanha são o vale do Mosela, famoso pelos seus vinhedos, e a Rota Romântica, na Baviera. A **Austin-Lehman Adventures** (☎ 800/575-1540) tem passeios guiados cobrindo esses caminhos. Já a **Breakaway Adventures** (☎ 800/567-6286; www.breakaway-adventures.com) concentra-se no Mosela. Por sua vez, a **Classic Adventures** (☎ 800/777-8090; www.classicadventures.com) oferece uma excursão de dez dias pela Rota Romântica. A **VBT** (☎ 800/245-3868; www.vbt.com) tem uma combinação de excursão de sete dias de bicicleta e barco que o leva pelo rio Mosela até o Trier e o Eifel (um pacote adicional inclui taxas aéreas de ida e volta para Berlim e hospedagem pré e pós-excursão). Por sua vez, a **E.E.I. Travel** (☎ 800/927-3876; www.eeitravel.com) oferece uma série de itinerários de bicicleta por toda a Alemanha, e pode personalizar sua viagem. O **Cyclists Touring Club** (☎ 44-844/736-8450; www.

Visitantes Judaicos

Talvez 200 mil judeus vivam agora na Alemanha, bem menos se compararmos com os 500 mil de antes da guerra. Dois rabinos ortodoxos foram ordenados em Munique em 2009 — o primeiro evento desse tipo desde a Segunda Guerra Mundial. A comunidade judaica de Berlim é a maior, com 20 mil membros atendidos por restaurantes kosher, uma escola judaica, um centro de cuidados infantis, o Mendelssohn Center, próximo à Universidade de Potsdam, e jornais semanais e mensais. Outras comunidades judaicas importantes estão localizadas em Frankfurt, Munique, Düsseldorf, Stuttgart, Colônia e Hamburgo. Mais 75 grupos menores se espalham por todo o país.

Embora o antissemitismo não tenha desaparecido completamente — e pode ainda aumentar, em parte devido a questões do Oriente Médio em vez de alemãs — de um modo geral, a Alemanha do pós-guerra tem trabalhado duro para enfrentar seu passado. Em torno de 30 museus lidam com questões judaicas e antigos locais de campos de concentração exibem lembranças horríveis aos visitantes. As escolas alemãs de segundo grau incluem estudos sobre o Holocausto no seu currículo. Na política, há cerca de 80 grupos de extrema direita; em torno de 20 são classificados como neonazistas, com talvez 65 mil membros — uma pequena minoria em um país de mais de 80 milhões de pessoas.

> *Excursões de bicicleta, como essa em Munique, são comuns por toda a Alemanha.*

ctc.org.uk), da Inglaterra, oferece passeios de bicicleta guiados; eles cobram 36 libras por uma associação anual. O Reno, o Mosela, o Elba e a Baviera estão no programa da **Mercurio Bike Travel** (não há telefone; www.mercurio-bike-travel.com).

Observação de Pássaros

Abra suas asas em uma German Grand Tour de 17 dias, que mistura as características do turismo à observação básica de pássaros. A organização é da **WINGS Birding Tours Worldwide** (☎ 888/293-6443; www.wingsbird.com).

Canoagem e Caiaque

Para passeios guiados em canoas pelos lagos na Baviera, procure a **Bichlmoser & Oberhofer,** baseada em Passau (☎ 49-851/966-3603; www.outdoor-outdoor.com). Para aprender como andar de paddle ou até se arriscar em um rafting, entre em contato com a **Essener Kanuschule** (☎ 49-201/8906-0102; www.kanuschule.de), na região do Ruhr.

Pesca

A Alemanha tem regras e regulamentos complexos sobre pescaria, tanto no mar quando em água doce. Alguns hotéis em áreas de pesca populares — na Baviera, nas montanhas Harz, nos lagos Mecklenburg e em outros lugares — organizam pacotes que cuidam desses detalhes. Informações estão disponíveis no **Verband Deutscher Sportfischer** (Associação Alemã de Pesca Esportiva; ☎ 49-69/857-0695; www.vdsf.de) e na **Deutscher Anglerverband** (Associação Alemã de Pesca; ☎ 49-30/9710-4379; www.anglerverband.com).

Golfe

A maioria dos campos de golfe na Alemanha recebe visitantes que são membros dos clubes da sua cidade. As taxas nos dias de semana ficam em torno de 50€, chegando a 100€ no sábado e domingo. Para obter informações sobre campos de golfe no país, contate o **Deutscher Golf Verband** (Associação Alemã de Golfe; ☎ 49-611/990-200; www.golf.de/dgv). A região da Suábia Allgäu tem muitos espaços de qualidade. No **Golf Oberstaufen Steibis** (☎ 49-8386/8529; www.golf-oberstaufen.de), em Oberstaufen, há um campo de 18 buracos próximo à floresta e de um parque natural. Em Ofterschwang, no belo Tiefenberger Moor, existe o **Golfresort Sonnenalp** (☎ 49-8321/2772-181; www.golfresort-sonnenalp.de). Um bom campo de 18 buracos é encontrado no **Golfclub Bodensee-Weissensberg** (☎ 49-8389/89190; www.gcbw.de), no Bodensee (Lago Constância), no sul da Alemanha. Mais ao norte, Augsburg tem um bom campo de 18 buracos no **Golfclub Augsburg** (☎ 49-8234/5621; www.golfclub-augsburg.de).

Trilhas e Escalada de Montanhas

Esses esportes são populares nas partes altas da Alemanha. Estima-se que o país tenha mais de 80 mil trilhas marcadas e pistas de caminhada nas montanhas. A **Deutscher Wanderverband** (Associação Alemã de Trilhas; ☎ 49-561-938-730; www.wanderbares-deutschland.de) fornece detalhes sobre as trilhas, abrigos, choupanas e endereços de associações em diversas regiões. Muitos escritórios turísticos locais dão mapas — especialmente, é claro, em torno do Eckbauer (1.240m/4.068 pés), no sul de Garmisch-Partenkirchen (pág. 348). Já o Berchtesgaden (pág. 344) é o portal para

> *Informações sobre os muitos spas de bem-estar da Alemanha (como o Nassauer Hof's, em Wiesbaden, na foto) estão disponíveis na Associação Alemã de Spas.*

o Berchtesgaden National Park, que oferece algumas das trilhas melhor organizadas; o centro de visitantes do parque, Doktorberg 6, Berchtesgaden (☎ 49-8652/968-640; www.nationalpark-berchtesgaden.bayern.de) pode colocá-lo em contato com grupos que oferecem trilhas. O **Deutscher Alpenverein** (Clube Alpino Alemão; ☎ 49-89/140-030; www.alpenverein.de) possui e opera 50 choupanas nos e em torno dos Alpes, que ficam abertas a todos os montanhistas, e o clube mantém uma rede de 15 mil km (9.300 milhas) de trilhas. O **E.E.I. Travel** (☎ 800/927-3876; www.eeitravel.com) oferece uma variedade de excursões a pé sem guia. Uma caminhada combinada com uma excursão cultural/histórica no sul da Alemanha (e nos países vizinhos) é oferecida pela **Walking Adventures International** (☎ 800/779-0353; www.walkingadventures.com). Para uma caminhada fácil de uma semana em torno de Füssen (pág. 204) na Baviera, consulte a empresa britânica **HF Holidays** (☎ 44-20/8732-1250; www.hfholidays.co.uk). A firma escocesa **Hooked on Walking** (☎ 44-1501/740-985; www.walking-europe.co.uk) oferece caminhadas fáceis no Reno e no Mosela, nas áreas de vinhedos, e nos Alpes Bávaros.

Excursões de Motocicleta

A empresa britânica **Bike Bavaria** (☎ 49-9922/502-534 na Alemanha; www.bikebavaria.com) tem como uma de suas especialidades as estradas sinuosas das montanhas do sul da Alemanha. Já com a alemã **Wheeltrax** (☎ 49-2688/988-848; www.wheeltrax.com), você pode ser mais radical e abaixar a viseira do capacete para aventuras pelos vales do Reno e do Mosela, e no famoso circuito de corrida de Nürburgring, em Eifel.

Esportes de Inverno

Mais de 300 resorts de esportes de inverno operam nos Alpes da Alemanha e colinas rurais arborizadas como as montanhas Harz, a Floresta Negra, o Eifel e a floresta da Turíngia. Além das impressionantes descidas de esqui, trilhas, subidas, saltos, tobogãs e pistas de patinação, muitos resorts maiores oferecem hóquei no gelo, botes e trenós. O *curling* também é popular, especialmente na alta Baviera. Locais para esportes olímpicos em **Garmisch-Partenkirchen** (pág. 348) têm renome internacional. Mais de 250 teleféricos para esquiadores são encontrados nos Alpes da Alemanha, na Floresta Negra e nas montanhas Harz. Garmisch-Partenkirchen é o centro de esportes de inverno mais famoso da Alemanha. Situado em um belo cenário nos Alpes, esse resort fica próximo do **Zugspitze** (pág. 324, 3), a montanha mais alta da Alemanha. Uma ferrovia pela montanha e um teleférico podem levá-lo ao topo. Na cidade fica o Estádio Olímpico de Gelo, construído em 1936, e o Estádio de Esqui, que tem uma pista com dois saltos e uma descida. Esquiadores de todos os níveis ficarão satisfeitos com as decidas na montanha acima da cidade. A **E.E.I. Travel** (☎ 800/927-3876; www.eeitravel.com) oferece muitos passeios de esqui cross-country.

Viagens para Aprendizado e Aulas de Línguas

Se você quiser melhorar sua fluência em alemão e se divertir ao mesmo tempo, faça um dos muitos cursos de línguas existentes na Alemanha. Explore suas opções online na **Languages Abroad** (www.languagesabroad.com), **Language-Directory** (www.language-directory.com) e **Language School Abroad** (www.goabroad.com). Após a viagem, pratique as novas habilidades também pela internet, com um parceiro, no Language Exchange Partner (mylanguageexchange.com).

Viagens para o Bem-estar

No século XIX, o apogeu da construção dos *Kurort* (spa) alemães, uma série de resorts foi construída em dúzias de fontes de águas minerais saindo do solo. Muitas dessas fontes já eram conhecidas desde a Idade Média ou até mesmo na época do Império Romano — a palavra alemã *Kur* (cura) é derivada do latim *cura*, significando "cuidados" — e a cada um foi atribuído um poder específico de curar artrite, gota, infertilidade ou hipertensão, entre outros problemas. Para todas as diversas alegações médicas feitas nos spas da Alemanha, o melhor motivo para ir é escapar momentaneamente do estresse do dia a dia. Baden-Baden (pág. 380), na Floresta Negra, tem as águas do Kurhaus, um cassino, atrações turísticas, hotéis de luxo e boa comida. Embora menos imponente, Wiesbaden, nos arredores de Frankfurt, possui uma ótima piscina termal a céu aberto e seus banhos incluem piscinas abertas e fechadas, junto com infindáveis salas de massagem e solários. Próximo a Bad Homburg, no pé das montanhas Taunus, aproveite a reputação de tratamento de doenças do coração e circulatórias. (Para saber mais sobre Wiesbaden e Bad Homburg, veja "Passeios pelos Spas partindo de Frankfurt", pág. 446). Bad Reichenhall (pág. 331), nos Alpes Bávaros, é conhecido pelas suas águas salinas e tratamentos de problemas respiratórios, doenças de pele e reumatismo. Mais informações disponíveis no Deutscher Heilbäderverbadn (Associação Alemã de Spas). ☎ 49-30/2463-6920; www.deutschler-heilbaederverband.de).

Viagens para a rota do Vinho e da Cerveja

Excursões sobre vinhos no Reno, Mosela e Saar são oferecidas pela **Wine Tours of the World** (☎ 888/635-8007; www.winetoursoftheworld.com). Entre seus muitos programas internacionais sobre vinhos, a **Arblaster & Clarke Wine Tours Worldwide** (☎ 44-1730/263-111; www.winetours.co.uk) tem alguns que cobrem o Reno e o Mosela. A cerveja é importante na Alemanha — há 1.300 cervejarias no país. Entender-se com uma garrafa ou copo da melhor cerveja da Alemanha é mais fácil em uma excursão guiada sobre a bebida da **BeerTrips.com** (☎ 406/531-9109; www.beertrips.com). Ela oferece um itinerário por Colônia, Bamberg e Munique, e inclui a Alemanha em passeios sobre cerveja em países europeus.

Viagens Voluntárias e a Trabalho

Alguns dos recursos online para encontrar voluntários sociais, ecológicos, ativistas, educacionais e para outras oportunidades na Alemanha (e em outros países) incluem o site **www.goabroad.com**, que tem grandes listas de empregos por toda a Europa e links para opções de estudo e de voluntariado. Para ver recursos e dicas sobre voluntariado no exterior, visite **www.idealist.org**. Se você estiver interessado em trabalhar em uma fazenda familiar ou em um projeto de conservação, veja algo em **www.transitionsabroad.com.**

> *Visitantes relaxam em um café a céu aberto próximo à maravilhosa Rathaus (Prefeitura), em Hamburgo.*

15

Fique Esperto!

Antes de Ir

Escritórios de Turismo

Para obter mais informações sobre a Alemanha, entre em contato com um escritório do **German National Tourist Board**. Observe que representações com entrada direta foram fechados em todo o mundo e informações estão disponíveis apenas por telefone, carta ou online, em www.germany-tourism.de ou www.cometogermany.com. Para obter informações específicas sobre uma determinada cidade ou região, veja "Informações para Visitantes" nas seções Informações Úteis ao final de cada capítulo.

NO BRASIL

O Centro de Turismo Alemão fica na Rua Verbo Divino, 1488, 3° andar, cj. B/C 04719-002 São Paulo – SP (☎ 55/11/5187-5169).

NA ALEMANHA

A sede do German National Tourist Board fica na Beethovenstrasse 69, 60325 Frankfurt am Main (☎ 069/2123-8800).

NA AUSTRÁLIA

P.O.Box 1461, Sydney NSW 2001 (☎ 02/8296-0487)

NO CANADÁ

480 University Ave., Suite 1500, Toronto, ON M5G 1V2 (☎ 416/968-1685).

NO REINO UNIDO

P.O.Box 2695, London W1A 3TN (☎ 020/7317-0908; fax 020/7317-0917).

NOS ESTADOS UNIDOS

122 E. 42nd St., Suite 2000, New York, NY 10168-0072 (☎ 212/661-7200); P.O.Box 59594, Chicago, IL 60659-9594 (☎ 312/644-0723).

Melhores Épocas para Ir

A Alemanha é um destino que pode ser visitado o ano todo, e a época de viajar para lá depende do que você quiser ver e experimentar lá. A cena artística cultural e de artes performáticas nas grandes cidades — Berlim, Munique, Hamburgo, Colônia e Dresden — geralmente começa em setembro e continua até o início do verão, mas também há importantes festivais e eventos na estação mais quente do ano. Se você quiser andar pelos Alpes ou pedalar pelo Bodensee, o verão é, obviamente, o momento certo de ir. Se você quiser esquiar no Zugspitze, planeje sua viagem para entre dezembro e fevereiro. Cada estação tem seus próprios atrativos e recompensas.

As altas temporadas para viajar para a Alemanha vão da Páscoa até o final de setembro, com outro pico em dezembro (para os mercados de Natal). O país fica mais lotado durante os meses de maio e junho; de abril a setembro, as filas das principais atrações, como os castelos de Neuschwanstein e Linderhof, ou o domo do Reichstag, em Berlim, podem ser de mais de 2 horas. Julho e agosto podem ser menos caros porque é quando os alemães saem de férias, e muitos hotéis consequentemente oferecem taxas mais baratas de verão. De outubro a novembro e de janeiro a março são as baixas temporadas, exceto nos resorts de esqui e esportes de inverno, onde a alta temporada é de novembro a fevereiro. Nos meses de inverno, museus, castelos e escritórios de turismo funcionam por menos tempo, e podem estar fechados em determinados dias.

Sites Úteis

O site do German National Tourist Board, www.cometogermany.com, é a sua melhor fonte de informações sobre a vida e a cultura alemãs. Sites de cidades e regiões específicas estão listados em cada capítulo. Muitos endereços da internet da Alemanha não terminam em *.com,* mas em *.de* (de "Deutschland", Alemanha em alemão).

Festivais e Eventos Especiais

A Alemanha canta o ano inteiro em todos os tipos de festivais e eventos especiais, alguns deles listados a seguir. Verifique as datas com antecedência com o German National Tourist Board (veja "Escritórios de Turismo" acima) ou a câmara de turismo da cidade onde o evento estiver acontecendo (veja as "Informações Úteis" nos capítulos).

JANEIRO

O **New Year's Day International Ski Jumping**, que acontece todo dia 1 de janeiro em Garmisch-Partenkirchen, que foi sede dos Jogos de Inverno de 1936, é um dos principais eventos de esportes de inverno da Europa.

FEVEREIRO

Em Berlim, o respeitado **Festival Internacional de Cinema de Berlim** é um evento que dura toda a segunda semana de fevereiro e mostra o trabalho de diretores internacionais de cinema, além dos filmes alemães mais recentes (veja Momento "Tela de Cinema" de Berlim, na pág. 125). Os festivais de **Fasching** (Carnaval) ocorrem em cidades católicas por toda a Alemanha, atingindo seu auge na terça

(Mardi Gras) anterior à Quarta-feira de Cinzas; as comemorações em Colônia e em Munique são especialmente famosas.

MAIO

O **Hamburg Summer** é o nome dado a uma série de eventos culturais que duram todo o verão (maio a julho) em Hamburgo e que incluem shows, peças, festivais e apresentações especiais. Durante o **Historisches Festspiel** (Festival de História), Rothenburg ob der Tauber celebra a história de como um prefeito corajoso salvou a cidade da destruição bebendo uma enorme caneca de vinho, um evento chamado **Der Meistertrunk** (veja "Gole de Mestre", pág. 238). O festival dura mais de quatro dias a cada Whitsuntide (Pentecostes, o sétimo domingo após a Páscoa), também no início de setembro e duas vezes em outubro. Uma vez a cada década de meados de maio ao início de outubro, a pequena cidade bávara de Oberammergau se torna o local de um espetáculo religioso mundialmente famoso, a **Passionspiele** (veja "A Peça da Paixão de Obermmergau" na pág. 330). A próxima acontecerá em 2020.

JUNHO

O renomado **Bachfest/Festival de Bach** ocorre em meados de junho (as datas exatas variam a cada ano) em Leipzig; ele apresenta trabalhos de Johann Sebastian Bach na famosa Thomaskirche, onde ele foi maestro de coral, e em outras igrejas e salas de concerto. Na romântica cidade universitária de Heidelberg, fogos de artifício pintam o céu na **Iluminação do Castelo** em um sábado no início de junho, meados de julho e início de setembro. Os maiores festivais do **Orgulho Gay** da Alemanha ocorrem em Berlim (www.berlin.gay-web.de) durante o último final de semana de junho, e em Colônia (www.koeln.gay-web.de) durante o primeiro final de semana do mesmo mês; eles têm paradas, apresentações e feiras de rua. No último final de semana de junho, aproveite a safra da região da Floresta Negra durante os **Weintagen** (Dias de Vinho) em Freiburg im Breisgau, na Münsterplatz em torno da magnífica catedral da cidade.

JULHO

Um dos principais eventos de ópera da Europa, o **Richard-Wagner-Festspiele** (Festival Richard Wagner) acontece de julho ao final de agosto na famosa Festspielhaus (Casa de Festivais) do compositor em Bayreuth (veja "Música em Bayreuth" na pág. 223). O **Schleswig-Holstein Music Festival** é um dos melhores festivais de música da Europa; shows de música clássica acontecem de meados de julho a agosto, ou no início de setembro, em diversos pontos da agradável cidade antiga de Lübeck e nos seus arredores.

AGOSTO

Em julho ou agosto, durante o **Weinkost** (Feira de Vinho e Comidas) em Freiburg im Breisgau, moradores e visitantes apreciam as especialidades da gastronomia regional e as primeiras safras de uvas que crescem no distrito da Floresta Negra. O **Nürberger Herbsfest** (Festival de Outono) é um grande festival popular que ocorre em Nuremberg durante a última semana de agosto e primeira de setembro, com música popular, concertos de jazz e eventos para toda a família. Durante a última semana de agosto, a arte e o prazer são a atração no **Alstervergnügen** (Prazeres da Alsácia), em Hamburgo; os eventos ocorrem em torno do lago Binnenalser e incluem tendas de comida, fogos de artifício e shows. No **Stuttgart Wine Festival**, durante a última semana de agosto, apreciadores de vinho se reúnem na Schillerplatz, em Stuttgart, para provar uma seleção de mais de 350 vinhos Württemberg e especialidades da culinária regional.

SETEMBRO

A **Oktoberfest**, o festival mais famoso da Alemanha, acontece na sua maior parte em setembro, não em outubro (meados de setembro ao primeiro domingo de outubro) em Munique (veja "Oktoberfest" na pág. 278); a maioria das atividades ocorre em Theresienwiese, onde as cervejarias locais patrocinam tendas gigantescas que podem, cada uma, abrigar até 6 mil bebedores de cerveja. O **Festival da Cerveja** de Stuttgart, que dura 16 dias, data de 1818 e é o segundo maior da Alemanha, após a Oktoberfest de Munique; ele começa no final de setembro, com um grande desfile de carros de cerveja e pessoas com roupas típicas, e apresenta gastronomia, passeios e tendas para consumidores de cerveja. Um dos pontos altos do calendário cultural da Alemanha, o **Berliner Festwochen** (Semanas de Festival) traz uma lista internacional de artistas à capital alemã de setembro a meados de outubro para apresentações de ópera, sinfônicas e teatrais.

OUTUBRO

A **Feira do Livro de Frankfurt,** maior feira de livros da Europa e um evento importante no mundo da publicação internacional, acontece em meados de outubro.

NOVEMBRO

A **Jazz-Fest**, realizada anualmente na Philarmonie em Berlim, durante a primeira semana de novembro, atrai alguns dos melhores

MÉDIAS DE TEMPERATURA DIÁRIAS E DE CHUVAS NA ALEMANHA

BERLIM	JAN.	FEV.	MAR.	ABR.	MAIO	JUN.	JUL.	AGO.	SET.	OUT.	NOV.	DEZ.
Temp. (°F)	30	32	40	48	53	60	64	62	56	49	40	34
Temp. (°C)	1	0	4	9	12	16	18	17	13	9	4	1
Chuva (pol.)	2,2	1,6	1,2	1,6	2,3	2,9	3,2	2,7	2,2	1,6	2,4	1,9
FRANKFURT	JAN.	FEV.	MAR.	ABR.	MAIO	JUN.	JUL.	AGO.	SET.	OUT.	NOV.	DEZ.
Temp. (°F)	34	36	42	49	57	63	66	66	58	50	41	35
Temp. (°C)	1	2	6	9	14	17	19	19	14	10	5	2
Chuva (pol.)	1,6	1,6	2	2	2,4	2,8	2,4	2,8	2	2	2	2

artistas de jazz do mundo. A **Hamburger Dom** (também chamada de Winter Dom), uma feira anual de diversões em Hamburgo, é o maior evento público do norte da Alemanha, e ocorre de 9 de novembro a 9 de dezembro.

DEZEMBRO

Um Mercado de Natal, geralmente chamado de *Weihnachtsmarkt* (*Weihnachtten* significa Natal) ou *Christkindlesmarkt* (literalmente, "Mercado do Menino Jesus") ocorre em muitas praças de cidades por toda a Alemanha do último final de semana de novembro até o Natal. Nessa relação estão Berlim, Colônia, Dresden, Frankfurt, Heidelberg, Leipzig, Munique, Nuremberg, Rothenburg ob der Tauber, Stuttgart e Weimar, entre outras. Contate o escritório de turismo individual de cada cidade (veja as seções "Informações Úteis" de cada capítulo) ou o German National Tourist Board (veja detalhes em "Escritórios de Turismo", acima).

Clima

Assim como em muitas partes do mundo, o clima na Alemanha se tornou menos previsível. Moradores do norte lhe dirão que agora eles têm menos neve e mais chuva; no sul, falarão que está mais quente e seco do que costumava ser. Então esteja preparado para variações. Os verões mais recentes trouxeram ondas de calor que quebraram recordes, e até no outono muitas partes da Alemanha podem ficar mais quentes do que o esperado.

De um modo geral, o território alemão tem um clima predominantemente moderado e temperado. As temperaturas médias no verão variam de 72° a 80° F (22° a 27° C). A média no inverno fica em torno de 32° F (0° C). Sabendo disso, tenha em mente que o clima é afetado constantemente pela colisão de massas de ar continentais e marítimas dos mares Báltico e do Norte, resultando em um tempo imprevisível, especialmente no norte.

Telefones Celulares

Na Alemanha, um telefone celular é chamado de *Handy* (pronuncia-seréndi). Se o seu celular for um GSM (Global System for Mobiles) e você tiver um telefone de banda múltipla habilitado para todo o mundo, pode fazer e receber chamadas da Alemanha e demais países da Europa. Apenas ligue para sua operadora e peça a ativação do roaming internacional de sua conta. Ter um telefone desbloqueado permitirá a você instalar um cartão SIM pré-pago (encontrado em lojas locais de celulares) na Alemanha; você obterá um número de telefone local e taxas muito mais baratas de ligação. (Nem todos os telefones funcionam nas redes, então mostre seu aparelho para o vendedor).

Você pode alugar um telefone em diversos locais na Alemanha, incluindo quiosques em aeroportos e em agências de aluguel de automóveis, mas muitas vezes é mais barato alugar um antes de sair de casa. Duas boas empresas de aluguel são a **InTouch USA** (☎ 800/872-7226; www.intouchglobal.com) e a **Roadpost** (☎ 888/290-1606 ou 905/272-5665; www.roadpost.com).

Turismo Sustentável

A Alemanha é uma referência nas áreas de proteção ambiental e sustentabilidade. Embora tenha sofrido um dos ataques mais devastadores da história no meio ambiente durante a Segunda Guerra Mundial, nos anos do pós-guerra a nação se tornou uma das líderes na preservação e proteção da natureza. A reciclagem é uma forma de vida há décadas, e fontes renováveis de energia vem sendo implementadas regularmente. O país prima pela disponibilidade, acessibilidade e uso dos seus sistemas públicos de transporte, tanto nacional quanto local. Os alemães não inventaram a caminhada ou as trilhas pelo interior, mas você acharia isso ao perceber o número de cidadãos que preferem essa forma de explorar os lugares. É uma forma de, ao mesmo tempo, manter a saúde, aproveitar a natureza e preservar o meio ambiente.

Os hotéis alemães seguem os planos gerais de redução de desperdício ambiental que agora são parte das viagens internacionais: pendure sua toalha se quiser usá-la novamente (economizando assim o uso de detergente).

Muitas organizações se dedicam ao ecoturismo. A **Biosphere Expeditions**, P.O.Box 917750, Longwood, FL, 32791 (☎ 800/407-5671; www.biosphere-expeditions.org) organiza excursões ecológicas aos Alpes da Baviera, entre outros lugares. A **Earthwatch**, 3 Clocktower Place, Ste. 1000, P.O.Box 75, Maynard, MA 01754 (☎ 800/776-0188; www.earthwatch.org) muitas vezes inclui a Alemanha nas suas excursões de 1 a 3 semanas para promover a conservação de recursos naturais.

Um programa cada vez mais popular é passar um feriado em uma fazenda alemã. A **Willing Workers on Organic Farms**, Postfach 210259, 01263 Dresden (www.woof.de) cobra 20€ para que as pessoas façam parte da organização; os participantes obtêm quartos gratuitos e mesa em uma diversidade de fazendas orgânicas por todo o país, mas devem estar dispostos a trabalhar. Outra boa fonte para uma estadia em uma fazenda alemã é a www.landtourismus.de. Em algumas dessas fazendas, os hóspedes podem ajudar com as tarefas locais; e em outras, a propriedade foi transformada de uma fazenda em funcionamento para uma charmosa casa de hóspedes.

Para informações gerais sobre ecoturismo, a **Responsible Travel** (www.responsibletravel.com) é uma ótima fonte de ideias de viagens sustentáveis. A **Sustainable Travel International** (www.sustainabletravelinternational.org) promove práticas de turismo responsáveis. A **Ecotravel.com** divide-se entre uma revista online e um banco de dados que permite a você pesquisar empresas de turismo baseadas em terra, em água, orientadas espiritualmente, e assim por diante. No Reino Unido, a **Association of Independent Tour Operators** (AITO; www.aito.co.uk) é um grupo interessante de operadoras especializadas líderes na área de feriados sustentáveis.

Chegando Lá

De Avião

A palavra em alemão para aeroporto é *Flughafen* (flãg-rá-fen). Voos diretos dos Estados Unidos e outros países não- europeus chegam a Frankfurt, Munique, Berlim, Hamburgo e Düsseldorf. Você também pode voar para Colônia, Stuttgart, Nuremberg e outras cidades, mas se estiver vindo de fora da Europa essas viagens requerem escalas — geralmente em Frankfurt, Amsterdã, Copenhagen, Paris ou Londres.

A **Lufthansa** (☎ no **Brasil** 55/21/2169-8820, @@@telefone@@@ 800/645-3880 nos Estados Unidos, ☎ 01/805-83-84-26 na Alemanha; www.lufthansa.com) opera o serviço mais frequente e voa para o maior número de aeroportos da Alemanha. A Lufthansa também oferece serviço do Reino Unido, Austrália e Nova Zelândia, e faz parte da Star Alliance, que também inclui Continental, United, US Airways e Air Canada.

Da América do Norte, A **American Airlines** (☎ 800/443-7300; www.aa.com) voa direto de Chicago e Dallas para Frankfurt diariamente, e os voos da American se conectam facilmente com outros voos para muitas cidades alemãs na Lufthansa ou British Airways. A **Continental Airlines** (☎ 0800/525-0280; www.continental.com) oferece diariamente serviço direto de Newark para Frankfurt. A **Delta Airlines** (☎ 800/241-4141; www.delta.com) tem conexão diária para Hamburgo por Paris e direto a Frankfurt de Atlanta, Cincinnati e Nova Iorque (JFK); para Munique, direto de Atlanta, e para Berlim direto do JFK. A **United Airlines** (☎ 800/538-2929; www.ual.com) oferece diariamente voos diretos de Los Angeles, Nova Iorque e Chicago para Frankfurt e Munique e, por ser membro da Star Alliance, todos os voos alemães da Lufthansa ou Air Canada também serão considerados como parte de um bilhete da United; a **US Airways** (☎ 800/428-4322; www.usairways.com) também voa para Frankfurt e Munique diariamente (voos diretos de Charlotte e Filadelfia). A **Air Canada** (☎ 888/247-2262; www.aircanada.com) oferece voos diretos para Frankfurt de Calgary, Montreal, Ottawa, Toronto e Vancouver, e para Munique saindo de Toronto.

Do Reino Unido, Londres, a **British Airways** (☎ 0870-850-9850; www.britishairways.com) oferece voos diretos do aeroporto de Heathrow para Frankfurt, Munique, Berlim, Düsseldorf, Hamburgo e Stuttgart. A **British Midland** (☎ 0870/607-0555; www.flybmi.com) voa direto de Heathrow para Berlim,Colônia, Dusseldorf, Frankfurt, Hamburgo, Hanôver e Munique. A empresa aérea de baixo custo **Ryanair** (☎ 050/503-770; www.ryanair.com) atende Düsseldorf, Frankfurt e Bremen saindo do aeroporto Stansted, em Londres. A Ryanair também voa direto para Frankfurt a partir de Edimburgo, Dublin e Kerry. A **EasyJet** (www.easyjet.com) voa do aeroporto de Gatwick para Berlim, Colônia, Hamburgo e Munique.

PACOTES DE VIAGEM

Um pacote de viagem que inclua taxas aéreas, hotel e traslado de ida e volta do aeroporto custa mais barato que reservar todas essas coisas individualmente. A **Liberty Travel** (☎ 888/271-1584; www.libertytravel.com) é uma das maiores empresas de pacotes; diversas agências de viagem online — **Expedia.com, Travelocity.com. Orbitz.com** e **Lastminute.com** — também oferecem pacotes. Outra boa fonte de ofertas de pacotes são as empresas aéreas: **Continental Airlines Vacations** (☎ 800/301-3800; www.covacations.com); **Delta Vacations** (☎ 800-221-6666; www.deltavacations.com) e **United Vacations** (☎ 800/800-1504; www.unitedvacations.com).

PASSEIOS GUIADOS DE INTERESSE GERAL

Diversas empresas oferecem tours guiados para Berlim, Munique e outros destinos na Alemanha (ou incluem a Alemanha em uma excursão pela Europa). Muitas firmas têm passeios de interesse específico, como os castelos do rio Reno, enquanto outras apresentam propostas mais gerais. Um bom agente de turismo pode ajudá-lo a encontrar uma excursão que seja apropriada para seus interesses específicos. Veja o capítulo 14, "Passeios de Interesses Especiais" para saber mais sobre operadoras que oferecem viagens para a Alemanha.

De Trem

A malha ferroviária da Alemanha é extremamente bem conectada ao restante da Europa. Trens EuroCity (EC) conectam o território alemão aos seus países vizinhos, e os macios e velozes trens Thalys ligam Colônia e Düsseldorf a Paris e Bruxelas. Quando você estiver viajando entre nações, formalidades nas fronteiras, como verificações de passaportes, são feitas a bordo do trem. As principais cidades, como Berlim e Hamburgo, têm mais de uma estação, sendo a principal localizada no centro da cidade e chamada de *Hauptbahnhof* (ráupt-bân-róf).

Diversas passagens econômicas de trem estão disponíveis na **Rail Europe** (☎ 888/382-7245 nos Estados Unidos, 800/361-7245 no Canadá; www.raileurope.com). A **German Rail Pass** permite de quatro a dez dias de viagem, consecutivos ou não, em um mês dentro da Alemanha; o **German Rail Twinpass**, para dois adultos (eles não precisam ser casados e podem ser do mesmo sexo) viajando juntos em primeira ou segunda classe representa uma economia de 50% em relação ao preço individual. Um **German Rail Youth Pass** é válido para quem tiver menos de 26 anos e está disponível apenas na segunda classe. Passagens para crianças de 6 a 11 anos custam metade do preço das de adultos. Um German Rail Pass também permite ao seu dono viajar de graça ou com desconto em linhas selecionadas de ônibus operados pela **Deutsche Touring/Europabus**, incluindo destinos não servidos por trens, e viagens gratuitas nos barcos a vapor **KD German Line** (apenas diurnas) pelos rios Reno, Maine e Mosela.

Se você viajar em outros países europeus, o **Eurail Global Pass** é uma das melhores ofertas, com viagens ferroviárias ilimitadas de primeira classe em 20 países, incluindo a Alemanha. Outras opções incluem o **Eurail Global Pass Flex**, que permite a você um determinado número de dias de viagem dentro de um período de dois meses; o **Eurail Global Pass Server,** para duas a cinco pessoas viajando juntas; e o **Eurail Selectpass**, que permite aos viajantes selecionar três, quatro ou cinco países adjacentes conectados por trem ou balsa. ***Observação:*** os bilhetes Eurail podem ser comprados e usados apenas por pessoas que não residem na Europa; você não pode comprá-los no Velho Continente.

De Navio e Balsa

A costa norte da Alemanha dá para o Mar do Norte e o Mar Báltico. Serviços internacionais de balsas estão disponíveis do Reino Unido, Dinamarca, Noruega, Suécia, Finlândia, Polônia, Rússia, Letônia e Estônia. A **DFDS Seaways** (☎ 800/533-3755, ext. 114, na América do Norte; www,seaeurope.com) fornece serviço de balsa de Harwich, na Inglaterra, a Hamburgo. A **Silja Line** (mesmo telefone e site da DFDS Seaway) navega de Helsinque, na Finlândia, pelo Báltico a Rostock, no norte da Alemanha.

Há muitos cruzeiros pelos rios da Alemanha, às vezes saindo de ou que têm como destino outras cidades europeias. A **Viking River Cruises** (☎ 800/304-9616 na América do Norte, 020/8780-7998 no Reino Unido, 0800/1887-10033 na Alemanha; www.vikingrivers.com) navega pelo Reno de Amsterdã, na Holanda, a Basel, na Suíça, e também no Elba, na Alemanha Oriental.

Circulando

De Trem

Viajar de trem na Alemanha é rápido, eficiente e divertido. O serviço entre as principais cidades da Alemanha é excelente e você pode chegar a todas, menos às menores.

O sistema ferroviário é operado pela **Deutsche Bahn** (Ferroviária Alemã, abreviada DB). Se você precisar de informações sobre trens enquanto estiver na Alemanha, ligue para o número de informações gerais da DB: ☎ 11861; fora do país, telefone para ☎ 49-1805/996-633 (taxas de telefonia normal serão cobradas para ambos os números). Um operador que fala inglês estará disponível para ajudá-lo. Você também pode acessar informações online sobre trens, em inglês, no site da DB, www.bahn.de.

Veja também a seção "Chegando Lá", acima, para obter informações sobre passagens e pacotes para viagens de trem.

De Carro

A única vez em que você realmente precisará alugar um carro na Alemanha será se você quiser explorar mais do interior ou pegar uma das estradas turísticas, como a Romantische Strasse (Rota Romântica; pág. 206) ou a Deutsche Alpenstrasse (Rota Alpina Alemã; pág. 332).

ALUGUÉIS

Alugar um carro é razoavelmente fácil na Alemanha. Motoristas dos Estados Unidos, Canadá, Austrália e outros países que não façam parte da União Europeia devem ter uma carteira de motorista válida, mas nenhuma outra documentação especial é necessária. É uma boa ideia organizar tudo *antes* de viajar, com pelo menos 7 dias de antecedência. Você pode pegar seu carro na maioria dos aeroportos e principais estações de trem, ou em um escritório nas cidades alemãs. Muitas vezes é possível alugar um carro em uma cidade alemã e devolvê-lo em outra sem custo adicional.

Empresas internacionais de aluguel de automóveis que operam na Alemanha são a **Alamo** (☎ 800/462-5266 nos Estados Unidos; ☎ 0800/272-200 no Reino Unido; www.alamo.com); a **Auto Europe** (☎ 800/223-5555 nos Estados Unidos, ☎ 207-842-2222 na Austrália, ☎ 0800/169-6417 no Reino Unido; www.autoeurope.com); **Avis** (☎ 800/331-1212 nos Estados Unidos, ☎ 136–333 na Austrália, ☎ 0870/606-0100 no Reino Unido; www.avis.com); a **Budget** (☎ 800/527-0700 nos Estados Unidos, ☎ 800/472-3325 na Europa; www.budget.com); a **Hertz** (☎ 800/654-3001 nos Estados Unidos, ☎ 800/263-0600 no Canadá, ☎ 01805/333-535 na Alemanha; www.hertz.com) e a **National** (☎ 800/227-7368 nos Estados Unidos, ☎ 800/227-3876 na Europa e Austrália, ☎ 0990/565-656 no Reino Unido; www.nationalcar.com).

Você também pode alugar um carro pela **Rail Europe** (☎ 877/257-2887 nos Estados Unidos, ☎ 800/361-7245 no Canadá; www.raileurope.com), ao mesmo tempo em que reserva seu German Rail Pass ou Eurail Pass. Eles oferecem uma opção **German Rail'n Drive** que lhe dá dois dias de viagem de trem ilimitada e dois dias de aluguel de carro pela Hertz em 1 mês, e você pode adquirir jornadas extras para ambos.

As estradas A, da **Autobahn** (via expressa), formam a principal rede de autoestradas de longa distância da Alemanha. Em teoria, a Autobahn não tem um limite de velocidade à esquerda, na pista rápida, mas o governo recomenda um limite de velocidade de 130 km/h (80 mph). Um motorista alemão na Autobahn pode vir com tudo, e por isso é recomendável andar na pista mais "lenta", à direita. As estradas B, ou **Bundesstrassen** (estradas estaduais) variam de qualidade de região para região. As Bundesstrassen nas principais áreas turísticas da Rota Romântica e dos Alpes, na Baviera, do vale do Reno e da Floresta Negra são bem pavimentadas e mantidas com boa manutenção. Já na Alemanha Oriental, algumas estradas secundárias e locais não estão em tão bom estado assim. Os melhores **mapas** regionais são publicados pela Michelin e Hallweg, e estão disponíveis nas principais livrarias por toda a Alemanha.

REGRAS DE DIREÇÃO

Se você for dirigir na Alemanha, precisa saber algumas informações gerais. As placas mostram as distâncias e os limites de velocidade em quilômetros (km) e quilômetros por hora (kmph). Um quilômetro é 0,62 de uma milha, e uma milha é 1,62 km. A menos que sejam informados diferentemente, os limites de velocidade são: 50 kmph (31 mph) nas cidades; 100 kmph (81 mph) nas autoestradas comuns; 130 kmph (81 mph) nas Autobahns. Nas vias expressas, a pista da esquerda é a rápida. E digo rápida mesmo. *Não dirija nesta pista, a menos que esteja ultrapassando outro carro.* Você pode ultrapassar outros veículos apenas pela esquerda. Os motoristas alemães geralmente piscam as luzes se querem que você saia para que eles passem. A lei obriga todos os passageiros a usar cinto de segurança. Crianças com menos de 12 anos devem sentar-se em assentos especiais no banco de trás para que os cintos de segurança comuns possam ser usados de forma eficaz; crianças com menos de 4 anos devem andar em uma cadeirinha colocada no banco de carro. Você deve usar faróis de luz baixa à noite e em nevoeiros, chuva forte e neve. Você deve parar para pedestres em cruzamentos; eles têm a preferência. Dirigir embriagado e beber ao dirigir é um crime grave na Alemanha. Se você tiver bebido mais de um copo de vinho ou cerveja, não se arrisque a dirigir.

A maioria das placas de trânsito da Alemanha é de padrão internacional, mas abaixo estão algumas palavras importantes que você deve conhecer.

Anfang	Início
Ausfahrt	Saída
Baustelle	Local de construção, ou obras na estrada
Einbahnstrasse	Rua de mão única
Einfahrt	Entrada
Ende	Fim
Gefahr	Perigo
Links einbiegen	Dobre à esquerda
Rechts einbiegen	Dobre à direita
Verenge Fahrbahn	Estreitamento de pista
Vorsicht	Atenção!

Estacionamento

Estacionar no centro de quase todas as grandes cidades é difícil, caro ou simplesmente impossível, porque a maioria dessas áreas é apenas para pedestres. Procure estacionamentos e garagens fora do centro histórico, que são identificados sempre por um grande **P**; em algumas cidades maiores, sinais no caminho indicam quanto espaço está disponível em diversos estacionamentos ou garagens. A maioria usa um sistema de bilhete automático: você insere moedas (ou um cartão de crédito) para comprar uma determinada quantidade de tempo.

De Avião

Viajar de avião pela Alemanha faz todo o sentido se você estiver indo, digamos, de Hamburgo ou Berlim, no norte, para Munique, no sul. O percurso leva de 6 a 7 horas de trem ou carro, mas apenas uma de avião. Voar não faz muito sentido para distâncias curtas; quando você considera o tempo para chegar ao aeroporto, passar pela checagem de segurança, esperar a decolagem e depois chegar na cidade após seu avião aterrissar, é mais barato, conveniente e rápido percorrer distâncias mais curtas de trem.

Dicas Sobre Hospedagem

De modo geral, a Alemanha tem um alto padrão de hospedagem. Associações de hotéis, grupos regionais de turismo e agências locais de turismo controlam o serviço em todas as categorias: mesmo a menor pensão deve abrir suas portas para inspeção para poder alugar quartos. Essas mesmas agências estatais e de turismo classificam os hotéis de acordo com um sistema de estrelas. Ele não é usado para recomendar hotéis, mas simplesmente para classificá-los de acordo com o seu conforto. Um hotel de uma estrela é básico e econômico, enquanto um de cinco é luxuoso, com um spa no local ou piscina em uma classificação na parte de cima da faixa de preços. Observação: Neste guia, as classificações em estrelas são baseadas nas nossas recomendações pessoais, não no sistema descrito aqui.

O café da manhã (*Frühstück*) sempre é incluído no preço de um quarto, exceto em alguns hotéis butique ou de alto luxo. Se a palavra Garni estiver no nome do estabelecimento, o café da manhã é a única refeição que ele serve.

Quartos e andares para não fumantes estão ficando populares na Alemanha, em sua maioria em hotéis intermediários ou luxuosos. Entretanto, os europeus de modo geral não são tão comprometidos com ambientes para não fumantes como os americanos. O termo para "não- fumante" é *nicht rauchen* (nikt-*ráu*-kin).

O Serviço wi-fi ou Internet está disponível em quase todos os hotéis da Alemanha, exceto nos de acomodações mais simples e econômicas (embora esteja geralmente disponível em albergues). As taxas desse serviço variam: em hotéis mais caros você provavelmente terá que pagar por hora ou dia, e em outros é um conforto padrão.

Reservando com Antecedência

Nas cidades grandes da Alemanha, incluindo Berlim, Munique, Frankfurt e Colônia, reservar seu quarto de hotel com antecedência é essencial, especialmente se você for no verão ou em um evento especial (como a Oktoberfest, em Munique). Reservar com antecedência não é tão importante no restante da Alemanha, mas ainda assim é uma boa ideia, especialmente durante a alta temporada. Fora dessa época, especialmente em meados do inverno, você não terá problema em reservar um quarto no local onde quer que esteja, a menos que esteja ocorrendo uma feira comercial.

Centros de informações turísticas, localizados nas principais estações de trem ou próximo delas, podem lhe ajudar a encontrar um quarto. Alguns não cobram, e outros pedem uma pequena taxa fixa (geralmente não mais de 4€); outros cobram 19% do valor da primeira noite no hotel, mas você obtém isso de volta, de modo que o serviço acaba não custando nada. A maioria dos centros de informações turísticas também tem uma lista gratuita de acomodações locais.

Tipos de Acomodações

Você encontra todos os tipos de acomodações na Alemanha, desde luxuosos palácios do Velho Mundo e hotéis butique super- hightech até pequenos hotéis familiares, hospedarias confortáveis, redes internacionais, casas de hóspedes rústicas e quartos simples em casas e apartamentos particulares. Uma *Gasthaus* (gást-ráus) ou *Gasthof* (gást-róf) é basicamente uma estalagem com um restaurante que serve café da manhã, almoço e jantar para hóspedes de hotéis e fregueses externos. Uma *pension* (pen-ci-on) é o mesmo que uma B&B (bed and breakfast, quarto e café da manhã): um quarto em uma casa ou apartamento particular, com café da manhã incluído no preço. Em uma cidade pequena, encontrar um quarto pode ser tão simples quanto achar uma placa em uma janela de casa que diga *Zimmer frei* (quarto disponível); em torno de meio milhão de camas estão disponíveis em casas privadas pelo país. Tenha em mente que muitas pensões trabalham apenas com dinheiro.

Informações Úteis Sobre a Alemanha

Caixas eletrônicos

Nas cidades alemãs, você encontra facilmente caixas eletrônicos em aeroportos e estações de trem e fora de bancos. É possível sacar dinheiro 24 horas por dia ou, se souber seu código de cabeça, obter um adiantamento em dinheiro do seu cartão de crédito. A **Cirrus** (☎ 800/424-7787; www.mastercard.com) e a **Plus** (☎ 800/843-7587; www.visa.com/atms) são as redes mais populares.

Horário Comercial

A maioria dos bancos abre de segundas às sextas, das 8 h 30 min às 13 h, e das 14 h 30 min às 16 h. Locais de câmbio em aeroportos e estações de trem geralmente ficam abertos diariamente das 6 h às 22 h. A maioria das lojas abre de segunda a sexta, das 9 h às 17 h, e sábados das 9 h às 13 h. Estabelecimentos em localidades menores geralmente estão abertas de segundas às sextas das 9 h ou 10 h às 18 h ou 18 h 30 min, e sábados das 9 h à 13 h; nas cidades maiores, as lojas nas principais áreas comerciais ficam abertas até 20 h ou depois, e também abrem aos domingos das 11 h ou 12 h às 17 h.

Cartões de Crédito

American Express, Diners Club, Mastercard e Visa são aceitos em muitos locais por toda a Alemanha, mas alguns só trabalham com cartões europeus. Pensões (B&Bs) e restaurantes menores podem não aceitar cartões de crédito. Se o seu cartão de crédito for perdido ou roubado, ligue para os seguintes números na Alemanha: **American Express** ☎ 954/503-8850 (a cobrar); **Diners Club** ☎ 702/797-5532 (a cobrar); **MasterCard** ☎ 800/819-1040 (gratuito); **Visa** ☎ 800/811-8440 (gratuito) ou 417/581-9994 (a cobrar). Você também deve entrar em contato com sua empresa de cartão de crédito antes da sua viagem para informá-los de que o usará no exterior; algumas empresas suspenderão sua conta se virem gastos incomuns.

Alfândega

Você pode levar para a Alemanha a maioria dos itens pessoais e os seguintes itens sem pagar impostos: uma câmera de vídeo ou duas câmeras fotográficas com 10 rolos de filme cada; um laptop, desde que comprove sinais de uso; 400 cigarros, 50 charutos ou 250 gramas de tabaco; dois litros de vinho ou um litro de bebida por pessoa com mais de 17 anos; material de pesca; uma bicicleta; esquis; raquetes de tênis ou squash e tacos de golfe.

As regras que regulamentam o que você pode trazer de volta sem impostos da Alemanha variam de país para país, e estão sujeitas a alterações. Para obter informações sobre o que você pode trazer para casa, contate uma das seguintes agências:

CIDADÃOS AMERICANOS

Para informações, visite o site da Receita Federal do Brasil http://www.receita.fazenda.gov.br/aduana/viajantes/

viajantechegbrasilsaber.htm e ☎ 55/11/3003-0146 para chamadas do exterior.

CIDADÃOS AMERICANOS

U.S. Customs & Border Protection (CBP) 1300 Pennsylvania Ave. NW, Washington, DC 20229 (☎ 877/287-8667; www.cbp.gov)

CIDADÃOS CANADENSES

Canada Border Services (☎ 800/461-9999 no Canadá ou 204/983-3500; www.cbsa-asfc.gc.ca).

CIDADÃOS BRITÂNICOS

HM Customs & Excise. ☎ 0845/010-9000 (de fora do Reino Unido, 020/8929-0512) ou consulte seu site em www.hmce.gov.uk.

CIDADÃOS AUSTRALIANOS

Australian Customs Service. ☎ 1300/363-263 ou conecte-se a www.customs.gov.au.

CIDADÃOS DA NOVA ZELÂNDIA

New Zealand Customs, The Customhouse, 17–21 Whitmore St., Box 2218, Wellington (☎ 04/473-6099 ou 0800/428-786; www.customs.govt.nz).

Eletricidade

A Alemanha usa o sistema de 220 volts (50 Hz). Para aparelhos americanos, você precisa de um transformador e um plugue conversor com dois dentes arredondados que encaixarão nas tomadas alemãs. Aparelhos britânicos de 240 volts precisam de um adaptador continental.

Embaixadas e Consulados

Todas as embaixadas e consulados estão localizados em Berlim.

A **Embaixada Brasileira** fica na Wallstrasse 57 (☎ 49/0/30-7262-80; www.berlim.itamaraty.gov.br); aberta segunda, quarta, quinta e sexta das 8 h 30 min às 12 h, e na terça de 13 h às 15h 30 min.

A **Embaixada Australiana** fica na Wallstrasse 76–79 (☎ 030/880-0880); www.germany.embassy.gov.au); aberta segunda, quartas e sextas das 9 h às 11 h.

A **Embaixada Canadense** fica na Leipziger Platz 17 (telecomunicações: 030/203-120; www.berlin.gc.ca); aberta de segundas às sextas das 8 h 30 min às 12 h 30 min e das 13 h 30 min às 17 h.

A **Embaixada Irlandesa** fica na Friedrichstrasse 200 (☎ 030/220-720; www.embassyofireland.de); aberta de segunda a sexta, das 9 h 30 min às 12 h 30 min e das 14 h 30 min às 16 h 45 min.

A **Embaixada da Nova Zelândia** fica na Froedrichstrasse 60 (☎ 030/206-210; www.nzembassy.com/germany); de segundas às sextas, das 9 h às 13 h, e das 14 h às 17 h 30 min.

A **Embaixada da África do Sul** fica na Tiergartenstrasse 18 (☎ 030/220-730; www.suedafrika.org/de); aberta de segundas às sextas, das 8 h às 12 h 45 min, e das 13 h 30 min às 16 h 30 min.

A **Embaixada do Reino Unido** fica na Wilhelmstrasse 70–71 (☎ 030/204-570; www.ukingermany.fco.gov.uk/de); aberta de segundas às sextas das 8 h às 12 h e das 13 h às 16 h 30 min.

A **Embaixada dos Estados Unidos** fica na Pariser Platz (☎ 030/238-5174; http://berlin.usembassy.gov/germany). O escritório de passaportes e serviços para cidadãos americanos fica na Clayallee 170 (☎ 030/832-9223): aberto de segundas às sextas das 8 h 30 min às 12 h.

Emergências

Por toda a Alemanha, disque ☎ **110** para chamar a polícia, e ☎ **112** para os bombeiros ou para chamar uma ambulância.

Viagens em Família

O site do **German National Tourist Office** (www.cometogermany.com) tem uma seção sobre viagens em família, e é um bom lugar para começar a pesquisar sua viagem. Você pode encontrar bons conselhos voltados para a família na internet em sites como o **Family Travel Forum** (www.familytravelforum.com), **Family Travel Network** (www.familytravelnetwork.com), **Travel with Your Kids** (www.travelwithyourkids.com) e **Family Travel Files** (www.thefamilytravelfiles.com). Para obter uma lista de recursos de viagem para a família, visite www.frommers.com/planning.

Enquanto folheia esse livro, procure o ícone crianças, que destaca hotéis, restaurantes e atrações voltadas para toda a família.

Ingressos para atrações por toda a Alemanha são reduzidos para crianças de 6 a 14 anos e aquelas com menos de seis quase sempre entram de graça. Se você estiver viajando com crianças, sempre veja se a atração oferece um **bilhete para famílias** mais econômico, o que reduz consideravelmente o preço da entrada para um grupo de dois adultos e duas ou mais crianças. O mesmo acontece no transporte público: bilhetes mais baratos para famílias ou grupos estão disponíveis. Nos trens, crianças de 6 a 11 anos pagam metade do preço dos adultos, e aquelas abaixo dos 6 andam de graça.

Viajantes Gays e Lésbicas

A Alemanha é um dos países mais "desenvolvidos" no mundo no que diz respeito ao orgulho, cultura e turismo gay. Em 2008, o prefeito abertamente gay de Berlim e o Ministro da Cultura da Alemanha inauguraram um memorial às vítimas homossexuais da perseguição nazista. Localizado entre a Potsdamer Platz e o Portão de Brandenburgo, no parque Tiergarten, a estrutura de concreto simples tem uma janela com um filme repetido mostrando dois homens se beijando.

Berlim, Munique, Hamburgo, Frankfurt e Colônia têm grandes comunidades gays, mas a vida gay é evidente também fora das grandes cidades. Uma rede de restaurantes, cafés, lojas, bares, clubes de dança e centros de comunidades gays ou simpatizantes existem por todo o país, em cidades pequenas e grandes.

Casais (ou amigos) gays (*schwul*) e lésbicas (*lesbisch*) estão aptos para ingressos de família no transporte público em muitas cidades da Alemanha. Para a maioria das famílias, *Gruppen* (grupo) ou bilhetes, tudo o que importa é que dois (ou mais) indivíduos viagem juntos.

A cada verão, paradas e eventos especiais celebram o orgulho gay. Berlim tem seu Gay & Lesbian Street Festival em meados de junho de todo ano, celebra seu Christopher Street Day and Parade em torno do terceiro final de semana em junho e é palco da famosa Loveparade em meados de julho. Munique celebra com uma Parada e Festival do Orgulho Gay em torno de 8 a 10 de julho. O Christopher Street Weekend em Colônia geralmente ocorre no primeiro final de semana em junho. O Christopher Street Weekend de Frankfurt acontece no terceiro final de semana de julho.

O site do **German National Tourist Office** (www.cometogermany.com) tem uma seção sobre viagens para gays e lésbicas, e é um bom lugar para começar a pesquisar sobre sua viagem. Outros sites que você pode querer verificar incluem: www.pinkpassport.com e www.stadt.gay-web.de. Para obter informações sobre cidades específicas, vá a: www.berlin.gay-web.de; www.munich.gay-web.de; www.hamburg.gay-web.de; www.frankfurt.gay-web.de e www.koeln.gay-web.de ou www.gaykoeln.com.

Feriados

Muitos museus e atrações fecham nos seguintes feriados públicos: 1 de janeiro, Páscoa (incluindo a Sexta-feira Santa e a Segunda-feira de Páscoa), dia do trabalho (1 de maio), dia da Ascensão de Jesus Cristo (dez dias antes de Pentecostes/Domingo de Pentecostes, o sétimo domingo após a Páscoa), a Segunda-feira de Pentecostes (o dia após Pentecostes/Domingo de Pentecostes), o Dia da Unidade Alemã (3 de outubro), Dia da Oração e do Arrependimento (17 de novembro) e 25 e 26 de dezembro. Além disso, alguns estados alemães observam os seguintes feriados: Dia de Reis (6 de janeiro), Corpus Christi (10 dias após Pentecostes), Assunção (15 de agosto) e o Dia de Todos os Santos (1 de novembro).

Acesso à Internet

Quase todos os hotéis na Alemanha oferecem internet ou wi-fi hoje em dia. Também há cybercafés em cidades maiores; para saber os locais, pergunte ao escritório local de turismo ou no seu hotel.

Leis de Bebida

Oficialmente, você deve ter 18 anos para consumir qualquer tipo de bebida alcoólica na Alemanha. Bares e cafés podem pedir um documento de identidade. As autoridades locais tratam beber e dirigir como um crime muito sério.

Assistência Médica

A maioria dos principais hotéis tem um médico na equipe ou pronto para atendimento com um simples telefonema. Se você não conseguir encontrar um médico e sua situação for de risco de vida, disque para o serviço de emergência, ☎ **112**. Serviços médicos e hospitalares não são gratuitos, então garanta uma cobertura de seguro apropriada antes de viajar.

Dinheiro

Desde 2002, a Alemanha usa o euro (€) como sua moeda. 1 euro é dividido em 100 centavos. As moedas vêm com denominações de 1, 2, 5, 10, 20, 50 centavos, 1 e 2 euros. Notas são disponíveis em 5, 10, 20, 50, 100, 200 e 500 euros. Assim como com qualquer moeda com a qual você não esteja familiarizado, demora-se um pouco para se acostumar com os euros. As moedas tem tamanhos, formatos e pesos variáveis; cada nota tem sua própria cor. Antes de viajar, consulte um site de câmbio como o www.oanda.com/convert/classic para verificar as últimas taxas.

Trocas de moeda, chamadas *bureaux de change* ou *Geldwechsel,* podem ser feitas em aeroportos, estações ferroviárias, correios e muitos bancos.

Passaportes

Um passaporte válido é a única forma legal de identificação aceita no mundo. Se você for cidadão dos Estados Unidos, Austrália, Nova Zelândia ou Canadá, deve ter um passaporte válido para entrar na Alemanha. Residentes do Reino Unido precisam de um cartão de identificação da União Europeia. Obter um passaporte é fácil, mas o processo demanda algum tempo.

PARA RESIDENTES NO BRASIL

Contate o Departamento da Polícia Federal (☎ 194; através do e-mail faleconosco@dpf.gov.br; ou acesse o site http://www.dpf.gov.br/servicos/passaporte/requerer-passaporte/requerer-passaporte)

PARA RESIDENTES NA AUSTRÁLIA

Contate o Australian Passport Information Service (☎ 131-232, ou visite o site do governo em www.passports.gov.au.

PARA RESIDENTES NO CANADÁ

Contate o Central Passport Office, Department of Foreign Affairs and International Trade, Ottawa, ON K1A 0G3 (☎ 800/567-6868; www.ppt.gc.ca).

PARA RESIDENTES NA IRLANDA

Contate o Passport Office, Setanta Centre, Molesworth Street, Dublin 2 (☎ 01/671-1633; www.irlgov.ie/iveagh).

PARA RESIDENTES NA NOVA ZELÂNDIA

Contate o Passports Office (☎ 0800/225-050 na Nova Zelândia ou 04/474-8100 ou conecte-se a www.passports.govt.nz

PARA RESIDENTES NO REINO UNIDO

Visite seu escritório de passaportes mais próximo, agência de correio importante ou agência de viagens ou contate o United Kingdom Passport Service (☎ 0870/521-0410 ou pesquise seu site em www.ukpa.gov.uk.

PARA RESIDENTES NOS ESTADOS UNIDOS

Para encontrar seu escritório regional de passaportes, verifique no site do U.S. State Department ou ligue para o número gratuito do National Passport Information Center 0870/521-0410 para obter informações automatizadas.

Farmácias

Uma farmácia é chamada de *Apotheke* (a-poptei-kã); a equipe treinada pode recomendar medicamentos vendidos diretamente para muitas doenças comuns. Farmácias alemãs se revezam à noite, aos domingos e feriados, e cada *Apotheke* coloca uma lista das que estão abertas durante esses períodos.

Polícia

A palavra alemã para polícia é *Polizei* (po-lit-sái). Por todo o país, disque ☎ **110** em emergências.

Correios

As palavras *Deutsche Post* identificam uma agência de correio. Os correios ficam abertos de segundas às sextas das 8 h às 18 h e sábados das 8 h às 12 h. Em cidades maiores, o correio da estação ferroviária central pode ficar aberto mais tempo e aos domingos. As caixas de correio nas ruas são amarelas. Para descobrir as tarifas e serviços de postagem internacional saindo da Alemanha, verifique o site do Deutsche Post, **www.deutschepost.de**.

Segurança

A Alemanha geralmente é um país seguro de se viajar, com as advertências costumeiras de se usar o senso comum e prestar atenção à sua volta. À noite, evite áreas em torno de grandes estações ferroviárias em Frankfurt, Munique, Berlim e Hamburgo, e tome os mesmos tipos de precaução contra assaltantes que você tomaria em uma cidade grande.

Para obter mais informações e atualização sobre a segurança em viagens pela Alemanha e pelo mundo, consulte o site do U.S. State Department em www.travel.state.gov; no Reino Unido, veja o site do Foreign Office, www.fco.gov.uk; e, na Austrália, navegue pelo serviço de consultas de viagens do governo em www.smarttraveller.gov.au.

Idosos

A Alemanha não representará problemas se você for um idoso que se locomove facilmente. Caso contrário, esteja ciente de que nem todos os hotéis — especialmente os menores, pensões mais em conta e casas de hóspedes — têm elevadores. Quando você reservar um hotel, pergunte se terá acesso a um elevador (em alemão *Fahrstuhl*, pronuncia-se far-xtul).

Seniores (geralmente pessoas de 60 anos ou mais) recebem ofertas de viagem, incluindo preços menores para German Rail Passes e entrada com desconto em museus e outras atrações. Sempre pergunte sobre descontos para idosos, mesmo se não houver indicação, e leve uma identidade para provar a idade. *Observação:* na Alemanha, você talvez descubra que alguns descontos estão disponíveis apenas para residentes da Alemanha ou da União Europeia.

A **AARP**, 601 E St. NW, Washington, DC 20049 (☎ 866/687-22777; www.aarp.org), cobra uma anuidade de US$ 12,50 (qualquer pessoa com 50 anos ou mais pode se associar) e dá aos seus membros uma ampla rede de benefícios, incluindo descontos em voos da US Airways para Frankfurt e Munique saindo de diversas cidades dos Estados Unidos; descontos em passeios guiados da Globus e Cosmos, importantes operadoras de turismo que oferecem viagens para a Alemanha; e descontos em aluguéis de carros e em hotéis. O **Elderhostel**, 75 Federal St., Boston, MA 02110-1951 (☎ 877/426-8056) oferece a idosos de 55 anos ou mais uma diversidade de programas de educação universitária em Berlim e pela Alemanha. Estes cursos são em formato de pacote, e formas descomplicadas de aprender e viajar ao mesmo tempo. O preço inclui passagem, hospedagem, refeições, curso, dicas e seguro viagem.

Impostos

A Alemanha aplica uma *Mehrwertsteuer* (MWST) ou imposto de valor agregado (VAT) de 16% na maioria dos bens e serviços. Os preços em restaurantes e hotéis incluem a VAT.

Se você não for residente da União Europeia, pode obter um reembolso do VAT em compras que fizer na Alemanha (com exceção das contas de hotel e restaurante). Geralmente há uma quantidade mínima que você deve gastar para poder ter direito ao reembolso. Para recebê-lo, compre em lojas exibindo uma placa **TAX-FREE SHOPPING.** Quando você faz uma compra que se enquadre nessa condição, recebe um **tax-free voucher**, preenchido pela loja, com uma cópia do seu recibo. Antes de fazer o check-in das bagagens ao sair da Alemanha, faça com que a alfândega alemã carimbe o voucher para confirmar que os bens foram exportados. A seguir, resgate o voucher por dinheiro (euros ou dólares) em uma janela **Europe Tax-Free Shopping**, localizada nos principais aeroportos, fronteiras, estações ferroviárias e de barcos.

Telefones

O código telefônico da Alemanha é 49. Cada cidade também tem seu próprio código. Para ligar para a Alemanha de fora do país, disque o código de acesso 011, depois 49, depois o da cidade (sem o zero inicial), e o número do telefone, que pode ter de quatro a nove dígitos. Os números apresentados neste livro são para chamadas de dentro da Alemanha, quando é necessário discar 0 antes do número da cidade.

Faça telefonemas locais e de longa distância de agências dos correios ou cabines telefônicas (você também pode ligar de um hotel, embora o custo seja significativamente maior). A unidade de cobrança é 0,20**€**. A maioria dos telefones na Alemanha agora requer um Telefonkarte (cartão telefônico), disponível em bancas de revistas em cargas de 5, 10 e 20 euros; telefones operados com moedas são cada vez mais raros. Para fazer chamadas internacionais de um telefone público, procure um telefone marcado Inlands und Auslandsgerpräche; a maioria tem instruções em inglês.

Para ligar da Alemanha para os Estados Unidos ou Canadá, disque 01, seguido pelo código do país (1), e a seguir o código da área e então o número. Uma alternativa é usar as muitas empresas de telecomunicações nos Estados Unidos para obter taxas menores: Os números de acesso são ☎ 0800/225-5288 para a **AT&T** e ☎ 0800/888-9000 para a **MCI**.

Fuso Horário

A Alemanha trabalha no Horário da Europa Central (CET–Central European Time), o que significa que o país está 6 horas à frente do Eastern Standard Time dos Estados Unidos e 1 hora à frente do GMT (Greenwich Mean Time). O período de horário de verão começa em abril e termina em outubro — há uma pequena diferença nas datas de ano a ano.

Gorjetas

Se uma conta de restaurante diz Bedienung, uma cobrança pelo serviço já foi acrescentada, então apenas arredonde para o euro mais próximo acima. Se não estiver, adicione de 5 a 10%, dependendo do seu grau de satisfação. Arredonde para cima para o euro mais próximo em táxis. Mensageiros de hotel recebem 1€ por mala, assim como o porteiro do hotel, restaurante ou clube noturno. É costume dar uma pequena gorjeta para a equipe de limpeza do hotel e para recepcionistas que fazem favores especiais, como obter ingressos para o teatro ou ópera. Para cabeleireiras ou barbeiros, dê gorjetas de 5 a 10%.

Banheiros

O Toilette (tuá-lé-te) de mulheres geralmente é marcado com um F, de Frauen, e o de homens com H, de Herren. Banheiros públicos em estações ferroviárias, às vezes, requerem uma moeda de 0,50€ ou 1€ para a entrada. Muitos banheiros públicos têm um atendente que espera uma pequena gorjeta (nunca mais de 0,20€); o atendente em uma *Toilette* pode ser do sexo feminino.

Água

É seguro beber água da torneira em todas as cidades alemãs; mesmo assim, beber água de garrafa é uma forma de viver. Os restaurantes não oferecem água gratuitamente com sua refeição. Você pede e paga por *Sprudelwasser* (xfriu-dãl-vos-cer) ou *Still* (xtiu; água não carbonada).

Pesos e Medidas

A Alemanha usa o sistema métrico. As alturas são medidas em centímetros (cm) e metros (m), as distâncias em quilômetros (km) e os pesos em gramas (g) ou quilos (kg). A temperatura é medida em graus Celsius (0° C = 32° F).

Termos e Expressões Úteis

Expressões

PORTUGUÊS	ALEMÃO	PRONÚNCIA
Por favor	Bitte	Bi-te
Obrigado	Danke	Dãnk-en
De nada	Gern geschehen	Gairn gê-xi-en
Sim	Ja	Yá
Não	Nein	Náin
Olá	Hallo	Rá-lou
Adeus	Auf widersehen	Ouf vi der xi-ren
Bom dia	Guten morgen	Gu-tem mór-guen
Boa noite	Guten abend	Gu-tem á-bend
Como vai?	Wie geht es Ihnen?	Vi guêt és iren
Bem, obrigado.	Gut, danke.	Gut, dan-ken
Desculpe-me	Entschuldigung	Ant-xul-di-gang
Sinto muito	Tut mir leid	Tut mir laid
Meu nome é _____.	Ich heisse _____.	Irr rái-ci
Qual é o seu nome?	Wie hiessen Sie?	Vi-rai-cen zi
Você fala inglês?	Sprechen Sie Englisch?	Xpre-xen zi englich
Eu não falo alemão	Ich spreche kein Deutsch	Irr xprerr káin dóitx
Onde	Wo	Vó
Quanto/quantos	Wie viele	Vi fi le
Hotel	Hotel	Ro-téu
Restaurante	Restaurant	Res-tou-rang
Esquerda	Links	Links
Direita	Rechts	Rerrts
Ao lado de	Neben	Né-ben
Hoje	Heute	Hoi-te
Amanhã	Morgen	Morr-guen
Ontem	Gestern	Guess-tãrn

Emergências

Por favor, chame uma ambulância!	Rufen Sie bitte einen Krankenwagen!	Rufen ci bit-é ái-nan cranc-an-vá-guen
Polícia	Polizei	Pôli-tcei
Fui assaltado!	Ich wurde ausgeraubt!	Irr vur-de us-gue-raubt
Meu filho desapareceu.	Mein Kind ist verschwunden.	Main kin-d isst fér-choun-den

Números

PORTUGUÊS	ALEMÃO	PRONÚNCIA
1	Eins	Aints
2	Zwei	Tsvai
3	Drei	Drrai
4	Vier	Fir
5	Fünf	Finf
6	Sechs	Zeks
7	Sieben	Zi-ben
8	Acht	Arrt
9	Neun	Nóin
10	Zehn	Tcen
11	Elf	Élf
12	Zwölf	Tsvelf
13	Dreizehn	Drrai-tcen
14	Vierzein	Fir-tcen
15	Fünfzein	Finf-tcen
16	Sechzehn	Zer-tcen
17	Siebzehn	Zib-tcen
18	Achtzehn	Arr-tcen
19	Nenuzehn	Nóin-tcen
20	Zwanzig	Tsvan-tcig
21	Einundzwanzig	Ainrr-ond-tsvan-tcig
30	Dreissig	Drrai-cig
40	Vierzig	Fiir-tcig
50	Fünfzig	Tinf-tcig
60	Sechzig	Zerr-tcig
70	Siebzig	Zib-tcig
80	Achtzig	Arr-tcig
90	Neunzig	Nóin-tcig
100	Einhundert	Aihn-run-dért
200	Zweinhundert	Tsvain-run-dért
1000	Eintausend	Ain-taucend

Dias da Semana

PORTUGUÊS	ALEMÃO	PRONÚNCIA
Domingo	Sonntag	Zan-tag
Segunda-feira	Montag	Man-tag
Terça-feira	Dienstag	Dins-tag
Quarta-feira	Mittwoch	Mit-vórr
Quinta-feira	Donnerstag	Dan-érs-tag
Sexta-feira	Freitag	Frai-tag
Sábado	Samstag	Zams-tag

Expressões em Restaurantes

Uma mesa para _____, por favor.	Einen tisch für _____ personen, bitte.	Ái-nen tich firr _____ pãr-so-nen, bi-te
O menu, por favor.	Die karte, bitte.	Di cár-te, bi-te
Prantos principais	Hauptgerichte	Ráupt-gã-ric-te
Sobremesas	Nachspeisen	Nác-xpái-zen
A conta, por favor.	Zahlen, bitte.	Tsa-len, bi-te
A gorjeta está incluída?	Ist das inclusive trinkgeld?	Isst dás in-klu-ci-ve trink-gueld
Garfo	Gabel	Gá-bol
Copo	Glas	Gláss
Colher	Löffel	Leu-ful
Faca	Messer	Mês-sãr
Guardanapo	Serviette	Sãr-vi-ét
Prato	Teller	Té-ler
Café da manhã	Frühstück	Fru-xtuk
Almoço	Mittagessen	Mit-tag-écen
Jantar	Abendessen	Á-bent-écen

Itens do Menu

Maçã	Apfel	Ap-féu
Cerejas	Kirschen	Kir-xin
Vegetais	Gemüse	Gã-miuz-ã
Salada	Salat	Sá-lát
Batata	Kartoffel	Car-tof-éu
Salada de batata	Kartoffelsalat	Car-tof-éu-só-lát
Sopa	Suppe	Zu-pa
Ovo	Ei	Ái

Itens do Menu *continuação*

PORTUGUÊS	ALEMÃO	PRONÚNCIA
Carne	Fleisch	Flaíx
Carne bovina	Rindfleisch	Rint-fláix
Linguiça	Wurst	Vurst
Pato	Ente	En-tã
Peixe	Fisch	Fix
Bife de carne bovina	Fleischsteak	Fláix-xták
Ganso	Gans	Gãnz
Galinha	Geflügel ou kühnchen	Gã-fliu-gul ou ren-xen
Vitela	Kalbfleisch	Cálb-fléix
Costeleta de porco temperada	Schnitzel	Xnit-sãl
Bife a escabeche assado no forno ou na panela	Sauerbraten	Sáur-bra-ten
Massa a base de batata	Spätzle	Xpei-tzel
Massa folhada com frutas	Strudel	Xtru-del
Pães brancos de café da manhã duros	Brötchen	Brou-txen
Bolinhos de massa	Knödel	Kã-nou-del
Bolo	Kuchen	Ku-ken
Panqueca	Pfannkuchen	Fan-ku-kin

Bebidas

Cerveja	Bier	Biãr
Coca-Cola	Coke	Cou-ca
Café	Kaffee	Caféi
Leite	Milch	Miltx
Suco	Saft	Zoft
Champanhe, vinho espumante	Sekt	Séct
Água com gás	Sprudelwasser	Xprudl-vas-cir
Chá	Tee	Tei
Água	Wasser	Vahs-cir
Vinho	Wein	Váin

Índice

A

E

F

G

H

L

M

N

Q

R

S

T

U

V

W

Crédito das Fotos

Nota: e= esquerda; d= direita; t= topo; b= base; c= centro

Crédito das Fotos das Capas: Primeira capa (e *para* d): © Tony Eveling/Alamy; Cortesia de Alpenhotel; © Katja Heinemann/Aurora Photos. Quarta capa (t *e* b): © IMAGE ASSET MANAGEMENT/age fotostock; © Clay McLachlan. Foto da orelha (t *para* b): AP Photo; © Martin Siepmann/age fotostock; © Michael Nitzschke/age fotostock; © Pictorial Press Ltd/Alamy. Segunda capa (*no sentido horário a partir do* t d): © Gunter Kirsch/age fotostock; © Gregor Zielke; © Tibor Bognar/age fotostock; © Clay McLachlan; © Joao Paglione; © Max Kesberger; © Clay McLachlan; © Joao Paglione; © Katja Heinemann/Aurora Photos. **Crédito das Fotos Internas:** © Anne Ackermann: p.22, p.40, p.148, p.149, p.190, p.438–439, p.475, p.478, p.479 (e *e* d), p.480, p.503, p.508, p.546, p.548 (b), p.565, p.571, p.618; AGE: © A. H. C./age fotostock: p.592 (2ª *do* t); © J W Alker/age fotostock: p.12, p.488; © Sven Andreas/age fotostock: p.136; © ARCO/M Klindwort/age fotostock: p.ii; © ARCO/W. Dieterich/age fotostock: p.481; © Manfred Bail/age fotostock: p.274 (e), p.275; © Tibor Bognar/age fotostock: p.200; © Classic Vision/age fotostock: p.592(t); © Chris Coe/age fotostock: p.364; © Creativ Studio Heinem/age fotostock: p. vi (c), p.464; © Philipp Dase/age fotostock: p.68; © Werner Dieterich/age fotostock: p.416, p.421; © Herbert Esser/age fotostock: p.462; © Hermann Otto Feis/age fotostock: p.452; © Foto Beck/age fotostock: p.467 (td); © Jose Fuste Raga/age fotostock: p.176–177 (te); © Eric Gevaert/age fotostock: p.444; © Robert Harding/age fotostock: p.338 (t); © Werner Hilpert/age fotostock: p.206; © Image Asset Management/age fotostock: p.214, p.635; © INTERFOTO/age fotostock: p.222; © Andrea Kähler/age fotostock: p.98; © Markus Keller/age fotostock: p.420; © Stefan Kiefer/age fotostock: p.371; © Gunter Kirsch/age fotostock: p.584; © ARCO/M Klindwort/age fotostock: p. ii; © Matthias Krüttgen/age fotostock: p.562 (t); © Carsten Leuzinger/age fotostock: p.601; © Sabine Lubenow/age fotostock: p.509, p.530; © Fritz Mader/age fotostock: p.332; © Liane Matrisch/age fotostock: p.450; © Kurt Möbus/age fotostock: p.535; © Beate Muenter/age fotostock: p.412; © Muro/F1 ONLINE/age fotostock: p.311; © Anna Myssatova/age fotostock: p.550; © Michael Nitzschke/age fotostock: p.467 (bd); © Werner Otto/age fotostock: p.132 (t); © Andreas Paralis/age fotostock: p.419 (b); © Sarah Peters/age fotostock: p.319; © Silwen Randebrock/age fotostock: p.80 (t); © Dagmar Richardt/ age fotostock: p.532; © Bernd Rinderknecht/age fotostock: p.419 (t); © Axel Schmies/age fotostock: p.562 (b); © Karl F Schöfmann/age fotostock: p.415; © Jürgen Schulzki/age fotostock: p.373 (be); © Martin Siepmann/age fotostock: p.278–279; © Steve Vidler/age fotostock: p.344; © Franz Waldhäusl/age fotostock: p.211 (td); © Konrad Wothe/age fotostock: p.536; © H & D Zielske/age fotostock: p.151, p.160; Alamy: © Aflo Co. Ltd./Alamy: p.358; © allfive/Alamy: p.640; © Arco Images GmbH/Alamy: p.230, p.378, p.501; © Pat Behnke/Alamy: p.120; © Bildarchiv Monheim GmbH/Alamy: p.135, p.224; © bilwissedition Ltd. & Co. KG/Alamy: p.334; © blickwinkel/Alamy: p.154; © BonAppetit/Alamy: p.373 (tc, tce, tcd, td); © Caro/Alamy: p.324 (d), p.325, p.414; © Cephas Picture Library/Alamy: p.372; © Werner Dieterich/Alamy: p.171 (t), p.473; © Cody Duncan/Alamy: p.570; © Mary Evans Picture Library/Alamy: p.620 (b), p.629 (bd); © Cristina Fumi/Alamy: p.238 (b); © imagebroker/Alamy: p.175, p.198, p.215, p.232, p.310, p.376, p.401 (t), p.436; © INTERFOTO/Alamy: p.123 (td *e* bd), p.389, p.423, p.619, p.634 (d); © JTB Photo Communications, Inc./Alamy: p.446; © Wolfgang Kaehler/Alamy: p.161; © Kuttig–Travel/Alamy: p.533; © Lebrecht Music and Arts Photo Library/Alamy: p.519 (b); © Lonely Planet Images/Alamy: p.170; © LOOK Die Bildagentur der Fotografen GmbH/Alamy: p.155; © Sabine Lubenow/Alamy: p.191, p.446; © mauritius images GmbH/Alamy: p.212; © Bart Nedobre/Alamy: p.519 (t); © Werner Otto/Alamy: p.26, p.225, p.527; © Stefano Paterna/Alamy: p.338 (b), p.341; © Pictorial Press Ltd/Alamy: p.123 (te), p.592 (2ª *da* b); © Realimage/Alamy: p.209, p.390; © Ray Roberts/ Alamy: p.388 (t); David Sanger photography/Alamy: p.644; © J. Schwanke/

Alamy: p.524; © Sola/parasola.net/Alamy: p.574; © John Stark/Alamy: p.132 (b), p.133; © Jochen Tack/Alamy: p.567; © tbkmedia.de/Alamy: p.534; © travelstock44/Alamy: p.96; © vario images GmbH & Co.KG/Alamy: p.621 (b); © Peter Widmann/Alamy: p.342 (b); © Julie Woodhouse/Alamy: p.64 (t); © Ernst Wrba/Alamy: p.474; © Annie Albers: p.467 (be); Alpenhotel: p.347; Alte Wache: p.591; AP Images: AP Photo: p.122, p.466; AP Photo/Christof Stache: p.348; © Alejandro Arditi: p. iv (b), p.153, p.196, p.199, p.202, p.203 (b), p.214, p.226, p.228, p.229, p.231, p.236, p.238 (t), p.316, p.442, p.468 (t eb), p.471, p.472, p.512; Arte Luise Kunsthotel: p.114; Bayerische Zugspitzbahn Bergbahn AG: p.352; Bayerischer Hof: p.304; Beethoven-Haus: p.454; Belantis: p.182; Bridgeman: *Adam and Eve*, Cranach, Lucas, the Elder/Alte Pinakothek, Munich, Germany/The Bridgeman Art Library: p.262 (b), p.265; *The Brandenburg Gate*, Berlin, 1929, Kirchner, Ernst Ludwig/Nationalgalerie, Berlin, Germany/The Bridgeman Art Library: p.79; *Church in Halle*, 1929, Feininger, Lyonel/Stadtische Kunsthalle, Mannheim, Germany/© DACS/Alinari/The Bridgeman Art Library: p.264 (e); *The Eclipse of the Sun*, Grosz, George/Heckscher Museum of Art, Huntington, NY, USA/© DACS/The Bridgeman Art Library: p.628; *Frederick William, the Great Elector*, Valda, John Harris/Private Collection/The Stapleton Collection/The Bridgeman Art Library: p.422; *Le Salon*, Dix, Otto/Staatsgalerie, Stuttgart, Germany/© DACS/Alinari/The Bridgeman Art Library: p.401 (b); Burghotel Rothenburg: p.239; Columbia Hotel Wilhelmshaven: p.537; Corbis: © Bettman/Corbis: p.177 (be); Das Kleine Stapelhäuschen: p.487; Eden-Hotel-Wolff: p.305; Fairmont Hotels: p.604; Festpielhaus, Mariinsky-Theater/Regie: p.382; Gasthof Fraundorfer: p.351 (b); Freiburg Weinfest: © Freiburg Wirtschaft Touristik und Messe GmbH & Co. KG/Photo: Hopermann: p.388 (b); Friedrichstadtpalast, Stephan Gustavus: p.128; Getty: Imagno/Getty Images: p.123 (cd); Popperfoto/Getty Images: p.66–67; US Signal Corps/Time Life Pictures/Getty Images: p.447; © Katja Heinemann/Aurora Photos: p. iii (b), p. iv (t), p. vi (b), p. vii (b e c), p.6, p.8, p.16, p.18–19, p.32, p.35, p.42, p.46, p.54, p.55, p.58, p.60, p.62, p.72 (t), p.73, p.74, p.78, p.83, p.86, p.91, p.95, p.100, p.101, p.104, p.125, p.164, p.165, p.178, p.496-497, p.498, p.500, p.504, p.538, p.540, p.541, p.554-555, p.556, p.558, p.559, p.564, p.578, p.579, p.581, p.582, p.588, p.590, p.594, p.599, p.600, p.602, p.603, p.605, p.606, p.608, p.610, p.616-617, p.632 (d), p.646-647; © Benjamin Hiller: p.240, p.622 (d), p.623 (e); Honigmond Garden: p.115; © Hotel Adlon Kempinski Berlin: p.118; Hotel am Schloss: p.403; Hotel am Schlossgarten: p.435; Hotel Belle Epoque: p.383; © Hotel Orphee: p.15, p.235; Hotel Seegarten: p.393; Hotel Zum Ritter: p.429; © Max Kesberger: p. v (b), p. vi (t), p. xii-1; p.31, p.38, p.39, p.194–195, p.234, p.242, p.354–355, p.356, p.359 (t e b), p.360, p.362, p.366, p.368, p.369, p.370, p.377, p.380, p.384, p.385, p.386, p.387 (e e d), p.392, p.394, p.398, p.402, p.408, p.410, p.418, p.625, p.630; Kobal: BAVARIA/RADIANT/THE KOBAL COLLECTION: p.636; CREADO FILM/BR/ARTE/THE KOBAL COLLECTION/KELLER, HAGEN: p.637 (d); UFA/THE KOBAL COLLECTION: p.637 (e); © Lebrecht: p.518; The Mandala: p.119; Cortesia de Mandarin-Oriental: p.14, p.308; Markt Garmisch-Partenkirchen: p.320–321, p.326; © Clay McLachlan: p. v (t), p.2, p.4, p.11, p.36, p.203 (t), p.218, p.220, p. 246-247, p.248, p.249, p.254, p.255 (t e b), p.256, p.258 (e), p.259, p.260, p.264 (d), p.272, p.273, p.274 (d), p.276, p.280, p.282 (e), p.282 (d), p.283, p.284, p.286 (t e b), p.287, p.288 (t e b), p.290 (e), p.291, p.292, p.296(t e b), p.297, p.298, p.299, p.302, p.303, p.314, p.315 (b), p.343, p.396-397, p.400, p.406, p.407, p.409, p.424, p.426, p.427, p.428, p.430, p.432 (t e b), p.433, p.434, p.623 (d), p.631; Miramar: p.575; Nationaltheater: p.315 (t); © Dean Nixon: p iv (c), p.23, p.30, p.140–141, p.142, p.144, p.145, p.146, p.150, p.152, p.156, p.158, p.159, p.162, p.166, p.168, p.169, p.171 (b), p.172, p.173, p.174, p.180, p.183, p.184, p.186, p.188, p.624, p.632 (t), © Joao Paglione: p. iii (t), p. v (c), p. viii (b), p.7, p.65, p.205, p.322, p.324 (e), p.331, p.333, p.339, p.342 (t), p.346 (t e b), p.350, p.351 (t), p.404, p.440, p.443, p.448, p.449, p.456, p.459, p.460, p.482, p.484, p.486 (d), p.490, p.491, p.492, p.493, p.511, p.572, p.573, p.580, p.622 (e), p.638–639, p.643; Park Hotel Bremen: p.542 (b); Passion Play Oberammergau 2010: p.330; © Mila Pavan: p.258 (d), p.261, p.266 (t e b), p.268, p.269, p.271, p.290 (d), p.293; Philharmonie, Bolk: p.124; Platzl Hotel: p.309;

Ringhotel Jensen: p.609; Romantikhotel Augsburger Hof: p.221; Schlosshotel Cecilienhof: p.134; Schlosshotel im Grunewald: p.121; © H.P. Schöne: p. viii (t), p.204, p.328, p.329 (e *e* d), p.340, p.626; Spielbank Casino: p.382 (t); Staatliche Museen zu Berlin: © Staatliche Museen zu Berlin/ Gemaldegalerie; Photo: Gregor Zielke: p.63; © Staatliche Museen zu Berlin/Kulturforum; Photo: Gregor Zielke: p.87; © Staatliche Museen zu Berlin, Nationalgalerie, Foto: Jörg P. Anders, Berlin: p.64 (b); © Staatliche Museen zu Berlin/Neue Nationalgalerie; Photo: Gregor Zielke: p.63; © Damian Stanulla: p. vii (t), p. iii (c), p.5, p.28, p.34, p.502, p.506, p.507, p.514, p.516, p.517, p.520, p.523, p.526, p.528, p.542 (t), p.543(t *e* b), p.544, p.548 (t), p.549, p.576, p.612, © Starwood Hotels: p.185; Superstock: © age fotostock/SuperStock: p.216, p.252, p.467 (te); © Art Archive, The/SuperStock: p.634 (e); © Bridgeman Art Library, London/SuperStock: p.486 (e); © Culver Pictures, Inc./SuperStock: p.592 (b); © F1 ONLINE/SuperStock: p.568; © Robert Harding Picture Library/SuperStock: p.373(te); © Hemis.fr/ SuperStock: p.130; © Image Asset Management Ltd./SuperStock: p.592 (3° *a partir do* t); © imagebroker.net/SuperStock: p.593; © Lonely Planet/SuperStock: p.458; © Mauritius/SuperStock: p.337; © Photononstop/Super-Stock: p.10, p.13; © Prisma/SuperStock: p.177 (td), p.336, p.566; © Stock Montage/SuperStock: p.210, p.621 (t); © SuperStock/SuperStock: p.80 (b), p.81, p.211 (te *e* be), p.263, p.485, p.586 (e), p.592 (c e 3° *a partir da* b), p.620 (t e c), p.629(be *e* c); © Travel Library Limited/SuperStock: p.374; © Westend61/SuperStock: p.9; © Peter Willi/SuperStock: p. viii (c), p.627, p.629 (td); © Gregor Zielke: p.17, p.20, p.24, p.44–45, p.47, p.50, p.51, p.59, p.69, p.72 (b), p.82, p.88, p.90, p.92, p.94, p.99, p.105, p.106, p.107, p.110, p.111, p.113, p.560, p.585, p.586 (d), p.633, p.642

Este livro foi impresso nas oficinas gráficas da Editora Vozes Ltda.,
Rua Frei Luís, 100 – Petrópolis, RJ.